# 重庆2017统计年鉴

# CHONGQING STATISTICAL YEARBOOK 2017

# 重庆2017统计年鉴

# CHONGQING STATISTICAL YEARBOOK 2017

重庆市统计局　国家统计局重庆调查总队 编

CHONGQING MUNICIPAL BUREAU OF STATISTICS

NBS SURVEY OFFICE IN CHONGQING

中国统计出版社

China Statistics Press

(京)新登字041号



**图书在版编目（CIP）数据**

重庆统计年鉴. 2017：汉英对照 / 重庆市统计局，国家统计局重庆调查总队编. -- 北京：中国统计出版社，2017.8
ISBN 978-7-5037-8269-5

Ⅰ. ①重… Ⅱ. ①重… ②国… Ⅲ. ①统计资料－重庆市－2017－年鉴－汉、英 Ⅳ. ①C832.719-54

中国版本图书馆CIP数据核字(2017)第182735号

# 重庆统计年鉴-2017

作　者/ 重庆市统计局 国家统计局重庆调查总队
责任编辑/ 佘竞雄 李潇潇
整体设计/ 重庆海耐特广告有限公司
出版发行/ 中国统计出版社
地　址/ 北京市丰台区西三环南路甲6号
邮政编码/ 100073
电　话/ 邮购（010）63376909 书店（010）68783171
网　址/ http://www.zgtjcbs.com
印　刷/ 重庆三达广告印务装璜有限公司
经　销/ 新华书店
开　本/ 890mm×1240mm 1/16
字　数/ 184万字
印　张/ 47
版　别/ 2017年8月第1版
版　次/ 2017年8月第1次印刷
定　价/ 380.00元　Price:380.00 (RMB)

本书附同版本CD-ROM一张，光盘内容以书面文字为准。
如有印装差错，由本社发行部调换。

《重庆统计年鉴2017》

编辑委员会



编辑部



**CHONGQING STATISTICAL YEARBOOK 2017**

**EDITORIAL BOARD**



**EDITORIAL DEPARTMENT**

# 编者说明
EDITOR'S NOTES

一、《重庆统计年鉴—2017》是由重庆市统计局和国家统计局重庆调查总队编纂、中国统计出版社公开出版发行的一部全面记录重庆市经济建设和社会发展情况的大型资料性年刊。本书收录了重庆市历史重要年份和2016年经济和社会各方面的统计数据，以及各区县（自治县）主要统计资料。

二、全书共二十二章，包括：1. 综合；2. 国民经济核算；3. 人口与就业；4. 固定资产投资；5. 能源消费；6. 财政；7. 人民生活与物价；8. 城镇建设；9. 资源和环境；10. 要素市场；11. 农业和农村经济；12. 工业；13. 建筑业；14. 运输和邮电；15. 国内贸易；16. 对外经济贸易和旅游业；17. 金融业；18. 教育、科技和文化业；19. 卫生、体育和其他社会活动；20. 区县；21. 三峡工程重庆库区移民；22. 基本单位名录库。同时附录一个篇章：全国及各省（自治区、直辖市）主要统计资料。每章前设《简要说明》，介绍本章节的主要内容和资料来源，章末附有《主要统计指标解释》。

三、本年鉴统计资料：大部分数据来自统计年报，部分来自抽样调查。

四、本年鉴所使用的度量衡单位均采用国际统一标准计量单位；各种分类标准均采用国家统一分类标准。

五、本年鉴部分数据的合计数或相对数，由于计量单位取舍不同而产生的计算误差未作机械调整。

六、本年鉴各表的部分指标注解位于该表下方或最后一张续表的下方。

七、符号使用说明：年鉴各表中的“空格”表示该项统计指标数据不足本表最小单位数、数据不详或无该项数据；“#”表示其中的主要项。

八、本年鉴在编辑、翻译过程中得到诸多单位和同志的大力支持，在此深表谢意。限于我们的水平，加之时间仓促，请各界人士在使用资料时如发现错误和不足，恳请提出批评指正。

Ⅰ. Chongqing Statistical Yearbook 2017 is a large statistical yearbook compiled by Chongqing Municipal Bureau of Statistics and NBS Survey Office in Chongqing and published by China Statistics Press, which records the economic construction and social development of Chongqing in an all-round way. The yearbook covers the comprehensive data on Chongqing's social and economic development in 2016 and some major years in the history, as well as the major statistics on all the districts and counties (autonomous counties).

Ⅱ. The yearbook contains 22 chapters, namely 1. Comprehensive Statistics; 2. National Economic Accounting; 3. Population and Employment; 4. Investment in Fixed Assets; 5. Energy Consumption; 6. Government Finance; 7. People's Livelihood and Prices; 8. Urban Construction ; 9. Resources and Environment; 10. Markets of Key Factors; 11. Agriculture and Rural Economy; 12. Industry; 13. Construction; 14. Transport, Postal and Telecommunication Services; 15. Domestic Trade; 16. Foreign Economic Relations, Trade and Tourism; 17. Financial Intermediation; 18. Education, Science & Technology and Culture; 19. Public Health, Sports and Other Social Activities; 20. Districts; 21. Resettlement of Chongqing Reservoir Area of Three Gorges Project; 22. Statistics on Basic Units. There is also an Appendix which covers the main data of the whole nation and other provinces, autonomous regions and municipalities. There is a Brief Introduction at the beginning of each chapter, which introduces the main contents of the chapter and the sources of data. The Explanatory Notes on Main Statistical Indicators is provided at the end of each chapter.

Ⅲ. The data in this publication: most of the data are obtained from the annual statistical reports, while some others are obtained from sample surveys.

Ⅳ. The units of measurement used in this yearbook are international standard measurement units; and the basis of classification of this book complies with the national uniform standard.

Ⅴ. The statistical discrepancies of the total values or relative values due to rounding are not adjusted in this yearbook.

Ⅵ. The notes concerning individual indicators are placed at the lower part of the table or the lower part of the last page.

Ⅶ. Notations used in this yearbook: (blank space) indicates that the figure is not large enough to be measured with the smallest unit in the table, or data are unknown, or are not available; "#" indicates a major breakdown of the total.

Ⅷ. We'd like to send our sincere acknowledgement various units and comrades for their vigorous assistances during the edition and translation of this yearbook. Due to our limited ability and the hasty time, faults and shortage are unavoidable. Any criticism or suggestion is appreciated.

# 目录 CONTENTS

## 第一章 CHAPTER 1 综合 COMPREHENSIVE STATISTICS



## 第二章 CHAPTER 2 国民经济核算 NATIONAL ECONOMIC ACCOUNTING

# 目录 CONTENTS



## 第三章 CHAPTER 3 人口与就业 POPULATION AND EMPLOYMENT

# 目录 CONTENTS

## 第四章 CHAPTER 4 固定资产投资 INVESTMENT IN FIXED ASSETS

## 第五章 CHAPTER 5　能源消费 ENERGY CONSUMPTION

目录
CONTENTS

## 第六章 CHAPTER 6 财政 GOVERNMENT FINANCE



## 第七章 CHAPTER 7 人民生活与物价 PEOPLE'S LIVING CONDITIONS AND PRICE OF GOODS

# 目录 续
CONTENTS



## 第八章 CHAPTER 8 城镇建设 URBAN CONSTRUCTION

## 第九章 CHAPTER 9 资源和环境 RESOURCES AND ENVIRONMENT

## 第十章 CHAPTER 10 要素市场 MARKETS OF KEY FACTORS



## 第十一章 CHAPTER 11 农业和农村经济 AGRICULTURE AND RURAL ECONOMY

# 目录 CONTENTS

## 第十二章 CHAPTER 12 工业 INDUSTRY

## 第十三章 CHAPTER 13 建筑业 CONSTRUCTION

## 第十四章 CHAPTER 14 运输和邮电 TRANSPORT, POSTAL AND TELECOMMUNICATION SERVICES

## 第十五章 CHAPTER 15 国内贸易 DOMESTIC TRADE

目 录
CONTENTS



## 第十六章 CHAPTER 16 对外经济贸易和旅游业 FOREIGN ECONOMIC RELATIONS, TRADE AND TOURISM

# 目 录
CONTENTS

## 第十七章 CHAPTER 17 金融业 FINANCIAL STATISTICS

## 第十八章 CHAPTER 18 教育、科技和文化业 EDUCATION, SCIENCE, TECHNOLOGY AND CULTURE

## 目录 续
CONTENTS

## 第十九章 CHAPTER 19 卫生、体育和其他社会活动 PUBLIC HEALTH, SPORTS AND OTHER SOCIAL ACTIVITIES

# 目 录 CONTENTS

## 第二十章 CHAPTER 20 区县 DISTRICTS, COUNTIES

## 附　录　APPENDIX

# 第1章

# 综合

COMPREHENSIVE STATISTICS

# 简要说明
# BRIEF INTRODUCTION

本章主要包括重庆市行政区划、国民经济和社会发展综合资料，由市统计局综合处根据有关部门资料进行整理和编辑。

行政区划资料由市民政局提供。

This chapter mainly covers the data of Chongqing's administrative divisions and national economic and social development. The data of this chapter are sorted and compiled by Division of Comprehensive Statistics, Chongqing Municipal Bureau of Statistics on the basis of the information provided by the relevant departments.

The data of administrative divisions are provided by Chongqing Civil Affairs Bureau.

# 表1.1 行政区划（2016年）
## DIVISIONS OF ADMINISTRATIVE AREAS (2016)

单位：个 (unit)

| 地 区 | Region | 乡 Townships | 镇 Towns | 街道办事处 Street Communities | 居委会 Neighborhood Committees | 村委会 Village Committees |
|---|---|---|---|---|---|---|
| **全市总计** | **Total** | **190** | **622** | **216** | **3048** | **8068** |
| 万州区 | Wanzhou District | 12 | 29 | 11 | 196 | 439 |
| 黔江区 | Qianjiang District | 12 | 12 | 6 | 80 | 138 |
| 涪陵区 | Fuling District | 6 | 12 | 9 | 118 | 303 |
| 渝中区 | Yuzhong District |  |  | 11 | 77 |  |
| 大渡口区 | Dadukou District |  | 3 | 5 | 57 | 32 |
| 江北区 | Jiangbei District |  | 3 | 9 | 91 | 18 |
| 沙坪坝区 | Shapingba District |  | 8 | 20 | 125 | 66 |
| 九龙坡区 | Jiulongpo District |  | 11 | 8 | 117 | 101 |
| 南岸区 | Nan'an District |  | 7 | 8 | 95 | 55 |
| 北碚区 | Beibei District |  | 12 | 5 | 66 | 109 |
| 渝北区 | Yubei District |  | 11 | 19 | 212 | 181 |
| 巴南区 | Ba'nan District |  | 14 | 8 | 102 | 198 |
| 长寿区 | Changshou District |  | 12 | 7 | 42 | 221 |
| 江津区 | Jiangjin District |  | 25 | 4 | 98 | 177 |
| 合川区 | Hechuan District |  | 23 | 7 | 86 | 326 |
| 永川区 | Yongchuan District |  | 16 | 7 | 54 | 207 |
| 南川区 | Nanchuan District | 6 | 25 | 3 | 59 | 185 |
| 綦江区 | Qijiang District |  | 25 | 5 | 120 | 359 |
| #綦江区（不含万盛） | Qijiang District (excluding Wansheng) |  | 17 | 3 | 79 | 302 |
| 大足区 | Dazu District |  | 21 | 6 | 102 | 207 |
| 璧山区 | Bishan District |  | 9 | 6 | 52 | 135 |
| 铜梁区 | Tongliang District |  | 23 | 5 | 57 | 269 |
| 潼南区 | Tongnan District |  | 20 | 2 | 66 | 238 |
| 荣昌区 | Rongchang District |  | 15 | 6 | 76 | 92 |
| 开州区 | Kaixian District | 7 | 26 | 7 | 107 | 427 |
| 梁平区 | Liangping District | 5 | 26 | 2 | 75 | 268 |
| 武隆区 | Wulong District | 13 | 13 |  | 24 | 186 |
| 城口县 | Chengkou County | 13 | 10 | 2 | 31 | 173 |
| 丰都县 | Fengdu County | 5 | 23 | 2 | 59 | 271 |
| 垫江县 | Dianjiang County | 2 | 22 | 2 | 75 | 226 |
| 忠 县 | Zhongxian County | 6 | 21 | 2 | 66 | 301 |
| 云阳县 | Yunyang County | 7 | 31 | 4 | 98 | 380 |
| 奉节县 | Fengjie County | 11 | 18 | 3 | 58 | 332 |
| 巫山县 | Wushan County | 13 | 11 | 2 | 34 | 307 |
| 巫溪县 | Wuxi County | 12 | 18 | 2 | 41 | 289 |
| 石柱土家族自治县 | Shizhu County | 13 | 17 | 3 | 35 | 207 |
| 秀山土家族苗族自治县 | Xiushan County | 6 | 18 | 3 | 59 | 209 |
| 酉阳土家族苗族自治县 | Youyang County | 23 | 14 | 2 | 79 | 199 |
| 彭水苗族土家族自治县 | Pengshui County | 18 | 18 | 3 | 59 | 237 |

# 表1.2 国民经济和社会发展总量与速度指标
## PRINCIPAL AGGREGATE INDICATORS ON NATIONAL ECONOMIC AND SOCIAL DEVELOPMENT AND GROWTH RATE

| 指　标 | Item | 总量指标 Aggregate Indicators | |
|---|---|---|---|
| | | 1996 | 2000 |
| **人口与就业** | **Population and Employment** | | |
| **人　口（万人）** | **Population (10 000 persons)** | | |
| 年末常住人口 | Year-end Resident Population | 2875.30 | 2848.82 |
| #城　镇 | Urban | 848.21 | 1013.88 |
| 乡　村 | Rural | 2027.09 | 1834.94 |
| #男　性 | Male | 1465.99 | 1460.57 |
| 女　性 | Female | 1409.31 | 1388.25 |
| **就　业（万人）** | **Employment (10 000 persons)** | | |
| 就业人员数 | Employed Persons | 1719.43 | 1661.16 |
| #在岗职工人数 | On-post Staff and Workers | 294.63 | 208.87 |
| 城镇登记失业人数 | Registered Unemployment in Urban Areas | 10.95 | 10.15 |
| **宏观经济** | **Macroeconomic Indicators** | | |
| **国民经济核算（亿元）** | **National Economic Accounting (100 million yuan)** | | |
| 本市生产总值 | Gross Domestic Product | 1315.12 | 1791.00 |
| 第一产业 | Primary Industry | 287.56 | 284.87 |
| 第二产业 | Secondary Industry | 568.99 | 760.03 |
| #工　业 | Industry | 502.06 | 633.98 |
| 第三产业 | Tertiary Industry | 458.57 | 746.10 |
| **固定资产投资（亿元）** | **Investment in Fixed Assets (100 million yuan)** | | |
| 固定资产投资总额 | Total Investment in Fixed Assets | 320.73 | 655.81 |
| 建设项目 | Construction Projects | 265.11 | 516.18 |
| 房地产开发 | Real Estate Development | 55.62 | 139.63 |
| **财　政（亿元）** | **Government Finance (100 million yuan)** | | |
| 地方一般公共预算收入 | General Public Budget Revenue of Local Government | | |
| 地方一般公共预算支出 | General Public Budget Expenditure of Local Government | | |
| **物价指数（上年=100）** | **Price Indices (preceding year=100)** | | |
| 居民消费价格指数 | Consumer Price Index | 109.7 | 96.7 |
| 工业生产者出厂价格指数 | Producer Price Indices for Manufactured Goods | 104.1 | 98.6 |
| 工业生产者购进价格指数 | Purchasing Price Indices of Raw Material, Fuel and Power | 106.3 | 105.6 |
| 商品零售价格指数 | Retail Price Index | 106.1 | 95.5 |
| **产　业** | **Industry** | | |
| **农　业** | **Agriculture** | | |
| 乡村从业人员（万人） | Rural Employment (10 000 persons) | 1330.44 | 1352.60 |
| 农林牧渔业总产值（亿元） | Gross Output Value of Farming, Forestry, Animal Husbandry and Fishery (100 million yuan) | 424.99 | 412.63 |
| #农　业 | Farming | 271.38 | 244.74 |
| 林　业 | Forestry | 11.55 | 10.82 |
| 牧　业 | Animal Husbandry | 131.17 | 141.99 |
| 渔　业 | Fishery | 10.89 | 15.08 |
| 主要农产品产量（万吨） | Output of Major Farm Products (10 000 tons) | | |
| 粮　食 | Grain | 1172.14 | 1131.21 |
| 油　料 | Oil-bearing Crops | 23.60 | 31.06 |
| 烟　叶 | Tobacco | 13.24 | 10.41 |

注：1)本表数据本市生产总值、工业增加值速度指标按可比价计算，其余指标均为自然增长。
2)2016年起一般公共预算收支统计范围有变化，2015年数据根据同口径进行调整。

| 总量指标 Aggregate Indicators | | | | 速度指标 Growth Rate | | | | | | | | |
|---|---|---|---|---|---|---|---|---|---|---|---|---|
| | | | | 指 数（2016为以下各年） Index (2016 as percentage of the following years) | | | | | 平均增长速度（%） Average Annual Growth Rate | | | |
| 2005 | 2010 | 2015 | 2016 | 1996 | 2000 | 2005 | 2010 | 2015 | 1997-2016 | 2001-2005 | 2006-2010 | 2011-2015 |
| 2798.00 | 2884.62 | 3016.55 | 3048.43 | 106.02 | 107.01 | 108.95 | 105.68 | 101.06 | 0.3 | -0.4 | 0.6 | 0.9 |
| 1265.95 | 1529.55 | 1838.41 | 1908.45 | 225.00 | 188.23 | 150.75 | 124.77 | 103.81 | 4.1 | 4.5 | 3.9 | 3.7 |
| 1532.05 | 1355.07 | 1178.14 | 1139.98 | 56.24 | 62.13 | 74.41 | 84.13 | 96.76 | -2.8 | -3.5 | -2.4 | -2.8 |
| 1409.83 | 1460.89 | 1525.77 | 1542.66 | 105.23 | 105.62 | 109.42 | 105.60 | 101.11 | 0.3 | -0.7 | 0.7 | 0.9 |
| 1388.17 | 1423.73 | 1490.78 | 1505.77 | 106.84 | 108.47 | 108.47 | 105.76 | 101.01 | 0.3 | | 0.5 | 0.9 |
| 1456.30 | 1539.95 | 1707.37 | 1717.52 | 99.89 | 103.39 | 117.94 | 111.53 | 100.59 | | -2.6 | 1.1 | 2.1 |
| 209.66 | 250.22 | 385.08 | 379.66 | 128.86 | 181.77 | 181.08 | 151.73 | 98.59 | 1.3 | 0.1 | 3.6 | 9.0 |
| 16.89 | 13.02 | 14.26 | 15.68 | 143.20 | 154.48 | 92.84 | 120.43 | 109.96 | 1.8 | 10.7 | -5.1 | 1.8 |
| 3467.72 | 7925.58 | 15717.27 | 17559.25 | 972.5 | 687.2 | 406.1 | 202.4 | 110.7 | 12.0 | 11.1 | 14.9 | 12.8 |
| 463.40 | 685.38 | 1150.15 | 1303.24 | 214.1 | 199.5 | 163.9 | 132.5 | 104.6 | 3.9 | 4.0 | 4.3 | 4.8 |
| 1564.00 | 3531.10 | 7069.37 | 7755.65 | 1572.9 | 1064.3 | 537.4 | 222.0 | 111.3 | 14.8 | 14.6 | 19.3 | 14.8 |
| 1293.81 | 2869.81 | 5557.52 | 6040.53 | 1581.5 | 1093.3 | 545.9 | 218.1 | 110.2 | 14.8 | 14.9 | 20.1 | 14.6 |
| 1440.32 | 3709.10 | 7497.75 | 8500.36 | 867.6 | 568.2 | 356.8 | 196.4 | 111.0 | 11.4 | 9.8 | 12.7 | 12.1 |
| 2006.32 | 6934.80 | 15480.33 | 17361.12 | 5413.0 | 2647.3 | 865.3 | 250.3 | 112.1 | 23.2 | 25.1 | 28.7 | 21.4 |
| 1488.59 | 5314.54 | 11729.04 | 13635.18 | 5143.2 | 2641.6 | 916.0 | 256.6 | 116.3 | 21.8 | 23.6 | 29.0 | 17.2 |
| 517.73 | 1620.26 | 3751.28 | 3725.95 | 6698.9 | 2668.4 | 719.7 | 230.0 | 99.3 | 23.4 | 30.0 | 25.6 | 18.3 |
| | | 2080.62 | 2227.91 | | | | | 107.1 | | | | |
| | | 3813.82 | 4001.81 | | | | | 104.9 | | | | |
| 100.8 | 103.2 | 101.3 | 101.8 | | | | | | | | | |
| 103.0 | 103.1 | 97.2 | 98.6 | | | | | | | | | |
| 108.2 | 106.9 | 97.1 | 98.4 | | | | | | | | | |
| 98.7 | 101.7 | 100.2 | 101.8 | | | | | | | | | |
| 1366.91 | 1379.35 | 1309.23 | 1302.54 | 97.9 | 96.3 | 95.3 | 94.4 | 99.5 | -0.1 | 0.2 | 0.2 | -1.1 |
| 662.19 | 1021.13 | 1738.15 | 1968.28 | 463.1 | 477.0 | 297.2 | 192.8 | 113.2 | 8.0 | 9.9 | 9.0 | 14.0 |
| 358.30 | 623.33 | 1033.68 | 1151.77 | 424.4 | 470.6 | 321.5 | 184.8 | 111.4 | 7.5 | 7.9 | 11.7 | 13.1 |
| 19.97 | 30.40 | 60.44 | 73.43 | 635.8 | 678.7 | 367.7 | 241.5 | 121.5 | 9.7 | 13.0 | 8.8 | 19.3 |
| 249.50 | 326.55 | 542.90 | 627.45 | 478.3 | 441.9 | 251.5 | 192.1 | 115.6 | 8.1 | 11.9 | 5.5 | 14.0 |
| 23.80 | 27.21 | 74.91 | 85.30 | 783.3 | 565.6 | 358.4 | 313.5 | 113.9 | 10.8 | 9.6 | 2.7 | 25.7 |
| 1168.19 | 1156.13 | 1154.89 | 1166.00 | 99.5 | 103.1 | 99.8 | 100.9 | 101.0 | 0.0 | 0.6 | -0.2 | 0.2 |
| 42.71 | 44.45 | 59.87 | 62.72 | 265.8 | 201.9 | 146.9 | 141.1 | 104.8 | 5.0 | 6.6 | 0.8 | 7.1 |
| 9.02 | 8.10 | 8.68 | 8.39 | 63.4 | 80.6 | 93.0 | 103.6 | 96.7 | -2.3 | -2.8 | -2.1 | 0.7 |

Note: a)The growth rate of GDP and value-added of industry is calculated on the basis of comparable price, while the other indices are natural growth rate.
b)The statistic range of general public budget revenue and expenditure has been adjusted since 2016, and the data of 2015 has been modified.

**表1.2 续表1 continued1**

| 指　标 | Item | 总量指标 Aggregate Indicators 1996 | 2000 |
|---|---|---|---|
| 茶　叶 | Tea | 1.55 | 1.45 |
| 水　果 | Fruits | 56.62 | 81.68 |
| 肉　类 | Meat | 133.22 | 143.91 |
| #猪　肉 | Pork | 114.18 | 122.45 |
| 水产品 | Aquatic Products | 14.07 | 20.03 |
| **工　业（规模以上）** | **Industry (above Designated Size)** | | |
| 工业总产值（亿元） | Gross Output Value of Industry (100 million yuan) | 730.41 | 962.32 |
| 主营业务收入（亿元） | Revenue from Principal Business (100 million yuan) | 711.34 | 959.36 |
| 利税总额（亿元） | Total Pre-tax Profits (100 million yuan) | 48.04 | 85.57 |
| 产品销售率（%） | Sales as Percentage of Output (%) | 96.5 | 99.1 |
| 全员劳动生产率（元/人年） | Overall Labor Productivity (yuan/person-year) | 13546 | 31081 |
| 主要工业产品产量 | Output of Major Industrial Products | | |
| 天然气（亿立方米） | Natural Gas (100 million cu.m) | 26.10 | 38.98 |
| 发电量（亿千瓦时） | Electricity (100 million kwh) | 128.73 | 167.90 |
| 钢　材（万吨） | Steel Products (10 000 tons) | 117.55 | 156.98 |
| 铝　材（万吨） | Aluminum Products (10 000 tons) | 7.36 | 13.98 |
| 微型计算机设备（万台） | Micro-computers (10 000 units) | | |
| 水　泥（万吨） | Cement (10 000 tons) | 648.76 | 1402.78 |
| 汽　车（万辆） | Motor Vehicles (10 000 vehicles) | 12.41 | 24.59 |
| #轿　车 | Cars | 1.34 | 4.82 |
| 摩托车（万辆） | Motorcycles (10 000 vehicles) | 177.36 | 191.07 |
| 啤　酒（万千升） | Beer (10 000 kiloliters) | 28.54 | 50.42 |
| 卷　烟（亿支） | Cigarettes (100 million units) | 453.91 | 343.50 |
| **建筑业（资质内）** | **Construction (Grade above)** | | |
| 建筑业总产值（亿元） | Gross Output Value of Construction (100 million yuan) | 205.30 | 348.66 |
| 房屋施工面积（万平方米） | Floor Space Under Construction (10 000 sq.m) | 4065 | 6088 |
| 房屋竣工面积（万平方米） | Floor Space Completed (10 000 sq.m) | 2277 | 3084 |
| **交通运输业** | **Transportation** | | |
| 客运量（万人） | Passenger Traffic (10 000 persons) | 42370 | 56969 |
| 铁　路 | Railway | 972 | 1442 |
| 公　路 | Highway | 37410 | 53170 |
| 水　运 | Waterway | 3900 | 2240 |
| 民　航 | Civil Aviation | 88 | 117 |
| 货运量（万吨） | Freight Traffic (10 000 tons) | 24339 | 26852 |
| 铁　路 | Railway | 1633 | 1812 |
| 公　路 | Highway | 20214 | 23646 |
| 水　运 | Waterway | 2491 | 1392 |
| 民　航 | Civil Aviation | 1.20 | 2.40 |
| 港口货物吞吐量（万吨） | Cargo Throughput in Coastal Ports (10 000 tons) | 1076 | 2448 |

注：1)工业总产值的绝对值和指数按现价计算。
2)建筑业2003年起的所有数据均不包括劳务分包企业。
3)从2000年起民航货运量按新制度统计，旅客行李不再计入货运。
4)1996年起铁路数据按重庆现地域进行了调整（以下各表同）。
5)2013年公路、水路数据按部门专项调查作了调整，速度按可比价计算。

| 总量指标 Aggregate Indicators | | | | 速度指标 Growth Rate | | | | | | | | |
|---|---|---|---|---|---|---|---|---|---|---|---|---|
| | | | | 指　数（2016为以下各年） Index (2016 as percentage of the following years) | | | | | 平均增长速度（%） Average Annual Growth Rate | | | |
| 2005 | 2010 | 2015 | 2016 | 1996 | 2000 | 2005 | 2010 | 2015 | 1997-2016 | 2001-2005 | 2006-2010 | 2011-2015 |
| 1.65 | 2.52 | 3.52 | 3.70 | 238.9 | 255.4 | 224.5 | 147.0 | 105.2 | 4.5 | 2.6 | 8.8 | 8.0 |
| 154.63 | 238.47 | 375.85 | 408.69 | 721.8 | 500.4 | 264.3 | 171.4 | 108.7 | 10.4 | 13.6 | 9.1 | 11.4 |
| 178.39 | 192.46 | 213.82 | 210.85 | 158.3 | 146.5 | 118.2 | 109.6 | 98.6 | 2.3 | 4.4 | 1.5 | 2.1 |
| 144.46 | 147.55 | 156.15 | 151.31 | 132.5 | 123.6 | 104.7 | 102.5 | 96.9 | 1.4 | 3.4 | 0.4 | 1.1 |
| 25.06 | 22.43 | 48.09 | 50.84 | 361.3 | 253.8 | 202.9 | 226.7 | 105.7 | 6.6 | 4.6 | -2.2 | 17.8 |
| 2525.87 | 9143.55 | 21400.01 | 23906.58 | 3273.0 | 2484.3 | 946.5 | 261.5 | 111.7 | 19.1 | 21.3 | 29.3 | 21.2 |
| 2515.17 | 9039.03 | 20902.24 | 23467.03 | 3299.0 | 2446.1 | 933.0 | 259.6 | 112.3 | 19.1 | 21.3 | 29.2 | 21.0 |
| 256.48 | 1011.88 | 2449.21 | 2764.72 | 5755.0 | 3230.9 | 1077.9 | 273.2 | 112.9 | 22.5 | 24.6 | 31.6 | 22.3 |
| 98.8 | 98.1 | 97.9 | 98.3 | | | | | | | | | |
| 77511 | 183031 | 297050 | 300204 | 2216.2 | 965.9 | 387.3 | 164.0 | 101.1 | 16.8 | 20.1 | 18.7 | 10.4 |
| 57.09 | 67.48 | 69.31 | 96.45 | 369.5 | 247.4 | 168.9 | 142.9 | 139.2 | 6.8 | 7.9 | 3.4 | 0.5 |
| 234.03 | 456.71 | 644.64 | 670.81 | 521.1 | 399.5 | 286.6 | 146.9 | 104.1 | 8.6 | 6.9 | 14.3 | 7.1 |
| 294.70 | 699.92 | 1411.46 | 1234.22 | 1050.0 | 786.2 | 418.8 | 176.3 | 87.4 | 12.5 | 13.4 | 18.9 | 15.1 |
| 39.36 | 102.79 | 171.37 | 216.18 | 2937.2 | 1546.4 | 549.2 | 210.3 | 126.1 | 18.4 | 23.0 | 21.2 | 10.8 |
| | 189.19 | 6180.79 | 6764.65 | | | | 3575.6 | 109.4 | | | | 100.8 |
| 2100.69 | 4598.04 | 6798.83 | 6781.59 | 1045.3 | 483.4 | 322.8 | 147.5 | 99.7 | 12.5 | 8.4 | 17.0 | 8.1 |
| 42.15 | 161.58 | 304.51 | 315.62 | 2543.3 | 1283.5 | 748.8 | 195.3 | 103.6 | 17.6 | 11.4 | 30.8 | 13.5 |
| 15.33 | 85.17 | 108.79 | 97.95 | 7309.7 | 2032.2 | 638.9 | 115.0 | 90.0 | 23.9 | 26.0 | 40.9 | 5.0 |
| 420.84 | 849.23 | 841.64 | 787.66 | 444.1 | 412.2 | 187.2 | 92.7 | 93.6 | 7.7 | 17.1 | 15.1 | -0.2 |
| 53.87 | 75.19 | 76.71 | 76.09 | 266.6 | 150.9 | 141.2 | 101.2 | 99.2 | 5.0 | 1.3 | 6.9 | 0.4 |
| 396.08 | 501.00 | 546.50 | 440.40 | 97.0 | 128.2 | 111.2 | 87.9 | 80.6 | -0.2 | 2.9 | 4.8 | 1.8 |
| 783.57 | 2534.32 | 6256.94 | 7035.81 | 3427.1 | 2018.0 | 897.9 | 277.6 | 112.4 | 19.3 | 17.6 | 26.5 | 19.8 |
| 10723 | 19489 | 32802 | 32077 | 789.1 | 526.9 | 299.1 | 164.6 | 97.8 | 10.9 | 12.0 | 12.7 | 11.0 |
| 5155 | 8292 | 13543 | 13755 | 604.1 | 446.0 | 266.8 | 165.9 | 101.6 | 9.4 | 10.8 | 10.0 | 10.3 |
| 60436 | 126804 | 64164 | 63402 | | | | | 98.8 | | | | |
| 1224 | 2663 | 3994 | 4911 | 505.2 | 340.6 | 401.2 | 184.4 | 123.0 | 8.4 | -3.2 | 16.8 | 8.4 |
| 57600 | 122125 | 57556 | 55594 | | | | | 96.6 | | | | |
| 1388 | 1277 | 732 | 750 | | | | | 102.5 | | | | |
| 224 | 739 | 1882 | 2147 | 2439.8 | 1835.0 | 958.5 | 290.5 | 114.1 | 17.3 | 13.9 | 27.0 | 20.5 |
| 39200 | 81385 | 103739 | 107840 | | | | | 104.0 | | | | |
| 1923 | 2280 | 1756 | 1789 | 109.6 | 98.7 | 93.0 | 78.5 | 101.9 | 0.5 | 1.2 | 3.5 | -5.1 |
| 33378 | 69438 | 86931 | 89389 | | | | | 102.8 | | | | |
| 3896 | 9660 | 15040 | 16649 | | | | | 110.7 | | | | |
| 2.88 | 7.49 | 12.00 | 13.00 | 1083.3 | 541.7 | 451.4 | 173.6 | 108.3 | 12.7 | 3.7 | 21.1 | 10.3 |
| 5251 | 9668 | 15680 | 17372 | 1614.5 | 709.6 | 330.8 | 179.7 | 110.8 | 14.9 | 16.5 | 13.0 | 10.3 |

Note: a) The value and index of gross output value of industry are calculated at current price.
b) All the data of construction has not included labor subcontractors since 2003.
c) Since 2000, the cargo turnover of civil aviation has been calculated by the new statistic system, and the luggage of passengers is no longer accounted in.
d) The data of railway has been modified based on the present administrative division of Chongqing since 1996 (the same for the tables below).
e) The data of highway and waterway has been modified according to the specialized survey by the related departments since 2013, and the growth rate is calculated on the basis of comparable price.

**表1.2 续表2 continued2**

| 指　标 | Item | 总量指标 Aggregate Indicators 1996 | 2000 |
|---|---|---|---|
| 邮电通信业 | **Postal and Telecommunication Services** | | |
| 邮电业务总量（亿元） | Business Volume of Postal and Telecommunication Services (100 million yuan) | 15.99 | 85.82 |
| 本地电话用户（万户） | Local Telephone Subscribers (10 000 subscribers) | 66.50 | 268.43 |
| 移动电话用户（万户） | Mobile Telephone Subscribers (10 000 subscribers) | 9.00 | 160.00 |
| 固定互联网络用户（万户） | Internet Subscribers (10 000 subscribers) | 0.03 | 10.00 |
| 国内贸易（亿元） | **Domestic Trade (100 million yuan)** | | |
| 社会消费品零售总额 | Retail Sales of Consumer Goods | 498.63 | 719.95 |
| #批发和零售业 | Wholesale and Retail Trades | 438.07 | 627.36 |
| 住宿和餐饮业 | Catering Trade | 54.45 | 84.16 |
| 对外贸易（亿美元） | **Foreign Trade (USD 100 million)** | | |
| 进出口总值 | Total Imports and Exports | 15.85 | 17.85 |
| 进　口 | Imports | 5.93 | 9.95 |
| 出　口 | Exports | 9.92 | 7.90 |
| 利用内外资 | **Utilization of Domestic and Foreign Capital** | | |
| 实际利用外资额（亿美元） | Foreign Capital Actually Utilized (USD 100 million) | 4.42 | 3.45 |
| #外商直接投资额 | Foreign Direct Investment | 2.19 | 2.44 |
| 实际利用内资额（亿元） | Domestic Capital Actually Utilized (100 million yuan) | 34.11 | 43.04 |
| 国际旅游 | **International Tourism** | | |
| 接待入境旅游人数（万人次） | Number of Overseas Vistior Arrival Recevied (10 000 person-time) | 16.18 | 26.61 |
| 旅游外汇收入（万美元） | Foreign Exchange Earnings from International Tourism (USD 10 000) | 7090 | 13837 |
| 旅行社组织出境游客人数（万人次） | Number of Outbound Tourists Organized by Travel Agencies (10 000 person-time) | | |
| 金融保险业（亿元） | **Finance and Insurance (100 million yuan)** | | |
| 金融机构人民币存款年末余额 | Deposit Balance of RMB of Financial Institutions | 846.43 | 1904.71 |
| #住户存款 | Saving Deposits of Residents | | |
| 金融机构人民币贷款年末余额 | Loan Balance of RMB of Financial Institutions | 913.93 | 1881.29 |
| 股票筹资额（亿元） | Raised Capital of Shares (100 million yuan) | 10.41 | 22.63 |
| 保险公司保费收入 | Insurance Premium of Insurance Companies | 12.82 | 27.71 |
| 保险公司赔款及给付 | Indemnity Expenditure and Payment of Insurance Companies | 6.48 | 8.27 |
| 教育、科技、文化 | **Education, Science & Technology and Culture** | | |
| 教　育 | **Education** | | |
| 专任教师（万人） | Full-time Teachers (10 000 person) | | |
| #普通高等学校 | Regular Institutions of Higher Education | 0.94 | 1.04 |
| 普通中学 | Regular Secondary Schools | 6.95 | 8.18 |
| 小　学 | Primary Schools | 11.77 | 11.9 |
| 在校学生数（万人） | Student Enrollment (10 000 persons) | | |
| #普通高等学校 | Regular Institutions of Higher Education | 7.99 | 13.25 |
| 普通中学 | Regular Secondary Schools | 101.27 | 147.79 |
| 小　学 | Primary Schools | 273.71 | 276.13 |
| 教育经费支出（亿元） | Expenditure on Education (100 million yuan) | | |
| 科　技 | **Science and Technology** | | |
| 技术市场成交额（亿元） | Transaction Value of Technology Market (100 million yuan) | 3.43 | 29.66 |

注：1）邮电业务总量2001年前为1990年不变价口径，2001-2009年为2000年不变价口径，2010年及以后为2010年不变价口径（以下各表同）。速度指标按可比价计算。
2）普通高等学校数据含研究生。
3）2007年起，外商直接投资数据为上报商务部口径。
4）因全国银行业统计制度调整，报表项目归属发生变化，2011年起“个人存款”口径作了调整。
5）因国家保险核算制度改变，2011年起保费收入指标同期不可比。
6）因人民银行统计指标口径发生变动，2015年起人民币存贷款余额指标同期不可比。

| 总量指标 Aggregate Indicators | | | | 速度指标 Growth Rate | | | | | | | | |
|---|---|---|---|---|---|---|---|---|---|---|---|---|
| | | | | 指　数（2016为以下各年） Index (2016 as percentage of the following years) | | | | | 平均增长速度（%） Average Annual Growth Rate | | | |
| 2005 | 2010 | 2015 | 2016 | 1996 | 2000 | 2005 | 2010 | 2015 | 1997-2016 | 2001-2005 | 2006-2010 | 2011-2015 |
| 210.15 | 199.74 | 552.35 | 887.59 | 21789.7 | 4060.6 | 1248.7 | 444.4 | 160.7 | 30.9 | 26.6 | 23.0 | 22.6 |
| 688.91 | 582.70 | 564.98 | 541.62 | 814.5 | 201.8 | 78.6 | 93.0 | 95.9 | 11.1 | 20.7 | -3.3 | -0.6 |
| 943.40 | 1664.40 | 2788.78 | 2880.10 | 32001.1 | 1800.1 | 305.3 | 173.0 | 103.3 | 33.4 | 42.6 | 12.0 | 10.9 |
| 128.66 | 263.10 | 696.50 | 848.80 | 2829333.3 | 8488.0 | 659.7 | 322.6 | 121.9 | 66.9 | 66.7 | 15.4 | 21.5 |
| 1227.80 | 3051.11 | 6424.02 | 7271.35 | 1 458.3 | 1 010.0 | 592.2 | 238.3 | 113.2 | 14.3 | 11.3 | 20.0 | 19.0 |
| 1052.92 | 2523.81 | 5506.53 | 6219.27 | 1 419.7 | 991.3 | 590.7 | 246.4 | 112.9 | 14.2 | 10.9 | 19.1 | 19.8 |
| 163.57 | 464.43 | 917.49 | 1052.08 | 1 932.2 | 1 250.1 | 643.2 | 226.5 | 114.7 | 16.0 | 14.2 | 23.2 | 17.8 |
| 42.93 | 124.26 | 744.77 | 627.71 | 3960.3 | 3516.6 | 1462.2 | 505.2 | 84.3 | 20.2 | 19.2 | 23.7 | 43.1 |
| 25.21 | 49.38 | 551.90 | 406.94 | 6862.4 | 4089.8 | 1614.2 | 824.1 | 73.7 | 23.5 | 20.4 | 24.3 | 62.1 |
| 17.72 | 74.88 | 192.37 | 220.77 | 2225.5 | 2794.6 | 1245.9 | 294.8 | 114.5 | 16.8 | 17.5 | 22.7 | 20.8 |
| 7.04 | 63.70 | 107.66 | 113.42 | 2566.1 | 3287.5 | 1611.1 | 178.1 | 105.4 | 17.6 | 15.3 | 65.0 | 11.1 |
| 5.16 | 30.43 | 37.72 | 26.26 | 1199.1 | 1076.2 | 508.9 | 86.3 | 69.6 | 13.2 | 16.2 | 65.2 | 4.4 |
| 205.90 | 2638.29 | 8530.13 | 9345.04 | 27396.8 | 21712.5 | 4538.6 | 354.2 | 109.6 | 32.4 | 36.8 | 66.5 | 26.5 |
| 52.39 | 137.02 | 282.53 | 316.58 | 1956.6 | 1189.7 | 604.3 | 231.0 | 112.1 | 16.0 | 14.5 | 21.2 | 15.6 |
| 26436 | 70320 | 146857 | 168682 | 2379.2 | 1219.1 | 638.1 | 239.9 | 114.9 | 17.2 | 13.8 | 21.6 | 15.9 |
| 7.33 | 22.73 | 182.22 | 196.24 | | | 2677.2 | 863.4 | 107.7 | | | 25.4 | 51.6 |
| 4727.72 | 13454.98 | 28094.37 | 31216.45 | | | | | 111.1 | | 19.9 | 23.3 | |
| | | 12207.28 | 13399.44 | | | | | 109.8 | | | | |
| 3719.52 | 10888.15 | 22393.93 | 24785.19 | | | | | 110.7 | | 14.6 | 24.0 | |
| | 149.00 | 135.56 | 450.79 | | | | 302.5 | 332.5 | | | | |
| 73.10 | 321.08 | 514.58 | 601.61 | | | | | 116.9 | | 21.4 | 34.4 | |
| 17.59 | 62.10 | 220.19 | 250.16 | 3860.5 | 3024.9 | 1422.2 | 402.8 | 113.6 | 20.0 | 16.3 | 28.7 | |
| 2.02 | 3.11 | 3.99 | 4.06 | 431.9 | 390.4 | 201.0 | 130.5 | 101.8 | 7.6 | 14.1 | 9.0 | 5.1 |
| 9.40 | 10.93 | 11.47 | 11.52 | 165.8 | 140.8 | 122.6 | 105.4 | 100.4 | 2.6 | 2.8 | 3.1 | 1.0 |
| 11.43 | 11.61 | 11.89 | 12.31 | 104.6 | 103.4 | 107.7 | 106.0 | 103.5 | 0.2 | -0.8 | 0.3 | 0.5 |
| 35.79 | 56.59 | 76.71 | 78.46 | 982.0 | 592.2 | 219.2 | 138.6 | 102.3 | 12.1 | 22.0 | 9.6 | 6.3 |
| 173.52 | 190.82 | 158.36 | 157.28 | 155.3 | 106.4 | 90.6 | 82.4 | 99.3 | 2.2 | 3.3 | 1.9 | -3.7 |
| 260.98 | 199.94 | 207.33 | 209.82 | 76.7 | 76.0 | 80.4 | 104.9 | 101.2 | -1.3 | -1.1 | -5.2 | 0.7 |
| | | 792.90 | 705.46 | | | | | 89.0 | | | | 15.2 |
| 35.71 | 147.53 | 145.70 | 257.44 | 7505.5 | 868.0 | 720.9 | 174.5 | 176.7 | 24.1 | 3.8 | 32.8 | -0.2 |

Note: a) The business volumes of postal and telecommunication services before 2001 are calculated at the constant price of 1990, the data of 2001-2009 are calculated at the constant price of 2000, and the data of and after 2010 are calculated at the constant price of 2010 (the same for the tables below). The growth rate is calculated on the basis of comparable price.

b) The data of regular institutions of higher education include postgraduates.

c) The data of foreign direct investment has become the data reported to the Ministry of Commerce since 2007.

d) Due to the adjustment of national statistic system for banking, the category of items has been changed. The scope of "Saving Deposits of Residents" has been changed since 2011.

e) Due to the change of national insurance accounting system, the insurance premium since 2011 is incomparable with the previous years.

f) Due to the change of the PBoC's statistical indicators, the loan and deposit balance of RMB since 2015 is incomparable with the previous years.

**表1.2 续表3 continued3**

| 指 标 | Item | 总量指标 Aggregate Indicators 1996 | 2000 |
|---|---|---|---|
| **文 化** | **Culture** | | |
| 图书出版数量（万册、万张） | Books Published (10 000 copies) | 13023 | 11198 |
| 杂志出版数量（万册） | Magazines Published (10 000 copies) | | 3480 |
| 报纸出版数量（万份） | Newspaper Published (10 000 copies) | | 48674 |
| 电视人口覆盖率（%） | Television Coverage of Population (%) | 78.90 | 93.70 |
| 广播人口覆盖率（%） | Radio Coverage of Population (%) | 86.30 | 89.90 |
| **家庭、生活** | **Family and Living Standards** | | |
| **家 庭** | **Family** | | |
| 城镇常住居民平均每户常住人口（人） | Average Permanent Population Per Household of Urban Residents (person) | | |
| 农村常住居民平均每户常住人口（人） | Average Permanent Population Per Household of Rural Residents (person) | | |
| **婚 姻** | **Marital Statistics** | | |
| 内地居民登记结婚对数（万对） | Registered Marriages of Inland Residents (10 000 couples) | 26.44 | 19.02 |
| 内地居民登记离婚对数（万对） | Registered Divorces of Inland Residents (10 000 couples) | 1.68 | 2.07 |
| **居 住** | **Residence** | | |
| 城镇常住居民人均房屋建筑面积（平方米） | Per Capita Residential Floor Space of Urban Residents (sq.m) | | |
| 农村常住居民人均住房面积（平方米） | Per Capita Living Space of Rural Residents (sq.m) | | |
| **工资和收入** | **Wages and Income** | | |
| 城镇非私营单位在岗职工工资总额（亿元） | Total Wage Bill of On-post Staff and Workers of Urban Non-private Units (100 million yuan) | 145.49 | 173.23 |
| 城镇非私营单位在岗职工平均工资（元） | Average Wage of On-post Staff and Workers of Urban Non-private Units (yuan) | 5010 | 8020 |
| 城镇常住居民人均可支配收入（元） | Per Capita Disposable Income of Urban Residents (yuan) | | |
| 农村常住居民人均可支配收入（元） | Per Capita Disposable Income of Rural Residents (yuan) | | |
| **卫 生** | **Public Health** | | |
| 医院、卫生院（个） | Hospitals and Health Centers (unit) | 2567 | 2250 |
| 卫生技术人员（人） | Medical Technical Personnel (person) | 87542 | 88619 |
| #执业（助理）医师 | Licensed (Assistant) Doctors | 30733 | 44940 |
| 卫生机构床位数（张） | Number of Beds in Health Care Institutions (bed) | 66339 | 65666 |
| **市政建设** | **Municipal Construction** | | |
| 供水总量（万立方米） | Water Supply (10 000 cu.m) | 84548 | 70722 |
| 天然气供气总量（万立方米） | Natural Gas Supply (10 000 cu.m) | 111980 | 75257 |
| 排水管道长度（公里） | Length of Draining Pipelines (km) | 1857 | 2806 |
| 道路长度（公里） | Length of Urban Roads (km) | 2652 | 3299 |
| 公园绿地面积（公顷） | Public Green Areas (hectare) | 1104 | 1588 |
| **环 境** | **Environment** | | |
| 化学需氧量排放量（万吨） | Discharged Volume of COD (10 000 tons) | | |
| 二氧化硫排放量（万吨） | Discharged Volume of $SO_2$ (10 000 tons) | | |

注：2002年起卫生统计指标名称变更，统计口径变化，不可与往年同比：2002年起卫生技术人员和床位不包括医学院校、卫生学校和计生站；执业（助理）医师2002年以前统计口径为“医生”（以下各表同）。2010年指标卫生技术人员、执业（助理）医师为调整数，均含村卫生室。

| 总量指标 Aggregate Indicators | | | | 速度指标 Growth Rate | | | | | | | | |
|---|---|---|---|---|---|---|---|---|---|---|---|---|
| | | | | 指　数（2016为以下各年） Index (2016 as percentage of the following years) | | | | | 平均增长速度（%） Average Annual Growth Rate（%） | | | |
| 2005 | 2010 | 2015 | 2016 | 1996 | 2000 | 2005 | 2010 | 2015 | 1997-2016 | 2001-2005 | 2006-2010 | 2011-2015 |
| 11320 | 15694 | 14586 | 12749 | 97.9 | 113.9 | 112.6 | 81.2 | 87.4 | -0.1 | 0.2 | 6.8 | -1.5 |
| 4082 | 5409 | 4971 | 4853 | | 139.5 | 118.9 | 89.7 | 97.6 | | 3.2 | 5.8 | -1.7 |
| 54731 | 76484 | 58362 | 44041 | | 90.5 | 80.5 | 57.6 | 75.5 | | 2.4 | 6.9 | -5.3 |
| 95.96 | 97.39 | 99.07 | 99.19 | 125.7 | 105.9 | 103.4 | 101.8 | 100.1 | 1.2 | 0.5 | 0.3 | 0.3 |
| 92.49 | 95.71 | 98.62 | 98.86 | 114.6 | 110.0 | 106.9 | 103.3 | 100.2 | 0.7 | 0.6 | 0.7 | 0.6 |
| | | | | | | | | | | | | |
| | | 3.00 | 3.13 | | | | | 104.3 | | | | |
| | | 2.97 | 3.03 | | | | | 102.0 | | | | |
| 18.32 | 31.25 | 29.18 | 27.79 | 105.1 | 146.1 | 151.7 | 88.9 | 95.2 | 0.2 | -0.7 | 11.3 | -1.4 |
| 5.65 | 9.49 | 12.01 | 12.19 | 725.6 | 588.9 | 215.3 | 128.5 | 101.5 | 10.4 | 22.2 | 10.9 | 4.8 |
| | | 35.16 | 34.00 | | | | | 96.7 | | | | |
| | | 52.17 | 53.74 | | | | | 103.0 | | | | |
| 345.82 | 862.95 | 2373.87 | 2524.23 | 1735.0 | 1457.2 | 729.9 | 292.5 | 106.3 | 15.3 | 14.8 | 20.1 | 22.4 |
| 16630 | 35326 | 62091 | 67386 | 1345.0 | 840.2 | 405.2 | 190.8 | 108.5 | 13.9 | 15.7 | 16.3 | 11.9 |
| | | 27239 | 29610 | | | | | 108.7 | | | | |
| | | 10505 | 11549 | | | | | 109.9 | | | | |
| | | | | | | | | | | | | |
| 1463 | 1449 | 1568 | 1606 | 62.6 | 71.4 | 109.8 | 110.8 | 102.4 | | | | |
| 78780 | 111079 | 166812 | 179346 | 204.9 | 202.4 | 227.7 | 161.5 | 107.5 | | | | |
| 37321 | 47969 | 61013 | 64700 | 210.5 | 144.0 | 173.4 | 134.9 | 106.0 | | | | |
| 64674 | 103624 | 176674 | 190850 | 287.7 | 290.6 | 295.1 | 184.2 | 108.0 | | | | |
| | | | | | | | | | | | | |
| 80465 | 103949 | 134940 | 139456 | 164.9 | 197.2 | 173.3 | 134.2 | 103.3 | 2.5 | 2.6 | 5.3 | 5.4 |
| 210128 | 309480 | 378720 | 409029 | 365.3 | 543.5 | 194.7 | 132.2 | 108.0 | 6.7 | 22.8 | 8.1 | 4.1 |
| 5600 | 9663 | 15502 | 17522 | 943.6 | 624.4 | 312.9 | 181.3 | 113.0 | 11.9 | 14.8 | 11.5 | 9.9 |
| 4595 | 6733 | 9095 | 9600 | 362.0 | 291.0 | 208.9 | 142.6 | 105.6 | 6.6 | 6.9 | 7.9 | 6.2 |
| 4969 | 17762 | 25657 | 26696 | 2418.1 | 1681.1 | 537.3 | 150.3 | 104.0 | 17.3 | 25.6 | 29.0 | 7.6 |
| | | | | | | | | | | | | |
| | | 37.98 | 25.57 | | | | | 67.3 | | | | |
| | | 49.58 | 28.94 | | | | | 58.4 | | | | |

Note: Due to the changes of names and statistic scopes of the indicators of public health since 2002, the indicators are not comparable with the data in previous years: since 2002, the medical technical personnel and the number of beds have no longer included the data of medical universities, health schools and family plan service stations; the indicator of licensed (assistant) doctor was formerly "doctor" before 2002 (the same for the tables below). The data of medical technical personnel and licensed (assistant) doctors are adjusted data, with village health stations included.

# 表1.3 国民经济和社会发展结构指标
## COMPOSITION INDICATORS ON NATIONAL ECONOMIC AND SOCIAL DEVELOPMENT

单位：% (%)

| 指　标 | Item | 1996 | 2000 | 2005 | 2010 | 2015 | 2016 |
|---|---|---|---|---|---|---|---|
| **人口与就业** | **Population and Employment** | | | | | | |
| **人　口** | **Population** | | | | | | |
| 城镇乡村人口结构 | By Urban and Rural Areas | 100.0 | 100.0 | 100.0 | 100.0 | 100.0 | 100.0 |
| 城　镇 | Urban | 29.5 | 35.6 | 45.2 | 53.0 | 60.9 | 62.6 |
| 乡　村 | Rural | 70.5 | 64.4 | 54.8 | 47.0 | 39.1 | 37.4 |
| 性别结构 | By Sex | 100.0 | 100.0 | 100.0 | 100.0 | 100.0 | 100.0 |
| 男 | Male | 51.0 | 51.3 | 50.4 | 50.6 | 50.6 | 50.6 |
| 女 | Female | 49.0 | 48.7 | 49.6 | 49.4 | 49.4 | 49.4 |
| **就　业** | **Employment** | | | | | | |
| 产业结构 | By Industry | 100.0 | 100.0 | 100.0 | 100.0 | 100.0 | 100.0 |
| 第一产业 | Primary Industry | 58.3 | 55.4 | 46.6 | 40.3 | 30.8 | 28.9 |
| 第二产业 | Secondary Industry | 18.6 | 17.5 | 19.4 | 22.9 | 27.8 | 27.7 |
| 第三产业 | Tertiary Industry | 23.1 | 27.1 | 34.0 | 36.8 | 41.4 | 43.4 |
| 登记注册类型结构 | By Status of Registration | 100.0 | 100.0 | 100.0 | 100.0 | 100.0 | 100.0 |
| 国有经济 | State-owned | 11.5 | 9.0 | 8.5 | 8.1 | 7.0 | 6.9 |
| 集体经济 | Collective-owned | 71.5 | 66.8 | 56.5 | 45.5 | 31.4 | 29.4 |
| 私营和个体 | Private and Individuals | 16.3 | 22.0 | 30.0 | 37.9 | 44.8 | 47.1 |
| 其他经济 | Others | 0.7 | 2.2 | 5.0 | 8.5 | 16.8 | 16.6 |
| **宏观经济** | **Macroeconomic Indicators** | | | | | | |
| **国民经济核算** | **National Economic Accounting** | | | | | | |
| 本市生产总值结构 | GDP by Industry | 100.0 | 100.0 | 100.0 | 100.0 | 100.0 | 100.0 |
| 第一产业 | Primary Industry | 21.9 | 15.9 | 13.4 | 8.6 | 7.3 | 7.4 |
| 第二产业 | Secondary Industry | 43.3 | 42.4 | 45.1 | 44.6 | 45.0 | 44.2 |
| #工　业 | Industry | 38.2 | 35.4 | 37.3 | 36.2 | 35.4 | 34.4 |
| 第三产业 | Tertiary Industry | 34.8 | 41.7 | 41.5 | 46.8 | 47.7 | 48.4 |
| **固定资产投资** | **Investment in Fixed Assets** | | | | | | |
| 建设项目 | Construction Projects | 82.7 | 78.7 | 74.2 | 76.6 | 75.8 | 78.5 |
| 房地产开发 | Real Estate Development | 17.3 | 21.3 | 25.8 | 23.4 | 24.2 | 21.5 |
| 产业结构 | By Industry | 100.0 | 100.0 | 100.0 | 100.0 | 100.0 | 100.0 |
| 第一产业 | Primary Industry | 0.7 | 1.4 | 2.2 | 3.8 | 3.4 | 3.2 |
| 第二产业 | Secondary Industry | 36.1 | 21.7 | 29.2 | 34.9 | 32.3 | 32.6 |
| 第三产业 | Tertiary Industry | 63.2 | 76.9 | 68.6 | 61.2 | 64.3 | 64.2 |

表1.3 续表1 continued1

单位：% (%)

| 指 标 | Item | 1996 | 2000 | 2005 | 2010 | 2015 | 2016 |
|---|---|---|---|---|---|---|---|
| **财 政** | **Government Finance** | | | | | | |
| 一般公共预算收入结构 | Public Government Budget Revenue | | | | 100.0 | 100.0 | 100.0 |
| 市 级 | City | | | | 42.4 | 37.9 | 37.5 |
| 区 县 | County | | | | 57.6 | 62.1 | 62.5 |
| **产 业** | **Industry** | | | | | | |
| **农 业** | **Agriculture** | | | | | | |
| 农林牧渔业产值结构 | Gross Output Value of Farming, Forestry, Animal Husbandry and Fishery | 100.0 | 100.0 | 100.0 | 100.0 | 100.0 | 100.0 |
| 农 业 | Farming | 63.9 | 59.3 | 54.1 | 61.0 | 59.5 | 58.5 |
| 林 业 | Forestry | 2.7 | 2.6 | 3.0 | 3.0 | 3.5 | 3.7 |
| 牧 业 | Animal Husbandry | 30.9 | 34.4 | 37.7 | 32.0 | 31.2 | 31.9 |
| 渔 业 | Fishery | 2.5 | 3.7 | 3.6 | 2.7 | 4.3 | 4.3 |
| 农林牧渔服务业 | Agricultural Services | | | 1.6 | 1.3 | 1.5 | 1.5 |
| **工 业** | **Industry** | | | | | | |
| 规模以上工业增加值结构 | Value-added of Industrial Enterprises above Designated Size | 100.0 | 100.0 | 100.0 | 100.0 | 100.0 | 100.0 |
| 轻工业 | Light Industry | 28.9 | 36.1 | 34.2 | 30.1 | 29.1 | 28.3 |
| 重工业 | Heavy Industry | 71.1 | 63.9 | 63.8 | 69.9 | 70.9 | 71.7 |
| **运输业** | **Transportation** | | | | | | |
| 货运量结构 | Freight Traffic | 100.0 | 100.0 | 100.0 | 100.0 | 100.0 | 100.0 |
| 铁 路 | Railway | 6.7 | 6.7 | 4.9 | 2.8 | 1.7 | 1.7 |
| 公 路 | Highway | 83.1 | 88.1 | 85.1 | 85.3 | 83.8 | 82.9 |
| 水 运 | Waterway | 10.2 | 5.2 | 9.9 | 11.9 | 14.5 | 15.4 |
| **国内商业** | **Domestic Trade** | | | | | | |
| 社会消费品零售总额结构 | Retail Sales of Consumer Goods | 100.0 | 100.0 | 100.0 | 100.0 | 100.0 | 100.0 |
| #市 | City | 58.9 | 57.0 | 58.2 | | | |
| 县 | County | 12.3 | 13.2 | 13.3 | | | |
| 县以下 | Below County Level | 28.8 | 29.8 | 28.5 | | | |
| #城 镇 | Urban | | | | 94.5 | 95.0 | 95.0 |
| 乡 村 | Village | | | | 5.5 | 5.0 | 5.0 |
| **对外经济贸易** | **Foreign Economic Relations and Trade** | | | | | | |
| 实际利用外资结构 | Actual Utilization of Foreign Capital | 100.0 | 100.0 | 100.0 | 100.0 | 100.0 | 100.0 |
| #外商直接投资 | Foreign Direct Investment | 49.6 | 70.8 | 73.2 | 47.8 | 35.0 | 23.2 |
| 外商其他投资 | Other Foreign Investment | 3.4 | 0.4 | 0.8 | 0.4 | 13.3 | 11.7 |
| 进出口总值结构 | Imports and Exports | 100.0 | 100.0 | 100.0 | 100.0 | 100.0 | 100.0 |
| 进 口 | Imports | 37.4 | 55.7 | 58.7 | 60.3 | 74.1 | 64.7 |
| 出 口 | Exports | 62.6 | 44.3 | 41.3 | 39.7 | 25.9 | 35.3 |
| **旅 游** | **Tourism** | | | | | | |
| 国际旅游人数结构 | International Tourists | 100.0 | 100.0 | 100.0 | 100.0 | 100.0 | 100.0 |
| #外国人 | Foreigners | 66.9 | 72.5 | 79.8 | 75.9 | 66.8 | 65.8 |
| 港澳台同胞 | Compatriots from Hongkong, Macao and Taiwan | 32.9 | 27.5 | 20.2 | 24.1 | 33.2 | 34.2 |

注：2007年起，外商直接投资为上报国家商务部口径。
Note: The data of foreign direct investment has become the data reported to the Ministry of Commerce since 2007.

表1.3 续表2 continued2

单位：% (%)

| 指　标 | Item | 1996 | 2000 | 2005 | 2010 | 2015 | 2016 |
|---|---|---|---|---|---|---|---|
| **生活、环境** | **Living Standards and Environment** | | | | | | |
| **生　活** | **Living Standards** | | | | | | |
| 城镇常住居民人均可支配收入结构 | Per Capita Disposable Income of Urban Residents | | | | | 100.0 | 100.0 |
| 工资性收入 | Income from Wages and Salaries | | | | | 58.5 | 57.6 |
| 经营净收入 | Income from Household Operations | | | | | 10.9 | 11.3 |
| 财产净收入 | Income from Properties | | | | | 8.0 | 7.5 |
| 转移净收入 | Income from Transfers | | | | | 22.6 | 23.6 |
| 农村常住居民人均可支配收入结构 | Per Capita Disposable Income of Rural Residents | | | | | 100.0 | 100.0 |
| 工资性收入 | Income from Wages and Salaries | | | | | 34.1 | 34.3 |
| 经营净收入 | Income from Household Operations | | | | | 35.9 | 35.9 |
| 财产净收入 | Income from Properties | | | | | 2.6 | 2.6 |
| 转移净收入 | Income from Transfers | | | | | 27.3 | 27.2 |
| **卫　生** | **Public Health** | | | | | | |
| 卫生技术人员结构 | Medical Technical Personnel (person) | 100.0 | 100.0 | 100.0 | 100.0 | 100.0 | 100.0 |
| #执业（助理）医师 | Licensed (Assisstant) Doctors | 35.1 | 50.7 | 47.4 | 41.6 | 36.6 | 36.1 |
| 注册护士 | Registered Nurses | 22.0 | 23.4 | 26.5 | 34.7 | 42.0 | 43.2 |
| 卫生机构床位结构 | Beds in Health Care Institutions | | 100.0 | 100.0 | 100.0 | 100.0 | 100.0 |
| #医　院 | Hospitals | | 59.0 | 68.8 | 62.6 | 70.2 | 71.4 |
| **环　境** | **Environment** | | | | | | |
| 治理工业污染资金使用结构 | Uses of Fund in Industrial Pollution Control | | 100.0 | 100.0 | 100.0 | 100.0 | 100.0 |
| 治理废水 | Waste Water Control | | 48.1 | 49.9 | 48.7 | 19.9 | 30.1 |
| 治理废气 | Waste Gas Control | | 41.9 | 42.1 | 35.3 | 74.2 | 42.8 |
| 治理固体废物 | Solid Waste Control | | 3.8 | 2.3 | 4.1 | 4.7 | 2.1 |
| 治理噪声 | Noise Control | | 0.8 | 1.7 | 0.6 | 0.2 | 3.2 |
| 其　他 | Others | | 5.4 | 4.0 | 11.2 | 1.0 | 21.8 |

# 表1.4 人均主要社会经济活动水平
## PER CAPITA MAIN SOCIAL AND ECONOMIC ACTIVITIES

单位：元 (yuan)

| 指　标 | Item | 1996 | 2000 | 2005 | 2010 | 2015 | 2016 |
|---|---|---|---|---|---|---|---|
| **国民经济核算** | **National Economic Accounting** | | | | | | |
| 本市生产总值 | Gross Domestic Product | 4574 | 6274 | 12404 | 27598 | 52322 | 57904 |
| **主要农产品产量（公斤）** | **Output of Major Farm Products (kg)** | | | | | | |
| 粮　食 | Grain | 389 | 367 | 369 | 350 | 343 | 344 |
| 油　料 | Oil-bearing Crops | 11 | 10 | 13 | 13 | 18 | 18 |
| 肉　类 | Meat | 44 | 47 | 56 | 58 | 63 | 62 |
| #猪　肉 | Pork | 38 | 40 | 49 | 45 | 46 | 45 |
| 水产品 | Aquatic Products | 5 | 6 | 8 | 7 | 14 | 15 |
| 水　果 | Fruit | 19 | 27 | 49 | 72 | 111 | 120 |
| **主要工业产品产量（规模以上工业）** | **Output of Major Industrial Products (Industrial Enterprises over Designated Size)** | | | | | | |
| 天然气（立方米） | Natural Gas (cu.m) | 87 | 126 | 181 | 204 | 230 | 284 |
| 发电量（千瓦时） | Electricity (kwh) | 427 | 545 | 741 | 1383 | 2137 | 1978 |
| 钢　材（公斤） | Steel Products (kg) | 39 | 51 | 93 | 212 | 468 | 364 |
| 铝　材（公斤） | Aluminum Products (kg) | 2 | 5 | 12 | 31 | 57 | 64 |
| 水　泥（公斤） | Cement (kg) | 215 | 455 | 665 | 1392 | 2254 | 1999 |
| 啤　酒（升） | Beer (liter) | 9 | 16 | 17 | 23 | 25 | 22 |
| 卷　烟（支） | Cigarettes (unit) | 1507 | 1115 | 1255 | 1517 | 1812 | 1298 |
| **国内商业** | **Domestic Trade** | | | | | | |
| 社会消费品零售总额 | Retail Sales of Consumer Goods | 1734 | 2522 | 4392 | 10624 | 21385 | 23978 |
| **财政、金融** | **Government Finance and Financial Intermediation** | | | | | | |
| 地方一般公共预算收入 | General Public Budget Revenue of Local Government | | | | | 6171 | 6568 |
| 地方一般公共预算支出 | General Public Budget Expenditur of Local Governmente | | | | | 11311 | 11797 |
| 人均住户存款 | Per Capita of Savings Deposit of RMB | | | | | 36204 | 39502 |
| **职工工资、居民收入** | **Wages and Income** | | | | | | |
| 城镇非私营单位就业人员平均工资 | Average Wages of Employeed Persons of Urban Non-private Economic Units | | 8016 | 16583 | 34727 | 60543 | 65545 |
| 城镇非私营单位在岗职工平均工资 | Average Wages of On-post Staff and Workers of Urban Non-private Economic Units | 5010 | 8020 | 16630 | 35326 | 62091 | 67386 |
| 城镇常住居民人均可支配收入 | Per Capita Disposable Income of Urban Residents | | | | | 27239 | 29610 |
| 农村常住居民人均可支配收入 | Per Capita Disposable Income of Rural Residents | | | | | 10505 | 11549 |

注：本市人均生产总值、人均社会消费品零售总额按常住人口计算，城镇、农村居民收入为抽样调查数，其他人均指标均按户籍人口计算。

Note: The Per capita GDP and the per capita ris calculated by permanent population; the per capita income of urban and rural residents is the data of sample survey; and other per capita indicators in this talbe are based on registered population.

# 表1.5 平均每天主要社会经济活动

## SELECTED INDICATORS ON AVERAGE DAILY SOCIAL AND ECONOMIC ACTIVITIES

| 指　标 | Item | 1996 | 2000 | 2005 | 2010 | 2015 | 2016 |
|---|---|---|---|---|---|---|---|
| **每天创造的财富** | **Daily Production** | | | | | | |
| 本市生产总值（万元） | Gross Domestic Product (10 000 yuan) | 36031 | 49068 | 95006 | 217139 | 430610 | 481075 |
| 第一产业 | Primary Industry | 7878 | 7805 | 12696 | 18778 | 31511 | 35705 |
| 第二产业 | Secondary Industry | 15589 | 20823 | 42849 | 96742 | 193681 | 212484 |
| #工　业 | Industry | 13755 | 17369 | 35447 | 78625 | 152261 | 165494 |
| 第三产业 | Tertiary Industry | 12564 | 20440 | 39461 | 101619 | 205418 | 232887 |
| 地方一般公共预算收入（万元） | General Public Budget Revenue of Local Government (10 000 yuan) | | | | | 57003 | 61039 |
| 粮　食（吨） | Grain (ton) | 32113 | 30992 | 32005 | 31675 | 31640 | 31945 |
| 油　料（吨） | Oil-bearing Crops (ton) | 647 | 851 | 1170 | 1218 | 1640 | 1718 |
| 肉　类（吨） | Meat (ton) | 3650 | 3943 | 4887 | 5273 | 5858 | 5777 |
| #猪　肉 | Pork | 3128 | 3355 | 3958 | 4042 | 4278 | 4145 |
| 水产品（吨） | Aquatic Products (ton) | 385 | 549 | 687 | 615 | 1317 | 1393 |
| 天然气（万立方米） | Natural Gas (10 000 cu.m) | 715 | 1068 | 1564 | 1849 | 1899 | 2642 |
| 发电量（万千瓦小时） | Electricity (10 000 kwh) | 3527 | 4600 | 6412 | 12513 | 18707 | 19582 |
| 钢　材（吨） | Steel Products (ton) | 3221 | 4301 | 8074 | 19176 | 38670 | 33814 |
| 水　泥（吨） | Cement (ton) | 17774 | 38432 | 57553 | 125974 | 186269 | 185797 |
| 汽　车（辆） | Motor Vehicles (unit) | 340 | 674 | 1155 | 4427 | 8343 | 8647 |
| #轿　车 | Cars | 37 | 132 | 420 | 2333 | 2980 | 2684 |
| 摩托车（辆） | Motorcycles (unit) | 4859 | 5235 | 11530 | 23267 | 23059 | 21580 |
| **每天消费量** | **Daily Consumption** | | | | | | |
| 地方一般公共预算支出（万元） | General Public Budget Expenditure of Local Government (10 000 yuan) | | | | | 104488 | 109639 |
| 社会消费品零售总额（万元） | Total Retail Sales of Consumer Goods (10 000 yuan) | 13661 | 19725 | 33638 | 83592 | 176001 | 199215 |
| **每天其他经济活动** | **Other Daily Economic Activities** | | | | | | |
| 客运量（万人） | Passenger Traffic (10 000 persons) | 116.08 | 156.08 | 165.58 | 347.41 | 175.79 | 173.70 |
| 货运量（万吨） | Freight Traffic (10 000 tons) | 66.68 | 73.57 | 107.40 | 222.97 | 284.22 | 295.45 |
| 港口货物吞吐量（万吨） | Cargo Throughput of Ports (10 000 tons) | 2.95 | 6.71 | 14.39 | 26.49 | 43.15 | 47.59 |
| 邮电业务总量（万元） | Business Volume of Postal and Tele-communication Services (10 000 yuan) | 112.00 | 599.00 | 1947.00 | 5472.23 | 15132.96 | 24317.57 |
| 进出口总额（万美元） | Total Imports and Exports (USD 10 000) | 434.36 | 489.17 | 1176.12 | 3404.38 | 20404.54 | 17197.60 |
| 进　口 | Imports | 162.64 | 272.66 | 690.56 | 2051.78 | 15120.53 | 11149.08 |
| 出　口 | Exports | 271.72 | 216.51 | 485.56 | 1352.60 | 5284.01 | 6048.52 |
| 实际利用外资（万美元） | Actual Utilization of Foreign Capital (USD 10 000) | 120.96 | 94.61 | 192.94 | 1745.21 | 2949.33 | 3107.35 |
| 实际利用内资（万元） | Actual Utilization of Domestic Capital (10 000 yuan) | 935 | 1179 | 5641 | 72282 | 233702 | 256029 |
| 接待入境旅游人数（人次） | Number of Overseas Vistior Arrival Recevied (person-time) | 443 | 729 | 1435 | 3754 | 7741 | 8674 |
| 旅行社组织出境旅游人数（人次） | Number of Outbound Tourists Organized by Travel Agencies (person-time) | | | 201 | 623 | 4992 | 5376 |

注：1）本表价值指标除邮电业务总量按2010年不变价计算外，其余均按当年价计算。
2）2006年以前工业产品产量为国有及规模以上非国有工业企业数，2007年起为规模以上工业企业数，2015年起天然气和发电量为全口径工业企业数据。

Note: a) All the value indicators in this table are calculated at current prices except the total business volumeof postal and telecommunication services in 2010, which is calculated at constant prices.
b) The output of industrial products before 2006 is based on the state-owned industrial enterprises and non-state-owned industrial enterprises above designated size; while it is based on the industrial enterprises above designated size since 2007. And the data of natural gas and electricity about the industrial enterprises are those of full coverage since 2015.

# 表1.6 各部门机构数（2015－2016年）
## GRASSROOTS UNITS IN VARIOUS SECTORS (2015-2016)

单位：个 (unit)

| 部 门 | Sector | 2015 | 2016 |
|---|---|---|---|
| **农村基层单位** | **Rural Grassroots Units** | | |
| 乡政府 | Township Governments | 195 | 190 |
| 镇政府 | Town Governments | 617 | 622 |
| 居委会 | Neighborhood Committees | 2863 | 3048 |
| **工 业（规模以上）** | **Industry (above Designated Size)** | **6608** | **6782** |
| #国有及国有控股 | State-owned and State-holding | 512 | 511 |
| **建筑业** | **Construction Enterprises** | **2628** | **2736** |
| **邮政局所** | **Postal Offices** | **1756** | **1780** |
| **批发零售业和餐饮业（限额以上）** | **Wholesale & Retail and Catering Trades (above Designated Size)** | | |
| 批发业企业 | Wholesale Enterprises | 2368 | 2423 |
| 零售业企业 | Retail Enterprises | 3186 | 3460 |
| 住餐业企业 | Hotels Enterprises | 402 | 459 |
| 餐饮业企业 | Catering Enterprises | 1273 | 1412 |
| **教育事业** | **Education** | | |
| 普通高等学校 | Regular Institutions of Higher Education | 64 | 65 |
| 普通中学 | Regular Secondary Schools | 1167 | 1120 |
| 小 学 | Primary Schools | 4170 | 2979 |
| 幼儿园 | Kindergartens | 4816 | 5109 |
| 特殊教育 | Special Education | 36 | 36 |
| **文化机构数** | **Cultural Institutions** | | |
| #艺术业 | Art Institutions | 752 | 792 |
| 文物事业 | Cultural Relic Institutions | 113 | 117 |
| 图书馆事业 | Public Libraries | 43 | 43 |
| 群众文化事业 | Mass Cultural Institutions | 1045 | 1062 |
| **出版、发行事业** | **Publishing and Distribution Establishments** | | |
| 出版社 | Publishing Houses | 3 | 3 |
| 书刊印刷厂 | Printing Houses | 83 | 86 |
| 国有书店 | State-owned Book Stores | 267 | 267 |
| **卫生事业** | **Health Care** | | |
| #医院、卫生院 | Hospitals and Health Centers | 1568 | 1606 |
| **社会福利** | **Social Welfare** | | |
| #提供住宿的社会服务机构 | Social Service Institutions Providing Accommodation | 672 | 690 |
| 社会福利企业单位 | Social Welfare Enterprises | 613 | 550 |

重/庆/统/计/年/鉴

# 主要统计指标解释

## 行政区划

指国家对行政区域的划分。根据宪法规定，我国的行政区划分如下：（1）全国分为省、自治区、直辖市；（2）省、自治区分为自治州、县、自治县、市；（3）自治州分为县、自治县、市；（4）县、自治县分为乡、民族乡、镇；（5）直辖市和较大的市分为区、县；（6）国家在必要时设立的特别行政区。

## 可比价格

指计算各种总量指标所采用的扣除了价格变动因素的价格，可进行不同时期总量指标的对比。按可比价格计算总量指标有两种方法：一种是直接用产品产量乘某一年的不变价格计算；另一种是用价格指数进行缩减。

## 不变价格

指以同类产品某年的平均价格作为固定价格，用于计算各年的产品价值。按不变价格计算的产品价值消除了价格变动因素，不同时期对比可以反映生产的发展速度。新中国成立后，随着工农业产品价格水平的变化，国家统计局先后五次制定了全国统一的工业产品不变价格和农业产品不变价格。从1952年到1957年使用1952年工（农）业产品不变价格，从1957年到1970年使用1957年不变价格，从1971年到1980年使用1970年不变价格，从1981年到1990年使用1980年不变价格，从1991年开始使用1990年不变价格。

## 平均增长速度

平均增长速度表明社会经济现象在一个较长的时期内逐期平均增长变化的程度，它不能根据各个环比增长速度直接求得，但与平均发展速度之间存在着一定的数量关系：平均增长速度＝平均发展速度－1。

平均发展速度是一种根据环比发展速度计算的序时平均数，由于各时期对比的基础不同，所以计算平均发展速度不能采用一般的序时平均数的计算方法，计算方法分为水平法和累计法。水平法，又称几何平均法，即将环比发展速度按连乘法用几何平均数公式计算。累计法，也称方程法，根据一段时期内各年发展水平总和与基期水平的关系，列出方程式计算平均发展速度。水平法着重考虑最后一年所达到的发展水平；累计法着重考虑整个时期累计发展水平的总量。

本《年鉴》内所列的平均增长速度，除固定资产投资用“累计法”计算外，其余均用“水平法”计算。从某年到某年平均增长速度的年份，均不包括基期年在内。如建国四十三年以来的平均增长速度是以1949年为基期计算的，则写为1950-1992年平均增长速度，其余类推。

## 国民经济行业分类

自2003年定期报表开始使用新的《国民经济行业分类》（GB/T4754-2002）该分类是由国家统计局组织修订，经国家质量监督检验检疫总局批准，于2002年5月10日发布实施。这次修订是在1994年分类标准的基础上，参照联合国《全部经济活动的国际标准产业分类》（ISIC/Rev.3）进行的。修订后的《国民经济行业分类》（GB/T4754-2002）共有门类20个，大类95个，中类396个，小类913个。新增门类4个，大类增加3个，中类增加28个，小类增加67个。

## 企业（单位）登记注册类型

是以在工商行政管理机关登记注册的各类企业为划分对象，以工商行政管理部门对企业登记注册的类型为依据，将企业登记注册类型分为内资企业、港澳台商投资企业和外商投资企业三大类。内资企业包括国有企业、集体企业、股份合作企业、联营企业、有限责任公司、股份有限公司、私营公司和其他企业，港澳台商投资企业和外商投资企业分别包括合资经营企业、合作经营企业、独资经营企业和股份有限公司。对不在工商行政管理部门进行登记注册的行政机关、事业单位和社会团体，主要按其经费来源和管理方式进行划分。

## 国有企业

指企业全部资产归国家所有，并按《中华人民共和国企业法人登记管理条例》规定登记注册的非公司制的经济组织。不包括有限责任公司中的国有独资公司。

## 主要统计指标解释

### ■ 集体企业

指企业资产归集体所有，并按《中华人民共和国企业法人登记管理条例》规定登记注册的经济组织。

### ■ 股份合作企业

指以合作制为基础，由企业职工共同出资入股，吸收一定比例的社会资产投资组建，实行自主经营，自负盈亏，共同劳动，民主管理，按劳分配与按股份红相结合的一种集体经济组织。

### ■ 联营企业

指两个及两个以上相同或不同所有制性质的企业法人或事业单位法人，按自愿、平等、互利的原则，共同投资组成的经济组织。联营企业包括国有联营企业、集体联营企业、国有与集体联营企业和其他联营企业。

### ■ 有限责任公司

指根据《中华人民共和国公司登记管理条例》规定登记注册，由两个以上、五十个以下的股东共同出资，每个股东以其所认缴的出资额对公司承担有限责任，公司以其全部资产对其债务承担责任的经济组织。有限责任公司包括国有独资公司以及其他有限责任公司。

### ■ 股份有限公司

指根据《中华人民共和国公司登记管理条例》规定登记注册，其全部注册资本由等额股份构成并通过发行股票筹集资本，股东以其认购的股份对公司承担有限责任，公司以其全部资产对其债务承担责任的经济组织。

### ■ 私营企业

指由自然人投资设立或由自然人控股，以雇用劳动为基础的营利性经济组织。包括按照《公司法》、《合伙企业法》、《私营企业暂行条例》规定登记注册的私营有限责任公司、私营股份有限公司、私营合伙企业和私营独资企业。

### ■ 其他企业

指上述企业之外的其他内资经济组织。

### ■ 与港澳台商合资经营企业

指港澳台地区投资者与内地企业依照《中华人民共和国中外合资经营企业法》及有关法律的规定，按合同规定的比例投资设立、分享利润和分担风险的企业。

### ■ 与港澳台商合作经营企业

指港澳台地区投资者与内地企业依照《中华人民共和国中外合作经营企业法》及有关法律的规定，依照合作合同的约定进行投资或提供条件设立、分配利润和分担风险的企业。

### ■ 港澳台商独资经营企业

指依照《中华人民共和国外资企业法》及有关法律的规定，在内地由港澳台地区投资者全额投资设立的企业。

### ■ 港澳台商投资股份有限公司

指根据国家有关规定，经外经贸部依法批准设立，其中港、澳、台商的股本占公司注册资本的比例达25%以上的股份有限公司。凡其中港、澳、台商的股本占公司注册资本的比例小于25%的，属于内资企业中的股份有限公司。

### ■ 中外合资经营企业

指外国企业或外国人与中国内地企业依照《中华人民共和国中外合资经营企业法》及有关法律的规定，按合同规定的比例投资设立、分配利润和分担风险的企业。

### ■ 中外合作经营企业

指外国企业或外国人与中国内地企业依照《中华人民共和国中外合作经营企业法》及有关法律的规定，依照合作合同的约定进行投资或提供条件设立、分配利润和分担风险的企业。

### ■ 外资企业

指依照《中华人民共和国外资企业法》及有关法律的规定，在中国内地由外国投资者全额投资设立的企业。

## 主要统计指标解释

### 外商投资股份有限公司

指根据国家有关规定，经外经贸部依法批准设立，其中外资的股本占公司注册资本的比例达25%以上的股份有限公司。凡其中外资股本占公司注册资本的比例小于25%的，属于内资企业中的股份有限公司。

### 行政机关、事业单位和社会团体

参照企业登记注册类型，主要按其经费来源和管理方式划分。具体规定如下：

（1）行政机关：包括国家机关和政党机关，原则上均列为“国有”。但有特殊规定的，如供销社等，列为“集体”。

（2）事业单位：包括经国家机构编制部门和有关业务主管部门批准成立的各类事业单位，不包括实行企业化管理的事业单位。事业单位的划分办法如下：

①由国家财政预算拨款或列入财政预算外资金管理以及经费主要来源于国有主管部门或国有上级单位的事业单位，列为“国有”。

②经费主要来源于集体单位的事业单位，列为“集体”。

③公民个人（或个人合伙）开办的事业单位，列为“私营”。

④上述以外的其他事业单位，如果其经费来源不明确，按管理方式进行归类。

（3）社会团体：包括经民政部门批准成立以及未纳入社会团体管理条例范围的工会、妇联等各类社会团体。社会团体的划分办法如下：

①未纳入民政部社会团体管理条例范围的工会、妇联、共青团、青联、工商联、科协、侨联等社会团体，国家拨款设立的基金会或基金管理组织以及经费主要来源于国有业务主管部门或国有上级单位的社会团体，列为“国有”。

②经费主要来源于集体单位的社会团体，列为“集体”。

③公民个人（或个人合伙）开办的社会团体，划为“私营”。

④上述以外的其他社会团体，如果其经费来源不明确，改按管理方式进行归类。

# Explanatory Notes on Main Statistical Indicators

## Division of Administrative Areas

Refers to the division of administrative areas by the state. The relative laws stipulate that; 1) the whole country is divided into provinces, autonomous regions and municipalities directly under the Central Government; 2) provinces and autonomous regions are further divided into autonomous prefectures, counties, autonomous counties and cities; 3) autonomous prefectures are divided into counties, autonomous counties and cities; 4) counties and autonomous counties are further divided into townships, ethnic townships and towns; 5) municipalities and large cities are divided into districts and counties; 6) the state shall, when necessary, establish special administrative regions.

## Comparable Prices

Refer to prices that are used to remove the factors of price change in calculating economic aggregates, so as to facilitate comparison of aggregates over time. Two methods are used for calculating economic aggregates at comparable prices: (a) Multiplying the output of products by their constant prices of certain year. (b) Deflation of data at current prices by relevant price index.

## Constant Price

Refers to the average price of a given product in certain year, which is used for comparison of output value over time. As the output value at constant prices removers the factor of price changes, it reflects the trend of production development over time. Since 1949,with the changes in general price level, the State Statistical Bureau has issued nationally unified constant prices five times: the 1952 constant prices for 1949-1957;the 1957 constant prices for 1957-1971;the 1970 constant prices for 1971-1981;the 1980 constant prices for 1981-1990; and the 1990 constant prices have been used since 1991.

## Average Annual Growth Rate

Shows the average growth rate of social and economic development during a longer period. It can not be directly calculated by chain based growth rate. The relation is:

Average Annual Growth Rate = Average Speed of Development – 1

Average speed of development is the time series average of speed which calculated by chain based. Because the reference bases during the different periods are not same, average speed of development can not be calculated by the general method. Level approach and accumulative approach for calculating average speed of development rate are applied. The "level approach", or the method of calculating the geometric average, is derived by the formula of geometric average of the chain-based speeds of development, or comparing the level of the last year of the interval with that of the beginning year; the other is called the "accumulative approach" or the "algebraic average", "equation" method, which is derived by the summation of the actual figure of each year in the interval divided by the figure in the base year. The level approach focuses on the level of the last year, while the accumulative approach emphasizes the aggregate development in the duration.

The average annual growth rates listed in the Yearbook are calculated by the level approach except for the growth rate of investment in fixed assets. The base year is not listed in the duration for which average annual growth rates are computed. For instance, the average annual growth rate of the 43 years since 1949 is shown as the average annual growth rate of 1950-1992 without showing the base year 1949.

## Industrial Classification of the National Economy

The new Industrial Classification of the National Economy (GB/T 4754-2002) is introduced starting from the compilation of 2003 annual statistics. The revision of the 1994 classification was organized by the National Bureau of Statistics taking into consideration of the International Standards of the Industrial Classification of All Economic Activities (ISIC/Rev.3) of the United Nations, and the new Classification was promulgated by the National Administration of Quality Supervision, Inspection and Quarantine on May 10, 2002. The revised version of the Industrial Classification of the National Economy (GB/T 4754-2002) is composed of 20 major divisions, 95 divisions, 396 major groups and 913 groups, including 4 new major divisions, 3 new divisions, 28 major groups and 67 groups.

EXPLANATORY NOTES TO MAJOR STATISTICAL INDICATORS

## ☐ Registration Status of Enterprises

Is classified into 3 categories, namely domestic-funded enterprises, enterprises with foreign investment, in the light of the registration status of an enterprise in industrial and commercial administration agencies. Domestic-funded enterprises include state-owned enterprises, collective-owned enterprises, cooperative enterprises, joint ownership enterprises, limited liability corporations, share-holding corporations Ltd., private enterprises and other enterprises. Included in the enterprises with investment from Hong Kong, Macao and Taiwan and enterprises with foreign investment are joint-venture enterprises, cooperative enterprises, sole investment enterprises and share-holding corporations Ltd. For government agencies, institutions and social organizations that are not requested to register in industrial and commercial administration agencies, they are classified mainly by their sources of funds and way of management.

## ☐ State-owned Enterprises

Refer to non-corporation economic units where the entire assets are owned by the state and which have registered in accordance with the Regulation of the People's Republic of China on the Management of Registration of Corporate Enterprises. Excluded from this category are sole state-funded corporations in the limited liability corporations.

## ☐ Collective-owned Enterprises

Refer to economic units where the assets are owned collectively and which have registered in accordance with the Regulation of the People's Republic of China on the Management of Registration of Corporate Enterprises.

## ☐ Cooperative Enterprises

Refer to a form of collective economic units (enterprises) where capitals come mainly from employees as their shares, with certain proportion of capital from the outside, where production is organized on the basis of independent operation, independent accounting for profits and losses, joint work, democratic management, and a distribution system that integrates remuneration according to work with dividend according to capital share.

## ☐ Joint Ownership Enterprises

Refer to economic units established by two or more corporate enterprises or corporate institutions of the same or different ownership, through joint investment on the basis of equality, voluntary participation and mutual benefits. They include state joint ownership enterprises, collective joint ownership enterprises, joint state-collective enterprises, other joint ownership enterprises.

## ☐ Limited Liability Corporations

Refer to economic units established with investment from 2-50 investors and registered in accordance with the Regulation of the People's Republic of China on the Management of Registration of Corporations, each investor bearing limited liability to the corporation depending on its share of investment, and the corporation bearing liability to its debt to the maximum of its total assets. Limited liability corporations include exclusive state-funded limited liability corporations and other limited liability corporations.

## ☐ Share holding Corporations Ltd.

Refer to economic units registered in accordance with the Regulation of the People's Republic of China on the Management of Registration of Corporations, with total registered capitals divided into equal shares and raised through issuing stocks. Each investor bears limited liability to the corporation depending on the holding of shares, and the corporation bears liability to its debt to the maximum of its total assets.

## ☐ Private Enterprises

Refer to profit-making economic units invested and established by natural persons, or controlled by natural persons using employed labor. Included in this category are private limited liability corporations, private share-holding corporations Ltd., private partnership enterprises and private-funded enterprises registered in accordance with the Corporation Law, Partnership Enterprises Law and Interim Regulations on Private Enterprise.

## ☐ Other Domestic-funded Enterprises

Refer to domestic-funded economic units other than those mentioned above.

## ☐ Joint-venture Enterprises with Funds from Hong Kong, Macao and Taiwan

Refer to enterprises jointly established by invertors from Hong Kong, Macao and Taiwan with enterprises in the mainland of China in accordance with the Law of the People's Republic of China on Sino-foreign Joint Venture Enterprises and other relevant laws, where the share of investment, profits and risks is stipulated in the contract.

EXPLANATORY NOTES TO MAJOR STATISTICAL INDICATORS

## Cooperative Enterprises with Funds from Hong Kong Macau and Taiwan

Established by investors from Hong Kong, Macau and Taiwan with enterprises in the mainland of China in accordance with the Law of the People's Republic of China on Sino-foreign Cooperative Enterprises and other relevant laws, where the investment or provision of facilities, and the share of profits and risks is stipulated in the cooperative contract.

## Enterprises with Sole (exclusive) Investment from Hong Kong, Macau and Taiwan

Refer to enterprises established in the mainland of China with exclusive investment from investors from Hong Kong, Macau and Taiwan in accordance with the Law of the People's Republic of China on Foreign-Funded Enterprises and other relevant laws.

## Share-holding Corporations Ltd. with Investment from Hong Kong, Macau and Taiwan

Refer to share-holding corporations Ltd. established with the approval from the former Ministry of Foreign Trade and Economic Relations in line with relevant state regulations, where the share of investment from Hong Kong, Macau or Taiwan businessmen exceeds 25% of the total registered capital of the corporation. In case the share of investment from Hong Kong, Macau or Taiwan is less than 25% of the total registered capital, the enterprise is to be classified as domestic-funded share-holding corporation Ltd.

## Joint-venture Enterprises with Foreign Investment

Refer to enterprises jointly established by foreign enterprises or foreigners with enterprises in the mainland of China in accordance with the Law of the People's Republic of China on Sino-foreign Joint Venture Enterprises and other relevant laws, where the share of investment, profits and risks is stipulated in the contract.

## Cooperation Enterprises with Foreign Investment

Refer to enterprises jointly established by foreign enterprises or foreigners with enterprises in the mainland of China in accordance with the Law of the People's Republic of China on Sino-foreign Cooperative Enterprises and other relevant laws, where the investment or provision of facilities, and the share of profits and risks is stipulated in the cooperative contract.

## Enterprises with Sole (exclusive) Foreign Investment

Refer to enterprises established in the mainland of China with exclusive investment from foreign investors in accordance with the Law of the People's Republic of China on Foreign-Funded Enterprises and other relevant laws.

## Share-holding Corporations Ltd. with Foreign Investment

Refer to share-holding corporations Ltd. established with the approval from the Ministry of Foreign Trade and Economic Relations in line with relevant state regulations, where the share of investment from foreign investors exceeds 25% of the total registered capital of the corporation. In case the share of foreign investment is less than 25% of the total registered capital, the enterprise is to be classified as domestic-funded share-holding corporation Ltd.

## Government Agencies, Institutions and Social Organizations

Are classified into following categories by source of funds and way of management taking reference of the registration status of enterprises:

(I) Government agencies: include state and party agencies, classified in principle as "state-owned". There are exceptions, such as supply and marketing cooperatives, which are classified, as "collective".

(II) Institutions: include institutions of various types established with the approval by organization and staffing departments of the government, but exclude institutions where enterprise management system is introduced. Institutions are further classified as follows:

(a) Institutions whose main budget is listed in the government budget appropriations or extra-budget funds, or allocated from the budget of their competent government agencies. Such institutions are classified as "state-owned".

(b) Institutions whose budget mainly comes from collective units. Such institutions are classified as "collective".

(c) Institutions other than those mentioned above whose source of budget are not clear. Such institutions are classified by way of management.

(III) Social organizations: include social organizations

established with the approval from the Ministry of Civil Affairs, and organizations that are not covered by social organization management regulations such as trade unions, women's federations etc. Social organizations are further classified as follows:

(a) Social organizations that are not covered by social organization management regulations of the Ministry of Civil Affairs such as trade unions, women's federations, communist youth leagues, youth associations, industrial and commerce associations, scientists associations, overseas Chinese associations, etc., foundations and fund management organizations established with founds from the state, and social organizations whose funds mainly come from the budget of their competent government agencies. Such institutions are classified as "state-owned".

(b) Social organizations whose budget mainly comes from collective units. Such institutions are classified as "collective".

(c) Social organizations established by individual or a group of citizens, which are classified as "private".

(d) Social organizations other than those mentioned above whose source of budget are not clear. Such organizations are classified by way of management.

# 第2章

## 国民经济核算

## NATIONAL ECONOMIC ACCOUNTING

# 简要说明
# BRIEF INTRODUCTION

本章本市生产总值资料包括各年度地区生产总值的绝对值、构成和指数，三次产业贡献率，三次产业拉动力，支出法地区生产总值以及“一圈两翼”及三大经济区生产总值的绝对值和指数。

本章资料由市统计局国民经济核算处提供。

The data of Gross Domestic Product (GDP) in this chapter includes the values, composition and indices of GDP in all the years, the share of the contributions of the growth of three strata of industry to the increase of the GDP, the contribution of the three strata of industry to GDP growth, the GDP by expenditure approach, and the value and indices of the GDP of the “one circle and two wings” and the three major economic zones of Chongqing.

All the data in this chapter are provided by Division of National Economic Accounting, Chongqing Municipal Bureau of Statistics.

# 表2.1 地区生产总值（1949－1978年）
## GROSS DOMESTIC PRODUCT (1949-1978)

单位：亿元 (100 million yuan)

| 年份 Year | 本市生产总值 Gross Domestic Product | 其中 of which | | | |
|---|---|---|---|---|---|
| | | 第一产业 Primary Industry | 第二产业 Secondary Industry | 其中 of which | |
| | | | | 工业 Industry | 建筑业 Construction |
| 1949 | 13.89 | 9.74 | 2.71 | 2.50 | 0.21 |
| 1950 | 15.02 | 10.23 | 3.00 | 2.77 | 0.23 |
| 1951 | 15.97 | 10.72 | 3.37 | 3.11 | 0.26 |
| 1952 | 17.97 | 11.86 | 3.94 | 3.59 | 0.35 |
| 1953 | 21.26 | 13.57 | 5.63 | 4.96 | 0.67 |
| 1954 | 22.79 | 13.89 | 6.52 | 6.00 | 0.52 |
| 1955 | 23.32 | 13.86 | 7.04 | 6.61 | 0.43 |
| 1956 | 26.37 | 15.01 | 8.33 | 7.70 | 0.63 |
| 1957 | 26.56 | 13.12 | 10.03 | 9.45 | 0.58 |
| 1958 | 34.81 | 15.43 | 14.53 | 13.52 | 1.01 |
| 1959 | 38.03 | 12.02 | 20.40 | 18.90 | 1.50 |
| 1960 | 38.82 | 11.10 | 21.38 | 19.89 | 1.49 |
| 1961 | 28.96 | 10.35 | 12.52 | 11.90 | 0.62 |
| 1962 | 25.12 | 9.92 | 9.67 | 9.42 | 0.25 |
| 1963 | 27.92 | 12.08 | 10.30 | 9.91 | 0.39 |
| 1964 | 32.58 | 13.37 | 13.07 | 12.49 | 0.58 |
| 1965 | 38.29 | 16.21 | 15.79 | 14.74 | 1.05 |
| 1966 | 39.61 | 16.18 | 17.75 | 16.52 | 1.23 |
| 1967 | 34.70 | 15.21 | 13.76 | 12.96 | 0.80 |
| 1968 | 28.25 | 15.18 | 7.81 | 7.41 | 0.40 |
| 1969 | 32.79 | 14.75 | 11.96 | 11.23 | 0.73 |
| 1970 | 39.96 | 15.96 | 17.41 | 16.10 | 1.31 |
| 1971 | 45.97 | 16.71 | 22.18 | 20.81 | 1.37 |
| 1972 | 45.37 | 16.67 | 20.82 | 19.67 | 1.15 |
| 1973 | 46.32 | 18.14 | 19.66 | 18.24 | 1.42 |
| 1974 | 45.70 | 18.43 | 18.00 | 16.85 | 1.15 |
| 1975 | 53.37 | 18.81 | 24.00 | 22.49 | 1.51 |
| 1976 | 53.43 | 19.07 | 23.44 | 22.00 | 1.44 |
| 1977 | 60.22 | 21.74 | 26.99 | 24.98 | 2.01 |
| 1978 | 71.70 | 24.81 | 34.46 | 31.53 | 2.93 |

**表2.1 续表 continued**

单位：亿元 (100 million yuan)

| 年 份 Year | 第三产业 Tertiary Industry | 批发和零售业 Wholesale and Retail Trades | 交通运输、仓储及邮政业 Transport, Storage, Post | 住宿和餐饮业 Hotels and Catering Services | 金融业 Financial Intermediation | 房地产业 Real Estate | 其他服务业 Others | 本市人均生产总值（元） Per Capita GDP (yuan) |
|---|---|---|---|---|---|---|---|---|
| 1949 | 1.44 | 0.44 | 0.61 | 0.26 | 0.03 | 0.02 | 0.08 | 87 |
| 1950 | 1.79 | 0.50 | 0.70 | 0.28 | 0.06 | 0.05 | 0.20 | 91 |
| 1951 | 1.88 | 0.56 | 0.74 | 0.29 | 0.09 | 0.07 | 0.13 | 94 |
| 1952 | 2.17 | 0.64 | 0.83 | 0.31 | 0.06 | 0.08 | 0.25 | 103 |
| 1953 | 2.06 | 0.65 | 0.78 | 0.32 | 0.07 | 0.09 | 0.15 | 120 |
| 1954 | 2.38 | 0.70 | 0.87 | 0.34 | 0.10 | 0.11 | 0.26 | 124 |
| 1955 | 2.42 | 0.69 | 0.88 | 0.37 | 0.10 | 0.13 | 0.25 | 125 |
| 1956 | 3.03 | 0.81 | 1.08 | 0.44 | 0.13 | 0.14 | 0.43 | 135 |
| 1957 | 3.41 | 0.97 | 1.23 | 0.44 | 0.14 | 0.15 | 0.48 | 131 |
| 1958 | 4.85 | 1.53 | 1.75 | 0.46 | 0.21 | 0.14 | 0.76 | 170 |
| 1959 | 5.61 | 1.81 | 2.04 | 0.52 | 0.34 | 0.17 | 0.73 | 185 |
| 1960 | 6.34 | 1.82 | 2.04 | 0.53 | 0.57 | 0.16 | 1.22 | 193 |
| 1961 | 6.09 | 1.54 | 1.82 | 0.53 | 0.57 | 0.18 | 1.45 | 154 |
| 1962 | 5.53 | 1.23 | 1.61 | 0.66 | 0.46 | 0.18 | 1.39 | 139 |
| 1963 | 5.54 | 1.21 | 1.47 | 0.58 | 0.35 | 0.19 | 1.74 | 151 |
| 1964 | 6.14 | 1.52 | 1.70 | 0.52 | 0.58 | 0.18 | 1.64 | 169 |
| 1965 | 6.29 | 1.55 | 1.71 | 0.52 | 0.86 | 0.21 | 1.44 | 191 |
| 1966 | 5.68 | 1.33 | 1.41 | 0.50 | 0.35 | 0.22 | 1.87 | 191 |
| 1967 | 5.73 | 1.44 | 1.35 | 0.48 | 0.41 | 0.25 | 1.80 | 164 |
| 1968 | 5.26 | 1.18 | 1.22 | 0.46 | 0.56 | 0.30 | 1.54 | 131 |
| 1969 | 6.08 | 1.40 | 1.37 | 0.49 | 0.72 | 0.36 | 1.74 | 147 |
| 1970 | 6.59 | 1.52 | 1.41 | 0.50 | 0.85 | 0.40 | 1.91 | 172 |
| 1971 | 7.08 | 1.56 | 1.47 | 0.60 | 1.09 | 0.45 | 1.91 | 192 |
| 1972 | 7.88 | 1.72 | 1.61 | 0.66 | 0.96 | 0.52 | 2.41 | 185 |
| 1973 | 8.52 | 1.79 | 1.76 | 0.66 | 1.06 | 0.55 | 2.70 | 183 |
| 1974 | 9.27 | 1.81 | 1.83 | 0.64 | 1.23 | 0.62 | 3.14 | 177 |
| 1975 | 10.56 | 2.02 | 2.04 | 0.69 | 1.45 | 0.71 | 3.65 | 201 |
| 1976 | 10.92 | 2.04 | 1.94 | 0.67 | 1.59 | 0.78 | 3.90 | 199 |
| 1977 | 11.49 | 2.21 | 2.11 | 0.69 | 1.90 | 0.87 | 3.71 | 221 |
| 1978 | 12.43 | 2.34 | 2.38 | 0.78 | 2.00 | 0.88 | 4.05 | 287 |

注：本表人均生产总值按户籍人口计算。
Note: The per capita GDP hereof is calculated by registered population.

# 表2.2 地区生产总值构成（1949－1978年）

## COMPOSITION OF GROSS DOMESTIC PRODUCT (1949-1978)

单位：% (%)

| 年份 Year | 本市生产总值 Gross Domestic Product | 其中 of which | | | |
|---|---|---|---|---|---|
| | | 第一产业 Primary Industry | 第二产业 Secondary Industry | 其中 of which | |
| | | | | 工业 Industry | 建筑业 Construction |
| 1949 | 100.0 | 70.1 | 19.5 | 18.0 | 1.5 |
| 1950 | 100.0 | 68.1 | 20.0 | 18.4 | 1.6 |
| 1951 | 100.0 | 67.1 | 21.1 | 19.5 | 1.6 |
| 1952 | 100.0 | 66.0 | 21.9 | 20.0 | 1.9 |
| 1953 | 100.0 | 63.8 | 26.5 | 23.3 | 3.2 |
| 1954 | 100.0 | 60.9 | 28.6 | 26.3 | 2.3 |
| 1955 | 100.0 | 59.4 | 30.2 | 28.3 | 1.9 |
| 1956 | 100.0 | 56.9 | 31.6 | 29.2 | 2.4 |
| 1957 | 100.0 | 49.4 | 37.8 | 35.6 | 2.2 |
| 1958 | 100.0 | 44.3 | 41.7 | 38.8 | 2.9 |
| 1959 | 100.0 | 31.6 | 53.6 | 49.7 | 3.9 |
| 1960 | 100.0 | 28.6 | 55.1 | 51.2 | 3.9 |
| 1961 | 100.0 | 35.7 | 43.2 | 41.1 | 2.1 |
| 1962 | 100.0 | 39.5 | 38.5 | 37.5 | 1.0 |
| 1963 | 100.0 | 43.3 | 36.9 | 35.5 | 1.4 |
| 1964 | 100.0 | 41.0 | 40.1 | 38.3 | 1.8 |
| 1965 | 100.0 | 42.3 | 41.2 | 38.5 | 2.7 |
| 1966 | 100.0 | 40.8 | 44.8 | 41.7 | 3.1 |
| 1967 | 100.0 | 43.8 | 39.7 | 37.3 | 2.4 |
| 1968 | 100.0 | 53.7 | 27.6 | 26.2 | 1.4 |
| 1969 | 100.0 | 45.0 | 36.5 | 34.2 | 2.3 |
| 1970 | 100.0 | 39.9 | 43.6 | 40.3 | 3.3 |
| 1971 | 100.0 | 36.3 | 48.2 | 45.3 | 2.9 |
| 1972 | 100.0 | 36.7 | 45.9 | 43.4 | 2.5 |
| 1973 | 100.0 | 39.2 | 42.4 | 39.4 | 3.0 |
| 1974 | 100.0 | 40.3 | 39.4 | 36.9 | 2.5 |
| 1975 | 100.0 | 35.2 | 45.0 | 42.1 | 2.9 |
| 1976 | 100.0 | 35.7 | 43.9 | 41.2 | 2.7 |
| 1977 | 100.0 | 36.1 | 44.8 | 41.5 | 3.3 |
| 1978 | 100.0 | 34.6 | 48.1 | 44.0 | 4.1 |

**表2.2 续表 continued**

单位：% (%)

| 年 份 Year | 第三产业 Tertiary Industry | 其中 of which: 批发和零售业 Wholesale and Retail Trades | 交通运输、仓储及邮政业 Transport, Storage, Post | 住宿和餐饮业 Hotels and Catering Services | 金融业 Financial Intermediation | 房地产业 Real Estate | 其他服务业 Others |
|---|---|---|---|---|---|---|---|
| 1949 | 10.4 | 3.2 | 4.4 | 1.9 | 0.2 | 0.1 | 0.6 |
| 1950 | 11.9 | 3.3 | 4.7 | 1.9 | 0.4 | 0.3 | 1.3 |
| 1951 | 11.8 | 3.5 | 4.6 | 1.8 | 0.6 | 0.4 | 0.9 |
| 1952 | 12.1 | 3.6 | 4.6 | 1.7 | 0.3 | 0.4 | 1.5 |
| 1953 | 9.7 | 3.1 | 3.7 | 1.5 | 0.3 | 0.4 | 0.7 |
| 1954 | 10.5 | 3.1 | 3.8 | 1.5 | 0.4 | 0.5 | 1.2 |
| 1955 | 10.4 | 3.0 | 3.8 | 1.6 | 0.4 | 0.6 | 1.0 |
| 1956 | 11.5 | 3.1 | 4.1 | 1.7 | 0.5 | 0.5 | 1.6 |
| 1957 | 12.8 | 3.7 | 4.6 | 1.7 | 0.5 | 0.6 | 1.7 |
| 1958 | 14.0 | 4.4 | 5.0 | 1.3 | 0.6 | 0.4 | 2.3 |
| 1959 | 14.8 | 4.8 | 5.4 | 1.4 | 0.9 | 0.4 | 1.9 |
| 1960 | 16.3 | 4.7 | 5.3 | 1.4 | 1.5 | 0.4 | 3.0 |
| 1961 | 21.1 | 5.3 | 6.3 | 1.8 | 2.0 | 0.6 | 5.1 |
| 1962 | 22.0 | 4.9 | 6.4 | 2.6 | 1.8 | 0.7 | 5.6 |
| 1963 | 19.8 | 4.3 | 5.3 | 2.1 | 1.3 | 0.7 | 6.1 |
| 1964 | 18.9 | 4.7 | 5.2 | 1.6 | 1.8 | 0.6 | 5.0 |
| 1965 | 16.5 | 4.0 | 4.5 | 1.4 | 2.2 | 0.5 | 3.9 |
| 1966 | 14.4 | 3.4 | 3.6 | 1.3 | 0.9 | 0.6 | 4.6 |
| 1967 | 16.5 | 4.1 | 3.9 | 1.4 | 1.2 | 0.7 | 5.2 |
| 1968 | 18.7 | 4.2 | 4.3 | 1.6 | 2.0 | 1.1 | 5.5 |
| 1969 | 18.5 | 4.3 | 4.2 | 1.5 | 2.2 | 1.1 | 5.2 |
| 1970 | 16.5 | 3.8 | 3.5 | 1.3 | 2.1 | 1.0 | 4.8 |
| 1971 | 15.5 | 3.4 | 3.2 | 1.3 | 2.4 | 1.0 | 4.2 |
| 1972 | 17.4 | 3.8 | 3.5 | 1.5 | 2.1 | 1.1 | 5.4 |
| 1973 | 18.4 | 3.9 | 3.8 | 1.4 | 2.3 | 1.2 | 5.8 |
| 1974 | 20.3 | 4.0 | 4.0 | 1.4 | 2.7 | 1.4 | 6.8 |
| 1975 | 19.8 | 3.8 | 3.8 | 1.3 | 2.7 | 1.3 | 6.9 |
| 1976 | 20.4 | 3.8 | 3.6 | 1.3 | 3.0 | 1.5 | 7.2 |
| 1977 | 19.1 | 3.7 | 3.5 | 1.1 | 3.2 | 1.4 | 6.2 |
| 1978 | 17.3 | 3.3 | 3.3 | 1.1 | 2.8 | 1.2 | 5.6 |

# 表2.3 地区生产总值指数（1949－1978年）（上年=100）

## INDICES OF GROSS DOMESTIC PRODUCT (1949-1978) (PRECEDING YEAR =100)

| 年 份 Year | 本市生产总值 Gross Domestic Product | 其 中 of which | | | |
|---|---|---|---|---|---|
| | | 第一产业 Primary Industry | 第二产业 Secondary Industry | 其 中 of which | |
| | | | | 工 业 Industry | 建筑业 Construction |
| 1949 | 100.0 | 100.0 | 100.0 | 100.0 | 100.0 |
| 1950 | 105.7 | 103.0 | 112.5 | 112.0 | 118.2 |
| 1951 | 103.4 | 104.0 | 110.9 | 111.2 | 107.7 |
| 1952 | 109.3 | 107.0 | 115.4 | 113.7 | 135.7 |
| 1953 | 111.2 | 103.4 | 135.2 | 131.1 | 177.1 |
| 1954 | 110.6 | 106.0 | 120.1 | 125.1 | 82.3 |
| 1955 | 102.7 | 100.2 | 109.6 | 111.9 | 82.4 |
| 1956 | 113.5 | 105.1 | 127.4 | 125.5 | 157.1 |
| 1957 | 102.3 | 97.3 | 108.3 | 110.3 | 83.4 |
| 1958 | 118.9 | 100.7 | 137.4 | 135.7 | 165.6 |
| 1959 | 97.4 | 67.8 | 123.9 | 123.4 | 130.3 |
| 1960 | 111.0 | 74.7 | 133.6 | 134.2 | 127.0 |
| 1961 | 64.8 | 83.7 | 58.2 | 59.4 | 41.4 |
| 1962 | 100.0 | 135.4 | 83.3 | 85.4 | 44.7 |
| 1963 | 114.9 | 124.0 | 109.3 | 108.1 | 154.4 |
| 1964 | 115.0 | 106.1 | 124.0 | 123.3 | 144.0 |
| 1965 | 114.5 | 109.8 | 122.2 | 119.2 | 185.6 |
| 1966 | 105.9 | 101.9 | 113.3 | 113.0 | 118.1 |
| 1967 | 90.2 | 99.4 | 82.9 | 83.9 | 70.5 |
| 1968 | 84.4 | 106.4 | 66.3 | 66.9 | 57.4 |
| 1969 | 112.1 | 91.4 | 135.8 | 134.3 | 163.7 |
| 1970 | 120.7 | 102.6 | 138.9 | 136.8 | 170.1 |
| 1971 | 111.9 | 100.4 | 125.2 | 127.0 | 102.3 |
| 1972 | 100.1 | 101.6 | 95.4 | 96.0 | 85.0 |
| 1973 | 103.2 | 109.5 | 96.3 | 94.5 | 127.1 |
| 1974 | 101.6 | 101.6 | 98.8 | 99.6 | 87.4 |
| 1975 | 111.8 | 92.8 | 130.4 | 130.6 | 128.4 |
| 1976 | 95.1 | 98.5 | 89.1 | 89.3 | 86.7 |
| 1977 | 120.0 | 111.8 | 134.2 | 132.4 | 162.3 |
| 1978 | 117.1 | 109.9 | 125.8 | 124.6 | 141.3 |

注：本表按可比价格计算（下表同）。
Note: The indices hereof are calculated at constant prices (the same below).

**表2.3 续表 continued**

| 年 份 Year | 第三产业 Tertiary Industry | 其中 of which: 批发和零售业 Wholesale and Retail Trades | 交通运输、仓储及邮政业 Transport, Storage, Post | 住宿和餐饮业 Hotels and Catering Services | 金融业 Financial Intermediation | 房地产业 Real Estate | 其他服务业 Others | 本市人均生产总值 Per Capita GDP |
|---|---|---|---|---|---|---|---|---|
| 1949 | 100.0 | 100.0 | 100.0 | 100.0 | 100.0 | 100.0 | 100.0 | 100.0 |
| 1950 | 118.6 | 105.6 | 127.6 | 107.4 | 197.3 | 250.4 | 102.5 | 102.2 |
| 1951 | 94.9 | 98.7 | 93.2 | 103.4 | 148.0 | 140.2 | 9.0 | 100.5 |
| 1952 | 120.1 | 116.0 | 113.0 | 106.7 | 65.9 | 114.5 | 380.3 | 106.3 |
| 1953 | 111.4 | 125.3 | 110.3 | 103.1 | 113.5 | 115.1 | 164.5 | 109.5 |
| 1954 | 112.4 | 106.4 | 109.3 | 106.1 | 140.1 | 122.2 | 112.6 | 109.1 |
| 1955 | 98.7 | 99.1 | 94.7 | 105.7 | 99.1 | 120.9 | 95.1 | 100.7 |
| 1956 | 118.4 | 113.9 | 118.0 | 118.9 | 130.0 | 111.9 | 132.9 | 109.1 |
| 1957 | 105.6 | 104.6 | 112.4 | 100.0 | 107.7 | 111.2 | 115.1 | 98.3 |
| 1958 | 134.9 | 138.0 | 139.0 | 104.5 | 146.7 | 91.6 | 218.4 | 118.6 |
| 1959 | 103.2 | 103.7 | 107.3 | 110.9 | 161.1 | 115.2 | 115.4 | 98.1 |
| 1960 | 101.1 | 102.6 | 102.3 | 102.0 | 163.1 | 90.4 | 122.4 | 113.4 |
| 1961 | 70.8 | 61.7 | 69.4 | 100.0 | 86.3 | 111.3 | 44.1 | 68.2 |
| 1962 | 105.1 | 91.9 | 92.0 | 123.1 | 77.8 | 98.5 | 101.0 | 102.8 |
| 1963 | 112.6 | 113.2 | 103.5 | 89.1 | 79.7 | 107.9 | 149.5 | 112.7 |
| 1964 | 109.0 | 97.7 | 102.5 | 89.5 | 173.1 | 95.7 | 124.2 | 110.8 |
| 1965 | 100.5 | 110.3 | 102.5 | 100.0 | 153.1 | 117.7 | 69.6 | 111.2 |
| 1966 | 85.3 | 107.2 | 96.8 | 98.0 | 40.8 | 105.2 | 104.2 | 102.8 |
| 1967 | 102.9 | 102.7 | 96.7 | 96.0 | 117.4 | 114.3 | 76.2 | 87.6 |
| 1968 | 101.6 | 84.3 | 98.3 | 95.8 | 136.1 | 121.9 | 76.5 | 81.9 |
| 1969 | 105.7 | 115.5 | 117.4 | 106.5 | 130.9 | 121.7 | 98.7 | 109.3 |
| 1970 | 101.9 | 108.1 | 109.6 | 102.0 | 118.5 | 111.6 | 131.7 | 117.2 |
| 1971 | 104.7 | 105.0 | 104.1 | 118.0 | 129.6 | 111.6 | 84.5 | 108.2 |
| 1972 | 111.9 | 110.1 | 110.4 | 108.5 | 88.7 | 114.1 | 111.5 | 97.3 |
| 1973 | 108.8 | 102.2 | 104.7 | 100.0 | 107.8 | 106.0 | 141.5 | 100.6 |
| 1974 | 109.0 | 100.5 | 107.3 | 96.9 | 115.8 | 112.8 | 112.7 | 99.1 |
| 1975 | 110.0 | 109.9 | 108.4 | 106.5 | 118.2 | 113.3 | 172.7 | 109.0 |
| 1976 | 104.4 | 100.5 | 105.3 | 98.5 | 109.9 | 108.4 | 80.5 | 94.0 |
| 1977 | 103.8 | 107.1 | 107.3 | 103.1 | 117.8 | 110.8 | 41.8 | 118.9 |
| 1978 | 105.1 | 103.5 | 101.7 | 116.4 | 103.7 | 100.4 | 150.8 | 117.2 |

注：本表人均生产总值按户籍人口计算。
Note: The per capita GDP hereof is calculated by registered population.

# 表2.4 地区生产总值指数（1949－1978年）（1949年=100）
## INDICES OF GROSS DOMESTIC PRODUCT (1949-1978) (1949=100)

| 年 份 Year | 本市生产总值 Gross Domestic Product | 其 中 of which 第一产业 Primary Industry | 第二产业 Secondary Industry | 其 中 of which 工 业 Industry | 建筑业 Construction |
|---|---|---|---|---|---|
| 1949 | 100.0 | 100.0 | 100.0 | 100.0 | 100.0 |
| 1950 | 105.7 | 103.0 | 112.5 | 112.0 | 118.2 |
| 1951 | 109.3 | 107.1 | 124.8 | 124.5 | 127.3 |
| 1952 | 119.5 | 114.6 | 144.0 | 141.6 | 172.7 |
| 1953 | 132.9 | 118.5 | 194.7 | 185.6 | 305.9 |
| 1954 | 147.0 | 125.6 | 233.8 | 232.2 | 251.8 |
| 1955 | 151.0 | 125.9 | 256.2 | 259.8 | 207.5 |
| 1956 | 171.4 | 132.3 | 326.4 | 326.0 | 326.0 |
| 1957 | 175.3 | 128.7 | 353.5 | 359.6 | 271.9 |
| 1958 | 208.4 | 129.6 | 485.7 | 488.0 | 450.3 |
| 1959 | 203.0 | 87.9 | 601.8 | 602.2 | 586.7 |
| 1960 | 225.3 | 65.7 | 804.0 | 808.2 | 745.1 |
| 1961 | 146.0 | 55.0 | 467.9 | 480.1 | 308.5 |
| 1962 | 146.0 | 74.5 | 389.8 | 410.0 | 137.9 |
| 1963 | 167.8 | 92.4 | 426.1 | 443.2 | 212.9 |
| 1964 | 193.0 | 98.0 | 528.4 | 546.5 | 306.6 |
| 1965 | 221.0 | 107.6 | 645.7 | 651.4 | 569.0 |
| 1966 | 234.0 | 109.6 | 731.6 | 736.1 | 672.0 |
| 1967 | 211.1 | 108.9 | 606.5 | 617.6 | 473.8 |
| 1968 | 178.2 | 115.9 | 402.1 | 413.2 | 272.0 |
| 1969 | 199.8 | 105.9 | 546.1 | 554.9 | 445.3 |
| 1970 | 241.2 | 108.7 | 758.5 | 759.1 | 757.5 |
| 1971 | 269.9 | 109.1 | 949.6 | 964.1 | 774.9 |
| 1972 | 270.2 | 110.8 | 905.9 | 925.5 | 658.7 |
| 1973 | 278.8 | 121.3 | 872.4 | 874.6 | 837.2 |
| 1974 | 283.3 | 123.2 | 861.9 | 871.1 | 731.7 |
| 1975 | 316.7 | 114.3 | 1123.9 | 1137.7 | 939.5 |
| 1976 | 301.2 | 112.6 | 1001.4 | 1016.0 | 814.5 |
| 1977 | 361.4 | 125.9 | 1343.9 | 1345.2 | 1321.9 |
| 1978 | 423.2 | 138.4 | 1690.6 | 1676.1 | 1867.8 |

注：本表按可比价格计算（下表同）。
Note: The indices hereof are calculated at constant prices (the same below).

**表2.4 续表 continued**

| 年 份 Year | 第三产业 Tertiary Industry | 批发和零售业 Wholesale and Retail Trades | 交通运输、仓储及邮政业 Transport, Storage, Post | 住宿和餐饮业 Hotels and Catering Services | 金融业 Financial Intermediation | 房地产业 Real Estate | 其他服务业 Others | 本市人均生产总值 Per Capita GDP |
|---|---|---|---|---|---|---|---|---|
| 1949 | 100.0 | 100.0 | 100.0 | 100.0 | 100.0 | 100.0 | 100.0 | 100.0 |
| 1950 | 118.6 | 105.6 | 127.6 | 107.4 | 197.3 | 250.4 | 102.5 | 102.2 |
| 1951 | 112.6 | 104.2 | 118.9 | 111.1 | 292.0 | 351.1 | 9.2 | 102.7 |
| 1952 | 135.2 | 120.9 | 134.4 | 118.5 | 192.4 | 402.0 | 35.0 | 109.2 |
| 1953 | 150.6 | 151.5 | 148.2 | 122.2 | 218.4 | 462.7 | 57.6 | 119.6 |
| 1954 | 169.3 | 161.2 | 162.0 | 129.7 | 306.0 | 565.4 | 64.9 | 130.5 |
| 1955 | 167.1 | 159.7 | 153.4 | 137.1 | 303.2 | 683.6 | 61.7 | 131.4 |
| 1956 | 197.8 | 181.9 | 181.0 | 163.0 | 394.2 | 764.9 | 82.0 | 143.4 |
| 1957 | 208.9 | 190.3 | 203.4 | 163.0 | 424.6 | 850.6 | 94.4 | 141.0 |
| 1958 | 281.8 | 262.6 | 282.7 | 170.3 | 622.9 | 779.1 | 206.2 | 167.2 |
| 1959 | 290.8 | 272.3 | 303.3 | 188.9 | 1003.5 | 897.5 | 238.0 | 164.0 |
| 1960 | 294.0 | 279.4 | 310.3 | 192.7 | 1636.7 | 811.3 | 291.3 | 186.0 |
| 1961 | 208.2 | 172.4 | 215.3 | 192.7 | 1412.5 | 903.0 | 128.5 | 126.9 |
| 1962 | 218.8 | 158.4 | 198.1 | 237.2 | 1098.9 | 889.5 | 129.8 | 130.5 |
| 1963 | 246.4 | 179.3 | 205.0 | 211.3 | 875.8 | 959.8 | 194.1 | 147.1 |
| 1964 | 268.6 | 175.2 | 210.1 | 189.1 | 1516.0 | 918.5 | 241.1 | 163.0 |
| 1965 | 269.9 | 193.2 | 215.4 | 189.1 | 2321.0 | 1081.1 | 167.8 | 181.3 |
| 1966 | 230.2 | 207.1 | 208.5 | 185.3 | 947.0 | 1137.3 | 174.8 | 186.4 |
| 1967 | 236.9 | 212.7 | 201.6 | 177.9 | 1111.8 | 1299.9 | 133.2 | 163.3 |
| 1968 | 240.7 | 179.3 | 198.2 | 170.4 | 1513.2 | 1584.6 | 101.9 | 133.7 |
| 1969 | 254.4 | 207.1 | 232.7 | 181.5 | 1980.8 | 1928.5 | 100.6 | 146.1 |
| 1970 | 259.2 | 223.9 | 255.0 | 185.1 | 2347.2 | 2152.2 | 132.5 | 171.2 |
| 1971 | 271.4 | 235.1 | 265.5 | 218.4 | 3042.0 | 2401.9 | 112.0 | 185.2 |
| 1972 | 303.7 | 258.8 | 293.1 | 237.0 | 2698.3 | 2740.6 | 124.9 | 180.2 |
| 1973 | 330.4 | 264.5 | 306.9 | 237.0 | 2908.8 | 2905.0 | 176.7 | 181.3 |
| 1974 | 360.1 | 265.8 | 329.3 | 229.7 | 3368.4 | 3276.8 | 199.1 | 179.7 |
| 1975 | 396.1 | 292.1 | 357.0 | 244.6 | 3981.4 | 3712.6 | 343.8 | 195.9 |
| 1976 | 413.5 | 293.6 | 375.9 | 240.9 | 4375.6 | 4024.5 | 276.8 | 184.1 |
| 1977 | 429.2 | 314.4 | 403.3 | 248.4 | 5154.5 | 4459.1 | 115.7 | 218.9 |
| 1978 | 451.1 | 325.4 | 410.2 | 289.1 | 5345.2 | 4476.9 | 174.5 | 256.6 |

Columns from 第三产业 to 其他服务业 fall under 其 中 of which; columns from 批发和零售业 to 其他服务业 are a further 其 中 of which.

注：本表人均地区生产总值按户籍人口计算。
Note: The per capita GDP hereof is calculated by registered population.

# 表2.5 地区生产总值（1978 – 2016年）
## GROSS DOMESTIC PRODUCT (1978-2016)

单位：亿元 (100 million yuan)

| 年 份 Year | 本市生产总值 Gross Domestic Product | 其 中 of which | | | | |
|---|---|---|---|---|---|---|
| | | 第一产业 Primary Industry | 第二产业 Secondary Industry | 其 中 of which | | 第三产业 Tertiary Industry |
| | | | | 工 业 Industry | 建筑业 Construction | |
| 1978 | 71.70 | 24.81 | 34.46 | 31.53 | 2.93 | 12.43 |
| 1979 | 80.98 | 28.79 | 38.21 | 35.00 | 3.21 | 13.98 |
| 1980 | 90.68 | 32.57 | 42.42 | 38.89 | 3.53 | 15.69 |
| 1981 | 97.20 | 36.32 | 43.69 | 40.07 | 3.62 | 17.19 |
| 1982 | 108.08 | 40.62 | 47.14 | 43.26 | 3.88 | 20.32 |
| 1983 | 120.01 | 45.44 | 50.56 | 46.20 | 4.36 | 24.01 |
| 1984 | 141.64 | 50.66 | 60.63 | 55.46 | 5.17 | 30.35 |
| 1985 | 164.32 | 53.73 | 73.49 | 66.16 | 7.33 | 37.10 |
| 1986 | 184.60 | 60.06 | 81.38 | 72.52 | 8.86 | 43.16 |
| 1987 | 206.73 | 62.69 | 90.77 | 79.66 | 11.11 | 53.27 |
| 1988 | 261.27 | 75.00 | 117.61 | 104.79 | 12.82 | 68.66 |
| 1989 | 303.75 | 81.99 | 135.84 | 123.86 | 11.98 | 85.92 |
| 1990 | 327.75 | 100.40 | 135.62 | 117.60 | 18.02 | 91.73 |
| 1991 | 374.18 | 109.49 | 154.00 | 135.14 | 18.86 | 110.69 |
| 1992 | 461.32 | 117.28 | 194.40 | 171.42 | 22.98 | 149.64 |
| 1993 | 608.53 | 141.99 | 272.17 | 241.15 | 31.02 | 194.37 |
| 1994 | 833.60 | 196.19 | 376.75 | 339.59 | 37.16 | 260.66 |
| 1995 | 1123.06 | 264.19 | 492.67 | 436.21 | 56.46 | 366.20 |
| 1996 | 1315.12 | 287.56 | 568.99 | 502.06 | 66.93 | 458.57 |
| 1997 | 1509.75 | 307.21 | 650.40 | 567.88 | 82.52 | 552.14 |
| 1998 | 1602.38 | 300.89 | 675.64 | 574.41 | 101.23 | 625.85 |
| 1999 | 1663.20 | 286.16 | 697.81 | 589.52 | 108.29 | 679.23 |
| 2000 | 1791.00 | 284.87 | 760.03 | 633.98 | 126.05 | 746.10 |
| 2001 | 1976.86 | 294.90 | 841.95 | 695.44 | 146.51 | 840.01 |
| 2002 | 2232.86 | 317.87 | 958.87 | 787.94 | 170.93 | 956.12 |
| 2003 | 2555.72 | 339.06 | 1135.31 | 933.75 | 201.56 | 1081.35 |
| 2004 | 3034.58 | 428.05 | 1376.91 | 1132.70 | 244.21 | 1229.62 |
| 2005 | 3467.72 | 463.40 | 1564.00 | 1293.81 | 270.19 | 1440.32 |
| 2006 | 3907.23 | 386.38 | 1871.65 | 1566.83 | 304.82 | 1649.20 |
| 2007 | 4676.13 | 482.39 | 2181.82 | 1817.80 | 364.02 | 2011.92 |
| 2008 | 5793.66 | 575.40 | 2586.58 | 2135.95 | 450.63 | 2631.68 |
| 2009 | 6530.01 | 606.80 | 2938.67 | 2407.30 | 531.37 | 2984.54 |
| 2010 | 7925.58 | 685.38 | 3531.10 | 2869.81 | 661.29 | 3709.10 |
| 2011 | 10011.37 | 844.52 | 4462.81 | 3610.23 | 852.58 | 4704.04 |
| 2012 | 11409.60 | 940.01 | 5174.81 | 4180.64 | 994.17 | 5294.78 |
| 2013 | 12783.26 | 1002.68 | 5812.29 | 4632.15 | 1180.14 | 5968.29 |
| 2014 | 14262.60 | 1061.03 | 6529.06 | 5175.80 | 1353.26 | 6672.51 |
| 2015 | 15717.27 | 1150.15 | 7069.37 | 5557.52 | 1511.85 | 7497.75 |
| 2016 | 17559.25 | 1303.24 | 7755.65 | 6040.53 | 1715.12 | 8500.36 |

**表2.5 续表 continued** 单位：亿元 (100 million yuan)

| 年 份 Year | 其 中 of which | | | | | | 本市人均生产总值（元） Per Capita GDP (yuan) |
|---|---|---|---|---|---|---|---|
| | 其 中 of which | | | | | | |
| | 批发和零售业 Wholesale and Retail Trade | 交通运输、仓储及邮政业 Transportation, Storage, Postal Services | 住宿和餐饮业 Hotels and Catering Trade | 金融业 Financial Intermediation | 房地产业 Real Estate | 其他服务业 Others Services | |
| 1978 | 2.34 | 2.38 | 0.78 | 2.00 | 0.88 | 4.05 | 287 |
| 1979 | 2.59 | 2.69 | 0.92 | 2.21 | 0.99 | 4.58 | 321 |
| 1980 | 2.90 | 3.08 | 1.02 | 2.46 | 1.11 | 5.12 | 357 |
| 1981 | 3.22 | 3.39 | 1.07 | 2.73 | 1.12 | 5.66 | 379 |
| 1982 | 3.89 | 4.18 | 1.11 | 2.99 | 1.28 | 6.87 | 419 |
| 1983 | 4.49 | 5.94 | 1.24 | 3.83 | 1.44 | 7.07 | 461 |
| 1984 | 5.73 | 6.50 | 1.52 | 6.63 | 1.81 | 8.16 | 542 |
| 1985 | 8.90 | 6.97 | 1.80 | 7.40 | 2.09 | 9.94 | 624 |
| 1986 | 10.08 | 6.59 | 2.17 | 8.71 | 2.64 | 12.97 | 694 |
| 1987 | 12.30 | 6.82 | 2.71 | 14.91 | 3.59 | 12.94 | 766 |
| 1988 | 17.10 | 8.67 | 3.29 | 17.92 | 4.47 | 17.21 | 958 |
| 1989 | 21.61 | 12.18 | 3.89 | 24.78 | 4.95 | 18.51 | 1103 |
| 1990 | 17.19 | 11.93 | 5.41 | 26.21 | 5.73 | 25.26 | 1181 |
| 1991 | 20.33 | 12.34 | 6.35 | 31.65 | 7.23 | 32.79 | 1338 |
| 1992 | 33.03 | 21.59 | 7.23 | 40.30 | 7.30 | 40.19 | 1641 |
| 1993 | 49.63 | 22.68 | 9.37 | 52.91 | 9.12 | 50.66 | 2156 |
| 1994 | 64.66 | 27.43 | 12.78 | 74.91 | 11.03 | 69.85 | 2935 |
| 1995 | 85.53 | 47.22 | 19.00 | 97.77 | 17.43 | 99.25 | 3931 |
| 1996 | 110.22 | 63.40 | 23.46 | 103.84 | 25.22 | 132.43 | 4574 |
| 1997 | 130.86 | 81.14 | 30.91 | 116.53 | 32.60 | 160.10 | 5253 |
| 1998 | 142.99 | 87.08 | 31.68 | 126.66 | 45.00 | 192.44 | 5579 |
| 1999 | 151.89 | 94.39 | 33.62 | 120.18 | 50.69 | 228.46 | 5804 |
| 2000 | 163.38 | 101.25 | 35.93 | 118.53 | 65.45 | 261.56 | 6274 |
| 2001 | 178.39 | 128.26 | 38.46 | 125.90 | 76.38 | 292.62 | 6963 |
| 2002 | 195.64 | 151.54 | 42.36 | 134.52 | 90.48 | 341.58 | 7912 |
| 2003 | 216.35 | 167.22 | 47.11 | 147.04 | 113.69 | 389.94 | 9098 |
| 2004 | 246.52 | 190.62 | 57.67 | 162.38 | 129.12 | 443.31 | 10845 |
| 2005 | 277.68 | 218.97 | 66.56 | 185.18 | 143.88 | 548.05 | 12404 |
| 2006 | 314.33 | 259.59 | 77.24 | 213.70 | 158.20 | 626.14 | 13939 |
| 2007 | 369.91 | 293.63 | 101.51 | 238.73 | 198.65 | 809.49 | 16629 |
| 2008 | 464.98 | 377.32 | 136.02 | 315.36 | 194.68 | 1143.32 | 20490 |
| 2009 | 535.19 | 427.88 | 160.37 | 401.45 | 230.69 | 1228.96 | 22920 |
| 2010 | 682.37 | 501.47 | 182.98 | 543.56 | 299.43 | 1499.29 | 27598 |
| 2011 | 827.03 | 592.24 | 214.09 | 773.49 | 437.46 | 1859.73 | 34500 |
| 2012 | 923.79 | 604.08 | 236.14 | 934.38 | 608.50 | 1987.89 | 38914 |
| 2013 | 1117.79 | 659.65 | 290.93 | 1080.14 | 743.59 | 2076.19 | 43223 |
| 2014 | 1229.88 | 705.83 | 321.64 | 1225.27 | 817.04 | 2372.85 | 47850 |
| 2015 | 1345.38 | 761.31 | 355.76 | 1410.18 | 847.72 | 2777.40 | 52322 |
| 2016 | 1470.85 | 848.22 | 391.19 | 1642.59 | 926.19 | 3221.32 | 57904 |

注：本表人均地区生产总值按常住人口计算。
Note: The per capita GDP hereof is calculated by registered population.

# 表2.6 地区生产总值构成（1978－2016年）
## COMPOSITION OF GROSS DOMESTIC PRODUCT (1978-2016)

单位：% (%)

| 年 份<br>Year | 本市<br>生产总值<br>Gross Domestic Product | 其 中 of which | | | | |
|---|---|---|---|---|---|---|
| | | 第一产业<br>Primary Industry | 第二产业<br>Secondary Industry | 其 中 of which | | 第三产业<br>Tertiary Industry |
| | | | | 工 业<br>Industry | 建筑业<br>Construction | |
| 1978 | 100.0 | 34.6 | 48.1 | 44.0 | 4.1 | 17.3 |
| 1979 | 100.0 | 35.6 | 47.2 | 43.2 | 4.0 | 17.2 |
| 1980 | 100.0 | 35.9 | 46.8 | 42.9 | 3.9 | 17.3 |
| 1981 | 100.0 | 37.4 | 44.9 | 41.2 | 3.7 | 17.7 |
| 1982 | 100.0 | 37.6 | 43.6 | 40.0 | 3.6 | 18.8 |
| 1983 | 100.0 | 37.9 | 42.1 | 38.5 | 3.6 | 20.0 |
| 1984 | 100.0 | 35.8 | 42.8 | 39.2 | 3.6 | 21.4 |
| 1985 | 100.0 | 32.7 | 44.7 | 40.3 | 4.4 | 22.6 |
| 1986 | 100.0 | 32.5 | 44.1 | 39.3 | 4.8 | 23.4 |
| 1987 | 100.0 | 30.3 | 43.9 | 38.5 | 5.4 | 25.8 |
| 1988 | 100.0 | 28.7 | 45.0 | 40.1 | 4.9 | 26.3 |
| 1989 | 100.0 | 27.0 | 44.7 | 40.8 | 3.9 | 28.3 |
| 1990 | 100.0 | 30.6 | 41.4 | 35.9 | 5.5 | 28.0 |
| 1991 | 100.0 | 29.3 | 41.2 | 36.1 | 5.1 | 29.5 |
| 1992 | 100.0 | 25.4 | 42.1 | 37.2 | 4.9 | 32.5 |
| 1993 | 100.0 | 23.3 | 44.7 | 39.6 | 5.1 | 32.0 |
| 1994 | 100.0 | 23.5 | 45.2 | 40.7 | 4.5 | 31.3 |
| 1995 | 100.0 | 23.5 | 43.9 | 38.8 | 5.1 | 32.6 |
| 1996 | 100.0 | 21.9 | 43.3 | 38.2 | 5.1 | 34.8 |
| 1997 | 100.0 | 20.3 | 43.1 | 37.6 | 5.5 | 36.6 |
| 1998 | 100.0 | 18.8 | 42.2 | 35.8 | 6.4 | 39.0 |
| 1999 | 100.0 | 17.2 | 42.0 | 35.4 | 6.6 | 40.8 |
| 2000 | 100.0 | 15.9 | 42.4 | 35.4 | 7.0 | 41.7 |
| 2001 | 100.0 | 14.9 | 42.6 | 35.2 | 7.4 | 42.5 |
| 2002 | 100.0 | 14.2 | 42.9 | 35.3 | 7.6 | 42.9 |
| 2003 | 100.0 | 13.3 | 44.4 | 36.5 | 7.9 | 42.3 |
| 2004 | 100.0 | 14.1 | 45.4 | 37.3 | 8.1 | 40.5 |
| 2005 | 100.0 | 13.4 | 45.1 | 37.3 | 7.8 | 41.5 |
| 2006 | 100.0 | 9.9 | 47.9 | 40.1 | 7.8 | 42.2 |
| 2007 | 100.0 | 10.3 | 46.7 | 38.9 | 7.8 | 43.0 |
| 2008 | 100.0 | 9.9 | 44.6 | 36.9 | 7.7 | 45.5 |
| 2009 | 100.0 | 9.3 | 45.0 | 36.9 | 8.1 | 45.7 |
| 2010 | 100.0 | 8.6 | 44.6 | 36.2 | 8.4 | 46.8 |
| 2011 | 100.0 | 8.4 | 44.6 | 36.1 | 8.5 | 47.0 |
| 2012 | 100.0 | 8.2 | 45.4 | 36.6 | 8.8 | 46.4 |
| 2013 | 100.0 | 7.8 | 45.5 | 36.2 | 9.3 | 46.7 |
| 2014 | 100.0 | 7.4 | 45.8 | 36.3 | 9.5 | 46.8 |
| 2015 | 100.0 | 7.3 | 45.0 | 35.4 | 9.6 | 47.7 |
| 2016 | 100.0 | 7.4 | 44.2 | 34.4 | 9.8 | 48.4 |

表2.6 续表 continued

单位：% (%)

| 年份 Year | 其中 of which 其中 of which 批发和零售业 Wholesale and Retail Trades | 交通运输、仓储及邮政业 Transport, Storage, Postal Services | 住宿和餐饮业 Hotels and Catering Trade | 金融业 Financial Intermediation | 房地产业 Real Estate | 其他服务业 Other Services |
|---|---|---|---|---|---|---|
| 1978 | 3.3 | 3.3 | 1.1 | 2.8 | 1.2 | 5.6 |
| 1979 | 3.2 | 3.3 | 1.1 | 2.7 | 1.2 | 5.7 |
| 1980 | 3.2 | 3.4 | 1.1 | 2.7 | 1.2 | 5.7 |
| 1981 | 3.3 | 3.5 | 1.1 | 2.8 | 1.2 | 5.8 |
| 1982 | 3.6 | 3.9 | 1.0 | 2.8 | 1.2 | 6.3 |
| 1983 | 3.7 | 4.9 | 1.0 | 3.2 | 1.2 | 6.0 |
| 1984 | 4.0 | 4.6 | 1.1 | 4.7 | 1.3 | 5.7 |
| 1985 | 5.4 | 4.2 | 1.1 | 4.5 | 1.3 | 6.1 |
| 1986 | 5.5 | 3.6 | 1.2 | 4.7 | 1.4 | 7.0 |
| 1987 | 5.9 | 3.3 | 1.3 | 7.2 | 1.7 | 6.4 |
| 1988 | 6.5 | 3.3 | 1.3 | 6.9 | 1.7 | 6.6 |
| 1989 | 7.1 | 4.0 | 1.3 | 8.2 | 1.6 | 6.1 |
| 1990 | 5.2 | 3.6 | 1.7 | 8.0 | 1.7 | 7.8 |
| 1991 | 5.4 | 3.3 | 1.7 | 8.5 | 1.9 | 8.7 |
| 1992 | 7.2 | 4.7 | 1.6 | 8.7 | 1.6 | 8.7 |
| 1993 | 8.2 | 3.7 | 1.5 | 8.7 | 1.5 | 8.4 |
| 1994 | 7.8 | 3.3 | 1.5 | 9.0 | 1.3 | 8.4 |
| 1995 | 7.6 | 4.2 | 1.7 | 8.7 | 1.6 | 8.8 |
| 1996 | 8.4 | 4.8 | 1.8 | 7.9 | 1.9 | 10.0 |
| 1997 | 8.7 | 5.4 | 2.0 | 7.7 | 2.2 | 10.6 |
| 1998 | 8.9 | 5.4 | 2.0 | 7.9 | 2.8 | 12.0 |
| 1999 | 9.1 | 5.7 | 2.0 | 7.2 | 3.0 | 13.8 |
| 2000 | 9.1 | 5.7 | 2.0 | 6.6 | 3.7 | 14.6 |
| 2001 | 9.0 | 6.5 | 1.9 | 6.4 | 3.9 | 14.8 |
| 2002 | 8.8 | 6.8 | 1.9 | 6.0 | 4.1 | 15.3 |
| 2003 | 8.5 | 6.5 | 1.8 | 5.8 | 4.4 | 15.3 |
| 2004 | 8.1 | 6.3 | 1.9 | 5.4 | 4.3 | 14.5 |
| 2005 | 8.0 | 6.3 | 1.9 | 5.3 | 4.1 | 15.9 |
| 2006 | 8.0 | 6.6 | 2.0 | 5.5 | 4.0 | 16.1 |
| 2007 | 7.9 | 6.3 | 2.2 | 5.1 | 4.2 | 17.3 |
| 2008 | 8.0 | 6.5 | 2.3 | 5.4 | 3.4 | 19.9 |
| 2009 | 8.2 | 6.6 | 2.5 | 6.1 | 3.5 | 18.8 |
| 2010 | 8.6 | 6.3 | 2.3 | 6.9 | 3.8 | 18.9 |
| 2011 | 8.3 | 5.9 | 2.1 | 7.7 | 4.4 | 18.6 |
| 2012 | 8.1 | 5.3 | 2.1 | 8.2 | 5.3 | 17.4 |
| 2013 | 8.7 | 5.2 | 2.3 | 8.4 | 5.8 | 16.3 |
| 2014 | 8.6 | 4.9 | 2.3 | 8.6 | 5.7 | 16.7 |
| 2015 | 8.6 | 4.8 | 2.3 | 9.0 | 5.4 | 17.6 |
| 2016 | 8.4 | 4.8 | 2.2 | 9.4 | 5.3 | 18.3 |

# 表2.7 地区生产总值指数（1978－2016年）（上年=100）

## INDICES OF GROSS DOMESTIC PRODUCT (1978-2016) (PRECEDING YEAR=100)

| 年 份 Year | 本市生产总值 Gross Domestic Product | 其 中 of which | | | | |
|---|---|---|---|---|---|---|
| | | 第一产业 Primary Industry | 第二产业 Secondary Industry | 其中 of which | | 第三产业 Tertiary Industry |
| | | | | 工 业 Industry | 建筑业 Construction | |
| 1978 | 117.1 | 109.9 | 125.8 | 124.6 | 141.3 | 105.1 |
| 1979 | 111.1 | 109.1 | 112.2 | 112.3 | 111.7 | 112.1 |
| 1980 | 107.7 | 104.4 | 109.1 | 109.0 | 110.0 | 109.9 |
| 1981 | 106.2 | 105.8 | 105.5 | 105.2 | 108.1 | 110.3 |
| 1982 | 108.9 | 107.5 | 107.6 | 107.7 | 107.1 | 115.8 |
| 1983 | 110.3 | 107.3 | 110.2 | 110.2 | 111.8 | 117.3 |
| 1984 | 115.9 | 106.5 | 121.0 | 121.1 | 119.8 | 121.4 |
| 1985 | 108.6 | 109.3 | 105.6 | 104.0 | 121.9 | 112.3 |
| 1986 | 108.6 | 110.3 | 106.5 | 105.4 | 115.9 | 110.4 |
| 1987 | 105.3 | 96.7 | 108.6 | 107.3 | 119.3 | 111.9 |
| 1988 | 109.5 | 103.5 | 113.3 | 114.2 | 106.2 | 109.9 |
| 1989 | 104.9 | 104.6 | 102.5 | 103.7 | 91.5 | 109.5 |
| 1990 | 107.0 | 107.8 | 108.0 | 104.0 | 144.2 | 104.8 |
| 1991 | 109.2 | 106.7 | 109.4 | 110.8 | 100.2 | 111.5 |
| 1992 | 116.5 | 101.8 | 121.9 | 122.3 | 118.7 | 124.2 |
| 1993 | 115.6 | 105.0 | 122.0 | 122.4 | 118.8 | 115.5 |
| 1994 | 113.5 | 102.9 | 116.4 | 117.7 | 105.8 | 117.6 |
| 1995 | 112.3 | 104.5 | 114.2 | 114.1 | 114.3 | 115.0 |
| 1996 | 111.4 | 104.8 | 112.2 | 112.3 | 111.3 | 114.5 |
| 1997 | 111.2 | 103.2 | 112.5 | 111.8 | 118.5 | 114.1 |
| 1998 | 108.6 | 102.1 | 107.2 | 105.2 | 122.8 | 114.0 |
| 1999 | 107.8 | 100.4 | 110.6 | 111.0 | 107.7 | 107.6 |
| 2000 | 108.7 | 101.4 | 110.8 | 110.8 | 110.7 | 109.1 |
| 2001 | 109.2 | 102.2 | 112.2 | 111.7 | 114.7 | 109.0 |
| 2002 | 110.5 | 104.2 | 114.3 | 114.2 | 114.7 | 108.9 |
| 2003 | 111.7 | 104.4 | 116.6 | 116.9 | 115.1 | 109.0 |
| 2004 | 112.4 | 104.8 | 116.9 | 117.3 | 114.9 | 109.8 |
| 2005 | 111.7 | 104.5 | 113.3 | 114.5 | 107.2 | 112.1 |
| 2006 | 112.4 | 94.5 | 117.1 | 118.2 | 111.9 | 113.2 |
| 2007 | 115.9 | 109.5 | 120.9 | 122.4 | 113.4 | 112.1 |
| 2008 | 114.5 | 106.8 | 118.2 | 119.9 | 109.2 | 112.2 |
| 2009 | 114.9 | 105.5 | 117.9 | 117.4 | 121.2 | 113.5 |
| 2010 | 117.1 | 106.1 | 122.7 | 122.9 | 121.4 | 112.4 |
| 2011 | 116.4 | 105.1 | 121.0 | 121.4 | 119.6 | 114.0 |
| 2012 | 113.6 | 105.3 | 116.6 | 117.2 | 113.9 | 111.9 |
| 2013 | 112.3 | 104.7 | 112.7 | 112.1 | 114.9 | 113.1 |
| 2014 | 110.9 | 104.4 | 112.7 | 112.3 | 114.2 | 110.0 |
| 2015 | 111.0 | 104.7 | 111.3 | 110.5 | 114.8 | 111.5 |
| 2016 | 110.7 | 104.6 | 111.3 | 110.2 | 115.2 | 111.0 |

注：本表按可比价格计算(下表同）。
Note: The indices hereof are calculated at constant prices (the same below).

**表2.7 续表 continued**

| 年　份 Year | 其　中 of which | | | | | | 本市人均生产总值 Per Capita GDP |
|---|---|---|---|---|---|---|---|
| | 其　中 of which | | | | | | |
| | 批发和零售业 Wholesale and Retail Trade | 交通运输、仓储及邮政业 Transportation, Storage, Postal Services | 住宿和餐饮业 Hotels and Catering Trade | 金融业 Financial Intermediation | 房地产业 Real Estate | 其他服务业 Others Services | |
| 1978 | 103.5 | 101.7 | 116.4 | 103.7 | 100.4 | 150.8 | 117.2 |
| 1979 | 110.6 | 111.8 | 115.8 | 111.4 | 111.6 | 115.2 | 110.4 |
| 1980 | 106.3 | 105.9 | 113.6 | 107.4 | 106.8 | 122.4 | 107.1 |
| 1981 | 108.7 | 107.6 | 107.3 | 109.9 | 99.1 | 117.1 | 105.4 |
| 1982 | 115.3 | 115.5 | 107.0 | 108.3 | 111.4 | 120.9 | 108.0 |
| 1983 | 115.1 | 130.2 | 107.1 | 130.1 | 121.2 | 100.8 | 109.5 |
| 1984 | 124.0 | 108.1 | 124.2 | 171.5 | 122.6 | 112.7 | 115.5 |
| 1985 | 137.2 | 96.9 | 117.4 | 103.1 | 105.3 | 116.7 | 108.0 |
| 1986 | 106.6 | 99.7 | 117.4 | 111.9 | 118.5 | 117.5 | 107.5 |
| 1987 | 110.0 | 108.3 | 114.3 | 157.4 | 123.3 | 84.8 | 103.9 |
| 1988 | 122.8 | 105.9 | 119.1 | 104.0 | 105.9 | 112.5 | 108.2 |
| 1989 | 108.2 | 116.6 | 112.8 | 122.0 | 96.4 | 94.1 | 104.0 |
| 1990 | 83.5 | 100.7 | 133.5 | 108.6 | 116.8 | 134.7 | 106.1 |
| 1991 | 108.5 | 102.4 | 116.6 | 113.9 | 117.2 | 117.9 | 108.4 |
| 1992 | 142.3 | 133.5 | 116.4 | 120.4 | 96.4 | 123.3 | 115.8 |
| 1993 | 138.5 | 102.8 | 124.4 | 109.3 | 109.4 | 112.7 | 115.1 |
| 1994 | 104.1 | 109.1 | 133.3 | 115.3 | 102.8 | 139.8 | 112.8 |
| 1995 | 111.2 | 123.1 | 137.0 | 116.5 | 114.5 | 117.5 | 111.7 |
| 1996 | 115.9 | 115.6 | 120.3 | 104.0 | 131.5 | 121.3 | 110.7 |
| 1997 | 113.5 | 114.7 | 126.3 | 109.6 | 124.5 | 114.6 | 111.2 |
| 1998 | 115.0 | 104.1 | 104.4 | 110.4 | 122.4 | 120.8 | 108.7 |
| 1999 | 108.3 | 101.9 | 108.2 | 89.7 | 110.2 | 121.7 | 108.1 |
| 2000 | 112.2 | 104.0 | 108.1 | 101.8 | 111.6 | 114.5 | 109.1 |
| 2001 | 108.9 | 116.2 | 106.2 | 101.5 | 112.6 | 109.2 | 109.7 |
| 2002 | 110.1 | 105.2 | 109.5 | 107.9 | 113.8 | 110.8 | 111.1 |
| 2003 | 109.3 | 104.8 | 110.1 | 107.9 | 116.1 | 109.6 | 112.2 |
| 2004 | 110.8 | 114.6 | 118.0 | 105.9 | 103.7 | 109.4 | 112.8 |
| 2005 | 114.0 | 112.4 | 113.7 | 109.9 | 109.8 | 112.0 | 111.8 |
| 2006 | 111.4 | 120.3 | 115.2 | 112.4 | 107.7 | 112.6 | 112.1 |
| 2007 | 112.3 | 112.5 | 112.0 | 109.7 | 116.8 | 111.5 | 115.6 |
| 2008 | 116.9 | 113.7 | 113.0 | 112.9 | 89.1 | 114.8 | 113.9 |
| 2009 | 119.9 | 103.3 | 115.6 | 131.2 | 120.3 | 107.2 | 114.1 |
| 2010 | 117.5 | 113.8 | 101.4 | 119.8 | 107.3 | 108.4 | 116.2 |
| 2011 | 114.6 | 114.1 | 110.6 | 105.7 | 110.6 | 117.8 | 115.1 |
| 2012 | 112.6 | 109.2 | 107.7 | 120.6 | 111.5 | 110.2 | 112.4 |
| 2013 | 110.3 | 110.8 | 108.2 | 116.5 | 111.4 | 114.9 | 111.3 |
| 2014 | 109.1 | 107.4 | 107.5 | 112.3 | 107.6 | 111.4 | 110.0 |
| 2015 | 109.2 | 108.7 | 109.1 | 115.4 | 105.5 | 114.0 | 110.1 |
| 2016 | 107.9 | 105.8 | 107.7 | 110.3 | 107.5 | 115.7 | 109.6 |

注：本表人均生产总值按常住人口计算。
Note: The per capita GDP hereof is calculated by registered population.

# 表2.8 地区生产总值指数（1978 – 2016年）（1978年=100）
## INDICES OF GROSS DOMESTIC PRODUCT (1978-2016) (1978=100)

| 年 份<br>Year | 本市生产总值<br>Gross Domestic Product | 其 中 of which | | | | |
|---|---|---|---|---|---|---|
| | | 第一产业<br>Primary Industry | 第二产业<br>Secondary Industry | 其 中 of which | | 第三产业<br>Tertiary Industry |
| | | | | 工 业<br>Industry | 建筑业<br>Construction | |
| 1978 | 100.0 | 100.0 | 100.0 | 100.0 | 100.0 | 100.0 |
| 1979 | 111.1 | 109.1 | 112.2 | 112.3 | 111.7 | 112.1 |
| 1980 | 119.7 | 113.9 | 122.4 | 122.4 | 122.9 | 123.2 |
| 1981 | 127.1 | 120.5 | 129.1 | 128.8 | 132.9 | 135.9 |
| 1982 | 138.4 | 129.5 | 138.9 | 138.7 | 142.3 | 157.4 |
| 1983 | 152.7 | 139.0 | 153.1 | 152.8 | 159.1 | 184.6 |
| 1984 | 177.0 | 148.0 | 185.3 | 185.0 | 190.6 | 224.1 |
| 1985 | 192.2 | 161.8 | 195.7 | 192.4 | 232.3 | 251.7 |
| 1986 | 208.7 | 178.5 | 208.4 | 202.8 | 269.2 | 277.9 |
| 1987 | 219.8 | 172.6 | 226.3 | 217.6 | 321.2 | 311.0 |
| 1988 | 240.7 | 178.6 | 256.4 | 248.5 | 341.1 | 341.8 |
| 1989 | 252.5 | 186.8 | 262.8 | 257.7 | 312.1 | 374.3 |
| 1990 | 270.2 | 201.4 | 283.8 | 268.0 | 450.0 | 392.3 |
| 1991 | 295.1 | 214.9 | 310.5 | 296.9 | 450.9 | 437.4 |
| 1992 | 343.8 | 218.8 | 378.5 | 363.1 | 535.2 | 543.3 |
| 1993 | 397.4 | 229.7 | 461.8 | 444.4 | 635.8 | 627.5 |
| 1994 | 451.0 | 236.4 | 537.5 | 523.1 | 672.7 | 737.9 |
| 1995 | 506.5 | 247.0 | 613.8 | 596.9 | 768.9 | 848.6 |
| 1996 | 564.2 | 258.9 | 688.7 | 670.3 | 855.8 | 971.6 |
| 1997 | 627.4 | 267.2 | 774.8 | 749.4 | 1014.1 | 1108.6 |
| 1998 | 681.4 | 272.8 | 830.6 | 788.4 | 1245.3 | 1263.8 |
| 1999 | 734.5 | 273.9 | 918.6 | 875.1 | 1341.2 | 1359.8 |
| 2000 | 798.4 | 277.7 | 1017.8 | 969.6 | 1484.7 | 1483.5 |
| 2001 | 871.9 | 283.8 | 1142.0 | 1083.0 | 1703.0 | 1617.0 |
| 2002 | 963.4 | 295.7 | 1305.3 | 1236.8 | 1953.3 | 1760.9 |
| 2003 | 1076.1 | 308.7 | 1522.0 | 1445.8 | 2248.2 | 1919.4 |
| 2004 | 1209.5 | 323.5 | 1779.2 | 1695.9 | 2583.2 | 2107.5 |
| 2005 | 1351.0 | 338.1 | 2015.8 | 1941.8 | 2769.2 | 2362.5 |
| 2006 | 1518.5 | 319.5 | 2360.5 | 2295.2 | 3098.7 | 2674.4 |
| 2007 | 1759.9 | 349.9 | 2853.8 | 2809.3 | 3513.9 | 2998.0 |
| 2008 | 2015.1 | 373.7 | 3373.2 | 3368.4 | 3837.2 | 3363.8 |
| 2009 | 2315.3 | 394.3 | 3977.0 | 3954.5 | 4650.7 | 3817.9 |
| 2010 | 2711.2 | 418.4 | 4879.8 | 4860.1 | 5645.9 | 4291.3 |
| 2011 | 3155.8 | 439.7 | 5904.6 | 5900.2 | 6752.5 | 4892.1 |
| 2012 | 3585.0 | 463.0 | 6884.8 | 6915.0 | 7691.1 | 5474.3 |
| 2013 | 4026.0 | 484.8 | 7759.2 | 7751.7 | 8837.1 | 6191.4 |
| 2014 | 4464.8 | 506.1 | 8744.6 | 8705.2 | 10092.0 | 6810.5 |
| 2015 | 4955.9 | 529.9 | 9732.7 | 9619.2 | 11585.6 | 7593.7 |
| 2016 | 5486.2 | 554.3 | 10832.5 | 10600.4 | 13346.6 | 8429.0 |

注：本表按可比价格计算（下表同）。
Note: The indices hereof are calculated at constant prices (the same below).

**表2.8 续表 continued**

| 年 份 Year | 其 中 of which | | | | | | 本市人均生产总值 Per Capita GDP |
|---|---|---|---|---|---|---|---|
| | 其 中 of which | | | | | | |
| | 批发和零售业 Wholesale and Retail Trade | 交通运输、仓储及邮政业 Transportation, Storage, Postal Services | 住宿和餐饮业 Hotels and Catering Trade | 金融业 Financial Intermediation | 房地产业 Real Estate | 其他服务业 Others Services | |
| 1978 | 100.0 | 100.0 | 100.0 | 100.0 | 100.0 | 100.0 | 100.0 |
| 1979 | 110.6 | 111.8 | 115.8 | 111.4 | 111.6 | 115.2 | 110.4 |
| 1980 | 117.6 | 118.4 | 131.5 | 119.6 | 119.2 | 141.0 | 118.2 |
| 1981 | 127.8 | 127.4 | 141.1 | 131.4 | 118.1 | 165.1 | 124.6 |
| 1982 | 147.4 | 147.1 | 151.0 | 142.3 | 131.6 | 199.6 | 134.6 |
| 1983 | 169.7 | 191.5 | 161.7 | 185.1 | 159.5 | 201.2 | 147.4 |
| 1984 | 210.4 | 207.0 | 200.8 | 317.4 | 195.5 | 226.8 | 170.2 |
| 1985 | 288.7 | 200.6 | 235.7 | 327.2 | 205.9 | 264.7 | 183.8 |
| 1986 | 307.8 | 200.0 | 276.7 | 366.1 | 244.0 | 311.0 | 197.6 |
| 1987 | 338.6 | 216.6 | 316.3 | 576.2 | 300.9 | 263.7 | 205.3 |
| 1988 | 415.8 | 229.4 | 376.7 | 599.2 | 318.7 | 296.7 | 222.1 |
| 1989 | 449.9 | 267.5 | 424.9 | 731.0 | 307.2 | 279.2 | 231.0 |
| 1990 | 375.7 | 269.4 | 567.2 | 793.9 | 358.8 | 376.1 | 245.1 |
| 1991 | 407.6 | 275.9 | 661.4 | 904.3 | 420.5 | 443.4 | 265.7 |
| 1992 | 580.0 | 368.3 | 769.9 | 1088.8 | 405.4 | 546.7 | 307.7 |
| 1993 | 803.3 | 378.6 | 957.8 | 1190.1 | 443.5 | 616.1 | 354.2 |
| 1994 | 836.2 | 413.1 | 1276.7 | 1372.2 | 455.9 | 861.3 | 399.5 |
| 1995 | 929.9 | 508.5 | 1749.1 | 1598.6 | 522.0 | 1012.0 | 446.2 |
| 1996 | 1077.8 | 587.8 | 2104.2 | 1662.5 | 686.4 | 1227.6 | 493.9 |
| 1997 | 1223.3 | 674.2 | 2657.6 | 1822.1 | 854.6 | 1406.8 | 549.2 |
| 1998 | 1406.8 | 701.8 | 2774.5 | 2011.6 | 1046.0 | 1699.4 | 597.0 |
| 1999 | 1523.6 | 715.1 | 3002.0 | 1804.4 | 1152.7 | 2068.2 | 645.4 |
| 2000 | 1709.5 | 743.7 | 3245.2 | 1836.9 | 1286.4 | 2368.1 | 704.1 |
| 2001 | 1861.6 | 864.2 | 3446.4 | 1864.5 | 1448.5 | 2586.0 | 772.4 |
| 2002 | 2049.6 | 909.1 | 3773.8 | 2011.8 | 1648.4 | 2865.3 | 858.1 |
| 2003 | 2240.2 | 952.7 | 4155.0 | 2170.7 | 1913.8 | 3140.4 | 962.8 |
| 2004 | 2482.1 | 1091.8 | 4902.9 | 2298.8 | 1984.6 | 3435.6 | 1086.0 |
| 2005 | 2829.6 | 1227.2 | 5574.6 | 2526.4 | 2179.1 | 3847.9 | 1214.1 |
| 2006 | 3152.2 | 1476.3 | 6421.9 | 2839.7 | 2346.9 | 4332.7 | 1361.0 |
| 2007 | 3539.9 | 1660.8 | 7192.5 | 3115.2 | 2741.2 | 4831.0 | 1573.3 |
| 2008 | 4138.1 | 1888.3 | 8127.5 | 3517.1 | 2442.4 | 5546.0 | 1792.0 |
| 2009 | 4961.6 | 1950.6 | 9395.4 | 4614.4 | 2938.2 | 5945.3 | 2044.7 |
| 2010 | 5829.9 | 2219.8 | 9526.9 | 5528.1 | 3152.7 | 6444.7 | 2375.9 |
| 2011 | 6681.1 | 2532.8 | 10536.8 | 5843.2 | 3486.9 | 7591.9 | 2734.7 |
| 2012 | 7522.9 | 2765.8 | 11348.1 | 7046.9 | 3887.9 | 8366.3 | 3073.8 |
| 2013 | 8297.8 | 3064.5 | 12278.6 | 8209.6 | 4331.1 | 9612.9 | 3421.1 |
| 2014 | 9052.9 | 3291.3 | 13199.5 | 9219.4 | 4660.3 | 10708.8 | 3763.2 |
| 2015 | 9885.8 | 3577.6 | 14400.7 | 10639.2 | 4916.6 | 12208.0 | 4143.3 |
| 2016 | 10666.8 | 3785.1 | 15509.6 | 11735.0 | 5285.3 | 14124.7 | 4541.1 |

注：本表人均生产总值按常住人口计算。
Note: The per capita GDP hereof is calculated by registered population.

# 表2.9 三次产业贡献率（1990－2016年）

## SHARE OF THE CONTRIBUTIONS OF THE GROWTH OF THREE STRATA OF INDUSTRY TO THE INCREASE OF THE GDP (1990-2016)

单位：% (%)

| 年 份 Year | 本市生产总值 Gross Domestic Product | 其 中 of which | | | |
|---|---|---|---|---|---|
| | | 第一产业 Primary Industry | 第二产业 Secondary Industry | 其 中 of which #工 业 Industry | 第三产业 Tertiary Industry |
| 1990 | 100.0 | 33.9 | 46.8 | 21.2 | 19.3 |
| 1991 | 100.0 | 22.5 | 42.2 | 42.1 | 35.3 |
| 1992 | 100.0 | 3.2 | 54.9 | 49.2 | 41.9 |
| 1993 | 100.0 | 8.5 | 61.2 | 55.0 | 30.3 |
| 1994 | 100.0 | 5.0 | 55.3 | 53.0 | 39.7 |
| 1995 | 100.0 | 7.8 | 53.8 | 48.1 | 38.4 |
| 1996 | 100.0 | 8.3 | 50.7 | 45.7 | 41.0 |
| 1997 | 100.0 | 5.3 | 53.2 | 45.0 | 41.5 |
| 1998 | 100.0 | 4.3 | 40.3 | 26.2 | 55.4 |
| 1999 | 100.0 | 0.8 | 64.4 | 58.5 | 34.8 |
| 2000 | 100.0 | 2.4 | 60.3 | 53.0 | 37.3 |
| 2001 | 100.0 | 3.7 | 55.9 | 44.7 | 40.4 |
| 2002 | 100.0 | 5.9 | 58.9 | 48.6 | 35.2 |
| 2003 | 100.0 | 5.2 | 63.5 | 53.7 | 31.3 |
| 2004 | 100.0 | 5.0 | 63.8 | 54.4 | 31.2 |
| 2005 | 100.0 | 4.7 | 55.5 | 50.5 | 39.8 |
| 2006 | 100.0 | -6.0 | 62.1 | 54.6 | 43.9 |
| 2007 | 100.0 | 6.7 | 61.6 | 55.1 | 31.7 |
| 2008 | 100.0 | 4.9 | 61.3 | 56.5 | 33.8 |
| 2009 | 100.0 | 3.6 | 60.7 | 50.5 | 35.7 |
| 2010 | 100.0 | 3.2 | 68.6 | 59.1 | 28.2 |
| 2011 | 100.0 | 2.7 | 57.3 | 47.3 | 40.0 |
| 2012 | 100.0 | 3.1 | 56.7 | 47.9 | 40.2 |
| 2013 | 100.0 | 2.7 | 48.5 | 37.8 | 48.8 |
| 2014 | 100.0 | 2.7 | 54.9 | 43.2 | 42.4 |
| 2015 | 100.0 | 2.7 | 49.4 | 36.9 | 47.9 |
| 2016 | 100.0 | 3.2 | 47.7 | 34.0 | 49.1 |

## 表2.10 三次产业拉动力（1990－2016年）

## CONTRIBUTION OF THE THREE STRATA OF INDUSTRY TO GDP GROWTH (1990-2016)

单位：%（%）

| 年 份 Year | 本市生产总值 Gross Domestic Product | 其 中 of which | | | |
|---|---|---|---|---|---|
| | | 第一产业 Primary Industry | 第二产业 Secondary Industry | 其 中 of which #工 业 Industry | 第三产业 Tertiary Industry |
| 1990 | 7.0 | 2.4 | 3.3 | 1.5 | 1.3 |
| 1991 | 9.2 | 2.1 | 3.9 | 3.9 | 3.2 |
| 1992 | 16.5 | 0.5 | 9.1 | 8.1 | 6.9 |
| 1993 | 15.6 | 1.3 | 9.5 | 8.6 | 4.8 |
| 1994 | 13.5 | 0.7 | 7.5 | 7.2 | 5.3 |
| 1995 | 12.3 | 1.0 | 6.6 | 5.9 | 4.7 |
| 1996 | 11.4 | 0.9 | 5.8 | 5.2 | 4.7 |
| 1997 | 11.2 | 0.6 | 6.0 | 5.0 | 4.6 |
| 1998 | 8.6 | 0.4 | 3.5 | 2.3 | 4.7 |
| 1999 | 7.8 | 0.1 | 5.0 | 4.6 | 2.7 |
| 2000 | 8.7 | 0.2 | 5.2 | 4.6 | 3.3 |
| 2001 | 9.2 | 0.3 | 5.1 | 4.1 | 3.8 |
| 2002 | 10.5 | 0.6 | 6.2 | 5.1 | 3.7 |
| 2003 | 11.7 | 0.6 | 7.4 | 6.3 | 3.7 |
| 2004 | 12.4 | 0.6 | 7.9 | 6.7 | 3.9 |
| 2005 | 11.7 | 0.5 | 6.5 | 5.9 | 4.7 |
| 2006 | 12.4 | -0.7 | 7.7 | 6.8 | 5.4 |
| 2007 | 15.9 | 1.1 | 9.8 | 8.8 | 5.0 |
| 2008 | 14.5 | 0.7 | 8.9 | 8.2 | 4.9 |
| 2009 | 14.9 | 0.5 | 9.0 | 7.5 | 5.4 |
| 2010 | 17.1 | 0.5 | 11.7 | 10.1 | 4.9 |
| 2011 | 16.4 | 0.4 | 9.4 | 7.8 | 6.6 |
| 2012 | 13.6 | 0.4 | 7.7 | 6.5 | 5.5 |
| 2013 | 12.3 | 0.3 | 6.0 | 4.6 | 6.0 |
| 2014 | 10.9 | 0.3 | 6.0 | 4.7 | 4.6 |
| 2015 | 11.0 | 0.3 | 5.4 | 4.1 | 5.3 |
| 2016 | 10.7 | 0.3 | 5.1 | 3.6 | 5.3 |

# 表2.11 分区域地区生产总值（2015－2016年）
## GROSS DOMESTIC PRODUCT BY REGION (2015-2016)

单位：亿元 (100 million yuan)

| 指　标 | Item | 2015 | 2016 | 指　数 上年=100 Index Preceding Year=100 |
|---|---|---|---|---|
| **本市生产总值** | **Gross Domestic Product** | **15717.27** | **17559.25** | **110.7** |
| #一小时经济圈 | One-Hour Economic Circle | 12124.03 | 13553.08 | 110.7 |
| #都市发达经济圈 | Developed Metropolitan Economic Circle | 6861.01 | 7646.89 | 110.5 |
| 渝西经济走廊 | West Chongqing Economic Corridor | 3974.22 | 4490.13 | 111.0 |
| 三峡库区生态经济区 | Ecological Economic Zone in Three Gorges Reservoir Area | 4882.04 | 5422.23 | 110.6 |
| **第一产业** | **Primary Industry** | **1150.15** | **1303.24** | **104.6** |
| #一小时经济圈 | One-Hour Economic Circle | 662.33 | 745.87 | 104.1 |
| #都市发达经济圈 | Developed Metropolitan Economic Circle | 107.91 | 116.52 | 101.4 |
| 渝西经济走廊 | West Chongqing Economic Corridor | 464.43 | 527.02 | 104.6 |
| 三峡库区生态经济区 | Ecological Economic Zone in Three Gorges Reservoir Area | 577.81 | 659.70 | 105.2 |
| **第二产业** | **Secondary Industry** | **7069.37** | **7755.65** | **111.3** |
| #一小时经济圈 | One-Hour Economic Circle | 5464.29 | 6002.85 | 110.9 |
| #都市发达经济圈 | Developed Metropolitan Economic Circle | 2631.52 | 2855.75 | 109.4 |
| 渝西经济走廊 | West Chongqing Economic Corridor | 2128.43 | 2376.08 | 112.2 |
| 三峡库区生态经济区 | Ecological Economic Zone in Three Gorges Reservoir Area | 2309.42 | 2523.82 | 112.7 |
| **第三产业** | **Tertiary Industry** | **7497.75** | **8500.36** | **111.0** |
| #一小时经济圈 | One-Hour Economic Circle | 5997.41 | 6804.36 | 111.3 |
| #都市发达经济圈 | Developed Metropolitan Economic Circle | 4121.58 | 4674.62 | 111.4 |
| 渝西经济走廊 | West Chongqing Economic Corridor | 1381.36 | 1587.03 | 111.4 |
| 三峡库区生态经济区 | Ecological Economic Zone in Three Gorges Reservoir Area | 1994.81 | 2238.71 | 109.8 |

# 表2.12 分经济类型地区生产总值（1996－2016年）
## GROSS DOMESTIC PRODUCT BY STATUS OF REGISTRATION (1996-2016)

单位：亿元 (100 million yuan)

| 年 份<br>Year | 本市生产总值<br>Gross Domestic Product | 公有制经济<br>Public-owned Economy | 非公有制经济<br>Non-public-owned Economy | 其中 of which<br>个体私营经济<br>Individual and Private | 外商港澳台经济<br>Funded by HK, Macao, Taiwan & Foreign |
|---|---|---|---|---|---|
| 1996 | 1315.12 | 987.66 | 327.46 | 286.70 | 40.76 |
| 1997 | 1509.75 | 1111.18 | 398.57 | 341.20 | 57.37 |
| 1998 | 1602.38 | 1104.04 | 498.34 | 442.26 | 56.08 |
| 1999 | 1663.20 | 1111.02 | 552.18 | 487.32 | 64.86 |
| 2000 | 1791.00 | 1156.99 | 634.01 | 560.58 | 73.43 |
| 2001 | 1976.86 | 1209.84 | 767.02 | 682.02 | 85.00 |
| 2002 | 2232.86 | 1295.06 | 937.80 | 799.36 | 138.44 |
| 2003 | 2555.72 | 1385.20 | 1170.52 | 955.84 | 214.68 |
| 2004 | 3034.58 | 1574.95 | 1459.63 | 1271.49 | 188.14 |
| 2005 | 3467.72 | 1719.99 | 1747.73 | 1511.93 | 235.80 |
| 2006 | 3907.23 | 1836.40 | 2070.83 | 1734.81 | 336.02 |
| 2007 | 4676.13 | 2099.58 | 2576.55 | 2118.29 | 458.26 |
| 2008 | 5793.66 | 2386.99 | 3406.67 | 2827.31 | 579.36 |
| 2009 | 6530.01 | 2613.93 | 3916.08 | 3197.94 | 718.14 |
| 2010 | 7925.58 | 3079.02 | 4846.56 | 3851.89 | 994.67 |
| 2011 | 10011.37 | 3836.12 | 6175.25 | 4894.32 | 1280.93 |
| 2012 | 11409.60 | 4303.91 | 7105.69 | 5598.64 | 1507.05 |
| 2013 | 12783.26 | 4921.56 | 7861.70 | 6263.79 | 1597.91 |
| 2014 | 14262.60 | 5519.63 | 8742.97 | 6988.67 | 1754.30 |
| 2015 | 15717.27 | 6081.48 | 9635.79 | 7807.63 | 1828.16 |
| 2016 | 17559.25 | 6829.99 | 10729.26 | 8760.98 | 1968.28 |

**表2.12 续表 continued**

单位：% (%)

| 年 份<br>Year | 生产总值构成<br>Compositon of Gross Domestic Product | 公有制经济<br>Public-owned Economy | 非公有制经济<br>Non-public-owned Economy | 其 中 of which<br>个体私营经济<br>Individual and Private | 外商港澳台经济<br>Funded by HK, Macao, Taiwan & Foreign |
|---|---|---|---|---|---|
| 1996 | 100.0 | 75.1 | 24.9 | 21.8 | 3.1 |
| 1997 | 100.0 | 73.6 | 26.4 | 22.6 | 3.8 |
| 1998 | 100.0 | 68.9 | 31.1 | 27.6 | 3.5 |
| 1999 | 100.0 | 66.8 | 33.2 | 29.3 | 3.9 |
| 2000 | 100.0 | 64.6 | 35.4 | 31.3 | 4.1 |
| 2001 | 100.0 | 61.2 | 38.8 | 34.5 | 4.3 |
| 2002 | 100.0 | 58.0 | 42.0 | 35.8 | 6.2 |
| 2003 | 100.0 | 54.2 | 45.8 | 37.4 | 8.4 |
| 2004 | 100.0 | 51.9 | 48.1 | 41.9 | 6.2 |
| 2005 | 100.0 | 49.6 | 50.4 | 43.6 | 6.8 |
| 2006 | 100.0 | 47.0 | 53.0 | 44.4 | 8.6 |
| 2007 | 100.0 | 44.9 | 55.1 | 45.3 | 9.8 |
| 2008 | 100.0 | 41.2 | 58.8 | 48.8 | 10.0 |
| 2009 | 100.0 | 40.0 | 60.0 | 49.0 | 11.0 |
| 2010 | 100.0 | 38.8 | 61.2 | 48.6 | 12.6 |
| 2011 | 100.0 | 38.3 | 61.7 | 48.9 | 12.8 |
| 2012 | 100.0 | 37.7 | 62.3 | 49.1 | 13.2 |
| 2013 | 100.0 | 38.5 | 61.5 | 49.0 | 12.5 |
| 2014 | 100.0 | 38.7 | 61.3 | 49.0 | 12.3 |
| 2015 | 100.0 | 38.7 | 61.3 | 49.7 | 11.6 |
| 2016 | 100.0 | 38.9 | 61.1 | 49.9 | 11.2 |

| 年 份<br>Year | 生产总值指数（上年=100）<br>Compositon of Gross Domestic Product (Preceding Year =100) | 公有制经济<br>Public-owned Economy | 非公有制经济<br>Non-public-owned Economy | 其 中 of which<br>个体私营经济<br>Individual and Private | 外商港澳台经济<br>Funded by HK, Macao, Taiwan & Foreign |
|---|---|---|---|---|---|
| 1996 | 111.4 | 107.3 | 126.1 | 127.8 | 115.1 |
| 1997 | 111.2 | 109.0 | 117.9 | 115.3 | 136.3 |
| 1998 | 108.6 | 101.7 | 127.9 | 132.6 | 100.1 |
| 1999 | 107.8 | 104.5 | 115.1 | 114.4 | 120.1 |
| 2000 | 108.7 | 105.1 | 115.9 | 116.1 | 114.3 |
| 2001 | 109.2 | 103.5 | 119.7 | 120.4 | 114.5 |
| 2002 | 110.5 | 104.7 | 119.6 | 114.7 | 159.3 |
| 2003 | 111.7 | 104.4 | 121.8 | 116.7 | 151.3 |
| 2004 | 112.4 | 107.6 | 118.0 | 125.9 | 83.0 |
| 2005 | 111.7 | 106.7 | 117.0 | 116.2 | 122.5 |
| 2006 | 112.4 | 106.6 | 118.2 | 114.5 | 142.2 |
| 2007 | 115.9 | 110.8 | 120.5 | 118.3 | 132.1 |
| 2008 | 114.5 | 105.1 | 122.2 | 123.4 | 116.9 |
| 2009 | 114.9 | 111.6 | 117.3 | 115.4 | 126.4 |
| 2010 | 117.1 | 113.5 | 119.6 | 116.4 | 133.9 |
| 2011 | 116.4 | 111.8 | 119.3 | 118.3 | 123.0 |
| 2012 | 113.6 | 107.8 | 116.8 | 114.2 | 126.5 |
| 2013 | 112.3 | 112.0 | 112.4 | 114.5 | 105.3 |
| 2014 | 110.9 | 110.5 | 111.1 | 111.4 | 109.9 |
| 2015 | 111.0 | 110.7 | 111.1 | 112.2 | 106.1 |
| 2016 | 110.7 | 110.3 | 110.9 | 112.1 | 104.4 |

# 表2.13 投入产出延长表（2015年）
## INPUT-OUTPUT TABLES（2015）

| 产出 / 投入 | Output / Input | 中间使用 Intermediate Use Part<br>农林牧渔产品和服务<br>Forestry, Animal husbandry and fishery products and services |
|---|---|---|
| 中间投入 | **Intermediate Inputs** | |
| 农林牧渔产品和服务 | Forestry, Animal husbandry and fishery products and services | 3138516 |
| 煤炭采选产品 | Mining and Washing of Coal Products | 98 |
| 石油和天然气开采产品 | Extraction of Petroleum and Natural Gas Products | |
| 金属矿采选产品 | Mining and Processing of Metal Ores Products | |
| 非金属矿和其他矿采选产品 | Mining and Processing of Non-metal Ores Products | 37 |
| 食品和烟草 | Food and Tobacco | 1128039 |
| 纺织品 | Textile | 7530 |
| 纺织服装鞋帽皮革羽绒及其制品 | Textile, Clothing, Hats, Leather, Feather and Related Products | 10293 |
| 木材加工品和家具 | Processing of Timber Products and Funiture | 632 |
| 造纸印刷和文教体育用品 | Paper, Printing, Culture, Education and Sport Products | 511 |
| 石油、炼焦产品和核燃料加工品 | Products of Petroleum, Coking and Processing of Nuclear Fuel | 53368 |
| 化学产品 | Chemical Products | 373597 |
| 非金属矿物制品 | Products of Non-metallic Mineral | 974 |
| 金属冶炼和压延加工品 | Products of Metals Smelting and Pressing | 62 |
| 金属制品 | Metal Products | 6731 |
| 通用设备 | Genaral Equipment | 336 |
| 专用设备 | Special Equipment | 64954 |
| 交通运输设备 | Transporation Equipment | 6763 |
| 电气机械和器材 | Electrical Machinery and Apparatus | 486 |
| 通信设备、计算机和其他电子设备 | Communication, Computers and other Electronic Equipment | 102 |
| 仪器仪表 | Measuring Instruments and | 354 |
| 其他制造产品 | Other Manufactured Products | 542 |
| 废品废料 | Waste and Flotsam | |
| 金属制品、机械和设备修理服务 | Repair Services of Metal Products, Machinery and Equipment | |

注：按当年生产者价格计算（以下各表同）。

单位：万元（10 000 yuan）

| 中间使用 Intermediate Use Part | | | | | | | |
|---|---|---|---|---|---|---|---|
| 煤炭采选产品 Mining and Washing of Coal Products | 石油和天然气开采产品 Extraction of Petroleum and Natural Gas Products | 金属矿采选产品 Mining and Processing of Metal Ores Products | 非金属矿和其他矿采选产品 Mining and Processing of Non-metal Ores Products | 食品和烟草 Food and Tobacco | 纺织品 Textile | 纺织服装鞋帽皮革羽绒及其制品 Textile, Clothing, Hats, Leather, Feather and Related Products | 木材加工品和家具 Processing of Timber Products and Funiture |
| 1127 | 721 | 10 | 3177 | 5111529 | 568053 | 7339 | 303168 |
| 993109 | | | 26705 | 74250 | 16760 | 5829 | 1491 |
| | 29815 | 2935 | 35344 | 61266 | 1217 | 4161 | 177 |
| | | 120252 | 1047 | 116 | 14 | | |
| 1087 | | 1131 | 377551 | 826 | 20 | 7 | 830 |
| 652 | 3886 | 168 | 372 | 3150487 | 2333 | 8258 | 2128 |
| 475 | 9 | 228 | 62 | 13371 | 324852 | 720243 | 47323 |
| 13402 | 6754 | 1806 | 958 | 22315 | 20837 | 635222 | 35432 |
| 8447 | 60 | 1471 | 491 | 10230 | 6315 | 1717 | 334452 |
| 3734 | 8538 | 592 | 3117 | 397269 | 7384 | 39764 | 28924 |
| 21942 | 30715 | 75463 | 219515 | 25222 | 2010 | 10096 | 3888 |
| 34828 | 59852 | 9855 | 154647 | 665665 | 263739 | 349266 | 108827 |
| 1744 | | 1090 | 104976 | 87403 | 630 | 548 | 35270 |
| 18267 | 50142 | 1403 | 2841 | 13022 | 652 | 686 | 89047 |
| 40048 | 5 | 11764 | 5035 | 100264 | 1650 | 6749 | 104822 |
| 33750 | 32692 | 6153 | 13839 | 29419 | 3748 | 2532 | 6382 |
| 52679 | 55093 | 8715 | 76525 | 21334 | 8297 | 5042 | 811 |
| 113 | 60 | 46 | 154 | 1277 | 104 | 202 | 3149 |
| 8417 | 27 | 1739 | 1439 | 9566 | 2869 | 400 | 1532 |
| 991 | 707 | 5 | 3386 | 1655 | 329 | 550 | 1017 |
| 2405 | 30803 | 23 | 2032 | 3519 | 24 | 203 | 12982 |
| 10 | | | 338 | 1554 | 279 | 725 | 41 |
| | | | 25139 | 5 | | | |
| 22848 | 23718 | 6884 | 22977 | 78558 | 16324 | 83306 | 9804 |

Note: Data are calculated at producers' prices in 2015（the same for the tables below).

表2.13 续表1 continued1

| 产出 / 投入 | Output / Input | 中间使用 Intermediate Use Part<br>造纸印刷和文教体育用品<br>Paper, Printing, Culture, Education and Sport Products |
|---|---|---|
| **中间投入** | **Intermediate Inputs** | |
| 农林牧渔产品和服务 | Forestry, Animal husbandry and fishery products and services | 168802 |
| 煤炭采选产品 | Mining and Washing of Coal Products | 2346 |
| 石油和天然气开采产品 | Extraction of Petroleum and Natural Gas Products | 24722 |
| 金属矿采选产品 | Mining and Processing of Metal Ores Products | 283 |
| 非金属矿和其他矿采选产品 | Mining and Processing of Non-metal Ores Products | 40 |
| 食品和烟草 | Food and Tobacco | 26265 |
| 纺织品 | Textile | 30129 |
| 纺织服装鞋帽皮革羽绒及其制品 | Textile, Clothing, Hats, Leather, Feather and Related Products | 12418 |
| 木材加工品和家具 | Processing of Timber Products and Funiture | 198324 |
| 造纸印刷和文教体育用品 | Paper, Printing, Culture, Education and Sport Products | 1969314 |
| 石油、炼焦产品和核燃料加工品 | Products of Petroleum, Coking and Processing of Nuclear Fuel | 19085 |
| 化学产品 | Chemical Products | 654688 |
| 非金属矿物制品 | Products of Non-metallic Mineral | 7590 |
| 金属冶炼和压延加工品 | Products of Metals Smelting and Pressing | 39356 |
| 金属制品 | Metal Products | 49838 |
| 通用设备 | Genaral Equipment | 12803 |
| 专用设备 | Special Equipment | 8733 |
| 交通运输设备 | Transporation Equipment | 2215 |
| 电气机械和器材 | Electrical Machinery and Apparatus | 1535 |
| 通信设备、计算机和其他电子设备 | Communication, Computers and other Electronic Equipment | 14386 |
| 仪器仪表 | Measuring Instruments and | 918 |
| 其他制造产品 | Other Manufactured Products | 165 |
| 废品废料 | Waste and Flotsam | 66506 |
| 金属制品、机械和设备修理服务 | Repair Services of Metal Products, Machinery and Equipment | 52012 |

单位：万元（10 000 yuan）

| 中间使用 Intermediate Use Part | | | | | | | |
|---|---|---|---|---|---|---|---|
| 石油、炼焦产品和核燃料加工品 Products of Petroleum, Coking and Processing of Nuclear Fuel | 化学产品 Chemical Products | 非金属矿物制品 Products of Non-metallic Mineral | 金属冶炼和压延加工品 Products of Metals Smelting anc Pressing | 金属制品 Metal Products | 通用设备 Genaral Equipment | 专用设备 Special Equipment | 交通运输设备 Transporation Equipment |
| 102 | 858569 | 22512 | 692 | 129 | 1073 | 376 | 2172 |
| 88045 | 330730 | 567180 | 344726 | 639 | 1071 | 768 | 59191 |
| 278136 | 1094780 | 259872 | 65250 | 28003 | 10682 | 3033 | 172772 |
| | 55618 | 40878 | 1619040 | 4766 | 5239 | 99 | 790 |
| | 190631 | 1882468 | 64236 | 356 | 579 | 974 | 18560 |
| 170 | 344864 | 6355 | 15335 | 501 | 1735 | 3271 | 7731 |
| 1494 | 62964 | 8557 | 5090 | 373 | 6772 | 4366 | 15079 |
| 939 | 23885 | 27991 | 6574 | 6232 | 5028 | 12965 | 24198 |
| 6126 | 12211 | 96799 | 9569 | 50556 | 23019 | 34497 | 154205 |
| 1638 | 363780 | 229571 | 124844 | 6273 | 34701 | 66358 | 303638 |
| 72117 | 611541 | 552240 | 475553 | 17778 | 42060 | 35845 | 271352 |
| 51099 | 7728100 | 674134 | 237048 | 44603 | 108423 | 178561 | 1975358 |
| 4053 | 94835 | 1862594 | 112468 | 978 | 7971 | 9504 | 65259 |
| 3443 | 197985 | 148403 | 5492561 | 2877788 | 1981903 | 1207673 | 12361312 |
| 7543 | 194464 | 95060 | 43873 | 369890 | 328955 | 481591 | 935821 |
| 22286 | 211034 | 168807 | 315919 | 43819 | 1459373 | 851660 | 4894764 |
| 1424 | 51145 | 24405 | 3008 | 149181 | 85160 | 283123 | 97653 |
| 192 | 4972 | 35382 | 2090 | 9186 | 131720 | 72800 | 19345952 |
| 351 | 12214 | 10520 | 4530 | 4774 | 267704 | 187113 | 406247 |
| 129 | 23600 | 6489 | 14090 | 2679 | 139701 | 106262 | 162260 |
| 56 | 24866 | 7227 | 605 | 467 | 94527 | 31080 | 76670 |
| 101 | 5701 | 861 | 350 | 477 | 4916 | 32872 | 24865 |
| | 202659 | 189879 | 1632723 | | 138863 | 1465 | 34428 |
| 1652 | 254396 | 357632 | 90375 | 28838 | 335328 | 43411 | 848038 |

**表2.13 续表2 continued2**

| 产出 / 投入 | Output / Input | 中间使用 Intermediate Use Part<br>电气机械和器材 Electrical Machinery and Apparatus |
|---|---|---|
| **中间投入** | **Intermediate Inputs** | |
| 农林牧渔产品和服务 | Forestry, Animal husbandry and fishery products and services | 208 |
| 煤炭采选产品 | Mining and Washing of Coal Products | |
| 石油和天然气开采产品 | Extraction of Petroleum and Natural Gas Products | 12253 |
| 金属矿采选产品 | Mining and Processing of Metal Ores Products | 118490 |
| 非金属矿和其他矿采选产品 | Mining and Processing of Non-metal Ores Products | 18227 |
| 食品和烟草 | Food and Tobacco | 1691 |
| 纺织品 | Textile | 555 |
| 纺织服装鞋帽皮革羽绒及其制品 | Textile, Clothing, Hats, Leather, Feather and Related Products | 3913 |
| 木材加工品和家具 | Processing of Timber Products and Funiture | 11092 |
| 造纸印刷和文教体育用品 | Paper, Printing, Culture, Education and Sport Products | 88916 |
| 石油、炼焦产品和核燃料加工品 | Products of Petroleum, Coking and Processing of Nuclear Fuel | 27193 |
| 化学产品 | Chemical Products | 890258 |
| 非金属矿物制品 | Products of Non-metallic Mineral | 73394 |
| 金属冶炼和压延加工品 | Products of Metals Smelting and Pressing | 2555979 |
| 金属制品 | Metal Products | 682191 |
| 通用设备 | Genaral Equipment | 991942 |
| 专用设备 | Special Equipment | 20263 |
| 交通运输设备 | Transporation Equipment | 7784 |
| 电气机械和器材 | Electrical Machinery and Apparatus | 1727948 |
| 通信设备、计算机和其他电子设备 | Communication, Computers and other Electronic Equipment | 925164 |
| 仪器仪表 | Measuring Instruments and | 40202 |
| 其他制造产品 | Other Manufactured Products | 1814 |
| 废品废料 | Waste and Flotsam | 18811 |
| 金属制品、机械和设备修理服务 | Repair Services of Metal Products, Machinery and Equipment | 167600 |

单位：万元（10 000 yuan）

| 中间使用 Intermediate Use Part | | | | | | |
|---|---|---|---|---|---|---|
| 通信设备、计算机和其他电子设备 Communication, Computers and other Electronic Equipment | 仪器仪表 Measuring Instruments | 其他制造产品 Other Manufactured Products | 废品废料 Waste and Flotsam | 金属制品、机械和设备修理服务 Repair Services of Metal Products, Machinery and Equipment | 电力、热力的生产和供应 Electric Power and Heat Production and Supply | 燃气生产和供应 Gas Production and Supply |
| 67 | 72 | 2925 | 11 | 4 | 25 | 3 |
| 48435 | 3 | 5004 | 4683 | | 1071900 | 21289 |
| 10641 | 518 | 349 | | 395 | 56783 | 990596 |
| 1937 | 202 | 5 | 7931 | | | |
| 1 | | 2 | | | 34067 | |
| 5213 | 606 | 71 | 5950 | 53 | 1675 | 160 |
| 724 | 135 | 651 | | 1 | 1288 | 8 |
| 7026 | 987 | 81 | 87 | 396 | 5109 | 2222 |
| 5470 | 2645 | 23 | | 3 | 58 | 20 |
| 137187 | 15741 | 514 | 101 | 699 | 7883 | 1945 |
| 8843 | 3482 | 382 | 5757 | 1016 | 35729 | 11097 |
| 1069995 | 138764 | 14254 | 71713 | 181 | 4643 | 1119 |
| 127502 | 63769 | 11 | 10853 | 146 | 11742 | 51 |
| 690948 | 122107 | 23022 | 64198 | 24947 | 3455 | 2734 |
| 389284 | 51168 | 42965 | 6010 | 482 | 1043 | 363 |
| 119628 | 53603 | 81378 | 1196 | 455 | 11409 | 3899 |
| 14632 | 26029 | 22 | | | 968 | 1110 |
| 55160 | 10110 | 6 | 2 | 19 | 44060 | 6042 |
| 358638 | 20085 | 6141 | 5779 | 266 | 116476 | 100 |
| 23845329 | 89543 | 220 | 1 | 12 | 19514 | 450 |
| 144962 | 291678 | 79 | | | 64282 | 458 |
| 13248 | 1327 | 11670 | | | 12 | |
| | 156 | 2 | 74418 | | | |
| 60066 | 10575 | 11333 | 3931 | 3824 | 983663 | 43508 |

表2.13 续表3 continued3

| 产出 / 投入 | Output / Input | 中间使用 Intermediate Use Part<br>水的生产和供应 Water Production and Supply |
|---|---|---|
| 中间投入 | Intermediate Inputs | |
| 农林牧渔产品和服务 | Forestry, Animal husbandry and fishery products and services | 1 |
| 煤炭采选产品 | Mining and Washing of Coal Products | |
| 石油和天然气开采产品 | Extraction of Petroleum and Natural Gas Products | |
| 金属矿采选产品 | Mining and Processing of Metal Ores Products | |
| 非金属矿和其他矿采选产品 | Mining and Processing of Non-metal Ores Products | |
| 食品和烟草 | Food and Tobacco | 13 |
| 纺织品 | Textile | 9 |
| 纺织服装鞋帽皮革羽绒及其制品 | Textile, Clothing, Hats, Leather, Feather and Related Products | 198 |
| 木材加工品和家具 | Processing of Timber Products and Funiture | 54 |
| 造纸印刷和文教体育用品 | Paper, Printing, Culture, Education and Sport Products | 294 |
| 石油、炼焦产品和核燃料加工品 | Products of Petroleum, Coking and Processing of Nuclear Fuel | 155 |
| 化学产品 | Chemical Products | 5256 |
| 非金属矿物制品 | Products of Non-metallic Mineral | 2 |
| 金属冶炼和压延加工品 | Products of Metals Smelting and Pressing | 91 |
| 金属制品 | Metal Products | 95 |
| 通用设备 | Genaral Equipment | 55 |
| 专用设备 | Special Equipment | 20 |
| 交通运输设备 | Transporation Equipment | 445 |
| 电气机械和器材 | Electrical Machinery and Apparatus | 40 |
| 通信设备、计算机和其他电子设备 | Communication, Computers and other Electronic Equipment | 40 |
| 仪器仪表 | Measuring Instruments and | 29 |
| 其他制造产品 | Other Manufactured Products | 1 |
| 废品废料 | Waste and Flotsam | 278 |
| 金属制品、机械和设备修理服务 | Repair Services of Metal Products, Machinery and Equipment | 12979 |

单位：万元（10 000 yuan）

| 中间使用 Intermediate Use Part | | | | | | | |
|---|---|---|---|---|---|---|---|
| 建 筑<br>Construction | 批发和零售<br>Wholesale and Retail Trades | 交通运输、仓储和邮政<br>Transport, Storage and Post | 住宿和餐饮<br>Hotels and Catering Services | 信息传输、软件和信息技术服务<br>Information Transmission, Software and Information Technology | 金 融<br>Financial Intermediation | 房地产<br>Real Estate | 租赁和商务服务<br>Leasing and Business Services |
| | | | | | | | |
| 79241 | 4184 | 22739 | 1897047 | 5477 | 18652 | 23740 | 165 |
| 65106 | 30 | 2245 | | | | | |
| | | | 2 | | | | |
| | | | 106 | | | | |
| 1089929 | 155 | 113 | 84 | | | | |
| 4445 | 18414 | 20249 | 1766071 | 9459 | 49685 | 2720 | 2585 |
| 4383 | 4993 | 4979 | 70337 | 1054 | 2565 | 22551 | 16 |
| 104594 | 5682 | 17183 | 14237 | 18852 | 127459 | 12117 | 721841 |
| 635328 | 4414 | 10898 | 7218 | 4846 | 15380 | 4206 | 117 |
| 83716 | 30078 | 73662 | 51107 | 96961 | 1478986 | 93304 | 164757 |
| 1193736 | 62534 | 2264660 | 4450 | 44249 | 106774 | 39065 | 58975 |
| 2462913 | 16954 | 577634 | 89496 | 15336 | 18194 | 66013 | 392163 |
| 17784568 | 254 | 27022 | 3394 | 5487 | 13 | | 5 |
| 13908833 | 202 | 10497 | 376 | | | | |
| 3342001 | 1303 | 11585 | 9065 | 10451 | 2944 | 17267 | 117 |
| 309340 | 5698 | 359817 | 43686 | 30203 | 101174 | 20404 | 1655 |
| 287967 | 184 | 8388 | 1685 | 599 | 150650 | 264 | 8 |
| 11475 | 51436 | 797468 | 9128 | 2735 | 11967 | 2759 | 2649 |
| 765217 | 9307 | 12807 | 2632 | 638641 | 1342 | 64918 | 12647 |
| 48840 | 13613 | 14609 | 8005 | 877604 | 141459 | 21795 | 9203 |
| 21653 | 22537 | 1772 | 36 | 2564 | | 6302 | 18 |
| 2170 | 16 | 852 | 99154 | 1444 | 1304 | 3206 | 8524 |
| | | | | | | | |
| 38085 | 5444 | 94081 | 4621 | 374440 | 1689 | 36842 | 47123 |

**表2.13 续表4 continued4**

| 产出 / 投入 | Output / Input | 中间使用 Intermediate Use Part<br>科学研究和技术服务 Scientific Research and Technical Services |
|---|---|---|
| **中间投入** | **Intermediate Inputs** | |
| 农林牧渔产品和服务 | Forestry, Animal husbandry and fishery products and services | 189 |
| 煤炭采选产品 | Mining and Washing of Coal Products | |
| 石油和天然气开采产品 | Extraction of Petroleum and Natural Gas Products | |
| 金属矿采选产品 | Mining and Processing of Metal Ores Products | |
| 非金属矿和其他矿采选产品 | Mining and Processing of Non-metal Ores Products | |
| 食品和烟草 | Food and Tobacco | 13998 |
| 纺织品 | Textile | 708 |
| 纺织服装鞋帽皮革羽绒及其制品 | Textile, Clothing, Hats, Leather, Feather and Related Products | 17788 |
| 木材加工品和家具 | Processing of Timber Products and Funiture | 16584 |
| 造纸印刷和文教体育用品 | Paper, Printing, Culture, Education and Sport Products | 438012 |
| 石油、炼焦产品和核燃料加工品 | Products of Petroleum, Coking and Processing of Nuclear Fuel | 245605 |
| 化学产品 | Chemical Products | 39223 |
| 非金属矿物制品 | Products of Non-metallic Mineral | 573 |
| 金属冶炼和压延加工品 | Products of Metals Smelting and Pressing | 515 |
| 金属制品 | Metal Products | 584892 |
| 通用设备 | Genaral Equipment | 17741 |
| 专用设备 | Special Equipment | 5088 |
| 交通运输设备 | Transporation Equipment | 16252 |
| 电气机械和器材 | Electrical Machinery and Apparatus | 207782 |
| 通信设备、计算机和其他电子设备 | Communication, Computers and other Electronic Equipment | 364638 |
| 仪器仪表 | Measuring Instruments and | 382508 |
| 其他制造产品 | Other Manufactured Products | 79872 |
| 废品废料 | Waste and Flotsam | |
| 金属制品、机械和设备修理服务 | Repair Services of Metal Products, Machinery and Equipment | 199 |

单位：万元（10 000 yuan）

| 中间使用 Intermediate Use Part | | | | | | |
|---|---|---|---|---|---|---|
| 水利、环境和公共设施管理 Management of Water Conservancy, Environment and Public Facilities | 居民服务、修理和其他服务 Services to Households, Repair and Other Services | 教　育 Education | 卫生和社会工作 Health and Social Work | 文化、体育和娱乐 Culture, Sports and Entertainment | 公共管理、社会保障和社会组织 Public Management, Social Security and Social Organization | 中间使用合计 Total Intermediate Use Part |
| | | | | | | |
| 90017 | 159073 | 184 | 1426 | 244 | | 12493759 |
| | | 1987 | 5046 | | | 3738665 |
| | | 291 | 740 | | | 3144733 |
| | | | | | | 1976814 |
| | 204 | | 30 | | | 3682146 |
| 696 | 1242 | 3778 | 1212 | 5253 | 6307 | 6624095 |
| 523 | 3015 | 36 | 70 | 83 | 20 | 1367620 |
| 9161 | 26199 | 1380 | 69409 | 48479 | | 2081646 |
| 1417 | 3944 | 3478 | 147 | 24201 | 25 | 1700689 |
| 46060 | 49577 | 252248 | 46093 | 322311 | 606509 | 7676610 |
| 26006 | 21009 | 26341 | 58377 | 11635 | 63711 | 6860572 |
| 133014 | 95597 | 73858 | 1696942 | 13875 | 4478 | 21564165 |
| 89 | 9383 | 510 | 91 | 6 | | 20516751 |
| 75 | 1011 | | 66 | 3 | | 41895602 |
| 14983 | 1425 | 656 | 471 | 2641 | | 7957505 |
| 5652 | 6248 | 639 | 237 | 3197 | 938 | 10279509 |
| 71 | 952 | 1639 | 560843 | 69 | | 2078732 |
| 26778 | 689 | | 3010 | 543 | 2 | 20676896 |
| 4633 | 3372 | 2511 | 62846 | 4769 | | 4950361 |
| 1635 | 8225 | 3664 | 3859 | 5160 | 3403 | 26884322 |
| 23769 | 125170 | 5729 | | | | 1422513 |
| 11950 | 209689 | 99 | 887 | 1658 | | 522695 |
| | | | | | | 2385333 |
| 1653 | 14500 | 16872 | 33338 | 19673 | 51930 | 4314074 |

表2.13 续表5 continued5

| 产出 / 投入 | Output / Input | 最终使用 Final Used Part<br>最终消费支出 Final Consumption<br>居民消费支出 Household Consumption<br>农村居民 Rural Residanes |
|---|---|---|
| **中间投入** | **Intermediate Inputs** | |
| 农林牧渔产品和服务 | Forestry, Animal husbandry and fishery products and services | 1752070 |
| 煤炭采选产品 | Mining and Washing of Coal Products | 33772 |
| 石油和天然气开采产品 | Extraction of Petroleum and Natural Gas Products | |
| 金属矿采选产品 | Mining and Processing of Metal Ores Products | |
| 非金属矿和其他矿采选产品 | Mining and Processing of Non-metal Ores Products | |
| 食品和烟草 | Food and Tobacco | 1875035 |
| 纺织品 | Textile | 225745 |
| 纺织服装鞋帽皮革羽绒及其制品 | Textile, Clothing, Hats, Leather, Feather and Related Products | 376193 |
| 木材加工品和家具 | Processing of Timber Products and Funiture | 101760 |
| 造纸印刷和文教体育用品 | Paper, Printing, Culture, Education and Sport Products | 153142 |
| 石油、炼焦产品和核燃料加工品 | Products of Petroleum, Coking and Processing of Nuclear Fuel | 172744 |
| 化学产品 | Chemical Products | 219328 |
| 非金属矿物制品 | Products of Non-metallic Mineral | 192927 |
| 金属冶炼和压延加工品 | Products of Metals Smelting and Pressing | |
| 金属制品 | Metal Products | 81811 |
| 通用设备 | Genaral Equipment | 12647 |
| 专用设备 | Special Equipment | 2476 |
| 交通运输设备 | Transporation Equipment | 101799 |
| 电气机械和器材 | Electrical Machinery and Apparatus | 303870 |
| 通信设备、计算机和其他电子设备 | Communication, Computers and other Electronic Equipment | 229247 |
| 仪器仪表 | Measuring Instruments and | 1588 |
| 其他制造产品 | Other Manufactured Products | 20344 |
| 废品废料 | Waste and Flotsam | |
| 金属制品、机械和设备修理服务 | Repair Services of Metal Products, Machinery and Equipment | |

单位：万元（10 000 yuan）

| 最终使用 Final Used Part | | | | | | |
|---|---|---|---|---|---|---|
| 最终消费支出 Final Consumption | | | | 资本形成总额 Gross Capital Formation | | |
| 居民消费支出 Household Consumption | | 政府消费支出 Government Consumption | 合 计 Total | 固定资本形成总额 Fixed Assets Formation | 存货增加 Inventory Change | 合 计 Total |
| 城镇居民 Urban Residanes | 小 计 Total | | | | | |
| 5725321 | 7477391 | 53565 | 7530956 | 5146 | 99018 | 104165 |
| 2894 | 36667 | | 36667 | | 20180 | 20180 |
| | | | | | 449 | 449 |
| | | | | | -10807 | -10807 |
| | | | | | 44787 | 44787 |
| 5473096 | 7348131 | | 7348131 | | 190224 | 190224 |
| 1879502 | 2105246 | | 2105246 | | 21035 | 21035 |
| 2944648 | 3320841 | | 3320841 | | 64364 | 64364 |
| 405913 | 507673 | | 507673 | 117496 | 26387 | 143883 |
| 680398 | 833541 | | 833541 | | 293366 | 293366 |
| 435672 | 608416 | | 608416 | | 278795 | 278795 |
| 1865147 | 2084475 | | 2084475 | | 336786 | 336786 |
| 398861 | 591788 | | 591788 | | 790788 | 790788 |
| | | | | | 533557 | 533557 |
| 218461 | 300272 | | 300272 | 229624 | 216556 | 446179 |
| 89136 | 101783 | | 101783 | 1834762 | 61460 | 1896222 |
| 29926 | 32401 | | 32401 | 1799493 | 61961 | 1861454 |
| 627502 | 729300 | | 729300 | 2698747 | 254603 | 2953350 |
| 1525202 | 1829072 | | 1829072 | 1741032 | -31431 | 1709601 |
| 923810 | 1153057 | | 1153057 | 299374 | 244735 | 544109 |
| 46328 | 47917 | | 47917 | 117614 | 86921 | 204535 |
| 148351 | 168696 | | 168696 | | 15683 | 15683 |
| | | | | | -1057 | -1057 |

**表2.13 续表6 continued6**

| 产出 / 投入 | Output / Input | 最终使用 Final Used Part<br>出口<br>Export |
|---|---|---|
| **中间投入** | **Intermediate Inputs** | |
| 农林牧渔产品和服务 | Forestry, Animal husbandry and fishery products and services | 77599 |
| 煤炭采选产品 | Mining and Washing of Coal Products | 3 |
| 石油和天然气开采产品 | Extraction of Petroleum and Natural Gas Products | 162 |
| 金属矿采选产品 | Mining and Processing of Metal Ores Products | 7904 |
| 非金属矿和其他矿采选产品 | Mining and Processing of Non-metal Ores Products | 39736 |
| 食品和烟草 | Food and Tobacco | 87454 |
| 纺织品 | Textile | 723579 |
| 纺织服装鞋帽皮革羽绒及其制品 | Textile, Clothing, Hats, Leather, Feather and Related Products | 1972180 |
| 木材加工品和家具 | Processing of Timber Products and Funiture | 899242 |
| 造纸印刷和文教体育用品 | Paper, Printing, Culture, Education and Sport Products | 1290937 |
| 石油、炼焦产品和核燃料加工品 | Products of Petroleum, Coking and Processing of Nuclear Fuel | 4027 |
| 化学产品 | Chemical Products | 2019023 |
| 非金属矿物制品 | Products of Non-metallic Mineral | 1665855 |
| 金属冶炼和压延加工品 | Products of Metals Smelting and Pressing | 505065 |
| 金属制品 | Metal Products | 1628060 |
| 通用设备 | Genaral Equipment | 2328868 |
| 专用设备 | Special Equipment | 559814 |
| 交通运输设备 | Transporation Equipment | 2610921 |
| 电气机械和器材 | Electrical Machinery and Apparatus | 2230812 |
| 通信设备、计算机和其他电子设备 | Communication, Computers and other Electronic Equipment | 19214678 |
| 仪器仪表 | Measuring Instruments and | 257667 |
| 其他制造产品 | Other Manufactured Products | 133429 |
| 废品废料 | Waste and Flotsam | 64860 |
| 金属制品、机械和设备修理服务 | Repair Services of Metal Products, Machinery and Equipment | |

单位：万元（10 000 yuan）

| 最终使用 Final Used Part | | 进　口 Import | 国内省外流入 Inflows from Domestic but Outside Province | 其　他 Others | 总产出 Total Output |
|---|---|---|---|---|---|
| 国内省外流出 Outflows from Domestic but Outside Province | 最终使用合计 Total Final Used Part | | | | |
| 893684 | 8606404 | 709936 | 2469525 | -539217 | 17381486 |
| 935161 | 992011 | 37771 | 138259 | 71511 | 4626156 |
| 8256 | 8866 | | 2244096 | 27248 | 936751 |
| 299448 | 296545 | 602080 | 964221 | -13793 | 693265 |
| 42891 | 127414 | 57756 | 1537116 | -29259 | 2185428 |
| 4120297 | 11746105 | 196954 | 764154 | 325404 | 17734495 |
| 788789 | 3638650 | 56920 | 2538509 | -26998 | 2383843 |
| 2272712 | 7630097 | 48732 | 6068863 | -144637 | 3449512 |
| 936864 | 2487663 | 34087 | 2174674 | -29500 | 1950091 |
| 1359586 | 3777430 | 174595 | 5248171 | -230982 | 5800292 |
| 186370 | 1077607 | 34313 | 6931370 | -10440 | 962054 |
| 5216442 | 9656726 | 1616329 | 5842260 | -948360 | 22813941 |
| 1731940 | 4780371 | 122325 | 11332399 | -479660 | 13362739 |
| 4792067 | 5830690 | 209091 | 30246068 | -211650 | 17059483 |
| 1717856 | 4092367 | 169913 | 5498744 | -133962 | 6247254 |
| 2828254 | 7155127 | 889116 | 7455718 | -354329 | 8735473 |
| 4583612 | 7037281 | 1173643 | 2118341 | 192206 | 6016236 |
| 42516701 | 48810272 | 1702063 | 2768238 | 384807 | 65401674 |
| 2875528 | 8645012 | 633862 | 737097 | -23408 | 12201006 |
| 27224331 | 48136175 | 8414785 | 28638220 | -1588243 | 36379249 |
| 596603 | 1106722 | 408865 | 419324 | -11607 | 1689438 |
| 200697 | 518504 | 4891 | 700345 | 4383 | 340346 |
| 432499 | 496301 | 236721 | 2112768 | 4970 | 537116 |
| 303417 | 303417 | | 4552817 | 2884 | 67558 |

表2.13 续表7 continued7

| 产出 / 投入 | Output / Input | 中间使用 Intermediate Use Part<br>农林牧渔产品和服务 Forestry, Animal husbandry and fishery products and services |
|---|---|---|
| 电力、热力的生产和供应 | Electric Power and Heat Production and Supply | 101848 |
| 燃气生产和供应 | Gas Production and Supply | 11 |
| 水的生产和供应 | Water Production and Supply | 84 |
| 建　筑 | Construction | 1219 |
| 批发和零售 | Wholesale and Retail Trades | 334381 |
| 交通运输、仓储和邮政 | Transport, Storage and Post | 174408 |
| 住宿和餐饮 | Hotels and Catering Services | 6268 |
| 信息传输、软件和信息技术服务 | Information Transmission, Software and Information Technology | 5649 |
| 金　融 | Financial Intermediation | 237811 |
| 房地产 | Real Estate | 11 |
| 租赁和商务服务 | Leasing and Business Services | 2393 |
| 科学研究和技术服务 | Scientific Research and Technical Services | 27121 |
| 水利、环境和公共设施管理 | Management of Water Conservancy, Environment and Public Facilities | 1832 |
| 居民服务、修理和其他服务 | Services to Households, Repair and Other Services | 6667 |
| 教　育 | Education | 304 |
| 卫生和社会工作 | Health and Social Work | 565 |
| 文化、体育和娱乐 | Culture, Sports and Entertainment | 82 |
| 公共管理、社会保障和社会组织 | Public Management, Social Security and Social Organization | 205 |
| **中间投入合计** | **Total Intermediate Inputs** | **5694786** |
| **增加值** | **Value Added** | |
| 劳动者报酬 | Compensation of Employees | 11534000 |
| 生产税净额 | Net Taxes on Production | 38400 |
| 固定资产折旧 | Depreciation of Fixed Assets | 114300 |
| 营业盈余 | Operating Surplus | |
| **增加值合计** | **Total Value Added** | **11686700** |
| **总投入** | **Total Inputs** | **17381486** |

单位：万元（10 000 yuan）

| 中间使用 Intermediate Use Part | | | | | | | |
|---|---|---|---|---|---|---|---|
| 煤炭采选产品 Mining and Washing of Coal Products | 石油和天然气开采产品 Extraction of Petroleum and Natural Gas Products | 金属矿采选产品 Mining and Processing of Metal Ores Products | 非金属矿和其他矿采选产品 Mining and Processing of Non-metal Ores Products | 食品和烟草 Food and Tobacco | 纺织品 Textile | 纺织服装鞋帽皮革羽绒及其制品 Textile, Clothing, Hats, Leather, Feather and Related Products | 木材加工品和家具 Processing of Timber Products and Funiture |
| 221452 | 86578 | 88083 | 259925 | 616853 | 175431 | 53021 | 86160 |
| | | | | | | | |
| 19889 | 13625 | 93 | 7496 | 51868 | 5166 | 10599 | 2023 |
| 3722 | 2899 | 323 | 2365 | 12803 | 974 | 3967 | 1198 |
| 18206 | 3557 | 1059 | 6311 | 850226 | 265039 | 197552 | 51861 |
| 224860 | 30198 | 24509 | 108487 | 849111 | 49595 | 81644 | 59893 |
| 13419 | 31685 | 1988 | 8185 | 103943 | 9113 | 24596 | 17249 |
| 15581 | 23499 | 1942 | 38751 | 47077 | 11251 | 24058 | 6055 |
| 34318 | 8023 | 2387 | 22700 | 341457 | 56889 | 43431 | 25830 |
| 1666 | | 128 | 19 | 15119 | 1092 | 16919 | 22224 |
| 12024 | 8249 | 3421 | 19149 | 321096 | 7394 | 63876 | 9578 |
| 7181 | 24196 | 71 | 3817 | 7767 | 379 | 574 | 424 |
| 188 | 1279 | 83 | 118 | 1430 | 340 | 321 | 243 |
| 11607 | 1342 | 251 | 4143 | 92587 | 697 | 6681 | 1954 |
| 4065 | 7228 | 245 | 2163 | 7274 | 575 | 3870 | 3775 |
| | | | | | | | |
| 1833 | 6443 | 418 | 771 | 7434 | 1392 | 1713 | 1869 |
| 48 | 220 | 68 | 521 | 1471 | 235 | 895 | 398 |
| **1850130** | **582617** | **376804** | **1566587** | **13207636** | **1833998** | **2416563** | **1422230** |
| | | | | | | | |
| 1294938 | 48717 | 84853 | 189292 | 1256477 | 155883 | 580431 | 73294 |
| 536535 | 33210 | 58966 | 106589 | 1807551 | 236246 | 241953 | 125842 |
| 222003 | 104543 | 71603 | 86651 | 382009 | 83432 | 179108 | 225327 |
| 722550 | 167664 | 101039 | 236309 | 1080822 | 74284 | 31457 | 103398 |
| **2776026** | **354134** | **316461** | **618841** | **4526859** | **549845** | **1032949** | **527861** |
| **4626156** | **936751** | **693265** | **2185428** | **17734495** | **2383843** | **3449512** | **1950091** |

**表2.13 续表8 continued8**

| 产出 / 投入 | Output / Input | 中间使用 Intermediate Use Part<br>造纸印刷和文教体育用品<br>Paper, Printing, Culture, Education and Sport Products |
|---|---|---|
| 电力、热力的生产和供应 | Electric Power and Heat Production and Supply | 117348 |
| 燃气生产和供应 | Gas Production and Supply | |
| 水的生产和供应 | Water Production and Supply | 7775 |
| 建 筑 | Construction | 4931 |
| 批发和零售 | Wholesale and Retail Trades | 412371 |
| 交通运输、仓储和邮政 | Transport, Storage and Post | 99844 |
| 住宿和餐饮 | Hotels and Catering Services | 15005 |
| 信息传输、软件和信息技术服务 | Information Transmission, Software and Information Technology | 11912 |
| 金 融 | Financial Intermediation | 135819 |
| 房地产 | Real Estate | 20124 |
| 租赁和商务服务 | Leasing and Business Services | 39189 |
| 科学研究和技术服务 | Scientific Research and Technical Services | 1897 |
| 水利、环境和公共设施管理 | Management of Water Conservancy, Environment and Public Facilities | 183 |
| 居民服务、修理和其他服务 | Services to Households, Repair and Other Services | 7821 |
| 教 育 | Education | 830 |
| 卫生和社会工作 | Health and Social Work | |
| 文化、体育和娱乐 | Culture, Sports and Entertainment | 1149 |
| 公共管理、社会保障和社会组织 | Public Management, Social Security and Social Organization | 791 |
| **中间投入合计** | **Total Intermediate Inputs** | **4239461** |
| **增加值** | **Value Added** | |
| 劳动者报酬 | Compensation of Employees | 448311 |
| 生产税净额 | Net Taxes on Production | 416549 |
| 固定资产折旧 | Depreciation of Fixed Assets | 362751 |
| 营业盈余 | Operating Surplus | 333220 |
| **增加值合计** | **Total Value Added** | **1560831** |
| **总投入** | **Total Inputs** | **5800292** |

单位：万元（10 000 yuan）

| 中间使用 Intermediate Use Part | | | | | | | |
|---|---|---|---|---|---|---|---|
| 石油、炼焦产品和核燃料加工品 Products of Petroleum, Coking and Processing of Nuclear Fuel | 化学产品 Chemical Products | 非金属矿物制品 Products of Non-metallic Mineral | 金属冶炼和压延加工品 Products of Metals Smelting and Pressing | 金属制品 Metal Products | 通用设备 Genaral Equipment | 专用设备 Special Equipment | 交通运输设备 Transporation Equipment |
| 67028 | 1380605 | 1061152 | 1574998 | 191095 | 176152 | 119066 | 990224 |
|  | 231 |  |  |  | 40 | 60 | 2391 |
| 3453 | 64794 | 70421 | 78536 | 4637 | 7608 | 4967 | 59776 |
| 190 | 32844 | 14240 | 4483 | 1051 | 4636 | 1338 | 24679 |
| 12327 | 576980 | 214892 | 106454 | 45946 | 222605 | 118187 | 3285085 |
| 64352 | 858057 | 480854 | 579796 | 89707 | 295667 | 131029 | 2614660 |
| 3125 | 186266 | 119952 | 89604 | 14465 | 48540 | 91249 | 285406 |
| 7827 | 120808 | 31171 | 89420 | 1729 | 27767 | 91542 | 220908 |
| 7296 | 507419 | 454637 | 452825 | 37812 | 120094 | 84345 | 832798 |
| 1793 | 34423 | 8795 | 8688 | 204 | 3096 | 3657 | 187535 |
| 10746 | 333430 | 122849 | 111412 | 27605 | 66397 | 57486 | 962571 |
| 163 | 31456 | 5102 | 2443 | 106 | 36741 | 14382 | 509247 |
| 42 | 2929 | 1807 | 5963 | 228 | 703 | 1211 | 2372 |
| 2760 | 137841 | 64288 | 23719 | 6035 | 43216 | 19786 | 348286 |
| 422 | 12674 | 6311 | 1017 | 5619 | 6616 | 4487 | 14731 |
| 213 | 19349 | 10142 | 49639 | 1233 | 3794 | 6796 | 14064 |
| 360 | 4599 | 1869 | 1583 | 300 | 1042 | 4409 | 88155 |
| **723192** | **17260249** | **9944300** | **13861129** | **4076059** | **6281215** | **4403663** | **52701200** |
| 43310 | 1642018 | 950155 | 768926 | 566186 | 754458 | 527451 | 3723516 |
| 74855 | 1344671 | 803822 | 878813 | 567999 | 611309 | 435243 | 3376777 |
| 44121 | 1233835 | 714471 | 1244143 | 398364 | 339713 | 252329 | 1537761 |
| 76576 | 1333168 | 949991 | 306472 | 638646 | 748778 | 397550 | 4062420 |
| **238862** | **5553692** | **3418439** | **3198354** | **2171195** | **2454258** | **1612573** | **12700474** |
| **962054** | **22813941** | **13362739** | **17059483** | **6247254** | **8735473** | **6016236** | **65401674** |

**表2.13 续表9 continued9**

| 产出 / 投入 | Output / Input | 中间使用 Intermediate Use Part<br>电气机械和器材 Electrical Machinery and Apparatus |
|---|---|---|
| 电力、热力的生产和供应 | Electric Power and Heat Production and Supply | 171149 |
| 燃气生产和供应 | Gas Production and Supply | |
| 水的生产和供应 | Water Production and Supply | 18337 |
| 建　筑 | Construction | 2217 |
| 批发和零售 | Wholesale and Retail Trades | 245877 |
| 交通运输、仓储和邮政 | Transport, Storage and Post | 224519 |
| 住宿和餐饮 | Hotels and Catering Services | 55699 |
| 信息传输、软件和信息技术服务 | Information Transmission, Software and Information Technology | 38838 |
| 金　融 | Financial Intermediation | 100746 |
| 房地产 | Real Estate | 2400 |
| 租赁和商务服务 | Leasing and Business Services | 173767 |
| 科学研究和技术服务 | Scientific Research and Technical Services | 6869 |
| 水利、环境和公共设施管理 | Management of Water Conservancy, Environment and Public Facilities | 845 |
| 居民服务、修理和其他服务 | Services to Households, Repair and Other Services | 23868 |
| 教　育 | Education | 2235 |
| 卫生和社会工作 | Health and Social Work | |
| 文化、体育和娱乐 | Culture, Sports and Entertainment | 4314 |
| 公共管理、社会保障和社会组织 | Public Management, Social Security and Social Organization | 1037 |
| **中间投入合计** | **Total Intermediate Inputs** | **9458601** |
| **增加值** | **Value Added** | |
| 劳动者报酬 | Compensation of Employees | 816827 |
| 生产税净额 | Net Taxes on Production | 760173 |
| 固定资产折旧 | Depreciation of Fixed Assets | 288558 |
| 营业盈余 | Operating Surplus | 876847 |
| **增加值合计** | **Total Value Added** | **2742405** |
| **总投入** | **Total Inputs** | **12201006** |

单位：万元（10 000 yuan）

| 中间使用 Intermediate Use Part | | | | | | |
|---|---|---|---|---|---|---|
| 通信设备、计算机和其他电子设备 Communication, Computers and other Electronic Equipment | 仪器仪表 Measuring Instruments | 其他制造产品 Other Manufactured Products | 废品废料 Waste and Flotsam | 金属制品、机械和设备修理服务 Repair Services of Metal Products, Machinery and Equipment | 电力、热力的生产和供应 Electric Power and Heat Production and Supply | 燃气生产和供应 Gas Production and Supply |
| 219496 | 31257 | 4889 | 20891 | 3295 | 3226615 | 149958 |
| | | | | | | 229651 |
| 17419 | 1248 | 326 | 193 | 2 | 25238 | 490 |
| 34410 | 1548 | 917 | 475 | | 28504 | 3461 |
| 2997913 | 81873 | 8612 | 21238 | 255 | 12595 | 875 |
| 356335 | 59541 | 6042 | 40694 | 2743 | 85726 | 95920 |
| 106214 | 26663 | 1385 | 6277 | 1740 | 17103 | 8752 |
| 193599 | 19625 | 72 | 1012 | 287 | 4674 | 3311 |
| 728157 | 37617 | 12187 | 29129 | 1579 | 419884 | 41512 |
| 26607 | 10552 | | 311 | | 15431 | 753 |
| 172308 | 14751 | 4000 | 452 | 618 | 67413 | 6913 |
| 84825 | 5391 | 13 | 268 | 538 | 532 | 68 |
| 2390 | 190 | 24 | 11 | 29 | 145 | 69 |
| 100528 | 5754 | 818 | 7095 | 73 | 35417 | 3769 |
| 10999 | 1525 | 151 | 11 | 153 | 733 | 518 |
| | | | | | | |
| 12225 | 1043 | 125 | 56 | 185 | 3517 | 734 |
| 8811 | 407 | 109 | 9 | 23 | 169 | 201 |
| **32187172** | **1202292** | **240777** | **390744** | **44419** | **6419481** | **1634127** |
| | | | | | | |
| 1491462 | 193095 | 47995 | 68030 | 8505 | 779129 | 190436 |
| 998294 | 139918 | 17889 | 44446 | 864 | 568249 | 66592 |
| 634297 | 86688 | 25197 | 11827 | 8615 | 936576 | 103340 |
| 1068024 | 67445 | 8488 | 22069 | 5155 | 987074 | 211086 |
| **4192077** | **487146** | **99569** | **146372** | **23139** | **3271028** | **571454** |
| **36379249** | **1689438** | **340346** | **537116** | **67558** | **9690509** | **2205581** |

**表2.13 续表10 continued10**

| 产出 / 投入 | Output / Input | 中间使用 Intermediate Use Part<br>水的生产和供应 Water Production and Supply |
|---|---|---|
| 电力、热力的生产和供应 | Electric Power and Heat Production and Supply | 35723 |
| 燃气生产和供应 | Gas Production and Supply | |
| 水的生产和供应 | Water Production and Supply | 6812 |
| 建 筑 | Construction | 1234 |
| 批发和零售 | Wholesale and Retail Trades | 200 |
| 交通运输、仓储和邮政 | Transport, Storage and Post | 2241 |
| 住宿和餐饮 | Hotels and Catering Services | 433 |
| 信息传输、软件和信息技术服务 | Information Transmission, Software and Information Technology | 371 |
| 金 融 | Financial Intermediation | 13748 |
| 房地产 | Real Estate | |
| 租赁和商务服务 | Leasing and Business Services | 433 |
| 科学研究和技术服务 | Scientific Research and Technical Services | 5 |
| 水利、环境和公共设施管理 | Management of Water Conservancy, Environment and Public Facilities | 1445 |
| 居民服务、修理和其他服务 | Services to Households, Repair and Other Services | 1655 |
| 教 育 | Education | 214 |
| 卫生和社会工作 | Health and Social Work | |
| 文化、体育和娱乐 | Culture, Sports and Entertainment | 37 |
| 公共管理、社会保障和社会组织 | Public Management, Social Security and Social Organization | 48 |
| **中间投入合计** | **Total Intermediate Inputs** | **84654** |
| **增加值** | **Value Added** | |
| 劳动者报酬 | Compensation of Employees | 116935 |
| 生产税净额 | Net Taxes on Production | 38859 |
| 固定资产折旧 | Depreciation of Fixed Assets | 97784 |
| 营业盈余 | Operating Surplus | 176778 |
| **增加值合计** | **Total Value Added** | **430356** |
| **总投入** | **Total Inputs** | **515010** |

单位：万元（10 000 yuan）

| 中间使用 Intermediate Use Part | | | | | | | |
|---|---|---|---|---|---|---|---|
| 建　筑<br>Construction | 批发和零售<br>Wholesale and Retail Trades | 交通运输、仓储和邮政<br>Transport, Storage and Post | 住宿和餐饮<br>Hotels and Catering Services | 信息传输、软件和信息技术服务<br>Information Transmission, Software and Information Technology | 金　融<br>Financial Intermediation | 房地产<br>Real Estate | 租赁和商务服务<br>Leasing and Business Services |
| 3330839 | 192058 | 357757 | 283449 | 274967 | 222109 | 292830 | 437388 |
| | 144 | 383605 | 128860 | 1194 | | 24056 | |
| 341095 | 30581 | 14267 | 76390 | 3473 | 90208 | 36294 | 44111 |
| 791330 | 26804 | 30913 | 7241 | 31279 | 77913 | 50749 | 15272 |
| 275237 | 443334 | 281358 | 279976 | 54731 | 187035 | 26531 | 170294 |
| 2976743 | 331994 | 2479932 | 138749 | 156308 | 590108 | 74087 | 1196377 |
| 168553 | 158905 | 291022 | 28173 | 168424 | 1049158 | 104865 | 153626 |
| 29137 | 36732 | 27158 | 15011 | 581595 | 803407 | 36527 | 19547 |
| 1061183 | 574570 | 751627 | 142016 | 306819 | 586108 | 376954 | 4160721 |
| 3303 | 408630 | 59100 | 150733 | 250053 | 1783688 | 9904 | 94740 |
| 1832026 | 376085 | 234588 | 273767 | 435013 | 2156277 | 388825 | 566651 |
| 276401 | 4885 | 10973 | 66281 | 9270 | 124 | 209 | 108 |
| 1871 | 2306 | 1010 | 517 | 4705 | 23662 | 733 | 1037 |
| 24183 | 54089 | 224172 | 132523 | 53869 | 143097 | 47701 | 22937 |
| 9464 | 43783 | 20569 | 9541 | 24187 | 255399 | 8369 | 8373 |
| | 206 | 98 | 729 | 21 | | | |
| 24280 | 14718 | 6397 | 9099 | 34582 | 165272 | 19127 | 10201 |
| 12583 | 1253 | 3367 | 834 | 7975 | 12898 | 4876 | 5249 |
| **53401769** | **2958507** | **9511174** | **5825826** | **4538867** | **10376700** | **1940111** | **8329200** |
| 9128600 | 4433293 | 5074326 | 2042374 | 1433333 | 1669500 | 2481389 | 1787400 |
| 2267900 | 4575200 | 676100 | 511200 | 462400 | 967000 | 1922200 | 376800 |
| 370200 | 396100 | 2276800 | 458000 | 1219300 | 260100 | 2543600 | 537500 |
| 3351800 | 5580700 | 452500 | 951000 | 789800 | 6505200 | 2495000 | 1044800 |
| **15118500** | **14985293** | **8479726** | **3962574** | **3904833** | **9401800** | **9442189** | **3746500** |
| **68520269** | **17943800** | **17990900** | **9788400** | **8443700** | **19778500** | **11382300** | **12075700** |

**表2.13 续表11 continued11**

| 产出 / 投入 | Output / Input | 中间使用 Intermediate Use Part<br>科学研究和技术服务 Scientific Research and Technical Services |
|---|---|---|
| 电力、热力的生产和供应 | Electric Power and Heat Production and Supply | 54126 |
| 燃气生产和供应 | Gas Production and Supply | 262 |
| 水的生产和供应 | Water Production and Supply | 11495 |
| 建 筑 | Construction | 15672 |
| 批发和零售 | Wholesale and Retail Trades | 110563 |
| 交通运输、仓储和邮政 | Transport, Storage and Post | 403057 |
| 住宿和餐饮 | Hotels and Catering Services | 283222 |
| 信息传输、软件和信息技术服务 | Information Transmission, Software and Information Technology | 16303 |
| 金 融 | Financial Intermediation | 315536 |
| 房地产 | Real Estate | 50330 |
| 租赁和商务服务 | Leasing and Business Services | 402747 |
| 科学研究和技术服务 | Scientific Research and Technical Services | 642705 |
| 水利、环境和公共设施管理 | Management of Water Conservancy, Environment and Public Facilities | 2712 |
| 居民服务、修理和其他服务 | Services to Households, Repair and Other Services | 37507 |
| 教 育 | Education | 40721 |
| 卫生和社会工作 | Health and Social Work | |
| 文化、体育和娱乐 | Culture, Sports and Entertainment | 27952 |
| 公共管理、社会保障和社会组织 | Public Management, Social Security and Social Organization | 4922 |
| **中间投入合计** | **Total Intermediate Inputs** | **4851999** |
| **增加值** | **Value Added** | |
| 劳动者报酬 | Compensation of Employees | 1047501 |
| 生产税净额 | Net Taxes on Production | 246500 |
| 固定资产折旧 | Depreciation of Fixed Assets | 159200 |
| 营业盈余 | Operating Surplus | 575000 |
| **增加值合计** | **Total Value Added** | **2028201** |
| **总投入** | **Total Inputs** | **6880200** |

单位：万元（10 000 yuan）

| 中间使用 Intermediate Use Part | | | | | | |
|---|---|---|---|---|---|---|
| 水利、环境和公共设施管理<br>Management of Water Conservancy, Environment and Public Facilities | 居民服务、修理和其他服务<br>Services to Households, Repair and Other Services | 教　育<br>Education | 卫生和社会工作<br>Health and Social Work | 文化、体育和娱乐<br>Culture, Sports and Entertainment | 公共管理、社会保障和社会组织<br>Public Management, Social Security and Social Organization | 中间使用合计<br>Total Intermediate Use Part |
| 55864 | 80603 | 194284 | 77277 | 33566 | 29791 | 17147201 |
| 2793 | 47780 | 13057 | 196 | 483 | | 834816 |
| 10592 | 20346 | 44778 | 22262 | 2700 | 7912 | 1239379 |
| 1199 | 51424 | 115997 | 19866 | 2754 | 114390 | 1543431 |
| 32913 | 67668 | 19615 | 517386 | 64603 | 15008 | 12638728 |
| 59006 | 134531 | 142780 | 65859 | 55737 | 190058 | 16685759 |
| 14690 | 28215 | 123234 | 110751 | 44696 | 773933 | 4795789 |
| 2176 | 7168 | 26473 | 39691 | 4209 | 27993 | 2711865 |
| 173830 | 60185 | 188316 | 16882 | 60462 | 14026 | 13579681 |
| 7229 | 126413 | 53284 | 36746 | 32745 | 116233 | 3564675 |
| 65989 | 818821 | 37187 | 435448 | 108151 | 176872 | 10927967 |
| 7 | 293 | 221 | 562 | 14 | 538 | 1784161 |
| 254 | 377 | 1743 | 535 | 1150 | 1859 | 70889 |
| 15357 | 74609 | 180738 | 32418 | 13046 | 583935 | 2598842 |
| 1345 | 3324 | 65569 | 26231 | 4386 | 347948 | 967950 |
| | | | 11912 | 10 | | 13541 |
| 1779 | 2748 | 11294 | 3622 | 56915 | 18893 | 557447 |
| 414 | 1021 | 2613 | 17847 | 530 | 68263 | 262627 |
| **843618** | **2266050** | **1617084** | **3980630** | **949958** | **3224976** | **308720555** |
| | | | | | | |
| 487382 | 2229050 | 2648516 | 2689970 | 603942 | 4552024 | 70663230 |
| 75700 | 187700 | 177000 | 73800 | 128500 | 6600 | 26985214 |
| 149200 | 492600 | 796500 | 335100 | 315300 | 377000 | 20475846 |
| 975900 | 457100 | 680700 | 448200 | -89500 | 42900 | 39048410 |
| **1688182** | **3366450** | **4302716** | **3547070** | **958242** | **4978524** | **157172700** |
| **2531800** | **5632500** | **5919800** | **7527700** | **1908200** | **8203500** | **465893255** |

**表2.13 续表12 continued12**

| 产出 / 投入 | Output / Input | 最终使用 Final Used Part<br>最终消费支出 Final Consumption<br>居民消费支出 Household Consumption<br>农村居民 Rural Residanes |
|---|---|---|
| 电力、热力的生产和供应 | Electric Power and Heat Production and Supply | 194659 |
| 燃气生产和供应 | Gas Production and Supply | 35525 |
| 水的生产和供应 | Water Production and Supply | 14000 |
| 建　筑 | Construction | 94026 |
| 批发和零售 | Wholesale and Retail Trades | 633137 |
| 交通运输、仓储和邮政 | Transport, Storage and Post | 311394 |
| 住宿和餐饮 | Hotels and Catering Services | 502322 |
| 信息传输、软件和信息技术服务 | Information Transmission, Software and Information Technology | 185563 |
| 金　融 | Financial Intermediation | 363860 |
| 房地产 | Real Estate | 387086 |
| 租赁和商务服务 | Leasing and Business Services | 926 |
| 科学研究和技术服务 | Scientific Research and Technical Services | 1990 |
| 水利、环境和公共设施管理 | Management of Water Conservancy, Environment and Public Facilities | 46835 |
| 居民服务、修理和其他服务 | Services to Households, Repair and Other Services | 171923 |
| 教　育 | Education | 453931 |
| 卫生和社会工作 | Health and Social Work | 601110 |
| 文化、体育和娱乐 | Culture, Sports and Entertainment | 93115 |
| 公共管理、社会保障和社会组织 | Public Management, Social Security and Social Organization | |
| **中间投入合计** | **Total Intermediate Inputs** | **9947900** |
| **增加值** | **Value Added** | |
| 劳动者报酬 | Compensation of Employees | |
| 生产税净额 | Net Taxes on Production | |
| 固定资产折旧 | Depreciation of Fixed Assets | |
| 营业盈余 | Operating Surplus | |
| **增加值合计** | **Total Value Added** | |
| 总投入 | **Total Inputs** | |

单位：万元（10 000 yuan）

| 最终使用 Final Used Part | | | | | | |
|---|---|---|---|---|---|---|
| 最终消费支出 Final Consumption | | | | 资本形成总额 Gross Capital Formation | | |
| 居民消费支出 Household Consumption | | 政府消费支出 Government Consumption | 合　计 Total | 固定资本形成总额 Fixed Assets Formation | 存货增加 Inventory Change | 合　计 Total |
| 城镇居民 Urban Residanes | 小　计 Total | | | | | |
| 1278373 | 1473032 | | 1473032 | | | |
| 724580 | 760105 | | 760105 | | 42050 | 42050 |
| 512573 | 526574 | | 526574 | | 89835 | 89835 |
| 524748 | 618775 | | 618775 | 62182930 | | 62182930 |
| 2940664 | 3573802 | | 3573802 | 338519 | 172924 | 511443 |
| 1363473 | 1674866 | 275667 | 1950533 | 138635 | 51931 | 190566 |
| 3573242 | 4075564 | | 4075564 | | | |
| 1548234 | 1733797 | | 1733797 | 2000898 | | 2000898 |
| 2320547 | 2684407 | 5514 | 2689920 | | | |
| 1859586 | 2246672 | | 2246672 | 6797117 | | 6797117 |
| 1177486 | 1178411 | | 1178411 | | | |
| 8479 | 10468 | 321869 | 332338 | 123914 | | 123914 |
| 345342 | 392177 | 686460 | 1078637 | | | |
| 811651 | 983573 | | 983573 | | | |
| 1325196 | 1779127 | 4831992 | 6611119 | | | |
| 2203910 | 2805020 | 1276403 | 4081423 | | | |
| 529310 | 622425 | 371110 | 993536 | | | |
| 238839 | 238839 | 10555219 | 10794058 | | | |
| **46706400** | **56654300** | **18377800** | **75032100** | **80425300** | **3955100** | **84380400** |

**表2.13 续表13 continued13**

| 产出 / 投入 | Output / Input | 最终使用 Final Used Part<br>出 口<br>Export |
|---|---|---|
| 电力、热力的生产和供应 | Electric Power and Heat Production and Supply | |
| 燃气生产和供应 | Gas Production and Supply | |
| 水的生产和供应 | Water Production and Supply | |
| 建 筑 | Construction | 62442 |
| 批发和零售 | Wholesale and Retail Trades | 355501 |
| 交通运输、仓储和邮政 | Transport, Storage and Post | 76103 |
| 住宿和餐饮 | Hotels and Catering Services | |
| 信息传输、软件和信息技术服务 | Information Transmission, Software and Information Technology | 3191 |
| 金 融 | Financial Intermediation | 151 |
| 房地产 | Real Estate | |
| 租赁和商务服务 | Leasing and Business Services | 125777 |
| 科学研究和技术服务 | Scientific Research and Technical Services | |
| 水利、环境和公共设施管理 | Management of Water Conservancy, Environment and Public Facilities | |
| 居民服务、修理和其他服务 | Services to Households, Repair and Other Services | |
| 教 育 | Education | 302 |
| 卫生和社会工作 | Health and Social Work | 205 |
| 文化、体育和娱乐 | Culture, Sports and Entertainment | 13437 |
| 公共管理、社会保障和社会组织 | Public Management, Social Security and Social Organization | 2752 |
| **中间投入合计** | **Total Intermediate Inputs** | **38961738** |
| **增加值** | **Value Added** | |
| 劳动者报酬 | Compensation of Employees | |
| 生产税净额 | Net Taxes on Production | |
| 固定资产折旧 | Depreciation of Fixed Assets | |
| 营业盈余 | Operating Surplus | |
| **增加值合计** | **Total Value Added** | |
| **总投入** | **Total Inputs** | |

单位：万元（10 000 yuan）

| 最终使用 Final Used Part | | 进 口 | 国内省外流入 | 其 他 | 总产出 |
|---|---|---|---|---|---|
| 国内省外流出<br>Outflows from Domestic but Outside Province | 最终使用合计<br>Total Final Used Part | Import | Inflows from Domestic but Outside Province | Others | Total Output |
| 178746 | 1651778 | | 9215001 | 106531 | 9690509 |
| 611457 | 1413612 | | 114033 | 71186 | 2205581 |
| 60367 | 676776 | | 1393033 | -8112 | 515010 |
| 3738522 | 66602668 | 87 | 1656960 | 2031217 | 68520269 |
| 1433772 | 5874517 | | 534695 | -34750 | 17943800 |
| 1572059 | 3789262 | 8362 | 2922176 | 446418 | 17990900 |
| 925463 | 5001027 | | 37268 | 28852 | 9788400 |
| 2769962 | 6507848 | 2893 | 793378 | 20258 | 8443700 |
| 2892263 | 5582334 | 1005 | 56722 | 674212 | 19778500 |
| 626323 | 9670112 | | 1629356 | -223130 | 11382300 |
| 1535435 | 2839624 | 306303 | 824982 | -560605 | 12075700 |
| 4621248 | 5077500 | 3 | 140074 | 158617 | 6880200 |
| 1344004 | 2422641 | | 43324 | 81594 | 2531800 |
| 1962828 | 2946401 | | 126123 | 213379 | 5632500 |
| 6989 | 6618411 | 20408 | 1791434 | 145282 | 5919800 |
| 3524124 | 7605752 | 13838 | 284919 | 207164 | 7527700 |
| 752128 | 1759100 | 5077 | 330378 | -72892 | 1908200 |
| 479083 | 11275893 | 4615 | 3217818 | -112587 | 8203500 |
| **135898777** | **334273015** | **17897341** | **158612974** | **-590000** | **465893255** |

# 主要统计指标解释

## 国内（地区）生产总值（GDP）

是按市场价格计算的一个国家（或地区）所有常住单位在一定时期内生产活动的最终成果。国内（地区）生产总值有三种表现形态，即价值形态、收入形态和产品形态。从价值形态看，它是所有常住单位在一定时期内所生产的全部货物和服务价值超过同期中间投入的全部非固定资产货物和服务价值的差额，即所有常住单位的增加值之和；从收入形态看，它是所有常住单位在一定时期内所创造并分配给常住单位和非常住单位的初次收入之和；从产品形态看，它是所有常住单位在一定时期内最终使用的货物和服务价值减去货物和服务进口价值。在实际核算中，国内（地区）生产总值的三种表现形态表现为三种计算方法，即生产法、收入法和支出法。三种方法分别从不同的方面反映国内（地区）生产总值及其构成。

## 三次产业

三次产业的划分是世界上较为常用的产业结构分类，但各国的划分不尽一致。我国的三次产业划分是：

第一产业是指农业、林业、畜牧业、渔业（不含农、林、牧、渔服务业）。

第二产业是指采矿业（不含开采辅助活动），制造业（不含金属制品、机械和设备修理业），电力、煤气及水的生产和供应业，建筑业。

第三产业是指除第一、二产业以外的其他行业。

## 收入法国内（地区）生产总值

是从常住单位从事生产活动形式收入的角度来反映一个国家（或地区）一定时期内生产活动最终成果的一种方法，包括劳动者报酬、生产税净额、固定资产折旧、营业盈余四部分。计算公式为：

收入法国内（地区）生产总值=劳动者报酬+生产税净额+固定资产折旧+营业盈余

（1）劳动者报酬：指劳动者因从事生产活动所获得的全部报酬。包括劳动者获得的各种形式的工资、奖金和津贴，既包括货币形式的，也包括实物形式的，还包括劳动者所享受的公费医疗和医药卫生费、上下班交通补贴和单位支付的社会保险费、住房公积金等。对于个体经济来说，其所有者所获得的劳动报酬和经营利润不易区分，这两部分统一作为劳动者报酬处理。

（2）生产税净额：指生产税减生产补贴后的差额。生产税指政府对生产单位生产、销售和从事经营活动以及因从事生产活动使用某些生产要素（如固定资产、土地、劳动力）所征收的各种税、附加费和规费。生产补贴与生产税相反，是政府对生产单位的单方面转移支出，因此视为负生产税，包括政策亏损补贴、价格补贴等。

（3）固定资产折旧：指一定时期内为弥补固定资产损耗按照规定的固定资产折旧率提取的固定资产折旧，或按国民经济核算统一规定的折旧率虚拟计算的固定资产折旧。它反映了固定资产在当期生产中的转移价值。各类企业和企业化管理的事业单位的固定资产折旧指实际计提的折旧费；不计提折旧的政府机关、非企业化管理的事业单位和居民住房的固定资产折旧是按照统一规定的折旧率和固定资产原值计算的虚拟折旧。原则上，固定资产折旧应按固定资产当期的重置价值计算，但是我国目前尚不具备对全社会固定资产进行重估价的基础，所以暂时只能采用上述方法。

（4）营业盈余：指常住单位创造的增加值扣除劳动者报酬、生产税净额和固定资产折旧后的余额。它相当于企业的营业利润加上生产补贴，但要扣除从利润中开支的工资和福利等。

## 支出法国内（地区）生产总值

是从最终使用的角度反映一个国家（或地区）一定时期内生产活动最终成果的一种方法，包括最终消费支出、资本形成总额及货物和服务净流出三部分。计算公式为：

支出法国内(地区)生产总值=最终消费支出+资本形成总额+货物和服务净流出

## 主要统计指标解释

### 最终消费支出

指常住单位为满足物质、文化和精神生活的需要，从本国经济领土和国外购买的货物和服务的支出。它不包括非常住单位在本国经济领土内的消费支出。最终消费支出分为居民消费支出和政府消费支出。

（1）居民消费支出：指常住住户在一定时期内对于货物和服务的全部最终消费支出。居民消费支出除了直接以货币形式购买的货物和服务的消费支出外，还包括以其他方式获得的货物和服务的消费支出，即所谓的虚拟消费支出。居民虚拟消费支出包括如下几种类型：单位以实物报酬及实物转移的形式提供给劳动者的货物和服务；住户生产并由本住户消费了的货物和服务，其中的服务仅指住户的自有住房服务；金融机构提供的金融媒介服务；保险公司提供的保险服务。

（2）政府消费支出：指政府部门为全社会提供的公共服务的消费支出和免费或以较低的价格向居民住户提供的货物和服务的净支出，前者等于政府服务的产出价值减去政府单位所获得的经营收入的价值，后者等于政府部门免费或以较低价格向居民住户提供的货物和服务的市场价值减去向住户收取的价值。

### 资本形成总额

指常住单位在一定时期内获得的减去处置的固定资产和存货的净额，包括固定资产形成总额和存货增加。

（1）固定资产形成总额：指常住单位在一定时期内获得的固定资产减处置的固定资产的价值总额。固定资产是通过生产活动生产出来的，且其使用年限在一年以上、单位价值在规定标准以上的资产，不包括自然资产。可分为有形固定资本形成总额和无形固定资本形成总额。有形固定资本形成总额包括一定时期内完成的建筑工程、安装工程和设备工器具购置(减处置)价值，以及土地改良、新增役、种、奶、毛、娱乐用牲畜和新增经济林木价值。无形固定资本形成总额包括矿藏的勘探、计算机软件等获得减处置。

（2）存货增加：指常住单位在一定时期内存货实物量变动的市场价值，即期末价值减期初价值的差额，再扣除当期由于价格变动而产生的持有收益。存货增加可以是正值，也可以是负值，正值表示存货上升，负值表示存货下降。存货包括生产单位购进的原材料、燃料和储备物资等存货，以及生产单位生产的产成品、在制品和半成品等存货。

### 货物和服务净流出

指货物和服务流出减货物和服务流入的差额。流出包括常住单位向非常住单位出售或无偿转让的各种货物和服务的价值；流入包括常住单位从非常住单位购买或无偿得到的各种货物和服务的价值。由于服务活动的提供与使用同时发生，一般把常住单位从本地区外得到的服务作为流入，非常住单位从本地区得到的服务作为流出。

### 产业部门贡献率

是各产业部门增加值可比价增量与国内生产总值可比价增量之比。

### 产业部门拉动力

拉动力是指总的经济增长率中带动的百分点数，产业部门拉动力是指在GDP增长中各产业部门拉动的百分点数。其计算公式为：

拉动力（%）＝贡献率（%）×GDP增长率（%）

# Explanatory Notes on Main Statistical Indicators

## □ Gross Domestic Product (GDP)

Refers to the final products at market prices produced by all resident units in a country (or a region) during a certain period of time. Gross domestic product is expressed in three different perspectives value added, income, and products respectively. The form of value added refers to the total value of all products and services produced by all resident units during a certain period of time minus total value of intimidate input of materials and services of the nature of non-fixed assets or the summation of the value added of all resident units; the form of income includes all the income created by all resident units and distributed primarily to all resident and non-resident units; the form of products refers to all final goods and services of final use by all resident units plus the value of net exports of goods and services. In the practice of national accounting, gross domestic product is calculated with three approaches, i.e. product approach, income approach and expenditure approach, which reflect gross domestic product and its composition from different aspects.

## □ Three Strata of Industry

Classification of economic activities into three strata of industry is a common practice in the world, although the grouping varies to some extent form country to country. In China economic activities are categorized into the following three strata of industry:

Primary industry refers to agriculture, forestry, animal husbandry and fishery and services in support of these industries(not including in support of agriculture, forestry, animal husbandry and fishery industries).

Secondary industry refers to mining and quarrying (not including support activities for mining), manufacturing (not including repair service of metal products, machinery and equipment), production and supply of electricity, water and gas, and construction.

Tertiary industry refers to all other economic activities not included in the primary or secondary industries.

## □ GDP by Income Approach

Efers to the method of measuring the final results of production activities of a country (region) during a given period from the income items produced by all resident units. It includes laborers' remuneration, net taxes on production, depreciation of fixed assets and operating surplus, i.e.:

GDP by income approach =compensation of employee + net taxes on production + depreciation of fixed assets + operating surplus

(I) Compensation of Employee refers to the total payment of various forms to employees for the productive activities they are engaged in. It includes wages, bonuses and allowances, which the employees earn in cash or in kind. It also includes the free medical services provided to the employees and the medicine expenses, transport subsidies and social insurance, and housing fund paid by the employers. As regards the individual economy, since compensation of employees is not easily distinguishable from the operating surplus, both parts are treated as compensation of employees.

(II) Net Taxes on Production refers to the difference of the taxes on production minus the subsidies on production. The taxes on production refers to the various taxes, extra charges and fees levied on the production units on their production, sale and business activities as well as on some factors of production, such as fixed assets, land and labor force, used in the production activities they are engaged in. In contrast to the taxes on production, the subsidies on production is the unilateral transfer of part of the government's revenue to the production units and is therefore treated as the negative taxes on production, They include subsidies on the loss due to implementation of government policies, price subsidies, etc.

(III) Depreciation of Fixed Assets refers to the depreciation of fixed assets drawn in accordance with the stipulated depreciation rate for the purpose of compensating the wear loss of the fixed assets or the depreciation of fixed assets calculated in a fictitious way in accordance with the stipulated unified depreciation rate in the national economic accounting system. It reflects the value of transfer of the fixed assets in the production of the current period. The depreciation of fixed assets in various enterprises and institutions managed as enterprises refers to the depreciation expenses actually drawn and calculated as part of the cost. In the units, which do not draw the depreciation expenses, such as government agencies, institutions not managed as enterprises as well as the houses of residents, the depreciation of fixed assets is the fictitious depreciation, which is calculated in accordance with the stipulated unified depreciation rate. In principle, the depreciation of fixed assets should be calculated on the basis of the re-purchased value of the fixed assets. However, there is no actual condition to re-evaluate all the fixed assets in China. Therefore, the above-mentioned methods are temporarily adopted at present.

(IV) Operating Surplus refers to the balance of the value added created by the resident units deducting the laborers' remuneration, net taxes on production ant the depreciation of fixed assets. It is equivalent to the business profit of the enterprises plus subsidies on production, but the wages and welfare expenses paid from the profits should be deducted.

## □ GDP by Expenditure Approach

Refers to the method of measuring the final results of production activities of a country (region) during a given period from the perspective of final use. It includes final consumption expenditure, total capital formation and net export of goods and services, i.e.:

GDP by expenditure approach = final consumption expenditure + gross capital formation + net export of goods and services

## □ Final Consumption Expenditure

Refers to the total expenditure of resident units on final consumption of goods and services from domestic economic territory and abroad to meet the requirements of material, cultural and spiritual life. It excludes the expenditure of non-resident units on consumption in the economic territory of the country. The final consumption expenditure is broken down into household consumption expenditure and government consumption expenditure.

(I) Household consumption Expenditure refers to the total expenditure of resident households on the final consumption of goods and services. In addition to the consumption of goods and services bought by the households directly with money, the households consumption expenditure also includes expenditure on goods and services obtained by the households in other ways, i.e. the so-called fictitious consumption expenditure, which includes the following types: (a) the goods and services provided to the households by the employer in the form of payment in kind and transfer in kind; (b) the goods and services produced and consumed by the households themselves, in which the services refer only to the owner-occupied housing and domestic and individual services provided by the paid household workers; (c) financial intermediate services provided by the financial institutions; (d) the insurance services provided by insurance companies.

(II) Government consumption Expenditure refers to the expenditure on the consumption of the public services provided by the government to the whole society and the net expenditure on the goods and services provided by the government to the households for free charge or at lower prices. The former equals to the output value of the government services minus the value of operating in come obtained by the government departments. The latter equals to the market value of the goods and services provided by the government to the households minus the value received by the government from the households.

## □ Gross Capital Formation

Refers to the net amount of the fixed assets and stock acquired minus those disposed, including the gross fixed assets formation and changes in inventories.

(I) Gross fixed capital formation refer to the value of fixed assets purchased, transferred in by the resident units and those produced and used by themselves deducting the value of fixed assets sold and transferred out. It can by classified into total tangible assets formation and total intangible assets formation. The total tangible assets formation include the value of the construction projects, installation projects completed and the equipment, apparatus and instruments purchased as well as the value of land improved, the value of draught animals, breeding stock, milk, wool and recreational animals and the newly increased economic forest in a certain period. The total intangible assets formation includes the prospecting of minerals, the acquisition of computer software, the originals of recreational works and works of literature and arts minus the disposal of them.

(II) Changes in Inventories refers to the market value of the change in the physical volume of inventory of resident units during a given period, i.e. the difference between the values at the beginning and the end of the period minus the gains due to the change in prices. The changes in inventories can have a positive or a negative value. A positive value indicates an increase in inventory while a negative value indicates a decrease in inventory. The inventory includes raw materials, fuels and reserve materials purchased by the production units as well as the inventory of finished products, semi-finished products and work-in-progress.

## □ Net Export of Goods and Services

Refers to the difference of the exports of goods and services minus the imports of goods and services. The imports include the value of various goods and services sold or gratuitously transferred by the resident units to the non-resident units. The imports include the value of various goods and services purchased or gratuitously acquired by the resident units from the non-resident units. Because the provision of services and the use of them happen simultaneously, the import and export of services by the resident units from abroad is usually treated as import while the acquisition of services by non-resident units in this country is usually treated as export. The export and import of goods are calculated at FOB.

## □ Share of the Contributions of the Industry

Refers to the proportion of the increment of the value-added of each industry to the increase of GDP.

## □ Contribution of the Industry

Contribution is the driven percentage points to GDP growth. Contribution of the industry is the driven percentage points of each industry to GDP growth. Its calculation formula is:

contribution (%) = share of contribution (%) × GDP growth rate (%)

# 第3章

# 人口与就业

# POPULATION AND EMPLOYMENT

# 简要说明

BRIEF INTRODUCTION

本章内容主要包括全市的户籍人口、常住人口、第五、六次人口普查的主要数据，以及计划生育、就业、工资等情况，由市统计局人口就业处整理编辑。

户籍统计人口资料由市公安局提供；计划生育资料由市卫生和计划生育委员会提供；失业资料由市人力资源和社会保障局提供；常住人口、人口普查主要数据、就业和二资资料由市统计局人口就业处提供。

The data in this chapter include the basic statistics on the registered population, resident population and the main indicators in 5th and 6th population censuses, as well as the statistics on family planning, employment and wages. All the data are prepared and compiled by Division of Population and Employment Statistics, Chongqing Municipal Bureau of Statistics.

The data on registered population are provided by Chongqing Municipal Putlie Security Burean the data on family planning are provided by Chongqing Population and Family Planning Commission; the data on unemployment are provided by Chongqing Municipal Human Resources and Social Security Bureau and the main indicators of resident population, population censuses, employment and wages are provided by Division of Population and Employment Statistics, Chongqing Municipal Bureau of Statistics.

# 表3.1 主要年份总户数、总人口（户籍统计）
## TOTAL HOUSEHOLDS AND TOTAL POPULATION IN MAJOR YEARS (HOUSEHOLD REGISTRATION)

单位：万人 (10 000 persons)

| 年 份 Year | 总户数（万户）Total Number of Households (10 000 households) | 总人口 Total Population | 按性别分 By Sex 男 Male | 女 Female | 按农业、非农业分 By Residence 农 业 Agriculture | 非农业 Non-agriculture |
|---|---|---|---|---|---|---|
| 1952 | 401.93 | 1776.52 | 927.91 | 848.61 | | |
| 1957 | 434.66 | 2005.18 | 1040.82 | 964.36 | 1692.77 | 312.41 |
| 1962 | 442.01 | 1797.19 | 916.99 | 880.20 | 1528.95 | 268.24 |
| 1965 | 455.55 | 1974.89 | 1010.19 | 964.70 | 1685.08 | 289.81 |
| 1970 | 518.02 | 2289.64 | 1173.57 | 1116.07 | 1989.66 | 299.98 |
| 1975 | 579.36 | 2592.59 | 1332.89 | 1259.70 | 2280.39 | 312.20 |
| 1978 | 601.07 | 2635.56 | 1357.98 | 1277.58 | 2304.66 | 330.90 |
| 1980 | 610.19 | 2664.79 | 1376.22 | 1288.57 | 2291.51 | 373.28 |
| 1985 | 684.46 | 2768.26 | 1437.35 | 1330.91 | 2310.89 | 457.37 |
| 1986 | 716.53 | 2807.60 | 1458.75 | 1348.85 | 2343.23 | 464.37 |
| 1987 | 751.96 | 2845.14 | 1478.88 | 1366.26 | 2370.06 | 475.08 |
| 1988 | 784.83 | 2873.34 | 1494.20 | 1379.14 | 2390.36 | 482.98 |
| 1989 | 812.65 | 2897.01 | 1507.74 | 1389.27 | 2405.25 | 491.76 |
| 1990 | 833.78 | 2920.90 | 1520.83 | 1400.07 | 2427.92 | 492.98 |
| 1991 | 844.66 | 2938.99 | 1531.11 | 1407.88 | 2439.61 | 499.38 |
| 1992 | 849.77 | 2950.78 | 1538.46 | 1412.32 | 2438.94 | 511.84 |
| 1993 | 855.75 | 2964.92 | 1546.50 | 1418.42 | 2438.27 | 526.65 |
| 1994 | 870.20 | 2985.59 | 1558.05 | 1427.54 | 2440.41 | 545.18 |
| 1995 | 879.35 | 3001.77 | 1566.86 | 1434.91 | 2442.33 | 559.44 |
| 1996 | 888.56 | 3022.77 | 1577.97 | 1444.80 | 2445.65 | 577.12 |
| 1997 | 897.78 | 3042.92 | 1588.10 | 1454.82 | 2448.34 | 594.58 |
| 1998 | 907.17 | 3059.69 | 1596.88 | 1462.81 | 2445.66 | 614.03 |
| 1999 | 922.73 | 3072.34 | 1602.42 | 1469.92 | 2437.18 | 635.16 |
| 2000 | 938.87 | 3091.09 | 1611.68 | 1479.41 | 2430.20 | 660.89 |
| 2001 | 950.56 | 3097.91 | 1614.91 | 1483.00 | 2408.39 | 689.52 |
| 2002 | 961.69 | 3113.83 | 1623.13 | 1490.70 | 2392.38 | 721.45 |
| 2003 | 977.01 | 3130.10 | 1631.66 | 1498.44 | 2376.18 | 753.92 |
| 2004 | 988.59 | 3144.23 | 1637.18 | 1507.05 | 2358.40 | 785.83 |
| 2005 | 1010.41 | 3169.16 | 1649.26 | 1519.90 | 2351.88 | 817.28 |
| 2006 | 1030.66 | 3198.87 | 1662.77 | 1536.10 | 2353.44 | 845.43 |
| 2007 | 1056.97 | 3235.32 | 1681.10 | 1554.22 | 2358.35 | 876.97 |
| 2008 | 1080.15 | 3257.05 | 1690.56 | 1566.49 | 2349.67 | 907.38 |
| 2009 | 1110.70 | 3275.61 | 1697.69 | 1577.92 | 2326.92 | 948.69 |
| 2010 | 1154.83 | 3303.45 | 1709.03 | 1594.42 | 2196.45 | 1107.00 |
| 2011 | 1205.20 | 3329.81 | 1720.53 | 1609.28 | 2052.17 | 1277.64 |
| 2012 | 1220.64 | 3343.44 | 1725.87 | 1617.57 | 2026.19 | 1317.25 |
| 2013 | 1236.78 | 3358.42 | 1731.82 | 1626.60 | 2014.37 | 1344.05 |
| 2014 | 1248.67 | 3375.20 | 1738.87 | 1636.33 | 2003.08 | 1372.12 |
| 2015 | 1254.54 | 3371.84 | 1736.49 | 1635.35 | 1980.82 | 1391.02 |
| 2016 | 1260.88 | 3392.11 | 1745.24 | 1646.87 | 1776.60 | 1615.51 |

注： 2016年户籍人口取消农业与非农业划分，改用乡村与城镇进行划分。
Note: The agriculture and non-agriculture population of household registration in 2016 adopted the classification of urban and rural population.

# 表3.2 主要年份人口自然变动（户籍统计）
## POPULATION NATURAL DYNAMICS IN MAJOR YEARS (HOUSEHOLD REGISTRATION)

单位：万人、‰ (10 000 persons，‰)

| 年 份 Year | 出 生 Birth | | 死 亡 Death | | 自然增长 Natural Growth | |
|---|---|---|---|---|---|---|
| | 人 口 Population | 出生率 Birth Rate | 人 口 Population | 死亡率 Death Rate | 人 口 Population | 自然增长率 Natural Growth Rate |
| 1957 | 54.20 | 27.32 | 21.78 | 10.98 | 32.42 | 16.34 |
| 1962 | 43.72 | 24.36 | 27.87 | 15.53 | 15.85 | 8.83 |
| 1965 | 74.01 | 38.03 | 21.43 | 11.01 | 52.58 | 27.02 |
| 1970 | 87.78 | 38.99 | 22.11 | 9.82 | 65.67 | 29.17 |
| 1975 | 72.03 | 28.06 | 21.33 | 8.31 | 50.70 | 19.75 |
| 1978 | 26.09 | 9.91 | 17.18 | 6.52 | 8.91 | 3.39 |
| 1980 | 29.68 | 11.16 | 17.19 | 6.46 | 12.49 | 4.70 |
| 1985 | 36.13 | 13.10 | 18.76 | 6.80 | 17.37 | 6.30 |
| 1986 | 54.47 | 19.54 | 18.36 | 6.59 | 36.11 | 12.95 |
| 1987 | 48.72 | 17.24 | 18.42 | 6.52 | 30.30 | 10.72 |
| 1988 | 38.58 | 13.49 | 19.43 | 6.79 | 19.15 | 6.70 |
| 1989 | 39.79 | 13.79 | 19.99 | 6.93 | 19.80 | 6.86 |
| 1990 | 42.53 | 14.62 | 19.59 | 6.73 | 22.94 | 7.89 |
| 1991 | 37.61 | 12.83 | 19.20 | 6.55 | 18.41 | 6.28 |
| 1992 | 35.62 | 12.09 | 20.89 | 7.09 | 14.73 | 5.00 |
| 1993 | 35.75 | 12.09 | 20.23 | 6.84 | 15.52 | 5.25 |
| 1994 | 40.05 | 13.46 | 19.95 | 6.70 | 20.10 | 6.76 |
| 1995 | 39.39 | 13.16 | 21.45 | 7.17 | 17.94 | 5.99 |
| 1996 | 41.06 | 13.63 | 21.62 | 7.18 | 19.44 | 6.45 |
| 1997 | 36.99 | 12.20 | 20.95 | 6.91 | 16.04 | 5.29 |
| 1998 | 35.51 | 11.64 | 21.64 | 7.09 | 13.87 | 4.55 |
| 1999 | 30.68 | 10.01 | 20.68 | 6.74 | 10.00 | 3.27 |
| 2000 | 35.22 | 11.43 | 24.59 | 7.98 | 10.63 | 3.45 |
| 2001 | 26.26 | 8.48 | 18.76 | 6.06 | 7.50 | 2.42 |
| 2002 | 28.65 | 9.20 | 18.07 | 5.80 | 10.58 | 3.40 |
| 2003 | 30.00 | 9.61 | 18.05 | 5.78 | 11.95 | 3.83 |
| 2004 | 33.72 | 10.74 | 23.44 | 7.47 | 10.28 | 3.27 |
| 2005 | 30.66 | 9.71 | 13.88 | 4.40 | 16.78 | 5.31 |
| 2006 | 36.57 | 11.49 | 14.89 | 4.68 | 21.68 | 6.81 |
| 2007 | 44.66 | 13.88 | 16.56 | 5.15 | 28.10 | 8.73 |
| 2008 | 43.26 | 13.33 | 24.56 | 7.57 | 18.70 | 5.76 |
| 2009 | 40.82 | 12.50 | 26.13 | 8.00 | 14.69 | 4.50 |
| 2010 | 62.83 | 19.10 | 38.97 | 11.85 | 23.86 | 7.25 |
| 2011 | 41.27 | 12.44 | 19.55 | 5.90 | 21.72 | 6.54 |
| 2012 | 36.76 | 11.02 | 23.83 | 7.14 | 12.93 | 3.88 |
| 2013 | 35.81 | 10.69 | 20.17 | 6.02 | 15.64 | 4.67 |
| 2014 | 39.74 | 11.80 | 22.55 | 6.70 | 17.19 | 5.10 |
| 2015 | 37.34 | 11.07 | 23.82 | 7.06 | 13.52 | 4.01 |
| 2016 | 38.08 | 11.26 | 18.59 | 5.50 | 19.49 | 5.76 |

## 表3.3 常住人口及城镇化率（1996－2016年）
RESIDENT POPULATION AND URBANIZATION RATE (1996-2016)

单位：万人 (10 000 persons)

| 年 份<br>Year | 常住人口<br>Resident Population | 其 中 of which<br>城 镇<br>Urban | <br>乡 村<br>Rural | 城镇化率（%）<br>Urbanization Rate (%) |
|---|---|---|---|---|
| 1996 | 2875.30 | 848.21 | 2027.09 | 29.5 |
| 1997 | 2873.36 | 890.74 | 1982.62 | 31.0 |
| 1998 | 2870.75 | 935.86 | 1934.89 | 32.6 |
| 1999 | 2860.37 | 981.11 | 1879.26 | 34.3 |
| 2000 | 2848.82 | 1013.88 | 1834.94 | 35.6 |
| 2001 | 2829.21 | 1058.12 | 1771.09 | 37.4 |
| 2002 | 2814.83 | 1123.12 | 1691.71 | 39.9 |
| 2003 | 2803.19 | 1174.55 | 1628.64 | 41.9 |
| 2004 | 2793.32 | 1215.42 | 1577.90 | 43.5 |
| 2005 | 2798.00 | 1265.95 | 1532.05 | 45.2 |
| 2006 | 2808.00 | 1311.29 | 1496.71 | 46.7 |
| 2007 | 2816.00 | 1361.35 | 1454.65 | 48.3 |
| 2008 | 2839.00 | 1419.09 | 1419.91 | 50.0 |
| 2009 | 2859.00 | 1474.92 | 1384.08 | 51.6 |
| 2010 | 2884.62 | 1529.55 | 1355.07 | 53.0 |
| 2011 | 2919.00 | 1605.96 | 1313.04 | 55.0 |
| 2012 | 2945.00 | 1678.11 | 1266.89 | 57.0 |
| 2013 | 2970.00 | 1732.76 | 1237.24 | 58.3 |
| 2014 | 2991.40 | 1783.01 | 1208.39 | 59.6 |
| 2015 | 3016.55 | 1838.41 | 1178.14 | 60.9 |
| 2016 | 3048.43 | 1908.45 | 1139.98 | 62.6 |

## 表3.4 1%人口抽样调查（2015－2016年）
## 1% SAMPLE SURVEY OF POPULATION (2015-2016)

单位：万人（10 000 persons)

| 项　目 | Item | 2015 | 2016 |
|---|---|---|---|
| 常住人口 | Resident Population | 3016.55 | 3048.43 |
| #城　镇 | Urban | 1838.41 | 1908.45 |
| 乡　村 | Rural | 1178.14 | 1139.98 |
| #男　性 | Male | 1525.77 | 1542.66 |
| 女　性 | Female | 1490.78 | 1505.77 |
| #0-14岁 | Aged 0-14 | 497.43 | 504.82 |
| 15-64岁 | Aged 15-64 | 2152.01 | 2161.64 |
| 65岁及以上 | Aged 65 and Over | 367.11 | 381.97 |
| 外出人口 | Population Outside Residential Area | 1069.43 | 1090.44 |
| #外出至市外 | Outside Chongqing | 505.50 | 500.78 |
| 市外外来人口 | Population from Other Areas to Chongqing | 150.21 | 157.10 |
| 城镇化率（%） | Urbanization Rate (%) | 60.9 | 62.6 |
| 出生人口 | Births | 33.19 | 35.69 |
| 出生率(‰) | Birth Rate (‰) | 11.05 | 11.77 |
| 死亡人口 | Deaths | 21.60 | 21.96 |
| 死亡率(‰) | Death Rate (‰) | 7.19 | 7.24 |
| 自然增长人口 | Natural Growth | 11.59 | 13.73 |
| 自然增长率（‰） | Natural Growth Rate (‰) | 3.86 | 4.53 |

# 表3.5 第五次人口普查基本情况
BASIC STATISTICS ON THE 5TH NATIONAL POPULATION CENSUSES

| 指　标 | Item | 2000 |
|---|---|---|
| **总人口（万人）** | **Total Population (10 000 persons)** | **2848.82** |
| 男 | Male | 1460.57 |
| 女 | Female | 1388.25 |
| 性别比（女=100） | Sex Ratio (female=100) | 105.21 |
| **家庭户户数（万户）** | **Family Households (10 000 households)** | **923.4** |
| **家庭户规模（人/户）** | **Average Family Household Size (person/household)** | **3.02** |
| **各年龄组人口（万人）** | **Population by Age Group (10 000 persons)** | |
| 0-14岁 | Aged 0-14 | 665.20 |
| 15-64岁 | Aged 15-64 | 1931.78 |
| 65岁及以上 | Aged 65 and Over | 251.84 |
| **预期寿命（岁）** | **Life Expectancy (years old)** | **71.9** |
| **城乡人口（万人）** | **Population by Residence (10 000 persons)** | |
| 城镇人口 | Urban Population | 1013.88 |
| 乡村人口 | Rural Population | 1834.94 |
| **民族人口（万人，%）** | **Population by Ethnicity (10 000 persons, %)** | |
| 汉　族 | Han | 2664.50 |
| 占总人口比重 | Percentage to Total Population | 93.5 |
| 少数民族 | Ethnic Minorities | 184.32 |
| 占总人口比重 | Percentage to Total Population | 6.5 |
| **每十万人拥有的各种受教育程度人口（人）** | **Population with Various Education Attainment Per 100 000 Population (person)** | |
| 大专及以上 | Junior College and Above | 3154 |
| 高中和中专 | Senior Secondary/Secondary Technical School | 8815 |
| 初　中 | Junior Secondary School | 27190 |
| 小　学 | Primary School | 42863 |
| **文盲人口及文盲率** | **Illiterate Population and Illiterate Rate** | |
| 文盲人口（万人） | Illiterate Population (10 000 persons) | 212.24 |
| 文盲率（%） | Illiterate Rate (%) | 9.7 |

注：此表为常住人口推算数据。
Note: The data in the table above are calculated on the basis of resident population.

# 表3.6 第六次人口普查基本情况
## BASIC STATISTICS ON THE 6TH NATIONAL POPULATION CENSUSES

| 指　标 | Item | 2010 |
|---|---|---|
| **总人口（万人）** | **Total Population (10 000 persons)** | **2884.62** |
| 男 | Male | 1460.89 |
| 女 | Female | 1423.73 |
| 性别比（女=100） | Sex Ratio (female=100) | 102.61 |
| **家庭户户数（万户）** | **Family Households (10 000 households)** | **1000.10** |
| **家庭户规模（人/户）** | **Average Family Household Size (person/household)** | **2.70** |
| **各年龄组人口（万人）** | **Population by Age Group (10 000 persons)** | |
| 0-14岁 | Aged 0-14 | 489.80 |
| 15-64岁 | Aged 15-64 | 2061.41 |
| 65岁及以上 | Aged 65 and Over | 333.41 |
| **预期寿命（岁）** | **Life Expectancy (years old)** | **75.7** |
| **城乡人口（万人）** | **Population by Residence (10 000 persons)** | |
| 城镇人口 | Urban Population | 1529.55 |
| 乡村人口 | Rural Population | 1355.07 |
| **民族人口（万人，%）** | **Population by Ethnicity (10 000 persons, %)** | |
| 汉　族 | Han | 2690.91 |
| 占总人口比重 | Percentage to Total Population | 93.3 |
| 少数民族 | Ethnic Minorities | 193.71 |
| 占总人口比重 | Percentage to Total Population | 6.7 |
| **每十万人拥有的各种受教育程度人口（人）** | **Population with Various Education Attainment Per 100 000 Population (person)** | |
| 大专及以上 | Junior College and Above | 8478 |
| 高中和中专 | Senior Secondary/Secondary Technical School | 13223 |
| 初　中 | Junior Secondary School | 33441 |
| 小　学 | Primary School | 33653 |
| **文盲人口及文盲率** | **Illiterate Population and Illiterate Rate** | |
| 文盲人口（万人） | Illiterate Population (10 000 persons) | 121.52 |
| 文盲率（%） | Illiterate Rate (%) | 5.1 |

## 表3.7 六次人口普查主要指标
MAIN INDICATORS OF SIX POPULATION CENSUSES

单位：万人、%（10 000 persons，%）

| 普查时间 | Census Time | 总人口 Total Population 合计 Total | 男 Male | 女 Female | 性别比(女=100) Sex Ratio (female =100) | 年平均增长率 Annual Average Growth Rate |
|---|---|---|---|---|---|---|
| 第一次人口普查（1953年7月1日） | First Population Census (July 1, 1953) | 1766.39 | 924.56 | 841.83 | 109.83 | |
| 第二次人口普查（1964年7月1日） | Second Population Census (July 1, 1964) | 1889.17 | 969.02 | 920.15 | 105.31 | 0.61 |
| 第三次人口普查（1982年7月1日） | Third Population Census (July 1, 1982) | 2705.89 | 1402.46 | 1303.43 | 107.60 | 2.02 |
| 第四次人口普查（1990年7月1日） | Fourth Population Census (July 1, 1990) | 2886.62 | 1499.83 | 1386.79 | 108.15 | 0.81 |
| 第五次人口普查（2000年11月1日） | Fifth Population Census (November 1, 2000) | 2848.82 | 1460.57 | 1388.25 | 105.21 | -0.13 |
| 第六次人口普查（2010年11月1日） | Sixth Population Census (November 1, 2010) | 2884.62 | 1460.89 | 1423.73 | 102.61 | 0.12 |

## 表3.8 人口年龄结构和抚养比（1982－2016年）
AGE COMPOSITION AND DEPENDENCY RATIO OF POPULATION (1982-2016)

单位：万人 (10 000 persons)

| 年份 Year | 总人口(年末) Total Population (year-end) | 0-14岁 Aged 0-14 人口数 Population | 比重(%) Proportion | 15-64岁 Aged 15-64 人口数 Population | 比重(%) Proportion | 65岁及以上 Aged 65 and over 人口数 Population | 比重(%) Proportion | 总抚养比(%) Gross Dependency Ratio (%) | 少儿抚养比(%) Children Dependency Ratio (%) | 老年抚养比(%) Old Dependency Rati (%) |
|---|---|---|---|---|---|---|---|---|---|---|
| 1982 | 2705.89 | 901.31 | 33.31 | 1676.02 | 61.94 | 128.56 | 4.75 | 61.45 | 53.78 | 7.67 |
| 1990 | 2886.62 | 626.27 | 21.70 | 2092.06 | 72.47 | 168.29 | 5.83 | 37.98 | 29.94 | 8.04 |
| 2000 | 2848.82 | 665.20 | 23.35 | 1931.78 | 67.81 | 251.84 | 8.84 | 47.47 | 34.43 | 13.04 |
| 2001 | 2829.21 | 643.93 | 22.76 | 1925.56 | 68.05 | 259.72 | 9.18 | 46.93 | 33.44 | 13.49 |
| 2002 | 2814.83 | 624.05 | 22.17 | 1922.81 | 68.31 | 267.97 | 9.52 | 46.40 | 32.46 | 13.94 |
| 2003 | 2803.19 | 615.58 | 21.96 | 1894.40 | 67.58 | 293.21 | 10.46 | 47.97 | 32.49 | 15.48 |
| 2004 | 2793.32 | 592.19 | 21.20 | 1896.66 | 67.90 | 304.47 | 10.90 | 47.27 | 31.22 | 16.05 |
| 2005 | 2798.00 | 576.39 | 20.60 | 1913.83 | 68.40 | 307.78 | 11.00 | 46.20 | 30.12 | 16.08 |
| 2006 | 2808.00 | 561.60 | 20.00 | 1934.71 | 68.90 | 311.69 | 11.10 | 45.14 | 29.03 | 16.11 |
| 2007 | 2816.00 | 543.49 | 19.30 | 1957.12 | 69.50 | 315.39 | 11.20 | 43.89 | 27.77 | 16.12 |
| 2008 | 2839.00 | 546.22 | 19.24 | 1973.39 | 69.51 | 319.39 | 11.25 | 43.86 | 27.68 | 16.18 |
| 2009 | 2859.00 | 544.93 | 19.06 | 1988.72 | 69.56 | 325.35 | 11.38 | 43.76 | 27.40 | 16.36 |
| 2010 | 2884.62 | 489.80 | 16.98 | 2061.41 | 71.46 | 333.41 | 11.56 | 39.93 | 23.76 | 16.17 |
| 2011 | 2919.00 | 493.02 | 16.89 | 2088.25 | 71.54 | 337.73 | 11.57 | 39.78 | 23.61 | 16.17 |
| 2012 | 2945.00 | 490.93 | 16.67 | 2113.04 | 71.75 | 341.03 | 11.58 | 39.37 | 23.23 | 16.14 |
| 2013 | 2970.00 | 487.08 | 16.40 | 2130.08 | 71.72 | 352.84 | 11.88 | 39.43 | 22.87 | 16.56 |
| 2014 | 2991.40 | 491.49 | 16.43 | 2140.64 | 71.56 | 359.27 | 12.01 | 39.74 | 22.96 | 16.78 |
| 2015 | 3016.55 | 497.43 | 16.49 | 2152.01 | 71.34 | 367.11 | 12.17 | 40.17 | 23.11 | 17.06 |
| 2016 | 3048.43 | 504.82 | 16.56 | 2161.64 | 70.91 | 381.97 | 12.53 | 41.02 | 23.35 | 17.67 |

# 表3.9 计划生育基本情况（1986－2016年）
## BASIC STATISTICS ON FAMILY PLANNING (1986-2016)

单位：万人、%（10 000 persons，%）

| 年　份<br>Year | 政策性生育率<br>Policy Fertility Rate | 已婚育龄妇女人数<br>Married Women at Childbearing Age | 领独生子女证人数<br>Women with Only-child Certificates | 领证率<br>Coverage of Only-child Certificates | 采取节育措施人数<br>Women under Contraception | 避孕率<br>Contraception Rate |
|---|---|---|---|---|---|---|
| 1986 | 90.88 | 481.28 | 109.56 | 68.74 | 424.89 | 88.28 |
| 1987 | 90.16 | 503.67 | 126.44 | 71.91 | 451.19 | 89.58 |
| 1988 | 93.83 | 523.17 | 141.28 | 72.14 | 480.27 | 91.80 |
| 1989 | 92.78 | 540.80 | 151.72 | 70.35 | 491.35 | 90.86 |
| 1990 | 94.15 | 560.09 | 166.56 | 70.53 | 512.38 | 91.48 |
| 1991 | 95.11 | 577.54 | 178.27 | 69.31 | 527.88 | 91.40 |
| 1992 | 95.83 | 589.35 | 188.00 | 68.34 | 538.37 | 91.35 |
| 1993 | 93.23 | 599.23 | 199.97 |  | 548.27 | 91.50 |
| 1994 | 86.58 | 611.48 | 206.76 |  | 559.62 | 91.52 |
| 1995 | 89.22 | 625.71 | 220.32 |  | 573.38 | 91.64 |
| 1996 | 88.73 | 637.31 | 227.59 | 65.45 | 587.93 | 92.25 |
| 1997 | 91.94 | 644.56 | 230.99 | 64.11 | 588.75 | 91.34 |
| 1998 | 85.06 | 644.68 | 219.05 | 59.69 | 589.28 | 91.40 |
| 1999 | 94.09 | 640.70 | 214.79 | 57.43 | 587.94 | 91.77 |
| 2000 | 91.26 | 639.20 | 217.43 | 57.11 | 589.95 | 92.29 |
| 2001 | 91.05 | 632.25 | 203.30 | 53.04 | 583.65 | 92.31 |
| 2002 | 92.19 | 620.38 | 180.36 | 47.65 | 571.18 | 92.07 |
| 2003 | 92.39 | 622.26 | 195.38 | 51.11 | 571.87 | 91.90 |
| 2004 | 92.95 | 615.20 | 200.49 | 52.42 | 564.60 | 91.77 |
| 2005 | 92.57 | 618.97 | 212.37 | 55.08 | 569.74 | 92.05 |
| 2006 | 90.93 | 626.73 | 203.23 | 52.07 | 572.73 | 91.38 |
| 2007 | 75.62 | 637.95 | 198.86 | 51.62 | 579.79 | 90.88 |
| 2008 | 85.05 | 501.74 | 131.84 | 43.54 | 454.63 | 90.61 |
| 2009 | 89.91 | 494.34 | 138.22 | 46.04 | 449.13 | 90.85 |
| 2010 | 89.06 | 500.02 | 133.28 | 43.93 | 454.08 | 90.81 |
| 2011 | 86.95 | 495.79 | 124.73 | 41.89 | 440.87 | 88.92 |
| 2012 | 87.59 | 490.02 | 95.81 | 35.49 | 390.57 | 79.70 |
| 2013 | 86.83 | 503.86 | 94.38 | 34.84 | 404.37 | 80.25 |
| 2014 | 87.84 | 496.20 | 87.75 | 32.34 | 407.13 | 82.04 |
| 2015 | 88.83 | 488.64 | 82.02 | 31.84 | 384.42 | 78.67 |
| 2016 | 96.65 | 491.38 | 76.87 | 30.40 | 305.16 | 62.10 |

# 表3.10 就业人员基本情况（1985－2016年）
## BASIC STATISTICS ON EMPLOYMENT (1985-2016)

单位：万人 (10 000 persons)

| 年 份<br>Year | 就业人员总计<br>Total Number of Employed Persons | 其中 of which<br>#城 镇<br>Urban Areas | 按经济类型分 By Ownership<br>国 有<br>State-owned | 集 体<br>Collective-owned | 私营和个体<br>Private and Individuals | 其 他<br>Others |
|---|---|---|---|---|---|---|
| 1985 | 1432.03 | 269.37 | | | | |
| 1986 | 1469.13 | 275.35 | | | | |
| 1987 | 1507.33 | 282.39 | | | | |
| 1988 | 1512.49 | 288.70 | | | | |
| 1989 | 1540.03 | 291.29 | | | | |
| 1990 | 1569.34 | 296.92 | | | | |
| 1991 | 1620.67 | 307.87 | | | | |
| 1992 | 1662.58 | 313.51 | | | | |
| 1993 | 1658.95 | 310.05 | | | | |
| 1994 | 1729.55 | 326.75 | | | | |
| 1995 | 1709.26 | 347.06 | | | | |
| 1996 | 1719.43 | 463.98 | 198.16 | 1228.60 | 280.24 | 12.43 |
| 1997 | 1715.40 | 483.74 | 189.07 | 1201.03 | 307.29 | 18.01 |
| 1998 | 1710.97 | 505.22 | 175.52 | 1176.65 | 334.24 | 24.56 |
| 1999 | 1699.06 | 518.40 | 161.15 | 1151.98 | 354.15 | 31.78 |
| 2000 | 1661.16 | 528.97 | 149.28 | 1109.96 | 365.86 | 36.06 |
| 2001 | 1616.08 | 539.80 | 136.63 | 1058.10 | 379.86 | 41.49 |
| 2002 | 1551.77 | 549.17 | 130.66 | 975.92 | 395.96 | 49.23 |
| 2003 | 1499.99 | 560.28 | 125.88 | 903.90 | 412.41 | 57.80 |
| 2004 | 1471.34 | 573.97 | 124.72 | 854.48 | 425.18 | 66.96 |
| 2005 | 1456.30 | 589.27 | 123.50 | 822.48 | 437.72 | 72.60 |
| 2006 | 1454.77 | 602.99 | 123.90 | 789.42 | 457.52 | 83.93 |
| 2007 | 1468.87 | 631.65 | 115.79 | 765.19 | 484.88 | 103.01 |
| 2008 | 1492.43 | 665.74 | 119.83 | 746.54 | 514.89 | 111.17 |
| 2009 | 1513.00 | 696.82 | 119.79 | 727.99 | 546.66 | 118.56 |
| 2010 | 1539.95 | 733.70 | 125.29 | 701.34 | 583.02 | 130.30 |
| 2011 | 1585.16 | 790.70 | 131.00 | 647.82 | 628.15 | 178.19 |
| 2012 | 1633.14 | 856.17 | 128.53 | 627.67 | 662.74 | 214.20 |
| 2013 | 1683.51 | 923.28 | 121.22 | 593.75 | 696.83 | 271.71 |
| 2014 | 1696.94 | 954.34 | 114.87 | 565.16 | 727.17 | 289.74 |
| 2015 | 1707.37 | 986.87 | 119.55 | 535.27 | 765.30 | 287.25 |
| 2016 | 1717.52 | 1021.76 | 119.37 | 504.89 | 808.49 | 284.77 |

**表3.10 续表 continued**

单位：万人 (10 000 persons)

| 年 份<br>Year | 按产业分<br>By Sector | | | 分产业比重（%）<br>Compositon by Sector | | |
|---|---|---|---|---|---|---|
| | 第一产业<br>Primary Industry | 第二产业<br>Secondary Industry | 第三产业<br>Tertiary Industry | 第一产业<br>Primary Industry | 第二产业<br>Secondary Industry | 第三产业<br>Tertiary Industry |
| 1985 | 1042.22 | 223.37 | 166.44 | 72.8 | 15.6 | 11.6 |
| 1986 | 1048.32 | 241.66 | 179.15 | 71.4 | 16.4 | 12.2 |
| 1987 | 1064.06 | 258.93 | 184.34 | 70.6 | 17.2 | 12.2 |
| 1988 | 1056.49 | 262.83 | 193.17 | 69.8 | 17.4 | 12.8 |
| 1989 | 1082.41 | 263.81 | 193.81 | 70.3 | 17.1 | 12.6 |
| 1990 | 1103.04 | 263.86 | 202.44 | 70.3 | 16.8 | 12.9 |
| 1991 | 1130.47 | 275.72 | 214.48 | 69.8 | 17.0 | 13.2 |
| 1992 | 1118.59 | 277.77 | 266.22 | 67.3 | 16.7 | 16.0 |
| 1993 | 1088.70 | 287.88 | 282.37 | 65.6 | 17.4 | 17.0 |
| 1994 | 1062.90 | 301.13 | 365.52 | 61.5 | 17.4 | 21.1 |
| 1995 | 1018.30 | 310.88 | 380.08 | 59.6 | 18.2 | 22.2 |
| 1996 | 1001.89 | 320.31 | 397.23 | 58.3 | 18.6 | 23.1 |
| 1997 | 989.07 | 313.77 | 412.56 | 57.6 | 18.3 | 24.1 |
| 1998 | 979.48 | 303.18 | 428.31 | 57.3 | 17.7 | 25.0 |
| 1999 | 959.71 | 296.12 | 443.23 | 56.5 | 17.4 | 26.1 |
| 2000 | 920.92 | 290.23 | 450.01 | 55.4 | 17.5 | 27.1 |
| 2001 | 870.52 | 287.31 | 458.25 | 53.9 | 17.8 | 28.3 |
| 2002 | 801.04 | 285.09 | 465.64 | 51.6 | 18.4 | 30.0 |
| 2003 | 742.90 | 280.83 | 476.26 | 49.5 | 18.7 | 31.8 |
| 2004 | 704.22 | 280.73 | 486.39 | 47.8 | 19.1 | 33.1 |
| 2005 | 678.32 | 283.08 | 494.90 | 46.6 | 19.4 | 34.0 |
| 2006 | 664.35 | 286.46 | 503.96 | 45.7 | 19.7 | 34.6 |
| 2007 | 658.52 | 294.43 | 515.92 | 44.8 | 20.1 | 35.1 |
| 2008 | 652.19 | 307.66 | 532.58 | 43.7 | 20.6 | 35.7 |
| 2009 | 638.08 | 326.04 | 548.88 | 42.2 | 21.5 | 36.3 |
| 2010 | 621.29 | 351.86 | 566.80 | 40.3 | 22.9 | 36.8 |
| 2011 | 604.38 | 390.80 | 589.98 | 38.1 | 24.7 | 37.2 |
| 2012 | 592.59 | 422.73 | 617.82 | 36.3 | 25.9 | 37.8 |
| 2013 | 580.92 | 452.21 | 650.38 | 34.5 | 26.9 | 38.6 |
| 2014 | 555.59 | 464.48 | 676.87 | 32.7 | 27.4 | 39.9 |
| 2015 | 526.46 | 473.70 | 707.21 | 30.8 | 27.8 | 41.4 |
| 2016 | 496.01 | 476.66 | 744.85 | 28.9 | 27.7 | 43.4 |

# 表3.11 就业人员年末数（1999－2016年）
## NUMBER OF EMPLOYED PERSONS AT YEAR-END (1999-2016)

单位：万人 (10 000 persons)

| 指 标 | Item | 1999 | 2000 | 2001 | 2002 | 2003 | 2004 | 2005 | 2006 | 2007 |
|---|---|---|---|---|---|---|---|---|---|---|
| **就业人员总计** | **Total Number of Employed Persons** | **1699.06** | **1661.16** | **1616.08** | **1551.77** | **1499.99** | **1471.34** | **1456.30** | **1454.77** | **1468.87** |
| 城 镇 | Urban | 518.40 | 528.97 | 539.80 | 549.17 | 560.28 | 573.97 | 589.27 | 602.99 | 631.65 |
| 乡 村 | Rural | 1180.66 | 1132.19 | 1076.28 | 1002.60 | 939.71 | 897.37 | 867.03 | 851.78 | 837.22 |
| **按经济类型分** | **By Ownership** | | | | | | | | | |
| 国有经济 | State-owned | 161.15 | 149.28 | 136.63 | 130.66 | 125.88 | 124.72 | 123.50 | 123.90 | 115.79 |
| 集体经济 | Collective-owned | 1151.98 | 1109.96 | 1058.10 | 975.92 | 903.90 | 854.48 | 822.48 | 789.42 | 765.19 |
| 私 营 | Private | 66.43 | 74.92 | 84.44 | 95.22 | 105.95 | 112.91 | 118.48 | 130.28 | 151.49 |
| 个 体 | Individual | 287.72 | 290.94 | 295.42 | 300.74 | 306.46 | 312.27 | 319.24 | 327.24 | 333.39 |
| 其他经济 | Others | 31.78 | 36.06 | 41.49 | 49.23 | 57.80 | 66.96 | 72.60 | 83.93 | 103.01 |
| #联 营 | Joint Ownership | 0.63 | 0.86 | 4.11 | 4.93 | 5.78 | 6.84 | 5.57 | 4.62 | 2.03 |
| 股份制 | Shareholding | 10.95 | 11.49 | 13.21 | 15.55 | 15.72 | 16.71 | 14.84 | 12.86 | 16.47 |
| 外商投资 | Foreign-funded | 2.42 | 2.74 | 2.86 | 2.91 | 3.23 | 4.16 | 4.86 | 5.01 | 7.06 |
| 港澳台投资 | With Funds from Hong Kong, Macao and Taiwan | 2.50 | 2.44 | 2.66 | 2.25 | 2.55 | 2.33 | 2.32 | 2.33 | 2.80 |
| **按行业分** | **Grouped By Sector** | | | | | | | | | |
| 第一产业 | Primary Industry | 959.71 | 920.92 | 870.52 | 801.04 | 742.90 | 704.22 | 678.32 | 664.35 | 658.52 |
| 第二产业 | Secondary Industry | 296.12 | 290.23 | 287.31 | 285.09 | 280.83 | 280.73 | 283.08 | 286.46 | 294.43 |
| 采矿业 | Mining | 17.89 | 16.59 | 15.72 | 15.14 | 14.00 | 14.14 | 14.66 | 14.77 | 16.83 |
| 制造业 | Manufacturing | 160.07 | 156.02 | 152.59 | 149.91 | 146.38 | 144.23 | 144.46 | 145.72 | 148.33 |
| 电力、热力、燃气及水生产和供应业 | Electric Power, Heat, Gas and Water Production and Supply | 6.18 | 6.20 | 6.22 | 6.26 | 6.27 | 6.32 | 6.52 | 6.85 | 7.14 |
| 建筑业 | Construction | 111.98 | 111.42 | 112.78 | 113.78 | 114.18 | 116.04 | 117.44 | 119.12 | 122.13 |
| 第三产业 | Tertiary Industry | 443.23 | 450.01 | 458.25 | 465.64 | 476.26 | 486.39 | 494.90 | 503.96 | 515.92 |
| 交通运输、仓储及邮政业 | Transport, Storage and Post | 40.02 | 40.23 | 40.93 | 41.02 | 42.11 | 43.25 | 44.29 | 45.05 | 46.17 |
| 信息传输、软件和信息技术服务业 | Information Transmission, Software and Information Technology | 5.60 | 5.91 | 6.03 | 6.14 | 6.34 | 6.58 | 7.03 | 7.39 | 8.09 |
| 批发与零售业 | Wholesale and Retail Trade | 113.05 | 115.65 | 117.43 | 118.87 | 120.03 | 121.16 | 122.88 | 125.63 | 127.29 |
| 住宿和餐饮业 | Hotels and Catering Services | 70.18 | 70.52 | 71.14 | 72.03 | 73.36 | 74.27 | 75.40 | 77.22 | 78.76 |
| 金融业 | Financial Intermediation | 6.38 | 6.41 | 6.46 | 6.53 | 6.61 | 6.65 | 6.76 | 6.90 | 8.03 |
| 房地产业 | Real Estate | 4.88 | 5.03 | 5.11 | 5.22 | 5.45 | 6.11 | 6.83 | 7.74 | 8.81 |
| 租赁与商务服务业 | Leasing and Business Services | 16.09 | 16.34 | 16.95 | 17.53 | 18.23 | 19.33 | 19.97 | 19.97 | 21.41 |
| 科学研究、技术服务业 | Scientific Research and Technical Services | 7.58 | 7.71 | 7.96 | 8.15 | 8.25 | 8.35 | 8.39 | 8.43 | 8.57 |
| 水利、环境和公共设施管理业 | Management of Water Conservancy, Environment and Public Facilities | 5.26 | 5.31 | 5.40 | 5.50 | 5.56 | 5.71 | 5.76 | 5.94 | 6.19 |
| 居民服务、修理和其他服务业 | Services to Households, Repair and Other Services | 108.75 | 110.16 | 112.59 | 115.05 | 118.23 | 122.36 | 124.75 | 126.15 | 126.62 |
| 教 育 | Education | 29.79 | 30.59 | 31.69 | 32.09 | 33.33 | 33.68 | 33.91 | 34.20 | 35.01 |
| 卫生和社会工作 | Health and Social Work | 12.98 | 13.00 | 13.08 | 13.18 | 13.41 | 13.50 | 13.51 | 13.65 | 13.94 |
| 文化、体育与娱乐业 | Culture, Sports and Entertainment | 2.73 | 2.74 | 2.79 | 2.84 | 2.88 | 2.94 | 2.96 | 3.05 | 3.44 |
| 公共管理、社会保障和社会组织 | Public Management, Social Security and Social Organizations | 19.94 | 20.41 | 20.69 | 21.49 | 22.47 | 22.50 | 22.46 | 22.64 | 23.59 |

**表3.11 续表 continued**

单位：万人 (10 000 persons)

| 指 标 | Item | 2008 | 2009 | 2010 | 2011 | 2012 | 2013 | 2014 | 2015 | 2016 |
|---|---|---|---|---|---|---|---|---|---|---|
| **就业人员总计** | **Total Number of Employed Persons** | **1492.43** | **1513.00** | **1539.95** | **1585.16** | **1633.14** | **1683.51** | **1696.94** | **1707.37** | **1717.52** |
| 城 镇 | Urban | 665.74 | 696.82 | 733.70 | 790.70 | 856.17 | 923.28 | 954.34 | 986.87 | 1021.76 |
| 乡 村 | Rural | 826.69 | 816.18 | 806.25 | 794.46 | 776.97 | 760.23 | 742.60 | 720.50 | 695.76 |
| **按经济类型分** | **By Ownership** | | | | | | | | | |
| 国有经济 | State-owned | 119.83 | 119.79 | 125.29 | 131.00 | 128.53 | 121.22 | 114.87 | 119.55 | 119.37 |
| 集体经济 | Collective-owned | 746.54 | 727.99 | 701.34 | 647.82 | 627.67 | 593.75 | 565.16 | 535.27 | 504.89 |
| 私 营 | Private | 175.00 | 203.50 | 235.10 | 271.87 | 297.18 | 320.64 | 339.04 | 354.83 | 366.34 |
| 个 体 | Individual | 339.89 | 343.16 | 347.92 | 356.28 | 365.56 | 376.19 | 388.13 | 410.47 | 442.15 |
| 其他经济 | Others | 111.17 | 118.56 | 130.30 | 178.19 | 214.20 | 271.71 | 289.74 | 287.25 | 284.77 |
| #联 营 | Joint Ownership | 1.95 | 2.56 | 2.36 | 1.55 | 1.60 | 0.41 | 0.50 | 0.38 | 0.33 |
| 股份制 | Shareholding | 21.04 | 22.48 | 24.91 | 30.00 | 36.15 | 34.43 | 39.58 | 38.54 | 38.03 |
| 外商投资 | Foreign-funded | 7.33 | 8.47 | 9.43 | 13.14 | 13.98 | 19.56 | 22.48 | 22.38 | 21.34 |
| 港澳台投资 | With Funds from Hong Kong, Macao and Taiwan | 2.40 | 3.89 | 5.20 | 14.55 | 16.67 | 17.95 | 17.46 | 15.80 | 16.85 |
| **按行业分** | **Grouped By Sector** | | | | | | | | | |
| 第一产业 | Primary Industry | 652.19 | 638.08 | 621.29 | 604.38 | 592.59 | 580.92 | 555.59 | 526.46 | 496.01 |
| 第二产业 | Secondary Industry | 307.66 | 326.04 | 351.86 | 390.80 | 422.73 | 452.21 | 464.48 | 473.70 | 476.66 |
| 采矿业 | Mining | 19.77 | 22.24 | 24.84 | 28.11 | 30.63 | 30.86 | 30.57 | 26.79 | 19.88 |
| 制造业 | Manufacturing | 152.11 | 159.37 | 168.67 | 190.51 | 206.49 | 216.36 | 224.97 | 236.13 | 247.09 |
| 电力、热力、燃气及水生产和供应业 | Electric Power, Heat, Gas and Water Production and Supply | 7.43 | 7.91 | 8.20 | 8.54 | 9.41 | 8.93 | 9.51 | 9.24 | 9.63 |
| 建筑业 | Construction | 128.35 | 136.52 | 150.15 | 163.64 | 176.20 | 196.06 | 199.43 | 201.54 | 200.06 |
| 第三产业 | Tertiary Industry | 532.58 | 548.88 | 566.80 | 589.98 | 617.82 | 650.38 | 676.87 | 707.21 | 744.85 |
| 交通运输、仓储及邮政业 | Transport, Storage and Post | 47.25 | 48.42 | 50.12 | 53.49 | 56.88 | 61.27 | 64.93 | 67.03 | 69.45 |
| 信息传输、软件和信息技术服务业 | Information Transmission, Software and Information Technology | 8.58 | 8.85 | 9.34 | 10.57 | 12.34 | 13.98 | 15.31 | 16.31 | 17.64 |
| 批发与零售业 | Wholesale and Retail Trade | 131.46 | 134.72 | 138.22 | 142.25 | 147.18 | 153.40 | 158.10 | 167.64 | 175.78 |
| 住宿和餐饮业 | Hotels and Catering Services | 80.28 | 82.64 | 85.07 | 88.22 | 91.19 | 92.94 | 94.64 | 94.82 | 98.68 |
| 金融业 | Financial Intermediation | 9.09 | 9.74 | 10.85 | 12.34 | 14.09 | 14.37 | 15.02 | 15.19 | 16.91 |
| 房地产业 | Real Estate | 10.24 | 12.02 | 14.66 | 16.83 | 19.63 | 24.69 | 26.31 | 26.73 | 28.78 |
| 租赁与商务服务业 | Leasing and Business Services | 22.50 | 23.41 | 24.63 | 26.31 | 28.20 | 31.34 | 32.72 | 34.99 | 40.64 |
| 科学研究、技术服务业 | Scientific Research and Technical Services | 8.75 | 8.93 | 9.05 | 9.44 | 10.51 | 11.64 | 12.59 | 13.36 | 15.28 |
| 水利、环境和公共设施管理业 | Management of Water Conservancy, Environment and Public Facilities | 6.44 | 6.78 | 7.03 | 7.45 | 8.13 | 8.52 | 9.18 | 10.53 | 11.53 |
| 居民服务、修理和其他服务业 | Services to Households, Repair and Other Services | 129.21 | 131.76 | 132.97 | 133.83 | 134.82 | 135.82 | 138.72 | 145.38 | 150.57 |
| 教 育 | Education | 36.02 | 36.91 | 38.17 | 39.88 | 41.74 | 44.48 | 47.05 | 48.23 | 49.52 |
| 卫生和社会工作 | Health and Social Work | 14.55 | 15.38 | 16.10 | 17.42 | 18.95 | 21.67 | 23.75 | 25.42 | 27.55 |
| 文化、体育与娱乐业 | Culture, Sports and Entertainment | 3.88 | 4.08 | 4.30 | 4.64 | 5.22 | 5.97 | 6.36 | 6.96 | 7.61 |
| 公共管理、社会保障和社会组织 | Public Management, Social Security and Social Organizations | 24.33 | 25.24 | 26.29 | 27.31 | 28.94 | 30.29 | 32.19 | 34.62 | 34.91 |

# 表3.12 城镇就业人员年末数（2015－2016年）
## NUMBER OF EMPLOYED PERSONS IN URBAN UNITS AT YEAR-END (2015-2016)

单位：万人 (10 000 persons)

| 指　标 | Item | 2015 | 2016 |
|---|---|---|---|
| **就业人员总计** | **Total Number of Employed Persons** | **986.87** | **1021.76** |
| **按经济类型分** | **By Ownership** | | |
| 国有经济 | State-owned | 119.55 | 119.37 |
| 集体经济 | Collective-owned | 15.50 | 12.63 |
| 私　营 | Private | 302.75 | 315.50 |
| 个　体 | Individual | 261.82 | 289.49 |
| 其他经济 | Others | 287.25 | 284.77 |
| #联　营 | Joint Ownership | 0.38 | 0.33 |
| 股份制 | Shareholding | 38.54 | 38.03 |
| 外商投资 | Foreign-funded | 22.38 | 21.34 |
| 港澳台投资 | With Funds from Hong Kong, Macao and Taiwan | 15.80 | 16.85 |
| **按行业分** | **Grouped By Sector** | | |
| 第一产业 | Primary Industry | 35.02 | 33.87 |
| 第二产业 | Secondary Industry | 429.13 | 430.67 |
| 采矿业 | Mining | 20.85 | 14.38 |
| 制造业 | Manufacturing | 211.11 | 220.18 |
| 电力、热力、燃气及水生产和供应业 | Electric Power, Heat, Gas and Water Production and Supply | 9.15 | 9.44 |
| 建筑业 | Construction | 188.02 | 186.67 |
| 第三产业 | Tertiary Industry | 522.72 | 557.22 |
| 交通运输、仓储及邮政业 | Transport, Storage and Post | 43.54 | 45.87 |
| 信息传输、软件和信息技术服务业 | Information Transmission, Software and Information Technology | 16.04 | 17.36 |
| 批发与零售业 | Wholesale and Retail Trades | 117.77 | 125.30 |
| 住宿和餐饮业 | Hotels and Catering Services | 64.62 | 68.09 |
| 金融业 | Financial Intermediation | 15.19 | 16.91 |
| 房地产业 | Real Estate | 26.73 | 28.78 |
| 租赁与商务服务业 | Leasing and Business Services | 23.98 | 28.96 |
| 科学研究、技术服务业 | Scientific Research and Technical Services | 10.89 | 12.48 |
| 水利、环境和公共设施管理业 | Management of Water Conservancy, Environment and Public Facilities | 7.81 | 8.72 |
| 居民服务、修理和其他服务业 | Services to Households, Repair and Other Services | 92.76 | 97.56 |
| 教　育 | Education | 43.71 | 44.79 |
| 卫生和社会工作 | Health and Social Work | 22.96 | 24.91 |
| 文化、体育与娱乐业 | Culture, Sports and Entertainment | 6.26 | 6.85 |
| 公共管理、社会保障和社会组织 | Public Management, Social Security and Social Organizations | 30.46 | 30.64 |

# 表3.13 主要年份城镇非私营单位在岗职工人数
NUMBER OF ON-POST STAFF AND WORKERS OF URBAN NON-PRIVATE UNITS IN MAJOR YEARS

单位：万人 (10 000 persons)

| 年 份 Year | 合 计 Total | 按产业分 By Three Strata of Industry | | | 按经济类型分 By Status of Registration | | |
|---|---|---|---|---|---|---|---|
| | | 第一产业 Primary Industry | 第二产业 Secondary Industry | 第三产业 Tertiary Industry | 国 有 State-owned | 集 体 Collective--owned | 其 他 Others |
| 1949 | 5.34 | | | | 5.34 | | |
| 1952 | 47.62 | | | | 47.62 | | |
| 1957 | 71.19 | | | | 71.19 | | |
| 1962 | 80.79 | | | | 80.79 | | |
| 1965 | 91.96 | | | | 91.96 | | |
| 1970 | 109.98 | | | | 109.98 | | |
| 1975 | 127.99 | | | | 127.99 | | |
| 1978 | 154.44 | | | | 154.44 | | |
| 1980 | 220.06 | | | | 162.97 | 57.09 | |
| 1985 | 257.63 | 4.80 | 144.90 | 107.93 | 186.74 | 70.81 | 0.08 |
| 1986 | 264.01 | 4.79 | 151.13 | 108.09 | 191.47 | 72.43 | 0.11 |
| 1987 | 270.46 | 5.39 | 153.80 | 111.27 | 196.79 | 73.36 | 0.31 |
| 1988 | 277.70 | 5.45 | 157.28 | 114.97 | 201.88 | 75.42 | 0.40 |
| 1989 | 280.69 | 5.66 | 158.65 | 116.38 | 205.98 | 74.01 | 0.70 |
| 1990 | 285.68 | 5.68 | 159.47 | 120.53 | 209.61 | 75.16 | 0.91 |
| 1991 | 293.59 | 5.68 | 163.94 | 123.97 | 215.78 | 76.58 | 1.23 |
| 1992 | 297.07 | 5.46 | 165.35 | 126.26 | 218.41 | 76.94 | 1.72 |
| 1993 | 290.02 | 4.16 | 164.74 | 121.12 | 215.05 | 70.79 | 4.18 |
| 1994 | 293.23 | 4.24 | 162.90 | 126.09 | 212.02 | 71.03 | 10.18 |
| 1995 | 294.25 | 4.35 | 160.58 | 129.32 | 212.34 | 69.85 | 12.06 |
| 1996 | 294.63 | 4.43 | 159.37 | 130.83 | 214.01 | 67.47 | 13.15 |
| 1997 | 289.29 | 4.13 | 153.73 | 131.43 | 211.13 | 61.64 | 16.52 |
| 1998 | 236.61 | 3.83 | 115.89 | 116.89 | 172.24 | 40.91 | 23.46 |
| 1999 | 222.34 | 3.58 | 106.07 | 112.69 | 158.64 | 35.54 | 28.16 |
| 2000 | 208.87 | 3.43 | 96.01 | 109.43 | 146.91 | 29.74 | 32.22 |
| 2001 | 201.23 | 2.94 | 91.73 | 106.56 | 134.79 | 23.77 | 42.67 |
| 2002 | 199.93 | 2.64 | 92.63 | 104.66 | 128.41 | 20.82 | 50.70 |
| 2003 | 204.99 | 2.46 | 97.56 | 104.97 | 121.27 | 18.94 | 64.78 |
| 2004 | 208.04 | 2.35 | 100.50 | 105.19 | 120.85 | 16.85 | 70.34 |
| 2005 | 209.66 | 2.14 | 101.00 | 106.52 | 120.09 | 13.66 | 75.91 |
| 2006 | 212.97 | 2.12 | 102.22 | 108.63 | 120.37 | 12.22 | 80.38 |
| 2007 | 220.84 | 1.80 | 104.87 | 114.17 | 112.55 | 10.63 | 97.66 |
| 2008 | 229.59 | 1.80 | 108.92 | 118.87 | 115.19 | 10.23 | 104.17 |
| 2009 | 234.90 | 1.68 | 111.88 | 121.34 | 114.32 | 9.88 | 110.70 |
| 2010 | 250.22 | 1.79 | 121.20 | 127.23 | 118.76 | 10.26 | 121.20 |
| 2011 | 292.10 | 1.51 | 149.34 | 141.25 | 116.47 | 9.88 | 165.75 |
| 2012 | 334.37 | 1.26 | 176.74 | 156.37 | 123.45 | 9.47 | 201.45 |
| 2013 | 375.36 | 1.07 | 194.49 | 179.80 | 114.74 | 8.47 | 252.15 |
| 2014 | 386.76 | 1.15 | 196.08 | 189.53 | 112.47 | 8.43 | 265.86 |
| 2015 | 385.08 | 1.15 | 190.33 | 193.60 | 113.47 | 7.88 | 263.73 |
| 2016 | 379.66 | 1.07 | 183.99 | 194.60 | 113.49 | 7.93 | 258.24 |

注：“城镇非私营单位”与原“城镇经济单位”口径相同（以下各表同）。
Note: The scope of "urban economic units" is identical to the former "urban non-private units"(the same for the tables below).

# 表3.14 主要年份城镇非私营单位在岗职工工资总额

## TOTAL WAGE BILL OF ON-POST STAFF AND WORKERS OF URBAN NON-PRIVATE ECONOMIC UNITS IN MAJOR YEARS

单位：万元 (10 000 yuan)

| 年 份 Year | 合 计 Total Wages | 按产业分 By Three Strata of Industry | | | 按经济类型分 By Status of Registration | | |
|---|---|---|---|---|---|---|---|
| | | 第一产业 Primary Industry | 第二产业 Secondary Industry | 第三产业 Tertiary Industry | 国 有 State-owned | 集 体 Collective--owned | 其 他 Others |
| 1949 | 1368 | | | | 1368 | | |
| 1952 | 18577 | | | | 18577 | | |
| 1957 | 37710 | | | | 37710 | | |
| 1962 | 45532 | | | | 45532 | | |
| 1965 | 51159 | | | | 51159 | | |
| 1970 | 60866 | | | | 60866 | | |
| 1975 | 74645 | | | | 74645 | | |
| 1978 | 91615 | | | | 91615 | | |
| 1980 | 159426 | | | | 125305 | 34121 | |
| 1985 | 259688 | 4528 | 149468 | 105692 | 195684 | 63939 | 65 |
| 1986 | 300882 | 4960 | 177126 | 118796 | 233311 | 67396 | 175 |
| 1987 | 349808 | 5802 | 206458 | 137548 | 271210 | 78190 | 408 |
| 1988 | 435140 | 6771 | 256248 | 172121 | 340494 | 94048 | 598 |
| 1989 | 497553 | 7713 | 294228 | 195612 | 392179 | 104065 | 1309 |
| 1990 | 573310 | 8232 | 335056 | 230022 | 454776 | 116718 | 1816 |
| 1991 | 637968 | 9313 | 373271 | 255384 | 501204 | 134105 | 2659 |
| 1992 | 728780 | 10757 | 415886 | 302137 | 577638 | 146315 | 4827 |
| 1993 | 831520 | 8623 | 489684 | 333213 | 664939 | 152705 | 13876 |
| 1994 | 1144546 | 12990 | 618503 | 513053 | 902585 | 190980 | 50981 |
| 1995 | 1309344 | 15878 | 715405 | 578061 | 1016056 | 222720 | 70568 |
| 1996 | 1454905 | 18116 | 782060 | 654729 | 1132834 | 237510 | 84561 |
| 1997 | 1580484 | 17286 | 828011 | 735187 | 1225441 | 244245 | 110798 |
| 1998 | 1588049 | 18478 | 815904 | 753667 | 1223697 | 201028 | 163324 |
| 1999 | 1606804 | 19304 | 760591 | 826909 | 1207329 | 184757 | 214718 |
| 2000 | 1732318 | 20606 | 777295 | 934417 | 1290215 | 176693 | 265410 |
| 2001 | 1941508 | 21510 | 833110 | 1086888 | 1381940 | 158228 | 401340 |
| 2002 | 2196175 | 21857 | 921105 | 1253213 | 1520518 | 159655 | 516002 |
| 2003 | 2535070 | 22059 | 1104724 | 1408287 | 1661336 | 160049 | 713685 |
| 2004 | 2939800 | 23358 | 1291498 | 1624944 | 1904154 | 164332 | 871314 |
| 2005 | 3458237 | 23019 | 1503886 | 1931332 | 2224886 | 157943 | 1075408 |
| 2006 | 4034057 | 26173 | 1757357 | 2250527 | 2542465 | 165315 | 1326277 |
| 2007 | 4998743 | 27226 | 2111205 | 2860312 | 2814125 | 160900 | 2023718 |
| 2008 | 6137760 | 30232 | 2592679 | 3514849 | 3390954 | 177772 | 2569034 |
| 2009 | 7161387 | 31720 | 2989883 | 4139784 | 3855720 | 198908 | 3106759 |
| 2010 | 8629547 | 37250 | 3690436 | 4901861 | 4435431 | 242086 | 3952030 |
| 2011 | 11565329 | 48201 | 5241459 | 6275669 | 5206171 | 274421 | 6084737 |
| 2012 | 14791899 | 42564 | 6739973 | 8009362 | 6278652 | 280113 | 8233134 |
| 2013 | 18702874 | 37727 | 8741241 | 9923906 | 6475086 | 293061 | 11934727 |
| 2014 | 21584168 | 44340 | 9680243 | 11859585 | 7357033 | 341168 | 13885967 |
| 2015 | 23738675 | 47745 | 10266335 | 13424595 | 8419348 | 347442 | 14971885 |
| 2016 | 25242283 | 51015 | 10480632 | 14710636 | 9219990 | 400104 | 15622189 |

## 表3.15 主要年份城镇非私营单位在岗职工平均工资

## AVERAGE WAGE OF ON-POST STAFF AND WORKERS OF URBAN NON-PRIVATE UNITS IN MAJOR YEARS

单位：元 (yuan)

| 年 份<br>Year | 平均工资<br>Average Wages | 按产业分 By Industry<br>第一产业<br>Primary Industry | 第二产业<br>Secondary Industry | 第三产业<br>Tertiary Industry | 按经济类型分 By Registration<br>国 有<br>State-owned | 集 体<br>Collective-owned | 其 他<br>Others |
|---|---|---|---|---|---|---|---|
| 1949 | 284 | | | | 284 | | |
| 1952 | 330 | | | | 330 | | |
| 1957 | 535 | | | | 535 | | |
| 1962 | 448 | | | | 448 | | |
| 1965 | 588 | | | | 588 | | |
| 1970 | 581 | | | | 581 | | |
| 1975 | 588 | | | | 588 | | |
| 1978 | 632 | | | | 632 | | |
| 1980 | 737 | | | | 783 | 606 | |
| 1985 | 1038 | | | | 1110 | 930 | 861 |
| 1986 | 1154 | 1034 | 1197 | 1100 | 1234 | 941 | 1842 |
| 1987 | 1309 | 1140 | 1354 | 1254 | 1397 | 1073 | 1943 |
| 1988 | 1588 | 1249 | 1647 | 1522 | 1708 | 1264 | 1685 |
| 1989 | 1782 | 1388 | 1863 | 1691 | 1923 | 1393 | 2380 |
| 1990 | 2025 | 1452 | 2106 | 1942 | 2189 | 1565 | 2256 |
| 1991 | 2203 | 1640 | 2308 | 2089 | 2356 | 1768 | 2485 |
| 1992 | 2468 | 1931 | 2526 | 2415 | 2661 | 1906 | 3273 |
| 1993 | 2833 | 1793 | 2967 | 2694 | 3068 | 2067 | 4704 |
| 1994 | 3925 | 3093 | 3776 | 4151 | 4227 | 2693 | 7100 |
| 1995 | 4508 | 3657 | 4423 | 4527 | 4789 | 3162 | 6346 |
| 1996 | 5010 | 4127 | 4889 | 5033 | 5352 | 3603 | 6607 |
| 1997 | 5502 | 4188 | 5412 | 5649 | 5828 | 4016 | 6845 |
| 1998 | 6433 | 4713 | 6529 | 6394 | 6732 | 4891 | 6907 |
| 1999 | 7182 | 5296 | 7184 | 7240 | 7541 | 5200 | 7641 |
| 2000 | 8020 | 5884 | 7704 | 8372 | 7431 | 4534 | 7450 |
| 2001 | 9523 | 6521 | 8925 | 10053 | 10035 | 6614 | 9503 |
| 2002 | 10960 | 7587 | 9905 | 11905 | 11745 | 7601 | 10339 |
| 2003 | 12440 | 8877 | 11425 | 13462 | 13616 | 8552 | 11316 |
| 2004 | 14357 | 9871 | 13125 | 15624 | 15847 | 9839 | 12831 |
| 2005 | 16630 | 10676 | 14962 | 18345 | 18614 | 11614 | 14373 |
| 2006 | 19215 | 12279 | 17434 | 21031 | 21402 | 13522 | 16805 |
| 2007 | 23098 | 14852 | 20703 | 25401 | 25365 | 15149 | 21336 |
| 2008 | 26985 | 16571 | 24134 | 29736 | 29761 | 17444 | 24864 |
| 2009 | 30965 | 18864 | 27445 | 34313 | 34023 | 20337 | 28723 |
| 2010 | 35326 | 20894 | 31555 | 39043 | 38075 | 24205 | 33552 |
| 2011 | 40042 | 31868 | 35592 | 45353 | 44585 | 28490 | 37543 |
| 2012 | 45392 | 34585 | 39477 | 52038 | 51675 | 30626 | 42173 |
| 2013 | 51015 | 36006 | 46476 | 55913 | 57271 | 34852 | 48684 |
| 2014 | 56852 | 38346 | 50471 | 63520 | 65794 | 40514 | 53527 |
| 2015 | 62091 | 41460 | 54308 | 69872 | 74665 | 44318 | 57206 |
| 2016 | 67386 | 48055 | 58018 | 76267 | 81867 | 51450 | 61458 |

# 表3.16 城镇非私营单位在岗职工人数（2015－2016年）

## NUMBER OF ON-POST STAFF AND WORKERS IN NON-PRIVATE ECONOMIC UNITS (2015-2016)

单位：万人 (10 000 persons)

| 指标 | Item | 合计 Total | | 其中 of which | | | |
|---|---|---|---|---|---|---|---|
| | | | | #国有 State-owned | | #集体 Collective-owned | |
| | | 2015 | 2016 | 2015 | 2016 | 2015 | 2016 |
| **总计** | **Total** | **385.08** | **379.66** | **113.47** | **113.49** | **7.88** | **7.93** |
| **按机构类型分** | **By Type of Institutions** | | | | | | |
| 企业 | Corporations | 289.44 | 282.73 | 23.44 | 22.00 | 6.17 | 6.11 |
| 事业 | Institutions | 67.67 | 68.72 | 63.53 | 64.66 | 1.62 | 1.63 |
| 机关 | Agencies | 26.17 | 26.62 | 26.15 | 26.50 | 0.01 | 0.10 |
| 民间非营利组织和其他 | NGO and Other Organizations | 1.80 | 1.59 | 0.35 | 0.33 | 0.08 | 0.09 |
| **按行业分** | **By Sector** | | | | | | |
| 第一产业 | Primary Industry | 1.15 | 1.07 | 0.79 | 0.63 | 0.04 | 0.02 |
| 第二产业 | Secondary Industry | 190.33 | 183.99 | 8.97 | 7.62 | 5.06 | 5.18 |
| 采矿业 | Mining | 7.22 | 5.53 | 0.60 | 0.55 | 0.23 | 0.18 |
| 制造业 | Manufacturing | 87.15 | 85.84 | 2.59 | 2.66 | 1.05 | 0.54 |
| 电力、热力、燃气及水生产和供应业 | Electric Power, Heat, Gas and Water Production and Supply | 6.33 | 6.23 | 0.83 | 0.78 | 0.11 | 0.11 |
| 建筑业 | Construction | 89.63 | 86.39 | 4.95 | 3.63 | 3.67 | 4.35 |
| 第三产业 | Tertiary Industry | 193.60 | 194.60 | 103.71 | 105.24 | 2.78 | 2.73 |
| 交通运输、仓储及邮政业 | Transport, Storage and Post | 25.19 | 24.94 | 6.56 | 6.48 | 0.26 | 0.16 |
| 信息传输、软件和信息技术服务业 | Information Transmission, Software and Information Technology | 4.61 | 4.51 | 0.36 | 0.23 | 0.03 | 0.01 |
| 批发与零售业 | Wholesale and Retail Trades | 21.56 | 20.06 | 1.58 | 1.44 | 0.37 | 0.35 |
| 住宿和餐饮业 | Hotels and Catering Services | 6.18 | 6.16 | 0.29 | 0.23 | 0.14 | 0.13 |
| 金融业 | Financial Intermediation | 8.84 | 8.92 | 3.80 | 3.81 | | |
| 房地产业 | Real Estate | 12.09 | 12.55 | 0.40 | 0.37 | 0.12 | 0.13 |
| 租赁与商务服务业 | Leasing and Business Services | 10.51 | 10.54 | 0.97 | 1.48 | 0.12 | 0.11 |
| 科学研究、技术服务业 | Scientific Research and Technical Services | 7.61 | 7.74 | 3.74 | 3.92 | 0.07 | 0.07 |
| 水利、环境和公共设施管理业 | Management of Water Conservancy, Environment and Public Facilities | 5.68 | 5.86 | 3.95 | 4.00 | 0.28 | 0.28 |
| 居民服务、修理和其他服务业 | Services to Households, Repair and Other Services | 1.32 | 1.37 | 0.17 | 0.16 | 0.06 | 0.05 |
| 教育 | Education | 38.84 | 39.64 | 35.28 | 35.67 | 0.09 | 0.09 |
| 卫生和社会工作 | Health and Social Work | 17.94 | 18.75 | 14.51 | 15.15 | 1.17 | 1.18 |
| 文化、体育与娱乐业 | Culture, Sports and Entertainment | 2.77 | 2.81 | 1.68 | 1.70 | 0.03 | 0.02 |
| 公共管理、社会保障和社会组织 | Public Management, Social Security and Social Organization | 30.46 | 30.75 | 30.42 | 30.60 | 0.04 | 0.15 |

# 表3.17 城镇非私营单位在岗职工工资总额（2015－2016年）

## TOTAL WAGE BILL OF ON-POST STAFF AND WORKERS OF URBAN NON-PRIVATE ECONOMIC UNITS (2015-2016)

单位：万元 (10 000 yuan)

| 指　标 | Item | 合　计 Total | | 其中 of which #国　有 State-owned | | #集　体 Collective-owned | |
|---|---|---|---|---|---|---|---|
| | | 2015 | 2016 | 2015 | 2016 | 2015 | 2016 |
| **总　计** | **Total** | **23738675** | **25242283** | **8419348** | **9219990** | **347442** | **400104** |
| **按机构类型分** | **By Type of Institutions** | | | | | | |
| 企　业 | Corporations | 16895929 | 17571001 | 1868101 | 1849284 | 253388 | 293280 |
| 事　业 | Institutions | 5015349 | 5526125 | 4784020 | 5281451 | 90520 | 98943 |
| 机　关 | Agencies | 1745648 | 2070974 | 1744989 | 2066128 | 290 | 3940 |
| 民间非营利组织和其他 | NGO and Other Organizations | 81749 | 74183 | 22238 | 23127 | 3244 | 3941 |
| **按行业分** | **By Sector** | | | | | | |
| 第一产业 | Primary Industry | 47745 | 51015 | 38518 | 36775 | 1544 | 826 |
| 第二产业 | Secondary Industry | 10266335 | 10480632 | 520893 | 450594 | 211643 | 255920 |
| 采矿业 | Mining | 379991 | 308271 | 38698 | 33980 | 10178 | 9669 |
| 制造业 | Manufacturing | 5114173 | 5386959 | 167949 | 180530 | 39989 | 22672 |
| 电力、热力、燃气及水生产和供应业 | Electric Power, Heat, Gas and Water Production and Supply | 495743 | 500805 | 55162 | 53768 | 4542 | 4360 |
| 建筑业 | Construction | 4276428 | 4284597 | 259084 | 182316 | 156934 | 219219 |
| 第三产业 | Tertiary Industry | 13424595 | 14710636 | 7859937 | 8732621 | 134255 | 143358 |
| 交通运输、仓储及邮政业 | Transport, Storage and Post | 1541379 | 1606162 | 459015 | 464084 | 10377 | 6760 |
| 信息传输、软件和信息技术服务业 | Information Transmission, Software and Information Technology | 432772 | 454405 | 22249 | 17210 | 985 | 307 |
| 批发与零售业 | Wholesale and Retail Trades | 1139376 | 1125621 | 150737 | 142278 | 10286 | 10575 |
| 住宿和餐饮业 | Hotels and Catering Services | 222337 | 229082 | 10874 | 10039 | 4905 | 4719 |
| 金融业 | Financial Intermediation | 1408191 | 1577868 | 560196 | 611996 | 42 | 59 |
| 房地产业 | Real Estate | 727525 | 810048 | 26035 | 25281 | 7260 | 7702 |
| 租赁与商务服务业 | Leasing and Business Services | 469986 | 516901 | 42832 | 63483 | 3913 | 3351 |
| 科学研究、技术服务业 | Scientific Research and Technical Services | 668535 | 723507 | 341399 | 389512 | 3496 | 3909 |
| 水利、环境和公共设施管理业 | Management of Water Conservancy, Environment and Public Facilities | 246733 | 291374 | 176255 | 205623 | 8663 | 9889 |
| 居民服务、修理和其他服务业 | Services to Households, Repair and Other Services | 58030 | 64603 | 8569 | 8700 | 2210 | 2307 |
| 教　育 | Education | 2871025 | 3104014 | 2678939 | 2876466 | 5823 | 6612 |
| 卫生和社会工作 | Health and Social Work | 1475988 | 1658303 | 1283853 | 1443913 | 73188 | 79712 |
| 文化、体育与娱乐业 | Culture, Sports and Entertainment | 171813 | 185024 | 109837 | 116491 | 1348 | 1295 |
| 公共管理、社会保障和社会组织 | Public Management, Social Security and Social Organization | 1990905 | 2363724 | 1989147 | 2357545 | 1759 | 6161 |

# 表3.18 城镇非私营单位就业人员平均工资（2015－2016年）

## AVERAGE WAGE OF EMPLOYED PERSONS OF URBAN NON-PRIVATE ECONOMIC UNITS (2015-2016)

单位：元 (yuan)

| 指标 | Item | 就业人员平均工资 Average Wage of Employed Persons | | 其中 of which #在岗职工平均工资 Average Wage of On-Post Employees | | 其中 of which #国有 State-owned | | #集体 Collective-owned | |
|---|---|---|---|---|---|---|---|---|---|
| | | 2015 | 2016 | 2015 | 2016 | 2015 | 2016 | 2015 | 2016 |
| **总计** | **Total** | **60543** | **65545** | **62091** | **67386** | **74665** | **81867** | **44318** | **51450** |
| **按机构类型分** | **By Type of Institutions** | | | | | | | | |
| 企业 | Corporations | 57524 | 61637 | 58778 | 63118 | 79614 | 84767 | 41235 | 49119 |
| 事业 | Institutions | 72163 | 78396 | 74697 | 81048 | 75918 | 82338 | 56192 | 60990 |
| 机关 | Agencies | 65788 | 76366 | 67278 | 78298 | 67293 | 78457 | 50912 | 42827 |
| 民间非营利组织和其他 | NGO and Other Organizations | 45612 | 46948 | 45916 | 47193 | 63391 | 70725 | 41473 | 43073 |
| **按行业分** | **By Sector** | | | | | | | | |
| 第一产业 | Primary Industry | 41146 | 47529 | 41460 | 48055 | 48862 | 57931 | 38109 | 39531 |
| 第二产业 | Secondary Industry | 53773 | 57508 | 54308 | 58018 | 58564 | 58894 | 41771 | 50523 |
| 采矿业 | Mining | 52541 | 55396 | 52236 | 54850 | 61172 | 61138 | 45237 | 54444 |
| 制造业 | Manufacturing | 57993 | 62584 | 58357 | 63374 | 63743 | 67079 | 38129 | 42665 |
| 电力、热力、燃气及水生产和供应业 | Electric Power, Heat, Gas and Water Production and Supply | 74068 | 79388 | 75812 | 80625 | 69518 | 69467 | 41934 | 41484 |
| 建筑业 | Construction | 48586 | 51537 | 48824 | 51123 | 53602 | 50226 | 42592 | 51565 |
| 第三产业 | Tertiary Industry | 67331 | 73256 | 69872 | 76267 | 76251 | 83698 | 49133 | 53287 |
| 交通运输、仓储及邮政业 | Transport, Storage and Post | 60296 | 63717 | 61075 | 64813 | 68524 | 73075 | 39988 | 42838 |
| 信息传输、软件和信息技术服务业 | Information Transmission, Software and Information Technology | 92958 | 100517 | 93489 | 100894 | 61547 | 77035 | 31082 | 68244 |
| 批发与零售业 | Wholesale and Retail Trades | 52454 | 56048 | 53185 | 56776 | 95288 | 98859 | 29196 | 32300 |
| 住宿和餐饮业 | Hotels and Catering Services | 35994 | 37457 | 35842 | 37340 | 37969 | 42519 | 34763 | 36415 |
| 金融业 | Financial Intermediation | 120355 | 126739 | 163441 | 180208 | 148216 | 160587 | 38545 | 53364 |
| 房地产业 | Real Estate | 59813 | 63852 | 60735 | 64654 | 65480 | 72109 | 62967 | 61916 |
| 租赁与商务服务业 | Leasing and Business Services | 44070 | 48141 | 45302 | 49940 | 44482 | 44662 | 37160 | 30994 |
| 科学研究、技术服务业 | Scientific Research and Technical Services | 87023 | 92787 | 88597 | 94559 | 91996 | 100423 | 47496 | 56003 |
| 水利、环境和公共设施管理业 | Management of Water Conservancy, Environment and Public Facilities | 42617 | 48241 | 44766 | 50751 | 45826 | 52219 | 31140 | 35305 |
| 居民服务、修理和其他服务业 | Services to Households, Repair and Other Services | 42910 | 46015 | 44038 | 47978 | 50584 | 53475 | 39964 | 44019 |
| 教育 | Education | 71512 | 76236 | 74048 | 78734 | 75957 | 80991 | 64133 | 70415 |
| 卫生和社会工作 | Health and Social Work | 81600 | 87162 | 84069 | 89592 | 90723 | 96723 | 62624 | 67725 |
| 文化、体育与娱乐业 | Culture, Sports and Entertainment | 61544 | 65146 | 62575 | 66120 | 65547 | 68979 | 47975 | 56313 |
| 公共管理、社会保障和社会组织 | Public Management, Social Security and Social Organization | 64506 | 75554 | 65880 | 77417 | 65891 | 77575 | 55822 | 43634 |

# 表3.19 城镇非私营单位就业人员工资总额（2015－2016年）
## TOTAL WAGE BILL OF EMPLOYMENT OF URBAN NON-PRIVATE UNITS (2015-2016)

单位：万元 (10 000 yuan)

| 指 标 | Item | 合 计 Total | | 其 中 of which #国 有 State-owned | | #集 体 Collective-owned | |
|---|---|---|---|---|---|---|---|
| | | 2015 | 2016 | 2015 | 2016 | 2015 | 2016 |
| **总 计** | **Total** | **24933928** | **26650523** | **8602272** | **9415584** | **377210** | **425158** |
| **按机构类型分** | **By Type of Institutions** | | | | | | |
| 企 业 | Corporations | 17939590 | 18824763 | 1907396 | 1898022 | 280250 | 315335 |
| 事 业 | Institutions | 5137332 | 5647515 | 4898830 | 5396083 | 93424 | 101851 |
| 机 关 | Agencies | 1773883 | 2102818 | 1773219 | 2097967 | 290 | 3940 |
| 民间非营利组织和其他 | NGO and Other Organizations | 83123 | 75427 | 22827 | 23512 | 3246 | 4032 |
| **按行业分** | **By Sector** | | | | | | |
| 第一产业 | Primary Industry | 48211 | 51502 | 38775 | 37047 | 1543 | 826 |
| 第二产业 | Secondary Industry | 10965394 | 11346140 | 541783 | 475414 | 236547 | 276034 |
| 采矿业 | Mining | 389767 | 316924 | 38933 | 34182 | 10178 | 9669 |
| 制造业 | Manufacturing | 5261960 | 5532468 | 170852 | 185822 | 41369 | 23296 |
| 电力、热力、燃气及水生产和供应业 | Electric Power, Heat, Gas and Water Production and Supply | 508182 | 511156 | 55622 | 54288 | 4680 | 4397 |
| 建筑业 | Construction | 4805485 | 4985592 | 276376 | 201122 | 180320 | 238672 |
| 第三产业 | Tertiary Industry | 13920323 | 15252881 | 8021714 | 8903123 | 139120 | 148298 |
| 交通运输、仓储及邮政业 | Transport, Storage and Post | 1626175 | 1681223 | 471466 | 481703 | 11114 | 7241 |
| 信息传输、软件和信息技术服务业 | Information Transmission, Software and Information Technology | 435898 | 459654 | 22300 | 17360 | 985 | 309 |
| 批发与零售业 | Wholesale and Retail Trades | 1162312 | 1153530 | 153524 | 145225 | 10450 | 10777 |
| 住宿和餐饮业 | Hotels and Catering Services | 229227 | 237121 | 11346 | 10514 | 5417 | 5379 |
| 金融业 | Financial Intermediation | 1532052 | 1734210 | 560384 | 612160 | 43 | 59 |
| 房地产业 | Real Estate | 744385 | 832336 | 27341 | 27239 | 7370 | 7780 |
| 租赁与商务服务业 | Leasing and Business Services | 531596 | 577795 | 43273 | 64894 | 3981 | 3532 |
| 科学研究、技术服务业 | Scientific Research and Technical Services | 688653 | 749308 | 350000 | 396691 | 3499 | 3913 |
| 水利、环境和公共设施管理业 | Management of Water Conservancy, Environment and Public Facilities | 264976 | 310173 | 192022 | 221844 | 8926 | 10329 |
| 居民服务、修理和其他服务业 | Services to Households, Repair and Other Services | 62399 | 69239 | 8963 | 8963 | 2560 | 2676 |
| 教 育 | Education | 2927578 | 3160325 | 2729696 | 2926175 | 6006 | 6805 |
| 卫生和社会工作 | Health and Social Work | 1516581 | 1699134 | 1318536 | 1478623 | 75663 | 81992 |
| 文化、体育与娱乐业 | Culture, Sports and Entertainment | 175912 | 189242 | 112042 | 118384 | 1348 | 1304 |
| 公共管理、社会保障和社会组织 | Public Management, Social Security and Social Organization | 2022579 | 2399591 | 2020821 | 2393348 | 1758 | 6202 |

# 表3.20 城镇登记失业人数（1985－2016年）
NUMBER OF REGISTERED UNEMPLOYED PERSONS IN URBAN AREAS (1985-2016)

单位：万人、%（10 000 persons，%）

| 年 份<br>Year | 登记失业人数<br>Registered Unemployed Persons | 其 中 of which<br>#女 性<br>Female | 按失业时间分 By Unemployment Period<br>6个月以上<br>Over 6 Months | 6个月以下<br>Less than 6 Months | 登记失业率<br>Registered Unemployment Rate |
|---|---|---|---|---|---|
| 1985 | 6.46 | | | | 2.3 |
| 1986 | 6.00 | | | | 2.1 |
| 1987 | 6.29 | | | | 2.2 |
| 1988 | 6.25 | | | | 2.1 |
| 1989 | 8.43 | | | | 2.8 |
| 1990 | 8.81 | | | | 2.9 |
| 1991 | 9.42 | | | | 3.0 |
| 1992 | 10.01 | | | | 3.1 |
| 1993 | 10.23 | | | | 3.2 |
| 1994 | 10.80 | | | | 3.2 |
| 1995 | 10.47 | | | | 2.9 |
| 1996 | 10.95 | | | | 3.0 |
| 1997 | 10.85 | 6.18 | 6.92 | 3.93 | 3.5 |
| 1998 | 10.10 | 5.71 | 6.46 | 3.64 | 3.5 |
| 1999 | 10.08 | 5.48 | 6.15 | 3.93 | 3.5 |
| 2000 | 10.15 | 5.26 | 5.30 | 4.85 | 3.5 |
| 2001 | 13.72 | 7.24 | 7.72 | 6.00 | 3.9 |
| 2002 | 16.18 | 7.70 | 7.79 | 8.39 | 4.1 |
| 2003 | 16.16 | 8.20 | 8.62 | 7.54 | 4.1 |
| 2004 | 16.76 | 8.19 | 9.44 | 7.32 | 4.12 |
| 2005 | 16.89 | 8.27 | 9.67 | 7.22 | 4.12 |
| 2006 | 15.41 | 8.12 | 8.98 | 6.43 | 4.00 |
| 2007 | 14.13 | 7.60 | 8.01 | 6.12 | 3.98 |
| 2008 | 13.02 | 6.94 | 6.27 | 6.75 | 3.96 |
| 2009 | 13.44 | 6.55 | 6.02 | 7.42 | 3.96 |
| 2010 | 13.02 | 6.20 | 4.06 | 8.96 | 3.90 |
| 2011 | 12.96 | 7.01 | 3.34 | 9.62 | 3.50 |
| 2012 | 12.43 | 5.93 | 1.25 | 11.18 | 3.30 |
| 2013 | 12.07 | 6.44 | 1.07 | 11.00 | 3.40 |
| 2014 | 13.42 | 6.87 | 0.62 | 12.80 | 3.46 |
| 2015 | 14.26 | 7.55 | 0.81 | 13.45 | 3.60 |
| 2016 | 15.68 | 8.12 | 0.93 | 14.75 | 3.70 |

重/庆/统/计/年/鉴

# 主要统计指标解释

## 人口数

指一定时点、一定地区范围内的有生命的个人的总和。年度统计的年末人口数是指每年12月31日24时的人口数。

## 出生率（又称粗出生率）

指在一定时期内（通常为一年）一定地区内出生人数与同期内平均人数（或期中人数）之比，一般用千分率表示。本资料中的出生率指年出生率。计算公式为：

出生率=年出生人数/年平均人数×1000‰

式中：出生人数是指活产婴儿，即胎儿脱离母体时（不管怀孕月数）有过呼吸或其他生命现象。年平均人数是年初、年底人口数的平均数，也可用年中人口数代替。

## 死亡率（又称粗死亡率）

指在一定时期内（通常为一年）一定地区的死亡人数与同期平均人数（或期中人数）之比，一般用千分率表示。本资料中的死亡率指年死亡率。计算公式为：

死亡率=年死亡人数/年平均人数×1000‰

## 人口自然增长率

指在一定时期内（通常为一年）人口自然增加数（出生人数减死亡人数）与该时期内平均人数（或期中人数）之比，一般用千分率表示。计算公式为：

人口自然增长率=(本年出生人数-本年死亡人数)/年平均人数×1000‰=人口出生率-人口死亡率

## 总抚养比

也称总负担系数。指人口总体中非劳动年龄人口数与劳动年龄人口数之比。通常用百分比表示。说明每100名劳动年龄人口大致要负担多少名非劳动年龄人口。用于从人口角度反映人口与经济发展的基本关系。计算公式为：

$$GDR=\frac{P_{0\sim14}+P_{65^+}}{P_{15\sim64}}\times100\%$$

其中：GDR为总抚养比；

P0～14为0～14岁少年儿童人口数；

P65⁺为65岁及65岁以上的老年人口数；

P15～64为15～64岁劳动年龄人口数。

## 老年人口抚养比

也称老年人口抚养系数。指某一人口中老年人口数与劳动年龄人口数之比。通常用百分比表示。用以表明每100名劳动年龄人口要负担多少名老年人。老年人口抚养比是从经济角度反映人口老化社会后果的指标之一。计算公式为：

$$ODR=\frac{P_{65^+}}{P_{15\sim64}}\times100\%$$

其中：ODR为老年人口抚养比；

P65⁺为65岁及65岁以上的老年人口数；

P15～64为15～64岁的劳动年龄人口数。

## 少年儿童抚养比

称少年儿童抚养系数。指某一人口中少年儿童人口数与劳动年龄人口数之比。通常用百分比表示。以反映每100名劳动年龄人口要负担多少名少年儿童。计算公式为：

$$CDR=\frac{P_{0\sim14}}{P_{15\sim64}}\times100\%$$

其中：CDR为少年儿童抚养比；

P0～14为0～14岁少年儿童人口数；

P15～64为15～64岁劳动年龄人口数。

## 常住人口

常住人口在人口调查中的定义为下列几款人：（1）居住本乡镇街道，户口在本乡镇街道或户口在本乡镇街道，但人离开本乡镇街道不满半年的人；（2）居住本乡镇街道，离开户口登记地半年以上的人；（3）居住本乡镇街道，户口待定的人；（4）原住本乡镇街道，现在国外工作学习的人。

# 主要统计指标解释

## 文盲人口

文盲人口是指15岁以上不识字或识字很少的人口。

## 文盲率

文盲率是指文盲人口占15岁及以上人口比重。

## 城镇人口和乡村人口

城镇人口是指居住在城区和镇区范围内的全部人口；乡村人口是除上述人口以外的全部人口。

历年城乡人口数据是按照当时国家《统计上划分城乡的规定》计算。

三次普查之间年份的城乡人口根据1990年和2000年人口普查数据进行了调整。

## 就业人员

指在16周岁及以上，从事一定社会劳动并取得劳动报酬或经营收入的人员。这一指标反映了一定时期内全部劳动力资源的实际利用情况，是研究我国基本国情国力的重要指标。

## 在岗职工

指在国有、城镇集体、联营、股份制、外商和港、澳、台投资、其他单位（不包括私营单位和个体经营户）及其附属机构工作，并由其支付工资的各类人员。不包括离休、退休、退职人员；再就业的离、退休人员；在城镇单位中工作的外方及港、澳、台人员；其他按有关规定不列入职工统计范围的人员。（1998年及以后的数据均为在岗职工数据，其他相关指标如职工工资总额，职工平均工资等指标也从1998年按此口径进行了相应调整）。

## 国有单位

指资产归国家所有的经济组织。包括按《中华人民共和国企业法人登记管理条例》规定登记注册的非公司制的经济组织，以及中央、地方各级国家机关、事业单位和社会团体。

## 集体单位

指生产资料归集体所有，并按《中华人民共和国企业法人登记管理条例》规定登记注册的经济组织。

## 在岗职工工资总额

指各单位在一定时期内直接支付给本单位全部职工的劳动报酬总额。工资总额的计算原则应以直接支付给职工的全部劳动报酬为根据。各单位支付给职工的劳动报酬以及其他根据有关规定支付的工资，不论是计入成本的还是不计入成本的，不论是以货币形式支付的还是以实物形式支付的，均包括在工资总额内。

## 在岗职工平均工资

指企业、事业、机关单位的职工在一定时期内平均每人所得的工资额。它表明一定时期职工工资收入的高低程度，是反映职工工资水平的主要指标，计算公式为：

职工平均工资=报告期实际支付的全部职工工资总额/报告期全部职工平均人数

## 就业人员工资总额

指各单位在一定时期内直接支付给本单位全部就业人员的劳动报酬总额。包括在岗职工工资总额和其他就业人员劳动报酬总额。

## 城镇登记失业人员

指在劳动年龄（16周岁至退休年龄）内，有劳动能力，有就业要求，处于无业状态并在公共就业服务机构进行失业登记的城镇常住人员。其中，没有就业经历的城镇户籍人员，在户籍所在地登记；农村进城务工人员和其他非本地户籍人员在常住地稳定就业满6个月的，失业后可以在常住地登记。

## 城镇登记失业率

指报告期末，登记失业人数占期末城镇就业人员总数与期末实有城镇登记失业人数之和的比重。计算公式为：

城镇登记失业率=期末实有登记失业人数/(期末就业人员总数+期末实有登记失业人数)×100%

# Explanatory Notes on Main Statistical Indicators

## Total population

Refers to the total number of people alive at a certain point of time within a given area.The annual statistics on total population is taken at midnight, the 3lst of December.

## Birth Rate (or Crude Birth Rate)

Refers to the ratio of the number of births to the average population during a certain period of time (usually a year), which is often expressed in ‰. Birth rate in the chapter refers to annual birth rate. The following formula is used:

Birth Rate = Number of Births / Average Number of Population × 1000‰

Number of Births refers to live births, i.e. the births when babies had showed any vital phenomena regardless of the length of pregnancy.

Annual Average Number of Population is the average of the number of population at the beginning of the year and that at the end of the year. Sometimes it is substituted for with the mid-year population.

## Death Rate (or Crude Death Rate)

Refers to the ratio of the number of deaths to the average population (or mid-year population) during a certain period of time (usually a year), which is often expressed in ‰. Death rate in the chapter refers to annual death rate. The following formula is used:

Death Rate = Number of Deaths / Annual Average Number of Population × 1000‰

## Natural Growth Rate of Population

Refers to the ratio of natural increase in population (number of births minus number of deaths) in a certain period of time (usually a year) to average population (or mid-year population) of the same period, which is often expressed in ‰. The following formulas are applied:

Natural Growth of Population = Number of Births - Number of Deaths / Average number of Population × 1000‰

Natural Growth Rate of Population = Birth Rate - Death Rate

## Gross Dependency Ratio

Also called gross dependency coefficient, refers to the ratio of non-working-age population to the working-age population, express in %. Describing in general the number of non-working-age population that every 100 people at working ages will take care of, this indicator reflects the basic relation between population and economic development from the demographic perspective. The gross dependency ratio is calculated with the following formula:

$$GDR = \frac{P_{0\sim14} + P_{65^+}}{P_{15\sim64}} \times 100\%$$

Where: GDR is the gross dependency ratio,

P0-14 is the population of children aged 0-14,

P65⁺ is the elderly population aged 65 and over, and

P15-64 is the working-age population aged 15-64.

## Old Dependency Ratio

Also called old dependency coefficient, refers to the ratio of the elderly population to the working-age population, express in %. It describes the number of the elderly population that every 100 people at working ages will take care of. Old dependency ratio is one of the indicators reflecting the social implication of population aging from the economic perspective. The old dependency ratio is calculated with the following formula:

$$ODR = \frac{P_{65^+}}{P_{15\sim64}} \times 100\%$$

Where: ODR is the old dependency ratio,

$P65^+$ is the elderly population aged 65 and over, and

P15-64 is the working-age population aged 15-64.

## Children Dependency Ratio

Also called children dependency coefficient, refers to the ratio of the children population to the working-age population, express in %. It describes the number of children population that every 100 people at working ages will take care of. The children dependency ratio is calculated with the following formula:

$$CDR = \frac{P_{0\sim14}}{P_{15\sim64}} \times 100\%$$

EXPLANATORY NOTES TO MAJOR STATISTICAL INDICATORS

Where: CDR is the children dependency ratio,

P0-14 is the children population aged 0-14, and

P15-64 is the working-age population aged 15-64.

## Resident Population

According to survey of population, it includes the following main items: 1) population who reside in this township or town (sub-district) with residence registered in this area, or population who have residence registered in this township or town (sub-district) but have been away from this area for less than half a year; 2) population having actually resided in this township or town (sub-district) for over half a year with residence registered in other area; 3) population residing in this townships or towns (sub-district) with residence not registered; 4) population with residence registered in this township or town (sub-district) who work or study abroad.

## The Illerate Population

Refers to those over 15 years of age who have inability to read or write, or can read or write only a few words.

## Illiteracy Rate

Refers to the percentage of the illiterate population in the total population above 15 years of age.

## Urban Population and Rural Population

Urban population refers to all people residing in the urban and township areas, while rural population refers to population other than urban population.

Statistics on urban and rural population over the years are compiled in line with the regulations of statistical classification on urban and rural population stipulated by the government, which were in effect at different times.

Figures on urban/rural population for the years between the 3 censuses are adjusted in accordance with the 1990 and 2000 population census data.

## Employees

Refer to the persons aged 16 and over who are engaged in social working and receive remuneration payment or earn business income. This indicator reflects the actual utilization of total labor force during a certain period of time and is often used for the research on China's economic affairs and national power.

## On-post Staff and Workers

Refer to persons working in, and receive payment from units of state ownership, collective ownership, joint ownership, share holding ownership, foreign ownership, and ownership by entrepreneurs from Hong Kong, Macao, and Taiwan, and other types of ownership and their affiliated units(excluding private enterprises and owners of self-employed). They exclude: retirees; re-employed retirees; foreigners and persons from Hong Kong, Macao and Taiwan who work in urban units; 8) other persons not to be included by relevant regulations. (Data of 1998 and afterward refer to fully employed staff and workers. Other related statistics such as total wage bill and average wage are adjusted since 1998 accordingly).

## State-owned Units

Refer to economic units whose assets are owned by the state. Included are non-corporation units registered according to Regulation of the People's Republic of China on the Registration of Enterprises and Corporations, state organs, institutions and social organizations at the central and local levels.

## Collective Units

Refer to economic units registered according to Regulation of the People's Republic of China on the Registration of Enterprises and Corporations where the means of production are collectively owned.

## Total Wages of Bill On-post

Refers to total remuneration payment to staff and workers in various units during a certain period of time. The calculation of total wages is based on the total remuneration payment to the staff and workers. Therefore, all the wages and salaries and other payments to staff and workers are included in the total wage bill regardless of sources, reckoning the cost of production or not, category, listing as items of premium taxation or not, and forms, paying in cash or in kind.

## Average Earning On-post

Refers to average earning level in money terms per employee in the enterprise, institutions, and government agencies, which reflects the general level of wage income during a certain period of time and is calculated as follows:

Average Earning of Employees=Total Earning of Employees at Reference Period/Average Number of Employees at Reference Period

## □ Total Salary of Employed Personnel

Refers to the sum of the labor remuneration paid to all the employed personnel by the employing organizations in a specific period of time, including the sum of employee salaries and the sum of labor remuneration of other employed personnel.

## □ Registered Unemployed Persons in Urban Areas

Refers to the unemployed urban resident population at the labor age (from 16 to the age of retirement), with labor capability and employment demand, who have been registered at the public employment service institutions. Among whom, the urban resident population without employment experience shall be registered at the place of household registration; the off-farm workers and other persons with the household registration at other places who have been employed for 6 consecutive months may be registered at the place of their usual residence.

## □ Registered Unemployment Rate in Urban Areas

Refers to the ratio of the number of the registered unemployed persons at the end of the reference period to the sum of total employment and the number of the registered unemployed persons at the end of the reference period. The formula is as the follows:

Registered urban unemployment rate = number of registered urban unemployed persons at the end of reference period / (total employment+ number of registered urban unemployed persons at the end of reference period) × 100%

# 第 4 章

# 固定资产投资

INVESTMENT IN FIXED ASSETS

# 简要说明
# BRIEF INTRODUCTION

本章内容主要包括全社会固定资产投资、建设项目投资、房地产开发和商品房销售情况，由市统计局固定资产投资处整理提供。

The data in this chapter cover the total investment in fixed assets, investment in construction, real estate development, sales of commercialized buildings. All the data are prepared and provided by Division of Statistics of Investment in Fixed Assets, Chongqing Municipal Bureau of Statistics.

# 表4.1 主要年份全社会固定资产投资
## TOTAL INVESTMENT IN FIXED ASSETS IN THE WHOLE COUNTRY IN MAJOR YEARS

单位：万元 (10 000 yuan)

| 年 份 Year | 固定资产投资额总计 Total Investment in Fixed Assets | 新增固定资产 Newly Increased Fixed Assets | 固定资产投资按构成分 Investment in Fixed Assets by Structure | | |
|---|---|---|---|---|---|
| | | | 建筑安装工程 Construction and Installation | 设备工具器具购置 Purchase of Equipment and Instruments | 其他费用 Others |
| 1949 | 39 | 37 | 39 | | |
| 1952 | 9535 | 7107 | 7027 | 1751 | 757 |
| 1957 | 21330 | 20591 | 12563 | 6636 | 2131 |
| 1962 | 7769 | 7650 | 5853 | 1654 | 262 |
| 1965 | 37677 | 32844 | 24658 | 10280 | 2739 |
| 1970 | 62448 | 44331 | 26528 | 31658 | 4262 |
| 1975 | 64359 | 29973 | 26446 | 26539 | 11374 |
| 1978 | 59026 | 46834 | 37630 | 16958 | 4438 |
| 1980 | 102789 | 101499 | 71220 | 26265 | 5304 |
| 1985 | 364822 | 265993 | 238027 | 101461 | 25334 |
| 1986 | 420675 | 343008 | 265430 | 124895 | 30350 |
| 1987 | 482445 | 345528 | 329053 | 114844 | 38548 |
| 1988 | 558331 | 378150 | 374833 | 148913 | 34585 |
| 1989 | 547540 | 405769 | 370687 | 140033 | 36820 |
| 1990 | 693140 | 462056 | 450344 | 192115 | 50681 |
| 1991 | 851614 | 636525 | 548518 | 234255 | 68841 |
| 1992 | 1063852 | 871892 | 703962 | 261333 | 98557 |
| 1993 | 1550546 | 1036205 | 1008107 | 389367 | 153072 |
| 1994 | 2029178 | 1377025 | 1336181 | 509362 | 183635 |
| 1995 | 2709663 | 1886888 | 1707448 | 737819 | 264396 |
| 1996 | 3207278 | 2306996 | 2076949 | 733537 | 342156 |
| 1997 | 3709485 | 3143528 | 2418273 | 879477 | 411735 |
| 1998 | 4981452 | 3693019 | 3248271 | 1083808 | 649373 |
| 1999 | 5628679 | 3706704 | 3860379 | 1080062 | 688238 |
| 2000 | 6558116 | 4364464 | 4599909 | 1055220 | 902987 |
| 2001 | 8018228 | 4722181 | 5460064 | 1435621 | 1122543 |
| 2002 | 9956645 | 6868792 | 6961365 | 1482391 | 1512889 |
| 2003 | 12693544 | 7244753 | 8608006 | 1594910 | 2490628 |
| 2004 | 16219203 | 8377655 | 10155324 | 2512064 | 3551815 |
| 2005 | 20063180 | 15268045 | 12487360 | 2990736 | 4585084 |
| 2006 | 24518351 | 13817208 | 15250559 | 3530668 | 5737124 |
| 2007 | 31615147 | 18087476 | 20238311 | 4438013 | 6938823 |
| 2008 | 40452509 | 16147872 | 26504524 | 5793319 | 8154666 |
| 2009 | 53179185 | 28027347 | 35607657 | 6552634 | 11018894 |
| 2010 | 69347966 | 35223421 | 47667591 | 7271738 | 14408637 |
| 2011 | 76858699 | 46195551 | 55881173 | 7582702 | 13394824 |
| 2012 | 93800012 | 58222256 | 66505055 | 10330139 | 16964818 |
| 2013 | 112050284 | 69175185 | 81449858 | 10974847 | 19625579 |
| 2014 | 132237463 | 84633240 | 95912383 | 13926790 | 22398290 |
| 2015 | 154803250 | 103875313 | 114845964 | 16448144 | 23509142 |
| 2016 | 173611207 | 96121150 | 133042690 | 16030438 | 24538079 |

表4.1 续表1 continued1

单位：万元 (10 000 yuan)

| 年 份 Year | 固定资产投资按城乡分 Investment in Fixed Assets by Region | | | | |
|---|---|---|---|---|---|
| | 城 镇 Urban Areas | 其 中 of which | | 农 村 Rural Areas | 其 中 of which |
| | | 建设项目 Construction Projects | 房地产开发 Real Estate Development | | 农 户 Rural Households |
| 1949 | | | | | |
| 1952 | | | | | |
| 1957 | | | | | |
| 1962 | | | | | |
| 1965 | | | | | |
| 1970 | | | | | |
| 1975 | | | | | |
| 1978 | | | | | |
| 1980 | | | | | |
| 1985 | | | | | |
| 1986 | | | | | |
| 1987 | | | | | |
| 1988 | | | | | |
| 1989 | | | | | |
| 1990 | | | | | |
| 1991 | | | | | |
| 1992 | | | | | |
| 1993 | | | | | |
| 1994 | | | | | |
| 1995 | | | | | |
| 1996 | 2286027 | 1729842 | 556185 | 921251 | 520639 |
| 1997 | 2747402 | 2072380 | 675022 | 962083 | 518255 |
| 1998 | 4012210 | 3039196 | 973014 | 969242 | 509535 |
| 1999 | 4504619 | 3379484 | 1125135 | 1124060 | 589147 |
| 2000 | 5313816 | 3917489 | 1396327 | 1244300 | 649150 |
| 2001 | 6720308 | 4753624 | 1966684 | 1297920 | 707500 |
| 2002 | 8568780 | 6109650 | 2459130 | 1387865 | 722554 |
| 2003 | 11375600 | 8096719 | 3278881 | 1317944 | 666529 |
| 2004 | 14771164 | 10720373 | 4050791 | 1448039 | 715951 |
| 2005 | 18384226 | 13206935 | 5177291 | 1678954 | 718040 |
| 2006 | 22914581 | 16618281 | 6296300 | 1603770 | 771833 |
| 2007 | 29713639 | 21214673 | 8498966 | 1901508 | 740000 |
| 2008 | 37815574 | 27905604 | 9909970 | 2636935 | 824161 |
| 2009 | 49587435 | 37198310 | 12389125 | 3591750 | 902424 |
| 2010 | 63429833 | 47227262 | 16202571 | 5918133 | 946416 |
| 2011 | 70990170 | 50839287 | 20150883 | 5868529 | 1064245 |
| 2012 | 84620348 | 59536848 | 25083500 | 9179664 | 1257960 |
| 2013 | 97890031 | 67762193 | 30127838 | 14160253 | 1442841 |
| 2014 | 132237463 | 95935132 | 36302331 | | |
| 2015 | 154803250 | 117290438 | 37512812 | | |
| 2016 | 173611207 | 136351755 | 37259452 | | |

**表4.1 续表2 continued2**

单位：万元 (10 000 yuan)

| 年 份 Year | 固定资产投资按登记注册类型分 Investment in Fixed Assets by Status of Registration | | | | | | |
|---|---|---|---|---|---|---|---|
| | 国 有 State-owned | 集 体 Collective -owned | 联 营 Joint | 股份制 Share-holding | 港澳台及外商投资 Funds from Hong Kong, Macao and Taiwan and Foreign-funded | 私营个体 Private and Self-employed Individual | 其 他 Others |
| 1949 | 39 | | | | | | |
| 1952 | 9535 | | | | | | |
| 1957 | 21330 | | | | | | |
| 1962 | 7769 | | | | | | |
| 1965 | 37662 | 15 | | | | | |
| 1970 | 62447 | 1 | | | | | |
| 1975 | 64355 | 4 | | | | | |
| 1978 | 56823 | 2203 | | | | | |
| 1980 | 91150 | 4718 | | | | 3692 | |
| 1985 | 243927 | 66862 | | | | 44712 | 9321 |
| 1986 | 301256 | 60497 | | | | 48260 | 10662 |
| 1987 | 345509 | 58155 | | | | 67033 | 11748 |
| 1988 | 410106 | 56588 | | | | 78012 | 13625 |
| 1989 | 405239 | 46813 | | | | 82058 | 13430 |
| 1990 | 528648 | 49525 | | | | 92235 | 22732 |
| 1991 | 639554 | 69943 | | | | 120515 | 21602 |
| 1992 | 739230 | 137945 | | | | 165300 | 21377 |
| 1993 | 979597 | 276425 | 2798 | 32512 | 25320 | 206511 | 27383 |
| 1994 | 1364920 | 353815 | 2598 | 8013 | 13340 | 243119 | 43373 |
| 1995 | 1433244 | 424399 | 5834 | 101846 | 232079 | 370479 | 141782 |
| 1996 | 1597680 | 513195 | 6857 | 100805 | 278214 | 598918 | 111609 |
| 1997 | 1763147 | 550970 | 11428 | 354040 | 154602 | 669117 | 31148 |
| 1998 | 2598535 | 599304 | 7963 | 691371 | 402084 | 637275 | 44920 |
| 1999 | 2839011 | 664552 | 9951 | 612007 | 353199 | 1097082 | 52877 |
| 2000 | 3132534 | 730555 | 31555 | 877503 | 319730 | 1381098 | 85141 |
| 2001 | 3849113 | 821206 | 65544 | 1077977 | 432826 | 1715384 | 56178 |
| 2002 | 4603442 | 884409 | 45739 | 1678915 | 731767 | 1989250 | 23123 |
| 2003 | 5517224 | 845591 | 30177 | 3055216 | 648829 | 2514803 | 81704 |
| 2004 | 6625116 | 958051 | 30942 | 4199655 | 1174341 | 3114906 | 116192 |
| 2005 | 7978697 | 698801 | 75405 | 5902555 | 1176890 | 4063795 | 167037 |
| 2006 | 10219239 | 383345 | 62156 | 7208381 | 1420900 | 4939191 | 285139 |
| 2007 | 12551060 | 497937 | 92315 | 8796251 | 2293560 | 7036673 | 347351 |
| 2008 | 16091842 | 489458 | 158560 | 10398474 | 3026064 | 9663932 | 624179 |
| 2009 | 23241164 | 513318 | 149177 | 12949452 | 3052163 | 12497309 | 776602 |
| 2010 | 30610270 | 741840 | 203204 | 16450400 | 4120685 | 15949286 | 1272281 |
| 2011 | 32146574 | 761211 | 360273 | 18903732 | 5125101 | 18129197 | 1432611 |
| 2012 | 39000336 | 1308198 | 394063 | 3661573 | 6098076 | 23594729 | 19743037 |
| 2013 | 44396867 | 1994934 | 436474 | 3354945 | 7441801 | 30958806 | 23466457 |
| 2014 | 47500861 | 2006144 | 193729 | 4237976 | 8870621 | 39180184 | 30247948 |
| 2015 | 56160204 | 2894831 | 140616 | 4457004 | 9525762 | 45186235 | 36438598 |
| 2016 | 58054395 | 1614164 | 61125 | 5211183 | 9231000 | 52878220 | 46561120 |

**表4.1 续表3 continued3**

单位：万元、万平方米（10 000 yuan, 10 000 sq.m）

| 年 份 Year | 固定资产投资按三次产业分 Investment in Fixed Assets by Strata of Industry | | | 本年房屋施工面积 Floor Space of Buildings under Construction | 其 中 of which | 本年房屋竣工面积 Floor Space of Buildings Completed | 其 中 of which |
|---|---|---|---|---|---|---|---|
| | 第一产业 Primary Industry | 第二产业 Secondary Industry | 第三产业 Tertiary Industry | | #住 宅 Residential Buildings | | #住 宅 Residential Buildings |
| 1949 | | | | | | 1 | |
| 1952 | 37 | 4616 | 4882 | | | 5 | 1 |
| 1957 | 203 | 15421 | 5706 | | | 153 | 84 |
| 1962 | 314 | 6080 | 1375 | | | 18 | 7 |
| 1965 | 5130 | 25482 | 7065 | | | 103 | 43 |
| 1970 | 1291 | 56173 | 4984 | | | 121 | 49 |
| 1975 | 2716 | 54692 | 6951 | | | 95 | 39 |
| 1978 | 3790 | 45516 | 9720 | | | 121 | 39 |
| 1980 | 2101 | 69188 | 31500 | | | 323 | 166 |
| 1985 | 4848 | 184918 | 175056 | 2536 | | 1341 | 680 |
| 1986 | 3359 | 238569 | 178747 | 2596 | | 2141 | 1445 |
| 1987 | 4794 | 282515 | 195136 | 2752 | | 2169 | 1474 |
| 1988 | 5490 | 346847 | 205994 | 2632 | | 1970 | 1478 |
| 1989 | 5919 | 314655 | 226966 | 2400 | | 1851 | 706 |
| 1990 | 13220 | 413776 | 266144 | 2522 | | 2057 | 1620 |
| 1991 | 19966 | 487813 | 343835 | 2753 | | 2258 | 1756 |
| 1992 | 20329 | 558021 | 485502 | 3228 | | 2473 | 1947 |
| 1993 | 14208 | 701890 | 834448 | 3619 | | 2631 | 1994 |
| 1994 | 14449 | 839691 | 1175038 | 4045 | | 2926 | 2119 |
| 1995 | 17117 | 1066810 | 1625736 | 4964 | | 3306 | 2503 |
| 1996 | 23128 | 1156837 | 2027313 | 6026 | 4164 | 4209 | 3313 |
| 1997 | 33820 | 1309109 | 2366556 | 6145 | 4198 | 4302 | 3363 |
| 1998 | 44133 | 1418980 | 3518339 | 6587 | 4474 | 4285 | 3267 |
| 1999 | 65652 | 1217277 | 4345750 | 7170 | 4799 | 4660 | 3527 |
| 2000 | 89657 | 1423981 | 5044478 | 8494 | 5931 | 5337 | 4087 |
| 2001 | 108038 | 1462479 | 6447711 | 8812 | 6055 | 4939 | 3664 |
| 2002 | 191128 | 1956665 | 7808852 | 10643 | 7305 | 6403 | 4665 |
| 2003 | 264249 | 3033987 | 9395308 | 10962 | 7398 | 5959 | 4293 |
| 2004 | 360891 | 4301999 | 11556313 | 11797 | 7835 | 5560 | 3962 |
| 2005 | 441953 | 5860896 | 13760331 | 13300 | 8792 | 6385 | 4341 |
| 2006 | 519301 | 7553189 | 16445861 | 14993 | 9693 | 5979 | 4098 |
| 2007 | 597371 | 10850790 | 20166986 | 16278 | 10912 | 5523 | 3810 |
| 2008 | 890989 | 14370570 | 25190950 | 17629 | 12091 | 5456 | 3990 |
| 2009 | 1991057 | 18914538 | 32273590 | 20131 | 13816 | 4961 | 3208 |
| 2010 | 2647737 | 24231237 | 42468992 | 25068 | 17698 | 6559 | 4983 |
| 2011 | 2787694 | 27847512 | 46223493 | 32627 | 20571 | 7404 | 5870 |
| 2012 | 3640128 | 30749632 | 59410252 | 30026 | 20739 | 6616 | 5174 |
| 2013 | 4415363 | 35342114 | 72292807 | 36640 | 23014 | 6552 | 4800 |
| 2014 | 4869094 | 41678702 | 85689667 | 36062 | 23348 | 6145 | 4570 |
| 2015 | 5332421 | 49979585 | 99491244 | 35533 | 21970 | 6949 | 4773 |
| 2016 | 5580940 | 56663592 | 111366675 | 34642 | 20058 | 7978 | 4659 |

# 表4.2 全社会固定资产投资（2015－2016年）
## TOTAL INVESTMENT IN FIXED ASSETS (2015-2016)

| 指　标 | Item | 投资额 Investment | | 构　成(%) Structure (%) | |
|---|---|---|---|---|---|
| | | 2015 | 2016 | 2015 | 2016 |
| **投资总额（万元）** | **Total Investment (10 000 yuan)** | **154803250** | **173611207** | **100.0** | **100.0** |
| **按隶属关系分** | **By Jurisdiction of Administration** | | | | |
| 中央项目 | Central Investment | 9498965 | 9048423 | 6.1 | 5.2 |
| 地方项目（包括无隶属关系的） | Local Investment (including non-governmental investment) | 145304285 | 164562784 | 93.9 | 94.8 |
| **按登记注册类型分** | **By Status of Registration** | | | | |
| 内　资 | Domestic -funded | | | | |
| #国　有 | State -owned | 56160204 | 58054395 | 36.3 | 33.4 |
| 集　体 | Collective -owned | 2894831 | 1614164 | 1.9 | 0.9 |
| 联　营 | Joint | 140616 | 61125 | 0.1 | 0.1 |
| 股份制 | Share -holding | 4457004 | 5211183 | 2.9 | 3.0 |
| 私营个体 | Private and Self-employed Individual | 45186235 | 52878220 | 29.2 | 30.5 |
| 其　他 | Others | 36438598 | 46561120 | 23.5 | 26.8 |
| 港澳台投资经济 | Funds from Hong Kong, Macao and Taiwan | 6235960 | 5253528 | 4.0 | 3.0 |
| 外商投资经济 | Foreign -funded | 3289802 | 3977472 | 2.1 | 2.3 |
| **按构成分** | **By Use of Funds** | | | | |
| 建筑工程 | Construction | 101955465 | 117787599 | 65.9 | 67.8 |
| 安装工程 | Installation | 12890499 | 15255091 | 8.3 | 8.8 |
| 设备工具器具购置 | Purchase of Equipment and Instruments | 16448144 | 16030438 | 10.6 | 9.2 |
| 其他费用 | Others | 23509142 | 24538079 | 15.2 | 14.1 |
| **新增固定资产（万元）** | **Newly Increased Fixed Assets (10 000 yuan)** | **103875313** | **96121150** | | |
| **固定资产交付使用率（%）** | **Rate of Fixed Assets Put into Use (%)** | **67** | **55** | | |
| **房屋建筑面积（万平方米）** | **Floor Space of Buildings (10 000 sq.m)** | | | | |
| 施工面积 | Floor Space of Buildings under Construction | 35533 | 34642 | | |
| #住　宅 | Residential Buildings | 21970 | 20058 | | |
| 竣工面积 | Floor Space of Buildings Completed | 6949 | 7978 | | |
| #住　宅 | Residential Buildings | 4773 | 4659 | | |

# 表4.3 按行业分的全社会固定资产投资（2015－2016年）
## TOTAL INVESTMENT IN FIXED ASSETS BY SECTOR (2015-2016)

单位：万元 (10 000 yuan)

| 行 业 | Sector | 2015 | 2016 |
|---|---|---|---|
| 总 计 | **Total** | **154803250** | **173611207** |
| 第一产业 | Primary Industry | 5332421 | 5580940 |
| 第二产业 | Secondary Industry | 49979585 | 56663592 |
| 工 业 | Industry | 49900873 | 56637342 |
| 采矿业 | Mining | 3202343 | 2220856 |
| 制造业 | Manufacturing | 41563006 | 49060873 |
| 电力、热力、燃气及水的生产和供应业 | Production and Supply of Electricity,Heat, Gas & Water | 5135524 | 5355613 |
| 建筑业 | Construction | 78712 | 26250 |
| 第三产业 | Tertiary Industry | 99491244 | 111366675 |
| 交通运输、仓储及邮政业 | Transport, Storage and Post | 17390464 | 20033901 |
| 信息传输、计算机服务和软件业 | Information Transmission, Computer Services and Software | 1007238 | 1136055 |
| 批发与零售业 | Wholesale and Retail Trades | 2676237 | 2393764 |
| 住宿和餐饮业 | Hotels and Catering Services | 2791150 | 1802983 |
| 金融业 | Financial Intermediation | 221419 | 127955 |
| 房地产业 | Real Estate | 44813343 | 44226865 |
| 租赁与商务服务业 | Leasing and Business Services | 1921849 | 2667240 |
| 科学研究、技术服务与地质勘查业 | Scientific Research, Technical Services and Geological Prospecting | 360820 | 349466 |
| 水利、环境和公共设施管理业 | Management of Water Conservancy, Environment and Public Facilities | 21654122 | 31644537 |
| 居民服务和其他服务业 | Services to Households and Other Services | 432159 | 494718 |
| 教 育 | Education | 2071088 | 2776739 |
| 卫生、社会保障和社会福利业 | Health, Social Security and Social Welfare | 1211714 | 1519580 |
| 文化、体育与娱乐业 | Culture, Sports and Entertainment | 1532405 | 1279959 |
| 公共管理与社会组织 | Public Management and Social Organizations | 1407236 | 912913 |

# 表4.4 全社会固定资产投资资金来源（2015－2016年）
## SOURCES OF FUNDS FOR INVESTMENT IN FIXED ASSETS (2015-2016)

单位：万元 (10 000 yuan)

| 指　标 | Item | 总　计 Total 2015 | 总　计 Total 2016 |
|---|---|---|---|
| **本年资金来源合计** | **Total Investment from All Sources in This Year** | **192859909** | **200737344** |
| 上年末结余资金 | Balance of the Previous Year | 19398317 | 17157500 |
| 本年资金来源小计 | Subtotal of Funds Invested in This Year | 173461592 | 183579844 |
| 国家预算内资金 | State Budgetary Appropriation | 14967058 | 13636813 |
| 国内贷款 | Domestic Loans | 23267105 | 23785006 |
| 债　券 | Bonds | 13750 | 314471 |
| 利用外资 | Foreign Investment | 1401845 | 582546 |
| 自筹资金 | Self-raised Funds | 99837452 | 109328884 |
| 其他资金来源 | Others | 33974382 | 35932124 |

# 表4.5 按行业分建设项目投资和建设总规模（2016年）

## INVESTMENT IN CONSTRUCTION PROJECTS AND TOTAL CONSTRUCTION INVESTMENT SIZE BY SECTOR (2016)

| 指　标 | Item | 建设总规模 Total Investment in Construction | 在建总规模 Total Investment in Projects under Construction |
|---|---|---|---|
| **总　计** | **Total** | **311976945** | **306918582** |
| 第一产业 | Primary Industry | 9668811 | 9650941 |
| 第二产业 | Secondary Industry | 126434925 | 123361699 |
| 工　业 | Industry | 126380119 | 123306893 |
| 采矿业 | Mining | 4054185 | 4022015 |
| 制造业 | Manufacturing | 105976078 | 103999194 |
| 电力、热力、燃气及水的生产和供应业 | Production and Supply of Electricity,Heat, Gas & Water | 16349856 | 15285684 |
| 建筑业 | Construction | 54806 | 54806 |
| 第三产业 | Tertiary Industry | 175873209 | 173905942 |
| 交通运输、仓储及邮政业 | Transport, Storage and Post | 64323027 | 63998735 |
| 信息传输、计算机服务和软件业 | Information Transmission, Computer Services and Software | 1910285 | 1827496 |
| 批发与零售业 | Wholesale and Retail Trades | 6297797 | 6063986 |
| 住宿和餐饮业 | Hotels and Catering Services | 3571689 | 3490631 |
| 金融业 | Financial Intermediation | 388869 | 388869 |
| 房地产业 | Real Estate | 11367585 | 11293651 |
| 租赁与商务服务业 | Leasing and Business Services | 5520603 | 5335023 |
| 科学研究、技术服务与地质勘查业 | Scientific Research, Technical Services and Geological Prospecting | 816571 | 813971 |
| 水利、环境和公共设施管理业 | Management of Water Conservancy, Environment and Public Facilities | 66681774 | 66170727 |
| 居民服务和其他服务业 | Services to Households and Other Services | 822879 | 818179 |
| 教　育 | Education | 5739637 | 5547417 |
| 卫生、社会保障和社会福利业 | Health, Social Security and Social Welfare | 3782296 | 3704396 |
| 文化、体育与娱乐业 | Culture, Sports and Entertainment | 2019531 | 1860637 |
| 公共管理与社会组织 | Public Management and Social Organizations | 2630666 | 2592224 |

注：该表中数据不包含农户投资数据。
Note: The data of rural households is excluded herein.

单位：万元（10 000 yuan）

| 在建净规模 Net Investment in Projects under Construction | 投资额 Investment | 其中 of which #新 建 New Constuction | #扩 建 Expansion | #改 建 Reconstruction | 其中 of which 建筑安装工程投资 Construction and Installation | 设备工器具购置 Purchase of Equipment and Instruments | 其他费用 Other Expenses |
|---|---|---|---|---|---|---|---|
| **192028478** | **135198195** | **107516213** | **11265443** | **13979660** | **103510133** | **15633933** | **16054129** |
| 7450490 | 5580940 | 5097709 | 315378 | 152747 | 4368930 | 289675 | 922335 |
| 81369306 | 56663592 | 41441580 | 3836980 | 9957586 | 39953158 | 12296460 | 4413974 |
| 81322357 | 56637342 | 41432708 | 3836980 | 9955664 | 39947672 | 12280504 | 4409166 |
| 2684072 | 2220856 | 1504284 | 215036 | 473213 | 1862487 | 259030 | 99339 |
| 70576040 | 49060873 | 35397174 | 3321896 | 8978260 | 34318428 | 10992509 | 3749936 |
| 8062245 | 5355613 | 4531250 | 300048 | 504191 | 3766757 | 1028965 | 559891 |
| 46949 | 26250 | 8872 | | 1922 | 5486 | 15956 | 4808 |
| 103208682 | 72953663 | 60976924 | 7113085 | 3869327 | 59188045 | 3047798 | 10717820 |
| 32815936 | 20033901 | 15155466 | 3552577 | 1215507 | 15248253 | 809390 | 3976258 |
| 732089 | 1136055 | 712612 | 397369 | 4798 | 549883 | 536801 | 49371 |
| 4303041 | 2393764 | 2010758 | 111853 | 222316 | 1810446 | 230811 | 352507 |
| 2195374 | 1802983 | 1434704 | 207203 | 128790 | 1446684 | 128004 | 228295 |
| 102554 | 127955 | 127755 | 200 | | 124005 | 1705 | 2245 |
| 7440542 | 5813853 | 5445855 | 255031 | 83443 | 5170784 | 77807 | 565262 |
| 3653592 | 2667240 | 2314283 | 287903 | 54659 | 2361258 | 89386 | 216596 |
| 438286 | 349466 | 292360 | 5062 | 31439 | 272392 | 42615 | 34459 |
| 42909371 | 31644537 | 27799918 | 1747424 | 1667647 | 26406338 | 742973 | 4495226 |
| 427502 | 494718 | 366827 | 45764 | 54793 | 378468 | 26893 | 89357 |
| 3572568 | 2776739 | 2303792 | 252510 | 121037 | 2339508 | 92218 | 345013 |
| 2602454 | 1519580 | 1090652 | 149675 | 152291 | 1255584 | 170031 | 93965 |
| 849848 | 1279959 | 1077692 | 62100 | 121286 | 1017942 | 57739 | 204278 |
| 1165525 | 912913 | 844250 | 38414 | 11321 | 806500 | 41425 | 64988 |

# 表4.6 按行业分建设项目施工、投产项目个数（2016年）

## NUMBER OF CONSTRUCTION PROJECTS UNDER CONSTRUCTION AND PUT INTO USE BY SECTOR (2016)

| 行　业 | Sector | 施工项目（个）Number of Projects under Construction (unit) | 其中 of which #新开工 New Projects | 全部建成投产项目(个) Number of Projects Completed & Put into Use (unit) | 项目建成投产率(%) Rate of Projects Completed & Put into Use (%) |
|---|---|---|---|---|---|
| **总　计** | **Total** | 27181 | 20375 | 15756 | 58.0 |
| 第一产业 | Primary Industry | 2262 | 1760 | 1390 | 61.5 |
| 第二产业 | Secondary Industry | 8855 | 6891 | 5442 | 61.5 |
| 工　业 | Industry | 8850 | 6888 | 5434 | 61.4 |
| 采矿业 | Mining | 422 | 316 | 280 | 66.4 |
| 制造业 | Manufacturing | 7262 | 5742 | 4475 | 61.6 |
| 电力、热力、燃气及水的生产和供应业 | Production and Supply of Electricity,Heat, Gas & Water | 1166 | 830 | 679 | 58.2 |
| 建筑业 | Construction | 5 | 3 | 3 | 60.0 |
| 第三产业 | Tertiary Industry | 16064 | 11724 | 8924 | 55.6 |
| 交通运输、仓储及邮政业 | Transport, Storage and Post | 2757 | 1943 | 1574 | 57.1 |
| 信息传输、计算机服务和软件业 | Information Transmission, Computer Services and Software | 503 | 298 | 178 | 35.4 |
| 批发与零售业 | Wholesale and Retail Trades | 600 | 469 | 324 | 54.0 |
| 住宿和餐饮业 | Hotels and Catering Services | 576 | 453 | 320 | 55.6 |
| 金融业 | Financial Intermediation | 15 | 10 | 5 | 33.3 |
| 房地产业 | Real Estate | 1349 | 912 | 710 | 52.6 |
| 租赁与商务服务业 | Leasing and Business Services | 702 | 488 | 427 | 60.8 |
| 科学研究、技术服务与地质勘查业 | Scientific Research, Technical Services and Geological Prospecting | 82 | 60 | 40 | 48.8 |
| 水利、环境和公共设施管理业 | Management of Water Conservancy, Environment and Public Facilities | 7608 | 5744 | 4301 | 56.5 |
| 居民服务和其他服务业 | Services to Households and Other Services | 137 | 105 | 63 | 46.0 |
| 教　育 | Education | 715 | 512 | 407 | 56.9 |
| 卫生、社会保障和社会福利业 | Health, Social Security and Social Welfare | 418 | 291 | 235 | 56.2 |
| 文化、体育与娱乐业 | Culture, Sports and Entertainment | 282 | 215 | 159 | 56.4 |
| 公共管理与社会组织 | Public Management and Social Organizations | 320 | 224 | 181 | 56.6 |

注：该表中数据不包含农户投资。
Note: The data of rural households is excluded herein.

## 表4.7 房屋施工面积（2015－2016年）
## TOTAL FLOOR SPACE OF BUILDINGS UNDER CONSTRUCTION (2015-2016)

单位：万平方米（10 000 sq.m）

| 指　标 | Item | 房屋施工面积 Floor Space of Buildings under Construction | | 其中 of which #住宅 Residential Buildings | |
|---|---|---|---|---|---|
| | | 2015 | 2016 | 2015 | 2016 |
| **总　计** | **Total** | **35533** | **34642** | **21970** | **20058** |
| #建设项目 | Construction | 5151 | 6139 | 1273 | 1103 |
| 房地产开发 | Real Estate Development | 28986 | 27363 | 19390 | 17933 |
| 农　户 | Rural Households | 1397 | 1139 | 1307 | 1022 |

## 表4.8 房屋竣工面积（2015－2016年）
## TOTAL FLOOR SPACE OF BUILDINGS COMPLETED (2015-2016)

单位：万平方米（10 000 sq.m）

| 指　标 | Item | 房屋竣工面积 Floor Space of Buildings Completed | | 其中 of which #住宅 Residential Buildings | |
|---|---|---|---|---|---|
| | | 2015 | 2016 | 2015 | 2016 |
| **总　计** | **Total** | **6949** | **7978** | **4773** | **4659** |
| #建设项目 | Construction | 1122 | 2600 | 452 | 703 |
| 房地产开发 | Real Estate Development | 4630 | 4421 | 3186 | 3084 |
| 农　户 | Rural Households | 1197 | 957 | 1135 | 872 |

## 表4.9 房屋造价（2015－2016年）
## COST OF COMPLETED BUILDINGS (2015-2016)

单位：元/平方米（yuan/sq.m）

| 指　标 | Item | 每平方米造价 Cost of Buildings per Sq. m | | 其中 of which #住宅 Residential Buildings | |
|---|---|---|---|---|---|
| | | 2015 | 2016 | 2015 | 2016 |
| 建设项目 | Construction Projects | 2032 | 2025 | 1557 | 1870 |
| 房地产开发 | Real Estate Development | 3446 | 3193 | 3255 | 3165 |

# 表4.10 建设项目投资（2015－2016年）
## INVESTMENT IN CONSTRUCTION PROJECTS (2015-2016)

| 指　标 | Item | 2015 | 2016 |
|---|---|---|---|
| **投资总额（万元）** | **Total Investment (10 000 yuan)** | **116166878** | **135198195** |
| #住　宅 | Residential Buildings | 1201238 | 1751454 |
| **按隶属关系分** | **By Jurisdiction of Administration** | | |
| 中央项目 | Central Investment | 8335949 | 7191558 |
| 地方项目 | Local Investment | 107830929 | 128006637 |
| **按构成分** | **By Use of Funds** | | |
| 建筑工程 | Construction | 78430305 | 93065213 |
| 安装工程 | Installation | 8968240 | 10444920 |
| 设备、工具、器具购置 | Purchase of Equipment and Instruments | 16062238 | 15633933 |
| 其他费用 | Others | 12706095 | 16054129 |
| **按建设性质分** | **By Type of Construction** | | |
| #新　建 | New Construction Projects | 92264062 | 107516213 |
| 扩　建 | Expansion | 7613796 | 11265443 |
| 改建和技术改造 | Reconstruction and Technical Transformation | 13523814 | 13979660 |
| **按国民经济行业分** | **By Sector** | | |
| 第一产业 | Primary Industry | 5332421 | 5580940 |
| 第二产业 | Secondary Industry | 49979585 | 56663592 |
| #工　业 | Industry | 49900873 | 56637342 |
| 第三产业 | Tertiary Industry | 60854872 | 72953663 |
| **新增固定资产（万元）** | **Newly Increased Fixed Assets (10 000 yuan)** | **85454288** | **79081835** |
| **建设项目（个）** | **Construction Projects (unit)** | | |
| 施工项目 | Projects under Construction | 22815 | 27461 |
| 本年投产项目 | Projects Completed in This Year | 16296 | 15756 |
| **房屋建筑面积（万平方米）** | **Floor Space of Buildings (10 000 sq.m)** | | |
| 施工面积 | Floor Space under Construction | 5151 | 6139 |
| #住　宅 | Residential Buildings | 1273 | 1103 |
| 竣工面积 | Floor Space Completed | 1122 | 2600 |
| #住　宅 | Residential Buildings | 452 | 703 |

注：该表数据中不含农户投资。
Note: The data of rural households is excluded herein.

# 表4.11 按行业分的建设项目投资（2016年）
## INVESTMENT IN CONSTRUCTION PROJECTS BY SECTOR (2016)

单位：万元 (10 000 yuan)

| 行业 | Sector | 施工项目个数（个）Number of In-process Project (unit) | 计划总投资 Planned Total Investment | 本年完成投资 Investment Completed in Current Year |
|---|---|---|---|---|
| **总 计** | **Total** | **27181** | **311976945** | **135198195** |
| 第一产业 | Primary Industry | 2262 | 9668811 | 5580940 |
| 第二产业 | Secondary Industry | 8855 | 126434925 | 56663592 |
| 工 业 | Industry | 8850 | 126380119 | 56637342 |
| 采矿业 | Mining | 422 | 4054185 | 2220856 |
| #石油和天然气开采业 | Extraction of Petroleum and Natural Gas | 27 | 2086523 | 854534 |
| 制造业 | Manufacturing | 7262 | 105976078 | 49060873 |
| #化学原料及化学制品制造业 | Manufacture of Raw Chemical Materials and Chemical Products | 251 | 5202331 | 2196298 |
| 医药制造业 | Manufacture of Medicines | 206 | 3649354 | 2019286 |
| 通用设备制造业 | Manufacture of General Purpose Machinery | 504 | 5328036 | 3074553 |
| 专用设备制造业 | Manufacture of Special Purpose Machinery | 381 | 3910422 | 2124922 |
| 电力、热力、燃气及水的生产和供应业 | Production and Supply of Electricity,Heat, Gas and Water | 1166 | 16349856 | 5355613 |
| 电力、热力的生产和供应业 | Production and Supply of Electric Power and Heat Power | 421 | 11546065 | 2913211 |
| 燃气生产和供应业 | Production and Supply of Gas | 205 | 1708801 | 776540 |
| 水的生产和供应业 | Production and Supply of Water | 540 | 3094990 | 1665862 |
| 建筑业 | Construction | 5 | 54806 | 26250 |
| 第三产业 | Tertiary Industry | 16064 | 175873209 | 72953663 |
| 交通运输、仓储及邮政业 | Transport, Storage and Post | 2757 | 64323027 | 20033901 |
| #邮政业 | Post | 2 | 52700 | 15209 |
| 信息传输、软件和信息技术服务业 | Information Transmission, Software and IT Service | 503 | 1910285 | 1136055 |
| #电信、广播电视和卫星传输服务 | Telecommunication, Radio & Television and Satellite Transmission Service | 435 | 1045441 | 610221 |
| 批发与零售业 | Wholesale and Retail Trades | 600 | 6297797 | 2393764 |
| 住宿和餐饮业 | Hotels and Catering Services | 576 | 3571689 | 1802983 |
| 金融业 | Financial Intermediation | 15 | 388869 | 127955 |
| 房地产业 | Real Estate | 1349 | 11367585 | 5813853 |
| 租赁与商务服务业 | Leasing and Business Services | 702 | 5520603 | 2667240 |
| 科学研究和技术服务业 | Scientific Research and Technical Service | 82 | 816571 | 349466 |
| 水利、环境和公共设施管理业 | Management of Water Conservancy, Environment and Public Utilities | 7608 | 66681774 | 31644537 |
| 居民服务、修理和其他服务业 | Services to Households, Repair and Other Services | 137 | 822879 | 494718 |
| 教 育 | Education | 715 | 5739637 | 2776739 |
| 卫生和社会工作 | Health and Social Undertakings | 418 | 3782296 | 1519580 |
| #卫 生 | Public Health | 323 | 3314618 | 1282698 |
| 文化、体育与娱乐业 | Culture, Sports and Entertainment | 282 | 2019531 | 1279959 |
| 公共管理、社会保障和社会组织 | Public Management, Social Security and Social Organization | 320 | 2630666 | 912913 |

注：该表数据中不含农户投资。
Note: The data of rural households is excluded herein.

# 表4.12 建设项目新增主要产品生产能力（2015－2016年）
## NEWLY INCREASED PRODUCTION CAPACITY OF THE MAJOR PRODUCTS IN CONSTRUCTION PROJECTS (2015-2016)

| 能力名称 | Item | 2015 | 2016 |
| --- | --- | --- | --- |
| 原煤开采（万吨/年） | Coal Mining (10 000 tons/year) | 335 | 230 |
| 发电机组容量（万千瓦） | Capacity of Power Generating Sets (10 000 kw/year) | 338 | 315 |
| 火　电 | Fire Power | 200 | 262 |
| 水　电 | Hydraulic Power | 97 | 30 |
| 汽车制造（万辆/年） | Motor Vehicles (10 000 units/year) |  | 47 |
| 水　泥（万吨/年） | Cement (10 000 tons/year) | 742 | 264 |
| 新（扩）建港口码头年吞吐量（万吨） | Annual Handling Capacity of Newly Built (Expanded) Ports (10 000 tons) | 56 | 107 |
| 泊　位（个） | Berths (unit) | 7 | 2 |
| 新建公路（公里） | Length of New Highways (km) | 8823 | 5055 |
| 改建公路（公里） | Length of Reconstructed Highways (km) | 8728 | 4842 |
| 城市自来水供水能力（万吨/日） | Tap Water Supply Capacity (10 000 tons/day) | 28 | 44 |

# 表4.13 基础设施建设投资额（2015－2016年）
## INVESTMENT IN INFRASTRUCTURE CONSTRUCTION (2015-2016)

单位：万元 (10 000 yuan)

| 指 标 | Item | 2015 | 2016 |
|---|---|---|---|
| 合 计 | **Total** | **43561421** | **56608745** |
| 电力、热力、燃气及水的生产和供应业 | Production and Supply of Electricity, Heat, Gas and Water | 5135524 | 5355613 |
| #电力、热力的生产和供应业 | Production and Supply of Electric Power and Heat Power | 2840480 | 2913211 |
| 燃气生产和供应业 | Production and Supply of Gas | 971732 | 776540 |
| 水的生产和供应业 | Production and Supply of Water | 1323312 | 1665862 |
| 交通运输及邮政业 | Transport, Storage and Post | 15995491 | 18681127 |
| #交通运输业 | Transport | 15989391 | 18681127 |
| #城市公共交通业 | City Public Transport | 2528656 | 2876832 |
| 邮政业 | Post | 6100 | 15209 |
| 电信和其他信息传输服务业 | Telecommunications and Other Information Transmission Services | 776284 | 912259 |
| 水利、环境和公共设施管理业 | Management of Water Conservancy, Environment and Public Facilities | 21654122 | 31644537 |
| #水利管理业 | Management of Water Conservancy | 2164391 | 2657629 |
| 生态保护和环境治理业 | Ecology Protection and Environment Control | 589837 | 607703 |
| 公共设施管理业 | Management of Public Facilities | 18899894 | 28379205 |

# 表4.14 房地产开发基本情况（1990－2016年）
## BASIC STATISTICS ON REAL ESTATE DEVELOPMENT (1990-2016)

单位：万平方米（10 000 sq.m）

| 年 份 Year | 企业数（个）Number of Enterprises (unit) | 从业人员（人）Number of Employed Persons (person) | 本年土地购置面积 Land Space Purchased This Year | 本年完成投资总额（万元）Investment Completed This Year (10 000 yuan) | 其中 of which #住宅 Residential Buildings | 资金来源（万元）Sources of Funds (10 000 yuan) | 房屋施工面积 Floor Space of Buildings under Construction | 其中 of which #住宅 Residential Buildings |
|---|---|---|---|---|---|---|---|---|
| 1990 | | | | 17503 | 10600 | 17568 | 107.80 | 65.48 |
| 1991 | | | | 19185 | 14040 | 18042 | 112.57 | 83.54 |
| 1992 | | | | 33868 | 21239 | 33148 | 160.91 | 94.56 |
| 1993 | | | | 123151 | 66833 | 107210 | 437.73 | 293.03 |
| 1994 | | | | 279089 | 196411 | 377959 | 650.71 | 394.43 |
| 1995 | | | | 468845 | 252085 | 612121 | 1267.96 | 810.36 |
| 1996 | 635 | 22512 | 588.65 | 556185 | 259881 | 836655 | 1424.35 | 855.64 |
| 1997 | 622 | 24911 | 259.49 | 675022 | 282592 | 1060761 | 1652.32 | 904.18 |
| 1998 | 991 | 50088 | 521.48 | 973014 | 440889 | 1391253 | 2058.35 | 1223.66 |
| 1999 | 1073 | 50526 | 624.53 | 1125135 | 523357 | 1504042 | 2103.76 | 1285.41 |
| 2000 | 1339 | 63925 | 619.21 | 1396327 | 728125 | 1784950 | 2833.42 | 1896.18 |
| 2001 | 1474 | 78961 | 870.34 | 1966684 | 1107126 | 2373982 | 3653.71 | 2508.30 |
| 2002 | 1559 | 76582 | 1320.26 | 2459130 | 1306998 | 3148171 | 4414.96 | 3081.57 |
| 2003 | 1597 | 54148 | 1637.19 | 3278881 | 1774341 | 4793499 | 5287.80 | 3747.34 |
| 2004 | 1828 | 70711 | 1137.61 | 4050791 | 2171303 | 6220133 | 6247.86 | 4544.54 |
| 2005 | 1862 | 70563 | 1385.40 | 5177291 | 3004026 | 8819371 | 7487.36 | 5514.75 |
| 2006 | 1936 | 70094 | 1467.69 | 6296300 | 3767847 | 9985438 | 8864.37 | 6655.00 |
| 2007 | 2039 | 87606 | 1737.74 | 8498966 | 5218209 | 15546697 | 10578.84 | 8179.29 |
| 2008 | 2280 | 86094 | 1164.41 | 9909970 | 6195250 | 15595559 | 11639.27 | 9166.21 |
| 2009 | 2359 | 87818 | 1227.79 | 12389125 | 7890183 | 22026661 | 13052.60 | 10338.12 |
| 2010 | 2391 | 86602 | 1354.93 | 16202571 | 10914854 | 34393672 | 17138.50 | 13744.78 |
| 2011 | 2453 | 94535 | 1664.55 | 20150883 | 14384457 | 44332807 | 20397.24 | 15923.84 |
| 2012 | 2552 | 89482 | 2183.07 | 25083500 | 17067687 | 51082969 | 22009.03 | 16997.85 |
| 2013 | 2594 | 93207 | 1896.65 | 30127838 | 20442392 | 58468351 | 26251.89 | 19248.95 |
| 2014 | 2695 | 94579 | 1864.59 | 36302331 | 24513660 | 67627353 | 28623.93 | 20294.49 |
| 2015 | 2585 | 95326 | 1626.77 | 37512812 | 23904910 | 66028296 | 28985.67 | 19390.32 |
| 2016 | 2467 | 98199 | 959.00 | 37259452 | 23199701 | 63546787 | 27363.39 | 17932.69 |

**表4.14 续表 continued**

单位：万平方米（10 000 sq.m）

| 年 份 Year | 房屋新开工面积 Floor Space of Buildings Started This Year | 其中 of which #住宅 Residential Buildings | 房屋竣工面积 Floor Space of Buildings Completed | 其中 of which #住宅 Residential Buildings | 商品房销售面积 Floor Space of Commercialized Buildings Sold | 其中 of which #住宅 Residential Buildings | 商品房销售额（万元） Sales of Commercialized Buildings (10 000 yuan) | 其中 of which #住宅 Residential Buildings |
|---|---|---|---|---|---|---|---|---|
| 1990 | | | 46.16 | 34.16 | 23.29 | | 17648 | |
| 1991 | | | 37.33 | 28.61 | 27.48 | | 20007 | |
| 1992 | | | 45.90 | 30.48 | 32.87 | | 29583 | |
| 1993 | | | 81.05 | 66.01 | 37.39 | | 42221 | |
| 1994 | | | 141.27 | 115.05 | 46.32 | | 55336 | |
| 1995 | | | 258.25 | 208.70 | 114.61 | | 116657 | |
| 1996 | 348.68 | 220.54 | 351.76 | 275.62 | 166.21 | 142.98 | 189856 | 145507 |
| 1997 | 470.34 | 299.69 | 459.92 | 358.36 | 260.78 | 215.33 | 313111 | 222376 |
| 1998 | 914.23 | 596.44 | 600.04 | 422.61 | 416.82 | 359.73 | 554786 | 417609 |
| 1999 | 847.51 | 608.43 | 619.56 | 438.56 | 429.98 | 364.56 | 591992 | 393569 |
| 2000 | 1290.05 | 969.26 | 849.42 | 622.08 | 579.96 | 491.09 | 783709 | 528698 |
| 2001 | 1661.19 | 1259.38 | 1020.63 | 738.41 | 746.05 | 635.04 | 1076534 | 719196 |
| 2002 | 1709.47 | 1277.55 | 1390.73 | 1033.60 | 1016.58 | 870.41 | 1581505 | 1111929 |
| 2003 | 2098.24 | 1580.04 | 1676.97 | 1231.75 | 1316.83 | 1132.95 | 2102260 | 1499915 |
| 2004 | 2191.00 | 1692.00 | 1585.98 | 1227.66 | 1329.32 | 1157.95 | 2327978 | 1817280 |
| 2005 | 2335.00 | 1825.00 | 2209.82 | 1713.55 | 2017.66 | 1792.41 | 4307679 | 3406768 |
| 2006 | 2709.28 | 2176.75 | 2224.84 | 1700.05 | 2228.46 | 2011.70 | 5056850 | 4186980 |
| 2007 | 3555.87 | 2903.82 | 2253.07 | 1769.19 | 3552.92 | 3310.13 | 9673125 | 8567327 |
| 2008 | 3508.62 | 2857.70 | 2367.94 | 1951.35 | 2872.19 | 2669.93 | 8000006 | 7048198 |
| 2009 | 3813.68 | 2989.72 | 2907.05 | 2384.51 | 4002.89 | 3771.22 | 13777615 | 12317053 |
| 2010 | 6312.64 | 5268.76 | 2626.59 | 2179.81 | 4314.39 | 3986.31 | 18469396 | 16106444 |
| 2011 | 6824.36 | 5214.42 | 3424.33 | 2826.78 | 4533.50 | 4063.42 | 21460860 | 18254119 |
| 2012 | 5813.48 | 4345.14 | 3990.63 | 3386.35 | 4522.40 | 4105.11 | 22973464 | 19724206 |
| 2013 | 7641.63 | 5387.60 | 3804.36 | 2867.45 | 4817.56 | 4359.19 | 26827626 | 22835658 |
| 2014 | 6254.04 | 4275.96 | 3717.78 | 2771.55 | 5100.39 | 4423.68 | 28149910 | 22532816 |
| 2015 | 5810.85 | 3668.92 | 4630.29 | 3185.90 | 5381.37 | 4477.71 | 29522124 | 22444311 |
| 2016 | 4875.16 | 2998.92 | 4421.30 | 3084.00 | 6257.15 | 5105.46 | 34319972 | 26356415 |

# 表4.15 房地产开发主要指标（2015－2016年）
## MAIN INDICATORS OF REAL ESTATE DEVELOPMENT (2015-2016)

| 指　标 | Item | 2015 | 2016 |
|---|---|---|---|
| **企业个数（个）** | **Number of Enterprises (unit)** | **2585** | **2467** |
| 内资企业 | Domestic Funded | 2450 | 2332 |
| #国　有 | State-owned | 31 | 16 |
| 有限责任 | Limited Liability | 938 | 905 |
| 私　营 | Private | 1353 | 1266 |
| 港、澳、台投资企业 | Enterprises with Funds from Hong Kong, Macao and Taiwan | 99 | 102 |
| 外商投资企业 | Foreign-Funded | 36 | 33 |
| **从业人员（人）** | **Number of Employees (person)** | **95326** | **98199** |
| 内资企业 | Domestic Funded | 88465 | 91159 |
| #国　有 | State-owned | 1354 | 797 |
| 有限责任 | Limited Liability | 34249 | 34905 |
| 私　营 | Private | 46349 | 46914 |
| 港、澳、台投资企业 | Enterprises with Funds from Hong Kong, Macao and Taiwan | 5226 | 5417 |
| 外商投资企业 | Foreign-Funded | 1635 | 1623 |
| **土地开发及购置（万平方米）** | **Land Development and Purchase (10 000 sq.m)** | | |
| 本年土地购置面积 | Land Space Purchased in This Year | 1626.77 | 959.00 |
| **本年完成投资总额（万元）** | **Investment Completed in This Year (10 000 yuan)** | **37512812** | **37259452** |
| 按工程用途分 | By Purpose of Projects | | |
| 住　宅 | Residential Buildings | 23904910 | 23199701 |
| #别墅、高档公寓 | Villas and High-Grade Flats | 1625386 | 1788286 |
| 办公楼 | Office Buildings | 2035649 | 1660434 |
| 商业营业用房 | Buildings for Commercial Use | 6161906 | 7043652 |
| 其　他 | Others | 5410347 | 5355665 |
| **资金来源（万元）** | **Total Funds by Source (10 000 yuan)** | **66028296** | **63546787** |
| #国内贷款 | Domestic Loans | 10330727 | 10129149 |
| 利用外资 | Foreign Investment | 659044 | 290621 |
| 自筹资金 | Self-raised Fund | 16665327 | 14883784 |
| **房屋建筑面积（万平方米）** | **Floor Space of Buildings (10 000 sq.m)** | | |
| 施工面积 | Floor Space under Construction | 28985.67 | 27363.39 |
| #住　宅 | Residential Buildings | 19390.32 | 17932.69 |
| 竣工面积 | Floor Space Completed | 4630.29 | 4421.30 |
| #住　宅 | Residential Buildings | 3185.90 | 3084.00 |
| 本年新开工面积 | Floor Space Started in This Year | 5810.85 | 4875.16 |
| #住　宅 | Residential Buildings | 3668.92 | 2998.92 |
| **商品房销售** | **Sales of Commercialized Buildings** | | |
| 商品房销售面积（万平方米） | Floor Space of Commercialized Buildings Sold (10 000 sq.m) | 5381.37 | 6257.15 |
| #住　宅 | Residential Buildings | 4477.71 | 5105.46 |
| 商品房销售额（万元） | Total Sales of Commercialized Buildings (10 000 yuan) | 29522124 | 34319972 |
| #住　宅 | Residential Buildings | 22444311 | 26356415 |
| **实收资本合计（万元）** | **Total Capital Hold (10 000 yuan)** | **24965088** | **24779457** |
| **资产负债率（%）** | **Ratio of Liabilities to Assets (%)** | **72.6** | **73.6** |
| **房地产开发经营情况（万元）** | **Real Estate Development and Operation (10 000 yuan)** | | |
| 主营业务收入 | Revenue from Major Business | 22787014 | 24988518 |
| #土地转让收入 | Land Transferred | 514202 | 916182 |

## 表4.16 商品房施工、竣工和销售面积情况（2015－2016年）

## FLOOR SPACE OF COMMERCIALIZED BUILDINGS UNDER CONSTRUCTION, COMPLETED AND SOLD (2015-2016)

单位：万平方米（10 000 sq.m）

| 指　标 | Item | 2015 | 2016 |
|---|---|---|---|
| **商品房施工面积** | **Floor Space of Commercialized Buildings under Construction** | **28985.67** | **27363.39** |
| #主城九区 | 9 Central Urban Districts | 16032.58 | 14796.80 |
| #住　宅 | Residential Buildings | 19390.32 | 17932.69 |
| #别墅、高档公寓 | Villas and High-Grade Flats | 859.49 | 717.05 |
| 办公楼 | Office Buildings | 1145.29 | 1020.20 |
| 商业营业用房 | Buildings for Commercial Use | 4111.50 | 4193.65 |
| **商品房竣工面积** | **Floor Space of Commercialized Buildings Completed** | **4630.29** | **4421.30** |
| #主城九区 | 9 Central Urban Districts | 2522.31 | 2358.44 |
| #住　宅 | Residential Buildings | 3185.90 | 3084.00 |
| #别墅、高档公寓 | Villas and High-Grade Flats | 93.95 | 177.22 |
| 办公楼 | Office Buildings | 195.72 | 100.97 |
| 商业营业用房 | Buildings for Commercial Use | 606.07 | 634.46 |
| **商品房销售面积** | **Floor Space of Commercialized Buildings Sold** | **5381.37** | **6257.15** |
| #主城九区 | 9 Central Urban Districts | 2453.16 | 2878.48 |
| #住　宅 | Residential Buildings | 4477.71 | 5105.46 |
| #别墅、高档公寓 | Villas and High-Grade Flats | 154.87 | 157.38 |
| 办公楼 | Office Buildings | 115.84 | 106.99 |
| 商业营业用房 | Buildings for Commercial Use | 463.05 | 622.18 |

## 表4.17 房地产开发企业资产负债情况（2015－2016年）

## ASSETS AND LIABILITIES OF ENTERPRISES FOR REAL ESTATE DEVELOPMENT (2015-2016)

单位：万元（10 000 yuan）

| 指　标 | Item | 2015 | 2016 |
|---|---|---|---|
| 实收资本合计 | Total Capital Held | 24965088 | 24779457 |
| 资产总计 | Total Assets | 215567770 | 219900804 |
| 累计折旧 | Total Depreciation | 912700 | 1132205 |
| #本年折旧 | Depreciation This Year | 171725 | 193403 |
| 负债总计 | Total Liabilities | 156501695 | 161823593 |
| 所有者权益 | Owners' Equity | 59066075 | 58077211 |
| 资产负债率（%） | Assets Liability Ratio (%) | 72.6 | 73.6 |

## 表4.18 房地产开发企业经营情况（2015－2016年）

## OPERATING STATISTICS ON ENTERPRISES FOR REAL ESTATE DEVELOPMENT (2015-2016)

单位：万元（10 000 yuan）

| 指　标 | Item | 2015 | 2016 |
|---|---|---|---|
| 主营业务收入 | Revenue from Major Business | 22787014 | 24988518 |
| 土地转让收入 | Land Transferred | 514202 | 916182 |
| 商品房屋销售收入 | Commercialized Buildings Sold | 20942957 | 22775033 |
| 房屋出租收入 | Houses Leased | 723643 | 515196 |
| 其他收入 | Others | 606211 | 782107 |
| 主营业务税金及附加 | Tax and Extra Charges on Major Business | 1797094 | 1551860 |
| 利润总额 | Total Profits | 1818227 | 1809400 |

重/庆/统/计/年/鉴

# 主要统计指标解释

## 固定资产投资

以货币形式表现的在一定时期内建造和购置固定资产的工作量以及与此有关的费用的总称。该指标是反映固定资产投资规模、结构和发展速度的综合性指标,又是观察工程进度和考核投资效果的重要依据。

## 固定资产投资

包括建设项目投资和房地产开发投资。

## 建设项目

指各种登记注册类型的企业、事业、行政单位及个体户进行的计划总投资（或实际需要总投资）500万元及500万元以上的建设项目。（2010年及以前为50万元及50万元以上的建设项目，2011年开始为500万元及500万元以上的建设项目）。

## 房地产开发投资

指各种登记注册类型的房地产开发公司、商品房建设公司及其他房地产开发法人单位和附属于其他法人单位实际从事房地产开发或经营的活动单位统一开发的包括统代建、拆迁还建的住宅、厂房、仓库、饭店、宾馆、度假村、写字楼、办公楼等房屋建筑物和配套的服务设施，土地开发工程（如道路、给水、排水、供电、供热、通讯、平整场地等基础设施工程）的投资；不包括单纯的土地交易活动。

## 建设总规模

是指在报告期内所有施工项目的计划总投资。这个指标和施工项目相对应。

## 在建总规模

是指在报告期末所有在建项目的计划总投资。

## 在建净规模

是指报告期末所有在建项目建成投产尚需的投资总量。

在建净规模＝在建总规模－未投产项目（期末在建）累计完成投资。

## 新增固定资产

指报告期内交付使用的固定资产价值。包括本年内建成投入生产或交付使用的工程投资和达到固定资产标准的设备、工具、器具的投资及有关应摊入的费用。该指标是反映固定资产投资成果的价值指标，也是反映建设进度，计算固定资产投资效果的重要指标。

## 固定资产投资按构成分

固定资产投资活动按其工作内容和实现方式分为建筑安装工程，设备、工具、器具购置，其他费用三个部分。

（1）建筑安装工程（建筑工作量）`：指各种房屋、建筑物的建造工程和各种设备、装置的安装工程。在安装工程中，不包括被安装设备本身的价值。

（2）设备、工具、器具购置：指把工业企业生产的产品转为固定资产的购置活动，包括建设单位或企业、事业单位购置或自制达到固定资产标准的设备、工具、器具的价值。新建单位及扩建单位的新建车间，按照设计或计划要求购置或自制的全部设备、工具、器具，不论是否达到固定资产标准均计入“设备、工具、器具购置”中。

（3）其他费用：指在固定资产建造和购置过程中发生的，除建筑安装工程和设备、工器具购置投资完成额以外的费用，不指经营中财务上的其他费用。

## 固定资产投资按资金来源

根据固定资产投资的资金来源不同，分为国家预算内资金、国内贷款、利用外资、自筹资金和其他资金。

（1）本年资金来源合计：指固定资产投资单位在本年内收到的可用于固定资产建造和购置的各种资金，包括上年末结余资金、本年度内拨入或借入的资金以及各种方式筹集的资金。

（2）上年末结余资金：指上年资金来源中没有形成固定资产投资额而结余的资金。包括尚未用到工程上的材料价值、未开始安装的需要安装的设备价值及结存的现金和银行存款等。

## 主要统计指标解释

（3）本年资金来源小计：指固定资产投资单位在报告期收到的，用于固定资产投资的各种货币资金。包括国家预算内资金、国内贷款、债券、利用外资、自筹资金和其他资金。

①国家预算资金自2011年起，按照全国人大和国务院的要求，各级财政的所有资金，包括税收和非税收入，均必须纳入预算管理，我国已不存在预算外资金的概念，因此各级政府用于固定资产投资的财政资金均为预算资金。包括中央预算资金和地方预算资金，旧的国家预算内资金的内容和现中央预算资金的内容基本一致。国家预算包括一般预算、政府性基金预算、国有资本经营预算和社保基金预算。各类预算中用于固定资产投资的资金全部作为国家预算资金填报，其中一般预算中用于固定资产投资的部分包括基建投资、车购税、灾后恢复重建基金和其他财政投资。各级政府债券也应归入国家预算资金。

②国内贷款：指报告期固定资产投资单位向银行及非银行金融机构借入的用于固定资产投资的各种国内借款，包括：银行利用自有资金以及吸收的存款发放的贷款，上级主管部门拨入的国内贷款、国家专项贷款（包括煤代油贷款、劳改煤矿专项贷款等），地方财政专项资金安排的贷款、国内储备贷款、周转贷款等。

③债券：指企业（公司）或金融机构通过发行各种债券，筹集用于固定资产投资的资金。包括由银行代理国家专业投资公司发行的重点企业债券和基本建设债券。

④利用外资：指报告期收到的用于固定资产投资的境外资金（包括设备、材料、技术在内）。包括外商直接投资、对外借款（外国政府、国际金融组织贷款、出口信贷、外国银行商业贷款、对外发行债券和股票）以及外商其他投资（包括补偿贸易和加工装配由外商提供的设备价款、国际租赁）。

⑤自筹资金：指固定资产投资单位报告期收到的，由各地区、各部门及企事业单位筹集用于固定资产投资的预算外资金。

⑥其他资金来源：指在报告期收到的除以上各种资金以外其他用于固定资产投资的资金，包括社会集资，个人资金、无偿捐赠的资金及其他单位拨入的资金等。

### ■ 固定资产投资按建设性质分

（1）新建：一般是指从无到有、“平地起家”开始建设的企、事业和行政或独立的工程单位。有的单位原有的基础很小，经过建设后其新增加的固定资产价值超过原有固定资产价值（原值）三倍以上的也算新建。

（2）扩建：是指为扩大原有产品的生产能力、在厂内或其他地点增建主要生产车间（或主要工程）、独立的生产线或总厂之下的分厂的企业；事业单位和行政单位在原单位增建业务用房（如学校增建教学用房、医院增建门诊部或病床用房、行政机关增建办公楼等）也作为扩建。

（3）改建和技术改造：指现有企业、事业单位，对原有设施进行技术改造或更新（包括相应配套的辅助性生产、生活福利设施）的建设项目。现有企业、事业单位为适应市场变化的需要，而改变企业的主要产品种类（如军工企业转产民用品等）的建设项目，应作为改建。原有产品生产作业线由于各工序（车间）之间能力不平衡，为填平补齐充分发挥原有生产能力而增建不增加本企业主要产品设计能力的车间，也应作为改建。技术改造是指企业、事业单位在现有基础上，用先进的技术代替落后的技术，用先进的工艺和装备代替落后的工艺和装备，以改变企业落后的技术经济面貌，实现以内涵为主的扩大再生产，达到提高产品质量、促进产品更新换代、节约能源、降低消耗、扩大生产规模、全面提高社会经济效益的目的。技术改造具体包括以下内容：机器设备和工具的更新改造；生产工艺改革、节约能源和原材料的改造；厂房建筑和公共设施的改造；劳动条件和生产环境的改造等。

### ■ 新增生产能力（或工程效益）

指在本年度内按照新增生产能力（或工程效益）的计算条件和标准，实际建成投入生产或交付使用的生产能力（或工程效益），即通过固定资产投资活动而增加的设计能力。

计算新增生产能力（或工程效益）是以能独立发挥生产能力（或工程效益）的工程为对象，如一座矿井、一座转炉、一套化工装置、一条铁路专用线等。当工程建成，经有关部门验收鉴定合格，正式移交投入生产，即应计算新增生产能力（或效益）。

新增生产能力的数量，原则上应按设计（计划）

## 主要统计指标解释

能力计算。设计能力指设计中规定的主体工程（或主体设备）及相应配套的辅助工程（或配套设备）在正常情况下能够达到的生产能力。在建设过程中需要调整设计能力时，必须经原有设计的管理机关批准后，才能按批准修改后的能力计算。如尚未批准，仍按原设计能力计算，并加以说明。无设计（或计划）能力的，可根据验收时鉴定能力计算。

建成投产的工程，各生产环节的设备已经配齐，符合计算新增生产能力条件的，应该按工程的全部设计能力计算。各生产环节的设备虽未按设计全部配套建成，但保证生产所需的主体设备、配套设备、主体工程、附属工程都已部分完成，形成生产作业线，经负荷试运转交付使用单位正式投入生产的，只计算设备配齐部分的能力。这部分建成投入生产的工程，填报新增生产能力时，需附有计算依据，并说明工程或主要设备配齐部分的情况，以及尚未建成的工程主要内容或尚缺的设备情况。

### ■ 施工项目个数

指报告期内所有施工的建设项目个数，包括本年新开工的项目和以前年度开工在本年继续施工的建设项目。

### ■ 本年投产项目个数

按设计文件规定的全部生产能力（或效益）在本年内全部建成投产，经验收合格交付使用的建设项目个数。

### ■ 本年房屋施工面积

指报告期内施工的全部房屋建筑面积。包括本期新开工的面积和上期开工跨入本期继续施工的房屋面积，以及上期已停建在本期复工的房屋面积。本期竣工和本期施工后又停缓建的房屋，其建筑面积仍计入本期施工房屋面积中。

### ■ 本年房屋竣工面积

指在报告期内房屋建筑按照设计要求已全部完工，达到住人和使用条件，经验收鉴定合格（或达到竣工验收标准），可正式移交使用的各栋房屋建筑面积的总和。

### ■ 本年竣工房屋价值

指在报告期内竣工房屋本身的建造价值。竣工房屋价值按房屋设计和预算规定的内容计算。竣工房屋本身的基础、结构、房屋、装修以及水、电、卫等附属工程的建造价值，也包括作为房屋建筑组成部分而列入房屋建筑工程预算内的设备（如电梯、通风设备等）的购置和安装费用。不包括厂房内的工艺设备、工艺管线的购置和安装，工艺设备基础的建造，室外的水、暖、电、卫、道路工程、挡土墙等环境工程的费用，办公及生活用家具的购置等费用，购置土地的费用，迁移补偿费和场地平整的费用等。

### ■ 固定资产交付使用率

指一定时期新增固定资产与同期完成投资额的比率。该指标是反映固定资产动用速度，衡量建设过程中宏观投资效果的综合指标。由于新增固定资产是较长时期内形成的结果，而投资额则是当年完成的，因此，该指标一般适宜于反映较长时期内固定资产的动用情况。

### ■ 别墅、高档公寓

指建筑造价和销售价格明显高于一般商品住宅的商品住宅。别墅一般指地处郊区，独立成栋的商品住宅；高档公寓一般指地处市内高尚社区，高层或多层的商品住宅。别墅、高档公寓的确定标准：一是经有房地产投资计划审批权的主管部门审批建设的别墅、高档公寓开发项目；二是销售价格高于当地同等地段商品住宅平均销售价格一倍以上的别墅、公寓开发项目。该指标可以分析房地产投资结构，反映高收入家庭商品住宅的供求平衡情况。

### ■ 商品房销售面积

指报告期内出售商品房屋的合同总面积(即双方签署的正式买卖合同中所确定的建筑面积)。由现房销售建筑面积和期房销售建筑面积两部分组成。

（1）现房销售面积：是指在报告期内正式签订买卖合同、已经竣工达到入住条件的商品房屋建筑面积。包括以一次性付款方式和分期付款方式销售的现房建筑面积。

（2）期房销售面积：是指在报告期内正式签订买卖合同、正在建设尚未竣工交付使用的商品房屋

## 主要统计指标解释

建筑面积。包括以一次性付款方式和分期付款方式销售的商品房屋建筑面积。期房销售建筑面积竣工后不再结转为现房销售建筑面积。

### 完成开发土地面积

指报告期内对土地进行开发并已完成七通一平等前期开发工程，具备进行房屋建筑物施工或达到出让条件的土地面积。

### 本年购置土地面积

指在本年内通过各种方式获得土地使用权的土地面积。

# Explanatory Notes on Main Statistical Indicators

## □ Total Investment in Fixed Assets

Refers to the volume of activities in construction and purchases of fixed assets and related fees, expressed in monetary terms. It is a comprehensive indicator which shows the size, structure and growth of the investment in fixed assets, providing basis for observing the progress of construction projects and evaluating results of investment.

## □ Investment in Fixed Assets

Refers to investment in construction and investment in real estate development.

## □ Investment of Construction

Refers to construction projects involving a total planned(or required)investment of 500,000 yuan and over by enterprises of various types of ownership, institutions, administrative units and individuals investment in real estate development,and private investment.

## □ Investment in Real Estate Development

Refers to investment by real estate development companies, commercialized buildings construction companies and other real estate development units of various types of ownership in the construction of buildings, such as residential buildings, factory buildings, warehouses, hotels, guesthouses, holiday villages, office buildings, and the complementary service facilities and land development projects, such as roads, water supply, water drainage, power supply, heating supply, telecommunications, land leveling and other infrastructural projects. It does not include activities in pure land transactions.

## □ Total Size of Construction

Refers to the planned total investment for all construction projects during the reference period. This item should correspond with projects under work.

## □ Total Size of Investment in Projects under Construction

Refers to the planned total investment of all projects under construction at the end of the reference period.

## □ Net Size of Investment in Projects under Construction

Refers to the outstanding requirement of investment of all projects under construction at the end of the reference period.

Net size of investment in projects under construction= Total size of investment – Accumulated completed investment of projects under construction

## □ Newly Increased Fixed Assets

Refers to the newly increased value of fixed assets, constructed or purchased, that have been transferred to the investor and have been including equipment and instruments.This is an indicator that demnstrates the results of investment in fixed assets in monetary terms, and an important indicator to reflect the speed of construction and to calculate the efficiency of investment.

## □ Investment in Fixed Assets by Structure

By their contents, investment activities are classified into 3 categories, i.e. construction and installation, purchase of equipment and instrument, and other expenses.

(I) Construction and installation (work volume of construction): refers to the construction of various houses and buildings and installation of various kinds of equipment and instruments. The value of equipment installed is not included in the value of installation projects.

(II) Purchase of equipment and instruments: refers to the purchase converting products produced by industrial enterprises to the purchase of fixed assets, including the total value of equipment, tools, and vessels purchased or self - produced. Equipment, tools and vessels purchased or self - produced for new workshops by newly established or expanded units are categorized as "purchase of equipment and instruments" no matter whether they come up to the standards for fixed assets or not.

(III) Other expenses: refer to expenses occurring during the construction or purchase of fixed assets other than construction, installation or purchase of equipment and instruments, excluding other expenses in financial management.

## □ Sources of Funds for Investment in Fixed Assets

Are categorized as funds from the State budget, domestic loans, foreign investment, self-raised funds, and others, depending on the sources of investment.

(I) Total of source of funds in this year: refers to the various funds received by investing enterprises in this year for the purpose of construction and purchase of investment in fixed assets. It includes balance of funds brought forward from the previous year, funds appropriated and brought in this year, and funds collected by various ways.

(II) Balance of funds brought forward from the previous year: refers to the surplus funds which didn't form the investment in fixed assets in the sources of funds in previous year. It includes material values that will be used in the projects, facilities values that must be and will be installed, and surplus cashes and deposits in bank.

(III) Subtotal of source of funds in this year: refers to the monetary funds received by investing enterprises during the reference period for the purpose of investment in fixed assets. It includes funds from state budgetary appropriation, domestic loans, bonds, foreign investment, self-raised funds, and others.

(a) State budgetary appropriation consists of budgetary appropriation and loans from state budget. More specifically, it includes, from the budget of the central government, capital construction fund (operation fund and non-operational fund), special expenses (e.g. expenses on substituting petroleum with coal), loans from repayment, discount fund, expenses on innovation and trial production of new products, expenses on urban construction, expenses on temporary construction by trade departments, development fund for less developed areas, as well as local budgetary fund transferred from the central budget.

(b) Domestic loans refer to loans of various forms borrowed by investing units from banks and non-bank financial institutions during the reference period, including loans issued by banks from their self-owned funds and deposit, loans appropriated by higher responsible authorities, special loans by government (including loan for substituting petroleum with coal, special loan for reform-through-labour coal mines), loans arranged by local government from special funds, domestic reserve loan, and working loan, etc.

(c) Bonds refer to the funds collected by enterprises or financial institutions by bonds issuance for the purpose of investment in fixed assets. It includes emphasis enterprises bonds issued by banks substituting special nation investment enterprises and capital construction bonds.

(d) Foreign Investment refers to foreign funds received during the reference period for investment in fixed assets (covering equipment, materials and technology), including foreign direct investment, foreign borrowings (loans from foreign governments and international financial institutions, export credit, commercial loans from foreign banks, issuance of bonds and stocks overseas), and other foreign investment (covering facilities' funds provided by foreign investment by compensation trade and processing & assembly, as well as international lease).

(e) Self-raised funds refer to extra-budgetary funds for investment in fixed assets received by investing units from central government ministries, local governments, enterprises and institutions during the reference period.

(f) Others refer to funds for investment in fixed assets received from the sources other than those listed above, including funds raised from social and individuals, through donations, and funds transferred from other units.

## □ Investment in Fixed Assets by Type of Construction

(I) New construction in general: refers to newly constructed enterprises, institutions, administrative agencies or independent projects from scratch. In case the asset of the existing unit is quite small, and the value of newly added fixed assets exceeds the original value of assets by three times, the expansion will be considered as new construction.

(II) Expansion: refers to construction of new major production workshop, branch factory or independent production line within a factory or in other locations, for the purpose of increasing the production capacity (or improving efficiency) of the original products. Newly constructed houses for the operation of institutions and administrative organizations (such as the newly constructed buildings for teaching in schools, buildings for clinics or wards in hospitals, buildings for administrative agencies, etc.) are also classified as expansion.

(III) Reconstruction and Technical Transformation: refer to construction projects by existing enterprises or institutions in innovation or technical transformation of the old facilities

EXPLANATORY NOTES TO MAJOR STATISTICAL INDICATORS

(including auxiliary production equipment and welfare facilities). Also considered as reconstruction is the construction of new workshops by the existing enterprises or institutions to change the variety of products to meet the market demand (such as the production of civil products by defence industries), or to bring the designed production capacity into full play through a more balanced production process on production lines. Technical transformation refers to replacement of old technology or equipment by new technology or equipment, in order to expand the reproduction through improvement of technology contents in production, to improve product quality, to promote new products, to save energy and reduce consumption and to improve overall social-economic efficiency. Contents of technical transformation include: updating of machinery, equipment and tools; reforming production process by using energy or materials saving technology; construction of factory workshops and transformation of public facilities; improvement of working conditions and environment, etc.

## □ Newly Increased Production Capacity (or Project Efficiency)

Refers to the production capacity put into produce or put into use actually according to calculation conditions and standards of newly increased production capacity (or project efficiency) in the reference period, that is increase of designed capacity (or project efficiency) through investment in fixed assets.

The target of calculation of newly increased production capacity (project efficiency) is project can produce production capacity (or project efficiency) independently, such as a mineral well, a turn kiln, a set of chemical appliance, a special rail line, etc. When the project completes and has been checked, accepted and formally put into production, it can be calculate as newly increased production capacity (or project efficiency).

Newly increased production capacity is calculated according to design capacity (or plan capacity). Design capacity refers to the production capacity of major projects (or major facilities) and subsidiary projects (or subsidiary facilities) which can be come true in normal situation. When there are some changes in construction process of design capacity, the new capacity can be calculated after the approval of management. If it didn't have the approval, it must be calculated by original design capacity and give a explanation. If it hasn't design capacity, it can be calculated by the capacity according to checkout and verification.

Newly increased production capacity of projects completed and put into produce, whose facilities are assorted in every part and correspond with conditions of calculation is calculated by total design capacity. If the total facilities aren't assorted while a part of major and subsidiary facilities and projects complete that can meet the need of production and put into produce, the newly increased production capacity is calculated by capacity of assorted part. When newly increased production capacity is infilled and reported the projects put into produce must have calculation warranty and give an explanation of situation of projects and major parts assorted, major content of projects uncompleted and missing facilities.

## □ Number of Projects under Construction

Refers to the number of projects having construction in the reference period, including new projects in current year and projects started in the reference period and continued in current year.

## □ Number of Projects Put into Produce

Refers to the number of projects completed and have been checked, accepted and formally put into use in this year according to total production capacity (or efficiency) prescribed in design document.

## □ Floor Space under Construction in this Year

Refers to total floor space of all buildings under construction during the reference period, including floor space of newly started buildings during the reference period, floor space of construction extended from the previous period to the current period, and floor space of construction suspended during the previous period and resumed in the current period. Floor space of construction completed in the current period, and floor space of construction started and then suspended in the current period are also included in the floor space under construction of the current year.

## □ Floor Space of Buildings Completed in this Year

Refers to the floor space of all buildings completed in the reference period, which have been appraised and accepted (or come up to the designed standards) and have been transferred to the owners for use.

## Value of Buildings Completed in this Year

Refers to the intrinsic construction value of buildings completed in the reference period. It is figured by the rules of buildings design and budget, which not only includes the construction value of foundations, structure, furnishings, subsidiary projects such as water, electricity, toilet, etc. but also includes purchase and installation expenditures of facilities (such as lift, ventilation, etc.) listed into buildings budget as component of building construction. It excludes the purchase and installation of technical facilities, leads and lines in factories, construction of technical facilities' basis, expenditures of environment projects such as water, eructate, electricity, toilet, road projects, wall fended to earth outside, purchase of furniture in office or house, purchase of lands, as well as expenditures of move compensation and land leveling etc.

## Rate of Projects of Fixed Assets Completed and Put into Operation

Refers to the ratio of the newly increased fixed assets to the total investment made in the same period. This is a comprehensive indicator reflecting the speed of the employment of fixed assets and the investment efficiency at the macro-level. As the newly increase fixed assets is the result of a long period while the investment is completed in the current year, this indicator is expected to be used to reflect the employment of fixed assets over a long period of time.

## Villas, High-Grade Apartments

Refer to commercial houses whose construction costs and marketing prices are significantly higher than ordinary housing. Villas are independent structures generally located in the suburbs; high-grade apartments are multi-story buildings located in elegant urban neighborhoods. Criteria for villas and high-grade apartments include: I) projects for the construction of villas or high-grade apartments have to be approved by competent departments in charge of real estate development and investment plans, and II) prices for projects on villas or high-grade apartments are higher by over 100% compared with the average prices of ordinary commercial housing projects in similar location. This indicator helps to analyze the investment structure of the real estate industry and the demand and supply of housing for high-income households.

## Floor Space of Commercial Buildings Actually Sold

Refers to the total contracted floor space of commercial buildings actually sold in reporting period(the floor space provided in the formal contract),which consists of the floor space of the sold completed buildings and the floor space of the sold forward-delivery buildings.

(I) Floor Space of Sold Completed Buildings refers to the floor space of the completed commercial buildings prepared for occupancy with the formally signed sales contract in the reporting period, including the floor space of the completed buildings purchased by one-off payment and by installment.

(II) Floor Space of Sold Forward-Delivery Buildings refers to the floor space of the uncompleted commercial buildings still under construction with the formally signed sales contract in the reporting period, including the floor space of the commercial buildings purchased by one-off payment and by installment. The floor space of sold forward-delivery buildings,afer completion,will not be carried forward into the floor space of sold completed buildings.

## Developed Land Area Completed

Refers to the land area of land development and prophase development projects completed, which can carry out construction or remise.

## Purchased Land Area in Current Year

Refers to the land area accessible by various means in current year.

# 第5章

# 能源消费
# ENERGY CONSUMPTION

# 简要说明
BRIEF INTRODUCTION

本章主要内容包括能源消费及品种构成，能源消费弹性系数，平均每万元GDP能源消费量及日均能源消费量，综合能源平衡表，按工业行业分的能源消费量和工业产值综合能耗。

本章资料由市统计局能源资源统计处根据有关资料和调查结果编制。

The data in this chapter mainly cover energy consumption and its composition, the elasticity ratio of energy consumption, average energy consumption per 10,000 yuan of GDP, average daily energy consumption, overall energy balance sheet, energy consumption by industrial sector and comprehensive energy consumption per unit output value.

This chapter is compiled by Division of Industry and Transport Statistics, Chongqing Municipal Bureau of Statistics on the basis of the related materials and the results of surveys.

# 表5.1 主要年份能源消费总量
## TOTAL CONSUMPTION OF ENERGY IN MAJOR YEARS

单位：万吨标准煤 (10 000 tons of SCE)

| 年 份<br>Year | 能源消费总量<br>Total Consumption of Energy | 其 中 of which<br>煤 炭<br>Coal | 天然气<br>Natural Gas | 油 料<br>Oil | 一次电力及其他能源<br>Primary Electricity and Other Energy |
|---|---|---|---|---|---|
| 1949 | 91.71 | 88.97 | | 2.06 | 0.68 |
| 1952 | 155.47 | 150.64 | | 3.43 | 1.40 |
| 1957 | 263.73 | 247.95 | 3.41 | 7.00 | 5.37 |
| 1962 | 476.37 | 429.30 | 18.20 | 14.21 | 14.66 |
| 1965 | 342.88 | 295.00 | 19.65 | 9.85 | 18.38 |
| 1970 | 469.56 | 379.80 | 50.13 | 14.04 | 25.59 |
| 1975 | 651.21 | 514.03 | 78.58 | 21.99 | 36.61 |
| 1978 | 889.20 | 703.87 | 103.87 | 32.20 | 49.26 |
| 1980 | 985.59 | 752.60 | 129.08 | 40.53 | 63.38 |
| 1981 | 1004.30 | 766.33 | 137.82 | 33.83 | 66.32 |
| 1982 | 1050.33 | 794.01 | 138.62 | 48.30 | 69.40 |
| 1983 | 1110.05 | 838.14 | 148.22 | 51.06 | 72.63 |
| 1984 | 1160.49 | 872.47 | 151.97 | 60.05 | 76.00 |
| 1985 | 1241.40 | 938.21 | 160.83 | 62.83 | 79.53 |
| 1986 | 1271.14 | 938.66 | 173.38 | 75.61 | 83.49 |
| 1987 | 1395.65 | 1036.28 | 195.61 | 76.12 | 87.64 |
| 1988 | 1513.18 | 1157.08 | 183.73 | 80.37 | 92.00 |
| 1989 | 1565.46 | 1194.44 | 190.36 | 84.08 | 96.58 |
| 1990 | 1516.59 | 1130.76 | 196.44 | 88.00 | 101.39 |
| 1991 | 1558.56 | 1151.68 | 197.06 | 96.63 | 113.19 |
| 1992 | 1601.01 | 1172.98 | 198.32 | 103.34 | 126.37 |
| 1993 | 1644.85 | 1194.68 | 200.89 | 108.20 | 141.08 |
| 1994 | 1696.72 | 1216.78 | 216.74 | 105.70 | 157.50 |
| 1995 | 1776.91 | 1239.85 | 258.36 | 102.87 | 175.83 |
| 1996 | 1871.09 | 1317.32 | 260.86 | 97.39 | 195.52 |
| 1997 | 2030.13 | 1383.98 | 282.80 | 145.47 | 217.88 |
| 1998 | 2119.46 | 1393.43 | 291.30 | 183.62 | 251.11 |
| 1999 | 2278.42 | 1495.55 | 308.19 | 196.34 | 278.34 |
| 2000 | 2410.82 | 1599.80 | 312.20 | 202.17 | 296.65 |
| 2001 | 2573.68 | 1700.43 | 322.51 | 206.20 | 344.54 |
| 2002 | 2823.05 | 1928.90 | 331.87 | 213.84 | 348.44 |
| 2003 | 3137.90 | 2206.42 | 349.11 | 220.81 | 361.56 |
| 2004 | 3368.41 | 2205.08 | 403.52 | 379.97 | 379.84 |
| 2005 | 3527.26 | 2265.63 | 472.15 | 411.86 | 377.62 |
| 2006 | 3891.22 | 2554.63 | 532.67 | 469.11 | 334.81 |
| 2007 | 4508.40 | 2706.06 | 578.95 | 549.12 | 674.27 |
| 2008 | 4706.65 | 2832.34 | 648.38 | 600.57 | 625.36 |
| 2009 | 5124.82 | 3108.52 | 657.91 | 619.75 | 738.64 |
| 2010 | 5810.82 | 3454.05 | 752.49 | 741.20 | 863.08 |
| 2011 | 6426.95 | 4116.99 | 821.82 | 912.06 | 576.08 |
| 2012 | 6798.25 | 4152.42 | 943.86 | 933.99 | 767.98 |
| 2013 | 7253.91 | 4584.83 | 959.97 | 1036.00 | 673.11 |
| 2014 | 7693.96 | 4641.78 | 1092.25 | 1034.39 | 925.53 |
| 2015 | 8068.14 | 4653.93 | 1175.32 | 1164.12 | 1074.77 |
| 2016 | 8271.97 | 4462.69 | 1187.96 | 1263.30 | 1358.02 |

注：本表各年能源品种均已折合为按当量值计算的吨标准煤。
Note: All sorts of energy consumption has been converted into tons of SCE calculated in equivalent value.

# 表5.2 规模以上工业按行业分能源消费量（2015－2016年）

## ENERGY CONSUMPTION OF ENTERPRISES ABOVE DESIGNATED SIZE BY SECTOR (2015-2016)

| 行业 | Sector | 原煤（吨） Coal (ton) | | 焦炭（吨） Coke (ton) | |
|---|---|---|---|---|---|
| | | 2015 | 2016 | 2015 | 2016 |
| **工业消费总量** | **Total Industry Consumption** | **52283431** | **49343588** | **2048783** | **1481181** |
| **采矿业** | **Mining** | **21488301** | **18832242** | **1631** | **2538** |
| 煤炭开采和洗选业 | Mining and Washing of Coal | 21038878 | 18361475 | 10 | |
| 石油和天然气开采业 | Extraction of Petroleum and Natural Gas | | | | |
| 黑色金属矿采选业 | Mining and Processing of Ferrous Metal Ores | 19475 | 8576 | 11 | 13 |
| 有色金属矿采选业 | Mining and Processing of Non-Ferrous Metal Ores | | | | |
| 非金属矿采选业 | Mining and Processing of Non-metal Ores | 429948 | 462191 | 1610 | 2525 |
| 开采辅助活动 | Auxiliary Minning Operations | | | | |
| 其他采矿业 | Mining and Dressing of Other Ores | | | | |
| **制造业** | **Manufacturing** | **17975055** | **17409199** | **2047152** | **1478643** |
| 农副食品加工业 | Processing of Food from Agricultural Products | 177342 | 174230 | | |
| 食品制造业 | Manufacture of Foods | 159094 | 211152 | | |
| 酒、饮料和精制茶制造业 | Manufacture of Beverage | 93328 | 88509 | | |
| 烟草制品业 | Manufacture of Tobacco | 8132 | 7731 | | |
| 纺织业 | Manufacture of Textile | 57486 | 40103 | | |
| 纺织服装、服饰业 | Manufacture of Textile Garments, Footwear and Headgear | 64 | 91 | | |
| 皮革、毛皮、羽毛及其制品和制鞋业 | Leather, Fur, Feather, Down and Related Products | 9727 | 12117 | | |
| 木材加工及木、竹、藤、棕、草制品业 | Processing of Timber and Manufacture of Wood, Bamboo, Rattan, Palm, and Straw Products | 14149 | 16353 | | |
| 家具制造业 | Manufacture of Furniture | 5113 | 2703 | | |
| 造纸及纸制品业 | Manufacture of Paper and Paper Products | 1605694 | 1448744 | | |
| 印刷业、记录媒介的复制 | Printing, Reproduction of Recording Media | 13859 | 15380 | | |
| 文教、工美、体育和娱乐用品制造业 | Manufacture of Culture, Education and Sports Articles | 853 | 358 | | |
| 石油加工、炼焦及核燃料加工业 | Processing of Petroleum, Coking, Processing of Nuclear Fuel | 662305 | 250642 | | |

| 汽 油（吨）<br>Gasoline (ton) | | 煤 油（吨）<br>Kerosene (ton) | | 柴 油（吨）<br>Diesel Oil (ton) | | 天然气（万立方米）<br>Natural Gas (10 000 cu.m) | | 电 力（万千瓦时）<br>Electricity (10 000 kw.h) | |
|---|---|---|---|---|---|---|---|---|---|
| 2015 | 2016 | 2015 | 2016 | 2015 | 2016 | 2015 | 2016 | 2015 | 2016 |
| **128451** | **136996** | **4828** | **4774** | **274654** | **283118** | **622184** | **710780** | **6246045** | **6246652** |
| **6614** | **4738** | **323** | **554** | **44473** | **38882** | **13548** | **21154** | **216635** | **193959** |
| 5707 | 3723 | 83 | 66 | 12443 | 8935 | | 28 | 150164 | 123719 |
| 244 | 233 | | | 28 | 36 | 13449 | 21090 | 1813 | 2900 |
| 50 | 27 | | | 615 | 212 | 99 | 36 | 3626 | 2422 |
| 61 | 27 | | | 89 | 87 | | | 1420 | 1079 |
| 552 | 728 | 240 | 488 | 31298 | 29612 | | | 59612 | 63839 |
| **114536** | **125279** | **4462** | **4207** | **214596** | **233396** | **585353** | **649410** | **5082524** | **5030826** |
| 3303 | 3646 | | 20 | 2541 | 2546 | 7023 | 9858 | 70220 | 83708 |
| 2084 | 2521 | | | 2638 | 3031 | 4457 | 5939 | 30595 | 33356 |
| 1293 | 1204 | 1 | | 2362 | 1930 | 3511 | 3466 | 30080 | 31245 |
| 225 | 171 | | 1 | 245 | 169 | 727 | 840 | 6423 | 6799 |
| 596 | 738 | 1 | | 292 | 223 | 1091 | 1331 | 67791 | 63160 |
| 605 | 510 | | | 121 | 145 | 605 | 539 | 9922 | 7754 |
| 1169 | 1251 | | 2 | 102 | 105 | 602 | 476 | 13437 | 11111 |
| 445 | 473 | | 31 | 785 | 638 | 56 | 39 | 22308 | 21380 |
| 1109 | 879 | 3 | 1 | 437 | 605 | 46 | 40 | 8252 | 8444 |
| 678 | 531 | 2 | 10 | 7296 | 5899 | 1721 | 1566 | 215936 | 227508 |
| 1396 | 1385 | 2 | | 671 | 735 | 1252 | 1507 | 24895 | 30291 |
| 136 | 202 | | | 62 | 85 | 100 | 86 | 2842 | 3846 |
| 551 | 88 | 30 | | 1343 | 1112 | 145 | 162 | 5326 | 3589 |

**表5.2 续表 continued**

| 行 业 | Sector | 原 煤（吨） Coal (ton) | | 焦 炭（吨） Coke (ton) | |
|---|---|---|---|---|---|
| | | 2015 | 2016 | 2015 | 2016 |
| 化学原料及化学制品制造业 | Manufacture of Raw Chemical Materials and Chemical Products | 3895824 | 3939084 | 137698 | 228432 |
| 医药制造业 | Manufacture of Medicines | 97053 | 101272 | | |
| 化学纤维制造业 | Manufacture of Chemical Fibres | | | | |
| 橡胶和塑料制品业 | Plastic Products | 108270 | 121585 | 17 | 8 |
| 非金属矿物制品业 | Manufacture of Non-metallic Mineral Products | 7829219 | 7895276 | | |
| 黑色金属冶炼及压延加工业 | Smelting and Pressing of Ferrous Metals | 569271 | 363567 | 1880185 | 1220217 |
| 有色金属冶炼及压延加工业 | Smelting and Pressing of Nonferrous Metals | 2595530 | 2654067 | 31 | 2645 |
| 金属制品业 | Manufacture of Metal Products | 6588 | 5242 | 10 | |
| 通用设备制造业 | Manufacture of General Purpose Machinery | 15523 | 16892 | 9500 | 9202 |
| 专用设备制造业 | Manufacture of Special Purpose Machinery | 4575 | 4457 | 427 | 379 |
| 汽车制造业 | Manufacture of Automobile | 19804 | 15535 | 17047 | 17256 |
| 铁路、传播、航空航天和其他运输设备制造业 | Manufacture of Railway ,Ship,Aeronautics and Other Transport Equipment | 3629 | 2801 | 1841 | 313 |
| 电气机械和器材制造业 | Manufacture of Electrical Machinery and Equipment | 1809 | 1408 | 274 | 93 |
| 计算机、通信和其他电子设备制造业 | Manufacture of Communication Equipment, Computers and Other Electronic Equipment | 3756 | 5021 | | |
| 仪器仪表及文化、办公用机械制造业 | Manufacture of Measuring Instruments and Machinery for Cultural Activity and Office Work | 217 | 498 | 122 | 97 |
| 其他制造业 | Other Manufactures | 80 | 72 | | |
| 废弃资源综合利用业 | Comprehensive Utilization of Waste | 16752 | 14302 | | |
| 金属制品、机械和设备修理业 | Repair of Metal Products, Machinery and Equipment | 9 | 10 | | |
| **电力、燃气及水的生产和供应业** | **Electric Power, Gas and Water Production and Supply** | **12820075** | **13102146** | | |
| 电力、热力生产和供应业 | Production and Supply of Electric Power and Heat Power | 12820075 | 13102146 | | |
| 燃气生产和供应业 | Production and Supply of Gas | | | | |
| 水的生产和供应业 | Production and Supply of Water | | | | |

| 汽　油（吨）<br>Gasoline (ton) | | 煤　油（吨）<br>Kerosene (ton) | | 柴　油（吨）<br>Diesel Oil (ton) | | 天然气（万立方米）<br>Natural Gas (10 000 cu.m) | | 电　力（万千瓦时）<br>Electricity (10 000 kw.h) | |
|---|---|---|---|---|---|---|---|---|---|
| 2015 | 2016 | 2015 | 2016 | 2015 | 2016 | 2015 | 2016 | 2015 | 2016 |
| 4994 | 3948 | 83 | 80 | 6429 | 6596 | 393932 | 438894 | 819428 | 803859 |
| 1422 | 1751 | 1 | | 1088 | 1157 | 7442 | 7749 | 52629 | 73507 |
| 37 | 33 | 9 | 4 | 31 | 18 | | | 7970 | 14303 |
| 2726 | 3122 | 28 | 27 | 2902 | 2843 | 3139 | 5190 | 142953 | 133825 |
| 4959 | 7751 | 148 | 101 | 124712 | 137915 | 67950 | 74038 | 810890 | 810297 |
| 2141 | 1906 | 23 | | 6251 | 5227 | 9925 | 9181 | 725149 | 582657 |
| 834 | 729 | 3 | 2 | 2436 | 2393 | 21212 | 22820 | 831090 | 756755 |
| 3123 | 3344 | 88 | 86 | 3063 | 3381 | 16994 | 18813 | 99113 | 114008 |
| 4852 | 4539 | 191 | 368 | 5727 | 5707 | 2715 | 2812 | 82289 | 83736 |
| 2741 | 3132 | 95 | 112 | 2086 | 2369 | 435 | 567 | 48273 | 50676 |
| 54877 | 62386 | 771 | 594 | 28044 | 35166 | 24980 | 27990 | 493800 | 541544 |
| 8642 | 8806 | 1108 | 1145 | 7145 | 7659 | 10722 | 9308 | 158562 | 148225 |
| 4422 | 4983 | 27 | 27 | 2503 | 3152 | 2527 | 3044 | 75268 | 89178 |
| 1911 | 2287 | | | 2505 | 1675 | 1562 | 2562 | 204467 | 265774 |
| 2929 | 2526 | 1807 | 1481 | 464 | 479 | 44 | 54 | 10324 | 19838 |
| 57 | 118 | | | 21 | 20 | 405 | 542 | 1968 | 2452 |
| 21 | 94 | 41 | 113 | 284 | 406 | 33 | | 7052 | 5171 |
| 258 | 223 | | | 10 | 11 | | | 3272 | 2829 |
| **7301** | **6980** | **43** | 13 | **15585** | **10840** | **23283** | **40216** | **946886** | **1021867** |
| 5528 | 5664 | 12 | 12 | 15100 | 10348 | 18657 | 36869 | 857764 | 927883 |
| 934 | 923 | 30 | | 317 | 339 | 4622 | 3344 | 12476 | 11450 |
| 839 | 392 | 1 | 1 | 168 | 153 | 4 | 3 | 76646 | 82533 |

# 表5.3 规模以上工业企业产值综合能耗（2015－2016年）

## COMPREHENSIVE ENERGY CONSUMPTION OF INDUSTRIAL ENTERPRISES ABOVE DESIGNATED SIZE PER UNIT OUTPUT VALUE (2015-2016)

| 行业 | Sector | 综合能源消费量（吨标准煤） Comprehensive Energy Consumption (ton of SCE) | | 产值能耗（吨标准煤/万元） Energy Consumption per Unit Output Value (ton of SCE/10 000 yuan) | |
|---|---|---|---|---|---|
| | | 2015 | 2016 | 2015 | 2016 |
| **工业消费总量** | **Total Industry Consumption** | **39594244** | **39752781** | **0.18** | **0.17** |
| **采矿业** | **Mining** | **2407448** | **2290576** | **0.42** | **0.42** |
| 煤炭开采和洗选业 | Mining and Washing of Coal | 1877650 | 1656500 | 0.53 | 0.61 |
| 石油和天然气开采业 | Extraction of Petroleum and Natural Gas | 177293 | 278032 | 0.29 | 0.34 |
| 黑色金属矿采选业 | Mining and Processing of Ferrous Metal Ores | 54466 | 31231 | 0.43 | 0.24 |
| 有色金属矿采选业 | Mining and Processing of Non-Ferrous Metal Ores | 1788 | 1330 | 0.03 | 0.02 |
| 非金属矿采选业 | Mining and Processing of Non-metal Ores | 296252 | 323483 | 0.21 | 0.19 |
| 开采辅助活动 | Auxiliary Mining Operations | | | | |
| 其他采矿业 | Mining and Dressing of Other Ores | | | | |
| **制造业** | **Manufacturing** | **29534685** | **29708576** | **0.15** | **0.13** |
| 农副食品加工业 | Processing of Food from Agricultural Products | 331717 | 387368 | 0.04 | 0.04 |
| 食品制造业 | Manufacture of Foods | 228637 | 258875 | 0.10 | 0.10 |
| 饮料制造业 | Manufacture of Beverage | 153913 | 150464 | 0.08 | 0.06 |
| 烟草制品业 | Manufacture of Tobacco | 22302 | 23859 | 0.01 | 0.02 |
| 纺织业 | Manufacture of Textile | 141284 | 128528 | 0.07 | 0.06 |
| 纺织服装、服饰业 | Manufacture of Textile Wearing Apparel, Footware and Caps | 18976 | 17029 | 0.02 | 0.01 |
| 皮革、毛皮、羽毛及其制品和制鞋业 | Manufacture of Leather, Fur, Feather and Related Products | 32981 | 30389 | 0.02 | 0.01 |
| 木材加工及木、竹、藤、棕、草制品业 | Processing of Timber and Manufacture of Wood, Bamboo, Rattan, Palm, and Straw Products | 54616 | 56851 | 0.07 | 0.05 |
| 家具制造业 | Manufacture of Furniture | 14757 | 13417 | 0.01 | 0.02 |
| 造纸及纸制品业 | Manufacture of Paper and Paper Products | 1282674 | 1246861 | 0.46 | 0.41 |
| 印刷业、记录媒介的复制 | Printing, Reproduction of Recording Media | 58395 | 68873 | 0.03 | 0.04 |
| 文教体育用品制造业 | Manufacture of Culture, Education and Sports Articles | 5619 | 6412 | 0.01 | |
| 石油加工、炼焦及核燃料加工业 | Processing of Petroleum, Coking, Processing of Nuclear Fuel | 181470 | 62415 | 0.27 | 0.10 |

**表5.3 续表 continued**

| 行　业 | Sector | 综合能源消费量（吨标准煤）Comprehensive Energy Consumption (ton of SCE) 2015 | 2016 | 产值能耗（吨标准煤/万元）Energy Consumption per Unit Output Value (ton of SCE/10 000 yuan) 2015 | 2016 |
|---|---|---|---|---|---|
| 化学原料及化学制品制造业 | Manufacture of Raw Chemical Materials and Chemical Products | 9479661 | 10160850 | 1.03 | 1.04 |
| 医药制造业 | Manufacture of Medicines | 242198 | 290530 | 0.05 | 0.04 |
| 化学纤维制造业 | Manufacture of Chemical Fibres | 35490 | 53120 | 0.26 | 0.24 |
| 橡胶和塑料制品业 | Manufacture of Rubber and Plastics | 309614 | 312646 | 0.06 | 0.06 |
| 非金属矿物制品业 | Manufacture of Non-metallic Mineral Products | 8594972 | 8819086 | 0.76 | 0.68 |
| 黑色金属冶炼及压延加工业 | Smelting and Pressing of Ferrous Metals | 3311685 | 2485282 | 0.46 | 0.41 |
| 有色金属冶炼及压延加工业 | Smelting and Pressing of Nonferrous Metals | 2638106 | 2563681 | 0.34 | 0.31 |
| 金属制品业 | Manufacture of Metal Products | 327742 | 365861 | 0.06 | 0.06 |
| 通用设备制造业 | Manufacture of General Purpose Machinery | 168987 | 170842 | 0.02 | 0.02 |
| 专用设备制造业 | Manufacture of Special Purpose Machinery | 72592 | 77619 | 0.02 | 0.02 |
| 汽车制造业 | Manufacture of Transport Equipment | 994519 | 1063571 | 0.02 | 0.02 |
| 铁路、船舶、航空航天和其他运输设备制造业 | Manufacture of Railway, Ship, Aviation and Transporting Equipment | 350070 | 319572 | 0.02 | 0.02 |
| 电气机械及器材制造业 | Manufacture of Electrical Machinery and Equipment | 133299 | 155425 | 0.01 | 0.01 |
| 通信设备、计算机及其他电子设备制造业 | Manufacture of Communication Equipment, Computers and Other Electronic Equipment | 272091 | 355836 | 0.01 | 0.01 |
| 仪器仪表制造业 | Manufacture of Measuring Instruments and Machinery for Cultural Activity and Office Work | 20682 | 29105 | 0.01 | 0.02 |
| 其他制造业 | Other Manufacture | 28747 | 12894 | 0.04 | 0.08 |
| 废弃资源综合利用业 | Comprehensive Utilization of Waste Resources | 22562 | 17591 | 0.06 | 0.07 |
| 金属制品、机械和设备修理业 | Repair of Metal Products, Machinery and Equipment | 4326 | 3724 | 0.03 | 0.02 |
| **电力、热力、燃气及水的生产和供应业** | **Electric Power, Heat Gas and Water Production and Supply** | **7652110** | **7753630** | **0.80** | **0.77** |
| 电力、热力的生产和供应业 | Production and Supply of Electric Power and Heat Power | 7479022 | 7592525 | 1.00 | 0.99 |
| 燃气生产和供应业 | Production and Supply of Gas | 77976 | 59489 | 0.04 | 0.03 |
| 水的生产和供应业 | Production and Supply of Water | 95112 | 101616 | 0.32 | 0.30 |

# 表5.4 规模以上工业按行业分取水量（2016年）

## WATER CONSUMPTION OF ENTERPRISES ABOVE DESIGNATED SIZE BY SECTOR (2016)

| 行 业 | Sector | 取水量 Water Consumption | | | 外供水量 Water Supply from Outside | | |
|---|---|---|---|---|---|---|---|
| | | 报告期 Reporting Period | 上年同期 Period of Previous Year | 同比增长 (%) Up YOY (%) | 报告期 Reporting Period | 上年同期 Period of Previous Year | 同比增长 (%) Up YOY (%) |
| **工业取水量** | **Total Water Consumption** | **178937.01** | **170826.15** | **4.7** | **112175.53** | **105875.80** | **6.0** |
| **采矿业** | **Mining** | **5996.44** | **6031.48** | **-0.6** | **73.65** | **107.12** | **-31.3** |
| 煤炭开采和洗选业 | Mining and Washing of Coal | 4108.47 | 4099.70 | 0.2 | 73.65 | 107.12 | -31.3 |
| 石油和天然气开采业 | Extraction of Petroleum and Natural Gas | 105.66 | 388.94 | -72.8 | | | |
| 黑色金属矿采选业 | Mining and Processing of Ferrous Metal Ores | 26.20 | 26.16 | 0.2 | | | |
| 有色金属矿采选业 | Mining and Processing of Non-Ferrous Metal Ores | 4.76 | 4.72 | 0.9 | | | |
| 非金属矿采选业 | Mining and Processing of Non-metal Ores | 1751.35 | 1511.96 | 15.8 | | | |
| 开采辅助活动 | Auxiliary Mining Operations | | | | | | |
| 其他采矿业 | Mining and Dressing of Other Ores | | | | | | |
| **制造业** | **Manufacturing** | **45702.13** | **43688.36** | **4.6** | **2560.94** | **2564.47** | **-0.1** |
| 农副食品加工业 | Processing of Food from Agricultural Products | 1395.19 | 1242.44 | 12.3 | | 0.54 | |
| 食品制造业 | Manufacture of Foods | 777.13 | 734.59 | 5.8 | | 2.22 | |
| 酒、饮料和精制茶制造业 | Liquor, Beverage and Refined Tea | 994.25 | 1023.53 | -2.9 | 77.63 | 79.04 | -1.8 |
| 烟草制品业 | Manufacture of Tobacco | 79.81 | 77.93 | 2.4 | | | |
| 纺织业 | Manufacture of Textile | 422.56 | 442.81 | -4.6 | 5.67 | 11.64 | -51.3 |
| 纺织服装、服饰业 | Manufacture of Textile Wearing Apparel and Caps | 84.59 | 100.49 | -15.8 | | | |
| 皮革、毛皮、羽毛（绒）及其制品业和制鞋业 | Manufacture of Leather, Fur, Feather and Related Products and footware | 131.06 | 131.66 | -0.5 | | 5.14 | |
| 木材加工及木、竹藤、棕、草制品业、 | Processing of Timber, Manufacture of Wood, Bamboo, Rattan, Palm, and Straw Products | 91.84 | 98.53 | -6.8 | | | |
| 家具制造业 | Manufacture of Furniture | 40.48 | 32.22 | 25.6 | | | |
| 造纸及纸制品业 | Manufacture of Paper and Paper Products | 4662.40 | 4355.21 | 7.1 | | | |
| 印刷业、记录媒介的复制 | Printing, Reproduction of Recording Media | 171.47 | 150.09 | 14.2 | | | |
| 文教、工美、体育和娱乐用品制造业 | Manufacture of Culture, Education, Handicraft, Fine Arts, Sports and Entertainment Articles | 23.76 | 21.36 | 11.2 | | | |
| 石油加工、炼焦及燃料加工业 | Processing of Petroleum, Coking, Processing of Nuclear Fuel | 125.32 | 162.10 | -22.7 | | | |

注：由于国家统计局调整了工业用水量调查的方法制度，包括相关的指标口径和指标解释，故数据与往年公布的不可比。

Note: Due to the adjustment of the survey method and system of water consumption for industrial use by the NBS, including the statistic scope and data interpretation, the data hereof is incomparable with the date in the previous years.

表5.4 续表 continued

| 行　业 | Sector | 取水量 Water Consumption | | | 外供水量 Water Supply from Outside | | |
|---|---|---|---|---|---|---|---|
| | | 报告期 Reporting Period | 上年同期 Period of Previous Year | 同比增长 (%) Up YOY (%) | 报告期 Reporting Period | 上年同期 Period of Previous Year | 同比增长 (%) Up YOY (%) |
| 化学原料及化学制品制造业 | Manufacture of Raw Chemical Materials and Chemical Products | 14858.62 | 14120.41 | 5.2 | 262.78 | 357.17 | -26.4 |
| 医药制造业 | Manufacture of Medicines | 1400.78 | 1446.11 | -3.1 | 9.22 | 10.08 | -8.5 |
| 化学纤维制造业 | Manufacture of Chemical Fibres | 72.39 | 44.70 | 62.0 | | | |
| 橡胶和塑料制品业 | Manufacture of Rubber and Plastics | 458.72 | 472.09 | -2.8 | | | |
| 非金属矿物制品业 | Manufacture of Non-metallic Mineral Products | 5280.85 | 5119.18 | 3.2 | 18.00 | 19.19 | -6.2 |
| 黑色金属冶炼及压延加工业 | Smelting and Pressing of Ferrous Metals | 1947.49 | 2506.95 | -22.3 | 76.22 | 103.24 | -26.2 |
| 有色金属冶炼及压延加工业 | Smelting and Pressing of Nonferrous Metals | 4205.04 | 3798.58 | 10.7 | 2047.87 | 1883.25 | 8.7 |
| 金属制品业 | Manufacture of Metal Products | 478.71 | 455.86 | 5.0 | 62.99 | 60.15 | 4.7 |
| 通用设备制造业 | Manufacture of General Purpose Machinery | 467.25 | 454.03 | 2.9 | 0.03 | 0.03 | |
| 专用设备制造业 | Manufacture of Special Purpose Machinery | 199.96 | 179.92 | 11.1 | | 0.07 | |
| 汽车制造业 | Manufacture of Transport Equipment | 3124.40 | 2958.32 | 5.6 | 0.22 | 3.34 | -93.4 |
| 铁路、船舶、航空航天和其他运输设备制造业 | Manufacture of Railway, Ship, Aviation and Other Transporting Equipment | 1154.92 | 1164.97 | -0.9 | 0.02 | 0.02 | |
| 电气机械和器材制造业 | Manufacture of Electrical Machinery and Equipment | 634.03 | 569.12 | 11.4 | | | |
| 计算机、通信和其他电子设备制造业 | Manufacture of Communication Equipment, Computers and Other Electronic Equipment | 2299.22 | 1696.52 | 35.5 | 0.28 | 29.35 | -99.1 |
| 仪器仪表制造业 | Manufacture of Measuring Instruments and Machinery for Cultural Activity and Office Work | 70.28 | 69.20 | 1.6 | | | |
| 其他制造业 | Other Manufacture | 33.11 | 39.26 | -15.7 | | | |
| 废弃资源综合利用业 | Comprehensive Utilization of Waste Resources | 14.33 | 18.06 | -20.7 | | | |
| 金属制品、机械和设备修理业 | Repair of Metal Products, Machinery and Equipment | 2.16 | 2.09 | 3.4 | | | |
| **电力、热力、燃气及水的生产和供应业** | **Electric Power, Heat Gas and Water Production and Supply** | **127238.43** | **121106.31** | **5.1** | **109540.94** | **103204.22** | **6.1** |
| 电力、热力的生产和供应业 | Production and Supply of Electric Power and Heat Power | 9219.61 | 9130.38 | 1.0 | 1449.00 | 1418.57 | 2.2 |
| 燃气生产和供应业 | Production and Supply of Gas | 2608.10 | 2423.46 | 7.6 | 2091.26 | 1910.13 | 9.5 |
| 水的生产和供应业 | Production and Supply of Water | 115410.72 | 109552.47 | 5.4 | 106000.68 | 99875.52 | 6.1 |

## 表5.5 能源消费弹性系数（1985－2016年）

ELASTICITY RATIO OF ENERGY CONSUMPTION (1985-2016)

| 年 份<br>Year | 能源消费比上年增长%<br>Growth Rate of Energy Consumption over Preceding Year (%) | 本市生产总值比上年增长%<br>Growth Rate of GDP over Preceding Year (%) | 能源消费弹性系数<br>Elasticity Ratio of Energy Consumption |
|---|---|---|---|
| 1985 | 7.0 | 8.6 | 0.81 |
| 1986 | 2.4 | 8.6 | 0.28 |
| 1987 | 9.8 | 5.3 | 1.85 |
| 1988 | 8.4 | 9.5 | 0.89 |
| 1989 | 3.5 | 4.9 | 0.71 |
| 1990 | -3.1 | 7.0 | -0.45 |
| 1991 | 2.8 | 9.2 | 0.30 |
| 1992 | 2.7 | 16.5 | 0.17 |
| 1993 | 2.7 | 15.6 | 0.18 |
| 1994 | 3.2 | 13.5 | 0.23 |
| 1995 | 4.7 | 12.3 | 0.38 |
| 1996 | 5.3 | 11.4 | 0.46 |
| 1997 | 8.5 | 11.2 | 0.76 |
| 1998 | 4.4 | 8.6 | 0.51 |
| 1999 | 7.5 | 7.8 | 0.96 |
| 2000 | 5.8 | 8.7 | 0.67 |
| 2001 | 6.8 | 9.2 | 0.73 |
| 2002 | 9.7 | 10.5 | 0.92 |
| 2003 | 11.2 | 11.7 | 0.95 |
| 2004 | 9.9 | 12.4 | 0.80 |
| 2005 | 8.8 | 11.7 | 0.75 |
| 2006 | 9.3 | 12.4 | 0.75 |
| 2007 | 12.9 | 15.9 | 0.81 |
| 2008 | 6.9 | 14.5 | 0.48 |
| 2009 | 9.1 | 14.9 | 0.61 |
| 2010 | 11.8 | 17.1 | 0.69 |
| 2011 | 11.9 | 16.4 | 0.73 |
| 2012 | 5.5 | 13.6 | 0.40 |
| 2013 | 6.5 | 12.3 | 0.53 |
| 2014 | 6.8 | 10.9 | 0.62 |
| 2015 | 4.0 | 11.0 | 0.36 |
| 2016 | 3.0 | 10.7 | 0.28 |

注：本市能源消费增长速度按等价值计算；生产总值增长速度按可比价格计算。
Note: The growth rate of energy consumption is calculated at equivalent value, while the growth rate of GDP is calculated at comparable prices.

## 表5.6 平均每万元本市生产总值能源消费量（2015－2016年）

AVERAGE ENERGY CONSUMPTION PER 10 000 YUAN OF GDP (2015-2016)

| 品 种 | Type | 2015 | 2016 |
|---|---|---|---|
| **单位生产总值能源消费量（吨标煤/万元）** | **Energy Consumption per Unit of GDP (ton of SCE/10 000 yuan)** | **0.568** | **0.529** |
| 煤 炭 | Coal | 0.296 | 0.257 |
| 天然气 | Natural Gas | 0.075 | 0.068 |
| 油 料 | Oil | 0.074 | 0.073 |
| 一次电力及其他能源 | Primary Electricity and Other Energy | 0.123 | 0.131 |

注： 1）本表GDP按2015年价计算；能源品种均已折合为按等价值计算的吨标准煤。
2）按照2015价的GDP调整了同期数据。
Note: a) The GDP hereof is calculated at 2015 price. And each type of energy has been converted into tons of SCE calculated in equivalent value.
b) The data of the same period has been adjusted according to the GDP at 2015 price.

## 表5.7 平均每天主要能源消费量（2015－2016年）
AVERAGE DAILY ENERGY CONSUMPTION (2015-2016)

| 品　种 | Type | 2015 | 2016 |
|---|---|---|---|
| **每天能源消费量（万吨标煤/天）** | **Average Daily Energy Consumption (10 000 tons of SCE/day)** | **24.48** | **25.22** |
| 煤　炭 | Coal | 12.75 | 12.23 |
| 天然气 | Natural Gas | 3.19 | 3.25 |
| 油　料 | Oil | 3.22 | 3.46 |
| 一次电力及其他能源 | Primary Electricity and Other Energy | 5.32 | 6.27 |

注：1）本表能源品种均已折合为按等价值计算的吨标准煤。
2）按照新的方法制度和指标口径调整了同期数据。
Note: a) All sorts of energy in the table has been converted into tons of SCE calculated in equivalent value.
b) The previous data has been adjusted according to the new statistical methods and coverage of indicators.

## 表5.8 综合能源平衡表（2015－2016年）
OVERALL ENERGY BALANCE SHEET (2015-2016)

单位：万吨标准煤 (10 000 tons of SCE)

| 项　目 | Item | 2015 | | 2016 | |
|---|---|---|---|---|---|
| | | 按当量值计算 Equivalent Weight | 按等价值计算 Equivalent Value | 按当量值计算 Equivalent Weight | 按等价值计算 Equivalent Value |
| **可供消费的能源总量** | **Total Energy Available for Consumption** | **8068.14** | **8933.77** | **8271.97** | **9203.51** |
| #一次能源生产量 | Primary Energy Output | 4273.05 | 4671.95 | 4113.36 | 4612.31 |
| 调进量 | Imports | 4303.47 | 4828.93 | 5477.60 | 5972.73 |
| 调出量（-） | Exports (-) | -620.24 | -678.97 | -1052.83 | -1115.36 |
| **能源消费总量** | **Total Energy Consumption** | **8068.14** | **8933.77** | **8271.97** | **9203.51** |
| 终端消费 | End-use Consumption | 6935.19 | 8606.25 | 6943.29 | 8650.29 |
| 第一产业 | Primary Industry | 83.65 | 88.55 | 88.08 | 93.80 |
| 第二产业 | Secondary Industry | 4659.75 | 5844.04 | 4503.49 | 5527.66 |
| 第三产业 | Tertiary Industry | 1176.47 | 1378.46 | 1343.99 | 1695.61 |
| 生活消费 | Household Consumption | 1015.31 | 1295.20 | 1007.73 | 1333.22 |
| 城　镇 | Urban | 536.38 | 704.78 | 525.99 | 728.60 |
| 乡　村 | Rural | 478.93 | 590.41 | 481.74 | 604.62 |
| 加工转换投入（-）产出（+）量 | Input (-) and Output (+) during the Process of Enery Conversion | -1068.51 | -163.38 | -1253.70 | -364.88 |
| 损失量 | Energy Losses | 64.43 | 164.14 | 74.98 | 188.35 |

# 表5.9 电力平衡表（2015－2016年）
## ELECTRICITY BALANCE SHEET (2015-2016)

单位：亿千瓦小时 (100 million kwh)

| 项　目 | Item | 2015 | 2016 |
|---|---|---|---|
| **可供量** | **Total Energy Available for Consumption** | **875.37** | **918.78** |
| 生产量 | Output | 644.64 | 700.44 |
| 水　电 | Hydropower | 195.10 | 247.18 |
| 火　电 | Thermal Power | 447.45 | 448.61 |
| 核　电 | Nuclear Power | | |
| 风　电 | Wind Power | 2.09 | 4.65 |
| 外省（区、市）调入量 | Imports | 259.76 | 249.9 |
| 本省（区、市）调出量（-） | Exports (-) | -29.03 | -31.56 |
| 消费量 | Total Energy Consumption | 875.37 | 918.78 |
| 在消费量中： | Consumption by Sector | | |
| 农、林、牧、渔、水利业 | Agriculture, Forestry, Animal Husbandry, Fishery and Water Conservancy | 2.42 | 2.89 |
| 工　业 | Industry | 563.38 | 549.34 |
| 建筑业 | Construction | 22.07 | 24.8 |
| 交通运输、仓储和邮政业 | Transport, Storage and Post | 17.86 | 18.88 |
| 批发、零售业和住宿、餐饮业 | Wholesale and Retail Trades, Hotels and Catering Services | 47.93 | 56.2 |
| 其他行业 | Other Sectors | 83.35 | 102.39 |
| 生活消费 | Household Consumption | 138.36 | 164.28 |
| 在消费量中： | Consumption by Usage | | |
| 终端消费 | End-use Consumption | 826.08 | 861.56 |
| #工　业 | Industry | 514.09 | 492.12 |
| 输配电损失量 | Losses in Transmission | 49.29 | 57.22 |

# 主要统计指标解释

## ■ 能源消费总量

指一定时期内全国（地区）物质生产部门、非物质生产部门和生活消费的各种能源的总和，是观察能源消费水平、构成和增长速度的总量指标。能源消费总量包括：煤和原油及其制品、天然气、电力。不包括：低热值燃料、生物质能和太阳能等的利用。能源消费总量分为终端能源消费量、能源加工转换损失量和损失量三部分。

（1）终端能源消费量：指一定时期内全国（地区）生产和生活消费的各种能源在扣除了用于加工转换二次能源消费量和损失量以后的数量。

（2）能源加工转换损失量：指一定时期内全国（地区）投入加工转换的各种能源数量之和与产出各种能源产品之和的差额，是观察能源在加工转换过程中损失量变化的指标。

（3）能源损失量：指一定时期内能源在输送、分配、储存过程中发生的损失和由客观原因造成的各种损失量。不包括各种气体能源放空、放散量。

## ■ 能源消费弹性系数

是反映能源消费增长速度与国民经济增长速度之间比例关系的指标。计算公式为：

能源消费弹性系数=能源消费量平均增长速度/国民经济年平均增长速度

# Explanatory Notes on Main Statistical Indicators

## □ Total Energy Consumption

Refers to the total consumption of energy of various kinds by material production sectors, non-material production sectors and households in the country (region) in a given period of time. It is a comprehensive indicator to show the scale, composition and development of energy consumption. The total energy consumption includes that of coal, crude oil and their products, natural gas and electricity. However, it excludes the consumption of fuel of low calorific value, bio-energy and solar energy. Total domestic energy consumption can be divided into three parts:

(I) Final energy consumption: refers to the total energy consumption by material production sectors, non-material production sectors and households in the country (region) in a given period of time, but excludes the consumption in conversion of the primary energy into the secondary energy and the loss in the process of energy conversion.

(II) Loss during the process of energy conversion: refers to the total input of various kinds of energy for conversion, minus the total output of various kinds of energy in the country in a given period of time. It is an indicator to show the loss that occurs during the process of energy conversion.

(III) Loss: refers to the total of the loss of energy during the course of energy transport, distribution and storage and the loss caused by any objective reason in a given period of time. The loss of various kinds of gas due to gas discharges and stocktaking is excluded.

## □ Elasticity Ratio of Energy Consumptiont

Is an indicator to show the relationship between the growth rate of energy consumption and the growth rate of the national economy. The formula is:

Elasticity Ratio of Energy Consumption=Average annual Growth Rate of Energy Consumption/ Average Annual Growth Rate of National Economy.

# 第6章

# 财　政

# GOVERNMENT FINANCE

# 简要说明

BRIEF INTRODUCTION

本章资料包括全市财政收入和支出情况、国税和地税税收收入情况，由市统计局综合处分别根据市财政局、市国税局和市地税局的有关资料整理编辑。

The data in this chapter include the revenue and expenditure of the municipal government, and the revenue from national taxation and local taxation. The data is sorted and compiled by Division of Comprehensive Statistics of Chongqing Municipal Bureau of Statistics on the basis of the materials from Chongqing Municipal Bureau of Finance, Chongqing Municipal Office of SAT and Chongqing Local Taxation Bureau.

# 表6.1 财政收入及支出（1994－2016年）
## GOVERNMENT REVENUE AND EXPENDITURE (1994-2016)

单位：万元 (10 000 yuan)

| 年 份<br>Year | 财政收入<br>Government Revenue | 其中 of which<br>#地方财政一般预算收入<br>General Budgetary Revenue of local Government | 基金预算收入<br>Budgetary Revenue from Funds | #中央两税（四税）收入<br>Revenue from the 2 (4) Taxes of Central Government | #地方财政一般预算支出<br>General Budgetary Expenditure of Local Government | 基金预算支出<br>Budgetary Expenditure for Funds |
|---|---|---|---|---|---|---|
| 1994 | 716172 | 366325 | | 349847 | 560818 | |
| 1995 | 837748 | 460052 | | 377696 | 662235 | |
| 1996 | 942682 | 549412 | | 393270 | 794216 | |
| 1997 | 1180555 | 593060 | 152236 | 435259 | 1010110 | 141517 |
| 1998 | 1338867 | 711287 | 146759 | 480821 | 1257608 | 101866 |
| 1999 | 1402935 | 767341 | 131571 | 504023 | 1502365 | 121320 |
| 2000 | 1632353 | 872442 | 172128 | 587783 | 1876433 | 148173 |
| 2001 | 1961761 | 1061243 | 202847 | 697671 | 2375486 | 180044 |
| 2002 | 2694610 | 1260674 | 317977 | 991425 | 3058591 | 392083 |
| 2003 | 3412781 | 1615618 | 453697 | 1205457 | 3415775 | 497789 |
| 2004 | 4629591 | 2006241 | 1018198 | 1435206 | 3957233 | 893988 |
| 2005 | 5811921 | 2568072 | 1381552 | 1656599 | 4873543 | 1379973 |
| 2006 | 7421702 | 3177165 | 2117414 | 1944772 | 5942543 | 2259393 |
| 2007 | 10572948 | 4427000 | 3458604 | 2491920 | 7683886 | 3339659 |
| 2008 | 12901828 | 5775738 | 3857654 | 3023634 | 10160112 | 4325469 |
| 2009 | 15353975 | 6818189 | 4838943 | 3403122 | 13180913 | 4879759 |
| 2010 | 29751187 | 10182938 | 9722944 | 4687841 | 17691065 | 9776826 |
| 2011 | 35236522 | 14883336 | 14205767 | 5607771 | 25702404 | 13896341 |

**表6.1 续表 continued**

| 年 份 Year | 财政收入 Government Revenue | 其 中 of which #地方公共财政预算收入 Public Budgetary Revenue of Local Government | 政府性基金预算收入 Budgetary Revenue from Governmental Funds | 国有资本经营预算收入 State-owned Capital Operational Budgetary Revenue | #中央四税收入 Revenue from the 4 Taxes of Central Government | #地方公共财政预算支出 Public Budgetary Expenditure of Local Government | 政府性基金预算支出 Budgetary Expenditure from Governmental Funds | 国有资本经营预算支出 State-owned Capital Operational Budgetary Expenditure |
|---|---|---|---|---|---|---|---|---|
| 2012 | 37268412 | 14658509 | 14808929 | 1911999 | 5888975 | 27177878 | 15114916 | 1131344 |
| 2013 | 41055563 | 16932438 | 16698044 | 659489 | 6765592 | 30622848 | 17353191 | 646773 |

注：财政收入2002年前为地方财政收入与中央两税（增值税和消费税）之和，2002年起为地方财政收入、中央四税收入和其他中央收入之和。其中其他中央收入不含关税，自2003年起包含车辆购置税(以下各表同）。2012年同期数已按公共财政预算口径作相应调整。

Note: Government revenue before 2002 is the sum of revenue of local government and revenue from the 2 taxes of Central Government (value-added tax and consumption tax), whereas it has been the sum of revenue of local government, revenue from the 4 taxes of Central Government and other revenue of Central Government since 2002. Other revenue of Central Government does not include tariff, while vehicle purchasing tax has been included since 2003 (the same applies to the following tables). The data of 2012 has been adjusted in accordance with the statistic scope of public financial budget.

| 年 份 Year | #地方一般公共预算收入 General Public Budgetary Revenue of Local Government | 基金预算收入 Budgetary Revenue from Funds | 国有资本经营预算收入 State-owned Capital Operational Budgetary Revenue | #中央四税收入 Revenue from the 4 Taxes of Central Government | #地方一般公共预算支出 General Public Budgetary Expenditure of Local Government | 政府性基金预算支出 Budgetary Expenditure from Governmental Funds | 国有资本经营预算支出 State-owned Capital Operational Budgetary Expenditure |
|---|---|---|---|---|---|---|---|
| 2013 | 16868717 | 16726787 | 659489 | 6765586 | 30589372 | 17353191 | 646772 |
| 2014 | 19220159 | 18412843 | 680138 | 7767125 | 33043884 | 18600130 | 663118 |
| 2015 | 21548276 | 16642130 | 905730 | 8759172 | 37919973 | 17531573 | 748848 |

| 年 份 Year | #地方一般公共预算收入 General Public Budgetary Revenue of Local Government | 基金预算收入 Budgetary Revenue from Funds | 国有资本经营预算收入 State-owned Capital Operational Budgetary Revenue | #地方一般公共预算支出 General Public Budgetary Expenditure of Local Government | 政府性基金预算支出 Budgetary Expenditure from Governmental Funds | 国有资本经营预算支出 State-owned Capital Operational Budgetary Expenditure |
|---|---|---|---|---|---|---|
| 2015 | 20806250 | 16443229 | 905730 | 38138156 | 17313390 | 748848 |
| 2016 | 22279117 | 14973130 | 904940 | 40018090 | 17381158 | 727387 |

注：2016年一般公共预算收支口径调整，2015年同期数已按同口径作相应调整（以下各表同）。

Note: The data of 2015 has been adjusted according to the new statistic scope of general public budget(the same below ).

# 表6.2 财政收入占地区生产总值的比重（1994－2013年）
## PERCENTAGE OF GOVERNMENT REVENUE TO GROSS DOMESTIC PRODUCT (1994-2013)

| 年 份<br>Year | 财政收入<br>（亿元）<br>Government Revenue<br>(100 million yuan) | 地区生产总值<br>（亿元）<br>Gross Domestic Product<br>(100 million yuan) | 财政收入占本市<br>生产总值的比重（%）<br>Percentage of Government<br>Revenue to GDP (%) |
|---|---|---|---|
| 1994 | 71.62 | 833.60 | 8.59 |
| 1995 | 83.77 | 1123.06 | 7.46 |
| 1996 | 94.27 | 1315.12 | 7.17 |
| 1997 | 118.06 | 1509.75 | 7.82 |
| 1998 | 133.89 | 1602.38 | 8.36 |
| 1999 | 140.29 | 1663.20 | 8.43 |
| 2000 | 163.24 | 1791.00 | 9.11 |
| 2001 | 196.18 | 1976.86 | 9.92 |
| 2002 | 269.46 | 2232.86 | 12.07 |
| 2003 | 341.28 | 2555.72 | 13.35 |
| 2004 | 462.96 | 3034.58 | 15.26 |
| 2005 | 581.19 | 3467.72 | 16.76 |
| 2006 | 742.17 | 3907.23 | 18.99 |
| 2007 | 1057.29 | 4676.13 | 22.61 |
| 2008 | 1290.18 | 5793.66 | 22.27 |
| 2009 | 1535.40 | 6530.01 | 23.51 |
| 2010 | 2975.12 | 7894.24 | 37.69 |
| 2011 | 3523.65 | 10011.37 | 35.20 |
| 2012 | 3726.84 | 11409.60 | 32.66 |
| 2013 | 4105.56 | 12656.69 | 32.44 |

# 表6.3 财政收入（2015－2016年）
## GOVERNMENT REVENUE (2015-2016)

单位：万元 (10 000 yuan)

| 项　目 | Item | 2015 | 2016 |
|---|---|---|---|
| **一般公共预算收入** | **Public Government Budget Revenue** | **20806250** | **22279117** |
| #市　级 | Municipal Level | 7863150 | 8364947 |
| 税收收入 | Total Tax Revenue | 13568355 | 14384000 |
| 增值税 | Value-added Tax | 3710118 | 3677625 |
| 营业税 | Business Tax | 1796440 | 2157478 |
| 企业所得税 | Corporate Income Tax | 1794248 | 1877055 |
| 个人所得税 | Individual Income Tax | 503607 | 585453 |
| 资源税 | Resource Tax | 117633 | 113398 |
| 城市维护建设税 | City Maintenance and Construction Tax | 787924 | 814865 |
| 房产税 | House Property Tax | 524611 | 568763 |
| 印花税 | Stamp Tax | 205617 | 237992 |
| 城镇土地使用税 | Urban Land Use Tax | 1213096 | 1391439 |
| 土地增值税 | Land Appreciation Tax | 943636 | 1027686 |
| 车船税 | Tax on Vehicles and Boat Operation | 100295 | 110028 |
| 耕地占用税 | Farm Land Occupation Tax | 487986 | 486698 |
| 契　税 | Deed Tax | 1344757 | 1298441 |
| 烟叶税 | Tobacco Leaf Tax | 38386 | 37604 |
| 非税收入 | Total Non-tax Revenue | 7237895 | 7894592 |
| 专项收入 | Special Program Receipts | 1062737 | 963031 |
| 行政性收费收入 | Charge of Administrative and Institutional Units | 3132089 | 3092576 |
| 罚没收入 | Penalty Receipts | 396044 | 410561 |
| 国有资源（资产）有偿使用收入 | Income from Use of State-owned Resources (Assets) | 2070449 | 2817341 |
| 政府住房基金收入 | Revenue from Government Funds for Housing | 190626 | 249775 |
| 其他收入 | Other Revenue | 385950 | 361308 |
| **基金预算收入** | **Budgetary Revenue of Funds** | **16443229** | **14973130** |
| #新增建设用地土地有偿使用费 | Land Use Fee for Additional Construction Land | 220162 | 209493 |
| 国有土地使用权出让收入 | Transferring Fee of Use Rights of State-owned Land | 15529194 | 14123667 |
| **国有资本经营预算收入** | **State-owned Capital Operational Budgetary Revenue** | **905730** | **904940** |

# 表6.4 财政支出（2015－2016年）
## GOVERNMENT EXPENDITURE (2015-2016)

单位：万元 (10 000 yuan)

| 项　目 | Item | 2015 | 2016 |
|---|---|---|---|
| **一般公共预算支出** | **General Public Budgetary Expenditure** | **38138156** | **40018090** |
| #市　级 | Municipal Level | 10965327 | 11246825 |
| 一般公共服务 | Expenditure for General Public Services | 2701678 | 2855439 |
| 外交支出 | Expenditure for Foreign Affairs | 2615 | 2029 |
| 国防支出 | Expenditure for National Defense | 73998 | 62478 |
| 公共安全 | Expenditure for Public Security | 2032900 | 2261646 |
| 教　育 | Expenditure for Education | 5362416 | 5751833 |
| 科学技术 | Expenditure for Science and Technology | 456689 | 516208 |
| 文化体育与传媒 | Expenditure for Culture, Sport and Media | 470116 | 479762 |
| 社会保障和就业 | Expenditure for Social Security and Employment Effort | 5696345 | 6405505 |
| 医疗卫生与计划生育支出 | Expenditure for Medical and Health Care, Family Planning | 3139772 | 3311827 |
| 节能环保 | Expenditure for Environment Protection | 1407293 | 1361985 |
| 城乡社区事务 | Expenditure for Urban and Rural Community Affairs | 6278224 | 6845550 |
| 农林水事务 | Expenditure for Agriculture, Forestry and Water Conservancy | 3316802 | 3479907 |
| 交通运输 | Expenditure for Transportation | 2940572 | 2680009 |
| 资源勘探信息等支出 | Expenditure for Affairs of Exploration, Power and Information | 1948790 | 1436364 |
| 商业服务业等支出 | Expenditure for Affairs of Commerce and Services | 419161 | 481347 |
| 金融支出 | Expenditure for Finance | 135063 | 45214 |
| 援助其他地区支出 | Expenditure for Other Regional Assistance | 18195 | 15601 |
| 国土资源气象等事务 | Expenditure for Affairs of Land and Weather | 371204 | 451557 |
| 住房保障支出 | Expenditure for Affairs of Housing Security | 1059795 | 1081949 |
| 粮油物资储备支出 | Expenditure for Affairs of Management of Grain & Oil Resources | 133883 | 106152 |
| 债务付息支出 | Interest Payment of Debts | 129964 | 350716 |
| 其他支出 | Other Expenditure | 42681 | 35012 |
| **政府性基金预算支出** | **Governmental Fund Budgetary Expenditure** | **17313390** | **17381158** |
| #文化体育与传媒 | Expenditure for Culture, Sport and Media | 4014 | 8263 |
| 社会保障和就业 | Expenditure for Social Security and Employment Effort | 153622 | 80326 |
| 城乡社区事务 | Expenditure for Urban and Rural Community Affairs | 15818725 | 15934605 |
| 农林水事务 | Expenditure for Agriculture, Forestry and Water Conservancy | 1042204 | 959947 |
| 交通运输 | Expenditure for Transportation | 77421 | 85914 |
| 资源勘探信息等支出 | Expenditure for Affairs of Exploration, Power and Information | 980 | 3556 |
| **国有资本经营预算支出** | **State-owned Capital Operational Budgetary Expenditure** | **748848** | **727387** |

## 表6.5 国税和地税税收收入（1996－2016年）
## REVENUE FROM NATIONAL AND LOCAL TAXATION (1996-2016)

单位：万元 (10 000 yuan)

| 年 份<br>Year | 国税税收收入<br>Revenue from National Taxation | 其 中 of which<br>#增值税<br>Value-added Tax | #消费税<br>Consumption Tax | 地税税收收入<br>Revenue from Local Taxation | 其 中 of which<br>#营业税<br>Business Tax | #企业所得税<br>Corporate Income Tax | #个人所得税<br>Individual Income Tax |
|---|---|---|---|---|---|---|---|
| 1996 | 611211 | 455912 | 92966 | 266489 | 130952 | 33616 | 17748 |
| 1997 | 645914 | 489770 | 108411 | 324758 | 155607 | 47121 | 29468 |
| 1998 | 715077 | 529607 | 123846 | 382948 | 195747 | 41808 | 42562 |
| 1999 | 881410 | 692354 | 120696 | 436999 | 218101 | 52873 | 54910 |
| 2000 | 929759 | 680489 | 144660 | 500530 | 243476 | 68614 | 72133 |
| 2001 | 1128638 | 795789 | 164879 | 602387 | 278516 | 97553 | 105450 |
| 2002 | 1295409 | 915425 | 193646 | 732964 | 367458 | 91953 | 120326 |
| 2003 | 1559085 | 1112204 | 217868 | 894415 | 466393 | 100102 | 148386 |
| 2004 | 1900477 | 1366125 | 257385 | 1115549 | 585415 | 125572 | 168282 |
| 2005 | 2139060 | 1525267 | 278540 | 1356424 | 702018 | 152846 | 203950 |
| 2006 | 2559190 | 1803377 | 346133 | 1660513 | 858693 | 181691 | 224558 |
| 2007 | 3261800 | 2240634 | 424683 | 2245537 | 1171243 | 233743 | 308283 |
| 2008 | 3922674 | 2658088 | 489991 | 2861162 | 1450449 | 319964 | 386364 |
| 2009 | 4411106 | 2892068 | 610367 | 3461226 | 1855471 | 334508 | 504270 |
| 2010 | 6084441 | 3612557 | 855149 | 5586777 | 2424494 | 531854 | 649130 |
| 2011 | 7244401 | 3929354 | 888068 | 8197820 | 3439157 | 834238 | 869476 |
| 2012 | 7834154 | 4232685 | 1027334 | 8961259 | 3680459 | 827224 | 823474 |
| 2013 | 9129810 | 4937562 | 1249298 | 10247289 | 4231794 | 1000961 | 938227 |
| 2014 | 10781244 | 5847262 | 1403446 | 11530080 | 4439832 | 1175547 | 1080974 |
| 2015 | 11881783 | 6394495 | 1488306 | 12932781 | 4688241 | 1222111 | 1258985 |
| 2016 | 14846142 | 9050160 | 1584794 | 11241498 | 2411529 | 1235133 | 1463611 |

注：国税收入对外公布数据从2001年起均包含车辆购置税，故对以前年度数据进行了调整。
Note: The released data of national taxation has included vehicle purchasing tax since 2001, so the data of the previous years is adjusted.

## 表6.6 国税税收收入（2015－2016年）
## REVENUE FROM NATIONAL TAXATION (2015-2016)

单位：万元 (10 000 yuan)

| 项 目 | Item | 2015 | 2016 |
|---|---|---|---|
| **税收收入合计** | **Total Revenue from Taxation** | **11881783** | **14846142** |
| **按税种分** | **By Tax Category** | | |
| 增值税收入 | Value-added Tax | 6394495 | 9050160 |
| #一般纳税人 | General Taxpayer | 5167102 | 7167281 |
| 消费税收入 | Consumption Tax | 1488306 | 1584794 |
| 企业所得税 | Corporate Income Tax | 3362002 | 3616266 |
| 内 资 | Domestic Enterprise | 2105685 | 2147424 |
| 外 资 | Foreign-Funded Enterprise | 1256317 | 1468842 |
| 个人所得税 | Individual Income Tax | 36 | 25 |
| 城市维护建设税 | City Maintenance and Construction Tax | | |
| 车辆购置税 | Vehicle Purchasing Tax | 636944 | 594897 |
| **按行业分** | **By Sector** | | |
| 第一产业 | Primary Industry | 5510 | 8896 |
| 第二产业 | Secondary Industry | 6758332 | 8144487 |
| 工 业 | Industry | 6697236 | 7504492 |
| 建筑业 | Construction | 61096 | 639995 |
| 第三产业 | Tertiary Industry | 5117941 | 6692759 |
| 交通运输仓储及邮政业 | Transport, Storage and Post | 232915 | 285172 |
| 批发和零售业 | Wholesale and Retail Trades | 2233136 | 2269623 |
| 金融业 | Financial Intermediation | 954544 | 1518087 |
| 信息传输、计算机服务和软件业 | Information Transmission, Computer Services and Software | 169102 | 222786 |
| 住宿和餐饮业 | Hotel and Catering Services | 5160 | 36960 |
| 文化、体育和娱乐业 | Culture, Sports and Entertainment | 11188 | 15766 |
| 租赁和商务服务业 | Leasing and Business Services | 237407 | 490913 |
| 房地产业 | Real Estate | 481714 | 1035297 |
| 其他行业 | Other Trades | 792775 | 818155 |

# 表6.7 按企业类型分的国税税收收入（2016年）
## REVENUE FROM NATIONAL TAXATION BY STATUS OF REGISTRATION (2016)

单位：万元 (10 000 yuan)

| 项 目 | Item | 合 计<br>Total | 内资企业 Domestic-funded<br>国有企业<br>State-owned | 集体企业<br>Collective-owned | 股份合作企业<br>Cooperative | 联营企业<br>Joint Ownership | 股份公司<br>Share-holding corporations |
|---|---|---|---|---|---|---|---|
| 总 计 | **Total** | **14846142** | **1812319** | **24252** | **13787** | **3205** | **6175018** |
| 增值税收入 | Value-added Tax | 9050160 | 1121005 | 23479 | 13387 | 2625 | 3764276 |
| 消费税收入 | Consumption Tax | 1584794 | 544255 | 4 | 114 | 1 | 680802 |
| 营业税 | Business Tax | | | | | | |
| 企业所得税 | Corporate Income Tax | 3616256 | 146378 | 633 | 222 | 572 | 1722424 |
| 个人所得税 | Individual Income Tax | 25 | | | | | |
| 资源税 | Resource Tax | | | | | | |
| 固定资产投资方向调节税 | Fixed Asset Investment Regulation Tax | | | | | | |
| 城市维护建设税 | City Maintenance and Construction Tax | | | | | | |
| 车辆购置税 | Vehicle Purchasing Tax | 594897 | 681 | 136 | 64 | 7 | 7516 |

**表6.7 续表 continued**

| 项 目 | Item | 内资企业 Domestic-funded<br>私营企业<br>Private | 其他企业<br>Others | 港澳台投资企业<br>Funds from Hong Kong, Macao & Taiwan | 外商投资企业<br>Foreign-funded | 个体经营<br>Self-employed Individuals | 股份公司<br>Share-holding corporations |
|---|---|---|---|---|---|---|---|
| 总 计 | **Total** | **1864084** | **154427** | **805416** | **3342639** | **650995** | |
| 增值税收入 | Value-added Tax | 1620435 | 50350 | 433179 | 1890999 | 130425 | |
| 消费税收入 | Consumption Tax | 3988 | 4 | 6396 | 348172 | 1058 | |
| 营业税 | Business Tax | | | | | | |
| 企业所得税 | Corporate Income Tax | 229166 | 48029 | 365614 | 1103228 | | |
| 个人所得税 | Individual Income Tax | | | | | 25 | |
| 资源税 | Resource Tax | | | | | | |
| 固定资产投资方向调节税 | Fixed Asset Investment Regulation Tax | | | | | | |
| 城市维护建设税 | City Maintenance and Construction Tax | | | | | | |
| 车辆购置税 | Vehicle Purchasing Tax | 10495 | 56044 | 227 | 240 | 519487 | |

# 表6.8 地税税收收入（2015－2016年）
## REVENUE FROM LOCAL TAXATION (2015-2016)

单位：万元 (10 000 yuan)

| 项　目 | Item | 2015 | 2016 |
|---|---|---|---|
| **税收收入合计** | **Total** | **12932781** | **11241498** |
| #中央级 | Central Government | 1488657 | 1692202 |
| 重庆市级 | Chongqing Municipal Government | 3778261 | 2568947 |
| 区县级 | District and County Governments | 7665863 | 6980349 |
| **按税种分** | **By Tax Category** | **12932781** | **11241498** |
| 增值税 | Value-added Tax | | 44392 |
| 营业税 | Business Tax | 4688241 | 2411529 |
| 企业所得税 | Corporate Income Tax | 1222111 | 1235133 |
| 个人所得税 | Individual Income Tax | 1258985 | 1463611 |
| 资源税 | Resource Tax | 117633 | 113398 |
| 固定资产投资方向调节税 | Fixed Asset Investment Regulation Tax | | |
| 城市维护建设税 | City Maintenance and Construction Tax | 787431 | 814784 |
| 房产和城市房地产税 | House Property and Urban Real Estate Tax | 524612 | 568764 |
| 印花税 | Stamp Tax | 205616 | 237992 |
| 城镇土地使用税 | Urban Land Use Tax | 1213096 | 1391439 |
| 土地增值税 | Land Appreciation Tax | 943636 | 1027686 |
| 车船税 | Tax on Vehicles and Boat Operation | 100291 | 110028 |
| 屠宰税 | Slaughter Tax | | |
| 烟叶税 | Tobacco Leaf Tax | 38386 | 37604 |
| 耕地占用税 | Farm Land Occupation Tax | 487985 | 486698 |
| 契　税 | Deed Tax | 1344758 | 1298440 |
| **按行业分** | **By Sector** | 12932781 | 11241498 |
| 第一产业 | Primary Industry | 29054 | 57026 |
| 第二产业 | Secondary Industry | 3487233 | 3142893 |
| 工　业 | Industry | 1353326 | 1441853 |
| 建筑业 | Construction | 2133907 | 1701040 |
| 第三产业 | Tertiary Industry | 9416494 | 8041579 |
| 交通运输仓储及邮政业 | Transport, Storage and Post | 202585 | 195650 |
| 批发和零售业 | Wholesale and Retail Trades | 464364 | 480965 |
| 金融业 | Financial Intermediation | 1944875 | 1257071 |
| 信息传输、计算机服务和软件业 | Information Transmission, Computer Services and Software | 119435 | 107093 |
| 住宿和餐饮业 | Hotel and Catering Services | 133140 | 72071 |
| 文化、体育和娱乐业 | Culture, Sports and Entertainment | 33346 | 43298 |
| 租赁和商务服务业 | Leasing and Business Services | 1027960 | 1045292 |
| 房地产业 | Real Estate | 4157019 | 3565095 |
| 其他行业 | Other Trades | 1333770 | 1275044 |

# 表6.9 按企业类型分的地税税收收入（2016年）
## REVENUE FROM LOCAL TAXATION BY STATUS OF REGISTRATION (2016)

单位：万元 (10 000 yuan)

| 项　目 | Item | 合　计 Total | 内资企业 Domestic-funded | | | | |
|---|---|---|---|---|---|---|---|
| | | | 国有企业 State-owned | 集体企业 Collective-owned | 股份合作企业 Cooperative | 联营企业 Joint Ownership | 股份公司 Share-holding corporations |
| **总　计** | **Total** | **11241498** | **797626** | **40072** | **14052** | **9300** | **1102181** |
| 营业税 | Business Tax | 2411529 | 159222 | 15344 | 5890 | 2441 | 435868 |
| 企业所得税 | Corporate Income Tax | 1235133 | 60416 | 11181 | 1684 | 2415 | 65541 |
| 个人所得税 | Individual Income Tax | 1463611 | 115456 | 5352 | 2583 | 637 | 335777 |
| 资源税 | Resource Tax | 113398 | 18240 | 607 | 36 | 436 | 4191 |
| 固定资产投资方向调节税 | Fixed Asset Investment Regulation Tax | | | | | | |
| 城市维护建设税 | City Maintenance and Construction Tax | 814784 | 128568 | 2595 | 1626 | 814 | 103051 |
| 房产和城市房地产税 | House Property and Urban Real Estate Tax | 568764 | 37090 | 2162 | 920 | 652 | 46884 |
| 印花税 | Stamp Tax | 237992 | 18180 | 461 | 264 | 184 | 21699 |
| 城镇土地使用税 | Urban Land Use Tax | 1391439 | 49480 | 1714 | 655 | 1434 | 22936 |
| 土地增值税 | Land Appreciation Tax | 1027686 | 113255 | 409 | 300 | 186 | 15359 |
| 车船税 | Tax on Vehicles and Boat Operation | 110028 | 54 | 51 | 3 | | 31175 |
| 屠宰税 | Slaughter Tax | | | | | | |
| 烟叶税 | Tobacco Leaf Tax | 37604 | 37604 | | | | |
| 耕地占用税 | Farm Land Occupation Tax | 486698 | 31608 | | 15 | | 790 |
| 契　税 | Deed Tax | 1298440 | 28080 | 119 | 71 | 97 | 18287 |

### 表6.9 续表 continued

| 项　目 | Item | 内资企业 Domestic-funded | | 港澳台投资企业 Funds from Hong Kong, Macao & Taiwan | 外商投资企业 Foreign-funded | 个体经营 Self-employed Individuals | 附：乡镇企业 Township Enterprises |
|---|---|---|---|---|---|---|---|
| | | 私营企业 Private | 其他企业 Others | | | | |
| **总　计** | **Total** | **1414541** | **6501568** | **461440** | **422948** | **477770** | |
| 营业税 | Business Tax | 396065 | 1186906 | 100152 | 61973 | 47668 | |
| 企业所得税 | Corporate Income Tax | 232726 | 858524 | 154 | 2492 | | |
| 个人所得税 | Individual Income Tax | 144669 | 545498 | 52395 | 92917 | 168327 | |
| 资源税 | Resource Tax | 13932 | 69740 | 1608 | 891 | 3717 | |
| 固定资产投资方向调节税 | Fixed Asset Investment Regulation Tax | | | | | | |
| 城市维护建设税 | City Maintenance and Construction Tax | 124429 | 290195 | 31833 | 120192 | 11481 | |
| 房产和城市房地产税 | House Property and Urban Real Estate Tax | 61129 | 322287 | 31344 | 30617 | 35679 | |
| 印花税 | Stamp Tax | 35579 | 109626 | 9667 | 40044 | 2288 | |
| 城镇土地使用税 | Urban Land Use Tax | 101595 | 1142105 | 36798 | 33304 | 1417 | |
| 土地增值税 | Land Appreciation Tax | 110101 | 642733 | 106971 | 20230 | 18142 | |
| 车船税 | Tax on Vehicles and Boat Operation | 449 | 73787 | 4 | 3564 | 941 | |
| 屠宰税 | Slaughter Tax | | | | | | |
| 烟叶税 | Tobacco Leaf Tax | | | | | | |
| 耕地占用税 | Farm Land Occupation Tax | 4061 | 447204 | 1583 | 569 | 868 | |
| 契　税 | Deed Tax | 186301 | 806208 | 88786 | 16097 | 154394 | |

重/庆/统/计/年/鉴

# 主要统计指标解释

## ■ 财政收入

指国家财政参与社会产品分配所取得的收入，是实现国家职能的财力保证。主要包括：

（1）各项税收：包括国内增值税、国内消费税、进口货物增值税和消费税、出口货物退增值税和消费税、营业税、企业所得税、个人所得税、资源税、城市维护建设税、房产税、印花税、城镇土地使用税、土地增值税、车船税、船舶吨税、车辆购置税、关税、耕地占用税、契税、烟叶税等。

（2）非税收入：包括专项收入、行政事业性收费、罚没收入和其他收入。

## ■ 财政支出

指国家财政将筹集起来的资金进行分配使用，以满足经济建设和各项事业的需要。主要包括：

（1）一般公共服务：指政府提供基本公共管理与服务的支出，包括人大事务、政协事务、政府办公厅（室）及相关机构事务、发展与改革事务、统计信息事务、财政事务、税收事务、审计事务、海关事务、人力资源事务、纪检监察事务、人口与计划生育事务、商贸事务、知识产权事务、工商行政管理事务、国土资源事务、海洋管理事务、测绘事务、地震事务、气象事务、民族事务、宗教事务、港澳台侨事务、档案事务、共产党事务、民主党派事务及工商联事务、群众团体事务、彩票事务等。

（2）外交：指政府外交事务支出，包括外交行政管理、驻外机构、对外援助、国际组织、对外合作与交流、边界勘界联检等方面的支出。

（3）国防：指政府用于国防方面的支出，包括用于现役部队、预备役部队、民兵、国防科研事业、专项工程、国防动员等方面的支出。

（4）公共安全：指政府维护社会公共安全方面的支出，包括武装警察、公安、国家安全、检察、法院、司法行政、监狱、劳教、国家保密、缉私警察等。

（5）教育：指政府教育事务支出，包括教育行政管理、学前教育、小学教育、初中教育、普通高中教育、普通高等教育、初等职业教育、中专教育、技校教育、职业高中教育、高等职业教育、广播电视教育、留学生教育、特殊教育、干部继续教育、教育机关服务等。

（6）科学技术：指用于科学技术方面的支出，包括科学技术管理事务、基础研究、应用研究、技术研究与开发、科技条件与服务、社会科学、科学技术普及、科技交流与合作等。

（7）文化教育与传媒：指政府在文化、文物、体育、广播影视、新闻出版等方面的支出。

（8）社会保障和就业：指政府在社会保障与就业方面的支出，包括社会保障和就业管理事务、民政管理事务、财政对社会保险基金的补助、补充全国社会保障基金、行政事业单位离退休、企业改革补助、就业补助、抚恤、退役安置、社会福利、残疾人事业、城市居民最低生活保障、其他城镇社会救济、农村社会救济、自然灾害生活救助、红十字事务等。

（9）医疗卫生：指政府医疗卫生方面的支出，包括医疗卫生管理事务支出、医疗服务支出、医疗保障支出、疾病预防控制支出、卫生监督支出、妇幼保健支出、农村卫生支出等。

（10）环境保护：指政府环境保护支出，包括环境保护管理事务支出、环境监测与监察支出、污染治理支出、自然生态保护支出、天然林保护工程支出、退耕还林支出、风沙荒漠治理支出、退牧还草支出、已垦草原退耕还草、能源节约利用、污染减排、可再生能源和资源综合利用等支出。

（11）城乡社区事务：指政府城乡社区事务支出，包括城乡社区管理事务支出、城乡社区规划与管理支出、城乡社区公共设施支出、城乡社区住宅支出、城乡社区环境卫生支出、建设市场管理与监督支出等。

（12）农林水事务：指政府农林水事务支出，包括农业支出、林业支出、水利支出、扶贫支出、农业综合开发支出等。

（13）交通运输：指政府交通运输和邮政业方面的支出，包括公路运输支出、水路运输支出、铁路运输支出、民用航空运输支出、邮政业支出等。

## 主要统计指标解释

（14）工业商业金融等事务：指政府对工业、商业及金融等方面的支出，包括采掘业支出、制造业支出、建筑业支出、工业和信息产业监管支出、国有资产监管支出、商业流通事务支出、金融业监管支出、旅游业管理与服务支出等。

### ■ 中央财政收入和地方财政收入

指按现行分税制财政体制划分的中央本级收入和地方本级收入。属于中央财政的收入包括关税，进口货物增值税和消费税，出口货物退增值税和消费税，消费税，铁道部门、各银行总行、各保险公司总公司等集中交纳的营业税和城市维护建设税，增值税75%部分，纳入共享范围的企业所得税60%部分，未纳入共享范围的中央企业所得税、中央企业上交的利润，个人所得税60%部分，车辆购置税，船舶吨税，证券交易印花税97%部分，海洋石油资源税，中央非税收入等。属于地方财政的收入包括营业税（不含铁道部门、各银行总行、各保险公司总公司集中交纳的营业税），地方企业上交利润，城市维护建设税（不含铁道部门、各银行总行、各保险公司总公司集中交纳的部分），房产税，城镇土地使用税，土地增值税，车船税，耕地占用税，契税，烟叶税，印花税，增值税25%部分，纳入共享范围的企业所得税40%部分，个人所得税40%部分，证券交易印花税3%部分，海洋石油资源税以外的其他资源税，地方非税收入等。

### ■ 中央财政支出和地方财政支出

指根据政府在经济和社会活动中的不同职责，划分中央和地方政府的责权，按照政府的责权划分确定的支出。中央财政支出包括一般公共服务，外交支出，国防支出，公共安全支出，以及中央政府调整国民经济结构、协调地区发展、实施宏观调控的支出等。地方财政支出包括一般公共服务，公共安全支出，地方统筹的各项社会事业支出等。

# Explanatory Notes on Main Statistical Indicators

## Government Revenue

Refers to income for the government finance through participating in the distribution of social products. It is the financial guarantee to ensure government functioning. The contents of government revenue include the following main items:

(I) Various tax revenues, including domestic value added tax (VAT), domestic consumption tax, VAT and consumption tax from imports, VAT and consumption tax rebate for exports, business tax, corporate income tax, individual income tax, resource tax, city maintenance and construct tax, house property tax, stamp tax, urban land use tax, land appreciation tax, tax on vehicles and boat operation, ship tonnage tax, vehicle purchase tax, tariffs, farm land occupation tax, deed tax, and tobacco leaf tax, etc.

(II) Non-tax revenue, including special program receipts, charge of administrative and institutional units, penalty receipts and others non-tax receipts.

## Government Expenditure

Refers to the distribution and use of the funds which the government finance has raised, so as to meet the needs of economic construction and various causes. It includes the following main items:

(I) Expenditure for general public services: It refers to the spending on the basic public management and services which provided by governments, including the expense on affairs of People's Congress, affairs of People's Political Consultative Conference, affairs of government general office and relative institutions, affairs of development and reform, affairs of statistics, affairs of finance, affairs of taxation, affairs of audit, affairs of customs, affairs of human resources and social security, affairs of discipline inspection and supervision, affairs of population and family planning, affairs of commerce and trade, affairs of intellectual property, affairs of administration for industry and commerce, affairs of land and resources, affairs of oceanic administration, affairs of surveying and mapping, affairs of earthquake, ethnic affairs, religious affairs, affairs of Hong Kong, Macao, Taiwan, and Overseas Chinese, affairs of archives administration, affairs of Chinese Communist Party, affairs of democratic parties and federation of industry and commerce, affairs of mass organization, and affairs of lottery, etc.

(II) Expenditure for foreign affairs: It refers to the spending of government on foreign affairs, including the expense on administration of foreign affairs, missions overseas, external assistance, international organizations, foreign cooperation and communication, surveying and joint inspection on borderline, etc.

(III) Expenditure for national defence: It refers to the spending of government on national defence, including the expense on active force, reserve force, militia, scientific research on national defence, special projects, mobilization of national defence, etc.

(IV) Expenditure for public security: It refers to the spending of government on maintaining social and public security, including the expense on armed police force, public security, state security, prosecution, courts, justice, prison, labour education and rehabilitation, protection of state secrecy, anti-smuggling police, etc.

(V) Expenditure for education: It refers to the spending of government on education, including the expense on the administration of education, pre-primary education, primary education, secondary education, high school education, regular higher education, primary vocational education, secondary vocational education, technical school education, vocational high school education and higher vocational education, radio and television education, student abroad education, special education, on the job training of cadres, education authorities services, etc.

(VI) Expenditure for science and technology: It refers to the spending of government on science and technology (S&T), including the expense on the administration of S&T, basic research, applied research, research and development, conditions and services of S&T, popularization of social science, science and technology, exchanges and cooperation of S&T, etc.

(VII) Expenditure for culture, sport and media: It refers to the spending of government on culture, cultural heritage, sports, radio, film, television, press and publication, etc.

(VIII) Expenditure for social safety net and employment effort: It refers to the spending of government on social safety net and employment, including the expense on administration of social safety net and employment, civil affairs, budgetary subsidy on the social insurance funds, subsidy on National Social Security Fund, retirees of administrative units and institutions, subsidy on enterprise reform, subsidy on employment effort, pension, placement of ex-serviceman, social welfare, the handicapped undertakings, the system of cost of living allowances for urban residents, other urban social relief, rural social relief, living relief of natural disasters, affairs of Red Cross Society, etc.

EXPLANATORY NOTES TO
MAJOR STATISTICAL INDICATORS

(IX) Expenditure for medical and health care: It refers to the spending of government on medical and health care, including the expense on administration of medical and health care, medical services, health care, disease prevention and control, health inspection and supervision, women and children's health, rural health care, etc.

(X) Expenditure for environment protection: It refers to the spending of government on environment protection, including the expense on administration of environment protection, environment monitoring and supervision, pollution control, natural ecology protection, project of virgin forests protection, reforesting farmland, controlling the sources of dust storms, returning pastureland to grassland, returning pastureland to grassland, returning cultivated land to grassland, energy conservation, emissions reduction, comprehensive utilization of renewable energy and resources, etc.

(XI) Expenditure for urban and rural community affairs: It refers to the spending of government on urban and rural community affairs, including the expense on administration of urban and rural community, planning and management of urban and rural community, public facilities of urban and rural community, housing of urban and rural community, sanitation of urban and rural community, management and supervision on the construction market, etc.

(XII) Expenditure for agriculture, forestry and water conservancy: It refers to the spending of government on agriculture, forestry and water conservancy, including the expense on agriculture, forestry, water conservancy, poverty alleviation, comprehensive agricultural development, etc.

(XIII) Expenditure for transportation: It refers to the spending of government on transportation and postal services, including the expense on road transportation, waterway transportation, railway transportation, civil aviation transportation, and postal services.

(XIV) Expenditure for industry, commerce and banking: It refers to the spending of government on industry, commerce and banking, including the expense on mining, manufacturing, construction, industry and information technology supervision and administration, State-owned assets supervision and administration, commerce and circulation affairs, financial intermediation supervision and administration, tourism administration and service, etc.

## □ Revenue of the Central Government and Revenue of the Local Governments

Refers to the revenue collected by the Central Government and that by the local governments as defined by the decentralized taxation system. In accordance with this system, the revenue of the Central Government includes tariff, VAT and consumption tax from imports, VAT and consumption tax rebate for exports, consumption tax, business tax and city maintenance and construct tax from the Ministry of Railways, head offices of banks, head offices of insurance company, which are handed over to the government in a centralized way, 75% of the value added tax, 60% the share part of the corporate income tax, unshared part of corporate income tax of the central enterprises, profit handed in by the central enterprises, 60% of individual income tax, vehicle purchase tax, ship tonnage tax, 97% of stamp tax on securities transactions, resource tax on the offshore petroleum resources. The revenue of the local governments includes business tax (excluding the part of the Ministry of Railways, head offices of banks, head offices of insurance company, which are handed over to the government in a centralized way), profit handed in by the local enterprises, city maintenance and construct tax (excluding the part of the Ministry of Railways, head offices of banks, head offices of insurance company, which are handed over to the government in a centralized way), house property tax, urban land use tax, land appreciation tax, tax on vehicles and boat operation, farm land occupation tax, deed tax, and tobacco leaf tax, stamp tax, 25% of the value added tax, 40% the share part of the corporate income tax, 40% of individual income tax, 3% of stamp tax on securities transactions, resource tax other than the tax on offshore petroleum resources, local non-tax revenue, etc.

## □ Revenue of the Central Government and Expenditure of the Local Governments

According to the different functions of the Central Government and local governments in economic and social activities, the rights of affairs administration are demarcated between those of the Central Government and those of local governments; and the classification of the expenditure between the Central Government and local governments are made on the basis of the classification of the rights of affairs administration between them. The expenditure of the Central Government includes the expenditure for general public services, expenditure for foreign affairs, expenditure for public security, and the expenditure of the Central Government for adjusting the national economic structure; coordinating the development among different regions; and exercising macroeconomic regulation. The expenditure of the local governments includes mainly the expenditure for general public services, expenditure for public security, and expenditures for social development which are planned by local governments, etc.

# 第7章

# 人民生活与物价

# PEOPLE'S LIVING CONDITIONS AND PRICE OF GOODS

# 简要说明 BRIEF INTRODUCTION

本章资料反映全市城乡居民生活状况，主要内容包括城乡居民家庭基本情况、恩格尔系数、住户存款、年收入支出及其构成、主要商品购买数量、耐用消费品的拥有量，以及居民消费价格指数、商品零售价格指数、工业生产者价格指数、固定资产投资价格指数、住宅销售价格指数等。居民住户调查资料是抽样调查汇总的结果，价格调查是一种非全面调查，采用重点调查和典型调查相结合的方法。

城镇常住居民和农村常住居民生活状况和价格调查的数据来源于国家统计局重庆调查总队。城乡居民物质生活情况和居民储蓄由市统计局综合处整理编辑。

The data in this chapter present the living conditions of the urban and rural households in Chongqing, including basic conditions of urban and rural households, Engle's coefficient, saving deposits, annual income & expenditure and their compositions, purchases of major commodities, possession of durable consumer goods, as well as consumer price indices, retail price indices, purchasing price index, price indices of investment in fixed assets and price index of residential real estate sales, etc. The data of urban and rural households are the results of sample survey, while price survey is an incomplete survey, where the main unit survey and typical survey are combined.

The data about the living conditions of urban and rural residents and price survey are provided by NBS Survey Office in Chongqing. The data of material & cultural life and saving deposits of urban & rural residents are sorted and compiled by Division of Comprehensive Statistics, Chongqing Municipal Bureau of Statistics.

# 表7.1 城乡居民物质文化生活情况（2015－2016年）
MATERIAL AND CULTURAL LIFE OF URBAN & RURAL RESIDENTS (2015-2016)

| 指　标 | Item | 2015 | 2016 |
|---|---|---|---|
| **就　业** | **Employment** | | |
| 每一城镇常住劳动力负担人数（人） | Number of Dependents per Urban Employee (person) | 1.36 | 1.37 |
| 每一农村常住劳动力负担人数（人） | Number of Dependents per Rural Laborer (person) | 1.44 | 1.47 |
| 城镇登记失业率（%） | Registered Urban Unemployment Rate (%) | 3.60 | 3.70 |
| **收入和支出** | **Income and Expenditure** | | |
| 城镇非私营单位在岗职工平均工资（元） | Annual Average Wage of On-Post Staff and Workers of Urban Non-private Units (yuan) | 62091 | 67386 |
| 城镇常住居民人均可支配收入（元） | Annual per Capita Disposable Income of Urban Households (yuan) | 27239 | 29610 |
| 农村常住居民人均可支配收入（元） | Annual per Capita Net Income of Rural Households (yuan) | 10505 | 11549 |
| 城镇常住居民人均消费性支出（元） | Annual per Capita Consumption Expenditure of Urban Households (yuan) | 19742 | 21031 |
| 农村常住居民人均生活消费支出（元） | Annual per Capita Living Expenditure of Rural Households (yuan) | 8938 | 9954 |
| 城镇常住居民家庭恩格尔系数（%） | Engle's Coefficient of Urban Households (%) | 33.6 | 32.7 |
| 农村常住居民家庭恩格尔系数（%） | Engle's Coefficient of Rural Households (%) | 40.0 | 38.7 |
| 人均住户存款（元） | Per Capita Saving Deposits of Residents (yuan) | 36204 | 39502 |
| **住　房** | **Housing** | | |
| 城镇常住居民人均住房建筑面积（平方米） | Per Capita Residential Floor Space of Urban Residents (sq.m) | 35.16 | 34.00 |
| 农村常住居民人均住房建筑面积（平方米） | Per Capita Living Space of Rural Residents (sq.m) | 52.17 | 53.74 |
| **交通邮电** | **Transport, Postal and Telecommunication Services** | | |
| 人均道路面积（平方米） | Per Capita Area of Paved Roads (sq.m) | 11.50 | 11.81 |
| 平均每百人拥有移动电话（部） | Number of Mobile Telephones Owned per 100 Persons (unit) | 92.45 | 94.48 |
| 每人平均交寄函件（件） | Number of Letters Mailed Per Capita (unit) | 1.03 | 0.75 |
| **城市公用事业** | **City Public Utilities** | | |
| 用水普及率（%） | Percentage of Population with Access to Tap Water (%) | 96.55 | 97.03 |
| 燃气普及率（%） | Percentage of Population with Access to Gas (%) | 94.64 | 95.73 |
| 人均公园绿地面积（平方米） | Per Capita Public Green Land (sq.m) | 16.10 | 16.18 |
| **教　育** | **Education** | | |
| 学龄儿童入学率（%） | Enrollment Ratio of School-Aged Children (%) | 99.99 | 99.99 |
| 每万人口中在校大学生（人） | Number of Undergraduates Per 10 000 Population (person) | 307 | 306 |
| **文　化** | **Culture** | | |
| 每百户城镇常住家庭拥有彩色电视机（台） | Number of Color TV Sets Per 100 Urban Households (unit) | 129.76 | 129.84 |
| 每百户农村常住家庭拥有彩色电视机（台） | Number of Color TV Sets Per 100 Rural Households (unit) | 111.26 | 112.83 |
| 广播人口覆盖率（%） | Rate of Radio Broadcast Coverage of the Population (%) | 98.62 | 98.86 |
| 电视人口覆盖率（%） | Rate of TV Coverage of the Population (%) | 99.07 | 99.19 |
| **卫　生** | **Public Health** | | |
| 每万人拥有医院、卫生院病床（张） | Number of Beds of Hospitals and Health Centers Per 10 000 Population (bed) | 48.75 | 52.30 |
| 每万人拥有执业（助理）医师（人） | Number of Licensed (Assistant) Doctors Per 10 000 Population (person) | 18.10 | 19.07 |

## 表7.2 个人存款年末余额（1980－2016年）
## YEAR-END SAVINGS DEPOSIT OF RMB OF HOUSEHOLDS (1980-2016)

| 年 份 Year | 个人储蓄存款年末余额（亿元） Year-end Savings Deposit of RMB of Households (100 million yuan) | 其 中 of which 定 期 Time Deposits | 活 期 Demand Deposits | 人均个人储蓄存款余额（元） Per Capita Balance of Savings Deposit of RMB (yuan) |
|---|---|---|---|---|
| 1980 | 6.22 | | | 23 |
| 1981 | 8.35 | | | 31 |
| 1982 | 10.56 | | | 39 |
| 1983 | 13.34 | | | 49 |
| 1984 | 18.39 | | | 67 |
| 1985 | 25.41 | | | 92 |
| 1986 | 34.79 | | | 124 |
| 1987 | 44.46 | | | 156 |
| 1988 | 50.50 | 40.65 | 9.85 | 176 |
| 1989 | 68.17 | 55.75 | 12.42 | 235 |
| 1990 | 92.17 | 77.63 | 14.54 | 316 |
| 1991 | 121.95 | 103.36 | 18.59 | 415 |
| 1992 | 154.45 | 128.64 | 25.81 | 523 |
| 1993 | 198.05 | 160.51 | 37.54 | 668 |
| 1994 | 285.40 | 231.23 | 54.17 | 956 |
| 1995 | 401.45 | 331.09 | 70.36 | 1337 |
| 1996 | 500.71 | 403.84 | 96.87 | 1656 |
| 1997 | 580.67 | 454.04 | 126.63 | 1908 |
| 1998 | 724.54 | 552.72 | 171.82 | 2368 |
| 1999 | 909.10 | 672.96 | 236.14 | 2959 |
| 2000 | 1085.36 | 774.38 | 310.98 | 3511 |
| 2001 | 1317.17 | 929.37 | 387.80 | 4252 |
| 2002 | 1595.01 | 1082.90 | 512.11 | 5122 |
| 2003 | 1896.56 | 1265.52 | 631.04 | 6059 |
| 2004 | 2189.73 | 1469.99 | 719.74 | 6964 |
| 2005 | 2545.85 | 1740.13 | 805.72 | 8033 |
| 2006 | 2949.05 | 1999.88 | 949.17 | 9219 |
| 2007 | 3228.15 | 2099.55 | 1128.60 | 9978 |
| 2008 | 3988.96 | 2640.70 | 1348.26 | 12247 |
| 2009 | 4908.68 | 3060.01 | 1848.67 | 14986 |
| 2010 | 5839.66 | 3475.19 | 2364.47 | 17677 |
| 2011 | 6990.25 | 4106.17 | 2708.61 | 20993 |
| 2012 | 8361.64 | 4996.24 | 3166.45 | 25009 |
| 2013 | 9622.31 | 5735.53 | 3693.17 | 28651 |
| 2014 | 10774.12 | 6422.07 | 3845.29 | 31921 |

| 年 份 Year | 住户存款 Savings deposit of RMB of households | 其 中 of which 定期及其他存款 Time deposits and other deposits | 活 期 Demand Deposits | 人均住户存款 Per Capita Saving Deposits of RMB of Residents (yuan) |
|---|---|---|---|---|
| 2015 | 12207.28 | 7968.14 | 4239.15 | 36204 |
| 2016 | 13399.44 | 8639.07 | 4760.37 | 39502 |

注：因人民银行统计口径调整，2015年前起取消个人储蓄存款统计项，新建立了住户存款项目，下设活期存款、定期及其他存款两个分项。
Note: Due to the changes of the PBoC's statistical indicators, two sub-items including demand deposits, time deposits and other deposits were built under the item of savings deposit of RMB of households since 2015.

## 表7.3 城乡居民家庭人均收入及恩格尔系数（1978－2012年）
PER CAPITA ANNUAL INCOME AND ENGLE'S COEFFICIENT OF URBAN AND RURAL HOUSEHOLDS (1978-2012)

| 年 份 Year | 城镇居民家庭人均可支配收入 Per Capita Annual Disposable Income of Urban Households 绝对数（元） Value (yuan) | 城镇居民家庭人均可支配收入 指 数（2007=100） Index (2007=100) | 农村居民家庭人均纯收入 Per Capita Annual Net Income of Rural Households 绝对数（元） Value (yuan) | 农村居民家庭人均纯收入 指 数（1978=100） Index (1978=100) | 城镇居民家庭恩格尔系数（%） Engle's Coefficient of Urban Households (%) | 农村居民家庭恩格尔系数（%） Engle's Coefficient of Rural Households (%) |
|---|---|---|---|---|---|---|
| 1978 | | | 126.01 | 100.0 | | 74.0 |
| 1979 | | | 150.18 | 119.2 | | 72.9 |
| 1980 | | | 163.33 | 129.6 | | 68.1 |
| 1985 | | | 325.24 | 258.1 | | 63.9 |
| 1986 | | | 358.86 | 284.8 | | 63.4 |
| 1987 | | | 385.82 | 306.2 | | 62.2 |
| 1988 | | | 457.54 | 363.1 | | 60.5 |
| 1989 | | | 510.09 | 404.8 | | 61.7 |
| 1990 | | | 586.73 | 465.6 | | 63.6 |
| 1991 | | | 628.89 | 499.1 | | 63.8 |
| 1992 | | | 677.46 | 537.6 | | 62.8 |
| 1993 | | | 748.08 | 593.7 | | 61.3 |
| 1994 | | | 1018.24 | 808.1 | | 63.5 |
| 1995 | | | 1270.41 | 1008.2 | | 64.7 |
| 1996 | | | 1479.05 | 1173.8 | | 63.2 |
| 1997 | | | 1692.36 | 1343.0 | | 65.8 |
| 1998 | | | 1801.17 | 1429.4 | | 61.3 |
| 1999 | | | 1835.54 | 1456.7 | | 60.7 |
| 2000 | | | 1892.44 | 1501.8 | | 53.6 |
| 2001 | | | 1971.18 | 1564.3 | | 54.1 |
| 2002 | | | 2097.58 | 1664.6 | | 55.8 |
| 2003 | | | 2214.55 | 1757.4 | | 52.5 |
| 2004 | | | 2510.41 | 1992.2 | | 56.0 |
| 2005 | | | 2809.32 | 2229.4 | | 52.8 |
| 2006 | | | 2873.83 | 2280.6 | | 52.2 |
| 2007 | 12590.78 | 100.0 | 3509.29 | 2784.9 | 37.2 | 54.5 |
| 2008 | 14367.55 | 114.1 | 4126.21 | 3274.5 | 39.6 | 53.3 |
| 2009 | 15748.67 | 125.1 | 4478.35 | 3554.0 | 37.7 | 49.1 |
| 2010 | 17532.43 | 139.2 | 5276.66 | 4187.5 | 37.6 | 48.3 |
| 2011 | 20249.70 | 160.8 | 6480.41 | 5142.8 | 39.1 | 46.8 |
| 2012 | 22968.14 | 182.4 | 7383.27 | 5859.3 | 41.5 | 44.2 |

## 表7.4 居民人均收支及恩格尔系数（2013–2016年）
## PER CAPITA RESIDENTS INCOME AND EXPENDITURE AND ENGLE COEFFICIENT (2013-2016)

| 年 份<br>Year | 居民人均可支配收入（元）<br>Per Capita Annual Disposable Income（yuan） | | | 居民人均消费支出（元）<br>Per Capita Annual Living Expenditure (yuan) | | | 恩格尔系数（%）<br>Engle Coefficient (%) | | |
|---|---|---|---|---|---|---|---|---|---|
| | 全体居民<br>Total | 城镇常住居民<br>Permanent Urban Residents | 农村常住居民<br>Permanent Rural Residents | 全体居民<br>Total | 城镇常住居民<br>Permanent Urban Residents | 农村常住居民<br>Permanent Rural Residents | 全体居民<br>Total | 城镇常住居民<br>Permanent Urban Residents | 农村常住居民<br>Permanent Rural Residents |
| 2013 | 16569 | 23058 | 8493 | 12600 | 17124 | 6971 | 35.8 | 35.0 | 38.1 |
| 2014 | 18352 | 25147 | 9490 | 13811 | 18279 | 7983 | 36.0 | 34.5 | 40.5 |
| 2015 | 20110 | 27239 | 10505 | 15140 | 19742 | 8938 | 35.2 | 33.6 | 40.0 |
| 2016 | 22034 | 29610 | 11549 | 16385 | 21031 | 9954 | 34.3 | 32.7 | 38.7 |

## 表7.5 居民家庭基本情况（2015–2016年）
## BASIC CONDITIONS OF RESIDENT HOUSEHOLDS (2015-2016)

| 指 标 | Item | 2015 | 2016 |
|---|---|---|---|
| **平均每户常住人口（人）** | **Average Permanent Population Per Household (person)** | | |
| 全体居民 | Total Residents | 2.99 | 3.09 |
| 城镇常住居民 | Permanent Urban Residents | 3.00 | 3.13 |
| 农村常住居民 | Permanent Rural Residents | 2.97 | 3.03 |
| **平均每户常住劳动力（人）** | **Average Number of Full/Semi Permanent Laborers Per Household (person)** | | |
| 全体居民 | Total Residents | 2.14 | 2.19 |
| 城镇常住居民 | Permanent Urban Residents | 2.20 | 2.29 |
| 农村常住居民 | Permanent Rural Residents | 2.06 | 2.06 |
| **平均每户常住成员从业人数（人）** | **Average Number of Permanent Employed Persons Per Household (person)** | | |
| 全体居民 | Total Residents | 1.74 | 1.76 |
| 城镇常住居民 | Permanent Urban Residents | 1.61 | 1.63 |
| 农村常住居民 | Permanent Rural Residents | 1.93 | 1.94 |
| **平均每人住房建筑面积（平方米）** | **Per Capita Residential Floor Space (sq.m)** | | |
| 全体居民 | Total Residents | 42.41 | 42.28 |
| 城镇常住居民 | Permanent Urban Residents | 35.16 | 34.00 |
| 农村常住居民 | Permanent Rural Residents | 52.17 | 53.74 |

注：从2012年四季度起，国家统计局对分别进行的城乡住户调查实施了一体化改革，统一了城乡居民收入指标名称、分类和统计标准，建立了城乡统一的一体化住户调查制度（即《住户收支与生活状况调查》），本年鉴所载2013年以来城乡住户收支与生活状况有关指标及数据资料均取自一体化改革后的住户调查。

Note: Starting from the 4th quarter of 2012, the NBS carried out the integrated reform on the urban and rural household survey, unified the index titles, categories and statistical standards of urban and rural residents income, and established the integrated urban and rural household survey system (Household Income & Expenditure and Living Conditions Survey). The indices and data concerning the urban and rural households income & expenditure and living conditions from 2013 herein are collected from the household survey after the integrated reform.

## 表7.6 全体居民人均可支配收入与现金可支配收入情况（2015–2016年）
## PER CAPITA ANNUAL DISPOSABLE INCOME AND CASH DISPOSABLE INCOME OF HOUSEHOLDS（2015-2016）

单位：元 (yuan)

| 指 标 | Item | 2015 | 2016 |
|---|---|---|---|
| **可支配收入** | **Per Capita Annual Disposable Income** | **20110** | **22034** |
| 工资性收入 | Income from Wages and Salaries | 10674 | 11558 |
| 经营净收入 | Income from Household Operations | 3315 | 3684 |
| 第一产业 | Primary Industry | 1427 | 1576 |
| 第二产业 | Secondary Industry | 148 | 214 |
| 第三产业 | Tertiary Industry | 1740 | 1894 |
| 财产净收入 | Income from Properties | 1367 | 1414 |
| 转移净收入 | Income from Transfers | 4754 | 5378 |
| **#现金可支配收入** | **Per Capita Cash Disposable Income** | **18705** | **20518** |
| 现金工资性收入 | Income from Wages and Salaries | 10626 | 11503 |
| 现金经营净收入 | Income from Household Operations | 2954 | 3266 |
| 第一产业 | Primary Industry | 899 | 953 |
| 第二产业 | Secondary Industry | 167 | 233 |
| 第三产业 | Tertiary Industry | 1888 | 2079 |
| 现金财产净收入 | Income from Properties | 560 | 605 |
| 现金转移净收入 | Income from Transfers | 4565 | 5144 |

# 表7.7 全体居民人均消费性支出情况（2015-2016年）
## PER CAPITA ANNUAL CONSUMPTION EXPENDITURE OF HOUSEHOLDS（2015-2016）

单位：元 (yuan)

| 指　标 | Item | 2015 | 2016 |
|---|---|---|---|
| **消费支出** | **Per Capita Annual Consumption Expenditure** | **15140** | **16385** |
| 食品烟酒 | Food, Alcohol and Tobacco | 5325 | 5612 |
| 衣　着 | Clothing | 1335 | 1374 |
| 居　住 | Garments | 2743 | 2903 |
| 生活用品及服务 | Household Facilities, Articles and Services | 1064 | 1146 |
| 交通通信 | Transport, Post and Communication Services | 1746 | 1942 |
| 教育文化娱乐 | Educational, Cultural and Recreational Services | 1513 | 1746 |
| 医疗保健 | Medicine and Medical Service | 1118 | 1344 |
| 其他用品及服务 | Miscellaneous Commodities Services | 294 | 319 |

## 表7.8 全体居民人均收支构成情况（2015–2016年）
## COMPOSITION OF PER CAPITA CASH INCOME AND CASH EXPENDITURE OF HOUSEHOLDS（2015-2016）

单位：%

| 指　标 | Item | 2015 | 2016 |
| --- | --- | --- | --- |
| **可支配收入（可支配收入=100）** | **Composition of Per Capita Annual Disposable Income** | **100.0** | **100.0** |
| 工资性收入 | Income from Wages and Salaries | 53.1 | 52.5 |
| 经营净收入 | Income from Household Operations | 16.5 | 16.7 |
| 财产净收入 | Income from Properties | 6.8 | 6.4 |
| 转移净收入 | Income from Transfers | 23.6 | 24.4 |
| **消费支出（消费支出=100）** | **Composition of Per Capita Annual Consumption Expenditure** | **100.0** | **100.0** |
| 食品烟酒 | Food, Alcohol and Tobacco | 35.2 | 34.2 |
| 衣　着 | Clothing | 8.8 | 8.4 |
| 居　住 | Garments | 18.1 | 17.7 |
| 生活用品及服务 | Household Facilities, Articles and Services | 7.0 | 7.0 |
| 交通通信 | Transport, Post and Communication Services | 11.5 | 11.9 |
| 教育文化娱乐 | Educational, Cultural and Recreational Services | 10.0 | 10.7 |
| 医疗保健 | Medicine and Medical Service | 7.4 | 8.2 |
| 其他用品及服务 | Miscellaneous Commodities Services | 1.9 | 1.9 |

# 表7.9 全体居民家庭人均主要食品消费量（2015-2016年）
## PER CAPITA CONSUMPTION OF MAJOR FOODS BY HOUSEHOLDS（2015-2016）

单位：千克（kg）

| 指 标 | Item | 2015 | 2016 |
|---|---|---|---|
| **粮 食（原粮）** | **Grain (Unprocessed)** | **149.77** | **151.06** |
| **蔬菜及菜制品** | **Vegetables and Processed Products** | **135.23** | **139.23** |
| **肉 类** | **Meat, Poultry and Related Products** | **39.31** | **39.71** |
| 猪 肉 | Pork | 33.67 | 33.56 |
| 牛 肉 | Beef | 1.26 | 1.37 |
| 羊 肉 | Mutton | 0.52 | 0.76 |
| 其他肉类及制品 | Poultry | 3.86 | 4.02 |
| **蛋类及蛋制品** | **Eggs and Processed Products** | **10.14** | **9.88** |
| **奶和奶制品** | **Milk and Dairy Products** | **16.25** | **16.62** |
| **水产品** | **Aquatic Products** | **9.89** | **9.97** |
| **油脂类** | **Edible Oil** | **14.36** | **14.24** |
| **干鲜水果类** | **Fruits and Processed Products** | **39.63** | **41.54** |

# 表7.10 全体居民家庭平均每百户年末耐用消费品拥有量（2015–2016年）
## NUMBER OF DURABLE CONSUMER GOODS OWNED PER 100 HOUSEHOLDS AT YEAR-END（2015-2016）

| 指　标 | Item | 2015 | 2016 |
|---|---|---|---|
| 家用汽车（辆） | Automobile (unit) | 15.39 | 19.62 |
| 摩托车（辆） | Motorcycle (unit) | 27.31 | 26.00 |
| 洗衣机（台） | Washing Machine (unit) | 86.57 | 89.01 |
| 电冰箱（柜）（台） | Refrigerator (unit) | 95.74 | 98.08 |
| 微波炉（台） | Microwave Oven (unit) | 42.94 | 44.45 |
| 彩色电视机（台） | Color TV Set (unit) | 121.83 | 122.57 |
| 空　调（台） | Air Conditioner (unit) | 115.54 | 123.02 |
| 热水器（台） | Water Heater (unit) | 76.52 | 79.16 |
| 排油烟机（台） | Exhaust Fan (unit) | 36.52 | 39.86 |
| 移动电话（部） | Mobile Telephone (set) | 232.23 | 245.85 |
| 计算机（台） | Computer (unit) | 49.31 | 52.68 |
| 健身器材（套） | Fitness Equipment (unit) | 2.60 | 2.26 |

# 表7.11 城镇常住居民人均可支配收入与现金可支配收入情况（2015-2016年）
# PER CAPITA ANNUAL DISPOSABLE INCOME AND CASH DISPOSABLE INCOME OF URBAN HOUSEHOLDS（2015-2016）

单位：元 (yuan)

| 指　标 | Item | 2015 | 2016 |
|---|---|---|---|
| **可支配收入** | **Per Capita Annual Disposable Income** | **27239** | **29610** |
| 工资性收入 | Income from Wages and Salaries | 15936 | 17043 |
| 经营净收入 | Income from Household Operations | 2974 | 3348 |
| 第一产业 | Primary Industry | 285 | 367 |
| 第二产业 | Secondary Industry | 192 | 300 |
| 第三产业 | Tertiary Industry | 2497 | 2680 |
| 财产净收入 | Income from Properties | 2175 | 2221 |
| 转移净收入 | Income from Transfers | 6154 | 6998 |
| **#现金可支配收入** | **Per Capita Cash Disposable Income** | **25639** | **27950** |
| 现金工资性收入 | Income from Wages and Salaries | 15861 | 16958 |
| 现金经营净收入 | Income from Household Operations | 3109 | 3470 |
| 第一产业 | Primary Industry | 180 | 266 |
| 第二产业 | Secondary Industry | 218 | 320 |
| 第三产业 | Tertiary Industry | 2711 | 2884 |
| 现金财产净收入 | Income from Properties | 770 | 828 |
| 现金转移净收入 | Income from Transfers | 5900 | 6694 |

## 表7.12 城镇常住居民人均消费性支出情况（2015–2016年）
## PER CAPITA ANNUAL CONSUMPTION EXPENDITUREOF URBAN HOUSEHOLDS（2015-2016）

单位：元 (yuan)

| 指　标 | Item | 2015 | 2016 |
|---|---|---|---|
| **消费支出** | **Composition of Per Capita Annual Consumption Expenditure** | **19742** | **21031** |
| 食品烟酒 | Food, Liquor and Tobacco | 6628 | 6884 |
| 衣　着 | Clothing | 1932 | 1939 |
| 居　住 | Garments | 3680 | 3801 |
| 生活用品及服务 | Household Facilities, Articles and Services | 1371 | 1466 |
| 交通通信 | Transport, Post and Communication Services | 2383 | 2574 |
| 教育文化娱乐 | Educational, Cultural and Recreational Services | 1951 | 2232 |
| 医疗保健 | Medicine and Medical Service | 1394 | 1700 |
| 其他用品及服务 | Miscellaneous Commodities Services | 404 | 434 |

## 表7.13 城镇常住居民人均收支构成情况（2015–2016年）

## COMPOSITION OF PER CAPITA CASH INCOME AND CASH EXPENDITURE OF URBAN HOUSEHOLDS（2015-2016）

单位：%

| 指　标 | Item | 2015 | 2016 |
|---|---|---|---|
| **可支配收入** | **Per Capita Annual Disposable Income** | **100.0** | **100.0** |
| 工资性收入 | Income from Wages and Salaries | 58.5 | 57.6 |
| 经营净收入 | Income from Household Operations | 10.9 | 11.3 |
| 财产净收入 | Income from Properties | 8.0 | 7.5 |
| 转移净收入 | Income from Transfers | 22.6 | 23.6 |
| **消费支出** | **Per Capita Annual Living Expenditure for Consumption** | **100.0** | **100.0** |
| 食品烟酒 | Food, Alcohol and Tobacco | 33.6 | 32.7 |
| 衣　着 | Clothing | 9.8 | 9.2 |
| 居　住 | Garments | 18.6 | 18.1 |
| 生活用品及服务 | Household Facilities, Articles and Services | 6.9 | 7.0 |
| 交通通信 | Transport, Post and Communication Services | 12.1 | 12.2 |
| 教育文化娱乐 | Educational, Cultural and Recreational Services | 9.9 | 10.6 |
| 医疗保健 | Medicine and Medical Service | 7.1 | 8.1 |
| 其他用品及服务 | Miscellaneous Commodities Services | 2.0 | 2.1 |

## 表7.14 城镇常住居民家庭人均主要食品消费量（2015–2016年）

## PER CAPITA CONSUMPTION OF MAJOR FOODS BY URBAN HOUSEHOLDS（2015-2016）

单位：千克（kg）

| 指　标 | Item | 2015 | 2016 |
|---|---|---|---|
| **粮　食（原粮）** | **Grain (Unprocessed)** | **114.67** | **111.90** |
| **蔬菜及菜制品** | **Vegetables and Processed Products** | **135.66** | **137.05** |
| **肉　类** | **Meat, Poultry and Related Products** | **41.79** | **42.45** |
| 猪　肉 | Pork | 33.74 | 34.11 |
| 牛　肉 | Beef | 1.89 | 2.05 |
| 羊　肉 | Mutton | 0.68 | 0.96 |
| 其他肉类及制品 | Poultry | 5.49 | 5.33 |
| **蛋类及蛋制品** | **Eggs and Processed Products** | **10.06** | **9.70** |
| **奶和奶制品** | **Milk and Dairy Products** | **22.39** | **22.47** |
| **水产品** | **Aquatic Products** | **11.97** | **11.96** |
| **油脂类** | **Edible Oil** | **15.04** | **15.10** |
| **干鲜水果类** | **Fruits and Processed Products** | **48.03** | **49.94** |

# 表7.15 城镇常住居民家庭平均每百户年末耐用消费品拥有量（2015–2016年）
## NUMBER OF DURABLE CONSUMER GOODS OWNED PER 100 URBAN HOUSEHOLDS AT YEAR-END（2015-2016）

| 指　标 | Item | 2015 | 2016 |
| --- | --- | --- | --- |
| 家用汽车（辆） | Automobile (unit) | 20.94 | 25.43 |
| 摩托车（辆） | Motorcycle (unit) | 17.65 | 16.83 |
| 洗衣机（台） | Washing Machine (unit) | 95.39 | 97.18 |
| 电冰箱（柜）（台） | Refrigerator (unit) | 99.84 | 101.41 |
| 微波炉（台） | Microwave Oven (unit) | 62.92 | 64.61 |
| 彩色电视机（台） | Color TV Set (unit) | 129.76 | 129.84 |
| 空　调（台） | Air Conditioner (unit) | 170.10 | 181.14 |
| 热水器（台） | Water Heater (unit) | 93.11 | 95.06 |
| 排油烟机（台） | Exhaust Fan (unit) | 57.44 | 62.46 |
| 移动电话（部） | Mobile Telephone (set) | 237.65 | 251.89 |
| 计算机（台） | Computer (unit) | 72.10 | 75.94 |
| 健身器材（套） | Fitness Equipment (unit) | 3.95 | 3.60 |

## 表7.16 农村常住居民人均可支配收入与现金可支配收入情况（2015–2016年）
## PER CAPITA ANNUAL DISPOSABLE INCOME AND CASH DISPOSABLE INCOME OF RURAL HOUSEHOLDS（2015-2016）

单位：元 (yuan)

| 指 标 | Item | 2015 | 2016 |
|---|---|---|---|
| **可支配收入** | **Per Capita Annual Disposable Income** | **10505** | **11549** |
| 工资性收入 | Income from Wages and Salaries | 3583 | 3966 |
| 经营净收入 | Income from Household Operations | 3775 | 4150 |
| 第一产业 | Primary Industry | 2966 | 3249 |
| 第二产业 | Secondary Industry | 89 | 95 |
| 第三产业 | Tertiary Industry | 719 | 807 |
| 财产净收入 | Income from Properties | 278 | 296 |
| 转移净收入 | Income from Transfers | 2869 | 3137 |
| **#现金可支配收入** | **Per Capita Cash Disposable Income** | **9362** | **10232** |
| 现金工资性收入 | Income from Wages and Salaries | 3572 | 3953 |
| 现金经营净收入 | Income from Household Operations | 2746 | 2983 |
| 第一产业 | Primary Industry | 1869 | 1904 |
| 第二产业 | Secondary Industry | 98 | 113 |
| 第三产业 | Tertiary Industry | 780 | 966 |
| 现金财产净收入 | Income from Properties | 278 | 296 |
| 现金转移净收入 | Income from Transfers | 2767 | 3000 |

# 表7.17 农村常住居民人均消费性支出情况（2015–2016年）

## PER CAPITA ANNUAL CONSUMPTION EXPENDITURE OF RURAL HOUSEHOLDS（2015-2016）

单位：元 (yuan)

| 指　标 | Item | 2015 | 2016 |
|---|---|---|---|
| **消费支出** | **Per Capita Annual Consumption Expenditure** | **8938** | **9954** |
| 食品烟酒 | Food,tobacco and liquor | 3571 | 3851 |
| 衣　着 | Clothing | 530 | 591 |
| 居　住 | Residence | 1482 | 1660 |
| 生活消费及服务 | Household facilities articles and services | 652 | 703 |
| 交通通信 | Transport and conmunications | 888 | 1067 |
| 教育文化娱乐 | Education,culture and recreation | 923 | 1073 |
| 医疗保健 | Health care and medical services | 746 | 852 |
| 其他用品和服务 | Other goods and services | 145 | 158 |

# 表7.18 农村常住居民人均收支构成情况（2015-2016年）

## COMPOSITION OF PER CAPITA CASH INCOME AND CASH EXPENDITURE OF RURAL HOUSEHOLDS（2015-2016）

单位：%

| 指　标 | Item | 2015 | 2016 |
|---|---|---|---|
| **可支配收入** | **Composition of Per Capita Annual Disposable Income** | **100.0** | **100.0** |
| 工资性收入 | Income from Wages and Salaries | 34.1 | 34.3 |
| 经营净收入 | Income from Household Operations | 35.9 | 35.9 |
| 财产净收入 | Income from Properties | 2.6 | 2.6 |
| 转移净收入 | Income from Transfers | 27.3 | 27.2 |
| **消费支出** | **Composition of Per Capita Annual Consumption Expenditure** | **100.0** | **100.0** |
| 食品烟酒 | Food, Liquor and Tobacco | 40.0 | 38.7 |
| 衣　着 | Clothing | 5.9 | 5.9 |
| 居　住 | Garments | 16.6 | 16.7 |
| 生活用品及服务 | Household Facilities, Articles and Services | 7.3 | 7.1 |
| 交通通信 | Transport, Post and Communication Services | 9.9 | 10.7 |
| 教育文化娱乐 | Educational, Cultural and Recreational Services | 10.3 | 10.8 |
| 医疗保健 | Medicine and Medical Service | 8.3 | 8.6 |
| 其他用品及服务 | Miscellaneous Commodities Services | 1.6 | 1.6 |

# 表7.19 农村常住居民家庭人均主要食品消费量（2015–2016年）
## PER CAPITA CONSUMPTION OF MAJOR FOODS BY RURAL HOUSEHOLDS（2015-2016）

单位：千克(kg)

| 指　标 | Item | 2015 | 2016 |
|---|---|---|---|
| **粮　食（原粮）** | **Grain (Unprocessed)** | **197.07** | **205.26** |
| **蔬菜及菜制品** | **Vegetables and Processed Products** | **134.65** | **142.25** |
| **肉　类** | **Meat, Poultry and Related Products** | **35.97** | **35.91** |
| 猪　肉 | Pork | 33.58 | 32.81 |
| 牛　肉 | Beef | 0.41 | 0.43 |
| 羊　肉 | Mutton | 0.31 | 0.47 |
| 其他肉类及制品 | Poultry | 1.66 | 2.20 |
| **蛋类及蛋制品** | **Eggs and Processed Products** | **10.26** | **10.12** |
| **奶和奶制品** | **Milk and Dairy Products** | **7.97** | **8.51** |
| **水产品** | **Aquatic Products** | **7.09** | **7.23** |
| **油脂类** | **Edible Oil** | **13.44** | **13.06** |
| **干鲜水果类** | **Fruits and Processed Products** | **28.31** | **29.93** |

# 表7.20 农村常住居民家庭平均每百户年末耐用消费品拥有量（2015–2016年）
## NUMBER OF DURABLE CONSUMER GOODS OWNED PER 100 RURAL HOUSEHOLDS AT YEAR-END（2015-2016）

| 指 标 | Item | 2015 | 2016 |
|---|---|---|---|
| 家用汽车（辆） | Automobile (unit) | 7.99 | 11.84 |
| 摩托车（辆） | Motorcycle (unit) | 40.20 | 38.28 |
| 洗衣机（台） | Washing Machine (unit) | 74.80 | 78.07 |
| 电冰箱（柜）（台） | Refrigerator (unit) | 90.27 | 93.62 |
| 微波炉（台） | Microwave Oven (unit) | 16.30 | 17.45 |
| 彩色电视机（台） | Color TV Set (unit) | 111.26 | 112.83 |
| 空 调（台） | Air Conditioner (unit) | 42.82 | 45.22 |
| 热水器（台） | Water Heater (unit) | 54.41 | 57.89 |
| 排油烟机（台） | Exhaust Fan (unit) | 8.64 | 9.60 |
| 移动电话（部） | Mobile Telephone (set) | 225.01 | 237.77 |
| 计算机（台） | Computer (unit) | 18.92 | 21.54 |
| 健身器材（套） | Fitness Equipment (unit) | 0.80 | 0.47 |

# 表7.21 主要年份居民消费价格指数和商品零售价格指数

## CONSUMER PRICE INDICES AND GENERAL RETAIL PRICE INDICES IN MAJOR YEARS

| 年份 Year | 以1950年为100 1950=100 | | 以1978年为100 1978=100 | | 以上年为100 Preceding Year=100 | |
|---|---|---|---|---|---|---|
| | 居民消费价格指数 Consumer Price Index | 商品零售价格指数 Retail Price Index | 居民消费价格指数 Consumer Price Index | 商品零售价格指数 Retail Price Index | 居民消费价格指数 Consumer Price Index | 商品零售价格指数 Retail Price Index |
| 1952 | 106.1 | 108.7 | | | 97.3 | 97.2 |
| 1957 | 114.0 | 116.5 | | | 104.6 | 103.9 |
| 1962 | 145.8 | 158.1 | | | 95.2 | 95.0 |
| 1965 | 125.1 | 133.1 | | | 98.0 | 98.2 |
| 1970 | 129.2 | 137.9 | | | 99.6 | 99.5 |
| 1975 | 131.2 | 140.2 | | | 100.3 | 100.3 |
| 1978 | 135.4 | 145.1 | 100.0 | 100.0 | 102.9 | 103.2 |
| 1980 | 148.3 | 160.1 | 109.5 | 110.3 | 107.9 | 108.6 |
| 1985 | 179.4 | 191.7 | 132.4 | 132.0 | 109.9 | 110.0 |
| 1986 | 186.9 | 199.8 | 138.0 | 137.5 | 104.2 | 104.2 |
| 1987 | 205.2 | 220.8 | 151.5 | 151.9 | 109.8 | 110.5 |
| 1988 | 251.8 | 272.2 | 185.9 | 187.3 | 122.7 | 123.3 |
| 1989 | 294.9 | 317.1 | 217.7 | 218.2 | 117.1 | 116.5 |
| 1990 | 299.0 | 317.4 | 220.7 | 218.4 | 101.4 | 100.1 |
| 1991 | 319.9 | 336.8 | 236.1 | 231.7 | 107.0 | 106.1 |
| 1992 | 355.7 | 369.8 | 262.5 | 254.4 | 111.2 | 109.8 |
| 1993 | 422.2 | 430.1 | 311.6 | 295.9 | 118.7 | 116.3 |
| 1994 | 547.6 | 544.1 | 404.1 | 374.3 | 129.7 | 126.5 |
| 1995 | 653.8 | 632.8 | 482.5 | 435.3 | 119.4 | 116.3 |
| 1996 | 717.2 | 671.4 | 529.3 | 461.9 | 109.7 | 106.1 |
| 1997 | 741.2 | 682.6 | 546.8 | 470.4 | 103.3 | 101.7 |
| 1998 | 714.5 | 645.1 | 527.1 | 444.5 | 96.4 | 94.5 |
| 1999 | 709.5 | 622.5 | 523.4 | 428.9 | 99.3 | 96.5 |
| 2000 | 686.1 | 594.5 | 506.1 | 409.6 | 96.7 | 95.5 |
| 2001 | 697.8 | 588.6 | 514.7 | 405.5 | 101.7 | 99.0 |
| 2002 | 695.0 | 582.1 | 512.6 | 401.0 | 99.6 | 98.9 |
| 2003 | 699.2 | 579.2 | 515.7 | 399.0 | 100.6 | 99.5 |
| 2004 | 725.1 | 587.3 | 534.8 | 404.6 | 103.7 | 101.4 |
| 2005 | 730.9 | 579.7 | 539.1 | 399.3 | 100.8 | 98.7 |
| 2006 | 748.4 | 589.0 | 552.0 | 405.7 | 102.4 | 101.6 |
| 2007 | 783.6 | 610.8 | 577.9 | 420.7 | 104.7 | 103.7 |
| 2008 | 827.5 | 641.3 | 610.3 | 441.7 | 105.6 | 105.0 |
| 2009 | 814.3 | 624.0 | 600.5 | 429.8 | 98.4 | 97.3 |
| 2010 | 840.3 | 634.6 | 619.8 | 437.1 | 103.2 | 101.7 |
| 2011 | 884.9 | 664.2 | 652.6 | 457.4 | 105.3 | 104.7 |
| 2012 | 907.7 | 674.7 | 669.5 | 464.7 | 102.6 | 101.6 |
| 2013 | 931.8 | 687.0 | 687.2 | 473.2 | 102.7 | 101.8 |
| 2014 | 948.2 | 693.0 | 699.3 | 477.3 | 101.8 | 100.9 |
| 2015 | 960.1 | 694.4 | 708.1 | 478.3 | 101.3 | 100.2 |
| 2016 | 977.3 | 703.3 | 720.8 | 484.4 | 101.8 | 101.3 |

# 表7.22 居民消费价格分类指数（2016年）
## CONSUMER PRICE INDICES BY CATEGORY (2016)

上年=100 (preceding year =100)

| 项　目 | Item | 2016 |
|---|---|---|
| 居民消费价格指数 | **Consumer Price Index** | 101.8 |
| 食品烟酒 | Food，Tobacco, Liquor | 103.6 |
| 食　品 | Food | 104.7 |
| #粮　食 | Grain | 102.4 |
| 薯　类 | Tubers | 126.0 |
| 食用油 | Oil | 103.0 |
| 菜 | Vegetables | 108.7 |
| #鲜　菜 | Fresh Vegetables | 109.3 |
| 畜肉类 | Livestock Meat | 111.9 |
| 禽肉类 | Poultry | 100.3 |
| 水产品 | Aquatic Products | 104.7 |
| 蛋　类 | Eggs | 96.4 |
| 奶　类 | Dairy Products | 99.4 |
| 干鲜瓜果 | Dried and Fresh Melons and Fruits | 97.8 |
| #鲜　果 | Fresh Fruits | 96.9 |
| 糖果糕点类 | Confectionery，Cakes | 101.4 |
| 调味品 | Flavoring | 100.5 |
| 其它食品 | Other Foods | 101.6 |
| 茶及饮料 | Tea and Beverages | 98.9 |
| 烟　酒 | Tobacco, Liquor | 100.2 |
| 烟　草 | Tobacco | 100.4 |
| 酒 | Liquor | 99.8 |
| 在外餐饮 | Dining Out | 102.3 |
| 衣　着 | Clothing | 102.4 |
| #服　装 | Garments | 102.3 |
| 居　住 | Residence | 101.1 |
| 生活用品及服务 | Living Goods and Service | 100.6 |
| #家庭服务 | Family Services | 100.7 |
| 交通和通信 | Transportation and Communications | 100.6 |
| 交　通 | Transportation | 101.0 |
| 通　信 | Telecommunication | 99.9 |
| 教育文化和娱乐 | Education, Culture and Recreation | 99.5 |
| #教　育 | Education | 101.3 |
| 医疗保健 | Health Care | 101.8 |
| 药品及医疗器具 | Medicine and Medical Equipment | 104.3 |
| 医疗服务 | Medical Services | 100.0 |
| 其它用品和服务 | Other Aricles and Service | 102.6 |

# 表7.23 商品零售价格分类指数（2015－2016年）
## RETAIL PRICE INDICES BY CATEGORY (2015-2016)

上年=100 (preceding year =100)

| 项　目 | Item | 2015 | 2016 |
|---|---|---|---|
| **商品零售价格总指数** | **General Retail Price Index** | **100.2** | **101.3** |
| 食　品 | Food | 101.4 | 104.0 |
| 饮料、烟酒 | Beverages, Tobacco and Liquor | 99.6 | 99.9 |
| 服装、鞋帽 | Garments, Shoes and Hats | 102.9 | 102.4 |
| 纺织品 | Textiles | 100.0 | 101.1 |
| 家用电器及音像器材 | Household Appliances and Video Materials | 97.8 | 97.9 |
| 文化办公用品 | Cultural and Office Appliances | 100.1 | 102.4 |
| 日用品 | Articles for Daily Use | 101.2 | 99.6 |
| 体育娱乐用品 | Sports and Recreation Articles | 100.0 | 100.0 |
| 交通、通信用品 | Transportation and Communication Articles | 96.4 | 99.6 |
| 家　具 | Furniture | 101.4 | 103.0 |
| 化妆品 | Cosmetics | 100.2 | 100.9 |
| 金银珠宝 | Gold, Silver and Jewelry | 95.4 | 109.5 |
| 中西药品及医疗保健用品 | Traditional Chinese & Western Medicines and Health Care Articles | 105.5 | 104.3 |
| 书报杂志及电子出版物 | Books, Newspaper, Magazines and Electronic Publications | 103.0 | 100.0 |
| 燃　料 | Fuels | 93.4 | 98.1 |
| 建筑材料及五金电料 | Building Materials and Hardware | 99.5 | 100.3 |

# 表7.24 农产品生产价格指数(2004—2016年)
## PRODUCER PRICE INDICES FOR AGRICULTURAL PRODUCTS (2004－2016)

上年=100 (preceding year =100)

| 指　标 | Item | 2004 | 2005 | 2006 | 2007 | 2008 | 2009 | 2010 | 2011 | 2012 | 2013 | 2014 | 2015 | 2016 |
|---|---|---|---|---|---|---|---|---|---|---|---|---|---|---|
| **合　计** | **Total** | **125.5** | **100.0** | **93.6** | **121.8** | **120.4** | **89.0** | **103.2** | **120.2** | **104.6** | **103.0** | **100.2** | **102.4** | **109.8** |
| **农业产品** | **Farm Products** | **120.3** | **102.2** | **100.4** | **108.6** | **108.9** | **104.2** | **109.1** | **113.8** | **106.0** | **103.1** | **102.6** | **100.6** | **104.4** |
| #谷　物 | Cereal | 139.6 | 101.3 | 97.3 | 108.2 | 108.5 | 100.4 | 108.4 | 114.4 | 108.0 | 102.5 | 100.3 | 102.6 | 99.8 |
| #小　麦 | Wheat | 131.6 | 102.7 | 95.1 | 103.9 | 106.4 | 103.5 | 104.3 | 110.6 | 112.0 |  | 100.0 |  |  |
| 稻　谷 | Rice | 141.5 | 101.2 | 97.8 | 108.2 | 109.2 | 100.8 | 106.8 | 116.2 | 107.1 | 101.7 | 99.4 | 103.7 | 103.8 |
| 玉　米 | Corn | 130.4 | 101.7 | 94.9 | 109.0 | 106.2 | 97.9 | 113.4 | 111.4 | 109.4 | 104.4 | 102.6 | 100.4 | 92.0 |
| 大　豆 | Beans | 122.1 | 97.4 | 100.0 | 107.9 | 115.4 | 98.9 | 106.6 | 111.5 | 105.8 | 102.8 | 104.4 | 102.4 | 96.7 |
| 油　料 | Oil-bearing Crops | 123.2 | 93.1 | 102.8 | 120.1 | 118.9 | 80.3 | 108.8 | 109.0 | 105.7 | 106.8 | 101.2 | 107.7 | 98.1 |
| 蔬　菜 | Vegetables | 106.0 | 103.8 | 102.5 | 109.8 | 106.6 | 110.5 | 107.9 | 111.1 | 108.7 | 103.7 | 104.2 | 98.0 | 110.7 |
| 水果及坚果 | Fruits and Nuts | 103.0 | 103.4 | 101.3 | 104.5 | 109.2 | 107.0 | 111.2 | 119.5 | 93.75 | 108.0 | 104.8 | 108.2 | 102.1 |
| **饲养动物及其产品** | **Animal Husbandry Products** | **128.8** | **98.8** | **89.8** | **128.8** | **126.1** | **80.8** | **98.4** | **126.6** | **103.3** | **102.9** | **97.6** | **104.4** | **114.8** |
| #活　猪 | Pig | 131.2 | 97.5 | 86.9 | 132.2 | 127.2 | 77.1 | 94.4 | 134.5 | 101.8 | 101.7 | 92.9 | 105.3 | 122.3 |
| 牛 | Cattle and Buffaloes | 101.7 | 103.9 | 101.6 | 120.6 | 116.0 | 104.2 | 103.4 | 107.6 | 104.9 | 109.3 | 110.1 | 99.7 | 99.3 |
| 羊 | Sheep and Goats | 111.1 | 102.8 | 101.2 | 108.0 | 128.9 | 100.7 | 100.0 | 116.6 | 115.7 | 110.4 | 107.9 | 95.0 | 87.3 |
| 活家禽 | Poultry | 117.2 | 104.3 | 100.2 | 116.2 | 111.7 | 102.8 | 105.6 | 111.8 | 107.1 | 105.3 | 106.8 | 102.3 | 100.6 |
| 禽　蛋 | Eggs | 111.9 | 103.9 | 98.9 | 110.1 | 112.1 | 101.9 | 104.2 | 105.6 | 104.7 | 104.4 | 104.2 | 105.4 | 100.3 |
| **渔业产品** | **Fishery Products** | **107.8** | **105.7** | **101.7** | **105.9** | **110.3** | **104.7** | **102.2** | **108.2** | **108.1** | **102.0** | **104.7** | **101.2** | **104.2** |
| 养殖淡水鱼 | Bred Freshwater Fish |  |  |  |  |  |  |  | 108.6 | 108.2 | 102.0 | 101.8 | 101.2 | 104.2 |
| 捕捞淡水鱼 | Fished Freshwater Fish |  |  |  |  |  |  |  | 110.5 | 104.1 |  | 107.0 |  |  |

注：根据新《农业产值和价格综合统计报表制度》，原“肉禽（毛重）”指标替换为“活家禽”，原“淡水鱼”指标替换为“养殖淡水鱼”和“捕捞淡水鱼”。2011年起采用新指标指数，2010年及以前采用旧指标指数。

Note: In accordance with the "Comprehensive Statistic Reporting Rules for Agriculture Output and Price", the former "poultry (gross weight)" is replaced by "poultry", while the former "freshwater fish" is replaced by "bred freshwater fish" and "fished freshwater fish". The new indices are used since 2011 while the old indices are used for the data before 2010.

## 表7.25 工业生产者购进价格指数（2015－2016年）
## PURCHASING PRICE INDICES OF RAW MATERIALS, FUELS AND POWER (2015-2016)

上年=100 (preceding year =100)

| 指 标 | Item | 2015 | 2016 |
|---|---|---|---|
| **工业生产者购进价格指数** | **Purchasing Price Indices of Raw Material, Fuel and Power** | **97.1** | **98.4** |
| 燃料、动力类 | Fuel and Power | 96.8 | 97.6 |
| 黑色金属材料类 | Ferrous Metals | 90.5 | 97.1 |
| 有色金属材料及电线类 | Nonferrous Metals and Wires | 95.4 | 97.5 |
| 化工原料类 | Raw Chemical Materials | 96.1 | 97.8 |
| 木材及纸浆类 | Timber and Paper Pulp | 99.3 | 99.3 |
| 建筑材料及非金属类 | Building Materials and Non-metal Minerals | 98.7 | 98.0 |
| 其他工业原材料及半成品类 | Other Industrial Raw Materials and Semi-products | 98.7 | 98.8 |
| 农副产品类 | Agricultural Products | 101.6 | 99.9 |
| 纺织原料类 | Textile Materials | 100.7 | 99.4 |

## 表7.26 工业生产者出厂价格指数（2015－2016年）
## PRODUCER PRICE INDICES FOR INDUSTRIAL PRODUCTS BY CATEGORY (2015-2016)

| 指 标 | Item | 2015 | 2016 |
|---|---|---|---|
| **工业生产者出厂价格指数** | **Producer Price Index for Industrial Products** | **97.2** | **98.6** |
| 生产资料 | Means of Production | 96.6 | 98.0 |
| 采掘工业 | Mining and Quarrying Industry | 93.0 | 98.0 |
| 原料工业 | Raw Materials Industry | 95.7 | 96.3 |
| 加工工业 | Processing Industry | 97.0 | 98.3 |
| 生活资料 | Consumer Goods | 98.8 | 99.9 |
| 食 品 | Food | 100.6 | 100.6 |
| 衣 着 | Clothing | 100.4 | 99.4 |
| 一般日用品 | Articles for Daily Use | 99.2 | 99.0 |
| 耐用消费品 | Durable Consumer Goods | 97.5 | 99.8 |

# 表7.27 按工业行业分工业生产者出厂价格指数（2015－2016年）
## PRODUCER PRICE INDICES FOR INDUSTRIAL PRODUCTS BY SECTOR (2015-2016)

上年=100 (preceding year =100)

| 行 业 | Sector | 2015 | 2016 |
|---|---|---|---|
| **工业生产者出厂价格指数** | **Producer Price Index for Industrial Products** | **97.2** | **98.6** |
| 煤炭开采和洗选业 | Mining and Washing of Coal | 90.8 | 95.5 |
| 石油和天然气开采业 | Extraction of Petroleum and Natural Gas | 93.9 | 98.0 |
| 黑色金属矿采选业 | Mining and Processing of Ferrous Metal Ores | 88.7 | 91.4 |
| 有色金属矿采选业 | Mining and Processing of Non-Ferrous Metal Ores | 95.3 | 101.8 |
| 非金属矿采选业 | Mining and Processing of Nonmetal Ores | 99.3 | 99.4 |
| 农副食品加工业 | Processing of Food from Agricultural Products | 99.0 | 101.0 |
| 食品制造业 | Manufacture of Foodstuff | 101.1 | 100.5 |
| 酒、饮料和精制茶制造业 | Manufacture of Liquor, Beverages and Refined Tea | 97.7 | 99.1 |
| 烟草制品业 | Manufacture of Tobacco | 100.0 | 99.8 |
| 纺织业 | Manufacture of Textile | 96.6 | 98.2 |
| 纺织服装、服饰业 | Manufacture of Textile Wearing Apparel and Dress Adornment | 98.9 | 97.8 |
| 皮革、毛皮、羽毛及其制品和制鞋业 | Manufacture of Leather, Fur, Feather and Related Products and Footware | 99.5 | 100.1 |
| 木材加工及木竹藤棕草制品业 | Processing of Timber, Manufacture of Wood, Bamboo, Rattan, Palm and Straw Products | 97.5 | 99.3 |
| 家具制造业 | Manufacture of Furniture | 101.6 | 103.1 |
| 造纸和纸制品业 | Manufacture of Paper and Paper Products | 97.9 | 99.4 |
| 印刷和记录媒介复制业 | Printing, Reproduction of Recording Media | 97.9 | 99.3 |
| 文教、工美、体育和娱乐用品制造业 | Manufacture of Articles of Culture, Education, Handicraft, Fine Arts, Sports and Entertainment | 100.5 | 107.4 |
| 石油加工、炼焦和核燃料加工业 | Processing of Petroleum, Coking, Processing of Nuclear Fuel | 94.3 | 96.1 |
| 化学原料和化学制品制造业 | Manufacture of Raw Chemical Materials and Chemical Products | 97.5 | 97.9 |
| 医药制造业 | Manufacture of Medicines | 101.4 | 100.0 |
| 化学纤维制造业 | Manufacture of Chemical Fibers | 85.6 | 87.6 |
| 橡胶和塑料制品业 | Manufacture of Rubber and Plastics | 97.4 | 97.5 |
| 非金属矿物制品业 | Manufacture of Non-metallic Mineral Products | 96.7 | 98.8 |
| 黑色金属冶炼和压延加工业 | Smelting and Pressing of Ferrous Metals | 86.3 | 98.3 |
| 有色金属冶炼和压延加工业 | Smelting and Pressing of Nonferrous Metals | 94.0 | 98.2 |
| 金属制品业 | Manufacture of Metal Products | 98.4 | 98.2 |
| 通用设备制造业 | Manufacture of General Purpose Machinery | 98.9 | 98.8 |
| 专用设备制造业 | Manufacture of Special Purpose Machinery | 98.9 | 96.0 |
| 汽车制造业 | Manufacture of Motor Vehicles | 97.9 | 99.1 |
| 铁路、船舶、航空航天和其他运输设备制造业 | Manufacture of Railway, Ship, Aviation and Other Transporting Equipment | 99.2 | 98.3 |
| 电气机械和器材制造业 | Manufacture of Electrical Machinery and Equipment | 98.8 | 98.7 |
| 计算机、通信和其他电子设备制造业 | Manufacture of Communication Equipment, Computers and Other Electronic Equipment | 97.6 | 98.5 |
| 仪器仪表制造业 | Manufacture of Instrument and Apparatus | 98.4 | 101.5 |
| 其他制造业 | Other Manufacture | 100.0 | 96.8 |
| 废弃资源综合利用业 | Comprehensive Utilization of Waste Resources | 80.5 | 96.8 |
| 金属制品、机械和设备修理业 | Repair of Metal Products, Machinery and Equipment | 97.9 | 83.9 |
| 电力、热力的生产和供应业 | Production and Supply of Electric Power and Heat Power | 97.6 | 96.4 |
| 燃气生产和供应业 | Production and Supply of Gas | 103.1 | 90.8 |
| 水的生产和供应业 | Production and Supply of Water | 100.7 | 100.3 |

# 表7.28 固定资产投资价格指数（1994－2016年）
## PRICE INDICES OF INVESTMENT IN FIXED ASSETS (1994-2016)

上年=100 (preceding year =100)

| 年 份 Year | 固定资产投资 Investment in Fixed Assets | 其 中 of which 建筑安装工程 Construction and Installation | 设备工、器具 Purchase of Equipment and Instruments | 其他费用 Others |
|---|---|---|---|---|
| 1994 | 108.9 | 109.4 | 107.4 | 109.8 |
| 1995 | 104.2 | 101.2 | 107.8 | 114.0 |
| 1996 | 108.1 | 108.5 | 100.4 | 129.1 |
| 1997 | 101.7 | 103.2 | 97.6 | 103.4 |
| 1998 | 98.7 | 100.0 | 94.9 | 99.5 |
| 1999 | 100.5 | 100.7 | 97.7 | 104.4 |
| 2000 | 102.5 | 103.1 | 97.0 | 108.7 |
| 2001 | 100.8 | 101.4 | 96.8 | 103.3 |
| 2002 | 100.7 | 101.9 | 96.2 | 100.4 |
| 2003 | 102.9 | 104.7 | 96.7 | 101.3 |
| 2004 | 105.1 | 107.0 | 98.8 | 102.7 |
| 2005 | 102.3 | 102.2 | 99.7 | 104.6 |
| 2006 | 101.7 | 101.1 | 100.7 | 104.3 |
| 2007 | 105.5 | 106.0 | 100.2 | 107.8 |
| 2008 | 110.2 | 113.7 | 100.6 | 106.6 |
| 2009 | 97.8 | 97.0 | 97.7 | 100.2 |
| 2010 | 102.1 | 102.7 | 99.6 | 101.9 |
| 2011 | 105.9 | 107.8 | 101.1 | 102.5 |
| 2012 | 101.8 | 102.1 | 99.1 | 101.9 |
| 2013 | 100.5 | 100.5 | 98.7 | 101.5 |
| 2014 | 100.3 | 100.4 | 99.7 | 100.4 |
| 2015 | 98.2 | 97.5 | 99.4 | 100.8 |
| 2016 | 98.9 | 98.5 | 98.8 | 100.6 |

# 表7.29 住宅销售价格指数（1998－2016年）
## SALES PRICE INDICES OF HOUSES (1998-2016)

上年=100 (preceding year =100)

| 年 份<br>Year | 新建住宅<br>New Buildings | 二手住宅<br>Second-hand Houses |
|---|---|---|
| 1998 | 105.6 | |
| 1999 | 102.8 | |
| 2000 | 102.5 | |
| 2001 | 102.5 | |
| 2002 | 102.9 | |
| 2003 | 108.5 | |
| 2004 | 114.7 | |
| 2005 | 107.0 | 106.1 |
| 2006 | 103.2 | 101.9 |
| 2007 | 108.0 | 104.5 |
| 2008 | 107.2 | 103.8 |
| 2009 | 101.3 | 103.7 |
| 2010 | 110.8 | 107.4 |
| 2011 | 104.1 | 100.6 |
| 2012 | 99.2 | 99.6 |
| 2013 | 106.7 | 102.6 |
| 2014 | 102.2 | 100.9 |
| 2015 | 95.0 | 97.1 |
| 2016 | 103.6 | 103.9 |

重/庆/统/计/年/鉴

# 主要统计指标解释

## 城乡居民储蓄存款余额

指某一时点城乡居民存入银行及农村信用社的储蓄金额，包括城镇居民储蓄存款和农民个人储蓄存款，不包括居民的手存现金和工矿企业、部队、机关、团体等单位存款。

## 居民可支配收入

指居民在调查期内获得的、可用于最终消费支出和储蓄的总和，即居民可以用来自由支配的收入。可支配收入既包括现金，也包括实物收入。按照收入的来源，可支配收入包含四项，分别为：工资性收入、经营净收入、财产净收入和转移净收入。

## 居民消费支出

指居民用于满足家庭日常生活消费需要的全部支出，包括用于消费品的支出和用于服务性消费的支出。根据用途不同，消费支出可划分为食品烟酒、衣着、居住、生活用品及服务、交通通信、教育文化娱乐、医疗保健、其他用品及服务八大类。

## 家庭收入分组方法

是将所有调查户按家庭人均可支配收入由低到高排队，按各20%的比例分为低收入户、中低收入户、中等收入户、中高收入户、高收入户等五组。

## 恩格尔系数

指食品烟酒支出金额在消费性总支出金额中所占的比例。计算公式为：

恩格尔系数=食品烟酒支出总额/消费性支出总额x100%

## 居民消费价格指数

居民消费价格指数是度量一组代表性消费商品及服务项目价格水平随着时间而变动的相对数，反映居民家庭购买的消费品及服务价格水平的变动情况。它是宏观经济分析和决策、价格总水平监测和调控以及国民经济核算的重要指标。其按年度计算的变动率通常被用来作为反映通货膨胀（或紧缩）程度的指标。

## 商品零售价格指数

商品的零售价格是商品在流通过程中最后一个环节的价格，是工业、商业、餐饮业和其他零售企业向城乡居民、机关团体出售生活消费品和办公用品的价格。通过系统地调查、搜集和整理市场商品零售价格资料，编制商品零售价格指数，以此反映市场商品零售价格的变动趋势和变动程度。其目的在于掌握商品价格的变动趋势，为国家宏观调控和国民经济核算提供参考依据。

## 农产品生产价格指数

是反映一定时期内，农产品生产者出售农产品价格水平变动趋势及幅度的相对数。该指数可以客观反映全国农产品生产价格水平和结构变动情况，满足农业与国民经济核算需求。其中某代表品生产价格指数是通过对全部有出售该产品行为的调查单位的个体指数进行几何平均求得的，类价格指数是通过对其所属的类（或代表品）的价格指数进行加权平均求得的。季度累计价格指数的计算方法与分季指数的计算方法相同。

## 工业生产者价格指数

即原来的工业品价格指数。它是反映工业产品价格变化趋势和变动幅度的统计指标，是工业企业的产品价格在不同时间和空间条件下平均变动的相对数。工业生产者价格包括工业品第一次出售时的出厂价格和企业作为中间投入的原材料、燃料、动力购进价格，简称为工业生产者出厂价格和工业生产者购进价格。工业生产者价格指数是进行国民经济核算和经济管理的重要依据。

## 主要统计指标解释

### ■ 固定资产投资价格指数

是反映全社会及各类工程固定资产投资中涉及的各类投资品和取费项目价格的变动趋势和变动幅度的相对数。编制固定资产投资价格指数可以消除按现价计算的固定资产投资指标中的价格变动因素。

### ■ 住宅销售价格指数

是综合反映住宅商品价格水平总体变化趋势和变化幅度的相对数。中国住宅销售价格指数由70个大中城市的新建住宅销售价格指数和二手住宅销售价格指数组成。

# Explanatory Notes on Main Statistical Indicators

## Saving Deposits of Urban and Rural Residents

Refer to the total value of savings deposits of urban and rural households in banks and rural credit cooperatives at a given point of time, including the saving deposits of urban residents and the saving deposits of rural residents. The cash in hand by residents and the deposits of organizations such as enterprises, military units, government agencies, institutions, etc. are not included.

## Disposable Income of Households

Refers to the total income of the residents earned in the period of survey that can be used for the final consumption expenditure and saving, i.e. the income freely disposable by the residents. The disposable income includes the income both in cash and in kind. By the source of income, the disposable income comprises 4 categories, namely income from wages and salary, income from business, income from properties and income from transfers.

## Consumption Expenditure of Households

Refers to total expenditure of the sample households for consumption in daily life, including expenditure on consumption goods and services. By the purpose of consumption, the consumption expenditure comprises eight categories such as food, cigarette and alcohol, clothing, housing, household appliances and services, transport and communications, education, cultural and recreation services, health care and medical services, and miscellaneous goods and services.

## Households by Income Group

All sample households are grouped, by per capita disposable income of the household, into groups of low income, lower middle income, middle income, upper middle income and high income, each group consisting of 20% all households respectively.

## Engel Coefficient

Refers to the percentage of expenditure on food, cigarette and alcohol in the total consumption expenditure, using the following formula:

Engel Coefficient = (expenditure on food, cigarette and alcohol / total consumption expenditure) x 100%

## Consumer Price Index

Reflects the relative change in prices of consumer goods and services in a certain period of time, Formation of consumer price index aims to study the impact of consumer price changes on the actual living cost of urban and rural residents and to provide scientific basis for central government and relevant departments in drawing up consumer up consumer policy, price policy, wage policy and monetary policy and in accounting the nation economy. It is also a key index reflecting the fluctuation of inflation.

## Retail Price Index

Refers to the prices at which industrial, commercial, catering and other retail enterprises sell daily consumer goods and products for office use to urban and rural residents and institutions and social organizations. It reflects the general change in prices of retail commodities in a certain period of time. Formation of retail price index aims to keep abreast of price fluctuation of retail commodities and provide the reference basis for the central government in working out economic policies.

## Producer Price Indices for Farm Products

Reflect the trend and degree of changes in producers' prices received by farmers when they sell farm products during a given period. These indices depict the change in the level and struture of producer prices for farm products of the country and meet the needs of agricultural statistics and national accounts statistics. The producer price index for a given product is calculated as the geometrical mean of individual indices for all surveyed units which sell such product, and the indices for a product category is obtained as the weighted mean of price indices for all products in the category. Method for calculating accumulative quarterly indices is the same as for calculating the individual quarterly indices.

EXPLANATORY NOTES TO MAJOR STATISTICAL INDICATORS

## Producer Price Index

Formerly Industrial Product Price Index, is a statistic indicator reflecting the fluctuating tendency and extent of the price of manufactured goods. It is a relative ratio of the average price fluctuation of manufactured goods in different times and places.The price of manufactured goods includes the factory price of the manufactured goods at the first sale and the price of the raw materials, fuel and power purchased by the enterprises as intermediate input, which is an important basis for national economic accounting and economic administration.

## Price Indices of Investment in Fixed Assets

Is a relative ratio reflecting the trend and degree of changes in prices of investment goods and charging projects in fixed assets of various engineering projects during a given period. This indicator is used to remove the factor of price change in the aggregates of investment at current prices.

## Price Index of Residential Real Estate Sales

Is a relative ratio reflecting the general trend and variation degrees of the sales price of the residential real estate. This index of China is composed of the sales price of residential real estate and the sales price of second-hand residential real estate in 70 medium-large cities.

# 第8章

## 城镇建设

## URBAN CONSTRUCTION

# 简要说明

BRIEF INTRODUCTION

本章资料反映全市城镇建设的基本情况。

城镇建设资料主要包括城镇建设用地、基础设施水平、市政设施、园林绿化、供水供气、公共交通、基础设施建设投资等，由市统计局固定资产投资处根据市建设委员会、市国土资源和房屋管理局资料整理提供。

The data in this chapter show the basic conditions of urban construction in Chongqing.

The statistics on urban construction mainly include the data of land for urban construction, urban infrastructure, municipal infrastructure, parks and green areas, tap water and gas supply, public traffic, investment in infrastructure construction. The data concerned are provided by Chongqing Construction Commission and Chongqing Administration of Land, Resources and Housing, and sorted and compiled by Division of Statistics of Investment in Fixed Assets, Chongqing Municipal Bureau of Statistics.

## 表8.1 城市建设用地（2016年）
## LAND FOR URBAN CONSTRUCTION (2016)

单位：平方公里 (sq.km)

| 项 目 | Item | 全 市<br>Total | 其 中 of which<br>#区合计<br>Total of Districts |
|---|---|---|---|
| **建成区面积** | **Built-up Area** | **1494.47** | **1350.66** |
| **建设用地面积** | **Land for Urban Construction** | **1310.47** | **1179.57** |
| 居住用地 | Land for Residence | 415.57 | 370.90 |
| 公共管理与公共服务用地 | Land for Public Management and Public Services | 117.38 | 106.80 |
| 商业服务业设施用地 | Land for Commercialized Service Facilities | 83.20 | 74.82 |
| 工业用地 | Land for Industry | 261.17 | 246.83 |
| 物流仓储用地 | Land for Logistics and Warehousing | 31.29 | 29.08 |
| 道路与交通设施用地 | Land for Road and Traffic Facilities | 232.84 | 213.71 |
| 公用设施用地 | Land for Public Facilities | 40.42 | 33.10 |
| 绿化与广场用地 | Land for Greening and Squares | 128.60 | 104.33 |

注：“区合计”数为26个市辖区合计（下表同）。
Note: "Total of Districts" refers to the total data of 26 municipal districts (the same below).

## 表8.2 城市基础设施水平（2015－2016年）
## STATISTICS ON URBAN INFRASTRUCTURE (2015-2016)

| 项 目 | Item | 全 市 Total | | 其 中 of which #区合计 Total of Districts | |
|---|---|---|---|---|---|
| | | 2015 | 2016 | 2015 | 2016 |
| 人均日生活用水量（升） | Per Capita Daily Water Consumption (liter) | 144.24 | 146.53 | 151.97 | 151.60 |
| 用水普及率（%） | Water Coverage Rate (%) | 96.55 | 97.03 | 96.87 | 97.13 |
| 燃气普及率（%） | Gas Coverage Rate (%) | 94.64 | 95.73 | 95.34 | 96.11 |
| 人均道路面积（平方米） | Per Capita Road Surface Area (sq.m) | 11.50 | 11.81 | 12.05 | 12.23 |
| 污水处理厂集中处理率（%） | Rate of Intensive Treatment by Wastewater Treatment Plant (%) | 93.67 | 95.37 | 93.50 | 95.43 |
| 人均公园绿地面积（平方米） | Per Capita Area of Public Green Land (sq.m) | 16.10 | 16.18 | 16.99 | 16.86 |
| 建成区绿地率（%） | Green Space Rate of Built District (%) | 37.02 | 37.87 | 37.38 | 37.99 |
| 建成区绿化覆盖率（%） | Green Coverage Rate of Built District (%) | 40.04 | 40.78 | 40.30 | 40.76 |

注：人均数为户籍人口口径。
Note: The data of average population refers to registration statistics.

# 表8.3 城市市政设施（2015－2016年）
## MUNICIPAL INFRASTRUCTURE (2015-2016)

| 项　目 | Item | 全　市 Total | | 其　中 of which #区合计 Total of Districts | |
|---|---|---|---|---|---|
| | | 2015 | 2016 | 2015 | 2016 |
| 道路长度（公里） | Length of Paved Roads (km) | 9095 | 9600 | 7712 | 8498 |
| 道路面积（万平方米） | Area of Paved Roads (10 000 sq.m) | 18328 | 19488 | 16128 | 17776 |
| #人行道 | Sidewalk | 5405 | 5796 | 4706 | 5246 |
| 桥梁数（座） | Number of Bridges (unit) | 1697 | 1868 | 1433 | 1663 |
| #立交桥 | Overpass | 273 | 276 | 270 | 274 |
| 路灯盏数（盏） | Number of Street Lights (unit) | 611463 | 653273 | 511560 | 569616 |
| 排水管道长度（公里） | Length of Drainpipes (km) | 15502 | 17522 | 12961 | 15553 |
| #污水管道 | Sewage Pipes | 8041 | 8869 | 6576 | 7678 |
| 污水年排放量（万立方米） | Annual Discharged Volume of Wastewater (10 000 cu.m) | 108016 | 113138 | 96951 | 104129 |
| 污水处理厂处理总量（万立方米） | Total Volume of Wastewater Treated by Wastewater Treatment Plant (10 000 cu.m) | 101176 | 107904 | 90650 | 99369 |

# 表8.4 城市园林绿化（2015－2016年）
## PARKS AND GREEN LAND IN URBAN AREA (2015-2016)

| 指　标 | Item | 全　市 Total | | 其　中 of which #区合计 Total of Districts | |
|---|---|---|---|---|---|
| | | 2015 | 2016 | 2015 | 2016 |
| 绿化覆盖面积（公顷） | Green Covered Area (hectare) | 69962 | 72137 | 61327 | 65420 |
| #建成区 | Built District | 61221 | 60947 | 53579 | 55053 |
| 园林绿地面积（公顷） | Area of Public Green Land (hectare) | 63717 | 65832 | 55934 | 59758 |
| #建成区 | Built District | 56612 | 56592 | 49698 | 51317 |
| 公园绿地面积（公顷） | Area of Parks and Green Land (hectare) | 25657 | 26696 | 22733 | 24505 |
| 公园个数（个） | Number of Parks and Zoos (unit) | 464 | 506 | 349 | 397 |
| 公园面积（公顷） | Area of Parks and Zoos (hectare) | 13378 | 14125 | 11502 | 12620 |

# 表8.5 城市供水及供气情况（2015－2016年）
## BASIC STATISTICS ON TAP WATER AND GAS SUPPLY IN URBAN AREA (2015-2016)

| 指　标 | Item | 全　市 Total | | 其　中 of which #区合计 Total of Districts | |
|---|---|---|---|---|---|
| | | 2015 | 2016 | 2015 | 2016 |
| **城市供水** | **Tap Water Supply in Urban Area** | | | | |
| 年末供水综合生产能力（万立方米/日） | Production Capacity of Tap Water Supply at Year-end (10 000 cu.m/day) | 592.97 | 617.62 | 529.92 | 566.12 |
| 年末供水管道长度（公里） | Length of Water Supply Pipelines at Year-end (km) | 17684 | 18735 | 15054 | 16629 |
| 供水总量（万立方米） | Total Volume of Water Supply (10 000 cu.m) | 134940 | 139456 | 121494 | 128327 |
| #生产运营用水 | For Production Use | 30003 | 30296 | 28394 | 28933 |
| 公共服务用水 | For Public Services | 14713 | 17132 | 13557 | 15929 |
| 居民家庭用水 | For Residential Use | 66023 | 68388 | 58128 | 62083 |
| 其他用水 | Others | 6715 | 5917 | 5784 | 5355 |
| 用水户数（户） | Households with Access to Tap Water (household) | 4758117 | 5404986 | 3940725 | 4785430 |
| #家庭用户 | Residential Households | 4270964 | 4966511 | 3624217 | 4409439 |
| 用水人口（万人） | Number of Residents with Access to Tap Water (10 000 persons) | 1538.15 | 1600.72 | 1296.13 | 1411.36 |
| **城市供气** | **Gas Supply in Urban Area** | | | | |
| 天然气供气总量（万立方米） | Total Volume of Natural Gas Supply (10 000 cu.m) | 378720 | 409029 | 349378 | 384521 |
| #家庭用量 | For Residential Use | 150170 | 154503 | 131562 | 138817 |
| 天然气用气户数（户） | Households with Access to Natural Gas (household) | 5589434 | 6133252 | 4983397 | 5629756 |
| #家庭用户 | Residential Households | 5303004 | 5857801 | 4728290 | 5378289 |
| 天然气用气人口（万人） | Population with Access to Natural Gas (10 000 persons) | 1354.63 | 1436.96 | 1180.56 | 1296.44 |
| 天然气汽车加气站（个） | Number of CNG Stations for Motor Vehicles (unit) | 101 | 106 | 88 | 96 |
| 液化石油气供气总量（吨） | Total Volume of Liquefied Petroleum Gas Supply (ton) | 100120 | 98806 | 76435 | 81603 |
| #家庭用量 | For Residential Use | 50680 | 57273 | 32805 | 45026 |
| 液化石油气用气户数（户） | Households with Access to Liquefied Petroleum Gas (household) | 498346 | 438777 | 309181 | 294576 |
| #家庭用户 | Residential Households | 367992 | 322884 | 220700 | 207261 |
| 液化石油气用气人口（万人） | Population with Access to Liquefied Petroleum Gas (10 000 persons) | 153.17 | 142.27 | 95.05 | 99.97 |

## 表8.6 城市公共交通情况（2015－2016年）
BASIC STATISTICS ON PUBLIC TRANSPORTATION IN URBAN AREA (2015-2016)

| 指　标 | Item | 2015 | 2016 |
|---|---|---|---|
| **公共汽车** | **Public Vehicles** | | |
| 年末营运线路网长度（公里） | Year-end Length of Public Transport Network under Operation (km) | 15750 | 16761 |
| 公共汽车（辆） | Number of Public Vehicles (unit) | 12837 | 13026 |
| #天然气燃料车 | CNG Vehicles | 9529 | 9384 |
| 客运量（万人次） | Passenger Volume (10 000 person-times) | 267440 | 271461 |
| **轻　轨** | **Light Rail Transits** | | |
| 通车里程（公里） | Length of Light Rail Transits under Operation (km) | 202 | 213 |
| 车辆数（辆） | Number of Vehicles (unit) | 1208 | 978 |
| 客运量（万人次） | Passengers Traffic (10 000 person-times) | 63247 | 69343 |
| **出租汽车** | **Taxis** | | |
| 车辆数（辆） | Number of Vehicles (unit) | 23544 | 23749 |

## 表8.7 公用事业和市政建设投资额（2015－2016年）
INVESTMENT IN PUBLIC UTILITIES AND MUNICIPAL CONSTRUCTION (2015-2016)

单位：万元 (10 000 yuan)

| 指　标 | Item | 2015 | 2016 |
|---|---|---|---|
| **公用事业** | **Public Utilities** | | |
| 供　水 | Tap Water Supply | 221008 | 237236 |
| 燃　气 | Gas Supply | 161450 | 97409 |
| 轨道交通 | Rail Transit | 2275772 | 2503057 |
| **市政建设** | **Municipal Construction** | | |
| 园林绿化 | Parks and Green Land | 660343 | 666959 |
| 市容环境卫生 | City Appearance and Environmental Sanitation | 39048 | 59338 |

重/庆/统/计/年/鉴

# 主要统计指标解释

## 供水综合生产能力

指按供水设施取水、净化、送水、出厂输水干管等环节设计能力计算的综合生产能力。包括在原设计能力基础上，经挖、革、改增加的生产能力。计算时，以四个环节中最薄弱的环节为主确定能力。

## 供水管道长度

指从送水泵到用户水表之间所有管道的长度。不包括新安装尚未使用的管道。

## 供水总量

指报告期供水企业（单位）供出的全部水量。包括有效供水量和漏损水量。

## 生活用水量

包括公共服务用水和居民家庭用水。公共服务用水指为城市社会公共生活服务的用水。包括行政事业单位、部队营区和公共设施服务、社会服务业、批发零售贸易业、旅馆饮食业及其他公共服务业等单位用水。居民家庭用水指城市范围内所有居民家庭的日常生活用水。包括城市居民、农民家庭、公共供水站用水。

## 城市人口用水普及率

指城市用水人口数与城市人口总数之比。计算公式为：

用水普及率=（城市用水人口数/城市人口数）×100%

## 全年供气总量

指全年燃气企业（单位）向用户供应的燃气数量，包括销售量和损失量。

## 城市用气普及率

指报告期末使用燃气的城市人口数与城市人口总数的比率。计算公式为：

用气普及率=城市用气人口数/城市人口总数×100%

## 道路长度

指年末道路长度和与道路相通的广场、桥梁、隧道的长度，按车行道中心线计算。在统计时只统计路面宽度在3.5米（含3.5米）以上的各种铺装道路，包括开放型工业区和住宅区道路在内。

## 道路面积

为车行道与人行道面积之和。

## 城市桥梁

指为跨越天然或人工障碍物而修建的构筑物。包括跨河桥、立交桥、人行天桥以及人行地下通道等。包括永久性桥和半永久性桥。

## 城市排水管道长度

指所有排水总管、干管、支管、检查井及连接井进出口等长度之和。

## 年末运营车数

指年末公交企业（单位）用于运营业务的全部车辆数。以企业（单位）固定资产台帐中已投入运营的车辆数为准。

## 城市园林绿地面积

指报告期末用作园林和绿化的各种绿地面积。包括公共绿地、居住区绿地、单位附属绿地、防护绿地、生产绿地、道路绿地和风景林地面积。不包括：

（1）屋顶绿化、垂直绿化、阳台绿化和室内绿化。

（2）以物质生产为主的林地、耕地、牧草地、果园和竹园等。

（3）城市总体规划中不列入绿地的水域。

## 公共绿地

指向公众开放的市级、区级、居住区级各类公园、街旁游园，包括其范围内的水域。其中居住区级公园应不小于1万平方米，街旁游园的宽度不小于8米，面积不小于400平方米。

# Explanatory Notes on Main Statistical Indicators

## Production Capacity of Water Supply

Refers to the designed comprehensive production capacity of water facilities, covering the 4 links of water collection, purification, conveyance, and outflow through trunk pipelines. Increase capacity through transformation and innovation projects is included as well. The capacity is determined mainly on the weakest of the above-mentioned 4 links.

## Length of Water Supply Pipelines at the Year-end

Refers to the total length of all the pipelines between the water pumps and the user's water meters, excluding pipelines newly installed but not used yet.

## Annual Volume of Water Supply

Refers to the total volume of water supplied by water-works (units) during the reference period, including both the effective water supply and loss during the water supply.

## Consumption of Water for Residential Use

Refers to the water consumption of households for daily life and the water consumption of public service facilities. The latter refers to water consumption for urban public services, including the consumption of government agencies and public institutions, military barracks, public facilities, wholesale and retail outlets, restaurants, hotels, and other units providing public services. Household water consumption refers to consumption of water for daily life of all households in the boundary of cities, including households of urban residents and farmers, and public water supply stations.

## Percentage of Urban Population with Access to Tap Water

Refers to the ratio of the urban population with access to tap water to the total urban population. The formula is:

Percentage of Population with access to Tap Water = Urban Population with Access to Tap Water / Urban Population ×100%

## Volume of Gas Supply

Refers to the total volume of gas provided to users by gas-producing enterprises (units) in a year, including the volume sold and the volume lost.

## Percentage of Urban Population with Access to Gas

Refers to the ratio of the urban population with access to gas to the total urban population at the end of the reference period. The formula is:

Percentage of population with access to gas = (Urban population with access to gas / Urban population) ×100%

## Length of Roads

Refers to the length of roads with paved surface including squares bridges and tunnels connected with roads by the end of the year. Length of the roads is measured by the central lines for vehicles for paved roads with a width of 3.5 meters and over, including roads in open-ended factory compounds and residential quarters.

## Area of Roads

Is the summed of carriageway and sidewalk.

## Urban Bridges

Refer to bridges built to cross over natural or man-made barriers, including bridges over rivers, overpasses for traffic and for pedestrian, underpasses for pedestrian, etc. Both permanent and semi-permanent bridges are included.

## Length of Urban Sewage Pipes

Refers to the total length of general drainage, trunks, branch and inspection wells, connection wells, inlets and outlets, etc.

## Number of Vehicles under Operation at the Year-end

Refers to the total number of vehicles under operation by public transport enterprises (units) at year-end, based on the records of operational vehicles by the enterprises (units).

EXPLANATORY NOTES TO
MAJOR STATISTICAL INDICATORS

## □ Area of Urban Gardens and Green Areas

Refers to the total area occupied for green projects at the end of the reference period, including public green land, green land in residential quarters, green land attached to institutions, protection green land, production green land, roadside green land and forest in scenic spots. It does not include the following:

(I) Greenery and plants on roofs, balconies, indoors and vertical green areas;

(II) Forest, cultivated land, grassland, orchards and bamboo grooves that are for production purpose;

(III) Water areas that are not included in urban master plan as green land.

## □ Public Green Area

Refers to green areas open to the public such as municipal, community and neighborhood parks and roadside parks, including waters within parks. Neighborhood parks should occupy an area larger than 10,000 square meters, and the width of roadside parks should occupy an area larger than 400 square meters, with a width of more that 8 meters.

# 第9章

## 资源和环境

## RESOURCES AND ENVIRONMENT

# 简要说明 BRIEF INTRODUCTION

资源主要内容包括自然资源、自然地理、气象状况。自然资源中土地、矿产资源数据由市国土资源和房屋管理局提供，林木资源数据由市林业局提供，水资源数据由市水利局提供。气象状况由市气象局提供。

自然地理、气象综合资料，由市统计局综合处根据有关部门资料进行整理和编辑。环境主要内容包括工业废水、废气、固体废物的排放处理和利用，工业污染治理投资，生活污染物排放等，由市统计局能源资源统计处根据市环境保护局、市水利局、市林业局等部门的资料整理提供。

The scope of resources mainly covers natural resources, natural geography and climate. The data of land and mineral resources in natural resources are provided by Chongqing Municipal Bureau of Land & Resources and House Administration; the data of forest resources are provided by Chongqing Forestry Administration; the data of water resources are provided by Chongqing Water Resources Bureau; and the data of climate are provided by Chongqing Meteorological Bureau.

The data of natural environment and climate are provided by the departments concerned and sorted and compiled by Division of Comprehensive Statistics of Municipal Bureau of Statistics. The statistics of environment mainly includes the discharge, treatment and utilization of industrial waste water, waste gas and solid wastes, the investment in industrial pollution treatment and the discharge of domestic pollutants, which are provided by Chongqing Environmental Protection Bureau, Chongqing Water Resources Bureau and Chongqing Forestry Administration, and sorted and compiled by Division of Energy Resource Statistics, Municipal Bureau of Statistics.

# 表9.1 自然资源（2015－2016年）
## NATURAL RESOURCES (2015-2016)

| 项　目 | Item | 2015 | 2016 |
|---|---|---|---|
| **林木资源** | **Forest Resources** | | |
| 活立木总蓄积量（万立方米） | Total Standing Forest Stock (10 000 cu.m) | 19772.6 | 20533.9 |
| 森林面积（万公顷） | Forest Area (10 000 hectares) | 370.8 | 374.0 |
| 森林覆盖率（%） | Forest Coverage Rate (%) | 45.0 | 45.4 |
| **水资源（当年量）** | **Water Resources (current quantity)** | | |
| 降水深（毫米） | Precipitation (mm) | 1048.3 | 1236.8 |
| 地表径流量（亿立方米） | Surface Runoff (100 million cu.m) | 456.16 | 604.87 |
| 地下水量（亿立方米） | Groundwater Resources (100 million cu.m) | 103.30 | 112.26 |
| 水力资源蕴藏量（万千瓦） | Hydropower Resources (10 000 kw) | 2342 | 2342 |
| #技术可开发量 | Technical Developable Resources | 1235 | 1235 |
| **主要矿产资源（保有基础储量）** | **Major Mineral Resources (Retained Basic Reserves)** | | |
| 天然气（亿立方米） | Natural Gas (100 million cu.m) | 2641.81 | 2726.90 |
| 页岩气（亿立方米） | Shale gas (100 million cu.m) | 907.60 | 857.22 |
| 煤（万吨） | Coal (10 000 tons) | 421056.55 | 429433.23 |
| 铁（矿石万吨） | Iron Ore (ore, 10 000 tons) | 30441.13 | 29954.45 |
| 锰（矿石万吨） | Manganese Ore (ore, 10 000 tons) | 5922.06 | 6185.11 |
| 锌（金属万吨） | Zinc Ore (metal, 10 000 tons) | 18.77 | 18.77 |
| 铝　土（矿石万吨） | Aluminum Ore (ore, 10 000 tons) | 12928.91 | 12923.08 |
| 汞（吨） | Mercury (ton) | 15623.56 | 15623.56 |
| 锶（天青石万吨） | Strontium Ore (ore, 10 000 tons) | 1218.04 | 1222.20 |
| 熔剂用灰岩（矿石万吨） | Limestone for Flux (ore, 10 000 tons) | 23788.22 | 23784.67 |
| 冶金用白云岩（矿石万吨） | Dolomite for Metallurgy (ore, 10 000 tons) | 8297.20 | 8297.20 |
| 陶瓷用砂岩（矿石万吨） | Sandstone for Ceramics (ore, 10 000 tons) | 1586.20 | 1586.20 |
| 耐火粘土（矿石万吨） | Refractory Clay (ore, 10 000 tons) | 8381.55 | 8381.55 |
| 重晶石（矿石万吨） | Barytes (ore, 10 000 tons) | 856.48 | 853.68 |
| 毒重石（矿石万吨） | Witherite (ore, 10 000 tons) | 1821.76 | 1881.58 |
| 盐　矿（矿石万吨） | Salt Mine (ore, 10 000 tons) | 499398.83 | 1158409.45 |

注：天然气、页岩气数据为剩余技术可采储量，其他主要矿产资源为保有资源储量。
Note: The data of natural and Shale gas are technical recoverable reserves, and the data of other mineral resources are resource reserves.

# 表9.2 自然地理（2016年）
## NATURAL ENVIRONMENT (2016)

**位置：**重庆位于北纬28度10分-32度13分，东经105度11分-110度11分之间，地处较为发达的东部地区和资源丰富的西部地区的结合部，东邻湖北、湖南，南靠贵州，西接四川，北连陕西，是长江上游最大的经济中心、西南工商业重镇和水陆交通枢纽。1997年3月14日，第八届全国人民代表大会第五次会议通过了设立重庆直辖市的决议，与北京、天津、上海同为四大直辖市。

**面积：**重庆幅员面积8.24万平方公里，南北长450公里，东西宽470公里。2016年全市共辖26个区：万州区、黔江区、涪陵区、渝中区、大渡口区、江北区、沙坪坝区、九龙坡区、南岸区、北碚区、渝北区、巴南区、长寿区、江津区、合川区、永川区、南川区、綦江区、大足区、璧山区、铜梁区、潼南区、荣昌区、开州区、梁平区和武隆区；12个县（自治县）：城口县、丰都县、垫江县、忠县、云阳县、奉节县、巫山县、巫溪县、石柱县土家族自治县、秀山土家族苗族自治县、酉阳土家族苗族自治县、彭水苗族土家族自治县。

**地势：**重庆地势由南北向长江河谷逐级降低，西北部和中部以丘陵、低山为主，东南部靠大巴山和武陵山两座大山脉。

**河流：**主要河流有长江、嘉陵江、乌江、涪江、綦江、大宁河等。

**气候：**重庆属中亚热带湿润季风气候区，具有夏热冬暖，光热同季，无霜期长，雨量充沛，湿润多阴等特点。2016年平均气温18.5℃，年总降雨量1345.8毫米。

**Location:**

Chongqing is located at 28°10'～32°13' north latitude and 105°11'～110°11' east longitude. As a joint between the eastern areas with developed economy and the western areas with rich resources, with Hubei and Hunan on its east, Guizhou on its south, Sichuan on its west and Shaanxi on its north, Chongqing is the largest economic center in the upper reaches of the Yangtze River, an important industrial and commercial city in the southwest and a hub of land and water communications. On March 14, 1997, the resolution to establish Chongqing Municipality was passed on the 5th Session of the 8th National People's Congress, and Chongqing became the fourth municipality directly under the Central Government after Beijing, Tianjin and Shanghai.

**Area:**

Chongqing covers an area of 82,400 square kilometers, stretching 450 kilometers from north to south and 470 kilometers from east to west. In 2016, Chongqing has 26 districts, namely Wanzhou, Qianjiang, Fuling Yuzhong, Dadukou, Jiangbei, Shapingba, Jiulongpo, Nan'an, Beibei, Yubei, Banan, Changshou, Jiangjin, Hechuan, Yongchuan Nanchuan, Qijiang , Dazu, Bishan,Tongliang Tongnan, Rongchang Kaizhou,Liangping,Wulong and 12 counties, namely Chengkou, Fengdu, Dianjiang, Zhongxian, Yunyang, Fengjie, Wushan, Wuxi, Shizhu Tujia Autonomous County, Xiushan Tujia Autonomous County Youyang Tujia Autonomous County and Pengshui Miao Autonomous County.

**Topography:**

The altitude of Chongqing declines gradually from the north and the south to the valley of the Yangtze River. There are mainly hills and low mountains in the northwest and central areas of Chongqing, while the two large mountains of Daba and Wuling are in the southeast of Chongqing.

**River:**

The rivers stretching through Chongqing mainly include Yangtze River, Jialing River, Wujiang River, Fujiang River, Qijiang River and Daning River.

**Climate:**

Chongqing has a humid subtropical monsoon climate, hot in summer and warm in winter with the rainy season coinciding with the hot season. It has the characteristics of long frost-free period, plenty of rainfall and a lot of humid and cloudy days. The annual average temperature of 2016 is 18.5℃, with the annual precipitation of 1345.8 mm..

# 表9.3 气象基本情况（1951－2016年）
BASIC STATISTICS ON CLIMATE (1951-2016)

| 年 份 Year | 降水量（毫米） Precipitation (mm) | 平均气温（摄氏度） Average Temperature (℃) | 日照时数（时） Sunshine Hours (hour) | 平均相对湿度（%） Average Relative Humidity (%) | 平均风速（米/秒） Average Wind Speed (m/s) | 平均气压（百帕） Average Air Pressure (100 pa) |
|---|---|---|---|---|---|---|
| 1951 | 1043.4 | 18.4 | | 81 | 1.0 | |
| 1952 | 1227.9 | 18.5 | 1198.6 | 81 | 1.0 | |
| 1953 | 852.1 | 18.8 | 1245.6 | 80 | 0.9 | |
| 1954 | 1112.8 | 17.9 | 1061.2 | 81 | 0.9 | 981.2 |
| 1955 | 927.4 | 18.2 | 1388.6 | 77 | 0.8 | 982.0 |
| 1956 | 1497.4 | 18.2 | 1433.2 | 76 | 1.4 | 982.8 |
| 1957 | 1171.9 | 17.9 | 1094.2 | 80 | 1.3 | 983.3 |
| 1958 | 740.7 | 18.6 | 1260.7 | 77 | 1.4 | 983.3 |
| 1959 | 915.7 | 18.7 | 1378.3 | 76 | 1.4 | 983.0 |
| 1960 | 1026.0 | 18.4 | 1102.0 | 78 | 1.4 | 983.5 |
| 1961 | 787.7 | 18.7 | 1338.8 | 77 | 1.5 | 982.8 |
| 1962 | 1210.4 | 18.0 | 1323.9 | 80 | 1.4 | 983.3 |
| 1963 | 1072.8 | 18.9 | 1370.4 | 77 | 1.4 | 982.4 |
| 1964 | 1031.6 | 18.2 | 1170.4 | 80 | 1.5 | 982.9 |
| 1965 | 1318.9 | 18.1 | 1009.5 | 81 | 1.4 | 983.4 |
| 1966 | 958.9 | 18.6 | 1278.9 | 78 | 1.4 | 982.7 |
| 1967 | 1046.0 | 18.1 | 1216.3 | 79 | 1.4 | 983.4 |
| 1968 | 1384.5 | 17.7 | 1054.6 | 82 | 1.2 | 983.5 |
| 1969 | 1080.5 | 18.6 | 1357.1 | 76 | 1.2 | 982.8 |
| 1970 | 1097.5 | 18.1 | 1197.9 | 79 | 1.1 | 983.5 |
| 1971 | 854.3 | 18.6 | 1370.6 | 76 | 1.3 | 983.4 |
| 1972 | 1171.8 | 18.4 | 1284.1 | 78 | 1.3 | 982.9 |
| 1973 | 1092.3 | 18.9 | 1349.4 | 78 | 1.3 | 983.2 |
| 1974 | 1258.0 | 17.8 | 1068.3 | 79 | 1.3 | 983.0 |
| 1975 | 1025.4 | 18.5 | 1202.5 | 78 | 1.2 | 982.9 |
| 1976 | 1044.9 | 17.7 | 1129.2 | 79 | 1.1 | 983.5 |
| 1977 | 1151.2 | 18.1 | 1234.8 | 79 | 1.1 | 984.0 |
| 1978 | 1057.2 | 18.8 | 1495.7 | 77 | 1.2 | 983.5 |
| 1979 | 1160.0 | 18.4 | 1222.2 | 80 | 1.1 | 983.4 |
| 1980 | 1062.6 | 18.2 | 1071.8 | 79 | 1.4 | 983.6 |
| 1981 | 1157.9 | 18.1 | 1188.0 | 79 | 1.4 | 983.5 |
| 1982 | 1185.2 | 17.7 | 992.3 | 81 | 1.1 | 983.6 |
| 1983 | 1138.1 | 18.1 | 954.4 | 80 | 0.9 | 983.9 |

注：此表为重庆市区资料。
Note: The table above shows the data of the downtown area of Chongqing.

**9.3 续表 continued**

| 年 份 Year | 降水量（毫米） Precipitation (mm) | 平均气温（摄氏度） Average Temperature (℃) | 日照时数（时） Sunshine Hours (hour) | 平均相对湿度（%） Average Relative Humidity (%) | 平均风速（米/秒） Average Wind Speed (m/s) | 平均气压（百帕） Average Air Pressure (100 pa) |
|---|---|---|---|---|---|---|
| 1984 | 1035.1 | 17.8 | 1028.7 | 79 | 1.1 | 983.1 |
| 1985 | 1004.0 | 17.9 | 997.1 | 79 | 1.3 | 983.3 |
| 1986 | 1141.4 | 17.8 | 946.1 | 80 | 1.3 | 984.2 |
| 1987 | 910.2 | 18.6 | 946.3 | 78 | 1.2 | 983.4 |
| 1988 | 1254.0 | 18.0 | 840.6 | 80 | 1.1 | 983.6 |
| 1989 | 1137.4 | 17.7 | 855.0 | 81 | 1.0 | 983.8 |
| 1990 | 956.7 | 18.7 | 1083.7 | 79 | 1.2 | 983.2 |
| 1991 | 1180.6 | 18.2 | 874.8 | 81 | 1.1 | 983.5 |
| 1992 | 987.4 | 18.1 | 975.0 | 78 | 1.6 | 984.0 |
| 1993 | 1164.3 | 17.8 | 894.6 | 81 | 1.5 | 984.0 |
| 1994 | 982.5 | 18.7 | 1063.8 | 80 | 1.4 | 983.2 |
| 1995 | 923.5 | 18.3 | 993.6 | 79 | 1.3 | 983.7 |
| 1996 | 1398.3 | 17.7 | 899.4 | 81 | 1.3 | 983.6 |
| 1997 | 898.8 | 18.5 | 943.0 | 79 | 1.4 | 983.8 |
| 1998 | 1508.0 | 19.2 | 941.9 | 79 | 1.5 | 983.0 |
| 1999 | 1305.6 | 18.5 | 833.6 | 81 | 1.5 | 983.2 |
| 2000 | 1010.9 | 18.2 | 961.1 | 80 | 1.4 | 983.0 |
| 2001 | 814.8 | 18.8 | 1050.4 | 78 | 1.6 | 983.3 |
| 2002 | 1430.6 | 18.8 | 1117.1 | 80 | 1.6 | 983.3 |
| 2003 | 1025.0 | 18.9 | 875.7 | 80 | 1.6 | 983.2 |
| 2004 | 1182.1 | 18.4 | 974.7 | 78 | 1.3 | 984.0 |
| 2005 | 1019.8 | 18.6 | 903.9 | 77 | 1.4 | 982.5 |
| 2006 | 839.6 | 19.2 | 1114.3 | 75 | 1.4 | 982.9 |
| 2007 | 1439.2 | 19.0 | 856.2 | 81 | 1.3 | 983.3 |
| 2008 | 985.3 | 18.6 | 703.8 | 82 | 1.3 | 983.9 |
| 2009 | 1198.9 | 19.0 | 943.9 | 80 | 1.4 | 982.8 |
| 2010 | 1044.7 | 18.7 | 910.6 | 78 | 1.3 | 983.0 |
| 2011 | 992.8 | 17.7 | 1270.2 | 74 | 1.2 | 971.1 |
| 2012 | 1104.4 | 18.3 | 812.0 | 72 | 1.4 | 982.7 |
| 2013 | 1026.9 | 19.9 | 1187.5 | 71 | 1.4 | 982.6 |
| 2014 | 1452.5 | 18.6 | 598.4 | 79 | 1.3 | 983.6 |
| 2015 | 1448.7 | 19.6 | 1129.8 | 75 | 1.4 | 983.3 |
| 2016 | 1345.8 | 18.5 | 1150.5 | 80 | 1.6 | 971.0 |

# 表9.4 全年气象情况（2016年）
## STATISTICS ON THE CLIMATE OF THE CURRENT YEAR (2016)

| 月 份<br>Month | 降水量<br>（毫米）<br>Precipitation<br>(mm) | 平均气温<br>（摄氏度）<br>Average<br>Temperature<br>(℃) | 日照时数<br>（时）<br>Sunshine<br>Hours<br>(hour) | 平均相对湿度<br>(%)<br>Average<br>Relative<br>Humidity (%) | 平均风速<br>（米/秒）<br>Average<br>Wind Speed<br>(m/s) | 平均气压<br>（百帕）<br>Average<br>Air Pressure<br>(100 pa) | 雨日数<br>（天）<br>Days of<br>Rain<br>(day) |
|---|---|---|---|---|---|---|---|
| 全 年<br>Total | 1345.8 | 18.5 | 1150.5 | 79.5 | 1.6 | 971.0 | 188 |
| 1 | 41.5 | 7.1 | 18.1 | 85.5 | 1.5 | 979.5 | 16 |
| 2 | 31.2 | 9.2 | 77.8 | 75.0 | 1.5 | 981.0 | 11 |
| 3 | 104.8 | 15.1 | 77.4 | 72.3 | 1.9 | 973.1 | 13 |
| 4 | 110.6 | 18.8 | 74.1 | 82.8 | 1.6 | 967.7 | 22 |
| 5 | 132.2 | 22.1 | 133.6 | 76.8 | 1.8 | 965.9 | 17 |
| 6 | 397.5 | 25.4 | 147.0 | 79.5 | 1.8 | 963.0 | 17 |
| 7 | 132.2 | 29.4 | 225.9 | 71.0 | 1.9 | 960.0 | 13 |
| 8 | 74.0 | 29.3 | 199.0 | 69.3 | 1.7 | 962.6 | 16 |
| 9 | 121.9 | 22.9 | 60.8 | 83.8 | 1.4 | 969.6 | 17 |
| 10 | 98.5 | 19.4 | 64.7 | 85.8 | 1.4 | 972.4 | 20 |
| 11 | 87.0 | 13.3 | 36.5 | 86.0 | 1.4 | 977.5 | 13 |
| 12 | 14.7 | 10.2 | 35.7 | 84.8 | 1.4 | 979.6 | 13 |

## 表9.5 环境保护情况（2015－2016年）
## ENVIRONMENTAL PROTECTION (2015-2016)

| 项　目 | Item | 2015 | 2016 |
|---|---|---|---|
| 环保投资（亿元） | Investment in Environmental Protection (100 million yuan) | 399.24 | 355.64 |
| 水资源总量（亿立方米） | Total Water Resources (100 million cu.m) | 456.16 | 604.87 |
| 用水总量（亿立方米） | Total Use of Water (100 million cu.m) | 78.98 | 77.48 |
| 生活污水排放量（万吨） | Discharged Volume of Domestic Sewage (10 000 tons) | 114117.59 | 176020.84 |
| 化学需氧量排放量（万吨） | Discharged Volume of COD (10 000 tons) | 37.98 | 25.57 |
| 二氧化硫排放量（万吨） | Discharged Volume of $SO_2$ (10 000 tons) | 49.58 | 28.94 |
| #生活二氧化硫排放量（万吨） | Discharged Volume of $SO_2$ from Daily Life (10 000 tons) | 6.90 | 11.52 |
| 饮用水源水质达标率（%） | Rate of Drinking Water Sources up to Standard (%) | 100.0 | 100.0 |
| 工业污染治理施工项目数（个） | On-going Projects of Industrial Pollution Treatment (unit) | 92 | 84 |
| 工业污染治理项目完成投资（万元） | Completed Investment in Projects of Industrial Pollution Treatment (10 000 yuan) | 59883 | 37141 |
| 工业污染治理竣工项目数（个） | Completed Projects of Industrial Pollution Treatment (unit) | 117 | 114 |
| 工业固体废物综合利用率（%） | Rate of Industrial Solid Wastes Comprehensively Utilized (%) | 84.5 | 76.9 |
| 森林覆盖率（%） | Forest Coverage (%) | 45.0 | 45.4 |
| 自然保护区数（个） | Number of Nature Reserves (unit) | 58 | 58 |
| 自然保护区面积（万公顷） | Area of Nature Reserves (10 000 hectares) | 85.68 | 82.12 |
| 保护区面积占土地总面积比重（%） | Percentage of Nature Reserves to Total Land Area (%) | 10.4 | 10.1 |
| 主城区区域环境噪声平均值（分贝） | Average Noises in Downtown (db) | 53.6 | 53.3 |
| 主城区道路交通噪声（分贝） | Traffic Noises in Downtown (db) | 67.3 | 67.1 |
| 主城区大气可吸入颗粒年日均值（毫克/立方米） | Annual Average Daily Inhalable Motes in Atmosphere in Downtown (mg/cu.m) | 0.087 | 0.077 |
| 主城区二氧化硫年日均值（毫克/立方米） | Annual Average Daily $SO_2$ Concentration in Downtown (mg/cu.m) | 0.016 | 0.013 |
| 主城区二氧化氮年日均值（毫克/立方米） | Annual Average Daily $NO_2$ Concentration in Downtown (mg/cu.m) | 0.045 | 0.046 |
| 主城区环境空气质量优良天数比例（%） | Proportion of High Air Quality Days in Downtown (%) | 80.0 | 82.2 |

# 表9.6 工业"三废"排放处理及综合利用情况（1995－2016年）

## DISCHARGE, TREATMENT AND COMPREHENSIVE UTILIZATION OF WASTE GAS, WASTE WATER AND SOLID WASTES (1995-2016)

| 年 份 Year | 工业废水排放总量（万吨） Total Volume of Industrial Waste Water Discharged (10 000 tons) | 工业废气（万吨） Industrial Waste Gas (10 000 tons) | | |
|---|---|---|---|---|
| | | 工业废气排放总量（亿标立方米） Total Volume of Industrial Waste Gas Discharged (100 million cu.m) | 工业二氧化硫排放量 Volume of $SO_2$ Discharged | 工业烟（粉）尘排放量 Volume of Industrial Dusts and Fume Discharged |
| 1995 | 95590 | 1979.00 | 71.45 | 22.39 |
| 1996 | 93889 | 1697.00 | 72.16 | 22.36 |
| 1997 | 101324 | 1794.00 | 71.43 | 33.18 |
| 1998 | 93997 | 1712.76 | 73.64 | 28.65 |
| 1999 | 90220 | 1839.33 | 75.88 | 26.44 |
| 2000 | 84344 | 1907.90 | 66.42 | 22.01 |
| 2001 | 81214 | 1856.24 | 56.94 | 21.41 |
| 2002 | 79872 | 1978.89 | 55.18 | 20.31 |
| 2003 | 81973 | 2276.94 | 59.97 | 22.23 |
| 2004 | 83031 | 3540.86 | 64.11 | 21.98 |
| 2005 | 84885 | 3654.55 | 68.32 | 21.28 |
| 2006 | 85866 | 5066.96 | 71.08 | 20.01 |
| 2007 | 69003 | 7616.62 | 68.31 | 18.23 |
| 2008 | 67027 | 7350.73 | 62.72 | 15.33 |
| 2009 | 65684 | 12586.52 | 58.61 | 10.77 |
| 2010 | 45180 | 10943.13 | 57.27 | 8.36 |
| 2011 | 33954 | 9121.07 | 53.13 | 17.12 |
| 2012 | 30611 | 8359.88 | 50.98 | 16.61 |
| 2013 | 33450 | 9532.44 | 49.44 | 17.98 |
| 2014 | 34968 | 9289.60 | 47.48 | 21.47 |
| 2015 | 35524 | 9928.07 | 42.68 | 19.64 |
| 2016 | 25874 | 12161.24 | 17.40 | 8.38 |

| 年 份 Year | 工业固体废物（万吨） Industrial Solid Wastes (10 000 tons) | | | | |
|---|---|---|---|---|---|
| | 产生量 Produced Volume | 排放量 Discharged Volume | 处置量 Treated Volume | 综合利用量 Comprehensively Utilized Volume | 综合利用率（%） Rate of Comprehensive Utilization (%) |
| 1995 | 1092 | 230 | 68.34 | 467.79 | 50.37 |
| 1996 | 1174 | 229 | 61.06 | 510.06 | 58.10 |
| 1997 | 1279 | 273 | 49.16 | 623.00 | 54.27 |
| 1998 | 1368 | 229 | 43.75 | 597.00 | 61.78 |
| 1999 | 1512 | 291 | 42.40 | 655.47 | 64.32 |
| 2000 | 1305 | 238 | 37.64 | 626.01 | 71.00 |
| 2001 | 1300 | 168 | 87.85 | 881.64 | 65.30 |
| 2002 | 1348 | 160 | 68.78 | 960.95 | 68.20 |
| 2003 | 1336 | 142 | 73.54 | 967.98 | 68.43 |
| 2004 | 1489 | 118 | 62.09 | 1093.35 | 70.93 |
| 2005 | 1777 | 184 | 122.41 | 1329.39 | 72.07 |
| 2006 | 1815 | 133 | 123.99 | 1367.71 | 73.70 |
| 2007 | 2087 | 138 | 162.73 | 1623.36 | 76.71 |
| 2008 | 2311 | 149 | 73.24 | 1850.57 | 79.07 |
| 2009 | 2552 | 150 | 126.68 | 2076.74 | 79.80 |
| 2010 | 2869 | 134 | 155.20 | 2348.27 | 80.40 |
| 2011 | 3346 | 24 | 561.89 | 2590.56 | 76.86 |
| 2012 | 3164 | 5 | 487.18 | 2606.19 | 81.56 |
| 2013 | 3208 | 11 | 428.35 | 2728.19 | 84.01 |
| 2014 | 3105 | 7 | 422.44 | 2670.15 | 84.19 |
| 2015 | 2828 | 7 | 382.71 | 2423.85 | 84.45 |
| 2016 | 2398 | 1 | 418.91 | 1877.10 | 76.43 |

# 表9.7 重点调查工业废气排放及处理情况（2016年）

## WASTE GAS DISCHARGE AND TREATMENT BY THE INDUSTRIAL ENTERPRISES UNDER MAJOR SURVEY (2016)

| 行　业 | Sector | 汇总工业企业数（个） Number of Industrial Enterprises (unit) | 废气治理设施数（套） Number of Facilities for Waste Gas Treatment (set) |
|---|---|---|---|
| **总　计** | **Total** | **3280** | **5384** |
| **采矿业** | **Mining and Quarrying** | **208** | **49** |
| 煤炭开采和洗选业 | Mining and Washing of Coal | 169 | 3 |
| 石油和天然气开采业 | Extraction of Petroleum and Natural Gas | 7 | 3 |
| 黑色金属矿采选业 | Mining and Processing of Ferrous Metal Ores | 9 | 4 |
| 有色金属矿采选业 | Mining and Processing of Non-Ferrous Metal Ores | 5 | 25 |
| 非金属矿采选业 | Mining and Processing of Nonmetal Ores | 11 | 12 |
| 开采辅助活动 | Mining Support Activities | 5 | 2 |
| 其他采矿业 | Mining of Other Ores | 2 | |
| **制造业** | **Manufacturing** | **3042** | **5217** |
| 农副食品加工业 | Processing of Food from Agricultural Products | 346 | 147 |
| 食品制造业 | Manufacture of Foods | 92 | 57 |
| 酒、饮料和精制茶制造业 | Liquor, Beverage and Refined Tea | 237 | 50 |
| 烟草制品业 | Manufacture of Tobacco | 6 | 9 |
| 纺织业 | Manufacture of Textile | 53 | 17 |
| 纺织服装、服饰业 | Textile and Garments | 7 | 2 |
| 皮革、毛皮、羽毛及其制品和制鞋业 | Manufacture of Leather, Fur, Feather and Related Products | 18 | 8 |
| 木材加工和木、竹、藤、棕、草制品业 | Processing of Timber, Manufacture of Wood, Bamboo,Rattan, Palm and Straw Products | 30 | 130 |
| 家具制造业 | Manufacture of Furniture | 12 | 18 |
| 造纸及纸制品业 | Manufacture of Paper and Paper Products | 53 | 51 |
| 印刷和记录媒介复制业 | Printing, Reproduction of Recording Media | 32 | 25 |
| 文教、工美、体育和娱乐用品制造业 | Manufacture of Culture, Education, Handicraft, Fine Arts, Sports and Entertainment Articles | 2 | 3 |
| 石油加工、炼焦及核燃料加工业 | Processing of Petroleum, Coking, Processing of Nuclear Fuel | 7 | 9 |
| 化学原料及化学制品制造业 | Manufacture of Raw Chemical Materials and Chemical Products | 160 | 363 |
| 医药制造业 | Manufacture of Medicines | 84 | 111 |
| 化学纤维制造业 | Manufacture of Chemical Fibers | 3 | 17 |
| 橡胶和塑料制品业 | Manufacture of Rubber and Plastics | 57 | 100 |
| 非金属矿物制品业 | Manufacture of Non-metallic Mineral Products | 1053 | 1947 |
| 黑色金属冶炼及压延加工业 | Smelting and Pressing of Ferrous Metals | 58 | 121 |
| 有色金属冶炼及压延加工业 | Smelting and Pressing of Nonferrous Metals | 43 | 93 |
| 金属制品业 | Manufacture of Metal Products | 147 | 372 |
| 通用设备制造业 | Manufacture of General Purpose Machinery | 97 | 136 |
| 专用设备制造业 | Manufacture of Special Purpose Machinery | 23 | 53 |
| 汽车制造业 | Manufacture of Motor Vehicles | 194 | 599 |
| 铁路、船舶、航空航天和其他运输设备制造业 | Manufacture of Railway, Ship, Aviation and Other Transporting Equipment | 80 | 173 |
| 电气机械和器材制造业 | Manufacture of Electrical Machinery and Equipment | 31 | 111 |
| 计算机、通信和其他电子设备制造业 | Manufacture of Communication Equipment, Computers and Other Electronic Equipment | 46 | 391 |
| 仪器仪表制造业 | Manufacture of Measuring Instruments and Machinery | 15 | 55 |
| 其他制造业 | Other Manufacture | 33 | 31 |
| 废弃资源综合利用业 | Comprehensive Utilization of Waste Resources | 18 | 13 |
| 金属制品、机械和设备修理业 | Repair of Metal Products, Machinery and Equipment | 5 | 5 |
| **电力、热力、燃气及水生产和供应业** | **Production and Supply of Electric Power and Heat Power** | **30** | **118** |
| 电力、热力的生产和供应业 | Production and Supply of Electric Power and Heat Power | 29 | 118 |
| 燃气生产和供应业 | Production and Supply of Gas | 1 | |
| 水的生产和供应业 | Production and Supply of Water | | |

| 工业废气排放总量（亿标立方米）<br>Total Volume of Industrial Waste Gas Discharged (100 million cu.m) | 工业二氧化硫产生量（吨）<br>Volume of Sulfur Dioxide Produced (ton) | 工业二氧化硫排放量（吨）<br>Volume of Sulphur Dioxide Discharged (ton) | 工业烟（粉）尘产生量（吨）<br>Volume of Fume and Dust Produced (ton) | 工业烟（粉）尘排放量（吨）<br>Volume of Fume and Dust Discharged (ton) |
|---|---|---|---|---|
| **12161.24** | **983422.72** | **138058.53** | **21694003.11** | **74471.22** |
| **53.46** | **78172.78** | **4855.32** | **2582.90** | **1039.58** |
| 7.53 | 808.16 | 773.36 | 320.67 | 298.58 |
| 21.26 | 2635.88 | 495.90 | 11.50 | 11.50 |
| 1.05 | 167.10 | 126.98 | 58.74 | 13.14 |
| 15.60 | 64591.25 | 2591.60 | 79.52 | 79.52 |
| 5.35 | 1320.42 | 239.88 | 2101.08 | 625.45 |
| 2.57 | 8644.61 | 622.25 | 6.88 | 6.88 |
| 0.10 | 5.36 | 5.36 | 4.52 | 4.52 |
| **10140.03** | **238546.99** | **88682.97** | **11287334.62** | **58213.78** |
| 28.94 | 2178.27 | 1624.20 | 3174.67 | 857.15 |
| 47.40 | 13283.77 | 1464.18 | 146757.76 | 834.61 |
| 18.20 | 2047.79 | 1778.83 | 2354.65 | 614.39 |
| 6.85 | 568.45 | 152.20 | 588.95 | 29.49 |
| 10.50 | 685.91 | 671.20 | 1334.12 | 244.10 |
| 0.54 | 52.60 | 13.60 | 62.14 | 3.86 |
| 17.67 | 180.62 | 174.08 | 262.09 | 60.12 |
| 11.07 | 491.39 | 483.69 | 6178.49 | 398.96 |
| 10.71 | 87.47 | 87.47 | 268.18 | 98.78 |
| 130.73 | 24236.33 | 3623.53 | 1166847.17 | 668.40 |
| 37.01 | 112.14 | 83.61 | 27.53 | 6.84 |
| 4.99 | 0.03 | 0.03 | 49.98 | 8.63 |
| 19.52 | 174.28 | 174.28 | 1045.65 | 78.86 |
| 735.25 | 38397.39 | 5362.40 | 232395.00 | 5660.56 |
| 57.59 | 4773.05 | 429.54 | 11773.22 | 224.38 |
| 165.55 | 24535.82 | 2264.52 | 358908.26 | 919.90 |
| 56.84 | 5064.23 | 2492.23 | 7762.00 | 1142.91 |
| 4098.56 | 90814.40 | 55599.21 | 9017003.30 | 35433.79 |
| 582.88 | 26714.94 | 9127.70 | 308973.32 | 8449.73 |
| 393.00 | 1303.22 | 1201.87 | 8792.31 | 331.42 |
| 107.95 | 406.60 | 406.60 | 1566.07 | 471.56 |
| 54.86 | 254.10 | 246.16 | 1466.15 | 320.65 |
| 366.19 | 11.68 | 11.68 | 521.20 | 46.69 |
| 1139.17 | 613.86 | 309.31 | 4625.41 | 755.82 |
| 91.15 | 583.15 | 516.55 | 735.31 | 286.72 |
| 86.76 | 57.28 | 57.28 | 86.60 | 67.03 |
| 518.80 | 10.41 | 10.41 | 325.59 | 76.22 |
| 6.15 | 22.02 | 22.02 | 86.70 | 16.90 |
| 924.07 | 669.08 | 212.58 | 83.07 | 26.20 |
| 410.28 | 215.07 | 80.37 | 3279.23 | 78.62 |
| 0.85 | 1.66 | 1.66 | 0.51 | 0.51 |
| **1967.75** | **666702.95** | **44520.24** | **10404085.59** | **15217.87** |
| 1967.72 | 666702.35 | 44519.64 | 10404085.59 | 15217.87 |
| 0.03 | 0.60 | 0.60 | | |

# 表9.8 重点调查工业固体废物产生及处理利用情况（2016年）

## GENERATION, TREATMENT AND UTILIZATION OF SOLID WASTES OF THE INDUSTRIAL ENTERPRISES UNDER MAJOR SURVEY (2016)

| 行 业 | Sector | 企业数（个） Number of Enterprises (unit) |
|---|---|---|
| **总 计** | **Total** | **3280** |
| **采矿业** | **Mining and Quarrying** | **208** |
| 煤炭开采和洗选业 | Mining and Washing of Coal | 169 |
| 石油和天然气开采业 | Extraction of Petroleum and Natural Gas | 7 |
| 黑色金属矿采选业 | Mining and Processing of Ferrous Metal Ores | 9 |
| 有色金属矿采选业 | Mining and Processing of Non-Ferrous Metal Ores | 5 |
| 非金属矿采选业 | Mining and Processing of Nonmetal Ores | 11 |
| 开采辅助活动 | Mining Support Activities | 5 |
| 其他采矿业 | Mining of Other Ores | 2 |
| **制造业** | **Manufacturing** | **3042** |
| 农副食品加工业 | Processing of Food from Agricultural Products | 346 |
| 食品制造业 | Manufacture of Foods | 92 |
| 酒、饮料和精制茶制造业 | Liquor, Beverage and Refined Tea | 237 |
| 烟草制品业 | Manufacture of Tobacco | 6 |
| 纺织业 | Manufacture of Textile | 53 |
| 纺织服装、服饰业 | Textile and Garments | 7 |
| 皮革、毛皮、羽毛及其制品和制鞋业 | Manufacture of Leather, Fur, Feather and Related Products | 18 |
| 木材加工和木、竹、藤、棕、草制品业 | Processing of Timber, Manufacture of Wood, Bamboo, Rattan, Palm and Straw Products | 30 |
| 家具制造业 | Manufacture of Furniture | 12 |
| 造纸及纸制品业 | Manufacture of Paper and Paper Products | 53 |
| 印刷和记录媒介复制业 | Printing, Reproduction of Recording Media | 32 |
| 文教、工美、体育和娱乐用品制造业 | Manufacture of Culture, Education, Handicraft, Fine Arts, Sports and Entertainment Articles | 2 |
| 石油加工、炼焦及核燃料加工业 | Processing of Petroleum, Coking, Processing of Nuclear Fuel | 7 |
| 化学原料及化学制品制造业 | Manufacture of Raw Chemical Materials and Chemical Products | 160 |
| 医药制造业 | Manufacture of Medicines | 84 |
| 化学纤维制造业 | Manufacture of Chemical Fibers | 3 |
| 橡胶和塑料制品业 | Manufacture of Rubber and Plastics | 57 |
| 非金属矿物制品业 | Manufacture of Non-metallic Mineral Products | 1053 |
| 黑色金属冶炼及压延加工业 | Smelting and Pressing of Ferrous Metals | 58 |
| 有色金属冶炼及压延加工业 | Smelting and Pressing of Nonferrous Metals | 43 |
| 金属制品业 | Manufacture of Metal Products | 147 |
| 通用设备制造业 | Manufacture of General Purpose Machinery | 97 |
| 专用设备制造业 | Manufacture of Special Purpose Machinery | 23 |
| 汽车制造业 | Manufacture of Motor Vehicles | 194 |
| 铁路、船舶、航空航天和其他运输设备制造业 | Manufacture of Railway, Ship, Aviation and Other Transporting Equipment | 80 |
| 电气机械和器材制造业 | Manufacture of Electrical Machinery and Equipment | 31 |
| 计算机、通信和其他电子设备制造业 | Manufacture of Communication Equipment, Computers and Other Electronic Equipment | 46 |
| 仪器仪表制造业 | Manufacture of Measuring Instruments and Machinery | 15 |
| 其他制造业 | Other Manufacture | 33 |
| 废弃资源综合利用业 | Comprehensive Utilization of Waste Resources | 18 |
| 金属制品、机械和设备修理业 | Repair of Metal Products, Machinery and Equipment | 5 |
| **电力、热力、燃气及水生产和供应业** | **Production and Supply of Electric Power and Heat Power** | **30** |
| 电力、热力的生产和供应业 | Production and Supply of Electric Power and Heat Power | 29 |
| 燃气生产和供应业 | Production and Supply of Gas | 1 |
| 水的生产和供应业 | Production and Supply of Water | |

| 工业固体废物产生量（万吨）Volume of Industrial Solid Waste Produced (10 000 tons) | 其中 of which #危险废物产生量 Volume of Hazardous Wastes Produced | 工业固体废物综合利用量（万吨）Volume of Industrial Solid Wastes Comprehensively Utilized (10 000 tons) | 工业固体废物贮存量（万吨）Volume of Industrial Solid Wastes in Stock (10 000 tons) | 工业固体废物处置量（万吨）Volume of Industrial Solid Wastes Treated (10 000 tons) | 工业固体废物倾倒丢弃量（万吨）Volume of Industrial Solid Waste Dumped (10 000 tons) |
|---|---|---|---|---|---|
| **2275.83** | **54.09** | **1775.06** | **157.78** | **400.65** | **0.96** |
| **326.95** | **0.02** | **308.25** | **1.82** | **16.05** | **0.83** |
| 282.27 | | 267.04 | 1.82 | 12.78 | 0.64 |
| 3.56 | 0.01 | 0.30 | | 3.26 | |
| 2.26 | | 2.20 | | | 0.06 |
| 34.29 | | 34.20 | | | 0.09 |
| 4.29 | | 4.26 | | | 0.04 |
| 0.19 | 0.01 | 0.18 | | | |
| 0.07 | | 0.07 | | | |
| **1083.24** | **49.22** | **651.00** | **141.41** | **291.40** | **0.14** |
| 6.92 | | 5.32 | | 1.59 | 0.01 |
| 24.59 | 0.02 | 24.37 | | 0.22 | |
| 15.00 | | 7.93 | | 7.05 | 0.02 |
| 1.60 | | 1.31 | | 0.29 | |
| 0.86 | | 0.81 | | 0.05 | |
| 0.19 | | 0.18 | | 0.01 | |
| 0.20 | | 0.17 | | 0.02 | |
| 1.14 | 0.01 | 0.99 | | 0.15 | |
| 10.20 | | 10.20 | | | |
| 88.19 | 0.02 | 73.78 | 0.01 | 14.40 | |
| 0.61 | 0.10 | 0.31 | | 0.30 | |
| 4.27 | 0.01 | 4.26 | | 0.02 | |
| 376.05 | 7.57 | 121.13 | 131.95 | 123.38 | |
| 9.11 | 0.98 | 6.88 | 0.03 | 2.19 | 0.01 |
| 72.23 | 26.88 | 72.09 | | 0.14 | |
| 6.74 | 0.20 | 6.31 | 0.01 | 0.42 | |
| 97.86 | 0.11 | 91.93 | | 5.92 | 0.01 |
| 270.68 | 0.02 | 181.69 | 1.51 | 87.44 | 0.08 |
| 11.65 | 0.22 | 10.76 | 0.72 | 0.17 | |
| 3.19 | 1.04 | 0.78 | 0.08 | 2.35 | |
| 2.79 | 0.08 | 1.45 | 0.01 | 1.32 | |
| 0.23 | 0.03 | 0.10 | | 0.13 | |
| 56.24 | 2.52 | 18.42 | 6.86 | 30.99 | |
| 3.27 | 0.15 | 2.21 | 0.02 | 1.10 | |
| 1.87 | 0.29 | 0.43 | 0.01 | 1.50 | |
| 11.36 | 5.77 | 5.12 | 0.07 | 6.17 | |
| 0.15 | 0.01 | 0.12 | | 0.03 | |
| 3.78 | 2.58 | 1.62 | 0.02 | 2.14 | |
| 2.30 | 0.60 | 0.30 | 0.09 | 1.93 | |
| 0.01 | 0.01 | | | 0.01 | |
| **866** | **5** | **816** | **15** | **93** | |
| 865.64 | 4.85 | 815.81 | 14.55 | 93.20 | |

# 表9.9 重点调查工业废水排放及处理情况（2016年）

## WASTE WATER DISCHARGE AND TREATMENT BY THE INDUSTRIAL ENTERPRISES UNDER MAJOR SURVEY (2016)

| 行　业 | Sector | 企业数（个） Number of Enterprises (unit) | 工业废水排放总量（万吨） Total Volume of Waste Water Discharged (10 000 tons) | 废水治理设施数（套） Number of Facilities for Waste Water Control (set) |
|---|---|---|---|---|
| **总　计** | **Total** | **3280** | **23777.61** | **1504** |
| **采矿业** | **Mining and Quarrying** | **208** | **6766.35** | **94** |
| 煤炭开采和洗选业 | Mining and Washing of Coal | 169 | 6637.60 | 78 |
| 石油和天然气开采业 | Extraction of Petroleum and Natural Gas | 7 | 14.37 | 4 |
| 黑色金属矿采选业 | Mining and Processing of Ferrous Metal Ores | 9 | 7.00 | 1 |
| 有色金属矿采选业 | Mining and Processing of Non-Ferrous Metal Ores | 5 | 88.51 | 3 |
| 非金属矿采选业 | Mining and Processing of Nonmetal Ores | 11 | 14.05 | 3 |
| 开采辅助活动 | Mining Support Activities | 5 | 4.57 | 4 |
| 其他采矿业 | Mining of Other Ores | 2 | 0.26 | 1 |
| **制造业** | **Manufacturing** | **3042** | **16672.72** | **1374** |
| 农副食品加工业 | Processing of Food from Agricultural Products | 346 | 1093.64 | 189 |
| 食品制造业 | Manufacture of Foods | 92 | 589.43 | 52 |
| 酒、饮料和精制茶制造业 | Liquor, Beverage and Refined Tea | 237 | 759.10 | 92 |
| 烟草制品业 | Manufacture of Tobacco | 6 | 15.67 | 3 |
| 纺织业 | Manufacture of Textile | 53 | 329.39 | 30 |
| 纺织服装、服饰业 | Textile and Garments | 7 | 17.56 | 5 |
| 皮革、毛皮、羽毛及其制品和制鞋业 | Manufacture of Leather, Fur, Feather and Related Products | 18 | 37.52 | 6 |
| 木材加工和木、竹、藤、棕、草制品业 | Processing of Timber, Manufacture of Wood, Bamboo, Rattan, Palm and Straw Products | 30 | 17.88 | 8 |
| 家具制造业 | Manufacture of Furniture | 12 | 9.15 | 3 |
| 造纸及纸制品业 | Manufacture of Paper and Paper Products | 53 | 4690.52 | 34 |
| 印刷和记录媒介复制业 | Printing, Reproduction of Recording Media | 32 | 15.95 | 14 |
| 文教、工美、体育和娱乐用品制造业 | Manufacture of Culture, Education, Handicraft, Fine Arts, Sports and Entertainment Articles | 2 | 0.03 | 0 |
| 石油加工、炼焦及核燃料加工业 | Processing of Petroleum, Coking, Processing of Nuclear Fuel | 7 | 280.63 | 3 |
| 化学原料及化学制品制造业 | Manufacture of Raw Chemical Materials and Chemical Products | 160 | 1879.78 | 104 |
| 医药制造业 | Manufacture of Medicines | 84 | 486.49 | 71 |
| 化学纤维制造业 | Manufacture of Chemical Fibers | 3 | 1502.66 | 3 |
| 橡胶和塑料制品业 | Manufacture of Rubber and Plastics | 57 | 151.74 | 33 |
| 非金属矿物制品业 | Manufacture of Non-metallic Mineral Products | 1053 | 529.75 | 101 |
| 黑色金属冶炼及压延加工业 | Smelting and Pressing of Ferrous Metals | 58 | 169.73 | 34 |
| 有色金属冶炼及压延加工业 | Smelting and Pressing of Nonferrous Metals | 43 | 308.38 | 41 |
| 金属制品业 | Manufacture of Metal Products | 147 | 308.24 | 67 |
| 通用设备制造业 | Manufacture of General Purpose Machinery | 97 | 226.43 | 71 |
| 专用设备制造业 | Manufacture of Special Purpose Machinery | 23 | 38.16 | 22 |
| 汽车制造业 | Manufacture of Motor Vehicles | 194 | 1145.56 | 178 |
| 铁路、船舶、航空航天和其他运输设备制造业 | Manufacture of Railway, Ship, Aviation and Other Transporting Equipment | 80 | 263.80 | 70 |
| 电气机械和器材制造业 | Manufacture of Electrical Machinery and Equipment | 31 | 136.87 | 33 |
| 计算机、通信和其他电子设备制造业 | Manufacture of Communication Equipment, Computers and Other Electronic Equipment | 46 | 1470.33 | 55 |
| 仪器仪表制造业 | Manufacture of Measuring Instruments and Machinery | 15 | 40.59 | 16 |
| 其他制造业 | Other Manufacture | 33 | 125.14 | 18 |
| 废弃资源综合利用业 | Comprehensive Utilization of Waste Resources | 18 | 28.56 | 11 |
| 金属制品、机械和设备修理业 | Repair of Metal Products, Machinery and Equipment | 5 | 4.05 | 7 |
| **电力、热力、燃气及水生产和供应业** | **Production and Supply of Electric Power and Heat Power** | **30** | **338.54** | **36** |
| 电力、热力的生产和供应业 | Production and Supply of Electric Power and Heat | 29 | 337.74 | 35 |
| 燃气生产和供应业 | Production and Supply of Gas | 1 | 0.80 | 1 |
| 水的生产和供应业 | Production and Supply of Water | | | |

## 表9.10 工业污染治理项目及投资情况（2015－2016年）
INDUSTRIAL POLLUTION TREATMENT PROJECTS AND INVESTMENT (2015-2016)

| 项　目 | Item | 2015 | 2016 |
|---|---|---|---|
| **企业数（个）** | **Number of Enterprises (unit)** | **108** | **108** |
| **施工项目数（个）** | **Number of Projects under Construction (unit)** | **92** | **84** |
| 治理废水 | Treatment of Waste Water | 14 | 21 |
| 治理废气 | Treatment of Waste Gas | 67 | 54 |
| 治理固体废物 | Treatment of Solid Wastes | 5 | 3 |
| 治理噪声 | Treatment of Noise Pollution | 1 | |
| 治理其他 | Treatment of Other Pollution | 5 | 6 |
| **资金来源合计（万元）** | **Total Funds (10 000 yuan)** | **59885** | **37141** |
| 排污费补助 | Pollution Discharge Fees Subsidy | 352 | 10 |
| 政府其他补助 | Other Government Subsidy | 1197 | 207 |
| 企业自筹 | Self-raised Fund | 58336 | 36924 |
| **资金使用合计（万元）** | **Total Expenditures (10 000 yuan)** | **59885** | **37141** |
| 治理废水 | Treatment of Waste Water | 11891 | 3489 |
| 治理废气 | Treatment of Waste Gas | 44432 | 26666 |
| 治理固体废物 | Treatment of Solid Wastes | 2838 | 4504 |
| 治理噪声 | Treatment of Noise Pollution | 120 | |
| 治理其他 | Treatment of Other Pollution | 604 | 2482 |
| **本年竣工项目数（个）** | **Number of Projects Completed in Current Year (unit)** | **48** | **50** |
| **当年竣工项目新增设计处理利用“三废”能力** | **Newly Added Designed Capacity of the Projects Completed in Current Year for the Treatment and Utilization of "Three Wastes"** | | |
| 废　水（吨/日） | Waste Water (ton/day) | 41039 | 49147 |
| 废　气（万标立方米/时） | Waste Gas (10 000 cu.m/hour) | 1340 | 305 |
| 固体废物（吨/日） | Solid Wastes (ton/day) | | |

## 表9.11 生活污染物排放情况（2015－2016年）
DISCHARGE OF DOMESTIC POLLUTANTS (2015-2016)

| 项　目 | Item | 2015 | 2016 |
|---|---|---|---|
| 生活污水排放量（万吨） | Volume of Domestic Waste Water Discharged (10 000 tons) | 114117 | 176021 |
| 生活污水中化学需氧量排放量（吨） | Discharge of CCD in Domestic Waste Water (ton) | 211324 | 236657 |
| 生活二氧化硫排放量（吨） | Discharge of Sulfur Dioxide from Daily Life (ton) | 68991 | 115248 |
| 生活烟尘排放量（吨） | Discharge of Dust from Daily Life (ton) | 5382 | 4752 |

重/庆/统/计/年/鉴

# 主要统计指标解释

## 自然资源

指人类可以直接从自然界获得，并用于生产和生活的物质资源。自然资源一般可以分成可再生资源和非再生资源两大类。可再生资源指在较短时间内可以再生、可以循环利用的资源，包括土地资源、水资源、气候资源、生物资源和海洋资源等。非再生资源指在使用后不能再生的资源，包括矿产资源和地热能源。

## 土地资源

土地指陆地的表层部分，它主要由岩石、岩石的风化物和土壤构成。土地资源按利用类型可以分为农用地、建筑用地和未利用地。农用地包括耕地、园地、林地、牧草地和水面。建筑用地包括居民点及工矿用地、交通用地和水利设施用地。未利用地指农用地和建筑用地以外的土地，包括滩涂、荒漠、戈壁、冰川和石山等。

## 耕地面积

指经过开垦用以种植各种农作物并经常进行耕耘的土地面积，包括种有作物的土地面积、休闲地、新开荒地和抛荒未满三年的土地面积。

## 林业用地面积

指生长乔木、竹类、灌木、沿海红树林等林木的土地面积，包括有林地、灌木林、疏林地、未成林造林地、迹地、苗圃等。

## 草地面积

指牧区和农区用于放牧牲畜或割草，植被盖度在5%以上的草原、草坡、草山等面积。包括天然的和人工种植或改良的草地面积。

## 森林资源

指森林、林木、林地以及依托森林、林木、林地生存的野生动物、植物和微生物。林木指树木和竹子。森林指以乔木为主体的植物群落，是集生的乔木及与共同作用的植物、动物、微生物和土壤、气候等的总体。

## 活立木总蓄积量

指一定范围内土地上全部树木蓄积的总量，包括森林蓄积、疏林蓄积、散生木蓄积和四旁（村旁、路旁、水旁、宅旁）树蓄积。

## 森林面积

指由乔木树种构成，郁闭度0.2以上（含0.2）的林地或冠幅宽度10米以上的林带的面积，即有林地面积。森林面积包括天然起源和人工起源的针叶林面积、阔叶林面积、针阔混交林面积和竹林面积，不包括灌木林地面积和疏林地面积。

## 森林蓄积量

指一定森林面积上存在着的林木树干部分的总材积。它是反映一个国家或地区森林资源总规模和水平的基本指标之一，也是反映森林资源的丰富程度、衡量森林生态环境优劣的重要依据。

## 森林覆盖率

指一个国家或地区森林面积占土地面积的百分比。森林覆盖率是反映森林资源的丰富程度和生态平衡状况的重要指标。在计算森林覆盖率时，森林面积包括郁闭度0.2以上的乔木林地面积和竹林地面积、国家特别规定的灌木林地面积、农田林网以及四旁（村旁、路旁、水旁、宅旁）林木的覆盖面积。计算公式为：

森林覆盖率（%）=森林面积/土地总面积×100%

## 水资源

水在自然界中以固体、液体和气态三种聚集状态存在，分布于海洋、陆地（包括土壤）以及大气之中，通过水循环形成水资源。水资源包括经人类控制并直接可供灌溉、发电、给水、航运、养殖等用途的地表水和地下水，以及江河、湖泊、井、泉、潮汐、港湾和养殖水域等。水资源是发展国民经济不可缺少的重要自然资源。

# 主要统计指标解释

## 地表水和地下水

陆地上的水因空间分布不同，可以分为地表水和地下水。地表水指分别存在于河流、湖泊、沼泽、冰川和冰盖等水体中水分的总称，又称陆地水。地下水指储存在地面以下饱和岩土孔隙、裂隙及溶洞中的水。

## 径流

指大气降水扣除损耗外，从地表和地下向流域出口断面汇集的水流。径流可分为地表径流、地下径流和壤中流。地表径流指沿地表向河流、湖泊、沼泽、海洋等汇集的水流；地下径流指沿潜水层或隔水层间的含水层，向河流、湖泊、沼泽、海洋等汇集的地下水水流。

## 径流量

指在一定时段内通过河流某一过水断面的水量，用以反映一个国家或地区水资源的丰歉程度。计算公式为：

径流量=降水量－蒸发量

## 矿产资源

矿产指由地质作用形成，具有利用价值的，呈固态、液态、气态的自然资源，是社会生产发展的重要物质基础。目前我国已发现矿种有170多种，按其特点和用途，可分为能源矿产（如煤炭、石油、天然气、地热）、金属矿产（如铁矿、锰矿、铜矿、铅矿、铝土矿）、非金属矿产（如金刚石、石灰石、粘土）和水气矿产（如地下水、矿泉水、二氧化碳气）四大类。其中：金属矿产按其物质成份和性质又可分为：黑色金属矿产、有色金属矿产、贵金属矿产、稀有金属矿产、稀土金属矿产、分散元素金属矿产六类。

## 矿产基础储量

基础储量是查明矿产资源的一部分。它能满足现行采矿和生产所需的指标要求，是控制的、探明的并通过可行性或预可行性研究认为属于经济的、边界经济的部分，用未扣除设计、采矿损失的数量表示。

## 气候

指地球与大气之间长期能量交换与质量交换所形成的一种自然环境状态，它是多种因素综合作用的结果。气候既是人类生活和生产的环境要素之一，又是供给人类生活和生产的重要资源。气温、降水、湿度等气象要素的多年平均值是用来描述一个地区气候状况的主要参数，而各种气象要素某年、某月的平均值（或总量）则可以反映出该时期天气气候状况的重要特征。

## 气温

指空气的温度，我国一般以摄氏度（℃）为单位表示。气象观测的温度表是放在离地面约1.5米处通风良好的百叶箱里测量的，因此，通常说的气温指的是离地面1.5米处百叶箱的温度。其统计计算方法为：

月平均气温是全月各日的平均气温相加，除以该月的天数而得。

年平均气温是将12个月的月平均气温累加后除以12而得。

## 相对湿度

指空气中实际所含水蒸气密度和同温度下饱和水蒸气密度的百分比值。其统计方法与气温相同。

## 降水量

指从天空降落到地面的液态或固态（经融化后）水，未经蒸发、渗透、流失而在地面上积聚的深度。其统计计算方法为：

月降水量是将全月各日的降水量累加而得。

年降水量是将12个月的月降水量累加而得。

## 日照时数

指太阳实际照射地面的时间。其统计方法与降水量相同。

## 化学需氧量(COD)排放量

为工业废水中COD排放量与生活污水中COD排放量之和。化学需氧量指用化学氧化剂氧化水中有机污染物时所需的氧量。一般利用化学氧化剂将废水中可氧化的物质（有机物、亚硝酸盐、亚铁盐、硫化物等）氧化分解，然后根据残留的氧化剂的量计算出氧的消耗量，来表示废水中有机物的含量，反映水体有机物污染程度。COD值越高，表示水中有机污染物污染越重。

## 二氧化硫排放量

指报告期内工业$SO_2$排放量与生活$SO_2$排放量之和。

# 主要统计指标解释

## 工业废水排放量

指经过企业厂区所有排放口排到企业外部的工业废水量。包括生产废水、外排的直接冷却水、超标排放的矿井地下水和与工业废水混排的厂区生活污水，不包括外排的间接冷却水（清污不分流的间接冷却水应计算在内）。

## 工业废水排放达标量

指报告期内废水中各项污染物指标都达到国家或地方排放标准的外排工业废水量，包括未经处理外排达标的，经废水处理设施处理后达标排放的，以及经污水处理厂处理后达标排放的。

## 工业废气排放量

指报告期内企业厂区内燃料燃烧和生产工艺过程中产生的各种排入空气的含有污染物的气体的总量，以标准状态（273K，101325Pa）计算。测算公式为：

工业废气排放量=燃料燃烧过程中废气排放量+生产工艺过程中废气排放量

## 工业二氧化硫排放量

指报告期内企业在燃料燃烧和生产工艺过程中排入大气的$SO_2$总量，计算公式为：

工业$SO_2$排放量=燃料燃烧过程中$SO_2$排放量+生产工艺过程中$SO_2$排放量

## 工业烟尘排放量

指企业厂区内的燃料燃烧过程中产生的烟气中夹带的颗粒物排放量。

## 工业粉尘排放量

指企业在生产工艺过程中排放的能在空气中悬浮一定时间的固体颗粒物排放量。如钢铁企业的耐火材料粉尘、焦化企业的筛焦系统粉尘、烧结机的粉尘、石灰窑的粉尘、建材企业的水泥粉尘等。不包括电厂排入大气的烟尘。

## 工业固体废物产生量

指报告期内企业在生产过程中产生的固体状、半固体状和高浓度液体状废弃物的总量，包括危险废物、冶炼废渣、粉煤灰、炉渣、煤矸石、尾矿、放射性废物和其他废物等；不包括矿山开采的剥离废石和掘进废石（煤矸石和呈酸性或碱性的废石除外）。酸性或碱性废石是指采掘的废石其流经水、雨淋水的ＰＨ值小于4或ＰＨ值大于10.5者。

## 工业固体废物综合利用量

指报告期内企业通过回收、加工、循环、交换等方式，从固体废物中提取或者使其转化为可以利用的资源、能源和其他原材料的固体废物量（包括当年利用往年的工业固体废物累计贮存量），如用作农业肥料、生产建筑材料、筑路等。综合利用量由原产生固体废物的单位统计。

## 工业固体废物贮存量

指报告期内企业以综合利用或处置为目的，将固体废物暂时贮存或堆存在专设的贮存设施或专设的集中堆存场所内的数量。专设的固体废物贮存场所或贮存设施必须有防扩散、防流失、防渗漏、防止污染大气、水体的措施。

## 工业固体废物处置量

指报告期内企业将固体废物焚烧或者最终置于符合环境保护规定要求的场所，并不再回取的工业固体废物量（包括当年处置往年的工业固体废物累计贮存量）。处置方法有填埋（其中危险废物应安全填埋）、焚烧、专业贮存场（库）封场处理、深层灌注、回填矿井及海洋处置（经海洋管理部门同意投海处理）等。

## 工业固体废物排放量

指报告期内企业将所产生的固体废物排到固体废物污染防治设施、场所以外的数量，不包括矿山开采的剥离废石和掘进废石（煤矸石和呈酸性或碱性的废石除外）。

## “三废”综合利用产品产值

指报告期内利用“三废”（废液、废气、废渣）作为主要原料生产的产品产值（现行价），已经销售或准备销售的应计算产品产值，留作生产上自用的不应计算产品产值。

## 主要统计指标解释

### 城镇生活污水排放量

指城镇居民每年排放的生活污水。用人均系数法测算。测算公式为：

城镇生活污水排放量=城镇生活污水排放系数×市镇非农业人口×365

### 生活及其他烟尘排放量

指除工业生产活动以外的所有社会、经济活动及公共设施的经营活动中燃烧所排放的烟尘纯重量。以生活及其他煤炭消费量为基础进行测算。

# Explanatory Notes on Main Statistical Indicators

## Natural Resources

Refer to material resources that could be obtained from the nature by human being and used for production and living. Natural resources in general can be classified as renewable resources and non-renewable resources. Renewable resources refer to resources that could be renewed and recycled during a relatively short period of time, including land resource, water resource, climate resource, biology resource and marine resource. Non-renewable resources include resources that could not be renewed, such as minerals and geothermal resource.

## Land Resource

Land refers to the surface of the earth, consisting of mainly rocks and its weathering and earth. Land resource can be classified, by its utilization, as land for agriculture, land for construction and unused land. Land for agriculture included cultivated land, plantation land, forestland, grassland and waters. Land for construction includes land for residential purpose, for manufacturing and mining, for transportation and for water-conservancy projects. Unused land refers to land other than land for agriculture and construction, including beaches, deserts, Gobi glaciers and rock mountains.

## Area of Cultivated Land

Refers to area of land reclaimed for the regular cultivation of various farm crops, including crop-cover land, fallow, newly reclaimed land and land laid idle for less than 3 years.

## Area of Afforestated Land

Refers to area for Land for trees bamboo, bushes and mangrove, including forest-covered land, bush-covered land, sparse forest land, land planned for afforestation and nurseries of young trees.

## Area of Grassland

Refers to areas of grassland, grass-slopes and grass-covered hills with a vegetation-covering rate of over 5% that are used for animal husbandry or harvesting of grass. It includes natural, cultivated and improved grassland areas.

## Forest Resource

Refers to forests, trees, forestland and wild animals, plants and microorganism that live on forest and trees. Trees include trees and bamboo. Forest refers to the population of clusters of trees and other plants, animals and microorganism as well as the earth and climate that have interactions with the trees.

## Total Standing Stock Volume

Refers to the total stock volume of trees growing in land, including trees in forest, tress in sparse forest, scattered trees and trees planted by the side of villages, farm houses and along roads and rivers.

## Forest Area

Refers to the area of forest where trees and bamboo grow with canopy density above 0.2, including land of natural woods and planted woods, but excluding bush land and thin forest land. It reflects the total areas of afforestation.

## Stock Volume of Forest

Refers to total stock volume of wood growing in forest area, which shows the total size and level of forest resources of a country or a region. It is also an important indicator illustrating the richness of forest resource and the status of forest ecological environment.

## Forest Coverage Rate

Refers to the ratio of area of afforested land to total land area. It is a very important indicator that reflects the status of abundance of forest resource and balance of the ecosystem. Forest area includes the area of trees and bamboo grow with canopy density above 0.2, the area of shrubby tree according to regulations of the government, the area of forest land inside farm land and the area of trees planted by the side of villages, farm houses and along roads and rivers.The formula for calculating forest coverage rate is as follows.

Forestry coverage rate (%) = (Area of Afforested Land / Area of Total Land) × 100%

EXPLANATORY NOTES TO MAJOR STATISTICAL INDICATORS

## Water Resource

Water exists in the nature in solid, liquid and gaseous states, is distributed in the ocean, land (including earth) and air, and constitutes the water resource through the circulation of water. Water resource includes the surface water and ground water that is controlled by the human being for irrigation, power-generation, water supply, navigation and cultivation. It also includes rivers, Lakes, wells, springs, tides, and gulf and water area for cultivation. Water resource as an important natural resource is indispensable for the development of the national economy.

## Surface Water and Ground Water

Water on earth can be divided into surface water and ground water according to its distribution. Surface water refers to moisture exists in rivers, lakes, swamps, glaciers, icecaps and so on. It is also called land water. The underground water refers to water deposited under-ground in the cranny and the hole of saturated rock soil and in water-eroded cave.

## Runoff

Refers to the water gathered at the way out of the cross section of drainage area either from the surface or underground after deducting the wastage of the precipitation. Runoff can be divided into surface runoff, underground runoff and within soil runoff. Surface runoff refers to water flow to the rivers, lakes, swamps, and seas on the surface of the earth. Underground runoff refers to water flow to rivers, swamps, and seas through the water-bearing stratum of confined layer or unconfined layer.

## Volume of Runoff

Refers to the total volume of water running through a certain cross section of a river during a certain period of time, reflecting the water resource condition in a country or a region. The formula for calculating volume or runoff is as follows:

Runoff=Precipitation-Evaporation

## Mineral Resources

Refer to useful minerals, with solid state, liquid state, gaseity, due to the geological process. Minerals are important natural resources, and important material base for social development. At present, there are more than 170 types of minerals discovered in China. They can be categorized into four groups: energy producing minerals (including coal, petroleum, natural gas and terrestrial heat), metallic minerals (including iron, manganese, copper, lead and bauxite), non metallic minerals (including diamond, limestone and clay), and water/gas related minerals (including ground water, mineral water and carbon dioxide). Metallic minerals can be further classified as ferrous, non-ferrous, noble metal, rare metal, rare earth metal and dispersed metals.

## Ensured Mineral Reserves

Refer to the actual mineral reserves, which equal to the proven mineral reserves (including industrial reserves and prospective reserves) minus extracted parts and underground losses.

## Climate

Refers to the natural environmental status formed by the long-time exchange of energy and mass between the earth and the atmosphere, and is the result of interaction of many factors. Climate is both one of the environment factors and also the important resources for the living and production activities of the human being. The average values across several years of meteorological factors such as temperature, rainfall and humidity are used as important parameters to describe the climate of a region, while the average values (or total values) of a given year of month of meteorological factors reflect the key characteristics of climate for that period of time.

## Temperature

Refers to the air temperature. China uses centigrade (°C) as the unit. The thermometry used for weather observation is put in a breezy shutter, which is 1.5 meters high from the ground. Therefore, the commonly used temperature refers to the temperature in the breezy shutter 1.5 meters away from the ground. The calculation method is as follows:

Monthly average temperature is the summation of average daily temperature of one month divided by the actual days of that particular month.

Annual average temperature is the summation of monthly average of a year divided by 12 months.

## Relative Humidity

Refers to the ratio of actual water vapor pressure to the saturation water vapor pressure under the current temperature. The calculation method is the same as that of temperature.

## Volume of Precipitation

Refers to the deepness of liquid state of solid state (thawed) water falling from the sky to the ground that has not been evaporated, infiltrated or run off. The calculation method is as follows:

Monthly precipitation is the summation of daily precipitation of a month.

Annual precipitation is the summation of 12 months' precipitation of a year.

## □ Sunshine Hours

Refer to the actual hours of sun irradiating the earth. The calculation method is the same as that of the precipitation.

## □ COD Emission

Refers to the total volume of COD emitted from industrial activities and life activities.COD refers to the amount of oxygen required when chemical oxidants are used to oxidize organic pollutants in water. Chemical oxidants are used to oxidize possible material in water, such as organic material, nitrite, ferrous salt, sulfide and so on. Then according to residual amount of oxidants to calculate consumption of oxygen, it is said that how much organic pollutants are in water. A higher value of COD corresponds to more serious pollution by organic pollutants.

## □ $SO_2$ Emission

Refer to the total volume of $SO_2$ emitted from industrial activities and life activities within a given period of time.

## □ Volume of Industrial Waste Water Discharged

Refers to the volume of industrial waste water discharged, through all outlets, to the outside of industrial enterprises, including waste water produced, direct - cooling water, underground water from mines that does not meet the standard of discharge, and the domestic sewage mixed up with industrial waste water when discharged, but excluding discharged indirect - cooling water.

## □ Volume of Waste Water up to the Standard for Discharge

Refers to the volume of discharged industrial wastewater that, with or without treatment, has come up to the national or local standards for discharge.

## □ Industrial Waste Air Emission

Refers to discharge into atmosphere of waste air containing pollutants generated from fuel burning and production process in enterprises within a given period of time. It is calculated at standard status (273K, 101325Pa) as:

Industrial waste air emission = emission through fuel burning + emission through production process

## □ Industrial $SO_2$ Emission

Refers to volume of sulphur dioxide emission from fuel burning and production process in premises of enterprises for a given period of time. Its calculation formula is:

Industrial $SO_2$ Emission = $SO_2$ Emission from fuel burning + $SO_2$ Emission from production process

## □ Industrial Soot Emission

Refers to volume of soot in smoke emitted in process of fuel burning in premises of enterprises.

## □ Industrial Dust Emission

Refers to volume of dust emitted by production process of enterprises and suspended in the air for a given period of time, including dust from refractory material of iron and steel works, dust from coke-screening systems and sintering machines of coke plants, dust from lime kilns and dust from cement production in building material enterprises, but excluding soot and dust emitted from power plants.

## □ Volume of Industrial Solid Wastes Produced

Refers to total volume of solid, semi-solid and high concentration liquid residues produced by industrial enterprises from production process in a given period of time, including hazardous wastes, slag, coal ash, gangue, tailings, radioactive residues and other wastes, but excluding stones stripped or dug out in mining (gangue and acid or alkaline stones not included). A stone is acid or alkaline depending on the pH value of the water below 4 or above 10.5 when the stone is in or soaked by the water.

EXPLANATORY NOTES TO MAJOR STATISTICAL INDICATORS

## Volume of Industrial Solid Wastes Utilized in a Comprehensive Way

Refers to volume of solid wastes from which useful materials can be extracted or which can be converted into usable resources, energy or other materials by means of reclamation, processing, recycling and exchange (including utilizing in the year the stocks of industrial solid wastes of the previous year). Examples of such utilizations include fertilizers, building materials and road materials. The information shall be collected by the producing units of the wastes.

## Volume of Industrial Solid Wastes Stored up

Refers to the volume of industrial solid wastes temporarily stored up or piled with special facilities or piled in the special sites for the purpose of utilization or treatment in future. The special facilities or special sites for storing up solid wastes should have the measures against spreading or being washed away to other places, permeating the soil or causing air pollution or water contamination.

## Volume of Industrial Solid Wastes Treated

Refers to quantity of industrial solid wastes which are burnt or placed ultimately in the sites meeting the requirements for environmental protection and not salvaged or recycled (including disposition in the year of those wastes of previous years). The disposition includes landfill (Safe landfills should be conducted for hazardous wastes), incineration, containment spaces, deep underground disposal, backfill in mining pits and disposal at sea (accepted by management of sea).

## Volume of Industrial Solid Wastes Discharged

Refers to volume of industrial solid wastes discharged by producing enterprises to disposal facilities or to other sites. The wastes exclude stones stripped or dug from mining (gangue and acid or alkaline waste stones not included).

## Output Value of Products Made from Utilization of Waste Gas, Waste Water and Industrial Solid Wastes

Refers to the value of products (calculated at current prices) made by industrial enterprises using recovered waste water, waste gas or solid wastes as main raw materials. Only the value of the products, which have been sold or are ready, to be sold should be included. The value of the products, which will be used in the production of the enterprises, should not be included.

## Urban Consumption Waste Water Discharge

Refers to annual discharge of consumption waste water by urban households. Its calculation formula is:

Discharge = Discharge of Consumption Wastewater by Urban Households × Urban Non-agricultural Population × 365

## Soot Emission by Consumption and Others

Refers to net volume of soot emitted by fuel burning from all social and economic activities and operation of public facilities other than industrial activities. It is calculated on the basis of coal consumption by households and others.

# 第10章

# 要素市场

# MARKETS OF KEY FACTORS

# 简要说明 综述

BRIEF INTRODUCTION

本章资料中的国有土地使用权出让与划拨、城市房产市场交易情况由市统计局固定资产投资处根据市国土资源和房屋管理局资料整理提供，亿元以上商品市场由市统计局贸易外经处提供，技术市场由市统计局社会科技处根据市科学技术委员会资料整理提供，人才市场、劳动力市场和证券市场情况由市统计局综合处根据市人力资源和社会保障局、市发展和改革委员会和重庆证监局资料整理编辑。

货币流通、保险业务和有价证券的相关资料详见第十七章金融。

The data on transaction and allotment of the right to use the state-owned land and the real estate markets in urban areas are sorted and compiled by Division of Statistics of Investment in Fixed Assets, Chongqing Municipal Bureau of Statistics on the basis of the data provided by Chongqing Administration of Land, Resources and Housing; the data of the transaction of the commodity markets with transaction value over 100 million yuan are provided by Division of Trade and External Economic Relations Statistics, Chongqing Municipal Bureau of Statistics; the data of transactions of technology exchanges are provided by Division of Social and Technology Statistics, Chongqing Municipal Bureau of Statistics on the basis of the data from Chongqing Science and Technology Commission; the data of the human resource markets, labor force markets and securities markets are sorted and compiled by Division of Comprehensive Statistics, Chongqing Municipal Bureau of Statistics on the basis of the data from Chongqing Municipal Human Resources and Social Security Bureau, Chongqing Development and Reform Commission and China Securities Regulatory Commission Chongqing Bureau.

See Chapter 17 Financial Intermediation for the data on currency, insurance and securities.

## 表10.1 国有土地使用权出让与划拨情况（2015－2016年）
TRANSACTIONS AND ALLOTMENT OF THE RIGHT TO USE THE STATE-OWNED LAND (2015-2016)

| 指　标 | Item | 2015 | 2016 |
|---|---|---|---|
| 土地使用权出让 | **Transaction of Right to Use State-owned Land** | | |
| 地　块（宗） | Land Parcel (parcel) | 1448 | 1197 |
| 面　积（公顷） | Land Area (hectare) | 7075 | 5804 |
| 出让价款（亿元） | Value of Transaction (100 million yuan) | 1379 | 1166 |
| 土地使用权划拨 | **Allotment of Right to Use State-owned Land** | | |
| 地　块（宗） | Land Parcel (parcel) | 895 | 1042 |
| 面　积（公顷） | Land Area (hectare) | 4276 | 7900 |

## 表10.2 城市房产市场交易情况（2015－2016年）
REAL ESTATE MARKETS IN URBAN AREA (2015-2016)

| 指　标 | Item | 2015 | 2016 |
|---|---|---|---|
| 房产转让 | **Housing Transactions** | | |
| 成交面积（万平方米） | **Area of Transactions (10 000 sq.m)** | **3052.65** | **4279.95** |
| #住　宅 | Residential Buildings | 2430.69 | 3660.31 |
| 商品房（新建） | Commercialized Buildings | 2285.71 | 2873.62 |
| 存量房（二手房） | Buildings in Stock | 766.94 | 1406.33 |
| 成交金额（亿元） | **Total Value of Transactions (100 million yuan)** | **1936.48** | **2707.00** |
| #住　宅 | Residential Buildings | 1438.56 | 2213.36 |
| 商品房 | Commercialized Buildings | 1607.83 | 2071.32 |
| 存量房 | Buildings in Stock | 328.65 | 635.71 |

注：本表为主城九区的数据。
Note: The table above shows the data of the 9 urban districts.

# 表10.3 亿元以上商品市场交易情况（2015－2016年）

## TRANSACTIONS OF COMMODITY MARKETS WITH TRANSACTION VALUE OVER 100 MILLION YUAN (2015-2016)

| 指　标 | Item | 摊位数量（个） Number of Stands (unit) | | 总成交额(万元) Total Volume of Transactions (10 000 yuan) | |
|---|---|---|---|---|---|
| | | 2015 | 2016 | 2015 | 2016 |
| **合　计** | **Total** | **100207** | **99654** | **34128682** | **35865293** |
| 粮油、食品、饮料、烟酒类 | Food, Beverages, Tobacco and Liquor | 27307 | 29457 | 8697877 | 9798317 |
| 服装鞋帽、针、纺织品类 | Clothing, Shoes, Hats and Textiles | 21146 | 19888 | 6153157 | 6252882 |
| 化妆品类 | Cosmetics | 826 | 867 | 189556 | 192180 |
| 金银珠宝类 | Gold, Silver and Jewelry | 26 | 38 | 12530 | 13289 |
| 日用品类 | Articles for Daily Use | 5474 | 5441 | 1103750 | 1091950 |
| 五金电料类 | Hardwear and Electrical Materials | 5991 | 5916 | 1056038 | 1084208 |
| 体育、娱乐用品类 | Sports and Entertainment Articles | 339 | 346 | 100117 | 99785 |
| 书报杂志类 | Newspapers and Magazines | 53 | 46 | 2212 | 2276 |
| 电子出版物及音像制品类 | E-journal and Video Products | 93 | 92 | 20394 | 19403 |
| 家用电器和音像制品类 | Household Electric Appliances and Video Products | 1001 | 975 | 394031 | 417145 |
| 中西药品类 | Traditional Chinese and Western Medicines | 74 | 73 | 21484 | 22562 |
| 文化办公用品类 | Cultural and Office Articles | 2474 | 2190 | 299779 | 281903 |
| 家具类 | Furniture | 3228 | 3033 | 1981307 | 2077336 |
| 通讯器材类 | Communication Appliances | 1084 | 1095 | 360178 | 347821 |
| 木材及制品类 | Wood and Wooden Products | 542 | 515 | 208891 | 179683 |
| 石油及制品类 | Petroleum and Related Products | | | | |
| 化工材料及制品类 | Chemical Materials and Products | 221 | 216 | 77755 | 77569 |
| 金属材料类 | Metal Materials | 4289 | 4487 | 5802460 | 6578059 |
| 建筑及装潢材料类 | Building and Decoration Materials | 12127 | 11394 | 2586398 | 2465360 |
| 机电产品及设备类 | Mechanical and Electrical Products | 4408 | 4414 | 1528488 | 1507725 |
| #农机类 | Agricultural Machinery | 59 | 61 | 875 | 911 |
| 汽车类 | Automobiles | 4847 | 4778 | 2145505 | 2616504 |
| 种子饲料类 | Seeds and Feedstuff | 365 | 355 | 154945 | 152889 |
| 棉麻类 | Cotton and Hemp | 15 | 15 | 1898 | 1545 |
| 其他类 | Others | 4274 | 4020 | 1229442 | 584427 |

## 表10.4 技术市场交易情况（2016年）
## TRANSACTIONS OF TECHNOLOGY EXCHANGES (2016)

单位：项、万元 (item, 10 000 yuan)

| 指 标 | Item | 技术买方 Purchases of Technology | | 技术卖方 Sales of Technology | |
|---|---|---|---|---|---|
| | | 项 数 Number | 金 额 Value | 项 数 Number | 金 额 Value |
| **总 计** | **Total** | **2094** | **2574422.08** | **2094** | **2574422.08** |
| #企业法人 | Corporations | 1036 | 2450082.49 | 937 | 1315532.05 |
| 事业法人 | Public Institutions | 487 | 23643.16 | 1114 | 174131.38 |
| 机关法人 | Governments | 486 | 99454.81 | 9 | 836000.00 |
| 其他组织 | Other Organizations | 4 | 102.90 | 32 | 248451.65 |
| 社团法人 | Association Corporations | 8 | 566.82 | | |
| 自然人 | Natural Persons | 73 | 571.90 | 2 | 307.00 |

## 表10.5 人才市场人才流动情况（2015－2016年）
## HUMAN RESOURCE MARKETS AND EXCHANGES (2015-2016)

| 指 标 | Item | 2015 | 2016 |
|---|---|---|---|
| 人力资源服务机构（个） | Human Resource Service Agencies (unit) | 727 | 1044 |
| 公共就业服务机构（个） | Public Employment Service Agencies (unit) | 13 | 2 |
| 人才公共服务机构（个） | Human Resource Public Service Agencies (unit) | 7 | 2 |
| 综合性公共就业和人才服务机构（个） | Comprehensive Public Employment and Human Resources Service Organizations (unit) | 25 | 38 |
| 国有性质的服务企业（个） | State-owned Service Corporations (unit) | 80 | 98 |
| 民营性质的服务企业（个） | Private Service Corporations (unit) | 571 | 856 |
| 外资性质的服务企业（个） | Foreign-funded Service Corporations (unit) | 5 | 5 |
| 港资性质的服务企业（个） | Service Corporations with Investment from Hong Kong (unit) | 1 | 1 |
| 澳资性质的服务企业（个） | Service Corporations with Investment from Macao (unit) | | |
| 台资性质的服务企业（个） | Service Corporations with Investment from Taiwan (unit) | | |
| 行业所属服务机构（个） | Service Corporations from Industry (unit) | 3 | 10 |
| 民办非企业等其他性质的服务机构（个） | Other Private Non-corporate Service Corporations (unit) | 23 | 32 |
| 设立人力资源市场个数（固定招聘场所）（个） | Number of Human Resource Markets (Fixed Recruitment Places) (unit) | 442 | 600 |
| 举办人力资源招聘会（次） | Number of Job Fairs (time) | 5339 | 6272 |
| 登记求职或要求流动人员 （人） | Number of Registered Persons in Need of New Job (person) | 4635290 | 4751686 |
| 参加人力资源招聘会人数（人） | Persons Participating in Job Fairs (person) | 3136003 | 2896772 |
| 参加人力资源招聘会用人单位数（个） | Enterprises Participating in Job Fairs (unit) | 144813 | 174660 |
| 现存档案总量（万份） | Total Amount of Current Archives (10 000 copies) | 120.60 | 138.98 |
| 当年流动人员职称评定（人） | Number of Exchanged Persons Evaluated for Professional Titles in Current Year (person) | 5666 | 12052 |
| 评定高级职称人数 | Senior Titles | 788 | 1879 |
| 评定中级职称人数 | Medium Titles | 1842 | 4982 |
| 评定初级职称人数 | Junior Titles | 3036 | 5191 |

## 表10.6 公共就业服务机构介绍情况（2015－2016年）
STATISTICS ON THE PUBLIC JOB SERVICES AND INTERMEDIATION AGENCIES (2015-2016)

| 指　标 | Item | 2015 | 2016 |
|---|---|---|---|
| 登记招聘单位数（个） | Number of Registered Employers (unit) | 76860 | 50555 |
| 登记招聘人数（人次） | Number of Persons to Be Employed (person-time) | 1116542 | 984269 |
| 登记求职人次（人次） | Number of Registered Job Applicants (person-time) | 830941 | 714873 |
| #女　性 | Female | 405471 | 328717 |
| #城镇登记失业人员 | Registered Unemployed Persons in Urban Areas | 501395 | 457402 |
| #高校毕业生 | College Graduates | 19787 | 73773 |
| #农村劳动力 | Rural Labor Force | 209238 | 148554 |
| 职业指导人数（人次） | Number of Persons under Vocational Guidance (person-time) | 627664 | 445216 |
| 介绍成功人次（人次） | Number of Persons Employed through Job Services (person-time) | 230692 | 217618 |
| #女　性 | Female | 114129 | 99345 |
| #城镇登记失业人员 | Registered Unemployed Persons in Urban Areas | 96712 | 107895 |
| #高校毕业生 | College Graduates | 8085 | 10065 |
| #农村劳动力 | Rural Labor Force | 102305 | 67174 |

## 表10.7 证券市场基本情况（2015－2016年）
GENERAL STATISTICS ON SECURITIES MARKETS (2015-2016)

| 指　标 | Item | 2015 | 2016 |
|---|---|---|---|
| 境内上市公司总计（个） | Number of Listed Companies in Mainland (unit) | 43 | 44 |
| 上交所（个） | Shanghai Stock Exchange (unit) | 21 | 22 |
| 深交所（个） | Shenzhen Stock Exchange (unit) | 22 | 22 |
| #仅发A股公司 | A Shares Only | 40 | 41 |
| #仅发B股公司 | B Shares Only | 1 | 1 |
| #同时发A、B股公司 | A&B Shares | 1 | 1 |
| #同时发A、H股公司 | A&H Shares | 1 | 1 |
| 股票市价总值（亿元） | Total Market Capitalization (100 million yuan) | 6495.93 | 6691.25 |
| #股票流通市值 | Negotiable Market Capitalization (100 million yuan) | 4741.49 | 4250.97 |
| 总股本（亿股） | Total Shares of Stocks Issued (100 million shares) | 469.30 | 549.92 |
| #流通股本 | Negotiable Shares (100 million shares) | 356.97 | 420.44 |
| 股票筹资额（亿元） | Raised Capital (100 million yuan) | 127.01 | 443.56 |
| A股 | A Shares | 127.01 | 443.56 |
| B股 | B Shares | | |
| 股票发行量（万股） | Issued Share (100 million shares) | 967462 | 833773 |
| A股 | A Shares | 967462 | 833773 |
| B股 | B Shares | | |
| 证券市场募集资金（亿元） | Raised Funds in Securities Market (100 million yuan) | 697.16 | 2482.88 |
| #通过发行、配售股票筹集资金 | Funds-raised from Issuing and Placing Stocks | 127.01 | 443.56 |
| #通过全国股转系统筹集资金 | Funds-raised from National Equities Transfer System | 8.55 | 7.23 |
| #发行公司信用类债券筹集资金 | Funds-raised from Issuing Companies' Debentures | 561.60 | 1242.80 |
| #交易所资产支持证券 | Stock Supported by Exchange Assets | 165.41 | 789.29 |
| 证券公司总部（个） | Securities Head Offices (unit) | 1 | 1 |
| 证券分公司（个） | Securities Branch Offices (unit) | 17 | 23 |
| 证券营业部（个） | Securities Business Departments (unit) | 171 | 186 |
| 投资者开户数（万户） | Number of Investors' Accounts (10 000 accounts) | 271.96 | 320.15 |
| 期货总成交额（亿元） | Trading Turnover of Future (100 million yuan) | 214436.71 | 87532.95 |

# 第11章

# 农业和农村经济

# AGRICULTURE AND RURAL ECONOMY

# 简要说明

BRIEF INTRODUCTION

本章反映全市农业生产和农村经济的基本情况，内容主要包括农村基本情况、农业生产条件与生产情况、农作物播种面积、农林牧渔产品产量、农林牧渔业产值、农业商品产值和商品率、乡镇企业等方面的统计资料。

本章资料由国家统计局重庆调查总队根据市农委、市林业局、市水利局和调查总队等资料整理提供。乡镇企业的有关情况由重庆市统计局综合处根据市中小企业管理局提供的资料整理、编辑。

The data in this chapter show the basic conditions of agricultural production and rural economy, including basic statistics on rural areas, basic conditions of agricultural production, sown area of farm crops, output of farming, forestry, animal husbandry and fishery products, gross output value of farming, forestry, animal husbandry and fishery, output value of agricultural commodities and rate of commercialization, and township-owned enterprises.

The data in this chapter are provided by Chongqing Agriculture Commission, Municipal Bureau of Forestry, Municipal Bureau of Water Conservancy and NBS Survey Office in Chongqing, and sorted and compiled by NBS Survey Office in Chongqing. The data of township-owned enterprises are provided by Chongqing Small and Medium Enterprise Burean and sorted and compiled by Division of Comprehensive Statistics, Municipal Bureau of Statistics.

# 表11.1 主要年份农村基本情况
## BASIC STATISTICS ON RURAL AREAS IN MAJOR YEARS

| 年 份<br>Year | 乡村户数<br>（万户）<br>Number of Rural Households<br>(10 000 households) | 乡村人口<br>（万人）<br>Rural Population<br>(10 000 persons) | 乡村从业人员<br>（万人）<br>Rural Employed Population<br>(10 000 persons) |
|---|---|---|---|
| 1949 | | 1446.24 | 650.59 |
| 1952 | | 1546.01 | 692.81 |
| 1957 | | 1685.98 | 762.15 |
| 1962 | | 1506.16 | 692.19 |
| 1965 | | 1676.21 | 755.99 |
| 1970 | | 1977.85 | 857.78 |
| 1975 | | 2264.67 | 921.67 |
| 1978 | | 2316.54 | 926.32 |
| 1980 | 534.19 | 2294.08 | 980.75 |
| 1985 | 573.00 | 2355.39 | 1114.34 |
| 1986 | 596.13 | 2365.34 | 1154.26 |
| 1987 | 626.70 | 2391.29 | 1184.92 |
| 1988 | 650.27 | 2412.04 | 1218.03 |
| 1989 | 671.51 | 2427.70 | 1249.12 |
| 1990 | 686.26 | 2446.38 | 1273.06 |
| 1991 | 697.61 | 2471.48 | 1314.79 |
| 1992 | 699.94 | 2476.10 | 1350.71 |
| 1993 | 700.88 | 2463.53 | 1352.26 |
| 1994 | 710.34 | 2482.05 | 1356.59 |
| 1995 | 706.86 | 2454.17 | 1349.34 |
| 1996 | 709.86 | 2464.23 | 1330.44 |
| 1997 | 708.64 | 2452.75 | 1320.91 |
| 1998 | 709.84 | 2445.12 | 1316.95 |
| 1999 | 710.99 | 2442.47 | 1342.99 |
| 2000 | 710.28 | 2440.32 | 1352.60 |
| 2001 | 714.67 | 2438.79 | 1345.15 |
| 2002 | 718.31 | 2443.21 | 1342.17 |
| 2003 | 718.65 | 2436.47 | 1340.25 |
| 2004 | 714.99 | 2425.25 | 1361.54 |
| 2005 | 718.84 | 2430.93 | 1366.91 |
| 2006 | 714.86 | 2418.40 | 1382.62 |
| 2007 | 717.49 | 2413.95 | 1378.29 |
| 2008 | 724.06 | 2405.64 | 1379.89 |
| 2009 | 723.55 | 2385.95 | 1379.94 |
| 2010 | 727.77 | 2366.66 | 1379.35 |
| 2011 | 721.14 | 2324.50 | 1369.98 |
| 2012 | 724.14 | 2303.10 | 1365.29 |
| 2013 | 717.99 | 2262.40 | 1328.79 |
| 2014 | 714.50 | 2246.31 | 1312.96 |
| 2015 | 713.87 | 2225.75 | 1309.23 |
| 2016 | 709.44 | 2196.19 | 1302.54 |

# 表11.2 主要年份农业生产条件
## CONDITIONS OF AGRICULTURAL PRODUCTION IN MAJOR YEARS

| 年 份 Year | 有效灌溉面积（万公顷） Irrigated Area (10 000 hectares) | 农用机械总动力（万千瓦） Total Agricultural Machinery Power (10 000 kw) | 农村用电量（万千瓦时） Electricity Consumption in Rural Areas (10 000 kwh) | 农用化肥施用量（折纯）（万吨） Consumption of Chemical Fertilizers (net) (10 000 tons) | 农膜使用量（万吨） Consumption of Farm Plastic Film (10 000 tons) | 农药使用量（万吨） Consumption of Chemical Pesticides (10 000 tons) |
|---|---|---|---|---|---|---|
| 1949 | 5.48 | | | | | |
| 1952 | 6.73 | | | | | |
| 1957 | 13.40 | | | | | |
| 1962 | 21.31 | 4 | 1852 | | | |
| 1965 | 26.10 | 10 | 3791 | | | |
| 1970 | 31.92 | 22 | 12655 | | | |
| 1975 | 42.84 | 54 | 21045 | | | |
| 1978 | 56.27 | 101 | 28542 | 21.63 | 0.33 | 0.64 |
| 1980 | 60.42 | 155 | 37953 | 29.21 | 0.37 | 0.71 |
| 1985 | 60.98 | 219 | 63309 | 31.76 | 0.50 | 0.73 |
| 1986 | 60.12 | 240 | 71471 | 36.70 | 0.51 | 0.79 |
| 1987 | 59.27 | 259 | 83229 | 38.26 | 0.57 | 0.78 |
| 1988 | 58.41 | 278 | 79637 | 38.29 | 0.61 | 0.81 |
| 1989 | 57.56 | 291 | 89611 | 44.72 | 0.65 | 0.81 |
| 1990 | 58.02 | 300 | 97091 | 48.13 | 0.80 | 0.87 |
| 1991 | 58.55 | 316 | 104430 | 52.08 | 0.97 | 1.01 |
| 1992 | 58.96 | 324 | 115831 | 52.75 | 1.07 | 1.05 |
| 1993 | 59.26 | 343 | 134027 | 54.51 | 1.18 | 1.27 |
| 1994 | 59.53 | 366 | 160197 | 58.55 | 1.28 | 1.29 |
| 1995 | 59.79 | 386.05 | 174847 | 62.02 | 1.43 | 1.46 |
| 1996 | 60.08 | 409.91 | 196788 | 65.55 | 1.53 | 1.69 |
| 1997 | 61.14 | 454.07 | 227302 | 69.64 | 1.59 | 1.68 |
| 1998 | 61.41 | 506.64 | 242934 | 71.18 | 1.77 | 1.82 |
| 1999 | 62.05 | 558.54 | 260029 | 71.03 | 1.86 | 1.84 |
| 2000 | 62.60 | 586.47 | 278728 | 72.00 | 1.96 | 1.85 |
| 2001 | 63.19 | 628.07 | 301140 | 72.58 | 1.94 | 1.91 |
| 2002 | 64.12 | 665.57 | 338717 | 73.37 | 2.53 | 1.93 |
| 2003 | 64.97 | 695.67 | 366535 | 71.59 | 2.42 | 1.95 |
| 2004 | 61.68 | 728.31 | 384627 | 77.02 | 2.68 | 1.95 |
| 2005 | 61.81 | 775.96 | 428943 | 79.20 | 2.75 | 1.95 |
| 2006 | 62.13 | 820.01 | 460291 | 80.54 | 2.82 | 1.96 |
| 2007 | 63.37 | 860.31 | 484478 | 84.32 | 3.01 | 2.04 |
| 2008 | 65.89 | 903.15 | 550949 | 88.14 | 3.09 | 2.10 |
| 2009 | 67.20 | 967.41 | 614832 | 91.17 | 3.47 | 2.20 |
| 2010 | 68.53 | 1071.09 | 647738 | 91.82 | 3.66 | 2.10 |
| 2011 | 69.29 | 1141.00 | 703706 | 95.58 | 3.93 | 2.03 |
| 2012 | 70.30 | 1162.00 | 738000 | 96.02 | 4.09 | 1.95 |
| 2013 | 67.52 | 1198.88 | 761193 | 96.64 | 4.29 | 1.84 |
| 2014 | 67.73 | 1243.34 | 783145 | 97.26 | 4.38 | 1.84 |
| 2015 | 68.72 | 1299.73 | 781397 | 97.73 | 4.52 | 1.82 |
| 2016 | 69.06 | 1318.66 | 786938 | 96.16 | 4.53 | 1.76 |

# 表11.3 农作物播种面积（1978 – 2016年）
## SOWN AREA OF FARM CORPS (1978-2016)

单位：公顷 (hectare)

| 年份 Year | 农作物总播种面积 Total Sown Area | 其中 of which #粮食 Grain | 其中 of which #稻谷 Rice | #油料 Oil-bearing Crops | 其中 of which #油菜籽 Rapeseeds | #蔬菜 Vegetables | #烟叶 Tobacco |
|---|---|---|---|---|---|---|---|
| 1978 | 3498061 | 3177221 | 849243 | 92351 | 71374 | 95954 | 26582 |
| 1980 | 3345304 | 3048196 | 828317 | 116577 | 89369 | 78400 | 10416 |
| 1985 | 3214717 | 2748498 | 820140 | 176866 | 137367 | 140569 | 30956 |
| 1986 | 3232433 | 2710205 | 819858 | 183859 | 143792 | 159811 | 40897 |
| 1987 | 3241258 | 2697509 | 807797 | 180579 | 143292 | 160867 | 41729 |
| 1988 | 3287399 | 2727164 | 821305 | 185171 | 150612 | 171444 | 54056 |
| 1989 | 3381959 | 2788700 | 836231 | 188593 | 154505 | 177979 | 75726 |
| 1990 | 3438950 | 2847370 | 821986 | 203171 | 168751 | 183873 | 66607 |
| 1991 | 3526637 | 2889404 | 816684 | 224412 | 188989 | 197049 | 70859 |
| 1992 | 3522037 | 2874889 | 819262 | 215622 | 179402 | 200686 | 81258 |
| 1993 | 3513064 | 2870480 | 804560 | 184964 | 147692 | 222621 | 82461 |
| 1994 | 3493884 | 2877837 | 800342 | 174643 | 135505 | 225902 | 54997 |
| 1995 | 3526684 | 2876853 | 799482 | 201550 | 162572 | 236283 | 58939 |
| 1996 | 3585745 | 2889834 | 802279 | 202483 | 159584 | 257106 | 77657 |
| 1997 | 3605420 | 2881902 | 797955 | 191800 | 152222 | 267203 | 99482 |
| 1998 | 3614446 | 2900656 | 794636 | 192330 | 148896 | 290397 | 56603 |
| 1999 | 3592496 | 2862143 | 788576 | 197151 | 151801 | 301389 | 63969 |
| 2000 | 3590815 | 2773404 | 776636 | 226384 | 173185 | 327094 | 70775 |
| 2001 | 3555871 | 2714600 | 763964 | 225046 | 167911 | 366330 | 55210 |
| 2002 | 3464566 | 2606866 | 757195 | 236325 | 173930 | 359674 | 56012 |
| 2003 | 3307179 | 2410369 | 738486 | 236724 | 176836 | 386990 | 57237 |
| 2004 | 3435957 | 2516507 | 749300 | 244129 | 173815 | 390237 | 52995 |
| 2005 | 3444733 | 2501263 | 747949 | 252421 | 187333 | 399970 | 51508 |
| 2006 | 3073880 | 2155500 | 672300 | 187290 | 133680 | 417414 | 48879 |
| 2007 | 3134700 | 2195800 | 652130 | 192920 | 135370 | 432906 | 43553 |
| 2008 | 3215064 | 2215407 | 673538 | 215531 | 150170 | 481563 | 47749 |
| 2009 | 3308300 | 2229493 | 682041 | 237025 | 173643 | 552233 | 52579 |
| 2010 | 3359387 | 2243887 | 683907 | 254993 | 191847 | 589093 | 42733 |
| 2011 | 3413088 | 2259413 | 686485 | 257096 | 196200 | 618631 | 46165 |
| 2012 | 3477694 | 2259606 | 686996 | 271016 | 204557 | 652660 | 49989 |
| 2013 | 3515790 | 2253905 | 688657 | 283508 | 215603 | 681707 | 49323 |
| 2014 | 3540352 | 2242522 | 689673 | 299963 | 232581 | 708068 | 45964 |
| 2015 | 3575797 | 2233958 | 688319 | 309315 | 242458 | 731667 | 45829 |
| 2016 | 3600736 | 2250051 | 692052 | 319971 | 251974 | 747060 | 43451 |

# 表11.4 主要年份农林牧渔产品产量
## OUTPUT OF FARMING, FORESTRY, ANIMAL HUSBANDRY AND FISHERY IN MAJOR YEARS

| 年份<br>Year | 粮食（万吨）<br>Grain<br>(10 000 tons) | 其中 of which<br>#稻谷<br>Rice | #豆类<br>Beans | 油料（万吨）<br>Oil-bearing Crops<br>(10 000 tons) | 其中 of which<br>#油菜籽<br>Rapeseeds | 麻类（吨）<br>Fiber Crops<br>(ton) | 甘蔗（万吨）<br>Sugarcane<br>(10 000 tons) |
|---|---|---|---|---|---|---|---|
| 1949 | 402.68 | 246.57 | | 0.90 | | 1416 | 8.78 |
| 1952 | 470.97 | 281.33 | | 3.19 | | 1889 | 10.61 |
| 1957 | 596.55 | 316.39 | | 5.13 | | 1811 | 6.86 |
| 1962 | 378.23 | 191.26 | | 1.40 | | 598 | 1.04 |
| 1965 | 566.17 | 293.32 | | 3.87 | | 1048 | 14.47 |
| 1970 | 564.37 | 307.80 | | 2.68 | | 666 | 9.00 |
| 1975 | 603.72 | 325.84 | | 4.13 | | 632 | 24.87 |
| 1978 | 814.71 | 345.07 | 29.07 | 7.71 | 6.03 | 1659 | 31.20 |
| 1980 | 835.43 | 341.59 | 22.20 | 11.57 | 9.28 | 6172 | 36.64 |
| 1985 | 948.97 | 461.73 | 22.26 | 18.12 | 13.63 | 25787 | 30.24 |
| 1986 | 1004.92 | 493.41 | 25.02 | 20.91 | 15.85 | 21719 | 31.42 |
| 1987 | 1004.51 | 499.56 | 22.34 | 20.89 | 16.14 | 35995 | 29.43 |
| 1988 | 958.02 | 503.00 | 20.53 | 19.25 | 14.94 | 31013 | 29.32 |
| 1989 | 1044.88 | 541.81 | 17.25 | 18.78 | 14.38 | 18932 | 24.41 |
| 1990 | 1085.07 | 550.40 | 19.93 | 22.02 | 17.74 | 12707 | 20.55 |
| 1991 | 1115.28 | 535.90 | 21.53 | 26.92 | 22.81 | 11487 | 26.07 |
| 1992 | 1050.24 | 509.07 | 18.48 | 25.18 | 21.40 | 9716 | 14.33 |
| 1993 | 1052.72 | 479.90 | 21.90 | 21.70 | 17.22 | 9257 | 12.30 |
| 1994 | 1134.10 | 523.13 | 25.94 | 19.26 | 15.31 | 11471 | 9.39 |
| 1995 | 1153.68 | 532.63 | 30.38 | 25.12 | 20.54 | 11092 | 8.76 |
| 1996 | 1172.14 | 542.64 | 20.10 | 23.60 | 18.66 | 10898 | 8.27 |
| 1997 | 1184.63 | 552.44 | 21.90 | 23.34 | 18.34 | 11175 | 8.08 |
| 1998 | 1155.36 | 519.38 | 22.17 | 25.11 | 19.03 | 7541 | 7.28 |
| 1999 | 1143.05 | 533.01 | 21.93 | 24.09 | 17.33 | 6826 | 7.59 |
| 2000 | 1131.21 | 525.43 | 24.60 | 31.06 | 22.61 | 8406 | 9.06 |
| 2001 | 1035.35 | 466.45 | 23.32 | 29.96 | 21.91 | 8857 | 10.08 |
| 2002 | 1082.15 | 484.42 | 27.78 | 35.04 | 25.84 | 12139 | 12.06 |
| 2003 | 1087.20 | 494.29 | 32.21 | 38.27 | 28.51 | 9620 | 11.35 |
| 2004 | 1144.57 | 509.55 | 38.11 | 41.75 | 30.99 | 10209 | 11.77 |
| 2005 | 1168.19 | 521.43 | 42.16 | 42.71 | 31.81 | 12362 | 11.46 |
| 2006 | 808.40 | 344.90 | 29.24 | 28.94 | 23.47 | 11846 | 10.16 |
| 2007 | 1088.00 | 491.59 | 35.12 | 30.68 | 23.19 | 15399 | 11.26 |
| 2008 | 1153.20 | 529.39 | 37.78 | 35.68 | 26.54 | 16982 | 11.18 |
| 2009 | 1137.20 | 511.30 | 39.83 | 40.54 | 30.95 | 15869 | 11.57 |
| 2010 | 1156.13 | 518.57 | 41.93 | 44.45 | 34.22 | 14700 | 11.68 |
| 2011 | 1126.90 | 493.50 | 43.49 | 46.51 | 35.14 | 14455 | 11.80 |
| 2012 | 1138.54 | 498.00 | 45.04 | 50.11 | 37.71 | 10186 | 11.88 |
| 2013 | 1148.13 | 503.08 | 46.03 | 53.14 | 40.11 | 9461 | 10.94 |
| 2014 | 1144.54 | 503.19 | 46.60 | 56.94 | 43.97 | 9046 | 10.29 |
| 2015 | 1154.89 | 506.36 | 47.94 | 59.87 | 46.73 | 8460 | 9.77 |
| 2016 | 1166.00 | 510.55 | 48.37 | 62.72 | 49.19 | 7434 | 9.70 |

**表11.4 续表1 continued1**

| 年 份<br>Year | 烟 叶<br>（吨）<br>Tobacco<br>(ton) | 蔬 菜<br>（万吨）<br>Vegetables<br>(10 000 tons) | 茶 叶<br>（吨）<br>Tea<br>(ton) | 蚕 茧<br>（吨）<br>Silkworm Cocoons<br>(ton) | 水 果<br>（万吨）<br>Fruits<br>(10 000 tons) | 牛 奶<br>（吨）<br>Cow Milk<br>(ton) | 禽 蛋<br>（万吨）<br>Poultry Eggs<br>(10 000 tons) |
|---|---|---|---|---|---|---|---|
| 1949 | 8535 | | 916 | 761 | 6.02 | 1171 | |
| 1952 | 9238 | | 1059 | 1236 | 7.75 | 1292 | |
| 1957 | 8247 | | 1914 | 1588 | 7.14 | 2621 | |
| 1962 | 2566 | | 1981 | 1325 | 8.80 | 3925 | |
| 1965 | 4654 | | 2369 | 2306 | 6.83 | 6576 | |
| 1970 | 1667 | | 2927 | 6608 | 4.54 | 9651 | |
| 1975 | 8146 | | 4884 | 10477 | 7.12 | 11940 | |
| 1978 | 22528 | 243.95 | 8004 | 15404 | 7.91 | 15891 | 4.46 |
| 1980 | 8098 | 229.86 | 9217 | 25751 | 15.69 | 17277 | 5.51 |
| 1985 | 36239 | 390.86 | 16172 | 33130 | 24.70 | 29677 | 8.77 |
| 1986 | 46724 | 421.94 | 16893 | 32693 | 28.61 | 32665 | 9.44 |
| 1987 | 44992 | 439.00 | 18267 | 35755 | 29.57 | 36474 | 9.98 |
| 1988 | 68928 | 460.93 | 18676 | 41748 | 20.50 | 39126 | 10.17 |
| 1989 | 62093 | 469.31 | 18568 | 42063 | 37.19 | 40308 | 11.24 |
| 1990 | 74393 | 499.61 | 18103 | 43502 | 35.08 | 46293 | 12.01 |
| 1991 | 98156 | 533.00 | 18264 | 47757 | 40.75 | 51988 | 12.94 |
| 1992 | 124705 | 541.38 | 17178 | 50686 | 41.38 | 56579 | 14.61 |
| 1993 | 113208 | 558.23 | 19522 | 54505 | 56.85 | 54880 | 15.71 |
| 1994 | 68904 | 569.83 | 21920 | 57408 | 52.87 | 48514 | 17.32 |
| 1995 | 77981 | 593.91 | 17452 | 27000 | 59.29 | 39153 | 19.18 |
| 1996 | 132355 | 637.03 | 15536 | 27402 | 56.62 | 40297 | 20.85 |
| 1997 | 164736 | 668.44 | 14996 | 28072 | 60.72 | 45129 | 23.50 |
| 1998 | 79970 | 711.30 | 15299 | 29226 | 74.10 | 46587 | 24.46 |
| 1999 | 95653 | 737.11 | 14441 | 24177 | 71.70 | 46614 | 26.29 |
| 2000 | 104082 | 775.42 | 14526 | 29098 | 81.68 | 55989 | 27.89 |
| 2001 | 80064 | 779.96 | 14142 | 32396 | 82.61 | 67791 | 29.79 |
| 2002 | 87052 | 833.84 | 14093 | 33856 | 113.41 | 80952 | 31.58 |
| 2003 | 86048 | 840.17 | 14320 | 27802 | 128.59 | 90608 | 35.36 |
| 2004 | 85036 | 863.57 | 16064 | 29376 | 137.22 | 85143 | 36.55 |
| 2005 | 90173 | 890.47 | 16545 | 31092 | 154.63 | 86076 | 39.15 |
| 2006 | 91945 | 888.76 | 17087 | 27488 | 145.74 | 83456 | 30.30 |
| 2007 | 71513 | 945.21 | 18853 | 29196 | 175.89 | 86095 | 32.30 |
| 2008 | 85513 | 994.52 | 21696 | 24388 | 193.28 | 77842 | 33.11 |
| 2009 | 99905 | 1177.45 | 22569 | 19464 | 212.87 | 79422 | 35.97 |
| 2010 | 81030 | 1309.54 | 25237 | 20321 | 238.47 | 79819 | 37.22 |
| 2011 | 93608 | 1407.97 | 27895 | 20118 | 261.16 | 80000 | 37.42 |
| 2012 | 102908 | 1509.34 | 31372 | 20594 | 291.19 | 77300 | 40.05 |
| 2013 | 96604 | 1600.64 | 34200 | 18161 | 318.86 | 67976 | 41.09 |
| 2014 | 84391 | 1689.11 | 33753 | 17714 | 347.61 | 56901 | 43.21 |
| 2015 | 86759 | 1780.47 | 35173 | 17681 | 375.85 | 54453 | 45.36 |
| 2016 | 83921 | 1875.13 | 37036 | 16320 | 408.69 | 54534 | 47.39 |

注：2006年起禽蛋产量已根据第二次农业普查数据重新进行了调整。
Note: Output of Poultry Eggs has been adjusted according to the sencond National Agricultural Census since 2006.

**表11.4 续表2 continued2**

| 年 份<br>Year | 水产品（吨）<br>Aquatic Products (ton) | 肉猪出栏头数（万头）<br>Number of Slaughtered Fattened Hogs (10 000 heads) | 猪年末头数（万头）<br>Number of Hogs at Year End (10 000 heads) | 大牲畜年末存栏头数（万头）<br>Number of Large Animals at Year End (10 000 heads) | 其 中 of which<br>#牛<br>Cattle and Buffaloes | 肉类总产量（万吨）<br>Output of Meat (10 000 tons) | 其 中 of which<br>#猪 肉<br>Pork |
|---|---|---|---|---|---|---|---|
| 1949 | 3576 | 174.70 | | 107.90 | | 11.00 | |
| 1952 | 4119 | 254.80 | | 122.50 | | 16.00 | |
| 1957 | 6515 | 345.10 | | 131.20 | | 21.70 | |
| 1962 | 3791 | 76.90 | | 115.60 | | 6.90 | |
| 1965 | 6964 | 421.50 | | 128.00 | | 25.60 | |
| 1970 | 7649 | 414.50 | | 150.20 | | 23.10 | |
| 1975 | 10797 | 489.90 | | 151.10 | | 28.10 | |
| 1978 | 14362 | 542.70 | 914.98 | 142.15 | 141.58 | 40.51 | 37.38 |
| 1980 | 17734 | 797.63 | 1165.05 | 141.75 | 141.19 | 59.89 | 55.92 |
| 1985 | 42838 | 1140.06 | 1353.02 | 128.91 | 127.62 | 84.45 | 79.96 |
| 1986 | 47805 | 1190.22 | 1377.37 | 129.39 | 128.10 | 88.56 | 83.15 |
| 1987 | 51854 | 1243.78 | 1418.69 | 128.24 | 126.96 | 92.76 | 86.89 |
| 1988 | 58419 | 1345.77 | 1448.48 | 128.35 | 127.07 | 99.85 | 94.02 |
| 1989 | 65707 | 1375.38 | 1471.66 | 127.92 | 126.64 | 102.41 | 96.09 |
| 1990 | 65482 | 1375.79 | 1429.13 | 129.18 | 127.63 | 102.92 | 96.12 |
| 1991 | 71813 | 1429.45 | 1440.56 | 129.77 | 128.21 | 107.45 | 99.87 |
| 1992 | 74459 | 1469.47 | 1444.16 | 130.80 | 128.84 | 111.47 | 102.66 |
| 1993 | 89227 | 1492.99 | 1438.96 | 130.54 | 129.24 | 113.73 | 104.30 |
| 1994 | 103492 | 1555.69 | 1476.05 | 132.50 | 132.41 | 121.61 | 108.48 |
| 1995 | 121289 | 1610.14 | 1489.55 | 136.61 | 135.72 | 127.22 | 112.27 |
| 1996 | 140656 | 1637.51 | 1477.06 | 140.43 | 137.89 | 133.22 | 114.18 |
| 1997 | 160692 | 1699.74 | 1475.25 | 144.01 | 141.04 | 141.86 | 119.66 |
| 1998 | 178607 | 1720.14 | 1492.95 | 152.48 | 149.24 | 140.00 | 121.61 |
| 1999 | 191313 | 1703.19 | 1512.18 | 163.88 | 160.58 | 140.50 | 120.61 |
| 2000 | 200345 | 1724.96 | 1509.91 | 167.45 | 164.05 | 143.91 | 122.45 |
| 2001 | 196967 | 1746.85 | 1533.03 | 168.63 | 165.05 | 147.88 | 124.87 |
| 2002 | 211568 | 1781.69 | 1548.89 | 170.52 | 166.85 | 152.40 | 127.48 |
| 2003 | 224893 | 1828.49 | 1583.03 | 172.58 | 169.31 | 159.51 | 131.82 |
| 2004 | 239255 | 1909.32 | 1640.75 | 173.56 | 170.08 | 167.01 | 136.43 |
| 2005 | 250568 | 2006.39 | 1708.80 | 174.48 | 170.69 | 178.39 | 144.46 |
| 2006 | 226129 | 1732.70 | 1377.40 | 97.71 | 94.00 | 151.50 | 124.80 |
| 2007 | 255372 | 1783.20 | 1422.94 | 98.15 | 94.44 | 159.27 | 130.27 |
| 2008 | 190600 | 1898.67 | 1566.47 | 107.36 | 103.61 | 177.58 | 140.65 |
| 2009 | 203900 | 2003.11 | 1604.07 | 122.85 | 119.39 | 187.72 | 146.52 |
| 2010 | 224300 | 2010.51 | 1557.87 | 131.39 | 128.08 | 192.46 | 147.55 |
| 2011 | 275600 | 2020.87 | 1540.57 | 127.86 | 124.53 | 196.28 | 148.55 |
| 2012 | 330720 | 2050.76 | 1524.31 | 133.58 | 130.51 | 201.21 | 150.73 |
| 2013 | 385000 | 2104.46 | 1502.25 | 139.68 | 136.66 | 207.85 | 154.95 |
| 2014 | 443409 | 2150.83 | 1483.76 | 143.64 | 140.66 | 214.21 | 158.54 |
| 2015 | 480863 | 2119.89 | 1450.39 | 151.43 | 148.58 | 213.82 | 156.15 |
| 2016 | 508427 | 2047.81 | 1395.58 | 147.80 | 145.16 | 210.85 | 151.31 |

注：本表中除水产品外，其余数据从2006年起已根据第二次农业普查数据重新进行了调整。
Note: Except the data of aquatic products, the other data in this table have been adjusted according to the Second National Agricultural Census since 2006.

# 表11.5 主要年份农林牧渔业总产值
## GROSS OUTPUT VALUE OF FARMING, FORESTRY, ANIMAL HUSBANDRY AND FISHERY IN MAJOR YEARS

单位：万元 (10 000 yuan)

| 年 份 Year | 农林牧渔业总产值 Gross Output Value | 其 中 of which | | | | |
|---|---|---|---|---|---|---|
| | | 农 业 Farming | 林 业 Forestry | 牧 业 Animal Husbandry | 渔 业 Fishery | 农林牧渔服务业 Agricultural Services |
| 1949 | 142123 | 111424 | 3837 | 26293 | 568 | |
| 1952 | 186367 | 140707 | 6523 | 38205 | 932 | |
| 1957 | 240351 | 176658 | 10816 | 51916 | 961 | |
| 1962 | 153506 | 120349 | 4605 | 28245 | 307 | |
| 1965 | 165688 | 122775 | 5799 | 36617 | 497 | |
| 1970 | 269234 | 192504 | 11128 | 64604 | 998 | |
| 1975 | 295062 | 210016 | 18048 | 65660 | 1338 | |
| 1978 | 357616 | 262881 | 17236 | 75731 | 1768 | |
| 1980 | 417925 | 296840 | 16160 | 102514 | 2411 | |
| 1985 | 739003 | 477570 | 43546 | 208842 | 9044 | |
| 1986 | 801998 | 516990 | 42045 | 231097 | 11867 | |
| 1987 | 902072 | 564063 | 40932 | 282816 | 14262 | |
| 1988 | 1104369 | 641751 | 49662 | 393394 | 19561 | |
| 1989 | 1243819 | 706771 | 49328 | 463300 | 24420 | |
| 1990 | 1460003 | 858133 | 55308 | 518757 | 27805 | |
| 1991 | 1595286 | 938353 | 60038 | 565193 | 31702 | |
| 1992 | 1713839 | 995009 | 70992 | 612498 | 35340 | |
| 1993 | 2073607 | 1197742 | 77531 | 749776 | 48558 | |
| 1994 | 2831816 | 1552652 | 86981 | 1127394 | 64789 | |
| 1995 | 3778259 | 2278927 | 106732 | 1304229 | 88371 | |
| 1996 | 4249903 | 2713807 | 115493 | 1311666 | 108937 | |
| 1997 | 4393508 | 2678892 | 117313 | 1468914 | 128389 | |
| 1998 | 4288839 | 2549365 | 150929 | 1444758 | 143787 | |
| 1999 | 4168780 | 2496237 | 115588 | 1409527 | 147428 | |
| 2000 | 4126272 | 2447376 | 108236 | 1419910 | 150750 | |
| 2001 | 4311666 | 2503968 | 112044 | 1544041 | 151613 | |
| 2002 | 4609755 | 2640760 | 135143 | 1661965 | 171887 | |
| 2003 | 4885655 | 2701156 | 145824 | 1776384 | 183251 | 79040 |
| 2004 | 6127723 | 3329516 | 184814 | 2309374 | 212464 | 91555 |
| 2005 | 6621943 | 3583035 | 199704 | 2494965 | 237959 | 106280 |
| 2006 | 5752428 | 3230078 | 223069 | 2042194 | 159087 | 98000 |
| 2007 | 7207260 | 4095523 | 178527 | 2644768 | 184442 | 104000 |
| 2008 | 8713871 | 4730118 | 217986 | 3441474 | 211481 | 112811 |
| 2009 | 9131080 | 5311679 | 258084 | 3194244 | 242699 | 124374 |
| 2010 | 10211328 | 6233343 | 304021 | 3265542 | 272083 | 136339 |
| 2011 | 12653319 | 7512246 | 380907 | 4253262 | 349432 | 157471 |
| 2012 | 14020347 | 8418088 | 434776 | 4539045 | 449928 | 178510 |
| 2013 | 15137376 | 9091758 | 480170 | 4828044 | 538155 | 199249 |
| 2014 | 15949591 | 9678717 | 535593 | 4863605 | 649279 | 222398 |
| 2015 | 17381486 | 10336848 | 604358 | 5428960 | 749120 | 262200 |
| 2016 | 19682751 | 11517657 | 734330 | 6274493 | 853030 | 303240 |

注：1）按照国民经济行业分类标准（GB/T4754-2002），从2003年起增加了农林牧渔服务业（下表同）。
2）2006年以来为第二次农普衔接数。从2007年起，因口径变化，对农业和林业总产值进行了调整。

Note: a) According to the national standard of industry classification (GB/T4754-2002), the gross output value has included agricultural services since 2003 (the same below).
b) The numbers after 2006 are the coordination numbers of the Second National Agricultural Census. The total output value of agriculture and forestry has been modified since 2007 due to the change of statistical scope.

# 表11.6 主要年份农林牧渔业总产值增幅（上年=100）

## GROSS OUTPUT VALUE INDICES OF FARMING FORESTRY ANIMAL HUSBANDRY AND FISHERY IN MAJOR YEARS (PRECEDING YEAR=100)

| 年 份<br>Year | 农林牧渔业总产值<br>Gross Output Value | 其 中 of which | | | | |
|---|---|---|---|---|---|---|
| | | 农 业<br>Farming | 林 业<br>Forestry | 牧 业<br>Animal Husbandry | 渔 业<br>Fishery | 农林牧渔服务业<br>Agricultural Services |
| 1952 | 119.9 | 116.8 | 123.7 | 135.7 | 111.2 | |
| 1957 | 129.0 | 126.7 | 144.5 | 133.4 | 156.4 | |
| 1962 | 63.9 | 69.9 | 58.0 | 39.4 | 49.5 | |
| 1965 | 151.1 | 137.2 | 125.4 | 275.5 | 194.9 | |
| 1970 | 101.5 | 100.3 | 88.5 | 109.7 | 107.3 | |
| 1975 | 108.2 | 110.6 | 129.7 | 94.6 | 134.0 | |
| 1978 | 123.2 | 126.7 | 119.1 | 109.7 | 121.2 | |
| 1980 | 115.3 | 105.9 | 99.6 | 165.8 | 121.0 | |
| 1985 | 144.1 | 130.9 | 210.2 | 169.8 | 292.2 | |
| 1986 | 105.8 | 106.3 | 83.9 | 109.3 | 119.4 | |
| 1987 | 102.7 | 102.1 | 89.0 | 106.3 | 110.3 | |
| 1988 | 101.8 | 97.3 | 99.1 | 111.7 | 115.2 | |
| 1989 | 106.4 | 108.4 | 99.9 | 103.0 | 111.0 | |
| 1990 | 102.7 | 101.1 | 96.4 | 106.4 | 106.8 | |
| 1991 | 106.2 | 105.3 | 102.1 | 108.2 | 113.9 | |
| 1992 | 101.9 | 98.7 | 110.4 | 107.3 | 100.9 | |
| 1993 | 104.1 | 103.4 | 104.8 | 104.6 | 120.8 | |
| 1994 | 105.6 | 103.5 | 101.8 | 109.0 | 115.4 | |
| 1995 | 106.3 | 105.1 | 106.7 | 107.7 | 116.8 | |
| 1996 | 102.8 | 101.8 | 101.3 | 103.6 | 116.2 | |
| 1997 | 103.3 | 102.0 | 95.8 | 105.4 | 115.7 | |
| 1998 | 102.4 | 101.5 | 117.2 | 101.6 | 112.4 | |
| 1999 | 99.8 | 100.7 | 75.7 | 100.4 | 108.5 | |
| 2000 | 101.0 | 100.3 | 86.6 | 102.9 | 104.5 | |
| 2001 | 102.1 | 100.3 | 109.7 | 104.1 | 101.9 | |
| 2002 | 101.7 | 99.7 | 102.3 | 104.2 | 105.6 | |
| 2003 | 104.6 | 103.5 | 119.6 | 104.8 | 106.8 | |
| 2004 | 105.7 | 105.5 | 108.8 | 104.9 | 108.4 | 116.5 |
| 2005 | 105.2 | 103.9 | 100.8 | 106.9 | 106.0 | 113.3 |
| 2006 | 96.8 | 94.9 | 99.9 | 99.6 | 89.0 | 105.7 |
| 2007 | 109.5 | 114.8 | 105.1 | 101.6 | 110.2 | 106.0 |
| 2008 | 107.1 | 107.7 | 104.5 | 106.7 | 104.0 | 104.3 |
| 2009 | 106.4 | 106.8 | 106.6 | 105.7 | 108.8 | 104.8 |
| 2010 | 105.9 | 106.7 | 110.2 | 103.8 | 110.0 | 104.4 |
| 2011 | 104.8 | 105.2 | 111.0 | 102.5 | 118.4 | 105.0 |
| 2012 | 105.1 | 105.1 | 109.9 | 103.4 | 120.0 | 104.0 |
| 2013 | 104.6 | 104.3 | 108.0 | 103.5 | 117.0 | 105.3 |
| 2014 | 104.3 | 103.9 | 108.0 | 103.5 | 115.2 | 105.3 |
| 2015 | 104.6 | 104.6 | 109.3 | 102.5 | 114.0 | 109.4 |
| 2016 | 104.5 | 104.4 | 111.4 | 103.0 | 110.2 | 109.8 |

注：本表指数按可比价计算；其中1952年以1949年为100。
Note: Indices of this table are calculated at constant prices. The index of 1952 is calculated with the index of 1949 equal to 100.

# 表11.7 农林牧渔业总产值（2015－2016年）
## GROSS OUTPUT VALUE OF FARMING, FORESTRY, ANIMAL HUSBANDRY AND FISHERY (2015-2016)

单位：万元 (10 000 yuan)

| 指 标 | Item | 农林牧渔业总产值 Gross Output Value 2015 | 2016 | 指 数 上年=100 Index Preceding Year=100 |
|---|---|---|---|---|
| **总 计** | **Total** | **17381486** | **19682751** | **104.5** |
| 农 业 | Farming | 10336848 | 11517657 | 104.4 |
| 谷物及其他作物 | Cereal and Other Crops | 3506380 | 3624642 | 99.6 |
| #谷 物 | Cereal | 1947604 | 2032685 | |
| 豆 类 | Beans | 224036 | 224036 | |
| 油 料 | Oil-bearing Crops | 344906 | 368396 | |
| 烟 草 | Tobacco | 207614 | 209215 | |
| 蔬菜园艺作物 | Vegetables and Gardening | 4502722 | 5142275 | 101.2 |
| #蔬 菜（含菜用瓜） | Vegetables (including Melons as Vegetables) | 4102311 | 4688836 | |
| 花 卉 | Flowers | 120000 | 130000 | |
| 水果、坚果、饮料和香料作物 | Fruits, Nuts, Drinks and Spices | 1714670 | 1939294 | 107.2 |
| #水果、坚果（含果用瓜） | Fruits and Nuts (including Melons as Fruits) | 1360411 | 1675832 | |
| 茶及其他饮料 | Tea and Other Drinks | 139624 | 147403 | |
| #茶 | Tea | 139624 | 147403 | |
| 中药材 | Traditional Chinese Medical Materials | 613076 | 811445 | 145.8 |
| 林 业 | Forestry | 604359 | 734330 | 111.4 |
| 林木的培育和种植 | Forest Cultivation | 523064 | 661554 | 115.0 |
| #造 林 | Afforestation | 353547 | 460320 | |
| 竹木采运 | Bamboo Felling and Transportation | 71295 | 61776 | 84.9 |
| 林产品 | Forest Products | 10000 | 11000 | 109.9 |
| 牧 业 | Animal Husbandry | 5428960 | 6274493 | 103.1 |
| 牲畜饲养 | Livestock Raising | 509454 | 571177 | 114.4 |
| #牛 | Cattle | 333089 | 386362 | |
| 奶产品 | Milk Products | 27250 | 27267 | |
| 猪的饲养 | Hog Raising | 2810361 | 3397651 | 98.8 |
| 家禽饲养 | Poultry Raising | 1814868 | 2003439 | 107.4 |
| #禽 蛋 | Poultry Eggs | 482489 | 535507 | |
| 狩猎和捕捉动物 | Animal Hunting | | | |
| 其他畜牧业 | Others | 294277 | 302226 | 97.8 |
| #蚕 茧 | Silkworm Cocoons | 58347 | 53856 | |
| 渔 业 | Fishery | 749120 | 853030 | 110.2 |
| #内陆水域水产品 | Aquatic Products in Inland Water Areas | 749120 | 853030 | |
| #养 殖 | By Breeding | 652835 | 730946 | |
| #鱼 类 | Fish | 734797 | 833921 | |
| 农林牧渔服务业 | Agricultural Services | 262200 | 303240 | 109.8 |

注：本表数据绝对值按现价计算，中类指标指数按可比价计算，部分指标数据较上年变化较大系核算方法变化所致。
Note: The absolute figures in this table are calculated at current prices whereas the indices are calculated at constant prices.

## 表11.8 农村基本情况（2015－2016年）
## BASIC STATISTICS ON RURAL AREAS (2015-2016)

| 指　标 | Item | 2015 | 2016 |
|---|---|---|---|
| **户　数（万户）** | **Number of Households (10 000 households)** | **713.87** | **709.44** |
| **人　口（万人）** | **Population (10 000 persons)** | **2225.75** | **2196.19** |
| **乡村从业人员（万人）** | **Rural Employed Population (10 000 persons)** | **1309.23** | **1302.54** |
| 按性别分 | By Sex | | |
| 男 | Male | 696.86 | 691.97 |
| 女 | Female | 612.37 | 610.57 |
| 按产业分 | By Sector | | |
| #第一产业 | Primary Industry | 556.95 | 550.45 |
| **农村基础设施（个）** | **Rural Infrastructure (unit)** | | |
| 自来水受益村数 | Number of Villages with Access to Tap Water | 7074 | 7325 |
| 通有线电视村数 | Number of Villages with Access to Cable Televisions | 7318 | 7376 |
| 通宽带村数 | Number of Villages with Access to Internet | 7388 | 7646 |

注：从2001年起，民政部门调整乡、镇、村的区划，村个数均比往年减少。
Note: The number of villages is less than that in previous years due to the administrative adjustment since 2001.

## 表11.9 农业生产条件（2015－2016年）
## CONDITIONS OF AGRICULTURAL PRODUCTION (2015-2016)

| 指　标 | Item | 2015 | 2016 |
|---|---|---|---|
| **农业机械化情况** | **Agricultural Mechanization** | | |
| 农业机械总动力（万千瓦） | Total Agricultural Machinery Power (10 000 kw) | 1299.73 | 1318.66 |
| 农用大中型拖拉机数（万台） | Number of Large and Medium-sized Agricultural Tractors (10 000 units) | 0.41 | 0.50 |
| 小型拖拉机数（万台） | Number of Small Tractors (10 000 units) | 0.84 | 0.89 |
| 农用排灌动力机械台数（万台） | Number of Drainage and Irrigation Engines (10 000 units) | 100.96 | 101.02 |
| 农用水泵（万台） | Pumps (10 000 units) | 101.34 | 101.46 |
| 机动脱粒机（万台） | Motorized Threshing Machines (10 000 units) | 74.95 | 75.47 |
| 农用运输车（万辆） | Farm Tracks (10 000 vehicles) | 4.61 | |
| **农业主要能源及物耗** | **Main Agricultural Energy and Material Consumption** | | |
| 农村用电量（万千瓦时） | Electricity Consumed in Rural Areas (10 000 kwh) | 781397 | 786938 |
| 乡村办电站（个） | Power Stations in Rural Areas (unit) | | |
| 乡村办电站发电量（万千瓦时） | Capacity of Power Station in Rural Areas (10 000 kwh) | | |
| 有效灌溉面积（万公顷） | Irrigated Area (10 000 hectare) | 68.72 | 69.06 |
| 化肥施用量（折纯量）（万吨） | Consumption of Chemical Fertilizer (net) (10 000 tons) | 97.73 | 96.16 |
| #氮　肥 | Nitrogenous Fertilizer | 49.64 | 48.38 |
| 磷　肥 | Phosphate Fertilizer | 17.84 | 17.36 |
| 钾　肥 | Potash Fertilizer | 5.57 | 5.44 |
| 复合肥 | Compound Fertilizer | 24.66 | 24.97 |
| 农用塑料薄膜使用量（万吨） | Consumption of Farm Plastic Film (10 000 tons) | 4.52 | 4.53 |
| #地膜使用量 | Consumption of Farm Plastic Film | 2.38 | 2.45 |
| 地膜覆盖面积（公顷） | Area Covered by Farm Plastic Film (hectare) | 244539 | 255292 |
| 农用柴油使用量（万吨） | Consumption of Diesel Oil (10 000 tons) | 21.39 | 21.63 |
| 农药使用量（万吨） | Consumption of Chemical Pesticides (10 000 tons) | 1.82 | 1.76 |

# 表11.10 主要农作物播种面积及产量（2015－2016年）
## SOWN AREA AND OUTPUT OF MAJOR FARM CROPS (2015-2016)

| 指　标 | Item | 播种面积(公顷) Sown Area (hectare) | | 总产量(吨) Total Output (ton) | | 单位产量(公斤/公顷) Yield Per Unit (kg/ha) | |
|---|---|---|---|---|---|---|---|
| | | 2015 | 2016 | 2015 | 2016 | 2015 | 2016 |
| **粮　食** | **Grain** | **2233958** | **2250051** | **11548879** | **11660025** | **5170** | **5182** |
| 谷　物 | Cereal | 1262213 | 1260929 | 8001560 | 8062359 | 6339 | 6394 |
| 稻　谷 | Rice | 688319 | 692052 | 5063595 | 5105537 | 7356 | 7377 |
| #中　稻 | Middle Rice | 688319 | 692052 | 5063595 | 5105537 | 7356 | 7377 |
| 小　麦 | Wheat | 69697 | 59825 | 228545 | 196412 | 3279 | 3283 |
| 玉　米 | Corn | 470844 | 475254 | 2597283 | 2646866 | 5516 | 5569 |
| 高　粱 | Sorghum | 25660 | 25876 | 96872 | 98318 | 3775 | 3800 |
| 其他谷物 | Other Cereal | 7694 | 7923 | 15264 | 15225 | 1984 | 1922 |
| 豆　类 | Beans | 240667 | 242603 | 479368 | 483738 | 1992 | 1994 |
| #大　豆 | Soybean | 104363 | 105867 | 207642 | 212113 | 1990 | 2004 |
| 薯　类 | Tubers | 731078 | 746518 | 3067950 | 3113929 | 4196 | 4171 |
| #马铃薯 | Potato | 363693 | 371813 | 1280653 | 1293261 | 3521 | 3478 |
| **油　料** | **Oil-bearing Crops** | **309315** | **319971** | **598721** | **627208** | **1936** | **1960** |
| #花　生 | Peanut | 56921 | 58136 | 119448 | 123099 | 2098 | 2117 |
| 油菜籽 | Rapeseed | 242458 | 251974 | 467256 | 491912 | 1927 | 1952 |
| 芝　麻 | Sesame Seed | 6638 | 6489 | 6766 | 6569 | 1019 | 1012 |
| **麻　类** | **Fiber Crops** | **5340** | **4485** | **8460** | **7434** | **1584** | **1658** |
| #苎　麻 | Ramie | 5275 | 4434 | 8362 | 7351 | 1585 | 1658 |
| 黄红麻 | Jute and Ambary Hemp | 58 | 45 | 92 | 79 | 1586 | 1766 |
| **糖　料（甘蔗）** | **Sugar Crops (sugarcane)** | **2386** | **2362** | **97729** | **96990** | **40959** | **41055** |
| **烟　叶** | **Tobacco** | **45829** | **43451** | **86759** | **83921** | **1893** | **1931** |
| #烤　烟 | Flue-cured Tobacco | 40136 | 39438 | 73757 | 72672 | 1838 | 1843 |
| **蔬菜、瓜果** | **Vegetables and Melons** | **752551** | **770480** | **18228064** | **19281582** | **24222** | **25025** |
| #蔬　菜（含菜用瓜） | Vegetables (including Melons as Vegetables) | 731667 | 747060 | 17814742 | 18751267 | 24348 | 25100 |

## 表11.11 林牧渔业生产情况（2015－2016年）
OUTPUT OF FORESTRY, ANIMAL HUSBANDRY AND FISHERY (2015-2016)

| 指　标 | Item | 2015 | 2016 |
|---|---|---|---|
| **林　业（公顷）** | **Forestry (hectare)** | | |
| 当年造林面积 | Increased Forest Area in Current Year | 380079 | 386100 |
| 年末封山育林面积 | Year-end Area of Hillsides Closed for Afforestation | 331262 | 356878 |
| 零星（四旁）植树（万株） | Scattered (Four-side) Tree Planting (10 000 plants) | 11306 | 4934 |
| 育苗面积 | Seeding Raising Area | 57009 | 22570 |
| 当年苗木产量（万株） | Output of Plants in Current Year (10 000 plants) | 74920 | 78792 |
| 中幼林抚育作业面积 | Actual Tending Area for Young and Middle Forest | 133384 | 159767 |
| **牧　业** | **Animal Husbandry** | | |
| 年末大牲畜总头数（万头） | Number of Large Animals (year-end, 10 000 heads) | 151.43 | 147.80 |
| 年末生猪存栏头数（万头） | Number of Hogs (year-end, 10 000 heads) | 1450.39 | 1395.58 |
| 年末羊只数（万只） | Number of Sheep and Goats (year-end, 10 000 heads) | 225.58 | 216.78 |
| 年内出栏肥猪头数（万头） | Number of Slaughtered Fattened Hogs (10 000 heads) | 2119.89 | 2047.81 |
| 年内出栏羊只数（万只） | Number of Slaughtered Sheep and Goats (10 000 heads) | 274.31 | 300.67 |
| 年内出栏家禽（万只） | Number of Slaughtered Poultry (10 000 heads) | 24206.63 | 24928.08 |
| **渔　业（公顷）** | **Fishery (hectare)** | | |
| 水产品养殖面积 | Cultured Areas of Aquatic Products | 96675 | 99646 |
| #池　塘 | Ponds | 56171 | 58132 |
| 水　库 | Reservoirs | 28798 | 29496 |

## 表11.12 林牧渔业主要产品产量（2015－2016年）
OUTPUT OF THE MAJOR PRODUCTS OF FORESTRY, ANIMAL HUSBANDRY AND FISHERY (2015-2016)

单位：吨 (ton)

| 指　标 | Item | 2015 | 2016 |
|---|---|---|---|
| 水　果 | Fruits | 3758483 | 4086884 |
| #柑　桔 | Citrus | 2249450 | 2425764 |
| 肉　类 | Meat | 2138183 | 2108486 |
| #猪　肉 | Pork | 1561507 | 1513087 |
| 禽　肉 | Meat of Poultry | 375809 | 384393 |
| 兔　肉 | Meat of Rabbit | 69169 | 72835 |
| 牛　奶 | Cow Milk | 54453 | 54534 |
| 蜂　蜜 | Honey | 18990 | 20147 |
| 水产品 | Aquatic Products | 480863 | 508427 |
| #养　殖 | Cultured Aquatic Products | 460505 | 488048 |
| 年末实有茶园面积（公顷） | Area of Tea Plantations (year-end) (hectare) | 39863 | 42275 |
| #本年采摘面积 | Picked Area in Current Year | 28660 | 31217 |
| 年末果园面积（公顷） | Area of Orchards (year-end) (hectare) | 295537 | 306573 |
| #梨　园 | Pear | 34953 | 36579 |
| 柑　桔 | Citrus | 177958 | 201015 |

## 表11.13 主要农产品产量与建国以来最高年产量的比较（2016年）
## OUTPUT OF MAJOR AGRICULTURAL PRODUCTS IN COMPARISON WITH THE PEAK YEAR SINCE THE FOUNDATION OF PRC (2016)

单位：万吨 (10 000 tons)

| 指 标 | Item | 2016 | 建国以来最高产量 Output in the Peak Year Since the Foundation of PRC | | 2016年为建国以来最高年份的比重（%） 2016 as Percentage of Peak Year (%) |
|---|---|---|---|---|---|
| | | | 年 份 Year | 产 量 Output | |
| 粮食总产量 | Total Output of Grain | 1166.00 | 1997 | 1184.63 | 98.4 |
| #稻 谷 | Rice | 510.55 | 1997 | 552.44 | 92.4 |
| 小 麦 | Wheat | 19.64 | 1995 | 156.24 | 12.6 |
| 玉 米 | Corn | 264.69 | 2015 | 259.73 | 101.9 |
| 豆 类 | Beans | 48.37 | 2015 | 47.94 | 100.9 |
| 薯 类 | Tubers | 311.39 | 2015 | 306.80 | 101.5 |
| 油菜籽 | Rapeseed | 49.19 | 2015 | 46.73 | 105.3 |
| 麻 类 | Fiber Crops | 0.74 | 1985 | 2.60 | 28.6 |
| 甘 蔗 | Sugarcane | 9.70 | 1980 | 36.64 | 26.5 |
| 烤 烟 | Flue-cured Tobacco | 7.27 | 1997 | 11.00 | 66.1 |
| 蔬菜类 | Vegetables | 1875.13 | 2015 | 1780.47 | 105.3 |
| 年末生猪存栏头数（万头） | Number of Hogs (year-end, 10 000 heads) | 1395.58 | 2005 | 1708.80 | 81.7 |
| 肉 类 | Meat | 210.85 | 2014 | 214.21 | 98.4 |
| #猪 肉 | Pork | 151.31 | 2014 | 158.54 | 95.4 |
| 禽 肉 | Meat of Poultry | 38.44 | 2015 | 37.58 | 102.3 |
| 奶 类 | Milk | 5.45 | 2003 | 9.06 | 60.2 |
| 禽 蛋 | Poultry Eggs | 47.39 | 2015 | 45.36 | 104.5 |
| 水产品 | Aquatic Products | 50.84 | 2015 | 48.09 | 105.7 |
| 蚕 茧 | Silkworm Cocoon | 1.63 | 1994 | 5.74 | 28.4 |
| 茶 叶 | Tea | 3.70 | 2015 | 3.52 | 105.1 |
| 水 果 | Fruits | 408.69 | 2015 | 375.85 | 108.7 |

## 表11.14 农业商品产值和商品率（2015－2016年）
## OUTPUT VALUE OF AGRICULTURAL COMMODITIES AND RATE OF COMMERCIALIZATION (2015-2016)

| 指 标 | Item | 农业商品产值（万元） Output Value of Agricultural Commodities (10 000 yuan) | | 农业商品率（%） Rate of Commercialization (%) | |
|---|---|---|---|---|---|
| | | 2015 | 2016 | 2015 | 2016 |
| **总 计** | **Total** | **11252296** | **12941875** | **65.7** | **66.8** |
| 农 业 | Farming | 5840319 | 6599618 | 56.5 | 57.3 |
| #粮 食 | Grain | 996101 | 1044171 | 35.6 | 36.1 |
| 蔬 菜 | Vegetables | 2777264 | 3211853 | 67.7 | 68.5 |
| 水 果 | Fruits | 1031191 | 1185873 | 75.8 | 76.3 |
| 林 业 | Forestry | 426073 | 522843 | 70.5 | 71.2 |
| 牧 业 | Animal Husbandry | 4364884 | 5101163 | 80.4 | 81.3 |
| #猪 | Hogs | 2253909 | 2735109 | 80.2 | 80.5 |
| 渔 业 | Fishery | 621020 | 718251 | 82.9 | 84.2 |

注：农业商品产值2015年粮食、水果数据有调整。
Note: The data about grain and fruits output value of agricultural commodities in 2015 has been adjusted.

# 表11.15 中小企业主要指标（2015－2016年）
## MAIN INDICATORS OF MEDIUM AND SMALL-SIZED ENTERPRISES (2015-2016)

| 指　标 | Item | 2015 | 2016 |
|---|---|---|---|
| 新设立中小微企业户数（万户） | Number of Newly Established Medium, Small and Mini-sized Enterprises (10 000 units) | 12 | 13 |
| 新增中小企业从业人员（万人） | Employment of Newly Established Medium and Small-sized Enterprises (10 000 persons) | 50 | 51 |
| 中小工业总产值（亿元） | Gross Output Value of Medium and Mini-sized Enterprises (100 million yuan) | 15436 | 16743 |
| 中小企业增加值（亿元） | Added Value of Medium and Mini-sized Enterprises (100 million yuan) | 6216 | 7020 |
| 非公经济上交税收（亿元） | Taxes Paid by Non-public Economies (100 million yuan) | 1448 | |

重/庆/统/计/年/鉴

# 主要统计指标解释

## ■ 农林牧渔业总产值

指以货币表现的农、林、牧、渔业全部产品和对农林牧渔业生产活动进行的各种支持性服务活动的价值总量，它反映一定时期内农林牧渔业生产总规模和总成果。1957年以前的农林牧渔业总产值中包括了厩肥和农民自给性手工业(如农民自制衣服、鞋、袜，自己从事粮食初步加工等)。1958年及以后，林业中增加了村及村以下竹木采伐产值；牧业中取消了厩肥产值；副业中取消了农民自给性手工业产值，增加了村及村以下办的工业产值； 渔业中增加了海洋捕捞水产品产值。1980年及以后，在副业中增加了农民家庭兼营工业商品部分的产值。从1984年起村及村以下工业产值划归工业。从1993年起取消副业，将野生动物的捕猎划入牧业、野生植物采集和农民家庭兼营商品性工业划归农业。从2003年起，执行新的国民经济行业分类标准，农林牧渔业总产值中包括了农林牧渔服务业产值。林业中增加了森林采运业产值。农业中取消了家庭兼营商品性工业产值，将野生林产品的采集划归林业。第一次农业普查以后，由于畜牧业产品年报数据与普查数据之间存在一定的差距，国家统计局农调总队对畜牧业年报数据与普查数据进行衔接，相应的畜牧业产值进行调整。第二次农业普查后，国家统计局再次对种植业、畜牧业、林业、渔业、服务业数据进行了衔接与调整。

农林牧渔业总产值的计算方法通常是按农、林、牧、渔业产品及其副产品的产量分别乘以各自单位产品价格求得；少数生产周期较长，当年没有产品或产品产量不易统计的，则采用间接方法匡算其产值；然后将五业产值相加即为农林牧渔业总产值。

## ■ 粮食产量

指全社会的产量。包括国有经济经营的、集体统一经营的和农民家庭经营的粮食产量，还包括工矿企业办的农场和其他生产单位的产量。粮食除包括稻谷、小麦、玉米、高粱、谷子及其他杂粮外，还包括薯类和豆类。其产量计算方法，豆类按去豆荚后的干豆计算；薯类（包括甘薯和马铃薯，不包括芋头和木薯）1963年以前按每4公斤鲜薯折 1 公斤粮食计算，从1964年开始及以后改为按5公斤鲜薯折 1 公斤粮食计算。城市郊区作为蔬菜的薯类（如：马铃薯等）按鲜品计算，并且不作粮食统计。其他粮食一律按脱粒后的原粮计算。1989年以前全国粮食产量数据主要靠全面报表取得，1989年开始使用抽样调查数据。

## ■ 油料产量

指全部油料作物的生产量。包括花生、油菜籽、芝麻、向日葵籽，胡麻籽（亚麻籽）和其他油料。不包括大豆，也不包括木本油料和野生油料。花生以带壳干花生计算。

## ■ 水产品产量

指人工养殖的水产品和天然生长的水产品的捕捞量。包括海水的鱼类、虾蟹类、贝类和藻类以及内陆水域的鱼类、虾蟹类和贝类，不包括淡水生植物。水产品产量是通过各级水产和统计部门逐级上报取得数据。1995年及以前，贝类中牡蛎按鲜肉计算；蚶、蛤、蛙按 5 斤鲜品折 1 斤计算。1996年以后则统一按鲜品计算。

## ■ 肉产量

指各种牲畜及家禽、兔等动物肉产量总计。猪、羊、骡、骆驼肉产量按去掉头蹄下水后带骨肉的胴体重量计算，牛肉产量按去骨后的净肉重量计算，兔禽肉产量按屠宰后去毛和内脏后的重量计算，可用住户调查资料推算。

## ■ 期初（末）畜禽存栏头（只）数

指报告期初（末）农村各种合作经济组织和国营农场、农民个人、机关、团体、学校、工矿企业，部队等单位以及城镇居民饲养的大牲畜、猪、羊、家禽等畜禽的存栏头（只）数。

## ■ 农作物播种面积

实际播种或移植有农作物的面积，凡是实际种植有农作物的面积，不论种植在耕地上还是种植在非

## 主要统计指标解释

耕地上，均包括在农作物播种面积中。在播种季节基本结束后，因遭灾而重新改种和补种的农作物面积，也包括在内。它是反映我国耕地面积利用情况的一个重要指标。目前，农作物播种面积主要包括粮食、棉花、油料、糖料、麻类、烟叶、蔬菜和瓜类、药材和其它农作物九大类。

### 有效灌溉面积

指具有一定的水源，地块比较平整，灌溉工程或设备已经配套，在一般年景下当年能够进行正常灌溉的耕地面积。在一般情况下，有效灌溉面积应等于灌溉工程或设备已经配备，能够进行正常灌溉的水田和水浇地面积之和。它是反映我国耕地抗旱能力的一个重要指标。

### 农用化肥施用量

指本年内实际用于农业生产的化肥数量，包括氮肥、磷肥，钾肥和复合肥。化肥施用量要求按折纯量计算数量。折纯法化肥施用量是把氮肥、磷肥和钾肥分别按含氮、含五氧化二磷、含氧化钾的百分之一百成份折算后的数量。复合肥按其所含主要成分折算。公式为：

折纯量=实物量×某种化肥有效成份含量的百分比

### 农业机械总动力

指主要用于农、林、牧、渔业的各种动力机械的动力总和。包括耕作机械、排灌机械、收获机械、农用运输机械、植物保护机械、牧业机械、林业机械、渔业机械和其他农业机械［内燃机按引擎马力折成瓦（特）计算，电动机按功率折成瓦（特）计算］。不包括专门用于乡、镇、村、组办工业、基本建设、非农业运输、科学试验和教学等非农业生产方面用的动力机械与作业机械。

### 乡村从业人员

指乡村人口中劳动年龄在16周岁以上实际参加生产经营活动并取得实物或货币收入的人员，包括劳动年龄内经常参加劳动的人员，也包括超过劳动年龄但经常参加劳动的人员，但不包括户口在家的在外学生、现役军人和丧失劳动能力的人，也不包括待业人员和家务劳动者。从业人员按从事主业时间最长（时间相同按收入）分为农业从业人员、工业从业人员、建筑业从业人员、交通运输业、仓储及邮电通信业从业人员、批零贸易及餐饮业从业人员、其他非农行业从业人员。

# Explanatory Notes on Main Statistical Indicators

## □ Gross Output Value of Farming Forestry, Animal Husbandry and Fishery

Refers to the total value of products of farming, forestry, animal husbandry and fishery, and total value of services rendered to support farming, forestry, animal husbandry and fishery activities. It reflects the total scale and results of agricultural production during a given period. Prior to 1957, Chinas gross agricultural output value included barnyard manure and handicraft products for self-consumption (clothes, shoes, stockings, and initial grain processing undertaken by peasants). Since 1958, cutting and felling of bamboo and trees by villages and other cooperative organizations under villages have been included in forestry; value of barnyard manure has been excluded from animal husbandry; self consumed handicrafts has been excluded from sideline occupations, while the output value of industries run by villages and cooperative organizations under village had been included in sideline occupations and the output value of fish catches by motor fishing boats has been added to fishery. Since 1980, the value of handicraft products made for sale by individuals in households had been added to sideline occupations. Since 1984, industries run by villages and under villages have been included in the sector of industry. Since 1993, the subdivision of sideline occupations has been canceled, and the hunting of wild animals has been classified into animal husbandry, and the gathering of wild plants and commodity industry run by rural household have been included in farming. A new industrial classification of economic activities was introduced in 2003. Under the new classification, value of services to farming, forestry, animal husbandry and fishery is included in the gross output value of agriculture, value of wood felling and transport is included in forestry, value of industrial output by rural households is not included in agriculture, and the collection of wild forest products is taken from agriculture and included in the forestry. The first agriculture census of China revealed some discrepancy between the production of animal products from the annual reports and that from the census. Efforts were made by the Rural Socio-economic Survey Organization of NBS to adjust the output value of animal husbandry to make the figures from the annual reports consistent with the census data. After the Second Agriculture Census of China, the National Bureau of Statistics adjustment the data of farming, animal husbandry, forestry, fisheries and services once again.

Gross output value of agriculture is obtained by first multiplying the output of each product or by product by its price, resulting in the output value of each single item. For a small number of products, annual output of which is not available or difficult to get due to the long production (growing) process involved, the output value is estimated through an indirect approach. The sum of output value of all products of farming, forestry, animal husbandry and fishery is then equal to the gross output value of agriculture.

## □ Grain Yield

Refers to the total output in the whole country including grains produced by state farms, collective units, rural households, as well as by farms affiliated to industrial and mining enterprises and other production units. Grain includes rice, wheat, corn, sorghum, millet and other miscellaneous grains as well as tubers and bean. Output of beans refers to dry beans without pods. The output of tubers (sweet potatoes and potatoes, not including taros and cassava) was converted into that of grain at the ratio 4:1, i.e. 4 kilograms of fresh tubers was equivalent to 1 kilogram of grain up to 1963. Since 1964 the ratio for conversion has been 5:1. Tubers supplied as vegetables (such as potatoes) in cities and suburbs are calculated as fresh vegetables and their output is not included in the output of grain. Output of all other grains refers to husked grain. Data on grain production before 1989 were obtained through Comprehensive Statistical Reporting System. Since 1989, data from sample surveys are used.

## □ Yield of Oil-bearing Crops

Refers to the total yield of oil-bearing crops of various kinds, including peanuts, (dry, in shell) rapeseeds, sesame, sunflower seeds, flax seeds, and other oil-bearing crops. Soybeans, oil-bearing woody plants, and oil-bearing crops are not included.

## □ Output of Aquatic Products

Refers to catches of both artificially cultured and naturally grown aquatic products, including fish, shrimps, crabs and shellfish in sea and inland water as well as seaweed. Freshwater plants are not included. Data on output of aquatic products are reported by aquatic product and statistical agencies level by level. Before 1995, among the shellfish, the oyster was counted as fresh meat; 5 kilograms of ark shell, clams and frogs are equivalent to 1 kilogram of fresh aquatic products; they are all counted as fresh aquatic products since 1996.

## Output of Meat

Refers to the total meat of livestock. Data, which refers to the meat of slaughtered hogs, cattle, sheep and goats with head, feet and offal taken away, and refers to the meat of slaughtered animials such as rabbit with feather, visceral taken away.

## Number of Livestock or Poultry in Hand at the Beginning (or End) of the Reference Period

Refers to the total number of large animals, pigs, sheep, fowls, etc., raised by rural cooperative organizations, state farms, rural individuals, government agencies, schools, industrial and mining enterprises, army, and urban residents at the beginning (or end) of the reference period.

## Sown Area of Crops

Refers to area of land sown or trans-planted with crops regardless of being in cultivated area or non-cultivated area. Area of land resown due to natural disasters is also included. At present, the sown area of crops mainly include the following 9 categories of crops: grain, cotton, oil-bearing crops, sugar crops, fiber crops, Tobacco, Vegetables and melons, medicinal materials and other farm crops.

## Irrigated Area

Refers to areas that are effectively irrigated, i.e. level land, which has water source and complete sets of irrigation facilities to lift and move adequate water for irrigation purpose under normal conditions. Under normal conditions, irrigated area is the sum of watered fields and irrigated fields where irrigation systems or equipment have been installed for regular irrigation purpose. This important indicator reflects drought resistance capacity of the cultivated land in China.

## Consumption of Chemical Fertilizers for Farming

Refers to the quantity of chemical fertilizers applied in agriculture in the year, including nitrogenous fertilizer, phosphate fertilizer, potash fertilizer, and compound fertilizer. The consumption of chemical fertilizers is required in calculation to convert the gross weight into weight containing 100% effective component (e.g. 100% nitrogen content in nitrogenous fertilizer, 100% phosphorous pentoxide content in phosphate fertilizer, 100% potassium oxide content in potash fertilizer). Compound fertilizer is converted with its major component. The formula is:

Volume of effective component= physical quantity × effective component of certain chemical fertilizer (%)

## Total Power of Farm Machinery

Refers to total mechanical power of machinery used in farming, forestry, animal husbandry, and fishery, including sloughing, irrigation and drainage, harvesting, transport, plant protection, stockbreeding, forestry and fishery. The power of internal combustion engines is required to convert horsepower into watts and the power of electric motors is required to be converted into watts. Machinery employed for non-agricultural purposes, such as the machines used in township-run and village-run industry, construction, non-agricultural transport, scientific experiments and teaching, is excluded.

## Rural Employed Persons

Refer to rural labor forces aged over 16 years old who are engaged in real production and management activities and receive payment in kind or wages, including those covered within the age frame and regularly participating in production activities, and those who are out of the range of age frame and also participating in production activities regularly. Excluding students studying in other places with their permanent residence registered in local areas, servicemen and persons incapable of working; also excluding those who are waiting for jobs and those engaged in household work. Persons employed are classified as rural employed persons; industrial employed persons; construction industry employed persons; transport, storage and telecommunications industries employed persons; whole sales and retail sales trade and catering industry employed persons and other non-agricalture employed persons according to the longest period of employment in major activities (or using income indicator when period of employment is the same).

# 第12章

# 工 业

# INDUSTRY

# 简要说明

## BRIEF INTRODUCTION

本章资料主要包括工业企业主要指标，规模以上（即指年主营业务收入2000万元及以上）工业企业单位数、主要经济指标和效益指标，国有控股工业企业的主要经济指标和效益指标，私营工业企业的主要经济指标和效益指标，外商投资和港澳台投资企业的主要经济指标和效益指标，大中型工业企业的主要经济指标和效益指标，主要工业产品产量以及占全国当年产量的比重。本章资料由市统计局工业处整理提供。

The data in this chapter cover the main indicators of industrial enterprises; the number, main economic indicators and benefit indicators of enterprises above designated size (enterprises with annual revenue from principal business 20 million yuan and above); the main economic indicators and benefit indicators of state-holding industrial enterprises, private industrial enterprises, industrial enterprises with Hong Kong, Macao, Taiwan and foreign funds and large and medium-sized industrial enterprises; the output of major industrial products and their percentage to nation total in this year. The data in this chapter are sorted and provided by Division of Industry Statistics, Chongqing Municipal Bureau of Statistics.

# 表12.1 工业企业主要指标（1978－2016年）
## MAJOR INDICATORS OF INDUSTRIAL ENTERPRISES (1978-2016)

单位：万元 (10 000 yuan)

| 年 份<br>Year | 单位数（个）<br>Number of Enterprises (unit) | 从业人员平均人数（人）<br>Average Employment (person) | 工业总产值 Industrial Gross Output Value<br>绝对值<br>Value | <br>指 数（上年=100）<br>Index Preceding Year=100 |
|---|---|---|---|---|
| 1978 | 8037 | 951217 | 643444 | 100.0 |
| 1980 | 10963 | 998963 | 772307 | 104.6 |
| 1985 | 9924 | 1251649 | 1408126 | 117.2 |
| 1986 | 12454 | 1473491 | 1604215 | 104.1 |
| 1987 | 11556 | 1511086 | 1921043 | 112.4 |
| 1988 | 11303 | 1552189 | 2529674 | 116.1 |
| 1989 | 10976 | 1587712 | 2991130 | 102.4 |
| 1990 | 10763 | 1610473 | 2993490 | 100.7 |
| 1991 | 10780 | 1652984 | 3424558 | 111.8 |
| 1992 | 9693 | 1662144 | 4191279 | 116.3 |
| 1993 | 9083 | 1752822 | 5847377 | 118.2 |
| 1994 | 9713 | 1692108 | 7185418 | 115.4 |
| 1995 | 11474 | 1724173 | 7651109 | 115.2 |
| 1996 | 2332 | 1474400 | 7304148 | |
| 1997 | 2210 | 1428600 | 7947952 | 114.4 |
| 1998 | 2000 | 1164200 | 7667894 | 100.7 |
| 1999 | 1975 | 1004400 | 8585525 | 118.9 |
| 2000 | 2040 | 907900 | 9623226 | 113.6 |
| 2001 | 2054 | 841900 | 10728325 | 115.5 |
| 2002 | 2072 | 820103 | 12283741 | 119.8 |
| 2003 | 2243 | 843341 | 15889928 | 126.7 |
| 2004 | 2634 | 900546 | 21427261 | 129.9 |
| 2005 | 2946 | 924204 | 25258684 | 118.6 |
| 2006 | 3214 | 968440 | 32142340 | 127.4 |
| 2007 | 3942 | 1082675 | 43632489 | 133.6 |
| 2008 | 6119 | 1321310 | 57558984 | 129.3 |
| 2009 | 6412 | 1372758 | 67729015 | 115.2 |
| 2010 | 7130 | 1465587 | 91435532 | 128.4 |
| 2011 | 4778 | 1457566 | 118470581 | 128.2 |
| 2012 | 4985 | 1549702 | 130951235 | 118.0 |
| 2013 | 5559 | 1694189 | 157854080 | 114.5 |
| 2014 | 6158 | 1771250 | 187823331 | 114.6 |
| 2015 | 6608 | 1819621 | 214000118 | 112.4 |
| 2016 | 6782 | 1852580 | 239065803 | 110.2 |

注：1）本表统计口径1996年以前为全部独立核算工业企业，1996年-2006年为全部国有及规模以上（即年主营业务收入在500万元及以上）非国有工业企业，2007年为规模以上（即年主营业务收入在500万元及以上）工业企业，2011年为规模以上（即年主营业务收入在2000万元及以上）工业企业（下表同）。
2）工业总产值的绝对值按现价计算。由于工业统计制度变更，工业总产值指数2003年及以前按可比价计算，2004年起按现价计算。

Note: a) The statistic scope of this table is all the industrial enterprises with independent accounting system before 1996, is all the state-owned industrial enterprises and non-state-owned industrial enterprises over designated size (with annual revenue from principal business 5 million yuan and above) from 1996 to 2006, and is the industrial enterprises over designated size (with annual revenue from principal business 5 million yuan and above) in 2007 and is the industrial enterprises over designated size (with annual revenue from principal business 20 million yuan and above) in 2011 (the same below).
b) Gross output value of industry are calculated at current prices. As industry statistic system has been changed, the index of industrial gross output value in 2003 and previous years is calculated at constant prices, while the index is calculated at current prices since 2004.

**表12.1 续表 continued**

单位：万元 (10 000 yuan)

| 年 份 Year | 年末固定资产 Year-end Fixed Assets 原 值 Original Value | 净 值 Net Value | 流动资产合计 Total Circulating Assets | 主营业务收入 Revenue from Principal Business | 利税总额 Total Pre-tax Profits | 利润总额 Total Profits |
|---|---|---|---|---|---|---|
| 1978 | 706016 | 475301 | 298093 | 595593 | 119300 | |
| 1980 | 823370 | 540178 | 329897 | 708120 | 146213 | |
| 1985 | 1339800 | 923111 | 604983 | 1449426 | 260677 | |
| 1986 | 1445859 | 970019 | 743986 | 1559353 | 225749 | |
| 1987 | 1635303 | 1135872 | 908572 | 1897962 | 251220 | |
| 1988 | 1830786 | 1254850 | 1062157 | 2472560 | 358610 | |
| 1989 | 2063326 | 1405200 | 1441939 | 2734475 | 365348 | |
| 1990 | 2314886 | 1490850 | 1942657 | 2782262 | 253309 | |
| 1991 | 2585930 | 1647544 | 2418353 | 3338105 | 291455 | |
| 1992 | 2947902 | 1784094 | 2852708 | 4167995 | 365134 | |
| 1993 | 3424857 | 2106423 | 3484050 | 6124846 | 551046 | |
| 1994 | 4953046 | 2967592 | 4631636 | 6294911 | 573144 | |
| 1995 | 7307273 | 4057468 | 5702467 | 7524836 | 580345 | |
| 1996 | 7708153 | 5398622 | 5749079 | 7113430 | 480449 | -49429 |
| 1997 | 8578673 | 5952377 | 6959065 | 7981695 | 460736 | -116702 |
| 1998 | 9866758 | 6940364 | 7202796 | 7809127 | 393220 | -193078 |
| 1999 | 10840971 | 7604150 | 7733524 | 8546131 | 572648 | -67491 |
| 2000 | 11515782 | 7848443 | 8157646 | 9593576 | 855670 | 156449 |
| 2001 | 12056356 | 7958216 | 8874861 | 10732455 | 1016889 | 238170 |
| 2002 | 12730167 | 8282507 | 9228472 | 12357157 | 1320260 | 405426 |
| 2003 | 13424490 | 8576299 | 10305605 | 15950727 | 1910901 | 859689 |
| 2004 | 14970250 | 9738481 | 11641381 | 21088433 | 2420163 | 1155898 |
| 2005 | 16779752 | 11001178 | 13571979 | 25151726 | 2564825 | 1155912 |
| 2006 | 20266728 | 13551444 | 15484263 | 32008042 | 3192103 | 1557631 |
| 2007 | 24067348 | 16421036 | 18541937 | 42629860 | 5025623 | 2405387 |
| 2008 | 30254424 | 20829025 | 24807777 | 56676087 | 6017115 | 3086786 |
| 2009 | 34109428 | 22757818 | 28630140 | 66247114 | 7105030 | 3560249 |
| 2010 | 44634155 | 29639590 | 36084780 | 90390303 | 10118841 | 5185939 |
| 2011 | 50234507 | 30341715 | 45089210 | 113823442 | 11643029 | 6603471 |
| 2012 | 58315944 | 36101279 | 53572842 | 128803222 | 12244123 | 6453886 |
| 2013 | 72786258 | 46301592 | 62293267 | 155817793 | 17342546 | 9076025 |
| 2014 | 85835043 | 54276237 | 71747271 | 186886282 | 22189470 | 12296456 |
| 2015 | 103933391 | 65401572 | 80949784 | 209022428 | 24492098 | 14118589 |
| 2016 | 122053328 | 80001548 | 92379294 | 234670318 | 27647239 | 16483625 |

# 表12.2 主要工业产品产量（1978－2016年）
## OUTPUT OF MAJOR INDUSTRIAL PRODUCTS (1978-2016)

| 年 份<br>Year | 天然气（亿立方米）<br>Natural Gas (100 million cu.m) | 发电量（亿千瓦时）<br>Electricity (100 million kwh) | 钢 材（万吨）<br>Steel Products (10 000 tons) | 铝 材（万吨）<br>Aluminum Products (10 000 tons) | 水 泥（万吨）<br>Cement (10 000 tons) | 汽 车（万辆）<br>Motor Vehicles (10 000 units) | 其中 of which<br>#轿 车（万辆）<br>Cars (10 000 units) | 摩托车（万辆）<br>Motorcycles (10 000 units) |
|---|---|---|---|---|---|---|---|---|
| 1978 | 0.09 | 29.60 | 73.09 | 1.47 | 96.14 | 0.16 | | |
| 1980 | 15.78 | 33.32 | 76.52 | 2.27 | 129.10 | 0.23 | | 0.27 |
| 1985 | 24.47 | 36.67 | 86.35 | 4.50 | 262.78 | 0.89 | | 47.18 |
| 1986 | 25.88 | 41.96 | 94.99 | 4.55 | 269.20 | 0.61 | | 31.94 |
| 1987 | 28.39 | 54.73 | 111.36 | 5.00 | 308.29 | 0.90 | | 27.14 |
| 1988 | 29.44 | 66.38 | 121.06 | 5.01 | 353.43 | 1.66 | | 44.47 |
| 1989 | 31.96 | 72.64 | 102.59 | 4.99 | 345.39 | 2.02 | | 36.85 |
| 1990 | 34.59 | 73.75 | 109.61 | 3.97 | 351.85 | 2.18 | | 38.22 |
| 1991 | 35.86 | 84.05 | 105.67 | 5.51 | 428.56 | 3.04 | | 48.48 |
| 1992 | 36.44 | 91.95 | 112.24 | 5.55 | 517.31 | 4.56 | | 69.37 |
| 1993 | 37.14 | 118.41 | 162.74 | 5.79 | 562.32 | 6.82 | | 120.38 |
| 1994 | 41.87 | 124.36 | 130.74 | 6.19 | 642.62 | 8.77 | | 170.23 |
| 1995 | 45.00 | 127.62 | 120.68 | 5.93 | 820.57 | 11.47 | | 220.17 |
| 1996 | 26.10 | 128.73 | 117.55 | 7.36 | 648.76 | 12.41 | 1.34 | 177.36 |
| 1997 | 30.69 | 139.88 | 116.08 | 9.31 | 862.10 | 16.07 | 2.89 | 177.04 |
| 1998 | 33.24 | 158.67 | 131.01 | 10.62 | 1173.59 | 15.74 | 3.56 | 126.90 |
| 1999 | 34.74 | 158.27 | 135.10 | 12.11 | 1197.60 | 21.85 | 4.46 | 174.93 |
| 2000 | 38.98 | 167.90 | 156.98 | 13.98 | 1402.78 | 24.59 | 4.82 | 191.07 |
| 2001 | 41.88 | 170.41 | 161.42 | 16.82 | 1511.18 | 24.38 | 4.31 | 253.53 |
| 2002 | 45.41 | 184.75 | 201.48 | 19.94 | 1679.52 | 33.13 | 6.78 | 323.42 |
| 2003 | 47.29 | 188.64 | 235.24 | 21.60 | 1927.00 | 40.45 | 12.06 | 441.32 |
| 2004 | 51.57 | 232.82 | 288.10 | 26.23 | 1906.23 | 42.89 | 15.73 | 473.07 |
| 2005 | 57.09 | 234.03 | 294.70 | 39.36 | 2100.69 | 42.15 | 15.33 | 420.84 |
| 2006 | 70.88 | 275.44 | 382.87 | 66.41 | 2533.84 | 51.99 | 26.30 | 534.60 |
| 2007 | 71.11 | 325.22 | 436.57 | 81.13 | 2819.92 | 70.80 | 41.80 | 638.25 |
| 2008 | 79.50 | 396.64 | 487.20 | 79.76 | 3230.51 | 76.64 | 40.72 | 774.90 |
| 2009 | 75.70 | 428.26 | 477.44 | 75.15 | 3610.99 | 118.65 | 63.30 | 761.74 |
| 2010 | 67.48 | 456.71 | 699.91 | 102.79 | 4598.04 | 161.58 | 85.17 | 849.23 |
| 2011 | 62.94 | 529.57 | 948.17 | 134.45 | 4935.15 | 172.20 | 93.67 | 879.59 |
| 2012 | 55.76 | 536.53 | 1150.22 | 94.41 | 5499.59 | 184.46 | 102.40 | 877.51 |
| 2013 | 50.91 | 586.13 | 1290.55 | 109.79 | 6120.40 | 215.06 | 108.14 | 810.94 |
| 2014 | 48.05 | 644.50 | 1323.45 | 133.41 | 6666.61 | 262.89 | 111.32 | 844.62 |
| 2015 | 69.31 | 644.64 | 1411.46 | 171.37 | 6798.83 | 304.51 | 108.79 | 841.64 |
| 2016 | 96.45 | 670.81 | 1234.22 | 216.18 | 6781.59 | 315.62 | 97.95 | 787.66 |

**表12.2 续表 continued**

| 年 份<br>Year | 电子计算机整机（万台）<br>Computers (10 000 sets) | 打印机（万台）<br>Marking Machine (10 000 sets) | 移动通信手持机（手机）（万台）<br>Mobile Telephones (10 000 sets) | 维纶纤维（万吨）<br>PVA Fiber (10 000 tons) | 硫 酸（万吨）<br>Sulphuric Acid (10 000 tons) | 啤 酒（万千升）<br>Beer (10 000 kiloliters) | 卷 烟（亿支）<br>Cigarettes (100 million pieces) | 农用化肥（万吨）<br>Chemical Fertilizer (10 000 tons) |
|---|---|---|---|---|---|---|---|---|
| 1978 | | | | | 12.76 | | 87.70 | 20.23 |
| 1980 | | | | | 15.85 | | 115.75 | 13.10 |
| 1985 | | | | | 15.09 | 3.47 | 246.70 | 15.23 |
| 1986 | | | | | 20.86 | 4.16 | 314.90 | 17.28 |
| 1987 | | | | | 23.25 | 5.18 | 346.95 | 21.70 |
| 1988 | | | | | 25.31 | 6.26 | 355.65 | 21.55 |
| 1989 | | | | | 27.33 | 5.90 | 356.20 | 21.60 |
| 1990 | | | | | 25.24 | 5.91 | 357.85 | 24.58 |
| 1991 | | | | | 33.10 | 6.67 | 368.85 | 28.24 |
| 1992 | | | | | 34.28 | 7.74 | 439.10 | 28.86 |
| 1993 | | | | | 25.96 | 15.61 | 437.10 | 31.73 |
| 1994 | | | | | 25.31 | 16.69 | 430.65 | 35.59 |
| 1995 | | | | | 48.84 | 18.89 | 502.25 | 54.37 |
| 1996 | | | | 1.71 | 51.29 | 28.54 | 453.91 | 78.97 |
| 1997 | | | | 1.23 | 52.00 | 40.05 | 507.38 | 66.07 |
| 1998 | | | | 0.90 | 59.47 | 50.66 | 369.35 | 73.40 |
| 1999 | | | | 0.63 | 61.83 | 50.81 | 482.85 | 74.27 |
| 2000 | | | | 0.77 | 50.65 | 50.42 | 343.50 | 72.26 |
| 2001 | | | | 1.03 | 65.77 | 39.91 | 338.50 | 77.57 |
| 2002 | | | | 1.11 | 85.64 | 41.36 | 343.80 | 82.53 |
| 2003 | | | | 1.18 | 99.18 | 44.42 | 387.50 | 89.97 |
| 2004 | | | | 1.30 | 135.51 | 46.21 | 386.32 | 104.22 |
| 2005 | | | | 1.56 | 150.08 | 53.87 | 396.08 | 121.89 |
| 2006 | | | | 1.52 | 190.44 | 64.73 | 406.00 | 127.82 |
| 2007 | | | | 1.57 | 223.78 | 76.49 | 426.00 | 154.20 |
| 2008 | | | | 1.47 | 172.31 | 68.01 | 451.00 | 127.06 |
| 2009 | | | 374.93 | 1.23 | 202.29 | 72.77 | 476.00 | 152.00 |
| 2010 | 193.43 | | 650.26 | 1.26 | 222.00 | 75.20 | 501.00 | 181.49 |
| 2011 | 2547.82 | | 592.48 | 1.55 | 176.76 | 77.31 | 516.00 | 169.52 |
| 2012 | 4160.88 | 901.35 | 1095.76 | 1.41 | 221.54 | 77.23 | 551.00 | 206.63 |
| 2013 | 5593.34 | 1943.69 | 3695.78 | 1.79 | 209.35 | 80.04 | 571.00 | 204.33 |
| 2014 | 6446.78 | 1616.29 | 9418.24 | 1.62 | 202.83 | 73.72 | 576.00 | 213.99 |
| 2015 | 6180.79 | 1447.71 | 17605.08 | 1.34 | 204.16 | 76.71 | 546.50 | 214.85 |
| 2016 | 6764.65 | 1374.62 | 28708.36 | 1.83 | 193.66 | 76.09 | 440.40 | 177.44 |

# 表12.3 工业企业经济效益指标（1992－2016年）
## INDICATORS ON ECONOMIC BENEFIT OF INDUSTRIAL ENTERPRISES (1992-2016)

单位：％ (%)

| 年 份<br>Year | 经济效益综合指数<br>Comprehensive Index of Economic Benefits | 总资产贡献率<br>Ratio of Total Assets to Industrial Output Value | 资本保值增值率<br>Ratio of Assets Appreciation YOY | 资产负债率<br>Asset-Liability Ratio |
|---|---|---|---|---|
| 1992 | 76.2 | | | |
| 1993 | 84.6 | | | |
| 1994 | 83.9 | | | |
| 1995 | 73.0 | | | |
| 1996 | 63.8 | 2.8 | 125.7 | 68.6 |
| 1997 | 60.3 | 2.7 | 113.9 | 68.4 |
| 1998 | 57.3 | 5.0 | 103.0 | 68.3 |
| 1999 | 67.7 | 5.5 | 101.4 | 67.1 |
| 2000 | 87.1 | 6.3 | 112.1 | 64.8 |
| 2001 | 95.2 | 6.9 | 108.3 | 62.7 |
| 2002 | 109.8 | 7.8 | 120.7 | 61.3 |
| 2003 | 129.7 | 9.9 | 115.8 | 60.8 |
| 2004 | 140.9 | 10.6 | 120.2 | 60.8 |
| 2005 | 139.4 | 10.0 | 116.2 | 59.7 |
| 2006 | 153.7 | 10.5 | 114.4 | 59.8 |
| 2007 | 187.7 | 12.6 | 118.2 | 59.7 |
| 2008 | 204.0 | 12.2 | 117.6 | 60.0 |
| 2009 | 204.4 | 12.1 | 114.6 | 60.3 |
| 2010 | 226.0 | 13.6 | 125.0 | 60.3 |
| 2011 | 244.1 | 13.7 | 120.5 | 60.7 |
| 2012 | 262.5 | 12.6 | 121.1 | 63.0 |
| 2013 | 254.1 | 14.2 | 118.0 | 63.8 |
| 2014 | 284.9 | 15.4 | 115.8 | 62.4 |
| 2015 | | 14.9 | 112.5 | 61.9 |
| 2016 | | 14.7 | 112.7 | 61.2 |

**表12.3 续表 continued**

| 年 份<br>Year | 流动资产周转率（次）<br>Turnover Ratio of Circulating Assets (time) | 成本费用利润率<br>Ratio of Profits to Cost | 全员劳动生产率（元/人年）<br>Overall Labor Productivity (yuan/person-year) | 产品销售率<br>Sales as Percentage of Output |
|---|---|---|---|---|
| 1992 | 1.4 | 3.2 | 7296 | 97.0 |
| 1993 | 1.6 | 3.1 | 10758 | 97.1 |
| 1994 | 1.4 | 2.7 | 12638 | 96.4 |
| 1995 | 1.2 | 0.7 | 11804 | 96.3 |
| 1996 | 1.3 | -1.2 | 13546 | 96.5 |
| 1997 | 1.2 | -1.8 | 14972 | 95.6 |
| 1998 | 1.1 | -2.4 | 16690 | 97.2 |
| 1999 | 1.1 | -1.1 | 23385 | 97.5 |
| 2000 | 1.2 | 1.7 | 31081 | 99.1 |
| 2001 | 1.2 | 2.3 | 37750 | 97.9 |
| 2002 | 1.3 | 3.4 | 46464 | 98.1 |
| 2003 | 1.5 | 5.7 | 55957 | 97.8 |
| 2004 | 1.8 | 5.8 | 66148 | 99.9 |
| 2005 | 1.9 | 4.9 | 77511 | 98.8 |
| 2006 | 2.1 | 5.2 | 87750 | 98.4 |
| 2007 | 2.3 | 6.1 | 127993 | 97.1 |
| 2008 | 2.4 | 5.8 | 156167 | 98.0 |
| 2009 | 2.3 | 5.8 | 159484 | 98.3 |
| 2010 | 2.5 | 6.1 | 183031 | 98.1 |
| 2011 | 2.6 | 6.0 | 213463 | 97.4 |
| 2012 | 2.4 | 5.4 | 223843 | 97.8 |
| 2013 | 2.5 | 6.2 | 230218 | 98.0 |
| 2014 | 2.7 | 7.0 | 270083 | 98.2 |
| 2015 | 2.6 | 7.2 | 297050 | 97.9 |
| 2016 | 2.6 | 7.5 | 300204 | 98.3 |

注：1）经济效益综合指数1997年前由资金利税率、增加值率、流动资产周转率、成本费用利润率、全员劳动生产率、产品销售率等六项指标构成，从1997年起由总资产贡献率、资本保值增值率、资产负债率、流动资产周转率、成本费用利润率、全员劳动生产率、产品销售率等七项指标构成。
2）由于部分指标无法取得，因此2008年资本保值增值率、全员劳动生产率采用2008年12月快报数代替，其余指标均取自2008年经济普查数。

Note: a) Comprehensive index of economic benefits before 1997 are composed of 6 items, namely ratio of pretax profits to total industrial assets, ratio of value-added to gross industrial output value, turnover ratio of circulating assets, ratio of profits to cost, overall labor productivity and sales as percentage of output, and since 1997 are composed of 7 items, namely ratio of total assets to industrial output value, ratio of assets appreciation YOY, asset-liability ratio, turnover ratio of circulating assets, ratio of profits to cost, overall labor productivity and sales as percentage of output.
b) Because some of the indices are not available, the index of industrial gross output value, value-added of industry and its index in 2008 are replaced by the accumulated value in December 2008, and other indices are the data from the census of economy in 2008.

# 表12.4 规模以上工业企业单位数（2015－2016年）
## NUMBER OF INDUSTRIAL ENTERPRISES ABOVE DESIGNATED SIZE (2015-2016)

单位：个 (unit)

| 指　标 | Item | 2015 | 2016 |
|---|---|---|---|
| **总　计** | **Total** | **6608** | **6782** |
| #国有控股企业 | State-holding Enterprises | 512 | 511 |
| #亏损企业 | Loss-generating Enterprises | 663 | 558 |
| **按登记注册类型分** | **By Status of Registration** | | |
| 内资企业 | Domestic-funded Enterprises | 6217 | 6392 |
| 国有企业 | State-owned Enterprises | 45 | 33 |
| 集体企业 | Collective-owned Enterprises | 40 | 31 |
| 股份合作企业 | Cooperative Share Holding Enterprises | 15 | 9 |
| 国有联营 | State Joint Ownership Enterprises | | |
| 集体联营 | Collective Joint Ownership Enterprises | 2 | 1 |
| 国有与集体联营 | Joint State-Collective Enterprises | | |
| 其他联营 | Other Joint Ownership Enterprises | 1 | 1 |
| 国有独资公司 | Soly State-funded Corporations | 133 | 147 |
| 其他有限责任公司 | Other Limited Liability Corporations | 1658 | 1728 |
| 股份有限公司 | Share-holding Corporations Ltd. | 194 | 191 |
| 私营独资 | Soly Private-funded Enterprises | 260 | 220 |
| 私营合作 | Cooperative Private Enterprises | 49 | 34 |
| 私营有限责任公司 | Private Limited Liability Corporations | 3557 | 3729 |
| 私营股份有限公司 | Private Share-holding Corporations Ltd. | 246 | 258 |
| 其他内资 | Other Enterprises | 17 | 10 |
| 港澳台商投资企业 | Enterprises Funded by Hong Kong, Macao and Taiwan | 155 | 151 |
| 合资经营 | Joint-ventures | 69 | 59 |
| 合作经营 | Cooperative Enterprises | 2 | 1 |
| 独　资 | Enterprises with Sole Investment | 79 | 85 |
| 投资股份有限公司 | Share-holding Corporations Ltd. | 3 | 4 |
| 其　他 | Others | 2 | 2 |
| 外商投资企业 | Foreign-funded Enterprises | 236 | 239 |
| 中外合资经营 | Joint-ventures | 114 | 115 |
| 中外合作经营 | Cooperative Enterprises | 7 | 7 |
| 外资企业 | Enterprises with Sole Investment | 102 | 106 |
| 外商投资股份有限公司 | Share-holding Corporations Ltd. | 9 | 7 |
| 其　他 | Others | 4 | 4 |
| **按轻重工业分** | **By Light and Heavy Industries** | | |
| 轻工业 | Light Industry | 2335 | 2364 |
| 重工业 | Heavy Industry | 4273 | 4418 |
| **按企业规模分** | **By Size** | | |
| 大型企业 | Large | 235 | 245 |
| 中型企业 | Medium | 1127 | 1141 |
| 小型企业 | Small | 4992 | 5032 |
| 微型企业 | Mini | 254 | 364 |

# 表12.5 规模以上工业企业主要产品产量占全国的比重（2016年）

## OUTPUT OF MAJOR INDUSTRIAL PRODUCTS OF INDUSTRIA ENTERPRISES ABOVE DESIGNATED SIZED AS PERCENTAGE OF NATION TOTAL (2016)

| 产 品 | Products | 全 国<br>Nation Total | 重 庆<br>Chongqing | 重庆占全国比重(%)<br>Chongqing as % of Nation Total |
|---|---|---|---|---|
| 维纶纤维（万吨） | PVA Fiber (10 000 tons) | 8.70 | 1.83 | 21.0 |
| 布（亿米） | Cloth (100 million m) | 714.50 | 4.49 | 0.6 |
| 蚕 丝（万吨） | Silk (10 000 tons) | 15.84 | 0.51 | 3.2 |
| 原 盐（万吨） | Salt (10 000 tons) | 6309.50 | 217.11 | 3.4 |
| 卷 烟（亿支） | Cigarettes (100 million pieces) | 23825.80 | 440.40 | 1.8 |
| 白 酒（万千升） | Liquor (10 000 kiloliters) | 1358.40 | 22.18 | 1.6 |
| 啤 酒（万千升） | Beer (10 000 kiloliters) | 4506.40 | 76.09 | 1.7 |
| 软饮料（万吨） | Soft Beverage (10 000 tons) | 18345.20 | 290.58 | 1.6 |
| 乳制品（万吨） | Dairy Products (10 000 tons) | 2993.20 | 24.74 | 0.8 |
| 发电量（亿千瓦小时） | Electricity (100 million kwh) | 59111.20 | 670.81 | 1.1 |
| 天然气（亿立方米） | Natural Gas (100 million cu.m) | 1368.30 | 96.45 | 7.0 |
| 生 铁（万吨） | Pig Iron (10 000 tons) | 70073.60 | 287.84 | 0.4 |
| 粗 钢（万吨） | Crude Steel (10 000 tons) | 80836.60 | 367.16 | 0.5 |
| 成品钢材（万吨） | Steel Products (10 000 tons) | 113801.20 | 1234.22 | 1.1 |
| 铝 材（万吨） | Aluminum Products (10 000 tons) | 5796.10 | 216.18 | 3.7 |
| 水 泥（万吨） | Cement (10 000 tons) | 240295.30 | 6781.59 | 2.8 |
| 硫 酸（万吨） | Sulphuric Acid (10 000 tons) | 8889.10 | 193.66 | 2.2 |
| 纯 碱（万吨） | Soda Ash (10 000 tons) | 2588.30 | 119.63 | 4.6 |
| 烧 碱（万吨） | Caustic Soda (10 000 tons) | 3283.90 | 35.37 | 1.1 |
| 农用化学肥料（万吨） | Chemical Fertilizer (10 000 tons) | 7004.90 | 177.44 | 2.5 |
| 合成氨（万吨） | Synthetic Ammonia (10 000 tons) | 5421.90 | 193.79 | 3.6 |
| 中成药（万吨） | Traditional Chinese Medicine (10 000 tons) | 361.10 | 11.83 | 3.3 |
| 冰醋酸（万吨） | Glacial Acetic Acid (10 000 tons) | 594.70 | 37.39 | 6.3 |
| 精甲醇（万吨） | Refined Methanol (10 000 tons) | 4313.60 | 229.38 | 5.3 |
| 涂料（万吨） | Paint (10 000 tons) | 1899.80 | 29.76 | 1.6 |
| 变压器（万千伏安） | Transformers (10 000 kilovolt-amperes) | 166476.10 | 5294.53 | 3.2 |
| 汽 车（万辆） | Motor Vehicles (10 000 units) | 2819.30 | 315.62 | 11.2 |
| #轿 车 | Cars | 1223.80 | 97.95 | 8.0 |
| 摩托车（万辆） | Motorcycles (10 000 units) | 2390.70 | 787.66 | 32.9 |
| 微型计算机设备（万台） | Microcomputers (10 000 sets) | 29008.50 | 6764.65 | 23.3 |
| 显示器（万台） | Display (10 000 setss) | 19727.80 | 2654.30 | 13.5 |
| 打印机（万台） | Marking Machine (10 000 setss) | 5021.10 | 1374.62 | 27.4 |
| 移动通信手持机（手机）（万台） | Mobile Telephone (10 000 setss) | 226108.70 | 28708.36 | 12.7 |

# 表12.6 规模以上工业企业主要经济指标（2016年）
## MAIN ECONOMIC INDICATORS OF INDUSTRIAL ENTERPRISES ABOVE DESIGNATED SIZE (2016)

| 指　标 | Item | 单位数（个）Number of Enterprises (unit) |
|---|---|---|
| 总　计 | **Total** | **6782** |
| **按登记注册类型分** | **By Status of Registration** | |
| 内资企业 | Domestic-funded Enterprises | 6392 |
| #国有企业 | State-owned | 33 |
| 集体企业 | Collective-owned | 31 |
| 港澳台投资企业 | Funded by Hong Kong, Macao and Taiwan | 151 |
| 外商投资企业 | Foreign-funded | 239 |
| **按轻、重工业分** | **By Light and Heavy Industries** | |
| 轻工业 | Light Industry | 2364 |
| 重工业 | Heavy Industry | 4418 |
| **按企业规模分** | **By Size** | |
| 大型企业 | Large | 245 |
| 中型企业 | Medium | 1141 |
| 小型微型企业 | Small&Mini | 5032 |
| **按行业分** | **By Sector** | |
| 煤炭开采和洗选业 | Mining and Washing of Coal | 178 |
| 石油和天然气开采业 | Extraction of Petroleum and Natural Gas | 2 |
| 黑色金属矿采选业 | Mining and Processing of Ferrous Metal Ores | 14 |
| 有色金属矿采选业 | Mining and Processing of Non-Ferrous Metal Ores | 2 |
| 非金属矿采选业 | Mining and Processing of Nonmetal Ores | 137 |
| 开采辅助活动 | Mining Support Activities | |
| 其他采矿业 | Mining of Other Ores | |
| 农副食品加工业 | Processing of Food from Agricultural Products | 498 |
| 食品制造业 | Manufacture of Foods | 168 |
| 酒、饮料和精制茶制造业 | Liquor, Beverage and Refined Tea | 105 |
| 烟草制品业 | Manufacture of Tobacco | 4 |
| 纺织业 | Manufacture of Textile | 83 |
| 纺织服装、鞋、帽制造业 | Manufacture of Textile Wearing Apparel, Footware and Caps | 79 |
| 皮革、毛皮、羽毛（绒）及其制品业 | Manufacture of Leather, Fur, Feather and Related Products | 69 |
| 木材加工及木竹藤棕草制品业 | Processing of Timber, Manufacture of Wood, Bamboo, Rattan, Palm and Straw Products | 91 |
| 家具制造业 | Manufacture of Furniture | 82 |
| 造纸及纸制品业 | Manufacture of Paper and Paper Products | 98 |
| 印刷业、记录媒介的复制 | Printing, Reproduction of Recording Media | 107 |
| 文教、工美、体育和娱乐用品制造业 | Manufacture of Culture, Education, Handicraft, Fine Arts, Sports and Entertainment Articles | 40 |
| 石油加工、炼焦及核燃料加工业 | Processing of Petroleum, Coking, Processing of Nuclear Fuel | 22 |
| 化学原料及化学制品制造业 | Manufacture of Raw Chemical Materials and Chemical Products | 275 |
| 医药制造业 | Manufacture of Medicines | 138 |
| 化学纤维制造业 | Manufacture of Chemical Fibers | 4 |
| 橡胶和塑料制品业 | Manufacture of Rubber and Plastics | 299 |
| 非金属矿物制品业 | Manufacture of Non-metallic Mineral Products | 662 |
| 黑色金属冶炼及压延加工业 | Smelting and Pressing of Ferrous Metals | 144 |
| 有色金属冶炼及压延加工业 | Smelting and Pressing of Nonferrous Metals | 125 |
| 金属制品业 | Manufacture of Metal Products | 295 |
| 通用设备制造业 | Manufacture of General Purpose Machinery | 362 |
| 专用设备制造业 | Manufacture of Special Purpose Machinery | 256 |
| 汽车制造业 | Manufacture of Motor Vehicles | 907 |
| 铁路、船舶、航空航天和其他运输设备制造业 | Manufacture of Railway, Ship, Aviation and Other Transporting Equipment | 518 |
| 电气机械及器材制造业 | Manufacture of Electrical Machinery and Equipment | 286 |
| 通信设备、计算机及其他电子设备制造业 | Manufacture of Communication Equipment, Computers and Other Electronic Equipment | 401 |
| 仪器仪表及文化、办公用机械制造业 | Manufacture of Measuring Instruments and Machinery for Cultural Activity and Office Work | 89 |
| 其他制造业 | Other Manufacture | 19 |
| 废弃资源综合利用业 | Comprehensive Utilization of Waste Resources | 25 |
| 金属制品、机械和设备修理业 | Repair of Metal Products, Machinery and Equipment | 9 |
| 电力、热力的生产和供应业 | Production and Supply of Electric Power and Heat Power | 88 |
| 燃气生产和供应业 | Production and Supply of Gas | 65 |
| 水的生产和供应业 | Production and Supply of Water | 36 |

单位：万元 (10 000 yuan)

| 从业人员平均人数（万人） Average Employment (10 000 persons) | 工业总产值 Gross Industrial Output Value | 工业销售产值 Sales Value of Industry | 其中 of which #出口交货值 Value of Export Delivery | 实收资本 Paid-in Capital | 其中 of which #国家资本 State Capital | #外商资本 Foreign Capital |
|---|---|---|---|---|---|---|
| **185.26** | **239065803** | **234974241** | **29248865** | **33200534** | **8288591** | **2542761** |
| | | | | | | |
| 156.30 | 186882780 | 182935277 | 9489865 | 26133324 | 7628204 | 128316 |
| 1.40 | 1051647 | 1023089 | 713 | 461880 | 320824 | |
| 0.46 | 265564 | 264050 | | 21938 | | |
| 11.74 | 16859718 | 16434227 | 9346712 | 2827212 | 46393 | 331470 |
| 17.22 | 35323304 | 35604737 | 10412289 | 4239998 | 613994 | 2082975 |
| | | | | | | |
| 58.61 | 61540237 | 59487126 | 3308251 | 7177738 | 566590 | 219694 |
| 126.65 | 177525565 | 175487115 | 25940614 | 26022797 | 7722001 | 2323067 |
| | | | | | | |
| 65.19 | 97928489 | 97711514 | 22004040 | 13962001 | 4080090 | 909817 |
| 60.95 | 66380132 | 64716834 | 4658632 | 8722229 | 1948065 | 800017 |
| 59.12 | 74757181 | 72545893 | 2586193 | 10516304 | 2260436 | 832927 |
| | | | | | | |
| 6.94 | 2511671 | 2505619 | | 1183534 | 317915 | |
| 0.15 | 799140 | 807018 | | 835559 | 18515 | |
| 0.29 | 128454 | 120729 | | 18986 | 12076 | |
| 0.04 | 54667 | 54667 | | 2030 | | |
| 1.77 | 1798213 | 1771885 | | 229188 | 17000 | |
| | | | | | | |
| | | | | | | |
| 8.34 | 10904241 | 10529725 | 144046 | 564467 | 32769 | 27511 |
| 3.35 | 2607432 | 2554189 | 54721 | 273700 | 6685 | 2599 |
| 2.64 | 2321690 | 2256633 | 65803 | 376556 | 32906 | 50761 |
| 0.46 | 1351016 | 1290888 | | 146120 | | |
| 1.92 | 1966036 | 1952280 | 320115 | 131616 | 9241 | 8875 |
| 2.44 | 1248467 | 1203464 | 125745 | 99526 | 4000 | 7638 |
| 2.90 | 2130905 | 2100080 | 23453 | 41894 | 10100 | |
| 1.18 | 1038707 | 1017285 | 21448 | 79573 | 2940 | |
| 1.22 | 884459 | 873573 | 213 | 99570 | 502 | |
| 2.16 | 3027242 | 2921800 | 45238 | 1144222 | 8 | 749 |
| 1.85 | 1752554 | 1730291 | 78605 | 198860 | 11379 | 11183 |
| 1.26 | 1289135 | 1249530 | 103375 | 66049 | | |
| 0.33 | 627782 | 665969 | | 69214 | | |
| 6.55 | 9551513 | 9284292 | 223012 | 2563011 | 725751 | 528089 |
| 5.57 | 6430219 | 6094645 | 283172 | 1271603 | 72610 | 9906 |
| 0.20 | 220345 | 174580 | 4639 | 67783 | 5703 | |
| 5.25 | 5782401 | 5662442 | 149181 | 742164 | 99828 | 177721 |
| 13.12 | 12671434 | 12414118 | 136742 | 2298736 | 351478 | 165966 |
| 3.60 | 6001449 | 5826258 | 143832 | 371734 | 35704 | 9125 |
| 4.01 | 8158493 | 8024990 | 402594 | 1122642 | 670082 | 52900 |
| 6.68 | 6577556 | 6494335 | 190674 | 646862 | 128104 | 32106 |
| 7.82 | 8062270 | 7867771 | 520333 | 1201035 | 413401 | 111801 |
| 4.51 | 5130334 | 4839635 | 155173 | 632641 | 133149 | 32511 |
| 35.52 | 53400544 | 53310837 | 761433 | 4484390 | 498774 | 669110 |
| 15.37 | 15764566 | 15262179 | 1861784 | 1821485 | 329590 | 56166 |
| 7.29 | 11913187 | 11507260 | 292935 | 980173 | 170776 | 61430 |
| 20.73 | 40239394 | 39950106 | 23035163 | 3796005 | 237208 | 420295 |
| 2.31 | 1746806 | 1673717 | 39763 | 348449 | 97387 | 17121 |
| 1.04 | 568383 | 586451 | 65676 | 247972 | 120724 | |
| 0.22 | 217214 | 217931 | | 32718 | 20 | |
| 0.36 | 193698 | 191522 | | 11247 | | |
| 4.02 | 7569537 | 7569369 | | 4169837 | 3400526 | 87200 |
| 1.05 | 2072485 | 2066558 | | 414095 | 135312 | 2000 |
| 0.80 | 352169 | 349622 | | 415290 | 186428 | |

**表12.6 续表1 continued1**

| 指　标 | Item | 资　产 Total Assets |
|---|---|---|
| 总　计 | **Total** | **202146323** |
| **按登记注册类型分** | **By Status of Registration** | |
| 内资企业 | Domestic-funded Enterprises | 166317910 |
| #国有企业 | State-owned | 2366306 |
| 集体企业 | Collective-owned | 156170 |
| 港澳台投资企业 | Funded by Hong Kong, Macao and Taiwan | 12500403 |
| 外商投资企业 | Foreign-funded | 23328010 |
| **按轻、重工业分** | **By Light and Heavy Industries** | |
| 轻工业 | Light Industry | 44097455 |
| 重工业 | Heavy Industry | 158048868 |
| **按企业规模分** | **By Size** | |
| 大型企业 | Large | 93707565 |
| 中型企业 | Medium | 49898508 |
| 小型微型企业 | Small&Mini | 58540250 |
| **按行业分** | **By Sector** | |
| 煤炭开采和洗选业 | Mining and Washing of Coal | 5758408 |
| 石油和天然气开采业 | Extraction of Petroleum and Natural Gas | 2737637 |
| 黑色金属矿采选业 | Mining and Processing of Ferrous Metal Ores | 170168 |
| 有色金属矿采选业 | Mining and Processing of Non-Ferrous Metal Ores | 45420 |
| 非金属矿采选业 | Mining and Processing of Nonmetal Ores | 1094496 |
| 开采辅助活动 | Mining Support Activities | |
| 其他采矿业 | Mining of Other Ores | |
| 农副食品加工业 | Processing of Food from Agricultural Products | 4125317 |
| 食品制造业 | Manufacture of Foods | 1638883 |
| 酒、饮料和精制茶制造业 | Liquor, Beverage and Refined Tea | 1694194 |
| 烟草制品业 | Manufacture of Tobacco | 1409936 |
| 纺织业 | Manufacture of Textile | 911586 |
| 纺织服装、鞋、帽制造业 | Manufacture of Textile Wearing Apparel, Footware and Caps | 546251 |
| 皮革、毛皮、羽毛（绒）及其制品业 | Manufacture of Leather, Fur, Feather and Related Products | 562178 |
| 木材加工及木竹藤棕草制品业 | Processing of Timber, Manufacture of Wood, Bamboo, Rattan, Palm and Straw Products | 584513 |
| 家具制造业 | Manufacture of Furniture | 664812 |
| 造纸及纸制品业 | Manufacture of Paper and Paper Products | 3201859 |
| 印刷业、记录媒介的复制 | Printing, Reproduction of Recording Media | 1175422 |
| 文教、工美、体育和娱乐用品制造业 | Manufacture of Culture, Education, Handicraft, Fine Arts, Sports and Entertainment Articles | 720427 |
| 石油加工、炼焦及核燃料加工业 | Processing of Petroleum, Coking, Processing of Nuclear Fuel | 314687 |
| 化学原料及化学制品制造业 | Manufacture of Raw Chemical Materials and Chemical Products | 10565254 |
| 医药制造业 | Manufacture of Medicines | 6097440 |
| 化学纤维制造业 | Manufacture of Chemical Fibers | 298943 |
| 橡胶和塑料制品业 | Manufacture of Rubber and Plastics | 3472602 |
| 非金属矿物制品业 | Manufacture of Non-metallic Mineral Products | 11862512 |
| 黑色金属冶炼及压延加工业 | Smelting and Pressing of Ferrous Metals | 6610232 |
| 有色金属冶炼及压延加工业 | Smelting and Pressing of Nonferrous Metals | 5873770 |
| 金属制品业 | Manufacture of Metal Products | 4416766 |
| 通用设备制造业 | Manufacture of General Purpose Machinery | 6683895 |
| 专用设备制造业 | Manufacture of Special Purpose Machinery | 4131287 |
| 汽车制造业 | Manufacture of Motor Vehicles | 43587161 |
| 铁路、船舶、航空航天和其他运输设备制造业 | Manufacture of Railway, Ship, Aviation and Other Transporting Equipment | 15161256 |
| 电气机械及器材制造业 | Manufacture of Electrical Machinery and Equipment | 8553730 |
| 通信设备、计算机及其他电子设备制造业 | Manufacture of Communication Equipment, Computers and Other Electronic Equipment | 20201661 |
| 仪器仪表及文化、办公用机械制造业 | Manufacture of Measuring Instruments and Machinery for Cultural Activity and Office Work | 1776347 |
| 其他制造业 | Other Manufacture | 1139637 |
| 废弃资源综合利用业 | Comprehensive Utilization of Waste Resources | 194071 |
| 金属制品、机械和设备修理业 | Repair of Metal Products, Machinery and Equipment | 108241 |
| 电力、热力的生产和供应业 | Production and Supply of Electric Power and Heat Power | 19817888 |
| 燃气生产和供应业 | Production and Supply of Gas | 2118544 |
| 水的生产和供应业 | Production and Supply of Water | 2118892 |

单位：万元 (10 000 yuan)

| 其 中 of which | 固定资产 Fixed Assets | | 负 债 | 其 中 of which |
|---|---|---|---|---|
| #流动资产 Circulating Assets | 原 值 Original Value | 净 值 Net Value | Total Liabilities | #流动负债 Total Circulating Liabilities |
| **92379294** | **122053328** | **80001548** | **123745764** | **91798011** |
| | | | | |
| 73677777 | 101703451 | 66959693 | 100296919 | 74002212 |
| 765520 | 1944298 | 1257322 | 1851635 | 1225026 |
| 83618 | 60274 | 39732 | 89107 | 81451 |
| 5623785 | 7477934 | 5353333 | 7969362 | 4484513 |
| 13077732 | 12871944 | 7688521 | 15479483 | 13311286 |
| | | | | |
| 21220822 | 24627022 | 15839234 | 22577972 | 17736516 |
| 71158472 | 97426306 | 64162314 | 101167792 | 74061495 |
| | | | | |
| 43744489 | 57446141 | 36556772 | 60833182 | 46710473 |
| 23501256 | 31245638 | 19917890 | 29123558 | 22457423 |
| 25133549 | 33361549 | 23526886 | 33789024 | 22630115 |
| | | | | |
| 1604931 | 2705855 | 2465244 | 3198790 | 1896114 |
| 220561 | 2398783 | 2495128 | 1877507 | 1648317 |
| 73622 | 77312 | 60976 | 149228 | 141910 |
| 24989 | 22882 | 20431 | 38495 | 38495 |
| 414112 | 636749 | 414907 | 416110 | 317018 |
| | | | | |
| | | | | |
| 1823489 | 2856529 | 1723335 | 1744190 | 1361630 |
| 748307 | 902291 | 677431 | 702441 | 588401 |
| 764129 | 1097180 | 643539 | 907295 | 761566 |
| 1092955 | 486979 | 222420 | 811091 | 810100 |
| 360065 | 748435 | 490459 | 374629 | 300323 |
| 313647 | 202158 | 150001 | 239804 | 178541 |
| 303129 | 1227968 | 218859 | 236823 | 126976 |
| 236800 | 410233 | 288408 | 246674 | 189453 |
| 236014 | 216660 | 235121 | 261492 | 139736 |
| 1110820 | 1986273 | 1817413 | 1712976 | 1071392 |
| 555973 | 900796 | 479512 | 613229 | 480620 |
| 305282 | 457955 | 345519 | 348520 | 314732 |
| 178312 | 285371 | 113135 | 177639 | 152615 |
| 3213551 | 8447428 | 5379369 | 7236457 | 5021567 |
| 2671707 | 3224920 | 2156077 | 2736087 | 2307316 |
| 109581 | 192559 | 169819 | 157695 | 120785 |
| 1450983 | 2808433 | 1589959 | 1858593 | 1404077 |
| 5004723 | 7915964 | 5406787 | 7133133 | 5632301 |
| 1667170 | 6188684 | 4207767 | 5548721 | 3870697 |
| 2329913 | 4439771 | 3038205 | 3795925 | 2630555 |
| 1987405 | 2570911 | 1864700 | 2499207 | 2029872 |
| 3904784 | 2918066 | 2081323 | 3768757 | 2972230 |
| 2018235 | 2097073 | 1396848 | 2192038 | 1709850 |
| 25267293 | 19147771 | 11456401 | 27088225 | 24009783 |
| 8189071 | 7032553 | 3895215 | 9289457 | 7120640 |
| 5835473 | 2797713 | 1687002 | 5178347 | 4170206 |
| 12318338 | 9984773 | 6743041 | 13559146 | 9238183 |
| 1232718 | 498366 | 271853 | 960671 | 835958 |
| 627377 | 518776 | 371425 | 811730 | 715478 |
| 100042 | 76813 | 59992 | 132544 | 94376 |
| 41366 | 76676 | 62437 | 52863 | 40404 |
| 2493040 | 21357394 | 13696384 | 13322059 | 5937570 |
| 900518 | 920868 | 584599 | 1297044 | 898732 |
| 648869 | 1217411 | 1020510 | 1070138 | 519492 |

**表12.6 续表2 continued2**

| 指　标 | Item | 所有者权益 Creditors' Equity |
|---|---|---|
| 总　计 | **Total** | **77090058** |
| **按登记注册类型分** | **By Status of Registration** | |
| 内资企业 | Domestic-funded Enterprises | 64771429 |
| #国有企业 | State-owned | 475841 |
| 集体企业 | Collective-owned | 65348 |
| 港澳台投资企业 | Funded by Hong Kong, Macao and Taiwan | 4517954 |
| 外商投资企业 | Foreign-funded | 7800674 |
| **按轻、重工业分** | **By Light and Heavy Industries** | |
| 轻工业 | Light Industry | 21259096 |
| 重工业 | Heavy Industry | 55830961 |
| **按企业规模分** | **By Size** | |
| 大型企业 | Large | 32874383 |
| 中型企业 | Medium | 20774216 |
| 小型微型企业 | Small&Mini | 23441459 |
| **按行业分** | **By Sector** | |
| 煤炭开采和洗选业 | Mining and Washing of Coal | 2363314 |
| 石油和天然气开采业 | Extraction of Petroleum and Natural Gas | 860130 |
| 黑色金属矿采选业 | Mining and Processing of Ferrous Metal Ores | 20940 |
| 有色金属矿采选业 | Mining and Processing of Non-Ferrous Metal Ores | 6925 |
| 非金属矿采选业 | Mining and Processing of Nonmetal Ores | 664545 |
| 开采辅助活动 | Mining Support Activities | |
| 其他采矿业 | Mining of Other Ores | |
| 农副食品加工业 | Processing of Food from Agricultural Products | 2366906 |
| 食品制造业 | Manufacture of Foods | 931685 |
| 酒、饮料和精制茶制造业 | Liquor, Beverage and Refined Tea | 785323 |
| 烟草制品业 | Manufacture of Tobacco | 598845 |
| 纺织业 | Manufacture of Textile | 536726 |
| 纺织服装、鞋、帽制造业 | Manufacture of Textile Wearing Apparel, Footware and Caps | 289296 |
| 皮革、毛皮、羽毛（绒）及其制品业 | Manufacture of Leather, Fur, Feather and Related Products | 306211 |
| 木材加工及木竹藤棕草制品业 | Processing of Timber, Manufacture of Wood, Bamboo, Rattan, Palm and Straw Products | 330841 |
| 家具制造业 | Manufacture of Furniture | 393179 |
| 造纸及纸制品业 | Manufacture of Paper and Paper Products | 1483950 |
| 印刷业、记录媒介的复制 | Printing, Reproduction of Recording Media | 559338 |
| 文教、工美、体育和娱乐用品制造业 | Manufacture of Culture, Education, Handicraft, Fine Arts, Sports and Entertainment Articles | 358620 |
| 石油加工、炼焦及核燃料加工业 | Processing of Petroleum, Coking, Processing of Nuclear Fuel | 137048 |
| 化学原料及化学制品制造业 | Manufacture of Raw Chemical Materials and Chemical Products | 3239400 |
| 医药制造业 | Manufacture of Medicines | 3357913 |
| 化学纤维制造业 | Manufacture of Chemical Fibers | 141248 |
| 橡胶和塑料制品业 | Manufacture of Rubber and Plastics | 1595197 |
| 非金属矿物制品业 | Manufacture of Non-metallic Mineral Products | 4694100 |
| 黑色金属冶炼及压延加工业 | Smelting and Pressing of Ferrous Metals | 978686 |
| 有色金属冶炼及压延加工业 | Smelting and Pressing of Nonferrous Metals | 2073015 |
| 金属制品业 | Manufacture of Metal Products | 1895097 |
| 通用设备制造业 | Manufacture of General Purpose Machinery | 2899888 |
| 专用设备制造业 | Manufacture of Special Purpose Machinery | 1927083 |
| 汽车制造业 | Manufacture of Motor Vehicles | 16405052 |
| 铁路、船舶、航空航天和其他运输设备制造业 | Manufacture of Railway, Ship, Aviation and Other Transporting Equipment | 5849052 |
| 电气机械及器材制造业 | Manufacture of Electrical Machinery and Equipment | 3256520 |
| 通信设备、计算机及其他电子设备制造业 | Manufacture of Communication Equipment, Computers and Other Electronic Equipment | 6567576 |
| 仪器仪表及文化、办公用机械制造业 | Manufacture of Measuring Instruments and Machinery for Cultural Activity and Office Work | 805366 |
| 其他制造业 | Other Manufacture | 322354 |
| 废弃资源综合利用业 | Comprehensive Utilization of Waste Resources | 57760 |
| 金属制品、机械和设备修理业 | Repair of Metal Products, Machinery and Equipment | 55379 |
| 电力、热力的生产和供应业 | Production and Supply of Electric Power and Heat Power | 6105298 |
| 燃气生产和供应业 | Production and Supply of Gas | 821500 |
| 水的生产和供应业 | Production and Supply of Water | 1048754 |

单位：万元 (10 000 yuan)

| 主营业务收入 Revenue from Principal Business | 主营业务成本 Cost of Principal Business | 主营业务税金及附加 Tax and Extra Charges of Principal Business | 本年应交增值税 VAT Payable | 利润总额 Total After-tax Profits | 利税总额 Total Pre-tax Profits | 应付职工薪酬 Total Wages |
|---|---|---|---|---|---|---|
| **234670318** | **198902377** | **3003499** | **8068020** | **16483625** | **27647239** | **13955273** |
| 182269531 | 154355975 | 2222769 | 6602627 | 12681495 | 21594398 | 11551628 |
| 1021266 | 903659 | 6873 | 39979 | -71145 | -23876 | 123590 |
| 254827 | 208664 | 5905 | 12086 | 15439 | 33467 | 24632 |
| 16375174 | 14932466 | 46159 | 287893 | 596094 | 932744 | 843269 |
| 36025613 | 29613936 | 734571 | 1177501 | 3206035 | 5120097 | 1560376 |
| 58833237 | 48399728 | 997380 | 2375754 | 4619896 | 8059411 | 4143372 |
| 175837081 | 150502650 | 2006118 | 5692266 | 11863729 | 19587827 | 9811902 |
| 98372652 | 83533870 | 1970599 | 3297804 | 6347443 | 11686029 | 5778957 |
| 65136412 | 54757937 | 470534 | 2491787 | 5066625 | 8037631 | 4555701 |
| 71161254 | 60610570 | 562366 | 2278429 | 5069557 | 7923579 | 3620615 |
| 2512206 | 2109910 | 50550 | 225582 | 132795 | 409268 | 509178 |
| 805256 | 496163 | 37370 | 4678 | 281146 | 323193 | 17514 |
| 119296 | 82336 | 2564 | 12317 | -4983 | 10044 | 18503 |
| 61671 | 53780 | 1716 | 5075 | 5208 | 11998 | 3075 |
| 1753208 | 1404945 | 38475 | 75498 | 138986 | 253184 | 113306 |
| 10381678 | 8917611 | 65522 | 300357 | 712774 | 1079763 | 527563 |
| 2661268 | 2128999 | 24966 | 118218 | 241010 | 384331 | 223136 |
| 2286975 | 1711534 | 62380 | 98533 | 209545 | 370571 | 210552 |
| 1256505 | 459334 | 575502 | 126935 | 29524 | 785845 | 92851 |
| 1970177 | 1725653 | 13477 | 131958 | 158464 | 303943 | 118175 |
| 1184889 | 992327 | 4700 | 36657 | 93501 | 138286 | 132624 |
| 2110539 | 1874862 | 12303 | 56323 | 139148 | 207774 | 211281 |
| 984088 | 812317 | 7710 | 29648 | 80359 | 117874 | 62197 |
| 873354 | 668240 | 7653 | 32048 | 75606 | 115323 | 75206 |
| 2843866 | 2441821 | 13091 | 89431 | 270961 | 374952 | 142851 |
| 1695581 | 1450978 | 11061 | 61265 | 135072 | 207422 | 119177 |
| 1229585 | 1082556 | 6585 | 65323 | 109397 | 181312 | 74558 |
| 685932 | 603352 | 6705 | 18535 | 37858 | 63170 | 27846 |
| 9093359 | 7906867 | 53529 | 354092 | 233086 | 642612 | 537702 |
| 6027256 | 4487234 | 41302 | 382949 | 581498 | 1006260 | 443239 |
| 174480 | 144407 | 664 | 1962 | 17352 | 19978 | 10127 |
| 5542964 | 4685397 | 42411 | 195306 | 412067 | 659649 | 334807 |
| 12309257 | 10178001 | 91862 | 484947 | 995948 | 1573211 | 907181 |
| 5590986 | 5310333 | 46863 | 186161 | -167284 | 65769 | 247497 |
| 8147157 | 7258588 | 39824 | 296572 | 522332 | 859525 | 320688 |
| 6526894 | 5557163 | 40610 | 216077 | 532971 | 790009 | 540827 |
| 7805151 | 6382987 | 61593 | 284184 | 651909 | 999468 | 551868 |
| 4653199 | 3757883 | 40755 | 203127 | 464125 | 708066 | 331024 |
| 54290324 | 43482715 | 1256776 | 1977247 | 5678245 | 8916185 | 3040252 |
| 14715883 | 12692651 | 81044 | 498181 | 850258 | 1431058 | 1097106 |
| 12198927 | 10330246 | 66886 | 393669 | 963921 | 1425184 | 510311 |
| 39710721 | 36720152 | 116655 | 553765 | 1278851 | 1952425 | 1379703 |
| 1635584 | 1296614 | 8115 | 60005 | 103405 | 171586 | 182434 |
| 565695 | 501679 | 2045 | 8463 | 21391 | 32125 | 95841 |
| 232389 | 202639 | 1414 | 11273 | 13607 | 26294 | 13079 |
| 191558 | 166925 | 1694 | 13241 | 15132 | 30067 | 31097 |
| 7451861 | 6597992 | 53789 | 412384 | 386766 | 853567 | 513494 |
| 2047327 | 1968141 | 10518 | 31593 | 21682 | 64569 | 108279 |
| 343275 | 257050 | 2821 | 14439 | 59992 | 81377 | 79125 |

# 表12.7 规模以上工业企业经济效益指标（2016年）
## INDICATORS ON ECONOMIC BENEFIT OF INDUSTRIAL ENTERPRISES ABOVE DESIGNATED SIZE (2016)

| 指　标 | Item | 总资产贡献率 Ratio of Total Assets to Industrial Output Value |
|---|---|---|
| 总　计 | **Total** | 14.7 |
| 按登记注册类型分 | **By Status of Registration** | |
| 内资企业 | Domestic-funded Enterprises | 14.1 |
| #国有企业 | State-owned | 0.7 |
| 集体企业 | Collective-owned | 22.0 |
| 港澳台投资企业 | Funded by Hong Kong, Macao and Taiwan | 8.3 |
| 外商投资企业 | Foreign-funded | 22.4 |
| 按轻、重工业分 | **By Light and Heavy Industries** | |
| 轻工业 | Light Industry | 19.2 |
| 重工业 | Heavy Industry | 13.4 |
| 按企业规模分 | **By Size** | |
| 大型企业 | Large | 13.3 |
| 中型企业 | Medium | 17.2 |
| 小型微型企业 | Small&Mini | 14.7 |
| 按行业分 | **By Sector** | |
| 煤炭开采和洗选业 | Mining and Washing of Coal | 8.0 |
| 石油和天然气开采业 | Extraction of Petroleum and Natural Gas | 13.1 |
| 黑色金属矿采选业 | Mining and Processing of Ferrous Metal Ores | 8.3 |
| 有色金属矿采选业 | Mining and Processing of Non-Ferrous Metal Ores | 26.4 |
| 非金属矿采选业 | Mining and Processing of Nonmetal Ores | 26.5 |
| 开采辅助活动 | Mining Support Activities | |
| 其他采矿业 | Mining of Other Ores | |
| 农副食品加工业 | Processing of Food from Agricultural Products | 27.4 |
| 食品制造业 | Manufacture of Foods | 24.3 |
| 酒、饮料和精制茶制造业 | Liquor, Beverage and Refined Tea | 23.1 |
| 烟草制品业 | Manufacture of Tobacco | 56.2 |
| 纺织业 | Manufacture of Textile | 34.4 |
| 纺织服装、鞋、帽制造业 | Manufacture of Textile Wearing Apparel, Footware and Caps | 26.2 |
| 皮革、毛皮、羽毛（绒）及其制品业 | Manufacture of Leather, Fur, Feather and Related Products | 37.8 |
| 木材加工及木竹藤棕草制品业 | Processing of Timber, Manufacture of Wood, Bamboo, Rattan, Palm and Straw Products | 21.4 |
| 家具制造业 | Manufacture of Furniture | 18.4 |
| 造纸及纸制品业 | Manufacture of Paper and Paper Products | 12.7 |
| 印刷业、记录媒介的复制 | Printing, Reproduction of Recording Media | 18.8 |
| 文教、工美、体育和娱乐用品制造业 | Manufacture of Culture, Education, Handicraft, Fine Arts, Sports and Entertainment Articles | 25.2 |
| 石油加工、炼焦及核燃料加工业 | Processing of Petroleum, Coking, Processing of Nuclear Fuel | 21.5 |
| 化学原料及化学制品制造业 | Manufacture of Raw Chemical Materials and Chemical Products | 7.9 |
| 医药制造业 | Manufacture of Medicines | 17.5 |
| 化学纤维制造业 | Manufacture of Chemical Fibers | 7.1 |
| 橡胶和塑料制品业 | Manufacture of Rubber and Plastics | 20.2 |
| 非金属矿物制品业 | Manufacture of Non-metallic Mineral Products | 14.7 |
| 黑色金属冶炼及压延加工业 | Smelting and Pressing of Ferrous Metals | 3.3 |
| 有色金属冶炼及压延加工业 | Smelting and Pressing of Nonferrous Metals | 16.3 |
| 金属制品业 | Manufacture of Metal Products | 19.1 |
| 通用设备制造业 | Manufacture of General Purpose Machinery | 15.9 |
| 专用设备制造业 | Manufacture of Special Purpose Machinery | 17.9 |
| 汽车制造业 | Manufacture of Motor Vehicles | 20.9 |
| 铁路、船舶、航空航天和其他运输设备制造业 | Manufacture of Railway, Ship, Aviation and Other Transporting Equipment | 10.1 |
| 电气机械及器材制造业 | Manufacture of Electrical Machinery and Equipment | 17.6 |
| 通信设备、计算机及其他电子设备制造业 | Manufacture of Communication Equipment, Computers and Other Electronic Equipment | 10.1 |
| 仪器仪表及文化、办公用机械制造业 | Manufacture of Measuring Instruments and Machinery for Cultural Activity and Office Work | 10.7 |
| 其他制造业 | Other Manufacture | 3.4 |
| 废弃资源综合利用业 | Comprehensive Utilization of Waste Resources | 13.7 |
| 金属制品、机械和设备修理业 | Repair of Metal Products, Machinery and Equipment | 27.9 |
| 电力、热力的生产和供应业 | Production and Supply of Electric Power and Heat Power | 6.0 |
| 燃气生产和供应业 | Production and Supply of Gas | 3.1 |
| 水的生产和供应业 | Production and Supply of Water | 4.2 |

单位：% (%)

| 资本保值增值率 Ratio of Assets Appreciation YOY | 资产负债率 Asset-Liability Ratio | 流动资产周转率（次） Turnover Ratio of Circulating Assets (time) | 成本费用利润率 Ratio of Profits to Cost | 全员劳动生产率（元/人年） Overall Labor Productivity (yuan/person-year) | 产品销售率 Sales as Percentage of Output |
|---|---|---|---|---|---|
| 112.7 | 61.2 | 2.6 | 7.5 | **300204** | 98.3 |
| 110.9 | 60.3 | 2.5 | 7.4 | 286865 | 97.9 |
| 96.8 | 78.3 | 1.4 | -6.2 | 144144 | 97.3 |
| 68.1 | 57.1 | 3.1 | 6.5 | 134025 | 99.4 |
| 119.1 | 63.8 | 3.0 | 3.7 | 217713 | 97.5 |
| 125.6 | 66.4 | 2.8 | 9.7 | 384657 | 100.8 |
| 113.0 | 51.2 | 2.8 | 8.5 | 270435 | 96.7 |
| 112.6 | 64.0 | 2.5 | 7.1 | 300833 | 98.9 |
| 104.8 | 64.9 | 2.3 | 6.8 | 325092 | 99.8 |
| 116.0 | 58.4 | 2.8 | 8.3 | 257155 | 97.5 |
| 121.5 | 57.7 | 2.9 | 7.6 | 290477 | 97.0 |
| 88.9 | 55.6 | 1.7 | 5.0 | 117604 | 99.8 |
| 96.7 | 68.6 | 3.7 | 42.7 | 2435462 | 101.0 |
| 138.7 | 87.7 | 1.6 | -4.1 | 318523 | 94.0 |
| 67.6 | 84.8 | 2.5 | 9.5 | 344825 | 100.0 |
| 118.7 | 38.0 | 4.3 | 8.7 | 242444 | 98.5 |
| 113.2 | 42.3 | 5.7 | 7.4 | 280319 | 96.6 |
| 116.5 | 42.9 | 3.6 | 9.9 | 193033 | 98.0 |
| 111.2 | 53.6 | 3.0 | 10.3 | 283348 | 97.2 |
| 116.9 | 57.5 | 1.2 | 4.8 | 1931720 | 95.6 |
| 112.3 | 41.1 | 5.5 | 8.8 | 263573 | 99.3 |
| 110.3 | 43.9 | 3.8 | 8.5 | 140951 | 96.4 |
| 102.1 | 42.1 | 7.1 | 7.9 | 207007 | 98.6 |
| 117.8 | 42.2 | 4.2 | 8.0 | 230359 | 97.9 |
| 118.3 | 39.3 | 3.7 | 9.6 | 177807 | 98.8 |
| 123.8 | 53.5 | 2.7 | 10.1 | 345247 | 96.5 |
| 81.9 | 52.2 | 3.1 | 8.5 | 282037 | 98.7 |
| 90.1 | 48.4 | 4.0 | 9.8 | 279612 | 96.9 |
| 98.3 | 56.5 | 3.9 | 5.9 | 355411 | 106.1 |
| 101.6 | 68.5 | 2.9 | 2.6 | 279347 | 97.2 |
| 127.8 | 44.9 | 2.3 | 10.6 | 320449 | 94.8 |
| 112.9 | 52.8 | 1.6 | 11.0 | 264004 | 79.2 |
| 121.9 | 53.5 | 3.8 | 8.0 | 264808 | 97.9 |
| 110.2 | 60.1 | 2.5 | 8.8 | 275068 | 98.0 |
| 60.9 | 83.9 | 3.4 | -2.9 | 323035 | 97.1 |
| 111.2 | 64.6 | 3.6 | 6.7 | 476988 | 98.4 |
| 115.9 | 56.6 | 3.3 | 8.9 | 259953 | 98.7 |
| 119.7 | 56.4 | 2.0 | 9.0 | 263128 | 97.6 |
| 124.8 | 53.1 | 2.3 | 11.1 | 333395 | 94.3 |
| 122.6 | 62.2 | 2.2 | 11.5 | 359276 | 99.8 |
| 112.5 | 61.3 | 1.8 | 6.0 | 249489 | 96.8 |
| 111.7 | 60.5 | 2.1 | 8.5 | 327362 | 96.6 |
| 132.7 | 67.1 | 3.3 | 3.3 | 270581 | 99.3 |
| 109.3 | 54.1 | 1.4 | 6.6 | 191345 | 95.8 |
| 129.7 | 71.2 | 1.0 | 3.5 | 194759 | 103.2 |
| 47.6 | 68.3 | 2.3 | 6.3 | 298562 | 100.3 |
| 127.0 | 48.8 | 4.6 | 8.6 | 191542 | 98.9 |
| 103.7 | 67.2 | 3.0 | 5.4 | 364201 | 100.0 |
| 92.8 | 61.2 | 2.3 | 1.0 | 468078 | 99.7 |
| 107.9 | 50.5 | 0.7 | 14.3 | 198639 | 99.3 |

**表12.7 续表 continued**

| 指　标 | Item | 销售利润率 Rate of Return on Sale |
|---|---|---|
| 总　计 | **Total** | **7.02** |
| **按登记注册类型分** | **By Status of Registration** | |
| 内资企业 | Domestic-funded Enterprises | 6.96 |
| #国有企业 | State-owned | -6.97 |
| 集体企业 | Collective-owned | 6.06 |
| 港澳台投资企业 | Funded by Hong Kong, Macao and Taiwan | 3.64 |
| 外商投资企业 | Foreign-funded | 8.90 |
| **按轻、重工业分** | **By Light and Heavy Industries** | |
| 轻工业 | Light Industry | 7.85 |
| 重工业 | Heavy Industry | 6.75 |
| **按企业规模分** | **By Size** | |
| 大型企业 | Large | 6.45 |
| 中型企业 | Medium | 7.78 |
| 小型微型企业 | Small&Mini | 7.12 |
| **按行业分** | **By Sector** | |
| 煤炭开采和洗选业 | Mining and Washing of Coal | 5.29 |
| 石油和天然气开采业 | Extraction of Petroleum and Natural Gas | 34.91 |
| 黑色金属矿采选业 | Mining and Processing of Ferrous Metal Ores | -4.18 |
| 有色金属矿采选业 | Mining and Processing of Non-Ferrous Metal Ores | 8.45 |
| 非金属矿采选业 | Mining and Processing of Nonmetal Ores | 7.93 |
| 开采辅助活动 | Mining Support Activities | |
| 其他采矿业 | Mining of Other Ores | |
| 农副食品加工业 | Processing of Food from Agricultural Products | 6.87 |
| 食品制造业 | Manufacture of Foods | 9.06 |
| 酒、饮料和精制茶制造业 | Liquor, Beverage and Refined Tea | 9.16 |
| 烟草制品业 | Manufacture of Tobacco | 2.35 |
| 纺织业 | Manufacture of Textile | 8.04 |
| 纺织服装、鞋、帽制造业 | Manufacture of Textile Wearing Apparel, Footware and Caps | 7.89 |
| 皮革、毛皮、羽毛（绒）及其制品业 | Manufacture of Leather, Fur, Feather and Related Products | 6.59 |
| 木材加工及木竹藤棕草制品业 | Processing of Timber, Manufacture of Wood, Bamboo, Rattan, Palm and Straw Products | 8.17 |
| 家具制造业 | Manufacture of Furniture | 8.66 |
| 造纸及纸制品业 | Manufacture of Paper and Paper Products | 9.53 |
| 印刷业、记录媒介的复制 | Printing, Reproduction of Recording Media | 7.97 |
| 文教、工美、体育和娱乐用品制造业 | Manufacture of Culture, Education, Handicraft, Fine Arts, Sports and Entertainment Articles | 8.90 |
| 石油加工、炼焦及核燃料加工业 | Processing of Petroleum, Coking, Processing of Nuclear Fuel | 5.52 |
| 化学原料及化学制品制造业 | Manufacture of Raw Chemical Materials and Chemical Products | 2.56 |
| 医药制造业 | Manufacture of Medicines | 9.65 |
| 化学纤维制造业 | Manufacture of Chemical Fibers | 9.95 |
| 橡胶和塑料制品业 | Manufacture of Rubber and Plastics | 7.43 |
| 非金属矿物制品业 | Manufacture of Non-metallic Mineral Products | 8.09 |
| 黑色金属冶炼及压延加工业 | Smelting and Pressing of Ferrous Metals | -2.99 |
| 有色金属冶炼及压延加工业 | Smelting and Pressing of Nonferrous Metals | 6.41 |
| 金属制品业 | Manufacture of Metal Products | 8.17 |
| 通用设备制造业 | Manufacture of General Purpose Machinery | 8.35 |
| 专用设备制造业 | Manufacture of Special Purpose Machinery | 9.97 |
| 汽车制造业 | Manufacture of Motor Vehicles | 10.46 |
| 铁路、船舶、航空航天和其他运输设备制造业 | Manufacture of Railway, Ship, Aviation and Other Transporting Equipment | 5.78 |
| 电气机械及器材制造业 | Manufacture of Electrical Machinery and Equipment | 7.90 |
| 通信设备、计算机及其他电子设备制造业 | Manufacture of Communication Equipment, Computers and Other Electronic Equipment | 3.22 |
| 仪器仪表及文化、办公用机械制造业 | Manufacture of Measuring Instruments and Machinery for Cultural Activity and Office Work | 6.32 |
| 其他制造业 | Other Manufacture | 3.78 |
| 废弃资源综合利用业 | Comprehensive Utilization of Waste Resources | 5.86 |
| 金属制品、机械和设备修理业 | Repair of Metal Products, Machinery and Equipment | 7.90 |
| 电力、热力的生产和供应业 | Production and Supply of Electric Power and Heat Power | 5.19 |
| 燃气生产和供应业 | Production and Supply of Gas | 1.06 |
| 水的生产和供应业 | Production and Supply of Water | 17.48 |

单位：% (%)

| 流动比率<br>Current Ratio | 速动比率<br>Quick Ratio | 产权比率<br>Equity Ratio | 人均实现利税（元）<br>Per Capita Pre-tax Profits (yuan) | 从业人员人均工资（元）<br>Per Capita Wages of Employees (yuan) |
|---|---|---|---|---|
| **1.01** | **0.82** | **1.61** | **149535** | **75329** |
| 1.00 | 0.81 | 1.55 | 138423 | 73908 |
| 0.62 | 0.50 | 3.89 | -17033 | 88165 |
| 1.03 | 0.76 | 1.36 | 72502 | 53363 |
| 1.25 | 1.05 | 1.76 | 80351 | 71824 |
| 0.98 | 0.79 | 1.98 | 297562 | 90611 |
| 1.20 | 0.93 | 1.06 | 137883 | 70691 |
| 0.96 | 0.80 | 1.81 | 154928 | 77475 |
| 0.94 | 0.77 | 1.85 | 179399 | 88654 |
| 1.05 | 0.84 | 1.40 | 131971 | 74739 |
| 1.11 | 0.90 | 1.44 | 134716 | 61244 |
| 0.85 | 0.79 | 1.35 | 58992 | 73393 |
| 0.13 | 0.13 | 2.18 | 2130476 | 115452 |
| 0.52 | 0.43 | 7.13 | 34280 | 63152 |
| 0.65 | 0.48 | 5.56 | 293359 | 75181 |
| 1.31 | 1.10 | 0.63 | 143326 | 64134 |
| 1.34 | 1.00 | 0.74 | 131497 | 63255 |
| 1.27 | 0.98 | 0.75 | 114897 | 66707 |
| 1.00 | 0.70 | 1.16 | 141218 | 79676 |
| 1.35 | 0.33 | 1.35 | 1722589 | 203532 |
| 1.20 | 0.88 | 0.70 | 158213 | 61514 |
| 1.76 | 1.09 | 0.83 | 56624 | 54305 |
| 2.39 | 1.83 | 0.77 | 71567 | 72775 |
| 1.25 | 0.93 | 0.75 | 98739 | 52100 |
| 1.69 | 1.30 | 0.67 | 94364 | 61538 |
| 1.04 | 0.83 | 1.15 | 173549 | 66119 |
| 1.16 | 0.93 | 1.10 | 112387 | 64573 |
| 0.97 | 0.75 | 0.97 | 143921 | 59183 |
| 1.17 | 0.65 | 1.30 | 194010 | 85522 |
| 0.64 | 0.48 | 2.23 | 98769 | 82030 |
| 1.16 | 0.90 | 0.81 | 180859 | 79639 |
| 0.91 | 0.64 | 1.12 | 101206 | 51303 |
| 1.03 | 0.77 | 1.17 | 125657 | 63774 |
| 0.89 | 0.77 | 1.52 | 119941 | 69133 |
| 0.43 | 0.33 | 5.67 | 18294 | 68818 |
| 0.89 | 0.67 | 1.83 | 214483 | 80016 |
| 0.98 | 0.76 | 1.32 | 118304 | 80988 |
| 1.31 | 1.02 | 1.30 | 128076 | 70607 |
| 1.18 | 0.90 | 1.14 | 157567 | 73394 |
| 1.05 | 0.87 | 1.65 | 251235 | 85589 |
| 1.15 | 1.01 | 1.59 | 93104 | 71376 |
| 1.40 | 1.16 | 1.59 | 196135 | 69984 |
| 1.33 | 1.12 | 2.06 | 94795 | 66571 |
| 1.47 | 1.17 | 1.19 | 74213 | 78890 |
| 0.88 | 0.64 | 2.52 | 30792 | 91864 |
| 1.06 | 0.91 | 2.29 | 118869 | 59129 |
| 1.02 | 0.87 | 0.95 | 84553 | 87448 |
| 0.42 | 0.40 | 2.18 | 212335 | 127738 |
| 1.00 | 0.95 | 1.58 | 61903 | 103398 |
| 1.25 | 1.13 | 1.02 | 101404 | 98598 |

# 表12.8 国有控股工业企业主要经济指标（2016年）
## MAIN ECONOMIC INDICATORS OF STATE-HOLDING INDUSTRIAL ENTERPRISES (2016)

| 指　标 | Item | 单位数（个）Number of Enterprises (unit) |
|---|---|---|
| **总　计** | **Total** | **511** |
| **按登记注册类型分** | **By Status of Registration** | |
| 内资企业 | Domestic-funded Enterprises | 473 |
| #国有企业 | State-owned | 33 |
| 集体企业 | Collective-owned | |
| 港澳台投资企业 | Funded by Hong Kong, Macao and Taiwan | 7 |
| 外商投资企业 | Foreign-funded | 31 |
| **按轻、重工业分** | **By Light and Heavy Industries** | |
| 轻工业 | Light Industry | 103 |
| 重工业 | Heavy Industry | 408 |
| **按企业规模分** | **By Size** | |
| 大型企业 | Large | 70 |
| 中型企业 | Medium | 138 |
| 小型微型企业 | Small&Mini | 303 |
| **按行业分** | **By Sector** | |
| 煤炭开采和洗选业 | Mining and Washing of Coal | 12 |
| 石油和天然气开采业 | Extraction of Petroleum and Natural Gas | 2 |
| 黑色金属矿采选业 | Mining and Processing of Ferrous Metal Ores | 1 |
| 有色金属矿采选业 | Mining and Processing of Non-Ferrous Metal Ores | |
| 非金属矿采选业 | Mining and Processing of Nonmetal Ores | 4 |
| 开采辅助活动 | Mining Support Activities | |
| 其他采矿业 | Mining of Other Ores | |
| 农副食品加工业 | Processing of Food from Agricultural Products | 16 |
| 食品制造业 | Manufacture of Foods | 7 |
| 酒、饮料和精制茶制造业 | Liquor, Beverage and Refined Tea | 6 |
| 烟草制品业 | Manufacture of Tobacco | 4 |
| 纺织业 | Manufacture of Textile | 1 |
| 纺织服装、鞋、帽制造业 | Manufacture of Textile Wearing Apparel, Footware and Caps | 1 |
| 皮革、毛皮、羽毛（绒）及其制品业 | Manufacture of Leather, Fur, Feather and Related Products | 2 |
| 木材加工及木竹藤棕草制品业 | Processing of Timber, Manufacture of Wood, Bamboo, Rattan, Palm and Straw Products | |
| 家具制造业 | Manufacture of Furniture | |
| 造纸及纸制品业 | Manufacture of Paper and Paper Products | 1 |
| 印刷业、记录媒介的复制 | Printing, Reproduction of Recording Media | 3 |
| 文教、工美、体育和娱乐用品制造业 | Manufacture of Culture, Education, Handicraft, Fine Arts, Sports and Entertainment Articles | |
| 石油加工、炼焦及核燃料加工业 | Processing of Petroleum, Coking, Processing of Nuclear Fuel | 2 |
| 化学原料及化学制品制造业 | Manufacture of Raw Chemical Materials and Chemical Products | 45 |
| 医药制造业 | Manufacture of Medicines | 15 |
| 化学纤维制造业 | Manufacture of Chemical Fibers | |
| 橡胶和塑料制品业 | Manufacture of Rubber and Plastics | 8 |
| 非金属矿物制品业 | Manufacture of Non-metallic Mineral Products | 35 |
| 黑色金属冶炼及压延加工业 | Smelting and Pressing of Ferrous Metals | 15 |
| 有色金属冶炼及压延加工业 | Smelting and Pressing of Nonferrous Metals | 17 |
| 金属制品业 | Manufacture of Metal Products | 14 |
| 通用设备制造业 | Manufacture of General Purpose Machinery | 28 |
| 专用设备制造业 | Manufacture of Special Purpose Machinery | 19 |
| 汽车制造业 | Manufacture of Motor Vehicles | 55 |
| 铁路、船舶、航空航天和其他运输设备制造业 | Manufacture of Railway, Ship, Aviation and Other Transporting Equipment | 19 |
| 电气机械及器材制造业 | Manufacture of Electrical Machinery and Equipment | 16 |
| 通信设备、计算机及其他电子设备制造业 | Manufacture of Communication Equipment, Computers and Other Electronic Equipment | 15 |
| 仪器仪表及文化、办公用机械制造业 | Manufacture of Measuring Instruments and Machinery for Cultural Activity and Office Work | 18 |
| 其他制造业 | Other Manufacture | 3 |
| 废弃资源综合利用业 | Comprehensive Utilization of Waste Resources | |
| 金属制品、机械和设备修理业 | Repair of Metal Products, Machinery and Equipment | |
| 电力、热力的生产和供应业 | Production and Supply of Electric Power and Heat Power | 74 |
| 燃气生产和供应业 | Production and Supply of Gas | 24 |
| 水的生产和供应业 | Production and Supply of Water | 29 |

单位：万元 (10 000 yuan)

| 从业人员平均人数（万人）<br>Average Emloyment (10 000 persons) | 工业总产值<br>Gross Output Value | 工业销售产值<br>Sales Value of Industry | 其 中 of which<br>#出口交货值<br>Value of Export Delivery | 实收资本<br>Paid-in Capital | 其 中 of which<br>#国家资本<br>State Capital | #外商资本<br>Foreign Capital |
|---|---|---|---|---|---|---|
| **36.91** | **56156510** | **55752659** | **1661538** | **16583815** | **7773426** | **558134** |
| 31.76 | 39756584 | 39290560 | 1431748 | 14399205 | 7308323 | 91765 |
| 1.40 | 1051647 | 1023089 | 713 | 461880 | 320824 | |
| 0.47 | 521476 | 501129 | 4625 | 299748 | 23862 | 6058 |
| 4.67 | 15878450 | 15960970 | 225165 | 1884862 | 441241 | 460312 |
| 5.72 | 5525560 | 5368431 | 180925 | 1435166 | 510304 | 38811 |
| 31.19 | 50630950 | 50384228 | 1480613 | 15148649 | 7263122 | 519323 |
| 25.11 | 39271030 | 39211600 | 1336362 | 9719798 | 3973883 | 353132 |
| 7.90 | 7630878 | 7477785 | 196149 | 3120282 | 1714506 | 119271 |
| 3.90 | 9254602 | 9063274 | 129027 | 3743735 | 2085037 | 85732 |
| 3.65 | 610708 | 620891 | | 1031541 | 317915 | |
| 0.15 | 799140 | 807018 | | 835559 | 18515 | |
| 0.09 | 16661 | 18095 | | 12076 | 12076 | |
| 0.19 | 338185 | 333809 | | 58700 | 17000 | |
| 0.64 | 1049405 | 999936 | 407 | 83345 | 25077 | |
| 0.54 | 468232 | 450788 | 312 | 54278 | 6585 | |
| 0.10 | 82697 | 77161 | | 28471 | 23599 | |
| 0.46 | 1351016 | 1290888 | | 146120 | | |
| 0.01 | 30859 | 35751 | 20736 | 9000 | 9000 | |
| 0.01 | 4333 | 4333 | | 4000 | 4000 | |
| 0.19 | 77421 | 79064 | | 11639 | 10100 | |
| 0.02 | 10225 | 13495 | | 3000 | | |
| 0.08 | 20141 | 19618 | | 11631 | 2710 | |
| 0.15 | 120273 | 168876 | | 32404 | | |
| 2.81 | 3498524 | 3338990 | 74051 | 1183472 | 593060 | 5696 |
| 1.22 | 1005638 | 963869 | 22476 | 219420 | 62410 | |
| 0.25 | 192766 | 188409 | | 125606 | 85808 | 9154 |
| 1.15 | 1290361 | 1296438 | 106704 | 721550 | 295073 | 3798 |
| 1.23 | 1027579 | 1001541 | 31 | 107190 | 35655 | 9125 |
| 1.25 | 2357661 | 2351700 | 92242 | 789767 | 664519 | 5823 |
| 1.22 | 779745 | 773864 | 46540 | 292763 | 125297 | 12306 |
| 1.82 | 1455024 | 1412158 | 47996 | 559033 | 368651 | 20880 |
| 0.72 | 1021224 | 977727 | 1369 | 217940 | 126214 | 14894 |
| 8.77 | 24135265 | 24204811 | 159304 | 1961816 | 335448 | 343652 |
| 1.38 | 1011229 | 974664 | 111837 | 509891 | 326306 | 38811 |
| 0.59 | 926918 | 938213 | 27083 | 174949 | 149136 | |
| 0.98 | 1894046 | 1857959 | 896282 | 2232800 | 227533 | |
| 1.11 | 817836 | 771117 | 10016 | 213168 | 96589 | 6795 |
| 0.86 | 392599 | 419315 | 44152 | 231962 | 120724 | |
| 3.87 | 7435865 | 7435698 | | 4043796 | 3400526 | 87200 |
| 0.68 | 1631511 | 1625354 | | 305938 | 128472 | |
| 0.71 | 303422 | 301111 | | 370991 | 185428 | |

**表12.8 续表1 continued1**

| 指 标 | Item | 资 产 Total Assets |
|---|---|---|
| 总 计 | **Total** | **87730013** |
| **按登记注册类型分** | **By Status of Registration** | |
| 内资企业 | Domestic-funded Enterprises | 75864047 |
| #国有企业 | State-owned | 2366306 |
| 集体企业 | Collective-owned | |
| 港澳台投资企业 | Funded by Hong Kong, Macao and Taiwan | 1598089 |
| 外商投资企业 | Foreign-funded | 10267877 |
| **按轻、重工业分** | **By Light and Heavy Industries** | |
| 轻工业 | Light Industry | 8228954 |
| 重工业 | Heavy Industry | 79501059 |
| **按企业规模分** | **By Size** | |
| 大型企业 | Large | 54145521 |
| 中型企业 | Medium | 14521039 |
| 小型微型企业 | Small&Mini | 19063453 |
| **按行业分** | **By Sector** | |
| 煤炭开采和洗选业 | Mining and Washing of Coal | 4073523 |
| 石油和天然气开采业 | Extraction of Petroleum and Natural Gas | 2737637 |
| 黑色金属矿采选业 | Mining and Processing of Ferrous Metal Ores | 99457 |
| 有色金属矿采选业 | Mining and Processing of Non-Ferrous Metal Ores | |
| 非金属矿采选业 | Mining and Processing of Nonmetal Ores | 206196 |
| 开采辅助活动 | Mining Support Activities | |
| 其他采矿业 | Mining of Other Ores | |
| 农副食品加工业 | Processing of Food from Agricultural Products | 424149 |
| 食品制造业 | Manufacture of Foods | 288376 |
| 酒、饮料和精制茶制造业 | Liquor, Beverage and Refined Tea | 121958 |
| 烟草制品业 | Manufacture of Tobacco | 1409936 |
| 纺织业 | Manufacture of Textile | 11600 |
| 纺织服装、鞋、帽制造业 | Manufacture of Textile Wearing Apparel, Footware and Caps | 6029 |
| 皮革、毛皮、羽毛（绒）及其制品业 | Manufacture of Leather, Fur, Feather and Related Products | 51241 |
| 木材加工及木竹藤棕草制品业 | Processing of Timber, Manufacture of Wood, Bamboo, Rattan, Palm and Straw Products | |
| 家具制造业 | Manufacture of Furniture | |
| 造纸及纸制品业 | Manufacture of Paper and Paper Products | 24820 |
| 印刷业、记录媒介的复制 | Printing, Reproduction of Recording Media | 27747 |
| 文教、工美、体育和娱乐用品制造业 | Manufacture of Culture, Education, Handicraft, Fine Arts, Sports and Entertainment Articles | |
| 石油加工、炼焦及核燃料加工业 | Processing of Petroleum, Coking, Processing of Nuclear Fuel | 115024 |
| 化学原料及化学制品制造业 | Manufacture of Raw Chemical Materials and Chemical Products | 5529075 |
| 医药制造业 | Manufacture of Medicines | 1900447 |
| 化学纤维制造业 | Manufacture of Chemical Fibers | |
| 橡胶和塑料制品业 | Manufacture of Rubber and Plastics | 310712 |
| 非金属矿物制品业 | Manufacture of Non-metallic Mineral Products | 2803747 |
| 黑色金属冶炼及压延加工业 | Smelting and Pressing of Ferrous Metals | 4167930 |
| 有色金属冶炼及压延加工业 | Smelting and Pressing of Nonferrous Metals | 2689067 |
| 金属制品业 | Manufacture of Metal Products | 1382819 |
| 通用设备制造业 | Manufacture of General Purpose Machinery | 2668709 |
| 专用设备制造业 | Manufacture of Special Purpose Machinery | 1632043 |
| 汽车制造业 | Manufacture of Motor Vehicles | 21508216 |
| 铁路、船舶、航空航天和其他运输设备制造业 | Manufacture of Railway, Ship, Aviation and Other Transporting Equipment | 1466048 |
| 电气机械及器材制造业 | Manufacture of Electrical Machinery and Equipment | 2618852 |
| 通信设备、计算机及其他电子设备制造业 | Manufacture of Communication Equipment, Computers and Other Electronic Equipment | 4627145 |
| 仪器仪表及文化、办公用机械制造业 | Manufacture of Measuring Instruments and Machinery for Cultural Activity and Office Work | 1036400 |
| 其他制造业 | Other Manufacture | 1040989 |
| 废弃资源综合利用业 | Comprehensive Utilization of Waste Resources | |
| 金属制品、机械和设备修理业 | Repair of Metal Products, Machinery and Equipment | |
| 电力、热力的生产和供应业 | Production and Supply of Electric Power and Heat Power | 19283770 |
| 燃气生产和供应业 | Production and Supply of Gas | 1492607 |
| 水的生产和供应业 | Production and Supply of Water | 1973747 |

单位：万元 (10 000 yuan)

| 其 中 of which<br>#流动资产<br>Circulating Assets | 固定资产 Fixed Assets<br>原 值<br>Original Value | 固定资产 Fixed Assets<br>净 值<br>Net Value | 负 债<br>Total Liabilities | 其 中 of which<br>#流动负债<br>Total Circulating Liabilities |
|---|---|---|---|---|
| **34836858** | **57506129** | **39332537** | **57980992** | **41390585** |
| 29058336 | 50642139 | 35245212 | 50108050 | 34720534 |
| 765520 | 1944298 | 1257322 | 1851635 | 1225026 |
| 522799 | 767426 | 528018 | 972581 | 631748 |
| 5255724 | 6096564 | 3559308 | 6900361 | 6038303 |
| 4033766 | 4333260 | 2930568 | 5258756 | 4292554 |
| 30803092 | 53172868 | 36401969 | 52722236 | 37098031 |
| 22516564 | 36016753 | 23117596 | 34700533 | 27227821 |
| 6666547 | 8326395 | 5848041 | 10439150 | 7528670 |
| 5653748 | 13162981 | 10366900 | 12841309 | 6634094 |
| 1152206 | 1826243 | 1717720 | 2488803 | 1591147 |
| 220561 | 2398783 | 2495128 | 1877507 | 1648317 |
| 26005 | 62426 | 53144 | 103809 | 103809 |
| 123883 | 137806 | 76900 | 123309 | 107456 |
| 150775 | 593037 | 228092 | 179024 | 125554 |
| 138514 | 159694 | 121926 | 182384 | 163359 |
| 60346 | 56591 | 53041 | 222638 | 211296 |
| 1092955 | 486979 | 222420 | 811091 | 810100 |
| 7890 | 1823 | 1485 | 3166 | 3166 |
| 5540 | 1461 | 487 | 556 | 537 |
| 40280 | 42403 | 4007 | 23562 | 19452 |
| 16141 | 11031 | 8679 | 14901 | 14901 |
| 14556 | 37035 | 12050 | 13397 | 13249 |
| 61287 | 90810 | 50500 | 68095 | 65791 |
| 1387685 | 4465812 | 2908194 | 4330546 | 3102735 |
| 887066 | 974237 | 841482 | 1306032 | 1116896 |
| 122023 | 239731 | 138025 | 187260 | 168668 |
| 1019492 | 1803573 | 1310124 | 2045864 | 1629620 |
| 631437 | 3725748 | 3126504 | 4039329 | 2721685 |
| 904244 | 2519239 | 1626151 | 1950149 | 1435035 |
| 668713 | 812044 | 605223 | 951131 | 749640 |
| 1893241 | 854322 | 610863 | 1671692 | 1224197 |
| 875261 | 698546 | 437444 | 1027889 | 755424 |
| 13206845 | 8369291 | 4676941 | 12535488 | 11431370 |
| 772263 | 746895 | 456808 | 1116957 | 915653 |
| 2234460 | 200262 | 119145 | 2196480 | 2001435 |
| 2211940 | 2617911 | 2082995 | 2192557 | 1122165 |
| 723771 | 233574 | 129799 | 604607 | 514973 |
| 576548 | 469679 | 336948 | 769406 | 673593 |
| 2371751 | 21138786 | 13552038 | 12993684 | 5729772 |
| 638760 | 599558 | 383101 | 952332 | 739279 |
| 600422 | 1130801 | 945175 | 997349 | 480314 |

**表12.8 续表2 continued2**

| 指 标 | Item | 所有者权益 Creditors' Equity |
|---|---|---|
| 总 计 | **Total** | **29350287** |
| **按登记注册类型分** | **By Status of Registration** | |
| 内资企业 | Domestic-funded Enterprises | 25357263 |
| #国有企业 | State-owned | 475841 |
| 集体企业 | Collective-owned | |
| 港澳台投资企业 | Funded by Hong Kong, Macao and Taiwan | 625508 |
| 外商投资企业 | Foreign-funded | 3367516 |
| **按轻、重工业分** | **By Light and Heavy Industries** | |
| 轻工业 | Light Industry | 2984051 |
| 重工业 | Heavy Industry | 26366236 |
| **按企业规模分** | **By Size** | |
| 大型企业 | Large | 19444988 |
| 中型企业 | Medium | 4081889 |
| 小型微型企业 | Small&Mini | 5823410 |
| **按行业分** | **By Sector** | |
| 煤炭开采和洗选业 | Mining and Washing of Coal | 1584720 |
| 石油和天然气开采业 | Extraction of Petroleum and Natural Gas | 860130 |
| 黑色金属矿采选业 | Mining and Processing of Ferrous Metal Ores | -4352 |
| 有色金属矿采选业 | Mining and Processing of Non-Ferrous Metal Ores | |
| 非金属矿采选业 | Mining and Processing of Nonmetal Ores | 82887 |
| 开采辅助活动 | Mining Support Activities | |
| 其他采矿业 | Mining of Other Ores | |
| 农副食品加工业 | Processing of Food from Agricultural Products | 258978 |
| 食品制造业 | Manufacture of Foods | 105992 |
| 酒、饮料和精制茶制造业 | Liquor, Beverage and Refined Tea | -100681 |
| 烟草制品业 | Manufacture of Tobacco | 598845 |
| 纺织业 | Manufacture of Textile | 8434 |
| 纺织服装、鞋、帽制造业 | Manufacture of Textile Wearing Apparel, Footware and Caps | 5473 |
| 皮革、毛皮、羽毛（绒）及其制品业 | Manufacture of Leather, Fur, Feather and Related Products | 27678 |
| 木材加工及木竹藤棕草制品业 | Processing of Timber, Manufacture of Wood, Bamboo, Rattan, Palm and Straw Products | |
| 家具制造业 | Manufacture of Furniture | |
| 造纸及纸制品业 | Manufacture of Paper and Paper Products | 9919 |
| 印刷业、记录媒介的复制 | Printing, Reproduction of Recording Media | 14350 |
| 文教、工美、体育和娱乐用品制造业 | Manufacture of Culture, Education, Handicraft, Fine Arts, Sports and Entertainment Articles | |
| 石油加工、炼焦及核燃料加工业 | Processing of Petroleum, Coking, Processing of Nuclear Fuel | 46929 |
| 化学原料及化学制品制造业 | Manufacture of Raw Chemical Materials and Chemical Products | 1196867 |
| 医药制造业 | Manufacture of Medicines | 594415 |
| 化学纤维制造业 | Manufacture of Chemical Fibers | |
| 橡胶和塑料制品业 | Manufacture of Rubber and Plastics | 123453 |
| 非金属矿物制品业 | Manufacture of Non-metallic Mineral Products | 757883 |
| 黑色金属冶炼及压延加工业 | Smelting and Pressing of Ferrous Metals | 128601 |
| 有色金属冶炼及压延加工业 | Smelting and Pressing of Nonferrous Metals | 738918 |
| 金属制品业 | Manufacture of Metal Products | 431688 |
| 通用设备制造业 | Manufacture of General Purpose Machinery | 995793 |
| 专用设备制造业 | Manufacture of Special Purpose Machinery | 604154 |
| 汽车制造业 | Manufacture of Motor Vehicles | 8944964 |
| 铁路、船舶、航空航天和其他运输设备制造业 | Manufacture of Railway, Ship, Aviation and Other Transporting Equipment | 349092 |
| 电气机械及器材制造业 | Manufacture of Electrical Machinery and Equipment | 422371 |
| 通信设备、计算机及其他电子设备制造业 | Manufacture of Communication Equipment, Computers and Other Electronic Equipment | 2434588 |
| 仪器仪表及文化、办公用机械制造业 | Manufacture of Measuring Instruments and Machinery for Cultural Activity and Office Work | 431792 |
| 其他制造业 | Other Manufacture | 271583 |
| 废弃资源综合利用业 | Comprehensive Utilization of Waste Resources | |
| 金属制品、机械和设备修理业 | Repair of Metal Products, Machinery and Equipment | |
| 电力、热力的生产和供应业 | Production and Supply of Electric Power and Heat Power | 5908152 |
| 燃气生产和供应业 | Production and Supply of Gas | 540274 |
| 水的生产和供应业 | Production and Supply of Water | 976398 |

单位：万元 (10 000 yuan)

| 主营业务收入<br>Revenue from Principal Business | 主营业务成本<br>Cost of Principal Business | 主营业务税金及附加<br>Tax and Extra Charges of Principal Business | 利润总额<br>Total After-tax Profits | 利税总额<br>Total Pre-tax Profits | 应付职工薪酬<br>Total Wages |
|---|---|---|---|---|---|
| **56758009** | **46058949** | **1738306** | **4120883** | **8181762** | **3754452** |
| 40089904 | 33970611 | 1063685 | 1781294 | 4402352 | 3146745 |
| 1021266 | 903659 | 6873 | -71145 | -23876 | 123590 |
| 528346 | 453089 | 3533 | 35550 | 53710 | 61025 |
| 16139760 | 11635248 | 671088 | 2304038 | 3725700 | 546683 |
| 5234748 | 3670813 | 601168 | 165803 | 1090870 | 541841 |
| 51523261 | 42388136 | 1137138 | 3955079 | 7090892 | 3212612 |
| 39708688 | 31309961 | 1614122 | 3219014 | 6619018 | 2688796 |
| 8165392 | 7051956 | 45027 | 300214 | 635574 | 676798 |
| 8883930 | 7697033 | 79157 | 601655 | 927170 | 388858 |
| 653686 | 632456 | 16184 | -50521 | 24063 | 285827 |
| 805256 | 496163 | 37370 | 281146 | 323193 | 17514 |
| 22408 | 22972 | 458 | -9001 | -6596 | 7942 |
| 318180 | 273118 | 3986 | 7435 | 26372 | 13857 |
| 1002281 | 893289 | 5932 | 50830 | 67248 | 36575 |
| 459557 | 365150 | 4907 | 32067 | 61798 | 45324 |
| 55980 | 34248 | 1118 | -1617 | -911 | 5078 |
| 1256505 | 459334 | 575502 | 29524 | 785845 | 92851 |
| 30694 | 30273 | 33 | 345 | 651 | 344 |
| 4029 | 1655 | 38 | 417 | 417 | 1075 |
| 81709 | 73741 | 309 | 2716 | 5295 | 9840 |
| 13702 | 11045 | 101 | 1039 | 1968 | 2841 |
| 18569 | 16084 | 108 | -605 | 601 | 4873 |
| 175947 | 136414 | 3808 | 15489 | 28401 | 15797 |
| 3204451 | 2894693 | 11036 | -114857 | 27470 | 256224 |
| 965952 | 678617 | 7714 | 3959 | 78728 | 100315 |
| 206327 | 182857 | 772 | 6010 | 12633 | 15907 |
| 1266996 | 1059028 | 8487 | 46127 | 120207 | 94077 |
| 715184 | 922955 | 986 | -458321 | -451040 | 100161 |
| 2308729 | 2131855 | 2867 | 121468 | 207929 | 102769 |
| 763190 | 670683 | 2834 | 27441 | 43822 | 108025 |
| 1422035 | 1107404 | 7631 | 82652 | 131884 | 109171 |
| 972365 | 776500 | 7710 | 120006 | 171165 | 58702 |
| 25425395 | 19232217 | 961667 | 3404404 | 5392972 | 1133892 |
| 737904 | 663606 | 5445 | -69983 | -35774 | 119265 |
| 1738690 | 1583798 | 3416 | 58586 | 80159 | 49473 |
| 1782520 | 1459599 | 1817 | 103186 | 117994 | 113784 |
| 725018 | 560088 | 3527 | 28391 | 57601 | 102087 |
| 400070 | 357637 | 441 | 8273 | 10120 | 86070 |
| 7321161 | 6495163 | 52299 | 374856 | 833508 | 504371 |
| 1608754 | 1612719 | 7614 | -31826 | -5739 | 86838 |
| 294767 | 223590 | 2191 | 51664 | 69775 | 73588 |

# 表12.9 国有控股工业企业经济效益指标（2016年）
## INDICATORS ON ECONOMIC BENEFIT OF STATE-HOLDING INDUSTRIAL ENTERPRISES (2016)

| 指　标 | Item | 总资产贡献率 Ratio of Total Assets to Industrial Output Value |
|---|---|---|
| 总　计 | **Total** | **10.4** |
| **按轻、重工业分** | **By Light and Heavy Industries** | |
| 轻工业 | Light Industry | 14.2 |
| 重工业 | Heavy Industry | 10.1 |
| **按企业规模分** | **By Size** | |
| 大型企业 | Large | 13.1 |
| 中型企业 | Medium | 5.7 |
| 小型微型企业 | Small&Mini | 6.4 |
| **按行业分** | **By Sector** | |
| 煤炭开采和洗选业 | Mining and Washing of Coal | 1.4 |
| 石油和天然气开采业 | Extraction of Petroleum and Natural Gas | 13.1 |
| 黑色金属矿采选业 | Mining and Processing of Ferrous Metal Ores | -3.4 |
| 有色金属矿采选业 | Mining and Processing of Non-Ferrous Metal Ores | |
| 非金属矿采选业 | Mining and Processing of Nonmetal Ores | 16.9 |
| 开采辅助活动 | Mining Support Activities | |
| 其他采矿业 | Mining of Other Ores | |
| 农副食品加工业 | Processing of Food from Agricultural Products | 20.0 |
| 食品制造业 | Manufacture of Foods | 23.0 |
| 酒、饮料和精制茶制造业 | Liquor, Beverage and Refined Tea | 6.2 |
| 烟草制品业 | Manufacture of Tobacco | 56.2 |
| 纺织业 | Manufacture of Textile | 3.1 |
| 纺织服装、服饰业 | Manufacture of Textile Wearing Apparel, Footware and Caps | 6.9 |
| 皮革、毛皮、羽毛及其制品和制鞋业 | Manufacture of Leather, Fur, Feather and Related Products | 10.9 |
| 木材加工和木、竹、藤、棕、草制品业 | Processing of Timber, Manufacture of Wood, Bamboo, Rattan, Palm and Straw Products | |
| 家具制造业 | Manufacture of Furniture | |
| 造纸和纸制品业 | Manufacture of Paper and Paper Products | 8.8 |
| 印刷和记录媒介复制业 | Printing, Reproduction of Recording Media | 2.2 |
| 文教、工美、体育和娱乐用品制造业 | Manufacture of Culture, Education, Handicraft, Fine Arts, Sports and Entertainment Articles | |
| 石油加工、炼焦和核燃料加工业 | Processing of Petroleum, Coking, Processing of Nuclear Fuel | 26.5 |
| 化学原料和化学制品制造业 | Manufacture of Raw Chemical Materials and Chemical Products | 2.8 |
| 医药制造业 | Manufacture of Medicines | 5.4 |
| 化学纤维制造业 | Manufacture of Chemical Fibers | |
| 橡胶和塑料制品业 | Manufacture of Rubber and Plastics | 5.8 |
| 非金属矿物制品业 | Manufacture of Non-metallic Mineral Products | 6.6 |
| 黑色金属冶炼和压延加工业 | Smelting and Pressing of Ferrous Metals | -7.8 |
| 有色金属冶炼和压延加工业 | Smelting and Pressing of Nonferrous Metals | 9.8 |
| 金属制品业 | Manufacture of Metal Products | 4.1 |
| 通用设备制造业 | Manufacture of General Purpose Machinery | 6.3 |
| 专用设备制造业 | Manufacture of Special Purpose Machinery | 11.0 |
| 汽车制造业 | Manufacture of Motor Vehicles | 25.0 |
| 铁路、船舶、航空航天和其他运输设备制造业 | Manufacture of Railway, Ship, Aviation and Other Transporting Equipment | -1.3 |
| 电气机械和器材制造业 | Manufacture of Electrical Machinery and Equipment | 4.2 |
| 计算机、通信和其他电子设备制造业 | Manufacture of Communication Equipment, Computers and Other Electronic Equipment | 3.2 |
| 仪器仪表制造业 | Manufacture of Measuring Instruments and Machinery for Cultural Activity and Office Work | 6.8 |
| 其他制造业 | Other Manufacture | 1.6 |
| 废弃资源综合利用业 | Comprehensive Utilization of Waste Resources | |
| 金属制品、机械和设备修理业 | Repair of Metal Products, Machinery and Equipment | |
| 电力、热力生产和供应业 | Production and Supply of Electric Power and Heat Power | 6.0 |
| 燃气生产和供应业 | Production and Supply of Gas | -0.7 |
| 水的生产和供应业 | Production and Supply of Water | 3.9 |

单位：% (%)

| 资本保值增值率 Ratio of Assets Appreciation YOY | 资产负债率 Asset-Liability Ratio | 流动资产周转率（次） Turnover Ratio of Circulating Assets (time) | 成本费用利润率 Ratio of Profits to Cost | 全员劳动生产率（元/人年） Overall Labor Productivity (yuan/person-year) | 产品销售率 Sales as Percentage of Output |
|---|---|---|---|---|---|
| **107.6** | **66.1** | **1.7** | **7.6** | **367393** | **99.3** |
| | | | | | |
| 109.2 | 63.9 | 1.4 | 3.5 | 350104 | 97.2 |
| 107.4 | 66.3 | 1.7 | 8.0 | 370427 | 99.5 |
| | | | | | |
| 101.8 | 64.1 | 1.8 | 8.7 | 387383 | 99.9 |
| 110.7 | 71.9 | 1.3 | 3.7 | 247598 | 98.0 |
| 129.4 | 67.4 | 1.6 | 6.9 | 489927 | 97.9 |
| | | | | | |
| 94.1 | 61.1 | 0.8 | -4.9 | 74437 | 101.7 |
| 96.7 | 68.6 | 3.7 | 42.7 | 2435462 | 101.0 |
| 120.0 | 104.4 | 0.9 | -28.2 | 51183 | 108.6 |
| | | | | | |
| 148.8 | 59.8 | 2.7 | 2.3 | 312203 | 98.7 |
| | | | | | |
| | | | | | |
| 96.2 | 42.2 | 6.7 | 5.3 | 327483 | 95.3 |
| 222.2 | 63.3 | 3.4 | 7.3 | 198477 | 96.3 |
| | 182.6 | 0.9 | -2.8 | 230176 | 93.3 |
| 116.9 | 57.5 | 1.2 | 4.8 | 1931720 | 95.6 |
| 101.0 | 27.3 | 3.9 | 1.1 | 314876 | 115.9 |
| 103.1 | 9.2 | 0.8 | 0.0 | 101277 | 100.0 |
| 105.3 | 46.0 | 3.0 | 2.3 | 129604 | 102.1 |
| | | | | | |
| | | | | | |
| 114.6 | 60.0 | 0.9 | 7.8 | 165970 | 132.0 |
| 112.4 | 48.3 | 1.3 | -3.1 | 110141 | 97.4 |
| | | | | | |
| 109.4 | 59.2 | 2.9 | 9.8 | 157111 | 140.4 |
| 98.1 | 78.3 | 2.4 | 3.3 | 249695 | 95.4 |
| 105.6 | 68.7 | 1.1 | 0.4 | 235781 | 95.9 |
| | | | | | |
| 196.1 | 60.3 | 1.7 | 3.0 | 165070 | 97.7 |
| 110.6 | 73.0 | 1.3 | 3.7 | 287738 | 100.5 |
| 14.8 | 96.9 | 1.2 | -36.9 | 192900 | 97.5 |
| 110.8 | 72.5 | 2.8 | 5.0 | 519144 | 99.8 |
| 116.9 | 68.8 | 1.2 | 3.6 | 163875 | 99.3 |
| 107.0 | 62.6 | 0.8 | 6.0 | 212243 | 97.1 |
| 121.1 | 63.0 | 1.1 | 14.1 | 409612 | 95.7 |
| 120.2 | 58.3 | 2.0 | 15.1 | 606946 | 100.3 |
| 77.4 | 76.2 | 1.0 | -8.7 | 194425 | 96.4 |
| 149.3 | 83.9 | 0.8 | 3.4 | 306339 | 101.2 |
| 118.0 | 47.4 | 0.8 | 6.1 | 371028 | 98.1 |
| 106.2 | 58.3 | 1.0 | 4.0 | 181865 | 94.3 |
| 136.6 | 73.9 | 0.8 | 1.8 | 172626 | 106.8 |
| | | | | | |
| | | | | | |
| 103.6 | 67.4 | 3.1 | 5.3 | 362524 | 100.0 |
| 90.7 | 63.8 | 2.6 | -1.9 | 535607 | 99.6 |
| 108.0 | 50.5 | 0.7 | 13.7 | 191501 | 99.2 |

**表12.9 续表 continued**

| 指　标 | Item | 销售利润率 Rate of Return on Sale |
|---|---|---|
| 总　计 | **Total** | **7.3** |
| **按轻、重工业分** | **By Light and Heavy Industries** | |
| 轻工业 | Light Industry | 3.2 |
| 重工业 | Heavy Industry | 7.7 |
| **按企业规模分** | **By Size** | |
| 大型企业 | Large | 8.1 |
| 中型企业 | Medium | 3.7 |
| 小型微型企业 | Small&Mini | 6.8 |
| **按行业分** | **By Sector** | |
| 煤炭开采和洗选业 | Mining and Washing of Coal | -7.7 |
| 石油和天然气开采业 | Extraction of Petroleum and Natural Gas | 34.9 |
| 黑色金属矿采选业 | Mining and Processing of Ferrous Metal Ores | -40.2 |
| 有色金属矿采选业 | Mining and Processing of Non-Ferrous Metal Ores | |
| 非金属矿采选业 | Mining and Processing of Nonmetal Ores | 2.3 |
| 开采辅助活动 | Mining Support Activities | |
| 其他采矿业 | Mining of Other Ores | |
| 农副食品加工业 | Processing of Food from Agricultural Products | 5.1 |
| 食品制造业 | Manufacture of Foods | 7.0 |
| 酒、饮料和精制茶制造业 | Liquor, Beverage and Refined Tea | -2.9 |
| 烟草制品业 | Manufacture of Tobacco | 2.4 |
| 纺织业 | Manufacture of Textile | 1.1 |
| 纺织服装、服饰业 | Manufacture of Textile Wearing Apparel, Footware and Caps | 0.0 |
| 皮革、毛皮、羽毛及其制品和制鞋业 | Manufacture of Leather, Fur, Feather and Related Products | 3.3 |
| 木材加工和木、竹、藤、棕、草制品业 | Processing of Timber, Manufacture of Wood, Bamboo, Rattan, Palm and Straw Products | |
| 家具制造业 | Manufacture of Furniture | |
| 造纸和纸制品业 | Manufacture of Paper and Paper Products | 7.6 |
| 印刷和记录媒介复制业 | Printing, Reproduction of Recording Media | -3.3 |
| 文教、工美、体育和娱乐用品制造业 | Manufacture of Culture, Education, Handicraft, Fine Arts, Sports and Entertainment Articles | |
| 石油加工、炼焦和核燃料加工业 | Processing of Petroleum, Coking, Processing of Nuclear Fuel | 8.8 |
| 化学原料和化学制品制造业 | Manufacture of Raw Chemical Materials and Chemical Products | -3.6 |
| 医药制造业 | Manufacture of Medicines | 0.4 |
| 化学纤维制造业 | Manufacture of Chemical Fibers | |
| 橡胶和塑料制品业 | Manufacture of Rubber and Plastics | 2.9 |
| 非金属矿物制品业 | Manufacture of Non-metallic Mineral Products | 3.6 |
| 黑色金属冶炼和压延加工业 | Smelting and Pressing of Ferrous Metals | -64.1 |
| 有色金属冶炼和压延加工业 | Smelting and Pressing of Nonferrous Metals | 5.3 |
| 金属制品业 | Manufacture of Metal Products | 3.6 |
| 通用设备制造业 | Manufacture of General Purpose Machinery | 5.8 |
| 专用设备制造业 | Manufacture of Special Purpose Machinery | 12.3 |
| 汽车制造业 | Manufacture of Motor Vehicles | 13.4 |
| 铁路、船舶、航空航天和其他运输设备制造业 | Manufacture of Railway, Ship, Aviation and Other Transporting Equipment | -9.5 |
| 电气机械和器材制造业 | Manufacture of Electrical Machinery and Equipment | 3.4 |
| 计算机、通信和其他电子设备制造业 | Manufacture of Communication Equipment, Computers and Other Electronic Equipment | 5.8 |
| 仪器仪表制造业 | Manufacture of Measuring Instruments and Machinery for Cultural Activity and Office Work | 3.9 |
| 其他制造业 | Other Manufacture | 2.1 |
| 废弃资源综合利用业 | Comprehensive Utilization of Waste Resources | |
| 金属制品、机械和设备修理业 | Repair of Metal Products, Machinery and Equipment | |
| 电力、热力生产和供应业 | Production and Supply of Electric Power and Heat Power | 5.1 |
| 燃气生产和供应业 | Production and Supply of Gas | -2.0 |
| 水的生产和供应业 | Production and Supply of Water | 17.5 |

单位：% (%)

| 流动比率<br>Current Ratio | 速动比率<br>Quick Ratio | 产权比率<br>Equity Ratio | 人均实现利税（元）<br>Per Capita Pre-tax Profits (yuan) | 从业人员人均工资（元）<br>Per Capita Wages of Employees (yuan) |
|---|---|---|---|---|
| **0.8** | **0.7** | **2.0** | **222440** | **101732** |
| 0.9 | 0.6 | 1.8 | 194156 | 94749 |
| 0.8 | 0.7 | 2.0 | 227626 | 103013 |
| 0.8 | 0.7 | 1.8 | 263625 | 107090 |
| 0.9 | 0.8 | 2.6 | 80734 | 85675 |
| 0.9 | 0.7 | 2.2 | 244338 | 99758 |
| 0.7 | 0.7 | 1.6 | 6586 | 78234 |
| 0.1 | 0.1 | 2.2 | 2130476 | 115452 |
| 0.3 | 0.2 | -23.9 | -73944 | 89034 |
| 1.2 | 1.0 | 1.5 | 138071 | 72548 |
| 1.2 | 1.0 | 0.7 | 130661 | 56890 |
| 0.9 | 0.6 | 1.7 | 114717 | 84135 |
| 0.3 | 0.1 | -2.2 | 13205 | 52727 |
| 1.4 | 0.3 | 1.4 | 1722589 | 203532 |
| 2.5 | 2.3 | 0.4 | 125173 | 66115 |
| 10.3 | 9.6 | 0.1 | 33063 | 85325 |
| 2.1 | 1.4 | 0.9 | 27494 | 51088 |
| 1.1 | 0.8 | 1.5 | 123780 | 178667 |
| 1.1 | 0.8 | 0.9 | 7865 | 63780 |
| 0.9 | 0.4 | 1.5 | 192161 | 106882 |
| 0.5 | 0.4 | 3.6 | 10704 | 91086 |
| 0.8 | 0.6 | 2.2 | 64357 | 82004 |
| 0.7 | 0.5 | 1.5 | 49737 | 62628 |
| 0.6 | 0.5 | 2.7 | 104228 | 81572 |
| 0.2 | 0.2 | 31.4 | -366669 | 81425 |
| 0.6 | 0.5 | 2.6 | 166770 | 82426 |
| 0.9 | 0.7 | 2.2 | 35966 | 88632 |
| 1.6 | 1.2 | 1.7 | 72408 | 59938 |
| 1.2 | 1.0 | 1.7 | 237398 | 81102 |
| 1.2 | 1.0 | 1.4 | 614754 | 129229 |
| 0.8 | 0.7 | 3.2 | -25993 | 86656 |
| 1.1 | 1.0 | 5.2 | 142491 | 84209 |
| 2.0 | 1.8 | 0.9 | 120853 | 116059 |
| 1.4 | 1.1 | 1.4 | 51999 | 92120 |
| 0.9 | 0.6 | 2.8 | 11781 | 100198 |
| 0.4 | 0.4 | 2.2 | 215215 | 130231 |
| 0.9 | 0.8 | 1.8 | -8335 | 127665 |
| 1.3 | 1.1 | 1.0 | 97999 | 103354 |

# 表12.10 私营工业企业主要经济指标（2016年）
## MAIN ECONOMIC INDICATORS OF PRIVATE INDUSTRIAL ENTERPRISES (2016)

| 指　标 | Item | 单位数（个） Number of Enterprises (unit) |
|---|---|---|
| **总　计** | **Total** | **4241** |
| **按登记注册类型分** | **By Status of Registration** | |
| 私营独资企业 | Solely Private-funded Enterprises | 220 |
| 私营合伙企业 | Private Partnership Enterprises | 34 |
| 私营有限责任公司 | Private Limited Liability Companies | 3729 |
| 私营股份有限公司 | Private Share-holding Companies | 258 |
| **按轻、重工业分** | **By Light and Heavy Industries** | |
| 轻工业 | Light Industry | 1586 |
| 重工业 | Heavy Industry | 2655 |
| **按企业规模分** | **By Size** | |
| 大型企业 | Large | 79 |
| 中型企业 | Medium | 607 |
| 小型微型企业 | Small&Mini | 3555 |
| **按行业分** | **By Sector** | |
| 煤炭开采和洗选业 | Mining and Washing of Coal | 121 |
| 石油和天然气开采业 | Extraction of Petroleum and Natural Gas | |
| 黑色金属矿采选业 | Mining and Processing of Ferrous Metal Ores | 13 |
| 有色金属矿采选业 | Mining and Processing of Non-Ferrous Metal Ores | |
| 非金属矿采选业 | Mining and Processing of Nonmetal Ores | 95 |
| 开采辅助活动 | Mining Support Activities | |
| 其他采矿业 | Mining of Other Ores | |
| 农副食品加工业 | Processing of Food from Agricultural Products | 353 |
| 食品制造业 | Manufacture of Foods | 109 |
| 酒、饮料和精制茶制造业 | Liquor, Beverage and Refined Tea | 67 |
| 烟草制品业 | Manufacture of Tobacco | |
| 纺织业 | Manufacture of Textile | 63 |
| 纺织服装、鞋、帽制造业 | Manufacture of Textile Wearing Apparel, Footware and Caps | 53 |
| 皮革、毛皮、羽毛（绒）及其制品业 | Manufacture of Leather, Fur, Feather and Related Products | 54 |
| 木材加工及木竹藤棕草制品业 | Processing of Timber, Manufacture of Wood, Bamboo, Rattan, Palm and Straw Products | 60 |
| 家具制造业 | Manufacture of Furniture | 70 |
| 造纸及纸制品业 | Manufacture of Paper and Paper Products | 67 |
| 印刷业、记录媒介的复制 | Printing, Reproduction of Recording Media | 67 |
| 文教、工美、体育和娱乐用品制造业 | Manufacture of Culture, Education, Handicraft, Fine Arts, Sports and Entertainment Articles | 26 |
| 石油加工、炼焦及核燃料加工业 | Processing of Petroleum, Coking, Processing of Nuclear Fuel | 12 |
| 化学原料及化学制品制造业 | Manufacture of Raw Chemical Materials and Chemical Products | 136 |
| 医药制造业 | Manufacture of Medicines | 73 |
| 化学纤维制造业 | Manufacture of Chemical Fibers | 3 |
| 橡胶和塑料制品业 | Manufacture of Rubber and Plastics | 207 |
| 非金属矿物制品业 | Manufacture of Non-metallic Mineral Products | 435 |
| 黑色金属冶炼及压延加工业 | Smelting and Pressing of Ferrous Metals | 102 |
| 有色金属冶炼及压延加工业 | Smelting and Pressing of Nonferrous Metals | 69 |
| 金属制品业 | Manufacture of Metal Products | 202 |
| 通用设备制造业 | Manufacture of General Purpose Machinery | 235 |
| 专用设备制造业 | M anufacture of Special Purpose Machinery | 157 |
| 汽车制造业 | Manufacture of Motor Vehicles | 537 |
| 铁路、船舶、航空航天和其他运输设备制造业 | Manufacture of Railway, Ship, Aviation and Other Transporting Equipment | 355 |
| 电气机械及器材制造业 | Manufacture of Electrical Machinery and Equipment | 189 |
| 通信设备、计算机及其他电子设备制造业 | Manufacture of Communication Equipment, Computers and Other Electronic Equipment | 204 |
| 仪器仪表及文化、办公用机械制造业 | Manufacture of Measuring Instruments and Machinery for Cultural Activity and Office Work | 38 |
| 其他制造业 | Other Manufacture | 11 |
| 废弃资源综合利用业 | Comprehensive Utilization of Waste Resources | 15 |
| 金属制品、机械和设备修理业 | Repair of Metal Products, Machinery and Equipment | 6 |
| 电力、热力的生产和供应业 | Production and Supply of Electric Power and Heat Power | 7 |
| 燃气生产和供应业 | Production and Supply of Gas | 26 |
| 水的生产和供应业 | Production and Supply of Water | 4 |

单位：万元 (10 000 yuan)

| 从业人员平均人数（万人） Average Emloyment (10 000 persons) | 工业总产值 Gross Output Value | 工业销售产值 Sales Value of Industry | 其 中 of which #出口交货值 Value of Export Delivery | 实收资本 Paid-in Capital | 其 中 of which #国家资本 State Capital | #外商资本 Foreign Capital |
|---|---|---|---|---|---|---|
| **85.88** | **98236305** | **96354240** | **4243278** | **6647519** | **52571** | **11932** |
| 2.91 | 2772851 | 2743813 | 97084 | 96597 | 2843 | |
| 0.72 | 496718 | 489541 | | 30890 | | |
| 76.11 | 86602976 | 84927397 | 3733203 | 5834330 | 38029 | 11862 |
| 6.14 | 8363760 | 8193489 | 412991 | 685703 | 11700 | 70 |
| 33.70 | 34722571 | 33943969 | 1793919 | 2158209 | 18047 | 9804 |
| 52.18 | 63513735 | 62410271 | 2449359 | 4489310 | 34525 | 2128 |
| 16.19 | 21535397 | 21496296 | 1352208 | 909471 | 5745 | 8875 |
| 31.72 | 34490919 | 33769259 | 1469134 | 2156536 | 9015 | 959 |
| 37.97 | 42209989 | 41088685 | 1421937 | 3581512 | 37811 | 2098 |
| 2.19 | 1347906 | 1333305 | | 86191 | | |
| 0.20 | 111793 | 102633 | | 6910 | | |
| 1.16 | 1112949 | 1095159 | | 112140 | | |
| 5.92 | 7080585 | 6893406 | 106142 | 319659 | 6578 | 929 |
| 1.71 | 1191892 | 1162696 | 1027 | 159756 | 100 | |
| 1.56 | 1189819 | 1163508 | 65803 | 172323 | 3124 | |
| 1.50 | 1599472 | 1592895 | 242507 | 87243 | 200 | 8875 |
| 1.12 | 576425 | 554004 | 55301 | 43010 | | |
| 2.22 | 1837106 | 1808422 | 23453 | 19760 | | |
| 0.70 | 665055 | 648279 | | 46031 | | |
| 1.04 | 771481 | 763731 | 213 | 70144 | 502 | |
| 0.89 | 867209 | 859243 | 6711 | 57005 | 8 | |
| 1.05 | 1098196 | 1083309 | 55472 | 69053 | 669 | |
| 0.77 | 1040889 | 1030732 | 68249 | 35074 | | |
| 0.10 | 297282 | 296782 | | 7237 | | |
| 1.90 | 2509323 | 2455005 | 34752 | 235494 | 2737 | |
| 1.99 | 1943940 | 1852786 | 84133 | 219514 | 150 | |
| 0.19 | 217680 | 171915 | 4639 | 67483 | 5703 | |
| 2.94 | 3127421 | 3050001 | 20717 | 281860 | 1200 | 2028 |
| 8.14 | 7276310 | 7109799 | 8520 | 736869 | 4309 | |
| 1.78 | 3861101 | 3829000 | 143794 | 229428 | | |
| 1.76 | 3556533 | 3498442 | 215757 | 155434 | 1400 | |
| 3.89 | 4110345 | 4058664 | 129009 | 236237 | 137 | 70 |
| 4.13 | 4037822 | 3943597 | 282481 | 301180 | 3057 | |
| 2.47 | 2764712 | 2579309 | 134138 | 177347 | 1864 | |
| 15.72 | 15767620 | 15691433 | 117371 | 962078 | 13465 | |
| 8.49 | 9168571 | 8971400 | 970048 | 598515 | 780 | |
| 3.86 | 6742379 | 6625467 | 93913 | 462038 | 6568 | |
| 5.22 | 11317039 | 11092845 | 1348246 | 417560 | | 30 |
| 0.50 | 353297 | 344144 | 9359 | 47209 | | |
| 0.14 | 95937 | 93705 | 21524 | 4711 | | |
| 0.11 | 125985 | 127393 | | 20163 | 20 | |
| 0.12 | 77716 | 76551 | | 1668 | | |
| 0.08 | 64320 | 64320 | | 104566 | | |
| 0.27 | 306206 | 306369 | | 75380 | | |
| 0.05 | 23990 | 23990 | | 21249 | | |

表12.10 续表1 continued1

| 指 标 | Item | 资 产 Total Assets |
|---|---|---|
| **总 计** | **Total** | **55754342** |
| **按登记注册类型分** | **By Status of Registration** | |
| 私营独资企业 | Solely Private-funded Enterprises | 1357416 |
| 私营合伙企业 | Private Partnership Enterprises | 300176 |
| 私营有限责任公司 | Private Limited Liability Companies | 48005129 |
| 私营股份有限公司 | Private Share-holding Companies | 6091622 |
| **按轻、重工业分** | **By Light and Heavy Industries** | |
| 轻工业 | Light Industry | 18739700 |
| 重工业 | Heavy Industry | 37014642 |
| **按企业规模分** | **By Size** | |
| 大型企业 | Large | 15652032 |
| 中型企业 | Medium | 16868018 |
| 小型微型企业 | Small&Mini | 23234292 |
| **按行业分** | **By Sector** | |
| 煤炭开采和洗选业 | Mining and Washing of Coal | 931883 |
| 石油和天然气开采业 | Extraction of Petroleum and Natural Gas | |
| 黑色金属矿采选业 | Mining and Processing of Ferrous Metal Ores | 70711 |
| 有色金属矿采选业 | Mining and Processing of Non-Ferrous Metal Ores | |
| 非金属矿采选业 | Mining and Processing of Nonmetal Ores | 612128 |
| 开采辅助活动 | Mining Support Activities | |
| 其他采矿业 | Mining of Other Ores | |
| 农副食品加工业 | Processing of Food from Agricultural Products | 2492473 |
| 食品制造业 | Manufacture of Foods | 753638 |
| 酒、饮料和精制茶制造业 | Liquor, Beverage and Refined Tea | 641447 |
| 烟草制品业 | Manufacture of Tobacco | |
| 纺织业 | Manufacture of Textile | 720052 |
| 纺织服装、鞋、帽制造业 | Manufacture of Textile Wearing Apparel, Footware and Caps | 252697 |
| 皮革、毛皮、羽毛（绒）及其制品业 | Manufacture of Leather, Fur, Feather and Related Products | 453578 |
| 木材加工及木竹藤棕草制品业 | Processing of Timber, Manufacture of Wood, Bamboo, Rattan, Palm and Straw Products | 403243 |
| 家具制造业 | Manufacture of Furniture | 596619 |
| 造纸及纸制品业 | Manufacture of Paper and Paper Products | 413906 |
| 印刷业、记录媒介的复制 | Printing, Reproduction of Recording Media | 467073 |
| 文教、工美、体育和娱乐用品制造业 | Manufacture of Culture, Education, Handicraft, Fine Arts, Sports and Entertainment Articles | 497931 |
| 石油加工、炼焦及核燃料加工业 | Processing of Petroleum, Coking, Processing of Nuclear Fuel | 53900 |
| 化学原料及化学制品制造业 | Manufacture of Raw Chemical Materials and Chemical Products | 1541633 |
| 医药制造业 | Manufacture of Medicines | 1296512 |
| 化学纤维制造业 | Manufacture of Chemical Fibers | 283915 |
| 橡胶和塑料制品业 | Manufacture of Rubber and Plastics | 1599807 |
| 非金属矿物制品业 | Manufacture of Non-metallic Mineral Products | 5017622 |
| 黑色金属冶炼及压延加工业 | Smelting and Pressing of Ferrous Metals | 1895955 |
| 有色金属冶炼及压延加工业 | Smelting and Pressing of Nonferrous Metals | 1898770 |
| 金属制品业 | Manufacture of Metal Products | 2080561 |
| 通用设备制造业 | Manufacture of General Purpose Machinery | 2297325 |
| 专用设备制造业 | M anufacture of Special Purpose Machinery | 1495949 |
| 汽车制造业 | Manufacture of Motor Vehicles | 11919732 |
| 铁路、船舶、航空航天和其他运输设备制造业 | Manufacture of Railway, Ship, Aviation and Other Transporting Equipment | 7032728 |
| 电气机械及器材制造业 | Manufacture of Electrical Machinery and Equipment | 3065793 |
| 通信设备、计算机及其他电子设备制造业 | Manufacture of Communication Equipment, Computers and Other Electronic Equipment | 3685849 |
| 仪器仪表及文化、办公用机械制造业 | Manufacture of Measuring Instruments and Machinery for Cultural Activity and Office Work | 253674 |
| 其他制造业 | Other Manufacture | 42788 |
| 废弃资源综合利用业 | Comprehensive Utilization of Waste Resources | 131392 |
| 金属制品、机械和设备修理业 | Repair of Metal Products, Machinery and Equipment | 30165 |
| 电力、热力的生产和供应业 | Production and Supply of Electric Power and Heat Power | 359307 |
| 燃气生产和供应业 | Production and Supply of Gas | 419609 |
| 水的生产和供应业 | Production and Supply of Water | 43980 |

单位：万元 (10 000 yuan)

| 其 中 of which | 固定资产 Fixed Assets | | 负 债 | 其 中 of which |
|---|---|---|---|---|
| #流动资产 Circulating Assets | 原 值 Original Value | 净 值 Net Value | Total Liabilities | #流动负债 Total Circulating Liabilities |
| **27451058** | **32519721** | **20430183** | **30298448** | **23982494** |
| 425586 | 672424 | 622282 | 504202 | 332428 |
| 53801 | 143101 | 166615 | 84718 | 49264 |
| 23790216 | 28730951 | 17830598 | 26335098 | 21063584 |
| 3181456 | 2973245 | 1810689 | 3374431 | 2537218 |
| 8819517 | 11930696 | 7225145 | 9065812 | 7077598 |
| 18631541 | 20589026 | 13205038 | 21232637 | 16904896 |
| 8930291 | 8182138 | 4720778 | 10207102 | 8301106 |
| 7086741 | 12257940 | 7676924 | 8362575 | 6558500 |
| 11434026 | 12079643 | 8032481 | 11728772 | 9122889 |
| 286400 | 425298 | 316821 | 356907 | 159414 |
| 47618 | 14887 | 7831 | 45419 | 38101 |
| 234180 | 338315 | 241512 | 227329 | 156334 |
| 926632 | 1791946 | 1166916 | 894714 | 651917 |
| 303370 | 409310 | 324766 | 258746 | 198656 |
| 250375 | 411519 | 269018 | 233414 | 169294 |
| 266652 | 634072 | 417243 | 265870 | 215555 |
| 145479 | 88491 | 51835 | 111820 | 90975 |
| 222899 | 1114951 | 201750 | 177555 | 81393 |
| 159598 | 240768 | 207838 | 174188 | 123549 |
| 189093 | 189004 | 220138 | 235028 | 119169 |
| 174335 | 217169 | 174757 | 246943 | 184648 |
| 159986 | 489989 | 247076 | 219263 | 134206 |
| 169780 | 372395 | 284121 | 272117 | 258081 |
| 37156 | 115888 | 11428 | 32702 | 25358 |
| 663274 | 1009736 | 636016 | 828599 | 718702 |
| 501939 | 674729 | 560739 | 506640 | 428345 |
| 107979 | 182431 | 161111 | 152952 | 120785 |
| 776518 | 948529 | 599303 | 745059 | 589619 |
| 2319039 | 3453067 | 2231395 | 2714775 | 2016836 |
| 788536 | 2031401 | 883061 | 1147287 | 844072 |
| 830487 | 988854 | 901479 | 993728 | 640964 |
| 908482 | 1209939 | 897687 | 1040028 | 870060 |
| 1009070 | 1270038 | 978844 | 1158110 | 914020 |
| 635705 | 977085 | 664324 | 675983 | 536874 |
| 6663313 | 5522531 | 3508600 | 8082677 | 7176648 |
| 4090390 | 3903213 | 1907822 | 4227567 | 3605246 |
| 1783213 | 1301706 | 863721 | 1582348 | 1051248 |
| 2243974 | 1730678 | 1197541 | 2006704 | 1436618 |
| 157237 | 105170 | 76717 | 101571 | 93189 |
| 32990 | 12274 | 8461 | 16438 | 16400 |
| 71945 | 39735 | 27362 | 87683 | 58600 |
| 5454 | 25158 | 21324 | 8440 | 6127 |
| 86146 | 50624 | 18530 | 220084 | 159191 |
| 178182 | 223484 | 126704 | 226448 | 78473 |
| 23637 | 5341 | 16393 | 23313 | 13828 |

表12.10 续表2 continued2

| 指 标 | Item | 所有者权益 Creditors' Equity |
|---|---|---|
| **总 计** | **Total** | **24820621** |
| **按登记注册类型分** | **By Status of Registration** | |
| 私营独资企业 | Solely Private-funded Enterprises | 759683 |
| 私营合伙企业 | Private Partnership Enterprises | 204443 |
| 私营有限责任公司 | Private Limited Liability Companies | 21207275 |
| 私营股份有限公司 | Private Share-holding Companies | 2649220 |
| **按轻、重工业分** | **By Light and Heavy Industries** | |
| 轻工业 | Light Industry | 9437395 |
| 重工业 | Heavy Industry | 15383226 |
| **按企业规模分** | **By Size** | |
| 大型企业 | Large | 5444930 |
| 中型企业 | Medium | 8504711 |
| 小型微型企业 | Small&Mini | 10870979 |
| **按行业分** | **By Sector** | |
| 煤炭开采和洗选业 | Mining and Washing of Coal | 425856 |
| 石油和天然气开采业 | Extraction of Petroleum and Natural Gas | |
| 黑色金属矿采选业 | Mining and Processing of Ferrous Metal Ores | 25292 |
| 有色金属矿采选业 | Mining and Processing of Non-Ferrous Metal Ores | |
| 非金属矿采选业 | Mining and Processing of Nonmetal Ores | 370958 |
| 开采辅助活动 | Mining Support Activities | |
| 其他采矿业 | Mining of Other Ores | |
| 农副食品加工业 | Processing of Food from Agricultural Products | 1574232 |
| 食品制造业 | Manufacture of Foods | 490136 |
| 酒、饮料和精制茶制造业 | Liquor, Beverage and Refined Tea | 406970 |
| 烟草制品业 | Manufacture of Tobacco | |
| 纺织业 | Manufacture of Textile | 455220 |
| 纺织服装、鞋、帽制造业 | Manufacture of Textile Wearing Apparel, Footware and Caps | 123726 |
| 皮革、毛皮、羽毛（绒）及其制品业 | Manufacture of Leather, Fur, Feather and Related Products | 256879 |
| 木材加工及木竹藤棕草制品业 | Processing of Timber, Manufacture of Wood, Bamboo, Rattan, Palm and Straw Products | 222056 |
| 家具制造业 | Manufacture of Furniture | 352822 |
| 造纸及纸制品业 | Manufacture of Paper and Paper Products | 164762 |
| 印刷业、记录媒介的复制 | Printing, Reproduction of Recording Media | 242812 |
| 文教、工美、体育和娱乐用品制造业 | Manufacture of Culture, Education, Handicraft, Fine Arts, Sports and Entertainment Articles | 212526 |
| 石油加工、炼焦及核燃料加工业 | Processing of Petroleum, Coking, Processing of Nuclear Fuel | 21198 |
| 化学原料及化学制品制造业 | Manufacture of Raw Chemical Materials and Chemical Products | 646927 |
| 医药制造业 | Manufacture of Medicines | 786432 |
| 化学纤维制造业 | Manufacture of Chemical Fibers | 130963 |
| 橡胶和塑料制品业 | Manufacture of Rubber and Plastics | 849280 |
| 非金属矿物制品业 | Manufacture of Non-metallic Mineral Products | 2286904 |
| 黑色金属冶炼及压延加工业 | Smelting and Pressing of Ferrous Metals | 687755 |
| 有色金属冶炼及压延加工业 | Smelting and Pressing of Nonferrous Metals | 904216 |
| 金属制品业 | Manufacture of Metal Products | 1022919 |
| 通用设备制造业 | Manufacture of General Purpose Machinery | 1134586 |
| 专用设备制造业 | M anufacture of Special Purpose Machinery | 807802 |
| 汽车制造业 | Manufacture of Motor Vehicles | 3812920 |
| 铁路、船舶、航空航天和其他运输设备制造业 | Manufacture of Railway, Ship, Aviation and Other Transporting Equipment | 2786314 |
| 电气机械及器材制造业 | Manufacture of Electrical Machinery and Equipment | 1366589 |
| 通信设备、计算机及其他电子设备制造业 | Manufacture of Communication Equipment, Computers and Other Electronic Equipment | 1661444 |
| 仪器仪表及文化、办公用机械制造业 | Manufacture of Measuring Instruments and Machinery for Cultural Activity and Office Work | 149058 |
| 其他制造业 | Other Manufacture | 26350 |
| 废弃资源综合利用业 | Comprehensive Utilization of Waste Resources | 39942 |
| 金属制品、机械和设备修理业 | Repair of Metal Products, Machinery and Equipment | 21725 |
| 电力、热力的生产和供应业 | Production and Supply of Electric Power and Heat Power | 139223 |
| 燃气生产和供应业 | Production and Supply of Gas | 193161 |
| 水的生产和供应业 | Production and Supply of Water | 20666 |

单位：万元 (10 000 yuan)

| 主营业务收入<br>Revenue from Principal Business | 主营业务成本<br>Cost of Principal Business | 主营业务税金及附加<br>Tax and Extra Charges of Principal Business | 利润总额<br>Total After-tax Profits | 利税总额<br>Total Pre-tax Profits | 应付薪酬<br>Total Wages |
|---|---|---|---|---|---|
| **95456092** | **81025516** | **779627** | **6936791** | **11003969** | **5667601** |
| 2731124 | 2216674 | 31417 | 260041 | 405865 | 172249 |
| 491151 | 382234 | 6500 | 48630 | 85038 | 47131 |
| 84145366 | 71702209 | 695381 | 6078339 | 9585122 | 5002490 |
| 8088451 | 6724399 | 46329 | 549781 | 927944 | 445731 |
| 33581897 | 28201424 | 235805 | 2518243 | 4041512 | 2210175 |
| 61874195 | 52824092 | 543822 | 4418548 | 6962456 | 3457426 |
| 21491439 | 18529217 | 194235 | 1292782 | 2213857 | 1331179 |
| 33530206 | 28214162 | 273459 | 2719016 | 4282802 | 2227031 |
| 40434447 | 34282137 | 311933 | 2924994 | 4507310 | 2109391 |
| 1316607 | 1031972 | 25652 | 135096 | 287309 | 154862 |
| 96887 | 59364 | 2106 | 4018 | 16640 | 10562 |
| 1088709 | 856631 | 25916 | 105787 | 174736 | 71544 |
| 6717601 | 5727807 | 44387 | 465398 | 742412 | 369767 |
| 1175369 | 951558 | 9487 | 98270 | 147615 | 108622 |
| 1172330 | 926057 | 27335 | 90282 | 167142 | 117677 |
| 1614705 | 1414201 | 10350 | 131068 | 252624 | 94428 |
| 557472 | 458842 | 2368 | 50022 | 66559 | 66998 |
| 1817785 | 1618657 | 10557 | 124503 | 178264 | 170713 |
| 642181 | 524515 | 5231 | 52415 | 76965 | 35951 |
| 760273 | 572282 | 6525 | 65570 | 100148 | 64296 |
| 854715 | 733904 | 5181 | 56736 | 93494 | 48103 |
| 1087308 | 916198 | 7838 | 82738 | 125655 | 62059 |
| 1018488 | 917324 | 4610 | 74996 | 138203 | 47317 |
| 308507 | 291409 | 1125 | 7844 | 13249 | 6437 |
| 2420401 | 2060563 | 20065 | 166689 | 260752 | 130570 |
| 1834077 | 1384173 | 16825 | 169741 | 296491 | 152729 |
| 171915 | 142341 | 653 | 17214 | 19781 | 9830 |
| 2997534 | 2507968 | 23733 | 233747 | 356483 | 182834 |
| 6986965 | 5874933 | 53072 | 533247 | 826168 | 523799 |
| 3800138 | 3432688 | 36181 | 215212 | 374072 | 107375 |
| 3558676 | 3122213 | 18401 | 244088 | 397165 | 133360 |
| 4088887 | 3464404 | 27748 | 372376 | 547521 | 327619 |
| 3853225 | 3149572 | 36588 | 356789 | 558403 | 264562 |
| 2545105 | 2052237 | 21644 | 242012 | 380230 | 164890 |
| 15651514 | 13329401 | 161991 | 1063999 | 1696873 | 1058125 |
| 8831852 | 7559554 | 38558 | 526436 | 862735 | 534753 |
| 6541953 | 5488437 | 39320 | 505782 | 762321 | 251645 |
| 10909375 | 9600261 | 89099 | 649424 | 938547 | 322595 |
| 348092 | 281326 | 1680 | 28968 | 42052 | 28860 |
| 92492 | 78925 | 1228 | 8179 | 14259 | 7694 |
| 126618 | 112802 | 472 | 7868 | 13533 | 5832 |
| 76652 | 65816 | 654 | 6821 | 12015 | 8050 |
| 63450 | 50475 | 523 | 4711 | 7372 | 5671 |
| 304248 | 247829 | 2040 | 35609 | 50505 | 14775 |
| 23987 | 18880 | 486 | 3139 | 5678 | 2700 |

# 表12.11 私营工业企业经济效益指标（2016年）
## INDICATORS ON ECONOMIC BENEFIT OF PRIVATE INDUSTRIAL ENTERPRISES (2016)

| 指 标 | Item | 总资产贡献率 Ratio of Total Assets to Industrial Output Value |
|---|---|---|
| **总 计** | **Total** | **20.8** |
| **按轻、重工业分** | **By Light and Heavy Industries** | |
| 轻工业 | Light Industry | 22.6 |
| 重工业 | Heavy Industry | 19.9 |
| **按企业规模分** | **By Size** | |
| 大型企业 | Large | 15.1 |
| 中型企业 | Medium | 26.7 |
| 小型微型企业 | Small&Mini | 20.4 |
| **按行业分** | **By Sector** | |
| 煤炭开采和洗选业 | Mining and Washing of Coal | 32.1 |
| 石油和天然气开采业 | Extraction of Petroleum and Natural Gas | |
| 黑色金属矿采选业 | Mining and Processing of Ferrous Metal Ores | 24.8 |
| 有色金属矿采选业 | Mining and Processing of Non-Ferrous Metal Ores | |
| 非金属矿采选业 | Mining and Processing of Nonmetal Ores | 29.1 |
| 开采辅助活动 | Mining Support Activities | |
| 其他采矿业 | Mining of Other Ores | |
| 农副食品加工业 | Processing of Food from Agricultural Products | 30.8 |
| 食品制造业 | Manufacture of Foods | 20.5 |
| 酒、饮料和精制茶制造业 | Liquor, Beverage and Refined Tea | 27.3 |
| 烟草制品业 | Manufacture of Tobacco | |
| 纺织业 | Manufacture of Textile | 36.2 |
| 纺织服装、服饰业 | Manufacture of Textile Wearing Apparel, Footware and Caps | 27.9 |
| 皮革、毛皮、羽毛及其制品和制鞋业 | Manufacture of Leather, Fur, Feather and Related Products | 40.1 |
| 木材加工和木、竹、藤、棕、草制品业 | Processing of Timber, Manufacture of Wood, Bamboo, Rattan, Palm and Straw Products | 20.3 |
| 家具制造业 | Manufacture of Furniture | 17.9 |
| 造纸和纸制品业 | Manufacture of Paper and Paper Products | 23.8 |
| 印刷和记录媒介复制业 | Printing, Reproduction of Recording Media | 28.8 |
| 文教、工美、体育和娱乐用品制造业 | Manufacture of Culture, Education, Handicraft, Fine Arts, Sports and Entertainment Articles | 28.0 |
| 石油加工、炼焦和核燃料加工业 | Processing of Petroleum, Coking, Processing of Nuclear Fuel | 25.8 |
| 化学原料和化学制品制造业 | Manufacture of Raw Chemical Materials and Chemical Products | 18.2 |
| 医药制造业 | Manufacture of Medicines | 24.4 |
| 化学纤维制造业 | Manufacture of Chemical Fibers | 7.5 |
| 橡胶和塑料制品业 | Manufacture of Rubber and Plastics | 23.6 |
| 非金属矿物制品业 | Manufacture of Non-metallic Mineral Products | 17.5 |
| 黑色金属冶炼和压延加工业 | Smelting and Pressing of Ferrous Metals | 21.0 |
| 有色金属冶炼和压延加工业 | Smelting and Pressing of Nonferrous Metals | 22.5 |
| 金属制品业 | Manufacture of Metal Products | 27.9 |
| 通用设备制造业 | Manufacture of General Purpose Machinery | 25.1 |
| 专用设备制造业 | Manufacture of Special Purpose Machinery | 26.5 |
| 汽车制造业 | Manufacture of Motor Vehicles | 15.3 |
| 铁路、船舶、航空航天和其他运输设备制造业 | Manufacture of Railway, Ship, Aviation and Other Transporting Equipment | 13.3 |
| 电气机械和器材制造业 | Manufacture of Electrical Machinery and Equipment | 25.7 |
| 计算机、通信和其他电子设备制造业 | Manufacture of Communication Equipment, Computers and Other Electronic Equipment | 26.2 |
| 仪器仪表制造业 | Manufacture of Measuring Instruments and Machinery for Cultural Activity and Office Work | 16.9 |
| 其他制造业 | Other Manufacture | 34.6 |
| 废弃资源综合利用业 | Comprehensive Utilization of Waste Resources | 10.5 |
| 金属制品、机械和设备修理业 | Repair of Metal Products, Machinery and Equipment | 40.2 |
| 电力、热力生产和供应业 | Production and Supply of Electric Power and Heat Power | 2.7 |
| 燃气生产和供应业 | Production and Supply of Gas | 13.1 |
| 水的生产和供应业 | Production and Supply of Water | 13.0 |

单位：% (%)

| 资本保值增值率 Ratio of Assets Appreciation YOY | 资产负债率 Asset-Liability Ratio | 流动资产周转率（次） Turnover Ratio of Circulating Assets (time) | 成本费用利润率 Ratio of Profits to Cost | 全员劳动生产率（元/人年） Overall Labor Productivity (yuan/person-year) | 产品销售率 Sales as Percentage of Output |
|---|---|---|---|---|---|
| **114.7** | **54.3** | **3.5** | **7.8** | **276801** | **98.1** |
| 112.3 | 48.4 | 3.8 | 8.1 | 254252 | 97.8 |
| 116.3 | 57.4 | 3.4 | 7.7 | 291040 | 98.3 |
| 104.8 | 65.2 | 2.5 | 6.4 | 343307 | 99.8 |
| 111.2 | 49.6 | 4.8 | 8.8 | 256573 | 97.9 |
| 121.7 | 50.5 | 3.6 | 7.8 | 269215 | 97.3 |
| 83.8 | 38.3 | 4.6 | 11.7 | 156118 | 98.9 |
| 96.1 | 64.2 | 2.0 | 4.5 | 440858 | 91.8 |
| 120.0 | 37.1 | 4.7 | 11.0 | 265746 | 98.4 |
| 115.5 | 35.9 | 7.3 | 7.5 | 262536 | 97.4 |
| 124.6 | 34.3 | 3.9 | 9.2 | 181834 | 97.6 |
| 114.8 | 36.4 | 4.7 | 8.5 | 277653 | 97.8 |
| 111.9 | 36.9 | 6.1 | 8.9 | 283335 | 99.6 |
| 111.1 | 44.3 | 3.9 | 9.8 | 138834 | 96.1 |
| 103.4 | 39.2 | 8.2 | 7.4 | 231093 | 98.4 |
| 116.1 | 43.2 | 4.0 | 8.9 | 246454 | 97.5 |
| 118.0 | 39.4 | 4.0 | 9.5 | 175452 | 99.0 |
| 107.9 | 59.7 | 4.9 | 7.2 | 263131 | 99.1 |
| 97.7 | 46.9 | 6.8 | 8.2 | 299360 | 98.6 |
| 80.9 | 54.7 | 6.0 | 8.0 | 350646 | 99.0 |
| 60.3 | 60.7 | 8.3 | 2.6 | 461105 | 99.8 |
| 103.7 | 53.8 | 3.7 | 7.4 | 242911 | 97.8 |
| 119.1 | 39.1 | 3.7 | 10.3 | 280975 | 95.3 |
| 120.5 | 53.9 | 1.6 | 11.1 | 321474 | 79.0 |
| 121.4 | 46.6 | 3.9 | 8.5 | 264531 | 97.5 |
| 108.6 | 54.1 | 3.0 | 8.3 | 260374 | 97.7 |
| 90.6 | 60.5 | 4.8 | 6.0 | 385946 | 99.2 |
| 110.4 | 52.3 | 4.3 | 7.4 | 463909 | 98.4 |
| 109.1 | 50.0 | 4.5 | 10.0 | 290671 | 98.7 |
| 130.5 | 50.4 | 3.8 | 10.3 | 259061 | 97.7 |
| 133.8 | 45.2 | 4.0 | 10.6 | 327333 | 93.3 |
| 130.4 | 67.8 | 2.4 | 7.2 | 254964 | 99.5 |
| 110.2 | 60.1 | 2.2 | 6.3 | 258523 | 97.9 |
| 111.2 | 51.6 | 3.7 | 8.3 | 330007 | 98.3 |
| 148.1 | 54.4 | 5.0 | 6.2 | 464524 | 98.0 |
| 125.8 | 40.0 | 2.2 | 9.1 | 200280 | 97.4 |
| 75.5 | 38.4 | 2.8 | 9.9 | 195139 | 97.7 |
| 42.6 | 66.7 | 1.8 | 6.6 | 249036 | 101.1 |
| 112.4 | 28.0 | 14.1 | 9.9 | 181199 | 98.5 |
| 0.0 | 61.3 | 0.8 | 7.8 | 777268 | 100.0 |
| 105.6 | 54.0 | 1.8 | 12.8 | 294020 | 100.1 |
| 95.4 | 53.0 | 1.0 | 15.0 | 257968 | 100.0 |

**表12.11 续表 continued**

| 指 标 | Item | 销售利润率 Rate of Return on Sale |
|---|---|---|
| **总 计** | **Total** | **7.3** |
| **按轻、重工业分** | **By Light and Heavy Industries** | |
| 轻工业 | Light Industry | 7.5 |
| 重工业 | Heavy Industry | 7.1 |
| **按企业规模分** | **By Size** | |
| 大型企业 | Large | 6.0 |
| 中型企业 | Medium | 8.1 |
| 小型微型企业 | Small&Mini | 7.2 |
| **按行业分** | **By Sector** | |
| 煤炭开采和洗选业 | Mining and Washing of Coal | 10.3 |
| 石油和天然气开采业 | Extraction of Petroleum and Natural Gas | |
| 黑色金属矿采选业 | Mining and Processing of Ferrous Metal Ores | 4.2 |
| 有色金属矿采选业 | Mining and Processing of Non-Ferrous Metal Ores | |
| 非金属矿采选业 | Mining and Processing of Nonmetal Ores | 9.7 |
| 开采辅助活动 | Mining Support Activities | |
| 其他采矿业 | Mining of Other Ores | |
| 农副食品加工业 | Processing of Food from Agricultural Products | 6.9 |
| 食品制造业 | Manufacture of Foods | 8.4 |
| 酒、饮料和精制茶制造业 | Liquor, Beverage and Refined Tea | 7.7 |
| 烟草制品业 | Manufacture of Tobacco | |
| 纺织业 | Manufacture of Textile | 8.1 |
| 纺织服装、服饰业 | Manufacture of Textile Wearing Apparel, Footware and Caps | 9.0 |
| 皮革、毛皮、羽毛及其制品和制鞋业 | Manufacture of Leather, Fur, Feather and Related Products | 6.9 |
| 木材加工和木、竹、藤、棕、草制品业 | Processing of Timber, Manufacture of Wood, Bamboo, Rattan, Palm and Straw Products | 8.2 |
| 家具制造业 | Manufacture of Furniture | 8.6 |
| 造纸和纸制品业 | Manufacture of Paper and Paper Products | 6.6 |
| 印刷和记录媒介复制业 | Printing, Reproduction of Recording Media | 7.6 |
| 文教、工美、体育和娱乐用品制造业 | Manufacture of Culture, Education, Handicraft, Fine Arts, Sports and Entertainment Articles | 7.4 |
| 石油加工、炼焦和核燃料加工业 | Processing of Petroleum, Coking, Processing of Nuclear Fuel | 2.5 |
| 化学原料和化学制品制造业 | Manufacture of Raw Chemical Materials and Chemical Products | 6.9 |
| 医药制造业 | Manufacture of Medicines | 9.3 |
| 化学纤维制造业 | Manufacture of Chemical Fibers | 10.0 |
| 橡胶和塑料制品业 | Manufacture of Rubber and Plastics | 7.8 |
| 非金属矿物制品业 | Manufacture of Non-metallic Mineral Products | 7.6 |
| 黑色金属冶炼和压延加工业 | Smelting and Pressing of Ferrous Metals | 5.7 |
| 有色金属冶炼和压延加工业 | Smelting and Pressing of Nonferrous Metals | 6.9 |
| 金属制品业 | Manufacture of Metal Products | 9.1 |
| 通用设备制造业 | Manufacture of General Purpose Machinery | 9.3 |
| 专用设备制造业 | Manufacture of Special Purpose Machinery | 9.5 |
| 汽车制造业 | Manufacture of Motor Vehicles | 6.8 |
| 铁路、船舶、航空航天和其他运输设备制造业 | Manufacture of Railway, Ship, Aviation and Other Transporting Equipment | 6.0 |
| 电气机械和器材制造业 | Manufacture of Electrical Machinery and Equipment | 7.7 |
| 计算机、通信和其他电子设备制造业 | Manufacture of Communication Equipment, Computers and Other Electronic Equipment | 6.0 |
| 仪器仪表制造业 | Manufacture of Measuring Instruments and Machinery for Cultural Activity and Office Work | 8.3 |
| 其他制造业 | Other Manufacture | 8.8 |
| 废弃资源综合利用业 | Comprehensive Utilization of Waste Resources | 6.2 |
| 金属制品、机械和设备修理业 | Repair of Metal Products, Machinery and Equipment | 8.9 |
| 电力、热力生产和供应业 | Production and Supply of Electric Power and Heat Power | 7.4 |
| 燃气生产和供应业 | Production and Supply of Gas | 11.7 |
| 水的生产和供应业 | Production and Supply of Water | 13.1 |

单位：% (%)

| 流动比率<br>Current Ratio | 速动比率<br>Quick Ratio | 产权比率<br>Equity Ratio | 人均实现利税（元）<br>Per Capita Pre-tax Profits (yuan) | 从业人员人均工资（元）<br>Per Capita Wages of Employees (yuan) |
|---|---|---|---|---|
| **1.1** | **0.9** | **1.2** | **128241** | **65999** |
| 1.3 | 1.0 | 1.0 | 119942 | 65589 |
| 1.1 | 0.9 | 1.4 | 133600 | 66263 |
| 1.1 | 0.9 | 1.9 | 136708 | 82202 |
| 1.1 | 0.8 | 1.0 | 135079 | 70219 |
| 1.3 | 1.0 | 1.1 | 118917 | 55561 |
| 1.8 | 1.7 | 0.8 | 131036 | 70629 |
| 1.3 | 1.1 | 1.8 | 81647 | 51823 |
| 1.5 | 1.3 | 0.6 | 150220 | 61495 |
| 1.4 | 1.1 | 0.6 | 125435 | 62474 |
| 1.5 | 1.2 | 0.5 | 86532 | 63674 |
| 1.5 | 1.1 | 0.6 | 109278 | 76863 |
| 1.2 | 0.9 | 0.6 | 168326 | 62919 |
| 1.6 | 1.0 | 0.9 | 59374 | 59766 |
| 2.7 | 2.3 | 0.7 | 80263 | 76863 |
| 1.3 | 1.0 | 0.8 | 109202 | 51008 |
| 1.6 | 1.2 | 0.7 | 96231 | 61781 |
| 0.9 | 0.8 | 1.5 | 105572 | 54316 |
| 1.2 | 1.0 | 0.9 | 119694 | 59115 |
| 0.7 | 0.5 | 1.3 | 179671 | 61515 |
| 1.5 | 1.2 | 1.5 | 128133 | 62252 |
| 0.9 | 0.7 | 1.3 | 137573 | 68888 |
| 1.2 | 0.9 | 0.6 | 148938 | 76717 |
| 0.9 | 0.6 | 1.2 | 104494 | 51929 |
| 1.3 | 1.0 | 0.9 | 121771 | 62448 |
| 1.2 | 1.0 | 1.2 | 101513 | 64335 |
| 0.9 | 0.7 | 1.7 | 209590 | 60157 |
| 1.3 | 1.0 | 1.1 | 225444 | 75687 |
| 1.0 | 0.8 | 1.0 | 140914 | 84318 |
| 1.1 | 0.8 | 1.0 | 135079 | 63993 |
| 1.2 | 0.9 | 0.8 | 153890 | 66735 |
| 0.9 | 0.8 | 2.1 | 108268 | 67321 |
| 1.1 | 1.0 | 1.5 | 101616 | 62984 |
| 1.7 | 1.4 | 1.2 | 197569 | 65215 |
| 1.6 | 1.1 | 1.2 | 180207 | 61742 |
| 1.7 | 1.3 | 0.7 | 83337 | 57182 |
| 2.0 | 0.9 | 0.6 | 99156 | 53503 |
| 1.2 | 1.0 | 2.2 | 118811 | 51204 |
| 0.9 | 0.6 | 0.4 | 100038 | 67027 |
| 0.5 | 0.5 | 1.6 | 92494 | 71156 |
| 2.3 | 2.2 | 1.2 | 185679 | 54321 |
| 1.7 | 1.3 | 1.1 | 103985 | 49458 |

# 表12.12 内资工业企业主要经济指标（2016年）
## MAIN ECONOMIC INDICATORS OF INDUSTRIAL ENTERPRISES WITH DOMESTIC FUNDS (2016)

| 指　标 | Item | 单位数（个） Number of Enterprises (unit) |
|---|---|---|
| 总　计 | **Total** | **6392** |
| **按登记注册类型分** | **By Status of Registration** | |
| #国有企业 | State-owned | 33 |
| 集体企业 | Collective-owned | 31 |
| **按轻、重工业分** | **By Light and Heavy Industries** | |
| 轻工业 | Light Industry | 2273 |
| 重工业 | Heavy Industry | 4119 |
| **按企业规模分** | **By Size** | |
| 大型企业 | Large | 186 |
| 中型企业 | Medium | 1012 |
| 小型微型企业 | Small&Mini | 5194 |
| **按行业分** | **By Sector** | |
| 煤炭开采和洗选业 | Mining and Washing of Coal | 178 |
| 石油和天然气开采业 | Extraction of Petroleum and Natural Gas | 2 |
| 黑色金属矿采选业 | Mining and Processing of Ferrous Metal Ores | 14 |
| 有色金属矿采选业 | Mining and Processing of Non-Ferrous Metal Ores | 2 |
| 非金属矿采选业 | Mining and Processing of Nonmetal Ores | 137 |
| 开采辅助活动 | Mining Support Activities | |
| 其他采矿业 | Mining of Other Ores | |
| 农副食品加工业 | Processing of Food from Agricultural Products | 489 |
| 食品制造业 | Manufacture of Foods | 164 |
| 酒、饮料和精制茶制造业 | Liquor, Beverage and Refined Tea | 94 |
| 烟草制品业 | Manufacture of Tobacco | 4 |
| 纺织业 | Manufacture of Textile | 82 |
| 纺织服装、鞋、帽制造业 | Manufacture of Textile Wearing Apparel, Footware and Caps | 71 |
| 皮革、毛皮、羽毛（绒）及其制品业 | Manufacture of Leather, Fur, Feather and Related Products | 69 |
| 木材加工及木竹藤棕草制品业 | Processing of Timber, Manufacture of Wood, Bamboo, Rattan, Palm and Straw Products | 90 |
| 家具制造业 | Manufacture of Furniture | 82 |
| 造纸及纸制品业 | Manufacture of Paper and Paper Products | 88 |
| 印刷业、记录媒介的复制 | Printing, Reproduction of Recording Media | 102 |
| 文教、工美、体育和娱乐用品制造业 | Manufacture of Culture, Education, Handicraft, Fine Arts, Sports and Entertainment Articles | 36 |
| 石油加工、炼焦及核燃料加工业 | Processing of Petroleum, Coking, Processing of Nuclear Fuel | 22 |
| 化学原料及化学制品制造业 | Manufacture of Raw Chemical Materials and Chemical Products | 250 |
| 医药制造业 | Manufacture of Medicines | 135 |
| 化学纤维制造业 | Manufacture of Chemical Fibers | 4 |
| 橡胶和塑料制品业 | Manufacture of Rubber and Plastics | 283 |
| 非金属矿物制品业 | Manufacture of Non-metallic Mineral Products | 640 |
| 黑色金属冶炼及压延加工业 | Smelting and Pressing of Ferrous Metals | 142 |
| 有色金属冶炼及压延加工业 | Smelting and Pressing of Nonferrous Metals | 118 |
| 金属制品业 | Manufacture of Metal Products | 286 |
| 通用设备制造业 | Manufacture of General Purpose Machinery | 340 |
| 专用设备制造业 | Manufacture of Special Purpose Machinery | 239 |
| 汽车制造业 | Manufacture of Motor Vehicles | 821 |
| 铁路、船舶、航空航天和其他运输设备制造业 | Manufacture of Railway, Ship, Aviation and Other Transporting Equipment | 506 |
| 电气机械及器材制造业 | Manufacture of Electrical Machinery and Equipment | 270 |
| 通信设备、计算机及其他电子设备制造业 | Manufacture of Communication Equipment, Computers and Other Electronic Equipment | 319 |
| 仪器仪表及文化、办公用机械制造业 | Manufacture of Measuring Instruments and Machinery for Cultural Activity and Office Work | 81 |
| 其他制造业 | Other Manufacture | 19 |
| 废弃资源综合利用业 | Comprehensive Utilization of Waste Resources | 25 |
| 金属制品、机械和设备修理业 | Repair of Metal Products, Machinery and Equipment | 9 |
| 电力、热力的生产和供应业 | Production and Supply of Electric Power and Heat Power | 86 |
| 燃气生产和供应业 | Production and Supply of Gas | 60 |
| 水的生产和供应业 | Production and Supply of Water | 33 |

单位：万元 (10 000 yuan)

| 从业人员平均人数（万人）Average Emloyment (10 000 persons) | 工业总产值 Gross Output Value | 工业销售产值 Sales Value of Industry | 其 中 of which #出口交货值 Value of Export Delivery | 实收资本 Paid-in Capital | 其 中 of which #国家资本 State Capital | #外商资本 Foreign Capital |
|---|---|---|---|---|---|---|
| **156.30** | **186882780** | **182935277** | **9489865** | **26133324** | **7628204** | **128316** |
| 1.40 | 1051647 | 1023089 | 713 | 461880 | 320824 | |
| 0.46 | 265564 | 264050 | | 21938 | | |
| 53.68 | 55409576 | 53807865 | 2948456 | 5442872 | 518839 | 16933 |
| 102.62 | 131473204 | 129127412 | 6541408 | 20690453 | 7109365 | 111383 |
| 46.56 | 58244029 | 57737102 | 3462073 | 10390595 | 3879285 | 103416 |
| 53.08 | 58949433 | 57603469 | 3811177 | 6876429 | 1768240 | 959 |
| 57 | 69689319 | 67594706 | 2216615 | 8866300 | 1980679 | 23941 |
| 6.94 | 2511671 | 2505619 | | 1183534 | 317915 | |
| 0.15 | 799140 | 807018 | | 835559 | 18515 | |
| 0.29 | 128454 | 120729 | | 18986 | 12076 | |
| 0.04 | 54667 | 54667 | | 2030 | | |
| 1.77 | 1798213 | 1771885 | | 229188 | 17000 | |
| 8.17 | 10091327 | 9819461 | 144046 | 518738 | 31745 | 929 |
| 3.10 | 2424605 | 2370687 | 53665 | 266756 | 6685 | |
| 2.02 | 1802502 | 1751145 | 65803 | 266665 | 26723 | |
| 0.46 | 1351016 | 1290888 | | 146120 | | |
| 1.88 | 1933047 | 1919625 | 287460 | 130616 | 9241 | 8875 |
| 1.74 | 873351 | 847252 | 62798 | 64125 | 4000 | |
| 2.90 | 2130905 | 2100080 | 23453 | 41894 | 10100 | |
| 1.17 | 1017272 | 995824 | 21448 | 78973 | 2940 | |
| 1.22 | 884459 | 873573 | 213 | 99570 | 502 | |
| 1.23 | 1130546 | 1121805 | 28913 | 84435 | 8 | |
| 1.73 | 1655312 | 1633333 | 60820 | 179677 | 3379 | |
| 0.94 | 1136730 | 1126355 | 89950 | 47501 | | |
| 0.33 | 627782 | 665969 | | 69214 | | |
| 6.10 | 8283318 | 8009188 | 166811 | 1846976 | 610405 | 14170 |
| 5.54 | 6413760 | 6078304 | 271256 | 1266653 | 72610 | 7129 |
| 0.20 | 220345 | 174580 | 4639 | 67783 | 5703 | |
| 4.21 | 4760731 | 4669889 | 21762 | 410329 | 36091 | 2028 |
| 12.24 | 11660177 | 11411447 | 40568 | 1685500 | 337778 | |
| 3.58 | 5928963 | 5757185 | 143800 | 315234 | 23329 | |
| 3.58 | 7536541 | 7404892 | 368658 | 1008642 | 652613 | |
| 6.41 | 6332809 | 6250734 | 173030 | 529320 | 76384 | -2864 |
| 7.06 | 6838486 | 6655291 | 354220 | 932505 | 355277 | |
| 4.09 | 4643306 | 4382938 | 148149 | 519270 | 119815 | |
| 28.38 | 35034454 | 34884771 | 610439 | 2882934 | 251979 | 94519 |
| 14.58 | 14873669 | 14399390 | 1712803 | 1593945 | 298715 | |
| 6.28 | 10686591 | 10429738 | 221004 | 844583 | 157506 | |
| 8.81 | 19315412 | 18701375 | 4332632 | 2800605 | 237208 | 30 |
| 2.07 | 1455823 | 1394206 | 15851 | 320484 | 90251 | 3500 |
| 1.04 | 568383 | 586451 | 65676 | 247972 | 120724 | |
| 0.22 | 217214 | 217931 | | 32718 | 20 | |
| 0.36 | 193698 | 191522 | | 11247 | | |
| 3.97 | 7513151 | 7512983 | | 3989678 | 3400526 | |
| 0.79 | 1780111 | 1774053 | | 252705 | 135312 | |
| 0.71 | 274842 | 272495 | | 310665 | 185128 | |

## 表12.12 续表1 continued1

| 指 标 | Item | 资 产 Total Assets |
|---|---|---|
| 总 计 | **Total** | **166317910** |
| 按登记注册类型分 | **By Status of Registration** | |
| #国有企业 | State-owned | 2366306 |
| 集体企业 | Collective-owned | 156170 |
| 按轻、重工业分 | **By Light and Heavy Industries** | |
| 轻工业 | Light Industry | 37587076 |
| 重工业 | Heavy Industry | 128730833 |
| 按企业规模分 | **By Size** | |
| 大型企业 | Large | 71455878 |
| 中型企业 | Medium | 42054042 |
| 小型微型企业 | Small&Mini | 52807990 |
| 按行业分 | **By Sector** | |
| 煤炭开采和洗选业 | Mining and Washing of Coal | 5758408 |
| 石油和天然气开采业 | Extraction of Petroleum and Natural Gas | 2737637 |
| 黑色金属矿采选业 | Mining and Processing of Ferrous Metal Ores | 170168 |
| 有色金属矿采选业 | Mining and Processing of Non-Ferrous Metal Ores | 45420 |
| 非金属矿采选业 | Mining and Processing of Nonmetal Ores | 1094496 |
| 开采辅助活动 | Mining Support Activities | |
| 其他采矿业 | Mining of Other Ores | |
| 农副食品加工业 | Processing of Food from Agricultural Products | 3613774 |
| 食品制造业 | Manufacture of Foods | 1479256 |
| 酒、饮料和精制茶制造业 | Liquor, Beverage and Refined Tea | 1076738 |
| 烟草制品业 | Manufacture of Tobacco | 1409936 |
| 纺织业 | Manufacture of Textile | 887129 |
| 纺织服装、鞋、帽制造业 | Manufacture of Textile Wearing Apparel, Footware and Caps | 393236 |
| 皮革、毛皮、羽毛（绒）及其制品业 | Manufacture of Leather, Fur, Feather and Related Products | 562178 |
| 木材加工及木竹藤棕草制品业 | Processing of Timber, Manufacture of Wood, Bamboo, Rattan, Palm and Straw Products | 568700 |
| 家具制造业 | Manufacture of Furniture | 664812 |
| 造纸及纸制品业 | Manufacture of Paper and Paper Products | 592964 |
| 印刷业、记录媒介的复制 | Printing, Reproduction of Recording Media | 1079160 |
| 文教、工美、体育和娱乐用品制造业 | Manufacture of Culture, Education, Handicraft, Fine Arts, Sports and Entertainment Articles | 579024 |
| 石油加工、炼焦及核燃料加工业 | Processing of Petroleum, Coking, Processing of Nuclear Fuel | 314687 |
| 化学原料及化学制品制造业 | Manufacture of Raw Chemical Materials and Chemical Products | 8587117 |
| 医药制造业 | Manufacture of Medicines | 6081046 |
| 化学纤维制造业 | Manufacture of Chemical Fibers | 298943 |
| 橡胶和塑料制品业 | Manufacture of Rubber and Plastics | 2420740 |
| 非金属矿物制品业 | Manufacture of Non-metallic Mineral Products | 9800508 |
| 黑色金属冶炼及压延加工业 | Smelting and Pressing of Ferrous Metals | 6442103 |
| 有色金属冶炼及压延加工业 | Smelting and Pressing of Nonferrous Metals | 5462640 |
| 金属制品业 | Manufacture of Metal Products | 4221692 |
| 通用设备制造业 | Manufacture of General Purpose Machinery | 5765764 |
| 专用设备制造业 | Manufacture of Special Purpose Machinery | 3625183 |
| 汽车制造业 | Manufacture of Motor Vehicles | 32486728 |
| 铁路、船舶、航空航天和其他运输设备制造业 | Manufacture of Railway, Ship, Aviation and Other Transporting Equipment | 14428807 |
| 电气机械及器材制造业 | Manufacture of Electrical Machinery and Equipment | 7323243 |
| 通信设备、计算机及其他电子设备制造业 | Manufacture of Communication Equipment, Computers and Other Electronic Equipment | 11045574 |
| 仪器仪表及文化、办公用机械制造业 | Manufacture of Measuring Instruments and Machinery for Cultural Activity and Office Work | 1573380 |
| 其他制造业 | Other Manufacture | 1139637 |
| 废弃资源综合利用业 | Comprehensive Utilization of Waste Resources | 194071 |
| 金属制品、机械和设备修理业 | Repair of Metal Products, Machinery and Equipment | 108241 |
| 电力、热力的生产和供应业 | Production and Supply of Electric Power and Heat Power | 19239299 |
| 燃气生产和供应业 | Production and Supply of Gas | 1348740 |
| 水的生产和供应业 | Production and Supply of Water | 1696731 |

单位：万元 (10 000 yuan)

| 其 中 of which | 固定资产 Fixed Assets | | 负 债 | 其 中 of which |
|---|---|---|---|---|
| #流动资产 Circulating Assets | 原 值 Original Value | 净 值 Net Value | Total Liabilities | #流动负债 Total Circulating Liabilities |
| **73677777** | **101703451** | **66959693** | **100296919** | **74002212** |
| 765520 | 1944298 | 1257322 | 1851635 | 1225026 |
| 83618 | 60274 | 39732 | 89107 | 81451 |
| 18214049 | 21159472 | 13214876 | 19181697 | 15271843 |
| 55463727 | 80543979 | 53744817 | 81115222 | 58730370 |
| 31920450 | 44648756 | 28365064 | 45770863 | 34739863 |
| 19410417 | 26840394 | 17063603 | 24258816 | 19060389 |
| 22346910 | 30214301 | 21531026 | 30267240 | 20201960 |
| 1604931 | 2705855 | 2465244 | 3198790 | 1896114 |
| 220561 | 2398783 | 2495128 | 1877507 | 1648317 |
| 73622 | 77312 | 60976 | 149228 | 141910 |
| 24989 | 22882 | 20431 | 38495 | 38495 |
| 414112 | 636749 | 414907 | 416110 | 317018 |
| 1405753 | 2704028 | 1643410 | 1368041 | 994784 |
| 670434 | 784050 | 603452 | 609812 | 495772 |
| 481576 | 636916 | 438488 | 559462 | 469991 |
| 1092955 | 486979 | 222420 | 811091 | 810100 |
| 350142 | 713933 | 475926 | 366412 | 297784 |
| 221588 | 143301 | 105115 | 169322 | 140086 |
| 303129 | 1227968 | 218859 | 236823 | 126976 |
| 234647 | 394696 | 274749 | 246048 | 188915 |
| 236014 | 216660 | 235121 | 261492 | 139736 |
| 268463 | 305419 | 237630 | 326761 | 256192 |
| 506001 | 843018 | 457066 | 556961 | 434770 |
| 224085 | 417416 | 309009 | 303463 | 282581 |
| 178312 | 285371 | 113135 | 177639 | 152615 |
| 2624710 | 6662251 | 4243226 | 6079746 | 4406273 |
| 2663149 | 3220175 | 2153868 | 2727055 | 2298334 |
| 109581 | 192559 | 169819 | 157695 | 120785 |
| 1107189 | 1918134 | 962090 | 1161494 | 878187 |
| 4331250 | 6592806 | 4553706 | 5865714 | 4619723 |
| 1610632 | 6082674 | 4111368 | 5417592 | 3793041 |
| 2161221 | 4114228 | 2805695 | 3550174 | 2532162 |
| 1903728 | 2368430 | 1767020 | 2442538 | 1976913 |
| 3313446 | 2519370 | 1853249 | 3281691 | 2551807 |
| 1652192 | 1895094 | 1272831 | 1899338 | 1428801 |
| 18736939 | 13279384 | 8098416 | 19882569 | 17328161 |
| 7735367 | 6813133 | 3747607 | 8949355 | 6796529 |
| 5061684 | 2500875 | 1477655 | 4627676 | 3778630 |
| 6714888 | 4886277 | 3593129 | 6132836 | 4230369 |
| 1069769 | 443504 | 242468 | 854376 | 739475 |
| 627377 | 518776 | 371425 | 811730 | 715478 |
| 100042 | 76813 | 59992 | 132544 | 94376 |
| 41366 | 76676 | 62437 | 52863 | 40404 |
| 2400041 | 21038793 | 13421877 | 12937474 | 5832515 |
| 628482 | 655303 | 444511 | 884134 | 609844 |
| 573412 | 846861 | 756242 | 774874 | 398252 |

**表12.12 续表2 continued2**

| 指 标 | Item | 所有者权益 Creditors' Equity |
|---|---|---|
| **总 计** | **Total** | **64771429** |
| **按登记注册类型分** | **By Status of Registration** | |
| #国有企业 | State-owned | 475841 |
| 集体企业 | Collective-owned | 65348 |
| **按轻、重工业分** | **By Light and Heavy Industries** | |
| 轻工业 | Light Industry | 18142851 |
| 重工业 | Heavy Industry | 46628579 |
| **按企业规模分** | **By Size** | |
| 大型企业 | Large | 25685015 |
| 中型企业 | Medium | 17794492 |
| 小型微型企业 | Small&Mini | 21291922 |
| **按行业分** | **By Sector** | |
| 煤炭开采和洗选业 | Mining and Washing of Coal | 2363314 |
| 石油和天然气开采业 | Extraction of Petroleum and Natural Gas | 860130 |
| 黑色金属矿采选业 | Mining and Processing of Ferrous Metal Ores | 20940 |
| 有色金属矿采选业 | Mining and Processing of Non-Ferrous Metal Ores | 6925 |
| 非金属矿采选业 | Mining and Processing of Nonmetal Ores | 664545 |
| 开采辅助活动 | Mining Support Activities | |
| 其他采矿业 | Mining of Other Ores | |
| 农副食品加工业 | Processing of Food from Agricultural Products | 2231513 |
| 食品制造业 | Manufacture of Foods | 864688 |
| 酒、饮料和精制茶制造业 | Liquor, Beverage and Refined Tea | 515700 |
| 烟草制品业 | Manufacture of Tobacco | 598845 |
| 纺织业 | Manufacture of Textile | 520487 |
| 纺织服装、鞋、帽制造业 | Manufacture of Textile Wearing Apparel, Footware and Caps | 206763 |
| 皮革、毛皮、羽毛（绒）及其制品业 | Manufacture of Leather, Fur, Feather and Related Products | 306211 |
| 木材加工及木竹藤棕草制品业 | Processing of Timber, Manufacture of Wood, Bamboo, Rattan, Palm and Straw Products | 315654 |
| 家具制造业 | Manufacture of Furniture | 393179 |
| 造纸及纸制品业 | Manufacture of Paper and Paper Products | 261270 |
| 印刷业、记录媒介的复制 | Printing, Reproduction of Recording Media | 517201 |
| 文教、工美、体育和娱乐用品制造业 | Manufacture of Culture, Education, Handicraft, Fine Arts, Sports and Entertainment Articles | 262274 |
| 石油加工、炼焦及核燃料加工业 | Processing of Petroleum, Coking, Processing of Nuclear Fuel | 137048 |
| 化学原料及化学制品制造业 | Manufacture of Raw Chemical Materials and Chemical Products | 2417974 |
| 医药制造业 | Manufacture of Medicines | 3350550 |
| 化学纤维制造业 | Manufacture of Chemical Fibers | 141248 |
| 橡胶和塑料制品业 | Manufacture of Rubber and Plastics | 1245382 |
| 非金属矿物制品业 | Manufacture of Non-metallic Mineral Products | 3911618 |
| 黑色金属冶炼及压延加工业 | Smelting and Pressing of Ferrous Metals | 941685 |
| 有色金属冶炼及压延加工业 | Smelting and Pressing of Nonferrous Metals | 1907635 |
| 金属制品业 | Manufacture of Metal Products | 1756692 |
| 通用设备制造业 | Manufacture of General Purpose Machinery | 2478220 |
| 专用设备制造业 | Manufacture of Special Purpose Machinery | 1713680 |
| 汽车制造业 | Manufacture of Motor Vehicles | 12516587 |
| 铁路、船舶、航空航天和其他运输设备制造业 | Manufacture of Railway, Ship, Aviation and Other Transporting Equipment | 5456704 |
| 电气机械及器材制造业 | Manufacture of Electrical Machinery and Equipment | 2575395 |
| 通信设备、计算机及其他电子设备制造业 | Manufacture of Communication Equipment, Computers and Other Electronic Equipment | 4862166 |
| 仪器仪表及文化、办公用机械制造业 | Manufacture of Measuring Instruments and Machinery for Cultural Activity and Office Work | 715959 |
| 其他制造业 | Other Manufacture | 322354 |
| 废弃资源综合利用业 | Comprehensive Utilization of Waste Resources | 57760 |
| 金属制品、机械和设备修理业 | Repair of Metal Products, Machinery and Equipment | 55379 |
| 电力、热力的生产和供应业 | Production and Supply of Electric Power and Heat Power | 5911293 |
| 燃气生产和供应业 | Production and Supply of Gas | 464605 |
| 水的生产和供应业 | Production and Supply of Water | 921857 |

单位：万元（10 000 yuan）

| 主营业务收入<br>Revenue from Principal Business | 主营业务成本<br>Cost of Principal Business | 主营业务税金及附加<br>Tax and Extra Charges of Principal Business | 利润总额<br>Total After-tax Profits | 利税总额<br>Total Pre-tax Profits | 应付职工薪酬<br>Total Wages |
|---|---|---|---|---|---|
| **182269531** | **154355975** | **2222769** | **12681495** | **21594398** | **11551628** |
| 1021266 | 903659 | 6873 | -71145 | -23876 | 123590 |
| 254827 | 208664 | 5905 | 15439 | 33467 | 24632 |
| 53098224 | 43559218 | 953255 | 4111314 | 7300313 | 3763104 |
| 129171307 | 110796757 | 1269514 | 8570181 | 14294084 | 7788524 |
| 57991156 | 49164923 | 1253964 | 3243023 | 6770641 | 4262516 |
| 58047076 | 48879201 | 430894 | 4573060 | 7263399 | 3906099 |
| 66231299 | 56311851 | 537911 | 4865412 | 7560358 | 3383013 |
| 2512206 | 2109910 | 50550 | 132795 | 409268 | 509178 |
| 805256 | 496163 | 37370 | 281146 | 323193 | 17514 |
| 119296 | 82336 | 2564 | -4983 | 10044 | 18503 |
| 61671 | 53780 | 1716 | 5208 | 11998 | 3075 |
| 1753208 | 1404945 | 38475 | 138986 | 253184 | 113306 |
| 9647629 | 8254084 | 64570 | 677318 | 1036448 | 509155 |
| 2395679 | 1924552 | 22961 | 218945 | 348125 | 205884 |
| 1739775 | 1331552 | 42986 | 175404 | 296336 | 153797 |
| 1256505 | 459334 | 575502 | 29524 | 785845 | 92851 |
| 1937521 | 1699359 | 13088 | 155230 | 298411 | 115370 |
| 829121 | 679998 | 3499 | 73785 | 100237 | 90233 |
| 2110539 | 1874862 | 12303 | 139148 | 207774 | 211281 |
| 962592 | 795198 | 7389 | 77950 | 113640 | 60770 |
| 873354 | 668240 | 7653 | 75606 | 115323 | 75206 |
| 1117429 | 949469 | 6459 | 76294 | 120101 | 69136 |
| 1600944 | 1375094 | 10543 | 123263 | 191404 | 110645 |
| 1111353 | 991549 | 5572 | 85719 | 153633 | 57265 |
| 685932 | 603352 | 6705 | 37858 | 63170 | 27846 |
| 7812348 | 6818559 | 46041 | 229899 | 575325 | 486668 |
| 6010916 | 4472665 | 41212 | 580909 | 1005355 | 441884 |
| 174480 | 144407 | 664 | 17352 | 19978 | 10127 |
| 4584372 | 3891696 | 36202 | 348018 | 541499 | 259029 |
| 11244385 | 9392430 | 83912 | 861771 | 1375921 | 825845 |
| 5521913 | 5236011 | 46863 | -150600 | 82453 | 244377 |
| 7527313 | 6677244 | 37713 | 504114 | 827546 | 278432 |
| 6278359 | 5329035 | 40198 | 521402 | 772089 | 521483 |
| 6595700 | 5421686 | 54181 | 523000 | 841730 | 448176 |
| 4184569 | 3357925 | 37365 | 422527 | 647927 | 287874 |
| 35749283 | 29935577 | 570933 | 3072750 | 4780579 | 2281117 |
| 13886351 | 11970235 | 78233 | 796058 | 1344744 | 1029319 |
| 11085643 | 9410436 | 57161 | 821210 | 1214800 | 437496 |
| 18352651 | 16171627 | 106291 | 1073651 | 1552404 | 616247 |
| 1360267 | 1064403 | 6976 | 92236 | 152158 | 158683 |
| 565695 | 501679 | 2045 | 21391 | 32125 | 95841 |
| 232389 | 202639 | 1414 | 13607 | 26294 | 13079 |
| 191558 | 166925 | 1694 | 15132 | 30067 | 31097 |
| 7396340 | 6551765 | 53631 | 381262 | 846798 | 507283 |
| 1723115 | 1682503 | 7583 | -10225 | 22709 | 71426 |
| 271875 | 202753 | 2555 | 46833 | 63764 | 65130 |

# 表12.13 内资工业企业经济效益指标（2016年）
## INDICATORS ON ECONOMIC BENEFIT OF INDUSTRIAL ENTERPRISES WITH DOMESTIC FUNDS (2016)

| 指 标 | Item | 总资产贡献率 Ratio of Total Assets to Industrial Output Value |
|---|---|---|
| **总 计** | **Total** | **14.1** |
| **按轻、重工业分** | **By Light and Heavy Industries** | |
| 轻工业 | Light Industry | 20.3 |
| 重工业 | Heavy Industry | 12.2 |
| **按企业规模分** | **By Size** | |
| 大型企业 | Large | 10.4 |
| 中型企业 | Medium | 18.5 |
| 小型微型企业 | Small&Mini | 15.5 |
| **按行业分** | **By Sector** | |
| 煤炭开采和洗选业 | Mining and Washing of Coal | 8.0 |
| 石油和天然气开采业 | Extraction of Petroleum and Natural Gas | 13.1 |
| 黑色金属矿采选业 | Mining and Processing of Ferrous Metal Ores | 8.3 |
| 有色金属矿采选业 | Mining and Processing of Non-Ferrous Metal Ores | 26.4 |
| 非金属矿采选业 | Mining and Processing of Nonmetal Ores | 26.5 |
| 开采辅助活动 | Mining Support Activities | |
| 其他采矿业 | Mining of Other Ores | |
| 农副食品加工业 | Processing of Food from Agricultural Products | 30.1 |
| 食品制造业 | Manufacture of Foods | 24.6 |
| 酒、饮料和精制茶制造业 | Liquor, Beverage and Refined Tea | 29.3 |
| 烟草制品业 | Manufacture of Tobacco | 56.2 |
| 纺织业 | Manufacture of Textile | 34.8 |
| 纺织服装、服饰业 | Manufacture of Textile Wearing Apparel, Footware and Caps | 26.6 |
| 皮革、毛皮、羽毛及其制品和制鞋业 | Manufacture of Leather, Fur, Feather and Related Products | 37.8 |
| 木材加工和木、竹、藤、棕、草制品业 | Processing of Timber, Manufacture of Wood, Bamboo, Rattan, Palm and Straw Products | 21.2 |
| 家具制造业 | Manufacture of Furniture | 18.4 |
| 造纸和纸制品业 | Manufacture of Paper and Paper Products | 21.4 |
| 印刷和记录媒介复制业 | Printing, Reproduction of Recording Media | 19.0 |
| 文教、工美、体育和娱乐用品制造业 | Manufacture of Culture, Education, Handicraft, Fine Arts, Sports and Entertainment Articles | 26.8 |
| 石油加工、炼焦和核燃料加工业 | Processing of Petroleum, Coking, Processing of Nuclear Fuel | 21.5 |
| 化学原料和化学制品制造业 | Manufacture of Raw Chemical Materials and Chemical Products | 8.6 |
| 医药制造业 | Manufacture of Medicines | 17.6 |
| 化学纤维制造业 | Manufacture of Chemical Fibers | 7.1 |
| 橡胶和塑料制品业 | Manufacture of Rubber and Plastics | 23.6 |
| 非金属矿物制品业 | Manufacture of Non-metallic Mineral Products | 15.3 |
| 黑色金属冶炼和压延加工业 | Smelting and Pressing of Ferrous Metals | 3.6 |
| 有色金属冶炼和压延加工业 | Smelting and Pressing of Nonferrous Metals | 16.9 |
| 金属制品业 | Manufacture of Metal Products | 19.6 |
| 通用设备制造业 | Manufacture of General Purpose Machinery | 15.6 |
| 专用设备制造业 | Manufacture of Special Purpose Machinery | 18.7 |
| 汽车制造业 | Manufacture of Motor Vehicles | 15.2 |
| 铁路、船舶、航空航天和其他运输设备制造业 | Manufacture of Railway, Ship, Aviation and Other Transporting Equipment | 10.1 |
| 电气机械和器材制造业 | Manufacture of Electrical Machinery and Equipment | 17.5 |
| 计算机、通信和其他电子设备制造业 | Manufacture of Communication Equipment, Computers and Other Electronic Equipment | 14.6 |
| 仪器仪表制造业 | Manufacture of Measuring Instruments and Machinery for Cultural Activity and Office Work | 10.7 |
| 其他制造业 | Other Manufacture | 3.4 |
| 废弃资源综合利用业 | Comprehensive Utilization of Waste Resources | 13.7 |
| 金属制品、机械和设备修理业 | Repair of Metal Products, Machinery and Equipment | 27.9 |
| 电力、热力生产和供应业 | Production and Supply of Electric Power and Heat Power | 6.1 |
| 燃气生产和供应业 | Production and Supply of Gas | 1.9 |
| 水的生产和供应业 | Production and Supply of Water | 3.9 |

单位：% (%)

| 资本保值增值率 Ratio of Assets Appreciation YOY | 资产负债率 Asset-Liability Ratio | 流动资产周转率（次） Turnover Ratio of Circulating Assets (time) | 成本费用利润率 Ratio of Profits to Cost | 全员劳动生产率（元/人年） Overall Labor Productivity (yuan/person-year) | 产品销售率 Sales as Percentage of Output |
|---|---|---|---|---|---|
| **110.9** | **60.3** | **2.5** | **7.4** | **286865** | **97.9** |
| 112.0 | 51.0 | 3.0 | 8.4 | 266449 | 97.1 |
| 110.4 | 63.0 | 2.4 | 7.0 | 297169 | 98.2 |
| 102.6 | 64.1 | 1.9 | 5.8 | 314723 | 99.1 |
| 115.6 | 57.7 | 3.0 | 8.5 | 261860 | 97.7 |
| 118.0 | 57.3 | 3.0 | 7.9 | 287765 | 97.0 |
| 88.9 | 55.6 | 1.7 | 5.0 | 117604 | 99.8 |
| 96.7 | 68.6 | 3.7 | 42.7 | 2435462 | 101.0 |
| 138.7 | 87.7 | 1.6 | -4.1 | 318523 | 94.0 |
| 67.6 | 84.8 | 2.5 | 9.5 | 344825 | 100.0 |
| 118.6 | 38.0 | 4.3 | 8.7 | 242444 | 98.5 |
| 113.3 | 37.9 | 6.9 | 7.6 | 268585 | 97.3 |
| 121.8 | 41.2 | 3.6 | 10.0 | 191368 | 97.8 |
| 118.8 | 52.0 | 3.6 | 11.5 | 290614 | 97.2 |
| 116.9 | 57.5 | 1.2 | 4.8 | 1931720 | 95.6 |
| 112.2 | 41.3 | 5.5 | 8.8 | 264175 | 99.3 |
| 111.4 | 43.1 | 3.8 | 9.7 | 139050 | 97.0 |
| 102.1 | 42.1 | 7.1 | 7.0 | 207007 | 98.6 |
| 115.2 | 43.3 | 4.1 | 8.9 | 228987 | 97.9 |
| 118.3 | 39.3 | 3.7 | 9.6 | 177807 | 98.8 |
| 96.0 | 55.1 | 4.2 | 7.4 | 239102 | 99.2 |
| 80.8 | 51.6 | 3.2 | 8.1 | 288984 | 98.7 |
| 85.7 | 52.4 | 5.0 | 8.4 | 320716 | 99.1 |
| 98.3 | 56.5 | 3.9 | 5.9 | 355411 | 106.1 |
| 104.0 | 70.8 | 3.0 | 3.0 | 259361 | 96.7 |
| 127.8 | 44.9 | 2.3 | 10.6 | 321153 | 94.8 |
| 112.9 | 52.8 | 1.6 | 11.0 | 264004 | 79.2 |
| 124.2 | 48.0 | 4.2 | 8.3 | 277509 | 98.1 |
| 111.7 | 59.9 | 2.6 | 8.3 | 272002 | 97.9 |
| 60.9 | 84.1 | 3.4 | -2.6 | 320995 | 97.1 |
| 108.9 | 65.0 | 3.6 | 7.0 | 472475 | 98.3 |
| 111.0 | 57.9 | 3.3 | 9.0 | 262738 | 98.7 |
| 116.1 | 56.9 | 2.0 | 8.6 | 250638 | 97.3 |
| 124.7 | 52.4 | 2.5 | 11.2 | 335478 | 94.4 |
| 117.6 | 61.2 | 2.0 | 9.2 | 300971 | 99.6 |
| 110.8 | 62.0 | 1.8 | 6.0 | 248032 | 96.8 |
| 112.6 | 63.2 | 2.2 | 7.9 | 326995 | 97.6 |
| 132.9 | 55.5 | 2.8 | 6.1 | 439419 | 96.8 |
| 111.2 | 54.3 | 1.3 | 7.2 | 180426 | 95.8 |
| 129.7 | 71.2 | 1.0 | 3.5 | 194759 | 103.2 |
| 47.6 | 68.3 | 2.3 | 6.3 | 298562 | 100.3 |
| 127.0 | 48.8 | 4.6 | 8.6 | 191542 | 98.9 |
| 104.1 | 67.3 | 3.1 | 5.4 | 357098 | 100.0 |
| 85.5 | 65.6 | 2.8 | -0.6 | 542925 | 99.7 |
| 108.6 | 45.7 | 0.6 | 14.7 | 177881 | 99.2 |

**表12.13 续表 continued**

| 指　标 | Item | 销售利润率 Rate of Return on Sale |
|---|---|---|
| 总　计 | **Total** | **7.0** |
| 按轻、重工业分 | **By Light and Heavy Industries** | |
| 轻工业 | Light Industry | 7.7 |
| 重工业 | Heavy Industry | 6.6 |
| 按企业规模分 | **By Size** | |
| 大型企业 | Large | 5.6 |
| 中型企业 | Medium | 7.9 |
| 小型微型企业 | Small&Mini | 7.4 |
| 按行业分 | **By Sector** | |
| 煤炭开采和洗选业 | Mining and Washing of Coal | 5.3 |
| 石油和天然气开采业 | Extraction of Petroleum and Natural Gas | 34.9 |
| 黑色金属矿采选业 | Mining and Processing of Ferrous Metal Ores | -4.2 |
| 有色金属矿采选业 | Mining and Processing of Non-Ferrous Metal Ores | 8.5 |
| 非金属矿采选业 | Mining and Processing of Nonmetal Ores | 7.9 |
| 开采辅助活动 | Mining Support Activities | |
| 其他采矿业 | Mining of Other Ores | |
| 农副食品加工业 | Processing of Food from Agricultural Products | 7.0 |
| 食品制造业 | Manufacture of Foods | 9.1 |
| 酒、饮料和精制茶制造业 | Liquor, Beverage and Refined Tea | 10.1 |
| 烟草制品业 | Manufacture of Tobacco | 2.4 |
| 纺织业 | Manufacture of Textile | 8.0 |
| 纺织服装、服饰业 | Manufacture of Textile Wearing Apparel, Footware and Caps | 8.9 |
| 皮革、毛皮、羽毛及其制品和制鞋业 | Manufacture of Leather, Fur, Feather and Related Products | 6.6 |
| 木材加工和木、竹、藤、棕、草制品业 | Processing of Timber, Manufacture of Wood, Bamboo, Rattan, Palm and Straw Products | 8.1 |
| 家具制造业 | Manufacture of Furniture | 8.7 |
| 造纸和纸制品业 | Manufacture of Paper and Paper Products | 6.8 |
| 印刷和记录媒介复制业 | Printing, Reproduction of Recording Media | 7.7 |
| 文教、工美、体育和娱乐用品制造业 | Manufacture of Culture, Education, Handicraft, Fine Arts, Sports and Entertainment Articles | 7.7 |
| 石油加工、炼焦和核燃料加工业 | Processing of Petroleum, Coking, Processing of Nuclear Fuel | 5.5 |
| 化学原料和化学制品制造业 | Manufacture of Raw Chemical Materials and Chemical Products | 2.9 |
| 医药制造业 | Manufacture of Medicines | 9.7 |
| 化学纤维制造业 | Manufacture of Chemical Fibers | 10.0 |
| 橡胶和塑料制品业 | Manufacture of Rubber and Plastics | 7.6 |
| 非金属矿物制品业 | Manufacture of Non-metallic Mineral Products | 7.7 |
| 黑色金属冶炼和压延加工业 | Smelting and Pressing of Ferrous Metals | -2.7 |
| 有色金属冶炼和压延加工业 | Smelting and Pressing of Nonferrous Metals | 6.7 |
| 金属制品业 | Manufacture of Metal Products | 8.3 |
| 通用设备制造业 | Manufacture of General Purpose Machinery | 7.9 |
| 专用设备制造业 | Manufacture of Special Purpose Machinery | 10.1 |
| 汽车制造业 | Manufacture of Motor Vehicles | 8.6 |
| 铁路、船舶、航空航天和其他运输设备制造业 | Manufacture of Railway, Ship, Aviation and Other Transporting Equipment | 5.7 |
| 电气机械和器材制造业 | Manufacture of Electrical Machinery and Equipment | 7.4 |
| 计算机、通信和其他电子设备制造业 | Manufacture of Communication Equipment, Computers and Other Electronic Equipment | 5.9 |
| 仪器仪表制造业 | Manufacture of Measuring Instruments and Machinery for Cultural Activity and Office Work | 6.8 |
| 其他制造业 | Other Manufacture | 3.8 |
| 废弃资源综合利用业 | Comprehensive Utilization of Waste Resources | 5.9 |
| 金属制品、机械和设备修理业 | Repair of Metal Products, Machinery and Equipment | 7.9 |
| 电力、热力生产和供应业 | Production and Supply of Electric Power and Heat Power | 5.2 |
| 燃气生产和供应业 | Production and Supply of Gas | -0.6 |
| 水的生产和供应业 | Production and Supply of Water | 17.2 |

单位：% (%)

| 流动比率<br>Current Ratio | 速动比率<br>Quick Ratio | 产权比率<br>Equity Ratio | 人均实现利税（元）<br>Per Capita Pre-tax Profits (yuan) | 从业人员人均工资（元）<br>Per Capita Wages of Employees (yuan) |
|---|---|---|---|---|
| **1.0** | **0.8** | **1.6** | **138423** | **73908** |
| 1.2 | 0.9 | 1.1 | 136366 | 70097 |
| 0.9 | 0.8 | 1.7 | 139499 | 75902 |
| 0.9 | 0.8 | 1.8 | 145403 | 91539 |
| 1.0 | 0.8 | 1.4 | 136899 | 73587 |
| 1.1 | 0.9 | 1.4 | 134113 | 59718 |
| 0.9 | 0.8 | 1.4 | 58992 | 73393 |
| 0.1 | 0.1 | 2.2 | 2130476 | 115452 |
| 0.5 | 0.4 | 7.1 | 34280 | 63152 |
| 0.7 | 0.5 | 5.6 | 293359 | 75181 |
| 1.3 | 1.1 | 0.6 | 143326 | 64134 |
| 1.4 | 1.1 | 0.6 | 128995 | 62349 |
| 1.4 | 1.0 | 0.7 | 112472 | 66517 |
| 1.0 | 0.7 | 1.1 | 147795 | 76058 |
| 1.4 | 0.3 | 1.4 | 1722589 | 203532 |
| 1.2 | 0.9 | 0.7 | 158400 | 61240 |
| 1.6 | 1.0 | 0.8 | 57717 | 51957 |
| 2.4 | 1.8 | 0.8 | 71567 | 72775 |
| 1.2 | 0.9 | 0.8 | 96962 | 51851 |
| 1.7 | 1.3 | 0.7 | 94364 | 61538 |
| 1.1 | 0.8 | 1.3 | 98041 | 56438 |
| 1.2 | 0.9 | 1.1 | 110914 | 64116 |
| 0.8 | 0.6 | 1.2 | 163266 | 60855 |
| 1.2 | 0.7 | 1.3 | 194010 | 85522 |
| 0.6 | 0.4 | 2.5 | 94987 | 79740 |
| 1.2 | 0.9 | 0.8 | 181508 | 79752 |
| 0.9 | 0.6 | 1.1 | 101206 | 51303 |
| 1.3 | 1.0 | 0.9 | 128518 | 61473 |
| 0.9 | 0.8 | 1.5 | 112394 | 67445 |
| 0.4 | 0.3 | 5.8 | 23069 | 68351 |
| 0.9 | 0.7 | 1.9 | 231426 | 77857 |
| 1.0 | 0.8 | 1.4 | 120383 | 81308 |
| 1.3 | 1.0 | 1.3 | 119209 | 63469 |
| 1.2 | 0.9 | 1.1 | 159094 | 70411 |
| 1.1 | 0.9 | 1.6 | 168638 | 80365 |
| 1.1 | 1.0 | 1.6 | 92206 | 70577 |
| 1.3 | 1.1 | 1.8 | 193987 | 69656 |
| 1.6 | 1.3 | 1.3 | 176567 | 69941 |
| 1.5 | 1.1 | 1.2 | 73557 | 76696 |
| 0.9 | 0.6 | 2.5 | 30792 | 91864 |
| 1.1 | 0.9 | 2.3 | 118869 | 59129 |
| 1.0 | 0.9 | 1.0 | 84553 | 87448 |
| 0.4 | 0.4 | 2.2 | 213514 | 127908 |
| 1.0 | 1.0 | 1.9 | 28945 | 90026 |
| 1.4 | 1.3 | 0.8 | 90075 | 92005 |

# 表12.14 外商投资和港澳台投资工业企业主要经济指标（2016年）

## MAIN ECONOMIC INDICATORS OF INDUSTRIAL ENTERPRISES WITH HONG KONG, MACAO, TAIWAN AND FOREIGN FUNDS (2016)

| 指　标 | Item | 单位数（个） Number of Enterprises (unit) |
|---|---|---|
| 总　计 | **Total** | **390** |
| **按登记注册类型分** | **By Status of Registration** | |
| #港澳台投资企业 | Funded by Hong Kong, Macao and Taiwan | 151 |
| 外商投资企业 | Foreign-funded | 239 |
| **按轻、重工业分** | **By Light and Heavy Industries** | |
| 轻工业 | Light Industry | 91 |
| 重工业 | Heavy Industry | 299 |
| **按企业规模分** | **By Size** | |
| 大型企业 | Large | 59 |
| 中型企业 | Medium | 129 |
| 小型微型企业 | Small&Mini | 202 |
| **按行业分** | **By Sector** | |
| 煤炭开采和洗选业 | Mining and Washing of Coal | |
| 石油和天然气开采业 | Extraction of Petroleum and Natural Gas | |
| 黑色金属矿采选业 | Mining and Processing of Ferrous Metal Ores | |
| 有色金属矿采选业 | Mining and Processing of Non-Ferrous Metal Ores | |
| 非金属矿采选业 | Mining and Processing of Nonmetal Ores | |
| 开采辅助活动 | Mining Support Activities | |
| 其他采矿业 | Mining of Other Ores | |
| 农副食品加工业 | Processing of Food from Agricultural Products | 9 |
| 食品制造业 | Manufacture of Foods | 4 |
| 酒、饮料和精制茶制造业 | Liquor, Beverage and Refined Tea | 11 |
| 烟草制品业 | Manufacture of Tobacco | |
| 纺织业 | Manufacture of Textile | 1 |
| 纺织服装、鞋、帽制造业 | Manufacture of Textile Wearing Apparel, Footware and Caps | 8 |
| 皮革、毛皮、羽毛（绒）及其制品业 | Manufacture of Leather, Fur, Feather and Related Products | |
| 木材加工及木竹藤棕草制品业 | Processing of Timber, Manufacture of Wood, Bamboo, Rattan, Palm and Straw Products | 1 |
| 家具制造业 | Manufacture of Furniture | |
| 造纸及纸制品业 | Manufacture of Paper and Paper Products | 10 |
| 印刷业、记录媒介的复制 | Printing, Reproduction of Recording Media | 5 |
| 文教、工美、体育和娱乐用品制造业 | Manufacture of Culture, Education, Handicraft, Fine Arts, Sports and Entertainment Articles | 4 |
| 石油加工、炼焦及核燃料加工业 | Processing of Petroleum, Coking, Processing of Nuclear Fuel | 25 |
| 化学原料及化学制品制造业 | Manufacture of Raw Chemical Materials and Chemical Products | 3 |
| 医药制造业 | Manufacture of Medicines | |
| 化学纤维制造业 | Manufacture of Chemical Fibers | |
| 橡胶和塑料制品业 | Manufacture of Rubber and Plastics | 16 |
| 非金属矿物制品业 | Manufacture of Non-metallic Mineral Products | 22 |
| 黑色金属冶炼及压延加工业 | Smelting and Pressing of Ferrous Metals | 2 |
| 有色金属冶炼及压延加工业 | Smelting and Pressing of Nonferrous Metals | 7 |
| 金属制品业 | Manufacture of Metal Products | 9 |
| 通用设备制造业 | Manufacture of General Purpose Machinery | 22 |
| 专用设备制造业 | Manufacture of Special Purpose Machinery | 17 |
| 汽车制造业 | Manufacture of Motor Vehicles | 86 |
| 铁路、船舶、航空航天和其他运输设备制造业 | Manufacture of Railway, Ship, Aviation and Other Transporting Equipment | 12 |
| 电气机械及器材制造业 | Manufacture of Electrical Machinery and Equipment | 16 |
| 通信设备、计算机及其他电子设备制造业 | Manufacture of Communication Equipment, Computers and Other Electronic Equipment | 82 |
| 仪器仪表及文化、办公用机械制造业 | Manufacture of Measuring Instruments and Machinery for Cultural Activity and Office Work | 8 |
| 其他制造业 | Other Manufacture | |
| 废弃资源综合利用业 | Comprehensive Utilization of Waste Resources | |
| 金属制品、机械和设备修理业 | Repair of Metal Products, Machinery and Equipment | |
| 电力、热力的生产和供应业 | Production and Supply of Electric Power and Heat Power | 2 |
| 燃气生产和供应业 | Production and Supply of Gas | 5 |
| 水的生产和供应业 | Production and Supply of Water | 3 |

单位：万元 (10 000 yuan)

| 从业人员平均人数（万人）Average Emloyment (10 000 persons) | 工业总产值 Gross Output Value | 工业销售产值 Sales Value of Industry | 其 中 of which #出口交货值 Value of Export Delivery | 实收资本 Paid-in Capital | 其 中 of which #国家资本 State Capital | #外商资本 Foreign Capital |
|---|---|---|---|---|---|---|
| **28.96** | **52183022** | **52038964** | **19759001** | **7067210** | **660387** | **2414445** |
| 11.74 | 16859718 | 16434227 | 9346712 | 2827212 | 46393 | 331470 |
| 17.22 | 35323304 | 35604737 | 10412289 | 4239998 | 613994 | 2082975 |
| 4.93 | 6130661 | 5679261 | 359795 | 1734866 | 47751 | 202761 |
| 24.03 | 46052361 | 46359703 | 19399206 | 5332344 | 612637 | 2211684 |
| 18.62 | 39684460 | 39974411 | 18541968 | 3571406 | 200805 | 806401 |
| 7.87 | 7430700 | 7113366 | 847455 | 1845800 | 179825 | 799058 |
| 2.47 | 5067862 | 4951187 | 369578 | 1650004 | 279757 | 808986 |
| 0.17 | 812914 | 710264 |  | 45729 | 1024 | 26582 |
| 0.25 | 182827 | 183502 | 1056 | 6944 |  | 2599 |
| 0.62 | 519188 | 505488 |  | 109891 | 6184 | 50761 |
| 0.04 | 32989 | 32655 | 32655 | 1000 |  |  |
| 0.71 | 375116 | 356213 | 62947 | 35401 |  | 7638 |
| 0.02 | 21435 | 21460 |  | 600 |  |  |
| 0.94 | 1896696 | 1799994 | 16325 | 1059788 |  | 749 |
| 0.12 | 97243 | 96958 | 17786 | 19183 | 8000 | 11183 |
| 0.32 | 152405 | 123175 | 13425 | 18548 |  |  |
| 0.45 | 1268195 | 1275104 | 56201 | 716035 | 115346 | 513919 |
| 0.02 | 16459 | 16341 | 11915 | 4949 |  | 2777 |
| 1.04 | 1021670 | 992552 | 27418 | 331835 | 63737 | 175693 |
| 0.88 | 1011256 | 1002672 | 96174 | 613236 | 13700 | 165966 |
| 0.02 | 72486 | 69073 | 31 | 56500 | 12375 | 9125 |
| 0.43 | 621952 | 620098 | 33936 | 114000 | 17469 | 52900 |
| 0.26 | 244747 | 243601 | 17644 | 117542 | 51719 | 34970 |
| 0.75 | 1223784 | 1212480 | 66113 | 268530 | 58124 | 111801 |
| 0.42 | 487027 | 456698 | 7024 | 113371 | 13333 | 32511 |
| 7.14 | 18366090 | 18426066 | 50994 | 1601457 | 246795 | 574591 |
| 0.79 | 890897 | 862789 | 48980 | 227540 | 30875 | 56166 |
| 1.01 | 1226596 | 1077522 | 71931 | 135589 | 13270 | 61430 |
| 11.91 | 20923982 | 21248731 | 18702531 | 995401 |  | 420265 |
| 0.24 | 290983 | 279511 | 23913 | 27964 | 7136 | 13621 |
| 0.05 | 56386 | 56386 |  | 180160 |  | 87200 |
| 0.25 | 292374 | 292505 |  | 161390 |  | 2000 |
| 0.09 | 77327 | 77127 |  | 104625 | 1300 |  |

**表12.14 续表1 continued1**

| 指 标 | Item | 资 产 Total Assets |
|---|---|---|
| 总 计 | Total | 35828413 |
| 按登记注册类型分 | By Status of Registration | |
| #港澳台投资企业 | Funded by Hong Kong, Macao and Taiwan | 12500403 |
| 外商投资企业 | Foreign-funded | 23328010 |
| 按轻、重工业分 | By Light and Heavy Industries | |
| 轻工业 | Light Industry | 6510378 |
| 重工业 | Heavy Industry | 29318035 |
| 按企业规模分 | By Size | |
| 大型企业 | Large | 22251687 |
| 中型企业 | Medium | 7844466 |
| 小型微型企业 | Small&Mini | 5732260 |
| 按行业分 | By Sector | |
| 煤炭开采和洗选业 | Mining and Washing of Coal | |
| 石油和天然气开采业 | Extraction of Petroleum and Natural Gas | |
| 黑色金属矿采选业 | Mining and Processing of Ferrous Metal Ores | |
| 有色金属矿采选业 | Mining and Processing of Non-Ferrous Metal Ores | |
| 非金属矿采选业 | Mining and Processing of Nonmetal Ores | |
| 开采辅助活动 | Mining Support Activities | |
| 其他采矿业 | Mining of Other Ores | |
| 农副食品加工业 | Processing of Food from Agricultural Products | 511543 |
| 食品制造业 | Manufacture of Foods | 159627 |
| 酒、饮料和精制茶制造业 | Liquor, Beverage and Refined Tea | 617456 |
| 烟草制品业 | Manufacture of Tobacco | |
| 纺织业 | Manufacture of Textile | 24457 |
| 纺织服装、鞋、帽制造业 | Manufacture of Textile Wearing Apparel, Footware and Caps | 153015 |
| 皮革、毛皮、羽毛（绒）及其制品业 | Manufacture of Leather, Fur, Feather and Related Products | |
| 木材加工及木竹藤棕草制品业 | Processing of Timber, Manufacture of Wood, Bamboo, Rattan, Palm and Straw Products | 15813 |
| 家具制造业 | Manufacture of Furniture | |
| 造纸及纸制品业 | Manufacture of Paper and Paper Products | 2608895 |
| 印刷业、记录媒介的复制 | Printing, Reproduction of Recording Media | 96262 |
| 文教、工美、体育和娱乐用品制造业 | Manufacture of Culture, Education, Handicraft, Fine Arts, Sports and Entertainment Articles | 141403 |
| 石油加工、炼焦及核燃料加工业 | Processing of Petroleum, Coking, Processing of Nuclear Fuel | 1978137 |
| 化学原料及化学制品制造业 | Manufacture of Raw Chemical Materials and Chemical Products | 16394 |
| 医药制造业 | Manufacture of Medicines | |
| 化学纤维制造业 | Manufacture of Chemical Fibers | |
| 橡胶和塑料制品业 | Manufacture of Rubber and Plastics | 1051863 |
| 非金属矿物制品业 | Manufacture of Non-metallic Mineral Products | 2062004 |
| 黑色金属冶炼及压延加工业 | Smelting and Pressing of Ferrous Metals | 168130 |
| 有色金属冶炼及压延加工业 | Smelting and Pressing of Nonferrous Metals | 411131 |
| 金属制品业 | Manufacture of Metal Products | 195074 |
| 通用设备制造业 | Manufacture of General Purpose Machinery | 918131 |
| 专用设备制造业 | Manufacture of Special Purpose Machinery | 506104 |
| 汽车制造业 | Manufacture of Motor Vehicles | 11100433 |
| 铁路、船舶、航空航天和其他运输设备制造业 | Manufacture of Railway, Ship, Aviation and Other Transporting Equipment | 732449 |
| 电气机械及器材制造业 | Manufacture of Electrical Machinery and Equipment | 1230487 |
| 通信设备、计算机及其他电子设备制造业 | Manufacture of Communication Equipment, Computers and Other Electronic Equipment | 9156087 |
| 仪器仪表及文化、办公用机械制造业 | Manufacture of Measuring Instruments and Machinery for Cultural Activity and Office Work | 202967 |
| 其他制造业 | Other Manufacture | |
| 废弃资源综合利用业 | Comprehensive Utilization of Waste Resources | |
| 金属制品、机械和设备修理业 | Repair of Metal Products, Machinery and Equipment | |
| 电力、热力的生产和供应业 | Production and Supply of Electric Power and Heat Power | 578590 |
| 燃气生产和供应业 | Production and Supply of Gas | 769804 |
| 水的生产和供应业 | Production and Supply of Water | 422161 |

单位：万元 (10 000 yuan)

| 其 中 of which | 固定资产 Fixed Assets | | 负 债 | 其 中 of which |
|---|---|---|---|---|
| #流动资产 Circulating Assets | 原 值 Original Value | 净 值 Net Value | Total Liabilities | #流动负债 Total Circulating Liabilities |
| **18701517** | **20349877** | **13041854** | **23448845** | **17795799** |
| | | | | |
| 5623785 | 7477934 | 5353333 | 7969362 | 4484513 |
| 13077732 | 12871944 | 7688521 | 15479483 | 13311286 |
| | | | | |
| 3006772 | 3467550 | 2624357 | 3396275 | 2464673 |
| 15694745 | 16882327 | 10417497 | 20052570 | 15331126 |
| | | | | |
| 11824039 | 12797385 | 8191708 | 15062319 | 11970610 |
| 4090839 | 4405244 | 2854286 | 4864742 | 3397034 |
| 2786639 | 3147248 | 1995860 | 3521784 | 2428155 |
| | | | | |
| | | | | |
| | | | | |
| | | | | |
| | | | | |
| | | | | |
| | | | | |
| | | | | |
| 417736 | 152501 | 79925 | 376149 | 366847 |
| 77873 | 118241 | 73979 | 92630 | 92630 |
| 282553 | 460264 | 205051 | 347833 | 291575 |
| | | | | |
| 9923 | 34503 | 14533 | 8217 | 2540 |
| 92060 | 58858 | 44886 | 70481 | 38455 |
| | | | | |
| 2154 | 15537 | 13659 | 626 | 538 |
| | | | | |
| | | | | |
| 842357 | 1680854 | 1579783 | 1386215 | 815200 |
| 49972 | 57778 | 22447 | 56268 | 45850 |
| 81197 | 40539 | 36510 | 45057 | 32151 |
| | | | | |
| 588842 | 1785177 | 1136143 | 1156711 | 615294 |
| 8558 | 4745 | 2210 | 9032 | 8982 |
| | | | | |
| | | | | |
| 343795 | 890299 | 627869 | 697099 | 525891 |
| 673472 | 1323158 | 853082 | 1267420 | 1012578 |
| 56539 | 106010 | 96399 | 131128 | 77656 |
| 168692 | 325543 | 232511 | 245751 | 98393 |
| 83677 | 202481 | 97680 | 56669 | 52959 |
| 591338 | 398695 | 228074 | 487066 | 420423 |
| 366043 | 201979 | 124018 | 292700 | 281049 |
| 6530354 | 5868386 | 3357985 | 7205656 | 6681622 |
| 453704 | 219420 | 147608 | 340101 | 324111 |
| 773789 | 296838 | 209347 | 550671 | 391577 |
| 5603450 | 5098495 | 3149911 | 7426310 | 5007814 |
| | | | | |
| 162949 | 54861 | 29385 | 106295 | 96484 |
| | | | | |
| | | | | |
| | | | | |
| | | | | |
| 92999 | 318601 | 274507 | 384585 | 105056 |
| 272036 | 265565 | 140088 | 412910 | 288889 |
| 75457 | 370550 | 264268 | 295264 | 121241 |

**表12.14 续表2 continued2**

| 指　标 | Item | 所有者权益 Creditors' Equity |
|---|---|---|
| 总　计 | **Total** | **12318629** |
| 按登记注册类型分 | **By Status of Registration** | |
| #港澳台投资企业 | Funded by Hong Kong, Macao and Taiwan | 4517954 |
| 外商投资企业 | Foreign-funded | 7800674 |
| 按轻、重工业分 | **By Light and Heavy Industries** | |
| 轻工业 | Light Industry | 3116246 |
| 重工业 | Heavy Industry | 9202383 |
| 按企业规模分 | **By Size** | |
| 大型企业 | Large | 7189368 |
| 中型企业 | Medium | 2979724 |
| 小型微型企业 | Small&Mini | 2149537 |
| 按行业分 | **By Sector** | |
| 煤炭开采和洗选业 | Mining and Washing of Coal | |
| 石油和天然气开采业 | Extraction of Petroleum and Natural Gas | |
| 黑色金属矿采选业 | Mining and Processing of Ferrous Metal Ores | |
| 有色金属矿采选业 | Mining and Processing of Non-Ferrous Metal Ores | |
| 非金属矿采选业 | Mining and Processing of Nonmetal Ores | |
| 开采辅助活动 | Mining Support Activities | |
| 其他采矿业 | Mining of Other Ores | |
| 农副食品加工业 | Processing of Food from Agricultural Products | 135393 |
| 食品制造业 | Manufacture of Foods | 66998 |
| 酒、饮料和精制茶制造业 | Liquor, Beverage and Refined Tea | 269624 |
| 烟草制品业 | Manufacture of Tobacco | |
| 纺织业 | Manufacture of Textile | 16239 |
| 纺织服装、鞋、帽制造业 | Manufacture of Textile Wearing Apparel, Footware and Caps | 82533 |
| 皮革、毛皮、羽毛（绒）及其制品业 | Manufacture of Leather, Fur, Feather and Related Products | |
| 木材加工及木竹藤棕草制品业 | Processing of Timber, Manufacture of Wood, Bamboo, Rattan, Palm and Straw Products | 15187 |
| 家具制造业 | Manufacture of Furniture | |
| 造纸及纸制品业 | Manufacture of Paper and Paper Products | 1222680 |
| 印刷业、记录媒介的复制 | Printing, Reproduction of Recording Media | 42137 |
| 文教、工美、体育和娱乐用品制造业 | Manufacture of Culture, Education, Handicraft, Fine Arts, Sports and Entertainment Articles | 96346 |
| 石油加工、炼焦及核燃料加工业 | Processing of Petroleum, Coking, Processing of Nuclear Fuel | 821427 |
| 化学原料及化学制品制造业 | Manufacture of Raw Chemical Materials and Chemical Products | 7363 |
| 医药制造业 | Manufacture of Medicines | |
| 化学纤维制造业 | Manufacture of Chemical Fibers | |
| 橡胶和塑料制品业 | Manufacture of Rubber and Plastics | 349816 |
| 非金属矿物制品业 | Manufacture of Non-metallic Mineral Products | 782483 |
| 黑色金属冶炼及压延加工业 | Smelting and Pressing of Ferrous Metals | 37001 |
| 有色金属冶炼及压延加工业 | Smelting and Pressing of Nonferrous Metals | 165380 |
| 金属制品业 | Manufacture of Metal Products | 138405 |
| 通用设备制造业 | Manufacture of General Purpose Machinery | 421668 |
| 专用设备制造业 | Manufacture of Special Purpose Machinery | 213403 |
| 汽车制造业 | Manufacture of Motor Vehicles | 3888465 |
| 铁路、船舶、航空航天和其他运输设备制造业 | Manufacture of Railway, Ship, Aviation and Other Transporting Equipment | 392348 |
| 电气机械及器材制造业 | Manufacture of Electrical Machinery and Equipment | 681125 |
| 通信设备、计算机及其他电子设备制造业 | Manufacture of Communication Equipment, Computers and Other Electronic Equipment | 1705410 |
| 仪器仪表及文化、办公用机械制造业 | Manufacture of Measuring Instruments and Machinery for Cultural Activity and Office Work | 89407 |
| 其他制造业 | Other Manufacture | |
| 废弃资源综合利用业 | Comprehensive Utilization of Waste Resources | |
| 金属制品、机械和设备修理业 | Repair of Metal Products, Machinery and Equipment | |
| 电力、热力的生产和供应业 | Production and Supply of Electric Power and Heat Power | 194004 |
| 燃气生产和供应业 | Production and Supply of Gas | 356895 |
| 水的生产和供应业 | Production and Supply of Water | 126897 |

单位：万元 (10 000 yuan)

| 主营业务收入<br>Revenue from Principal Business | 主营业务成本<br>Cost of Principal Business | 主营业务税金及附加<br>Tax and Extra Charges of Principal Business | 利润总额<br>Total After-tax Profits | 利税总额<br>Total Pre-tax Profits | 应付职工薪酬<br>Total Wages |
|---|---|---|---|---|---|
| **52400787** | **44546402** | **780730** | **3802129** | **6052841** | **2403645** |
| 16375174 | 14932466 | 46159 | 596094 | 932744 | 843269 |
| 36025613 | 29613936 | 734571 | 3206035 | 5120097 | 1560376 |
| 5735013 | 4840510 | 44125 | 508582 | 759098 | 380267 |
| 46665774 | 39705892 | 736604 | 3293548 | 5293743 | 2023378 |
| 40381496 | 34368947 | 716635 | 3104420 | 4915387 | 1516441 |
| 7089336 | 5878736 | 39639 | 493564 | 774233 | 649602 |
| 4929955 | 4298719 | 24456 | 204145 | 363221 | 237602 |
| 734049 | 663528 | 953 | 35456 | 43315 | 18408 |
| 265590 | 204447 | 2004 | 22065 | 36207 | 17252 |
| 547200 | 379982 | 19395 | 34140 | 74236 | 56755 |
| 32655 | 26294 | 389 | 3233 | 5533 | 2806 |
| 355768 | 312329 | 1202 | 19716 | 38049 | 42391 |
| 21497 | 17119 | 321 | 2409 | 4235 | 1427 |
| 1726437 | 1492352 | 6633 | 194667 | 254851 | 73715 |
| 94637 | 75883 | 518 | 11809 | 16018 | 8532 |
| 118231 | 91007 | 1013 | 23678 | 27678 | 17294 |
| 1281011 | 1088308 | 7488 | 3187 | 67287 | 51034 |
| 16341 | 14568 | 90 | 589 | 906 | 1355 |
| 958591 | 793701 | 6209 | 64049 | 118150 | 75778 |
| 1064873 | 785571 | 7950 | 134178 | 197290 | 81336 |
| 69073 | 74322 |  | -16684 | -16684 | 3120 |
| 619844 | 581344 | 2111 | 18218 | 31979 | 42256 |
| 248534 | 228128 | 412 | 11569 | 17920 | 19344 |
| 1209450 | 961302 | 7413 | 128910 | 157738 | 103692 |
| 468630 | 399958 | 3389 | 41598 | 60139 | 43149 |
| 18541042 | 13547137 | 685843 | 2605496 | 4135606 | 759135 |
| 829532 | 722416 | 2811 | 54200 | 86314 | 67788 |
| 1113285 | 919810 | 9725 | 142711 | 210384 | 72814 |
| 21358070 | 20548525 | 10365 | 205199 | 400022 | 763457 |
| 275317 | 232211 | 1139 | 11170 | 19429 | 23751 |
| 55521 | 46227 | 158 | 5504 | 6769 | 6211 |
| 324212 | 285638 | 2935 | 31906 | 41860 | 36852 |
| 71399 | 54297 | 266 | 13159 | 17613 | 13995 |

# 表12.15 外商投资和港澳台投资工业企业经济效益指标（2016年）
## INDICATORS ON ECONOMIC BENEFIT OF INDUSTRIAL ENTERPRISES WITH HONG KONG MACAO TAIWAN AND FOREIGN FUNDS (2016)

| 指　标 | Item | 总资产贡献率 Ratio of Total Assets to Industrial Output Value |
|---|---|---|
| 总　计 | **Total** | **17.5** |
| **按轻、重工业分** | **By Light and Heavy Industries** | |
| 轻工业 | Light Industry | 12.3 |
| 重工业 | Heavy Industry | 18.6 |
| **按企业规模分** | **By Size** | |
| 大型企业 | Large | 22.5 |
| 中型企业 | Medium | 10.7 |
| 小型微型企业 | Small&Mini | 7.4 |
| **按行业分** | **By Sector** | |
| 煤炭开采和洗选业 | Mining and Washing of Coal | |
| 石油和天然气开采业 | Extraction of Petroleum and Natural Gas | |
| 黑色金属矿采选业 | Mining and Processing of Ferrous Metal Ores | |
| 有色金属矿采选业 | Mining and Processing of Non-Ferrous Metal Ores | |
| 非金属矿采选业 | Mining and Processing of Nonmetal Ores | |
| 开采辅助活动 | Mining Support Activities | |
| 其他采矿业 | Mining of Other Ores | |
| 农副食品加工业 | Processing of Food from Agricultural Products | 8.7 |
| 食品制造业 | Manufacture of Foods | 22.3 |
| 酒、饮料和精制茶制造业 | Liquor, Beverage and Refined Tea | 12.3 |
| 烟草制品业 | Manufacture of Tobacco | |
| 纺织业 | Manufacture of Textile | 22.9 |
| 纺织服装、服饰业 | Manufacture of Textile Wearing Apparel, Footware and Caps | 25.1 |
| 皮革、毛皮、羽毛及其制品和制鞋业 | Manufacture of Leather, Fur, Feather and Related Products | |
| 木材加工和木、竹、藤、棕、草制品业 | Processing of Timber, Manufacture of Wood, Bamboo, Rattan, Palm and Straw Products | 27.0 |
| 家具制造业 | Manufacture of Furniture | |
| 造纸和纸制品业 | Manufacture of Paper and Paper Products | 10.8 |
| 印刷和记录媒介复制业 | Printing, Reproduction of Recording Media | 17.0 |
| 文教、工美、体育和娱乐用品制造业 | Manufacture of Culture, Education, Handicraft, Fine Arts, Sports and Entertainment Articles | 18.8 |
| 石油加工、炼焦和核燃料加工业 | Processing of Petroleum, Coking, Processing of Nuclear Fuel | |
| 化学原料和化学制品制造业 | Manufacture of Raw Chemical Materials and Chemical Products | 4.9 |
| 医药制造业 | Manufacture of Medicines | 5.5 |
| 化学纤维制造业 | Manufacture of Chemical Fibers | |
| 橡胶和塑料制品业 | Manufacture of Rubber and Plastics | 12.5 |
| 非金属矿物制品业 | Manufacture of Non-metallic Mineral Products | 11.5 |
| 黑色金属冶炼和压延加工业 | Smelting and Pressing of Ferrous Metals | -7.4 |
| 有色金属冶炼和压延加工业 | Smelting and Pressing of Nonferrous Metals | 8.3 |
| 金属制品业 | Manufacture of Metal Products | 9.2 |
| 通用设备制造业 | Manufacture of General Purpose Machinery | 17.6 |
| 专用设备制造业 | Manufacture of Special Purpose Machinery | 12.0 |
| 汽车制造业 | Manufacture of Motor Vehicles | 37.6 |
| 铁路、船舶、航空航天和其他运输设备制造业 | Manufacture of Railway, Ship, Aviation and Other Transporting Equipment | 11.8 |
| 电气机械和器材制造业 | Manufacture of Electrical Machinery and Equipment | 18.0 |
| 计算机、通信和其他电子设备制造业 | Manufacture of Communication Equipment, Computers and Other Electronic Equipment | 4.7 |
| 仪器仪表制造业 | Manufacture of Measuring Instruments and Machinery for Cultural Activity and Office Work | 10.4 |
| 其他制造业 | Other Manufacture | |
| 废弃资源综合利用业 | Comprehensive Utilization of Waste Resources | |
| 金属制品、机械和设备修理业 | Repair of Metal Products, Machinery and Equipment | |
| 电力、热力生产和供应业 | Production and Supply of Electric Power and Heat Power | 1.6 |
| 燃气生产和供应业 | Production and Supply of Gas | 5.1 |
| 水的生产和供应业 | Production and Supply of Water | 5.6 |

单位：% (%)

| 资本保值增值率 Ratio of Assets Appreciation YOY | 资产负债率 Asset-Liability Ratio | 流动资产周转率（次） Turnover Ratio of Circulating Assets (time) | 成本费用利润率 Ratio of Profits to Cost | 全员劳动生产率（元/人年） Overall Labor Productivity (yuan/person-year) | 产品销售率 Sales as Percentage of Output |
|---|---|---|---|---|---|
| **123.0** | **65.5** | **2.8** | **7.8** | **315961** | **99.7** |
| | | | | | |
| 119.0 | 52.2 | 2.0 | 9.3 | 313002 | 92.6 |
| 124.5 | 68.4 | 3.0 | 7.6 | 316561 | 100.7 |
| | | | | | |
| 114.1 | 67.7 | 3.5 | 8.3 | 349996 | 100.7 |
| 118.6 | 62.0 | 1.8 | 7.3 | 226791 | 95.7 |
| 157.2 | 61.4 | 1.8 | 4.3 | 340473 | 97.7 |
| | | | | | |
| | | | | | |
| | | | | | |
| | | | | | |
| | | | | | |
| | | | | | |
| | | | | | |
| | | | | | |
| | | | | | |
| 110.7 | 73.5 | 1.8 | 5.1 | 755940 | 87.4 |
| 80.7 | 58.0 | 3.5 | 8.5 | 215142 | 100.4 |
| 99.0 | 56.3 | 2.0 | 6.7 | 259049 | 97.4 |
| | | | | | |
| 116.1 | 33.6 | 3.3 | 11.1 | 232889 | 99.0 |
| 107.5 | 46.1 | 4.0 | 5.7 | 145910 | 95.0 |
| | | | | | |
| 198.1 | 4.0 | 10.0 | 12.8 | 299637 | 100.1 |
| | | | | | |
| | | | | | |
| 132.0 | 53.1 | 2.2 | 11.8 | 466830 | 94.9 |
| 91.6 | 58.5 | 1.9 | 14.1 | 212131 | 99.7 |
| 105.6 | 31.9 | 1.5 | 24.5 | 153850 | 80.8 |
| | | | | | |
| | | | | | |
| 93.2 | 58.5 | 2.2 | 0.3 | 639323 | 100.5 |
| 121.2 | 55.1 | 1.9 | 3.7 | 172888 | 99.3 |
| | | | | | |
| | | | | | |
| 114.9 | 66.3 | 2.8 | 7.0 | 213957 | 97.2 |
| 102.8 | 61.5 | 1.7 | 13.7 | 312980 | 99.2 |
| 59.3 | 78.0 | 1.2 | -19.6 | 744454 | 95.3 |
| 131.5 | 59.8 | 3.7 | 3.0 | 506765 | 99.7 |
| 238.3 | 29.1 | 3.1 | 4.8 | 201674 | 99.5 |
| 142.4 | 53.1 | 2.1 | 11.5 | 365248 | 99.1 |
| 125.9 | 57.8 | 1.3 | 9.8 | 315138 | 93.8 |
| 140.5 | 64.9 | 2.9 | 16.4 | 578252 | 100.3 |
| 143.5 | 46.4 | 1.9 | 6.8 | 276474 | 96.8 |
| 108.4 | 44.8 | 1.5 | 14.4 | 329464 | 87.9 |
| 132.1 | 81.1 | 3.8 | 1.0 | 143171 | 101.6 |
| | | | | | |
| 97.2 | 52.4 | 1.8 | 4.1 | 279228 | 96.1 |
| | | | | | |
| | | | | | |
| | | | | | |
| | | | | | |
| | | | | | |
| 94.4 | 66.5 | 0.6 | 10.6 | 595174 | 100.0 |
| 101.6 | 53.6 | 1.3 | 9.6 | 256057 | 100.0 |
| 103.6 | 69.9 | 1.4 | 13.3 | 349446 | 99.7 |

**表12.15 续表 continued**

| 指　标 | Item | 销售利润率 Rate of Return on Sale |
|---|---|---|
| 总　计 | **Total** | 7.3 |
| **按轻、重工业分** | **By Light and Heavy Industries** | |
| 轻工业 | Light Industry | 8.9 |
| 重工业 | Heavy Industry | 7.1 |
| **按企业规模分** | **By Size** | |
| 大型企业 | Large | 7.7 |
| 中型企业 | Medium | 7.0 |
| 小型微型企业 | Small&Mini | 4.1 |
| **按行业分** | **By Sector** | |
| 煤炭开采和洗选业 | Mining and Washing of Coal | |
| 石油和天然气开采业 | Extraction of Petroleum and Natural Gas | |
| 黑色金属矿采选业 | Mining and Processing of Ferrous Metal Ores | |
| 有色金属矿采选业 | Mining and Processing of Non-Ferrous Metal Ores | |
| 非金属矿采选业 | Mining and Processing of Nonmetal Ores | |
| 开采辅助活动 | Mining Support Activities | |
| 其他采矿业 | Mining of Other Ores | |
| 农副食品加工业 | Processing of Food from Agricultural Products | 4.8 |
| 食品制造业 | Manufacture of Foods | 8.3 |
| 酒、饮料和精制茶制造业 | Liquor, Beverage and Refined Tea | 6.2 |
| 烟草制品业 | Manufacture of Tobacco | |
| 纺织业 | Manufacture of Textile | 9.9 |
| 纺织服装、服饰业 | Manufacture of Textile Wearing Apparel, Footware and Caps | 5.5 |
| 皮革、毛皮、羽毛及其制品和制鞋业 | Manufacture of Leather, Fur, Feather and Related Products | |
| 木材加工和木、竹、藤、棕、草制品业 | Processing of Timber, Manufacture of Wood, Bamboo, Rattan, Palm and Straw Products | 11.2 |
| 家具制造业 | Manufacture of Furniture | |
| 造纸和纸制品业 | Manufacture of Paper and Paper Products | 11.3 |
| 印刷和记录媒介复制业 | Printing, Reproduction of Recording Media | 12.5 |
| 文教、工美、体育和娱乐用品制造业 | Manufacture of Culture, Education, Handicraft, Fine Arts, Sports and Entertainment Articles | 20.0 |
| 石油加工、炼焦和核燃料加工业 | Processing of Petroleum, Coking, Processing of Nuclear Fuel | |
| 化学原料和化学制品制造业 | Manufacture of Raw Chemical Materials and Chemical Products | 0.3 |
| 医药制造业 | Manufacture of Medicines | 3.6 |
| 化学纤维制造业 | Manufacture of Chemical Fibers | |
| 橡胶和塑料制品业 | Manufacture of Rubber and Plastics | 6.7 |
| 非金属矿物制品业 | Manufacture of Non-metallic Mineral Products | 12.6 |
| 黑色金属冶炼和压延加工业 | Smelting and Pressing of Ferrous Metals | -24.2 |
| 有色金属冶炼和压延加工业 | Smelting and Pressing of Nonferrous Metals | 2.9 |
| 金属制品业 | Manufacture of Metal Products | 4.7 |
| 通用设备制造业 | Manufacture of General Purpose Machinery | 10.7 |
| 专用设备制造业 | Manufacture of Special Purpose Machinery | 8.9 |
| 汽车制造业 | Manufacture of Motor Vehicles | 14.1 |
| 铁路、船舶、航空航天和其他运输设备制造业 | Manufacture of Railway, Ship, Aviation and Other Transporting Equipment | 6.5 |
| 电气机械和器材制造业 | Manufacture of Electrical Machinery and Equipment | 12.8 |
| 计算机、通信和其他电子设备制造业 | Manufacture of Communication Equipment, Computers and Other Electronic Equipment | 1.0 |
| 仪器仪表制造业 | Manufacture of Measuring Instruments and Machinery for Cultural Activity and Office Work | 4.1 |
| 其他制造业 | Other Manufacture | |
| 废弃资源综合利用业 | Comprehensive Utilization of Waste Resources | |
| 金属制品、机械和设备修理业 | Repair of Metal Products, Machinery and Equipment | |
| 电力、热力生产和供应业 | Production and Supply of Electric Power and Heat Power | 9.9 |
| 燃气生产和供应业 | Production and Supply of Gas | 9.8 |
| 水的生产和供应业 | Production and Supply of Water | 18.4 |

单位：%(%)

| 流动比率 Current Ratio | 速动比率 Quick Ratio | 产权比率 Equity Ratio | 人均实现利税（元） Per Capita Pre-tax Profits (yuan) | 从业人员人均工资（元） Per Capita Wages of Employees (yuan) |
|---|---|---|---|---|
| 1.1 | 0.9 | 1.9 | 209506 | 82994 |
| 1.2 | 1.0 | 1.1 | 154408 | 77160 |
| 1.0 | 0.8 | 2.2 | 220805 | 84191 |
| 1.0 | 0.8 | 2.1 | 264414 | 81439 |
| 1.2 | 1.0 | 1.6 | 98747 | 82513 |
| 1.2 | 0.9 | 1.6 | 148557 | 96265 |
| 1.1 | 0.8 | 2.8 | 248938 | 105793 |
| 0.8 | 0.8 | 1.4 | 144942 | 69064 |
| 1.0 | 0.7 | 1.3 | 119788 | 91467 |
| 3.9 | 3.7 | 0.5 | 148731 | 75417 |
| 2.4 | 1.3 | 0.9 | 53932 | 60086 |
| 4.0 | 3.0 |  | 194243 | 65477 |
| 1.0 | 0.8 | 1.1 | 272423 | 78797 |
| 1.1 | 1.0 | 1.3 | 133592 | 71161 |
| 2.5 | 2.1 | 0.5 | 86821 | 54246 |
| 1.0 | 0.8 | 1.4 | 149873 | 112981 |
| 1.0 | 0.5 | 1.2 | 36365 | 54414 |
| 0.7 | 0.5 | 2.0 | 114023 | 73131 |
| 0.7 | 0.5 | 1.6 | 225266 | 92701 |
| 0.7 | 0.5 | 3.5 | -790730 | 147872 |
| 1.7 | 1.3 | 1.5 | 74094 | 97904 |
| 1.6 | 1.3 | 0.4 | 67826 | 73217 |
| 1.4 | 1.2 | 1.2 | 211032 | 137377 |
| 1.3 | 1.1 | 1.4 | 142762 | 102322 |
| 1.0 | 0.8 | 1.9 | 579715 | 106362 |
| 1.4 | 1.3 | 0.9 | 109759 | 86200 |
| 2.0 | 1.6 | 0.8 | 209478 | 72022 |
| 1.1 | 0.9 | 4.4 | 34322 | 64078 |
| 1.7 | 1.3 | 1.2 | 79789 | 97541 |
| 0.9 | 0.8 | 2.0 | 125577 | 115239 |
| 0.9 | 0.9 | 1.2 | 164931 | 145202 |
| 0.6 | 0.5 | 2.3 | 186185 | 147938 |

# 表12.16 大中型工业企业主要经济指标（2016年）

## MAIN ECONOMIC INDICATORS OF LARGE & MEDIUM-SIZED INDUSTRIAL ENTERPRISES (2016)

| 指 标 | Item | 单位数(个) Number of Enterprises (unit) | 从业人员平均人数(万人) Average Emloyment (10 000 persons) | 工业总产值 Gross Output Value |
|---|---|---|---|---|
| **总 计** | **Total** | **1386** | **126.14** | **164308622** |
| **按登记注册类型分** | **By Status of Registration** | | | |
| 内资企业 | Domestic-funded Enterprises | 1198 | 99.65 | 117193462 |
| #国有企业 | State-owned | 16 | 1.20 | 919860 |
| 集体企业 | Collective-owned | 3 | 0.14 | 65655 |
| 港澳台投资企业 | Funded by Hong Kong, Macao and Taiwan | 76 | 10.84 | 15163265 |
| 外商投资企业 | Foreign-funded | 112 | 15.65 | 31951895 |
| **按轻、重工业分** | **By Light and Heavy Industries** | | | |
| 轻工业 | Light Industry | 483 | 37.63 | 39738563 |
| 重工业 | Heavy Industry | 903 | 88.51 | 124570059 |

| 指 标 | Item | 固定资产净值 Net Value of Fixed Assets | 负 债 Total Liabilities | 其 中 of which #流动负债 Total Circulating Liabilities |
|---|---|---|---|---|
| **总 计** | **Total** | **56474662** | **89956740** | **69167896** |
| **按登记注册类型分** | **By Status of Registration** | | | |
| 内资企业 | Domestic-funded Enterprises | 45428667 | 70029679 | 53800252 |
| #国有企业 | State-owned | 1183677 | 1493994 | 1066693 |
| 集体企业 | Collective-owned | 11795 | 18339 | 17918 |
| 港澳台投资企业 | Funded by Hong Kong, Macao and Taiwan | 4875300 | 6988581 | 3807692 |
| 外商投资企业 | Foreign-funded | 6170695 | 12938480 | 11559953 |
| **按轻、重工业分** | **By Light and Heavy Industries** | | | |
| 轻工业 | Light Industry | 11252967 | 15987121 | 12806213 |
| 重工业 | Heavy Industry | 45221696 | 73969620 | 56361684 |

单位：万元 (10 000 yuan)

| 工业销售产值 Sales Value of Industry | 其 中 of which #出口交货值 Value of Export Delivery | 实收资本 Paid-in Capital | 其 中 of which #国家资本 State Capital | 外商资本 Foreign Capital | 资 产 Total Assets | 其 中 of which #流动资产 Circulating Assets | 固定资产原值 Original Value of Fixed Assets |
|---|---|---|---|---|---|---|---|
| **162428348** | **26662672** | **22684230** | **6028155** | **1709834** | **143606073** | **67245745** | **88691779** |
| | | | | | | | |
| 115340571 | 7273249 | 17267024 | 5647525 | 104375 | 113509919 | 51330867 | 71489150 |
| 893918 | 713 | 419568 | 288005 | | 2006575 | 630700 | 1824020 |
| 67166 | | 11005 | | | 28446 | 16075 | 16988 |
| 14818524 | 9210818 | 2500513 | 24898 | 307715 | 10741041 | 4856651 | 6699239 |
| 32269253 | 10178604 | 2916693 | 355732 | 1297743 | 19355112 | 11058227 | 10503391 |
| | | | | | | | |
| 38389391 | 2645422 | 5091959 | 345939 | 161547 | 30666565 | 15068193 | 17769911 |
| 124038957 | 24017250 | 17592272 | 5682216 | 1548287 | 112939508 | 52177552 | 70921868 |

| 所有者权益 Creditors' Equity | 主营业务收入 Revenue from Principal Business | 主营业务成本 Cost of Principal Business | 主营业务税金及附加 Tax and Extra Charges of Principal Business | 利润总额 Total After-tax Profits | 利税总额 Total Pre-tax Profits | 工资总额 Total Wages |
|---|---|---|---|---|---|---|
| **53648598** | **163509064** | **138291807** | **2441132** | **11414068** | **19723660** | **10334659** |
| | | | | | | |
| 43479507 | 116038232 | 98044124 | 1684858 | 7816083 | 14034040 | 8168615 |
| 512580 | 891548 | 778994 | 5532 | -68917 | -30248 | 108627 |
| 10107 | 69070 | 55114 | 1021 | 2632 | 7313 | 9350 |
| 3752460 | 14798776 | 13602249 | 33143 | 472447 | 741586 | 755285 |
| 6416632 | 32672056 | 26645434 | 723132 | 3125537 | 4948035 | 1410758 |
| | | | | | | |
| 14678713 | 38112716 | 30978892 | 821333 | 3023340 | 5632314 | 2913220 |
| 38969886 | 125396348 | 107312915 | 1619800 | 8390728 | 14091346 | 7421438 |

# 表12.17 大中型工业企业经济效益指标（2016年）
## INDICATORS ON ECONOMIC BENEFIT OF LARGE & MEDIUM-SIZED INDUSTRIAL ENTERPRISES (2016)

| 指　标 | Item | 总资产贡献率 Ratio of Total Assets to Industrial Output Value |
|---|---|---|
| 总　计 | **Total** | **14.7** |
| **按登记注册类型分** | **By Status of Registration** | |
| 内资企业 | Domestic-funded Enterprises | 13.4 |
| #国有企业 | State-owned | 0.4 |
| 集体企业 | Collective-owned | 27.9 |
| 港澳台投资企业 | Funded by Hong Kong, Macao and Taiwan | 7.7 |
| 外商投资企业 | Foreign-funded | 25.9 |
| **按轻、重工业分** | **By Light and Heavy Industries** | |
| 轻工业 | Light Industry | 19.2 |
| 重工业 | Heavy Industry | 13.4 |

| 指　标 | Item | 销售利润率 Rate of Return on Sale |
|---|---|---|
| 总　计 | **Total** | **7.0** |
| **按登记注册类型分** | **By Status of Registration** | |
| 内资企业 | Domestic-funded Enterprises | 6.7 |
| #国有企业 | State-owned | -7.7 |
| 集体企业 | Collective-owned | 3.8 |
| 港澳台投资企业 | Funded by Hong Kong, Macao and Taiwan | 3.2 |
| 外商投资企业 | Foreign-funded | 9.6 |
| **按轻、重工业分** | **By Light and Heavy Industries** | |
| 轻工业 | Light Industry | 7.9 |
| 重工业 | Heavy Industry | 6.7 |

单位：%（%）

| 资本保值增值率 Ratio of Assets Appreciation YOY | 资产负债率 Asset-Liability Ratio | 流动资产周转率（次）Turnover Ratio of Circulating Assets (time) | 成本费用利润率 Ratio of Profits to Cost | 全员劳动生产率（元/人年）Overall Labor Productivity (yuan/person-year) | 产品销售率 Sales as Percentage of Output |
|---|---|---|---|---|---|
| **108.9** | **62.6** | **2.5** | **7.4** | **291968** | **98.9** |
| 107.5 | 61.7 | 2.3 | 7.1 | 286256 | 98.4 |
| 93.1 | 74.5 | 1.5 | -6.9 | 153738 | 97.2 |
| 34.7 | 64.5 | 4.4 | 3.9 | 100822 | 102.3 |
| 122.7 | 65.1 | 3.1 | 3.2 | 208585 | 97.7 |
| 110.5 | 66.9 | 3.0 | 10.6 | 386900 | 101.0 |
| 111.1 | 52.1 | 2.6 | 8.6 | 286344 | 96.6 |
| 108.0 | 65.5 | 2.5 | 7.1 | 294265 | 99.6 |

| 流动比率 Current Ratio | 速动比率 Quick Ratio | 产权比率 Equity Ratio | 人均实现利税（元）Per Capita Pre-tax Profits (yuan) | 从业人员人均工资（元）Per Capita Wages of Employees (yuan) |
|---|---|---|---|---|
| **1.0** | **0.8** | **2** | **156480** | **81930** |
| 1.0 | 0.8 | 2 | 140873 | 81976 |
| 0.6 | 0.5 | 3 | -25282 | 90795 |
| 0.9 | 0.5 | 2 | 51175 | 65433 |
| 1.3 | 1.1 | 2 | 69175 | 69665 |
| 1.0 | 0.8 | 2 | 316323 | 90134 |
| 1.2 | 0.9 | 1 | 149683 | 77414 |
| 0.9 | 0.8 | 2 | 159371 | 83850 |

# 表12.18 规模以上工业企业主要产品产量（2015－2016年）
## OUTPUT OF MAJOR PRODUCTS OF INDUSTRIAL ENTERPRISES ABOVE DESIGNATED SIZE (2015-2016)

| 产　品 | Products | 2015 | 2016 |
|---|---|---|---|
| 化学纤维（万吨） | Chemical Fiber (10 000 tons) | 5.84 | 7.38 |
| 纱（吨） | Yarn (ton) | 186598 | 184250 |
| 布（万米） | Cloth (10 000 m) | 48829.00 | 44930.00 |
| 印染布（万米） | Printed and Dyed Fabric (10 000 m) | 9510.00 | 9822.00 |
| 毛　线（吨） | Knitting Wool (ton) | 809 | 918 |
| 蚕　丝（吨） | Silk (ton) | 4632 | 5051 |
| 丝织品（蚕丝及交织机织物（含蚕丝≥50%））（万米） | Silk Products (silk and mixture fabric (with content of silk ≥50%)) (10 000 m) | 2009.00 | 2100.00 |
| 彩色电视机 | Color TV Sets | | 178506 |
| 微型计算机设备（台） | Microcomputers (units) | 61807865 | 67646513 |
| #笔记本计算机 | Laptops | 55751350 | 58421589 |
| 显示器（万台） | Display (10 000 setss) | 1949.78 | 2654.3 |
| 打印机（万台） | Marking Machine (10 000 setss) | 1447.71 | 1374.62 |
| 移动通信手持机（手机）（万台） | Mobile Telephones (10 000 setss) | 17605.08 | 28708.36 |
| 摩托车（万辆） | Motorcycles (10 000 units) | 841.64 | 787.66 |
| 机制纸及纸板（吨） | Machine-made Paper and Paperboard (ton) | 2988674 | 2995712 |
| 日用陶瓷制品（万件） | Household Ceramics (10 000 pcs) | 309 | 324 |
| 日用玻璃制品（吨） | Daily-use Glassware (ton) | 460561 | 480678 |
| 合成洗涤剂（吨） | Synthetic Detergents (ton) | 41083 | 38900 |
| 卷　烟（亿支） | Cigarettes (100 million pieces) | 546.50 | 440.40 |
| 白　酒（万千升） | Liquor (10 000 kiloliters) | 20.39 | 22.18 |
| 啤　酒（万千升） | Beer (10 000 kiloliters) | 76.71 | 76.09 |
| 罐　头（吨） | Canned Food (ton) | 110674 | 123489 |
| 精制食用植物油（吨） | Edible Vegetable Oil (ton) | 1172443 | 1528077 |
| 皮革鞋靴（万双） | Leather Shoes (10 000 pairs) | 9002.00 | 9055.00 |
| 服　装（万件） | Garments (10 000 pcs) | 11984.00 | 12567.00 |
| 乳制品（万吨） | Dairy Products (10 000 tons) | 20.45 | 24.74 |
| 无酒精饮料（软饮料）（吨） | Non-alcoholic Beverage (soft) (ton) | 2801220 | 2905815 |
| 焦　炭（万吨） | Coke (10 000 tons) | 217.27 | 133.64 |
| 发电量（万千瓦时） | Electricity (10 000 kwh) | 6446400.00 | 7144631.00 |
| 天然气（万立方米） | Natural Gas (10 000 cu.m) | 693100.00 | 964469.00 |
| 生　铁（万吨） | Pig Iron (10 000 tons) | 366.61 | 287.84 |
| 粗　钢（万吨） | Crude Steel (10 000 tons) | 690.41 | 367.16 |
| 钢　材（万吨） | Steel Products (10 000 tons) | 1411.46 | 1234.22 |

**表12.18 续表 continued**

| 产 品 | Products | 2015 | 2016 |
|---|---|---|---|
| 铝 材（吨） | Auminum Products (ton) | 1713675 | 2161826 |
| 硫 酸（吨） | Sulphuric Acid (ton) | 2041568 | 1936645 |
| 盐 酸（吨） | Hydrochloric Acid (ton) | 54959 | 42315 |
| 烧 碱（吨） | Caustic Soda (ton) | 332633 | 353713 |
| 精甲醇（商品量）（吨） | Fine Methyl Alcohol (commodities) (ton) | 1964103 | 2293846 |
| 涂 料（吨） | Paint (ton) | 261349 | 297617 |
| 塑料制品（吨） | Plastics (ton) | 1491010 | 1665704 |
| 合成橡胶（吨） | Synthetic Rubber (ton) | 23070 | 20002 |
| 化学原料药（吨） | Chemical Raw Material (ton) | 27653 | 27414 |
| 中成药（吨） | Traditional Chinese Medicine (ton) | 107774 | 118297 |
| 轮胎外胎（万条） | Tire (10 000 units) | 2156.26 | 2530.96 |
| 水 泥（万吨） | Cement (10 000 tons) | 6798.83 | 6781.59 |
| 人造板（立方米） | Artificial Boards (cu.m) | 1171942 | 1094021 |
| 矿山设备（吨） | Mining Equipment (ton) | 63402 | 55331 |
| 起重设备（起重机）（吨） | Hoist and Derrick (ton) | 73905 | 40427 |
| 房间空气调节器（台） | Air-Conditioners (unit) | 12423284 | 11998156 |
| 发电设备（千瓦） | Generating Equipment (kw) | 2139726 | 3427367 |
| 交流电动机（万千瓦） | AC Motors (10 000 kw) | 585.4 | 766.74 |
| 变压器（万千伏安） | Transformer Products (10 000 kva) | 5515.71 | 5294.53 |
| 金属切削机床（台） | Metal-cutting Machines (unit) | 5492 | 6563 |
| 汽 车（辆） | Motor Vehicles (unit) | 3045134 | 3156208 |
| #轿 车 | Cars | 1087869 | 979465 |
| 内燃机（发动机）（万千瓦） | Internal Combustion Engines (10 000 kw) | 21082.98 | 21052.72 |
| 泵（台） | Industry Pumps (unit) | 741821 | 798230 |
| 风 机（台） | Air Pumps (unit) | 169258 | 139706 |
| 气体压缩机（台） | Gas Compressors (unit) | 2603103 | 3013109 |
| 轴 承（万套） | Bearings (10 000 sets) | 10358 | 10235 |
| 工业锅炉（蒸吨） | Industry Boilers (ton) | 834.00 | 837.00 |
| 民用钢质船舶（载重吨） | Civil Steel Ships (ton) | 1016742 | 1107418 |
| 合成氨（吨） | Synthetic Ammonia (ton) | 2162284 | 1937896 |
| 化 肥（100%）（吨） | Chemical Fertilizer (100%) (ton) | 2148547 | 1774421 |
| #氮 肥 | Nitrogen Fertilizer | 1498253 | 1238947 |
| 磷 肥 | Phosphate Fertilizer | 565408 | 459497 |
| 配混合饲料（吨） | Mingled Forage (ton) | 3834889 | 2447970 |
| 化学农药原药（吨） | Chemical Pesticides (ton) | 10547 | 13548 |

重/庆/统/计/年/鉴

# 主要统计指标解释

## 工业

指从事自然资源的开采，对采掘品和农产品进行加工和再加工的物质生产部门。具体包括：（1）对自然资源的开采，如采矿、晒盐、森林采伐等（不包括禽兽捕猎和水产捕捞）；（2）对农副产品的加工、再加工，如粮油加工、食品加工、轧花、缫丝、纺织、制革等；（3）对采掘品的加工、再加工，如炼铁、炼钢、化工生产、石油加工、机器制造、木材加工等，以及电力、自来水、煤气的生产和供应等；（4）对工业品的修理、翻新，如机器设备的修理、交通运输工具（包括小卧车）的修理等。

工业统计调查单位为独立核算法人工业企业。

独立核算法人工业企业指从事工业生产经营活动的单位。独立核算法人工业企业应同时具备以下条件：①依法成立，有自己的名称、组织机构和场所，能够承担民事责任；②独立拥有和使用资产，承担负债，有权与其他单位签订合同；③独立核算盈亏，并能够编制资产负债表。

本年鉴中涉及的企业登记注册类型：

（1）国有企业：指企业全部资产归国家所有，并按《中华人民共和国企业法人登记管理条例》规定登记注册的非公司制的经济组织。不包括有限责任公司中的国有独资公司。

（2）集体企业：指企业资产归集体所有，并按《中华人民共和国企业法人登记管理条例》规定登记注册的经济组织。

（3）股份合作企业：指以合作制为基础，由企业职工共同出资入股，吸收一定比例的社会资产投资组建，实行自主经营，自负盈亏，共同劳动，民主管理，按劳分配与按股分红相结合的一种集体经济组织。

（4）联营企业：两个及两个以上相同或不同所有制性质的企业法人或事业单位法人，按自愿、平等、互利的原则，共同投资组成的经济组织称为联营企业。联营企业包括国有联营企业、集体联营企业、国有与集体联营企业和其他联营企业。

国有联营企业：指所有联营单位均为国有。

集体联营企业：指所有联营单位均为集体。

国有与集体联营企业：指联营单位既有国有也有集体。

其他联营企业：指上述三种联营企业之外的其他联营形式的企业。

（5）有限责任公司：根据《中华人民共和国公司登记管理条例》规定登记注册，由两个以上，五十个以下的股东共同出资，每个股东以其所认缴的出资额对公司承担有限责任，公司以其全部资产对其债务承担责任的经济组织称为有限责任公司。有限责任公司分为国有独资公司以及其他有限责任公司。

国有独资公司：指国家授权的投资机构或者国家授权的部门单独投资设立的有限责任公司。

其他有限责任公司：指国有独资公司以外的其他有限责任公司。

（6）股份有限公司：指根据《中华人民共和国公司登记管理条例》规定登记注册，其全部注册资本由等额股份构成并通过发行股票筹集资本，股东以其认购的股份对公司承担有限责任，公司以其全部资产对其债务承担责任的经济组织。

（7）私营企业：指由自然人投资设立或由自然人控股，以雇佣劳动为基础的营利性经济组织。包括按照《公司法》、《合伙企业法》、《私营企业暂行条例》以及《个人独资企业法》规定登记注册的私营有限责任公司、私营股份有限公司、私营合伙企业、私营独资企业和个人独资企业。

（8）其他内资企业：指上述第（1）至第（7）之外的其他内资经济组织。

（9）与港澳台商合资经营企业：指港澳台地区投资者与内地企业依照《中华人民共和国中外合资经营企业法》及有关法律的规定，按合同规定的比例投资设立、分享利润和分担风险的企业。

（10）与港澳台商合作经营企业：指港澳台地区投资者与内地企业依照《中华人民共和国中外合作经营企业法》及有关法律的规定，依照合作合同的约定进行投资或提供条件设立、分配利润和分担风险的企业。

（11）港澳台商独资经营企业：指依照《中华人民共和国外资企业法》及有关法律的规定，在内地由

## 主要统计指标解释

港澳台地区投资者全额投资设立的企业。

（12）港澳台商投资股份有限公司：指根据国家有关规定，经外经贸部依法批准设立，其中港、澳、台商的股本占公司注册资本的比例达25% 以上的股份有限公司。凡其中港、澳、台商的股本占公司注册资本的比例小于25%的，属于内资企业中的股份有限公司。

（13）中外合资经营企业：指外国企业或外国人与中国内地企业依照《中华人民共和国中外合资经营企业法》及有关法律的规定，按合同规定的比例投资设立、分享利润和分担风险的企业。

（14）中外合作经营企业：指外国企业或外国人与中国内地企业依照《中华人民共和国中外合作经营企业法》及有关法律的规定，依照合作合同的约定进行投资或提供条件设立、分配利润和分担风险的企业。

（15）外资企业：指依照《中华人民共和国外资企业法》及有关法律的规定，在中国内地由外国投资者全额投资设立的企业。

（16）外商投资股份有限公司：指根据国家有关规定，经外经贸部依法批准设立，其中外资的股本占公司注册资本的比例达25%　以上的股份有限公司。凡其中外资股本占公司注册资本的比例小于25%的，属于内资企业中的股份有限公司。

### ■ 国有控股企业

是指在企业的全部实收资本中，国有经济成分的出资人拥有的实收资本(股本)所占企业全部实收资本(股本)的比例大于50%的国有绝对控股。

在企业的全部实收资本中，国有经济成分的出资人拥有的实收资本(股本)所占比例虽未大于50%，但相对大于其他任何一方经济成分的出资人所占比例的国有相对控股；或者虽不大于其他经济成分，但根据协议规定拥有企业实际控制权的国有协议控股。

投资双方各占50%，且未明确由谁绝对控股的企业，若其中一方为国有经济成分的，一律按国有控股处理。

### ■ 轻工业

指主要提供生活消费品和制作手工工具的工业。按其所使用的原料不同，可分为两大类：(1)以农产品为原料的轻工业，是指直接或间接以农产品为基本原料的轻工业。主要包括食品制造、饮料制造、烟草加工、纺织、缝纫、皮革和毛皮制作、造纸以及印刷等工业；(2)以非农产品为原料的轻工业，是指以工业品为原料的轻工业。主要包括文教体育用品、化学药品制造、合成纤维制造、日用化学制品、日用玻璃制品、日用金属制品、手工工具制造、医疗器械制造、文化和办公用机械制造等工业。

### ■ 重工业

指为国民经济各部门提供物质技术基础的主要生产资料的工业。按其生产性质和产品用途，可以分为下列三类：(1)采掘(伐)工业，是指对自然资源的开采，包括石油开采、煤炭开采、金属矿开采、非金属矿开采等工业；(2)原材料工业，指向国民经济各部门提供基本材料、动力和燃料的工业。包括金属冶炼及加工、炼焦及焦炭、化学、化工原料、水泥、人造板以及电力、石油和煤炭加工等工业；(3)加工工业，是指对工业原材料进行再加工制造的工业。包括装备国民经济各部门的机械设备制造工业、金属结构、水泥制品等工业，以及为农业提供的生产资料如化肥、农药等工业。

根据上述划分原则，修理业中以重工业产品为修理作业对象的划为重工业，反之划为轻工业。

### ■ 工业总产值

指工业企业在本年内生产的以货币形式表现的工业最终产品和提供工业劳务活动的总价值量。

（1）工业总产值计算应遵循的原则

①工业生产的原则。即凡是企业在本年内生产的最终产品和提供的劳务，均应包括在内。其中的最终产品，不管是否在本年内销售，只要是本年内生产的，就应包括在内。凡不是工业生产的产品，均不得计入工业总产值。

②最终产品的原则。即企业生产的成品价值必须是本企业生产的，经检验合格不需再进行任何加工的最终产品。企业对外销售的半成品也应视为最终产品计入工业总产值。而在本企业内各车间转移的半成品和在制品只能计算其期末期初差额价值。

③“工厂法”原则。即以法人工业企业作为一个整体计算工业总产值，是其本年内生产的最终产品和提供劳务的总价值量。

（2）工业总产值的内容

包括三部分：生产的成品价值、对外加工费收入、自制半成品在制品期末期初差额价值。

①成品价值：指企业在本年内生产，并在本年内不再进行加工，经检验合格、包装入库的已经销售和准备销售的全部工业成品(包括半成品)价值合计。成品价值中包括企业生产的自制设备及提供给本企业在建工程、其他非工业部门和生活福利部门等单位使用的成品价值，但不包括用订货者来料加工的成品(半成品)价值。

工业总产值是按现行价格计算的。成品价值按成品实物量乘以本年不含应交增值税(销项税额)的产品实际销售平均单价计算。会计核算中按成本价格转帐的自制设备和自产自用的成品，按成本价格计算生产成品价值。

②对外加工费收入：指企业在本年内完成的对外承做的工业品加工(包括用订货者来料加工生产)的加工费收入和对外工业品修理作业所收取的加工费收入。对外加工费收入按不含应交增值税(销项税额)的价格计算，可根据会计“产品销售收入”科目的有关资料取得。

对于以对外加工生产为主，对外加工费收入所占比重较大的企业，如果对外加工费收入出现跨年度支付的情况，为保证总产值生产口径计算的准确性，则应将对外加工费收入按实际情况调整，记录本年应实际收取的对外加工费收入。

③自制半成品在制品期末期初差额价值。为了使工业总产值与工业中间投入中的物耗价值一致，以便同口径地计算工业增加值，规定本指标的计算原则是：凡是企业会计产品成本核算中计算半成品、在制品成本，则工业总产值中必须包括自制半成品在制品期末期初差额价值。反之则不包括。

自制半成品在制品期末期初差额价值等于自制半成品在制品期末价值减去期初价值后的余额，如果期末价值小于期初价值，该指标为负值，企业在计算产值时，应按负值计算，不能作为零处理。

（3）工业总产值计算的几种具体规定

①凡自备原材料，不论其加工繁简程度如何，一律按全价，即包括自备原材料的价值，计算工业总产值。

②凡来料加工，加工企业一律按财务上结算的加工费计算工业总产值，即不包括定货者来料的价值。一般分两种情况：a、工业企业之间的来料加工，加工企业(即承包单位)按财务上结算的加工费计算工业总产值；委托加工的企业(即发包单位)按全价计算工业总产值。b、工业企业与非工业企业之间的来料加工，当工业企业作为加工企业时一律按加工费计算工业总产值。

③自制半成品、在制品期末期初差额价值，原则上应计入工业总产值，但如果会计产品成本核算中不计算自制半成品、在制品成本，则不计入工业总产值；如果会计产品成本核算中计算自制半成品、在制品成本的，则计入工业总产值。

## 工业销售产值

指以货币形式表现的，工业企业在本年内销售的本企业生产的工业产品或提供工业性劳务价值的总价值量。工业销售产值包括的内容为：（1）销售成品价值；（2）对外加工费收入。区分来料加工与自备原材料生产的依据同工业总产值中的规定。

## 出口交货值

指工业企业交给外贸部门或自营（委托）出口（包括销往香港、澳门、台湾），用外汇价格结算的产品价值，以及外商来样、来料加工、来件装配和补偿贸易等生产的产品价值。在计算出口交货值时，要把外汇价格按交易时的汇率折算成人民币计算。

## 资产合计

指企业拥有或控制的能以货币计量的经济资源，包括各种财产、债权和其他权利。资产按其流动性(即资产的变现能力和支付能力)划分为：流动资产、长期投资、固定资产、无形资产、递延资产和其他资产。根据会计“资产负债表”中“资产总计”项的期末数填列。

（1）流动资产：指企业可以在一年内或者超过一年的一个生产周期内变现或者耗用的资产，包括现金及各种存款、短期投资，应收及预付款项、存货等。根据会计“资产负债表”中“流动资产合计”项的期末数填列。

（2）固定资产：指企业使用期限超过一年的房屋、建筑物、机器、机械、运输工具以及其他与生产、经营有关的设备、器具、工具等。不属于生产经营主要设备的物品，单位价值在2000元以上，并且使用年限超过2年的，也应当作为固定资产。“固定资产合计”根据会计“资产负债表”中“固定资产合计”项的期末数填列。

## 主要统计指标解释

### ■ 负债合计

指企业所承担的能以货币计量，将以资产或劳务偿付的债务，偿还形式包括货币、资产或提供劳务。

负债一般按偿还期长短分为流动负债和长期负债。根据会计“资产负债表”中“负债合计”的期末数填列。

（1）流动负债：指企业在一年内或超过一年的一个营业周期内需要偿还的债务，包括短期借款、应付票据、应付帐款、预收帐款、应付工资、应交税金、应付利润、预提费用等。根据企业会计“资产负债表”中“流动负债合计”的期末数填报。

（2）长期负债：指企业偿还期在一年以上或者超过一年的一个营业周期以上的债务，包括长期借款、长期应付款、应付债券等。根据会计“资产负债表”中的“长期负债合计”的期末数填报。

### ■ 所有者权益

指所有者在企业资产中享有的经济利益，它等于企业资产减去负债后的余额。包括实收资本（或股本）、资本公积、盈余公积、未分配利润等。根据会计“资产负债表”中的“所有者权益合计”项的期末数填列。

### ■ 主营业务收入

指企业经营主要业务所取得的收入总额。根据会计“利润表”中对应指标的本年累计数填列。若执行2006年《企业会计制度》的企业，用“营业收入”的本期累计数代替。

### ■ 主营业务成本

指企业经营主要业务发生的实际成本。根据会计“利润表”中对应指标的本年累计数填列。若执行2006年《企业会计制度》的企业，用“营业成本”的本期累计数代替。

### ■ 主营业务税金及附加

指企业经营主要业务应负担的营业税、消费税、城市维护建设税、资源税、土地增值税、教育费附加。根据会计“利润表”中对应指标的本年累计数填列。若执行2006年《企业会计制度》的企业，用“营业税金及附加”的本期累计数代替。

### ■ 营业利润

指企业从事生产经营活动所取得的利润，即主营业务收入减主营业务成本和主营业务税金及附加，加其他业务利润，减去营业费用、管理费用、财务费用后的金额。本指标根据会计“利润表”中对应指标的“本年累计数”填列。

### ■ 应交增值税

指企业按税法规定，从事货物销售或提供加工、修理修配劳务等增加货物价值的活动本期应交纳的税金。指企业在报告期应交增值税额。计算公式为：

本年应交增值税=销项税额-(进项税额-进项税额转出)-出口抵减内销产品应纳税额-减免税款+出口退税

### ■ 利润总额

指企业在生产经营过程中各种收入扣除各种耗费后的盈余，反映企业在报告期内实现的亏盈总额，包括营业利润、补贴收入、投资净收益和营业外收支净额。根据会计“利润表”中的对应指标的本期累计数填列。

### ■ 利税总额

指企业利润总额、产品销售税金及附加、应交增值税之和。

### ■ 工业经济效益综合指数

是综合衡量地区工业经济效益总体水平的一种特殊相对数，是反映一定时期工业经济运行质量的主要指标。工业经济效益综合指数由总资产贡献率、资本保值增值率、资产负债率、流动资产周转率、成本费用利润率、全员劳动生产率和产品销售率的实际数值分别除以该项指标的全国标准值，并乘以各自的权数，加总后除以总权数求得。该指标可从静态水平和动态趋势上较为全面地反映各地区工业经济效益的变化情况，并可在一定程度上消除地区对比的不可比因素。

### ■ 总资产贡献率

反映企业全部资产的获利能力，是企业经营业绩和管理水平的集中体现，是评价和考核企业盈利能力的核心指标。计算公式为：

总资产贡献率（%）=（利润总额+税金总额+利息支出）/平均资产总额×100%

# 主要统计指标解释

## 资本保值增值率

反映企业净资产的变动状况，是企业发展能力的集中体现。计算公式为：

资本保值增值率（%）＝报告期期末所有者权益/上年同期期末所有者权益×100%

## 资产负债率

该指标既反映企业经营风险的大小，也反映企业利用债权人提供的资金从事经营活动的能力。计算公式为：资产负债率（%）=负债总额/资产总额×100%

## 流动资产周转次数

指在一定时期内流动资产完成的周转次数，反映流动资产的周转速度。计算公式为：

流动资产周转次数＝产品销售收入/全部流动资产平均余额

## 成本费用利润率

在一定时期内实现的利润与成本费用之比，是反映工业生产成本及费用投入的经济效益指标，同时也是反映降低成本的经济效益的指标。计算公式为：

成本费用利润率（%）＝利润总额/成本费用总额×100%

## 全员劳动生产率

指根据产品的价值量指标计算的平均每一就业人员在单位时间内的产品生产量。是考核企业经济活动的重要指标，是企业生产技术水平、经营管理水平、职工技术熟练程度和劳动积极性的综合表现。目前，我国的全员劳动生产率是将工业企业的增加值除以同一时期全部就业人员的平均人数来计算的。计算公式为：

全员劳动生产率＝工业增加值/全部从业人员平均人数

## 产品销售率

指工业销售产值与同期全部工业总产值之比，反映工业产品已实现销售的程度，分析工业产销衔接情况，研究工业产品满足社会需求程度的指标。计算公式为：

产品销售率（%）＝现价工业销售产值/报告期现价工业总产值×100%

## 销售利润率

指企业利润与销售收入的比率。计算公式为：

销售利润率（%）＝利润/销售收入×100%

## 资本积累率

指企业所有者权益增长额与年初所有者权益的比率。计算公式为：

资本积累率（%）＝所有者权益增长额/年初所有者权益×100%

## 流动比率

指流动资产与流动负债的比率，它表明每一元流动负债有多少流动资产作为偿还的保证，反映企业用可在短期内转变为现金的流动资产偿还到期流动负债的能力。计算公式为：

流动比率＝流动资产/流动负债

## 速动比率

指企业速动资产与流动负债的比率。计算公式为：

速动比率＝速动资产/流动负债

## 产权比率

指企业负债总额与所有者权益的比率，是企业财务结构稳健与否的重要标志，也称资本负债率。计算公式为：

产权比率＝负债总额/所有者权益

CHONGQING STATISTICAL YEARBOOK

# Explanatory Notes on Main Statistical Indicators

## □ Industry

Efers to the material production sector which is engaged in extraction of natural resources and processing and reprocessing of minerals and agricultural products, including; I) extraction of natural resources, such as mining, salt production, logging (but not including hunting and fishing); II) processing and reprocessing of farm and sideline produces, such as rice husking, flour milling, wine making, oil pressing, cotton ginning, silk reeling, spinning and weaving, and leather making; III) manufacture of industrial products, such as steel making, iron smelting, chemicals manufacturing, petroleum processing, machine building, timber processing; water and gas production and electricity generation and supply; IV) repairing of industrial products such as the repairing of machinery and means of transport (including cars). Prior to 1984, the rural industry run by villages and cooperative organizations under village was classified into agriculture. Since 1984, it has been grouped into industry.

In industrial statistics surveys, the units of enquiry are corporate industrial enterprises with independent accounting systems.

Corporate industrial enterprises with independent accounting systems refer to enterprises engaging in industrial production activities, which meet the following requirements: (I)They are established legally, having their own names, organizations, location and able to take civil liability; (II)They possess and use their assets independently, assume liabilities and are entitled to sign contracts with other units; (III)They are financially independent and compile their own balance sheets.

Types of enterprise registration involved in this yearbook are as the following:

(I) State-owned Enterprises: refer to non-corporation economic units where the entire assets are owned by the state and which have registered in accordance with the Regulation of the People's Republic of China on the Management of Registration of Corporate Enterprises. Excluded from this category are sole state-funded corporations in the limited liability corporations.

(II) Collective-owned Enterprises: refer to economic units where the assets are owned collectively and which have registered in accordance with the Regulation of the People's Republic of China on the Management of Registration of Corporate Enterprises.

(III) Cooperative Enterprises: refer to a form of collective economic units (enterprises) where capitals come mainly from employees as their shares, with certain proportion of capital from the outside, where production is organized on the basis of independent operation, independent accounting for profits and losses, joint work, democratic management, and a distribution system that integrates remuneration according to work with dividend according to capital share.

(IV) Joint Ownership Enterprises: refer to economic units established by two or more corporate enterprises or corporate institutions of the same or different ownership, through joint investment on the basis of equality, voluntary participation and mutual benefits. They include state joint ownership enterprises, collective joint ownership enterprises, joint state-collective enterprises, other joint ownership enterprises. They include:

a) State-owned joint-operation enterprises (joint operation between State-owned enterprises);

b) Collective joint-operation enterprises (joint operation between collective enterprises);

c) State-collective joint-operation enterprises (joint operation between state and collective enterprises);

d) Other joint-operation enterprises(joint operation exclude state and collective enterprises).

(V) Limited Liability Corporations: refer to economic units established with investment from 2-50 investors and registered in accordance with the Regulation of the People's Republic of China on the Management of Registration of Corporations, each investor bearing limited liability to the corporation depending on its share of investment, and the corporation bearing liability to its debt to the maximum of its total assets. Limited liability corporations include exclusive state-funded limited liability corporations and other limited liability corporations.

Exclusive state-funded limited liability corporations: State-authorized investment institutions or departments of State has authorized the establishment of a separate investment in the limited liability company.

Other limited liability corporations:corporation exclude exclusive state-funded limited liability company.

(VI) Share holding Corporations Ltd.: refer to economic units registered in accordance with the Regulation of the People's Republic of China on the Management of Registration of Corporations, with total registered capitals divided into equal shares and raised through issuing stocks. Each investor bears limited liability to the corporation depending on the holding of shares, and the corporation bears liability to its debt to the maximum of its total assets.

(VII) Private Enterprises: refer to profit-making economic units invested and established by natural persons, or controlled by natural persons using employed labor. Included in this category are private limited liability corporations, private share-holding corporations Ltd., private partnership enterprises and private-funded enterprises registered in accordance with the Corporation Law, Partnership Enterprises Law and Interim Regulations on Private Enterprise.

(VIII) Other Domestic-funded Enterprises: refer to domestic-funded economic units other than those mentioned above.

(IX) Joint-venture Enterprises with Funds from Hong Kong, Macao and Taiwan: refer to enterprises jointly established by invertors from Hong Kong, Macao and Taiwan with enterprises in the mainland of China in accordance with the Law of the People's Republic of China on Sino-foreign Joint Venture Enterprises and other relevant laws, where the share of investment, profits and risks is stipulated in the contract.

(X) Cooperative Enterprises with Funds from Hong Kong Macau and Taiwan: established by investors from Hong Kong, Macau and Taiwan with enterprises in the mainland of China in accordance with the Law of the People's Republic of China on Sino-foreign Cooperative Enterprises and other relevant laws, where the investment or provision of facilities, and the share of profits and risks is stipulated in the cooperative contract.

(XI) Enterprises with Sole (exclusive) Investment from Hong Kong, Macau and Taiwan: refer to enterprises established in the mainland of China with exclusive investment from investors from Hong Kong, Macau and Taiwan in accordance with the Law of the People's Republic of China on Foreign-Funded Enterprises and other relevant laws.

(XII) Share-holding Corporations Ltd. with Investment from Hong Kong, Macau and Taiwan: refer to share-holding corporations Ltd. established with the approval from the former Ministry of Foreign Trade and Economic Relations in line with relevant state regulations, where the share of investment from Hong Kong, Macau or Taiwan businessmen exceeds 25% of the total registered capital of the corporation. In case the share of investment from Hong Kong, Macau or Taiwan is less than 25% of the total registered capital, the enterprise is to be classified as domestic-funded share-holding corporation Ltd.

(XIII) Joint-venture Enterprises with Foreign Investment: refer to enterprises jointly established by foreign enterprises or foreigners with enterprises in the mainland of China in accordance with the Law of the People's Republic of China on Sino-foreign Joint Venture Enterprises and other relevant laws, where the share of investment, profits and risks is stipulated in the contract.

(XIV) Cooperation Enterprises with Foreign Investment: refer to enterprises jointly established by foreign enterprises or foreigners with enterprises in the mainland of China in accordance with the Law of the People's Republic of China on Sino-foreign Cooperative Enterprises and other relevant laws, where the investment or provision of facilities, and the share of profits and risks is stipulated in the cooperative contract.

(XV) Enterprises with Sole (exclusive) Foreign Investment: refer to enterprises established in the mainland of China with exclusive investment from foreign investors in accordance with the Law of the People's Republic of China on Foreign-Funded Enterprises and other relevant laws.

(XVI) Share-holding Corporations Ltd. with Foreign Investment: refer to share-holding corporations Ltd. established with the approval from the Ministry of Foreign Trade and Economic Relations in line with relevant state regulations, where the share of investment from foreign investors exceeds 25% of the total registered capital of the corporation. In case the share of foreign investment is less than 25% of the total registered capital, the enterprise is to be classified as domestic-funded share-holding corporation Ltd.

## □ State-holding Enterprises

Refer to a classification of enterprises of mixed ownership. It means the state-owned asset of total assets is more than that of other owners. The classification shows the status of share held by state-owned economy.

## □ Light Industry

Efers to the industry that produces consumer goods and hand tools. It consists of two categories, depending on the materials used:

(I) Industries using farm products as raw materials. These are the branches of light industry which directly or indirectly use farm products as basic raw materials, including the manufacture of food and beverages, tobacco processing, textile, clothing, fur and leather

EXPLANATORY NOTES TO MAJOR STAT STICAL INDICATORS

manufacturing, paper making, printing, etc.

(II) Industries using non-farm products as raw materials. These are the branches of light industry which use manufactured goods as raw materials, including the manufacture of cultural, educational articles and sports goods, chemicals, synthetic fibre, chemical products for daily use, glass products for daily use, metal products for daily use, hand tools, medical apparatus and instruments, and the manufacture of cultural and office machinery.

## □ Heavy Industry

Efers to the industry which produces capital goods, and provides various sectors of the national economy with necessary material and technical basis for production. It consists of the following three branches according to the purpose of production or the use of products:

(I) Mining, quarrying and logging industry, which refers to the industry that extracts natural resources, including extraction of petroleum, coal, metal and non-metal ores.

(II) Raw materials industry refers to the industry that provides various sectors of the national economy with raw materials, fuels and power. It includes smelting and processing of metals, coking and coke chemistry, chemical materials and building materials such as cement, plywood, and power, petroleum refining and coal dressing.

(III) Manufacturing industry which refers to the industry that processes raw materials. It includes machine-building industries which equip sectors of the national economy; industries producing metal structure and cement products; and industries producing means of agricultural production, such as chemical fertilizers and pesticides.

In accordance with the above principles of classification, the repairing trades, which are engaged primarily in repairing products of heavy industry, are classified as heavy industry while those which are engaged in repairing products of light industry are classified as light industry.

## □ Gross Industrial Output Value

Refers to the total volume of final industrial products produced and industrial services provided in this year.

(I) Principles for calculations

a) Statistics on industrial production follow the principle that all products produced by the enterprises and accepted through quality check during the reference period are to be included no matter whether they are sold or not during the reference period.

b) Determination of final products follows the principle that all products that are included in the calculation of gross industrial output value are the final products of the enterprise which have been accepted through quality check and require no further processing. If an enterprise has semi-finished products to sell, these intermediate products are considered as the final products of the enterprise.

Finished and semi-finished products which tranfer in the workshop can only calculate the difference value between the end and the beginning.

c) Gross industrial output value is calculated following the principle of factory approach, i.e. industrial enterprise is used as the basic accounting unit in calculating the gross industrial output value. By this approach, value of the same product is not to be double-counted, and the output value of different workshops (branch factories) within the enterprise should not be added. However, this approach allows the possibility of double counting between enterprises.

(II) Content

Gross industrial output value consists of 3 components: value of the finished products during the reference period, income from processing for external parties, and value of change in semi-finished products between the end and the beginning of the reference period.

a) Value of finished products during the reference period: refers to the value of all finished (semi-finished) industrial products that are produced during the reference period without the need for further processing, checked for acceptance, packed and put into the warehouse of the enterprise, including the value of own-produced equipment and the value of products provided to the projects under construction of the enterprise, and to other non-industrial or welfare units. Value of finished products does not include the value of finished products (semi-finished products) that are produced using the materials from the clients who place the orders.

Value of finished products during the reference period is calculated by the quantity of products produced using own materials multiplied by the average unit prices at which products are sold (excluding value-added tax). Own-produced equipment and products produced for own use are valued at cost prices as in the case of enterprise accounting.

b) Income from external processing: refers to income from contracted external processing of industrial products (including processing of industrial products using materials from the clients), and the income from industrial repairing work provided to other parties. Income from external processing is calculated using information from the item "products sales income" in the enterprise accounting at the prices with value-added tax excluded.

If the income from external processing is paid beyond one year, Enterprises which the share of income from processing service is significant should adjust and record actual income from external processing this year.

c) Value of change in semi-finished products between the end and the beginning of the reference period.If the enterprise accounting excludes the cost of semi-finished products,then it should not be included in the gross industrial output value,and the reverse if otherwise.

Value of change in semi-finished products between the end and the beginning of the reference period:refers to the value of change in semi-finished products between the end and the beginning of the reference period. If the value of the end is less than the beginning, the index is negative and not dealted as zero.

(III) Method of calculation

a) All products produced using own materials are to be calculated with full value in reporting the gross industrial output value irrespective of the complexity of production.

b) For external processing, it allows calculate using processing fee.There are two cases: a、Between industrial enterprises.For gross industrial output value, processing enterprises calculate using processing fee and Commissioned processing calculate using full price.b、Between industrial enterprise and non-industrial enterprise.When industrial enterprise is processing enterprise,it allows caluculate using processing fee.

c) The value of change in semi-finished products should be included in the gross industrial output value if it is included in the accounting record of the enterprise, otherwise it should not be included.

## □ Industrial Sales Value

Is the total volume of industrial products produced and sold by industrial enterprises in a given period in monetary terms. It includes: (I) the value of finished-products; (II) the value for external processing. The difference between all products produced using own materials and external processing for calculation of industrial sales value is as same as the calculation of gross industry output value.

## □ Value of Export Delivery

Refers to the value of products exported via foreign trade agencies or by the industrial enterprises on their own (including the export to Hong Kong, Macao and Taiwan), as well as the value of products in the productions like processing with foreign designs, processing on given materials, assembling of supplied parts and compensation trade, which is settled by foreign exchanges. The value of export delivery should be calculated in RMB according to the exchange rate at the time of trade.

## □ Total Assets

Refer to all assets which are owned or controlled by enterprises, including circulating assets, long-term investment, fixed assets, intangible assets and deferred assets, other long-term assets, and deferred taxes, etc. The summation of above items is equal to total assets shown in the balance sheets of the enterprises. Total assets correspond to the summation item of total assets shown in the balance sheets of the enterprises

(I) Circulating assets (working capital) refer to assets which can be cashed in or spent or consumed in an operating cycle of one year or over one year, including cash, all kinds of deposits, short term investment, receivables, advance payment, stock, etc. Circulating assets correspond to the summation item of circulation assets shown in the balance sheets of the enterprises.

(II) Fixed assets refer to the assets with high unit value can keep its original body in use and last for a long period. Refers to the use of more than one year of housing, buildings, machines, machinery, transport equipment and other production and business-related equipment, apparatus, tools, etc. Some items which are not belong to the production and operation of major equipment, but the unit value of more than 2,000 yuan, and the use of more than two years, should also be as fixed assets. Fixed assets correspond to the summation item of fixed assets shown in the balance sheets of the enterprises.

## □ Total Liabilities

Refer to the debts that enterprises are responsible for repayment, including liquid liabilities and long-term liabilities. The forms of reimbursement are including currency,assets and providing labor services.Total liabilities correspond to the summation item of liabilities shown in the balance sheets of the enterprises.

EXPLANATORY NOTES TO MAJOR STATISTICAL INDICATORS

(I) Liquid liabilities (also called quick liabilities or immediate liabilities) refer to enterprises total debt payable within an operating cycle of one year or over one year, including short term loans, payables and advance payments, wages payable, taxes payable and profit payable, etc. Liquid liabilities correspond to the summation item of liquid liabilities shown in the balance sheets of the enterprises.

(II) Long-term liabilities refers to total debt payable within an operating cycle of one year or over one year, including long-term loans, payable liabilities, long-term payables, etc. Long-term liabilities correspond to the summation item of long-term shown in the balance sheets of the enterprises.

## □ Creditors' Equity

Refers to investors' ownership of net assets of the enterprise. It is equal to the total assets of the enterprise minus its total liabilities, including the primary input from investors, capital accumulation fund, surplus accumulation fund and undistributed profit.It is the last digital of "creditors' equity" in "balance sheet". Creditors equity correspond to the summation item of creditors' equity shown in the balance sheets of the enterprises.

## □ Revenue from Principal Business

Refers to the toal of revenue from principal business. It is the annual accumulation of the corresponding item in the "profit table" of the accountant. For enterprises that follow the 2006 Enterprise Accounting Standards, the year-end accumulation of Operating income is used as a substitute.

## □ Cost of Principal Business

Refers to real costs from principal business. It is the annual accumulation of the corresponding item in the "profit table" of the accountant. For enterprises that follow the 2006 Enterprise Accounting Standards, the year-end accumulation of Operating costs is used as a substitute.

## □ Tax and Extra Charges from Principal Business

Refer to the tax and charges including the business tax, consumption tax, city maintenance and construction tax, resources tax, land increasing value tax and extra charges for education and etc. It is the annual accumulation of the corresponding item in the "profit table" of the accountant. For enterprises that follow the 2006 Enterprise Accounting Standards, the year-end accumulation of tax and extra charges from the sales of products is used as a substitute.

## □ Profit from business

Refers to the profits from operation activities, that is the main business income minus the cost of main business and main business tax and surcharges, add other business profits, minus operating expenses, management fees, finance charges. It is the annual accumulation of the corresponding item in the "profit table" of the accountant.

## □ Value Added Tax Payable

Refers to the amount of the value-added tax, which should be paid by the enterprises in the reporting period.According to the tax laws, increasing the activities of the current value of the goods,such as the sale of goods or the provision of processing, repair workshop and other services should pay taxes.It is calculated as follows:

Value added tax payable=tax on sales-(tax on purchases-transferred tax on purchases)- Tax credits-tax cut +export rebate

## □ Total Profits

Refers to the annual accumulation of the corresponding item in the "profit table" of the accountant. It is the profits gained from the revenues in the reference period, including business profits, subsidies, net income of investment and net income of other business.

## □ Total Value of Profit and Tax (Pre-tax Profits)

Refers to the sum of the total profits, products sales tax and surcharges and the value added tax payable of industrial enterprises. It is also called Pre-tax profits.

## □ Industrial Comprehensive Index of Economic Efficiency

Is a special kind of relative figure to comprehensively measure overall economic efficiency of regional industry, showing the quality of industrial economic efficiency of the reference period. Industrial comprehensive index of economic efficiency is calculated with 7 items of ratio of total assets to industrial output value, ratio of creditors' equity of current year to that of previous year, ratio of liabilities to assets, turnover ratio of output value, circulating funds, ratio of profits to cost, overall labor productivity, ratio of sales to products. The actual figure of every indicator above is divided by responding national standard numerical value, and the results multiply correlative weight coefficients, then the total number is divided by general weight coefficient. The index comprehensively reflects the changes of regional industrial economic efficiency in static and dynamic status, eliminating the incomparable factors at a certain extent.

## □ Ratio of Total Assets to Industrial Output Value

Reflects the profit-making capability of all assets of the enterprise and is a key indicator manifesting the performance and management and evaluating the profit-making potential of the enterprise. It is calculated as follows:

Ratio of Total Assets to Industrial Output (%) = [(Total profits + Total taxes + Interest payment) / average assets] × 100%

## □ Capital Maintenance and Appreciation Rate

Reflects the changes of an enterprise's net assets. It epitomizes the growth capability of an enterprise. Its calcuating formula is:

Capital Maintenance and appreciation rate = Ownership equity at the end of the reporting period/Ownership equity at the same period of the previous year.

## □ Ratio of Liabilities to Assets

Reflect both the operation risk and the capability of the enterprise in making use of the capital from the creditors. It is calculated as follows:

Ratio of liabilities to assets (%) = Total liabilities/total assets×100%

## □ Turnover Ratio of Circulating Funds

Refers to times of turnover of circulating funds in a given period of time, which reflects the speed of the turnover of working capital and is calculated as follows:

Turnover Ratio of Circulating Funds (%) = Sales Revenue of Products/Average Balance of Total Circulating Funds×100%

## □ Ratio of Profits to Costs

Refers to the ratio of profits realized in a given period to the total costs in the same period, which reflects the economic efficiency of input cost and is calculated as follows:

Ratio of Profits to Cost (%) =Total Profits/Total Costs×100%

## □ Overall Labor Productivity

Refers to the average output per employed person in industrial enterprises in value terms. At present, the value added and the average number of staff and workers of an industrial enterprises in a given period are used to calculate the overall labor productivity. The formula used is:

Overall Labor Productivity = (Value Added of Industry) / (Average Number of Staff and Workers)

## □ Ratio of Sales to Products

Refers to the ratio of total sales in a given period to the gross output value in the same period, which reflects the extent of industrial output sold and is calculated as follows:

Ratio of Sales to Products (%) =Total Sales (at Current Prices) / Gross Output Value (at Current Prices) ×100%

## □ Ratio of Profits to Sales

Refers to the ratio of total profits to the sales revenue in a given period and is calculated as follows:

Ratio of Profits to Sales (%) =Total Profits /Sales Revenue×100%

## □ Ratio of Accumulated Capital to Original Capital

Refers to the ratio of the increased volume of creditors' equity to the creditors' equity at the year's beginning. The formula used is:

Ratio of Accumulated Capital to Original Capital (%) = Increased Volume of Creditors' Equity / Creditors' Equity at Year's Beginning×100%

## □ Current Ratio

Refers to the ratio of the circulating assets to the circulating liabilities, i.e. the amount of circulating assets as the guarantee to pay off each yuan of circulating liabilities, which reflects the ability of the enterprise to pay off the due circulating liabilities with the circulating assets realizable in a short period of time. The formula is:

Current Ratio (%) = Circulating Assets / Circulating Liabilities

EXPLANATORY NOTES TO MAJOR STATISTICAL INDICATORS

## □ Quick Ratio

Refers to the ratio of quick assets to circulating liabilities of the enterprise, and is calculated as the follows:

Quick Ratio = Quick Assets / Circulating Liabilities

## □ Ratio of Equity to Production

Refers to the ratio of total liabilities to creditors' equity. It is the sign of financial stability of the enterprises, and also called ratio of total liabilities to total capital. The formula is:

Ratio of Equity to Production = Total Liabilities / Creditors' Equity

# 第13章

## 建筑业

## CONSTRUCTION

# 简要说明 BRIEF INTRODUCTION

本章资料包括全市按登记注册地统计的资质内建筑业基本情况、建筑企业房屋施工及竣工面积和劳务分包建筑业企业主要指标、各类建筑施工企业主要经济指标等，由市统计局固定资产投资处提供。全市建筑业增加值情况参见本书第二章国民经济核算。

The data in this chapter include the general information of all the construction enterprises with the place of registration in Chongqing, the main indicators on the floor space of buildings under construction and completed of construction enterprises and on the labor subcontractors in construction industry, as well as the main economic indicators on various construction enterprises. The data in this chapter are provided by Division of Statistics of Investment in Fixed Assets, Chongqing Municipal Bureau of Statistics. See Chapter 2 National Economic Accounting of this book for the value added of construction industry.

# 表13.1 建筑业基本情况（1985－2016年）
## BASIC STATISTICS ON CONSTRUCTION INDUSTRY (1985-2016)

| 年 份<br>Year | 企业数<br>（个）<br>Number of Enterprises (unit) | 年末从业人数<br>（万人）<br>Number of Employed Persons at Year-end (10 000 persons) | 总产值<br>（万元）<br>Gross Output Value (10 000 yuan) | 房屋建筑施工面积<br>（万平方米）<br>Floor Space of Buildings under Construction (10 000 sq.m) | 房屋建筑竣工面积<br>（万平方米）<br>Floor Space of Buildings Completed (10 000 sq.m) |
|---|---|---|---|---|---|
| 1985 | 298 | 14.12 | 96201 | 684.85 | 340.18 |
| 1986 | 291 | 17.12 | 112719 | 674.54 | 345.37 |
| 1987 | 303 | 18.08 | 138515 | 740.55 | 350.79 |
| 1988 | 399 | 20.71 | 183070 | 866.76 | 372.69 |
| 1989 | 400 | 20.60 | 196510 | 853.54 | 391.35 |
| 1990 | 445 | 20.89 | 220685 | 905.58 | 450.19 |
| 1991 | 465 | 21.50 | 262155 | 915.31 | 458.23 |
| 1992 | 482 | 23.58 | 340256 | 1015.59 | 490.88 |
| 1993 | 607 | 22.47 | 426228 | 1238.22 | 537.78 |
| 1994 | 561 | 26.61 | 656959 | 1456.78 | 577.22 |
| 1995 | 556 | 28.24 | 810548 | 1678.02 | 656.38 |
| 1996 | 1473 | 64.43 | 2052964 | 4065.24 | 2276.97 |
| 1997 | 1501 | 68.98 | 2440552 | 4451.06 | 2562.73 |
| 1998 | 1655 | 80.46 | 2896198 | 5275.68 | 2837.02 |
| 1999 | 1735 | 75.49 | 3175927 | 5481.86 | 2974.82 |
| 2000 | 1785 | 73.37 | 3486579 | 6088.49 | 3083.72 |
| 2001 | 1721 | 83.99 | 4368064 | 7962.27 | 4341.38 |
| 2002 | 1778 | 82.05 | 5015839 | 8707.39 | 4711.06 |
| 2003 | 1760 | 81.80 | 5862095 | 9754.10 | 4939.62 |
| 2004 | 2442 | 86.91 | 6902774 | 10184.46 | 5167.65 |
| 2005 | 2310 | 83.10 | 7835658 | 10722.57 | 5155.18 |
| 2006 | 2455 | 86.72 | 8950918 | 11522.42 | 5309.27 |
| 2007 | 2486 | 96.97 | 11287118 | 13866.76 | 5750.65 |
| 2008 | 2483 | 105.42 | 14963195 | 15618.93 | 6485.30 |
| 2009 | 2465 | 118.88 | 19152495 | 16475.84 | 7473.16 |
| 2010 | 2467 | 139.33 | 25343196 | 19489.39 | 8292.00 |
| 2011 | 2530 | 134.84 | 33288252 | 21976.19 | 8989.56 |
| 2012 | 2575 | 138.59 | 39756696 | 26269.73 | 11601.82 |
| 2013 | 2578 | 170.45 | 47312167 | 29884.62 | 12240.32 |
| 2014 | 2591 | 167.45 | 55522069 | 32886.88 | 12815.64 |
| 2015 | 2628 | 177.17 | 62569430 | 32801.61 | 13542.58 |
| 2016 | 2736 | 181.41 | 70358133 | 32077.14 | 13751.59 |

注：1) 1993年实行一套表制度，附营建筑企业有所增加；1996年以前口径范围包括全民、城镇集体建筑安装企业，1996年-2001年为资质等级四级以上的建筑企业(下表同)。
2) 2002年起建筑业执行新建筑资质，2002年房屋建筑施工、竣工面积和2003年起所有数据不含劳务分包企业(下表同)。

Note: a) As the system of one suit of tables was implemented in 1993, the affiliated construction enterprises increased. The statistics scope before 1996 included the whole people-owned, collective-owned construction and installation enterprises; while the statistics scope from 1996 to 2001 included the construction and installation enterprises of qualification Grade-4 and above (the same below).
b) The new grade system was carried out in construction in 2002. The data of floor space under construction and completed in 2002, and all the data since 2003 exclude the data of labor subcontractors (the same below).

## 表13.2 建筑业企业房屋施工及竣工面积（2015－2016年）
## FLOOR SPACE OF BUILDINGS UNDER CONSTRUCTION AND COMPLETED BY CONSTRUCTION ENTERPRISES (2015-2016)

| 指　标 | Item | 2015 | 2016 |
|---|---|---|---|
| **房屋建筑施工面积（万平方米）** | **Floor Space of Buildings under Construction (10 000 sq.m)** | **32801.61** | **32077.14** |
| #本年新开工面积 | Floor Space of Buildings Newly Started This Year | 14069.18 | 13790.21 |
| #实行投标承包面积 | Floor Space Contracted by Bidding | 19490.20 | 16956.56 |
| **房屋建筑竣工面积（万平方米）** | **Floor Space of Buildings Completed (10 000 sq.m)** | **13542.58** | **13751.59** |
| 住宅房屋 | Residential Buildings | 9935.49 | 9888.02 |
| 商业及服务用房屋 | Buildings for Business and Services | 898.20 | 940.79 |
| #批发和零售业用房 | Buildings for Wholesale and Retail | 370.10 | 427.91 |
| 住宿和餐饮业用房 | Buildings for Hotels and Catering Services | 73.55 | 75.96 |
| 居民服务业用房 | Buildings for Residential Services | 419.89 | 380.09 |
| 办公用房 | Office Buildings | 453.44 | 566.33 |
| 科研、教育、医疗用房屋 | Buildings for Scientific Research, Education, Medical Cares | 393.00 | 476.16 |
| #科学研究用房屋 | Buildings for Scientific Research | 13.54 | 24.50 |
| 教育用房屋 | Buildings for Education | 301.08 | 355.14 |
| 医疗用房屋（卫生医疗用房） | Buildings for Health and Medical Cares | 78.37 | 96.52 |
| 文化、体育和娱乐用房 | Buildings for Culture, Sports and Entertainment | 51.61 | 77.23 |
| 厂房及建筑物 | Works and Buildings | 1379.95 | 1002.27 |
| #厂　房 | Works | 603.42 | 514.01 |
| 仓　库 | Warehouses | 46.59 | 56.39 |
| 其他未列明的房屋建筑物 | Other Buildings | 384.30 | 744.39 |

## 表13.3 劳务分包建筑业企业主要指标（2015－2016年）
## MAIN INDICATORS ON LABOR SUBCONTRACTORS IN CONSTRUCTION INDUSTRY (2015-2016)

单位：万元 (10 000 yuan)

| 指　标 | Item | 2015 | 2016 |
|---|---|---|---|
| 企业数（个） | Number of Enterprises (unit) | 284 | 258 |
| 年末从业人数（人） | Number of Employed Persons at Year-end (person) | 141460 | 135158 |
| 企业总收入 | Total Revenue | 1045097 | 1298461 |
| #劳务收入 | Revenue from Labor Services | 1043855 | 1298193 |
| 税　金 | Tax | 42594 | 63533 |
| 利润总额 | Total Profits | 11032 | 13407 |
| 从业人员劳动报酬 | Earnings of Employed Persons | 581109 | 607867 |

# 表13.4 建筑施工企业主要经济指标（2015－2016年）
## MAIN ECONOMIC INDICATORS ON CONSTRUCTION ENTERPRISES (2015-2016)

| 指　标 | Type | 2015 | 2016 |
|---|---|---|---|
| **企业数（个）** | **Number of Enterprises (unit)** | **2628** | **2736** |
| **年末从业人数（万人）** | **Number of Employed Persons at Year-end (10 000 persons)** | **177.17** | **181.41** |
| **总产值（万元）** | **Gross Output Value (10 000 yuan)** | **62569430** | **70358133** |
| 按登记注册类型分 | By Status of Registration | | |
| 内资企业 | Domestic-funded Enterprises | 62509224 | 70229662 |
| #国　有 | State-owned Enterprises | 5893739 | 5589983 |
| 其他有限责任 | Other Limited Liability Enterprises | 28795400 | 32924249 |
| 私　营 | Private Enterprises | 24221531 | 28419242 |
| 按构成分 | By Constitution | | |
| #建筑工程 | Construction | 56822977 | 64592912 |
| 安装工程 | Installation | 3869943 | 3384341 |
| 按行业分 | By Sector | | |
| #房屋和土木工程建筑业 | Construction of Buildings and Civil Engineering | 58435917 | 66206711 |
| #房屋工程建筑业 | Buildings | 47216352 | 53931050 |
| 建筑安装业 | Construction Installation | 1938448 | 1956947 |
| 建筑装饰业 | Construction Decoration | 1561510 | 1301999 |
| 按资质等级分 | By Grade | | |
| 施工总承包 | General Contractors of Construction | 58295944 | 66228580 |
| #一　级 | First Grade | 27230060 | 29892484 |
| 二　级 | Second Grade | 17790823 | 19438641 |
| 专业承包 | Specialized Contractors of Construction | 4273486 | 4129552 |
| #一　级 | First Grade | 1933321 | 1444669 |
| 二　级 | Second Grade | 1201845 | 1127683 |
| **竣工产值（万元）** | **Output Value of Completed Construction (10 000 yuan)** | **33068592** | **36171757** |
| 按登记注册类型分 | By Status of Registration | | |
| 内资企业 | Domestic-funded Enterprises | 33064157 | 36117701 |
| #国　有 | State-owned Enterprises | 2568829 | 1581077 |
| 其他有限责任 | Other Limited Liability Enterprises | 14641487 | 15963973 |
| 私　营 | Private Enterprises | 13831536 | 16431047 |
| 按行业分 | By Sector | | |
| #房屋和土木工程建筑业 | Construction of Buildings and Civil Engineering | 30481491 | 33756885 |
| #房屋工程建筑业 | Buildings | 26027163 | 29545925 |
| 建筑安装业 | Construction Installation | 1095668 | 988210 |
| 建筑装饰业 | Construction Decoration | 1026288 | 942417 |
| 按资质等级分 | By Grade | | |
| 施工总承包 | General Contractors of Construction | 30750977 | 34036462 |
| #一　级 | First Grade | 12193047 | 12683266 |
| 二　级 | Second Grade | 9730294 | 10184658 |
| 专业承包 | Specialized Contractors of Construction | 2317615 | 2135295 |
| #一　级 | First Grade | 843666 | 799323 |
| 二　级 | Second Grade | 639618 | 561358 |
| **房屋建筑施工面积（万平方米）** | **Floor Space of Buildings under Construction (10 000 sq.m)** | **32801.61** | **32077.14** |
| **房屋建筑竣工面积（万平方米）** | **Floor Space of Buildings Completed (10 000 sq.m)** | **13542.58** | **13751.59** |
| **年末自有机械设备台数（万台）** | **Number of Machinery and Equipment Self-owned (year-end) (10 000 sets)** | **17.93** | **19.73** |
| **年末自有机械设备总功率（万千瓦）** | **Total Power of Machinery and Equipment Self-owned (year-end) (10 000 kw)** | **416.63** | **457.25** |

# 表13.5 国有建筑施工企业主要经济指标（2015－2016年）
## MAIN ECONOMIC INDICATORS ON STATE-OWNED CONSTRUCTION ENTERPRISES (2015-2016)

| 指　标 | Type | 2015 | 2016 |
|---|---|---|---|
| **企业数（个）** | **Number of Enterprises (unit)** | **94** | **93** |
| **年末从业人数（万人）** | **Number of Employed Persons at Year-end (10 000 persons)** | **10.60** | **8.48** |
| **总产值（万元）** | **Gross Output Value (10 000 yuan)** | **5893739** | **5589983** |
| 按构成分 | By Constitution | | |
| #建筑工程 | Construction | 5354406 | 5097666 |
| 安装工程 | Installation | 234733 | 227381 |
| 按行业分 | By Sector | | |
| #房屋和土木工程建筑业 | Construction of Buildings and Civil Engineering | 5540135 | 5433633 |
| #房屋工程建筑业 | Buildings | 1703962 | 1875674 |
| 建筑安装业 | Construction Installation | 112872 | 131613 |
| 建筑装饰业 | Construction Decoration | 5238 | 1579 |
| 按资质等级分 | By Grade | | |
| 施工总承包 | General Contractors of Construction | 5517617 | 5282475 |
| #一　级 | First Grade | 3568094 | 3250356 |
| 二　级 | Second Grade | 1036421 | 811067 |
| 专业承包 | Specialized Contractors of Construction | 376122 | 307507 |
| #一　级 | First Grade | 217946 | 166600 |
| 二　级 | Second Grade | 78301 | 95192 |
| **竣工产值（万元）** | **Output Value of Completed Construction (10 000 yuan)** | **2568829** | **1581077** |
| 按行业分 | By Sector | | |
| #房屋和土木工程建筑业 | Construction of Buildings and Civil Engineering | 2368127 | 1514170 |
| #房屋工程建筑业 | Buildings | 832405 | 826415 |
| 建筑安装业 | Construction Installation | 41391 | 47404 |
| 建筑装饰业 | Construction Decoration | | |
| 按资质等级分 | By Grade | | |
| 施工总承包 | General Contractors of Construction | 2401685 | 1483388 |
| #一　级 | First Grade | 1563473 | 768880 |
| 二　级 | Second Grade | 303442 | 112123 |
| 专业承包 | Specialized Contractors of Construction | 167144 | 97689 |
| #一　级 | First Grade | 84141 | 30153 |
| 二　级 | Second Grade | 59553 | 49153 |
| **房屋建筑施工面积（万平方米）** | **Floor Space of Buildings under Construction (10 000 sq.m)** | **972.22** | **796.49** |
| **房屋建筑竣工面积（万平方米）** | **Floor Space of Buildings Completed (10 000 sq.m)** | **309.54** | **269.78** |
| **年末自有机械设备台数（万台）** | **Number of Machinery and Equipment Self-owned (year-end) (10 000 sets)** | **1.36** | **2.09** |
| **年末自有机械设备总功率（万千瓦）** | **Total Power of Machinery and Equipment Self-owned (year-end) (10 000 kw)** | **56.79** | **95.21** |

# 表13.6 其他有限责任制建筑施工企业主要经济指标（2015－2016年）

## MAIN ECONOMIC INDICATORS ON OTHER CONSTRUCTION ENTERPRISES OF LIMITED LIABILITY (2015-2016)

| 指　标 | Type | 2015 | 2016 |
|---|---|---|---|
| **企业数（个）** | **Number of Enterprises (unit)** | **891** | **965** |
| **年末从业人数（万人）** | **Number of Employed Persons at Year-end (10 000 persons)** | **74.59** | **78.19** |
| **总产值（万元）** | **Gross Output Value (10 000 yuan)** | **28795400** | **32924249** |
| 按构成分 | By Constitution | | |
| #建筑工程 | Construction | 26084842 | 30285907 |
| 安装工程 | Installation | 1872821 | 1693725 |
| 按行业分 | By Sector | | |
| #房屋和土木工程建筑业 | Construction of Buildings and Civil Engineering | 27006349 | 31093998 |
| #房屋工程建筑业 | Buildings | 21294279 | 24082278 |
| 建筑安装业 | Construction Installation | 986630 | 1024331 |
| 建筑装饰业 | Construction Decoration | 631789 | 551202 |
| 按资质等级分 | By Grade | | |
| 施工总承包 | General Contractors of Construction | 27052363 | 31528390 |
| #一　级 | First Grade | 16007005 | 18692697 |
| 二　级 | Second Grade | 7060988 | 7993368 |
| 专业承包 | Specialized Contractors of Construction | 1743037 | 1395859 |
| #一　级 | First Grade | 982010 | 564358 |
| 二　级 | Second Grade | 285093 | 298196 |
| **竣工产值（万元）** | **Output Value of Completed Construction (10 000 yuan)** | **14641487** | **15963973** |
| 按行业分 | By Sector | | |
| #房屋和土木工程建筑业 | Construction of Buildings and Civil Engineering | 13631370 | 14909501 |
| #房屋工程建筑业 | Buildings | 11673596 | 12582137 |
| 建筑安装业 | Construction Installation | 537640 | 522504 |
| 建筑装饰业 | Construction Decoration | 364327 | 397813 |
| 按资质等级分 | By Grade | | |
| 施工总承包 | General Contractors of Construction | 13831941 | 15148062 |
| #一　级 | First Grade | 7420025 | 8097280 |
| 二　级 | Second Grade | 4031561 | 4146821 |
| 专业承包 | Specialized Contractors of Construction | 809546 | 815912 |
| #一　级 | First Grade | 248778 | 306535 |
| 二　级 | Second Grade | 212428 | 214429 |
| **房屋建筑施工面积（万平方米）** | **Floor Space of Buildings under Construction (10 000 sq.m)** | **17527.08** | **17401.44** |
| **房屋建筑竣工面积（万平方米）** | **Floor Space of Buildings Completed (10 000 sq.m)** | **6308.10** | **6387.49** |
| **年末自有机械设备台数（万台）** | **Number of Machinery and Equipment Self-owned (year-end) (10 000 sets)** | **9.50** | **9.75** |
| **年末自有机械设备总功率（万千瓦）** | **Total Power of Machinery and Equipment Self-owned (year-end) (10 000 kw)** | **183.52** | **212.54** |

# 表13.7 私营建筑施工企业主要经济指标（2015－2016年）
## MAIN ECONOMIC INDICATORS ON PRIVATE CONSTRUCTION ENTERPRISES (2015-2016)

| 指 标 | Type | 2015 | 2016 |
|---|---|---|---|
| **企业数（个）** | **Number of Enterprises (unit)** | **1472** | **1534** |
| **年末从业人数（万人）** | **Number of Employed Persons at Year-end (10 000 persons)** | **82.88** | **86.13** |
| **总产值（万元）** | **Gross Output Value (10 000 yuan)** | **24221531** | **28419242** |
| 按构成分 | By Constitution | | |
| #建筑工程 | Construction | 22017156 | 26178348 |
| 安装工程 | Installation | 1566032 | 1316620 |
| 按行业分 | By Sector | | |
| #房屋和土木工程建筑业 | Construction of Buildings and Civil Engineering | 22582230 | 26694874 |
| #房屋工程建筑业 | Buildings | 21365025 | 25278748 |
| 建筑安装业 | Construction Installation | 664806 | 657862 |
| 建筑装饰业 | Construction Decoration | 787326 | 691595 |
| 按资质等级分 | By Grade | | |
| 施工总承包 | General Contractors of Construction | 22436823 | 26341120 |
| #一 级 | First Grade | 6957541 | 7536434 |
| 二 级 | Second Grade | 8579067 | 9408376 |
| 专业承包 | Specialized Contractors of Construction | 1784707 | 2078122 |
| #一 级 | First Grade | 507129 | 491425 |
| 二 级 | Second Grade | 758075 | 691799 |
| **竣工产值（万元）** | **Output Value of Completed Construction (10 000 yuan)** | **13831536** | **16431047** |
| 按行业分 | By Sector | | |
| #房屋和土木工程建筑业 | Construction of Buildings and Civil Engineering | 12633681 | 15250910 |
| #房屋工程建筑业 | Buildings | 11889356 | 14340885 |
| 建筑安装业 | Construction Installation | 417017 | 352648 |
| 建筑装饰业 | Construction Decoration | 610713 | 518307 |
| 按资质等级分 | By Grade | | |
| 施工总承包 | General Contractors of Construction | 12699832 | 15381639 |
| #一 级 | First Grade | 2909698 | 3573686 |
| 二 级 | Second Grade | 4843700 | 5242562 |
| 专业承包 | Specialized Contractors of Construction | 1131704 | 1049409 |
| #一 级 | First Grade | 387242 | 344615 |
| 二 级 | Second Grade | 322618 | 279604 |
| **房屋建筑施工面积（万平方米）** | **Floor Space of Buildings under Construction (10 000 sq.m)** | **11882.07** | **12000.81** |
| **房屋建筑竣工面积（万平方米）** | **Floor Space of Buildings Completed (10 000 sq.m)** | **6092.46** | **6338.34** |
| **年末自有机械设备台数（万台）** | **Number of Machinery and Equipment Self-owned (year-end) (10 000 sets)** | **6.26** | **7.28** |
| **年末自有机械设备总功率（万千瓦）** | **Total Power of Machinery and Equipment Self-owned (year-end) (10 000 kw)** | **158.98** | **135.07** |

# 表13.8 施工总承包建筑施工企业主要经济指标（2015－2016年）
## MAIN ECONOMIC INDICATORS ON GENERAL CONTRACTORS OF CONSTRUCTION (2015-2016)

| 指　标 | Type | 2015 | 2016 |
|---|---|---|---|
| **企业数（个）** | **Number of Enterprises (unit)** | **1702** | **1755** |
| **年末从业人数（万人）** | **Number of Employed Persons at Year-end (10 000 persons)** | **165.98** | **169.67** |
| **总产值（万元）** | **Gross Output Value (10 000 yuan)** | **58295944** | **66228580** |
| 按登记注册类型分 | By Status of Registration | | |
| 内资企业 | Domestic-funded Enterprises | 58239691 | 66102815 |
| #国　有 | State-owned Enterprises | 5517617 | 5282475 |
| 其他有限责任 | Other Limited Liability Enterprises | 27052363 | 31528390 |
| 私　营 | Private Enterprises | 22436823 | 26341120 |
| 按构成分 | By Constitution | | |
| #建筑工程 | Construction | 54398702 | 62199088 |
| 安装工程 | Installation | 2441570 | 2085658 |
| 按行业分 | By Sector | | |
| #房屋和土木工程建筑业 | Construction of Buildings and Civil Engineering | 56646884 | 64506366 |
| #房屋工程建筑业 | Buildings | 46694469 | 53093828 |
| 建筑安装业 | Construction Installation | 928109 | 1029773 |
| 建筑装饰业 | Construction Decoration | 280804 | 155721 |
| 按资质等级分 | By Grade | | |
| #一　级 | First Grade | 27230060 | 29892484 |
| 二　级 | Second Grade | 17790823 | 19438641 |
| **竣工产值（万元）** | **Output Value of Completed Construction (10 000 yuan)** | **30750977** | **34036462** |
| 按登记注册类型分 | By Status of Registration | | |
| 内资企业 | Domestic-funded Enterprises | 30750494 | 33983979 |
| #国　有 | State-owned Enterprises | 2401685 | 1483388 |
| 其他有限责任 | Other Limited Liability Enterprises | 13831941 | 15148062 |
| 私　营 | Private Enterprises | 12699832 | 15381639 |
| 按行业分 | By Sector | | |
| #房屋和土木工程建筑业 | Construction of Buildings and Civil Engineering | 29838926 | 33189214 |
| #房屋工程建筑业 | Buildings | 25847874 | 29366829 |
| 建筑安装业 | Construction Installation | 456939 | 466503 |
| 建筑装饰业 | Construction Decoration | 119110 | 119397 |
| 按资质等级分 | By Grade | | |
| #一　级 | First Grade | 12193047 | 12683266 |
| 二　级 | Second Grade | 9730294 | 10184658 |
| **房屋建筑施工面积（万平方米）** | **Floor Space of Buildings under Construction (10 000 sq.m)** | **32298.59** | **31499.82** |
| **房屋建筑竣工面积（万平方米）** | **Floor Space of Buildings Completed (10 000 sq.m)** | **13253.83** | **13436.23** |
| **年末自有机械设备台数（万台）** | **Number of Machinery and Equipment Self-owned (year-end) (10 000 sets)** | **14.79** | **16.59** |
| **年末自有机械设备总功率（万千瓦）** | **Total Power of Machinery and Equipment Self-owned (year-end) (10 000 kw)** | **381.01** | **414.97** |

# 表13.9 专业承包建筑施工企业主要经济指标（2015－2016年）
## MAIN ECONOMIC INDICATORS ON SPECIALIZED CONTRACTORS OF CONSTRUCTION (2015-2016)

| 指　标 | Type | 2015 | 2016 |
|---|---|---|---|
| **企业数（个）** | **Number of Enterprises (unit)** | **926** | **981** |
| **年末从业人数（万人）** | **Number of Employed Persons at Year-end (10000 persons)** | **11.19** | **11.75** |
| **总产值（万元）** | **Gross Output Value (10 000 yuan)** | **4273486** | **4129552** |
| 按登记注册类型分 | By Status of Registration | | |
| 内资企业 | Domestic-funded Enterprises | 4269533 | 4126847 |
| #国　有 | State-owned Enterprises | 376122 | 307507 |
| 其他有限责任 | Other Limited Liability Enterprises | 1743037 | 1395859 |
| 私　营 | Private Enterprises | 1784707 | 2078122 |
| 按构成分 | By Constitution | | |
| #建筑工程 | Construction | 2424275 | 2393824 |
| 安装工程 | Installation | 1428372 | 1298683 |
| 按行业分 | By Sector | | |
| #房屋和土木工程建筑业 | Construction of Buildings and Civil Engineering | 1789033 | 1700345 |
| #房屋工程建筑业 | Buildings | 521883 | 837222 |
| 建筑安装业 | Construction Installation | 1010339 | 927175 |
| 建筑装饰业 | Construction Decoration | 1280707 | 1146277 |
| 按资质等级分 | By Grade | | |
| #一　级 | First Grade | 1933321 | 1444669 |
| 二　级 | Second Grade | 1201845 | 1127683 |
| **竣工产值（万元）** | **Output Value of Completed Construction (10 000 yuan)** | **2317615** | **2135295** |
| 按登记注册类型分 | By Status of Registration | | |
| 内资企业 | Domestic-funded Enterprises | 2313663 | 2133722 |
| #国　有 | State-owned Enterprises | 167144 | 97689 |
| 其他有限责任 | Other Limited Liability Enterprises | 809546 | 815912 |
| 私　营 | Private Enterprises | 1131704 | 1049409 |
| 按行业分 | By Sector | | |
| #房屋和土木工程建筑业 | Construction of Buildings and Civil Engineering | 642566 | 567671 |
| #房屋工程建筑业 | Buildings | 179288 | 179096 |
| 建筑安装业 | Construction Installation | 638729 | 521708 |
| 建筑装饰业 | Construction Decoration | 907179 | 823021 |
| 按资质等级分 | By Grade | | |
| #一　级 | First Grade | 843666 | 799323 |
| 二　级 | Second Grade | 639618 | 561358 |
| **房屋建筑施工面积（万平方米）** | **Floor Space of Buildings under Construction (10 000 sq.m)** | **503.02** | **577.31** |
| **房屋建筑竣工面积（万平方米）** | **Floor Space of Buildings Completed (10 000 sq.m)** | **288.75** | **315.35** |
| **年末自有机械设备台数（万台）** | **Number of Machinery and Equipment Self-owned (year-end) (10 000 sets)** | **3.14** | **3.14** |
| **年末自有机械设备总功率（万千瓦）** | **Total Power of Machinery and Equipment Self-owned (year-end) (10 000 kw)** | **35.62** | **42.28** |

## 表13.10 房屋和土木工程建筑施工企业主要经济指标（2015－2016年）

MAIN ECONOMIC INDICATORS ON CONSTRUCTION ENTERPRISES OF BUILDINGS AND CIVIL ENGINEERING (2015-2016)

| 指 标 | Type | 2015 | 2016 |
|---|---|---|---|
| **企业数（个）** | **Number of Enterprises (unit)** | **1743** | **1828** |
| **年末从业人数（万人）** | **Number of Employed Persons at Year-end (10 000 persons)** | **164.20** | **168.72** |
| **总产值（万元）** | **Gross Output Value (10 000 yuan)** | **58435917** | **66206711** |
| 按登记注册类型分 | By Status of Registration | | |
| 内资企业 | Domestic-funded Enterprises | 58435435 | 66153829 |
| #国 有 | State-owned Enterprises | 5540135 | 5433633 |
| 其他有限责任 | Other Limited Liability Enterprises | 27006349 | 31093998 |
| 私 营 | Private Enterprises | 22582230 | 26694874 |
| 按构成分 | By Constitution | | |
| #建筑工程 | Construction | 54880761 | 62354368 |
| 安装工程 | Installation | 2184992 | 2024411 |
| 按资质等级分 | By Grade | | |
| 施工总承包 | General Contractors of Construction | 56646884 | 64506366 |
| #一 级 | First Grade | 26663433 | 29347436 |
| 二 级 | Second Grade | 17083986 | 18679781 |
| 专业承包 | Specialized Contractors of Construction | 1789033 | 1700345 |
| #一 级 | First Grade | 946371 | 530714 |
| 二 级 | Second Grade | 460258 | 444862 |
| **竣工产值（万元）** | **Output Value of Completed Construction (10 000 yuan)** | **30481491** | **33756885** |
| 按登记注册类型分 | By Status of Registration | | |
| 内资企业 | Domestic-funded Enterprises | 30481009 | 33704403 |
| #国 有 | State-owned Enterprises | 2368127 | 1514170 |
| 其他有限责任 | Other Limited Liability Enterprises | 13631370 | 14909501 |
| 私 营 | Private Enterprises | 12633681 | 15250910 |
| 按资质等级分 | By Grade | | |
| 施工总承包 | General Contractors of Construction | 29838926 | 33189214 |
| #一 级 | First Grade | 12004162 | 12439831 |
| 二 级 | Second Grade | 9319580 | 9848164 |
| 专业承包 | Specialized Contractors of Construction | 642566 | 567671 |
| #一 级 | First Grade | 216485 | 194580 |
| 二 级 | Second Grade | 112005 | 111129 |
| **房屋建筑施工面积（万平方米）** | **Floor Space of Buildings under Construction (10 000 sq.m)** | **32352.20** | **31570.06** |
| **房屋建筑竣工面积（万平方米）** | **Floor Space of Buildings Completed (10 000 sq.m)** | **13202.46** | **13383.88** |
| **年末自有机械设备台数（万台）** | **Number of Machinery and Equipment Self-owned (year-end) (10 000 sets)** | **15.02** | **16.68** |
| **年末自有机械设备总功率（万千瓦）** | **Total Power of Machinery and Equipment Self-owned (year-end) (10 000 kw)** | **397.51** | **430.23** |

# 表13.11 建筑安装企业主要经济指标（2015－2016年）

## MAIN ECONOMIC INDICATORS ON CONSTRUCTION ENTERPRISES OF INSTALLATION (2015-2016)

| 指 标 | Type | 2015 | 2016 |
|---|---|---|---|
| **企业数（个）** | **Number of Enterprises (unit)** | **336** | **331** |
| **年末从业人数（万人）** | **Number of Employed Persons at Year-end (10 000 persons)** | **6.97** | **6.25** |
| **总产值（万元）** | **Gross Output Value (10 000 yuan)** | **1938448** | **1956947** |
| 按登记注册类型分 | By Status of Registration | | |
| 内资企业 | Domestic-funded Enterprises | 1882678 | 1884064 |
| #国 有 | State-owned Enterprises | 112872 | 131613 |
| 其他有限责任 | Other Limited Liability Enterprises | 986630 | 1024331 |
| 私 营 | Private Enterprises | 664806 | 657862 |
| 按构成分 | By Constitution | | |
| #建筑工程 | Construction | 640497 | 888554 |
| 安装工程 | Installation | 1256254 | 1007221 |
| 按资质等级分 | By Grade | | |
| 施工总承包 | General Contractors of Construction | 928109 | 1029773 |
| #一 级 | First Grade | 360492 | 424974 |
| 二 级 | Second Grade | 310107 | 308061 |
| 专业承包 | Specialized Contractors of Construction | 1010339 | 927175 |
| #一 级 | First Grade | 244802 | 255493 |
| 二 级 | Second Grade | 336138 | 300989 |
| **竣工产值（万元）** | **Output Value of Completed Construction (10 000 yuan)** | **1095668** | **988210** |
| 按登记注册类型分 | By Status of Registration | | |
| 内资企业 | Domestic-funded Enterprises | 1095668 | 988210 |
| #国 有 | State-owned Enterprises | 41391 | 47404 |
| 其他有限责任 | Other Limited Liability Enterprises | 537640 | 522504 |
| 私 营 | Private Enterprises | 417017 | 352648 |
| 按资质等级分 | By Grade | | |
| 施工总承包 | General Contractors of Construction | 456939 | 466503 |
| #一 级 | First Grade | 93544 | 133730 |
| 二 级 | Second Grade | 150808 | 152004 |
| 专业承包 | Specialized Contractors of Construction | 638729 | 521708 |
| #一 级 | First Grade | 147035 | 117445 |
| 二 级 | Second Grade | 214938 | 184549 |
| **房屋建筑施工面积（万平方米）** | **Floor Space of Buildings under Construction (10 000 sq.m)** | **298.54** | **315.95** |
| **房屋建筑竣工面积（万平方米）** | **Floor Space of Buildings Completed (10 000 sq.m)** | **211.93** | **177.88** |
| **年末自有机械设备台数（万台）** | **Number of Machinery and Equipment Self-owned (year-end) (10 000 sets)** | **0.63** | **0.79** |
| **年末自有机械设备总功率（万千瓦）** | **Total Power of Machinery and Equipment Self-owned (year-end) (10 000 kw)** | **8.40** | **11.58** |

# 表13.12 建筑装饰企业主要经济指标（2015－2016年）

## MAIN ECONOMIC INDICATORS ON CONSTRUCTION ENTERPRISES OF DECORATION (2015-2016)

| 指　标 | Type | 2015 | 2016 |
|---|---|---|---|
| **企业数（个）** | **Number of Enterprises (unit)** | **422** | **404** |
| **年末从业人数（万人）** | **Number of Employed Persons at Year-end (10 000 persons)** | **4.67** | **4.58** |
| **总产值（万元）** | **Gross Output Value (10 000 yuan)** | **1561510** | **1301999** |
| 按登记注册类型分 | By Status of Registration | | |
| 内资企业 | Domestic-funded Enterprises | 1558640 | 1300559 |
| #国　有 | State-owned Enterprises | 5238 | 1579 |
| 其他有限责任 | Other Limited Liability Enterprises | 631789 | 551202 |
| 营　私 | Private Enterprises | 787326 | 691595 |
| 按构成分 | By Constitution | | |
| #建筑工程 | Construction | 976100 | 788017 |
| 安装工程 | Installation | 341494 | 284926 |
| 按资质等级分 | By Grade | | |
| 施工总承包 | General Contractors of Construction | 280804 | 155721 |
| #一　级 | First Grade | 206135 | 120074 |
| 二　级 | Second Grade | 62296 | 20175 |
| 专业承包 | Specialized Contractors of Construction | 1280707 | 1146277 |
| #一　级 | First Grade | 689011 | 595437 |
| 二　级 | Second Grade | 353283 | 324903 |
| **竣工产值（万元）** | **Output Value of Completed Construction (10 000 yuan)** | **1026288** | **942417** |
| 按登记注册类型分 | By Status of Registration | | |
| 内资企业 | Domestic-funded Enterprises | 1023418 | 941430 |
| #国　有 | State-owned Enterprises | | |
| 其他有限责任 | Other Limited Liability Enterprises | 364327 | 410932 |
| 私　营 | Private Enterprises | 610713 | 516023 |
| 按资质等级分 | By Grade | | |
| 施工总承包 | General Contractors of Construction | 119110 | 119397 |
| #一　级 | First Grade | 95341 | 109705 |
| 二　级 | Second Grade | 16757 | 1766 |
| 专业承包 | Specialized Contractors of Construction | 907179 | 823021 |
| #一　级 | First Grade | 448868 | 434812 |
| 二　级 | Second Grade | 278329 | 227582 |
| **房屋建筑施工面积（万平方米）** | **Floor Space of Buildings under Construction (10 000 sq.m)** | **83.41** | **5.35** |
| **房屋建筑竣工面积（万平方米）** | **Floor Space of Buildings Completed (10 000 sq.m)** | **70.23** | **7.74** |
| **年末自有机械设备台数（万台）** | **Number of Machinery and Equipment Self-owned (year-end) (10 000 sets)** | **2.04** | **1.97** |
| **年末自有机械设备总功率（万千瓦）** | **Total Power of Machinery and Equipment Self-owned (year-end) (10 000 kw)** | **7.31** | **5.46** |

# 表13.13 建筑施工企业按资质等级分主要财务和经济效益指标（2016年）
## MAIN INDICATORS ON FINANCE AND ECONOMIC BENEFIT OF CONSTRUCTION ENTERPRISES BY GRADE (2016)

单位：万元（10 000 yuan）

| 指 标 | Item | 合 计 Total | 其中 of which 施工总承包 General Contractors | 其中 of which 专业承包 Specialized Contractors |
|---|---|---|---|---|
| 企业数（个） | Number of Enterprises (unit) | 2736 | 1755 | 981 |
| 年末从业人数（万人） | Number of Employed Persons at Year-end (10 000 persons) | 181.41 | 169.67 | 11.75 |
| 自有固定资产原价 | Original Value of Fixed Assets Owned | 5013594 | 4384966 | 628628 |
| 自有固定资产净价 | Net Value of Fixed Assets Owned | 2952603 | 2588788 | 363816 |
| 总产值 | Gross Output Value | 70358133 | 66228580 | 4129552 |
| 实收资本 | Paid-in Capital | 8028321 | 7120706 | 907616 |
| 资产合计 | Total Assets | 53732090 | 48382344 | 5349745 |
| #流动资产 | Current Assets | 43855250 | 39245907 | 4609343 |
| 固定资产 | Fixed Assets | 4497375 | 4062204 | 435171 |
| 负债合计 | Total Liabilities | 38162422 | 34519710 | 3642712 |
| 流动负债 | Current Liabilities | 33411213 | 29930577 | 3480637 |
| 非流动负债 | Non-current Liabilities | 2723543 | 2617679 | 105864 |
| 所有者权益 | Creditors' Equity | 15569667 | 13862634 | 1707034 |
| 利税总额 | Total Pre-tax Profits | 5612746 | 5242705 | 370041 |
| #利润总额 | Total Profits | 3299594 | 3087112 | 212482 |
| 营业收入 | Operating Revenue | 59783300 | 55634188 | 4149112 |
| #主营业务收入 | Revenue from Major Business | 59572588 | 55430074 | 4142515 |
| 房屋建筑施工面积（万平方米） | Floor Space of Buildings under Construction (10 000 sq.m) | 32077.14 | 31499.82 | 577.31 |
| 房屋建筑竣工面积（万平方米） | Floor Space of Buildings Completed (10 000 sq.m) | 13751.59 | 13436.23 | 315.35 |
| 全员劳动生产率： | Overall Labor Productivity | | | |
| 按总产值计算（元/人） | In Terms of Gross Output Value (yuan/person) | 323443 | 331796 | 230409 |
| 房屋建筑面积竣工率（%） | Rate of Floor Space of Buildings Completed (%) | 42.9 | 42.7 | 54.6 |
| 资产负债率（%） | Asset-Liability Ratio (%) | 71.0 | 71.3 | 68.1 |

# 表13.14 建筑施工企业按行业分主要财务和经济效益指标（2016年）

## MAIN INDICATORS ON FINANCE AND ECONOMIC BENEFIT OF CONSTRUCTION ENTERPRISES BY SECTOR (2016)

单位：万元 (10 000 yuan)

| 指　标 | Item | 合　计 Total | 其中 of which 房屋和土木工程建筑业 Building and Civil Engineering | 建筑安装业 Construction Installation | 建筑装饰业 Construction Decoration |
|---|---|---|---|---|---|
| 企业数（个） | Number of Enterprises (unit) | 2736 | 1828 | 331 | 404 |
| 年末从业人数（万人） | Number of Employed Persons at Year-end (10 000 persons) | 181.41 | 168.72 | 6.25 | 4.58 |
| 自有固定资产原价 | Original Value of Fixed Assets Owned | 5013594 | 4225774 | 525464 | 127076 |
| 自有固定资产净价 | Net Value of Fixed Assets Owned | 2952603 | 2476622 | 335489 | 65886 |
| 总产值 | Gross Output Value | 70358133 | 66206711 | 1956947 | 1301999 |
| 实收资本 | Paid-in Capital | 8028321 | 6916377 | 593721 | 319513 |
| 资产合计 | Total Assets | 53732090 | 47471822 | 3626651 | 1603613 |
| #流动资产 | Current Assets | 43855250 | 38977602 | 2584384 | 1419696 |
| 固定资产 | Fixed Assets | 4497375 | 3695940 | 614557 | 92049 |
| 负债合计 | Total Liabilities | 38162422 | 33889151 | 2531540 | 1067005 |
| 流动负债 | Current Liabilities | 33411213 | 29792211 | 2008069 | 985716 |
| 非流动负债 | Non-current Liabilities | 2723543 | 2200641 | 447614 | 42788 |
| 所有者权益 | Creditors' Equity | 15569667 | 13582670 | 1095111 | 536608 |
| 利税总额 | Total Pre-tax Profits | 5612746 | 5238461 | 210888 | 99263 |
| #利润总额 | Total Profits | 3299594 | 3075645 | 137194 | 55240 |
| 营业收入 | Operating Revenue | 59783300 | 55389516 | 2167594 | 1382321 |
| #主营业务收入 | Revenue from Major Business | 59572588 | 55206879 | 2151998 | 1372052 |
| 房屋建筑施工面积（万平方米） | Floor Space of Buildings under Construction (10 000 sq.m) | 32077.14 | 31570.06 | 315.95 | 5.35 |
| 房屋建筑竣工面积（万平方米） | Floor Space of Buildings Completed (10 000 sq.m) | 13751.59 | 13383.88 | 177.88 | 7.74 |
| 全员劳动生产率： | Overall Labor Productivity | | | | |
| 按总产值计算（元/人） | In Terms of Gross Output Value (yuan/person) | 323443 | 327483 | 273948 | 243155 |
| 房屋建筑面积竣工率（%） | Rate of Floor Space of Buildings Completed (%) | 42.9 | 42.4 | 56.3 | 144.8 |
| 资产负债率（%） | Asset-Liability Ratio (%) | 71.0 | 71.4 | 69.8 | 66.5 |

重/庆/统/计/年/鉴

# 主要统计指标解释

## 建筑业统计单位

指从事房屋、构筑物建造和设备安装活动的法人企业。建筑业法人企业应具有建筑业资质并能够独立核算，同时其应具备以下条件：①依法成立，有自己的名称、组织机构和场所，能够承担民事责任；②独立拥有和使用资产，承担负债，有权与其他单位签订合同；③独立核算盈亏，能够编制资产负债表。

## 建筑业总产值

是以货币形式表现的建筑业企业在一定时期内生产的建筑业产品和提供的服务的总和。建筑业总产值包括：

（1）建筑工程产值：指列入建筑工程预算内的各种工程价值。

（2）安装工程产值：指设备安装工程价值，不包括被安装设备本身的价值。

（3）其他产值：建筑业总产值中除建筑工程、安装工程以外的产值。包括房屋构筑物修理产值、非标准设备制造产值、总包企业向分包企业收取的管理费以及不能明确划分的施工活动所完成的产值。

①房屋构筑物修理产值：指房屋和构筑物修理所完成的产值，但不包括被修理房屋、构筑物本身价值和生产设备的修理产值。

②非标准设备制造产值：指加工制造没有定型的非标准生产设备的加工费和原材料价值(如化工厂、炼油厂用的各种罐、槽，矿井生产统一使用的各种漏斗、三角槽、阀门等)以及附属加工厂为本企业承建工程制作的非标准设备的价值。

## 建筑业增加值

指建筑业企业在报告期内以货币形式表现的建筑业生产经营活动的最终成果。

从2004年第一次全国经济普查开始，建筑业现价增加值按生产法和分配法(收入法)两种方法计算，以收入法的计算结果为准，即从收入的角度出发，根据生产要素在生产过程中应得的收入份额计算。具体计算方法：经济普查年度建筑业增加值按照《经济普查年度GDP核算方案》计算，非经济普查年度建筑业增加值按照《非经济普查年度GDP核算方案》计算。

## 房屋建筑施工面积

指在报告期内施过工的全部房屋建筑面积，包括本期新开工的房屋面积、上期施工跨入本期继续施工的房屋面积、上期停缓建在本期恢复施工的房屋面积、本期竣工的房屋面积及本期施工后又停缓建的房屋面积。

## 房屋建筑竣工面积

指在报告期内房屋建筑按照设计要求全部完工，达到了使用条件，经验收鉴定合格，正式移交使用单位的房屋建筑面积。

# Explanatory Notes on Main Statistical Indicators

## □ Statistical Unit in the Construction Industry

Refers to a corporate enterprise engaged in the construction of buildings and structures and in the installation of equipment. A corporate construction enterprise should have qualification certificates with independent accounting system, and should meet the following 3 requirements: a) being set up in line with relevant legal basis, having its full name, organization and location, and capable of taking civil liabilities; b) independently possessing and using its assets and assuming its liabilities, and entitled to sign contracts with other institutions; and c) making independent accounts of its profits and losses, and capable of compiling its own balance sheet.

## □ Gross Output Value of Construction

Refers to total of construction products and services, expressed in money terms, produced or rendered by construction and installation enterprises during a given period of time. It includes:

(I) Output value of construction projects: the value of projects covered by the project budgets;

(II) Output value of installation projects: the value of the installation of equipment, (excluding the value of the equipment to be installed);

(III) Other output values: the output value of construction industry apart from that of construction projects and installation projects. It includes: output value of repair of buildings and structures; output value of non-standard equipment manufacturing; overhead expenses received by contracted enterprises from the sub-contracted enterprises and the completed output value of construction activities for which there is no clear definition.

a) Output value of repair of buildings and structures: the value created through the repairs of buildings or structures. It does not include the value of buildings or structures being repaired and the value of the repair of production equipment;

b) Output value of manufactured non-standard equipment: the value of non-standard production equipment, including raw materials and manufacturing cost, made for the construction project (i.e., chemical plant; kettles or tanks used by refineries; various fillers, triangle tanks, valves used by mines). It also includes the output value of equipment manufactured by subsidiary workshops.

## □ Value-added of Construction

Refers to the final result of the activities of production and operation of enterprises of the construction industry in monetary terms during the reference period.

Starting from the 2004 economic census, value-added of construction is calculated by both production approach and income approach, with the figures from the income approach as the final figures., Under the income approach,, calculation starts from the perspective of income and is based on the share of income derived from the production process by the relevant factors of production. Specifically, value-added of construction for the Census years is calculated in accordance with the Programme of Compilation of GDP and National Accounts for the Year of Economic Census, and value-added of construction for other years is calculated in accordance with the Programme of Compilation of GDP and National Accounts for the Non Economic Census Years.

## □ Floor Space of Buildings Under Construction

Refers to floor space of buildings under construction during the reference period, including the floor space of buildings for which construction has newly started; buildings for which construction has started earlier and is continuing during the reference period; and buildings for which construction has been suspended earlier but has restarted during the reference period; buildings completed during the reference period; and buildings under construction but construction has subsequently been during the reference period.

## □ Floor Space of Buildings Completed

Refers to the floor space of buildings that are completed in the reference period in accordance with the requirements of the design, up to the standard for being put into use, and having been checked and accepted by departments concerned as qualified ones.

# 第14章

# 运输和邮电

# TRANSPORT, POSTAL AND TELECOMMUNICATION SERVICES

# 简要说明
# BRIEF INTRODUCTION

本章反映全市交通运输业和邮电通信业情况，主要包括货物和旅客运输量、港口吞吐量、交通基础设施和运输营运工具、民用车辆和船舶、主要港口码头泊位和仓库、邮电业务、电信主要通信能力和邮电通信水平。本章资料由市统计局服务业统计处负责整理编辑。

交通运输有关资料来源于市交通委员会、市公安局、成都铁路局、民航重庆安全监督管理局和市统计局。邮电通信业资料来源于市邮政局和市通信管理局。

The data in this chapter show the conditions of transport, postal and telecommunication services, mainly covering the data of freight and passenger traffic, freight handled at ports, transport infrastructure and means, civil motor vehicles and transport vessels, berths and warehouses at major ports, business volume of postal and telecommunication services, main communication capacity of telecommunications and level of postal and telecommunication services. The data in this chapter are sorted and compiled by Division of Service Statistics, Chongqing Municipal Bureau of Statistics.

The data of transport are provided by Communications Commission of Chongqing Municipality, Chongqing Public Security Bureau, Chengdu Railway Bureau, CAAC Chongqing Safety Supervision and Administrative Bureau and Chongqing Municipal Bureau of Statistics. The data of postal and telecommunication services are provided by Post Bureau of Chongqing and Chongqing Communications Administration.

# 表14.1 主要年份客货运输量及周转量

## PASSENGER AND FREIGHT TRAFFIC AND PASSENGER-KILOMETERS AND FREIGHT TON-KILOMETERS IN MAJOR YEARS

| 年 份<br>Year | 客运量<br>（万人）<br>Passenger Traffic<br>(10 000 persons) | 旅客周转量<br>（万人公里）<br>Passenger-kilometers<br>(10 000 person-km) | 货运量<br>（万吨）<br>Freight Traffic<br>(10 000 tons) | 货物周转量<br>（万吨公里）<br>Freight ton-kilometers<br>(10 000 ton-km) |
|---|---|---|---|---|
| 1952 | 82 | | 134 | 31531 |
| 1957 | 121 | | 842 | 632103 |
| 1962 | 965 | 12619 | 808 | 147390 |
| 1965 | 1707 | 23268 | 2365 | 141406 |
| 1970 | 2136 | 27461 | 2536 | 111415 |
| 1975 | 3602 | 40180 | 3226 | 276337 |
| 1978 | 5294 | 293741 | 4816 | 1189803 |
| 1980 | 7846 | 417025 | 4469 | 1106294 |
| 1985 | 16923 | 975571 | 13513 | 2004938 |
| 1986 | 18308 | 1119673 | 14860 | 2184266 |
| 1987 | 21002 | 1160714 | 15618 | 2296505 |
| 1988 | 21119 | 1206942 | 22881 | 2470614 |
| 1989 | 22692 | 1185786 | 20764 | 2676052 |
| 1990 | 20332 | 1068775 | 15546 | 2452448 |
| 1991 | 26598 | 1176783 | 16186 | 2702591 |
| 1992 | 32924 | 1543492 | 17419 | 3005694 |
| 1993 | 34025 | 1724473 | 18841 | 3282548 |
| 1994 | 36340 | 1890785 | 21130 | 3077590 |
| 1995 | 39731 | 2104270 | 22796 | 3359847 |
| 1996 | 42370 | 2094740 | 24339 | 3150421 |
| 1997 | 46199 | 2242533 | 23979 | 2972254 |
| 1998 | 49020 | 2346281 | 25328 | 2684566 |
| 1999 | 52442 | 2434000 | 25190 | 2742000 |
| 2000 | 56969 | 2577859 | 26852 | 3063900 |
| 2001 | 59244 | 2662900 | 28212 | 3253200 |
| 2002 | 61918 | 2776900 | 29787 | 3376300 |
| 2003 | 58290 | 2526100 | 32565 | 3680300 |
| 2004 | 63495 | 2994200 | 36434 | 5180300 |
| 2005 | 60436 | 3018038 | 39200 | 6248968 |
| 2006 | 61228 | 3015761 | 42808 | 8213853 |
| 2007 | 77187 | 3938936 | 49973 | 10497955 |
| 2008 | 107191 | 4430156 | 63651 | 14864332 |
| 2009 | 114598 | 4814394 | 68491 | 16442995 |
| 2010 | 126804 | 5497718 | 81385 | 20103977 |
| 2011 | 141499 | 6808274 | 96782 | 25302835 |
| 2012 | 157800 | 7553916 | 86398 | 26480626 |
| 2013 | 66645 | 6520061 | 87115 | 22932580 |
| 2014 | 70056 | 7257895 | 97287 | 25888734 |
| 2015 | 64164 | 7895976 | 103739 | 27063382 |
| 2016 | 63402 | 8048052 | 107840 | 29647694 |

注：1）1996年起铁路数据按重庆现地域进行了调整。
2）2013年，据交通专项调查数据，对公路、水路客（货）运量和客（货）运周转量进行了调整。

Note: a) The data of railway have been adjusted according to present administrative divisions of Chongqing since 1996.
b) The data of freight traffic and freight ton-kilometers were adjusted according to the transport survey data in 2013.

# 表14.2 主要年份港口吞吐量和公路线路里程
## VOLUME OF FREIGHT HANDLED IN COASTAL PORTS AND LENGTH OF HIGHWAYS IN MAJOR YEARS

| 年 份 Year | 港口货物吞吐量（万吨） Freight Handled in Coastal Ports (10 000 tons) | 其 中 of which 进 港 In-port | 出 港 Out-port | 公路线路里程（公里） Length of Highways (km) | 其 中 of which 高速公路 Expressways |
|---|---|---|---|---|---|
| 1952 | 61.80 | 26.60 | 35.20 | 743 | |
| 1957 | 356.10 | 73.10 | 283.00 | 1021 | |
| 1962 | 173.50 | 93.40 | 80.10 | 6044 | |
| 1965 | 217.10 | 115.70 | 101.40 | 7221 | |
| 1970 | 267.00 | 161.00 | 106.00 | 7538 | |
| 1975 | 228.90 | 108.90 | 120.00 | 9753 | |
| 1978 | 369.80 | 184.10 | 185.70 | 15421 | |
| 1980 | 378.20 | 194.10 | 184.10 | 16811 | |
| 1985 | 438.30 | 195.40 | 242.90 | 19377 | |
| 1986 | 532.70 | 303.40 | 229.30 | 19666 | |
| 1987 | 553.70 | 292.28 | 261.42 | 19942 | |
| 1988 | 570.30 | 296.14 | 274.16 | 20609 | |
| 1989 | 651.93 | 330.74 | 321.19 | 20944 | |
| 1990 | 572.50 | 275.70 | 296.80 | 21162 | |
| 1991 | 566.10 | 262.77 | 303.33 | 21474 | |
| 1992 | 664.90 | 326.80 | 338.10 | 21804 | |
| 1993 | 687.70 | 299.50 | 388.20 | 21990 | |
| 1994 | 665.65 | 289.26 | 376.39 | 22148 | |
| 1995 | 853.00 | 390.00 | 463.00 | 22556 | |
| 1996 | 1076.00 | 492.00 | 584.00 | 26892 | 114 |
| 1997 | 2548.70 | 977.20 | 1571.50 | 27045 | 114 |
| 1998 | 2477.30 | 1186.60 | 1290.70 | 27210 | 134 |
| 1999 | 2599.84 | 1610.44 | 989.40 | 28086 | 134 |
| 2000 | 2448.00 | 1485.00 | 963.00 | 30354 | 232 |
| 2001 | 2839.87 | 1690.39 | 1149.48 | 30654 | 320 |
| 2002 | 3004.00 | 1718.41 | 1285.59 | 31060 | 399 |
| 2003 | 3243.76 | 1796.24 | 1447.52 | 31407 | 580 |
| 2004 | 4539.00 | 2337.09 | 2201.91 | 32344 | 714 |
| 2005 | 5251.30 | 2758.11 | 2493.19 | 98218 | 748 |
| 2006 | 5420.43 | 2747.65 | 2672.78 | 100299 | 778 |
| 2007 | 6433.54 | 3330.46 | 3103.08 | 104705 | 1049 |
| 2008 | 7892.80 | 4349.38 | 3543.42 | 108632 | 1165 |
| 2009 | 8611.62 | 4833.29 | 3778.33 | 110951 | 1577 |
| 2010 | 9668.42 | 5682.24 | 3986.18 | 116949 | 1861 |
| 2011 | 11605.67 | 7338.72 | 4266.95 | 118562 | 1861 |
| 2012 | 12502.40 | 7670.01 | 4832.39 | 120728 | 1909 |
| 2013 | 13676.00 | 8618.55 | 5057.34 | 122846 | 2312 |
| 2014 | 14664.78 | 8946.76 | 5718.03 | 127392 | 2401 |
| 2015 | 15680.00 | 9499.00 | 6181.00 | 140551 | 2525 |
| 2016 | 17372.00 | 10037.00 | 7335.00 | 142921 | 2818 |

注：2006年起，公路线路里程包括村道，2005年数据按同口径进行了调整。
Note: The length of highways has included village roads since 2006, and the data of 2005 has been adjusted according to the same scope.

# 表14.3 主要年份邮电通信指标
## INDICATORS OF POSTAL AND TELECOMMUNICATION SERVICES IN MAJOR YEARS

| 年 份<br>Year | 邮政局、所（个）<br>Number of Postal Offices (unit) | 邮电业务总量（万元）<br>Total Business Volume of Postal and Telecommunication Services (10 000 yuan) | 其中 of which<br>#电信<br>Telecommunication Services | 邮电业务收入（万元）<br>Business Revenue from Postal and Telecommunication Services (10 000 yuan) | 其中 of which<br>#电信<br>Telecommunication Services |
|---|---|---|---|---|---|
| 1952 | 1023 | 12 | | 133 | |
| 1957 | 1846 | 33 | | 874 | |
| 1962 | 1747 | 102 | | 1000 | |
| 1965 | 1751 | 245 | | 1461 | |
| 1970 | 2166 | 267 | | 1371 | |
| 1975 | 1933 | 2190 | | 1726 | |
| 1978 | 1925 | 2650 | | 2103 | |
| 1980 | 1917 | 5071 | | 2650 | |
| 1985 | 1853 | 7268 | | 5796 | |
| 1986 | 1862 | 8264 | | 6840 | |
| 1987 | 1896 | 9719 | | 7675 | |
| 1988 | 1918 | 11853 | | 10120 | |
| 1989 | 2025 | 14351 | | 11734 | |
| 1990 | 2056 | 18999 | | 14222 | |
| 1991 | 2047 | 23708 | | 20585 | |
| 1992 | 2075 | 31305 | | 27608 | |
| 1993 | 2041 | 47627 | | 41653 | |
| 1994 | 1957 | 70543 | | 71212 | |
| 1995 | 2220 | 109627 | | 157568 | |
| 1996 | 2314 | 159929 | | 167313 | |
| 1997 | 1821 | 233471 | 211458 | 223052 | 184899 |
| 1998 | 1958 | 345932 | 319375 | 264846 | 219493 |
| 1999 | 1958 | 519537 | 490494 | 401767 | 349001 |
| 2000 | 2018 | 858200 | 822824 | 544369 | 482075 |
| 2001 | 2154 | 706000 | 635041 | 663200 | 593050 |
| 2002 | 2202 | 867600 | 791573 | 770500 | 695409 |
| 2003 | 2218 | 1213062 | 1128172 | 870787 | 788000 |
| 2004 | 2121 | 1686491 | 1592416 | 1006050 | 918555 |
| 2005 | 2068 | 2101467 | 1996000 | 1121730 | 1030130 |
| 2006 | 2008 | 2761750 | 2634708 | 1197759 | 1099750 |
| 2007 | 1981 | 3658095 | 3505910 | 1315347 | 1194089 |
| 2008 | 1927 | 4247535 | 4065296 | 1518100 | 1397500 |
| 2009 | 1838 | 4898417 | 4646833 | 1633300 | 1477100 |
| 2010 | 1775 | 1997363 | 1795756 | 1790807 | 1598773 |
| 2011 | 1678 | 2426432 | 2167301 | 2023921 | 1776624 |
| 2012 | 1635 | 2771655 | 2458900 | 2311346 | 2006441 |
| 2013 | 1684 | 3298926 | 2907701 | 2573186 | 2187644 |
| 2014 | 1720 | 4180875 | 3710644 | 2696119 | 2218948 |
| 2015 | 1756 | 5523531 | 4913412 | 2824637 | 2220727 |
| 2016 | 1780 | 8875912 | 8083709 | 3219900 | 2453000 |

注：1996年前邮政电信合营，1996年前电信数据包含在邮电通信指标中；邮电业务总量2001年前为1990年不变价口径，2001年至2009年为2000年不变价口径；2010年及以后为2010年不变价口径。

Note: postal services and telecommunication services were managed together, so the data of telecommunication services before 1996 was included in the postal and telecommunication services. The data of total business volume of postal and telecommunication services before 2001 were calculated at 1990 constant price, the data from 2001 to 2009 were calculated at 2000 constant price, while the data of 2010 and afterwards were calculated at 2010 constant price.

# 表14.4 邮电业务主要指标（1985－2016年）
## MAIN INDICATORS OF POSTAL AND TELECOMMUNICATION SERVICES (1985-2016)

| 年 份 Year | 函 件（万件） Number of Letters (10 000 pcs) | 特快专递（万件） Pieces of Express Mail Services (10 000 pcs) | 邮政部门报刊累计数（万份） Accumulated Issue of Newspapers and Magazines (10 000 copies) | 长途电话（万分钟） Long-distance Calls (10 000 minutes) | 移动电话用户（万户） Mobile Telephone Subscribers (10 000 subscribers) | 固定互联网络用户（万户） Subscribers of Internet Services (10 000 subscribers) | 本地电话年末用户（万户） Subscribers of Local Telephone at Year-end (10 000 subscribers) | 其中 of which #城市电话用户 Urban Fixed Telephone Subscribers |
|---|---|---|---|---|---|---|---|---|
| 1985 | 8961 | | 32750 | 477 | | | 3.80 | 3.10 |
| 1986 | 10210 | | 34696 | 515 | | | 4.83 | 3.42 |
| 1987 | 11755 | 1 | 36902 | 595 | | | 5.39 | 3.93 |
| 1988 | 12432 | 1 | 40591 | 707 | | | 6.07 | 4.58 |
| 1989 | 11609 | 2 | 16162 | 724 | | | 6.62 | 5.17 |
| 1990 | 11544 | 2 | 16037 | 873 | 0.08 | | 7.25 | 5.70 |
| 1991 | 11539 | 3 | 17540 | 1227 | 0.09 | | 8.87 | 7.15 |
| 1992 | 13618 | 7 | 18216 | 2132 | 0.15 | | 12.63 | 10.69 |
| 1993 | 16013 | 22 | 18464 | 3519 | 0.59 | | 18.53 | 16.30 |
| 1994 | 16519 | 40 | 15491 | 7022 | 1.73 | | 29.00 | 25.39 |
| 1995 | 14633 | 52 | 16453 | 11650 | 3.62 | | 37.24 | 32.10 |
| 1996 | 14100 | 63 | 15572 | 18288 | 9.00 | 0.03 | 66.50 | 56.33 |
| 1997 | 12159 | 68 | 28025 | 23527 | 19.15 | 0.20 | 126.25 | 108.91 |
| 1998 | 12715 | 97 | 30922 | 23912 | 40.73 | 0.76 | 156.28 | 123.52 |
| 1999 | 13266 | 145 | 33532 | 22210 | 79.90 | 2.49 | 197.88 | 148.22 |
| 2000 | 11542 | 210 | 31232 | 23424 | 160.00 | 10.00 | 268.43 | 186.93 |
| 2001 | 13561 | 260 | 27506 | 22555 | 245.80 | 28.60 | 337.70 | 221.40 |
| 2002 | 18038 | 235 | 27177 | 23607 | 424.70 | 55.60 | 413.63 | 262.34 |
| 2003 | 20497 | 272 | 25945 | 23408 | 619.40 | 88.65 | 533.40 | 343.80 |
| 2004 | 18426 | 334 | 19833 | 26115 | 811.61 | 122.16 | 642.39 | 425.49 |
| 2005 | 12499 | 348 | 22369 | 27450 | 943.40 | 128.66 | 688.91 | 456.51 |
| 2006 | 9553 | 386 | 22455 | 27018 | 1064.60 | 140.60 | 725.50 | 469.07 |
| 2007 | 6579 | 520 | 22178 | 28379 | 1176.90 | 169.30 | 723.13 | 459.27 |
| 2008 | 5476 | 1608 | 23475 | 233680 | 1281.70 | 189.57 | 688.10 | 435.10 |
| 2009 | 5218 | 2240 | 25281 | 254955 | 1440.92 | 203.80 | 627.73 | 397.80 |
| 2010 | 4927 | 2829 | 24942 | 386223 | 1664.40 | 263.10 | 582.70 | 376.40 |
| 2011 | 6146 | 4068 | 31217 | 582024 | 1801.19 | 326.78 | 571.25 | 384.54 |
| 2012 | 5706 | 5498 | 32440 | 936647 | 2069.65 | 388.07 | 575.71 | 409.31 |
| 2013 | 5348 | 10615 | 34834 | 746564 | 2380.78 | 505.00 | 580.33 | 430.29 |
| 2014 | 4700 | 13886 | 35824 | 807641 | 2589.89 | 539.70 | 582.97 | 441.22 |
| 2015 | 3119 | 20525 | 36334 | 894215 | 2788.78 | 696.50 | 564.98 | 436.64 |
| 2016 | 2301 | 28383 | 41273 | 996066 | 2880.10 | 848.80 | 541.62 | 420.20 |

注：1）2008年起对长途电话通话时长统计口径作了调整，同时长途电话计量单位改为通话时长计量（万分钟）。1985年-2007年长途电话计量单位为（万次）；
2）2009年起特快专递包括快递公司数据，2008年数据按同口径进行了调整。

Note: a) Since 2008, the data of long-distance calls has been calculated by hold-on time (10 000 min). From 1985 to 2007, the data of long-distance calls was calculated at 10 000 times.
b) Since 2009, the data of express mail services has included the data of express delivery companies and the data of 2008 has been adjusted according to the same scope.

# 表14.5 交通基础设施和交通运输营运工具（2015－2016年）
## TRANSPORT INFRASTRUCTURE AND TRANSPORT MEANS (2015-2016)

| 指　标 | Item | 2015 | 2016 |
|---|---|---|---|
| **交通基础设施** | **Transport Infrastructure** | | |
| 公路线路里程（公里） | Length of Highways (km) | 140551 | 142921 |
| 按行政等级分 | By Administrative Level | | |
| #国　道 | National | 7714 | 7897 |
| 省　道 | Provincial | 9781 | 9999 |
| 按技术等级分 | By Technical Level | | |
| 等级公路 | Expressway and Class I-IV Highways | 111875 | 116149 |
| #高速公路 | Expressway | 2525 | 2818 |
| 一级公路 | First Class | 789 | 857 |
| 二级公路 | Second Class | 7611 | 7918 |
| 等外公路 | Highways Below Class IV | 28676 | 26771 |
| 公路桥梁数量（座） | Number of Highway-bridges (unit) | 11600 | 11727 |
| 公路桥梁总延米（延米） | Extended Length of Highway-bridges (extended meter) | 760912 | 796274 |
| 铁路营运里程（公里） | Length of Railways in Operation (km) | 1929 | 2231 |
| 内河航道里程（公里） | Length of Navigable Inland Waterways (km) | 4451 | 4472 |
| #等级航道 | Standard Waterways | 1866 | 1917 |
| 与重庆正班通航城市（个） | Number of Navigable Cities from Chongqing (city) | 172 | 180 |
| 国　内 | Domestic Routes | 131 | 132 |
| 国　际（地区） | International (regional) Routes | 41 | 48 |
| **交通运输营运工具** | **Transport Means** | | |
| 公路营运载货汽车（辆） | Business Trucks (unit) | 267121 | 269100 |
| 公路营运载客汽车（辆） | Business Buses and Cars (unit) | 56327 | 55807 |
| 运输船舶实有数（艘） | Transportation Vessels (unit) | 3566 | 3368 |
| 机动船 | Motor Vessels | 3512 | 3323 |
| 驳　船 | Barges | 54 | 45 |
| 重庆机场飞行起降架次（万架次） | Throughput of Civil Aircrafts in Chongqing Airport (10 000 flights) | 26.59 | 29.63 |

# 表14.6 民用车辆、船舶拥有量（2015－2016年）
## POSSESSION OF CIVIL MOTOR VEHICLES AND TRANSPORT VESSELS (2015-2016)

| 指　标 | Item | 2015 | 2016 |
|---|---|---|---|
| **民用车辆拥有量（辆）** | **Possession of Civil Motor Vehicles (unit)** | **4623231** | **5102500** |
| #私人民用车辆拥有量 | Private Vehicles | 4133418 | 4590198 |
| #载客汽车 | Buses and Cars | 2118172 | 2579547 |
| 载货汽车 | Trucks | 194085 | 202349 |
| #汽　车 | Motor Vehicles | 2789703 | 3280703 |
| 载客汽车 | Buses and Cars | 2394274 | 2868498 |
| 载货汽车 | Trucks | 374163 | 388565 |
| 其它汽车 | Others | 21266 | 23640 |
| 摩托车 | Motorcycles | 1797144 | 1783454 |
| **民用船舶拥有量（艘）** | **Possession of Civil Transport Vessels (unit)** | **3566** | **3368** |
| #私人船舶拥有量 | Private Vessels | 1071 | 985 |
| #机动船 | Motor Vessels | 1063 | 977 |
| #客　船 | Passenger Vessels | 555 | 477 |
| 货　船 | Cargo Vessels | 505 | 498 |
| 驳　船 | Barges | 8 | 8 |
| #机动船 | Motor Vessels | 3512 | 3323 |
| #客　船 | Passenger Vessels | 1028 | 910 |
| 货　船 | Cargo Vessels | 2457 | 2389 |
| 驳　船 | Barges | 54 | 45 |

# 表14.7 客货运输量、周转量及港口吞吐量（2015－2016年）
## PASSENGER AND FREIGHT TRAFFIC, PASSENGER-KILOMETERS AND FREIGHT TON-KILOMETERS AND VOLUME OF FREIGHTS HANDLED IN COASTAL PORTS (2015-2016)

| 指 标 | Item | 2015 | 2016 |
|---|---|---|---|
| **客运量总计（万人）** | **Total Passenger Traffic (10 000 persons)** | **64163.53** | **63402.00** |
| 铁 路 | Railway | 3993.60 | 4911.00 |
| 公 路 | Highway | 57555.67 | 55594.00 |
| 水 路 | Waterway | 732.03 | 750.00 |
| 民 航 | Civil Aviation | 1882.23 | 2147.00 |
| **旅客周转量总计（亿人公里）** | **Total Passenger-kilometers (100 million person-km)** | **789.60** | **804.81** |
| 铁 路 | Railway | 146.59 | 160.22 |
| 公 路 | Highway | 376.45 | 336.75 |
| 水 路 | Waterway | 6.08 | 5.10 |
| 民 航 | Civil Aviation | 260.48 | 302.74 |
| **货运量总计（万吨）** | **Total Freight Traffic (10 000 tons)** | **103739.00** | **107840.00** |
| 铁 路 | Railway | 1756.00 | 1789.00 |
| 公 路 | Highway | 86931.00 | 89389.00 |
| 水 路 | Waterway | 15040.00 | 16649.00 |
| 民 航 | Civil Aviation | 12.00 | 13.00 |
| **货物周转量总计（亿吨公里）** | **Total Freight Ton-kilometers (100 million ton-km)** | **2706.34** | **2964.77** |
| 铁 路 | Railway | 153.24 | 151.23 |
| 公 路 | Highway | 851.23 | 935.45 |
| 水 路 | Waterway | 1700.08 | 1876.10 |
| 民 航 | Civil Aviation | 1.79 | 1.99 |
| **港口货物吞吐量（万吨）** | **Total Cargo Handled at Ports (10 000 tons)** | **15680.00** | **17372.00** |
| #集装箱 | Containers | 1229.68 | 1406.60 |
| 进港量 | In-port | 9499.00 | 10037.00 |
| 出港量 | Out-port | 6181.00 | 7335.00 |
| **空港吞吐量** | **Throughput of Airports** | | |
| 旅 客（万人） | Passengers (10 000 persons) | 3309.82 | 3659.00 |
| 货 物（万吨） | Cargo (10 000 tons) | 32.14 | 36.34 |

注：1）2012年将四川航空纳入统计范围，交通运输客运货运量（周转量）同期出现相应变化。
2）2011年起，空港吞吐量包含黔江武陵机场。

Note: a) Sichuan Airline was taken into statistics in 2012, so the data of passenger and freight traffic (turnover) in 2012 was changed.
b) The data of Qianjiang Wuling Airport has been included in the throughput of airports since 2011.

## 表14.8 港口码头泊位数（2015－2016年）
## NUMBER OF BERTHS IN COASTAL PORTS (2015-2016)

| 指　标 | Item | 2015 | 2016 |
|---|---|---|---|
| **码头岸线长度（米）** | **Length of Quay Line (m)** | **90920** | **91843** |
| 生产用 | For Productive Use | 69984 | 70667 |
| 非生产用 | For Non-productive Use | 20936 | 21176 |
| **泊位个数（个）** | **Number of Berths (unit)** | **1175** | **1174** |
| 生产用 | For Productive Use | 812 | 811 |
| 非生产用 | For Non-productive Use | 363 | 363 |

## 表14.9 主要港口码头仓库（2015－2016年）
## WAREHOUSES IN MAIN COASTAL PORTS (2015-2016)

| 指　标 | Item | 2015 | 2016 |
|---|---|---|---|
| 年末职工人数（人） | Number of Staff and Workers at Year-end (person) | 4777 | 5515 |
| 仓库总面积（平方米） | Total Area of Warehouses (sq.m) | 577501 | 978001 |
| 堆场总面积（平方米） | Total Area of Stacking Yard (sq.m) | 5204135 | 5204135 |
| 集装箱吞吐量（吨） | Containers Handled in Coastal Ports (ton) | 10741331 | 12340156 |
| 国际集装箱 | International Containers | 4482540 | 4731847 |
| 国内集装箱 | Domestic Containers | 6258791 | 7608309 |
| 集装箱吞吐量（TEU） | Containers Handled in Coastal Ports (TEU) | 858385 | 968712 |
| 国际集装箱 | International Containers | 422411 | 465917 |
| 国内集装箱 | Domestic Containers | 435974 | 502795 |

注：TEU是“折合20英尺标准箱”的英文缩写。
Note: TEU is the abbreviation of " Twenty-foot Equivalent Unit".

# 表14.10 邮电业务基本情况（2015－2016年）
## BASIC CONDITIONS OF POSTAL AND TELECOMMUNICATION SERVICES (2015-2016)

| 指　标 | Item | 2015 | 2016 |
|---|---|---|---|
| 邮政局（所）数（处） | Number of Postal Offices (unit) | 1756 | 1780 |
| 邮电业务总量（万元） | Business Volume of Postal and Telecommunication Services (10 000 yuan) | 5523531 | 8875912 |
| 邮　政 | Postal Services | 610119 | 792203 |
| 电　信 | Telecommunication Services | 4913412 | 8083709 |
| 函　件（万件） | Number of Letters (10 000 pcs) | 3119 | 2301 |
| 包　件（万件） | Number of Parcels (10 000 pcs) | 81 | 39 |
| 特快专递（万件） | Pieces of Express Mail Services (10 000 pcs) | 20525 | 28383 |
| 邮政部门报刊累计数（万份） | Accumulated Issue of Newspapers and Magazines (10 000 copies) | 36334 | 41273 |
| 长途电话（万分钟） | Long-distance Calls (10 000 min) | 894215 | 996066 |
| 本地固定电话用户（万户） | Number of Fixed Telephone Subscribers at Year-end (10 000 subscribers) | 564.98 | 541.62 |
| 城市电话用户 | Urban Fixed Telephone Subscribers | 436.64 | 420.20 |
| #住宅电话 | Household Fixed Telephone Subscribers | 302.68 | 303.10 |
| 乡村电话用户 | Rural Fixed Telephone Subscribers | 128.34 | 121.42 |
| #住宅电话 | Household Fixed Telephone Subscribers | 115.20 | 107.90 |
| 公用电话（万户） | Public Telephones (10 000 subscribers) | 14.19 | 4.00 |
| 移动电话年末用户（万户） | Mobile Telephone Subscribers at Year-end (10 000 subscribers) | 2788.78 | 2880.10 |
| 固定互联网络用户（万户） | Internet Subscribers (10 000 subscribers) | 696.50 | 848.80 |

注：邮电业务总量2010年起为2010年不变价口径。
Note: The data of total business volume of postal and telecommunication services in 2010 was calculated at 2010 constant price.

# 表14.11 快递业务量（1997－2016年）
## BUSINESS VOLUME OF EXPRESS SERVICES (1997-2016)

| 年 份 Year | 快 递 (万件) Pieces of Express Mail Services (10 000 pcs) | 快递业务收入 (万元) Revenue from Express Service (10 000 yuan) |
|---|---|---|
| 1997 | 67.0 | 2127.0 |
| 1998 | 98.0 | 3201.0 |
| 1999 | 144.0 | 4245.0 |
| 2000 | 208.0 | 7544.0 |
| 2001 | 260.0 | 10484.0 |
| 2002 | 229.0 | 6600.0 |
| 2003 | 271.0 | 8031.0 |
| 2004 | 335.0 | 7611.0 |
| 2005 | 349.0 | 8401.0 |
| 2006 | 385.0 | 11153.0 |
| 2007 | 519.0 | 13941.0 |
| 2008 | 1651.3 | 35346.1 |
| 2009 | 2240.0 | 48879.2 |
| 2010 | 2829.4 | 60268.1 |
| 2011 | 4068.3 | 76828.8 |
| 2012 | 5497.9 | 103426.5 |
| 2013 | 10614.8 | 136957.5 |
| 2014 | 13886.3 | 201060.0 |
| 2015 | 20525.4 | 286533.2 |
| 2016 | 28382.5 | 389617.2 |

## 表14.12 电信主要通信能力（2015－2016年）
MAIN COMMUNICATION CAPACITY OF TELECOMMUNICATIONS (2015-2016)

| 项　目 | Item | 2015 | 2016 |
|---|---|---|---|
| 长话业务电路（2M） | Capacity of Long-distance Telephone Lines (2M) | 957923 | 3447000 |
| 固定交换机容量（万门） | Capacity of Local Telephone Exchanges (10 000 lines) | 452 | 119 |
| 移动用户交换机容量（万户） | Capacity of Mobile Telephone Exchanges (10 000 subscribers) | 3888 | 4037 |
| 移动电话基站数（个） | Number of Base Stations of Mobile Telephones (unit) | 89833 | 114574 |
| 移动电话信道数（万个） | Number of Signal Channels of Mobile Telephones (10 000 lines) | 196 | 205 |
| 短信息中心容量（万条） | Capacity of SMS Center (10 000 messages) | 12420 | 12100 |
| 光缆线路长度（万公里） | Length of Optical Cable Lines (km) | 65 | 81 |

## 表14.13 邮电通信水平（2015－2016年）
POSTAL AND TELECOMMUNICATION SERVICES AVAILABLE (2015-2016)

| 项　目 | Item | 2015 | 2016 |
|---|---|---|---|
| 平均每一邮政局所服务面积（平方公里） | Average Area Served by Every Post Office (sq.km) | 46.92 | 46.29 |
| 平均每一邮政局所服务人口（万人） | Average Population Served by Every Post Office (10 000 persons) | 1.72 | 1.71 |
| 平均每百人邮电业务总量（元） | Total Business Volume of Postal and Telecommunication Services per 100 Persons (yuan) | 183108 | 291163 |
| 平均每人每年发函件数（件） | Annual Average Number of Letters Mailed Per Capita (piece) | 1.03 | 0.75 |
| 平均每人每年自邮政部门订报刊数（份） | Annual Average Number of Newspapers and Magazines Subscribed from Postal Departments Per Capita (piece) | 12.04 | 13.54 |
| 平均每百人拥有电话机（含移动）（部） | Number of Telephone Sets (including mobile phones) Owned Per 100 Persons (unit) | 111.18 | 112.25 |
| 平均每百人拥有移动电话（部） | Number of Mobile Telephones Owned Per 100 Persons (unit) | 92.45 | 94.48 |

注：人均指标按年末常住人口计算。
Note: The per capital indicators are calculated upon the permanent population at year-end.

重／庆／统／计／年／鉴

# 主要统计指标解释

## 货（客）运量

指在一定时期内，各种运输工具实际运送的货物（旅客）数量。是反映运输业为国民经济和人民生活服务的数量指标，也是制定和检查运输生产计划，研究运输发展规模和速度的重要指标。货运按吨计算，客运按人计算。货物不论运输距离长短或货物类别，均按实际重量统计；旅客不论行程远近或票价多少，均按一人一次作为客运量统计。半价票，小孩票也按一人统计。

## 货物（旅客）周转量

指在一定时期内，由各种运输工具运送的货物（旅客）数量与其相应运输距离的乘积之总和。是反映运输业生产总成果的重要指标，也是编制和检查运输生产计划，计算运输效率、劳动生产率以及核算运输单位成本的主要基础资料。通常以吨公里和人公里为计算单位。计算货物周转量通常按发出站与到达站之间的最短距离，也就是计费距离计算。计算公式为：

货物（旅客）周转量=Σ货物（旅客）运输量×运输距离

## 公路里程

指在一定时期内实际达到《公路工程技术标准JTG B01-2003》规定的等级公路，并经公路主管部门正式验收交付使用的公路里程数。包括大中城市的郊区公路以及通过小城镇街道部分的公路里程和公路桥梁长度、隧道长度、渡口宽度等，不包括大中城市的街道、厂矿、林区生产用道和农业生产用道的里程。两条或多条公路共同经由同一路段，只计算一次，不得重复计算里程长度。它是反映公路建设发展规模的重要指标，也是计算运输网密度等指标的基础资料。

## 内河航道里程

也称内河通航里程，指在一定时期内，能通航运输船舶及排筏的天然河流、湖泊水库、运河及通航渠道的长度。包括全年季节性通航累计三个月以上的航道，不包括仅供零散流放竹、木排的河道。它是反映内河水运网规模、水平和发展情况的主要指标。

## 民用汽车拥有量

指报告期末，在公安交通管理部门按照《机动车注册登记工作规范》，已注册登记领有民用车辆牌照的全部汽车数量。汽车拥有量统计的主要分类：根据汽车结构分为载客汽车、载货汽车及其他汽车；根据汽车所有者不同分为个人（私人）汽车、单位汽车；根据汽车的使用性质分为营运汽车、非营运汽车和特种汽车；根据汽车大小规格不同载客汽车分为大型、中型、小型和微型，载货汽车分为重型、中型、轻型和微型。

## 邮电业务总量

指以货币表现的邮电通信企业为社会提供各类邮电通信服务的总数量。邮电业务量按专业分类包括函件、包件、汇票、报刊发行、邮政快件、特快专递、邮政储蓄、集邮、传真、长途电话、出租电路、移动电话、分组交换数据通信、出租代维等。计算方法为各类产品乘以相应的平均单价（不变价）之和，再加上出租电路和设备、代用户维护电话交换机和线路等的服务收入。它综合反映了一定时期邮电业务发展的总成果，是研究邮电业务量构成和发展趋势的重要指标。计算公式为：

邮电业务总量=Σ（各类邮电业务量×不变单价）＋出租代维及其他业务收入=邮政业务总量＋电信业务总量

## 本地电话用户

指接入本地电信运营商固定电话网上的电话用户。包括：住宅用户、单位用户、公用电话用户等。按电话用户位置又分为城市电话用户和乡村电话用户。1997年以前，“市内电话用户”是指接入县城及县以上城市的电话网上的电话用户；“农村电话用户”是指接入县邮电局农话台及县以下农村电话交换点，以县城为中心（除市话用户外）联通县、乡

## 主要统计指标解释

（镇）、行政村、村民小组的用户。从1997年起，电话用户数分组调整为以用户所在区域划分为“城市电话用户”和“乡村电话用户”，与过去的按市内电话和农村电话划分方法不同。而电话用户总数、电话机总部数统计范围不变。

### ■ 城市电话用户

指直辖市、省辖市、地级市、县级市的市区、市郊区及县城（包括县人民政府所在地的县城关区或行政建制相当于县人民政府所在地的镇）范围内接入局用交换机的电话用户数，包括分布在农村地区的独立工矿区、林区、驻军等接入局用交换机的电话用户数。

### ■ 乡村电话用户

指县城关区以下的集镇和农村接入局用交换机的电话用户数。

### ■ 住宅电话用户

指安装在居民住宅或农民家里并按照住宅电话用户登记注册和收费的电话用户。包括私人付费、单位付费和按规定免费的住宅电话用户。

### ■ 移动电话用户

指通过移动电话交换机进入移动电话网、占用移动电话号码的各类电话用户。包括签约用户和智能网预付费用户。一个移动电话号码统计为一户。

### ■ 局用交换机容量

是指安装在电信运营企业内用于接续本地固定电话的电话交换机容量、有倍增设备按倍增后的数量计数。包括现用和备用的人工或自动交换机的全部容量。不包括用户交换机容量。

### ■ 移动电话交换机容量

指移动电话交换机根据一定话务模型和交换机处理能力计算出来的最大同时服务用户的数量。

# Explanatory Notes on Main Statistical Indicators

## □ Freight (Passenger) Traffic

Refers to the volume of freight (passenger) transported with various means. Freight transport is calculated in tons and passenger traffic is calculated in the number of persons. Despite the type of freight and traveling distance, the freight transport is calculated in the actual weight of the goods; and despite the traveling distance and ticket price, the passenger traffic is calculated by the principle that one person can be counted only once in one travel. The passenger who travels with a half-price ticket or a child ticket is also calculated as one person. The freight (passenger) traffic provides a quantitative measure to show how the transport industry serves the national economy and people, and is also an important indicator for planning the transport industry and for studying the development scale and speed of the transport industry.

## □ Freight Ton-kilometers (Passenger-kilometers)

Refer to the sum of the products of the volume of transported cargo (passengers) multiplying by the transport distance. It is an important indicator to reflect the achievement of transportation industry. Normally, the shortest distance between the departure station and the destination station (i.e., the payable distance) is the basis to calculate the freight ton-kilometers. This is an important indicator to show the total results of the transport industry, to prepare and examine the transport plan and to measure the efficiency, the labour productivity and the unit cost of transport. The formula is as follows:

Freight Ton-kilometers (Passenger-Kilometers) = $\sum$ [Freight (Passenger) Traffic × Distance of Transportation]

## □ Length of Highways

Refers to the length of highways which are built in conformity with the grades specified by the highway engineering standard formulated by the Ministry of Communications, and have been formally checked and accepted by the departments of highways and put into use. The length of highways includes that of the suburb highways at large and medium-sized cities, highways passing through streets at small cities and towns, and also the length of bridge and ferries. It does not include the length of streets in big and medium-sized cities and highways built for the production purpose at factories, mines, forest areas and agricultural areas. If two more highways go the same section of the way, the length of the section is only calculated for once and no duplication is allowed. The length of highways is an important indicator to show the development of the highway construction and to provide essential information to calculate the transport network density.

## □ Length of Navigable Inland Waterways

An indicator reflecting the size and development of inland water network, it refers to the length of the natural rivers, lakes, reservoirs, canals, and ditches open to navigation during a given period, which enables the transport by ships and rafts. It includes the channels open to navigation for over an accumulative 3 months in a year, yet this does not include the river courses which are only used to float odd logs and bamboo rafts.

## □ Possession of Civil Motor Vehicles

Refer to the total numbers of vehicles that are registered and received vehicles' license tags according to the Work Standard for Motor Vehicles Registration formulated by transport management office under department of public security at the end of reference period. They are divided into following categories according to the structure of motor vehicles: passenger vehicles, trucks and others; and private vehicles and vehicles for units use according to ownerships; working vehicles, non-working vehicles and special motor vehicles according to kind of usage; large passenger vehicles, medium passenger vehicles and small passenger vehicles, heavy trucks, light-heavy trucks and light trucks according to sizes of vehicles.

## □ Business Volume of Postal and Telecommunication Services

Refers to the total amount of post and telecommunications services, expressed in value terms, provided by the post and telecommunications departments for the society. Postal and telecommunication services can be classified as letters, parcels, remittance, issue of newspapers and magazines, fast mail service, express mail service, saving deposits, stamps for collection, public and individual telegraph service, facsimiles, long-distance

EXPLANATORY NOTES TO MAJOR STATISTICAL INDICATORS

telephone service, leasing of telephone lines, urban paging service, mobile telephone service, data transfer and transmission, etc.. The accounting approach is to multiply the service products of all types with their average unit price (constant price) to get sum of business value, plus income from other services such as leasing of telephone lines and equipment, maintenance of telephone switchboards and lines on behalf of customers. This indicator reflects the overall results of post and telecommunications service during a given period, and is important to study the composition of business service and the development of post and telecommunications service. The formula is as follows:

Business Volume of Postal and Telecommunication Services = ∑ (Transaction of Post and Telecommunication Services × Constant Price) + Income from Leasing, Maintenance and other Services = Business Volume of Postal Services + Business Volume of Telecommunication Services

## □ Local Telephone Subscribers

Refer to subscribers that are connected to the local telecommunication service provider through fix line network, including household subscribers, institutional subscribers and public telephones. They are also classified as city subscribers and rural subscribers according to locations. Before 1997, city subscribers referred to those connected to city telephone networks in county towns and cities, while village subscribers referred to those connected to village telephone stations at and below counties. Since 1997, the classification of telephone subscribers was modified on the basis of physical location of the subscribers as urban telephone subscribers and rural telephone subscribers, which is different from the previous classification of categorizing local telephones and rural telephones, while the definition of total subscribers and total number of telephones remain unchanged.

## □ Urban Telephone Subscribers

Refer to subscribers telephone subscribers, located at municipalities, cities under the jurisdiction of province, cities at prefectural level, downtown and suburb of city at county level town and county towns (including country towns where county government located, and towns of county level according to the administrative organizational system), that are connected to the public line telephone network, including rural mineral area, forest area, military area.

## □ Rural Telephone Subscribers

Refer to telephone subscribers, located at counties (towns) and villages outside the range of cities according to administrative jurisdiction.

## □ Household Telephone Subscribers

Refer to telephone sets installed in resident dwellings, including those with telephone charges paid by individuals, by public units and free of charge.

## □ Mobile Telephone Subscribers

Refer to the persons who own mobile telephone numbers and are connected with the mobile telephone communication network through the mobile telephone switchboards, including contracted subscribers and pre-paid subscribers for intelligent network. One mobile telephone is taken as a subscriber.

## □ Capacity of Office Telephone Exchanges

Refers to the capacity (measured in gate) of telephone exchanges installed in the offices of telecommunication service providers for communication between fixed telephones. It includes the capacity of both manual and automatic exchanges in use and for stand-by purpose, excluding the capacity of subscribers exchanges.

## □ Capacity of Mobile Telephone Exchanges

Refers to the capacity of the maximum services provided to subscribers at one time basing on a certain model and transacting capacity of the mobile telephone exchanges.

# 第15章

## 国内贸易

## DOMESTIC TRADE

# 简要说明

BRIEF INTRODUCTION

本章主要内容有社会消费品零售总额，批发和零售业商品销售总额，限额以上批发零售和住宿餐饮业企业财务状况、限额以上住宿业和限额以上餐饮业基本经营情况，以及限额以上批发和零售业、住宿和餐饮业连锁经营情况。本章资料由市统计局贸易外经处提供。

The data in this chapter cover the total sales of the consumer goods, total sales of wholesale and retail trade, the financial indicators of wholesale and retail, hotel and catering enterprises above designated size，the operation of hotels and the enterprises in catering trade above designated size, and the operation of chain enterprises above designated size in wholesale, retail, hotel and catering trade. All the data in this chapter are provided by Division of Trade and External Economic Relations Statistics, Municipal Bureau of Statistics.

# 表15.1 社会消费品零售总额（1949－2016年）
TOTAL RETAIL SALES OF CONSUMER GOODS (1949-2016)

单位：万元 (10 000 yuan)

| 年 份<br>Year | 社会消费品零售总额<br>Total Retail Sales of Consumer Goods | 其 中 of which | | | | |
|---|---|---|---|---|---|---|
| | | 国有经济<br>State-owned | 集体经济<br>Collective-owned | 个体及私营经济<br>Self-employed Individual and Private | 外资及港澳台经济<br>Funded by Hong Kong,Macao, Taiwan & Foreign Entrepreneurs | 其 他<br>Others |
| 1949 | 46167 | | | | | |
| 1950 | 50695 | | | | | |
| 1951 | 55644 | | | | | |
| 1952 | 61973 | 19332 | 9941 | 32009 | | 691 |
| 1953 | 77007 | 28033 | 13017 | 34889 | | 1068 |
| 1954 | 83302 | 38415 | 19862 | 23381 | | 1644 |
| 1955 | 84015 | 37910 | 18769 | 25264 | | 2072 |
| 1956 | 98852 | 50892 | 39094 | 4648 | | 4218 |
| 1957 | 108061 | 55533 | 43171 | 4458 | | 4899 |
| 1958 | 119981 | 72248 | 40787 | 2705 | | 4241 |
| 1959 | 141591 | 106899 | 26508 | 3006 | | 5178 |
| 1960 | 156655 | 116749 | 28958 | 7877 | | 3071 |
| 1961 | 133022 | 101961 | 20412 | 8403 | | 2246 |
| 1962 | 124248 | 87477 | 27335 | 6987 | | 2449 |
| 1963 | 112094 | 74490 | 31651 | 3913 | | 2040 |
| 1964 | 122995 | 85845 | 32817 | 2405 | | 1928 |
| 1965 | 134722 | 94009 | 35935 | 2318 | | 2460 |
| 1966 | 147697 | 103011 | 38259 | 3585 | | 2842 |
| 1967 | 155358 | 110170 | 40829 | 1502 | | 2857 |
| 1968 | 132702 | 91591 | 37960 | 535 | | 2616 |
| 1969 | 152531 | 110384 | 38638 | 638 | | 2871 |
| 1970 | 163612 | 118044 | 40460 | 2120 | | 2988 |
| 1971 | 172626 | 124688 | 42034 | 2739 | | 3165 |
| 1972 | 191113 | 135637 | 45994 | 5863 | | 3619 |
| 1973 | 195825 | 141100 | 48694 | 2376 | | 3655 |
| 1974 | 197474 | 140839 | 50050 | 2682 | | 3903 |
| 1975 | 217537 | 148811 | 53318 | 11876 | | 3532 |
| 1976 | 218022 | 111129 | 95330 | 8200 | | 3363 |
| 1977 | 233979 | 118830 | 102849 | 8402 | | 3898 |
| 1978 | 250188 | 126981 | 112537 | 6599 | | 4071 |
| 1979 | 301563 | 156918 | 130798 | 8043 | | 5804 |
| 1980 | 366349 | 178516 | 162400 | 17649 | | 7784 |
| 1981 | 405952 | 193060 | 180443 | 24020 | | 8429 |

**表15.1 续表 continued**

单位：万元 (10 000 yuan)

| 年 份 Year | 社会消费品零售总额 Total Retail Sales of Consumer Goods | 其 中 of which | | | | |
|---|---|---|---|---|---|---|
| | | 国有经济 State-owned | 集体经济 Collective -owned | 个体及私营经济 Self-employed Individual and Private | 外资及港澳台经济 Funded by Hong Kong,Macao, Taiwan & Foreign Entrepreneurs | 其 他 Others |
| 1982 | 431269 | 201845 | 188198 | 30649 | | 10577 |
| 1983 | 466704 | 212294 | 190909 | 53632 | | 9869 |
| 1984 | 538909 | 229611 | 202957 | 93137 | | 13204 |
| 1985 | 690779 | 256981 | 261103 | 155266 | | 17429 |
| 1986 | 780787 | 290656 | 260816 | 207041 | | 22274 |
| 1987 | 926227 | 343448 | 302177 | 253031 | | 27571 |
| 1988 | 1191747 | 430347 | 372593 | 350032 | | 38775 |
| 1989 | 1332450 | 445314 | 380342 | 344338 | | 162456 |
| 1990 | 1371244 | 464257 | 370361 | 352587 | | 184039 |
| 1991 | 1569138 | 524150 | 448634 | 359098 | | 237256 |
| 1992 | 2031140 | 661857 | 554059 | 494300 | | 320924 |
| 1993 | 2573768 | 933913 | 704291 | 492283 | 2372 | 440909 |
| 1994 | 3343325 | 1079062 | 664616 | 880747 | 3166 | 715734 |
| 1995 | 4161295 | 1004126 | 752266 | 1223620 | 23727 | 1157556 |
| 1996 | 4986299 | 1106800 | 792017 | 1550975 | 25224 | 1511283 |
| 1997 | 5681890 | 1137394 | 853410 | 1529836 | 34914 | 2126336 |
| 1998 | 6193991 | 1029384 | 710562 | 2103320 | 82477 | 2268248 |
| 1999 | 6670104 | 1129936 | 643832 | 2562478 | 115128 | 2218730 |
| 2000 | 7199508 | 1075849 | 675284 | 2855855 | 163455 | 2429065 |
| 2001 | 7823114 | 1190283 | 634269 | 3243281 | 205648 | 2549633 |
| 2002 | 8535962 | 1166478 | 544491 | 3717999 | 208733 | 2898261 |
| 2003 | 9346711 | 1117167 | 406950 | 4449249 | 221716 | 3151629 |
| 2004 | 10683290 | 864210 | 201479 | 7404246 | 210630 | 2002725 |
| 2005 | 12278119 | 1062661 | 210209 | 8242314 | 266333 | 2496602 |
| 2006 | 14315133 | 1741735 | 235363 | 9545634 | 345925 | 2446476 |
| 2007 | 17111165 | 1446490 | 254185 | 11391396 | 523912 | 3495182 |
| 2008 | 21471209 | 1215973 | 366449 | 13829885 | 751017 | 5307885 |
| 2009 | 25150155 | 1120799 | 316943 | 17276857 | 1808557 | 4626999 |
| 2010 | 30511078 | 1902684 | 456845 | 19040132 | 837470 | 8273947 |
| 2011 | 37823300 | 3206202 | 536627 | 23684988 | 2761399 | 7634084 |
| 2012 | 44029922 | 3308480 | 563925 | 25858861 | 3207278 | 11091378 |
| 2013 | 50557683 | 2410511 | 584603 | 33794724 | 1693685 | 12074160 |
| 2014 | 57106660 | 2512026 | 616649 | 36266710 | 1853831 | 15857444 |
| 2015 | 64240226 | 2867787 | 678242 | 40497664 | 2148777 | 18047756 |
| 2016 | 72713516 | 3121311 | 761442 | 45662569 | 2756528 | 20411666 |

注：2009年-2013年已根据三经普调整。
Note: The data of 2009-2013 has been adjusted according to the result of the 3rd National Economic Census.

## 表15.2 社会消费品零售总额（2015－2016年）
## TOTAL RETAIL SALES OF CONSUMER GOODS (2015-2016)

单位：万元 (10 000 yuan)

| 指　标 | Item | 2015 | 2016 |
|---|---|---|---|
| **总　计** | **Total** | **64240226** | **72713516** |
| **按销售单位所在地分** | **By Location** | | |
| 城　镇 | City | 61055788 | 69057413 |
| #城　区 | County | 42675134 | 48299610 |
| 乡　村 | Under County Level | 3184438 | 3656103 |
| **按登记注册类型分** | **By Status of Registration** | | |
| 国有经济 | State-owned | 2867787 | 3121311 |
| 集体经济 | Collective-owned | 678242 | 761442 |
| 个体及私营经济 | Individual and Private | 40497664 | 45662569 |
| 外资及港澳台经济 | Funded by Hong Kong, Macao, Taiwan & Foreign Entrepreneurs | 2148777 | 2756528 |
| 其他经济 | Others | 18047756 | 20411666 |
| **按行业分** | **By Sector** | | |
| 批发和零售业 | Wholesale and Retail Trades | 55065363 | 62192705 |
| 住宿和餐饮业 | Hotels and Catering Services | 9174863 | 10520811 |

## 表15.3 限额以上住宿和餐饮业法人企业基本经营情况（2015－2016年）
## BASIC CONDITIONS OF ENTERPRISES ABOVE DESIGNATED SIZE OF HOTELS AND CATERING SERVICES (2015-2016)

| 指　标 | Item | 2015 | 2016 |
|---|---|---|---|
| 营业额（万元） | Business Revenue (10 000 yuan) | 3029109 | 3585954 |
| 客房收入 | From Hotel Rooms | 527205 | 619964 |
| 餐费收入 | From Meals | 2298302 | 2707455 |
| 商品销售收入 | From Commodities | 123900 | 162495 |
| 其他收入 | Other Income | 79702 | 96040 |
| 住宿餐饮设施 | Infrastructure of Hotels and Catering Services | | |
| 床位数（个） | Number of Beds (unit) | 155936 | 230016 |
| 餐位数（位） | Number of Catering Seats (unit) | 874477 | 994020 |

# 表15.4 批发和零售业商品销售总额（2016年）

## TOTAL SALES OF ENTERPRISES IN WHOLESALE AND RETAIL TRADES (2016)

单位：万元 (10 000 yuan)

| 指 标 | Item | 销售总额 Total Sales | 其中 of which 批 发 Wholesale | 零 售 Retail |
|---|---|---|---|---|
| **总 计** | **Total** | **232131501** | **170385257** | **61746244** |
| **限额以上批发和零售法人企业** | **Enterprises above Designated Size in Wholesales and Retail Trade** | **119114624** | **79565765** | **39548859** |
| **按登记注册类型分** | **By Status Registration** | | | |
| 内资企业 | Domestic-funded Enterprises | 112937205 | 75893588 | 37043617 |
| 国有企业 | State-owned Enterprises | 9325170 | 8360795 | 964375 |
| 集体企业 | Collective-owned Enterprises | 341622 | 234487 | 107135 |
| 股份合作企业 | Cooperative Enterprises | 396195 | 304119 | 92076 |
| 联营企业 | Joint-owned Enterprises | 9027 | | 9027 |
| 有限责任公司 | Limited-liability Companies | 56695387 | 40303154 | 16392233 |
| 股份有限公司 | Share Holding Corporation Ltd. | 10802577 | 4491080 | 6311497 |
| 私营企业 | Private Enterprises | 35058615 | 22019319 | 13039296 |
| 其他企业 | Other Enterprises | 308612 | 180633 | 127979 |
| 港、澳、台商投资企业 | Enterprises Funded by Hong Kong, Macao and Taiwan | 4209293 | 3015850 | 1193443 |
| 外商投资企业 | Foreign-funded Enterprises | 1968126 | 656326 | 1311800 |
| **按行业分** | **By Sector** | | | |
| 农、林、牧产品批发 | Wholesale of Farm, Forestry and Animal Husbandry Products | 1173361 | 1011337 | 162024 |
| 食品、饮料及烟草制品批发 | Wholesale of Food, Beverages and Tobacco | 15019238 | 14122403 | 896835 |
| 纺织、服装及家电用品批发 | Wholesale of Textiles, Garments and Household Electrical Appliances | 7744589 | 7124663 | 619926 |
| 文化、体育用品及器材批发 | Wholesale of Cultural, Sports Appliances and Equipment | 821206 | 795111 | 26095 |
| 医药及医疗器材批发 | Wholesale of Medicines and Medical Appliances | 6435054 | 5640245 | 794809 |
| 矿产品、建材及化工产品批发 | Wholesale of Mineral Products, Building Materials and Chemical Products | 31606524 | 29413017 | 2193507 |
| 机械设备、五金交电及电子产品批发 | Wholesale of Machinery, Hardware and Electronic Products | 15742696 | 14831912 | 910784 |
| 贸易经纪与代理 | Trade Broker and Agency | 33250 | 32757 | 493 |
| 其他批发 | Other Wholesale not Classified Elsewhere | 1415703 | 1272522 | 143181 |
| 综合零售 | Retail Trades | 8716484 | 499309 | 8217175 |
| 食品、饮料及烟草制品专门零售 | Special Retail of Food, Beverages and Tobacco | 1654233 | 324861 | 1329372 |
| 纺织、服装及日用品专门零售 | Special Retail of Textiles, Garments and Daily Consumer Articles | 1368379 | 141060 | 1227319 |
| 文化、体育用品及器材专门零售 | Retail of Cultural, Sports Appliances and Equipment | 731261 | 259327 | 471934 |
| 医药及医疗器材专门零售 | Retail of Medicines and Medical Appliances | 3074992 | 827878 | 2247114 |
| 汽车、摩托车、燃料及零配件专门零售 | Retail of Motor Vehicles, Motorcycles, Fuel and Parts | 15677143 | 1680961 | 13996182 |
| 家用电器及电子产品专门零售 | Special Retail of Household Electrical Appliances and Electronic Products | 3386425 | 503006 | 2883419 |
| 五金、家具及室内装修材料专门零售 | Special Retail of Hardware, Furniture and Decoration Materials | 3867550 | 1026783 | 2840767 |
| 货摊、无店铺及其他零售 | Stalls, Non-shop and Other Retails | 646537 | 58614 | 587923 |

# 表15.5 限额以上批发和零售业主要商品分类销售额（2015－2016年）

## SALES OF MAIN COMMODITIES OF THE ENTERPRISES ABOVE DESIGNATED SIZE IN WHOLESALE AND RETAIL TRADES BY CATEGORY (2015-2016)

单位：亿元 (100 million yuan)

| 指　标 | Item | 销售额 Total Sales | | 其 中 of which | | | |
|---|---|---|---|---|---|---|---|
| | | | | 批 发 Wholesale | | 零 售 Retail | |
| | | 2015 | 2016 | 2015 | 2016 | 2015 | 2016 |
| **总　计** | **Total** | **11330.18** | **13434.32** | **7255.44** | **8785.67** | **4074.74** | **4648.65** |
| 其中：通过互联网实现的商品销售 | Commodities Sold Over the Web | 902.08 | 1028.44 | 724.05 | 782.31 | 178.03 | 246.13 |
| 粮油、食品、饮料、烟酒类 | Grain and Oil, Food, Beverages, Tobacco and Liquor | 2137.34 | 2460.92 | 1537.47 | 1763.47 | 599.87 | 697.45 |
| #肉禽蛋类 | Meat, Poultry and Eggs | 189.25 | 231.66 | 126.92 | 155.37 | 62.33 | 76.29 |
| 其他食品类 | Other Food | 967.88 | 1208.78 | 387.27 | 733.83 | 580.61 | 474.95 |
| 饮料类 | Beverages | 64.09 | 74.47 | 22.11 | 27.81 | 41.98 | 46.66 |
| 烟酒类 | Tobacco and Liquor | 916.12 | 946.01 | 831.07 | 846.46 | 85.05 | 99.55 |
| 服装鞋帽、针、纺织品类 | Clothing, Shoes, Hats and Textiles | 495.73 | 650.81 | 145.66 | 260.59 | 350.07 | 390.22 |
| 服装类 | Clothing | 357.22 | 464.71 | 88.83 | 169.83 | 268.39 | 294.88 |
| 鞋帽类 | Shoes and Hats | 76.09 | 114.90 | 21.47 | 48.19 | 54.62 | 66.71 |
| 针、纺织品类 | Knitwear and Textiles | 62.41 | 71.20 | 35.35 | 42.57 | 27.06 | 28.63 |
| 化妆品类 | Cosmetics | 82.96 | 99.73 | 45.67 | 59.76 | 37.29 | 39.97 |
| 金银珠宝类 | Gold, Silver and Jewelry | 105.13 | 117.28 | 61.23 | 74.50 | 43.90 | 42.78 |
| 日用品类 | Articles for Daily Use | 231.01 | 277.87 | 60.97 | 109.49 | 170.04 | 168.38 |
| #儿童玩具类 | Children Toys | 8.18 | 8.86 | 1.14 | 1.29 | 7.04 | 7.57 |
| 五金、电料类 | Hardware and Electrical Materials | 73.72 | 74.81 | 37.16 | 31.11 | 36.56 | 43.70 |
| 体育、娱乐用品类 | Sports and Recreation Articles | 9.32 | 12.83 | 3.59 | 7.42 | 5.73 | 5.41 |
| #照相器材类 | Photographic Equipment | 0.09 | 0.42 | | 0.29 | 0.09 | 0.13 |
| 书报杂志类 | Newspapers and Magazines | 40.68 | 41.63 | 21.28 | 17.59 | 19.40 | 24.04 |
| 电子出版物及音像制品类 | E-journal and Video Products | 3.39 | 2.99 | 1.15 | 1.00 | 2.24 | 1.99 |
| 家用电器和音像器材类 | Household Appliances and Video Appliances | 474.74 | 584.40 | 172.46 | 243.93 | 302.28 | 340.47 |
| 中西药品类 | Traditional Chinese and Western Medicines | 749.81 | 904.40 | 478.51 | 580.25 | 271.30 | 324.15 |
| #西　药 | Western Medicines | 569.67 | 657.68 | 367.49 | 423.93 | 202.18 | 233.75 |
| 中草药及中成药 | Traditional Chinese Medicines | 83.69 | 96.15 | 52.28 | 58.37 | 31.41 | 37.78 |
| 文化办公用品类 | Cultural and Office Articles | 194.12 | 257.84 | 77.51 | 127.65 | 116.61 | 130.19 |
| #计算机及其配套产品 | Computer and Supporting Products | 11.77 | 103.58 | 2.00 | 57.44 | 9.77 | 46.14 |
| 家具类 | Furniture | 274.31 | 306.98 | 67.89 | 67.08 | 206.42 | 239.90 |
| 通讯器材类 | Communication Appliances | 378.70 | 481.27 | 271.59 | 355.41 | 107.11 | 125.86 |
| 煤炭及制品类 | Coal and Related Products | 411.73 | 447.70 | 397.10 | 434.13 | 14.63 | 13.57 |
| 木材及制品类 | Wood and Wooden Products | 25.34 | 29.99 | 25.34 | 29.99 | | |
| 石油及制品类 | Petroleum and Related Products | 1019.00 | 1293.53 | 598.80 | 790.35 | 420.20 | 503.18 |
| 化工材料及制品类 | Chemical Materials and Related Products | 702.73 | 824.01 | 702.73 | 824.01 | | |
| #化肥类 | Fertilizers | 204.81 | 198.08 | 204.81 | 198.08 | | |
| 金属材料类 | Metal Materials | 1138.45 | 1323.01 | 1138.45 | 1323.01 | | |
| 建筑及装潢材料类 | Building and Decoration Materials | 358.30 | 423.43 | 210.70 | 239.73 | 147.60 | 183.70 |
| 机电产品设备类 | Mechanical and Electrical Products | 315.89 | 354.55 | 249.99 | 281.55 | 65.90 | 73.00 |
| #农机类 | Agricultural Machinery | 12.31 | 13.82 | 12.31 | 13.82 | | |
| 汽车类 | Automobiles | 1630.04 | 1995.26 | 572.06 | 789.39 | 1057.98 | 1205.87 |
| 种子饲料类 | Seed and Feedstuff | 38.30 | 33.12 | 38.30 | 33.12 | | |
| 棉麻类 | Cotton, Hemp | 5.95 | 9.11 | 5.61 | 8.74 | 0.34 | 0.37 |
| 其他类 | Others | 433.73 | 426.85 | 334.48 | 332.38 | 99.25 | 94.47 |

# 表15.6 限额以上批发业法人企业财务状况（2016年）
## FINANCIAL INDICATORS OF WHOLESALE ENTERPRISES ABOVE DESIGNATED SIZE (2016)

| 指　标 | Item | 法人企业数（个） Number of Enterprises (unit) | 其　中 of which 执行《2006年企业会计准则》企业数（个） Number of Enterprises which Implemented Accounting standard for Business Enterprise in 2006 | 一、年初存货 Inventory at the Begining of Year |
|---|---|---|---|---|
| **总　计** | **Total** | **2423** | **1771** | **3276306** |
| **按批发行业小类分** | **By Wholesale Sector** | | | |
| 农、林、牧产品批发 | Wholesale of Farm, Forestry and Animal Husbandry Products | 79 | 56 | 54010 |
| 谷物、豆及薯类批发 | Wholesale of Cereal, Bean and Tubers | 17 | 15 | 23223 |
| 种子批发 | Wholesale of Seeds | 10 | 6 | 9544 |
| 饲料批发 | Wholesale of Feedstuff | 4 | 3 | 1333 |
| 棉、麻批发 | Wholesale of Cotton and Fiber Crops | 3 | 2 | 3545 |
| 林业产品批发 | Wholesale of Forestry Products | 12 | 8 | 11604 |
| 牲畜批发 | Wholesale of Livestock | 13 | 6 | 1995 |
| 其他农牧产品批发 | Wholesale of Other Farm Products and Livestock Products | 20 | 16 | 2766 |
| 食品、饮料及烟草制品批发 | Wholesale of Food, Beverages and Tobacco | 421 | 295 | 667508 |
| 米、面制品及食用油批发 | Wholesale of Rice, Flour and Edible Oil | 80 | 53 | 115433 |
| 糕点、糖果及糖批发 | Wholesale of Cake, Candy and Sugar | 16 | 15 | 14502 |
| 果品、蔬菜批发 | Wholesale of Fruits and Vegetables | 73 | 39 | 6338 |
| 肉、禽、蛋、奶及水产品批发 | Wholesale of Meat, Poultry, Eggs and Aquatic Products | 56 | 43 | 20570 |
| 盐及调味品批发 | Wholesale of Salts and Condiments | 18 | 16 | 35463 |
| 营养和保健品批发 | Wholesale of Nutraceutical Products | 8 | 4 | 1856 |
| 酒、饮料及茶叶批发 | Wholesale of Liquor, Beverages and Tea | 86 | 58 | 34104 |
| 烟草制品批发 | Wholesale of Tobacco | 39 | 34 | 420952 |
| 其他食品批发 | Wholesale of other Food | 45 | 33 | 18288 |
| 纺织、服装及家庭用品批发 | Wholesale of Textiles, Garments and Household Articles | 117 | 86 | 535120 |
| 纺织品、针织品及原料批发 | Wholesale of Textiles, Knitwear and Raw Materials | 12 | 10 | 6323 |
| 服装批发 | Wholesale of Garments | 14 | 13 | 105349 |
| 鞋帽批发 | Wholesale of Shoes and Hats | 4 | 3 | 969 |
| 化妆品及卫生用品批发 | Wholesale of Cosmetics and Sanitary Articles | 14 | 8 | 14353 |
| 厨房、卫生间用具及日用杂货批发 | Wholesale of Kitchen Utensils, Toilet Ware and Daily Consumer Articles Sundry Goods | 14 | 9 | 19428 |
| 灯具、装饰物品批发 | Wholesale of Light Fittings and Decorative Articles | 5 | 2 | 34421 |
| 家用电器批发 | Wholesale of Household Electrical Appliances | 35 | 26 | 250507 |
| 其他家庭用品批发 | Wholesale of Other Household Articles | 19 | 15 | 103770 |
| 文化、体育用品及器材批发 | Wholesale of Cultural and Sports Articles and Equipment | 38 | 28 | 231211 |
| 文具用品批发 | Wholesale of Cultural Articles | 7 | 5 | 2446 |
| 体育用品及器材批发 | Wholesale of Sports Articles | 2 | 1 | 4843 |
| 图书批发 | Wholesale of Books | 2 | 1 | 310 |
| 报刊批发 | Wholesale of Newspapers | | | |
| 音像制品及电子出版物批发 | Wholesale of Audio-visual Products and Electronic publications | | | |
| 首饰、工艺品及收藏品批发 | Wholesale of Jewelry, Handicrafts and Collections | 20 | 17 | 220986 |
| 其他文化用品批发 | Wholesale of Other Cultural Goods | 7 | 4 | 2627 |
| 医药及医疗器材批发 | Wholesale of Medicines and Medical Appliances | 269 | 211 | 385025 |
| 西药批发 | Wholesale of Western Medicines | 183 | 149 | 317531 |
| 中药批发 | Wholesale of Traditional Chinese Medicines | 31 | 22 | 47627 |
| 医疗用品及器材批发 | Wholesale of Medical Articles and Appliances | 55 | 40 | 19867 |

单位：万元 (10 000 yuan)

二、期末资产负责 Assets and Liabilities

| 流动资产合计 Total Current Assets | 其中 of which 应收帐款 Accounts Receivable | 其中 of which 存货 Inventory | 固定资产合计 Total Fixed Assets | 固定资产原价 Total Original Value of Fixed Assets | 累计折旧 Accumulative Depreciation | 其中 of which 本年折旧 Depreciation | 在建工程 Construction in Process | 资产总计 Total Assets |
|---|---|---|---|---|---|---|---|---|
| **22854503** | **6258119** | **3463207** | **1471229** | **2218599** | **753225** | **145720** | **323605** | **27217727** |
| 214095 | 40611 | 56776 | 56703 | 80322 | 23642 | 3340 | 8369 | 350231 |
| 77160 | 5618 | 31093 | 16028 | 26546 | 10518 | 1012 | 4511 | 126691 |
| 15372 | 2586 | 8880 | 5019 | 6190 | 1171 | 241 | 1953 | 28435 |
| 4648 | 3051 | 1278 | 788 | 1037 | 249 | 75 | | 5558 |
| 43479 | 14188 | 8197 | 13340 | 14992 | 1652 | 676 | | 69499 |
| 52841 | 9201 | 2295 | 7268 | 12403 | 5158 | 406 | 1655 | 76682 |
| 7829 | 1234 | 1934 | 5570 | 6218 | 648 | 245 | 76 | 14477 |
| 12767 | 4732 | 3100 | 8689 | 12935 | 4246 | 685 | 174 | 28890 |
| 3046986 | 356504 | 737023 | 479828 | 796157 | 316915 | 62251 | 148367 | 4406921 |
| 590778 | 61280 | 156691 | 120504 | 160366 | 39866 | 8605 | 92589 | 1042558 |
| 47609 | 11273 | 16336 | 6577 | 9374 | 2797 | 499 | 665 | 58803 |
| 77633 | 25232 | 11685 | 49815 | 56541 | 6855 | 2822 | 1512 | 145021 |
| 121713 | 44574 | 44741 | 23438 | 35188 | 11749 | 1740 | 539 | 193243 |
| 231600 | 24400 | 31403 | 18820 | 35483 | 16663 | 15913 | 1488 | 404296 |
| 9819 | 864 | 2461 | 2077 | 2879 | 802 | 367 | | 13789 |
| 175296 | 32594 | 38810 | 22468 | 34775 | 12360 | 1773 | 65 | 241648 |
| 1681000 | 138972 | 406915 | 221831 | 442708 | 221278 | 29418 | 51497 | 2146636 |
| 111537 | 17315 | 27982 | 14298 | 18843 | 4545 | 1113 | 14 | 160928 |
| 2319124 | 718899 | 703171 | 58451 | 83023 | 24736 | 4153 | 2305 | 2465899 |
| 98986 | 43526 | 11442 | 817 | 1769 | 951 | 128 | 494 | 103565 |
| 1039780 | 584450 | 308817 | 7963 | 12633 | 4670 | 509 | 1090 | 1074563 |
| 10168 | 2257 | 1439 | 393 | 410 | 182 | 33 | | 10570 |
| 94903 | 5333 | 18699 | 8161 | 10805 | 2644 | 473 | 199 | 104690 |
| 43533 | 12320 | 20226 | 2558 | 3498 | 940 | 171 | | 47045 |
| 91959 | 7599 | 48741 | 2065 | 5545 | 3480 | 822 | | 101483 |
| 829051 | 61944 | 210039 | 34987 | 45855 | 10868 | 1822 | 489 | 907059 |
| 110744 | 1469 | 83768 | 1507 | 2509 | 1001 | 195 | 32 | 116926 |
| 552427 | 121172 | 243100 | 13141 | 27876 | 14735 | 2434 | 21 | 573627 |
| 20191 | 11054 | 3215 | 816 | 1098 | 283 | 112 | | 21042 |
| 39007 | 33466 | 5334 | 149 | 376 | 228 | 31 | | 39156 |
| 1804 | 77 | 391 | 171 | 324 | 153 | 78 | | 2395 |
| | | | | | | | | |
| | | | | | | | | |
| 480232 | 70477 | 231370 | 10542 | 23989 | 13447 | 2105 | 12 | 497894 |
| 11193 | 6099 | 2790 | 1463 | 2089 | 625 | 108 | 9 | 13140 |
| 2281954 | 1082662 | 399448 | 106091 | 147042 | 40951 | 10500 | 15018 | 2567784 |
| 1935020 | 918771 | 347802 | 85823 | 116409 | 30586 | 7061 | 6998 | 2169410 |
| 128062 | 66457 | 27389 | 7284 | 10468 | 3184 | 1690 | 2500 | 142477 |
| 218872 | 97435 | 24256 | 12984 | 20165 | 7181 | 1749 | 5519 | 255897 |

**表15.6 续表1 continued1**

| 指 标 | Item | 二、期末资产负债 Assets and Liabilities 流动负债合计 Total Current Liabilities | 其中 of which 应付账款 Accounts Payable | 非流动负债合计 Total Non-current Liabilities |
|---|---|---|---|---|
| **总 计** | **Total** | **18284663** | **5885731** | **860711** |
| **按批发行业小类分** | **By Wholesale Sector** | | | |
| 农、林、牧产品批发 | Wholesale of Farm, Forestry and Animal Husbandry Products | 171371 | 18800 | 18808 |
| 谷物、豆及薯类批发 | Wholesale of Cereal, Bean and Tubers | 60791 | 1705 | 4516 |
| 种子批发 | Wholesale of Seeds | 8477 | 1463 | 6169 |
| 饲料批发 | Wholesale of Feedstuff | 3866 | 2106 | |
| 棉、麻批发 | Wholesale of Cotton and Fiber Crops | 40365 | 4759 | 1 |
| 林业产品批发 | Wholesale of Forestry Products | 42692 | 4182 | 3103 |
| 牲畜批发 | Wholesale of Livestock | 5594 | 2679 | 372 |
| 其他农牧产品批发 | Wholesale of Other Farm Products and Livestock Products | 9587 | 1905 | 4648 |
| 食品、饮料及烟草制品批发 | Wholesale of Food, Beverages and Tobacco | 1780638 | 511542 | 316788 |
| 米、面制品及食用油批发 | Wholesale of Rice, Flour and Edible Oil | 391126 | 53869 | 157049 |
| 糕点、糖果及糖批发 | Wholesale of Cake, Candy and Sugar | 46131 | 12818 | 3019 |
| 果品、蔬菜批发 | Wholesale of Fruits and Vegetables | 37239 | 10745 | 6366 |
| 肉、禽、蛋、奶及水产品批发 | Wholesale of Meat, Poultry, Eggs and Aquatic Products | 83407 | 59560 | 14560 |
| 盐及调味品批发 | Wholesale of Salts and Condiments | 131102 | 27819 | 89723 |
| 营养和保健品批发 | Wholesale of Nutraceutical Products | 5590 | 1097 | |
| 酒、饮料及茶叶批发 | Wholesale of Liquor, Beverages and Tea | 183996 | 70689 | 5608 |
| 烟草制品批发 | Wholesale of Tobacco | 818076 | 267600 | 31297 |
| 其他食品批发 | Wholesale of other Food | 83972 | 7346 | 9167 |
| 纺织、服装及家庭用品批发 | Wholesale of Textiles, Garments and Household Articles | 1910533 | 714758 | 35231 |
| 纺织品、针织品及原料批发 | Wholesale of Textiles, Knitwear and Raw Materials | 84252 | 12408 | |
| 服装批发 | Wholesale of Garments | 768020 | 562593 | 2853 |
| 鞋帽批发 | Wholesale of Shoes and Hats | 8876 | 1359 | 1 |
| 化妆品及卫生用品批发 | Wholesale of Cosmetics and Sanitary Articles | 82416 | 7191 | 304 |
| 厨房、卫生间用具及日用杂货批发 | Wholesale of Kitchen Utensils, Toilet Ware and Daily Consumer Articles Sundry Goods | 42557 | 15054 | 19 |
| 灯具、装饰物品批发 | Wholesale of Light Fittings and Decorative Articles | 74149 | 2770 | 10690 |
| 家用电器批发 | Wholesale of Household Electrical Appliances | 745994 | 108239 | 20073 |
| 其他家庭用品批发 | Wholesale of Other Household Articles | 104270 | 5146 | 1293 |
| 文化、体育用品及器材批发 | Wholesale of Cultural and Sports Articles and Equipment | 358292 | 136661 | 308 |
| 文具用品批发 | Wholesale of Cultural Articles | 13155 | 7882 | 120 |
| 体育用品及器材批发 | Wholesale of Sports Articles | 39405 | 23252 | |
| 图书批发 | Wholesale of Books | 673 | 92 | 26 |
| 报刊批发 | Wholesale of Newspapers | | | |
| 音像制品及电子出版物批发 | Wholesale of Audio-visual Products and Electronic publications | | | |
| 首饰、工艺品及收藏品批发 | Wholesale of Jewelry, Handicrafts and Collections | 295981 | 101171 | |
| 其他文化用品批发 | Wholesale of Other Cultural Goods | 9079 | 4263 | 162 |
| 医药及医疗器材批发 | Wholesale of Medicines and Medical Appliances | 1859334 | 806602 | 41710 |
| 西药批发 | Wholesale of Western Medicines | 1589394 | 688524 | 23387 |
| 中药批发 | Wholesale of Traditional Chinese Medicines | 98537 | 49165 | 12237 |
| 医疗用品及器材批发 | Wholesale of Medical Articles and Appliances | 171403 | 68912 | 6086 |

单位：万元 (10 000 yuan)

| 二、期末资产负债 Assets and Liabilities | | | | | | | | | |
|---|---|---|---|---|---|---|---|---|---|
| | | 其中 of which | | | | | | | |
| | | | 其中 of which | | | | | | |
| 负债合计 Total Liabilities | 所有者权益合计 Total Owner's Equity | 实收资本 Paid-up Capital | 国家资本 State Capital | 集体资本 Collective Capital | 法人资本 Corporate Capital | 个人资本 Personal Capital | 港澳台资本 HMT Capital | 外商资本 Foreign Capital |
| **19124622** | **8093105** | **3606937** | **438770** | **63859** | **2029324** | **929314** | **83970** | **61699** |
| 190916 | 159315 | 80110 | 18551 | 1293 | 46726 | 13540 | | |
| 65307 | 61385 | 26914 | 14396 | 150 | 11880 | 488 | | |
| 14888 | 13547 | 11647 | 1741 | 50 | 5000 | 4856 | | |
| 3866 | 1692 | 1216 | | | 545 | 671 | | |
| 40366 | 29133 | 10620 | | | 10000 | 620 | | |
| 46290 | 30392 | 16725 | 2285 | | 13115 | 1325 | | |
| 5965 | 8512 | 4664 | | 1000 | 2008 | 1655 | | |
| 14234 | 14655 | 8325 | 130 | 93 | 4178 | 3924 | | |
| 2072493 | 2334428 | 450114 | 73199 | 40344 | 248029 | 78581 | | 9962 |
| 552983 | 489575 | 96583 | 16735 | 16 | 66490 | 13341 | | |
| 49151 | 9652 | 5846 | 500 | 181 | 3067 | 2098 | | |
| 43605 | 101416 | 45102 | 60 | 4516 | 27036 | 13490 | | |
| 97966 | 95277 | 76669 | | 34099 | 33058 | 9513 | | |
| 220824 | 183472 | 99900 | 3500 | | 93286 | 3114 | | |
| 5590 | 8199 | 3403 | 7 | | 2343 | 1053 | | |
| 189605 | 52043 | 32549 | 500 | 447 | 7816 | 13824 | | 9962 |
| 819320 | 1327315 | 52738 | 51897 | | 841 | | | |
| 93450 | 67478 | 37325 | | 1085 | 14092 | 22149 | | |
| 1945764 | 520136 | 107986 | 31181 | 2526 | 34361 | 39818 | | 100 |
| 84252 | 19314 | 16598 | 10000 | 300 | 3773 | 2525 | | |
| 770872 | 303690 | 26791 | 20741 | | 4455 | 1595 | | |
| 8876 | 1694 | 830 | | | 499 | 331 | | |
| 82720 | 21970 | 7055 | 109 | 2200 | 1765 | 2981 | | |
| 42575 | 4470 | 5045 | | | 723 | 4322 | | |
| 84839 | 16644 | 2463 | | | 1000 | 1463 | | |
| 766067 | 140992 | 43736 | | | 17345 | 26291 | | 100 |
| 105562 | 11364 | 5468 | 332 | 26 | 4802 | 309 | | |
| 358600 | 215026 | 55863 | 1275 | 1225 | 19608 | 6627 | 27127 | |
| 13275 | 7767 | 6745 | | | 3095 | 3650 | | |
| 39405 | -249 | 221 | | | 100 | 121 | | |
| 699 | 1696 | 700 | | | | 700 | | |
| 295981 | 201913 | 46829 | 1275 | 1225 | 16243 | 959 | 27127 | |
| 9241 | 3899 | 1368 | | | 170 | 1198 | | |
| 1899918 | 667866 | 354248 | 54744 | 2 | 105925 | 192403 | 750 | 425 |
| 1611655 | 557755 | 292542 | 50365 | 2 | 76194 | 164807 | 750 | 425 |
| 110774 | 31703 | 24975 | 3430 | | 13473 | 8072 | | |
| 177489 | 78409 | 36731 | 948 | | 16258 | 19525 | | |

**表15.6 续表2 continued2**

| 指 标 | Item | 三、损益及分配 Profits and Losses 营业收入 Business Cost | 其中 of which 主营业务收入 Main Business Cost | 营业成本 Sales Expenses |
|---|---|---|---|---|
| **总 计** | **Total** | **74228630** | **73929647** | **67907968** |
| **按批发行业小类分** | **By Wholesale Sector** | | | |
| 农、林、牧产品批发 | Wholesale of Farm, Forestry and Animal Husbandry Products | 1117440 | 1113723 | 1044568 |
| 谷物、豆及薯类批发 | Wholesale of Cereal, Bean and Tubers | 514441 | 514174 | 503554 |
| 种子批发 | Wholesale of Seeds | 42962 | 42956 | 36186 |
| 饲料批发 | Wholesale of Feedstuff | 68805 | 68805 | 65332 |
| 棉、麻批发 | Wholesale of Cotton and Fiber Crops | 96245 | 96245 | 92770 |
| 林业产品批发 | Wholesale of Forestry Products | 150741 | 150378 | 140678 |
| 牲畜批发 | Wholesale of Livestock | 68959 | 67766 | 51383 |
| 其他农牧产品批发 | Wholesale of Other Farm Products and Livestock Products | 175287 | 173398 | 154663 |
| 食品、饮料及烟草制品批发 | Wholesale of Food, Beverages and Tobacco | 13956706 | 13835609 | 11402713 |
| 米、面制品及食用油批发 | Wholesale of Rice, Flour and Edible Oil | 2157628 | 2141760 | 2028633 |
| 糕点、糖果及糖批发 | Wholesale of Cake, Candy and Sugar | 182621 | 182006 | 165473 |
| 果品、蔬菜批发 | Wholesale of Fruits and Vegetables | 1277041 | 1275228 | 1101492 |
| 肉、禽、蛋、奶及水产品批发 | Wholesale of Meat, Poultry, Eggs and Aquatic Products | 707423 | 704610 | 550926 |
| 盐及调味品批发 | Wholesale of Salts and Condiments | 670403 | 664998 | 609448 |
| 营养和保健品批发 | Wholesale of Nutraceutical Products | 37060 | 37060 | 29624 |
| 酒、饮料及茶叶批发 | Wholesale of Liquor, Beverages and Tea | 878915 | 870571 | 770056 |
| 烟草制品批发 | Wholesale of Tobacco | 7093073 | 7006947 | 5288065 |
| 其他食品批发 | Wholesale of other Food | 952543 | 952430 | 858996 |
| 纺织、服装及家庭用品批发 | Wholesale of Textiles, Garments and Household Articles | 6823792 | 6817370 | 6194316 |
| 纺织品、针织品及原料批发 | Wholesale of Textiles, Knitwear and Raw Materials | 407638 | 407638 | 391496 |
| 服装批发 | Wholesale of Garments | 3611680 | 3608405 | 3218434 |
| 鞋帽批发 | Wholesale of Shoes and Hats | 14971 | 14971 | 12731 |
| 化妆品及卫生用品批发 | Wholesale of Cosmetics and Sanitary Articles | 239020 | 238519 | 174571 |
| 厨房、卫生间用具及日用杂货批发 | Wholesale of Kitchen Utensils, Toilet Ware and Daily Consumer Articles Sundry Goods | 84345 | 84294 | 73190 |
| 灯具、装饰物品批发 | Wholesale of Light Fittings and Decorative Articles | 174674 | 174674 | 152153 |
| 家用电器批发 | Wholesale of Household Electrical Appliances | 2095556 | 2092961 | 2006899 |
| 其他家庭用品批发 | Wholesale of Other Household Articles | 195909 | 195909 | 164842 |
| 文化、体育用品及器材批发 | Wholesale of Cultural and Sports Articles and Equipment | 814545 | 809753 | 698441 |
| 文具用品批发 | Wholesale of Cultural Articles | 54651 | 53980 | 49253 |
| 体育用品及器材批发 | Wholesale of Sports Articles | 21133 | 21133 | 19364 |
| 图书批发 | Wholesale of Books | 2966 | 2966 | 2165 |
| 报刊批发 | Wholesale of Newspapers | | | |
| 音像制品及电子出版物批发 | Wholesale of Audio-visual Products and Electronic publications | | | |
| 首饰、工艺品及收藏品批发 | Wholesale of Jewelry, Handicrafts and Collections | 684441 | 680764 | 583383 |
| 其他文化用品批发 | Wholesale of Other Cultural Goods | 51353 | 50911 | 44277 |
| 医药及医疗器材批发 | Wholesale of Medicines and Medical Appliances | 5794002 | 5786478 | 5292017 |
| 西药批发 | Wholesale of Western Medicines | 4603955 | 4598834 | 4237110 |
| 中药批发 | Wholesale of Traditional Chinese Medicines | 788203 | 786606 | 731608 |
| 医疗用品及器材批发 | Wholesale of Medical Articles and Appliances | 401844 | 401037 | 323299 |

单位：万元 (10 000 yuan)

| 三、损益及分配 Profits and Losses | | | | | | | | | |
|---|---|---|---|---|---|---|---|---|---|
| 其 中 of which | 营业税金及附加 | 其 中 of which | 其他业务利润 | 销售费用 | 管理费用 | 其 中 of which | 财务费用 | 其 中 of which | |
| 主营业务成本 Main Sales Expenses | Business Tax and Surcharges | 主营业务税金及附加 Business Tax and Surtax | Other Business Profits | Sales Expenses | Management Expenses | 税 金 Tax | Financial Expenses | 利息收入 Interest Income | 利息支出 Interest Expenses |
| **67624176** | **1016057** | **1012939** | **73592** | **1656398** | **1082920** | **51334** | **219248** | **93011** | **174211** |
| 1041414 | 3693 | 3408 | 24 | 16227 | 18874 | 1129 | 3805 | 1246 | 2661 |
| 503518 | 651 | 650 | 8 | 4293 | 5587 | 405 | 827 | 787 | 1228 |
| 36177 | 243 | 215 | -4 | 1996 | 1336 | 120 | 276 | 19 | 275 |
| 65332 | 678 | 442 | | 759 | 1077 | 6 | 75 | | 28 |
| 92770 | 59 | 59 | | 580 | 1119 | 7 | 227 | 13 | 238 |
| 140585 | 287 | 287 | 20 | 1078 | 3033 | 108 | 440 | 17 | 171 |
| 50737 | 970 | 969 | | 2835 | 1998 | 270 | 583 | 1 | 256 |
| 152294 | 805 | 787 | | 4685 | 4725 | 213 | 1379 | 409 | 465 |
| 11292411 | 838777 | 837799 | 31767 | 392743 | 416567 | 15074 | 2037 | 35975 | 22559 |
| 2013921 | 9696 | 9626 | 4414 | 48223 | 31227 | 1573 | 6681 | 3873 | 6936 |
| 165025 | 734 | 718 | 288 | 8473 | 3912 | 112 | 1330 | 562 | 772 |
| 1100359 | 5187 | 5169 | 30 | 27996 | 16481 | 1249 | 3889 | 1240 | 1361 |
| 550011 | 2478 | 2434 | 1749 | 15768 | 17256 | 1071 | 4796 | 478 | 3162 |
| 606677 | 3349 | 3322 | 2905 | 17792 | 20425 | 29 | 3357 | 2608 | 5165 |
| 29429 | 658 | 638 | | 2709 | 1196 | 20 | 89 | -1 | 53 |
| 764307 | 7542 | 7326 | 313 | 52952 | 20324 | 1227 | 4165 | 467 | 2866 |
| 5204149 | 806598 | 806117 | 21607 | 186417 | 295068 | 9509 | -24475 | 26702 | 1863 |
| 858533 | 2535 | 2451 | 460 | 32411 | 10679 | 285 | 2205 | 46 | 381 |
| 6188571 | 14363 | 14274 | 1173 | 213925 | 92021 | 4430 | 12519 | 3016 | 10834 |
| 391496 | 105 | 105 | | 1747 | 3315 | 1211 | 4616 | 128 | 4779 |
| 3214181 | 9270 | 9261 | 22 | 106894 | 54182 | 2246 | 803 | 286 | 938 |
| 12731 | 31 | 31 | | 1174 | 584 | 5 | 33 | 1 | 0 |
| 174293 | 1506 | 1504 | 132 | 34748 | 5341 | 90 | -483 | 1262 | 667 |
| 73190 | 737 | 737 | 282 | 4099 | 2640 | 12 | 1071 | 28 | 908 |
| 152153 | 667 | 667 | | 7798 | 4858 | 149 | 2298 | 0 | 1491 |
| 2005771 | 1680 | 1602 | 738 | 46488 | 18369 | 503 | 1914 | 1301 | 2039 |
| 164757 | 368 | 368 | | 10977 | 2732 | 215 | 2267 | 8 | 12 |
| 694554 | 2762 | 2740 | 443 | 44410 | 12357 | 188 | 383 | 452 | 429 |
| 47988 | 275 | 275 | | 2269 | 2011 | | 271 | 46 | 187 |
| 19364 | 205 | 205 | | 529 | 390 | | 204 | | |
| 2165 | 45 | 45 | | 105 | 130 | 8 | 7 | | |
| | | | | | | | | | |
| | | | | | | | | | |
| 580760 | 2168 | 2146 | | 39126 | 7807 | 170 | -267 | 405 | 94 |
| 44277 | 68 | 68 | 443 | 2381 | 2021 | 11 | 168 | 2 | 148 |
| 5289972 | 14854 | 14804 | 8791 | 197675 | 124374 | 5334 | 34796 | 3989 | 22399 |
| 4235607 | 11957 | 11919 | 7867 | 141188 | 90233 | 4414 | 30529 | 3753 | 19913 |
| 731237 | 1136 | 1125 | 497 | 28445 | 12340 | 115 | 1551 | 65 | 1083 |
| 323128 | 1760 | 1760 | 427 | 28042 | 21800 | 806 | 2716 | 172 | 1402 |

**表15.6 续表3 continued3**

| 指 标 | Item | 三、损益及分配 Profits and Losses 资产减值损失 Impairment of Assets | 公允价值变动收益 Fair Value | 投资收益 Income from Investment | 营业利润 Business Profits |
|---|---|---|---|---|---|
| **总 计** | **Total** | **22467** | **1521** | **22141** | **2349901** |
| **按批发行业小类分** | **By Wholesale Sector** | | | | |
| 农、林、牧产品批发 | Wholesale of Farm, Forestry and Animal Husbandry Products | 177 | 420 | 143 | 30652 |
| 谷物、豆及薯类批发 | Wholesale of Cereal, Bean and Tubers | 21 | 12 | 253 | -226 |
| 种子批发 | Wholesale of Seeds | -47 | | 6 | 2977 |
| 饲料批发 | Wholesale of Feedstuff | | | -130 | 754 |
| 棉、麻批发 | Wholesale of Cotton and Fiber Crops | 6 | 408 | -32 | 1862 |
| 林业产品批发 | Wholesale of Forestry Products | 186 | | | 5031 |
| 牲畜批发 | Wholesale of Livestock | | | 37 | 11226 |
| 其他农牧产品批发 | Wholesale of Other Farm Products and Livestock Products | 12 | | 10 | 9028 |
| 食品、饮料及烟草制品批发 | Wholesale of Food, Beverages and Tobacco | 6524 | 322 | 8103 | 905072 |
| 米、面制品及食用油批发 | Wholesale of Rice, Flour and Edible Oil | 3565 | 312 | 550 | 30068 |
| 糕点、糖果及糖批发 | Wholesale of Cake, Candy and Sugar | -5 | | 334 | 3069 |
| 果品、蔬菜批发 | Wholesale of Fruits and Vegetables | | | 813 | 122808 |
| 肉、禽、蛋、奶及水产品批发 | Wholesale of Meat, Poultry, Eggs and Aquatic Products | 4 | | -64 | 116134 |
| 盐及调味品批发 | Wholesale of Salts and Condiments | 2910 | | 3927 | 17050 |
| 营养和保健品批发 | Wholesale of Nutraceutical Products | 20 | 10 | 10 | 2784 |
| 酒、饮料及茶叶批发 | Wholesale of Liquor, Beverages and Tea | 35 | | 302 | 24143 |
| 烟草制品批发 | Wholesale of Tobacco | | | 2226 | 543632 |
| 其他食品批发 | Wholesale of other Food | -4 | | 4 | 45385 |
| 纺织、服装及家庭用品批发 | Wholesale of Textiles, Garments and Household Articles | 121 | | 1388 | 297914 |
| 纺织品、针织品及原料批发 | Wholesale of Textiles, Knitwear and Raw Materials | | | | 6360 |
| 服装批发 | Wholesale of Garments | 121 | | 40 | 222016 |
| 鞋帽批发 | Wholesale of Shoes and Hats | | | | 418 |
| 化妆品及卫生用品批发 | Wholesale of Cosmetics and Sanitary Articles | | | | 23337 |
| 厨房、卫生间用具及日用杂货批发 | Wholesale of Kitchen Utensils, Toilet Ware and Daily Consumer Articles Sundry Goods | | | 2 | 2610 |
| 灯具、装饰物品批发 | Wholesale of Light Fittings and Decorative Articles | | | | 6900 |
| 家用电器批发 | Wholesale of Household Electrical Appliances | | | 1346 | 21551 |
| 其他家庭用品批发 | Wholesale of Other Household Articles | | | | 14723 |
| 文化、体育用品及器材批发 | Wholesale of Cultural and Sports Articles and Equipment | 6 | | | 56186 |
| 文具用品批发 | Wholesale of Cultural Articles | | | | 573 |
| 体育用品及器材批发 | Wholesale of Sports Articles | | | | 442 |
| 图书批发 | Wholesale of Books | | | | 514 |
| 报刊批发 | Wholesale of Newspapers | | | | |
| 音像制品及电子出版物批发 | Wholesale of Audio-visual Products and Electronic publications | | | | |
| 首饰、工艺品及收藏品批发 | Wholesale of Jewelry, Handicrafts and Collections | 6 | | | 52219 |
| 其他文化用品批发 | Wholesale of Other Cultural Goods | | | | 2439 |
| 医药及医疗器材批发 | Wholesale of Medicines and Medical Appliances | 4435 | | 3344 | 129650 |
| 西药批发 | Wholesale of Western Medicines | 4187 | | 67 | 89272 |
| 中药批发 | Wholesale of Traditional Chinese Medicines | 253 | | 1563 | 14432 |
| 医疗用品及器材批发 | Wholesale of Medical Articles and Appliances | -6 | | 1714 | 25947 |

单位：万元 (10 000 yuan)

| 三、损益及分配 Profits and Losses | | | | | 四、人工成本及增值税 Labor Costs and Value Added Tax | | 五、从事零售业活动的从业人员平均人数（人） |
|---|---|---|---|---|---|---|---|
| 营业外收入 Non-business Income | 其中 of which 政府补助 Governmental Subsidy | 营业外支出 Non-business Expenses | 利润总额 Total Profits | 应交所得税 Income Tax Payable | 应付职工薪酬（本年贷方累计发生额） Total Payable Salaries | 应交增值税 Value Added Tax Payable | Average Employees of Wholesale and Retail |
| **129975** | **60144** | **49525** | **6520709** | **298074** | **853418** | **1059159** | **118776** |
| 8234 | 4524 | 3835 | 29930 | 2125 | 14014 | 3477 | 2938 |
| 5588 | 2822 | 141 | 4537 | 340 | 4615 | 1250 | 807 |
| 380 | 352 | | 2866 | 1 | 1729 | 218 | 344 |
| 1 | | 28 | 725 | 83 | 481 | 236 | 87 |
| 1038 | 281 | 1 | 3890 | 518 | 735 | 383 | 158 |
| 104 | | 504 | 2491 | 330 | 1691 | 20 | 451 |
| 1049 | 1049 | 3137 | 7283 | 739 | 1355 | 862 | 386 |
| 75 | 20 | 24 | 8139 | 115 | 3408 | 508 | 705 |
| 41256 | 13570 | 6275 | 926190 | 131950 | 343437 | 339071 | 27736 |
| 19429 | 9906 | 1223 | 46449 | 3619 | 32483 | 7926 | 5404 |
| 581 | | 70 | 3590 | 197 | 10325 | 1225 | 1133 |
| 366 | 41 | 24 | 121069 | 1182 | 19056 | 7788 | 3930 |
| 160 | 88 | 154 | 121000 | 1003 | 11730 | 3249 | 2562 |
| 806 | 123 | 169 | 16700 | 2379 | 14283 | 6653 | 1786 |
| 6 | | | 2415 | 137 | 1773 | 1341 | 331 |
| 4312 | 12 | 416 | 27823 | 1960 | 15823 | 11455 | 3184 |
| 15351 | 3389 | 4166 | 541790 | 120778 | 223397 | 281469 | 6861 |
| 245 | 10 | 54 | 45354 | 695 | 14567 | 17966 | 2545 |
| 19437 | 11672 | 293 | 309721 | 52296 | 48328 | 133618 | 14597 |
| 92 | 77 | 10 | 208 | 9 | 1975 | 489 | 555 |
| 15199 | 11543 | 45 | 237170 | 44406 | 4888 | 108352 | 5781 |
| 35 | | | 594 | 2 | 333 | 404 | 80 |
| 1692 | 1 | 7 | 25153 | 3732 | 7721 | 10321 | 1519 |
| 49 | 14 | 37 | 2628 | 79 | 2740 | 376 | 632 |
| 15 | | | 6915 | 508 | 2559 | 4466 | 498 |
| 2246 | 14 | 195 | 22225 | 3104 | 21692 | 7956 | 4423 |
| 109 | 23 | 1 | 14827 | 455 | 6420 | 1255 | 1109 |
| 5347 | 99 | 422 | 61085 | 9726 | 35545 | 42822 | 5655 |
| 1 | 1 | 4 | 573 | 97 | 1333 | 412 | 454 |
| | | | 442 | 23 | 682 | 102 | 139 |
| | | | 514 | 1 | 179 | 81 | 55 |
| 5075 | 16 | 418 | 56876 | 9370 | 31960 | 41871 | 4674 |
| 272 | 82 | | 2680 | 235 | 1391 | 356 | 333 |
| 3828 | 1425 | 2141 | 124378 | 14253 | 92859 | 143309 | 16446 |
| 2737 | 1154 | 1482 | 87921 | 11471 | 67225 | 98604 | 12415 |
| 261 | 29 | 63 | 14675 | 339 | 12881 | 34762 | 2203 |
| 831 | 243 | 596 | 21782 | 2443 | 12754 | 9943 | 1828 |

**表15.6 续表4 continued4**

| 指　标 | Item | 法人企业数（个） Number of Enterprises(unit) | 其中 of which: 执行《2006年企业会计准则》企业数（个） Number of Enterprises which Implemented Accounting standard for Business Enterprise in 2006 | 一、年初存货 Inventory at the Begining of Year |
|---|---|---|---|---|
| 矿产品、建材及化工产品批发 | Wholesale of Mineral Products, Building Materials and Chemical Products | 1062 | 757 | 702423 |
| 煤炭及制品批发 | Wholesale of Coal and Related Products | 187 | 136 | 63351 |
| 石油及制品批发 | Wholesale of Petroleum and Related Products | 91 | 70 | 98191 |
| 非金属矿及制品批发 | Wholesale of Nonmetal Mineral and Related Products | 10 | 6 | 2115 |
| 金属及金属矿批发 | Wholesale of Metal and Metal Mineral | 275 | 204 | 171983 |
| 建材批发 | Wholesale of Building Materials | 273 | 179 | 99573 |
| 化肥批发 | Wholesale of Fertilizers | 68 | 46 | 106454 |
| 农药批发 | Wholesale of Pesticides | 1 | | 224 |
| 农用薄膜批发 | Wholesale of Films for Agriculture | 2 | 1 | 96 |
| 其他化工产品批发 | Wholesale of Other Chemical Products | 155 | 115 | 160437 |
| 机械设备、五金产品及电子产品批发 | Wholesale of Machinery, Hardware and Electronic Products | 342 | 271 | 667415 |
| 农业机械批发 | Wholesale of Agricultural Machinery | 22 | 14 | 1780 |
| 汽车批发 | Wholesale of Automobiles | 81 | 72 | 340587 |
| 汽车零配件批发 | Wholesale of Automobile Fittings | 42 | 32 | 35159 |
| 摩托车及零配件批发 | Wholesale of Motorcycle and Fittings | 46 | 40 | 59713 |
| 五金产品批发 | Wholesale of Hardware | 31 | 23 | 6100 |
| 电气设备批发 | Wholesale of Electric Equipment | 14 | 8 | 6097 |
| 计算机、软件及辅助设备批发 | Wholesale of Computers, Software and Assistant Equipment | 10 | 10 | 151187 |
| 通讯及广播电视设备批发 | Wholesale of Communication, Broadcast and TV Equipment | 32 | 24 | 17893 |
| 其他机械设备及电子产品批发 | Wholesale of Other Machinery and Electronic Products | 64 | 48 | 48899 |
| 贸易经纪与代理 | Trade Broker and Agency | 7 | 4 | 755 |
| 贸易代理 | Trade Agency | 7 | 4 | 755 |
| 拍　卖 | Auction | | | |
| 其他贸易经纪与代理 | Other Trade Broker and Agency | | | |
| 其他批发业 | Other Wholesales | 88 | 63 | 32839 |
| 再生物资回收与批发 | Wholesale of Recycled Materials | 67 | 47 | 27008 |
| 其他未列明批发业 | Other Wholesale not Classified Elsewhere | 21 | 16 | 5831 |
| **按登记注册类型分** | **By Status of Registration** | | | |
| 内资企业 | Domestic-funded Enterprises | 2400 | 1753 | 2952846 |
| 国有企业 | State-owned Enterprises | 58 | 52 | 430118 |
| 集体企业 | Collective-owned Enterprises | 14 | 8 | 13022 |
| 股份合作企业 | Cooperative Enterprises | 11 | 8 | 22032 |
| 联营企业 | Joint-owned Enterprises | | | |
| 国有联营企业 | State Joint-owned Enterprises | | | |
| 集体联营企业 | Collective Joint-owned Enterprises | | | |
| 国有与集体联营企业 | Joint State-collective Enterprises | | | |
| 其他联营企业 | Other Joint-owned Enterprises | | | |

单位：万元 (10 000 yuan)

二、期末资产负债 Assets and Liabilities

| 流动资产合计 Total Current Assets | 其中 of which 应收帐款 Accounts Receivable | 其中 of which 存货 Inventory | 固定资产合计 Total Fixed Assets | 固定资产原价 Total Original Value of Fixed Assets | 累计折旧 Accumulative Depreciation | 其中 of which 本年折旧 Depreciation | 在建工程 Construction in Process | 资产总计 Total Assets |
|---|---|---|---|---|---|---|---|---|
| 8203123 | 1924607 | 816119 | 517153 | 788304 | 276219 | 49763 | 127082 | 9745443 |
| 1047805 | 321850 | 57735 | 91098 | 148078 | 56980 | 9105 | 12815 | 1295220 |
| 1350717 | 625675 | 109128 | 212287 | 325050 | 116949 | 18444 | 73259 | 1944338 |
| 72323 | 4860 | 1678 | 2735 | 4342 | 1607 | 504 | 6 | 78445 |
| 2088802 | 436624 | 283399 | 49254 | 78043 | 28849 | 7074 | 23467 | 2335091 |
| 2093123 | 245745 | 120675 | 89648 | 122448 | 33602 | 6929 | 8547 | 2342669 |
| 571996 | 100313 | 82059 | 24227 | 37901 | 13674 | 2357 | 5895 | 667824 |
| 1487 | 365 | 274 | 1088 | 1212 | 124 | 49 | | 2575 |
| 5370 | 5091 | 9 | 27 | 53 | 25 | 5 | | 5502 |
| 971499 | 184083 | 161165 | 46789 | 71178 | 24408 | 5296 | 3093 | 1073779 |
| 6058143 | 1974971 | 480296 | 156090 | 200847 | 44773 | 11019 | 18239 | 6667858 |
| 21011 | 9716 | 2137 | 6100 | 8153 | 2053 | 219 | | 35061 |
| 1412115 | 232224 | 133844 | 30469 | 39146 | 8677 | 1441 | 168 | 1523121 |
| 562931 | 23277 | 53509 | 4623 | 9462 | 4855 | 2326 | | 572958 |
| 1632637 | 642499 | 71058 | 38991 | 48000 | 9009 | 2126 | | 1840271 |
| 70005 | 43568 | 5797 | 3557 | 6119 | 2562 | 1202 | 719 | 86257 |
| 38213 | 11340 | 3383 | 49243 | 51605 | 2362 | 1369 | 145 | 100932 |
| 969109 | 490127 | 114253 | 539 | 950 | 411 | 144 | 7965 | 1069891 |
| 888416 | 355720 | 42999 | 6292 | 8282 | 1991 | 417 | 9094 | 923674 |
| 463707 | 166502 | 53317 | 16278 | 29131 | 12854 | 1777 | 147 | 515695 |
| 18383 | 2118 | 932 | 2180 | 2183 | 3 | 2 | | 26327 |
| 18383 | 2118 | 932 | 2180 | 2183 | 3 | 2 | | 26327 |
| 160269 | 36576 | 26341 | 81592 | 92844 | 11251 | 2257 | 4205 | 413638 |
| 116066 | 24059 | 22177 | 77369 | 86703 | 9333 | 1816 | 4205 | 362542 |
| 44203 | 12517 | 4164 | 4223 | 6141 | 1918 | 441 | | 51096 |
| 21026495 | 5625502 | 3078753 | 1395829 | 2229976 | 739976 | 143248 | 315614 | 25202966 |
| 1749100 | 148841 | 443456 | 256334 | 492464 | 236530 | 31749 | 56282 | 2268498 |
| 27197 | 5117 | 10484 | 2008 | 3301 | 1351 | 156 | 30 | 33644 |
| 116438 | 1009 | 14112 | 16545 | 23884 | 7340 | 2058 | | 133805 |

**表15.6 续表5 continued5**

| 指 标 | Item | 二、期末资产负债 Assets and Liabilities<br>流动负债合计 Total Current Liabilities | 其中 of which<br>应付账款 Accounts Payable | 非流动负债合计 Total Non-current Liabilities |
|---|---|---|---|---|
| 矿产品、建材及化工产品批发 | Wholesale of Mineral Products, Building Materials and Chemical Products | 6872978 | 1798941 | 207905 |
| 煤炭及制品批发 | Wholesale of Coal and Related Products | 864792 | 236579 | 26617 |
| 石油及制品批发 | Wholesale of Petroleum and Related Products | 1300949 | 803246 | 15226 |
| 非金属矿及制品批发 | Wholesale of Nonmetal Mineral and Related Products | 59903 | 6979 | |
| 金属及金属矿批发 | Wholesale of Metal and Metal Mineral | 1793848 | 293356 | 64449 |
| 建材批发 | Wholesale of Building Materials | 1455934 | 122935 | 92054 |
| 化肥批发 | Wholesale of Fertilizers | 517890 | 26396 | 2789 |
| 农药批发 | Wholesale of Pesticides | 653 | | |
| 农用薄膜批发 | Wholesale of Films for Agriculture | 1069 | 109 | 2888 |
| 其他化工产品批发 | Wholesale of Other Chemical Products | 877940 | 309341 | 3881 |
| 机械设备、五金产品及电子产品批发 | Wholesale of Machinery, Hardware and Electronic Products | 5180110 | 1857154 | 184480 |
| 农业机械批发 | Wholesale of Agricultural Machinery | 15303 | 6470 | 83 |
| 汽车批发 | Wholesale of Automobiles | 1368044 | 349101 | 5840 |
| 汽车零配件批发 | Wholesale of Automobile Fittings | 443958 | 150187 | 3538 |
| 摩托车及零配件批发 | Wholesale of Motorcycle and Fittings | 1489616 | 300696 | 40752 |
| 五金产品批发 | Wholesale of Hardware | 42041 | 14653 | 10411 |
| 电气设备批发 | Wholesale of Electric Equipment | 24170 | 12621 | 26000 |
| 计算机、软件及辅助设备批发 | Wholesale of Computers, Software and Assistant Equipment | 612657 | 372926 | 48789 |
| 通讯及广播电视设备批发 | Wholesale of Communication, Broadcast and TV Equipment | 804120 | 464961 | 6016 |
| 其他机械设备及电子产品批发 | Wholesale of Other Machinery and Electronic Products | 380202 | 185539 | 43052 |
| 贸易经纪与代理 | Trade Broker and Agency | 15908 | 8305 | 1114 |
| 贸易代理 | Trade Agency | 15908 | 8305 | 1114 |
| 拍 卖 | Auction | | | |
| 其他贸易经纪与代理 | Other Trade Broker and Agency | | | |
| 其他批发业 | Other Wholesales | 135500 | 32970 | 54367 |
| 再生物资回收与批发 | Wholesale of Recycled Materials | 101593 | 25420 | 53572 |
| 其他未列明批发业 | Other Wholesale not Classified Elsewhere | 33907 | 7550 | 795 |
| **按登记注册类型分** | **By Status of Registration** | | | |
| 内资企业 | Domestic-funded Enterprises | 16866559 | 4953082 | 721730 |
| 国有企业 | State-owned Enterprises | 894393 | 278470 | 34534 |
| 集体企业 | Collective-owned Enterprises | 24257 | 6383 | 165 |
| 股份合作企业 | Cooperative Enterprises | 116580 | 2003 | 29 |
| 联营企业 | Joint-owned Enterprises | | | |
| 国有联营企业 | State Joint-owned Enterprises | | | |
| 集体联营企业 | Collective Joint-owned Enterprises | | | |
| 国有与集体联营企业 | Joint State-collective Enterprises | | | |
| 其他联营企业 | Other Joint-owned Enterprises | | | |

单位：万元 (10 000 yuan)

| 二、期末资产负债 Assets and Liabilities | | | | | | | | |
|---|---|---|---|---|---|---|---|---|
| | | | 其 中 of which | | | | | |
| | | | 其 中 of which | | | | | |
| 负债合计 Total Liabilities | 所有者权益合计 Total Owner's Equity | 实收资本 Paid-up Capital | 国家资本 State Capital | 集体资本 Collective Capital | 法人资本 Corporate Capital | 个人资本 Personal Capital | 港澳台资本 HMT Capital | 外商资本 Foreign Capital |
| 7085403 | 2660040 | 1125480 | 225379 | 15310 | 394016 | 487063 | 1457 | 2256 |
| | | | | | | | | |
| 891410 | 403811 | 202992 | 52346 | 1500 | 40149 | 108997 | | |
| 1316175 | 628163 | 225669 | 85411 | 696 | 95501 | 44060 | | |
| 59903 | 18542 | 11702 | 5100 | | 5400 | 1118 | 84 | |
| | | | | | | | | |
| 1858576 | 476516 | 285784 | 47277 | 175 | 86673 | 150287 | 1373 | |
| 1552210 | 790459 | 230617 | 6672 | 104 | 90492 | 133348 | | |
| 520680 | 147143 | 46806 | 10457 | 4107 | 26256 | 5986 | | |
| 653 | 1922 | 336 | | 220 | | 116 | | |
| 3958 | 1544 | 50 | | | | 50 | | |
| 881839 | 191941 | 121525 | 18116 | 8508 | 49544 | 43102 | | 2256 |
| 5364639 | 1303218 | 1357242 | 31563 | 1420 | 1130431 | 98699 | 46173 | 48956 |
| | | | | | | | | |
| 15386 | 19674 | 6331 | | | 4484 | 1847 | | |
| 1373932 | 149188 | 127820 | 1376 | 50 | 120208 | 6186 | | |
| 447496 | 125462 | 525864 | 5700 | 200 | 515170 | 4494 | | 300 |
| 1530367 | 309904 | 300872 | 6038 | 450 | 263929 | 30388 | | 67 |
| 52452 | 33805 | 23023 | | | 2516 | 20507 | | |
| 50170 | 50762 | 21520 | | 220 | 17005 | 4295 | | |
| 661446 | 408445 | 231612 | | | 133890 | 2960 | 46173 | 48589 |
| | | | | | | | | |
| 810136 | 113538 | 69719 | 3308 | | 57301 | 9110 | | |
| | | | | | | | | |
| 423255 | 92440 | 50480 | 15141 | 500 | 15927 | 18912 | | |
| | | | | | | | | |
| 17022 | 9304 | 8022 | | | 7622 | 400 | | |
| 17022 | 9304 | 8022 | | | 7622 | 400 | | |
| | | | | | | | | |
| | | | | | | | | |
| | | | | | | | | |
| 189867 | 223772 | 67872 | 2878 | 1740 | 42608 | 12183 | 8463 | |
| 155165 | 207377 | 61195 | 2356 | 1472 | 38495 | 10408 | 8463 | |
| 34702 | 16394 | 6678 | 522 | 259 | 4112 | 1775 | | |
| | | | | | | | | |
| 17567537 | 7635429 | 3436057 | 413770 | 63859 | 2024484 | 927968 | 750 | 5225 |
| 898874 | 1369625 | 71576 | 68132 | | 3443 | | | |
| 24422 | 9222 | 3535 | | 3225 | 160 | 149 | | |
| 116611 | 17194 | 7464 | 18 | 1013 | 5385 | 1049 | | |

**表15.6 续表6 continued6**

| 指 标 | Item | 三、损益及分配 Profits and Losses 营业收入 Business Cost | 其中 of which 主营业务收入 Main Business Cost | 营业成本 Sales Expenses |
|---|---|---|---|---|
| 矿产品、建材及化工产品批发 | Wholesale of Mineral Products, Building Materials and Chemical Products | 29877409 | 29802420 | 28405567 |
| 煤炭及制品批发 | Wholesale of Coal and Related Products | 4206566 | 4201973 | 3832865 |
| 石油及制品批发 | Wholesale of Petroleum and Related Products | 7410921 | 7363547 | 7080678 |
| 非金属矿及制品批发 | Wholesale of Nonmetal Mineral and Related Products | 99117 | 98881 | 92035 |
| 金属及金属矿批发 | Wholesale of Metal and Metal Mineral | 8844148 | 8839585 | 8562763 |
| 建材批发 | Wholesale of Building Materials | 3589791 | 3588371 | 3349863 |
| 化肥批发 | Wholesale of Fertilizers | 1782124 | 1775848 | 1692223 |
| 农药批发 | Wholesale of Pesticides | 24822 | 24822 | 23937 |
| 农用薄膜批发 | Wholesale of Films for Agriculture | 7815 | 7815 | 6967 |
| 其他化工产品批发 | Wholesale of Other Chemical Products | 3912106 | 3901578 | 3764238 |
| 机械设备、五金产品及电子产品批发 | Wholesale of Machinery, Hardware and Electronic Products | 14414845 | 14341341 | 13588880 |
| 农业机械批发 | Wholesale of Agricultural Machinery | 120931 | 120931 | 107511 |
| 汽车批发 | Wholesale of Automobiles | 3500630 | 3467631 | 3247677 |
| 汽车零配件批发 | Wholesale of Automobile Fittings | 1757095 | 1749589 | 1598411 |
| 摩托车及零配件批发 | Wholesale of Motorcycle and Fittings | 2589283 | 2563253 | 2438303 |
| 五金产品批发 | Wholesale of Hardware | 193682 | 193680 | 178377 |
| 电气设备批发 | Wholesale of Electric Equipment | 162739 | 162739 | 151722 |
| 计算机、软件及辅助设备批发 | Wholesale of Computers, Software and Assistant Equipment | 2351834 | 2351734 | 2303857 |
| 通讯及广播电视设备批发 | Wholesale of Communication, Broadcast and TV Equipment | 2041919 | 2035735 | 1956933 |
| 其他机械设备及电子产品批发 | Wholesale of Other Machinery and Electronic Products | 1696733 | 1696050 | 1606091 |
| 贸易经纪与代理 | Trade Broker and Agency | 30581 | 30581 | 28207 |
| 贸易代理 | Trade Agency | 30581 | 30581 | 28207 |
| 拍 卖 | Auction | | | |
| 其他贸易经纪与代理 | Other Trade Broker and Agency | | | |
| 其他批发业 | Other Wholesales | 1399311 | 1392372 | 1253259 |
| 再生物资回收与批发 | Wholesale of Recycled Materials | 1064915 | 1064000 | 965215 |
| 其他未列明批发业 | Other Wholesale not Classified Elsewhere | 334396 | 328372 | 288044 |
| **按登记注册类型分** | **By Status of Registration** | | | |
| 内资企业 | Domestic-funded Enterprises | 70575291 | 70278517 | 64449564 |
| 国有企业 | State-owned Enterprises | 7505959 | 7415751 | 5674636 |
| 集体企业 | Collective-owned Enterprises | 255921 | 255791 | 236807 |
| 股份合作企业 | Cooperative Enterprises | 343579 | 343367 | 309607 |
| 联营企业 | Joint-owned Enterprises | | | |
| 国有联营企业 | State Joint-owned Enterprises | | | |
| 集体联营企业 | Collective Joint-owned Enterprises | | | |
| 国有与集体联营企业 | Joint State-collective Enterprises | | | |
| 其他联营企业 | Other Joint-owned Enterprises | | | |

单位：万元 (10 000 yuan)

| 三、损益及分配 Profits and Losses | | | | | | | | | |
|---|---|---|---|---|---|---|---|---|---|
| 其中 of which | | 其中 of which | | | | 其中 of which | | 其中 of which | |
| 主营业务成本 Main Sales Expenses | 营业税金及附加 Business Tax and Surcharges | 主营业务税金及附加 Business Tax and Surtax | 其他业务利润 Other Business Profits | 销售费用 Sales Expenses | 管理费用 Management Expenses | 税金 Tax | 财务费用 Financial Expenses | 利息收入 Interest Income | 利息支出 Interest Expenses |
| 28331593 | 73807 | 72335 | 17172 | 381846 | 241005 | 15343 | 117112 | 21287 | 69060 |
| 3832417 | 21107 | 21060 | 1254 | 72845 | 46727 | 2354 | 22024 | 3854 | 16413 |
| 7026588 | 12941 | 12701 | 7521 | 105938 | 36719 | 2034 | 13806 | 519 | 6193 |
| 92029 | 177 | 177 | 357 | 2247 | 1770 | 129 | 63 | 616 | 490 |
| 8555690 | 11957 | 11940 | 3309 | 87553 | 57195 | 2388 | 25167 | 3486 | 18206 |
| 3344430 | 15433 | 15283 | 2535 | 49992 | 46089 | 5031 | 24067 | 1422 | 4551 |
| 1691306 | 5104 | 5053 | 112 | 19913 | 13979 | 775 | 11323 | 8740 | 715 |
| 23937 | 25 | 25 | | 166 | 143 | 15 | 54 | | 54 |
| 6967 | 10 | 10 | | 31 | 64 | | 123 | | |
| 3758231 | 7052 | 6088 | 2084 | 43162 | 38320 | 2618 | 20487 | 2650 | 22438 |
| 13533755 | 58848 | 58751 | 13158 | 380556 | 141690 | 7668 | 45633 | 26663 | 44532 |
| 107511 | 1429 | 1410 | 172 | 3828 | 2424 | 361 | 509 | 52 | 180 |
| 3226043 | 40360 | 40358 | 5825 | 132936 | 30230 | 2725 | 4998 | 4574 | 5662 |
| 1592056 | 2516 | 2515 | 1256 | 84147 | 17676 | 632 | -291 | 276 | 395 |
| 2413238 | 4677 | 4672 | 135 | 48457 | 19259 | 807 | 26543 | 18985 | 27179 |
| 178375 | 1648 | 1648 | | 3289 | 3096 | 238 | 838 | 34 | 473 |
| 151722 | 425 | 425 | | 3596 | 3109 | 128 | 1459 | | 311 |
| 2303367 | 1164 | 1164 | 44 | 31288 | 6051 | 363 | 2557 | 1484 | 2775 |
| 1955630 | 1463 | 1463 | 4817 | 32102 | 38858 | 220 | 6342 | 797 | 4407 |
| 1605813 | 5168 | 5098 | 910 | 40914 | 20987 | 2194 | 2680 | 463 | 3150 |
| 28207 | 82 | 82 | | 755 | 466 | 36 | 55 | 32 | |
| 28207 | 82 | 82 | | 755 | 466 | 36 | 55 | 32 | |
| 1223700 | 8870 | 8745 | 1064 | 28260 | 35567 | 2131 | 2907 | 351 | 1737 |
| 965215 | 7618 | 7602 | 806 | 11961 | 15081 | 1705 | 2414 | 271 | 1705 |
| 258485 | 1253 | 1143 | 259 | 16300 | 20486 | 426 | 493 | 80 | 32 |
| 64167225 | 1012523 | 1009427 | 73592 | 1565883 | 1062826 | 50622 | 211272 | 91821 | 166867 |
| 5589616 | 800975 | 800458 | 21789 | 192808 | 301593 | 10165 | -23562 | 26996 | 2616 |
| 236598 | 1928 | 1914 | 116 | 4453 | 3735 | 29 | 371 | 461 | 477 |
| 309301 | 2068 | 2068 | 239 | 17042 | 3422 | 520 | 2192 | 280 | 557 |

**表15.6 续表7 continued7**

| 指　标 | Item | 三、损益及分配 Profits and Losses 资产减值损失 Impairment of Assets | 公允价值变动收益 Fair Value | 投资收益 Income from Investment | 营业利润 Business Profits |
|---|---|---|---|---|---|
| 矿产品、建材及化工产品批发 | Wholesale of Mineral Products, Building Materials and Chemical Products | 5051 | 1 | 6266 | 661210 |
| 煤炭及制品批发 | Wholesale of Coal and Related Products | -180 | -31 | 104 | 213040 |
| 石油及制品批发 | Wholesale of Petroleum and Related Products | 99 | 1 | 1243 | 162063 |
| 非金属矿及制品批发 | Wholesale of Nonmetal Mineral and Related Products | 17 | | -61 | 2747 |
| 金属及金属矿批发 | Wholesale of Metal and Metal Mineral | 2443 | 31 | 2648 | 99801 |
| 建材批发 | Wholesale of Building Materials | -2 | | 100 | 104449 |
| 化肥批发 | Wholesale of Fertilizers | 823 | | 428 | 39188 |
| 农药批发 | Wholesale of Pesticides | | | | 499 |
| 农用薄膜批发 | Wholesale of Films for Agriculture | | | | 620 |
| 其他化工产品批发 | Wholesale of Other Chemical Products | 1850 | | 1806 | 38803 |
| 机械设备、五金产品及电子产品批发 | Wholesale of Machinery, Hardware and Electronic Products | 5972 | 772 | 2238 | 197272 |
| 农业机械批发 | Wholesale of Agricultural Machinery | | | | 5403 |
| 汽车批发 | Wholesale of Automobiles | 2758 | | 2630 | 44301 |
| 汽车零配件批发 | Wholesale of Automobile Fittings | 76 | | | 54810 |
| 摩托车及零配件批发 | Wholesale of Motorcycle and Fittings | 252 | | -745 | 51053 |
| 五金产品批发 | Wholesale of Hardware | | | | 6434 |
| 电气设备批发 | Wholesale of Electric Equipment | | | | 2430 |
| 计算机、软件及辅助设备批发 | Wholesale of Computers, Software and Assistant Equipment | 347 | | 2 | 6572 |
| 通讯及广播电视设备批发 | Wholesale of Communication, Broadcast and TV Equipment | 47 | 772 | -30 | 6918 |
| 其他机械设备及电子产品批发 | Wholesale of Other Machinery and Electronic Products | 2492 | | 380 | 19352 |
| 贸易经纪与代理 | Trade Broker and Agency | | | | 1016 |
| 贸易代理 | Trade Agency | | | | 1016 |
| 拍　卖 | Auction | | | | |
| 其他贸易经纪与代理 | Other Trade Broker and Agency | | | | |
| 其他批发业 | Other Wholesales | 181 | 5 | 659 | 70930 |
| 再生物资回收与批发 | Wholesale of Recycled Materials | 132 | 5 | 626 | 63126 |
| 其他未列明批发业 | Other Wholesale not Classified Elsewhere | 49 | | 32 | 7804 |
| **按登记注册类型分** | **By Status of Registration** | | | | |
| 内资企业 | Domestic-funded Enterprises | 20879 | 1521 | 22111 | 2278490 |
| 国有企业 | State-owned Enterprises | 1 | 1 | 2642 | 562151 |
| 集体企业 | Collective-owned Enterprises | -14 | | 23 | 8665 |
| 股份合作企业 | Cooperative Enterprises | | | | 9248 |
| 联营企业 | Joint-owned Enterprises | | | | |
| 国有联营企业 | State Joint-owned Enterprises | | | | |
| 集体联营企业 | Collective Joint-owned Enterprises | | | | |
| 国有与集体联营企业 | Joint State-collective Enterprises | | | | |
| 其他联营企业 | Other Joint-owned Enterprises | | | | |

单位：万元 (10 000 yuan)

| 三、损益及分配 Profits and Losses | | | | 四、人工成本及增值税 Labor Costs and Value Added Tax | | | 五、从事零售业活动的从业人员平均人数（人） Average Employees of Wholesale and Retail |
|---|---|---|---|---|---|---|---|
| 营业外收入 Non-business Income | 其中 of which 政府补助 Governmental Subsidy | 营业外支出 Non-business Expenses | 利润总额 Total Profits | 应交所得税 Income Tax Payable | 应付职工薪酬（本年贷方累计发生额） Total Payable Salaries | 应交增值税 Value Added Tax Payable | |
| 26283 | 6162 | 18995 | 4800145 | 49163 | 179854 | 216068 | 28940 |
| 5263 | 1444 | 6405 | 204094 | 10743 | 24838 | 46126 | 4898 |
| 3652 | 338 | 3238 | 119535 | 10349 | 52270 | 42778 | 6790 |
| 34 | 14 | 5 | 2935 | 229 | 868 | 841 | 168 |
| 4585 | 3701 | 3619 | 3882013 | 10127 | 29721 | 82861 | 4775 |
| 1536 | 120 | 461 | 85666 | 8851 | 32975 | 25727 | 5915 |
| 9825 | 62 | 168 | 42914 | 3250 | 12782 | 3308 | 2875 |
| 40 | 40 | | 539 | 135 | 65 | 245 | 15 |
| | | | 620 | | 120 | 61 | 32 |
| 1348 | 443 | 5099 | 461830 | 5478 | 26215 | 14122 | 3472 |
| 23771 | 21065 | 1910 | 212259 | 35739 | 111943 | 162309 | 16774 |
| 30 | | 3 | 5427 | 691 | 2282 | 2100 | 454 |
| 1188 | 909 | 486 | 39958 | 9332 | 20419 | 80328 | 2880 |
| 366 | 36 | 55 | 54705 | 8665 | 16929 | 17648 | 1708 |
| 2176 | 1705 | 523 | 52178 | 8356 | 33684 | 12487 | 5520 |
| 84 | 6 | 30 | 5831 | 600 | 3331 | 1891 | 798 |
| 547 | 522 | 9 | 3461 | 224 | 3089 | 16792 | 603 |
| 15547 | 15492 | 208 | 21841 | 4010 | 6156 | 6543 | 479 |
| 1936 | 1191 | 179 | 9495 | 1134 | 6108 | 11826 | 1202 |
| 1898 | 1205 | 416 | 19363 | 2727 | 19944 | 12695 | 3130 |
| 6 | | | 521 | 86 | 785 | -45 | 90 |
| 6 | | | 521 | 86 | 785 | -45 | 90 |
| 1813 | 1628 | 15653 | 56482 | 2737 | 26653 | 18529 | 5600 |
| 1718 | 1619 | 15629 | 49152 | 1836 | 9467 | 16136 | 2223 |
| 95 | 9 | 24 | 7330 | 901 | 17185 | 2392 | 3377 |
| 108281 | 43097 | 44135 | 6433060 | 283453 | 815342 | 1017120 | 114314 |
| 19185 | 4842 | 4230 | 558137 | 121223 | 227647 | 281461 | 7744 |
| 1 | | 10 | 8633 | 924 | 2481 | 2364 | 575 |
| 40 | 34 | 218 | 9061 | 363 | 1506 | 3825 | 338 |

表15.6 续表8 continued8

| 指 标 | Item | 法人企业数（个） Number of Enterprises(unit) | 其中 of which 执行《2006年企业会计准则》企业数（个） Number of Enterprises which Implemented Accounting standard for Business Enterprise in 2006 | 一、年初存货 Inventory at the Begining of Year |
|---|---|---|---|---|
| 有限责任公司 | Limited Liability Corporations | 921 | 720 | 1352605 |
| 国有独资公司 | State Sole Funded Corporations | 52 | 50 | 296675 |
| 其他有限责任公司 | Other Limited Liability Corporations | 869 | 670 | 1055930 |
| 股份有限公司 | Share-holding Corporations Ltd. | 67 | 56 | 98480 |
| 私营企业 | Private Enterprises | 1310 | 900 | 1034765 |
| 私营独资企业 | Private-funded Enterprises | 19 | 8 | 2847 |
| 私营合伙企业 | Private Partnership Enterprises | 5 | 1 | 605 |
| 私营有限责任公司 | Private Limited Liability Corporations | 1246 | 859 | 1013529 |
| 私营股份有限公司 | Private Share-holding Corporations Ltd. | 40 | 32 | 17784 |
| 其他企业 | Other Enterprises | 19 | 9 | 1825 |
| 港、澳、台商投资企业 | Enterprises with Funds from Hong Kong, Macao and Taiwan | 11 | 7 | 221021 |
| 合资经营企业（港或澳、台资） | Joint-venture Enterprises | 2 | 1 | 87 |
| 与港澳台商合作经营企业 | Cooperative Enterprises | | | |
| 港、澳、台商独资经营企业 | Enterprises with Sole Fund | 5 | 3 | 170714 |
| 港、澳、台商投资股份有限公司 | Share-holding Corporations Ltd. with Investment | 1 | 1 | 2675 |
| 其他港澳台投资企业 | Other Enterprises with Funds from Hong Kong, Macao and Taiwan | 3 | 2 | 47544 |
| 外商投资企业 | Foreign-funded Enterprises | 12 | 11 | 102439 |
| 中外合资经营企业 | Joint-venture Enterprises | 4 | 4 | 16194 |
| 中外合作经营企业 | Cooperative Enterprises | 1 | 1 | 14840 |
| 外资企业 | Enterprises with Sole Fund | 5 | 4 | 69456 |
| 外商投资股份有限公司 | Share-holding Corporations Ltd. with Foreign Investment | | | |
| 其他外商投资企业 | Other Foreign-funded Enterprises | 2 | 2 | 1949 |
| **按控股情况分** | **Trade Broker and Agency** | | | |
| 国有控股 | State-holding | 230 | 211 | 908675 |
| 集体控股 | Collective-holding | 56 | 38 | 116423 |
| 私人控股 | Private-holding | 1913 | 1341 | 1503566 |
| 港澳台商控股 | Held by Corporation from Hong Kong, Macao and Taiwan | 10 | 7 | 220433 |
| 外商控股 | Foreign-holding | 8 | 7 | 71923 |
| 其 他 | Other | 206 | 167 | 455286 |
| **按经营形式分** | **By Form of Business** | | | |
| 独立门店 | Independent Store | 1682 | 1202 | 1741493 |
| 连锁总店 | Central Shop of Chain Stores | 32 | 24 | 320281 |
| 连锁门店 | Branch Shop of Chain Stores | 10 | 8 | 83810 |
| 其 他 | Other | 699 | 537 | 1130722 |
| **按单位规模分** | **By Size of Enterprise** | | | |
| 大 型 | Large | 57 | 50 | 1342804 |
| 中 型 | Medium | 837 | 648 | 1299810 |
| 小 型 | Small | 1377 | 959 | 507017 |
| 微 型 | Micro | 152 | 114 | 126675 |

单位：万元 (10 000 yuan)

二、期末资产负债 Assets and Liabilities

| 流动资产合计 Total Current Assets | 其中 of which 应收帐款 Accounts Receivable | 其中 of which 存货 Inventory | 固定资产合计 Total Fixed Assets | 固定资产原价 Total Original Value of Fixed Assets | 累计折旧 Accumulative Depreciation | 其中 of which 本年折旧 Depreciation | 在建工程 Construction in Process | 资产总计 Total Assets |
|---|---|---|---|---|---|---|---|---|
| 12356608 | 3148622 | 1658647 | 599338 | 893460 | 298039 | 62171 | 170421 | 14557193 |
| 2698058 | 518404 | 320011 | 161306 | 246405 | 88792 | 22104 | 103507 | 3482131 |
| 9658549 | 2630218 | 1338636 | 438031 | 647056 | 209247 | 40067 | 66914 | 11075062 |
| 492698 | 136987 | 94255 | 100309 | 136981 | 36672 | 7609 | 19926 | 692551 |
| 6242442 | 2151153 | 854828 | 413670 | 568841 | 156626 | 38646 | 68780 | 7437156 |
| 10288 | 1043 | 2304 | 2627 | 3783 | 1165 | 286 | 8 | 18134 |
| 1802 | 945 | 458 | 2692 | 3423 | 730 | 393 | 817 | 6058 |
| 6069192 | 2102304 | 833427 | 389157 | 534527 | 146817 | 36556 | 67739 | 7217304 |
| 161160 | 46862 | 18640 | 19194 | 27109 | 7915 | 1411 | 216 | 195660 |
| 42013 | 33772 | 2970 | 7627 | 11045 | 3419 | 860 | 175 | 80120 |
| 1495860 | 586110 | 325667 | 72258 | 84011 | 11752 | 2183 |  | 1642278 |
| 181233 | 4729 | 86539 | 302 | 402 | 100 | 2 |  | 181716 |
| 1217441 | 573818 | 205955 | 2378 | 4001 | 1622 | 227 |  | 1292023 |
| 355 | 122 | 189 | 62526 | 65267 | 2741 | 960 |  | 62881 |
| 96831 | 7441 | 32985 | 7052 | 14341 | 7289 | 994 |  | 105658 |
| 332148 | 46508 | 58787 | 3141 | 4612 | 1497 | 289 | 7991 | 372482 |
| 114358 | 42135 | 23559 | 715 | 989 | 273 | 53 |  | 115366 |
| 47549 | 10654 | 15370 | 21 | 139 | 118 | 26 |  | 50741 |
| 139107 | 3364 | 17536 | 1168 | 1900 | 758 | 125 | 7991 | 170189 |
| 31134 | -9645 | 2321 | 1236 | 1584 | 348 | 86 |  | 36186 |
| 6455569 | 1198224 | 1090710 | 626691 | 1028391 | 405794 | 74434 | 187046 | 8370615 |
| 502738 | 95670 | 91038 | 23022 | 36446 | 13482 | 1542 | 5936 | 590938 |
| 10601197 | 2979309 | 1379746 | 620497 | 873030 | 254207 | 57097 | 105004 | 12409484 |
| 1351696 | 591191 | 237911 | 71392 | 82968 | 11576 | 2155 |  | 1498516 |
| 171777 | 13237 | 18497 | 1264 | 2024 | 786 | 143 | 7991 | 203070 |
| 3771526 | 1380487 | 645307 | 128363 | 195741 | 67381 | 10349 | 17628 | 4145105 |
| 10174642 | 2572249 | 1720630 | 855769 | 1227626 | 373959 | 86575 | 97601 | 12378894 |
| 1918484 | 242036 | 339377 | 198280 | 355553 | 157274 | 18425 | 61649 | 2669357 |
| 307029 | 9650 | 79590 | 12104 | 22618 | 10514 | 1287 |  | 333846 |
| 10454347 | 3434184 | 1323610 | 405076 | 612801 | 211479 | 39432 | 164355 | 11835630 |
| 5473683 | 1050305 | 1075260 | 404910 | 715778 | 310867 | 54081 | 145487 | 6879709 |
| 11412301 | 2966790 | 1462941 | 731985 | 1047258 | 320026 | 65883 | 144341 | 13609630 |
| 4536957 | 1534858 | 559995 | 321838 | 436097 | 115335 | 24380 | 33610 | 5258813 |
| 1431561 | 706166 | 365011 | 12496 | 19466 | 6997 | 1376 | 167 | 1469575 |

**表15.6 续表9 continued9**

| 指　标 | Item | 二、期末资产负债 Assets and Liabilities 流动负债合计 Total Current Liabilities | 其中 of which 应付账款 Accounts Payable | 非流动负债合计 Total Non-current Liabilities |
|---|---|---|---|---|
| 有限责任公司 | Limited Liability Corporations | 10208378 | 3100200 | 479968 |
| 国有独资公司 | State Sole Funded Corporations | 2363322 | 524888 | 202041 |
| 其他有限责任公司 | Other Limited Liability Corporations | 7845056 | 2575313 | 277927 |
| 股份有限公司 | Share-holding Corporations Ltd. | 486191 | 221023 | 16838 |
| 私营企业 | Private Enterprises | 5104389 | 1317061 | 190027 |
| 私营独资企业 | Private-funded Enterprises | 6785 | 876 | 1355 |
| 私营合伙企业 | Private Partnership Enterprises | 631 | 185 | 16 |
| 私营有限责任公司 | Private Limited Liability Corporations | 4984316 | 1295488 | 187100 |
| 私营股份有限公司 | Private Share-holding Corporations Ltd. | 112657 | 20513 | 1556 |
| 其他企业 | Other Enterprises | 32372 | 27942 | 170 |
| 港、澳、台商投资企业 | Enterprises with Funds from Hong Kong, Macao and Taiwan | 1175985 | 840600 | 128979 |
| 合资经营企业（港或澳、台资） | Joint-venture Enterprises | 117567 | 301 | 40928 |
| 与港澳台商合作经营企业 | Cooperative Enterprises | | | |
| 港、澳、台商独资经营企业 | Enterprises with Sole Fund | 1004571 | 839804 | 39050 |
| 港、澳、台商投资股份有限公司 | Share-holding Corporations Ltd. with Investment | 512 | 426 | 49000 |
| 其他港澳台投资企业 | Other Enterprises with Funds from Hong Kong, Macao and Taiwan | 53336 | 70 | |
| 外商投资企业 | Foreign-funded Enterprises | 242118 | 92049 | 10002 |
| 中外合资经营企业 | Joint-venture Enterprises | 80756 | 50860 | |
| 中外合作经营企业 | Cooperative Enterprises | 72877 | 7896 | |
| 外资企业 | Enterprises with Sole Fund | 74629 | 26221 | 10002 |
| 外商投资股份有限公司 | Share-holding Corporations Ltd. with Foreign Investment | | | |
| 其他外商投资企业 | Other Foreign-funded Enterprises | 13856 | 7072 | |
| **按控股情况分** | **Trade Broker and Agency** | | | |
| 国有控股 | State-holding | 5009167 | 1330462 | 371034 |
| 集体控股 | Collective-holding | 430890 | 38967 | 1389 |
| 私人控股 | Private-holding | 8381492 | 2244555 | 346809 |
| 港澳台商控股 | Held by Corporation from Hong Kong, Macao and Taiwan | 1081930 | 844776 | 88063 |
| 外商控股 | Foreign-holding | 104776 | 28012 | 10002 |
| 其　他 | Other | 3276409 | 1398961 | 43415 |
| **按经营形式分** | **By Form of Business** | | | |
| 独立门店 | Independent Store | 8319363 | 2206960 | 498821 |
| 连锁总店 | Central Shop of Chain Stores | 896782 | 332227 | 13643 |
| 连锁门店 | Branch Shop of Chain Stores | 281202 | 7264 | 3127 |
| 其　他 | Other | 8787316 | 3339281 | 345121 |
| **按单位规模分** | **By Size of Enterprise** | | | |
| 大　型 | Large | 4045482 | 1017665 | 252012 |
| 中　型 | Medium | 9335568 | 2648585 | 489743 |
| 小　型 | Small | 3811139 | 1481350 | 116941 |
| 微　型 | Micro | 1092474 | 738132 | 2015 |

单位：万元 (10 000 yuan)

| 二、期末资产负债 Assets and Liabilities | | | | | | | | |
|---|---|---|---|---|---|---|---|---|
| 负债合计 Total Liabilities | 所有者权益合计 Total Owner's Equity | 实收资本 Paid-up Capital | 其中 of which | | | | | |
| | | | 其中 of which | | | | | |
| | | | 国家资本 State Capital | 集体资本 Collective Capital | 法人资本 Corporate Capital | 个人资本 Personal Capital | 港澳台资本 HMT Capital | 外商资本 Foreign Capital |
| 10698275 | 3858919 | 2044750 | 315409 | 21587 | 1313253 | 389176 | | 5225 |
| 2565363 | 916769 | 402897 | 191053 | | 206944 | 4900 | | |
| 8132912 | 2942150 | 1641853 | 124355 | 21587 | 1106309 | 384276 | | 5225 |
| 503029 | 189522 | 97608 | 30211 | 1290 | 58780 | 6577 | 750 | |
| 5293786 | 2143370 | 1175669 | | 8092 | 640099 | 527478 | | |
| 8140 | 9994 | 3649 | | | 542 | 3106 | | |
| 647 | 5411 | 4760 | | 4532 | 74 | 155 | | |
| 5170786 | 2046518 | 1122197 | | 3521 | 620767 | 497909 | | |
| 114213 | 81447 | 45063 | | 40 | 18716 | 26308 | | |
| 32541 | 47578 | 35456 | | 28552 | 3365 | 3539 | | |
| 1304964 | 337314 | 105618 | 20000 | | 2052 | 346 | 83220 | |
| 158495 | 23222 | 20280 | 20000 | | | 196 | 84 | |
| 1043621 | 248402 | 56974 | | | 1295 | | 55680 | |
| 49512 | 13369 | 8463 | | | | | 8463 | |
| 53336 | 52322 | 19901 | | | 757 | 150 | 18994 | |
| 252120 | 120361 | 65262 | 5000 | | 2788 | 1000 | | 56474 |
| 80756 | 34610 | 5500 | 2700 | | 588 | 1000 | | 1212 |
| 72877 | -22136 | 5000 | 2300 | | 2200 | | | 500 |
| 84631 | 85558 | 54662 | | | | | | 54662 |
| 13856 | 22330 | 100 | | | | | | 100 |
| 5350148 | 3020467 | 797849 | 407820 | 1819 | 369015 | 18894 | | 300 |
| 432280 | 158657 | 55077 | | 17814 | 35530 | 1733 | | |
| 8736543 | 3672941 | 2321603 | 6971 | 40818 | 1436028 | 837577 | 84 | 125 |
| 1169993 | 328523 | 100481 | | | 17345 | | 83136 | |
| 114778 | 88292 | 63212 | | | 1000 | 2450 | | 59762 |
| 3320880 | 824225 | 268716 | 23979 | 3408 | 170406 | 68661 | 750 | 1512 |
| 8826750 | 3552144 | 2183246 | 220393 | 55357 | 1349698 | 515311 | 31523 | 10963 |
| 910425 | 1758933 | 188766 | 82025 | 1564 | 95730 | 9447 | | |
| 284329 | 49517 | 9892 | 2615 | | 6431 | 845 | | |
| 9103118 | 2732511 | 1225033 | 133737 | 6938 | 577465 | 403711 | 52447 | 50736 |
| 4297494 | 2582214 | 558908 | 122649 | 6710 | 372475 | 34014 | 23061 | |
| 9797904 | 3811726 | 2171518 | 255669 | 12742 | 1296992 | 501340 | 55386 | 49389 |
| 3934735 | 1324079 | 775109 | 55636 | 43807 | 316199 | 351897 | 5523 | 2048 |
| 1094489 | 375086 | 101402 | 4817 | 601 | 43659 | 42063 | | 10262 |

**表15.6 续表10 continued10**

| 指 标 | Item | 三、损益及分配 Profits and Losses 营业收入 Business Cost | 其中 of which 主营业务收入 Main Business Cost | 营业成本 Sales Expenses |
|---|---|---|---|---|
| 有限责任公司 | Limited Liability Corporations | 38248572 | 38104471 | 35960459 |
| 国有独资公司 | State Sole Funded Corporations | 6535810 | 6516541 | 6127865 |
| 其他有限责任公司 | Other Limited Liability Corporations | 31712762 | 31587930 | 29832594 |
| 股份有限公司 | Share-holding Corporations Ltd. | 3329132 | 3321968 | 3170796 |
| 私营企业 | Private Enterprises | 20711290 | 20657809 | 18951372 |
| 私营独资企业 | Private-funded Enterprises | 239376 | 238232 | 215654 |
| 私营合伙企业 | Private Partnership Enterprises | 21628 | 21628 | 16872 |
| 私营有限责任公司 | Private Limited Liability Corporations | 19899495 | 19853710 | 18251761 |
| 私营股份有限公司 | Private Share-holding Corporations Ltd. | 550791 | 544239 | 467085 |
| 其他企业 | Other Enterprises | 180838 | 179361 | 145886 |
| 港、澳、台商投资企业 | Enterprises with Funds from Hong Kong, Macao and Taiwan | 2911083 | 2908906 | 2783136 |
| 合资经营企业（港或澳、台资） | Joint-venture Enterprises | 235868 | 235868 | 230028 |
| 与港澳台商合作经营企业 | Cooperative Enterprises | | | |
| 港、澳、台商独资经营企业 | Enterprises with Sole Fund | 2189424 | 2187248 | 2124296 |
| 港、澳、台商投资股份有限公司 | Share-holding Corporations Ltd. with Investment | 167258 | 167258 | 150532 |
| 其他港澳台投资企业 | Other Enterprises with Funds from Hong Kong, Macao and Taiwan | 318533 | 318533 | 278281 |
| 外商投资企业 | Foreign-funded Enterprises | 742256 | 742224 | 675268 |
| 中外合资经营企业 | Joint-venture Enterprises | 253301 | 253301 | 233227 |
| 中外合作经营企业 | Cooperative Enterprises | 21836 | 21836 | 22117 |
| 外资企业 | Enterprises with Sole Fund | 270023 | 269991 | 238085 |
| 外商投资股份有限公司 | Share-holding Corporations Ltd. with Foreign Investment | | | |
| 其他外商投资企业 | Other Foreign-funded Enterprises | 197097 | 197097 | 181840 |
| **按控股情况分** | **Trade Broker and Agency** | | | |
| 国有控股 | State-holding | 23374653 | 23217070 | 20774860 |
| 集体控股 | Collective-holding | 1449786 | 1443733 | 1368476 |
| 私人控股 | Private-holding | 33248071 | 33177593 | 30597233 |
| 港澳台商控股 | Held by Corporation from Hong Kong, Macao and Taiwan | 2901558 | 2899382 | 2771382 |
| 外商控股 | Foreign-holding | 447729 | 447697 | 413618 |
| 其 他 | Other | 12806833 | 12744173 | 11982398 |
| **按经营形式分** | **By Form of Business** | | | |
| 独立门店 | Independent Store | 40140372 | 39993682 | 36912018 |
| 连锁总店 | Central Shop of Chain Stores | 5073179 | 5032868 | 3869322 |
| 连锁门店 | Branch Shop of Chain Stores | 613821 | 613291 | 560803 |
| 其 他 | Other | 28401258 | 28289806 | 26565825 |
| **按单位规模分** | **By Size of Enterprise** | | | |
| 大 型 | Large | 16604291 | 16454580 | 14544391 |
| 中 型 | Medium | 37059784 | 36966074 | 34254186 |
| 小 型 | Small | 15969638 | 15924025 | 14830422 |
| 微 型 | Micro | 4594918 | 4584969 | 4278970 |

单位：万元 (10 000 yuan)

三、损益及分配 Profits and Losses

| 其中 of which 主营业务成本 Main Sales Expenses | 营业税金及附加 Business Tax and Surcharges | 其中 of which 主营业务税金及附加 Business Tax and Surtax | 其他业务利润 Other Business Profits | 销售费用 Sales Expenses | 管理费用 Management Expenses | 其中 of which 税金 Tax | 财务费用 Financial Expenses | 其中 of which 利息收入 Interest Income | 利息支出 Interest Expenses |
|---|---|---|---|---|---|---|---|---|---|
| 35840031 | 103338 | 102948 | 33521 | 770259 | 403428 | 19577 | 124462 | 33908 | 98492 |
| 6120935 | 11866 | 11782 | 5610 | 154859 | 96483 | 2661 | 26635 | 16324 | 42350 |
| 29719097 | 91472 | 91166 | 27911 | 615400 | 306946 | 16917 | 97827 | 17584 | 56142 |
| 3163166 | 15144 | 14040 | 5429 | 65398 | 24725 | 1596 | 7867 | 3146 | 4080 |
| 18883503 | 81466 | 80406 | 12450 | 509697 | 319202 | 18649 | 98518 | 26903 | 60530 |
| 214940 | 1107 | 1107 | 139 | 2395 | 1775 | 26 | 205 | | 43 |
| 16872 | 270 | 270 | 2 | 599 | 948 | 157 | 173 | | 21 |
| 18189232 | 72993 | 71975 | 11953 | 484932 | 305772 | 17545 | 95043 | 25573 | 58666 |
| 462459 | 7096 | 7055 | 355 | 21772 | 10708 | 922 | 3098 | 1329 | 1799 |
| 145010 | 7605 | 7593 | 48 | 6226 | 6721 | 86 | 1425 | 127 | 117 |
| 2781694 | 2563 | 2541 | | 33776 | 9121 | 674 | 3664 | 703 | 3478 |
| 230028 | 13 | 13 | | 1567 | 834 | 48 | 2233 | 70 | 1824 |
| | | | | | | | | | |
| 2122854 | 1108 | 1087 | | 12709 | 2213 | 612 | 1380 | 634 | 1612 |
| 150532 | 89 | 89 | | 26 | 592 | 15 | 16 | | 16 |
| 278281 | 1353 | 1353 | | 19474 | 5483 | | 35 | | 27 |
| 675257 | 971 | 971 | | 56739 | 10973 | 37 | 4312 | 487 | 3865 |
| 233227 | 191 | 191 | | 7485 | 5121 | 1 | 1044 | -386 | |
| 22117 | | | | 106 | 965 | | 3915 | 37 | 3847 |
| 238084 | 570 | 570 | | 39638 | 4331 | 21 | -743 | 836 | 18 |
| | | | | | | | | | |
| 181830 | 209 | 209 | | 9510 | 557 | 15 | 97 | | |
| 20640118 | 825804 | 824094 | 36982 | 458553 | 474539 | 17215 | 30049 | 46470 | 69612 |
| 1367970 | 5644 | 5629 | 282 | 20979 | 15610 | 689 | 11110 | 6999 | 199 |
| 30519042 | 152223 | 150886 | 25710 | 746088 | 501264 | 26939 | 147173 | 30614 | 84250 |
| 2769940 | 2612 | 2591 | | 33615 | 9076 | 861 | 1824 | 641 | 1719 |
| 413617 | 636 | 636 | | 43945 | 5017 | 90 | -559 | 839 | 18 |
| 11913490 | 29137 | 29104 | 10618 | 353218 | 77415 | 5540 | 29651 | 7449 | 18413 |
| | | | | | | | | | |
| 36769507 | 359091 | 356946 | 43473 | 864481 | 521240 | 29313 | 168461 | 29997 | 121006 |
| 3834545 | 423909 | 423456 | 6850 | 173948 | 188456 | 7368 | -18830 | 28235 | 5704 |
| 560777 | 16394 | 16340 | 339 | 12559 | 7158 | 329 | 711 | 879 | 1210 |
| 26459347 | 216664 | 216197 | 22931 | 605409 | 366067 | 14323 | 68907 | 33901 | 46291 |
| | | | | | | | | | |
| 14402062 | 496252 | 495689 | 29999 | 535402 | 330250 | 11067 | 22768 | 51213 | 40333 |
| 34159562 | 407932 | 407076 | 35353 | 805192 | 508035 | 22683 | 132561 | 37459 | 106637 |
| 14791201 | 76207 | 74510 | 7924 | 254590 | 213297 | 15861 | 61842 | 4313 | 25611 |
| 4271351 | 35665 | 35664 | 316 | 61214 | 31338 | 1722 | 2078 | 26 | 1630 |

**表15.6 续表11 continued11**

| 指 标 | Item | 三、损益及分配 Profits and Losses | | | |
|---|---|---|---|---|---|
| | | 资产减值损失 Impairment of Assets | 公允价值变动收益 Fair Value | 投资收益 Income from Investment | 营业利润 Business Profits |
| 有限责任公司 | Limited Liability Corporations | 16715 | 1514 | 18161 | 891216 |
| 国有独资公司 | State Sole Funded Corporations | 9438 | -198 | 8043 | 116419 |
| 其他有限责任公司 | Other Limited Liability Corporations | 7277 | 1711 | 10118 | 774798 |
| 股份有限公司 | Share-holding Corporations Ltd. | 322 | 10 | 62 | 45299 |
| 私营企业 | Private Enterprises | 3856 | -4 | 1224 | 748928 |
| 私营独资企业 | Private-funded Enterprises | | | | 18242 |
| 私营合伙企业 | Private Partnership Enterprises | | | 813 | 3579 |
| 私营有限责任公司 | Private Limited Liability Corporations | 3856 | -4 | -354 | 685311 |
| 私营股份有限公司 | Private Share-holding Corporations Ltd. | | | 765 | 41797 |
| 其他企业 | Other Enterprises | | | | 12983 |
| 港、澳、台商投资企业 | Enterprises with Funds from Hong Kong, Macao and Taiwan | 564 | | | 78411 |
| 合资经营企业（港或澳、台资） | Joint-venture Enterprises | 412 | | | 781 |
| 与港澳台商合作经营企业 | Cooperative Enterprises | | | | |
| 港、澳、台商独资经营企业 | Enterprises with Sole Fund | 151 | | | 47719 |
| 港、澳、台商投资股份有限公司 | Share-holding Corporations Ltd. with Investment | | | | 16003 |
| 其他港澳台投资企业 | Other Enterprises with Funds from Hong Kong, Macao and Taiwan | | | | 13908 |
| 外商投资企业 | Foreign-funded Enterprises | 1024 | | 31 | -6999 |
| 中外合资经营企业 | Joint-venture Enterprises | 126 | | | 6106 |
| 中外合作经营企业 | Cooperative Enterprises | 550 | | -91 | -5907 |
| 外资企业 | Enterprises with Sole Fund | 348 | | 6 | -12199 |
| 外商投资股份有限公司 | Share-holding Corporations Ltd. with Foreign Investment | | | | |
| 其他外商投资企业 | Other Foreign-funded Enterprises | | | 116 | 5000 |
| **按控股情况分** | **Trade Broker and Agency** | | | | |
| 国有控股 | State-holding | 15896 | 753 | 9625 | 805686 |
| 集体控股 | Collective-holding | 847 | | 736 | 27858 |
| 私人控股 | Private-holding | 5211 | -10 | 5202 | 1106215 |
| 港澳台商控股 | Held by Corporation from Hong Kong, Macao and Taiwan | 151 | | 114 | 83162 |
| 外商控股 | Foreign-holding | 348 | | 6 | -15268 |
| 其 他 | Other | 14 | 778 | 6459 | 342250 |
| **按经营形式分** | **By Form of Business** | | | | |
| 独立门店 | Independent Store | 8863 | 910 | 14137 | 1323691 |
| 连锁总店 | Central Shop of Chain Stores | -178 | | 3491 | 440045 |
| 连锁门店 | Branch Shop of Chain Stores | -7 | 1 | 1334 | 17540 |
| 其 他 | Other | 13788 | 610 | 3179 | 568626 |
| **按单位规模分** | **By Size of Enterprise** | | | | |
| 大 型 | Large | 6653 | -198 | 6987 | 675364 |
| 中 型 | Medium | 13770 | 913 | 11885 | 951483 |
| 小 型 | Small | 1977 | 806 | 2536 | 536711 |
| 微 型 | Micro | 67 | | 734 | 186343 |

单位：万元（10 000 yuan）

| 三、损益及分配 Profits and Losses | | | | | 四、人工成本及增值税 Labor Costs and Value Added Tax | | 五、从事零售业活动的从业人员平均人数（人） Average Employees of Wholesale and Retail |
|---|---|---|---|---|---|---|---|
| 营业外收入 Non-business Income | 其中 of which 政府补助 Governmental Subsidy | 营业外支出 Non-business Expenses | 利润总额 Total Profits | 应交所得税 Income Tax Payable | 应付职工薪酬（本年贷方累计发生额） Total Payable Salaries | 应交增值税 Value Added Tax Payable | |
| 72786 | 31541 | 29676 | 877384 | 109495 | 285779 | 500103 | 47438 |
| 16077 | 8946 | 1478 | 130007 | 21146 | 54289 | 101702 | 9176 |
| 56709 | 22595 | 28197 | 747377 | 88349 | 231490 | 398400 | 38262 |
| 3545 | 385 | 825 | 39430 | 2708 | 31047 | 25802 | 4447 |
| 11628 | 5237 | 9158 | 4928111 | 47480 | 262779 | 199823 | 53099 |
| 2 | | 3137 | 13145 | 1408 | 2287 | 1763 | 610 |
| | | | 980 | 8 | 1389 | 192 | 271 |
| 11112 | 5163 | 5172 | 4872587 | 42213 | 248092 | 190022 | 50533 |
| 514 | 74 | 848 | 41399 | 3851 | 11010 | 7847 | 1685 |
| 1097 | 1059 | 18 | 12304 | 1261 | 4104 | 3742 | 673 |
| 6933 | 2312 | 89 | 84872 | 10013 | 26485 | 41643 | 3622 |
| 1686 | 1685 | 19 | 2448 | 272 | 871 | -2380 | 43 |
| | | | | | | | |
| 3033 | 627 | 63 | 50536 | 7420 | 5991 | 32466 | 733 |
| | | | 16003 | | 188 | | 39 |
| 2214 | | 6 | 15885 | 2321 | 19435 | 11556 | 2807 |
| 14762 | 14735 | 5301 | 2777 | 4607 | 11592 | 396 | 840 |
| 15 | 6 | 4 | 6373 | 1280 | 3762 | 321 | 196 |
| 0 | | 4932 | -10839 | | 381 | -2102 | 32 |
| 14720 | 14718 | 365 | 2156 | 3130 | 3010 | 273 | 183 |
| | | | | | | | |
| 27 | 11 | | 5087 | 198 | 4439 | 1904 | 429 |
| | | | | | | | |
| 52334 | 23353 | 22827 | 807923 | 159142 | 348570 | 468899 | 24310 |
| 9667 | 52 | 78 | 37358 | 3826 | 12750 | 9433 | 2569 |
| 24258 | 6711 | 19080 | 5275862 | 74960 | 372907 | 378092 | 74849 |
| 5248 | 627 | 70 | 87959 | 9742 | 26638 | 44136 | 3573 |
| 14867 | 14765 | 520 | -921 | 3350 | 4271 | 409 | 372 |
| 23603 | 14636 | 6951 | 312528 | 47054 | 88283 | 158191 | 13103 |
| | | | | | | | |
| 49328 | 18782 | 36166 | 1241735 | 104562 | 464478 | 497758 | 72359 |
| 14127 | 449 | 3670 | 447920 | 104233 | 105277 | 214231 | 6493 |
| 1276 | | 392 | 9137 | 1404 | 12173 | 5512 | 1368 |
| 65244 | 40914 | 9297 | 4821918 | 87876 | 271490 | 341659 | 38556 |
| | | | | | | | |
| 36898 | 7520 | 5484 | 706356 | 141207 | 309499 | 309339 | 28361 |
| 63289 | 32910 | 36816 | 1329341 | 85881 | 398163 | 514497 | 60104 |
| 14981 | 8711 | 6600 | 4285404 | 35095 | 134703 | 179217 | 29002 |
| 14807 | 11003 | 626 | 199609 | 35892 | 11053 | 56106 | 1309 |

# 表15.7 限额以上零售业法人企业财务状况（2016年）
## FINANCIAL INDICATORS OF RETAIL ENTERPRISES ABOVE DESIGNATED SIZE (2016)

| 指 标 | Item | 法人企业数（个）Number of Enterprises(unit) | 其 中 of which<br>执行《2006年企业会计准则》企业数（个）Number of Enterprises which Implemented Accounting standard for Business Enterprise in 2006 | 一、年初存货 Inventory at the Begining of Year |
|---|---|---|---|---|
| **总 计** | **Total** | **3460** | **2364** | **2431342** |
| **按零售行业小类分** | **By Retail Sector** | | | |
| 综合零售 | Comprehensive Retails | 421 | 270 | 678855 |
| 百货零售 | Department Stores | 234 | 166 | 510036 |
| 超级市场零售 | Supermarkets | 118 | 64 | 156644 |
| 其他综合零售 | Other Comprehensive Retails | 69 | 40 | 12176 |
| 食品、饮料及烟草制品专门零售 | Special Retail of Food, Beverages and Tobacco | 422 | 274 | 82790 |
| 粮油零售 | Retail of Grains and Edible Oil | 55 | 41 | 20513 |
| 糕点、面包零售 | Retail of Cakes and Bread | 19 | 16 | 5142 |
| 果品、蔬菜零售 | Retail of Fruits and Vegetables | 49 | 36 | 16834 |
| 肉、禽、蛋、奶及水产品零售 | Retail of Meat, Poultry, Eggs and Aquatic Products | 73 | 44 | 6235 |
| 营养和保健品零售 | Retail of Nutraceutical Products | 15 | 7 | 2285 |
| 酒、饮料及茶叶零售 | Retail of Liquor, Beverages and Tea | 101 | 61 | 15379 |
| 烟草制品零售 | Retail of Tobacco | 3 | 2 | 5043 |
| 其他食品零售 | Retail of Other Food | 107 | 67 | 11360 |
| 纺织、服装及日用品专门零售 | Special Retail of Textile, Garments and Daily Consumer Articles | 213 | 161 | 139813 |
| 纺织品及针织品零售 | Retail of Textiles and Knitwear | 26 | 20 | 4324 |
| 服装零售 | Retail of Garments | 109 | 81 | 83781 |
| 鞋帽零售 | Retail of Shoes and Hats | 13 | 12 | 7052 |
| 化妆品及卫生用品零售 | Retail of Cosmetics and Sanitary Articles | 15 | 13 | 7396 |
| 钟表、眼镜零售 | Retail of Clocks, Watches and Glasses | 14 | 10 | 33961 |
| 箱、包零售 | Retail of Suitcases and Bags | 2 | 2 | 875 |
| 厨房用具及日用杂品零售 | Retail of Kitchen Utensils and Daily Consumer Articles Sundry Goods | 10 | 8 | 355 |
| 自行车零售 | Retail of Bicycles | 1 | 1 | 56 |
| 其他日用品零售 | Retail of Other General Merchandise | 23 | 14 | 2014 |
| 文化、体育用品及器材专门零售 | Special Retail of Cultural and Sports Articles | 85 | 60 | 99104 |
| 文具用品零售 | Retail of Cultural Articles | 43 | 31 | 6650 |
| 体育用品及器材零售 | Retail of Sports Articles | 5 | 4 | 3360 |
| 图书、报刊零售 | Retail of Books, Newspapers and Magazines | 10 | 6 | 73342 |
| 音像制品及电子出版物零售 | Retail of Video Products and E-journals | 1 | 1 | 13 |
| 珠宝首饰零售 | Retail of Jewelry | 17 | 12 | 13843 |
| 工艺美术品及收藏品零售 | Retail of Handicrafts and Collections | 7 | 4 | 1058 |
| 乐器零售 | Retail of Musical Instrument | 1 | 1 | 98 |
| 照相器材零售 | Retail of Cameras | | | |
| 其他文化用品零售 | Retail of Other Cultural Goods | 1 | 1 | 740 |

单位：万元 (10 000 yuan)

二、期末资产负债 Assets and Liabilities

| 流动资产合计<br>Total Current Assets | 其中 of which<br>应收帐款<br>Accounts Receivable | 其中 of which<br>存货<br>Inventory | 固定资产合计<br>Total Fixed Assets | 固定资产原价<br>Total Original Value of Fixed Assets | 累计折旧<br>Accumulative Depreciation | 其中 of which<br>本年折旧<br>Depreciation | 在建工程<br>Construction in Process | 资产总计<br>Total Assets |
|---|---|---|---|---|---|---|---|---|
| **9205406** | **1373632** | **2147413** | **2135853** | **3110481** | **1006961** | **156728** | **461190** | **14848626** |
| 2265992 | 95831 | 587055 | 751312 | 1185691 | 436094 | 51519 | 110757 | 3929218 |
| 1896079 | 51893 | 374009 | 591009 | 915353 | 325917 | 35400 | 66187 | 3186927 |
| 325956 | 36184 | 197340 | 135607 | 239111 | 103627 | 14114 | 33553 | 662946 |
| 43958 | 7753 | 15706 | 24696 | 31227 | 6550 | 2005 | 11017 | 79345 |
| 318021 | 61302 | 87099 | 102886 | 137565 | 35529 | 8047 | 23794 | 564752 |
| 62107 | 13593 | 23967 | 15640 | 22543 | 7341 | 900 | 4260 | 132446 |
| 52329 | 2958 | 3057 | 7516 | 11822 | 4306 | 932 |  | 64452 |
| 41932 | 4881 | 5402 | 18326 | 22961 | 4945 | 1397 | 12604 | 105117 |
| 37523 | 13639 | 8586 | 20789 | 28722 | 7933 | 2241 | 5446 | 79654 |
| 9588 | 3839 | 1722 | 3446 | 4620 | 1173 | 224 | 2 | 14256 |
| 58934 | 9776 | 22410 | 13863 | 17960 | 4161 | 1145 | 502 | 84777 |
| 11742 | 277 | 7642 | 533 | 790 | 257 | 72 |  | 12569 |
| 43866 | 12341 | 14312 | 22772 | 28147 | 5413 | 1137 | 981 | 71480 |
| 516975 | 45118 | 152777 | 126277 | 150143 | 23936 | 10497 | 1007 | 775945 |
| 13353 | 3094 | 4707 | 3326 | 3833 | 518 | 190 | 100 | 16855 |
| 289998 | 32940 | 104829 | 80888 | 91092 | 10264 | 3293 | 907 | 482316 |
| 124031 | -2363 | 9223 | 28623 | 35629 | 7006 | 5925 |  | 167537 |
| 9208 | 1875 | 5436 | 1274 | 1812 | 538 | 98 |  | 10689 |
| 69159 | 4868 | 24521 | 9173 | 14220 | 5047 | 820 |  | 81361 |
| 840 |  | 840 | 1 | 1 |  |  |  | 1067 |
| 2525 | 988 | 575 | 1991 | 2224 | 232 | 95 |  | 5146 |
| 66 |  | 59 | 27 | 29 | 2 | 2 |  | 99 |
| 7796 | 3717 | 2589 | 974 | 1303 | 329 | 75 |  | 10876 |
| 292235 | 37987 | 108755 | 93925 | 160268 | 66352 | 1318 | 139548 | 714022 |
| 29063 | 5527 | 6414 | 6095 | 9481 | 3386 | 700 | 665 | 36279 |
| 7421 | 2343 | 4175 | 327 | 636 | 318 | 142 |  | 8894 |
| 209702 | 21813 | 79545 | 83852 | 144947 | 61095 | 149 | 138876 | 605449 |
| 32 |  | 4 |  | 4 | 4 | 1 |  | 32 |
| 32279 | 2326 | 16224 | 2187 | 3141 | 954 | 121 | 7 | 35303 |
| 4129 | 758 | 1697 | 786 | 993 | 207 | 146 |  | 5016 |
| 266 | 83 | 81 | 37 | 43 | 6 | 2 |  | 303 |
| 9345 | 5138 | 616 | 642 | 1025 | 383 | 56 |  | 22747 |

**表15.7 续表1 continued1**

| 指 标 | Item | 二、期末资产负债 Assets and Liabilities | | |
|---|---|---|---|---|
| | | 流动负债合计 Total Current Liabilities | 其中 of which 应付账款 Accounts Payable | 非流动负债合计 Total Non-current Liabilities |
| **总 计** | **Total** | **8627616** | **1854021** | **1145567** |
| **按零售行业小类分** | **By Retail Sector** | | | |
| 综合零售 | Comprehensive Retails | 2475932 | 524060 | 389789 |
| 百货零售 | Department Stores | 1967017 | 372081 | 325928 |
| 超级市场零售 | Supermarkets | 473700 | 140490 | 59856 |
| 其他综合零售 | Other Comprehensive Retails | 35215 | 11489 | 4005 |
| 食品、饮料及烟草制品专门零售 | Special Retail of Food, Beverages and Tobacco | 249530 | 44760 | 40846 |
| 粮油零售 | Retail of Grains and Edible Oil | 49877 | 4916 | 14486 |
| 糕点、面包零售 | Retail of Cakes and Bread | 50119 | 2915 | 1135 |
| 果品、蔬菜零售 | Retail of Fruits and Vegetables | 31022 | 5963 | 12505 |
| 肉、禽、蛋、奶及水产品零售 | Retail of Meat, Poultry, Eggs and Aquatic Products | 30053 | 7285 | 3081 |
| 营养和保健品零售 | Retail of Nutraceutical Products | 6922 | 1573 | 447 |
| 酒、饮料及茶叶零售 | Retail of Liquor, Beverages and Tea | 41438 | 10858 | 2732 |
| 烟草制品零售 | Retail of Tobacco | 8227 | 1068 | 58 |
| 其他食品零售 | Retail of Other Food | 31872 | 10181 | 6402 |
| 纺织、服装及日用品专门零售 | Special Retail of Textile, Garments and Daily Consumer Articles | 358665 | 88881 | 172084 |
| 纺织品及针织品零售 | Retail of Textiles and Knitwear | 11159 | 3196 | 186 |
| 服装零售 | Retail of Garments | 239398 | 61939 | 75777 |
| 鞋帽零售 | Retail of Shoes and Hats | 36418 | 7214 | 91701 |
| 化妆品及卫生用品零售 | Retail of Cosmetics and Sanitary Articles | 5848 | 2034 | 979 |
| 钟表、眼镜零售 | Retail of Clocks, Watches and Glasses | 57109 | 11613 | 1441 |
| 箱、包零售 | Retail of Suitcases and Bags | 937 | 392 | |
| 厨房用具及日用杂品零售 | Retail of Kitchen Utensils and Daily Consumer Articles Sundry Goods | 1742 | 863 | 240 |
| 自行车零售 | Retail of Bicycles | 13 | 13 | |
| 其他日用品零售 | Retail of Other General Merchandise | 6040 | 1617 | 1761 |
| 文化、体育用品及器材专门零售 | Special Retail of Cultural and Sports Articles | 327190 | 89390 | 51982 |
| 文具用品零售 | Retail of Cultural Articles | 18787 | 6636 | 1685 |
| 体育用品及器材零售 | Retail of Sports Articles | 6677 | 5806 | 360 |
| 图书、报刊零售 | Retail of Books, Newspapers and Magazines | 270951 | 67708 | 44976 |
| 音像制品及电子出版物零售 | Retail of Video Products and E-journals | 75 | 3 | |
| 珠宝首饰零售 | Retail of Jewelry | 26837 | 6733 | 298 |
| 工艺美术品及收藏品零售 | Retail of Handicrafts and Collections | 1483 | 1181 | 84 |
| 乐器零售 | Retail of Musical Instrument | 199 | | 17 |
| 照相器材零售 | Retail of Cameras | | | |
| 其他文化用品零售 | Retail of Other Cultural Goods | 2182 | 1322 | 4563 |

单位：万元 (10 000 yuan)

二、期末资产负债 Assets and Liabilities

| 负债合计 Total Liabilities | 所有者权益合计 Total Owner's Equity | 实收资本 Paid-up Capital | 其中 of which | | | | | |
|---|---|---|---|---|---|---|---|---|
| | | | 国家资本 State Capital | 集体资本 Collective Capital | 法人资本 Corporate Capital | 个人资本 Personal Capital | 港澳台资本 HMT Capital | 外商资本 Foreign Capital |
| **9982684** | **4865941** | **2708723** | **247256** | **55325** | **1162712** | **719281** | **450634** | **73516** |
| | | | | | | | | |
| 2866213 | 1063005 | 541475 | 19144 | 22801 | 315342 | 82816 | 85359 | 16013 |
| 2293028 | 893899 | 361571 | 9537 | 18182 | 209638 | 44432 | 68560 | 11223 |
| 533984 | 128962 | 159979 | 8642 | 3254 | 99277 | 31413 | 12603 | 4790 |
| 39201 | 40144 | 19924 | 965 | 1365 | 6427 | 6971 | 4196 | |
| 291302 | 273450 | 106866 | 6983 | 8268 | 42287 | 49328 | | |
| 64626 | 67820 | 12871 | 3150 | 171 | 6637 | 2913 | | |
| 51254 | 13198 | 4654 | | | 1604 | 3050 | | |
| 43770 | 61348 | 23421 | | 3605 | 8730 | 11086 | | |
| 33110 | 46544 | 20556 | 715 | 1216 | 8778 | 9848 | | |
| 7369 | 6887 | 2793 | 30 | | 904 | 1859 | | |
| 44614 | 40164 | 21828 | 200 | 3048 | 11904 | 6676 | | |
| 8285 | 4284 | 2145 | 2000 | | 45 | 100 | | |
| 38274 | 33206 | 18598 | 888 | 229 | 3686 | 13796 | | |
| 530743 | 245202 | 477230 | 281 | 5 | 114879 | 44870 | 306195 | 11000 |
| 11324 | 5532 | 2532 | 5 | 5 | 551 | 1972 | | |
| 315189 | 167126 | 439076 | | | 87686 | 35166 | 305224 | 11000 |
| 128119 | 39418 | 22327 | | | 20270 | 2057 | | |
| 6828 | 3862 | 2157 | 204 | | 311 | 1642 | | |
| 58550 | 22812 | 6126 | | | 3943 | 1212 | 971 | |
| 937 | 130 | 150 | | | 150 | | | |
| 1982 | 3163 | 2483 | | | 1363 | 1120 | | |
| 13 | 86 | 10 | | | 10 | | | |
| 7801 | 3075 | 2370 | 72 | | 607 | 1691 | | |
| 379502 | 334520 | 38740 | 13826 | 4325 | 9381 | 11208 | | |
| 20472 | 15807 | 7850 | 126 | 334 | 2228 | 5163 | | |
| 7368 | 1526 | 1230 | | | 300 | 930 | | |
| 315926 | 289522 | 16158 | 13700 | 375 | 1366 | 717 | | |
| 75 | -43 | 100 | | | | 100 | | |
| 27135 | 8168 | 5839 | | | 2417 | 3422 | | |
| 1567 | 3450 | 2076 | | | 1200 | 876 | | |
| 215 | 88 | 88 | | | 88 | | | |
| | | | | | | | | |
| 6744 | 16003 | 5400 | | 3617 | 1783 | | | |

表15.7 续表2 continued2

| 指 标 | Item | 三、损益及分配 Profits and Losses | | |
|---|---|---|---|---|
| | | 营业收入 Business Cost | 其中 of which 主营业务收入 Main Business Cost | 营业成本 Sales Expenses |
| **总 计** | **Total** | **36551024** | **36095986** | **31712211** |
| **按零售行业小类分** | **By Retail Sector** | | | |
| 综合零售 | Comprehensive Retails | 8276238 | 8042456 | 6934770 |
| 百货零售 | Department Stores | 5349959 | 5185796 | 4458336 |
| 超级市场零售 | Supermarkets | 2530892 | 2461682 | 2125471 |
| 其他综合零售 | Other Comprehensive Retails | 395387 | 394978 | 350963 |
| 食品、饮料及烟草制品专门零售 | Special Retail of Food, Beverages and Tobacco | 1578828 | 1571361 | 1313244 |
| 粮油零售 | Retail of Grains and Edible Oil | 274923 | 272876 | 247981 |
| 糕点、面包零售 | Retail of Cakes and Bread | 107237 | 107156 | 72316 |
| 果品、蔬菜零售 | Retail of Fruits and Vegetables | 176624 | 176059 | 152182 |
| 肉、禽、蛋、奶及水产品零售 | Retail of Meat, Poultry, Eggs and Aquatic Products | 334126 | 331953 | 280374 |
| 营养和保健品零售 | Retail of Nutraceutical Products | 105994 | 105030 | 89222 |
| 酒、饮料及茶叶零售 | Retail of Liquor, Beverages and Tea | 248415 | 247378 | 198443 |
| 烟草制品零售 | Retail of Tobacco | 35305 | 35305 | 31684 |
| 其他食品零售 | Retail of Other Food | 296205 | 295605 | 241042 |
| 纺织、服装及日用品专门零售 | Special Retail of Textile, Garments and Daily Consumer Articles | 1268682 | 1250110 | 944620 |
| 纺织品及针织品零售 | Retail of Textiles and Knitwear | 44271 | 44271 | 34846 |
| 服装零售 | Retail of Garments | 886217 | 871244 | 646662 |
| 鞋帽零售 | Retail of Shoes and Hats | 138183 | 138100 | 111414 |
| 化妆品及卫生用品零售 | Retail of Cosmetics and Sanitary Articles | 38149 | 37364 | 30769 |
| 钟表、眼镜零售 | Retail of Clocks, Watches and Glasses | 107234 | 104539 | 75751 |
| 箱、包零售 | Retail of Suitcases and Bags | 5647 | 5647 | 5235 |
| 厨房用具及日用杂品零售 | Retail of Kitchen Utensils and Daily Consumer Articles Sundry Goods | 15371 | 15371 | 12655 |
| 自行车零售 | Retail of Bicycles | 1323 | 1323 | 1138 |
| 其他日用品零售 | Retail of Other General Merchandise | 32286 | 32250 | 26151 |
| 文化、体育用品及器材专门零售 | Special Retail of Cultural and Sports Articles | 760010 | 718350 | 620708 |
| 文具用品零售 | Retail of Cultural Articles | 126627 | 126589 | 100953 |
| 体育用品及器材零售 | Retail of Sports Articles | 30761 | 30761 | 26356 |
| 图书、报刊零售 | Retail of Books, Newspapers and Magazines | 493662 | 452626 | 401929 |
| 音像制品及电子出版物零售 | Retail of Video Products and E-journals | 888 | 888 | 625 |
| 珠宝首饰零售 | Retail of Jewelry | 81736 | 81162 | 71504 |
| 工艺美术品及收藏品零售 | Retail of Handicrafts and Collections | 13756 | 13744 | 10399 |
| 乐器零售 | Retail of Musical Instrument | 445 | 444 | 257 |
| 照相器材零售 | Retail of Cameras | | | |
| 其他文化用品零售 | Retail of Other Cultural Goods | 12136 | 12136 | 8686 |

单位：万元 (10 000 yuan)

| 三、损益及分配 Profits and Losses | | | | | | | | | |
|---|---|---|---|---|---|---|---|---|---|
| 其中 of which | 营业税金及附加 Business Tax and Surcharges | 其中 of which | 其他业务利润 Other Business Profits | 销售费用 Sales Expenses | 管理费用 Management Expenses | 其中 of which | 财务费用 Financial Expenses | 其中 of which | |
| 主营业务成本 Main Sales Expenses | | 主营业务税金及附加 Business Tax and Surtax | | | | 税金 Tax | | 利息收入 Interest Income | 利息支出 Interest Expenses |
| **31447068** | **260758** | **255326** | **287596** | **1929244** | **996992** | **46279** | **207372** | **28975** | **120521** |
| | | | | | | | | | |
| 6886404 | 54026 | 53423 | 193786 | 791868 | 271876 | 9144 | 49028 | 7813 | 26418 |
| 4424175 | 41441 | 41115 | 144457 | 517803 | 198632 | 5597 | 36687 | 6820 | 22009 |
| 2111612 | 9606 | 9335 | 49208 | 258453 | 64198 | 3033 | 9848 | 952 | 4123 |
| 350617 | 2979 | 2973 | 121 | 15611 | 9047 | 514 | 2492 | 41 | 286 |
| 1308698 | 13180 | 12694 | 4582 | 87439 | 47726 | 2809 | 11195 | 718 | 4549 |
| 247632 | 1420 | 1388 | 1682 | 7223 | 6963 | 237 | 1965 | 263 | 1571 |
| 72157 | 992 | 985 | 16 | 21546 | 5536 | 124 | 1475 | 134 | 240 |
| 150732 | 1126 | 1051 | 19 | 2684 | 4909 | 226 | 1535 | 14 | 255 |
| 279065 | 2800 | 2794 | 1150 | 13777 | 8482 | 741 | 1718 | 170 | 560 |
| 89222 | 281 | 281 | 964 | 1949 | 1506 | 87 | 245 | 20 | 143 |
| 197460 | 3663 | 3602 | 168 | 16126 | 9068 | 579 | 1919 | 83 | 1068 |
| 31684 | 512 | 512 | | 1777 | 942 | 13 | 161 | -5 | 55 |
| 240745 | 2387 | 2083 | 583 | 22357 | 10322 | 803 | 2177 | 39 | 657 |
| 937187 | 12116 | 12014 | 7504 | 119189 | 97235 | 2372 | 23003 | 989 | 18041 |
| 34727 | 274 | 274 | 331 | 2741 | 2012 | 74 | 621 | 21 | 497 |
| 640560 | 9041 | 9017 | 5030 | 90218 | 76152 | 1391 | 12404 | 895 | 8962 |
| 111331 | 474 | 474 | | 3933 | 9158 | 422 | 7706 | 32 | 7446 |
| 30156 | 431 | 431 | | 2998 | 1766 | 17 | 189 | 11 | 119 |
| 75340 | 1249 | 1175 | 1388 | 16589 | 6260 | 260 | 1833 | 25 | 949 |
| 5235 | 4 | 4 | | 308 | 100 | | | | |
| 12655 | 194 | 194 | | 912 | 708 | 106 | 79 | 4 | 17 |
| 1138 | 4 | 4 | | 48 | 27 | 4 | 3 | | |
| 26045 | 444 | 441 | 755 | 1442 | 1053 | 99 | 168 | 1 | 53 |
| 498710 | 4265 | 4069 | 7810 | 43815 | 35494 | 740 | -349 | 406 | -2869 |
| 100953 | 2143 | 2143 | 42 | 7181 | 6660 | 117 | 1715 | 56 | 265 |
| 26356 | 84 | 84 | | 1989 | 1272 | | 57 | | 4 |
| 280194 | 372 | 198 | 6667 | 27440 | 24847 | 30 | -2805 | 351 | -3258 |
| 625 | | | | 192 | 63 | | 1 | | |
| 71241 | 1359 | 1341 | 1101 | 5110 | 1510 | 61 | 360 | -1 | 117 |
| 10399 | 174 | 171 | | 887 | 434 | 1 | 60 | | 4 |
| 257 | 1 | 1 | | 71 | 15 | | 3 | | |
| | | | | | | | | | |
| 8686 | 132 | 132 | | 945 | 693 | 531 | 260 | | |

**表15.7 续表3 continued3**

| 指 标 | Item | 三、损益及分配 Profits and Losses | | | |
|---|---|---|---|---|---|
| | | 资产减值损失 Impairment of Assets | 公允价值变动收益 Fair Value | 投资收益 Income from Investment | 营业利润 Business Profits |
| **总 计** | **Total** | **44506** | **-1105** | **70834** | **1475168** |
| **按零售行业小类分** | **By Retail Sector** | | | | |
| 综合零售 | Comprehensive Retails | 25741 | -1267 | 8645 | 156096 |
| 百货零售 | Department Stores | 24371 | -1269 | 8548 | 79949 |
| 超级市场零售 | Supermarkets | 1361 | 2 | 94 | 61855 |
| 其他综合零售 | Other Comprehensive Retails | 9 | | 3 | 14293 |
| 食品、饮料及烟草制品专门零售 | Special Retail of Food, Beverages and Tobacco | 621 | 63 | 855 | 107799 |
| 粮油零售 | Retail of Grains and Edible Oil | 269 | | -21 | 9111 |
| 糕点、面包零售 | Retail of Cakes and Bread | 135 | 3 | 4 | 5245 |
| 果品、蔬菜零售 | Retail of Fruits and Vegetables | 28 | -2 | 2 | 15337 |
| 肉、禽、蛋、奶及水产品零售 | Retail of Meat, Poultry, Eggs and Aquatic Products | 125 | | 266 | 27066 |
| 营养和保健品零售 | Retail of Nutraceutical Products | | | 448 | 13239 |
| 酒、饮料及茶叶零售 | Retail of Liquor, Beverages and Tea | 43 | 43 | 100 | 19574 |
| 烟草制品零售 | Retail of Tobacco | 1 | | | 228 |
| 其他食品零售 | Retail of Other Food | 20 | 18 | 56 | 18000 |
| 纺织、服装及日用品专门零售 | Special Retail of Textile, Garments and Daily Consumer Articles | 2855 | 2 | 2881 | 72129 |
| 纺织品及针织品零售 | Retail of Textiles and Knitwear | 50 | 2 | 2 | 3732 |
| 服装零售 | Retail of Garments | 2805 | | 1281 | 49800 |
| 鞋帽零售 | Retail of Shoes and Hats | | | 1526 | 7023 |
| 化妆品及卫生用品零售 | Retail of Cosmetics and Sanitary Articles | | | | 1996 |
| 钟表、眼镜零售 | Retail of Clocks, Watches and Glasses | | | 72 | 5623 |
| 箱、包零售 | Retail of Suitcases and Bags | | | | 1 |
| 厨房用具及日用杂品零售 | Retail of Kitchen Utensils and Daily Consumer Articles Sundry Goods | | | | 824 |
| 自行车零售 | Retail of Bicycles | | | | 103 |
| 其他日用品零售 | Retail of Other General Merchandise | | | | 3027 |
| 文化、体育用品及器材专门零售 | Special Retail of Cultural and Sports Articles | 11847 | | 21898 | 66130 |
| 文具用品零售 | Retail of Cultural Articles | | | 600 | 8576 |
| 体育用品及器材零售 | Retail of Sports Articles | | | 12 | 1017 |
| 图书、报刊零售 | Retail of Books, Newspapers and Magazines | 11847 | | 21286 | 51318 |
| 音像制品及电子出版物零售 | Retail of Video Products and E-journals | | | | 7 |
| 珠宝首饰零售 | Retail of Jewelry | | | | 1894 |
| 工艺美术品及收藏品零售 | Retail of Handicrafts and Collections | | | | 1801 |
| 乐器零售 | Retail of Musical Instrument | | | | 98 |
| 照相器材零售 | Retail of Cameras | | | | |
| 其他文化用品零售 | Retail of Other Cultural Goods | | | | 1421 |

单位：万元（10 000 yuan）

| 三、损益及分配 Profits and Losses | | | | | 四、人工成本及增值税 Labor Costs and Value Added Tax | | 五、从事零售业活动的从业人员平均人数（人） |
|---|---|---|---|---|---|---|---|
| 营业外收入 Non-business Income | 其中 of which 政府补助 Governmental Subsidy | 营业外支出 Non-business Expenses | 利润总额 Total Profits | 应交所得税 Income Tax Payable | 应付职工薪酬（本年贷方累计发生额） Total Payable Salaries | 应交增值税 Value Added Tax Payable | Average Employees of Wholesale and Retail |
| **101772** | **17120** | **30407** | **1467143** | **151829** | **1208558** | **566730** | **218441** |
| 20348 | 9677 | 11104 | 153501 | 26081 | 474073 | 128934 | 81143 |
| 15299 | 9191 | 5237 | 88242 | 16450 | 305691 | 93763 | 41705 |
| 4508 | 425 | 3632 | 54056 | 8653 | 158055 | 32073 | 36854 |
| 541 | 62 | 2234 | 11203 | 978 | 10327 | 3098 | 2584 |
| 6319 | 2743 | 1834 | 106767 | 6045 | 58606 | 21382 | 14131 |
| 3080 | 1586 | 293 | 11483 | 413 | 6317 | 1064 | 1268 |
| 763 | 621 | 34 | 5513 | 611 | 9570 | 1655 | 2454 |
| 668 | 7 | 6 | 13851 | 319 | 4856 | 1334 | 1133 |
| 828 | 241 | 588 | 27105 | 2688 | 13207 | 4321 | 2986 |
| 173 | 12 | 19 | 13392 | 30 | 2164 | 261 | 408 |
| 342 | 26 | 195 | 18842 | 1018 | 9826 | 4708 | 2593 |
| 1 | | 8 | 221 | 64 | 1474 | 1332 | 276 |
| 465 | 251 | 691 | 16359 | 901 | 11193 | 6706 | 3013 |
| 1772 | 230 | 1163 | 72561 | 7335 | 86971 | 26434 | 18409 |
| 243 | 6 | 120 | 3515 | 218 | 2515 | 1057 | 676 |
| 1364 | 196 | 1019 | 50225 | 5320 | 65705 | 18512 | 13153 |
| 14 | 1 | 6 | 7030 | 519 | 4961 | 1509 | 1131 |
| 11 | 8 | 1 | 2000 | 146 | 2673 | 1266 | 658 |
| 49 | 14 | 17 | 5704 | 1041 | 8926 | 3458 | 1898 |
| | | | 1 | | 196 | 116 | 46 |
| 23 | | | 869 | 13 | 472 | 323 | 418 |
| | | | 103 | | 58 | 28 | 18 |
| 67 | 6 | | 3115 | 78 | 1467 | 166 | 411 |
| 2733 | 195 | 448 | 68121 | 1608 | 39331 | 6811 | 5773 |
| 28 | 8 | 53 | 7841 | 819 | 5345 | 4855 | 1473 |
| 5 | | | 1020 | 202 | 2694 | 133 | 377 |
| 2306 | | 375 | 53461 | 116 | 26618 | 458 | 2913 |
| | | | 7 | | 114 | | 30 |
| 49 | 35 | 6 | 1818 | 206 | 2628 | 592 | 678 |
| 37 | 2 | 1 | 2187 | 11 | 732 | 462 | 131 |
| 1 | | 0 | 98 | | 34 | 3 | 15 |
| 307 | 150 | 13 | 1689 | 254 | 1165 | 308 | 156 |

**表15.7 续表4 continued4**

| 指　标 | Item | 法人企业数（个） Number of Enterprises(unit) | 其中 of which 执行《2006年企业会计准则》企业数（个） Number of Enterprises which Implemented Accounting standard for Business Enterprise in 2006 | 一、年初存货 Inventory at the Begining of Year |
|---|---|---|---|---|
| 医药及医疗器材专门零售 | Special Retail of Medicine and Medical Appliances | 166 | 122 | 190000 |
| 药品零售 | Retail of Medicine | 144 | 104 | 182740 |
| 医疗用品及器材零售 | Retail of Medical Articles and Appliances | 22 | 18 | 7260 |
| 汽车、摩托车、燃料及零配件专门零售 | Special Retail of Automobiles, Motorcycles, Fuel and Spare Parts | 1077 | 778 | 932258 |
| 汽车零售 | Retail of Automobiles | 783 | 580 | 690624 |
| 汽车零配件零售 | Retail of Automobile Fittings | 28 | 17 | 4084 |
| 摩托车及零配件零售 | Retail of Motorcycles and Parts | 128 | 85 | 16575 |
| 机动车燃料零售 | Retail of Motor Fuel | 138 | 96 | 220975 |
| 家用电器及电子产品专门零售 | Special Retail of Household Electrical Appliances and Electronic Products | 469 | 325 | 121513 |
| 家用视听设备零售 | Retail of Household Audio and Video Appliances | 96 | 60 | 24189 |
| 日用家电设备零售 | Retail of Household Electrical Appliances | 161 | 119 | 42873 |
| 计算机、软件及辅助设备零售 | Retail of Computers, Software and Assistant Equipment | 128 | 82 | 18798 |
| 通信设备零售 | Retail of Communication Equipment | 58 | 41 | 20739 |
| 其他电子产品零售 | Retail of Other Electronic Products | 26 | 23 | 14913 |
| 五金、家具及室内装饰材料专门零售 | Special Retail of Hardware, Furniture and Decoration Materials | 467 | 283 | 76175 |
| 五金零售 | Retail of Hardware | 96 | 66 | 10972 |
| 灯具零售 | Retail of Light Fittings | 26 | 12 | 2163 |
| 家具零售 | Retail of Furniture | 114 | 61 | 41120 |
| 涂料零售 | Retail of Paint | 2 | 1 | 129 |
| 卫生洁具零售 | Retail of Sanitary Ware | 6 | 2 | 79 |
| 木质装饰材料零售 | Retail of Wooden Decorative Materials | 25 | 17 | 1875 |
| 陶瓷、石材装饰材料零售 | Retail of Ceramics and Stone Decorative Materials | 53 | 36 | 4557 |
| 其他室内装饰材料零售 | Retail of Other Indoor Decoration Materials | 145 | 88 | 15279 |
| 货摊、无店铺及其他零售业 | Stall, Non-shop and Other Retails | 140 | 91 | 110833 |
| 货摊食品零售 | Retail of Food by Mobile Stalls | | | |
| 货摊纺织、服装及鞋零售 | Retail of Textiles, Garments and Shoes by Mobile Stalls | | | |
| 货摊日用品零售 | Retail of Daily Consumer Articles by Mobile Stalls | | | |
| 互联网零售 | E-commerce Retails | 72 | 45 | 26577 |
| 邮购及电视、电话零售 | Retails by Post, TV and Telephone | 1 | 1 | |
| 旧货零售 | Retail of Used Goods | 1 | 1 | 518 |
| 生活用燃料零售 | Retail of Fuel for Daily Use | 26 | 18 | 951 |
| 其他未列明零售业 | Other Retails not Classified Elsewhere | 40 | 26 | 82788 |

单位：万元 (10 000 yuan)

| 二、期末资产负责 Assets and Liabilities | | | | | | | | | |
|---|---|---|---|---|---|---|---|---|---|
| 流动资产合计 Total Current Assets | 其 中 of which | | 固定资产合计 Total Fixed Assets | 固定资产原价 Total Original Value of Fixed Assets | 累计折旧 Accumulative Depreciation | 其 中 of which | 在建工程 Construction in Process | 资产总计 Total Assets |
| | 应收帐款 Accounts Receivable | 存 货 Inventory | | | | 本年折旧 Depreciation | | |
| 1383759 | 528982 | 203586 | 81934 | 125950 | 44016 | -666 | 2317 | 1895409 |
| 1306219 | 482801 | 195144 | 79829 | 122809 | 42980 | -896 | 2317 | 1814122 |
| 77540 | 46181 | 8442 | 2104 | 3141 | 1036 | 230 | | 81287 |
| 3115728 | 355780 | 749363 | 606384 | 370490 | 287327 | 63938 | 159190 | 4938598 |
| 2628371 | 290744 | 680021 | 382096 | 533016 | 151245 | 44375 | 29294 | 3456157 |
| 15517 | 4170 | 4290 | 4211 | 7242 | 3031 | 617 | 457 | 21706 |
| 73136 | 20197 | 24540 | 8602 | 13521 | 4971 | 1260 | 110 | 88156 |
| 398704 | 40668 | 40513 | 211475 | 316711 | 128081 | 17686 | 129329 | 1372579 |
| 548637 | 91829 | 122814 | 85916 | 122772 | 37204 | 7338 | 4412 | 714028 |
| 160317 | 13206 | 31268 | 24461 | 34331 | 9885 | 1619 | 1391 | 201466 |
| 168356 | 23583 | 45282 | 28546 | 45036 | 16490 | 3486 | 48 | 218712 |
| 106603 | 19680 | 20666 | 19313 | 24789 | 5785 | 1072 | 655 | 146596 |
| 95810 | 28937 | 22498 | 12592 | 16912 | 4339 | 957 | 2319 | 128280 |
| 17551 | 6422 | 3101 | 1003 | 1703 | 705 | 203 | | 18974 |
| 544741 | 118308 | 70554 | 264496 | 324624 | 66245 | 12911 | 9971 | 986740 |
| 103905 | 25502 | 10382 | 13375 | 17725 | 4349 | 964 | | 123835 |
| 11744 | 5921 | 1609 | 4077 | 4723 | 713 | 74 | | 17577 |
| 298172 | 21839 | 34929 | 193863 | 236904 | 48938 | 7765 | 9939 | 633794 |
| 378 | 82 | 138 | 689 | 820 | 130 | 39 | | 1083 |
| 1567 | 398 | 152 | 233 | 294 | 61 | 10 | | 1810 |
| 7503 | 1151 | 3116 | 3344 | 3948 | 604 | 312 | | 12563 |
| 19987 | 7005 | 3686 | 10469 | 12915 | 2450 | 765 | 32 | 33062 |
| 101485 | 56411 | 16542 | 38446 | 47295 | 8999 | 2982 | | 163017 |
| 219318 | 38495 | 65410 | 22723 | 32980 | 10257 | 1826 | 10194 | 329915 |
| 86237 | 5134 | 25107 | 10049 | 11348 | 1299 | 583 | 2318 | 110088 |
| 6746 | 547 | | 28 | 30 | 2 | 2 | | 6781 |
| 3375 | 887 | 980 | 70 | 194 | 123 | 27 | | 3446 |
| 10345 | 1113 | 647 | 5727 | 8596 | 2869 | 472 | 1231 | 21122 |
| 112615 | 30813 | 38677 | 6848 | 12812 | 5964 | 743 | 6645 | 188478 |

**表15.7 续表5 continued5**

| 指 标 | Item | 二、期末资产负债 Assets and Liabilities | | |
|---|---|---|---|---|
| | | 流动负债合计 Total Current Liabilities | 其中 of which 应付账款 Accounts Payable | 非流动负债合计 Total Non-current Liabilities |
| 医药及医疗器材专门零售 | Special Retail of Medicine and Medical Appliances | 1181262 | 475790 | 53808 |
| 药品零售 | Retail of Medicine | 1129336 | 452484 | 53734 |
| 医疗用品及器材零售 | Retail of Medical Articles and Appliances | 51926 | 23306 | 74 |
| 汽车、摩托车、燃料及零配件专门零售 | Special Retail of Automobiles, Motorcycles, Fuel and Spare Parts | 3087547 | 356303 | 238746 |
| 汽车零售 | Retail of Automobiles | 2439891 | 309567 | 92674 |
| 汽车零配件零售 | Retail of Automobile Fittings | 8788 | 2608 | 669 |
| 摩托车及零配件零售 | Retail of Motorcycles and Parts | 34301 | 12262 | 809 |
| 机动车燃料零售 | Retail of Motor Fuel | 604568 | 31866 | 144594 |
| 家用电器及电子产品专门零售 | Special Retail of Household Electrical Appliances and Electronic Products | 382179 | 115479 | 35775 |
| 家用视听设备零售 | Retail of Household Audio and Video Appliances | 93983 | 39269 | 1618 |
| 日用家电设备零售 | Retail of Household Electrical Appliances | 134119 | 31054 | 7146 |
| 计算机、软件及辅助设备零售 | Retail of Computers, Software and Assistant Equipment | 80640 | 24630 | 3245 |
| 通信设备零售 | Retail of Communication Equipment | 60376 | 15596 | 23070 |
| 其他电子产品零售 | Retail of Other Electronic Products | 13061 | 4929 | 696 |
| 五金、家具及室内装饰材料专门零售 | Special Retail of Hardware, Furniture and Decoration Materials | 360618 | 67030 | 155229 |
| 五金零售 | Retail of Hardware | 84664 | 15266 | 1790 |
| 灯具零售 | Retail of Light Fittings | 9919 | 5941 | 82 |
| 家具零售 | Retail of Furniture | 179964 | 17088 | 149185 |
| 涂料零售 | Retail of Paint | 371 | 96 | |
| 卫生洁具零售 | Retail of Sanitary Ware | 1030 | 248 | 17 |
| 木质装饰材料零售 | Retail of Wooden Decorative Materials | 6240 | 1346 | 604 |
| 陶瓷、石材装饰材料零售 | Retail of Ceramics and Stone Decorative Materials | 9658 | 4288 | 452 |
| 其他室内装饰材料零售 | Retail of Other Indoor Decoration Materials | 68773 | 22757 | 3099 |
| 货摊、无店铺及其他零售业 | Stall, Non-shop and Other Retails | 204695 | 92330 | 7308 |
| 货摊食品零售 | Retail of Food by Mobile Stalls | | | |
| 货摊纺织、服装及鞋零售 | Retail of Textiles, Garments and Shoes by Mobile Stalls | | | |
| 货摊日用品零售 | Retail of Daily Consumer Articles by Mobile Stalls | | | |
| 互联网零售 | E-commerce Retails | 90459 | 52510 | 3938 |
| 邮购及电视、电话零售 | Retails by Post, TV and Telephone | 5747 | 5672 | 36 |
| 旧货零售 | Retail of Used Goods | 3174 | 191 | |
| 生活用燃料零售 | Retail of Fuel for Daily Use | 10139 | 752 | 589 |
| 其他未列明零售业 | Other Retails not Classified Elsewhere | 95175 | 33205 | 2746 |

单位：万元 (10 000 yuan)

| 二、期末资产负债 Assets and Liabilities | | | | | | | | |
|---|---|---|---|---|---|---|---|---|
| | | 其　中 of which | | | | | | |
| | | | 其　中 of which | | | | | |
| 负债合计 Total Liabilities | 所有者权益合计 Total Owner's Equity | 实收资本 Paid-up Capital | 国家资本 State Capital | 集体资本 Collective Capital | 法人资本 Corporate Capital | 个人资本 Personal Capital | 港澳台资本 HMT Capital | 外商资本 Foreign Capital |
| 1235070 | 660339 | 225570 | 129147 | 1744 | 35568 | 59111 | | |
| 1183070 | 631052 | 209111 | 124147 | 1744 | 31217 | 52003 | | |
| 52000 | 29287 | 16459 | 5000 | | 4351 | 7108 | | |
| 3530926 | 1407672 | 884232 | 75257 | 10180 | 493510 | 232572 | 57728 | 14985 |
| 2531634 | 924524 | 576975 | 19600 | 8030 | 292822 | 199130 | 42409 | 14985 |
| 9457 | 12250 | 5975 | 2448 | | 1564 | 1963 | | |
| 37121 | 51035 | 22899 | 1065 | 1800 | 6342 | 13692 | | |
| 952715 | 419863 | 278382 | 52144 | 350 | 192782 | 17788 | 15319 | |
| 418136 | 295892 | 185061 | 71 | 6110 | 50921 | 126077 | 1353 | 530 |
| 95605 | 105861 | 74512 | | | 5493 | 69020 | | |
| 141265 | 77447 | 50773 | | 89 | 23344 | 25887 | 1353 | 100 |
| 84043 | 62553 | 31193 | 71 | 6021 | 14439 | 10662 | | |
| 83449 | 44831 | 25018 | | | 5495 | 19093 | | 430 |
| 13775 | 5199 | 3566 | | | 2150 | 1416 | | |
| 518790 | 467950 | 173427 | 309 | 90 | 48509 | 93530 | | 30989 |
| 86443 | 37392 | 23522 | 79 | 90 | 10428 | 12178 | | 747 |
| 10206 | 7371 | 3511 | | | 1833 | 1677 | | |
| 331859 | 301935 | 96954 | | | 18718 | 47994 | | 30242 |
| 371 | 711 | 195 | | | 145 | 50 | | |
| 1047 | 763 | 366 | | | 326 | 40 | | |
| 6844 | 5719 | 1434 | | | 129 | 1306 | | |
| 10145 | 22917 | 12243 | | | 4712 | 7531 | | |
| 71875 | 91142 | 35203 | 230 | | 12218 | 22755 | | |
| 212003 | 117912 | 76122 | 2239 | 1801 | 52315 | 19768 | | |
| | | | | | | | | |
| | | | | | | | | |
| | | | | | | | | |
| 94397 | 15691 | 18984 | 1945 | 1685 | 11721 | 3633 | | |
| 5783 | 999 | 1000 | | | 1000 | | | |
| 3174 | 271 | 500 | | | 325 | 175 | | |
| 10728 | 10394 | 5279 | 294 | 25 | 2576 | 2385 | | |
| 97921 | 90557 | 50359 | | 91 | 36693 | 13576 | | |

**表15.7 续表6 continued6**

| 指　标 | Item | 三、损益及分配 Profits and Losses 营业收入 Business Cost | 其中 of which 主营业务收入 Main Business Cost | 营业成本 Sales Expenses |
|---|---|---|---|---|
| 医药及医疗器材专门零售 | Special Retail of Medicine and Medical Appliances | 2703484 | 2685082 | 2381335 |
| 药品零售 | Retail of Medicine | 2564119 | 2545725 | 2262607 |
| 医疗用品及器材零售 | Retail of Medical Articles and Appliances | 139365 | 139357 | 118728 |
| 汽车、摩托车、燃料及零配件专门零售 | Special Retail of Automobiles, Motorcycles, Fuel and Spare Parts | 14424298 | 14346850 | 13340613 |
| 汽车零售 | Retail of Automobiles | 10052585 | 10002136 | 9291664 |
| 汽车零配件零售 | Retail of Automobile Fittings | 158685 | 157955 | 137374 |
| 摩托车及零配件零售 | Retail of Motorcycles and Parts | 554223 | 554185 | 506955 |
| 机动车燃料零售 | Retail of Motor Fuel | 3658806 | 3632575 | 3404620 |
| 家用电器及电子产品专门零售 | Special Retail of Household Electrical Appliances and Electronic Products | 3151106 | 3117637 | 2787408 |
| 家用视听设备零售 | Retail of Household Audio and Video Appliances | 944924 | 935427 | 836293 |
| 日用家电设备零售 | Retail of Household Electrical Appliances | 1034833 | 1025549 | 892615 |
| 计算机、软件及辅助设备零售 | Retail of Computers, Software and Assistant Equipment | 717518 | 713897 | 664979 |
| 通信设备零售 | Retail of Communication Equipment | 385742 | 375205 | 332420 |
| 其他电子产品零售 | Retail of Other Electronic Products | 68090 | 67560 | 61101 |
| 五金、家具及室内装饰材料专门零售 | Special Retail of Hardware, Furniture and Decoration Materials | 3758358 | 3739778 | 2870351 |
| 五金零售 | Retail of Hardware | 355431 | 354660 | 295456 |
| 灯具零售 | Retail of Light Fittings | 40960 | 40960 | 32102 |
| 家具零售 | Retail of Furniture | 2235885 | 2232835 | 1601821 |
| 涂料零售 | Retail of Paint | 2677 | 2677 | 2183 |
| 卫生洁具零售 | Retail of Sanitary Ware | 11095 | 11083 | 8533 |
| 木质装饰材料零售 | Retail of Wooden Decorative Materials | 62193 | 62193 | 46179 |
| 陶瓷、石材装饰材料零售 | Retail of Ceramics and Stone Decorative Materials | 149169 | 149169 | 128270 |
| 其他室内装饰材料零售 | Retail of Other Indoor Decoration Materials | 900950 | 886202 | 755808 |
| 货摊、无店铺及其他零售业 | Stall, Non-shop and Other Retails | 630021 | 624363 | 519163 |
| 货摊食品零售 | Retail of Food by Mobile Stalls | | | |
| 货摊纺织、服装及鞋零售 | Retail of Textiles, Garments and Shoes by Mobile Stalls | | | |
| 货摊日用品零售 | Retail of Daily Consumer Articles by Mobile Stalls | | | |
| 互联网零售 | E-commerce Retails | 259017 | 255691 | 214219 |
| 邮购及电视、电话零售 | Retails by Post, TV and Telephone | 53169 | 53169 | 41594 |
| 旧货零售 | Retail of Used Goods | 4852 | 4852 | 4070 |
| 生活用燃料零售 | Retail of Fuel for Daily Use | 96364 | 94056 | 78131 |
| 其他未列明零售业 | Other Retails not Classified Elsewhere | 216619 | 216596 | 181150 |

单位：万元 (10 000 yuan)

| 三、损益及分配 Profits and Losses | | | | | | | | | | |
|---|---|---|---|---|---|---|---|---|---|---|
| 其 中 of which | 营业税金及附加 Business Tax and Surcharges | 其 中 of which | 其他业务利润 Other Business Profits | 销售费用 Sales Expenses | 管理费用 Management Expenses | 其 中 of which | 财务费用 Financial Expenses | 其 中 of which | |
| 主营业务成本 Main Sales Expenses | | 主营业务税金及附加 Business Tax and Surtax | | | | 税 金 Tax | | 利息收入 Interest Income | 利息支出 Interest Expenses |
| 2376989 | 8799 | 7745 | 16310 | 141616 | 74443 | 3979 | 17486 | 8719 | 14926 |
| 2258261 | 8255 | 7201 | 16301 | 135837 | 68024 | 3602 | 16225 | 8669 | 14076 |
| 118728 | 544 | 544 | 9 | 5779 | 6418 | 377 | 1262 | 50 | 850 |
| 13278981 | 44507 | 42031 | 35784 | 367911 | 208751 | 10176 | 62868 | 7253 | 38916 |
| 9277399 | 33571 | 32807 | 33333 | 232266 | 175089 | 8081 | 53618 | 5588 | 32172 |
| 135684 | 323 | 280 | 129 | 5772 | 2220 | 79 | 247 | 54 | 119 |
| 506443 | 1870 | 1708 | 33 | 9976 | 7473 | 702 | 2388 | 20 | 1155 |
| 3359456 | 8744 | 7236 | 2289 | 119898 | 23970 | 1314 | 6616 | 1592 | 5470 |
| 2776318 | 26010 | 25717 | 16947 | 143606 | 61480 | 2999 | 13886 | 717 | 5858 |
| 832440 | 4452 | 4414 | 1002 | 51110 | 14066 | 545 | 4290 | 44 | 1169 |
| 889413 | 15400 | 15294 | 7097 | 53132 | 23524 | 1180 | 5073 | 339 | 1904 |
| 661642 | 2618 | 2507 | 2305 | 15855 | 10694 | 1010 | 564 | 319 | -53 |
| 332137 | 3295 | 3268 | 6484 | 22144 | 10113 | 236 | 3767 | 13 | 2826 |
| 60686 | 244 | 235 | 59 | 1365 | 3083 | 28 | 192 | 2 | 12 |
| 2867407 | 89945 | 89827 | 2592 | 176143 | 183694 | 13325 | 25099 | 249 | 12329 |
| 295101 | 8459 | 8453 | 2293 | 9928 | 7827 | 251 | 1771 | 27 | 905 |
| 32102 | 597 | 597 | | 1352 | 1877 | 154 | 274 | 7 | 24 |
| 1600628 | 68461 | 68410 | 35 | 127529 | 134246 | 10747 | 14387 | 71 | 10347 |
| 2183 | 9 | 9 | | 93 | 65 | 7 | 24 | | |
| 8533 | 72 | 72 | 12 | 889 | 304 | 7 | 99 | | |
| 46179 | 1803 | 1800 | | 4375 | 2220 | 66 | 690 | 4 | 22 |
| 127135 | 2200 | 2181 | 30 | 3338 | 3119 | 158 | 504 | 18 | 117 |
| 755547 | 8346 | 8307 | 222 | 28641 | 34036 | 1936 | 7350 | 122 | 913 |
| 516375 | 7910 | 7805 | 2283 | 57658 | 16294 | 736 | 5156 | 2111 | 2353 |
| | | | | | | | | | |
| | | | | | | | | | |
| | | | | | | | | | |
| | | | | | | | | | |
| 212818 | 1230 | 1178 | 1045 | 39532 | 6939 | 228 | 4545 | 41 | 533 |
| 41594 | 84 | 84 | | 11392 | 83 | 34 | | 1 | 1 |
| 4070 | 5 | 5 | | 350 | 152 | 39 | 55 | | 40 |
| 76745 | 354 | 302 | 1222 | 3155 | 2991 | 246 | 496 | 62 | 280 |
| 181150 | 6238 | 6237 | 15 | 3229 | 6130 | 188 | 59 | 2008 | 1499 |

**表15.7 续表7 continued7**

| 指 标 | Item | 三、损益及分配 Profits and Losses 资产减值损失 Impairment of Assets | 公允价值变动收益 Fair Value | 投资收益 Income from Investment | 营业利润 Business Profits |
|---|---|---|---|---|---|
| 医药及医疗器材专门零售 | Special Retail of Medicine and Medical Appliances | 898 | -11 | 31134 | 110957 |
| 药品零售 | Retail of Medicine | 567 | -11 | 31134 | 104232 |
| 医疗用品及器材零售 | Retail of Medical Articles and Appliances | 331 | | | 6725 |
| 汽车、摩托车、燃料及零配件专门零售 | Special Retail of Automobiles, Motorcycles, Fuel and Spare Parts | 1527 | 70 | 3844 | 405928 |
| 汽车零售 | Retail of Automobiles | 1494 | 60 | 3844 | 272681 |
| 汽车零配件零售 | Retail of Automobile Fittings | | | | 12750 |
| 摩托车及零配件零售 | Retail of Motorcycles and Parts | 1 | | | 25561 |
| 机动车燃料零售 | Retail of Motor Fuel | 32 | 10 | | 94937 |
| 家用电器及电子产品专门零售 | Special Retail of Household Electrical Appliances and Electronic Products | 46 | 20 | 281 | 119034 |
| 家用视听设备零售 | Retail of Household Audio and Video Appliances | 1 | 1 | 1 | 34736 |
| 日用家电设备零售 | Retail of Household Electrical Appliances | 5 | 6 | 266 | 45360 |
| 计算机、软件及辅助设备零售 | Retail of Computers, Software and Assistant Equipment | 39 | 13 | 8 | 22791 |
| 通信设备零售 | Retail of Communication Equipment | | | 6 | 14045 |
| 其他电子产品零售 | Retail of Other Electronic Products | | | | 2103 |
| 五金、家具及室内装饰材料专门零售 | Special Retail of Hardware, Furniture and Decoration Materials | 341 | 17 | 1044 | 413627 |
| 五金零售 | Retail of Hardware | 200 | | 821 | 32840 |
| 灯具零售 | Retail of Light Fittings | | | | 4758 |
| 家具零售 | Retail of Furniture | 34 | | | 288954 |
| 涂料零售 | Retail of Paint | | | | 303 |
| 卫生洁具零售 | Retail of Sanitary Ware | | | | 1199 |
| 木质装饰材料零售 | Retail of Wooden Decorative Materials | 30 | 12 | 18 | 6932 |
| 陶瓷、石材装饰材料零售 | Retail of Ceramics and Stone Decorative Materials | 75 | 5 | 12 | 11681 |
| 其他室内装饰材料零售 | Retail of Other Indoor Decoration Materials | 2 | | 193 | 66960 |
| 货摊、无店铺及其他零售业 | Stall, Non-shop and Other Retails | 630 | 2 | 253 | 23469 |
| 货摊食品零售 | Retail of Food by Mobile Stalls | | | | |
| 货摊纺织、服装及鞋零售 | Retail of Textiles, Garments and Shoes by Mobile Stalls | | | | |
| 货摊日用品零售 | Retail of Daily Consumer Articles by Mobile Stalls | | | | |
| 互联网零售 | E-commerce Retails | 156 | 2 | 192 | -7408 |
| 邮购及电视、电话零售 | Retails by Post, TV and Telephone | | | | 16 |
| 旧货零售 | Retail of Used Goods | | | | 221 |
| 生活用燃料零售 | Retail of Fuel for Daily Use | | | | 11238 |
| 其他未列明零售业 | Other Retails not Classified Elsewhere | 474 | | 61 | 19402 |

单位：万元 (10 000 yuan)

| 三、损益及分配 Profits and Losses | | | | 四、人工成本及增值税 Labor Costs and Value Added Tax | | | 五、从事零售业活动的从业人员平均人数（人） Average Employees of Wholesale and Retail |
|---|---|---|---|---|---|---|---|
| 营业外收入 Non-business Income | 其中 of which 政府补助 Governmental Subsidy | 营业外支出 Non-business Expenses | 利润总额 Total Profits | 应交所得税 Income Tax Payable | 应付职工薪酬（本年贷方累计发生额） Total Payable Salaries | 应交增值税 Value Added Tax Payable | |
| 36821 | 1162 | 2888 | 146949 | 8718 | 100468 | 52573 | 17339 |
| 36707 | 1060 | 2607 | 141046 | 7924 | 96027 | 29405 | 16836 |
| 114 | 102 | 281 | 5903 | 794 | 4441 | 23168 | 503 |
| 15054 | 1074 | 6559 | 380871 | 46661 | 303910 | 212770 | 47422 |
| 7111 | 942 | 4263 | 252389 | 37015 | 194200 | 86183 | 31397 |
| 71 | 62 | 25 | 11653 | 1077 | 3241 | 1502 | 629 |
| 4853 | 11 | 333 | 23809 | 705 | 6894 | 3483 | 2084 |
| 3019 | 59 | 1938 | 93020 | 7864 | 99575 | 121603 | 13312 |
| 12676 | 682 | 5232 | 109059 | 7592 | 66768 | 29141 | 17886 |
| 1026 | 53 | 4549 | 30232 | 1736 | 17028 | 5514 | 3622 |
| 10643 | 461 | 158 | 49217 | 3610 | 21029 | 11521 | 6660 |
| 446 | 44 | 454 | 21315 | 1235 | 12547 | 8307 | 3421 |
| 546 | 119 | 14 | 6410 | 953 | 13047 | 3346 | 3725 |
| 13 | 5 | 57 | 1886 | 58 | 3116 | 452 | 458 |
| 4618 | 248 | 720 | 412636 | 46969 | 54099 | 79561 | 11537 |
| 313 | 33 | 53 | 33547 | 3397 | 7264 | 3347 | 1561 |
| 3 | | | 3050 | 182 | 1516 | 591 | 388 |
| 4193 | 188 | 537 | 289816 | 37413 | 25509 | 55150 | 4719 |
| | | | 303 | | 129 | 46 | 27 |
| | | | 1198 | 42 | 400 | 247 | 65 |
| 9 | 2 | | 6783 | 246 | 1245 | 649 | 328 |
| 7 | 4 | 19 | 11100 | 278 | 5463 | 1479 | 1480 |
| 93 | 21 | 111 | 66839 | 5412 | 12573 | 18052 | 2969 |
| 1431 | 1109 | 461 | 16678 | 820 | 24331 | 9124 | 4801 |
| 1127 | 916 | 125 | -7937 | 145 | 11946 | 3053 | 2016 |
| | | 10 | 6 | 1 | 83 | 698 | 5 |
| | | | 221 | | 171 | 39 | 51 |
| 10 | | 25 | 10112 | 182 | 2661 | 1118 | 596 |
| 294 | 193 | 301 | 14276 | 492 | 9471 | 4216 | 2133 |

**表15.7 续表8 continued8**

| 指 标 | Item | 法人企业数（个） Number of Enterprises(unit) | 其 中 of which 执行《2006年企业会计准则》企业数（个） Number of Enterprises which Implemented Accounting standard for Business Enterprise in 2006 | 一、年初存货 Inventory at the Begining of Year |
|---|---|---|---|---|
| **按登记注册类型分** | **By Status of Registration** | | | |
| 内资企业 | Domestic-funded Enterprises | 3409 | 2316 | 2319349 |
| 国有企业 | State-owned Enterprises | 17 | 14 | 194251 |
| 集体企业 | Collective-owned Enterprises | 13 | 8 | 1273 |
| 股份合作企业 | Cooperative Enterprises | 14 | 13 | 2626 |
| 联营企业 | Joint-owned Enterprises | 3 | 1 | 100 |
| 国有联营企业 | State Joint-owned Enterprises | | | |
| 集体联营企业 | Collective Joint-owned Enterprises | 2 | | 88 |
| 国有与集体联营企业 | Joint State-collective Enterprises | 1 | 1 | 12 |
| 其他联营企业 | Other Joint-owned Enterprises | | | |
| 有限责任公司 | Limited Liability Corporations | 1017 | 769 | 970395 |
| 国有独资公司 | State Sole Funded Corporations | 21 | 18 | 31635 |
| 其他有限责任公司 | Other Limited Liability Corporations | 996 | 751 | 938759 |
| 股份有限公司 | Share-holding Corporations Ltd. | 71 | 51 | 317176 |
| 私营企业 | Private Enterprises | 2252 | 1443 | 831627 |
| 私营独资企业 | Private-funded Enterprises | 178 | 116 | 17487 |
| 私营合伙企业 | Private Partnership Enterprises | 7 | 4 | 290 |
| 私营有限责任公司 | Private Limited Liability Corporations | 1964 | 1240 | 773979 |
| 私营股份有限公司 | Private Share-holding Corporations Ltd. | 103 | 83 | 39871 |
| 其他企业 | Other Enterprises | 22 | 17 | 1900 |
| 港、澳、台商投资企业 | Enterprises Funded by Hong Kong, Macao and Taiwan | 32 | 30 | 68484 |
| 合资经营企业（港或澳、台资） | Joint-venture Enterprises | 6 | 6 | 24026 |
| 与港澳台商合作经营企业 | Cooperative Enterprises | | | |
| 港、澳、台商独资经营企业 | Enterprises with Sole Fund | 23 | 21 | 43569 |
| 港、澳、台商投资股份有限公司 | Share-holding Corporations Ltd. with Investment | | | |
| 其他港澳台投资企业 | Other Enterprises with Funds from Hong Kong, Macao and Taiwan | 3 | 3 | 889 |
| 外商投资企业 | Foreign-funded Enterprises | 19 | 18 | 43509 |
| 中外合资经营企业 | Joint-venture Enterprises | 3 | 3 | 1836 |
| 中外合作经营企业 | Cooperative Enterprises | 1 | 1 | 10157 |
| 外资企业 | Enterprises with Sole Fund | 12 | 12 | 31286 |
| 外商投资股份有限公司 | Share-holding Corporations Ltd. with Foreign Investment | 1 | | 229 |
| 其他外商投资企业 | Other Foreign-funded Enterprises | 2 | 2 | |
| **按控股情况分** | **By Holding Entity of Share** | | | |
| 国有控股 | State-holding | 145 | 132 | 795694 |
| 集体控股 | Collective-holding | 33 | 21 | 4521 |
| 私人控股 | Private-holding | 3014 | 1993 | 1234330 |
| 港澳台商控股 | Held by Corporation from Hong Kong, Macao and Taiwan | 28 | 26 | 52455 |

单位：万元 (10 000 yuan)

| 二、期末资产负责 Assets and Liabilities | | | | | | | | |
|---|---|---|---|---|---|---|---|---|
| 流动资产合计 Total Current Assets | 其中 of which | | 固定资产合计 Total Fixed Assets | 固定资产原价 Total Original Value of Fixed Assets | 累计折旧 Accumulative Depreciation | 其中 of which | 在建工程 Construction in Process | 资产总计 Total Assets |
| | 应收帐款 Accounts Receivable | 存货 Inventory | | | | 本年折旧 Depreciation | | |
| | | | | | | | | |
| 8619839 | 1340949 | 2006879 | 1912922 | 2726394 | 845631 | 141508 | 452115 | 13858966 |
| 43689 | 8680 | 15917 | 27693 | 51608 | 23952 | 2717 | 5281 | 102388 |
| 12553 | 5309 | 1643 | 2317 | 3619 | 1302 | 378 | 11 | 17095 |
| 6433 | 1805 | 2544 | 3124 | 4438 | 1327 | 308 | | 10697 |
| 1561 | 39 | 127 | 233 | 687 | 454 | 45 | | 1979 |
| | | | | | | | | |
| 702 | 39 | 95 | 43 | 132 | 89 | 12 | | 745 |
| 859 | | 32 | 190 | 556 | 366 | 33 | | 1234 |
| | | | | | | | | |
| 3395855 | 474211 | 943460 | 678334 | 985552 | 330250 | 56152 | 192511 | 5588797 |
| 119707 | 39617 | 19499 | 113790 | 119924 | 29129 | 5823 | 12339 | 651278 |
| 3276148 | 434594 | 923961 | 564544 | 865629 | 301122 | 50329 | 180173 | 4937519 |
| 1865036 | 317539 | 357369 | 402028 | 537563 | 236885 | 26589 | 72204 | 3027632 |
| 3288948 | 531962 | 684495 | 794821 | 1036835 | 249407 | 54873 | 182107 | 5094887 |
| 50237 | 10718 | 19703 | 32608 | 61154 | 28679 | 1944 | 797 | 99135 |
| 2599 | 29 | 153 | 752 | 1259 | 507 | 100 | | 3517 |
| 2696769 | 497072 | 630025 | 726248 | 928351 | 209330 | 50340 | 179403 | 4142784 |
| 539344 | 24143 | 34614 | 35214 | 46072 | 10890 | 2489 | 1907 | 849451 |
| 5765 | 1405 | 1324 | 4372 | 6092 | 2055 | 447 | | 15492 |
| 304298 | 25027 | 84849 | 105799 | 204260 | 98635 | 8011 | 964 | 480246 |
| 62911 | 7163 | 16936 | 28247 | 35742 | 7495 | 1964 | 589 | 121846 |
| | | | | | | | | |
| 238149 | 17553 | 66942 | 77281 | 168174 | 91067 | 6038 | 375 | 354891 |
| | | | | | | | | |
| 3237 | 311 | 971 | 272 | 344 | 73 | 10 | | 3509 |
| 281269 | 7656 | 55685 | 117132 | 179828 | 62695 | 7208 | 8111 | 509414 |
| 60828 | 467 | 2193 | 13422 | 21772 | 8350 | 1720 | 5225 | 113398 |
| 36131 | | 11243 | 10555 | 45209 | 34654 | | | 50008 |
| 169051 | 3729 | 35422 | 83911 | 101798 | 17887 | 3993 | 2886 | 318477 |
| 735 | 489 | 137 | 35 | 344 | 309 | | | 808 |
| 14525 | 2972 | 6689 | 9209 | 10706 | 1497 | 1496 | | 26723 |
| | | | | | | | | |
| 2747782 | 524297 | 673222 | 657032 | 1035548 | 401558 | 40052 | 240226 | 5037228 |
| 42578 | 20035 | 7396 | 6851 | 10205 | 3682 | 730 | 26 | 53664 |
| 4760446 | 682999 | 1106171 | 1134933 | 1514457 | 388300 | 84282 | 206907 | 7308165 |
| 271369 | 27334 | 83994 | 106326 | 201728 | 95576 | 8802 | 964 | 448533 |

**表15.7 续表9 continued9**

| 指 标 | Item | 二、期末资产负债 Assets and Liabilities<br>流动负债合计 Total Current Liabilities | 其中 of which<br>应付账款 Accounts Payable | 非流动负债合计 Total Non-current Liabilities |
|---|---|---|---|---|
| **按登记注册类型分** | **By Status of Registration** | | | |
| 内资企业 | Domestic-funded Enterprises | 8185944 | 1765006 | 1040574 |
| 国有企业 | State-owned Enterprises | 74037 | 10140 | 6712 |
| 集体企业 | Collective-owned Enterprises | 10007 | 1123 | 34 |
| 股份合作企业 | Cooperative Enterprises | 5207 | 1624 | 341 |
| 联营企业 | Joint-owned Enterprises | 604 | 222 | 8 |
| 国有联营企业 | State Joint-owned Enterprises | | | |
| 集体联营企业 | Collective Joint-owned Enterprises | 546 | 219 | 8 |
| 国有与集体联营企业 | Joint State-collective Enterprises | 58 | 3 | |
| 其他联营企业 | Other Joint-owned Enterprises | | | |
| 有限责任公司 | Limited Liability Corporations | 3351126 | 753620 | 317788 |
| 国有独资公司 | State Sole Funded Corporations | 326594 | 94583 | 8437 |
| 其他有限责任公司 | Other Limited Liability Corporations | 3024532 | 659037 | 309351 |
| 股份有限公司 | Share-holding Corporations Ltd. | 1605471 | 520783 | 182921 |
| 私营企业 | Private Enterprises | 3136900 | 476798 | 532506 |
| 私营独资企业 | Private-funded Enterprises | 30550 | 14651 | 3746 |
| 私营合伙企业 | Private Partnership Enterprises | 299 | 5 | |
| 私营有限责任公司 | Private Limited Liability Corporations | 2437439 | 433085 | 522704 |
| 私营股份有限公司 | Private Share-holding Corporations Ltd. | 668611 | 29056 | 6056 |
| 其他企业 | Other Enterprises | 2593 | 696 | 265 |
| 港、澳、台商投资企业 | Enterprises Funded by Hong Kong, Macao and Taiwan | 255827 | 44156 | 36763 |
| 合资经营企业（港或澳、台资） | Joint-venture Enterprises | 80050 | 18480 | 2947 |
| 与港澳台商合作经营企业 | Cooperative Enterprises | | | |
| 港、澳、台商独资经营企业 | Enterprises with Sole Fund | 174745 | 25461 | 33764 |
| 港、澳、台商投资股份有限公司 | Share-holding Corporations Ltd. with Investment | | | |
| 其他港澳台投资企业 | Other Enterprises with Funds from Hong Kong, Macao and Taiwan | 1032 | 215 | 52 |
| 外商投资企业 | Foreign-funded Enterprises | 185845 | 44860 | 68230 |
| 中外合资经营企业 | Joint-venture Enterprises | 40880 | 2251 | 8630 |
| 中外合作经营企业 | Cooperative Enterprises | 26144 | 12663 | |
| 外资企业 | Enterprises with Sole Fund | 101462 | 28108 | 59598 |
| 外商投资股份有限公司 | Share-holding Corporations Ltd. with Foreign Investment | 2446 | 393 | |
| 其他外商投资企业 | Other Foreign-funded Enterprises | 14913 | 1445 | 3 |
| **按控股情况分** | **By Holding Entity of Share** | | | |
| 国有控股 | State-holding | 2896165 | 895356 | 150087 |
| 集体控股 | Collective-holding | 34447 | 16922 | 446 |
| 私人控股 | Private-holding | 4419010 | 730505 | 700733 |
| 港澳台商控股 | Held by Corporation from Hong Kong, Macao and Taiwan | 234658 | 39969 | 35314 |

单位：万元 (10 000 yuan)

二、期末资产负债 Assets and Liabilities

| 负债合计 Total Liabilities | 所有者权益合计 Total Owner's Equity | 实收资本 Paid-up Capital | 其中 of which: 国家资本 State Capital | 集体资本 Collective Capital | 法人资本 Corporate Capital | 个人资本 Personal Capital | 港澳台资本 HMT Capital | 外商资本 Foreign Capital |
|---|---|---|---|---|---|---|---|---|
| 9436019 | 4422947 | 2096353 | 240398 | 55325 | 1071231 | 718289 | 7 | 11104 |
| 80749 | 21640 | 9022 | 7121 | | 1901 | | | |
| 10113 | 6982 | 4142 | | 3651 | 300 | 191 | | |
| 5548 | 5149 | 3573 | | | 1598 | 1976 | | |
| 611 | 1367 | 856 | 731 | 38 | 88 | | | |
| | | | | | | | | |
| 553 | 192 | 126 | | 38 | 88 | | | |
| 58 | 1176 | 731 | 731 | | | | | |
| | | | | | | | | |
| 3871720 | 1717077 | 913680 | 123339 | 18354 | 506902 | 254076 | 5 | 11004 |
| 538585 | 112694 | 27960 | 13680 | | 14280 | | | |
| 3333135 | 1604384 | 885719 | 109659 | 18354 | 492622 | 254076 | 5 | 11004 |
| 1788392 | 1239240 | 313642 | 98155 | 3670 | 186114 | 25704 | | |
| 3675522 | 1419366 | 846223 | 11053 | 27483 | 372818 | 434768 | 2 | 100 |
| 34347 | 64788 | 22704 | 349 | 261 | 8089 | 14005 | 2 | |
| 305 | 3212 | 1041 | | | 538 | 503 | | |
| 2966246 | 1176539 | 730793 | 10704 | 26652 | 289644 | 403694 | | 100 |
| 674624 | 174827 | 91684 | | 570 | 74548 | 16566 | | |
| 3366 | 12126 | 5215 | | 2129 | 1511 | 1575 | | |
| 292590 | 187656 | 440695 | | | 19785 | 601 | 420309 | |
| 82997 | 38849 | 19412 | | | 8732 | 356 | 10325 | |
| | | | | | | | | |
| 208509 | 146382 | 420856 | | | 10872 | | 409984 | |
| | | | | | | | | |
| 1084 | 2425 | 427 | | | 182 | 245 | | |
| 254076 | 255338 | 171675 | 6858 | | 71695 | 391 | 30319 | 62412 |
| 49510 | 63889 | 44979 | 6858 | | 15945 | | 15319 | 6858 |
| 26144 | 23864 | 24251 | | | 24251 | | | |
| 161059 | 157417 | 86308 | | | 31500 | | | 54808 |
| 2447 | -1639 | 747 | | | | | | 747 |
| 14916 | 11807 | 15391 | | | | 391 | 15000 | |
| | | | | | | | | |
| 3250069 | 1787159 | 492782 | 225603 | 1309 | 243288 | 22583 | | |
| 35208 | 18456 | 10831 | 17 | 6935 | 2197 | 1683 | | |
| 5126247 | 2181919 | 1330517 | 12297 | 32738 | 642021 | 643351 | 7 | 104 |
| 269972 | 178561 | 453685 | | | 18747 | | 434938 | |

表15.7 续表10 continued10

| 指 标 | Item | 三、损益及分配 Profits and Losses 营业收入 Business Cost | 其中 of which 主营业务收入 Main Business Cost | 营业成本 Sales Expenses |
|---|---|---|---|---|
| **按登记注册类型分** | **By Status of Registration** | | | |
| 内资企业 | Domestic-funded Enterprises | 34619095 | 34202410 | 30110896 |
| 国有企业 | State-owned Enterprises | 816691 | 811155 | 779823 |
| 集体企业 | Collective-owned Enterprises | 75059 | 74819 | 61682 |
| 股份合作企业 | Cooperative Enterprises | 54586 | 54586 | 47393 |
| 联营企业 | Joint-owned Enterprises | 9602 | 9602 | 8666 |
| 国有联营企业 | State Joint-owned Enterprises | | | |
| 集体联营企业 | Collective Joint-owned Enterprises | 3464 | 3464 | 3103 |
| 国有与集体联营企业 | Joint State-collective Enterprises | 6138 | 6138 | 5564 |
| 其他联营企业 | Other Joint-owned Enterprises | | | |
| 有限责任公司 | Limited Liability Corporations | 14234977 | 14046392 | 12560146 |
| 国有独资公司 | State Sole Funded Corporations | 1113298 | 1107459 | 1044134 |
| 其他有限责任公司 | Other Limited Liability Corporations | 13121679 | 12938933 | 11516011 |
| 股份有限公司 | Share-holding Corporations Ltd. | 6640908 | 6479047 | 5811753 |
| 私营企业 | Private Enterprises | 12671127 | 12612787 | 10748396 |
| 私营独资企业 | Private-funded Enterprises | 566940 | 566332 | 457513 |
| 私营合伙企业 | Private Partnership Enterprises | 28671 | 28287 | 24667 |
| 私营有限责任公司 | Private Limited Liability Corporations | 11331632 | 11275762 | 9597691 |
| 私营股份有限公司 | Private Share-holding Corporations Ltd. | 743885 | 742406 | 668526 |
| 其他企业 | Other Enterprises | 116145 | 114023 | 93037 |
| 港、澳、台商投资企业 | Enterprises Funded by Hong Kong, Macao and Taiwan | 862656 | 831736 | 691335 |
| 合资经营企业（港或澳、台资） | Joint-venture Enterprises | 195000 | 191953 | 152598 |
| 与港澳台商合作经营企业 | Cooperative Enterprises | | | |
| 港、澳、台商独资经营企业 | Enterprises with Sole Fund | 659235 | 631362 | 531178 |
| 港、澳、台商投资股份有限公司 | Share-holding Corporations Ltd. with Investment | | | |
| 其他港澳台投资企业 | Other Enterprises with Funds from Hong Kong, Macao and Taiwan | 8421 | 8421 | 7559 |
| 外商投资企业 | Foreign-funded Enterprises | 1069273 | 1061840 | 909980 |
| 中外合资经营企业 | Joint-venture Enterprises | 158176 | 157158 | 119275 |
| 中外合作经营企业 | Cooperative Enterprises | 90575 | 90575 | 76624 |
| 外资企业 | Enterprises with Sole Fund | 758389 | 751974 | 652888 |
| 外商投资股份有限公司 | Share-holding Corporations Ltd. with Foreign Investment | 1747 | 1747 | 763 |
| 其他外商投资企业 | Other Foreign-funded Enterprises | 60386 | 60386 | 60430 |
| **按控股情况分** | **By Holding Entity of Share** | | | |
| 国有控股 | State-holding | 11139397 | 10907452 | 9987512 |
| 集体控股 | Collective-holding | 299470 | 299230 | 261522 |
| 私人控股 | Private-holding | 20050529 | 19890885 | 17115680 |
| 港澳台商控股 | Held by Corporation from Hong Kong, Macao and Taiwan | 875102 | 845466 | 722111 |

单位：万元 (10 000 yuan)

| 三、损益及分配 Profits and Losses | | | | | | | | | |
|---|---|---|---|---|---|---|---|---|---|
| 其　中 of which | 营业税金及附加 Business Tax and Surcharges | 其　中 of which | 其他业务利润 Other Business Profits | 销售费用 Sales Expenses | 管理费用 Management Expenses | 其　中 of which | 财务费用 Financial Expenses | 其　中 of which | |
| 主营业务成本 Main Sales Expenses | | 主营业务税金及附加 Business Tax and Surtax | | | | 税　金 Tax | | 利息收入 Interest Income | 利息支出 Interest Expenses |
| 29860055 | 250386 | 244995 | 259838 | 1761740 | 908519 | 43381 | 195415 | 27580 | 111397 |
| 774941 | 1098 | 1038 | 1176 | 24294 | 5636 | 310 | 853 | 87 | 613 |
| 61490 | 1435 | 1432 | 29 | 3684 | 3993 | 58 | 1346 | 32 | 58 |
| 47393 | 448 | 448 | | 1204 | 1367 | 123 | 411 | | 85 |
| 8666 | 94 | 94 | | 430 | -34 | | 3 | 9 | 9 |
| | | | | | | | | | |
| 3103 | 72 | 72 | | 145 | 51 | | 6 | | 4 |
| 5564 | 22 | 22 | | 284 | -84 | | -4 | 8 | 5 |
| | | | | | | | | | |
| 12402496 | 75785 | 73803 | 94685 | 750891 | 315460 | 13695 | 70663 | 11818 | 37327 |
| 1041479 | 1517 | 857 | 2046 | 33769 | 8329 | 324 | 2165 | 214 | 1093 |
| 11361017 | 74269 | 72946 | 92639 | 717122 | 307131 | 13372 | 68497 | 11604 | 36234 |
| 5762304 | 27561 | 26106 | 131068 | 432532 | 178288 | 5331 | 29107 | 12038 | 23964 |
| 10712260 | 141809 | 140080 | 32879 | 546479 | 401868 | 23718 | 92344 | 3585 | 49058 |
| 456317 | 9775 | 9686 | 36 | 19412 | 14914 | 753 | 6595 | 49 | 2018 |
| 24465 | 187 | 187 | | 778 | 608 | 59 | 181 | 16 | 13 |
| 9565278 | 126574 | 124974 | 32310 | 498970 | 371790 | 22004 | 82905 | 3429 | 45988 |
| 666199 | 5274 | 5232 | 534 | 27319 | 14556 | 903 | 2663 | 91 | 1038 |
| 90505 | 2155 | 1994 | | 2228 | 1942 | 146 | 689 | 11 | 283 |
| 677060 | 5804 | 5776 | 10171 | 76451 | 41833 | 1885 | 6103 | 219 | 4548 |
| 152473 | 1075 | 1075 | 1950 | 14046 | 13253 | 531 | 2403 | 26 | 1509 |
| | | | | | | | | | |
| 517029 | 4669 | 4641 | 8221 | 62124 | 28379 | 1343 | 3622 | 193 | 2961 |
| | | | | | | | | | |
| 7559 | 60 | 60 | | 281 | 201 | 11 | 78 | | 78 |
| 909953 | 4568 | 4555 | 17587 | 91053 | 46641 | 1014 | 5855 | 1176 | 4576 |
| 119249 | 694 | 694 | 2007 | 12853 | 5997 | 139 | 1469 | 64 | 1522 |
| 76624 | 466 | 466 | 7716 | 19580 | 3739 | | -582 | 778 | -196 |
| 652888 | 3347 | 3335 | 2937 | 56152 | 32419 | 875 | 4478 | 334 | 3238 |
| 763 | 22 | 22 | 29 | 1050 | 794 | | 32 | | |
| 60430 | 38 | 38 | 4899 | 1419 | 3692 | | 459 | | 12 |
| | | | | | | | | | |
| 9802795 | 32908 | 30307 | 149364 | 651405 | 228329 | 7024 | 27906 | 14219 | 21266 |
| 260186 | 9143 | 9095 | 29 | 9484 | 8883 | 532 | 2246 | 51 | 866 |
| 17063825 | 194751 | 192308 | 97744 | 1002982 | 574870 | 33147 | 141327 | 5315 | 72561 |
| 707835 | 5423 | 5395 | 15070 | 67665 | 41891 | 1729 | 5287 | 200 | 3775 |

**表15.7 续表11 continued11**

| 指 标 | Item | 三、损益及分配 Profits and Losses | | | |
|---|---|---|---|---|---|
| | | 资产减值损失 Impairment of Assets | 公允价值变动收益 Fair Value | 投资收益 Income from Investment | 营业利润 Business Profits |
| **按登记注册类型分** | **By Status of Registration** | | | | |
| 内资企业 | Domestic-funded Enterprises | 43176 | -1105 | 68015 | 1415903 |
| 国有企业 | State-owned Enterprises | 5 | | 47 | 5029 |
| 集体企业 | Collective-owned Enterprises | | | 24 | 2943 |
| 股份合作企业 | Cooperative Enterprises | | | 13 | 3776 |
| 联营企业 | Joint-owned Enterprises | | | | 443 |
| 国有联营企业 | State Joint-owned Enterprises | | | | |
| 集体联营企业 | Collective Joint-owned Enterprises | | | | 88 |
| 国有与集体联营企业 | Joint State-collective Enterprises | | | | 355 |
| 其他联营企业 | Other Joint-owned Enterprises | | | | |
| 有限责任公司 | Limited Liability Corporations | 17495 | 65 | 27223 | 472301 |
| 国有独资公司 | State Sole Funded Corporations | -114 | -22 | 333 | 23809 |
| 其他有限责任公司 | Other Limited Liability Corporations | 17608 | 87 | 26890 | 448492 |
| 股份有限公司 | Share-holding Corporations Ltd. | 24650 | -1453 | 38503 | 174070 |
| 私营企业 | Private Enterprises | 1026 | 283 | 2205 | 740017 |
| 私营独资企业 | Private-funded Enterprises | | | 37 | 58568 |
| 私营合伙企业 | Private Partnership Enterprises | | 2 | 1 | 2253 |
| 私营有限责任公司 | Private Limited Liability Corporations | 993 | 281 | 2166 | 655590 |
| 私营股份有限公司 | Private Share-holding Corporations Ltd. | 33 | | 1 | 23607 |
| 其他企业 | Other Enterprises | | | | 17323 |
| 港、澳、台商投资企业 | Enterprises Funded by Hong Kong, Macao and Taiwan | 1329 | | 752 | 40543 |
| 合资经营企业（港或澳、台资） | Joint-venture Enterprises | | | 72 | 11698 |
| 与港澳台商合作经营企业 | Cooperative Enterprises | | | | |
| 港、澳、台商独资经营企业 | Enterprises with Sole Fund | 1329 | | 680 | 28603 |
| 港、澳、台商投资股份有限公司 | Share-holding Corporations Ltd. with Investment | | | | |
| 其他港澳台投资企业 | Other Enterprises with Funds from Hong Kong, Macao and Taiwan | | | | 242 |
| 外商投资企业 | Foreign-funded Enterprises | 1 | | 2068 | 18722 |
| 中外合资经营企业 | Joint-venture Enterprises | | | | 17889 |
| 中外合作经营企业 | Cooperative Enterprises | | | | -9251 |
| 外资企业 | Enterprises with Sole Fund | 1 | | 2068 | 11722 |
| 外商投资股份有限公司 | Share-holding Corporations Ltd. with Foreign Investment | | | | -883 |
| 其他外商投资企业 | Other Foreign-funded Enterprises | | | | -754 |
| **按控股情况分** | **By Holding Entity of Share** | | | | |
| 国有控股 | State-holding | 37044 | -1498 | 59907 | 232751 |
| 集体控股 | Collective-holding | | | 24 | 9394 |
| 私人控股 | Private-holding | 5369 | 395 | 5455 | 1019993 |
| 港澳台商控股 | Held by Corporation from Hong Kong, Macao and Taiwan | 1329 | | 680 | 36965 |

单位：万元 (10 000 yuan)

| 三、损益及分配 Profits and Losses | | | | | 四、人工成本及增值税 Labor Costs and Value Added Tax | | 五、从事零售业活动的从业人员平均人数（人） Average Employees of Wholesale and Retail |
|---|---|---|---|---|---|---|---|
| 营业外收入 Non-business Income | 其中 of which 政府补助 Governmental Subsidy | 营业外支出 Non-business Expenses | 利润总额 Total Profits | 应交所得税 Income Tax Payable | 应付职工薪酬（本年贷方累计发生额） Total Payable Salaries | 应交增值税 Value Added Tax Payable | |
| 99528 | 16173 | 24832 | 1401676 | 135964 | 1131847 | 533775 | 202857 |
| 841 | 22 | 317 | 5530 | 71 | 14016 | 40164 | 2200 |
| 233 | | | 3153 | 390 | 2442 | 4012 | 809 |
| 21 | | | 4349 | 518 | 1816 | 682 | 477 |
| 16 | | 1 | 458 | 110 | 288 | 100 | 55 |
| | | | | | | | |
| 14 | | 1 | 101 | 24 | 128 | -1 | 37 |
| 2 | | | 357 | 86 | 160 | 100 | 18 |
| | | | | | | | |
| 25542 | 8062 | 13157 | 473272 | 49523 | 453654 | 198286 | 82654 |
| 2681 | 409 | 673 | 25606 | 1528 | 16445 | 22857 | 2330 |
| 22861 | 7654 | 12484 | 447666 | 47995 | 437209 | 175429 | 80324 |
| 47174 | 2783 | 5459 | 208258 | 20743 | 326079 | 115326 | 33820 |
| 25645 | 5306 | 5380 | 691141 | 64601 | 331050 | 173688 | 82257 |
| 274 | 4 | 166 | 55991 | 2602 | 12562 | 10376 | 3424 |
| | | | 2253 | 48 | 322 | 674 | 91 |
| 25131 | 5241 | 5168 | 611459 | 60702 | 300962 | 159439 | 73743 |
| 240 | 61 | 46 | 21438 | 1250 | 17205 | 3199 | 4999 |
| 57 | | 518 | 15514 | 6 | 2501 | 1518 | 585 |
| 819 | 97 | 5212 | 36271 | 8039 | 38878 | 12461 | 8025 |
| 180 | 12 | 20 | 12173 | 2408 | 8661 | 4147 | 1540 |
| | | | | | | | |
| 488 | 59 | 5192 | 23856 | 5582 | 30018 | 8278 | 6422 |
| | | | | | | | |
| | | | | | | | |
| 151 | 26 | | 243 | 50 | 199 | 36 | 63 |
| | | | | | | | |
| 1426 | 851 | 363 | 29196 | 7826 | 37833 | 20494 | 7559 |
| 31 | 3 | 182 | 17738 | 4555 | 6182 | 4927 | 897 |
| 46 | | 57 | -1547 | 330 | 10051 | 1835 | 2688 |
| 1297 | 848 | 119 | 12896 | 2911 | 19440 | 14267 | 3775 |
| 22 | | 2 | 864 | | 650 | 166 | 51 |
| | | | | | | | |
| 30 | | 2 | -755 | 30 | 1509 | -702 | 148 |
| | | | | | | | |
| 54747 | 8316 | 8502 | 275732 | 22850 | 451172 | 229054 | 52300 |
| 708 | 38 | 698 | 8203 | 1214 | 7126 | 5814 | 1586 |
| 39743 | 6684 | 13560 | 966801 | 88063 | 578613 | 267146 | 133398 |
| 652 | 59 | 5211 | 32677 | 7160 | 35539 | 9397 | 7260 |

表15.7 续表12 continued12

| 指　标 | Item | 法人企业数（个）Number of Enterprises(unit) | 其中 of which 执行《2006年企业会计准则》企业数（个）Number of Enterprises which Implemented Accounting standard for Business Enterprise in 2006 | 一、年初存货 Inventory at the Begining of Year |
|---|---|---|---|---|
| 外商控股 | Foreign-holding | 14 | 13 | 41673 |
| 其　他 | Other | 226 | 179 | 302669 |
| **按经营形式分** | **By Form of Business** | | | |
| 独立门店 | Independent Store | 2979 | 2008 | 1415316 |
| 连锁总店 | Central Shop of Chain Stores | 115 | 87 | 569009 |
| 连锁门店 | Branch Shop of Chain Stores | 62 | 51 | 44243 |
| 其　他 | Other | 304 | 218 | 402774 |
| **按单位规模分** | **By Size of Enterprise** | | | |
| 大　型 | Large | 64 | 56 | 969247 |
| 中　型 | Medium | 611 | 477 | 1033585 |
| 小　型 | Small | 2012 | 1313 | 355079 |
| 微　型 | Micro | 773 | 518 | 73431 |
| **按零售业态分** | **By Type of Retail Business** | | | |
| 有店铺零售 | In-store Retail | 3320 | 2266 | 2380618 |
| 食杂店 | Grocery Store | 51 | 39 | 3979 |
| 便利店 | Convenience Store | 35 | 23 | 3206 |
| 折扣店 | Discount Store | 2 | 1 | 1118 |
| 超　市 | Super Market | 253 | 148 | 57881 |
| 大型超市 | Large Super Market | 45 | 37 | 176029 |
| 仓储会员店 | Warehouse Membership Store | 11 | 10 | 2787 |
| 百货店 | Department Store | 255 | 177 | 496884 |
| 专业店 | Specialized Store | 1435 | 962 | 1034376 |
| 加油站 | Gas Station | | | |
| 专卖店 | Exclusive Store | 924 | 668 | 510097 |
| 家居建材商店 | Home Furnishing Store | 213 | 133 | 54543 |
| 购物中心 | Shopping Center | 19 | 18 | 9495 |
| 社区购物中心 | Community Shopping Center | | | |
| 市区购物中心 | Urban Shopping Center | | | |
| 城郊购物中心 | Suburban Shopping Center | | | |
| 厂家直销中心 | Factory Outlet Center | 77 | 50 | 30223 |
| 无店铺零售 | Off-store Retail | 140 | 98 | 50724 |
| 电视购物 | TV Shopping | 1 | 1 | |
| 邮　购 | Mail Order | | | |
| 网上商店 | Online Shop | 88 | 57 | 37343 |
| 自动售货亭 | Automatic Vending Machine | | | |
| 电话购物 | Telephone Order | 1 | | |

单位：万元（10 000 yuan）

| 二、期末资产负债 Assets and Liabilities | | | | | | | | |
|---|---|---|---|---|---|---|---|---|
| 流动资产合计 Total Current Assets | 其中 of which | | 固定资产合计 Total Fixed Assets | 固定资产原价 Total Original Value of Fixed Assets | 累计折旧 Accumulative Depreciation | 其中 of which | 在建工程 Construction in Process | 资产总计 Total Assets |
| | 应收帐款 Accounts Receivable | 存货 Inventory | | | | 本年折旧 Depreciation | | |
| 205917 | 4218 | 46802 | 94501 | 147350 | 52849 | 3993 | 2886 | 369292 |
| 1177314 | 114749 | 229828 | 136211 | 201193 | 64996 | 18869 | 10181 | 1631743 |
| | | | | | | | | |
| 5474006 | 799108 | 1230456 | 1278114 | 1724797 | 478060 | 98267 | 164500 | 8373184 |
| 1709487 | 131822 | 648966 | 536213 | 928746 | 392534 | 38700 | 233647 | 3144625 |
| 230960 | 12424 | 43340 | 43356 | 78995 | 35812 | 6249 | 4372 | 434473 |
| 1790953 | 430279 | 224651 | 278170 | 377944 | 100555 | 13512 | 58671 | 2896344 |
| | | | | | | | | |
| 3080358 | 490461 | 839478 | 830045 | 1324616 | 517312 | 52113 | 246415 | 5707900 |
| 3953312 | 462663 | 833090 | 741944 | 1006442 | 265928 | 65416 | 168032 | 5985524 |
| 1794164 | 357496 | 420863 | 439750 | 556187 | 124391 | 30746 | 40695 | 2594346 |
| 377572 | 63012 | 53983 | 124114 | 223236 | 99330 | 8454 | 6048 | 560856 |
| | | | | | | | | |
| 8977278 | 1324083 | 2100469 | 2085962 | 3051033 | 997403 | 151781 | 453691 | 14532745 |
| 13026 | 4463 | 3400 | 8094 | 9115 | 1021 | 288 | | 28179 |
| 11634 | 3221 | 3186 | 5300 | 7533 | 2251 | 564 | | 19073 |
| 23325 | 8 | 1465 | 90 | 629 | 539 | 52 | | 23993 |
| 196030 | 48496 | 61208 | 75810 | 118907 | 43233 | 6951 | 12118 | 301060 |
| 400875 | 19602 | 222376 | 139706 | 269581 | 130048 | 14557 | 42958 | 861379 |
| 26631 | 3750 | 6250 | 3040 | 4013 | 1400 | 126 | 434 | 38525 |
| 1554985 | 65265 | 373389 | 573264 | 854191 | 282632 | 38003 | 56049 | 2456568 |
| 3717004 | 818919 | 811427 | 637267 | 981680 | 351446 | 44919 | 278574 | 6061939 |
| | | | | | | | | |
| 2086538 | 255848 | 531686 | 327355 | 423539 | 118849 | 31993 | 46888 | 3017530 |
| 330003 | 69705 | 51768 | 170488 | 216195 | 45710 | 6320 | 3293 | 578658 |
| 512609 | 5136 | 5310 | 121587 | 134676 | 13089 | 5977 | 6354 | 988540 |
| | | | | | | | | |
| | | | | | | | | |
| | | | | | | | | |
| 104620 | 29669 | 29004 | 23960 | 30975 | 7186 | 2030 | 7023 | 157303 |
| 228128 | 49549 | 46943 | 49891 | 59448 | 9558 | 4947 | 7499 | 315881 |
| 6746 | 547 | | 28 | 30 | 2 | 2 | | 6781 |
| | | | | | | | | |
| 136592 | 20042 | 30665 | 44377 | 50172 | 5795 | 4290 | 6436 | 200027 |
| | | | | | | | | |
| 80 | 39 | 41 | 96 | 120 | 24 | 18 | | 222 |

**表15.7 续表13 continued13**

| 指 标 | Item | 二、期末资产负债 Assets and Liabilities 流动负债合计 Total Current Liabilities | 其中 of which 应付账款 Accounts Payable | 非流动负债合计 Total Non-current Liabilities |
|---|---|---|---|---|
| 外商控股 | Foreign-holding | 130052 | 41164 | 59598 |
| 其 他 | Other | 913283 | 130105 | 199390 |
| **按经营形式分** | **By Form of Business** | | | |
| 独立门店 | Independent Store | 4752254 | 748220 | 650737 |
| 连锁总店 | Central Shop of Chain Stores | 1931764 | 580733 | 136833 |
| 连锁门店 | Branch Shop of Chain Stores | 198745 | 60729 | 79168 |
| 其 他 | Other | 1744854 | 464339 | 278829 |
| **按单位规模分** | **By Size of Enterprise** | | | |
| 大 型 | Large | 3182494 | 963969 | 189589 |
| 中 型 | Medium | 3760503 | 456887 | 768072 |
| 小 型 | Small | 1361013 | 291675 | 178401 |
| 微 型 | Micro | 323607 | 141491 | 9505 |
| **按零售业态分** | **By Type of Retail Business** | | | |
| 有店铺零售 | In-store Retail | 8406206 | 1707197 | 1136583 |
| 食杂店 | Grocery Store | 9525 | 2773 | 3356 |
| 便利店 | Convenience Store | 7131 | 1541 | 360 |
| 折扣店 | Discount Store | 13352 | 8926 | |
| 超 市 | Super Market | 142188 | 57013 | 12288 |
| 大型超市 | Large Super Market | 595192 | 151177 | 87495 |
| 仓储会员店 | Warehouse Membership Store | 22123 | 2337 | 2406 |
| 百货店 | Department Store | 1314563 | 358355 | 384035 |
| 专业店 | Specialized Store | 3458674 | 830858 | 289578 |
| 加油站 | Gas Station | | | |
| 专卖店 | Exclusive Store | 1897192 | 228347 | 200293 |
| 家居建材商店 | Home Furnishing Store | 151923 | 37348 | 110272 |
| 购物中心 | Shopping Center | 710115 | 9179 | 40800 |
| 社区购物中心 | Community Shopping Center | | | |
| 市区购物中心 | Urban Shopping Center | | | |
| 城郊购物中心 | Suburban Shopping Center | | | |
| 厂家直销中心 | Factory Outlet Center | 84229 | 19342 | 5701 |
| 无店铺零售 | Off-store Retail | 221410 | 146825 | 8984 |
| 电视购物 | TV Shopping | 5747 | 5672 | 36 |
| 邮 购 | Mail Order | | | |
| 网上商店 | Online Shop | 151217 | 113946 | 4101 |
| 自动售货亭 | Automatic Vending Machine | | | |
| 电话购物 | Telephone Order | 32 | 32 | 60 |

单位：万元 (10 000 yuan)

二、期末资产负债 Assets and Liabilities

| 负债合计 Total Liabilities | 所有者权益合计 Total Owner's Equity | 实收资本 Paid-up Capital | 其中 of which | | | | | |
|---|---|---|---|---|---|---|---|---|
| | | | 其中 of which | | | | | |
| | | | 国家资本 State Capital | 集体资本 Collective Capital | 法人资本 Corporate Capital | 个人资本 Personal Capital | 港澳台资本 HMT Capital | 外商资本 Foreign Capital |
| 189650 | 179642 | 111305 | | | 55751 | | | 55554 |
| 1111539 | 520204 | 309603 | 9340 | 14343 | 200708 | 51664 | 15690 | 17858 |
| | | | | | | | | |
| 5612237 | 2760947 | 1703371 | 95210 | 37267 | 844084 | 531487 | 129484 | 65840 |
| 2068610 | 1076016 | 260919 | 47960 | 1425 | 175651 | 32355 | 3529 | |
| 277913 | 156561 | 429666 | 8551 | 580 | 39736 | 69027 | 304196 | 7576 |
| 2023925 | 872419 | 314766 | 95534 | 16054 | 103241 | 86411 | 13426 | 100 |
| | | | | | | | | |
| 3575637 | 2132263 | 550275 | 127199 | 334 | 267402 | 91916 | 25606 | 37818 |
| 4530585 | 1454939 | 1054120 | 89050 | 31741 | 585888 | 241815 | 74462 | 31165 |
| 1543642 | 1050704 | 938942 | 27887 | 17011 | 250435 | 335518 | 303562 | 4530 |
| 332820 | 228035 | 165386 | 3120 | 6239 | 58987 | 50031 | 47005 | 4 |
| | | | | | | | | |
| 9752291 | 4780454 | 2651996 | 243729 | 50023 | 1128819 | 705275 | 450634 | 73516 |
| 12881 | 15298 | 11818 | 403 | 2576 | 4783 | 4056 | | |
| 7460 | 11612 | 4252 | 540 | 264 | 1314 | 2135 | | |
| 13352 | 10641 | 2508 | | | 2000 | 508 | | |
| 154861 | 146200 | 81744 | 6409 | 2242 | 21599 | 47296 | 4197 | |
| 682686 | 178693 | 206600 | 7342 | 2653 | 162500 | 13876 | 12653 | 7576 |
| 24528 | 13997 | 3128 | 467 | 793 | 1618 | 250 | | |
| 1698950 | 757618 | 282101 | 9540 | 18476 | 115788 | 59454 | 69976 | 8867 |
| 3751925 | 2310014 | 1016195 | 195278 | 10814 | 471437 | 317610 | 17643 | 3413 |
| | | | | | | | | |
| 2299963 | 717567 | 772752 | 23236 | 9741 | 212761 | 172170 | 343172 | 11672 |
| 264840 | 313818 | 78303 | | | 19660 | 28401 | | 30242 |
| 750915 | 237624 | 149866 | | | 93910 | 41963 | 2993 | 11000 |
| | | | | | | | | |
| | | | | | | | | |
| | | | | | | | | |
| 89930 | 67373 | 42731 | 515 | 2454 | 21448 | 17558 | | 747 |
| 230394 | 85487 | 56727 | 3526 | 5302 | 33893 | 14006 | | |
| 5783 | 999 | 1000 | | | 1000 | | | |
| | | | | | | | | |
| 155318 | 44709 | 33652 | 1945 | 1635 | 24674 | 5348 | | |
| | | | | | | | | |
| 92 | 130 | 130 | | | | 130 | | |

**表15.7 续表14 continued14**

| 指 标 | Item | 三、损益及分配 Profits and Losses 营业收入 Business Cost | 其中 of which 主营业务收入 Main Business Cost | 营业成本 Sales Expenses |
|---|---|---|---|---|
| 外商控股 | Foreign-holding | 850711 | 844297 | 730274 |
| 其 他 | Other | 3335815 | 3308657 | 2895112 |
| **按经营形式分** | **By Form of Business** | | | |
| 独立门店 | Independent Store | 22396941 | 22255864 | 19516642 |
| 连锁总店 | Central Shop of Chain Stores | 7750067 | 7484351 | 6483597 |
| 连锁门店 | Branch Shop of Chain Stores | 1360322 | 1345366 | 1163475 |
| 其 他 | Other | 5043694 | 5010405 | 4548497 |
| **按单位规模分** | **By Size of Enterprise** | | | |
| 大 型 | Large | 13675625 | 13364785 | 11437753 |
| 中 型 | Medium | 12890999 | 12787970 | 11581774 |
| 小 型 | Small | 8429752 | 8405819 | 7358727 |
| 微 型 | Micro | 1554649 | 1537413 | 1333958 |
| **按零售业态分** | **By Type of Retail Business** | | | |
| 有店铺零售 | In-store Retail | 35594939 | 35149123 | 30876740 |
| 食杂店 | Grocery Store | 99369 | 99252 | 80679 |
| 便利店 | Convenience Store | 118286 | 118233 | 102400 |
| 折扣店 | Discount Store | 133825 | 126062 | 99396 |
| 超 市 | Super Market | 1239916 | 1236708 | 1058748 |
| 大型超市 | Large Super Market | 2596382 | 2522412 | 2176487 |
| 仓储会员店 | Warehouse Membership Store | 146737 | 146736 | 121626 |
| 百货店 | Department Store | 4912086 | 4751420 | 4019724 |
| 专业店 | Specialized Store | 14720493 | 14594859 | 13171554 |
| 加油站 | Gas Station | | | |
| 专卖店 | Exclusive Store | 8010915 | 7959075 | 7292575 |
| 家居建材商店 | Home Furnishing Store | 2712111 | 2710164 | 2002768 |
| 购物中心 | Shopping Center | 545641 | 526251 | 437076 |
| 社区购物中心 | Community Shopping Center | | | |
| 市区购物中心 | Urban Shopping Center | | | |
| 城郊购物中心 | Suburban Shopping Center | | | |
| 厂家直销中心 | Factory Outlet Center | 359182 | 357950 | 313709 |
| 无店铺零售 | Off-store Retail | 956085 | 946863 | 835471 |
| 电视购物 | TV Shopping | 53169 | 53169 | 41594 |
| 邮 购 | Mail Order | | | |
| 网上商店 | Online Shop | 680091 | 676463 | 596865 |
| 自动售货亭 | Automatic Vending Machine | | | |
| 电话购物 | Telephone Order | 1105 | 1102 | 839 |

单位：万元 (10 000 yuan)

| 三、损益及分配 Profits and Losses | | | | | | | | | |
|---|---|---|---|---|---|---|---|---|---|
| 其中 of which | | 其中 of which | | | | 其中 of which | | 其中 of which | |
| 主营业务成本 Main Sales Expenses | 营业税金及附加 Business Tax and Surcharges | 主营业务税金及附加 Business Tax and Surtax | 其他业务利润 Other Business Profits | 销售费用 Sales Expenses | 管理费用 Management Expenses | 税金 Tax | 财务费用 Financial Expenses | 利息收入 Interest Income | 利息支出 Interest Expenses |
| 730274 | 3835 | 3823 | 10681 | 76781 | 36952 | 875 | 3927 | 1113 | 3041 |
| 2882153 | 14697 | 14398 | 14707 | 120927 | 106068 | 2972 | 26680 | 8078 | 19012 |
| | | | | | | | | | |
| 19459866 | 201459 | 198434 | 74527 | 804310 | 628494 | 32876 | 134844 | 11579 | 74923 |
| 6319278 | 32788 | 32149 | 197664 | 799322 | 235279 | 6884 | 22083 | 5813 | 11066 |
| 1157959 | 13019 | 12793 | 1023 | 117627 | 37919 | 2395 | 11649 | 220 | 8393 |
| 4509965 | 13492 | 11950 | 14381 | 207985 | 95301 | 4124 | 38797 | 11363 | 26138 |
| | | | | | | | | | |
| 11254963 | 108872 | 106302 | 214218 | 1091239 | 422288 | 18691 | 44404 | 16054 | 29696 |
| 11536310 | 60153 | 59243 | 56743 | 528694 | 330628 | 13478 | 100182 | 7853 | 67522 |
| 7338011 | 74307 | 72958 | 14648 | 244863 | 209970 | 10757 | 51073 | 4877 | 20762 |
| 1317784 | 17426 | 16824 | 1987 | 64448 | 34107 | 3353 | 11714 | 191 | 2540 |
| | | | | | | | | | |
| 30617060 | 257976 | 252626 | 283189 | 1838497 | 971420 | 45282 | 201517 | 28860 | 119252 |
| 80532 | 1067 | 1033 | 48 | 4084 | 3641 | 264 | 971 | 12 | 265 |
| 102394 | 1221 | 1219 | 355 | 4416 | 3239 | 205 | 1224 | 12 | 281 |
| 95461 | 453 | 453 | 3828 | 217 | 25103 | 67 | -361 | 369 | |
| 1055850 | 16658 | 16547 | 2878 | 63086 | 34770 | 1310 | 7857 | 157 | 2973 |
| 2158809 | 8345 | 8078 | 61934 | 292360 | 70661 | 4693 | 10796 | 1874 | 5584 |
| 121621 | 1082 | 1075 | 17 | 2708 | 2436 | 6 | 803 | 4 | 767 |
| 3990192 | 45009 | 44691 | 131905 | 474746 | 187659 | 4037 | 40651 | 6033 | 25629 |
| 12980505 | 70280 | 67614 | 45555 | 541959 | 284100 | 15313 | 56290 | 16030 | 35992 |
| | | | | | | | | | |
| 7279020 | 32985 | 31349 | 35634 | 280307 | 165445 | 6368 | 56472 | 3983 | 34378 |
| 2002270 | 72763 | 72713 | 765 | 136081 | 149181 | 10565 | 14361 | 46 | 10413 |
| 436973 | 5391 | 5390 | | 25057 | 33191 | 2172 | 10284 | 302 | 2297 |
| | | | | | | | | | |
| | | | | | | | | | |
| | | | | | | | | | |
| 313433 | 2723 | 2463 | 270 | 13477 | 11993 | 282 | 2169 | 39 | 674 |
| 830008 | 2782 | 2700 | 4407 | 90747 | 25573 | 997 | 5855 | 115 | 1269 |
| 41594 | 84 | 84 | | 11392 | 83 | 34 | 1 | 1 | |
| | | | | | | | | | |
| 595405 | 1964 | 1912 | 1288 | 69401 | 16260 | 306 | 4818 | 72 | 717 |
| | | | | | | | | | |
| 804 | | | 3 | 60 | 98 | | 35 | | 13 |

**表15.7 续表15 continued15**

| 指 标 | Item | 三、损益及分配 Profits and Losses 资产减值损失 Impairment of Assets | 公允价值变动收益 Fair Value | 投资收益 Income from Investment | 营业利润 Business Profits |
|---|---|---|---|---|---|
| 外商控股 | Foreign-holding | 1 | | 2068 | 1588 |
| 其 他 | Other | 763 | -2 | 2701 | 174477 |
| **按经营形式分** | **By Form of Business** | | | | |
| 独立门店 | Independent Store | 5823 | 333 | 9633 | 1119061 |
| 连锁总店 | Central Shop of Chain Stores | 35986 | -1442 | 28547 | 168280 |
| 连锁门店 | Branch Shop of Chain Stores | 365 | 10 | -4 | 16266 |
| 其 他 | Other | 2332 | -6 | 32658 | 171561 |
| **按单位规模分** | **By Size of Enterprise** | | | | |
| 大 型 | Large | 39284 | -1453 | 59198 | 589520 |
| 中 型 | Medium | 3620 | 145 | 8419 | 296686 |
| 小 型 | Small | 1224 | 90 | 2756 | 495403 |
| 微 型 | Micro | 378 | 113 | 462 | 93559 |
| **按零售业态分** | **By Type of Retail Business** | | | | |
| 有店铺零售 | In-store Retail | 44293 | -1105 | 70309 | 1479149 |
| 食杂店 | Grocery Store | | | | 8932 |
| 便利店 | Convenience Store | | | 448 | 6234 |
| 折扣店 | Discount Store | | | | 9017 |
| 超 市 | Super Market | 45 | 54 | 679 | 59256 |
| 大型超市 | Large Super Market | 1341 | | 162 | 36555 |
| 仓储会员店 | Warehouse Membership Store | 68 | | | 18013 |
| 百货店 | Department Store | 26788 | -1269 | 10072 | 126297 |
| 专业店 | Specialized Store | 13391 | 86 | 56499 | 640063 |
| 加油站 | Gas Station | | | | |
| 专卖店 | Exclusive Store | 2387 | 23 | 431 | 186343 |
| 家居建材商店 | Home Furnishing Store | 242 | 4 | 714 | 337177 |
| 购物中心 | Shopping Center | 2 | | 1272 | 35911 |
| 社区购物中心 | Community Shopping Center | | | | |
| 市区购物中心 | Urban Shopping Center | | | | |
| 城郊购物中心 | Suburban Shopping Center | | | | |
| 厂家直销中心 | Factory Outlet Center | 28 | -2 | 32 | 15351 |
| 无店铺零售 | Off-store Retail | 213 | | 525 | -3981 |
| 电视购物 | TV Shopping | | | | 16 |
| 邮 购 | Mail Order | | | | |
| 网上商店 | Online Shop | 176 | | 525 | -8845 |
| 自动售货亭 | Automatic Vending Machine | | | | |
| 电话购物 | Telephone Order | | | | 107 |

单位：万元 (10 000 yuan)

| 三、损益及分配 Profits and Losses | | | | | 四、人工成本及增值税 Labor Costs and Value Added Tax | | 五、从事零售业活动的从业人员平均人数（人） |
|---|---|---|---|---|---|---|---|
| 营业外收入 Non-business Income | 其中 of which 政府补助 Governmental Subsidy | 营业外支出 Non-business Expenses | 利润总额 Total Profits | 应交所得税 Income Tax Payable | 应付职工薪酬（本年贷方累计发生额） Total Payable Salaries | 应交增值税 Value Added Tax Payable | Average Employees of Wholesale and Retail |
| 1364 | 848 | 179 | 12213 | 3242 | 30141 | 16269 | 6514 |
| 4559 | 1175 | 2257 | 171517 | 29301 | 105966 | 39050 | 17383 |
| | | | | | | | |
| 40254 | 7394 | 9674 | 1086472 | 117830 | 538192 | 295932 | 111901 |
| 18896 | 7215 | 12854 | 176766 | 23219 | 523232 | 158045 | 80192 |
| 1742 | 134 | 946 | 16622 | 628 | 35696 | 11895 | 8465 |
| 40879 | 2376 | 6934 | 187285 | 10152 | 111438 | 100857 | 17883 |
| | | | | | | | |
| 51643 | 3593 | 6285 | 641707 | 80867 | 650101 | 292322 | 101410 |
| 24769 | 8293 | 15121 | 275740 | 42448 | 352918 | 138339 | 67887 |
| 18933 | 4458 | 8581 | 466549 | 24082 | 180292 | 114314 | 43964 |
| 6427 | 776 | 419 | 83148 | 4431 | 25246 | 21755 | 5180 |
| | | | | | | | |
| 99230 | 15216 | 30151 | 1471385 | 150576 | 1181018 | 549723 | 213583 |
| 105 | 81 | 19 | 8239 | 389 | 3772 | 2316 | 1123 |
| 53 | 22 | 46 | 5119 | 303 | 3089 | 1049 | 852 |
| 23 | 20 | | 9039 | 1926 | 15726 | 2194 | 2069 |
| 2527 | 1180 | 379 | 53369 | 3456 | 51296 | 17023 | 15590 |
| 3783 | 164 | 4988 | 32628 | 7509 | 176080 | 32477 | 40661 |
| 791 | 449 | 150 | 18601 | 759 | 1629 | 1100 | 254 |
| 14047 | 7987 | 5693 | 131600 | 22249 | 281965 | 88361 | 35255 |
| 55748 | 3176 | 11061 | 642137 | 55215 | 410063 | 248154 | 72097 |
| | | | | | | | |
| 17321 | 1621 | 6119 | 182478 | 14508 | 179709 | 74127 | 34165 |
| 423 | 160 | 441 | 334165 | 42367 | 32580 | 69236 | 6707 |
| 3998 | 152 | 237 | 38129 | 465 | 12929 | 10066 | 2218 |
| | | | | | | | |
| | | | | | | | |
| | | | | | | | |
| 412 | 204 | 1019 | 15881 | 1428 | 12180 | 3621 | 2592 |
| 2542 | 1904 | 256 | -4242 | 1253 | 27540 | 17007 | 4858 |
| | | 10 | 6 | 1 | 83 | 698 | 5 |
| | | | | | | | |
| 2191 | 1740 | 132 | -8621 | 638 | 16571 | 7189 | 2712 |
| | | | | | | | |
| 1 | | | 108 | 3 | 98 | | 25 |

# 表15.8 限额以上住宿业法人企业财务状况（2016年）

## FINANCIAL INDICATORS OF ENTERPRISES ABOVE DESIGNATED SIZE OF HOTELS (2016)

| 指 标 | Item | 法人企业数（个） Number of Enterprises(unit) | 其 中 of which 执行《2006年企业会计准则》企业数（个） Number of Enterprises which Implemented Accounting standard for Business Enterprise in 2006 | 一、年初存货 Inventory at the Begining of Year |
|---|---|---|---|---|
| 合 计 | **Total** | **459** | **331** | **56804** |
| **按住宿业行业小类分** | **By Classification of Hotels** | | | |
| 旅游饭店 | Tourist Hotels | 254 | 199 | 44828 |
| 一般旅馆 | General Hotels | 181 | 115 | 11120 |
| 其他住宿业 | Other Accommodation Services | 24 | 17 | 856 |
| **按登记注册类型分** | **By Status of Registration** | | | |
| 内资企业 | Domestic-funded Enterprises | 450 | 323 | 55863 |
| 国有企业 | State-owned Enterprises | 17 | 15 | 7449 |
| 集体企业 | Collective-owned Enterprises | 7 | 6 | 551 |
| 股份合作企业 | Cooperative Enterprises | | | |
| 联营企业 | Joint-owned Enterprises | | | |
| 国有联营企业 | State Joint-owned Enterprises | | | |
| 集体联营企业 | Collective Joint-owned Enterprises | | | |
| 国有与集体联营企业 | Joint State-collective Enterprises | | | |
| 其他联营企业 | Other Joint-owned Enterprises | | | |
| 有限责任公司 | Limited Liability Corporations | 169 | 135 | 37016 |
| 国有独资公司 | Solely State-owned Corporations | 15 | 15 | 20508 |
| 其他有限责任公司 | Other Limited Liability Corporations | 154 | 120 | 16507 |
| 股份有限公司 | Share-holding Corporations Ltd. | 10 | 8 | 2877 |
| 私营企业 | Private Enterprises | 241 | 156 | 7677 |
| 私营独资企业 | Private-funded Enterprises | 18 | 13 | 312 |
| 私营合伙企业 | Private Partnership Enterprises | 3 | 2 | 236 |
| 私营有限责任公司 | Private Limited Liability Corporations | 207 | 134 | 6865 |
| 私营股份有限公司 | Private Share-holding Corporatinos Ltd. | 13 | 7 | 264 |
| 其他企业 | Other Enterprises | 6 | 3 | 294 |
| 港、澳、台商投资企业 | Enterprises Funded by Hong Kong, Macao and Taiwan | 5 | 5 | 256 |
| 合资经营企业（港或澳、台资） | Joint-venture Enterprises | 3 | 3 | 256 |
| 与港澳台商合作经营企业 | Cooperative Enterprises | | | |
| 港、澳、台商独资经营企业 | Enterprises with Sole Fund | 2 | 2 | |
| 港、澳、台商投资股份有限公司 | Share-holding Corporations Ltd. with Investment | | | |
| 其他港澳台投资企业 | Other Enterprises with Funds from Hong Kong, Macao and Taiwan | | | |

单位：万元 (10 000 yuan)

二、期末资产负责　Assets and Liabilities

| 流动资产合计 Total Current Assets | 其中 of which 应收帐款 Accounts Receivable | 其中 of which 存货 Inventory | 固定资产合计 Total Fixed Assets | 固定资产原价 Total Original Value of Fixed Assets | 累计折旧 Accumulative Depreciation | 其中 of which 本年折旧 Depreciation | 在建工程 Construction in Process | 资产总计 Total Assets |
|---|---|---|---|---|---|---|---|---|
| **997113** | **64808** | **51650** | **836704** | **1339891** | **503788** | **74399** | **157214** | **2475337** |
| | | | | | | | | |
| 881718 | 47921 | 45147 | 671982 | 1117311 | 445929 | 64086 | 127675 | 2110615 |
| 104670 | 16049 | 5588 | 152057 | 201723 | 49667 | 9174 | 29540 | 334773 |
| 10726 | 838 | 915 | 12665 | 20858 | 8192 | 1139 | | 29949 |
| | | | | | | | | |
| 925520 | 62889 | 50863 | 756357 | 1147594 | 391838 | 68108 | 157129 | 2269154 |
| 57693 | 1852 | 639 | 37113 | 82963 | 45849 | 6981 | 44114 | 141159 |
| 3278 | 177 | 506 | 5381 | 9873 | 4492 | 278 | 57 | 11535 |
| | | | | | | | | |
| | | | | | | | | |
| | | | | | | | | |
| | | | | | | | | |
| | | | | | | | | |
| | | | | | | | | |
| 528912 | 38094 | 36737 | 525190 | 758351 | 233734 | 40676 | 44554 | 1413902 |
| 115021 | 3503 | 20621 | 100993 | 123157 | 22164 | 3367 | 1036 | 264183 |
| 413891 | 34591 | 16116 | 424198 | 635195 | 211570 | 37310 | 43517 | 1149719 |
| 13631 | 611 | 2798 | 14488 | 25896 | 11407 | 991 | | 44520 |
| 320841 | 22093 | 9786 | 171587 | 267462 | 95903 | 19152 | 68053 | 653428 |
| 3196 | 153 | 325 | 4103 | 7666 | 3563 | 481 | 2678 | 17455 |
| 2014 | 557 | 165 | 983 | 4405 | 3422 | 380 | | 3003 |
| 306352 | 20731 | 9045 | 159370 | 243911 | 84542 | 17693 | 65347 | 614687 |
| 9280 | 652 | 251 | 7131 | 11479 | 4376 | 598 | 28 | 18283 |
| 1165 | 63 | 397 | 2597 | 3051 | 453 | 30 | 351 | 4609 |
| 12147 | 168 | 260 | 40346 | 64476 | 24130 | 2777 | 2 | 58548 |
| 10959 | -77 | 234 | 25792 | 43755 | 17963 | 2019 | 2 | 42806 |
| | | | | | | | | |
| 1187 | 245 | 26 | 14554 | 20721 | 6167 | 758 | | 15741 |

**表15.8 续表1 continued1**

| 指 标 | Item | 二、期末资产负债 Assets and Liabilities 流动负债合计 Total Current Liabilities | 其中 of which 应付账款 Accounts Payable | 非流动负债合计 Total Non-current Liabilities |
|---|---|---|---|---|
| **合 计** | **Total** | **1237353** | **97747** | **768897** |
| **按住宿业行业小类分** | **By Classification of Hotels** | | | |
| 旅游饭店 | Tourist Hotels | 1007815 | 70213 | 686347 |
| 一般旅馆 | General Hotels | 196800 | 22567 | 77638 |
| 其他住宿业 | Other Accommodation Services | 32739 | 4968 | 4912 |
| **按登记注册类型分** | **By Status of Registration** | | | |
| 内资企业 | Domestic-funded Enterprises | 1164663 | 95061 | 705831 |
| 国有企业 | State-owned Enterprises | 92849 | 2912 | 49680 |
| 集体企业 | Collective-owned Enterprises | 2925 | 850 | 6907 |
| 股份合作企业 | Cooperative Enterprises | | | |
| 联营企业 | Joint-owned Enterprises | | | |
| 国有联营企业 | State Joint-owned Enterprises | | | |
| 集体联营企业 | Collective Joint-owned Enterprises | | | |
| 国有与集体联营企业 | Joint State-collective Enterprises | | | |
| 其他联营企业 | Other Joint-owned Enterprises | | | |
| 有限责任公司 | Limited Liability Corporations | 698285 | 65786 | 460430 |
| 国有独资公司 | Solely State-owned Corporations | 115633 | 4781 | 79070 |
| 其他有限责任公司 | Other Limited Liability Corporations | 582651 | 61004 | 381360 |
| 股份有限公司 | Share-holding Corporations Ltd. | 43679 | 2627 | 713 |
| 私营企业 | Private Enterprises | 326241 | 22778 | 187998 |
| 私营独资企业 | Private-funded Enterprises | 9241 | 1203 | 2288 |
| 私营合伙企业 | Private Partnership Enterprises | 886 | 74 | |
| 私营有限责任公司 | Private Limited Liability Corporations | 310585 | 20444 | 173870 |
| 私营股份有限公司 | Private Share-holding Corporatinos Ltd. | 5529 | 1057 | 11840 |
| 其他企业 | Other Enterprises | 684 | 108 | 104 |
| 港、澳、台商投资企业 | Enterprises Funded by Hong Kong, Macao and Taiwan | 22834 | 787 | 50730 |
| 合资经营企业（港或澳、台资） | Joint-venture Enterprises | 18394 | 688 | 41070 |
| 与港澳台商合作经营企业 | Cooperative Enterprises | | | |
| 港、澳、台商独资经营企业 | Enterprises with Sole Fund | 4440 | 100 | 9660 |
| 港、澳、台商投资股份有限公司 | Share-holding Corporations Ltd. with Investment | | | |
| 其他港澳台投资企业 | Other Enterprises with Funds from Hong Kong, Macao and Taiwan | | | |

单位：万元（10 000 yuan）

| 二、期末资产负债 Assets and Liabilities | | | | | | | | |
|---|---|---|---|---|---|---|---|---|
| | | | 其　中 of which | | | | | |
| | | | | 其　中 of which | | | | |
| 负债合计 Total Liabilities | 所有者权益合计 Total Owner's Equity | 实收资本 Paid-up Capital | 国家资本 State Capital | 集体资本 Collective Capital | 法人资本 Corporate Capital | 个人资本 Personal Capital | 港澳台资本 HMT Capital | 外商资本 Foreign Capital |
| **2004379** | **470958** | **571075** | **97200** | **9724** | **299136** | **114790** | **14618** | **35606** |
| | | | | | | | | |
| 1694163 | 416452 | 454403 | 95937 | 4454 | 252484 | 62822 | 3100 | 35606 |
| 272565 | 62208 | 110745 | 972 | 5270 | 41977 | 51009 | 11518 | |
| 37651 | -7702 | 5926 | 291 | | 4676 | 960 | | |
| | | | | | | | | |
| 1868624 | 400529 | 508451 | 95800 | 9724 | 288136 | 114790 | | |
| 142530 | -1371 | 14727 | 11809 | | 2919 | | | |
| 9832 | 1703 | 3420 | | 2394 | 716 | 310 | | |
| | | | | | | | | |
| | | | | | | | | |
| | | | | | | | | |
| | | | | | | | | |
| | | | | | | | | |
| | | | | | | | | |
| 1156841 | 257061 | 354194 | 76192 | 7030 | 228218 | 42754 | | |
| 194703 | 69480 | 30417 | 23817 | | 6600 | | | |
| 962139 | 187581 | 323777 | 52375 | 7030 | 221618 | 42754 | | |
| 44392 | 128 | 14490 | 7800 | 300 | 2790 | 3600 | | |
| 514242 | 139186 | 118889 | | | 51543 | 67346 | | |
| 11529 | 5926 | 3791 | | | 1881 | 1909 | | |
| 886 | 2117 | 1310 | | | 5 | 1305 | | |
| 484457 | 130231 | 109956 | | | 48924 | 61032 | | |
| 17370 | 914 | 3833 | | | 733 | 3100 | | |
| 788 | 3821 | 2731 | | | 1951 | 780 | | |
| 73564 | -15016 | 27018 | 1400 | | 11000 | | 14618 | |
| 59464 | -16658 | 14525 | 1400 | | 11000 | | 2125 | |
| | | | | | | | | |
| 14100 | 1642 | 12493 | | | | | 12493 | |

**表15.8 续表2 continued2**

| 指 标 | Item | 三、损益及分配 Profits and Losses | | |
|---|---|---|---|---|
| | | 营业收入 Business Cost | 其中 of which 主营业务收入 Main Business Cost | 营业成本 Sales Expenses |
| **合 计** | **Total** | **984094** | **970318** | **455899** |
| **按住宿业行业小类分** | **By Classification of Hotels** | | | |
| 旅游饭店 | Tourist Hotels | 766114 | 754150 | 334908 |
| 一般旅馆 | General Hotels | 191807 | 190915 | 106406 |
| 其他住宿业 | Other Accommodation Services | 26173 | 25253 | 14586 |
| **按登记注册类型分** | **By Status of Registration** | | | |
| 内资企业 | Domestic-funded Enterprises | 934836 | 922000 | 443589 |
| 国有企业 | State-owned Enterprises | 38162 | 37990 | 15726 |
| 集体企业 | Collective-owned Enterprises | 14853 | 14259 | 7632 |
| 股份合作企业 | Cooperative Enterprises | | | |
| 联营企业 | Joint-owned Enterprises | | | |
| 国有联营企业 | State Joint-owned Enterprises | | | |
| 集体联营企业 | Collective Joint-owned Enterprises | | | |
| 国有与集体联营企业 | Joint State-collective Enterprises | | | |
| 其他联营企业 | Other Joint-owned Enterprises | | | |
| 有限责任公司 | Limited Liability Corporations | 472583 | 468784 | 206277 |
| 国有独资公司 | Solely State-owned Corporations | 55432 | 53297 | 32131 |
| 其他有限责任公司 | Other Limited Liability Corporations | 417151 | 415487 | 174147 |
| 股份有限公司 | Share-holding Corporations Ltd. | 27225 | 26752 | 15083 |
| 私营企业 | Private Enterprises | 374093 | 366296 | 192744 |
| 私营独资企业 | Private-funded Enterprises | 15904 | 15775 | 10094 |
| 私营合伙企业 | Private Partnership Enterprises | 5527 | 5527 | 1900 |
| 私营有限责任公司 | Private Limited Liability Corporations | 338990 | 331352 | 173758 |
| 私营股份有限公司 | Private Share-holding Corporatinos Ltd. | 13673 | 13643 | 6993 |
| 其他企业 | Other Enterprises | 7919 | 7919 | 6126 |
| 港、澳、台商投资企业 | Enterprises Funded by Hong Kong, Macao and Taiwan | 14905 | 14905 | 3839 |
| 合资经营企业（港或澳、台资） | Joint-venture Enterprises | 10499 | 10499 | 1216 |
| 与港澳台商合作经营企业 | Cooperative Enterprises | | | |
| 港、澳、台商独资经营企业 | Enterprises with Sole Fund | 4406 | 4406 | 2623 |
| 港、澳、台商投资股份有限公司 | Share-holding Corporations Ltd. with Investment | | | |
| 其他港澳台投资企业 | Other Enterprises with Funds from Hong Kong, Macao and Taiwan | | | |

单位：万元 (10 000 yuan)

| 三、损益及分配 Profits and Losses | | | | | | | | | | |
|---|---|---|---|---|---|---|---|---|---|---|
| 其中 of which | 营业税金及附加 | 其中 of which | 其他业务利润 | 销售费用 | 管理费用 | 其中 of which | 财务费用 | 其中 of which | |
| 主营业务成本 Main Sales Expenses | Business Tax and Surcharges | 主营业务税金及附加 Business Tax and Surtax | Other Business Profits | Sales Expenses | Management Expenses | 税金 Tax | Financial Expenses | 利息收入 Interest Income | 利息支出 Interest Expenses |
| **448792** | **25963** | **25489** | **9464** | **227238** | **202095** | **7812** | **55693** | **2161** | **33167** |
| | | | | | | | | | |
| 329958 | 20262 | 19880 | 8607 | 190073 | 161888 | 6147 | 49729 | 2071 | 30896 |
| 104784 | 5111 | 5039 | 242 | 33276 | 34589 | 1581 | 5855 | 68 | 2226 |
| 14050 | 591 | 570 | 615 | 3889 | 5618 | 85 | 109 | 22 | 45 |
| | | | | | | | | | |
| 436512 | 24810 | 24338 | 8594 | 212502 | 187575 | 6952 | 51038 | 2122 | 32980 |
| 15726 | 1023 | 911 | -4 | 11726 | 9284 | 389 | 4171 | 304 | 3081 |
| 7579 | 314 | 314 | 11 | 3852 | 1498 | 57 | 128 | 38 | |
| | | | | | | | | | |
| | | | | | | | | | |
| | | | | | | | | | |
| | | | | | | | | | |
| | | | | | | | | | |
| | | | | | | | | | |
| 204586 | 11246 | 11141 | 1088 | 117275 | 112127 | 3713 | 31215 | 256 | 19522 |
| 31862 | 1187 | 1181 | 250 | 8219 | 15796 | 247 | 4221 | -11 | 94 |
| 172724 | 10059 | 9959 | 838 | 109056 | 96331 | 3466 | 26995 | 267 | 19427 |
| 14936 | 1048 | 1046 | | 5227 | 5882 | 691 | 1393 | | 397 |
| 187619 | 10909 | 10675 | 7471 | 74230 | 58056 | 2096 | 14093 | 1524 | 9981 |
| 9605 | 575 | 575 | 134 | 1141 | 1253 | 696 | 559 | | 81 |
| 1900 | 213 | 213 | | 1346 | 1668 | 19 | 47 | | 47 |
| 169245 | 9664 | 9474 | 6757 | 70386 | 52791 | 1370 | 13100 | 1517 | 9553 |
| 6869 | 458 | 414 | 580 | 1357 | 2345 | 11 | 388 | 6 | 300 |
| 6067 | 271 | 251 | 28 | 192 | 728 | 6 | 38 | | |
| 3839 | 334 | 334 | | 4666 | 8321 | 51 | 3319 | 2 | 140 |
| 1216 | 239 | 239 | | 3850 | 6848 | 49 | 2717 | 1 | 125 |
| | | | | | | | | | |
| 2623 | 96 | 96 | | 816 | 1473 | 2 | 602 | | 15 |

**表15.8 续表3 continued3**

| 指 标 | Item | 三、损益及分配 Profits and Losses 资产减值损失 Impairment of Assets | 公允价值变动收益 Fair Value | 投资收益 Income from Investment | 营业利润 Business Profits |
|---|---|---|---|---|---|
| 合 计 | **Total** | **94** | **14** | **4950** | **22032** |
| 按住宿业行业小类分 | **By Classification of Hotels** | | | | |
| 旅游饭店 | Tourist Hotels | 66 | 5 | 4944 | 13813 |
| 一般旅馆 | General Hotels | 20 | 10 | 8 | 6463 |
| 其他住宿业 | Other Accommodation Services | 8 | | -1 | 1757 |
| 按登记注册类型分 | **By Status of Registration** | | | | |
| 内资企业 | Domestic-funded Enterprises | 94 | 14 | 1939 | 17137 |
| 国有企业 | State-owned Enterprises | | | | -3432 |
| 集体企业 | Collective-owned Enterprises | | | | 1440 |
| 股份合作企业 | Cooperative Enterprises | | | | |
| 联营企业 | Joint-owned Enterprises | | | | |
| 国有联营企业 | State Joint-owned Enterprises | | | | |
| 集体联营企业 | Collective Joint-owned Enterprises | | | | |
| 国有与集体联营企业 | Joint State-collective Enterprises | | | | |
| 其他联营企业 | Other Joint-owned Enterprises | | | | |
| 有限责任公司 | Limited Liability Corporations | 63 | 4 | 1930 | -3825 |
| 国有独资公司 | Solely State-owned Corporations | -6 | | 121 | -5995 |
| 其他有限责任公司 | Other Limited Liability Corporations | 70 | 4 | 1809 | 2170 |
| 股份有限公司 | Share-holding Corporations Ltd. | | | | -1408 |
| 私营企业 | Private Enterprises | 31 | 10 | 9 | 24071 |
| 私营独资企业 | Private-funded Enterprises | | | | 2334 |
| 私营合伙企业 | Private Partnership Enterprises | | | | 354 |
| 私营有限责任公司 | Private Limited Liability Corporations | 31 | 10 | 9 | 19251 |
| 私营股份有限公司 | Private Share-holding Corporatinos Ltd. | | | | 2133 |
| 其他企业 | Other Enterprises | | | | 292 |
| 港、澳、台商投资企业 | Enterprises Funded by Hong Kong, Macao and Taiwan | | | 2900 | -2673 |
| 合资经营企业（港或澳、台资） | Joint-venture Enterprises | | | 2900 | -1470 |
| 与港澳台商合作经营企业 | Cooperative Enterprises | | | | |
| 港、澳、台商独资经营企业 | Enterprises with Sole Fund | | | | -1203 |
| 港、澳、台商投资股份有限公司 | Share-holding Corporations Ltd. with Investment | | | | |
| 其他港澳台投资企业 | Other Enterprises with Funds from Hong Kong, Macao and Taiwan | | | | |

单位：万元 (10 000 yuan)

| 三、损益及分配 Profits and Losses | | | | | 四、人工成本及增值税 Labor Costs and Value Added Tax | | 五、从事零售业活动的从业人员平均人数（人） |
|---|---|---|---|---|---|---|---|
| 营业外收入 Non-business Income | 其中 of which 政府补助 Governmental Subsidy | 营业外支出 Non-business Expenses | 利润总额 Total Profits | 应交所得税 Income Tax Payable | 应付职工薪酬（本年贷方累计发生额） Total Payable Salaries | 应交增值税 Value Added Tax Payable | Average Employees of Wholesale and Retail |
| **36592** | **2196** | **17489** | **36083** | **6688** | **182384** | **15316** | **39615** |
| 36219 | 2071 | 17019 | 27910 | 4263 | 142048 | 12213 | 29617 |
| 286 | 55 | 459 | 7703 | 2292 | 34994 | 2684 | 8804 |
| 88 | 71 | 11 | 470 | 134 | 5343 | 418 | 1194 |
| 36471 | 2138 | 17457 | 30184 | 5169 | 170719 | 12422 | 37457 |
| 1238 | 840 | 256 | -3366 | 238 | 11416 | 786 | 2208 |
| 41 | | 12 | 1418 | 243 | 2108 | 213 | 567 |
| 33893 | 510 | 16849 | 13107 | 3127 | 97242 | 6634 | 19852 |
| 31861 | 182 | 15203 | 10662 | 80 | 17483 | 686 | 2430 |
| 2033 | 328 | 1646 | 2445 | 3047 | 79760 | 5948 | 17422 |
| 67 | 4 | 9 | -1614 | 97 | 3574 | 65 | 983 |
| 1233 | 785 | 331 | 20108 | 1460 | 55680 | 4586 | 13599 |
| 15 | | | 1850 | 200 | 1398 | 273 | 430 |
| | | | 354 | | 594 | 7 | 161 |
| 1212 | 785 | 316 | 15782 | 1248 | 51131 | 4185 | 12309 |
| 5 | | 15 | 2123 | 12 | 2557 | 121 | 699 |
| | | | 531 | 4 | 698 | 139 | 248 |
| 9 | | 10 | -1759 | | 4037 | 315 | 796 |
| 9 | | 7 | -1469 | | 3185 | 185 | 633 |
| | | 2 | -291 | | 852 | 130 | 163 |

表15.8 续表4 continued4

| 指　标 | Item | 法人企业数（个） Number of Enterprises(unit) | 其中 of which 执行《2006年企业会计准则》企业数（个） Number of Enterprises which Implemented Accounting standard for Business Enterprise in 2006 | 一、年初存货 Inventory at the Begining of Year |
|---|---|---|---|---|
| 外商投资企业 | Foreign-funded Enterprises | 4 | 3 | 684 |
| 中外合资经营企业 | Joint-venture Enterprises | | | |
| 中外合作经营企业 | Cooperative Enterprises | | | |
| 外资企业 | Enterprises with Sole Fund | 4 | 3 | 684 |
| 外商投资股份有限公司 | Share-holding Corporations Ltd. with Foreign Investment | | | |
| 其他外商投资企业 | Other Foreign-funded Enterprises | | | |
| **按控股情况分** | **By Holding Entity of Share** | | | |
| 国有控股 | State-holding | 58 | 54 | 29487 |
| 集体控股 | Collective-holding | 13 | 9 | 789 |
| 私人控股 | Private-holding | 325 | 214 | 16458 |
| 港澳台商控股 | Held by Corporation from Hong Kong, Macao and Taiwan | 5 | 5 | 256 |
| 外商控股 | Foreign-holding | 5 | 4 | 684 |
| 其　他 | Other | 53 | 45 | 9129 |
| **按经营形式分** | **By Form of Business** | | | |
| 独立门店 | Independent Store | 400 | 286 | 54167 |
| 连锁总店（总部） | Central Shop of Chain Stores | 3 | 2 | 80 |
| 连锁门店 | Branch Shop of Chain Stores | 17 | 12 | 181 |
| 其　他 | Other | 39 | 31 | 2376 |
| **按单位规模分** | **By Size of Enterprise** | | | |
| 大　型 | Large | 7 | 7 | 21458 |
| 中　型 | Medium | 90 | 78 | 18709 |
| 小　型 | Small | 343 | 232 | 16246 |
| 微　型 | Micro | 19 | 14 | 391 |
| **按星级分** | **By Star of Hotel** | | | |
| 五　星 | 5-Star | 31 | 29 | 30634 |
| 四　星 | 4-Star | 50 | 41 | 4758 |
| 三　星 | 3-Star | 81 | 63 | 6443 |
| 二　星 | 2-Star | 11 | 7 | 5998 |
| 一　星 | 1-Star | | | |
| 其　他 | Other | 286 | 191 | 8971 |

单位：万元 (10 000 yuan)

二、期末资产负债 Assets and Liabilities

| 流动资产合计<br>Total Current Assets | 其中 of which<br>应收帐款<br>Accounts Receivable | <br>存货<br>Inventory | 固定资产合计<br>Total Fixed Assets | 固定资产原价<br>Total Original Value of Fixed Assets | 累计折旧<br>Accumulative Depreciation | 其中 of which<br>本年折旧<br>Depreciation | 在建工程<br>Construction in Process | 资产总计<br>Total Assets |
|---:|---:|---:|---:|---:|---:|---:|---:|---:|
| 59447 | 1751 | 527 | 40001 | 127822 | 87820 | 3513 | 84 | 147636 |
| | | | | | | | | |
| | | | | | | | | |
| 59447 | 1751 | 527 | 40001 | 127822 | 87820 | 3513 | 84 | 147636 |
| | | | | | | | | |
| | | | | | | | | |
| | | | | | | | | |
| 203406 | 6296 | 22704 | 223871 | 335639 | 111768 | 26173 | 45275 | 566548 |
| 23407 | 271 | 735 | 6730 | 16630 | 9900 | 584 | 410 | 34230 |
| 531008 | 40542 | 19136 | 342985 | 528782 | 186398 | 30684 | 71107 | 1179219 |
| 12147 | 168 | 260 | 40346 | 64476 | 24130 | 2777 | 2 | 58548 |
| 59467 | 1772 | 527 | 40046 | 128241 | 88195 | 3518 | 86 | 147747 |
| 167678 | 15759 | 8287 | 182727 | 266125 | 83397 | 10662 | 40335 | 489046 |
| | | | | | | | | |
| 853846 | 60765 | 47646 | 690532 | 1168016 | 478085 | 69202 | 156511 | 2115560 |
| 30511 | -2098 | 34 | 8976 | 11842 | 2866 | 514 | | 41651 |
| 6633 | 512 | 442 | 1069 | 2257 | 1188 | 184 | 2 | 9088 |
| 106123 | 5629 | 3527 | 136128 | 157777 | 21650 | 4499 | 702 | 309039 |
| | | | | | | | | |
| 168984 | 3495 | 22444 | 128260 | 201040 | 72780 | 6515 | 4536 | 492899 |
| 595414 | 36926 | 17865 | 463831 | 762236 | 298405 | 45514 | 131370 | 1343550 |
| 228203 | 26547 | 10688 | 233117 | 360515 | 127999 | 21656 | 18963 | 599703 |
| 4513 | -2159 | 654 | 11496 | 16100 | 4604 | 714 | 2346 | 39185 |
| | | | | | | | | |
| 464160 | 8841 | 31230 | 362146 | 593654 | 231508 | 29160 | 69268 | 1164092 |
| 201398 | 13045 | 4128 | 121365 | 217957 | 96620 | 9756 | 55994 | 423527 |
| 119243 | 19250 | 5738 | 107767 | 188974 | 81780 | 16136 | 5068 | 289922 |
| 2743 | 283 | 212 | 5455 | 8808 | 3353 | 213 | 23 | 9894 |
| | | | | | | | | |
| 209569 | 23390 | 10342 | 239971 | 330498 | 90528 | 19134 | 26863 | 587903 |

**表15.8 续表5 continued5**

| 指 标 | Item | 二、期末资产负债 Assets and Liabilities | | |
|---|---|---|---|---|
| | | 流动负债合计 Total Current Liabilities | 其中 of which 应付账款 Accounts Payable | 非流动负债合计 Total Non-current Liabilities |
| 外商投资企业 | Foreign-funded Enterprises | 49856 | 1900 | 12336 |
| 中外合资经营企业 | Joint-venture Enterprises | | | |
| 中外合作经营企业 | Cooperative Enterprises | | | |
| 外资企业 | Enterprises with Sole Fund | 49856 | 1900 | 12336 |
| 外商投资股份有限公司 | Share-holding Corporations Ltd. with Foreign Investment | | | |
| 其他外商投资企业 | Other Foreign-funded Enterprises | | | |
| **按控股情况分** | **By Holding Entity of Share** | | | |
| 国有控股 | State-holding | 322572 | 16764 | 132850 |
| 集体控股 | Collective-holding | 29910 | 1520 | 6449 |
| 私人控股 | Private-holding | 557158 | 51527 | 420444 |
| 港澳台商控股 | Held by Corporation from Hong Kong, Macao and Taiwan | 22834 | 787 | 50730 |
| 外商控股 | Foreign-holding | 49942 | 1935 | 12336 |
| 其 他 | Other | 254937 | 25215 | 146089 |
| **按经营形式分** | **By Form of Business** | | | |
| 独立门店 | Independent Store | 1097476 | 87617 | 664497 |
| 连锁总店（总部） | Central Shop of Chain Stores | 30728 | 851 | |
| 连锁门店 | Branch Shop of Chain Stores | 3846 | 1917 | 38 |
| 其 他 | Other | 105303 | 7363 | 104362 |
| **按单位规模分** | **By Size of Enterprise** | | | |
| 大 型 | Large | 184662 | 11245 | 163259 |
| 中 型 | Medium | 712349 | 44781 | 500291 |
| 小 型 | Small | 305108 | 39147 | 105173 |
| 微 型 | Micro | 35233 | 2575 | 173 |
| **按星级分** | **By Star of Hotel** | | | |
| 五 星 | 5-Star | 523514 | 35061 | 474559 |
| 四 星 | 4-Star | 282593 | 17848 | 100666 |
| 三 星 | 3-Star | 152033 | 21048 | 31608 |
| 二 星 | 2-Star | 3061 | 472 | 2002 |
| 一 星 | 1-Star | | | |
| 其 他 | Other | 276152 | 23319 | 160062 |

单位：万元 (10 000 yuan)

| 二、期末资产负债 Assets and Liabilities | | | | | | | | |
|---|---|---|---|---|---|---|---|---|
| | | | 其中 of which | | | | | |
| | | | 其中 of which | | | | | |
| 负债合计 Total Liabilities | 所有者权益合计 Total Owner's Equity | 实收资本 Paid-up Capital | 国家资本 State Capital | 集体资本 Collective Capital | 法人资本 Corporate Capital | 个人资本 Personal Capital | 港澳台资本 HMT Capital | 外商资本 Foreign Capital |
| 62191 | 85445 | 35606 | | | | | | 35606 |
| 62191 | 85445 | 35606 | | | | | | 35606 |
| 455422 | 111126 | 96496 | 72435 | 1600 | 22411 | 50 | | |
| 36359 | -2129 | 16930 | | 2824 | 13546 | 560 | | |
| 975732 | 203487 | 250226 | 95 | | 146297 | 103834 | | |
| 73564 | -15016 | 27018 | 1400 | | 11000 | | 14618 | |
| 62278 | 85469 | 35631 | | | 24 | | | 35606 |
| 401026 | 88020 | 144775 | 23270 | 5300 | 105858 | 10346 | | |
| 1761975 | 353585 | 507158 | 94504 | 9724 | 245187 | 107544 | 14593 | 35606 |
| 28856 | 12796 | 18000 | | | 18000 | | | |
| 3884 | 5204 | 3798 | | | 2858 | 915 | 25 | |
| 209665 | 99374 | 42118 | 2696 | | 33091 | 6332 | | |
| 347922 | 144977 | 55542 | 15000 | | 30658 | | | 9884 |
| 1212640 | 130910 | 294839 | 62302 | 7710 | 160618 | 38387 | 3100 | 22723 |
| 410284 | 189419 | 213803 | 19898 | 2014 | 101496 | 75877 | 11518 | 3000 |
| 33534 | 5652 | 6891 | | | 6365 | 526 | | |
| 998073 | 166019 | 204426 | 38000 | | 114620 | 19200 | | 32606 |
| 383259 | 40269 | 80918 | 21888 | 1110 | 37841 | 20079 | | |
| 183643 | 106279 | 81612 | 26486 | 7514 | 35515 | 9998 | 2100 | |
| 5063 | 4831 | 4195 | 50 | 200 | 2773 | 1172 | | |
| 434342 | 153562 | 199923 | 10776 | 900 | 108387 | 64342 | 12518 | 3000 |

**表15.8 续表6 continued6**

| 指　标 | Item | 营业收入 Business Cost | 其中 of which 主营业务收入 Main Business Cost | 营业成本 Sales Expenses |
|---|---|---|---|---|
| | | 三、损益及分配 Profits and Losses | | |
| 外商投资企业 | Foreign-funded Enterprises | 34353 | 33413 | 8472 |
| 中外合资经营企业 | Joint-venture Enterprises | | | |
| 中外合作经营企业 | Cooperative Enterprises | | | |
| 外资企业 | Enterprises with Sole Fund | 34353 | 33413 | 8472 |
| 外商投资股份有限公司 | Share-holding Corporations Ltd. with Foreign Investment | | | |
| 其他外商投资企业 | Other Foreign-funded Enterprises | | | |
| **按控股情况分** | **By Holding Entity of Share** | | | |
| 国有控股 | State-holding | 185419 | 182759 | 87835 |
| 集体控股 | Collective-holding | 24292 | 23423 | 10682 |
| 私人控股 | Private-holding | 555048 | 546472 | 280447 |
| 港澳台商控股 | Held by Corporation from Hong Kong, Macao and Taiwan | 14905 | 14905 | 3839 |
| 外商控股 | Foreign-holding | 35536 | 34595 | 8502 |
| 其　他 | Other | 168894 | 168164 | 64595 |
| **按经营形式分** | **By Form of Business** | | | |
| 独立门店 | Independent Store | 859789 | 846373 | 391508 |
| 连锁总店（总部） | Central Shop of Chain Stores | 13927 | 13927 | 3113 |
| 连锁门店 | Branch Shop of Chain Stores | 18984 | 18806 | 8028 |
| 其　他 | Other | 91393 | 91211 | 53251 |
| **按单位规模分** | **By Size of Enterprise** | | | |
| 大　型 | Large | 101595 | 101179 | 30991 |
| 中　型 | Medium | 466899 | 459923 | 195343 |
| 小　型 | Small | 400373 | 393998 | 224016 |
| 微　型 | Micro | 15227 | 15217 | 5549 |
| **按星级分** | **By Star of Hotel** | | | |
| 五　星 | 5-Star | 250704 | 248738 | 82969 |
| 四　星 | 4-Star | 194577 | 189698 | 87059 |
| 三　星 | 3-Star | 169332 | 164068 | 92686 |
| 二　星 | 2-Star | 23224 | 23224 | 17821 |
| 一　星 | 1-Star | | | |
| 其　他 | Other | 346257 | 344590 | 175365 |

单位：万元 (10 000 yuan)

| 三、损益及分配 Profits and Losses | | | | | | | | | |
|---|---|---|---|---|---|---|---|---|---|
| 其　中 of which | 营业税金及附加 | 其　中 of which | 其他业务利润 | 销售费用 | 管理费用 | 其　中 of which | 财务费用 | 其　中 of which | |
| 主营业务成本 Main Sales Expenses | Business Tax and Surcharges | 主营业务税金及附加 Business Tax and Surtax | Other Business Profits | Sales Expenses | Management Expenses | 税　金 Tax | Financial Expenses | 利息收入 Interest Income | 利息支出 Interest Expenses |
| 8442 | 819 | 817 | 870 | 10070 | 6200 | 810 | 1336 | 38 | 47 |
| | | | | | | | | | |
| | | | | | | | | | |
| 8442 | 819 | 817 | 870 | 10070 | 6200 | 810 | 1336 | 38 | 47 |
| | | | | | | | | | |
| | | | | | | | | | |
| | | | | | | | | | |
| 87520 | 4159 | 4031 | 278 | 46309 | 51462 | 1670 | 14111 | 295 | 8369 |
| 10407 | 508 | 508 | 64 | 6325 | 5048 | 107 | 207 | 42 | 7 |
| 274073 | 15066 | 14752 | 7730 | 113652 | 94596 | 3672 | 28285 | 1579 | 19985 |
| 3839 | 334 | 334 | | 4666 | 8321 | 51 | 3319 | 2 | 140 |
| 8471 | 846 | 845 | 871 | 10793 | 6342 | 810 | 1339 | 38 | 47 |
| 64482 | 5050 | 5019 | 520 | 45493 | 36327 | 1503 | 8432 | 205 | 4620 |
| | | | | | | | | | |
| 385442 | 22859 | 22494 | 9452 | 203353 | 180869 | 6984 | 46232 | 2138 | 30628 |
| 3113 | 173 | 173 | | 4255 | 1786 | 35 | 2719 | 4 | 1521 |
| 7122 | 559 | 507 | 10 | 5087 | 4150 | 179 | 198 | 2 | 10 |
| 53116 | 2373 | 2316 | 3 | 14544 | 15290 | 615 | 6543 | 17 | 1008 |
| | | | | | | | | | |
| 30959 | 3358 | 3358 | 383 | 29207 | 22917 | 1034 | 9468 | 86 | 4560 |
| 193494 | 10937 | 10816 | 6758 | 126610 | 113372 | 3966 | 37004 | 1655 | 25016 |
| 219215 | 11321 | 10968 | 2294 | 66427 | 62513 | 2516 | 9016 | 421 | 3488 |
| 5125 | 347 | 347 | 28 | 4994 | 3294 | 297 | 205 | -1 | 102 |
| | | | | | | | | | |
| 82474 | 5767 | 5759 | 6549 | 73481 | 73358 | 2521 | 30910 | 1417 | 19221 |
| 83885 | 4599 | 4446 | 335 | 48062 | 40740 | 1658 | 7934 | 156 | 5065 |
| 91381 | 4785 | 4665 | 421 | 36712 | 26264 | 1041 | 2681 | 354 | 1303 |
| 17821 | 727 | 713 | | 823 | 1366 | 494 | 188 | 11 | 175 |
| | | | | | | | | | |
| 173232 | 10085 | 9906 | 2159 | 68159 | 60367 | 2099 | 13980 | 224 | 7404 |

**表15.8 续表7 continued7**

| 指 标 | Item | 三、损益及分配 Profits and Losses 资产减值损失 Impairment of Assets | 公允价值变动收益 Fair Value | 投资收益 Income from Investment | 营业利润 Business Profits |
|---|---|---|---|---|---|
| 外商投资企业 | Foreign-funded Enterprises | | | 112 | 7568 |
| 中外合资经营企业 | Joint-venture Enterprises | | | | |
| 中外合作经营企业 | Cooperative Enterprises | | | | |
| 外资企业 | Enterprises with Sole Fund | | | 112 | 7568 |
| 外商投资股份有限公司 | Share-holding Corporations Ltd. with Foreign Investment | | | | |
| 其他外商投资企业 | Other Foreign-funded Enterprises | | | | |
| **按控股情况分** | **By Holding Entity of Share** | | | | |
| 国有控股 | State-holding | -13 | 4 | 29 | -18077 |
| 集体控股 | Collective-holding | | | | 1535 |
| 私人控股 | Private-holding | 31 | 10 | -301 | 22554 |
| 港澳台商控股 | Held by Corporation from Hong Kong, Macao and Taiwan | | | 2900 | -2673 |
| 外商控股 | Foreign-holding | | | 112 | 7825 |
| 其 他 | Other | 75 | | 2211 | 10869 |
| **按经营形式分** | **By Form of Business** | | | | |
| 独立门店 | Independent Store | 20 | 14 | 4870 | 19419 |
| 连锁总店（总部） | Central Shop of Chain Stores | | | -39 | 1843 |
| 连锁门店 | Branch Shop of Chain Stores | 73 | | | 890 |
| 其 他 | Other | 1 | | 120 | -120 |
| **按单位规模分** | **By Size of Enterprise** | | | | |
| 大 型 | Large | | | 2371 | 8025 |
| 中 型 | Medium | 94 | 10 | 2974 | -13455 |
| 小 型 | Small | | 4 | -394 | 26624 |
| 微 型 | Micro | | | | 839 |
| **按星级分** | **By Star of Hotel** | | | | |
| 五 星 | 5-Star | 91 | | 3132 | -12740 |
| 四 星 | 4-Star | | | -317 | 5865 |
| 三 星 | 3-Star | -14 | 4 | -82 | 6152 |
| 二 星 | 2-Star | | | -1 | 2300 |
| 一 星 | 1-Star | | | | |
| 其 他 | Other | 16 | 10 | 2218 | 20456 |

单位：万元（10 000 yuan）

| 三、损益及分配 Profits and Losses | | | | 四、人工成本及增值税 Labor Costs and Value Added Tax | | | 五、从事零售业活动的从业人员平均人数（人） |
|---|---|---|---|---|---|---|---|
| 营业外收入 Non-business Income | 其中 of which 政府补助 Governmental Subsidy | 营业外支出 Non-business Expenses | 利润总额 Total Profits | 应交所得税 Income Tax Payable | 应付职工薪酬（本年贷方累计发生额） Total Payable Salaries | 应交增值税 Value Added Tax Payable | Average Employees of Wholesale and Retail |
| 112 | 58 | 23 | 7658 | 1519 | 7628 | 2578 | 1362 |
| | | | | | | | |
| 112 | 58 | 23 | 7658 | 1519 | 7628 | 2578 | 1362 |
| | | | | | | | |
| 33973 | 1145 | 15648 | -530 | 558 | 43408 | 2577 | 7842 |
| 71 | 10 | 13 | 1455 | 254 | 4787 | 300 | 1174 |
| 1787 | 884 | 1001 | 18898 | 3072 | 86537 | 7501 | 20250 |
| 9 | | 10 | -1759 | | 4037 | 315 | 796 |
| 112 | 58 | 29 | 7909 | 1554 | 7778 | 2572 | 1393 |
| 640 | 99 | 789 | 10111 | 1250 | 35837 | 2051 | 8160 |
| | | | | | | | |
| 4854 | 2096 | 2249 | 19520 | 6443 | 155657 | 14276 | 33832 |
| 12 | | | 1855 | | 2013 | 119 | 428 |
| 6 | 2 | 7 | 404 | 79 | 5449 | 107 | 903 |
| 31720 | 98 | 15233 | 14305 | 167 | 19266 | 813 | 4452 |
| | | | | | | | |
| 31692 | 21 | 15207 | 24354 | 2279 | 18305 | 1232 | 2821 |
| 3315 | 1852 | 805 | -13665 | 1284 | 95261 | 8816 | 19606 |
| 1542 | 279 | 1477 | 24658 | 3038 | 65656 | 5091 | 16477 |
| 44 | 44 | | 736 | 88 | 3163 | 177 | 711 |
| | | | | | | | |
| 32553 | 755 | 15471 | 2829 | 2857 | 55130 | 5530 | 9379 |
| 1664 | 1035 | 329 | 4608 | 360 | 33522 | 3379 | 7655 |
| 1176 | 104 | 1113 | 4299 | 535 | 28511 | 2023 | 6820 |
| | | 1 | 2654 | 458 | 1533 | 388 | 457 |
| | | | | | | | |
| 1200 | 304 | 575 | 21693 | 2478 | 63688 | 3995 | 15304 |

# 表15.9 限额以上餐饮业法人企业财务状况（2016年）

## FINANCIAL INDICATORS OF ENTERPRISES ABOVE DESIGNATED SIZE OF CATERING SERVICES (2016)

| 指　标 | Item | 法人企业数（个）Number of Enterprises(unit) | 其中 of which：执行《2006年企业会计准则》企业数（个）Number of Enterprises which Implemented Accounting standard for Business Enterprise in 2006 | 一、年初存货 Inventory at the Begining of Year |
|---|---|---|---|---|
| 总　计 | **Total** | **1412** | **829** | **52588** |
| **按餐饮业行业小类分** | **By Sector** | | | |
| 正餐服务 | Dinner Services | 1353 | 783 | 44549 |
| 快餐服务 | Fast Food Services | 24 | 19 | 6473 |
| 饮料及冷饮服务 | Beverage and Cold Beverage Services | 3 | 3 | 1 |
| 茶馆服务 | Tea House Services | | | |
| 咖啡馆服务 | Cafe Services | 2 | 2 | 1 |
| 酒吧服务 | Bar Services | | | |
| 其他饮料及冷饮服务 | Other Beverage and Cold Beverage Services | 1 | 1 | |
| 其他餐饮业 | Other Catering Services | 32 | 24 | 1565 |
| 小吃服务 | Snack Services | 5 | 5 | 80 |
| 餐饮配送服务 | Food Delivery Services | 7 | 6 | 408 |
| 其他未列明餐饮业 | Other Catering Business | 20 | 13 | 1077 |
| **按登记注册类型分** | **By Status of Registration** | | | |
| 内资企业 | Domestic-funded Enterprises | 1402 | 820 | 49026 |
| 国有企业 | State-owned Enterprises | 2 | 2 | 14 |
| 集体企业 | Collective-owned Enterprises | 21 | 10 | 189 |
| 股份合作企业 | Cooperative Enterprises | 2 | 2 | 24 |
| 联营企业 | Joint-owned Enterprises | | | |
| 国有联营企业 | State Joint-owned Enterprises | | | |
| 集体联营企业 | Collective Joint-owned Enterprises | | | |
| 国有与集体联营企业 | State-Collective Joint-owned Enterprises | | | |
| 其他联营企业 | Other Joint-owned Enterprises | | | |
| 有限责任公司 | Limited Liability Corporations | 326 | 215 | 17244 |
| 国有独资公司 | Solely State-owned Corporations | 5 | 3 | 227 |
| 其他有限责任公司 | Other Limited Liability Corporations | 321 | 212 | 17017 |
| 股份有限公司 | Share-holding Corporations Ltd. | 17 | 9 | 1848 |
| 私营企业 | Private Enterprises | 998 | 558 | 28555 |
| 私营独资企业 | Private-funded Enterprises | 178 | 123 | 2525 |
| 私营合伙企业 | Private Partnership Enterprises | 14 | 8 | 198 |
| 私营有限责任公司 | Private Limited Liability Corporations | 782 | 414 | 24867 |
| 私营股份有限公司 | Private Share-holding Corporatinos Ltd. | 24 | 13 | 965 |

单位：万元 (10 000 yuan)

| 二、期末资产负债 Assets and Liabilities | | | | | | | | |
|---|---|---|---|---|---|---|---|---|
| 流动资产合计<br>Total Current Assets | 其中 of which<br>应收帐款<br>Accounts Receivable | 存货<br>Inventory | 固定资产合计<br>Total Fixed Assets | 固定资产原价<br>Total Original Value of Fixed Assets | 累计折旧<br>Accumulative Depreciation | 其中 of which<br>本年折旧<br>Depreciation | 在建工程<br>Construction in Process | 资产总计<br>Total Assets |
| **537735** | **82462** | **57416** | **574184** | **806666** | **240072** | **48461** | **54378** | **1458686** |
| | | | | | | | | |
| 482855 | 76496 | 53546 | 515888 | 712265 | 203967 | 43388 | 47175 | 1305931 |
| 24993 | 1843 | 1848 | 20305 | 44678 | 24373 | 2419 | 4936 | 68878 |
| 371 | 4 | 19 | 354 | 771 | 417 | 108 | | 972 |
| | | | | | | | | |
| 241 | 4 | 19 | 244 | 291 | 47 | 36 | | 592 |
| | | | | | | | | |
| 130 | | | 110 | 480 | 370 | 72 | | 380 |
| 29516 | 4120 | 2004 | 37638 | 48952 | 11315 | 2546 | 2267 | 82905 |
| 1359 | 25 | 614 | 473 | 634 | 161 | 57 | | 6075 |
| 11897 | 2650 | 346 | 4667 | 7429 | 2762 | 424 | 215 | 18051 |
| 16260 | 1445 | 1043 | 32498 | 40889 | 8391 | 2065 | 2052 | 58779 |
| | | | | | | | | |
| 481041 | 80813 | 54219 | 533530 | 734091 | 208151 | 43185 | 52976 | 1347497 |
| 313 | 218 | 18 | 700 | 962 | 262 | 94 | | 1204 |
| 2049 | 426 | 328 | 5106 | 6399 | 1303 | 560 | | 8152 |
| 117 | 40 | 20 | 46 | 60 | 14 | 4 | | 177 |
| | | | | | | | | |
| | | | | | | | | |
| | | | | | | | | |
| | | | | | | | | |
| | | | | | | | | |
| 161742 | 25419 | 16883 | 141049 | 215551 | 74575 | 12060 | 10111 | 404946 |
| 23003 | 317 | 216 | 12587 | 18921 | 6334 | 503 | 1 | 36658 |
| 138739 | 25103 | 16667 | 128462 | 196629 | 68241 | 11557 | 10110 | 368288 |
| 23107 | 3186 | 1766 | 43673 | 58982 | 21387 | 754 | 10981 | 140983 |
| 290774 | 50988 | 34733 | 335655 | 442047 | 107805 | 29200 | 31882 | 779032 |
| 14582 | 2482 | 1658 | 30695 | 41336 | 10660 | 2398 | 436 | 57125 |
| 1025 | 84 | 161 | 1896 | 2782 | 897 | 151 | 2 | 4429 |
| 270072 | 47367 | 31712 | 276353 | 361832 | 86812 | 20286 | 21470 | 670030 |
| 5094 | 1055 | 1202 | 26712 | 36097 | 9436 | 6365 | 9975 | 47448 |

**表15.9 续表1 continued1**

| 指 标 | Item | 二、期末资产负债 Assets and Liabilities | | |
|---|---|---|---|---|
| | | 流动负债合计 Total Current Liabilities | 其中 of which 应付账款 Accounts Payable | 非流动负债合计 Total Non-current Liabilities |
| **总 计** | **Total** | **592064** | **99685** | **151209** |
| **按餐饮业行业小类分** | **By Sector** | | | |
| 正餐服务 | Dinner Services | 504768 | 88514 | 132769 |
| 快餐服务 | Fast Food Services | 37474 | 5654 | 5853 |
| 饮料及冷饮服务 | Beverage and Cold Beverage Services | 796 | 460 | |
| 茶馆服务 | Tea House Services | | | |
| 咖啡馆服务 | Cafe Services | 466 | 130 | |
| 酒吧服务 | Bar Services | | | |
| 其他饮料及冷饮服务 | Other Beverage and Cold Beverage Services | 330 | 330 | |
| 其他餐饮业 | Other Catering Services | 49027 | 5057 | 12587 |
| 小吃服务 | Snack Services | 2880 | 105 | |
| 餐饮配送服务 | Food Delivery Services | 4362 | 2846 | 36 |
| 其他未列明餐饮业 | Other Catering Business | 41785 | 2106 | 12551 |
| **按登记注册类型分** | **By Status of Registration** | | | |
| 内资企业 | Domestic-funded Enterprises | 563752 | 91387 | 141902 |
| 国有企业 | State-owned Enterprises | 753 | 201 | 161 |
| 集体企业 | Collective-owned Enterprises | 1515 | 592 | 752 |
| 股份合作企业 | Cooperative Enterprises | 6 | 5 | 5 |
| 联营企业 | Joint-owned Enterprises | | | |
| 国有联营企业 | State Joint-owned Enterprises | | | |
| 集体联营企业 | Collective Joint-owned Enterprises | | | |
| 国有与集体联营企业 | State-Collective Joint-owned Enterprises | | | |
| 其他联营企业 | Other Joint-owned Enterprises | | | |
| 有限责任公司 | Limited Liability Corporations | 211249 | 24583 | 14640 |
| 国有独资公司 | Solely State-owned Corporations | 13307 | 426 | 1515 |
| 其他有限责任公司 | Other Limited Liability Corporations | 197942 | 24157 | 13126 |
| 股份有限公司 | Share-holding Corporations Ltd. | 73215 | 21852 | 6509 |
| 私营企业 | Private Enterprises | 272599 | 43332 | 118909 |
| 私营独资企业 | Private-funded Enterprises | 8341 | 1706 | 1924 |
| 私营合伙企业 | Private Partnership Enterprises | 1196 | 89 | 32 |
| 私营有限责任公司 | Private Limited Liability Corporations | 244706 | 37835 | 86297 |
| 私营股份有限公司 | Private Share-holding Corporatinos Ltd. | 18356 | 3702 | 30656 |

单位：万元 (10 000 yuan)

| 二、期末资产负债 Assets and Liabilities | | | | | | | | |
|---|---|---|---|---|---|---|---|---|
| | | | 其 中 of which | | | | | |
| | | | 其 中 of which | | | | | |
| 负债合计 Total Liabilities | 所有者权益合计 Total Owner's Equity | 实收资本 Paid-up Capital | 国家资本 State Capital | 集体资本 Collective Capital | 法人资本 Corporate Capital | 个人资本 Personal Capital | 港澳台资本 HMT Capital | 外商资本 Foreign Capital |
| **742401** | **716285** | **462720** | **9799** | **8695** | **198891** | **198685** | **4829** | **41821** |
| | | | | | | | | |
| 636664 | 669267 | 430151 | 7727 | 7957 | 179818 | 193581 | 2712 | 38357 |
| 43327 | 25551 | 15273 | 103 | 239 | 6413 | 2936 | 2118 | 3464 |
| 796 | 176 | 170 | | | 170 | | | |
| | | | | | | | | |
| 466 | 126 | 120 | | | 120 | | | |
| | | | | | | | | |
| 330 | 50 | 50 | | | 50 | | | |
| 61614 | 21291 | 17126 | 1970 | 499 | 12490 | 2168 | | |
| 2880 | 3195 | 1010 | | | 650 | 360 | | |
| 4398 | 13653 | 3714 | 1958 | | 1631 | 125 | | |
| 54336 | 4443 | 12402 | 12 | 499 | 10209 | 1683 | | |
| | | | | | | | | |
| 704781 | 642716 | 406582 | 9799 | 8695 | 191989 | 195982 | 50 | 67 |
| 914 | 290 | 253 | 1 | | 252 | | | |
| 2267 | 5885 | 5137 | | 5115 | 22 | | | |
| 11 | 166 | 190 | | | 30 | 160 | | |
| | | | | | | | | |
| | | | | | | | | |
| | | | | | | | | |
| | | | | | | | | |
| | | | | | | | | |
| 225916 | 179030 | 116916 | 9283 | 2257 | 71618 | 33641 | 50 | 67 |
| 14822 | 21837 | 2261 | 2061 | | 200 | | | |
| 211094 | 157193 | 114655 | 7222 | 2257 | 71418 | 33641 | 50 | 67 |
| 79726 | 61257 | 13119 | 71 | 273 | 6944 | 5832 | | |
| 390559 | 388473 | 267713 | 432 | 995 | 111853 | 154433 | | |
| 10286 | 46839 | 28094 | 4 | | 5036 | 23055 | | |
| 1261 | 3168 | 2823 | | | 290 | 2533 | | |
| 330073 | 339957 | 221132 | 428 | 995 | 102160 | 117549 | | |
| 48940 | -1491 | 15663 | | | 4367 | 11296 | | |

**表15.9 续表2 continued2**

| 指 标 | Item | 三、损益及分配 Profits and Losses | | |
|---|---|---|---|---|
| | | 营业收入 Business Cost | 其中 of which: 主营业务收入 Main Business Cost | 营业成本 Sales Expenses |
| **总 计** | **Total** | **2521351** | **2493343** | **1587935** |
| **按餐饮业行业小类分** | **By Sector** | | | |
| 正餐服务 | Dinner Services | 2305696 | 2282832 | 1480242 |
| 快餐服务 | Fast Food Services | 131442 | 126915 | 59690 |
| 饮料及冷饮服务 | Beverage and Cold Beverage Services | 9748 | 9748 | 5140 |
| 茶馆服务 | Tea House Services | | | |
| 咖啡馆服务 | Cafe Services | 8098 | 8098 | 4320 |
| 酒吧服务 | Bar Services | | | |
| 其他饮料及冷饮服务 | Other Beverage and Cold Beverage Services | 1650 | 1650 | 820 |
| 其他餐饮业 | Other Catering Services | 74465 | 73848 | 42863 |
| 小吃服务 | Snack Services | 1050 | 1050 | 606 |
| 餐饮配送服务 | Food Delivery Services | 26085 | 25906 | 16102 |
| 其他未列明餐饮业 | Other Catering Business | 47330 | 46892 | 26155 |
| **按登记注册类型分** | **By Status of Registration** | | | |
| 内资企业 | Domestic-funded Enterprises | 2351714 | 2328288 | 1469645 |
| 国有企业 | State-owned Enterprises | 5097 | 5097 | 4531 |
| 集体企业 | Collective-owned Enterprises | 35645 | 35487 | 29735 |
| 股份合作企业 | Cooperative Enterprises | 799 | 799 | 620 |
| 联营企业 | Joint-owned Enterprises | | | |
| 国有联营企业 | State Joint-owned Enterprises | | | |
| 集体联营企业 | Collective Joint-owned Enterprises | | | |
| 国有与集体联营企业 | State-Collective Joint-owned Enterprises | | | |
| 其他联营企业 | Other Joint-owned Enterprises | | | |
| 有限责任公司 | Limited Liability Corporations | 597230 | 586977 | 364334 |
| 国有独资公司 | Solely State-owned Corporations | 17431 | 17418 | 6636 |
| 其他有限责任公司 | Other Limited Liability Corporations | 579799 | 569559 | 357698 |
| 股份有限公司 | Share-holding Corporations Ltd. | 104424 | 104214 | 55393 |
| 私营企业 | Private Enterprises | 1564867 | 1552496 | 986001 |
| 私营独资企业 | Private-funded Enterprises | 173854 | 170766 | 107733 |
| 私营合伙企业 | Private Partnership Enterprises | 17752 | 17536 | 11684 |
| 私营有限责任公司 | Private Limited Liability Corporations | 1332758 | 1324048 | 844037 |
| 私营股份有限公司 | Private Share-holding Corporatinos Ltd. | 40503 | 40147 | 22547 |

单位：万元（10 000 yuan）

三、损益及分配 Profits and Losses

| 其 中 of which 主营业务成本 Main Sales Expenses | 营业税金及附加 Business Tax and Surcharges | 其 中 of which 主营业务税金及附加 Business Tax and Surtax | 其他业务利润 Other Business Profits | 销售费用 Sales Expenses | 管理费用 Management Expenses | 其 中 of which 税 金 Tax | 财务费用 Financial Expenses | 其 中 of which 利息收入 Interest Income | 利息支出 Interest Expenses |
|---|---|---|---|---|---|---|---|---|---|
| **1565278** | **67621** | **66041** | **11817** | **339764** | **205344** | **7345** | **25146** | **1972** | **13480** |
| | | | | | | | | | |
| 1458941 | 63763 | 62203 | 7715 | 281472 | 182598 | 6393 | 23723 | 1835 | 12392 |
| 59362 | 2650 | 2631 | 4102 | 45562 | 10201 | 303 | 122 | 55 | -118 |
| 5140 | 173 | 173 | | 720 | 42 | 10 | 13 | | |
| | | | | | | | | | |
| 4320 | 118 | 118 | | 714 | 30 | | 12 | | |
| | | | | | | | | | |
| 820 | 55 | 55 | | 6 | 12 | 10 | 1 | | |
| 41835 | 1034 | 1033 | | 12009 | 12502 | 639 | 1288 | 82 | 1206 |
| 606 | 16 | 16 | | 8 | 834 | | 14 | | |
| 15402 | 134 | 133 | | 3655 | 2860 | 94 | -26 | 67 | 10 |
| 25827 | 885 | 884 | | 8346 | 8808 | 546 | 1300 | 15 | 1196 |
| | | | | | | | | | |
| 1447316 | 63978 | 62448 | 7901 | 321501 | 189404 | 7121 | 25214 | 1070 | 12982 |
| 4531 | 126 | 126 | 3 | 3 | 5 | | 3 | | 1 |
| 29204 | 339 | 339 | 8 | 502 | 1126 | 22 | 62 | | 2 |
| 620 | 5 | 5 | | 32 | 44 | | | | |
| | | | | | | | | | |
| | | | | | | | | | |
| | | | | | | | | | |
| | | | | | | | | | |
| | | | | | | | | | |
| 351765 | 14624 | 14180 | 3199 | 113345 | 44616 | 2108 | 4552 | 247 | 2291 |
| 6636 | 422 | 422 | 338 | 5047 | 6564 | 110 | -46 | 100 | 5 |
| 345129 | 14202 | 13758 | 2861 | 108298 | 38052 | 1998 | 4598 | 147 | 2286 |
| 55393 | 3084 | 3068 | | 21867 | 14462 | 36 | 2905 | 499 | 2827 |
| 977096 | 44262 | 43192 | 2689 | 181312 | 127174 | 4773 | 17348 | 320 | 7726 |
| 104863 | 5727 | 5349 | 434 | 6322 | 7666 | 1157 | 1355 | 34 | 144 |
| 11591 | 242 | 233 | 48 | 969 | 1320 | 6 | 50 | | 12 |
| 839320 | 36214 | 35537 | 2021 | 168921 | 111396 | 3111 | 13595 | 270 | 5848 |
| 21321 | 2079 | 2073 | 186 | 5100 | 6792 | 499 | 2348 | 17 | 1722 |

**表15.9 续表3 continued3**

| 指 标 | Item | 三、损益及分配 Profits and Losses | | | |
|---|---|---|---|---|---|
| | | 资产减值损失 Impairment of Assets | 公允价值变动收益 Fair Value | 投资收益 Income from Investment | 营业利润 Business Profits |
| **总 计** | **Total** | **320** | **23** | **1569** | **295935** |
| **按餐饮业行业小类分** | **By Sector** | | | | |
| 正餐服务 | Dinner Services | 207 | 13 | 1559 | 274162 |
| 快餐服务 | Fast Food Services | 110 | | | 13291 |
| 饮料及冷饮服务 | Beverage and Cold Beverage Services | | | | 3659 |
| 茶馆服务 | Tea House Services | | | | |
| 咖啡馆服务 | Cafe Services | | | | 2903 |
| 酒吧服务 | Bar Services | | | | |
| 其他饮料及冷饮服务 | Other Beverage and Cold Beverage Services | | | | 756 |
| 其他餐饮业 | Other Catering Services | 3 | 10 | 10 | 4822 |
| 小吃服务 | Snack Services | | | | -428 |
| 餐饮配送服务 | Food Delivery Services | | | | 3360 |
| 其他未列明餐饮业 | Other Catering Business | 3 | 10 | 10 | 1890 |
| **按登记注册类型分** | **By Status of Registration** | | | | |
| 内资企业 | Domestic-funded Enterprises | 210 | 22 | 1459 | 282364 |
| 国有企业 | State-owned Enterprises | | | | 429 |
| 集体企业 | Collective-owned Enterprises | | | | 3880 |
| 股份合作企业 | Cooperative Enterprises | | | | 99 |
| 联营企业 | Joint-owned Enterprises | | | | |
| 国有联营企业 | State Joint-owned Enterprises | | | | |
| 集体联营企业 | Collective Joint-owned Enterprises | | | | |
| 国有与集体联营企业 | State-Collective Joint-owned Enterprises | | | | |
| 其他联营企业 | Other Joint-owned Enterprises | | | | |
| 有限责任公司 | Limited Liability Corporations | 114 | 13 | 1144 | 56819 |
| 国有独资公司 | Solely State-owned Corporations | | | 599 | -855 |
| 其他有限责任公司 | Other Limited Liability Corporations | 114 | 13 | 546 | 57674 |
| 股份有限公司 | Share-holding Corporations Ltd. | | | | 6713 |
| 私营企业 | Private Enterprises | 96 | 9 | 315 | 208104 |
| 私营独资企业 | Private-funded Enterprises | 17 | -8 | -356 | 44834 |
| 私营合伙企业 | Private Partnership Enterprises | | | | 3419 |
| 私营有限责任公司 | Private Limited Liability Corporations | 79 | 18 | 531 | 158072 |
| 私营股份有限公司 | Private Share-holding Corporatinos Ltd. | | | 141 | 1779 |

单位：万元 (10 000 yuan)

| 三、损益及分配 Profits and Losses | | | | | 四、人工成本及增值税 Labor Costs and Value Added Tax | | 五、从事零售业活动的从业人员平均人数（人） |
|---|---|---|---|---|---|---|---|
| 营业外收入 Non-business Income | 其中 of which 政府补助 Governmental Subsidy | 营业外支出 Non-business Expenses | 利润总额 Total Profits | 应交所得税 Income Tax Payable | 应付职工薪酬（本年贷方累计发生额） Total Payable Salaries | 应交增值税 Value Added Tax Payable | Average Employees of Wholesale and Retail |
| **6606** | **1412** | **4773** | **250806** | **15953** | **320645** | **23271** | **86478** |
| 6086 | 1379 | 3128 | 232784 | 13276 | 286544 | 21279 | 79069 |
| 306 | 34 | 826 | 12616 | 1996 | 22804 | 588 | 5146 |
| 11 | | 730 | 8 | 2 | 429 | 20 | 109 |
| | | | 8 | 2 | 329 | 20 | 84 |
| 11 | | 730 | | | 100 | | 25 |
| 203 | | 88 | 5399 | 680 | 10869 | 1384 | 2154 |
| | | | 66 | | 325 | 3 | 143 |
| 33 | | 35 | 3351 | 526 | 6156 | 947 | 840 |
| 170 | | 53 | 1982 | 154 | 4387 | 433 | 1171 |
| 6187 | 1388 | 3600 | 237990 | 13395 | 286420 | 21811 | 78764 |
| | | | 429 | | 290 | 49 | 107 |
| 53 | | 104 | 3624 | 187 | 6118 | 164 | 841 |
| | | | 99 | | 130 | 3 | 34 |
| 2484 | 534 | 895 | 49850 | 3821 | 75888 | 6089 | 19726 |
| 998 | | 10 | 732 | 26 | 4337 | 174 | 575 |
| 1486 | 533 | 886 | 49118 | 3795 | 71552 | 5915 | 19151 |
| 212 | 10 | 115 | 6565 | 63 | 18142 | 764 | 6653 |
| 3413 | 843 | 2479 | 173025 | 9237 | 180886 | 14477 | 50044 |
| 178 | 8 | 66 | 42710 | 1093 | 11820 | 1741 | 3381 |
| 1 | | | 2112 | 71 | 1927 | 71 | 492 |
| 3124 | 834 | 2324 | 128381 | 7649 | 162050 | 11753 | 44784 |
| 110 | 1 | 89 | -177 | 423 | 5090 | 911 | 1387 |

**表15.9 续表4 continued4**

| 指　标 | Item | 法人企业数（个） Number of Enterprises(unit) | 其中 of which 执行《2006年企业会计准则》企业数（个） Number of Enterprises which Implemented Accounting standard for Business Enterprise in 2006 | 一、年初存货 Inventory at the Begining of Year |
|---|---|---|---|---|
| 其他企业 | Other Enterprises | 36 | 24 | 1151 |
| 港、澳、台商投资企业 | Enterprises Funded by Hong Kong, Macao and Taiwan | 5 | 4 | 677 |
| 与港澳台商合资经营企业 | Joint-venture Enterprises | 2 | 2 | 518 |
| 与港澳台商合作经营企业 | Cooperative Enterprises | | | |
| 港澳台商独资企业 | Enterprises with Sole Fund | 2 | 1 | 145 |
| 港澳台商投资股份有限公司 | Share-holding Corporations Ltd. | | | |
| 其他港澳台投资企业 | Other Enterprises with Funds from Hong Kong, Macao and Taiwan | 1 | 1 | 14 |
| 外商投资企业 | Foreign-funded Enterprises | 5 | 5 | 2886 |
| 中外合资经营企业 | Joint-venture Enterprises | 1 | 1 | 30 |
| 中外合作经营企业 | Cooperative Enterprises | | | |
| 外资企业 | Enterprises with Sole Fund | 4 | 4 | 2856 |
| 外商投资股份有限公司 | Share-holding Corporations Ltd. | | | |
| 其他外商投资企业 | Other Foreign-funded Enterprises | | | |
| **按控股情况分** | **By Holding Entity of Share** | | | |
| 国有控股 | State-holding | 16 | 14 | 1740 |
| 集体控股 | Collective-holding | 25 | 12 | 284 |
| 私人控股 | Private-holding | 1286 | 745 | 40023 |
| 港澳台商控股 | Held by Corporation from Hong Kong, Macao and Taiwan | 4 | 3 | 428 |
| 外商控股 | Foreign-holding | 4 | 4 | 2856 |
| 其　他 | Other | 77 | 51 | 7258 |
| **按经营形式分** | **By Form of Business** | | | |
| 独立门店 | Independent Store | 1247 | 725 | 32097 |
| 连锁总店（总部） | Central Shop of Chain Stores | 43 | 31 | 11694 |
| 连锁门店 | Branch Shop of Chain Stores | 31 | 21 | 3902 |
| 其　他 | Other | 90 | 51 | 4895 |
| **按单位规模分** | **By Size of Enterprise** | | | |
| 大　型 | Large | 17 | 15 | 11440 |
| 中　型 | Medium | 90 | 56 | 12364 |
| 小　型 | Small | 1185 | 683 | 27464 |
| 微　型 | Micro | 120 | 75 | 1320 |

单位：万元 (10 000 yuan)

二、期末资产负债 Assets and Liabilities

| 流动资产合计 Total Current Assets | 其中 of which | | 固定资产合计 Total Fixed Assets | 固定资产原价 Total Original Value of Fixed Assets | 累计折旧 Accumulative Depreciation | 其中 of which | 在建工程 Construction in Process | 资产总计 Total Assets |
|---|---|---|---|---|---|---|---|---|
| | 应收帐款 Accounts Receivable | 存货 Inventory | | | | 本年折旧 Depreciation | | |
| 2941 | 536 | 471 | 7301 | 10091 | 2806 | 514 | 2 | 13003 |
| 15527 | 129 | 589 | 14521 | 24918 | 10397 | 1120 | 475 | 33749 |
| 5581 | 117 | 440 | 10945 | 17286 | 6342 | 994 | 474 | 18943 |
| 9840 | | 133 | 3554 | 7537 | 3983 | 116 | 1 | 14623 |
| 106 | 12 | 15 | 22 | 95 | 72 | 10 | | 182 |
| 41167 | 1520 | 2609 | 26134 | 47657 | 21524 | 4156 | 927 | 77440 |
| 40 | 10 | 30 | 500 | 550 | 50 | 50 | | 560 |
| 41127 | 1510 | 2579 | 25634 | 47107 | 21474 | 4106 | 927 | 76880 |
| 37841 | 3733 | 1803 | 42392 | 61123 | 18731 | 2583 | 722 | 86888 |
| 4105 | 497 | 406 | 6074 | 8175 | 2111 | 573 | | 12126 |
| 392229 | 71045 | 47485 | 456299 | 608368 | 159641 | 36743 | 50622 | 1127597 |
| 14432 | 12 | 339 | 4096 | 8808 | 4712 | 325 | 133 | 20520 |
| 41127 | 1510 | 2579 | 25634 | 47107 | 21474 | 4106 | 927 | 76880 |
| 48002 | 5666 | 4804 | 39690 | 73085 | 33403 | 4131 | 1974 | 134675 |
| 311762 | 54554 | 36809 | 387873 | 506878 | 126581 | 33600 | 43838 | 893897 |
| 95421 | 12459 | 10345 | 69053 | 127302 | 58248 | 5532 | 6722 | 280038 |
| 66342 | 7384 | 4922 | 41202 | 74261 | 33058 | 5171 | 347 | 127598 |
| 64210 | 8065 | 5340 | 76055 | 98226 | 22184 | 4157 | 3471 | 157154 |
| 115380 | 17685 | 8252 | 83300 | 154538 | 71239 | 7469 | 6914 | 323114 |
| 204255 | 31055 | 16067 | 149100 | 220859 | 72584 | 17365 | 10199 | 429100 |
| 212071 | 32641 | 31165 | 324414 | 412055 | 94367 | 23015 | 28597 | 672105 |
| 6028 | 1081 | 1933 | 17370 | 19214 | 1882 | 612 | 8668 | 34368 |

表15.9 续表5 continued5

| 指 标 | Item | 二、期末资产负债 Assets and Liabilities | | |
|---|---|---|---|---|
| | | 流动负债合计 Total Current Liabilities | 其中 of which 应付账款 Accounts Payable | 非流动负债合计 Total Non-current Liabilities |
| 其他企业 | Other Enterprises | 4415 | 821 | 925 |
| 港、澳、台商投资企业 | Enterprises Funded by Hong Kong, Macao and Taiwan | 10964 | 3224 | 8513 |
| 与港澳台商合资经营企业 | Joint-venture Enterprises | 4981 | 403 | 4817 |
| 与港澳台商合作经营企业 | Cooperative Enterprises | | | |
| 港澳台商独资企业 | Enterprises with Sole Fund | 5399 | 2658 | 3696 |
| 港澳台商投资股份有限公司 | Share-holding Corporations Ltd. | | | |
| 其他港澳台投资企业 | Other Enterprises with Funds from Hong Kong, Macao and Taiwan | 584 | 163 | |
| 外商投资企业 | Foreign-funded Enterprises | 17348 | 5074 | 794 |
| 中外合资经营企业 | Joint-venture Enterprises | 50 | | 10 |
| 中外合作经营企业 | Cooperative Enterprises | | | |
| 外资企业 | Enterprises with Sole Fund | 17298 | 5074 | 784 |
| 外商投资股份有限公司 | Share-holding Corporations Ltd. | | | |
| 其他外商投资企业 | Other Foreign-funded Enterprises | | | |
| **按控股情况分** | **By Holding Entity of Share** | | | |
| 国有控股 | State-holding | 51421 | 2719 | 1926 |
| 集体控股 | Collective-holding | 2607 | 902 | 2053 |
| 私人控股 | Private-holding | 459074 | 78398 | 133992 |
| 港澳台商控股 | Held by Corporation from Hong Kong, Macao and Taiwan | 6417 | 3042 | 3713 |
| 外商控股 | Foreign-holding | 17298 | 5074 | 784 |
| 其 他 | Other | 55246 | 9549 | 8741 |
| **按经营形式分** | **By Form of Business** | | | |
| 独立门店 | Independent Store | 344377 | 51884 | 135673 |
| 连锁总店（总部） | Central Shop of Chain Stores | 149091 | 32850 | 7250 |
| 连锁门店 | Branch Shop of Chain Stores | 33999 | 7410 | 829 |
| 其 他 | Other | 64598 | 7541 | 7457 |
| **按单位规模分** | **By Size of Enterprise** | | | |
| 大 型 | Large | 157758 | 32958 | 2342 |
| 中 型 | Medium | 152308 | 25342 | 116581 |
| 小 型 | Small | 274721 | 39593 | 29563 |
| 微 型 | Micro | 7278 | 1792 | 2723 |

单位：万元（10 000 yuan）

二、期末资产负债 Assets and Liabilities

| 负债合计 Total Liabilities | 所有者权益合计 Total Owner's Equity | 实收资本 Paid-up Capital | 其中 of which | | | | | |
|---|---|---|---|---|---|---|---|---|
| | | | 国家资本 State Capital | 集体资本 Collective Capital | 法人资本 Corporate Capital | 个人资本 Personal Capital | 港澳台资本 HMT Capital | 外商资本 Foreign Capital |
| 5388 | 7615 | 3254 | 13 | 55 | 1270 | 1917 | | |
| 19477 | 14272 | 13914 | | | 6902 | 2233 | 4779 | |
| 9798 | 9145 | 11346 | | | 6502 | 2233 | 2612 | |
| | | | | | | | | |
| 9095 | 5529 | 2168 | | | | | 2168 | |
| | | | | | | | | |
| 584 | -402 | 400 | | | 400 | | | |
| 18143 | 59297 | 42224 | | | | 470 | | 41754 |
| 60 | 500 | 470 | | | | 470 | | |
| | | | | | | | | |
| 18083 | 58797 | 41754 | | | | | | 41754 |
| | | | | | | | | |
| | | | | | | | | |
| | | | | | | | | |
| 53346 | 33541 | 11141 | 8970 | | 2170 | | | |
| 4661 | 7466 | 6100 | 71 | 5388 | 610 | 31 | | |
| 592193 | 535403 | 343465 | 745 | 2022 | 153456 | 187125 | 50 | 67 |
| 10130 | 10390 | 7791 | | | 779 | 2233 | 4779 | |
| 18083 | 58797 | 41754 | | | | | | 41754 |
| 63988 | 70688 | 52470 | 13 | 1285 | 41876 | 9296 | | |
| | | | | | | | | |
| 479123 | 414774 | 330011 | 6515 | 7739 | 145272 | 170268 | 150 | 67 |
| 156341 | 123697 | 43488 | 58 | 427 | 19989 | 14938 | 4679 | 3397 |
| 34825 | 92773 | 52402 | 352 | 51 | 9275 | 4365 | | 38357 |
| 72112 | 85042 | 36819 | 2873 | 478 | 24354 | 9114 | | |
| | | | | | | | | |
| 160101 | 163013 | 73136 | | | 24054 | 7458 | | 41624 |
| 267271 | 161829 | 110762 | 2537 | 459 | 73874 | 29082 | 4679 | 130 |
| 304839 | 367266 | 262171 | 7061 | 8186 | 90483 | 156224 | 150 | 67 |
| 10190 | 24177 | 16651 | 201 | 50 | 10479 | 5921 | | |

**表15.9 续表6 continued6**

| 指 标 | Item | 三、损益及分配 Profits and Losses 营业收入 Business Cost | 其中 of which 主营业务收入 Main Business Cost | 营业成本 Sales Expenses |
|---|---|---|---|---|
| 其他企业 | Other Enterprises | 43653 | 43219 | 29031 |
| 港、澳、台商投资企业 | Enterprises Funded by Hong Kong, Macao and Taiwan | 20180 | 15953 | 3666 |
| 与港澳台商合资经营企业 | Joint-venture Enterprises | 10374 | 10374 | 1549 |
| 与港澳台商合作经营企业 | Cooperative Enterprises | | | |
| 港澳台商独资企业 | Enterprises with Sole Fund | 8806 | 4649 | 1830 |
| 港澳台商投资股份有限公司 | Share-holding Corporations Ltd. | | | |
| 其他港澳台投资企业 | Other Enterprises with Funds from Hong Kong, Macao and Taiwan | 1000 | 930 | 288 |
| 外商投资企业 | Foreign-funded Enterprises | 149457 | 149103 | 114623 |
| 中外合资经营企业 | Joint-venture Enterprises | 230 | 230 | 163 |
| 中外合作经营企业 | Cooperative Enterprises | | | |
| 外资企业 | Enterprises with Sole Fund | 149227 | 148873 | 114460 |
| 外商投资股份有限公司 | Share-holding Corporations Ltd. | | | |
| 其他外商投资企业 | Other Foreign-funded Enterprises | | | |
| **按控股情况分** | **By Holding Entity of Share** | | | |
| 国有控股 | State-holding | 56408 | 56074 | 37362 |
| 集体控股 | Collective-holding | 40688 | 39813 | 31696 |
| 私人控股 | Private-holding | 2063019 | 2041996 | 1308625 |
| 港澳台商控股 | Held by Corporation from Hong Kong, Macao and Taiwan | 12105 | 7878 | 2725 |
| 外商控股 | Foreign-holding | 149227 | 148873 | 114460 |
| 其 他 | Other | 199903 | 198708 | 93067 |
| **按经营形式分** | **By Form of Business** | | | |
| 独立门店 | Independent Store | 1481604 | 1467571 | 942997 |
| 连锁总店（总部） | Central Shop of Chain Stores | 577709 | 567243 | 346942 |
| 连锁门店 | Branch Shop of Chain Stores | 235554 | 233094 | 151881 |
| 其 他 | Other | 226484 | 225436 | 146114 |
| **按单位规模分** | **By Size of Enterprise** | | | |
| 大 型 | Large | 664538 | 659899 | 426651 |
| 中 型 | Medium | 547287 | 538730 | 303053 |
| 小 型 | Small | 1255543 | 1241369 | 824656 |
| 微 型 | Micro | 53983 | 53346 | 33575 |

单位：万元 (10 000 yuan)

| 三、损益及分配 Profits and Losses | | | | | | | | | |
|---|---|---|---|---|---|---|---|---|---|
| 其中 of which | 营业税金及附加 | 其中 of which | 其他业务利润 | 销售费用 | 管理费用 | 其中 of which | 财务费用 | 其中 of which | |
| 主营业务成本 Main Sales Expenses | Business Tax and Surcharges | 主营业务税金及附加 Business Tax and Surtax | Other Business Profits | Sales Expenses | Management Expenses | 税金 Tax | Financial Expenses | 利息收入 Interest Income | 利息支出 Interest Expenses |
| 28707 | 1538 | 1538 | 2002 | 4441 | 1978 | 184 | 344 | 5 | 135 |
| 3666 | 620 | 620 | 3916 | 7175 | 7628 | 224 | 461 | | 186 |
| 1549 | 504 | 504 | | 4056 | 4567 | 165 | 339 | | 318 |
| | | | | | | | | | |
| 1830 | 103 | 103 | 3916 | 2447 | 2980 | 59 | 122 | | -132 |
| | | | | | | | | | |
| 288 | 14 | 14 | | 672 | 81 | | 0.3 | | |
| 114295 | 3023 | 2973 | | 11088 | 8312 | | -529 | 902 | 311 |
| 163 | 1 | 1 | | 1 | 1 | | | | |
| | | | | | | | | | |
| 114132 | 3022 | 2972 | | 11087 | 8311 | | -529 | 902 | 311 |
| | | | | | | | | | |
| | | | | | | | | | |
| | | | | | | | | | |
| 37262 | 1143 | 942 | 341 | 7856 | 8790 | 228 | 45 | 178 | 132 |
| 31165 | 467 | 465 | 8 | 2063 | 2078 | 37 | 183 | 2 | 41 |
| 1287971 | 57693 | 56422 | 4236 | 252389 | 165531 | 6529 | 23273 | 820 | 11803 |
| 2725 | 166 | 166 | 3916 | 5216 | 3563 | 59 | 118 | | -136 |
| 114132 | 3022 | 2972 | | 11087 | 8311 | | -529 | 902 | 311 |
| 92023 | 5131 | 5074 | 3316 | 61153 | 17072 | 493 | 2057 | 70 | 1329 |
| | | | | | | | | | |
| 929428 | 41313 | 40344 | 5366 | 154100 | 118240 | 5883 | 18379 | 281 | 8580 |
| 339745 | 15894 | 15519 | 5602 | 118118 | 54276 | 392 | 5218 | 487 | 3145 |
| 151848 | 5186 | 5136 | 452 | 38779 | 11890 | 464 | -101 | 958 | 400 |
| 144256 | 5227 | 5042 | 398 | 28767 | 20939 | 607 | 1650 | 246 | 1356 |
| | | | | | | | | | |
| 420157 | 17345 | 17261 | 1868 | 121388 | 51111 | 44 | 3596 | 1376 | 3262 |
| 301517 | 12222 | 11599 | 6411 | 112217 | 64603 | 2246 | 10051 | 247 | 6693 |
| 810706 | 36456 | 35604 | 3487 | 104461 | 86460 | 4620 | 10974 | 345 | 3440 |
| 32897 | 1598 | 1577 | 51 | 1697 | 3170 | 435 | 525 | 5 | 84 |

**表15.9 续表7 continued7**

| 指 标 | Item | 三、损益及分配 Profits and Losses<br>资产减值损失 Impairment of Assets | 公允价值变动收益 Fair Value | 投资收益 Income from Investment | 营业利润 Business Profits |
|---|---|---|---|---|---|
| 其他企业 | Other Enterprises | | | | 6320 |
| 港、澳、台商投资企业 | Enterprises Funded by Hong Kong, Macao and Taiwan | | | 8 | 638 |
| 与港澳台商合资经营企业 | Joint-venture Enterprises | | | 8 | -632 |
| 与港澳台商合作经营企业 | Cooperative Enterprises | | | | |
| 港澳台商独资企业 | Enterprises with Sole Fund | | | | 1324 |
| 港澳台商投资股份有限公司 | Share-holding Corporations Ltd. | | | | |
| 其他港澳台投资企业 | Other Enterprises with Funds from Hong Kong, Macao and Taiwan | | | | -55 |
| 外商投资企业 | Foreign-funded Enterprises | 110 | 1 | 102 | 12933 |
| 中外合资经营企业 | Joint-venture Enterprises | 5 | 1 | 3 | 63 |
| 中外合作经营企业 | Cooperative Enterprises | | | | |
| 外资企业 | Enterprises with Sole Fund | 105 | | 99 | 12871 |
| 外商投资股份有限公司 | Share-holding Corporations Ltd. | | | | |
| 其他外商投资企业 | Other Foreign-funded Enterprises | | | | |
| **按控股情况分** | **By Holding Entity of Share** | | | | |
| 国有控股 | State-holding | 2 | | 848 | 1798 |
| 集体控股 | Collective-holding | | | | 4203 |
| 私人控股 | Private-holding | 142 | 24 | 615 | 255332 |
| 港澳台商控股 | Held by Corporation from Hong Kong, Macao and Taiwan | | | 8 | 326 |
| 外商控股 | Foreign-holding | 105 | | 99 | 12871 |
| 其 他 | Other | 72 | | -0.3 | 21405 |
| **按经营形式分** | **By Form of Business** | | | | |
| 独立门店 | Independent Store | 204 | 38 | 488 | 206949 |
| 连锁总店（总部） | Central Shop of Chain Stores | 105 | | 138 | 37139 |
| 连锁门店 | Branch Shop of Chain Stores | | | 103 | 28208 |
| 其 他 | Other | 11 | -15 | 841 | 23639 |
| **按单位规模分** | **By Size of Enterprise** | | | | |
| 大 型 | Large | 105 | | 99 | 44626 |
| 中 型 | Medium | 1 | | 1126 | 45577 |
| 小 型 | Small | 202 | 37 | 345 | 192414 |
| 微 型 | Micro | 13 | -14 | -1 | 13318 |

单位：万元（10 000 yuan）

| 三、损益及分配 Profits and Losses | | | | | 四、人工成本及增值税 Labor Costs and Value Added Tax | | 五、从事零售业活动的从业人员平均人数（人） Average Employees of Wholesale and Retail |
|---|---|---|---|---|---|---|---|
| 营业外收入 Non-business Income | 其中 of which 政府补助 Governmental Subsidy | 营业外支出 Non-business Expenses | 利润总额 Total Profits | 应交所得税 Income Tax Payable | 应付职工薪酬（本年贷方累计发生额） Total Payable Salaries | 应交增值税 Value Added Tax Payable | |
| 25 | 1 | 7 | 4399 | 88 | 4966 | 265 | 1359 |
| 49 | | 123 | 564 | 270 | 4154 | 235 | 648 |
| 17 | | 35 | -649 | | 1635 | 175 | 340 |
| 32 | | 87 | 1269 | 270 | 2249 | | 240 |
| | | 1 | -56 | | 271 | 60 | 68 |
| 370 | 24 | 1050 | 12253 | 2288 | 30071 | 1225 | 7066 |
| | | | 63 | | 40 | | 10 |
| 370 | 24 | 1050 | 12190 | 2288 | 30031 | 1225 | 7056 |
| 1021 | 10 | 53 | 2847 | 332 | 10522 | 1415 | 1472 |
| 64 | | 105 | 3926 | 188 | 7151 | 185 | 1127 |
| 4705 | 1266 | 2823 | 211974 | 11052 | 243860 | 19072 | 69477 |
| 41 | | 103 | 264 | 270 | 3057 | 60 | 452 |
| 370 | 24 | 1050 | 12190 | 2288 | 30031 | 1225 | 7056 |
| 404 | 112 | 638 | 19605 | 1824 | 26025 | 1314 | 6894 |
| 3058 | 977 | 2455 | 179027 | 10477 | 167588 | 16224 | 46051 |
| 861 | 290 | 736 | 28851 | 1703 | 83434 | 3125 | 24997 |
| 1414 | 89 | 1364 | 26026 | 2904 | 39932 | 1845 | 8560 |
| 1274 | 57 | 218 | 16903 | 869 | 29691 | 2077 | 6870 |
| 1877 | 277 | 1780 | 38838 | 3812 | 97769 | 2965 | 26327 |
| 2888 | 769 | 882 | 36735 | 2727 | 82066 | 5840 | 19795 |
| 1674 | 363 | 2087 | 163215 | 8844 | 137176 | 14080 | 39279 |
| 167 | 4 | 23 | 12017 | 570 | 3634 | 386 | 1077 |

# 表15.10 按行业和业态分连锁零售企业基本情况(2016年)

## BASIC CONDITIONS OF CHAIN RETAIL ENTERPRISES BY SECTOR AND BUSINESS CATEGORIES (2016)

| 指　标 | Item | 总店数（个） Number of Head Stores (unit) | 门店总数（个） Number of Stores (unit) | 年末从业人数（人） Engaged Persons at Year-end (persons) | 年末零售营业面积（平方米） Operating Area of Retail Enterprises at Year-end (sq.m) | 商品销售额（万元） Total Sales of Commodities (10 000 yuan) | 商品购进总额（万元） Purchases Value (10 000 yuan) | 统一配送商品购进额（万元） Centralized Purchase and Delivery (10 000 yuan) |
|---|---|---|---|---|---|---|---|---|
| **总　计** | **Total** | **80** | **10259** | **82506** | **3950755** | **7664793** | **5255515** | **3875398** |
| **按行业分** | **By Sector** | | | | | | | |
| #综合零售 | Integrated Retail | 30 | 3947 | 56566 | 3003420 | 5471450 | 3366680 | 2095285 |
| 食品、饮料及烟草制品专门零售 | Retail of Food, Beverages and Tobacco | 9 | 928 | 3298 | 22926 | 105501 | 69057 | 55499 |
| 纺织、服装及日用品专门零售 | Special Retail of Textiles, Garments and Daily Consumer Articles | 8 | 194 | 2155 | 58926 | 144380 | 89946 | 38647 |
| 文化、体育用品及器材专门零售 | Retail of Cultural, Sports Appliances and Equipments | 2 | 110 | 2544 | 129000 | 425532 | 376026 | 373014 |
| 医药及医疗器材专门零售 | Retail of Medicines and Medical Appliances | 25 | 4918 | 14733 | 363815 | 730278 | 571177 | 534535 |
| 汽车、摩托车、燃料及零配件专门零售 | Retail of Motor Vehicles, Motorcycles, Fuel and Parts | 3 | 27 | 81 | 2815 | 8863 | 7916 | 3704 |
| 家用电器及电子产品专门零售 | Special Retail of Household Electrical Appliances and Electronic Products | 3 | 135 | 3129 | 369853 | 778788 | 774715 | 774715 |
| 五金、家具及室内装修材料专门零售 | Special Retail of Hardware, Furniture and Decoration Materials | | | | | | | |
| 无店铺及其他零售 | Non-shop and Other Retails | | | | | | | |
| **按业态分** | **By Business Categories** | | | | | | | |
| 便利店 | Convenience Store | 3 | 236 | 594 | 21340 | 23495 | 19179 | 10523 |
| 折扣店 | Discount Store | | | | | | | |
| 超　市 | Super Market | 18 | 3216 | 16455 | 473388 | 715963 | 662884 | 631386 |
| 大型超市 | Hyper Market | 3 | 121 | 18398 | 624492 | 1408976 | 1285111 | 63266 |
| 仓储会员店 | Warehouse Club | | | | | | | |
| 百货店 | Department Store | 5 | 344 | 21087 | 1881010 | 3321624 | 1398245 | 1388850 |
| 专业店 | Specialty Store | 38 | 5313 | 20369 | 721717 | 1829741 | 1581669 | 1487413 |
| #加油站 | Gas Station | | | | | | | |
| 专卖店 | Franchised Store | 10 | 957 | 5327 | 221898 | 355918 | 301384 | 290293 |
| 家居建材商店 | Building Material Store | | | | | | | |
| 厂家直销中心 | Factory Outlets Center | 1 | 2 | 90 | 1800 | 4222 | 3378 | |
| 其　他 | Other Store | 2 | 70 | 186 | 5110 | 4855 | 3666 | 3666 |

## 表15.11 按行业分连锁餐饮企业基本情况（2016年）
## BASIC CONDITIONS OF CHAIN CATERING ENTERPRISES BY SECTOR (2016)

| 指 标 | Item | 总店数（个） Number of Head Stores (unit) | 门店总数（个） Number of Stores (unit) | 年末从业人员（人） Engaged Persons at Year-end (persons) | 年末餐饮营业面积（平方米） Operating Area of Catering Enterprises at Year-end (sq.m) | 餐位数（位） Number of Dining-seats (unit) | 营业额（万元） Business Revenue (10 000 yuan) | 商品购进总额（万元） Total Purchases Value (10 000 yuan) | 统一配送商品购进额（万元） Centralized Purchase and Delivery (10 000 yuan) |
|---|---|---|---|---|---|---|---|---|---|
| **总 计** | **Total** | **26** | **2411** | **92014** | **1313115** | **513700** | **1257020** | **575742** | **287022** |
| 正餐服务业 | Restaurant | 22 | 2125 | 87966 | 1279900 | 501444 | 1166406 | 538871 | 250151 |
| 快餐服务业 | Fast Food | 2 | 121 | 3259 | 27786 | 10784 | 68423 | 21849 | 21849 |
| 饮料及冷饮服务业 | Beverages and Cold Drinks | 1 | 5 | 50 | 1750 | 385 | 7056 | 5032 | 5032 |
| 其他餐饮服务业 | Others | 1 | 160 | 739 | 3679 | 1087 | 15136 | 9991 | 9991 |

## 表15.12 批发和零售业连锁经营情况（2015－2016年）
## OPERATION OF CHAIN ENTERPRISES IN WHOLESALE AND RETAIL TRADES (2015-2016)

| 指 标 | Item | 合 计 Total 2015 | 合 计 Total 2016 | 其中 of which #直营店 Regular Chain 2015 | 其中 of which #直营店 Regular Chain 2016 |
|---|---|---|---|---|---|
| 门店总数（个） | Number of Stores (unit) | 12570 | 12714 | 3963 | 4471 |
| 年末从业人员数（人） | Engaged Persons at Year-end (person) | 96313 | 93796 | 82712 | 79974 |
| 年末零售营业面积（平方米） | Business Area of Catering Services at Year-end (sq.m) | 4243850 | 4336533 | 3871491 | 3973213 |
| 连锁门店商品购进额（万元） | Total Purchases Value of Chain Retail Stores (10 000 yuan) | 6356307 | 7050386 | 6061261 | 6740032 |
| #统一配送商品购进额 | Centralized Purchase and Delivery | 5010992 | 4844151 | 4806742 | 4634590 |
| #自有配送中心配送商品购进额 | Purchases of Self-owned Delivery Center | 3642595 | 3234952 | 3525908 | 3086489 |
| 非自有配送中心配送商品购进额 | Purchases of Non-self-owned Delivery Center | 764179 | 1128931 | 718239 | 1103855 |
| 连锁门店商品销售额（万元） | Total Sales (Wholesale & Retail) of Chain Retail Stores (10 000 yuan) | 9048545 | 9561915 | 8659203 | 9140507 |
| #零售额 | Retail Sales | 7539783 | 7441719 | 7290575 | 7158550 |

# 表15.13 住宿和餐饮业连锁经营情况（2015－2016年）
## OPERATION OF CHAIN ENTERPRISES IN HOTELS AND CATERING SERVICES (2015-2016)

| 指　标 | Item | 合　计 Total 2015 | 2016 | 其中 of which #直营店 Regular Chain 2015 | 2016 |
|---|---|---|---|---|---|
| 门店总数（个） | Number of Stores (unit) | 2360 | 2411 | 480 | 530 |
| 年末从业人员数（人） | Engaged Persons at Year-end (person) | 91815 | 92014 | 17807 | 20395 |
| 年末餐饮营业面积（平方米） | Business Area of Catering Enterprises at Year-end (sq.m) | 1296586 | 1313115 | 339199 | 381977 |
| 客房数（间） | Number of Rooms (room) | 194 | 315 | 194 | 315 |
| 床位数（个） | Number of beds (unit) | 351 | 611 | 351 | 611 |
| 餐位数（位） | Number of Dinning-seats (unit) | 518865 | 513700 | 102140 | 122313 |
| 连锁门店商品购进额（万元） | Total Purchases Value of Chain Retail Stores (10 000 yuan) | 545720 | 575742 | 261822 | 266349 |
| #统一配送商品购进额 | Centralized Purchase and Delivery | 258834 | 287022 | 113397 | 127060 |
| #自有配送中心配送商品购进额 | Purchases of Self-owned Delivery Center | 162603 | 163336 | 56303 | 55752 |
| 非自有配送中心配送商品购进额 | Purchases of Non-self-owned Delivery Center | 69191 | 82516 | 33232 | 33841 |
| 连锁门店营业额（万元） | Business Revenue of Chain Retail Stores (10 000 yuan) | 1158001 | 1257020 | 377136 | 440058 |
| #餐费收入 | From Meals | 1145368 | 1240086 | 365452 | 425487 |
| 商品销售额 | Total Sales of Commodities | 12633 | 14712 | 11685 | 13685 |

重/庆/统/计/年/鉴

# 主要统计指标解释

## 社会消费品零售总额

指企业（单位、个体户）通过交易直接售给个人、社会集团非生产、非经营用的实物商品金额，以及提供餐饮服务所取得的收入金额。个人包括城乡居民和入境人员，社会集团包括机关、社会团体、部队、学校、企事业单位、居委会或村委会等。

## 批发业

指批发商向批发、零售单位及其他企事业、机关单位批量销售生活用品和生产资料的活动，以及从事进出口贸易和贸易经纪与代理的活动。批发商可以对所批发的货物拥有所有权，并以本单位、公司的名义进行交易活动；也可以不拥有货物的所有权，而以中介身份做代理销售商。还包括各类商品批发市场中固定摊位的批发活动。

## 零售业

指百货商店、超级市场、专门零售商店、品牌专卖店、售货摊等主要面向最终消费者（如居民等）的销售活动。包括以互联网、邮政、电话、售货机等方式的销售活动，还包括在同一地点，后面加工生产，前面销售的店铺（如前店后厂的面包房）。不包括：谷物、种子、饲料、牲畜、矿产品、生产用原料、化工原料、农用化工产品、机械设备（乘用车、计算机及通信设备等除外）等生产资料的销售（列入批发业）；非零售单位附带的零售活动，如汽车修理单位销售汽车零件（列入单位主业所对应的行业类别中）；商业零售单位所在商厦的物业管理（列入物业管理）；商业零售单位所在的商品市场、商业大厦的市场管理活动（列入市场管理）。

## 批发和零售业商品购进、销售、库存额

指各种登记注册类型的批发和零售业企业(单位)以本企业(单位)为总体的，从国内、国外市场购进的商品总量，销售和出口的商品总量，库存的商品总量等情况。该指标可以反映商品流转过程中商品的购进、销售、库存之间的比例关系和存在的问题。

## 商品销售额

指对本单位以外的单位和个人出售的商品金额（包括售给本单位消费用的商品，含增值税）。商品销售包括（1）售给城乡居民和社会集团消费用的商品；（2）售给农业、工业、建筑业、运输邮电业、服务业、公用事业等国民经济各行业用于生产、经营用的商品，包括售予批发和零售业作为转卖或加工后转卖的商品；（3）对国（境）外直接出口的商品。不包括：（1）未通过买卖行为付出的商品，如随机构变动移交给其他企业单位的商品、借出的商品、归还受其他单位委托代保管的商品、付出的加工原料和赠送给其他单位的样品等；（2）经本单位介绍，由买卖双方直接结算，本单位只收取手续费的业务；（3）购货退回的商品；（4）商品损耗和损失；（5）出售本单位自用的废旧物资。

## 住宿业

指有偿为顾客提供临时住宿的服务活动。不包括提供长期住宿场所的活动，如出租房屋、公寓等（列入房地产开发经营）。

## 餐饮业

指在一定场所，对食物进行现场烹饪、调制，并出售给顾客主要供现场消费的服务活动。

## 营业额

指住宿和餐饮业单位在经营活动中因提供服务或销售商品等取得的收入。包括：客房收入、餐费收入、商品销售额和其他收入。其中，客房收入指住宿和餐饮业单位在经营活动中因提供住宿服务取得的收入。餐费收入指住宿和餐饮业单位因为顾客提供就餐服务取得的收入，包括经烹饪、调制加工后出售的各种食品，如主食、炒菜、凉拌菜等的收入。

# 主要统计指标解释

## 连锁总店（总部）

指负责连锁企业资源（商号、商誉、经营模式、服务标准、管理模式等等）的开发、配置、控制或使用等功能的企业核心管理机构。连锁经营是指经营同类商品或服务，使用统一商号的若干店铺，在同一总店（总部）的管理下，采取统一采购或特许经营等方式，实现规模效益的组织形式，包括直营连锁、特许连锁和自愿连锁三种形式。其中，直营连锁是指连锁店铺由连锁公司全资或控股开设，在总部的直接控制下，开展统一经营的连锁经营形式；特许连锁是指拥有注册商标、企业标志、专利、专有技术等经营资源的企业（特许人），以合同形式将其拥有的经营资源许可其他经营者（被特许人）使用，被特许人按合同约定在统一的经营模式下开展经营，并向特许人支付特许经营费用的连锁经营形式；自愿连锁是指若干个店铺或企业自愿组合起来，在不改变各自资产所有权关系的情况下，以同一个品牌形象面对消费者，以共同进货为纽带开展的连锁经营形式。

# Explanatory Notes on Main Statistical Indicators

## Total Retail Sales of Consumer Goods

Refer to the amount obtained by enterprises (units, self-employed individuals) through direct sales of non-production and non-business physical commodity to individuals, social institutions, and revenue from providing catering services. Individuals include rural and urban households, population from abroad, social institutions include government agencies, social organizations, military units, schools, institutions, neighbourhood (village) committees.

## Wholesale Trade

Refers to the activities of wholesaler selling at wholesale commodities for daily use and capital goods to enterprises of wholesale and retail trades and other enterprises, institutions and government offices, including the activities of wholesaler engaged in import and export and acting as a trade agent. The wholesaler may have the right of ownership over the commodities of wholesale and trade in the name of its own's or a company, the wholesaler may not have the right of ownership, only acts an agent. The wholesale trade also include the activities of wholesaler at the fixed stalls of the wholesale market of different commodities.

## Retail Trade

Refers to the activities of department store, supermarket, franchised store, brand store, retail stall and on-the-spot-making-selling store selling commodities to the final consumers (citizens) by any means including internet, post, telephone, sales machine. Retail trade excludes the activities of sales of capital goods such a grain, seed, feed, livestock, mineral products, raw material for production, industrial chemicals, chemical products for farm, machine and equipment (vehicle, computer and communication equipment), and the activities of supplementary sales of non-retailer such as the sales of spare parts of car repair business (listed as branch in correspondence with principle business), property management of buildings of retail units (listed as property management); market management of commercial markets and buildings of retail units (listed as market management) .

## Purchase, Sales and Stock of Commodities by Wholesale and Retail Trades

Refer to the total volume of commodities purchased, total volume of sales and exports, and the stock of commodities by wholesale and retail enterprises (establishments) of different status of registration from domestic and overseas markets. This indicator reflects the relationship among purchase, sales and stock of commodities in the circulation of goods and reveals the existing problems.

## Total Sales of Commodities

Refer to value of commodities sold by the establishments to other establishments and individuals (including goods sold for self consumption, including the value-added tax). The commodities include: (I) commodities sold to urban and rural residents and social groups for their consumption; (II) commodities sold to establishments in all industries for their production and operation, including agriculture, industry, construction, transportation, post and telecommunications, catering services, and public utility including commodities sold to wholesale and retail establishments for re-selling, with or without further processing; and (III) commodities for direct export to abroad. Excluded are (I) extended commodities without trading, such as goods handed over to other enterprises and institutions because of the change of organizations, lent goods, returned goods preserved for others, extended processing materials and samples donated to others, (II) goods of direct settlement between buyer and seller with handling fees introduced by others, (III) goods returned after purchase, (IV) damaged and spoiled goods, (V) waste and used goods of self use.

## Hotel Services

Refer to the charged accommodation services provided to customers, excluding the long term accommodation service activities such as rental housing and apartments(it is under real estate development and management).

## Catering Services

Refer to the activities of enterprises providing on-the-spot services of selling food cooked and prepared to the customer in certain sites.

## □ Business Revenue

Refers to revenue of hotels and catering services received from providing services or selling commodities through business activities, including income from hotels, from catering services, from selling of commodities and from other services. Income from hotels refers to income of hotels and catering services by providing lodging services through business activities. Income from catering services refers to income of hotels and catering services by providing catering services, including selling of cooked or prepared foods, such as staple food, cooked dishes, or cold dishes.

## □ Chain Head Stores (headquarter)

Refer to the core leading stores responsible for development, allocation, administration and utilization of resources (name of stores, brand of stores, operation model, service standard, management way, etc.) of chain stores. Chain stores refers to the stores engaged in providing homogeneous commodities or services, with the central leadership of head store (headquarters) and guided by common policies, conduct centralized purchase and distributed selling of commodities, in order to gain better efficiency through standardized operation. The chain stores include regular chain stores, franchise chain stores and voluntary chain stores.

Regular Chain store refers to chain stores that are invested or controlled by the headquarters. They operate under direct and unified management from the headquarters.

Franchise chain store refers to the chain stores (franchisees) which are franchised with operation resources such as trade marks, names, patent and operation know-how by the franchisors in form of contract and pay the operation fees to the franchisors.

Voluntary chain store refers to the stores operate jointly on the voluntary bases while maintaining their status of independent legal entities with full ownership of their assets. They sell goods of same brand from same channel of resource to the consumers.

# 第16章

## 对外经济贸易和旅游业

## FOREIGN ECONOMIC RELATIONS, TRADE AND TOURISM

# 简要说明 BRIEF INTRODUCTION

本章内容包括全市进出口、利用外资、对外承包工程和劳务合作、旅游情况，以及利用内资方面的资料。进出口、利用外资、对外投资与合作、旅游和国外友好城市交流资料由市统计局贸易外经处分别根据重庆海关、市商务委、市旅游局和市政府外事办公室的有关资料加工整理，利用内资数据由市统计局贸易外经处提供。

The data in this chapter include the statistics on imports & exports, utilization of foreign capital, contracted projects and labor cooperation with foreign countries (territories) and tourism as well as the utilization of domestic capital. The data of imports & exports, utilization of foreign capital, contracted projects and labor cooperation with foreign countries and territories, tourism and communications with foreign twin-cities and tourism are provided by Chongqing Customs, Chongqing Commerce Commission, Chongqing Tourism Administration and Foreign Affairs Office of Chongqing Municipal Government, and sorted and compiled by Division of Trade and External Economic Relations Statistics, Chongqing Municipal Bureau of Statistics. The data of utilization of domestic capital are provided by Division of Trade and External Economic Relations Statistics of Municipal Bureau of Statistics.

## 表16.1 人民币汇率(年平均价)(1985－2016年)
## REFERENCE EXCHANGE RATE OF RENMINBI (PERIOD AVERAGE) (1985-2016)

单位：人民币元 (RMB yuan)

| 年 份<br>Year | 100美元<br>100 US Dollars | 100日元<br>100 Japanese Yen | 100港元<br>100 Hong Kong Dollars | 100欧元<br>100 Euros |
|---|---|---|---|---|
| 1985 | 293.66 | 1.2457 | 37.57 | |
| 1986 | 345.28 | 2.0694 | 44.22 | |
| 1987 | 372.21 | 2.5799 | 47.74 | |
| 1988 | 372.21 | 2.9082 | 47.70 | |
| 1989 | 376.51 | 2.7360 | 48.28 | |
| 1990 | 478.32 | 3.3233 | 61.39 | |
| 1991 | 532.33 | 3.9602 | 68.45 | |
| 1992 | 551.46 | 4.3608 | 71.24 | |
| 1993 | 576.20 | 5.2020 | 74.41 | |
| 1994 | 861.87 | 8.4370 | 111.53 | |
| 1995 | 835.10 | 8.9225 | 107.96 | |
| 1996 | 831.42 | 7.6352 | 107.51 | |
| 1997 | 828.98 | 6.8600 | 107.09 | |
| 1998 | 827.91 | 6.3488 | 106.88 | |
| 1999 | 827.83 | 7.2932 | 106.66 | |
| 2000 | 827.84 | 7.6864 | 106.18 | |
| 2001 | 827.70 | 6.8075 | 106.08 | |
| 2002 | 827.70 | 6.6237 | 106.07 | 800.58 |
| 2003 | 827.70 | 7.1466 | 106.24 | 936.13 |
| 2004 | 827.68 | 7.6552 | 106.23 | 1029.00 |
| 2005 | 819.17 | 7.4484 | 105.30 | 1019.53 |
| 2006 | 797.18 | 6.8570 | 102.62 | 1001.90 |
| 2007 | 760.40 | 6.4632 | 97.46 | 1041.75 |
| 2008 | 694.51 | 6.7427 | 89.19 | 1022.27 |
| 2009 | 683.10 | 7.2986 | 88.12 | 952.70 |
| 2010 | 676.95 | 7.7279 | 87.13 | 897.25 |
| 2011 | 645.88 | 8.1050 | 82.97 | 900.11 |
| 2012 | 631.25 | 7.9037 | 81.38 | 810.67 |
| 2013 | 619.32 | 6.3323 | 79.85 | 822.19 |
| 2014 | 614.28 | 5.8196 | 79.22 | 816.51 |
| 2015 | 622.84 | 5.1553 | 80.34 | 691.41 |
| 2016 | 664.23 | 6.1243 | 85.58 | 734.26 |

# 表16.2 进出口总值（1987－2016年）
## TOTAL VALUE OF IMPORTS AND EXPORTS (1987-2016)

单位：万美元（USD 10 000）

| 年份 Year | 进出口总值 Total Imports and Exports | 其中 of which 出口 Exports | 其中 of which 进口 Imports | 进出口差额 Balance of Imports and Exports |
|---|---|---|---|---|
| 1987 | 29681 | 17446 | 12235 | 5211 |
| 1988 | 41078 | 22171 | 18907 | 3264 |
| 1989 | 60299 | 29052 | 31247 | -2195 |
| 1990 | 68095 | 32729 | 35366 | -2637 |
| 1991 | 61950 | 39249 | 22701 | 16548 |
| 1992 | 74244 | 40867 | 33377 | 7490 |
| 1993 | 85470 | 41160 | 44310 | -3150 |
| 1994 | 123957 | 71527 | 52430 | 19097 |
| 1995 | 141859 | 84733 | 57126 | 27607 |
| 1996 | 158543 | 59365 | 99178 | -39813 |
| 1997 | 167843 | 78015 | 89828 | -11813 |
| 1998 | 103386 | 51411 | 51975 | -564 |
| 1999 | 121044 | 49039 | 72005 | -22966 |
| 2000 | 178547 | 99522 | 79025 | 20497 |
| 2001 | 183384 | 110248 | 73136 | 37112 |
| 2002 | 179401 | 109119 | 70282 | 38837 |
| 2003 | 259488 | 158509 | 100979 | 57530 |
| 2004 | 385735 | 209119 | 176616 | 32503 |
| 2005 | 429283 | 252054 | 177229 | 74825 |
| 2006 | 547013 | 335192 | 211821 | 123371 |
| 2007 | 744546 | 450772 | 293774 | 156998 |
| 2008 | 952121 | 572182 | 379939 | 192243 |
| 2009 | 770859 | 428008 | 342851 | 85157 |
| 2010 | 1242634 | 748875 | 493759 | 255116 |
| 2011 | 2921786 | 1983813 | 937973 | 1045840 |
| 2012 | 5320358 | 3857043 | 1463315 | 2393728 |
| 2013 | 6870410 | 4679749 | 2190661 | 2489088 |
| 2014（美元计价）USD | 9545024 | 6340935 | 3204089 | 3136846 |
| 2014（人民币计价）Yuan-denominated | 58632248 | 38947663 | 19684585 | 19263078 |
| 2015（美元计价）USD | 7447656 | 5518994 | 1928662 | 3590332 |
| 2015（人民币计价）Yuan-denominated | 46154929 | 34170285 | 11984644 | 22185641 |
| 2016（美元计价）USD | 6277125 | 4069415 | 2207710 | 1861705 |
| 2016（人民币计价）Yuan-denominated | 41403855 | 26779585 | 14624271 | 12155314 |

# 表16.3 利用外资基本情况（1985－2016年）
## BASIC STATISTICS ON UTILIZATION OF FOREIGN CAPITAL (1985-2016)

单位：万美元（USD 10 000）

| 年 份<br>Year | 新签利用外资协议（合同）数（个）<br>Number of Newly Signed Agreements (Contracts) of Foreign Capital Utilization (unit) | 其 中 of which<br>#外商直接投资<br>Foreign Direct Investment | 协议合同金额<br>Value of Agreements and Contracts | 其 中 of which<br>#外商直接投资<br>Foreign Direct Investment | 实际利用外资额<br>Foreign Capital Actually Utilized | 其 中 of which<br>#外商直接投资<br>Foreign Direct Investment |
|---|---|---|---|---|---|---|
| 1985 | 28 | | 3991 | | 2499 | 427 |
| 1986 | 21 | 6 | 2957 | 1528 | 3596 | 790 |
| 1987 | 31 | 10 | 3320 | 774 | 4509 | 1924 |
| 1988 | 72 | 18 | 54862 | 1913 | 13153 | 2069 |
| 1989 | 39 | 15 | 3887 | 7141 | 22479 | 756 |
| 1990 | 81 | 55 | 19133 | 6245 | 14489 | 332 |
| 1991 | 110 | 80 | 12074 | 4252 | 16143 | 977 |
| 1992 | 516 | 443 | 59665 | 37919 | 29745 | 10247 |
| 1993 | 795 | 681 | 106629 | 72892 | 41970 | 25915 |
| 1994 | 453 | 364 | 65266 | 47932 | 65644 | 44953 |
| 1995 | 341 | 280 | 112473 | 74567 | 61554 | 37926 |
| 1996 | 233 | 160 | 35873 | 24232 | 44151 | 21878 |
| 1997 | 289 | 229 | 77109 | 46017 | 98208 | 38466 |
| 1998 | 263 | 222 | 75099 | 47577 | 55163 | 43107 |
| 1999 | 199 | 169 | 70115 | 50688 | 32699 | 23893 |
| 2000 | 237 | 190 | 86888 | 35716 | 34532 | 24436 |
| 2001 | 191 | 172 | 71884 | 44261 | 42442 | 25649 |
| 2002 | 169 | 148 | 64824 | 50215 | 45034 | 28089 |
| 2003 | 218 | 187 | 71397 | 55301 | 56654 | 31112 |
| 2004 | 281 | 258 | 66621 | 66315 | 68214 | 40508 |
| 2005 | 266 | 208 | 81877 | 80213 | 70423 | 51575 |
| 2006 | 252 | 223 | 112960 | 111558 | 87667 | 69595 |
| 2007 | 263 | 240 | 440891 | 440499 | 122011 | 102857 |
| 2008 | 197 | 135 | 283124 | 208757 | 285688 | 245196 |
| 2009 | 220 | 161 | 379861 | 244278 | 419178 | 337577 |
| 2010 | 261 | 232 | 623902 | 402848 | 636956 | 304264 |
| 2011 | 361 | 326 | 633609 | 624570 | 1057862 | 582575 |
| 2012 | 294 | 248 | 559368 | 505724 | 1057661 | 352418 |
| 2013 | 248 | 192 | 405748 | 382459 | 1059715 | 414353 |
| 2014 | 250 | 203 | 462645 | 448258 | 1062946 | 423348 |
| 2015 | 315 | 242 | 481728 | 466628 | 1076505 | 377183 |
| 2016 | 260 | 224 | 409337 | 401022 | 1134184 | 262630 |

注：1）2004年起，新签利用外资协议（合同）数、协议合同金额均不含对外借款。
2）2007年起，外商直接投资数据为上报国家商务部口径。

Note: a) Foreign loans have been excluded from the number of newly signed agreements (contracts) of foreign capital utilization and the value of agreements and contracts since 2004.
b) The data of foreign direct investment has become the data reported to the Ministry of Commerce since 2007.

# 表16.4 对外经济合作（1985－2016年）
## COOPERATION WITH FOREIGN COUNTRIES AND TERRITORIES (1985-2016)

单位：万美元（USD 10 000）

| 年 份<br>Year | 签订合同数<br>（个）<br>Number of Contracts<br>(unit) | 合同金额<br>Value of Contracts | 实际完成营业额<br>Value of Turnover Fulfilled |
|---|---|---|---|
| 1985 | 9 | 2109 | 572 |
| 1986 | 18 | 1571 | 337 |
| 1987 | 15 | 1540 | 572 |
| 1988 | 13 | 2640 | 2683 |
| 1989 | 27 | 2605 | 2574 |
| 1990 | 14 | 2971 | 2189 |
| 1991 | 16 | 4329 | 2436 |
| 1992 | 19 | 3765 | 2896 |
| 1993 | 13 | 9440 | 2704 |
| 1994 | 45 | 4106 | 4132 |
| 1995 | 33 | 4032 | 3757 |
| 1996 | 35 | 6654 | 3160 |
| 1997 | 22 | 2607 | 2725 |
| 1998 | 24 | 1969 | 3203 |
| 1999 | 235 | 4591 | 3842 |
| 2000 | 231 | 9232 | 5806 |
| 2001 | 232 | 11590 | 6700 |
| 2002 | 117 | 12200 | 7959 |
| 2003 | 94 | 13450 | 8810 |
| 2004 | 81 | 14805 | 10078 |
| 2005 | 70 | 18498 | 12138 |
| 2006 | 72 | 21447 | 16050 |
| 2007 | 67 | 30714 | 20585 |
| 2008 | 55 | 86398 | 30673 |
| 2009 | 80 | 104463 | 36885 |
| 2010 | 48 | 81560 | 45074 |
| 2011 | 49 | 66797 | 43738 |
| 2012 | 42 | 107550 | 58406 |
| 2013 | 104 | 111288 | 103450 |
| 2014 | 132 | 117065 | 103488 |
| 2015 | 91 | 136003 | 120872 |
| 2016 | 105 | 275360 | 133546 |

注：2011年起数据仅为对外承包工程，不再包含对外劳务合作。
Note: Due to the modification of statistics system, the data only includes the contracted projects with foreign countries and territories since 2011, and foreign labor cooperation not included.

# 表16.5 国际旅游人数和外汇收入（1983－2016年）
## NUMBER OF INTERNATIONAL TOURISTS AND FOREIGN EXCHANGE EARNINGS (1983-2016)

| 年份 Year | 接待入境旅游人数（人次） Number of Overseas Visitor Arrivals Received (person-time) | 其中 of which #外国人 Foreigners | #港澳台同胞 Chinese Compatriots from Hong Kong, Macao and Taiwan | 旅游外汇收入（万美元） Foreign Exchange Earnings from Tourism (USD 10 000) | 入境旅游者人均逗留天数（天） Average Staying Period of Overseas Visitors per Capita (day) | 旅行社组织出境旅游人数（万人次） Number of Outbound Tourists Organized by Travel Agencies (10 000 person-time) |
|---|---|---|---|---|---|---|
| 1983 | 23032 | 18706 | 3997 | 26 | 1.3 | |
| 1984 | 28094 | 21110 | 6505 | 259 | 1.7 | |
| 1985 | 49508 | 40460 | 8370 | 527 | 2.1 | |
| 1986 | 55152 | 44290 | 8904 | 860 | 1.7 | |
| 1987 | 60894 | 52177 | 8253 | 1063 | 1.5 | |
| 1988 | 64181 | 45193 | 18711 | 1281 | 1.5 | |
| 1989 | 41248 | 21454 | 19595 | 1027 | 1.6 | |
| 1990 | 69609 | 19913 | 49570 | 1823 | 1.3 | |
| 1991 | 81745 | 29625 | 51950 | 2354 | 1.6 | |
| 1992 | 141165 | 52949 | 88050 | 3997 | 1.3 | |
| 1993 | 135596 | 59140 | 76025 | 4819 | 1.4 | |
| 1994 | 138593 | 93408 | 44180 | 5432 | 1.5 | |
| 1995 | 142892 | 93625 | 48942 | 6333 | 2.0 | |
| 1996 | 161761 | 108163 | 53238 | 7090 | 2.3 | |
| 1997 | 259414 | 154919 | 103720 | 10548 | 2.7 | |
| 1998 | 163738 | 116288 | 47211 | 8837 | 3.2 | |
| 1999 | 184936 | 133629 | 51173 | 9726 | 3.2 | |
| 2000 | 266081 | 192863 | 73218 | 13837 | 3.2 | |
| 2001 | 313254 | 219214 | 94040 | 16341 | 3.1 | |
| 2002 | 461484 | 310934 | 150550 | 21802 | 2.7 | |
| 2003 | 234521 | 181744 | 52777 | 11323 | 2.8 | |
| 2004 | 434423 | 338892 | 95531 | 20308 | 2.7 | |
| 2005 | 523872 | 418076 | 105796 | 26436 | 3.0 | 7.33 |
| 2006 | 603239 | 488249 | 114990 | 30872 | 3.2 | 9.38 |
| 2007 | 761676 | 622427 | 139249 | 38231 | 3.2 | 10.69 |
| 2008 | 871907 | 742792 | 129115 | 44977 | 3.0 | 10.29 |
| 2009 | 1048125 | 847967 | 200158 | 53721 | 3.0 | 16.05 |
| 2010 | 1370231 | 1039598 | 330633 | 70320 | 3.4 | 22.73 |
| 2011 | 1864016 | 1326135 | 537881 | 96806 | 3.9 | 40.36 |
| 2012 | 2242834 | 1526320 | 716514 | 116832 | 3.4 | 68.44 |
| 2013 | 2422605 | 1619340 | 803265 | 126831 | 3.1 | 91.99 |
| 2014 | 2637590 | 1686523 | 951067 | 135444 | 2.7 | 120.84 |
| 2015 | 2825339 | 1888294 | 937045 | 146857 | 2.5 | 182.22 |
| 2016 | 3165843 | 2084166 | 1081677 | 168682 | 2.5 | 196.24 |

# 表16.6 按商品类别分的进出口总值（2015－2016年）
## TOTAL VALUE OF IMPORTS AND EXPORTS BY COMMODITY CATEGORY (2015-2016)

单位：万美元（USD 10 000）

| 商品类别 | Categories of Commodities | 出口 Exports | | 进口 Imports | |
|---|---|---|---|---|---|
| | | 2015 | 2016 | 2015 | 2016 |
| **总　值** | **Total Value** | **5518994** | **4069415** | **1928662** | **2207710** |
| **按进出口商品类章分** | **By Category of Imported and Exported Goods** | | | | |
| 活动物、动物产品 | Live Animals and Animal Products | 3778 | 3650 | 2940 | 4576 |
| 植物产品 | Vegetable Products | 6022 | 23135 | 82508 | 77203 |
| 动植物油脂及分解产品、精制食用油脂，动植物蜡 | Animal or Vegetable Fats and Oils and Their Cleavage Products, Prepared Edible Fats, Animal or Vegetable Waxes | 236 | 69 | 4273 | 2686 |
| 食品、饮料、酒及醋；烟草及烟草代用品的制品 | Prepared Foodstuffs; Beverages, Spirits and Vinegar; Tobacco and Manufactured Tobacco Substitutes | 12665 | 27073 | 18202 | 45124 |
| 矿产品 | Mineral Products | 10369 | 2237 | 33313 | 81959 |
| 化学工业及其相关工业的产品 | Products of The Chemical or Industries Allied | 139482 | 106036 | 33583 | 89180 |
| 塑料及其制品、橡胶及其制品 | Plastics and Articles Thereof Rubber and Articles Thereof | 149174 | 81155 | 86986 | 130461 |
| 生皮、皮革、毛皮及制品；鞍具及挽具；旅行用品、手提包及类似品；动物肠线（蚕胶丝除外）制品 | Raw Hides and Skins, Leather, Fur Skins and Articles Thereof; Saddlery and Harness; Travel Goods, Handbags and Similar Containers; Articles of Animal Gut (Other Than Silk-Worm Gut) | 77874 | 30551 | 1328 | 1582 |
| 木及木制品；木炭；软木及软木制品；稻草、秸杆、针茅或其他编结材料制品；蓝筐及柳条编结品 | Wood and Articles of Wood; Wood Charcoal; Cork and Articles of Cork; Manufactures of Straw, of Esparto or of Other Plaiting Materials; Basket Ware and Wickerwork | 10645 | 4925 | 2723 | 4383 |
| 木浆及其他纤维状纤维素浆；回收（废碎）纸或纸板；纸、纸板及其制品 | Pulp of Wood or of Other Fibrous Cellulosic Material; Waste and Scrap of Paper or Paperboard; Paper and Paperboard and Articles Thereof | 73576 | 31374 | 26562 | 30231 |

**表16.6 续表 continued**

单位：万美元（USD 10 000）

| 商品类别 | Categories of Commodities | 出 口 Exports | | 进 口 Imports | |
|---|---|---|---|---|---|
| | | 2015 | 2016 | 2015 | 2016 |
| 纺织原料及纺织制品 | Textiles and Textile Articles | 240848 | 97341 | 8876 | 5259 |
| 鞋、帽、伞、杖、鞭及其零件；已加工的羽毛及其制品；人造花；人发制品 | Footwear, Headgear, Umbrellas, Sun Umbrellas, Walking-Sticks, Seat-Sticks, Whips, Riding-Crops and Parts Thereof; Prepared Feathers and Articles Made Therewith; Artificial Flowers; Articles of Human Hair | 117960 | 53253 | 533 | 436 |
| 石料、石膏、水泥、石棉、云母及类似材料的制品；陶瓷产品；玻璃及其制品 | Articles of Stone, Plaster, Cement, Asbestos, Mica or Similar Materials; Ceramic Products; Glass and Glassware | 233850 | 100527 | 13807 | 29788 |
| 天然或养殖珍珠、宝石或半宝石、贵金属、包贵金属 | Natural or Cultured Pearls, Precious or Semi-Precious Stones, Precious Metals, Metals Clad With Precious Metal and Stones | 11352 | 4010 | 5410 | 1363 |
| 贱金属及其制品 | Base Metals and Articles of Base Metal | 331143 | 154771 | 40520 | 55645 |
| 机器、机械器具、电气设备及其零件；录音机及放声机、电视图象、声音的录制和重放设备及其零件、附件 | Machinery and Mechanical Appliances; Electrical Equipment; Parts Thereof; Sound Recorders and Reproducers, Television Image and Sound Recorders and Reproducers; and Parts and Accessories of Such Articles | 3349646 | 2879210 | 1341127 | 1422527 |
| 车辆、航空器、船舶及运输设备 | Vehicles, Aircraft, Vessels and Associated Transport Equipment | 333939 | 277968 | 123959 | 116846 |
| 光学、照相、电影、计量、检验、医疗或外科用仪器及设备、精密仪器及设备；钟表；乐器；上述物品的零件、附件 | Optical, Photographic, Cinematographic, Measuring, Checking, Precision, Medical or Surgical Instruments and Apparatus; Clocks And Watches; Musical Instruments; Parts and Accessories Thereof | 43159 | 60190 | 97092 | 91318 |
| 武器、弹药及其零件、附件 | Arms and Ammunition; Parts and Accessories Thereof | 193 | 231 | | |
| 杂项制品 | Miscellaneous Manufactured Articles | 369445 | 130667 | 4896 | 16130 |
| 艺术品、收藏品及古玩 | Works of Art, Collectors' Pieces and Antiques | 3240 | 1019 | 10 | 293 |
| 特殊交易品及未分类商品 | Commodities and Transactions not Classified According to Kind | 398 | 24 | 14 | 721 |

# 表16.7 按贸易方式分的进出口总值（2015－2016年）

## TOTAL VALUE OF IMPORTS AND EXPORTS BY CUSTOMS REGIME (2015-2016)

单位：万美元（USD 10 000）

| 指　标 | Item | 进出口总值 Total Imports and Exports | | 其中 of which 出口 Exports | | 其中 of which 进口 Imports | |
|---|---|---|---|---|---|---|---|
| | | 2015 | 2016 | 2015 | 2016 | 2015 | 2016 |
| **总　计** | **Total** | **7447656** | **6277125** | **5518994** | **4069415** | **1928662** | **2207710** |
| 一般贸易 | Ordinary Trade | 3666366 | 2731992 | 2899979 | 1729082 | 766387 | 1002910 |
| 国家间国际组织无偿援助和赠送的物资 | Donations by Foreign Countries and International Associations | 42 | 140 | 42 | 140 | | |
| 其他境外捐赠物资 | Other Donations from Abroad | 2 | 2 | 1 | 1 | 1 | 1 |
| 加工贸易 | Processing Trade | 2879584 | 2526184 | 2506173 | 2192939 | 373411 | 333245 |
| 补偿贸易 | Compensation Trade | | | | | | |
| 来料加工装配贸易 | Processing and Assembling Trade | 221946 | 203572 | 118867 | 110328 | 103079 | 93244 |
| 进料加工贸易 | Feeding Processing Trade | 2657638 | 2322612 | 2387306 | 2082611 | 270332 | 240001 |
| 加工贸易进口设备 | Equipment Importation for Processing Trade | 377 | | | | 377 | |
| 寄售代销贸易 | Consignment Trade | | | | | | |
| 边境小额贸易（边民互市贸易除外） | Petty Trade in Border Areas (excluding the barter trade between border residents) | 16 | | 16 | | | |
| 对外承包工程出口货物 | Goods Exportation for Contracted Projects with Foreign Countries | 19071 | 2374 | 19071 | 2374 | | |
| 租赁贸易 | Leasing Trade | 9000 | | | | 9000 | |
| 外商投资企业作为投资进口的设备物品 | Imported Equipment and Materials as Investment of Foreign-Funded Enterprises | 8846 | 21447 | | | 8846 | 21447 |
| 出料加工贸易 | Outward Processing Trade | | | | | | |
| 易货贸易 | Barter Trade | | | | | | |
| 免税外汇商品 | Tax-Free Commodities on Foreign Exchange | | | | | | |
| 保税监管场所进出境货物 | Inbound and Outbound Goods in Bonded Warehouses | 10625 | 114473 | 3447 | 34764 | 7178 | 79709 |
| 海关特殊监管区域物流货物 | Transit Goods in Specialized Bonded Warehouses | 841870 | 874633 | 89365 | 109409 | 752505 | 765224 |
| 海关特殊监管区域进口设备 | Imported Equipment in Specialized Bonded Warehouses | 9600 | 3490 | | | 9600 | 3490 |
| 其　他 | Others | 2256 | 2389 | 899 | 706 | 1357 | 1683 |

# 表16.8 按国别（地区）分的进出口总值（2015－2016年）

## IMPORTS AND EXPORTS BY COUNTRIES OR REGIONS (2015-2016)

单位：万美元（USD 10 000）

| 国　别（地区） | Country (Region) | 进出口总值 Total Imports and Exports | | 其　中 of which | | | |
|---|---|---|---|---|---|---|---|
| | | | | 出　口 Exports | | 进　口 Imports | |
| | | 2015 | 2016 | 2015 | 2016 | 2015 | 2016 |
| **进出口贸易总值** | **Total Import - Export Value** | **7447656** | **6277125** | **5518994** | **4069415** | **1928662** | **2207710** |
| **亚　洲** | **Asia** | **3735437** | **3279231** | **2264505** | **1547753** | **1470932** | **1731478** |
| #巴　林 | Bahrain | 1699 | 4689 | 1686 | 4689 | 13 | |
| 孟加拉国 | Bangladesh | 37366 | 12259 | 37305 | 12246 | 61 | 13 |
| 文　莱 | Brunei | 12787 | 4089 | 12787 | 4089 | | |
| 缅　甸 | Burma | 39798 | 42953 | 39092 | 42947 | 706 | 6 |
| 柬埔寨 | Cambodia | 9212 | 3810 | 9151 | 3787 | 61 | 23 |
| 朝　鲜 | DPRK | 10764 | 2435 | 9038 | 2435 | 1726 | |
| 香　港 | Hong Kong | 429785 | 402865 | 428929 | 395212 | 856 | 7653 |
| 印　度 | India | 157699 | 111988 | 154524 | 109683 | 3175 | 2305 |
| 印度尼西亚 | Indonesia | 138316 | 74049 | 129456 | 58896 | 8860 | 15153 |
| 伊　朗 | Iran | 49030 | 36649 | 41201 | 28204 | 7829 | 8445 |
| 伊拉克 | Iraq | 10077 | 6148 | 10077 | 6148 | | |
| 以色列 | Israel | 15884 | 10945 | 14417 | 9393 | 1467 | 1552 |
| 日　本 | Japan | 282447 | 269992 | 122094 | 111002 | 160353 | 158990 |
| 约　旦 | Jordan | 7576 | 2657 | 7575 | 2657 | 1 | |
| 科威特 | Kuwait | 9455 | 3598 | 7515 | 2045 | 1940 | 1553 |
| 老　挝 | Laos | 4492 | 2623 | 4483 | 2622 | 9 | 1 |
| 黎巴嫩 | Lebanon | 4589 | 2448 | 4589 | 2448 | | |
| 澳　门 | Macau | 17489 | 2114 | 17486 | 2114 | 3 | |
| 马来西亚 | Malaysia | 464716 | 311868 | 193233 | 70264 | 271483 | 241604 |
| 马尔代夫 | Maldives | 575 | 457 | 575 | 457 | | |
| 蒙　古 | Mongolia | 1280 | 914 | 1280 | 914 | | |
| 尼泊尔联邦民主共和国 | Nepal | 302 | 641 | 302 | 641 | | |
| 阿　曼 | Oman | 5595 | 1772 | 5270 | 1367 | 325 | 405 |
| 巴基斯坦 | Pakistan | 59250 | 34404 | 59152 | 34196 | 98 | 208 |
| 巴勒斯坦 | Palestine | 502 | 140 | 502 | 140 | | |
| 菲律宾 | Philippines | 141258 | 120273 | 56300 | 46505 | 84958 | 73768 |
| 卡塔尔 | Qatar | 7222 | 1626 | 6050 | 1106 | 1172 | 520 |
| 沙特阿拉伯 | Saudi Arabia | 47745 | 43723 | 42941 | 22428 | 4804 | 21295 |
| 新加坡 | Singapore | 213557 | 147733 | 181822 | 114339 | 31735 | 33394 |
| 韩　国 | South Korea | 460655 | 428733 | 225710 | 167081 | 234945 | 261652 |
| 斯里兰卡 | Sri Lanka | 8653 | 5435 | 8628 | 5435 | 25 | |
| 叙利亚 | Syria | 3688 | 875 | 3688 | 875 | | |
| 泰　国 | Thailand | 133616 | 168351 | 89674 | 54224 | 43942 | 114127 |
| 土耳其 | Turkey | 44173 | 32316 | 41231 | 30720 | 2942 | 1596 |
| 阿联酋 | UAE | 125603 | 75060 | 125346 | 70602 | 257 | 4458 |
| 也　门 | Yemen | 2832 | 1981 | 2832 | 1981 | | |
| 越　南 | Vietnam | 184175 | 229017 | 98212 | 60289 | 85963 | 168728 |
| 中华人民共和国 | China | 229423 | 270672 | | | 229423 | 270672 |
| 台湾省 | Taiwan | 351476 | 398113 | 59684 | 54976 | 291792 | 343137 |
| 哈萨克斯坦 | Kazakhstan | 4537 | 4139 | 4537 | 4139 | | |
| 吉尔吉斯斯坦 | Kyrgyzstan | 396 | 1518 | 395 | 1518 | 1 | |
| **非　洲** | **Africa** | **358057** | **166681** | **350974** | **154760** | **7083** | **11921** |
| #阿尔及利亚 | Algeria | 16075 | 4769 | 16075 | 4769 | | |
| 安哥拉 | Angora | 24994 | 1315 | 24994 | 1259 | | 56 |
| 贝　宁 | Benin | 6084 | 1139 | 6084 | 1139 | | |

**表16.8 续表1 continued1**

单位：万美元（USD 10 000）

| 国 别（地区） | Country (Region) | 进出口总值 Total Imports and Exports | | 其 中 of which | | | |
|---|---|---|---|---|---|---|---|
| | | | | 出 口 Exports | | 进 口 Imports | |
| | | 2015 | 2016 | 2015 | 2016 | 2015 | 2016 |
| 布隆迪 | **Burundi** | 162 | 479 | 162 | 479 | | |
| 喀麦隆 | Cameroon | 11405 | 1399 | 11405 | 1399 | | |
| 刚 果(布) | Congo | 3666 | 746 | 3666 | 746 | | |
| 吉布提 | Djibouti | 4767 | 2739 | 4767 | 2739 | | |
| 埃 及 | Egypt | 17191 | 13473 | 16948 | 13259 | 243 | 214 |
| 埃塞俄比亚 | Ethiopia | 3986 | 2056 | 2909 | 1835 | 1077 | 221 |
| 加 蓬 | Gabon | 1464 | 3582 | 1283 | 205 | 181 | 3377 |
| 加 纳 | Ghana | 18083 | 6103 | 15484 | 5361 | 2599 | 742 |
| 几内亚 | Guinea | 5706 | 1663 | 5706 | 1663 | | |
| 科特迪瓦 | Cote d'Ivoire | 3809 | 1166 | 3809 | 1166 | | |
| 肯尼亚 | Kenya | 28323 | 5916 | 28323 | 5907 | | 9 |
| 利比里亚 | Liberia | 1985 | 834 | 1985 | 834 | | |
| 利比亚 | Libya | 4743 | 1119 | 4743 | 1119 | | |
| 马达加斯加 | Madagascar | 3234 | 1726 | 3227 | 1525 | 7 | 201 |
| 马 里 | Mali | 302 | 302 | 302 | 302 | | |
| 毛里塔尼亚 | Mauritania | 991 | 849 | 991 | 849 | | |
| 毛里求斯 | Mauritius | 2854 | 636 | 2844 | 634 | 10 | 2 |
| 摩洛哥 | Morocco | 6518 | 4061 | 6170 | 3946 | 348 | 115 |
| 莫桑比克 | Mozambique | 10915 | 1545 | 10915 | 1509 | | 36 |
| 纳米比亚 | Namibia | 1107 | 314 | 1107 | 314 | | |
| 尼日利亚 | Nigeria | 52808 | 12282 | 52043 | 11665 | 765 | 617 |
| 塞内加尔 | Senegal | 10501 | 1885 | 10501 | 1885 | | |
| 塞拉利昂 | Sierra Leone | 325 | 309 | 325 | 309 | | |
| 南 非 | South Africa | 43507 | 23907 | 42048 | 18363 | 1459 | 5544 |
| 苏 丹 | Sudan | 3839 | 2095 | 3839 | 2095 | | |
| 坦桑尼亚 | Tanzania | 42765 | 30454 | 42736 | 30454 | 29 | |
| 多 哥 | Togo | 10923 | 5104 | 10871 | 5104 | 52 | |
| 突尼斯 | Tunisia | 4020 | 4263 | 3963 | 4182 | 57 | 81 |
| 乌干达 | Uganda | 423 | 24026 | 423 | 24026 | | |
| 布基纳法索 | Burkina Faso | 634 | 493 | 634 | 493 | | |
| 刚果(金) | Democratic Republic of the Congo | 4453 | 1451 | 4453 | 957 | | 494 |
| 津巴布韦 | Zimbabwe | 543 | 407 | 543 | 407 | | |
| **欧 洲** | **Europe** | **1342282** | **1166959** | **1173344** | **976360** | **168938** | **190599** |
| #比利时 | Belgium | 26993 | 25387 | 25818 | 21116 | 1175 | 4271 |
| 丹 麦 | Demark | 5600 | 6152 | 4862 | 5348 | 738 | 804 |
| 英 国 | UK | 125806 | 82922 | 118743 | 65871 | 7063 | 17051 |
| 德 国 | Germany | 570931 | 472103 | 487624 | 400407 | 83307 | 71696 |
| 法 国 | France | 72996 | 65075 | 61135 | 55969 | 11861 | 9106 |
| 爱尔兰 | Ireland | 5912 | 4842 | 4825 | 3007 | 1087 | 1835 |
| 意大利 | Italy | 60355 | 55111 | 46263 | 38141 | 14092 | 16970 |
| 卢森堡 | Luxembourg | 161 | 292 | 96 | 41 | 65 | 251 |
| 荷 兰 | Holland | 157824 | 166132 | 149227 | 150136 | 8597 | 15996 |
| 希 腊 | Greece | 16637 | 23403 | 16634 | 23393 | 3 | 10 |
| 葡萄牙 | Portugal | 12361 | 9003 | 10164 | 7138 | 2197 | 1865 |
| 西班牙 | Spain | 42971 | 41420 | 35439 | 32276 | 7532 | 9144 |
| 阿尔巴尼亚 | Albania | 703 | 734 | 697 | 615 | 6 | 119 |
| 奥地利 | Austria | 5011 | 4641 | 1689 | 1599 | 3322 | 3042 |
| 保加利亚 | Bulgaria | 1926 | 1411 | 1799 | 1157 | 127 | 254 |
| 芬 兰 | Finland | 7440 | 4488 | 6238 | 2904 | 1202 | 1584 |
| 匈牙利 | Hungary | 10665 | 16724 | 9466 | 14146 | 1199 | 2578 |
| 马耳他 | Malta | 3114 | 2866 | 2600 | 1994 | 514 | 872 |

**表16.8 续表2 continued2**

单位：万美元（USD 10 000）

| 国 别（地区） | Country (Region) | 进出口总值 Total Imports and Exports | | 其 中 of which | | | |
|---|---|---|---|---|---|---|---|
| | | | | 出 口 Exports | | 进 口 Imports | |
| | | 2015 | 2016 | 2015 | 2016 | 2015 | 2016 |
| 挪 威 | Norway | 2975 | 2641 | 2539 | 2452 | 436 | 189 |
| 波 兰 | Poland | 26922 | 23547 | 24504 | 19700 | 2418 | 3847 |
| 罗马尼亚 | Romania | 8378 | 7533 | 6932 | 6180 | 1446 | 1353 |
| 瑞 典 | Sweden | 18132 | 14309 | 13651 | 7046 | 4481 | 7263 |
| 瑞 士 | Switzerland | 14136 | 11990 | 5359 | 4909 | 8777 | 7081 |
| 爱沙尼亚 | Estonia | 2036 | 1430 | 2021 | 1407 | 15 | 23 |
| 拉脱维亚 | Latvia | 1688 | 974 | 1636 | 961 | 52 | 13 |
| 立陶宛 | Lithuania | 2588 | 1625 | 2576 | 1614 | 12 | 11 |
| 格鲁吉亚 | Georgia | 1766 | 1271 | 1740 | 1258 | 26 | 13 |
| 亚美尼亚 | Armenia | 62 | 512 | 60 | 21 | 2 | 491 |
| 阿塞拜疆 | Azerbaijan | 2114 | 474 | 2076 | 472 | 38 | 2 |
| 俄罗斯联邦 | Russia | 83774 | 64787 | 82577 | 61544 | 1197 | 3243 |
| 乌克兰 | Ukraine | 3981 | 4845 | 3811 | 4537 | 170 | 308 |
| 斯洛文尼亚 | Slovenia | 2746 | 2717 | 2721 | 2543 | 25 | 174 |
| 克罗地亚 | Croatia | 2199 | 1838 | 2193 | 1826 | 6 | 12 |
| 捷 克 | Czech | 35589 | 37624 | 30353 | 31341 | 5236 | 6283 |
| 斯洛伐克 | Slovakia | 4230 | 4774 | 3796 | 2094 | 434 | 2680 |
| 塞尔维亚 | Serbia | 840 | 484 | 837 | 483 | 3 | 1 |
| **拉丁美洲** | **Latin America** | **410294** | **374946** | **315101** | **272039** | **95193** | **102907** |
| #阿根廷 | Argentina | 35363 | 25179 | 26690 | 19256 | 8673 | 5923 |
| 伯利兹 | Belize | 422 | 357 | 422 | 357 | | |
| 多民族玻利维亚国 | Bolivia | 939 | 1982 | 939 | 1848 | | 134 |
| 巴 西 | Brazil | 91380 | 73072 | 40870 | 31084 | 50510 | 41988 |
| 智 利 | Chile | 32106 | 39039 | 32008 | 28941 | 98 | 10098 |
| 哥伦比亚 | Columbia | 26049 | 18615 | 26047 | 17875 | 2 | 740 |
| 哥斯达黎加 | Costa Rica | 3710 | 3318 | 3652 | 3284 | 58 | 34 |
| 多米尼加共和国 | Dominica | 3675 | 4053 | 3661 | 4051 | 14 | 2 |
| 厄瓜多尔 | Ecuador | 5008 | 2795 | 5008 | 2791 | | 4 |
| 危地马拉 | Guatemala | 6377 | 4815 | 6376 | 4815 | 1 | |
| 圭亚那 | Guyana | 455 | 1004 | 455 | 425 | | 579 |
| 海 地 | Haiti | 733 | 442 | 733 | 442 | | |
| 洪都拉斯 | Honduras | 2489 | 2600 | 2488 | 2600 | 1 | |
| 牙买加 | Jamaica | 1077 | 548 | 1077 | 548 | | |
| 墨西哥 | Mexico | 124202 | 125586 | 91828 | 89271 | 32374 | 36315 |
| 尼加拉瓜 | Nicaragua | 9203 | 8242 | 9203 | 8242 | | |
| 巴拿马 | Panama | 17581 | 22256 | 17581 | 22256 | | |
| 巴拉圭 | Paraguay | 5988 | 4418 | 5970 | 4417 | 18 | 1 |
| 秘 鲁 | Peru | 24386 | 28465 | 22662 | 22178 | 1724 | 6287 |
| 萨尔瓦多 | El Salvador | 1384 | 1868 | 1384 | 1868 | | |
| 乌拉圭 | Uruguay | 10175 | 4060 | 8463 | 3283 | 1712 | 777 |
| 委内瑞拉 | Venezuela | 4761 | 1132 | 4761 | 1132 | | |
| **北美洲** | **North America** | **1466885** | **1177409** | **1298691** | **1031295** | **168194** | **146114** |
| #加拿大 | Canada | 74719 | 76212 | 60155 | 53935 | 14564 | 22277 |
| 美 国 | USA | 1392166 | 1101196 | 1238536 | 977359 | 153630 | 123837 |
| **大洋洲** | **Oceania** | **134651** | **111847** | **116379** | **87208** | **18272** | **24639** |
| #澳大利亚 | Australia | 106835 | 91219 | 92941 | 72135 | 13894 | 19084 |
| 斐 济 | Fiji | 563 | 667 | 563 | 667 | | |
| 新西兰 | New Zealand | 22726 | 17945 | 18387 | 12646 | 4339 | 5299 |
| 巴布亚新几内亚 | Papua New Guinea | 1081 | 907 | 1081 | 907 | | |
| **东盟组织** | **Asean** | **1341927** | **1104766** | **814210** | **457961** | **527717** | **646805** |
| **欧盟组织** | **European Union** | **1229203** | **1076637** | **1071000** | **897662** | **158203** | **178975** |

# 表16.9 主要商品出口数量和金额（2015－2016年）
## MAIN EXPORT COMMODITIES IN VOLUME AND VALUE (2015-2016)

单位：万美元（USD 10 000）

| 品　名 | Name | 数　量 Volume | | 金　额 Value | |
|---|---|---|---|---|---|
| | | 2015 | 2016 | 2015 | 2016 |
| 肉及杂碎（吨） | Meat and Meat Offal (ton) | 4733 | 4546 | 2557 | 2316 |
| #猪　肉（吨） | Pork (ton) | 2248 | 1990 | 984 | 949 |
| 冻　鸡（吨） | Frozen Chicken (ton) | 1074 | 1533 | 382 | 538 |
| 粮　食（吨） | Cereals (ton) | 822 | 793 | 259 | 137 |
| #谷物及谷物粉（吨） | Cereal and Cereal Flour (ton) | 325 | 375 | 83 | 93 |
| #稻谷和大米（吨） | Rice (ton) | 325 | 275 | 83 | 78 |
| 薯类及含有淀粉的块茎（吨） | Tubers (ton) | 436 | 316 | 166 | 41 |
| 豆　类（吨） | Beans (ton) | 61 | 102 | 10 | 3 |
| 蔬　菜（吨） | Vegetables (ton) | 22031 | 28609 | 3241 | 4367 |
| #鲜或冷藏蔬菜（吨） | Fresh or Frozen Vegetables (ton) | 1506 | 6888 | 308 | 1179 |
| 干的食用菌类（吨） | Dried Edible Mushroom (ton) | 272 | 353 | 522 | 687 |
| 鲜、干水果及坚果（吨） | Fresh or Dried Fruits and Nuts (ton) | 538 | 393 | 81 | 32 |
| #橘、橙（吨） | Tangor or Orange (ton) | 251 | 281 | 26 | 22 |
| 苹　果（吨） | Apple (ton) | 218 | 103 | 15 | 6 |
| 食用植物油（包括棕榈油）（吨） | Edible Vegetable Oils(including Palm Oil) (ton) | 1818 | 329 | 223 | 43 |
| #豆　油（吨） | Soybean Oils (ton) | 1818 | 329 | 223 | 43 |
| 茶　叶（吨） | Tea (ton) | 1640 | 3962 | 150 | 320 |
| 辣椒干（吨） | Dried Chili (ton) | 118 | 786 | 29 | 149 |
| 猪肉罐头（吨） | Canned Pork (ton) | 3825 | 2623 | 994 | 757 |
| 蘑菇罐头（吨） | Canned Mushroom (ton) | 981 | 758 | 154 | 111 |
| 肠　衣（吨） | Casings (ton) | 1387 | 999 | 1185 | 809 |
| 填充用羽毛；羽绒（吨） | Down Feathers and Feathers for Stuffing (ton) | 10 | 60 | 26 | 106 |
| 中药材及中式成药（吨） | Medical Materials and Medicaments of Chinese Type (ton) | 10098 | 2412 | 3405 | 908 |
| #植物性药材（吨） | Botanical Medicine Materials (ton) | 10049 | 2372 | 3372 | 865 |
| 烤　烟（吨） | Flue-cured Tobacco (ton) | 10320 | 5458 | 4860 | 2101 |
| 肥　料（吨） | Fertilizers (ton) | 225388 | 285714 | 6081 | 7823 |
| #矿物肥料及化肥（吨） | Mineral Fertilizers and Chemical Fertilizers (ton) | 182991 | 251770 | 5679 | 7467 |
| #尿　素（吨） | Urea (ton) | 73651 | 107236 | 2122 | 2622 |
| 磷酸氢二铵（吨） | Diammonium Phosphate (ton) | 3458 | 24536 | 159 | 848 |
| 锯　材（吨） | Sawn Timber (ton) | 647 | 357 | 109 | 83 |
| 胶合板及类似多层板（吨） | Plywood and Similar Products (ton) | 2536 | 548 | 350 | 89 |
| 印刷品（吨） | Presswork (ton) | 5490 | 2453 | 5757 | 1771 |
| 生　丝（吨） | Raw Silk (ton) | 124 | 47 | 551 | 193 |
| 硫　磺（吨） | Brimstone (ton) | 80 | 30 | 10 | 1 |
| 粘土及其他耐火矿物（吨） | Clay and Other Fire-resisting Minerals (ton) | 133813 | 33456 | 4123 | 461 |
| #天然石墨（吨） | Natural Graphite (ton) | 5009 | 1591 | 318 | 77 |
| 天然碳酸镁；氧化镁（吨） | Natural Magnesium Carbonate, Magnesium Oxide (ton) | 89082 | 23807 | 1130 | 180 |
| 稀土及其制品（吨） | Rare Earth and Products (ton) | 40 | 594 | 136 | 181 |
| 氧化铝（吨） | Aluminum Oxide (ton) | 153 | 77 | 117 | 28 |
| 碳酸钠（纯碱）（吨） | Sodium Carbonate (ton) | 151872 | 176859 | 3104 | 3311 |
| 合成有机染料（吨） | Synthetic Organic Dyestuffs (ton) | 1164 | 577 | 527 | 224 |
| 锌钡白（立德粉）（吨） | Lithopone (ton) | 64 | 131 | 21 | 24 |

**表16.9 续表1 continued1**

单位：万美元（USD 10 000）

| 品　名 | Name | 数　量 Volume | | 金　额 Value | |
|---|---|---|---|---|---|
| | | 2015 | 2016 | 2015 | 2016 |
| 医药品（吨） | Medical and Pharmaceutical Products (ton) | 5362 | 2004 | 8125 | 6428 |
| #抗菌素（制剂除外）（吨） | Bacteriophage (Excluding Preparation) (ton) | 125 | 171 | 2660 | 3958 |
| 中式成药（吨） | Chinese patent medicine (ton) | 34 | 39 | 31 | 43 |
| 医用敷料（吨） | Pharmaceutical Goods (ton) | 296 | 93 | 390 | 102 |
| 美容化妆品及护肤品（吨） | Cosmetics and Skin-care Products (ton) | 66 | 14 | 27 | 5 |
| 口腔及牙齿清洁剂（吨） | Oral Hygiene and Tooth Cleaner (ton) | 37 | 178 | 46 | 132 |
| 洗衣粉（吨） | Washing Powder (ton) | 1387 | 491 | 712 | 63 |
| 松香及树脂酸（吨） | Resin and Resin Acid (ton) | 1666 | 6180 | 555 | 1126 |
| 杀虫剂、除草剂及类似品（吨） | Insecticide, Herbicide and other Pesticides (ton) | 2739 | 3977 | 869 | 914 |
| 初级形状的聚氯乙烯（吨） | PVC in Primary Forms (ton) | 850 | 324 | 249 | 125 |
| 新的充气橡胶轮胎（万条） | New Pneumatic Rubber Tyres (10,000 units) | 63417 | 55442 | 18918 | 18041 |
| 家用或装饰用木制品（吨） | Wood Products for Household or Decoration Use (ton) | 1042 | 1053 | 1019 | 883 |
| 纸及纸板（未切成形的）（吨） | Paper and Paperboard (Unchopped in shape) (ton) | 56131 | 47826 | 24956 | 12721 |
| #牛皮纸（吨） | Kraft paper (ton) | 7416 | 6690 | 2378 | 1725 |
| 纺织纱线、织物及制品 | Yarn, Textile and Products | 35668 | 34406 | 98541 | 48367 |
| #棉纱线（吨） | Cotton Yarn (ton) | 1464 | 1097 | 1013 | 761 |
| 丝织物 | Silk Textile | 182 | 151 | 1005 | 853 |
| 棉机织物 | Cotton Textile | 1356 | 530 | 5004 | 1593 |
| 亚麻及苎麻机织物（万米） | Flax or Ramie Woven Fabric (10,000 meters) | 3342 | 1552 | 20299 | 8396 |
| 合成短纤与棉混纺机织物（万米） | Synthetic Short Fibre and Cotton-fibre Mixture Woven Fabric (10,000 meters) | 1063 | 455 | 1353 | 496 |
| 地　毯（吨） | Carpets (ton) | 2033 | 716 | 2670 | 691 |
| 塑料编织袋（周转袋除外）（万条） | Bags of PP or PE Strip (excluding Turnover Bags) (10,000 pcs) | 3996 | 11355 | 1952 | 924 |
| 水泥及水泥熟料（吨） | Cement and Cement Clinker (ton) | 95729 | 12647 | 1181 | 86 |
| 花岗岩石材及制品（吨） | Granite and Products (ton) | 84017 | 34387 | 7682 | 4082 |
| 平板玻璃（吨） | Plate Glass (ton) | 39124 | 11386 | 3504 | 723 |
| 玻璃制品（吨） | Glass Products (ton) | 35622 | 26535 | 20862 | 8589 |
| #玻璃器皿（吨） | Glass Ware (ton) | 14828 | 10840 | 9961 | 3446 |
| 陶瓷产品（吨） | Porcelain and Pottery Ware (ton) | 256831 | 111184 | 129545 | 49254 |
| #家用陶瓷（吨） | Ceramics for Household Use (ton) | 75210 | 52887 | 57154 | 29240 |
| 建筑用陶瓷（吨） | Ceramics for Building Use (ton) | 161314 | 48070 | 49662 | 11036 |
| 装饰用陶瓷（吨） | Ceramics for Decoration Use (ton) | 10835 | 6506 | 15723 | 6479 |
| 珍珠、钻石、宝石及半宝石 | Pearl, Diamond, Jewel and Semi-precious Stones | | | 214 | 1 |
| 钢　材（吨） | Rolled Steel (ton) | 337009 | 140142 | 38531 | 15556 |
| #钢铁棒材（吨） | Bar Iron and Steel (ton) | 30837 | 15753 | 1574 | 922 |
| 角钢及型钢（吨） | Angle Steel and Structural Steel (ton) | 45988 | 28474 | 5197 | 1767 |
| 钢铁板材（吨） | Sheet Iron and Steel (ton) | 193817 | 64837 | 16141 | 4886 |
| 钢铁线材（吨） | Iron and Steel Wire (ton) | 32968 | 13747 | 2799 | 1728 |
| 钢铁管配件（吨） | Iron and Steel Pipe and Fittings (ton) | 10009 | 3915 | 4660 | 1525 |
| 未锻轧的铜及铜材（吨） | Unwrought Copper and Rolled Copper (ton) | 8267 | 2244 | 5958 | 1629 |
| #铜　材（吨） | Rolled Copper (ton) | 4173 | 2244 | 3487 | 1629 |

**表16.9 续表2 continued2**

单位：万美元（USD 10 000）

| 品 名 | Name | 数 量 Volume 2015 | 数 量 Volume 2016 | 金 额 Value 2015 | 金 额 Value 2016 |
|---|---|---|---|---|---|
| 未锻轧铝及铝材（吨） | Unwrought Aluminum and Rolled Aluminum (ton) | 90506 | 106764 | 24516 | 25906 |
| #未锻轧的铝(包括铝合金)（吨） | Unwrought Aluminum (including Aluminum Alloy) (ton) | 10425 | 10027 | 2071 | 1632 |
| 铝 材（吨） | Rolled Aluminum (ton) | 80081 | 96737 | 22444 | 24274 |
| 镁及其制品(包括废碎料)（吨） | Magnesium and Products (Including Scrap) (ton) | 25062 | 13526 | 6208 | 3226 |
| 未锻轧的锰（吨） | Unwrought Manganese (ton) | 2873 | 5211 | 605 | 873 |
| 钢铁或铜制标准紧固件（吨） | Iron or Copper Nails, Bolts, etc. (ton) | 31809 | 16079 | 10913 | 4179 |
| 不锈钢厨具、餐具等家用器具（吨） | Household Utensils like Stainless Steel Cookers and Tableware (ton) | 14741 | 11379 | 14739 | 8226 |
| 餐桌、厨房及其他家用搪瓷器（吨） | Enamel Ware for Dining, Kitchen and Other Home Use (ton) | 474 | 330 | 643 | 250 |
| 手用或机用工具（吨） | Tools for Manual or Mechanical Use (ton) | 17939 | 11841 | 11900 | 5996 |
| 电 扇（百台） | Electric Fan (100 sets) | 27663 | 23735 | 4023 | 2835 |
| 空气调节器（百台） | Air Conditioner (100 sets) | 173 | 90 | 718 | 543 |
| 冰 箱（百台） | Refrigerator (100 sets) | 140 | 40 | 582 | 215 |
| 洗衣机（百台） | Washing Machine (100 sets) | 11 | 2 | 108 | 24 |
| 纺织机械及零件 | Textile Machinery | | | 7916 | 2640 |
| 工业用缝纫机（百台） | Sewing Machine for Industrial Use (100 sets) | 234 | 101 | 1078 | 361 |
| 金属加工机床（台） | Machine Tools (set) | 238327 | 239610 | 5160 | 2554 |
| #车 床（台） | Lathe (set) | 1166 | 151 | 450 | 170 |
| 铣 床（台） | Milling Machine (set) | 158 | 77 | 196 | 62 |
| 电子计算器(包括具有计算功能的袖珍数据记录)（千台） | Electronic Calculator (including mini data recorder) (1,000 sets) | 3330 | 1524 | 735 | 425 |
| 自动数据处理设备及其部件（千台） | Automatic Data Processing Machines and Components (1,000 sets) | 110511 | 116329 | 2208694 | 1959380 |
| #自动数据处理设备（千台） | Automatic Data Processing Machines (1000 sets) | 54903 | 53271 | 2000242 | 1747927 |
| #平板电脑（千台） | Tablet PC (1,000sets) | 7118 | 6257 | 109128 | 96167 |
| 便携式电脑（平板电脑除外）（千台） | Notebook Computer (1,000 sets) | 47200 | 45434 | 1864302 | 1591718 |
| 微型电脑（千台） | Micro Computer (1,000 sets) | 584 | 1580 | 26708 | 60022 |
| 中央处理部件（千台） | CPU Components (1,000 sets) | 1798 | 1767 | 24633 | 46353 |
| 显示器（千台） | Displays (1,000 sets) | 5240 | 3685 | 38148 | 20241 |
| #液晶显示器（千台） | LCD (1,000 sets) | 5240 | 3685 | 38142 | 20241 |
| 存储部件（千台） | Storage Components (1,000 sets) | 1846 | 1067 | 5759 | 4710 |
| 键盘、鼠标器（千个） | Keyboards and Mouses (1,000 sets) | 21892 | 32939 | 8129 | 12689 |
| 自动数据处理设备的零件（吨） | Parts for Auto Data Processing Equipment (ton) | 4039 | 6596 | 26558 | 27744 |
| 打印机(包括多功能一体机)（千台） | Printers (Including Multi-Purpose Printers) (1,000 sets) | 13373 | 12500 | 104234 | 92597 |
| 液晶显示板（万个） | LCD Panel (10,000 pcs) | 222 | 587 | 3551 | 25414 |
| 轴 承（万套） | Bearing (10,000 sets) | 3121 | 3476 | 6474 | 4227 |
| 电动机及发电机（万台） | Electric Motors and Generators (10 000 sets) | 316 | 247 | 2595 | 2632 |
| 变压器（万个） | Transformer (10 000 units) | 8749 | 7539 | 7876 | 3892 |
| 静止式变流器（万个） | Static Converters (10 000 units) | 5464 | 4282 | 17910 | 14521 |

**表16.9 续表3 continued3**

单位：万美元( USD 10 000)

| 品　名 | Name | 数　量 Volume | | 金　额 Value | |
|---|---|---|---|---|---|
| | | 2015 | 2016 | 2015 | 2016 |
| 原电池（万个） | Primary Cells and Batteries (10 000 units) | 7534 | 5901 | 763 | 303 |
| 蓄电池（万个） | Electric Accumulators (10,000 pcs) | 2293 | 1755 | 26086 | 19868 |
| #铅酸蓄电池（万个） | Lead-Acid Batteries (10 000 units) | 589 | 414 | 12381 | 10820 |
| 太阳能电池（万个） | Solar Batteries (10 000 units) | 32 | 17 | 3894 | 529 |
| 电话机（万台） | Telephone Sets (10,000 sets) | 6067 | 5669 | 192040 | 185809 |
| #手持或车载无线电话机（万台） | Mobile Phones or Car Phones (10,000 sets) | 6030 | 5657 | 191455 | 185607 |
| 扬声器（万个） | Speakers (10,000 pcs) | 880 | 1652 | 14277 | 11323 |
| 激光唱机（百台） | CD Players (100 sets) | 574 | 86 | 317 | 27 |
| 录、放像机（百台） | Video Recorders and Players (100 sets) | 8267 | 3890 | 2562 | 954 |
| #DVD播放机（百台） | DVD Players (100 sets) | 5522 | 2965 | 1853 | 480 |
| 声音录制或重放设备（百台） | Audio Recording or Replay Equipment (100 sets) | 20222 | 12835 | 2376 | 1700 |
| 收音设备（包括收录音组合机及整套散件）（百台） | Radio Sets (including Sound Recording Apparatus) (100 sets) | 20748 | 9560 | 4102 | 2402 |
| 彩色电视机（百台） | TV Sets (Including Components) (100 sets) | 1291 | 652 | 2459 | 1598 |
| #液晶电视机（百台） | Colored TV Sets (Including Components) (100 sets) | 514 | 336 | 633 | 487 |
| 录放音、像机及唱机的零附件 | Components and Accessories of Sound and Video Recorder and Player | | | 618 | 328 |
| 电视、收音机及无线电讯设备的零附件（吨） | Parts of TV sets, Radio Sets and Telecommunication Equipment (ton) | 1946 | 1452 | 5767 | 3082 |
| 电容器（吨） | Electrical Capacitor (ton) | 234 | 153 | 17919 | 2652 |
| 印刷电路（万块） | Printed Circuit Board (10,000 pcs) | 4163 | 6053 | 18438 | 9561 |
| 通断保护电路装置及零件 | Electrical Apparatus for Switching or Protecting Electrical Circuits | | | 10128 | 17132 |
| 二极管及类似半导体器件（百万个） | Diode and Semi Conductors (1 million pcs) | 1674 | 2161 | 24253 | 3521 |
| 集成电路（百万个） | IC (1 million pcs) | 1220 | 1217 | 152212 | 125999 |
| #处理器及控制器（万个） | Processors and Controllers (10,000 pcs) | 89098 | 89087 | 33495 | 17798 |
| 存储器（万个） | Computer Memory (10,000 pcs) | 28200 | 25427 | 116178 | 106539 |
| 放大器（万个） | Amplifiers (10,000 pcs) | 244 | 2057 | 1587 | 738 |
| 电线和电缆（吨） | Insulated Wire or Cable (ton) | 8120 | 4637 | 12256 | 8641 |
| 集装箱（个） | Containers (pcs) | 4 | 7 | 3 | 19 |
| 汽　车（辆） | Motor Vehicles (including parts) (unit) | 87460 | 66603 | 66913 | 50189 |
| #小轿车（辆） | Cars (unit) | 27997 | 41016 | 25999 | 33896 |
| 小客车（九座及以下的）（辆） | Minivans (Less Than 9 Seats) (unit) | 24161 | 6004 | 17687 | 4034 |
| 货　车（辆） | Trucks (unit) | 31918 | 16510 | 18616 | 9364 |
| 汽车零配件 | Parts of Motor Vehicles | | | 89544 | 71188 |
| 摩托车（辆） | Motorcycles (unit) | 3367727 | 3320373 | 153964 | 143106 |
| 自行车（辆） | Bicycles (unit) | 107615 | 66205 | 1148 | 522 |
| 摩托车及自行车的零配件 | Parts of Motorcycles and Bicycles | | | 40364 | 24789 |
| 船　舶（艘） | Ships (unit) | 33 | 23 | 2431 | 212 |
| #液货船（包括液化天然气船）（艘） | Liquid Cargo Ships (Including Liquid Gas Ships) (unit) | 2 | | 2364 | |
| 眼镜及其零件 | Glasses and Parts | | | 4511 | 2669 |
| 眼镜架及其零件（吨） | Spectacle Frames and Parts (ton) | 115 | 79 | 945 | 569 |

**表16.9 续表4 continued4**

单位：万美元( USD 10 000)

| 品　名 | Name | 数　量 Volume 2015 | 2016 | 金　额 Value 2015 | 2016 |
|---|---|---|---|---|---|
| 眼镜成品（吨） | Complete Spectacles (ton) | 1397 | 791 | 3272 | 2072 |
| 医疗仪器及器械 | Medical Instruments and Appliances | | | 6003 | 3237 |
| 手　表（万只） | Watches (10,000 pcs) | 1717 | 895 | 4253 | 3714 |
| #机械手表（万只） | Mechanical Watches (10,000 pcs) | 93 | 54 | 402 | 290 |
| 电动手表（万只） | Electronic Watches (10,000 pcs) | 1624 | 841 | 3851 | 3424 |
| 日用钟（万只） | Clocks (10 000 sets) | 325 | 166 | 2926 | 1396 |
| 家具及其零件 | Furniture | | | 134463 | 35574 |
| 床垫、寝具及类似品 | Mattress and Bed Linens | | | 7411 | 2923 |
| 灯具、照明装置及零件 | Lights, Illumination Devices and Similar Products | | | 142671 | 54853 |
| 箱包及类似容器（吨） | Suitcases, Bags and Similar Containers (ton) | 43065 | 20909 | 71237 | 28470 |
| 体育用品及设备 | Sports Appliances and Equipment | | | 17221 | 6425 |
| 服装及衣着附件 | Garments and Accessories | | | 166314 | 64595 |
| #织物制服装 | Textile Garments | | | 137526 | 50082 |
| #非针织钩编织物服装 | Non Knitted or Crocheted Garments | | | 77903 | 24670 |
| 针织或钩编的服装 | Knitted or Crocheted Garments | | | 59623 | 25411 |
| 皮革服装（吨） | Leather Garments (ton) | 30 | 4 | 120 | 15 |
| 裘皮服装（吨） | Fur Garments (ton) | 12 | 3 | 834 | 166 |
| 皮革手套（吨） | Leather Gloves (ton) | 397 | 210 | 857 | 373 |
| 织物制手套（万双） | Textile Gloves (10,000 pairs) | 1710 | 1169 | 2263 | 845 |
| 织物制袜子（万双） | Textile Socks (10,000 pairs) | | | 2278 | 1026 |
| 帽　类（万个） | Hats (10,000 pcs) | 4493 | 1767 | 6086 | 2691 |
| 鞋　类（吨） | Footwear (ton) | 47759 | 24313 | 85800 | 38273 |
| #鞋（吨） | Shoes (ton) | 42678 | 22102 | 81477 | 36478 |
| #外底及鞋面均以橡胶或塑料制的鞋（吨） | Shoes with Outer of Rubber or Artificial Plastic Materials (ton) | 26809 | 13574 | 42933 | 21215 |
| 皮面鞋（吨） | Leather Shoes (ton) | 9124 | 3451 | 25307 | 6602 |
| 橡胶或塑料底纺织材料为面的鞋（吨） | Textile Shoes with Outer of Rubber or Artificial Plastic Materials (ton) | 6196 | 4891 | 11944 | 8236 |
| 鞋靴零件；护腿及类似品（吨） | Footwear Accessories, Leg Warmer and Similar Products (ton) | 5081 | 2211 | 4323 | 1796 |
| 塑料制品（吨） | Plastic Articles (ton) | 71654 | 42370 | 82998 | 41066 |
| 玩　具 | Toys | | | 4950 | 5736 |
| 游戏机及零附件 | Video Game Consoles | | | 6092 | 6521 |
| 圣诞用品（吨） | Articles for Christmas (ton) | 4062 | 1523 | 18667 | 2412 |
| 足球、篮球、排球（万个） | Footballs, Basketballs and Volleyballs (10,000 pcs) | 80 | 71 | 614 | 204 |
| 艺术珍藏品及古董 | Artworks, Collections and Antiques | | | 3240 | 1019 |
| 贵金属或包贵金属的首饰克 | Precious Metal Jewelry | | | 44 | 32 |
| 伞（吨） | Umbrellas (ton) | 2016 | 876 | 2087 | 1024 |
| 文化产品 | Cultural Products | | | 45582 | 71242 |

**表16.9 续表5 continued5**

单位：万美元（USD 10 000）

| 品　名 | Name | 数　量 Volume 2015 | 数　量 Volume 2016 | 金　额 Value 2015 | 金　额 Value 2016 |
|---|---|---|---|---|---|
| #图　书（吨） | Books (ton) | 2330 | 1043 | 1845 | 657 |
| 报纸和期刊（吨） | Newspapers and Periodicals (ton) | 10 | 18 | 43 | 13 |
| 其他出版物（吨） | Other Publications (ton) |  | 1345 |  | 1033 |
| 雕塑工艺品 | Sculpture Crafts (ton) |  |  |  | 8120 |
| 金属工艺品（吨） | Metal Crafts (ton) |  | 1550 |  | 2072 |
| 花画工艺品 | Floral Painting Crafts (ton) |  |  |  | 11379 |
| 天然植物纤维编织工艺品（吨） | Plaiting Crafts of Natural Vegetable Fibers (ton) |  | 245 |  | 436 |
| 园林、陈设艺术陶瓷制品（吨） | Garden and Display Art Ceramic (ton) |  | 6506 |  | 6479 |
| 乐　器 | Musical Instruments |  |  | 2280 | 980 |
| 玩　具 | Toys |  |  |  | 5736 |
| 游艺用品及室内游艺器材 | Entertainment Products and Indoor Entertainment Equipments |  |  |  | 6578 |
| 其他娱乐用品 | Other Entertainment Products |  |  |  | 4787 |
| 印刷机 | Printing Machine |  |  |  | 9252 |
| 广播电视节目制作设备台 | Broadcasting and TV Program Production |  |  |  | 2605 |
| 电影制作及放映设备 | Film Production |  |  |  | 8353 |
| 农产品 | Agricultural Products |  |  | 31750 | 55700 |
| 机电产品（包括本目录已具体列名的机电产品） | Mechanical and Electrical Products (including products that had been listed) |  |  | 4187740 | 3403235 |
| #金属制品（吨） | Metal Products (ton) | 419333 | 242972 | 260415 | 109606 |
| 机械设备 | Mechanical Equipments |  |  | 2496313 | 2210412 |
| 电器及电子产品 | Electrical Equipmens |  |  | 853334 | 668798 |
| 运输工具 | Transport Equipments |  |  | 333939 | 277968 |
| 仪器仪表 | Instrument and Meters |  |  | 32210 | 52332 |
| 其他机电产品 | Other Products |  |  | 211528 | 84119 |
| 高新技术产品 | High and New-tech Products |  |  | 2812014 | 2512750 |
| #生物技术（吨） | Biotechnology (ton) | 5 | 1 | 96 | 42 |
| 生命科学技术 | Life Science Technology |  |  | 24236 | 28614 |
| 光电技术 | Electrooptical Technology |  |  | 7924 | 34013 |
| 计算机与通信技术 | Computer and Information Technology |  |  | 2564794 | 2287624 |
| 电子技术 | Electronic Technology |  |  | 201875 | 151095 |
| 计算机集成制造技术 | Computer-integrated Manufacturing Technology |  |  | 9530 | 7943 |
| 材料技术（吨） | Materials Technology | 279 | 533 | 636 | 784 |
| 航空航天技术 | Aerospace Technology |  |  | 317 | 221 |
| 其他高新技术产品 | Other Technology |  |  | 2607 | 2414 |

# 表16.10 主要商品进口数量和金额（2015－2016年）
## MAIN IMPORT COMMODITIES IN VOLUME AND VALUE (2015-2016)

单位：万美元（USD 10 000）

| 品 名 | Name | 数 量 Volume | | 金 额 Value | |
|---|---|---|---|---|---|
| | | 2015 | 2016 | 2015 | 2016 |
| 水海产品（吨） | Aquatic and Marine Products (ton) | 568 | 1272 | 344 | 1152 |
| 鲜、干水果及坚果（吨） | Fresh、Dry Fruits, and Nuts (ton) | 4968 | 578 | 1645 | 236 |
| 乳 品（吨） | Diary Products (ton) | 6677 | 8953 | 8907 | 15533 |
| #奶 粉（吨） | Milk Powder (ton) | 4629 | 7974 | 8378 | 15265 |
| 粮 食（吨） | Grains (ton) | 1824828 | 1277797 | 76967 | 52152 |
| 谷物及谷物粉（吨） | Cereals (ton) | 20016 | 4440 | 642 | 163 |
| #小 麦（吨） | Wheat (ton) | 2865 | 1532 | 80 | 41 |
| 稻谷和大米（吨） | Rice (ton) | 7648 | 2886 | 335 | 121 |
| 大 豆（吨） | Soybean (ton) | 1769192 | 1271897 | 74830 | 51853 |
| 食用植物油（吨） | Edible Vegetable Oil (ton) | 43098 | 26020 | 3640 | 2015 |
| #菜子油和芥子油（吨） | Canola Oil (ton) | 42994 | 24958 | 3598 | 1888 |
| 酒 类（升） | Liquor (liter) | 1728665 | 2689147 | 587 | 827 |
| #啤 酒（升） | Beer (liter) | 252214 | 529803 | 29 | 50 |
| 葡萄酒（升） | Wine (liter) | 1471420 | 2119364 | 556 | 769 |
| 饲料用鱼粉（吨） | Fish Meal (ton) | 16859 | 25014 | 2580 | 3572 |
| 天然橡胶（包括胶乳）（吨） | Natural Rubber (including Latex) (ton) | 30882 | 217906 | 5214 | 30621 |
| 合成橡胶（包括胶乳）（吨） | Synthetic Rubber (including Latex) (ton) | 81982 | 418022 | 11984 | 56753 |
| 原 木（吨） | Timbers or Logs (ton) | 104939 | 238816 | 1456 | 3509 |
| 锯 材（吨） | Sawn Timber (ton) | 28309 | 11031 | 1069 | 547 |
| 纸 浆（吨） | Paper Pulp (ton) | 136481 | 232293 | 9315 | 13125 |
| 铁矿砂及其精矿（万吨） | Iron Ore (10 000 tons) | 323 | 259 | 18053 | 15895 |
| 锰矿砂及其精矿（吨） | Manganese Ore (ton) | 18545 | 598810 | 181 | 7347 |
| 铜矿砂及其精矿（吨） | Copper Ore (ton) | 38 | 94449 | 2 | 11035 |
| 铬矿砂及其精矿（吨） | Chromium Ore (ton) | 52595 | 130973 | 766 | 1921 |
| 铅矿砂及其精矿（吨） | Lead Ore (ton) | 5808 | 2327 | 469 | 270 |
| 煤及褐煤（吨） | Coal and Lignite Coal (ton) | 559637 | 1994821 | 2698 | 9168 |
| 其他烟煤（吨） | Other Soft Coal (ton) | 225172 | 806178 | 1362 | 4458 |
| 褐 煤（吨） | Brown Coal (ton) | 334462 | 906641 | 1336 | 3266 |
| 成品油（吨） | Refined Oil (ton) | 4725 | 49658 | 1321 | 2769 |
| 二甲苯（吨） | Xylene (ton) | 5493 | 166625 | 493 | 13243 |
| 苯乙烯（吨） | Styrene (ton) | 4000 | 36125 | 356 | 3702 |
| 乙二醇（吨） | Ethylene Glycol (ton) | 41902 | 492767 | 3079 | 31957 |
| 医药品（吨） | Pharmaceutical Products (ton) | 33 | 29 | 973 | 1432 |
| #抗菌素（制剂除外）（吨） | Bacteriophage (Excluding Preparation) (ton) | 7 | 10 | 824 | 1071 |
| 美容化妆品及护肤品（吨） | Cosmetics and Skin-care Products (ton) | 153 | 393 | 889 | 1864 |
| 钛白粉（吨） | Titanium Dioxide (ton) | 180 | 150 | 56 | 49 |
| 聚合物油漆及清漆（吨） | Polymer Varnish (ton) | 188 | 349 | 202 | 520 |
| 感光材料（吨） | Photographic Materials (ton) | 8 | 17 | 19 | 39 |
| 初级形状的塑料（吨） | Primary-Shaped Plastics (ton) | 270310 | 206143 | 41059 | 29114 |
| #初级形状的聚乙烯（吨） | Primary-Shaped Polyethylene (ton) | 108681 | 99816 | 13562 | 11115 |
| 初级形状的线型低密度聚乙烯（吨） | Primary-Shaped Low-Density Polyethylene (ton) | 79360 | 21327 | 10063 | 2449 |

**表16.10 续表1 continued1**

单位：万美元（USD 10 000）

| 品　名 | Name | 数　量 Volume | | 金　额 Value | |
|---|---|---|---|---|---|
| | | 2015 | 2016 | 2015 | 2016 |
| 初级形状的聚丙烯（吨） | Primary-Shaped Polypropylene (ton) | 1484 | 1849 | 235 | 272 |
| 初级形状的苯乙烯聚合物（吨） | Primary-Shaped Styrene Polymer (ton) | 51262 | 48654 | 8587 | 6852 |
| #ABS树脂（吨） | ABS Resin (ton) | 31499 | 31343 | 5409 | 4392 |
| 初级形状的聚氯乙烯（吨） | Primary-Shaped Polyvinyl Chloride (ton) | 924 | 863 | 156 | 137 |
| 初级形状的聚酯（吨） | Primary-Shaped Polyester (ton) | 10273 | 12292 | 3109 | 2943 |
| #聚酯切片（吨） | Polyester Chips (ton) | 125 | 110 | 78 | 31 |
| 聚酰胺切片（吨） | Polyamide Chips (ton) | 102 | 489 | 58 | 162 |
| 非泡沫塑料的板、片、膜、箔（吨） | Non-Foam-Plastic Plates, Sheets, Films and Foils (ton) | 2627 | 2044 | 827 | 928 |
| 杀虫剂、除草剂及类似品（吨） | Insecticide, Herbicide and other Pesticides (ton) | 116 | 124 | 47 | 69 |
| 牛皮革及马皮革（吨） | Cow Leather and Horse Leather (ton) | 2002 | 2028 | 343 | 273 |
| 废　纸（吨） | Waste Paper (ton) | 567342 | 703773 | 11708 | 12845 |
| 纸及纸板（未切成形的）（吨） | Paper and Paperboard (Unchopped in Shape) (ton) | 1828 | 3192 | 547 | 908 |
| 纺织纱线、织物及制品 | Yarn, Textile and Products | 16846 | 7883 | 6033 | 4436 |
| #棉纱线（吨） | Cotton Yarn (ton) | 5278 | 1832 | 1367 | 447 |
| 合成纤维纱线（吨） | Synthetic Fibre Yarn (ton) | 15 | 14 | 23 | 22 |
| 丝织物（米） | Silk Textile (meter) | 9822 | 7769 | 2 | 3 |
| 棉机织物 | Cotton Textile | | | 479 | 293 |
| 合成纤维长丝机织物（万米） | Synthetic Filament Yarn Textile (10 000 m) | 55 | 34 | 183 | 141 |
| 涂覆浸渍塑料的织物（吨） | Plastic Coated or Impregnated Textile (ton) | 1177 | 1206 | 1336 | 1334 |
| 针织或钩编织物（米） | Knitted or Crocheted Textile (meter) | 231431 | 12904 | 23 | 13 |
| 服装及衣着附件 | Garment and Accessories | | | 3115 | 1077 |
| 玻璃纤维及其制品（吨） | Glass Fiber and Products (ton) | 6004 | 1758 | 1246 | 518 |
| 废金属（吨） | Waste Metal (ton) | 21416 | 16670 | 3236 | 2124 |
| #废　铝（吨） | Waste Aluminum (ton) | 21416 | 16620 | 3236 | 2106 |
| 钢　材（吨） | Rolled Steel (ton) | 124559 | 116729 | 10570 | 8436 |
| #钢铁棒材（吨） | Bar Iron and Steel (ton) | 351 | 282 | 106 | 65 |
| 角钢及型钢（吨） | Angle Steel and Structural Steel (ton) | 3517 | 4251 | 516 | 624 |
| 钢铁板材（吨） | Sheet Iron and Steel (ton) | 120126 | 111056 | 9483 | 7141 |
| 钢铁管材及空心异形材（吨） | Steel Pipe and Hollow Shaped Material (ton) | 287 | 843 | 120 | 207 |
| 钢铁制标准紧固件（吨） | Iron Nails, Bolts, etc. (ton) | 20832 | 20060 | 12781 | 11862 |
| 未锻轧的铜及铜材（吨） | Unwrought Copper and Rolled Copper (ton) | 1558 | 32372 | 1321 | 17464 |
| #未锻轧的铜(包括铜合金)（吨） | Unwrought Copper (Including Copper Alloy) (ton) | 1305 | 31897 | 802 | 16814 |
| 铜　材（吨） | Rolled Copper (ton) | 253 | 475 | 518 | 650 |
| 未锻轧的铝及铝材（吨） | Unwrought Aluminum and Rolled Aluminum (ton) | 648 | 623 | 333 | 332 |
| #铝　材（吨） | Rolled Aluminum (ton) | 648 | 623 | 333 | 332 |
| 钢铁或铝制结构体及其部件（吨） | Steel or Aluminum Structure and Components (ton) | 32 | 62 | 40 | 198 |
| 活塞式内燃机的零件（吨） | Parts of Piston Combustion Engines (ton) | 8450 | 4938 | 12340 | 9552 |
| 液泵及液体提升机（台） | Liquid Pump and Liquid Lifter (unit) | 1483588 | 1554181 | 6682 | 7995 |
| 制冷设备用压缩机（台） | Compressors for Refrigeration (unit) | 1999 | 2837 | 23 | 65 |
| 空气调节器（车用除外）（台） | Air Conditioner (Not for Automobile) | 576 | 22 | 75 | 57 |
| 冷冻机和制冷设备及零件（台） | Refrigerating Machine and Refrigeration Equipments (unit) | 130 | 75 | 425 | 59 |

**表16.10 续表2 continued2**

单位：万美元（USD 10 000）

| 品　名 | Name | 数　量 Volume | | 金　额 Value | |
|---|---|---|---|---|---|
| | | 2015 | 2016 | 2015 | 2016 |
| 非家用型水的过滤、净化机器（台） | Water Filter Machine Not for Home Use (set) | 76 | 75 | 117 | 341 |
| 饮料及液体食品灌装设备（台） | Bottling Equipments for Drinks and Liquid Foods (unit) | 1 | 5 | 379 | 134 |
| 机械提升搬运装卸设备及零件 | Mechanical Lifting, Handling, Loading and Unloading Equipment and Parts | | | 7593 | 15387 |
| 建筑及采矿用机械及零件 | Building and Mining Machinery and Parts | | | 1014 | 671 |
| 食品、饮料工业用加工机械及零件 | Food and Beverage Production Machinery and Parts | | | 152 | 63 |
| 制造纸及纸制品用机械及零件 | Paper and Paper Products Manufacture Machinery and Parts | | | 2641 | 2809 |
| 印刷、装订机械及零件 | Printing and Binding Machinery and Parts | | | 41756 | 31018 |
| 纺织机械及零件 | Textile Machinery and Parts | | | 1792 | 1431 |
| #纺织纱线生产及预处理机（台） | Textile Yarn Produced and Preprocessed Equipments (set) | 17 | 382 | 339 | 714 |
| 工业用缝纫机（台） | Sewing Machine for Industrial Use (100 sets) | 13 | 6 | 51 | 19 |
| 金属加工机床（台） | Machine Tools (set) | 1100 | 723 | 29268 | 30220 |
| #加工中心（台） | Processing Centers (set) | 680 | 314 | 13161 | 13100 |
| 数控机床（台） | CNC Machine Tools (set) | 189 | 166 | 10505 | 8795 |
| 金属轧机及零件 | Rolling Mill and Parts | | | 166 | 315 |
| 橡胶或塑料加工机械及零件 | Rubber or Plastic Processing Machinery and Parts | | | 3170 | 2487 |
| 型模及金属铸造用型箱 | Dies and Boxes for Metal Casting | | | 2959 | 2258 |
| 阀　门（万套） | Valves (10 000 sets) | 463 | 550 | 2785 | 2677 |
| 自动数据处理设备及其部件（千台） | Automatic Data Processing Machines and Components (1 000 sets) | 48613 | 51928 | 150255 | 215911 |
| #数字式自动数据处理设备（千台） | Digital Automatic Data Processing Machines (1000 sets) | 1 | 97 | 814 | 3454 |
| 数字式中央处理部件（千台） | Parts of Digital Central Automatic Data Processing (1000 sets) | 114 | 104 | 291 | 312 |
| 存储部件（千台） | Memory Unit (1 000 sets) | 42711 | 48723 | 141717 | 202760 |
| 自动数据处理设备的零件（吨） | Parts for Auto Data Processing Equipment (ton) | 1118 | 1642 | 101658 | 54226 |
| 制造单晶柱或晶圆用的机器及装置（台） | Crystal Column or Wafer Manufacturing Machines and Devices (set) | 26 | 25 | 652 | 1794 |
| 制造半导体器件或集成电路用的机器及装置（台） | Machines and Devices for the Manufacture of Semiconductor Devices and IC (set) | 19 | 22 | 714 | 661 |
| 制造平板显示器用的机器及装置（台） | Machines and Devices for the Manufacture of Flat Display (set) | 660 | 250 | 91172 | 38107 |
| 电动机及发电机（万台） | Electric Motors and Generators (10 000 sets) | 2389 | 1690 | 6403 | 5127 |
| 变压、整流、电感器及零件 | Transformers, Rectifiers, Inductors and Parts | | | 3750 | 5076 |
| 蓄电池（万个） | Electric Accumulators (10 000 pcs) | 11261 | 10851 | 18121 | 18957 |
| 无线电导航雷达及遥控设备（台） | Radio Navigation Radars and Remote Control Equipment (set) | 1920992 | 1892161 | 2810 | 2520 |
| 电视摄像机、数字照相机及视频摄录一体机（百台） | Video Cameras and Digital Cameras (100 sets) | 21624 | 4236 | 1155 | 543 |
| 电视、收音机及无线电讯设备的零附件（吨） | Parts of TV sets, Radio Sets and Telecommunication Equipment (ton) | 149 | 138 | 1772 | 1393 |

表16.10 续表3 continued3

单位：万美元（USD 10 000）

| 品　名 | Name | 数量 Volume 2015 | 2016 | 金额 Value 2015 | 2016 |
|---|---|---|---|---|---|
| 电容器（吨） | Electrical Capacitors (ton) | 620 | 453 | 43571 | 6849 |
| 电阻器（吨） | Resistor (ton) | 47 | 56 | 758 | 13425 |
| 印刷电路（万块） | Printed Circuit (10 000 units) | 35678 | 41374 | 7418 | 11969 |
| 通断保护电路装置及零件 | Electrical Apparatus for Switching or Protecting Electrical Circuits | | | 22841 | 24870 |
| 二极管及类似半导体器件（个） | Diode and Semi Conductors (1 million pcs) | 5764 | 6856 | 15098 | 30215 |
| 集成电路（个） | IC (1 million pcs) | 3697 | 4511 | 641856 | 677792 |
| 电线和电缆（吨） | Insulated Wire or Cable (ton) | 1519 | 924 | 3543 | 2748 |
| 汽　车（辆） | Motor Vehicles (including parts) (unit) | 873 | 3519 | 5028 | 19968 |
| #小轿车（辆） | Cars (unit) | 29 | 169 | 108 | 690 |
| 四轮驱动轻型越野车（辆） | SUVs (unit) | 773 | 3053 | 4200 | 18331 |
| 汽车零配件 | Parts of Motor Vehicles | | | 119012 | 100195 |
| 飞机及其他航空器（架） | Planes and Other Aircrafts (unit) | 16 | 14 | 12271 | 3411 |
| 空载重量超过2（吨）的飞机（架） | Planes over 2 Ton of Empty-load Weight (unit) | 3 | 1 | 10377 | 1328 |
| 液晶显示板（万个） | LCD Panel (10 000 units) | 1534 | 1628 | 24305 | 24340 |
| 医疗仪器及器械 | Medical Instruments and Appliances | | | 7321 | 7742 |
| 计量检测分析自控仪器及器具 | Metering, Testing, Analyzing and Auto Controlling Instruments and Appliances | | | 60506 | 51737 |
| 手　表（只） | Watches (pcs) | 1114 | 1258 | 42 | 13 |
| #电动手表（只） | Electronic Watches (pcs) | 994 | 1258 | 22 | 13 |
| 已组装的完整表芯（只） | Assembled Complete Watch Movements (pcs) | 3300 | 66264 | 6 | 454 |
| 印刷品（吨） | Printed Matters (ton) | 289 | 248 | 4680 | 3080 |
| 塑料制品（吨） | Plastic Articles (ton) | 3397 | 2714 | 4325 | 4140 |
| 文化产品 | Cultural Products | | | 1168 | 11677 |
| #图　书（吨） | Books (ton) | 18 | 1 | 12 | 3 |
| 露天游乐场所游乐设备（吨） | Equipments for Outdoor Amusement Park (ton) | | 2036 | | 3144 |
| 游艺用品及室内游艺器材 | Entertainment Products and Indoor Entertainment Equipments | | | | 5190 |
| 胶印机（台） | Offset Press (set) | | 41 | | 1992 |
| 机电产品（包括本目录已具体列名的机电产品） | Mechanical and Electrical Products (including products that had been listed) | | | 1586759 | 1663309 |
| #金属制品 | Metal Products | 29971 | 30068 | 24255 | 23711 |
| 机械设备 | Mechanical Equipments | | | 531205 | 505069 |
| 电器及电子产品 | Electrical Equipmens | | | 809922 | 917458 |
| 运输工具 | Transport Equipments | | | 123959 | 116846 |
| 仪器仪表 | Instrument and Meters | | | 96874 | 89777 |
| 其他机电产品 | Other Products | | | 544 | 10448 |
| 高新技术产品 | High and New-tech Products | | | 1217132 | 1301355 |
| #生物技术（吨） | Biotechnology (ton) | | | | |
| 生命科学技术 | Life Science Technology | | | 8366 | 8374 |
| 光电技术 | Electrooptical Technology | | | 50036 | 49039 |
| 计算机与通信技术 | Computer and Information Technology | | | 305917 | 387534 |
| 电子技术 | Electronic Technology | | | 678920 | 737119 |
| 计算机集成制造技术 | Computer-integrated Manufacturing Technology | | | 156331 | 111987 |
| 材料技术（吨） | Materials Technology (ton) | 5 | 4 | 856 | 330 |
| 航空航天技术 | Aerospace Technology | | | 16594 | 6911 |
| 其他高新技术产品 | Other Technology | | | 112 | 60 |
| 农产品 | Agricultural Products | | | 109311 | 130302 |

## 表16.11 利用外资情况（2015－2016年）
UTILIZATION OF FOREIGN CAPITAL (2015-2016)

单位：万美元（USD 10 000）

| 指　标 | Item | 2015 | 2016 |
|---|---|---|---|
| **新签利用外资协议（合同）数（个）** | **Number of Newly Signed Agreements (Contracts) of Foreign Capital Utilization (unit)** | **315** | **260** |
| 外商直接投资 | Foreign Direct Investment | 242 | 224 |
| 外商其他投资 | Other Foreign Investment | 73 | 36 |
| **协议（合同）额** | **Value of Agreements (Contracts)** | **481728** | **409337** |
| 外商直接投资 | Foreign Direct Investment | 466628 | 401022 |
| 外商其他投资 | Other Foreign Investment | 15100 | 8315 |
| **实际利用外资额** | **Foreign Capital Actually Utilized** | **1076505** | **1134184** |
| 外商直接投资 | Foreign Direct Investment | 377183 | 262630 |
| 外商其他投资 | Other Foreign Investment | 143274 | 132839 |
| 对外借款 | Foreign Loans | 74003 | 337549 |
| 其他外资 | Other Foreign Capital Utilized | 482045 | 401166 |

注：1）2004年起，新签利用外资协议(合同)数、协议合同金额数均不含对外借款。
2）2007年起，外商直接投资数据为上报国家商务部口径。
Note:a) Foreign loans have been excluded from the number of newly signed agreements (contracts) of foreign capital utilization and the value of agreements and contracts since 2004.
b) The data of foreign direct investment has become the data reported to the Ministry of Commerce since 2007.

## 表16.12 对外投资与合作（2015－2016年）
OVERSEAS INVESTMENT AND COOPERATION (2015-2016)

| 指　标 | Item | 2015 | 2016 |
|---|---|---|---|
| 实际对外直接投资额（万美元） | Value of Overseas Direct Investment (USD 10 000) | 142452 | 242917 |
| #现汇投资 | Cash Investment | 116045 | 191185 |
| 内保外贷 | Offshore Financing Against Domestic Guamntee | 26407 | 43754 |
| 对外承包工程签订合同数（个） | Number of Contracts Signed (unit) | 91 | 105 |
| 对外承包工程合同金额（万美元） | Value of Contracts (USD 10 000) | 136003 | 275360 |
| 对外承包工程营业额（万美元） | Value of Turnover Fulfilled (USD 10 000) | 120872 | 133546 |
| 对外劳务合作派出人数（人） | Labor Exported (person) | 3142 | 5301 |

# 表16.13 实际利用内资（1996–2016年）
## ACTUAL UTILIZATION OF DOMESTIC CAPITAL (1996-2016)

单位：万元 (10 000 yuan)

| 年 份 Year | 总 计 Total | 按资金来源分 By Source of Domestic Capital | | | 按产业分 By Sector | | |
|---|---|---|---|---|---|---|---|
| | | 东部地区 Eastern Region | 中部地区 Middle Region | 西部地区 Western Region | 第一产业 Primary Industry | 第二产业 Secondary Industry | 第三产业 Tertiary Industry |
| 1996 | 341109 | 228986 | 25379 | 86744 | 2831 | 105369 | 232909 |
| 1997 | 378156 | 253856 | 28135 | 96165 | 3139 | 116812 | 258205 |
| 1998 | 395891 | 265762 | 29454 | 100675 | 3286 | 122291 | 270314 |
| 1999 | 406169 | 272661 | 30219 | 103289 | 3371 | 125466 | 277332 |
| 2000 | 430388 | 288919 | 32021 | 109448 | 3572 | 132947 | 293869 |
| 2001 | 463819 | 311381 | 34517 | 117921 | 3857 | 143292 | 316670 |
| 2002 | 515296 | 314469 | 64164 | 136663 | 12748 | 180584 | 321964 |
| 2003 | 572766 | 357869 | 78764 | 136133 | 15593 | 260960 | 296213 |
| 2004 | 868731 | 600433 | 85290 | 183008 | 18667 | 471589 | 378475 |
| 2005 | 2058990 | 1480168 | 146817 | 432005 | 38813 | 949952 | 1070225 |
| 2006 | 2982509 | 2408160 | 140849 | 433500 | 30800 | 1262178 | 1689531 |
| 2007 | 4300287 | 3284574 | 274940 | 740773 | 39961 | 2232621 | 2027705 |
| 2008 | 8428422 | 6608697 | 549696 | 1270029 | 90772 | 4077438 | 4260212 |
| 2009 | 14680196 | 11432656 | 1017089 | 2230451 | 334215 | 7069998 | 7275983 |
| 2010 | 26382949 | 20152791 | 2075639 | 4154519 | 730882 | 11385667 | 14266400 |
| 2011 | 49198400 | 34891428 | 4993544 | 9313428 | 1598697 | 22073414 | 25526289 |
| 2012 | 59146368 | 39987932 | 5689892 | 13468544 | 2283784 | 27139587 | 29722997 |
| 2013 | 60071981 | 41347326 | 5886121 | 12838534 | 2409618 | 23814257 | 33848106 |
| 2014 | 72468937 | 47912908 | 6760518 | 17795511 | 3399354 | 29803838 | 39265745 |
| 2015 | 85301314 | 54763030 | 9648096 | 20890188 | 4020931 | 34873820 | 46406563 |
| 2016 | 93450431 | 58224827 | 11657963 | 23567641 | 4833879 | 37254235 | 51362317 |

# 表16.14 外商直接投资项目（企业）数、合同额和实际投资额（2015－2016年）

## NUMBER, CONTRACTED VALUE AND ACTUAL INVESTMENT OF PROJECTS (ENTERPRISES) FUNDED BY FOREIGN DIRECT INVESTMENT (2015-2016)

| 指　标 | Item | 签定项目（合同）数（个）<br>Number of Projects (Contracts) Signed (unit) | | |
|---|---|---|---|---|
| | | 2015 | 2016 | 至当年底累计<br>Year-end Accumulation |
| **总　计** | **Total** | **242** | **224** | **6382** |
| **按投资方式分** | **By Investment Mode** | | | |
| 合资经营 | Joint Venture | 84 | 66 | 2917 |
| 合作经营 | Cooperative Operation | 1 | | 297 |
| 独资经营 | Solely Foreign-Funded | 156 | 156 | 3150 |
| 股份制 | Share Holding | 1 | 2 | 14 |
| 合作开发 | Cooperative Operation | | | |
| 其　他 | Others | | | 4 |
| **按行业分** | **By Sector** | | | |
| 第一产业 | Primary Industry | 4 | 7 | 169 |
| 第二产业 | Secondary Industry | 82 | 65 | 3491 |
| 工　业 | Industry | 75 | 60 | 3249 |
| 建筑业 | Construction | 2 | 1 | 233 |
| 第三产业 | Tertiary Industry | 156 | 152 | 2722 |
| 批发和零售业 | Wholesale and Retail Trades | 50 | 48 | 336 |
| 交通运输、仓储及邮政业 | Transport, Storage, Post and Communication | 3 | 12 | 142 |
| 住宿和餐饮业 | Hotels and Catering Services | 13 | 12 | 286 |
| 信息传输、软件和信息技术服务业 | Information Transmission, Computer Services and Softwares | 6 | 11 | 108 |
| 金融业 | Financial Intermediation | 27 | 8 | 83 |
| 房地产业 | Real Estate | 7 | 7 | 680 |
| 租赁和商务服务业 | Leasing and Business Services | 37 | 41 | 918 |
| 科学研究和技术服务业 | Scientific Research, Technical Service and Geologic Prospecting | 4 | 6 | 44 |
| 水利、环境和公共设施管理业 | Management of Water Conservancy, Environment and Public Facilities | 3 | | 31 |
| 居民服务、修理和其他服务业 | Services to Households and Other Services | 3 | 1 | 37 |
| 教　育 | Education | | 1 | 23 |
| 文化、体育与娱乐业 | Culture, Sports and Entertainment | 3 | 4 | 25 |
| 其　他 | Others | | 1 | 9 |
| **按主要国别（地区）分** | **By Country (Region)** | | | |
| 香　港 | Hong Kong | 101 | 84 | 2825 |
| 印度尼西亚 | Indonesia | | | 15 |
| 日　本 | Japan | 3 | 4 | 270 |
| 韩　国 | South Korea | 34 | 38 | 204 |
| 澳　门 | Macao | 1 | | 53 |
| 马来西亚 | Malaysia | 1 | 5 | 72 |
| 台　湾 | Taiwan | 30 | 20 | 963 |
| 泰　国 | Thailand | 1 | | 53 |
| 新加坡 | Singapore | 9 | 19 | 260 |
| 比利时 | Belgium | | | 5 |
| 法　国 | France | | | 40 |
| 瑞　典 | Sweden | | | 11 |
| 瑞　士 | Switzerland | | 1 | 8 |
| 英　国 | UK | 4 | 1 | 77 |
| 美　国 | USA | 12 | 11 | 568 |
| 加拿大 | Canada | 2 | 2 | 128 |
| 澳大利亚 | Australia | 5 | 3 | 77 |
| 新西兰 | New Zealand | | | 17 |

注：1) 本表当年底累计数据除实际利用外资累计数按行业分组和按主要国别分组为1998年开始的累计数外，其余均为1979年开始的累计数。
2) 2007年起，外商直接投资数据为上报商务部口径。
3) 因减资或股权转移，合同（协议）额可能为负数。

单位：万美元（USD 10 000）

| 协议投资额 Contracted Foreign Investment | | | 实际利用额 Foreign Capital Actually Utilized | | |
|---|---|---|---|---|---|
| 2015 | 2016 | 至当年底累计 Year-end Accumulation | 2015 | 2016 | 至当年底累计 Year-end Accumulation |
| **466628** | **401022** | **5000905** | **377182** | **262630** | **3892225** |
| 161920 | 169201 | 1555306 | 104861 | 81737 | 1182657 |
| 101 | | 231203 | 24 | | 95442 |
| 303991 | 231492 | 3153318 | 269487 | 180894 | 2542236 |
| 616 | 329 | 57378 | 2810 | | 68038 |
| | | 3700 | | | 3853 |
| 8118 | 31848 | 109538 | 165 | 14997 | 24181 |
| 166554 | 125941 | 1719410 | 427659 | 440896 | 1840404 |
| 145356 | 119719 | 1626774 | 417967 | 427197 | 1804965 |
| 819 | 39 | 66074 | 600 | 149 | 12796 |
| 291956 | 243233 | 3171957 | 546695 | 678291 | 3344662 |
| 8111 | 17472 | 134258 | 19268 | 64612 | 134074 |
| 5043 | 21500 | 165195 | 16412 | 126607 | 217728 |
| 498 | 436 | 52455 | 473 | 291 | 24459 |
| 939 | 732 | 21723 | 201 | 1678 | 14672 |
| 94180 | 54523 | 292384 | 274142 | 178685 | 555290 |
| 100213 | 88126 | 1891385 | 161055 | 133278 | 1755462 |
| 69242 | 57149 | 477120 | 68448 | 89426 | 447810 |
| 504 | 1016 | 3907 | 168 | 482 | 1277 |
| 12625 | -2811 | 61829 | 140 | 82870 | 138024 |
| 114 | 3750 | 51448 | 5735 | 2 | 51272 |
| | 150 | 5178 | | | 4742 |
| 487 | 1083 | 14170 | 553 | 361 | 1944 |
| | 107 | 905 | 100 | | 765 |
| 315136 | 237897 | 3361402 | 520818 | 458065 | 3071927 |
| | | 2017 | | 2 | 77 |
| 912 | -2990 | 109518 | 11412 | 20731 | 117178 |
| 33372 | 9925 | 87938 | 51024 | 132957 | 214358 |
| 1 | -600 | 8392 | 96 | 18278 | 21748 |
| -320 | 30110 | 41269 | | 900 | 4985 |
| 967 | 1217 | 67170 | 1588 | 5815 | 39085 |
| 3 | | 9219 | 3 | 410 | 1753 |
| 11596 | 70678 | 325682 | 68893 | 320166 | 600352 |
| -141 | | 168 | | | 208 |
| 141 | 2258 | 18314 | 1 | 1749 | 11685 |
| | | 4635 | 543 | 46 | 4325 |
| | 76 | 1586 | 1100 | 350 | 6142 |
| 557 | 93 | 33112 | 8432 | 4568 | 32947 |
| 5889 | 1651 | 93159 | 45927 | 23612 | 101700 |
| 1923 | 453 | 27172 | 10361 | 50 | 17178 |
| 6411 | 6364 | 22148 | 69 | 90 | 4170 |
| | | 2251 | | | 198 |

Note: a) In terms of the data of "Year-end Accumulation" in the table above, except the data of "Foreign Capital Actually Utilized" by sector and by country (region) which are accumulated since 1998, all the other data are accumulated since 1979.
b) The data of foreign direct investment has become the data reported to the Ministry of Commerce since 2007.
c) Due to capital reduction or stock transfer, the value of contracts (agreements) might be negative.

# 表16.15 实际利用内资项目资金来源情况（2015–2016年）

## ACTUAL UTILIZATION OF DOMESTIC CAPITAL BY SOURCE (2015-2016)

单位：万元 (10 000 yuan)

| 项　目 | Item | 2015 | 2016 |
|---|---|---|---|
| **总　计** | **Total** | **85301314** | **93450431** |
| **按资金来源分组** | **By Source of Domestic Capital** | | |
| 北　京 | Beijing | 14037018 | 13886311 |
| 天　津 | Tianjin | 1047776 | 915683 |
| 河　北 | Hebei | 1253565 | 1506606 |
| 山　西 | Shanxi | 521107 | 972426 |
| 内蒙古 | Inner Mongolia | 143509 | 132102 |
| 辽　宁 | Liaoning | 605861 | 822118 |
| 吉　林 | Jilin | 232613 | 257265 |
| 黑龙江 | Heilongjiang | 584539 | 426433 |
| 上　海 | Shanghai | 6626997 | 6160626 |
| 江　苏 | Jiangsu | 4802425 | 4968518 |
| 浙　江 | Zhejiang | 6553712 | 6252696 |
| 安　徽 | Anhui | 1110172 | 985593 |
| 福　建 | Fujian | 3244169 | 3374914 |
| 江　西 | Jiangxi | 796693 | 1351944 |
| 山　东 | Shandong | 3089226 | 3050740 |
| 河　南 | Henan | 896126 | 1394476 |
| 湖　北 | Hubei | 4092138 | 4581246 |
| 湖　南 | Hunan | 1414708 | 1688580 |
| 广　东 | Guangdong | 13333375 | 17107589 |
| 广　西 | Guangxi | 453488 | 656576 |
| 海　南 | Hainan | 168906 | 179026 |
| 四　川 | Sichuan | 14974086 | 15343727 |
| 贵　州 | Guizhou | 1372625 | 1918880 |
| 云　南 | Yunnan | 1679504 | 3051533 |
| 西　藏 | Tibet | 203245 | 143306 |
| 陕　西 | Shaanxi | 738241 | 923163 |
| 甘　肃 | Gansu | 656902 | 511095 |
| 青　海 | Qinghai | 30378 | 58151 |
| 宁　夏 | Ningxia | 164751 | 209502 |
| 新　疆 | Xinjiang | 473459 | 619606 |
| **按区域分组** | **By District** | | |
| 东部地区 | Eastern Region | 54763030 | 58224827 |
| 中部地区 | Middle Region | 9648096 | 11657963 |
| 西部地区 | Western Region | 20890188 | 23567641 |

# 表16.16 实际利用内资项目资金行业分布情况（2015-2016年）
## ACTUAL UTILIZATION OF DOMESTIC CAPITAL BY SECTOR (2015-2016)

单位：万元 (10 000 yuan)

| 项　目 | Item | 2015 | 2016 |
|---|---|---|---|
| **总　计** | **Total** | **85301314** | **93450431** |
| 按行业分 | By Sector | | |
| 第一产业 | Primary Industry | 4020931 | 4833879 |
| 第二产业 | Secondary Industry | 34873820 | 37254235 |
| 采矿业 | Mining and Quarrying | 2360733 | 1744989 |
| 制造业 | Manufacturing | 28796278 | 31931538 |
| 电力、燃气及水的生产和供应业 | Production and Supply of Electricity, Gas and Water | 1062019 | 1400517 |
| 建筑业 | Construction | 2654790 | 2177191 |
| 第三产业 | Tertiary Industry | 46406563 | 51362317 |
| #批发和零售业 | Wholesale and Retail Trades | 4843806 | 3760316 |
| 交通运输、仓储和邮政业 | Transport, Storage and Post | 3322963 | 3638158 |
| 住宿和餐饮业 | Hotels and Catering Services | 1437612 | 1394892 |
| 信息传输、软件和信息技术服务业 | Information Transmission, Software and IT Service | 852475 | 2114130 |
| 金融业 | Financial Intermediation | 1861008 | 2377026 |
| 房地产业 | Real Estate | 24890051 | 26356484 |
| 租赁和商务服务业 | Leasing and Business Services | 3608837 | 3027838 |
| 科学研究和技术服务业 | Scientific Research and Technical Services | 569241 | 564071 |
| 水利、环境和公共设施管理业 | Management of Water Conservancy, Environment and Public Utilities | 1405541 | 3047304 |
| 居民服务、修理和其他服务业 | Services to Households, Repair and Other Services | 794308 | 1188099 |
| 教　育 | Education | 499141 | 1129932 |
| 卫生和社会工作 | Health and Social Undertakings | 395315 | 826773 |
| 文化、体育和娱乐业 | Culture, Sports and Entertainment | 1430189 | 1632311 |

# 表16.17 1000万元以上利用内资项目合同（协议、计划）资金来源情况（2015-2016年）

## UTILIZATION OF CONTRACTED (AGREED, PLANNED) DOMESTIC CAPITAL ABOVE 10 MILLION YUAN BY SOURCE (2015-2016)

单位：万元 (10 000 yuan)

| 项 目 | Item | 外省投入的项目合同（协议、计划）总资金 Total Contracted (Agreed, Planned ) Capital From Outside Chongqing | |
|---|---|---|---|
| | | 2015 | 2016 |
| **总 计** | **Total** | **330389758** | **382954673** |
| **按资金来源分** | **By Source of Domestic Capital** | | |
| 北 京 | Beijing | 62968851 | 79190568 |
| 天 津 | Tianjin | 4045351 | 3414608 |
| 河 北 | Hebei | 4540009 | 4531297 |
| 山 西 | Shanxi | 2569920 | 2203720 |
| 内蒙古 | Inner Mongolia | 213000 | 200700 |
| 辽 宁 | Liaoning | 2143877 | 4650390 |
| 吉 林 | Jilin | 428576 | 297985 |
| 黑龙江 | Heilongjiang | 1057603 | 1352200 |
| 上 海 | Shanghai | 26417850 | 29069420 |
| 江 苏 | Jiangsu | 15821743 | 17289042 |
| 浙 江 | Zhejiang | 24649518 | 26492944 |
| 安 徽 | Anhui | 3073204 | 4588816 |
| 福 建 | Fujian | 13510288 | 13386052 |
| 江 西 | Jiangxi | 3385223 | 2329497 |
| 山 东 | Shandong | 10336126 | 12870437 |
| 河 南 | Henan | 3341498 | 3089235 |
| 湖 北 | Hubei | 12012249 | 14198317 |
| 湖 南 | Hunan | 3382256 | 3553728 |
| 广 东 | Guangdong | 59720748 | 72964770 |
| 广 西 | Guangxi | 1133795 | 1566150 |
| 海 南 | Hainan | 864040 | 904900 |
| 四 川 | Sichuan | 53198962 | 60663216 |
| 贵 州 | Guizhou | 3995379 | 4908315 |
| 云 南 | Yunnan | 9090281 | 10731656 |
| 西 藏 | Tibet | 360000 | 257110 |
| 陕 西 | Shaanxi | 4056226 | 4137996 |
| 甘 肃 | Gansu | 1120670 | 1226646 |
| 青 海 | Qinghai | 108396 | 68688 |
| 宁 夏 | Ningxia | 352849 | 635000 |
| 新 疆 | Xinjiang | 1889220 | 2181270 |
| **按区域分组** | **By District** | | |
| 东部地区 | Eastern Region | 226384852 | 264764428 |
| 中部地区 | Middle Region | 29174847 | 31613498 |
| 西部地区 | Western Region | 74830059 | 86576747 |

# 表16.18 1000万元以上实际利用内资项目资金来源情况（2015–2016年）
## ACTUAL UTILIZATION OF DOMESTIC CAPITAL ABOVE 10 MILLION YUAN BY SOURCE (2015-2016)

单位：万元 (10 000 yuan)

| 项目 | Item | 实际利用内资 Domestic Capital Actually Utilized 2015 | 2016 |
|---|---|---|---|
| **总计** | **Total** | **78224071** | **85438033** |
| **按资金来源分** | **By Source of Domestic Capital** | | |
| 北京 | Beijing | 13628336 | 13433901 |
| 天津 | Tianjin | 914567 | 814821 |
| 河北 | Hebei | 1104019 | 1288684 |
| 山西 | Shanxi | 382467 | 777546 |
| 内蒙古 | Inner Mongolia | 68431 | 44812 |
| 辽宁 | Liaoning | 487492 | 692784 |
| 吉林 | Jilin | 162098 | 186103 |
| 黑龙江 | Heilongjiang | 511143 | 333196 |
| 上海 | Shanghai | 6115322 | 5543803 |
| 江苏 | Jiangsu | 4418244 | 4508294 |
| 浙江 | Zhejiang | 5986060 | 5650446 |
| 安徽 | Anhui | 986997 | 752656 |
| 福建 | Fujian | 2912443 | 2901145 |
| 江西 | Jiangxi | 660434 | 1181023 |
| 山东 | Shandong | 2912077 | 2823819 |
| 河南 | Henan | 752434 | 1224429 |
| 湖北 | Hubei | 3828889 | 4225768 |
| 湖南 | Hunan | 1219003 | 1482152 |
| 广东 | Guangdong | 12553693 | 16275549 |
| 广西 | Guangxi | 358541 | 541621 |
| 海南 | Hainan | 125337 | 122956 |
| 四川 | Sichuan | 13661526 | 14029219 |
| 贵州 | Guizhou | 1108090 | 1667081 |
| 云南 | Yunnan | 1414703 | 2787284 |
| 西藏 | Tibet | 144902 | 110876 |
| 陕西 | Shaanxi | 601272 | 777965 |
| 甘肃 | Gansu | 604451 | 438724 |
| 青海 | Qinghai | 6650 | 40450 |
| 宁夏 | Ningxia | 150293 | 194248 |
| 新疆 | Xinjiang | 444157 | 586678 |
| **按区域分组** | **By District** | | |
| 东部地区 | Eastern Region | 51157590 | 54056202 |
| 中部地区 | Middle Region | 8503465 | 10162873 |
| 西部地区 | Western Region | 18563016 | 21218958 |

# 表16.19 1000万元以上利用内资项目合同（协议、计划）资金行业分布及登记注册类型情况（2015-2016年）

# UTILIZATION OF CONTRACTED (AGREED, PLANNED) DOMESTIC CAPITAL ABOVE 10 MILLION YUAN BY SECTOR AND BY REGISTRATION (2015-2016)

单位：万元 (10 000 yuan)

| 项目 | Item | 外省投入的项目合同（协议、计划）总资金 Total Contracted (Agreed, Planned ) Capital From Outside Chongqing | |
|---|---|---|---|
| | | 2015 | 2016 |
| **总计** | **Total** | **330389758** | **382954673** |
| **按行业分** | **By Sector** | | |
| 第一产业 | Primary Industry | 11701193 | 12455186 |
| 第二产业 | Secondary Industry | 119920398 | 135784955 |
| 采矿业 | Mining and Quarrying | 4823100 | 5970005 |
| 制造业 | Manufacturing | 95778405 | 109052877 |
| 电力、燃气及水的生产和供应业 | Production and Supply of Electricity, Gas and Water | 7346587 | 9018539 |
| 建筑业 | Construction | 11972306 | 11743534 |
| 第三产业 | Tertiary Industry | 198768167 | 234714532 |
| #批发和零售业 | Wholesale and Retail Trades | 11364573 | 13170260 |
| 交通运输、仓储和邮政业 | Transport, Storage and Post | 12904514 | 17561286 |
| 住宿和餐饮业 | Hotels and Catering Services | 2539960 | 2313640 |
| 信息传输、软件和信息技术服务业 | Information Transmission, Software and IT Service | 5926200 | 7780874 |
| 金融业 | Financial Intermediation | 8820298 | 11345912 |
| 房地产业 | Real Estate | 124739638 | 138673316 |
| 租赁和商务服务业 | Leasing and Business Services | 11753203 | 13093914 |
| 科学研究和技术服务业 | Scientific Research and Technical Services | 1932063 | 2371490 |
| 水利、环境和公共设施管理业 | Management of Water Conservancy, Environment and Public Utilities | 5859394 | 11183326 |
| 居民服务、修理和其他服务业 | Services to Households, Repair and Other Services | 2814597 | 3407747 |
| 教育 | Education | 1426487 | 2182374 |
| 卫生和社会工作 | Health and Social Undertakings | 806060 | 1963253 |
| 文化、体育和娱乐业 | Culture, Sports and Entertainment | 6199380 | 8255430 |
| **按外省单位登记注册类型分** | **By Status of Registration** | | |
| 国有企业 | State-owned Enterprises | 15405724 | 17626004 |
| 集体企业 | Collective-owned Enterprises | 1480878 | 1516878 |
| 股份合作企业 | Cooperative Enterprises | 1237000 | 1109000 |
| 联营企业 | Joint-owned Enterprises | 60000 | 60000 |
| 有限责任公司 | Limited Liabilities Corporation | 178360553 | 219298700 |
| 股份有限公司 | Share-holding Ltd. | 83110532 | 80329365 |
| 私营企业 | Private Enterprises | 16712668 | 24657834 |
| 其他企业 | Other Enterprises | 2248165 | 2042665 |
| 个人 | Individual | 31582288 | 35999527 |
| 其他 | Others | 191950 | 314700 |

# 表16.20 1000万元以上利用内资项目资金行业分布及登记注册类型情况（2015–2016年）

## UTILIZATION OF DOMESTIC CAPITAL ABOVE 10 MILLION YUAN BY SECTOR AND BY REGISTRATION (2015-2016)

单位：万元 (10 000 yuan)

| 项 目 | Item | 实际利用内资 Domestic Capital Actually Utilized | |
|---|---|---|---|
| | | 2015 | 2016 |
| **总 计** | **Total** | **78224071** | **85438033** |
| **按行业分** | **By Sector** | | |
| 第一产业 | Primary Industry | 3373324 | 4116032 |
| 第二产业 | Secondary Industry | 32668559 | 34872367 |
| 采矿业 | Mining and Quarrying | 2304228 | 1674827 |
| 制造业 | Manufacturing | 27299664 | 30243384 |
| 电力、燃气及水的生产和供应业 | Production and Supply of Electricity, Gas and Water | 1006642 | 1330675 |
| 建筑业 | Construction | 2058025 | 1623481 |
| 第三产业 | Tertiary Industry | 42182188 | 46449634 |
| #批发和零售业 | Wholesale and Retail Traces | 3689627 | 2471197 |
| 交通运输、仓储和邮政业 | Transport, Storage and Post | 3135931 | 3420038 |
| 住宿和餐饮业 | Hotels and Catering Services | 875664 | 780601 |
| 信息传输、软件和信息技术服务业 | Information Transmission, Software and IT Service | 485863 | 1691203 |
| 金融业 | Financial Intermediation | 1733808 | 2262247 |
| 房地产业 | Real Estate | 24549876 | 25808787 |
| 租赁和商务服务业 | Leasing and Business Services | 3045086 | 2443228 |
| 科学研究和技术服务业 | Scientific Research and Technical Services | 471388 | 391804 |
| 水利、环境和公共设施管理业 | Management of Water Conservancy, Environment and Public Utilities | 1332239 | 2944075 |
| 居民服务、修理和其他服务业 | Services to Households, Repair and Other Services | 595881 | 963596 |
| 教 育 | Education | 376164 | 969694 |
| 卫生和社会工作 | Health and Social Undertakings | 289080 | 699266 |
| 文化、体育和娱乐业 | Culture, Sports and Entertainment | 1105505 | 1349950 |
| **按外省单位登记注册类型分** | **By Status of Registration** | | |
| 国有企业 | State-owned Enterprises | 3132606 | 2611119 |
| 集体企业 | Collective-owned Enterprises | 340315 | 52812 |
| 股份合作企业 | Cooperative Enterprises | 265534 | 239295 |
| 联营企业 | Joint-owned Enterprises | 36300 | 22005 |
| 有限责任公司 | Limited Liabilities Corporation | 40765732 | 49439513 |
| 股份有限公司 | Share-holding Ltd. | 17745522 | 13020785 |
| 私营企业 | Private Enterprises | 4260229 | 7181454 |
| 其他企业 | Other Enterprises | 967671 | 580859 |
| 个 人 | Individual | 10616212 | 12217591 |
| 其 他 | Others | 93950 | 72600 |

# 表16.21 旅游基本情况（2015－2016年）
## BASIC STATISTICS ON TOURISM (2015-2016)

| 指　标 | Item | 2015 | 2016 |
|---|---|---|---|
| **接待入境旅游人数（人次）** | **Number of Overseas Visitor Arrivals Received (person-time)** | **2825339** | **3165844** |
| 外国人 | Foreigners | 1888294 | 2084166 |
| #亚　洲 | Asia | 1064339 | 1251433 |
| #日　本 | Japan | 202877 | 197584 |
| 韩　国 | South Korea | 435443 | 595403 |
| 印度尼西亚 | Indonesia | 21940 | 23508 |
| 马来西亚 | Malaysia | 94778 | 97794 |
| 新加坡 | Singapore | 92539 | 105217 |
| 泰　国 | Thailand | 155437 | 169199 |
| 欧　洲 | Europe | 300338 | 302382 |
| #英　国 | UK | 56258 | 59207 |
| 法　国 | France | 50252 | 50708 |
| 德　国 | Gemany | 79986 | 78148 |
| 意大利 | Italy | 30176 | 30318 |
| 俄罗斯 | Russia | 15915 | 22757 |
| 西班牙 | Spain | 12292 | 11127 |
| 美　洲 | America | 254945 | 271383 |
| #美　国 | USA | 191163 | 203951 |
| 加拿大 | Canada | 52551 | 56869 |
| 大洋洲 | Oceania | 66890 | 61915 |
| #澳大利亚 | Australia | 58943 | 52866 |
| 非　洲 | Africa | 14830 | 12331 |
| 香港同胞 | Compatriots from Hong Kong | 302521 | 335859 |
| 澳门同胞 | Compatriots from Macao | 24766 | 48505 |
| 台湾同胞 | Compatriots from Taiwan | 609753 | 697314 |
| **来渝国际旅游者平均逗留天数（天）** | **Average Period Foreign Tourists Staying in Chongqing (day)** | **2.5** | **2.5** |
| **旅行社组织国内居民出境旅游人数（万人天）** | **Number of Outbound Chinese Tourists Organized by Travel Agencies (10 000 person-days)** | **1000.67** | **1087.06** |
| **国际旅游外汇收入（万美元）** | **Foreign Exchange Earnings from International Tourism (USD 10 000)** | **146857** | **168682** |
| **星级饭店数（个）** | **Number of Star-Rated Hotel (unit)** | **232** | **225** |
| **年末旅行社数（个）** | **Number of Travel Agencies at Year-end (unit)** | **587** | **558** |
| 出境旅行社 | International Travel Agencies | 73 | 84 |
| 一般旅行社 | Domestic Travel Agencies | 520 | 474 |
| **年末旅行社从业人员（人）** | **Number of Employees of Travel Agencies at Year-end (person)** | **8310** | **8196** |
| 出境旅行社 | International Travel Agencies | 5758 | 5826 |
| 一般旅行社 | Domestic Travel Agencies | 2552 | 2370 |

# 表16.22 星级饭店基本情况（2015－2016年）
## BASIC STATISTICS ON STAR-RATED HOTELS (2015-2016)

| 指　标 | Item | 2015 | 2016 |
|---|---|---|---|
| **星级饭店数（个）** | **Number of Star-rated Hotels (unit)** | **232** | **225** |
| 按星级分 | By Star Level | | |
| #五星级 | 5-star | 27 | 28 |
| 四星级 | 4-star | 55 | 54 |
| 三星级 | 3-star | 123 | 117 |
| 按注册类型分 | By Registration | | |
| 内　资 | Domestic Funded | 225 | 218 |
| 外商及港澳台投资 | Foreign-funded and Funded by Hong Kong, Macao and Taiwan | 7 | 7 |
| 按饭店客房规模分 | By Capacity | | |
| 300间以上 | With 300 Rooms and Above | 16 | 16 |
| 200-299间 | With 200-299 Rooms | 21 | 20 |
| 100-199间 | With 100-199 Rooms | 80 | 74 |
| 99间以下 | With Less Than 100 Rooms | 115 | 115 |
| **星级饭店客房数（间）** | **Number of Rooms in Star-rated Hotels (unit)** | **29373** | **28953** |
| #五星级 | 5-star | 7835 | 8152 |
| 四星级 | 4-star | 8963 | 8796 |
| 三星级 | 3-star | 11017 | 10417 |
| **星级饭店床位数（张）** | **Number of Beds in Star-rated Hotels (unit)** | **48708** | **47846** |
| #五星级 | 5-star | 11620 | 12202 |
| 四星级 | 4-star | 14682 | 14329 |
| 三星级 | 3-star | 19548 | 18426 |

重/庆/统/计/年/鉴

# 主要统计指标解释

## 进出口总额

指实际进出我国国境的货物总金额。包括对外贸易实际进出口货物，来料加工装配进出口货物，国家间、联合国及国际组织无偿援助物资和赠送品，华侨、港澳台同胞和外籍华人捐赠品，租赁期满归承租人所有的租赁货物，进料加工进出口货物，边境地方贸易及边境地区小额贸易进出口货物(边民互市贸易除外)，中外合资企业、中外合作经营企业、外商独资经营企业进出口货物和公用物品，到、离岸价格在规定限额以上的进出口货样和广告品(无商业价值、无使用价值和免费提供出口的除外)，从保税仓库提取在中国境内销售的进口货物，以及其他进出口货物。该指标可以观察一个国家在对外贸易方面的总规模。我国规定出口货物按离岸价格统计，进口货物按到岸价格统计。

## 商品经营单位所在地进、出口额

指在所在地海关注册登记的有进出口经营权的企业实际进、出口额。

## 进出口统计国别（地区）

进口货物统计原产国（地），出口货物统计最终目的国（地）。原产国指进口货物的生产、开采或加工制造的国家。对经过几个国家加工制造的进口货物，以最后一个对货物进行经济上可以视为实质性加工的国家作为该货物的原产国。原产国确实不详时，按“国别不详”统计。最终目的国指出口货物已知的消费、使用或进一步加工制造的国家。最终目的国不能确定时，按货物出口时尽可能预知的最后运往国统计。

## 外商直接投资

指外国投资者在我国境内通过设立外商投资企业、合伙企业、与中方投资者共同进行石油资源的合作勘探开发以及设立外国公司分支机构等方式进行投资。外国投资者可以用现金、实物、无形资产、股权等投资，还可以用从外商投资企业获得的利润进行再投资。

## 外商其他投资

指除对外借款和外商直接投资以外的各种利用外资的形式。包括企业在境内外股票市场公开发行的以外币计价的股票发行价总额，国际租赁进口设备的应付款，补偿贸易中外商提供的进口设备、技术、物料的价款，加工装配贸易中外商提供的进口设备、物料的价款。

## 入境游客

指来中国（大陆）观光、度假、探亲访友、就医疗养、购物、参加会议或从事经济、文化、体育、宗教活动的外国人、港澳台同胞等游客（即入境旅游人数）。统计时，入境游客按每入境一次统计。

## 旅游外汇收入

指入境旅游者在中国（大陆）境内旅行、游览过程中用于交通、参观展览、住宿、餐饮、购物、娱乐等全部花费。

## 对外承包工程

指各对外承包公司以招标议标承包方式承揽的下列业务：(1)承包国外工程建设项目；(2)承包我国对外经援项目；(3)承包我国驻外机构的工程建设项目；(4)承包我国境内利用外资进行建设的工程项目；(5)与外国承包公司合营或联合承包工程项目时我国公司分包部分；(6)对外承包兼营的房屋开发业务。对外承包工程的营业额是以货币表现的本期内完成的对外承包工程的工作量，包括以前年度签订的合同和本年度新签订的合同在报告期内完成的工作量。

## 对外劳务合作

指以收取工资的形式向业主或承包商提供技术和劳动服务的活动。我国对外承包公司在境外开办的合营企业，中国公司同时又提供劳务的，其劳务部分也纳入劳务合作统计。劳务合作营业额按报告期内向雇主提交的结算数(包括工资、加班费和奖金等)统计。

## 主要统计指标解释

### ■ 内资

指重庆市以外中华人民共和国境内（不包括港、澳、台地区）的企、事业单位、社会团体及其他投资者，在重庆市行政辖区内以从事经济社会活动为主要目的，遵循市场机制法则，本着互利互惠的原则进行的独资、合资、参股合作等而流入的资金。它不包括中央和各级政府无偿捐赠、证券市场融资和金融机构业务往来资金等。

# Explanatory Notes on Main Statistical Indicators

## Total Imports and Exports at Customs

Refer to the real value of commodities imported and exported across the border of China. They include the actual imports and exports through foreign trade, imported and exported goods under the processing and assembling trades and materials, supplies and gifts as aid given gratis between governments and by the United Nations and other international organizations, and contributions donated by overseas Chinese, compatriots in Hong Kong and Macao and Chinese with foreign citizenship, leasing commodities owned by tenant at the expiration of leasing period, the imported and exported commodities processed with imported materials, commodities trading in border areas (excluding mutual exchange goods), the imported and exported commodities and articles for public use of the Sino-foreign joint ventures, cooperative enterprises and ventures with sole foreign investment. Also included is import or export of samples and advertising goods for which CIF or FOB value are beyond the permitted ceiling (excluding goods of no trading or use value and free commodities for export), imported goods sold in China from bonded warehouses and other imported or exported goods. The indicator of the total imports and exports at customs can be used to observe the total size of external trade in a country. In accordance with the stipulation of the Chinese government, imports are calculated at CIF, while exports are calculated at FOB.

## Import Export Value by Location of Commodity Management Units

Refers to actual value of imports and exports carried out by corporations which have been registered by the local Customs house and are vested with right to run import export business.

## Imports and Exports by Countries (Regions)

Refers to the origin countries (regions) of imports and the destination countries (regions) of export. The origin countries refer to the countries where the imported products were produced, exploited, processed or manufactured. As for the imported products processed and manufactured by more than one country, the country where those products were actually processed from the economic point of view for the last time should be regarded as the origin country. Where the origin is unclear, it should be calculated as "Origin Unknown". The destination countries refer to the countries where the exported products will be consumed, used or further processed and manufactured. Where the final destination is unclear, it should be calculated as the last known destination.

## Foreign Direct Investment

Refers to foreign investment in China through the establishment of foreign invested enterprises, cooperative exploration and development of petroleum resources with domestic investors and the establishment of branch organizations of foreign enterprises. Foreign investment can be made in forms of cash, physical investment, technical know-how and reinvestment of the foreign enterprises with the profits gained from the investment.

## Other Foreign Investment

Refers to all forms of utilization of foreign capitals other than foreign borrowings and foreign direct investment. It includes the total value of stock shares in foreign currencies issued by enterprises at domestic or foreign stock exchanges, rent payable for the imported equipment through international leasing arrangement, cost of imported equipment, technology and materials provided by foreign counterparts in compensation trade and processing and assembly trade.

## Visitor arrivals

Refer to the number of foreigners, Chinese compatriots from Hong Kong, Macao and Taiwan Chinese (mainland) who come to China (mainland) for sight-seeing, vacation, visiting relatives, medical treatment, shopping, attending conference, or to engage in economic, cultural, sports and religious activities. In compiling statistics, each time of entering China is counted as one person-time.

## Foreign Exchange Earnings from Tourism

Refer to the total expenditures cost in the process of foreigners' tourism in the mainland of China, including traffic, visit, accommodation, table, shopping and amusement expenditures.

EXPLANATORY NOTES TO MAJOR STATISTICAL INDICATORS

## Overseas Contracted Project

Refers to projects undertaken by Chinese contractors (project contracting companies) through bidding process. They include: (I) overseas civil engineering construction projects financed by foreign investors; (II) overseas projects financed by the Chinese government through its foreign aid programs; (III) construction projects of Chinese diplomatic missions, trade offices and other institutions stationed abroad; (IV) construction projects in China financed by foreign investment; (V) sub-contracted projects to be taken by Chinese contractors through a joint umbrella project with foreign contractor(s); (VI) housing development projects. The business income from international contracted projects is the work volume of contracted projects completed during the reference period, expressed in monetary terms, including completed work on projects signed in previous years.

## Overseas Labour Services

Refer to the activities of providing technology and labour services to employers or contractors in the forms of receiving salaries and wages. Labour services providing by contractual joint ventures of Chinese international contracting corporations should be included in the statistics of service co-operation with foreign countries. The business income of labour service cooperation is the income in the form of wages and salaries, overtime pay, bonuses and other remuneration received from the employers during the reference period.

## Domestic Capital

Refers to capital inpoured by the way of sole investment, joint venture and cooperative operation from the corporations, social unions and other investors within China boundaries but outside Chongqing municipality (excluding Hong Kong, Macao, Taiwan) who consider engaging economic and social activities as their main destination in Chongqing, and follow the market system on behalf of equality. It excludes free donations from the central and local governments, financing from the stock market, and business funds from the banking institutions.

# 第17章

## 金融业

FINANCIAL STATISTICS

# 简要说明

BRIEF INTRODUCTION

本章资料包括全市金融机构信贷收支、证券和保险业情况，由市统计局综合处根据有关部门资料整理编辑。资料分别来源于中国人民银行重庆营业部、重庆市发展和改革委员会、重庆证监局、重庆保监局和重庆保险行业协会。

The data in this chapter include the statistics on credit funds balance of financial institutions, securities and insurance, which are sorted and compiled by Division of Comprehensive Statistics, Chongqing Municipal Bureau of Statistics. The data are provided by Chongqing Business Department of the People's Bank of China, Chongqing Development and Reform Commission, China Securities Regulatory Commission Chongqing Bureau, China Insurance Regulatory Commission Chongqing Bureau and Insurance Association of Chongqing.

## 表17.1 主要金融机构数（2015－2016年）
## NUMBER OF MAIN FINANCIAL INSTITUTIONS (2015-2016)

单位：个 (unit)

| 指　标 | Item | 2015 | 2016 |
|---|---|---|---|
| **银行机构** | **Banks** | | |
| 法人/市级分行 | Corporate Entity / Branch at Municipal Level | 104 | 106 |
| #法　人 | Corporate Entity | 48 | 53 |
| #村镇银行 | Village and Township Bank | 32 | 36 |
| #市级分行 | Branches at Municipal Level | 56 | 53 |
| 中　资 | Domestic Funded | 40 | 38 |
| 外　资 | Foreign Funded | 16 | 15 |
| 支　行 | Sub-branches | 2574 | 2130 |
| 分理处 | Banking Offices | 1894 | 1853 |
| 储蓄所 | Saving Offices | 20 | 1 |
| **保险机构** | **Insurance Institutions** | | |
| 保险公司法人机构 | Corporate Entity of Insurance Companies | 3 | 4 |
| 内资保险公司 | Dometic-funded Insurance Companies | | |
| 省（市）级分公司 | Branches at Provincial (Municipal) Level | 37 | 40 |
| 中心支公司 | Central Sub-branches | 83 | 84 |
| 支公司 | Sub-branches | 500 | 536 |
| 营销服务部 | Marketing & Service Departments | 612 | 566 |
| 中外合资、外资保险公司 | Insurance Joint-venturse with Foreign Investment and Wholly Foreign-owned Insurance Companies | 8 | 10 |
| 外资保险公司代表处 | Agencies of Foreign-funded Insurance Companies | 1 | 1 |
| 专业保险中介机构 | Professional Insurance Intermediary Institutions | | |
| 保险代理公司 | Insurance Agent Companies | 34 | 48 |
| 保险公估公司 | Insurance Assessment Companies | 9 | 12 |
| 保险经纪公司 | Insurance Broker Companies | 18 | 24 |
| **证券机构** | **Security Institutions** | | |
| 证券公司 | Security Companies | 1 | 1 |
| 证券分公司 | Branch Companies | 17 | 23 |
| 营业部 | Business Departments | 171 | 186 |

注：1）中外合资、外资金融机构数只统计到省（市）级。
2）保险机构数不含中国出口信用保险公司重庆营业管理部。
3）银行机构数含信托公司、财务公司、金融租赁公司和汽车金融公司等银行业金融机构。

Note: a) Joint-venture financial institutions with foreign investment and wholly foreign-owned financial institutions are accounted up to provincial (municipal) level only.
b) Chongqing Business Department of China Export & Credit Insurance Corporation is not incuded in the number of insurance institutions.
c) The number of banks includes the financial institutions like trust companies, financial companies, financial leasing companies and automobile financial companies, etc.

# 表17.2 地方金融市场运行情况（2015－2016年）
## OPERATION OF LOCAL FINANCIAL MARKET (2015-2016)

| 指　标 | Item | 2015 | 2016 |
|---|---|---|---|
| **融资担保行业** | **Financing Guarantee** | | |
| 家　数（家） | Number (unit) | 161 | 152 |
| 注册资本（亿元） | Registered Capital (100 million yuan) | 359.3 | 377.5 |
| 在保余额（亿元） | Guaranteed Balance (100 million yuan) | 2045.8 | 2696.6 |
| **小额贷款公司行业** | **Small Loan Companies** | | |
| 家　数（家） | Number (unit) | 265 | 272 |
| 注册资本（亿元） | Registered Capital (100 million yuan) | 621.8 | 649.7 |
| 贷款余额（亿元） | Balance of Loans (100 million yuan) | 887.9 | 1048.9 |
| **上市与挂牌** | **Listed Companies** | | |
| 境内外上市公司家数（家） | Number of Companies Listed Overseas (unit) | 62 | 62 |
| 境内外上市公司市值（亿元） | Market Value of Companies Listed Overseas (100 million yuan) | 8439.0 | 8380.6 |
| 新三板挂牌家数（家） | Number of Companies Listed in NEEQ Market (unit) | 59 | 114 |
| 重庆股份转让中心挂牌家数（家） | Number of Companies Listed in Chongqing Share Transfer Center (unit) | 274 | 414 |
| **股权投资类企业** | **Equity Investment Companies** | | |
| 备案家数（家） | Numberof Companies Registered (unit) | 492 | 585 |
| 注册及认缴资本（亿元） | Registered and Subscribed Capital (100 million yuan) | 1320.8 | 2145.3 |
| **金融要素市场** | **Financial Factor Market** | | |
| 家　数（家） | Number of Companies (unit) | 14 | 14 |
| 交易量（亿元） | Turnover (100 million yuan) | 9919.0 | 15857.5 |

注：1）境外是指在其他国家和地区上市的企业。
2）股权投资类企业为按照地方口径，在市金融办备案的企业。
3）金融要素市场的交易量为当年累计交易量。

Note: a) Overseas refers to the companies listed in the stock market of other countries or regions.
b) Equity investment companies refer to those registered with Chongqing Financial Affairs Office according to the local statistic scope.
c) The turnover of financial factor market refers to the accumulative turnover of the year.

# 表17.3 金融机构（含外资）存贷款年末余额（1980－2016年）
## YEAR-END DEPOSIT AND LOAN BALANCE OF FINANCIAL INSTITUTIONS (INCLUDING FOREIGN-FUNDED INSTITUTIONS) (1980-2016)

单位：亿元 (100 million yuan)

| 年份 Year | 本外币存款余额 Total Deposit Balance of RMB and Foreign Currencies | 人民币存款余额 Total Deposit Balance of RMB | 其中 of which #企业存款 Enterprise Deposits | #储蓄存款 Urban and Rural Saving Deposits | 本外币贷款余额 Total Loan Balance of RMB and Foreign Currencies | 人民币贷款余额 Total Loan Balance of RMB | 其中 of which 短期贷款 Short-term Loans | 中长期贷款 Medium & Long-term Loans |
|---|---|---|---|---|---|---|---|---|
| 1980 | | 29.15 | 11.32 | 6.22 | | 42.19 | 40.96 | 1.23 |
| 1981 | | 33.98 | 11.86 | 8.35 | | 50.29 | 47.69 | 2.21 |
| 1982 | | 38.66 | 12.44 | 10.56 | | 55.30 | 51.50 | 3.05 |
| 1983 | | 45.22 | 15.29 | 13.34 | | 63.25 | 58.14 | 4.32 |
| 1984 | | 70.86 | 25.40 | 18.39 | | 84.53 | 70.42 | 11.76 |
| 1985 | | 62.38 | 22.87 | 25.41 | | 101.56 | 84.85 | 14.89 |
| 1986 | | 84.57 | 27.94 | 34.79 | | 131.70 | 110.61 | 18.86 |
| 1987 | | 110.37 | 31.84 | 44.46 | | 163.63 | 125.85 | 22.99 |
| 1988 | | 123.47 | 38.22 | 50.50 | | 183.32 | 141.01 | 25.90 |
| 1989 | | 146.71 | 39.27 | 68.17 | | 214.41 | 167.66 | 29.65 |
| 1990 | | 198.00 | 48.51 | 92.17 | | 268.40 | 205.63 | 38.30 |
| 1991 | | 253.57 | 63.76 | 121.95 | | 336.85 | 249.51 | 58.82 |
| 1992 | | 315.70 | 83.75 | 154.45 | | 408.64 | 294.63 | 78.75 |
| 1993 | | 386.86 | 89.57 | 198.05 | | 495.71 | 357.59 | 98.88 |
| 1994 | | 518.27 | 143.26 | 285.40 | | 596.96 | 409.16 | 136.46 |
| 1995 | | 676.70 | 193.38 | 401.45 | | 755.39 | 501.66 | 185.89 |
| 1996 | 885.91 | 846.43 | 266.42 | 500.71 | 968.71 | 913.93 | 601.10 | 219.05 |
| 1997 | 1147.92 | 1098.67 | 429.42 | 580.67 | 1224.01 | 1156.13 | 873.14 | 248.06 |
| 1998 | 1359.52 | 1306.04 | 483.80 | 724.54 | 1443.65 | 1358.61 | 978.51 | 299.59 |
| 1999 | 1638.21 | 1580.80 | 544.00 | 909.10 | 1693.64 | 1611.68 | 1093.09 | 398.22 |
| 2000 | 1982.21 | 1904.71 | 645.54 | 1085.36 | 1966.40 | 1881.29 | 1246.81 | 470.70 |
| 2001 | 2377.99 | 2294.05 | 750.81 | 1317.17 | 1969.97 | 1871.98 | 1043.84 | 631.26 |
| 2002 | 2903.42 | 2821.04 | 909.43 | 1595.01 | 2338.17 | 2244.72 | 1191.70 | 754.57 |
| 2003 | 3512.82 | 3438.61 | 1098.15 | 1896.56 | 2976.67 | 2774.81 | 1378.85 | 1010.69 |
| 2004 | 4105.09 | 4039.61 | 1230.85 | 2189.73 | 3309.13 | 3246.28 | 1362.75 | 1346.91 |
| 2005 | 4784.76 | 4727.72 | 1337.05 | 2545.85 | 3779.28 | 3719.52 | 1471.86 | 1810.83 |
| 2006 | 5587.50 | 5519.75 | 1551.98 | 2949.05 | 4443.84 | 4388.28 | 1510.73 | 2392.26 |
| 2007 | 6662.36 | 6576.68 | 1997.71 | 3228.15 | 5197.08 | 5131.69 | 1597.12 | 3220.70 |
| 2008 | 8102.00 | 8021.95 | 2377.48 | 3988.96 | 6384.03 | 6320.81 | 1617.52 | 4093.50 |
| 2009 | 11084.82 | 10933.00 | 3770.43 | 4908.68 | 8856.56 | 8766.06 | 1499.85 | 6563.63 |
| 2010 | 13613.97 | 13454.98 | 4666.88 | 5839.66 | 10999.87 | 10888.15 | 1686.11 | 8705.32 |
| 2011 | 16128.87 | 15832.81 | 8254.56 | 6990.25 | 13195.16 | 13001.39 | 2529.81 | 9968.14 |
| 2012 | 19423.90 | 18934.83 | 9851.06 | 8361.64 | 15594.18 | 15131.22 | 3626.89 | 10919.76 |
| 2013 | 22789.17 | 22202.10 | 11697.54 | 9622.31 | 18005.69 | 17381.55 | 4613.86 | 12105.13 |
| 2014 | 25160.11 | 24501.54 | 12788.24 | 10774.12 | 20630.69 | 20011.50 | 5404.51 | 13615.01 |

注：2011年起“企业存款”更名为“单位存款”。
Note: The index of "enterprise deposit" is replaced by "corporate deposit" since 2011.

| 年份 Year | 本外币存款余额 Total Deposit Balance of RMB and Foreign Currencies | 人民币存款余额 Total Deposit Balance of RMB | 其中 of which #住户存款 Deposits of Households | 政府存款 Deposits of Governments | 本外币贷款余额 Total Loan Balance of RMB and Foreign Currencies | 人民币贷款余额 Total Loan Balance of RMB | 其中 of which 短期贷款 Short-term Loans | 中长期贷款 Medium & Long-term Loans |
|---|---|---|---|---|---|---|---|---|
| 2015 | 28778.80 | 28094.37 | 12207.28 | 4235.04 | 22955.21 | 22393.93 | 5539.43 | 15394.18 |
| 2016 | 32160.09 | 31216.45 | 13399.44 | 4743.21 | 25524.17 | 24785.19 | 5383.08 | 17657.00 |

# 表17.4 金融机构（含外资）本外币信贷收支表（2015–2016年）

## SOURCES AND USES OF RMB AND FOREIGN CURRENCIES CREDIT FUNDS OF FINANCIAL INSTITUTIONS (INCLUDING FOREIGN-FUNDED INSTITUTIONS) (2015-2016)

单位：亿元 (100 million yuan)

| 项 目 | Item | 2015 | 2016 |
|---|---|---|---|
| 各项存款余额 | Total Deposit Balance | 28778.80 | 32160.09 |
| 境内存款 | Domestic Deposit | 28749.52 | 32132.53 |
| 住户存款 | Deposits of Households | 12255.22 | 13480.84 |
| 活期存款 | Demand Deposits | 4269.61 | 4812.72 |
| 定期及其他存款 | Time & Other Deposits | 7985.62 | 8668.13 |
| 非金融企业存款 | Deposits of Non-financial Enterprises | 10629.05 | 12063.73 |
| 活期存款 | Demand Deposits | 3794.29 | 4618.12 |
| 定期及其他存款 | Time & Other Deposits | 6834.76 | 7445.61 |
| 政府存款 | Deposits of Governments | 4236.42 | 4744.78 |
| 财政性存款 | Fiscal Deposits | 311.10 | 338.63 |
| 机关团体存款 | Deposits of Government Departments & Organizations | 3925.32 | 4406.15 |
| 非银行业金融机构存款 | Deposits of Non-banking Financial Institutions | 1628.83 | 1843.17 |
| 境外存款 | Overseas Deposits | 29.29 | 27.57 |
| 各项贷款余额 | Total Loan Balance | 22955.21 | 25524.17 |
| 境内贷款 | Domestic Loans | 22938.73 | 25506.93 |
| 住户贷款 | Loans to Households | 7296.33 | 8106.71 |
| 短期贷款 | Short-term Loans | 1411.50 | 1213.89 |
| 消费贷款 | Consumption Loans | 449.54 | 402.08 |
| 经营贷款 | Operating Loans | 961.97 | 811.81 |
| 中长期贷款 | Med & Long-term Loans | 5884.82 | 6892.82 |
| 消费贷款 | Consumption Loans | 5378.80 | 6319.99 |
| 经营贷款 | Operating Loans | 506.03 | 572.83 |
| 非金融企业及机关团体 | Loans to Non-financial Enterprises and Government Departments & Organizations | 15642.40 | 17400.22 |
| 短期贷款 | Short-term Loan | 4549.07 | 4767.57 |
| 中长期贷款 | Mid & Long-term Loans | 9638.74 | 10894.89 |
| 票据融资 | Paper Financing | 852.82 | 1108.73 |
| 融资租赁 | Financial Leases | 573.71 | 604.61 |
| 各项垫款 | Total Advances | 28.07 | 24.42 |
| 非银行业金融机构贷款 | Loans of Non-banking Financial Institutions | | |
| 境外贷款 | Overseas Loans | 16.48 | 17.24 |

注：外币折本币所用汇率为当年最后一个交易日的中间汇率。

Note: The exchange rates between foreign currencies and RMB are the middle rates on the last trading day in current year.

# 表17.5 金融机构（含外资）人民币信贷收支表（2015-2016年）
## SOURCES AND USES OF RMB CREDIT FUNDS OF FINANCIAL INSTITUTIONS (INCLUDING FOREIGN-FUNDED INSTITUTIONS) (2015-2016)

单位：亿元 (100 million yuan)

| 项 目 | Item | 2015 | 2016 |
|---|---|---|---|
| 各项存款余额 | Total Deposit Balance | 28094.37 | 31216.45 |
| 境内存款 | Domestic Deposit | 28068.74 | 31195.12 |
| 住户存款 | Deposits of Households | 12207.28 | 13399.44 |
| 活期存款 | Demand Deposits | 4239.15 | 4760.37 |
| 定期及其他存款 | Time & Other Deposits | 7968.14 | 8639.07 |
| 非金融企业存款 | Deposits of Non-financial Enterprises | 9999.23 | 11214.57 |
| 活期存款 | Demand Deposits | 3691.01 | 4484.02 |
| 定期及其他存款 | Time & Other Deposits | 6308.22 | 6730.55 |
| 广义政府存款 | Deposits of Governments | 4235.04 | 4743.21 |
| 财政性存款 | Fiscal Deposits | 311.10 | 338.63 |
| 机关团体存款 | Deposits of Government Departments & Organizations | 3923.94 | 4404.58 |
| 非银行业金融机构存款 | Deposits of Non-banking Financial Institutions | 1627.19 | 1837.90 |
| 境外存款 | Overseas Deposits | 25.63 | 21.34 |
| 各项贷款余额 | Total Loan Balance | 22393.93 | 24785.19 |
| 境内贷款 | Domestic Loans | 22388.20 | 24777.84 |
| 住户贷款 | Loans to Households | 7295.94 | 8106.28 |
| 短期贷款 | Short-term Loans | 1411.18 | 1213.53 |
| 消费贷款 | Consumption Loans | 449.21 | 401.72 |
| 经营贷款 | Operating Loans | 961.97 | 811.81 |
| 中长期贷款 | Med & Long-term Loans | 5884.76 | 6892.75 |
| 消费贷款 | Consumption Loans | 5378.73 | 6319.92 |
| 经营贷款 | Operating Loans | 506.03 | 572.83 |
| 非金融企业及机关团体 | Loans to Non-financial Enterprises and Government Departments & Organizations | 15092.26 | 16671.56 |
| 短期贷款 | Short-term Loan | 4128.25 | 4169.55 |
| 中长期贷款 | Mid & Long-term Loans | 9509.42 | 10764.25 |
| 票据融资 | Paper Financing | 852.82 | 1108.73 |
| 融资租赁 | Financial Leases | 573.71 | 604.61 |
| 各项垫款 | Total Advances | 28.07 | 24.42 |
| 非银行业金融机构贷款 | Loans of Non-banking Financial Institutions | | |
| 境外贷款 | Overseas Loans | 5.73 | 7.35 |

# 表17.6 按行业分金融机构（含外资）本外币贷款结构（2015–2016年）

## LOAN COMPOSITION OF RMB AND FOREIGN CURRENCIES OF FINANCIAL INSTITUTIONS (INCLUDING FOREIGN-FUNDED INSTITUTIONS) (BY SECTOR) (2015-2016)

单位：亿元 (100 million yuan)

| 项　目 | Item | 2015 | 2016 |
|---|---|---|---|
| **贷款总计** | **Total Loans** | **22835** | **25214** |
| **按行业分** | **By Sector** | | |
| #农、林、牧、渔业 | Farming, Forestry, Animal Husbandry and Fishery | 206 | 176 |
| 采矿业 | Mining and Quarrying | 232 | 196 |
| 制造业 | Manufacturing | 2580 | 2829 |
| 电力、燃气及水的生产和供应业 | Production and Supply of Electricpower,Gas & Water | 682 | 779 |
| 建筑业 | Construction | 1226 | 1277 |
| 批发和零售业 | Wholesale and Retail Trades | 1400 | 1461 |
| 交通运输、仓储和邮政业 | Transport, Storage and Post | 2382 | 2479 |
| 住宿和餐饮业 | Hotels and Catering Services | 145 | 139 |
| 信息传输、软件和信息技术服务业 | Information Transmission, Software and IT Services | 45 | 51 |
| 金融业 | Financial Intermediation | 804 | 905 |
| 房地产业 | Real Estate | 1880 | 1893 |
| 租赁和商务服务业 | Leasing and Business Services | 1473 | 1858 |
| 科学研究和技术服务业 | Scientific Research and Technology Services | 36 | 42 |
| 水利、环境和公共设施管理业 | Administration of Water Conservancy, Environment and Public Utilities | 1822 | 2371 |
| 居民服务、修理和其他服务业 | Household Services and Repairs and Other Services | 34 | 44 |
| 教　育 | Education | 124 | 117 |
| 卫生和社会工作 | Health and Social Work | 135 | 141 |
| 文化、体育和娱乐业 | Culture, Sports and Entertainment | 55 | 78 |
| 公共管理、社会保障和社会组织 | Public Administration, Social Security and Social Organization | 260 | 253 |
| 对境外贷款 | Loans Abroad | 16 | 17 |
| 个人贷款 | Individual Loans | 7296 | 8107 |

# 表17.7 金融机构（含外资）房地产贷款投向表（2015－2016年）
## LOANS TO REAL ESTATE FROM FINANCIAL INSTITUTIONS (INCLUDING FOREIGN-FUNDED INSTITUTIONS) (2015-2016)

单位：亿元 (100 million yuan)

| 项　目 | Item | 2015 | 2016 |
| --- | --- | --- | --- |
| 合　计 | Total Loans | 7496.77 | 8500.17 |
| 房地产开发贷款 | Loans to Real Estate Development | 2272.41 | 2372.70 |
| 地产开发贷款 | Loans to Land Development | 740.05 | 1015.10 |
| #政府土地储备机构贷款 | Loans to Government Land Reserve Institutions | 682.24 | 598.35 |
| 房产开发贷款 | Loans to Housing Development | 1532.36 | 1357.60 |
| 住房开发贷款 | Loans to Residential Housing Development | 1253.09 | 959.17 |
| #保障性住房开发贷款 | Loans to Low-income Housing Development | 420.13 | 317.89 |
| 商业用房开发贷款 | Loans to Housing for Commercial Use | 239.86 | 341.06 |
| 其他房产开发贷款 | Loans to Other Housing Development | 39.41 | 57.37 |
| 购房贷款 | Housing Purchase Loan | 5223.52 | 6084.31 |
| 企业购房贷款 | Enterprise Housing Purchase Loan | 60.78 | 53.73 |
| 商业用房贷款 | Loan for Housing for Commercial Use | 58.75 | 53.70 |
| 住房贷款 | Loan for Housing for Residential Use | 2.03 | 0.03 |
| 个人购房贷款 | Individual Housing Loan | 5162.24 | 6029.81 |
| 个人商业用房贷款 | Loan for Housing for Commercial Use | 246.94 | 272.59 |
| 个人住房贷款 | Loan for Housing for Residential Use | 4915.30 | 5757.22 |
| 新建房贷款 | Loan for Newly Built Housing | 3866.18 | 4412.12 |
| #抵押贷款 | Mortgage Loan | 3606.10 | 4377.42 |
| 再交易房贷款 | Loan for Second-hand Housing | 1049.13 | 1345.10 |
| 个人购买保障性住房贷款 | Individual Loan for Purchasing Low-income Housing | 8.47 | 10.66 |

## 表17.8 金融机构（含外资）—境内大中小型企业人民币贷款情况统计表（2015－2016年）

## STATISTICS ON THE RMB LOANS TO THE DOMESTIC LARGE, MEDIUM AND SMALL ENTERPRISES FROM FINANCIAL INSTITUTIONS (INCLUDING FOREIGN-FUNDED INSTITUTIONS) (2015-2016)

单位：亿元 (100 million yuan)

| 项 目 | Item | 大型企业贷款 | | 中型企业贷款 | | 小型企业贷款 | |
|---|---|---|---|---|---|---|---|
| | | 2015 | 2016 | 2015 | 2016 | 2015 | 2016 |
| **境内企业贷款合计** | **Total Loans to Domestic Enterprises** | **4829.15** | **5552.15** | **4762.59** | **5446.80** | **3208.14** | **3876.29** |
| #农、林、牧、渔业 | Farming, Forestry, Animal Husbandry and Fishery | 42.54 | 44.55 | 52.56 | 53.03 | 91.14 | 66.40 |
| 采矿业 | Mining and Quarrying | 159.10 | 125.76 | 42.53 | 45.39 | 29.50 | 25.15 |
| 制造业 | Manufacturing | 982.67 | 1594.16 | 533.08 | 546.48 | 623.35 | 642.80 |
| 电力、燃气及水的生产和供应业 | Production and Supply of Electricpower,Gas & Water | 194.62 | 230.19 | 241.64 | 211.67 | 225.27 | 307.69 |
| 建筑业 | Construction | 432.22 | 441.94 | 490.25 | 552.25 | 234.52 | 242.03 |
| 批发和零售业 | Wholesale and Retail Trades | 246.63 | 222.17 | 434.77 | 580.41 | 575.69 | 584.56 |
| 交通运输、仓储和邮政业 | Transport, Storage and Post | 1217.58 | 1299.36 | 543.90 | 486.88 | 453.86 | 535.35 |
| #政府投融资平台 | Government Investment and Financing Platform | 868.06 | 868.61 | 178.21 | 112.89 | 63.76 | 4.76 |
| 住宿和餐饮业 | Hotels and Catering Services | 20.15 | 19.87 | 80.62 | 76.41 | 42.38 | 39.71 |
| 信息传输、计算机服务和软件业 | Data Transmission, Computer Services and Software | 9.86 | 9.11 | 15.09 | 22.21 | 17.58 | 15.64 |
| 金融业 | Financial Intermediation | 26.83 | 13.36 | 21.34 | 40.63 | 19.14 | 5.03 |
| 房地产业 | Real Estate | 439.52 | 417.22 | 906.41 | 977.74 | 133.42 | 159.07 |
| #政府投融资平台 | Government Investment and Financing Platform | 262.00 | 188.64 | 40.43 | 86.84 | 63.69 | 78.13 |
| 租赁和商务服务业 | Leasing and Business Services | 349.36 | 482.31 | 679.84 | 747.59 | 381.47 | 571.06 |
| #政府投融资平台 | Government Investment and Financing Platform | 185.26 | 249.76 | 276.89 | 334.61 | 101.80 | 140.29 |
| 科学研究和技术服务业 | Scientific Research and Technology Service | 7.75 | 17.27 | 8.40 | 4.99 | 9.36 | 9.81 |
| 水利、环境和公共设施管理业 | Administration of Water Conservancy, Environment and Public Utilities | 635.23 | 563.55 | 670.09 | 1048.06 | 341.63 | 635.24 |
| #政府投融资平台 | Government Investment and Financing Platform | 557.42 | 465.89 | 523.60 | 685.72 | 164.15 | 255.83 |
| 居民服务、修理和其他服务业 | Household Services and Other Services | 13.83 | 13.89 | 4.25 | 6.78 | 12.46 | 21.09 |
| 教 育 | Education | 15.04 | 11.36 | 13.76 | 17.18 | 1.86 | 5.58 |
| 卫生和社会工作 | Health and Social Work | 3.97 | 3.47 | 5.09 | 6.75 | 9.16 | 7.01 |
| 文化、体育和娱乐业 | Culture, Sports and Entertainment | 26.16 | 42.63 | 17.87 | 22.36 | 4.28 | 3.08 |
| 公共管理、社会保障和社会组织 | Public Administration, Social Security and Social Organization | 6.11 | | 1.10 | | 2.06 | |
| **境内企业贷款合计** | **Total Loans to Domestic Enterprises** | **4829.15** | **5552.15** | **4762.59** | **5446.80** | **3208.14** | **3876.29** |
| 正常类贷款 | Pass Loan | 4624.89 | 5332.76 | 4383.70 | 5011.46 | 2980.78 | 3636.33 |
| 关注类贷款 | Special Mention Loan | 196.69 | 208.32 | 322.12 | 351.30 | 178.87 | 171.06 |
| 次级类贷款 | Substandard Loan | 4.85 | 4.18 | 22.89 | 48.09 | 25.45 | 36.62 |
| 可疑类贷款 | Doubtful Loan | 2.54 | 6.24 | 30.09 | 33.00 | 20.74 | 25.23 |
| 损失类贷款 | Loss Loan | 0.18 | 0.65 | 3.79 | 2.94 | 2.30 | 7.06 |
| **境内企业贷款合计** | **Total Loans to Domestic Enterprises** | **4829.15** | **5552.15** | **4762.59** | **5446.80** | **3208.14** | **3876.29** |
| 信用贷款 | Fiduciary Loan | 1101.48 | 1298.32 | 530.98 | 717.59 | 348.57 | 568.99 |
| 保证贷款 | Guaranteed Loan | 1224.41 | 1409.22 | 900.17 | 1286.55 | 915.67 | 1408.94 |
| 抵（质）押贷款 | Mortgage Loan | 2503.26 | 2844.62 | 3331.44 | 3442.65 | 1943.90 | 1898.36 |
| **境内企业贷款合计** | **Total Loans to Domestic Enterprises** | **4829.15** | **5552.15** | **4762.59** | **5446.80** | **3208.14** | **3876.29** |
| 国有控股企业 | State-holding Enterprise | 3786.98 | 3972.07 | 2412.93 | 3059.97 | 1445.14 | 2103.89 |
| 集体控股企业 | Collective-holding Enterprise | 104.07 | 111.11 | 278.02 | 268.85 | 114.82 | 115.12 |
| 私人控股企业 | Private-holding Enterprise | 772.66 | 870.29 | 1887.78 | 1878.74 | 1568.58 | 1522.24 |
| 港澳台商控股企业 | Hong Kong, Macao or Taiwan-holding Enterprise | 109.72 | 408.73 | 127.51 | 166.10 | 53.31 | 75.38 |
| 外商控股企业 | Foreign-holding Enterprise | 55.71 | 189.95 | 56.35 | 73.13 | 26.29 | 59.66 |

# 表17.9 上市公司情况（1993－2016年）
## STATISTICS ON LISTED COMPANIES (1993-2016)

单位：个 (unit)

| 年 份<br>Year | 全市总计<br>Total | 其 中 of which | | | | | |
|---|---|---|---|---|---|---|---|
| | | 上交所<br>Shanghai Stock Exchange | 深交所<br>Shenzhen Stock Exchange | 仅发A股公司<br>A Share Only | 发A、B股公司<br>A&B Shares | 仅发B股公司<br>B Share Only | 发A、H股公司<br>A&H Shares |
| 1993 | 3 | 1 | 2 | 3 | | | |
| 1994 | 5 | 2 | 3 | 5 | | | |
| 1995 | 7 | 3 | 4 | 6 | | 1 | |
| 1996 | 11 | 4 | 7 | 10 | | 1 | |
| 1997 | 19 | 8 | 11 | 17 | 1 | 1 | |
| 1998 | 19 | 8 | 11 | 17 | 1 | 1 | |
| 1999 | 22 | 9 | 13 | 20 | 1 | 1 | |
| 2000 | 25 | 11 | 14 | 23 | 1 | 1 | |
| 2001 | 26 | 12 | 14 | 24 | 1 | 1 | |
| 2002 | 27 | 13 | 14 | 25 | 1 | 1 | |
| 2003 | 27 | 13 | 14 | 25 | 1 | 1 | |
| 2004 | 29 | 14 | 15 | 27 | 1 | 1 | |
| 2005 | 29 | 14 | 15 | 27 | 1 | 1 | |
| 2006 | 29 | 14 | 15 | 27 | 1 | 1 | |
| 2007 | 30 | 15 | 15 | 27 | 1 | 1 | 1 |
| 2008 | 31 | 15 | 16 | 28 | 1 | 1 | 1 |
| 2009 | 31 | 15 | 16 | 28 | 1 | 1 | 1 |
| 2010 | 34 | 16 | 18 | 31 | 1 | 1 | 1 |
| 2011 | 36 | 20 | 16 | 33 | 1 | 1 | 1 |
| 2012 | 37 | 19 | 18 | 34 | 1 | 1 | 1 |
| 2013 | 37 | 19 | 18 | 34 | 1 | 1 | 1 |
| 2014 | 40 | 21 | 19 | 37 | 1 | 1 | 1 |
| 2015 | 43 | 21 | 22 | 40 | 1 | 1 | 1 |
| 2016 | 44 | 22 | 22 | 41 | 1 | 1 | 1 |

注：本表不包括仅发H股的公司。
Note: Companies with H share only are not included in this table.

# 表17.10 有价证券发行情况（1981－2016年）
## ISSUANCE OF SECURITIES (1981-2016)

单位：亿元 (100 million yuan)

| 年 份<br>Year | 企业债券发行额<br>Issued Value of Corporate Bonds | 股票发行量（万股）<br>Amount of Issued Shares（10 000shares） | 其 中 of which<br>A 股<br>A Shares | <br>B 股<br>B Shares | 股票筹资额<br>Raised Capital | 其 中 of which<br>A 股<br>A Shares | <br>B 股<br>B Shares | 股转系统<br>Share Transfer System |
|---|---|---|---|---|---|---|---|---|
| 1981 | | | | | | | | |
| 1982 | | | | | | | | |
| 1983 | | | | | | | | |
| 1984 | | | | | | | | |
| 1985 | | | | | | | | |
| 1986 | 1.50 | | | | | | | |
| 1987 | 0.59 | | | | | | | |
| 1988 | 1.85 | | | | | | | |
| 1989 | 0.39 | | | | | | | |
| 1990 | 1.95 | | | | | | | |
| 1991 | 3.90 | | | | | | | |
| 1992 | 5.45 | | | | | | | |
| 1993 | 4.18 | 7220 | 7220 | | 2.08 | 2.08 | | |
| 1994 | 1.17 | 3000 | 3000 | | 1.13 | 1.13 | | |
| 1995 | | 17200 | 5200 | 12000 | 5.30 | 0.52 | 4.78 | |
| 1996 | 3.60 | 50610 | 15610 | 35000 | 10.41 | 4.56 | 5.85 | |
| 1997 | 4.85 | 42039 | 42039 | | 26.76 | 26.76 | | |
| 1998 | 3.40 | 5000 | 5000 | | 3.75 | 3.75 | | |
| 1999 | 4.10 | 10000 | 10000 | | 7.21 | 7.21 | | |
| 2000 | | 29600 | 29600 | | 22.63 | 22.63 | | |
| 2001 | | 3108 | 3108 | | 4.73 | 4.73 | | |
| 2002 | 15.00 | 2000 | 2000 | | 3.16 | 3.16 | | |
| 2003 | | 3275 | 3275 | | 3.74 | 3.74 | | |
| 2004 | | 22285 | 22285 | | 15.65 | 15.65 | | |
| 2005 | 17.00 | | | | | | | |
| 2006 | 30.00 | 31133 | 31133 | | 14.63 | 14.63 | | |
| 2007 | 20.00 | 51929 | 51929 | | 26.37 | 26.37 | | |
| 2008 | 45.00 | 22062 | 22062 | | 12.73 | 12.73 | | |
| 2009 | 105.00 | 237708 | 237708 | | 17.56 | 17.56 | | |
| 2010 | 91.00 | 809055 | 809055 | | 149.00 | 149.00 | | |
| 2011 | 74.00 | 192243 | 192243 | | 158.02 | 158.02 | | |
| 2012 | 260.00 | 43744 | 43744 | | 30.00 | 30.00 | | |
| 2013 | 238.00 | 349506 | 385319 | -35813 | 131.23 | 131.23 | | |
| 2014 | 273.00 | 525675 | 525675 | | 180.88 | 180.83 | | 0.05 |
| 2015 | 115.00 | 967462 | 967462 | | 127.01 | 127.01 | | |
| 2016 | 278.50 | 833773 | 833773 | | 443.56 | 443.56 | | |

注：股票发行量和筹资额均不含H股。
Note: The amount of issued shares and raised capital don't include H share.

## 表17.11 保险业务基本情况（1996－2016年）
## BASIC STATISTICS ON INSURANCE BUSINESS (1996-2016)

单位：亿元 (100 million yuan)

| 年 份<br>Year | 保费收入<br>Premium | 其中 of which<br>财产保险<br>Property Insurance | 人身保险<br>Life Insurance | 赔款及给付<br>Claim and Payments | 其中 of which<br>财产保险<br>Property Insurance | 人身保险<br>Life Insurance |
|---|---|---|---|---|---|---|
| 1996 | 12.82 | 8.05 | 4.77 | 6.48 | 4.44 | 2.04 |
| 1997 | 19.52 | 9.03 | 10.49 | 7.18 | 4.39 | 2.79 |
| 1998 | 22.77 | 9.31 | 13.46 | 10.64 | 6.55 | 4.09 |
| 1999 | 25.39 | 10.04 | 15.35 | 8.91 | 4.96 | 3.95 |
| 2000 | 27.71 | 10.72 | 16.99 | 8.27 | 5.28 | 2.99 |
| 2001 | 33.72 | 11.32 | 22.40 | 11.25 | 5.91 | 5.34 |
| 2002 | 46.17 | 13.31 | 32.86 | 14.20 | 7.57 | 6.63 |
| 2003 | 57.93 | 15.24 | 42.69 | 14.53 | 8.56 | 5.97 |
| 2004 | 66.51 | 17.45 | 49.06 | 16.25 | 9.43 | 6.82 |
| 2005 | 73.10 | 19.46 | 53.64 | 17.59 | 10.54 | 7.05 |
| 2006 | 93.24 | 24.17 | 69.07 | 20.51 | 12.08 | 8.43 |
| 2007 | 124.68 | 33.10 | 91.58 | 35.25 | 18.44 | 16.81 |
| 2008 | 200.55 | 37.76 | 162.80 | 45.64 | 22.59 | 23.05 |
| 2009 | 244.70 | 47.05 | 197.65 | 56.63 | 28.88 | 27.75 |
| 2010 | 321.08 | 65.96 | 255.12 | 62.10 | 32.05 | 30.05 |
| 2011 | 311.81 | 81.63 | 230.19 | 73.98 | 39.31 | 34.66 |
| 2012 | 331.03 | 95.20 | 235.83 | 91.78 | 52.23 | 39.55 |
| 2013 | 359.23 | 112.52 | 246.71 | 124.60 | 62.98 | 61.62 |
| 2014 | 407.26 | 138.87 | 258.39 | 151.43 | 74.07 | 77.36 |
| 2015 | 514.58 | 155.93 | 358.65 | 220.19 | 84.65 | 135.54 |
| 2016 | 601.61 | 165.23 | 436.38 | 250.16 | 90.37 | 159.79 |

## 表17.12 按险种分的保险业务指标（2015－2016年）
## STATISTICS ON INSURANCE BUSINESS BY CLASSIFICATION (2015-2016)

单位：万元 (10 000 yuan)

| 项 目 | Item | 保 费 Premium 2015 | 2016 | 赔款及给付 Claim and Payment 2015 | 2016 |
|---|---|---|---|---|---|
| **合 计** | **Total** | **5145768** | **6016053** | **2201899** | **2501592** |
| **财产保险** | **Property Insurance** | **1559253** | **1652267** | **846508** | **903677** |
| 企业财产保险 | Enterprise Property Insurance | 58583 | 48986 | 21183 | 22143 |
| 家庭财产保险 | Family Property Insurance | 3712 | 3817 | 1063 | 2071 |
| 机动车辆保险 | Motor Vehicle Insurance | 1290528 | 1419514 | 701219 | 745726 |
| 工程保险 | Engineering Insurance | 18512 | 10321 | 5997 | 15238 |
| 责任保险 | Liability Insurance | 65102 | 70202 | 27313 | 35982 |
| 信用保险 | Export Credit Insurance | 9849 | 10825 | 16961 | 15053 |
| 保证保险 | Guarantee Insurance | 51916 | 27634 | 26185 | 22674 |
| 船舶保险 | Ship Insurance | 9983 | 8924 | 6139 | 7533 |
| 货物运输保险 | Freight Transport Insurance | 18859 | 17462 | 18225 | 12986 |
| 特殊风险保险 | Special Risks Insurance | 620 | 2075 | 1766 | 1399 |
| 农业保险 | Agriculture Insurance | 30429 | 31414 | 19464 | 21915 |
| 其他保险 | Other Insurances | 1161 | 1093 | 993 | 957 |
| **人身保险** | **Life Insurance** | **3586515** | **4363785** | **1355391** | **1597915** |
| 人寿保险 | Life Insurance | 2761990 | 3352452 | 919109 | 1032219 |
| 健康保险 | Health Insurance | 647045 | 834840 | 386967 | 507347 |
| 意外伤害保险 | Personal Accident Insurance | 177480 | 176494 | 49315 | 58349 |

重/庆/统/计/年/鉴

# 主要统计指标解释

## 信贷资金

指金融机构以信用方式积聚和分配的货币资金。金融机构信贷资金的来源有各项存款、金融债券发行、应付及暂收款、对国际金融机构负债、流通中货币、各项准备、所有者权益和其他项目等；信贷资金的运用有各项贷款、有价证券及投资、应收及预付款、委托投资、金银占款、外汇占款、库存现金、财政借款及在国际金融机构中的资产等。

## 存款

指企业、机关、团体或居民根据资金必须收回的原则，把货币资金存入银行或其他信贷机构保管并取得一定利息的一种信用活动形式。根据存款对象或性质的不同可划分为企业存款、财政存款、机关团体存款、基本建设存款、储蓄存款、农村存款、委托存款、其他存款等科目。它是银行信贷资金的主要来源。

## 贷款

指银行或其他信贷机构根据资金必须归还的原则，按一定利率，为企业、个人等提供资金的一种信用活动形式。我国银行贷款分为短期贷款、委托及信托类贷款、其他类贷款等。

## 金融机构往来

指各金融机构之间的资金往来，包括同业存放款和同业拆借款。

## 准备金

指各金融机构在中央银行的存款及缴存中央银行的法定准备金。

## 证券

由债券购买者承购的或因销售产品而拥有的，可在金融市场上交易并代表一定债权的书面证明。包括政府债券、金融债券、企业债券、商业票据、股票、支付固定收入但不提供法人企业残余价值分享权的优先股等。

## 股票

指股票购买者及直接投资者对其投资企业净资产所拥有的权益。股票是股份公司签发的证明股东投资并按其所持股份享有权益和承担义务的权益性证券。

## 保险公司

在中国境内的、经过保险监督部门批准设立，并依法登记注册的各类商业保险公司。

## 保费

指投保人为取得保险人在约定范围内所承担赔偿责任而支付给保险人的费用。

## 赔款

指保险人根据保险合同的规定，向被保险人支付的赔偿保险责任损失的金额。

## 给付

包括死伤医疗给付和满期给付。死伤医疗给付是指保险人根据人寿保险及长期健康保险合同的规定，因被保险人在保险期内发生保险责任范围内的保险事故支付给被保险人（或受益人）的金额。满期给付是指被保险人生存期满，保险人按人寿保险合同规定支付给被保险人的满期保险金额。

# Explanatory Notes on Main Statistical Indicators

## Credit Funds

Refer to the funds issued as loans by banking institutions. The sources of credit funds of the banking institutions included deposits, issue of financial bonds, account-payable and temporary gathering, liabilities to international financial institutions, currency in circulation, various reserves, owners rights and interests and other items. The credit funds can be used in forms of loans, securities and investment, account receivable and advance payment, entrusted investment, gold, foreign exchange, cash on hand, government debt and assets in the international financial institutions.

## Deposit

Is a form of credit by which enterprises, institutions, organizations or households can put money into banks and other credit institutions for safekeeping and interest earning under the principle of free withdrawal. According to different depositors, deposits are divided into enterprise deposits, treasury deposits, deposits of government agencies and organizations, capital construction deposits, savings deposits, rural saving deposits, entrusted deposits and other deposits. Deposits are major sources of the credit funds of banks.

## Loan

Is a form of credit by which banks and other credit institutions provide funds at certain interest rate to enterprises and individuals in the light of the principle of unconditional repayment. Loans from Chinese banks include short-term loan, medium-term and long-term loans, entrusted loans, and other loans.

## Transactions between Financial Institutions

Refer to flow of capital between financial institutions, including inter-bank deposits and loans.

## Reserve Funds

Refer to savings of financial institutions in the central bank and designated reserves to the central bank.

## Securities

Refer to written certificates representing creditors' rights, purchased by bond holders or owned by selling products, which can be transacted at the financial markets. They include government bonds, financial bonds, corporation bonds, commercial drafts, stocks, preferential stocks that provide fixed income without the right to share the residual value of corporations, etc.

## Stocks

Refer to the rights by stockholders and direct investors on the net assets of corporations they invested in. Stocks refer to negotiable securities on creditor's rights, issued by stock companies certifying the investment by stockholders and their rights and duties depending on their stocks.

## Insurance Companies

Refer to commercial insurance companies of various forms registered by law and established in China with the approval of insurance regulatory agencies.

## Premium

Is the fee paid by the insurant based on a proportion of the benefit he or she may get from the insurance plus the insurance value. It includes the income from the deposit of property insurance and personal insurance.

## Settled Claim

Is the compensation paid by the insurer to the insurant in accordance with the insurance contract.

## Payment

Includes payment for death, injury or medical treatment and mature payment. Payment for death, injury or medical treatment refers to the money paid to the insurant (of the beneficiary) in accordance with the life of health insurance contract when the insurant encounters accidents within the insured period covered in the contract. Mature payment refers to the mature payment to the insurant in accordance with the life insurance contract at the end of the insured period for the loss which has been checked and found to be in the range of liability of the insurance after an accident has happened to the insured property or to a person who has insured his life. It is further divided into settled and unsettled claim.

# 第18章

## 教育、科技和文化业

## EDUCATION, SCIENCE, TECHNOLOGY AND CULTURE

## 简要说明 BRIEF INTRODUCTION

本章资料主要包括全市教育事业、科学技术活动和文化事业的基本情况，由市统计局社会科技统计处根据调查资料和有关部门资料整理编辑。

教育部分包括各类教育的学校、教师和学生情况，由市教育委员会提供；专利资料由市知识产权局提供；商标申请注册来源于市工商行政管理局；产品质量监督抽查由市质量技术监督局提供；文化部分主要包括图书馆、文物、群众艺术文化、广播电视、新闻出版等情况，资料主要来自市文化委。

The data in this chapter include the basic statistics on education, scientific & technological activities and culture undertakings. All the data are compiled by Division of Social and Technology Statistics, Chongqing Municipal Bureau of Statistics on the basis of the data from survey and related departments.

The statistics of education cover the data of schools, teachers and students of various kinds, which were provided by Chongqing Education Commission. The data of patent are provided by Chongqing Intellectual Property Office. The data of trademark application and registration are provided by Chongqing Administration for Industry and Commerce. The data of sampling supervision & check on quality of products are provided by Chongqing Bureau of Quality and Technical Supervision. The data of culture mainly include public libraries, cultural relics, mass arts & culture, radio and television, and press and publication, which are provided by Chongqing Cultural Commission.

# 表18.1 主要年份各级各类学校数
## NUMBER OF SCHOOLS BY LEVEL AND TYPE IN MAJOR YEARS

单位：所 (unit)

| 年 份<br>Year | 普通高等学校<br>Regular Institutions of Higher Education | 普通中学<br>Regular Secondary Schools | 小 学<br>Primary Schools | 特殊教育学校<br>Special Schools | 幼儿园<br>Kindergartens |
|---|---|---|---|---|---|
| 1952 | 7 | 128 | 12920 | | |
| 1957 | 9 | 249 | 16201 | | |
| 1962 | 10 | 402 | 14148 | | |
| 1965 | 11 | 696 | 31503 | | |
| 1970 | 11 | 1700 | 21253 | | |
| 1975 | 8 | 1366 | 25465 | | |
| 1978 | 13 | 2948 | 25002 | | |
| 1980 | 16 | 1989 | 25120 | | |
| 1985 | 18 | 1788 | 22793 | 7 | 5800 |
| 1986 | 19 | 1739 | 22486 | 19 | 5230 |
| 1987 | 19 | 1759 | 22094 | 18 | 5542 |
| 1988 | 20 | 1753 | 21629 | 20 | 5009 |
| 1989 | 20 | 1751 | 20972 | 23 | 4726 |
| 1990 | 20 | 1753 | 20248 | 24 | 5232 |
| 1991 | 20 | 1762 | 19829 | 29 | 4486 |
| 1992 | 20 | 1766 | 19496 | 32 | 4814 |
| 1993 | 20 | 1746 | 18849 | 30 | 4061 |
| 1994 | 20 | 1725 | 18175 | 31 | 4094 |
| 1995 | 22 | 1638 | 19637 | 30 | 6046 |
| 1996 | 22 | 1651 | 16779 | 36 | 5538 |
| 1997 | 22 | 1606 | 16261 | 37 | 5741 |
| 1998 | 22 | 1555 | 15737 | 37 | 5412 |
| 1999 | 23 | 1552 | 15223 | 42 | 6007 |
| 2000 | 22 | 1568 | 14730 | 42 | 6659 |
| 2001 | 29 | 1607 | 13076 | 44 | 3726 |
| 2002 | 29 | 1574 | 12031 | 38 | 3477 |
| 2003 | 33 | 1564 | 10966 | 41 | 3093 |
| 2004 | 34 | 1511 | 10409 | 43 | 3408 |
| 2005 | 35 | 1414 | 9558 | 43 | 3287 |
| 2006 | 38 | 1373 | 8754 | 44 | 3376 |
| 2007 | 38 | 1361 | 7990 | 43 | 3351 |
| 2008 | 47 | 1325 | 7575 | 41 | 3582 |
| 2009 | 51 | 1304 | 7096 | 36 | 3700 |
| 2010 | 53 | 1273 | 5544 | 36 | 4105 |
| 2011 | 59 | 1259 | 5248 | 36 | 4114 |
| 2012 | 60 | 1231 | 4810 | 36 | 4401 |
| 2013 | 63 | 1200 | 4728 | 36 | 4547 |
| 2014 | 63 | 1179 | 4586 | 36 | 4669 |
| 2015 | 64 | 1167 | 4170 | 36 | 4816 |
| 2016 | 65 | 1120 | 2979 | 36 | 5109 |

注：1) 2001年起幼儿园资料按教育部对幼儿园数的认定标准统计，与以往年数不可比（下表同）。
2) 2008年起普通高等学校数含“独立学院”数。

Note: a) The data of kindergartens have been calculated in accordance with the definition by Ministry of Education since 2001, not comparable with that of previous years (the same below).
b) Number of regular institutions of higher education includes the number of "non-university tertiary"since 2008.

# 表18.2 主要年份各级各类学校在校学生数
## NUMBER OF STUDENTS ENROLLMENT BY LEVEL AND TYPE IN MAJOR YEARS

单位：人 (person)

| 年 份<br>Year | 普通高等学校<br>Regular Institutions of Higher Education | 普通中学<br>Regular Secondary Schools | 小 学<br>Primary Schools | 特殊教育学校<br>Special Schools | 幼儿园<br>Kindergartens |
|---|---|---|---|---|---|
| 1952 | 6437 | 61345 | 1524145 | | |
| 1957 | 15211 | 181423 | 1539805 | | |
| 1962 | 21173 | 163628 | 1640036 | | |
| 1965 | 17408 | 266504 | 1967997 | | |
| 1970 | 4235 | 651232 | 2130534 | | |
| 1975 | 10194 | 963304 | 3415196 | | |
| 1978 | 16357 | 1631581 | 4035934 | | |
| 1980 | 25349 | 1323181 | 4316902 | | |
| 1985 | 39871 | 1102702 | 3857331 | 418 | 296336 |
| 1986 | 44454 | 1107545 | 3610433 | 543 | 306591 |
| 1987 | 47644 | 1122462 | 3279059 | 571 | 409209 |
| 1988 | 49981 | 1124510 | 2858642 | 669 | 389185 |
| 1989 | 48449 | 1111706 | 2581889 | 831 | 351175 |
| 1990 | 49331 | 1080755 | 2393235 | 803 | 413552 |
| 1991 | 49964 | 978204 | 2314986 | 1179 | 505799 |
| 1992 | 54121 | 868431 | 2361261 | 1966 | 549271 |
| 1993 | 63795 | 790396 | 2500362 | 1850 | 445940 |
| 1994 | 71118 | 876008 | 2595400 | 1415 | 534177 |
| 1995 | 73398 | 977079 | 2638555 | 1783 | 577162 |
| 1996 | 79929 | 1012654 | 2737051 | 1832 | 588854 |
| 1997 | 83764 | 1002915 | 2854307 | 1706 | 590464 |
| 1998 | 86913 | 1083691 | 2884385 | 2325 | 613298 |
| 1999 | 101601 | 1282599 | 2802741 | 9007 | 625666 |
| 2000 | 132512 | 1477861 | 2761308 | 21160 | 640804 |
| 2001 | 170006 | 1540317 | 2777859 | 18383 | 599282 |
| 2002 | 211221 | 1574357 | 2797557 | 17199 | 587645 |
| 2003 | 255266 | 1663728 | 2779441 | 14483 | 572538 |
| 2004 | 303913 | 1707489 | 2718999 | 15973 | 544759 |
| 2005 | 357926 | 1735166 | 2609754 | 12463 | 536266 |
| 2006 | 405118 | 1794129 | 2523824 | 12151 | 530842 |
| 2007 | 445800 | 1834364 | 2384527 | 11773 | 535457 |
| 2008 | 485013 | 1907856 | 2243916 | 12172 | 574187 |
| 2009 | 523279 | 1920158 | 2081367 | 13189 | 632170 |
| 2010 | 565868 | 1908158 | 1999407 | 14618 | 708711 |
| 2011 | 613026 | 1838917 | 1954818 | 16978 | 842846 |
| 2012 | 670174 | 1747002 | 1943177 | 13083 | 892635 |
| 2013 | 707610 | 1678976 | 1989128 | 15622 | 893338 |
| 2014 | 740534 | 1627301 | 2034165 | 13893 | 894679 |
| 2015 | 767114 | 1583562 | 2073320 | 14059 | 915616 |
| 2016 | 784631 | 1572832 | 2098191 | 16079 | 932584 |

注：本章普通高等学校数据均含研究生（以下各表同）。
Note: The data of regular institutions of higher education in this chapter include postgraduates(the same applies to the following tables).

## 表18.3 主要年份各级各类学校专任教师数
## NUMBER OF FULL-TIME TEACHERS BY LEVEL AND TYPE IN MAJOR YEARS

单位：人 (person)

| 年 份<br>Year | 普通高等学校<br>Regular Institutions of Higher Education | 普通中学<br>Regular Secondary Schools | 小 学<br>Primary Schools | 特殊教育学校<br>Special Schools | 幼儿园<br>Kindergartens |
|---|---|---|---|---|---|
| 1952 | 839 | 3385 | 41698 | | |
| 1957 | 2193 | 7940 | 52530 | | |
| 1962 | 3297 | | 55213 | | |
| 1965 | 3336 | | 78503 | | |
| 1970 | 3177 | 24970 | 73695 | | |
| 1975 | 3574 | 42893 | | | |
| 1978 | 3914 | | | | |
| 1980 | 5025 | 60953 | 125304 | | |
| 1985 | 8061 | 58886 | 119119 | 74 | 11937 |
| 1986 | 8236 | 55071 | 113724 | 101 | 12054 |
| 1987 | 8622 | 57044 | 112163 | 113 | 15090 |
| 1988 | 8823 | 60450 | 111596 | 145 | 15873 |
| 1989 | 8726 | 61938 | 109691 | 186 | 15898 |
| 1990 | 8677 | 64056 | 110580 | 186 | 17443 |
| 1991 | 8596 | 64934 | 111305 | 277 | 19313 |
| 1992 | 8696 | 65030 | 111667 | 321 | 19244 |
| 1993 | 8777 | 63555 | 113834 | 326 | 18388 |
| 1994 | 9186 | 65316 | 116603 | 360 | 19729 |
| 1995 | 9409 | 67498 | 117497 | 353 | 19948 |
| 1996 | 9400 | 69503 | 117711 | 383 | 20111 |
| 1997 | 9432 | 70661 | 119881 | 411 | 20665 |
| 1998 | 9498 | 72333 | 121062 | 400 | 20962 |
| 1999 | 9987 | 76158 | 120229 | 469 | 21088 |
| 2000 | 10449 | 81766 | 119014 | 569 | 22598 |
| 2001 | 12125 | 85030 | 118623 | 474 | 12067 |
| 2002 | 13954 | 87427 | 117543 | 510 | 11666 |
| 2003 | 16013 | 89560 | 115212 | 543 | 12141 |
| 2004 | 18214 | 92051 | 114007 | 541 | 12351 |
| 2005 | 20184 | 93997 | 114326 | 556 | 13220 |
| 2006 | 23717 | 95782 | 113724 | 584 | 13615 |
| 2007 | 26089 | 99807 | 119831 | 652 | 14270 |
| 2008 | 28398 | 103111 | 119161 | 670 | 15507 |
| 2009 | 29883 | 106544 | 117460 | 699 | 16579 |
| 2010 | 31070 | 109303 | 116057 | 715 | 19966 |
| 2011 | 33110 | 110951 | 115343 | 763 | 22807 |
| 2012 | 35744 | 112452 | 114036 | 804 | 26735 |
| 2013 | 37130 | 113880 | 115204 | 852 | 30199 |
| 2014 | 38944 | 114076 | 116360 | 878 | 32921 |
| 2015 | 39891 | 114709 | 118897 | 889 | 36979 |
| 2016 | 40583 | 115217 | 123066 | 926 | 41009 |

## 表18.4 研究生基本情况（1996－2016年）
BASIC STATISTICS ON POSTGRADUATES (1996-2016)

单位：人 (person)

| 年 份<br>Year | 在校学生数<br>Total Enrollment | 招生数<br>New Enrollment | 毕业生数<br>Graduates |
|---|---|---|---|
| 1996 | 2953 | 1052 | 762 |
| 1997 | 3199 | 1108 | 847 |
| 1998 | 3726 | 1389 | 862 |
| 1999 | 5032 | 2132 | 991 |
| 2000 | 6233 | 2686 | 1084 |
| 2001 | 8358 | 3410 | 1401 |
| 2002 | 11110 | 4423 | 1616 |
| 2003 | 14763 | 6392 | 2715 |
| 2004 | 19367 | 8202 | 3426 |
| 2005 | 24363 | 9436 | 4193 |
| 2006 | 29000 | 10475 | 5492 |
| 2007 | 32145 | 11312 | 7483 |
| 2008 | 35005 | 12376 | 8925 |
| 2009 | 39080 | 14159 | 9759 |
| 2010 | 43149 | 14851 | 10347 |
| 2011 | 45213 | 15341 | 12351 |
| 2012 | 46569 | 15925 | 13844 |
| 2013 | 48210 | 16324 | 14189 |
| 2014 | 48979 | 16647 | 14915 |
| 2015 | 50534 | 17231 | 14866 |
| 2016 | 52156 | 17562 | 15378 |

# 表18.5 主要年份文化机构数
## NUMBER OF CULTURAL INSTITUTIONS IN MAJOR YEARS

单位：个 (unit)

| 年 份<br>Year | 艺术表演团体<br>Specialized Troupes | 文化馆、艺术馆<br>Cultural Centers and Art Centers | 图书馆<br>Libraries |
|---|---|---|---|
| 1975 | 54 | 33 | 10 |
| 1978 | 54 | 36 | 10 |
| 1980 | 55 | 35 | 21 |
| 1985 | 54 | 35 | 25 |
| 1986 | 52 | 35 | 26 |
| 1987 | 51 | 35 | 26 |
| 1988 | 45 | 35 | 27 |
| 1989 | 44 | 35 | 35 |
| 1990 | 42 | 39 | 36 |
| 1991 | 42 | 39 | 38 |
| 1992 | 42 | 39 | 38 |
| 1993 | 41 | 39 | 41 |
| 1994 | 36 | 40 | 41 |
| 1995 | 36 | 40 | 42 |
| 1996 | 39 | 46 | 42 |
| 1997 | 39 | 47 | 42 |
| 1998 | 39 | 47 | 42 |
| 1999 | 36 | 46 | 42 |
| 2000 | 35 | 44 | 42 |
| 2001 | 36 | 44 | 42 |
| 2002 | 32 | 44 | 43 |
| 2003 | 32 | 44 | 44 |
| 2004 | 29 | 44 | 44 |
| 2005 | 29 | 42 | 43 |
| 2006 | 78 | 41 | 43 |
| 2007 | 84 | 41 | 43 |
| 2008 | 177 | 41 | 43 |
| 2009 | 160 | 41 | 43 |
| 2010 | 381 | 41 | 43 |
| 2011 | 282 | 41 | 43 |
| 2012 | 244 | 41 | 43 |
| 2013 | 443 | 41 | 43 |
| 2014 | 512 | 41 | 43 |
| 2015 | 730 | 41 | 43 |
| 2016 | 770 | 41 | 43 |

注：艺术表演团体数据2006年起统计口径调整为含系统内、系统外两部分。
Note: The data of specialized troupes has included the units either inside or outside the public-owned system since 2006.

# 表18.6 教育事业基本情况（2015－2016年）
## BASIC STATISTICS ON EDUCATION (2015-2016)

单位：人、所 (person, unit)

| 指　标 | Item | 2015 | 2016 |
|---|---|---|---|
| **学校数** | **Number of Schools** | | |
| 高等学校 | Higher Education | 68 | 69 |
| 普通高等学校 | Regular Higher Education Institutions | 64 | 65 |
| 本科院校 | HEIs Offering Degree Programs | 25 | 25 |
| #独立学院 | Independent Institutions | 6 | 6 |
| 专科院校 | Higher Vocational Colleges | 39 | 40 |
| 成人高等学校 | Adult Higher Education Institutions | 4 | 4 |
| 高中阶段学校 | Senior Secondary Education | 475 | 442 |
| 普通高中 | Regular Senior Secondary Schools | 261 | 260 |
| 中等职业学校 | Vocational Secondary Schools | 214 | 182 |
| 义务教育学校 | Compulsory Education | 5076 | 3839 |
| 普通初中 | Regular Junior Secondary Schools | 906 | 860 |
| 普通小学 | Regular Primary Schools | 4170 | 2979 |
| 特殊教育学校 | Special Education | 36 | 36 |
| 幼儿园 | Kindergartens | 4816 | 5109 |
| 工读学校 | Correctional Work-Study Schools | 2 | 2 |
| 成人中学 | Adult Secondary Schools | 36 | 11 |
| 成人小学 | Adult Primary Schools | 374 | 337 |
| #扫盲班 | Literacy Courses | 167 | 139 |
| **在校学生数** | **Total Enrollment** | | |
| 高等教育 | Higher Education | 1096419 | 1092845 |
| 研究生 | Postgraduates | 50534 | 52156 |
| 博　士 | Doctor's Degree | 5658 | 5997 |
| 硕　士 | Master's Degree | 44876 | 46159 |
| 普通本专科 | Undergraduate in Regular HEIs | 716580 | 732475 |
| 本　科 | Normal Courses | 443402 | 445398 |
| 专　科 | Short-cycle Courses | 273178 | 287077 |
| 成人本专科 | Undergraduate in Adult HEIs | 151392 | 138152 |
| 本　科 | Normal Courses | 29986 | 26286 |
| 专　科 | Short-cycle Courses | 121406 | 111866 |
| 在职人员攻读博硕士学位 | Employees Enrolled in Graduate Programs Leading to Doctor and Master Degrees | 21136 | 20397 |
| 网络本专科 | Web-based Undergraduates | 156777 | 149665 |
| 本　科 | Normal Courses | 70066 | 68324 |
| 专　科 | Short-cycle Courses | 86711 | 81341 |
| 高中阶段教育 | Senior Secondary Education | 1040359 | 1008443 |
| 普通高中 | Regular Senior Secondary Schools | 623179 | 606811 |

**表18.6 续表1 continued1**

单位：人、所 (person, unit)

| 指　标 | Item | 2015 | 2016 |
|---|---|---|---|
| 中等职业教育 | Vocational Secondary Ecucation | 417180 | 401632 |
| 义务教育 | Compulsory Education | 3033703 | 3064212 |
| 普通初中 | Regular Junior Secondary Schools | 960383 | 966021 |
| 普通小学 | Regular Primary Schools | 2073320 | 2098191 |
| 特殊教育 | Special Education | 14059 | 16079 |
| 学前教育 | Pre-school Education | 915616 | 932584 |
| 工读学校 | Correctional Work-Study Schools | 38 | 36 |
| 成人中学 | Adult Secondary Schools | 4539 | 4724 |
| 成人小学 | Adult Primary Schools | 32788 | 52551 |
| #扫盲班 | Literacy Courses | 6331 | 5600 |
| **招生数** | **New Enrollment** | | |
| 高等教育 | Higher Education | 374797 | 353168 |
| 研究生 | Postgraduates | 17231 | 17562 |
| 博　士 | Doctor's Degree | 1283 | 1332 |
| 硕　士 | Master's Degree | 15948 | 16230 |
| 普通本专科 | Undergraduate in Regular HEIs | 215846 | 215241 |
| 本　科 | Normal Courses | 114549 | 116103 |
| 专　科 | Short-cycle Courses | 101297 | 99138 |
| 成人本专科 | Undergraduate in Adult HEIs | 59590 | 48717 |
| 本　科 | Normal Courses | 10315 | 8803 |
| 专　科 | Short-cycle Courses | 49275 | 39914 |
| 在职人员攻读博硕士学位 | Employees Enrolled in Graduate Programs Leading to Doctor and Master Degrees | 5364 | 4977 |
| 网络本专科 | Web-based Undergraduates | 76766 | 66671 |
| 本　科 | Normal Courses | 33097 | 28972 |
| 专　科 | Short-cycle Courses | 43669 | 37699 |
| 高中阶段教育 | Senior Secondary Education | 350517 | 337390 |
| 普通高中 | Regular Senior Secondary Schools | 198552 | 199687 |
| 中等职业教育 | Vocational Secondary Education | 151965 | 137703 |
| 义务教育 | Compulsory Education | 650682 | 666349 |
| 普通初中 | Regular Junior Secondary Schools | 316100 | 331725 |
| 普通小学 | Regular Primary Schools | 334582 | 334624 |
| 特殊教育 | Special Education | 2515 | 2863 |
| 学前教育 | Pre-school Education | 430977 | 421820 |
| 工读学校 | Correctional Work-Study Schools | 38 | 36 |
| 成人中学 | Adult Secondary Schools | | |
| 成人小学 | Adult Primary Schools | | |
| #扫盲班 | Literacy Courses | | |

表18.6 续表2 continued2

单位：人 (person)

| 指 标 | Item | 2015 | 2016 |
|---|---|---|---|
| **毕业生数** | **Graduates** | | |
| 高等教育 | Higher Education | 320153 | 334636 |
| 研究生 | Postgraduates | 14866 | 15378 |
| 博 士 | Doctor's Degree | 827 | 925 |
| 硕 士 | Master's Degree | 14039 | 14453 |
| 普通本专科 | Undergraduate in Regular HEIs | 181068 | 189918 |
| 本 科 | Normal Courses | 99729 | 109317 |
| 专 科 | Short-cycle Courses | 81339 | 80601 |
| 成人本专科 | Undergraduate in Adult HEIs | 59208 | 57268 |
| 本 科 | Normal Courses | 11749 | 11773 |
| 专 科 | Short-cycle Courses | 47459 | 45495 |
| 在职人员攻读博硕士学位 | Employees Enrolled in Graduate Programs Leading to Doctor and Master Degrees | | |
| 网络本专科 | Web-based Undergraduates | 65011 | 72072 |
| 本 科 | Normal Courses | 28329 | 30763 |
| 专 科 | Short-cycle Courses | 36682 | 41309 |
| 高中阶段教育 | Senior Secondary Education | 358861 | 345411 |
| 普通高中 | Regular Senior Secondary Schools | 223647 | 219224 |
| 中等职业教育 | Vocational Secondary Education | 135214 | 126187 |
| 义务教育 | Compulsory Education | 632438 | 640863 |
| 普通初中 | Regular Junior Secondary Schools | 325094 | 319126 |
| 普通小学 | Regular Primary Schools | 307344 | 321737 |
| 特殊教育 | Special Education | 1706 | 1769 |
| 学前教育 | Pre-school Education | 357593 | 355392 |
| 工读学校 | Correctional Work-Study Schools | 80 | 92 |
| 成人中学 | Adult Secondary Schools | 3790 | 4100 |
| 成人小学 | Adult Primary Schools | 35691 | 49842 |
| #扫盲班 | Literacy Courses | 5304 | 5651 |
| **教职工数** | **Teachers and Staff** | | |
| 高等学校 | Higher Education | 57487 | 58631 |
| 普通高等学校 | Regular Higher Education Institutions | 56283 | 57453 |
| 本科院校 | HEIs Offering Degree Programs | 39208 | 39655 |
| #独立学院 | Independent Institutions | 6071 | 6148 |
| 专科院校 | Higher Vocational Colleges | 17075 | 17798 |
| 成人高等学校 | Adult Higher Education Institutions | 1204 | 1178 |
| 高中阶段、义务教育学校 | Senior Secondary Education and Compulsory Education | 275154 | 277131 |
| 普通中学 | Regular Secondary Schools | 133092 | 132304 |
| 中等职业 | Vocational Secondary Schools | 23250 | 23074 |

**表18.6 续表3 continued3**

单位：人 (person)

| 指　标 | Item | 2015 | 2016 |
|---|---|---|---|
| 普通小学 | Regular Primary Schools | 118812 | 121753 |
| 特殊教育学校 | Special Education | 997 | 1028 |
| 幼儿园 | Pre-school Education | 71864 | 79479 |
| 工读学校 | Correctional Work-Study Schools | 28 | 23 |
| 成人中学 | Adult Secondary Schools | 168 | 126 |
| 成人小学 | Adult Primary Schools | 786 | 957 |
| #扫盲班 | Literacy Courses | 272 | 281 |
| **专任教师数** | **Full-time Teachers** | | |
| 高等学校 | Higher Education | 40517 | 41212 |
| 普通高等学校 | Regular Higher Education Institutions | 39891 | 40583 |
| 本科院校 | HEIs Offering Degree Programs | 27550 | 27581 |
| #独立学院 | Independent Institutions | 4521 | 4524 |
| 专科院校 | Higher Vocational Colleges | 12341 | 13002 |
| 成人高等学校 | Adult Higher Education Institutions | 626 | 629 |
| 高中阶段学校 | Senior Secondary Education | 58584 | 58995 |
| 普通高中 | Regular Senior Secondary Schools | 39153 | 39887 |
| 中等职业教育 | Vocational Secondary Schools | 19431 | 19108 |
| 义务教育 | Compulsory Education | 194453 | 198396 |
| 普通初中 | Regular Junior Secondary Schools | 75556 | 75330 |
| 普通小学 | Regular Primary Schools | 118897 | 123066 |
| 特殊教育学校 | Special Education | 889 | 926 |
| 幼儿园 | Kindergartens | 36979 | 41009 |
| 工读学校 | Correctional Work-Study Schools | 26 | 21 |
| 成人中学 | Adult Secondary Schools | 102 | 93 |
| 成人小学 | Adult Primary Schools | 442 | 361 |
| #扫盲班 | Literacy Courses | 158 | 160 |
| **每一教师负担学生数** | **Student-Teacher Ratio** | | |
| 小　学 | Primary Schools | 17.4 | 17.0 |
| 普通初中 | Regular Junior Secondary Schools | 12.7 | 12.8 |
| 普通高中 | Regular Senior Secondary Schools | 15.9 | 15.2 |
| 中　职（不含技工校） | Secondary Vocational Schools (not including technical schools) | 21.7 | 21.0 |
| 普通高等学校 | Regular Higher Education Institutions | 17.3 | 17.3 |
| **每十万人口在校学生数** | **Student Enrollment per 100 000 population** | | |
| 高等教育 | Higher Education | 3070 | 3059 |
| 高中阶段 | Senior Secondary Education | 3631 | 3343 |
| 初中阶段 | Junior Secondary Education | 3210 | 3202 |
| 小　学 | Primary Education | 6931 | 6956 |
| 幼儿园 | Kindergartens | 3061 | 3092 |

## 表18.7 各级学校入学率及升学率（2015－2016年）
## NET ENROLLMENT RATIO AND PROMOTION RATE OF SCHOOLS BY LEVEL (2015-2016)

单位：% (%)

| 指　标 | Item | 2015 | 2016 |
|---|---|---|---|
| 小学学龄儿童入学率 | Net Enrollment Ratio of Primary Schools | 99.99 | 99.99 |
| 初中适龄人口入学率 | Net Enrollment Ratio of Junior Secondary Schools | 99.79 | 99.80 |
| 高中阶段毛入学率 | Gross Enrollment Ratio of Senior Secondary Schools | 93.09 | 95.12 |
| 高等教育毛入学率 | Gross Enrollment Ratio of Higher Education | 40.50 | 43.00 |
| 初中毕业生升学率 | Promotion Rate of Junior Secondary School Graduates | 98.37 | 98.50 |
| #升普通高中 | To Regular Senior Secondary Schools | 61.08 | 62.57 |
| 小学毕业生升学率 | Promotion Rate of Primary School Graduates | 100.00 | 100.00 |

## 表18.8 普通高等学校分科学生数（2016年）
## STUDENT ENROLLMENT IN REGULAR HIGHER EDUCATION INSTITUTIONS BY FIELD OF STUDY (2016)

单位：人 (person)

| 项　目 | Item | 在校学生数 Total Enrollment | 其中 of which #本科 Undergraduate Courses | 招生数 New Enrollment | 其中 of which #本科 Undergraduate Courses | 毕业生数 Graduates | 其中 of which #本科 Undergraduate Courses |
|---|---|---|---|---|---|---|---|
| **总　计** | **Total** | **497554** | **445398** | **133665** | **116103** | **124695** | **109317** |
| 哲　学 | Philosophy | 619 | 295 | 174 | 74 | 156 | 69 |
| 经济学 | Economics | 27727 | 26388 | 7216 | 6663 | 6434 | 6046 |
| 法　学 | Law | 29624 | 23151 | 7916 | 5682 | 8374 | 6174 |
| 教育学 | Education | 19990 | 16726 | 5877 | 4676 | 4518 | 3375 |
| 文　学 | Literature | 56925 | 53361 | 15577 | 14286 | 15545 | 14307 |
| 历史学 | History | 2334 | 2048 | 620 | 524 | 535 | 444 |
| 理　学 | Science | 31443 | 27505 | 8070 | 6711 | 7278 | 6199 |
| 工　学 | Engineering | 151095 | 133470 | 41634 | 35887 | 36393 | 31467 |
| 农　学 | Agriculture | 9098 | 7569 | 2528 | 1978 | 2271 | 1874 |
| 医　学 | Medicine | 24371 | 18994 | 5745 | 3830 | 6130 | 4473 |
| 管理学 | Administrators | 96766 | 90034 | 25750 | 23825 | 25048 | 23320 |
| 艺术学 | Art | 47562 | 45857 | 12558 | 11967 | 12013 | 11569 |

注：1) 本表仅指研究生、普通本科学生。不含普通专科、成人本专科学生、网络本专科学生和在职人员攻读学位人员。
2) 不含在渝军事院校。

Note: a) The table here above only covers the data of postgraduates and undergraduates. The data of junior college, adult undergraduates and web-based undergraduates are not included.
b) The data of military universities in Chongqing are not included.

## 表18.9 中等职业教育学校分科学生情况（2016年）
## STUDENTS IN VOCATIONAL SECONDARY SCHOOLS BY FIELD OF STUDY (2016)

单位：人 (person)

| 项　目 | Item | 毕业生数 Graduates | 招生数 New Enrollment | 在校学生数 Total Enrollment |
|---|---|---|---|---|
| **总　计** | **Total** | **99687** | **111203** | **311632** |
| 农林类 | Agriculture and Forestry | 5332 | 4323 | 15589 |
| 资源与环境类 | Resources and Environment | 95 | 106 | 389 |
| 能源类 | Energy | 44 | 119 | 327 |
| 土木水利工程类 | Civil and Hydraulic Engineering | 9342 | 3910 | 18096 |
| 加工制造类 | Manufacturing | 15864 | 19415 | 52643 |
| 石油化工类 | Petroleum and Chemical | 211 | 213 | 483 |
| 轻纺食品类 | Light Industry, Textile and Food | 930 | 656 | 2223 |
| 交通运输类 | Communication & Transportation | 10304 | 16337 | 42404 |
| 信息技术类 | Information Technologies | 17310 | 18600 | 51443 |
| 医药卫生类 | Medicine and Health | 10379 | 11922 | 34473 |
| 休闲保健类 | Leisure and Health | 562 | 883 | 2394 |
| 财经商贸类 | Finance and Trade | 8700 | 10598 | 28077 |
| 旅游类 | Tourism | 5986 | 9344 | 21701 |
| 文化艺术 | Culture and Arts | 3628 | 2934 | 9434 |
| 体育类 | Sports | 253 | 270 | 734 |
| 教育类 | Education | 9504 | 10416 | 28342 |
| 司法类 | Judicature | 614 | 758 | 1665 |
| 社会公共事务类 | Social and Public Affairs | 384 | 321 | 897 |
| 其　他 | Others | 245 | 78 | 318 |

注：本表不含技工学校。
Note: The data of vestibule schools are not included in this table.

# 表18.10 各级学校在校女学生和女专任教师数（2015－2016年）
## NUMBER OF FEMALE STUDENTS AND FEMALE FULL-TIME TEACHERS BY SCHOOL LEVEL (2015-2016)

单位：人 (person)

| 项 目 | Item | 2015 | 2016 |
|---|---|---|---|
| **女学生数** | **Number of Female Students** | **2999564** | **2991263** |
| 高等教育 | Higher Education | 565756 | 572015 |
| #研究生 | Postgraduate | 25915 | 26949 |
| 普通本专科学校 | Undergraduate in Regular HEIs | 388968 | 398119 |
| 高中教育阶段 | High School Education | 547670 | 493826 |
| 普通高中 | Regular High School | 320943 | 311425 |
| 中等职业教育 | Vocational Secondary Schools | 226727 | 182401 |
| 义务教育 | Compulsory Education | 1431686 | 1447537 |
| 普通初中 | Regular Junior Secondary School | 452314 | 453889 |
| 普通小学 | Regular Primary School | 979372 | 993648 |
| **女学生占学生总数的百分比（%）** | **Percentage of Female Students to Total Students (%)** | **48.5** | **48.5** |
| 高等教育 | Higher Education | 51.6 | 52.3 |
| #研究生 | Postgraduate | 51.3 | 51.7 |
| 普通本专科学校 | Undergraduate in Regular HEIs | 54.3 | 54.4 |
| 高中教育阶段 | High School Education | 50.4 | 49.0 |
| 普通高中 | Regular High School | 51.5 | 51.3 |
| 中等职业教育 | Vocational Secondary Schools | 49.0 | 45.4 |
| 义务教育 | Compulsory Education | 47.2 | 47.2 |
| 普通初中 | Regular Junior Secondary School | 47.1 | 47.0 |
| 普通小学 | Regular Primary School | 47.2 | 47.4 |
| **女专任教师数** | **Number of Female Full-time Teachers** | **191194** | **200602** |
| 普通高等学校 | Regular Higher Education Institutions | 18555 | 18919 |
| 高中阶段学校 | High School Education | 28532 | 29056 |
| 普通高中 | Regular High School | 18673 | 19184 |
| 中等职业学校 | Vocational Secondary Schools | 9859 | 9872 |
| 义务教育学校 | Compulsory Education | 106434 | 110962 |
| 普通初中 | Regular Junior Secondary School | 36794 | 37360 |
| 普通小学 | Regular Primary School | 69640 | 73602 |
| **女专任教师占专任教师总数的百分比（%）** | **Percentage of Female Full-time Teachers to Total Full-time Teachers (%)** | **57.6** | **58.8** |
| 普通高等学校 | Regular Higher Education Institutions | 46.5 | 46.6 |
| 高中阶段学校 | High School Education | 48.5 | 49.3 |
| 普通高中 | Regular High School | 47.7 | 48.1 |
| 中等职业学校 | Vocational Secondary Schools | 50.3 | 51.7 |
| 义务教育学校 | Compulsory Education | 54.7 | 55.9 |
| 普通初中 | Regular Junior Secondary School | 48.7 | 49.6 |
| 普通小学 | Regular Primary School | 58.6 | 59.8 |

# 表18.11 科技经费、科技奖励情况（2015－2016年）
FUNDS AND REWARDS FOR SCIENTIFIC AND TECHNOLOGICAL RESEARCH (2015-2016)

单位：项 (item)

| 指　标 | Item | 2015 | 2016 |
|---|---|---|---|
| **科学支出（亿元）** | **Expenditure of Scientific Research (100 million)** | **45.8** | **51.5** |
| 市　级 | Municipal | 14.9 | 19.6 |
| 区　县 | District and County | 30.9 | 31.9 |
| **科技奖励情况（项）** | **Rewards for Scientific and Technological Research (item)** | | |
| 国家科学技术奖励 | National Rewards for Scientific and Technological Research | 13 | 6 |
| 最高科学技术奖 | Top Science and Technology Award | | |
| 自然科学奖 | Award for Natural Sciences | 1 | |
| 一等奖 | 1st Prize | | |
| 二等奖 | 2nd Prize | 1 | |
| 技术发明奖 | Award for Technological Invention | 2 | |
| 一等奖 | 1st Prize | | |
| 二等奖 | 2nd Prize | 2 | |
| 科技进步奖 | Award for Science and Technology Progress | 10 | 6 |
| 特　等 | Special Prize | | |
| 一等奖 | 1st Prize | 2 | |
| 二等奖 | 2nd Prize | 8 | 6 |
| 国际科学技术合作奖 | International Science and Technology Cooperation Award | | |
| 重庆市科学技术奖励 | Chongqing Rewards for Scientific and Technological Research | 126 | 119 |
| 科技突出贡献奖 | Prize for The Outstanding Contribution in Science and Technology Research | | |
| 自然科学奖 | Award for Natural Sciences | 17 | 11 |
| 一等奖 | 1st Prize | 3 | 1 |
| 二等奖 | 2nd Prize | 6 | 4 |
| 三等奖 | 3rd Prize | 8 | 6 |
| 技术发明奖 | Award for Technological Invention | 4 | 4 |
| 一等奖 | 1st Prize | 1 | 1 |
| 二等奖 | 2nd Prize | 1 | 1 |
| 三等奖 | 3rd Prize | 2 | 2 |
| 科技进步奖 | Award for Science and Technology Progress | 100 | 100 |
| 一等奖 | 1st Prize | 13 | 15 |
| 二等奖 | 2nd Prize | 26 | 40 |
| 三等奖 | 3rd Prize | 61 | 45 |
| 企业技术创新奖 | Aword for Enterprises Technology Innovation | 5 | 4 |
| 国际科学技术合作奖 | Aword for International Science and Technology cooperation | | |

# 表18.12 科学技术协会活动情况（2016年）
## ACTIVITIES OF SCIENCE AND TECHNOLOGY ASSOCIATIONS (2016)

| 指 标 | Item | 合 计 Total | 其中 of which 市级科协 Science and Technology Associations at Municipal Level | 市级学会 Learned Societies at Municipal Level | 区县科协 Science and Technology Associations below Municipal Level |
|---|---|---|---|---|---|
| 国内学术会议 | Domestic Academic Meetings | | | | |
| 举办次数（次） | Number of Meetings (time) | 601 | 41 | 508 | 52 |
| 参加人数（人次） | Number of Participants (person-time) | 98704 | 13230 | 79884 | 5590 |
| 交流论文数（篇） | Number of Theses Presented (piece) | 9996 | 1281 | 7668 | 1047 |
| 境内国际学术会议 | International Academic Conference in Chongqing | | | | |
| 举办次数 | Number of Conferences | 47 | 19 | 28 | |
| 参加人数（人次） | Number of Participants (person-time) | 13349 | 7310 | 6039 | |
| 境外专家学者（人次） | Foreign Experts and Scholars (person-time) | 1026 | 262 | 764 | |
| 交流论文（篇） | Number of Theses Presented (piece) | 953 | 345 | 608 | |
| 科普活动 | Science Popularization Activities | | | | |
| 举办科普宣讲活动（次） | Number of Science Popularization Lectures (time) | 2827 | 223 | 1195 | 1409 |
| 宣讲活动受众人数（万人次） | Number of Audience (10 000 person-times) | 3825375 | 1276440 | 1138985 | 1409950 |
| 举办青少年科学营（次） | Number of Science and Technology Summer (Winter) Camps for Teenagers (time) | 13 | 4 | 4 | 5 |
| 参加人数（人次） | Number of Participants (person-time) | 1781 | 500 | 391 | 890 |
| 举办青少年科技竞赛（项） | Number of Teenagers Science and Technology Competitions (unit) | 201 | 9 | 30 | 162 |
| 参加人数（万人次） | Number of Participants (10 000 person-times) | 2408365 | 701230 | 817585 | 889550 |
| 获奖人数（人次） | Number of Prize Winners (person-time) | 26632 | 3170 | 7703 | 15759 |

# 表18.13 研究与试验发展（R&D）活动基本情况（2016年）
## BASIC STATISTICS ON R&D ACTIVITIES (2016)

| 指　标 | Item | 合　计<br>Total | 科研机构<br>Research Institutes | 高等院校<br>Colleges & Universities |
|---|---|---|---|---|
| 有R&D活动的单位数（个） | Units Engaged in R&D Activities (unit) | 1717 | 36 | 119 |
| R&D经费内部支出（万元） | Inner Expenditure of R&D Funds (10 000 yuan) | 3021830 | 212342 | 265356 |
| #基础研究 | Basic Research | 127703 | 29679 | 93747 |
| 应用研究 | Application Research | 293145 | 84002 | 138834 |
| 试验发展 | Testing Development | 2600981 | 98660 | 32775 |
| #日常性支出 | Daily Expenditure | 2464337 | 122411 | 194340 |
| #人员劳务费 | Remuneration for Personnel | 863209 | 60626 | 55346 |
| #资产性支出 | Expenditure for Assets | 557494 | 89930 | 71017 |
| #仪器和设备 | Facilities | 467977 | 29907 | 51094 |
| #政府资金 | Funds from Government | 440241 | 169424 | 130654 |
| 企业资金 | Funds from Enterprises | 2441753 | 7294 | 72605 |
| 境外资金 | Foreign Funds | 4895 | 16 | 1101 |
| 其他资金 | Others | 134941 | 35608 | 60997 |
| R&D人员（人） | R&D Personnel (person) | 111943 | 6051 | 21547 |
| #女　性 | Female | 29173 | 2386 | 7809 |
| #全时人员 | Full-time Employees | 71867 | 3866 | 6845 |
| #博士毕业 | With Doctor's Degree | 8142 | 575 | 6742 |
| 硕士毕业 | With Master's Degree | 16102 | 1864 | 8045 |
| 本科毕业 | With Bachelor's Degree | 52917 | 2501 | 5703 |
| R&D人员全时当量（人年） | Full-time Personnel (person-year) | 68055 | 5059 | 8520 |
| #研究人员 | Researchers | 30935 | 3192 | 7397 |
| #基础研究 | Personnel of Basic Research | 4581 | 922 | 3344 |
| 应用研究 | Personnel of Application Research | 9071 | 2212 | 4397 |
| 试验发展 | Personnel of Testing Development | 54403 | 1925 | 779 |
| R&D项目（课题）数（项） | Number of R&D Projects (Topics) | 34864 | 2060 | 23569 |
| R&D项目（课题）人员全时当量（人年） | Number of Full-time Persons for Each R&D Project (Topic) (person-year) | 62271 | 3680 | 8516 |
| R&D项目（课题）经费支出（万元） | Expenditure for R&D Projects (Topics) (10 000 yuan) | 2579456 | 72509 | 180744 |
| 研究机构机构数（个） | Number of Research Institutions (unit) | 1572 | 37 | 365 |
| 研究机构R&D人员（人） | R&D Personnel in Research Institutions (person) | 45547 | 6051 | 4823 |
| #博士和硕士 | With Doctor's Degree and Master's Degree | 11752 | 2439 | 4063 |
| 研究机构R&D经费支出（万元） | Research Institutions' Expenditure for R&D (10 000 yuan) | 1311347 | 212342 | 75065 |
| 研究机构仪器设备原价（万元） | Original Price of Instruments and Equipment in Research Institutions (10 000 yuan) | 1638845 | 201488 | 244543 |
| #进　口 | Imported | 476741 | 72331 | 106742 |
| 专利申请数（件） | Number of Patent Applications (pcs) | 24631 | 518 | 5115 |
| #发明申请 | Invention Patent | 8885 | 341 | 2572 |
| 有效发明专利数（件） | Number of Effective Invention Patents (pcs) | 16163 | 911 | 5285 |
| 专利所有权转让及许可数（件） | Number of Patent Right Transfers and Permissions (pcs) | 495 | 15 | 84 |
| 专利所有权转让及许可收入（万元） | Income from Patent Right Transfers and Permissions (10 000 yuan) | 10482 | 146 | 519 |
| 形成国家或行业标准数（项） | Number of National or Industrial Standards Newly Formed (item) | 468 | 8 | 47 |
| 发表科技论文（篇） | Number of Scientific and Technical Theses Published (piece) | 39300 | 2618 | 32273 |
| 出版科技著作（种） | Scientific and Technical Works Published (kind) | 1421 | 93 | 1273 |

**表18.13 续表 continued**

| 指 标 | Item | 企 业 Enterprises | 其 中 of which #工业企业 Industrial Enterprises | 其 他 Others |
|---|---|---|---|---|
| 有R&D活动的单位数（个） | Units Engaged in R&D Activities (unit) | 1419 | 1346 | 143 |
| R&D经费内部支出（万元） | Inner Expenditure of R&D Funds (10 000 yuan) | 2488524 | 2374859 | 55609 |
| #基础研究 | Basic Research | 3084 | 693 | 1193 |
| 应用研究 | Application Research | 48565 | 35936 | 21744 |
| 试验发展 | Testing Development | 2436875 | 2338230 | 32671 |
| #日常性支出 | Daily Expenditure | 2107881 | 2012417 | 39705 |
| #人员劳务费 | Remuneration for Personnel | 722829 | 665095 | 24408 |
| #资产性支出 | Expenditure for Assets | 380643 | 362442 | 15904 |
| #仪器和设备 | Facilities | 374921 | 357074 | 12055 |
| #政府资金 | Funds from Government | 97558 | 90429 | 42605 |
| 企业资金 | Funds from Enterprises | 2356637 | 2253992 | 5218 |
| 境外资金 | Foreign Funds | 3779 | 3779 | |
| 其他资金 | Others | 30551 | 26659 | 7786 |
| R&D人员（人） | R&D Personnel (person) | 79401 | 73946 | 4944 |
| #女 性 | Female | 17192 | 16115 | 1786 |
| #全时人员 | Full-time Employees | 59203 | 55184 | 1953 |
| #博士毕业 | With Doctor's Degree | 604 | 573 | 221 |
| 硕士毕业 | With Master's Degree | 4881 | 4647 | 1312 |
| 本科毕业 | With Bachelor's Degree | 42963 | 38575 | 1750 |
| R&D人员全时当量（人年） | Full-time Personnel (person-year) | 51420 | 47392 | 3056 |
| #研究人员 | Researchers | 18493 | 16621 | 1853 |
| #基础研究 | Personnel of Basic Research | 191 | 42 | 124 |
| 应用研究 | Personnel of Application Research | 1088 | 751 | 1374 |
| 试验发展 | Personnel of Testing Development | 50141 | 46598 | 1558 |
| R&D项目（课题）数（项） | Number of R&D Projects (Topics) | 8166 | 7612 | 1069 |
| R&D项目（课题）人员全时当量（人年） | Number of Full-time Persons for Each R&D Project (Topic) (person-year) | 47506 | 43759 | 2570 |
| R&D项目（课题）经费支出（万元） | Expenditure for R&D Projects (Topics) (10 000 yuan) | 2285965 | 2182344 | 40239 |
| 研究机构机构数（个） | Number of Research Institutions (unit) | 1134 | 1077 | 36 |
| 研究机构R&D人员（人） | R&D Personnel in Research Institutions (person) | 33716 | 32574 | 957 |
| #博士和硕士 | With Doctor's Degree and Master's Degree | 4950 | 4732 | 300 |
| 研究机构R&D经费支出（万元） | Research Institutions' Expenditure for R&D (10 000 yuan) | 1012644 | 994620 | 11296 |
| 研究机构仪器设备原价（万元） | Original Price of Instruments and Equipment in Research Institutions (10 000 yuan) | 1184459 | 1087194 | 8354 |
| #进 口 | Imported | 295002 | 241830 | 2667 |
| 专利申请数（件） | Number of Patent Applications (pcs) | 18902 | 17511 | 96 |
| #发明申请 | Invention Patent | 5932 | 5392 | 40 |
| 有效发明专利数（件） | Number of Effective Invention Patents (pcs) | 9879 | 8585 | 88 |
| 专利所有权转让及许可数（件） | Number of Patent Right Transfers and Permissions (pcs) | 396 | 396 | |
| 专利所有权转让及许可收入（万元） | Income from Patent Right Transfers and Permissions (10 000 yuan) | 9817 | 9817 | |
| 形成国家或行业标准数（项） | Number of National or Industrial Standards Newly Formed (item) | 385 | 385 | 28 |
| 发表科技论文（篇） | Number of Scientific and Technical Theses Published (piece) | 1842 | 1841 | 2567 |
| 出版科技著作（种） | Scientific and Technical Works Published (kind) | | | 55 |

# 表18.14 大中型工业企业科技机构情况（2016年）
## SCIENTIFIC AND TECHNOLOGICAL INSTITUTIONS OF LARGE & MEDIUM-SIZED INDUSTRIAL ENTERPRISES (2016)

| 项 目 | Item | 科技机构数（个）Number of Institutions (unit) | 科技机构科技活动人数（人）Personnel of Institutions (person) | 科技机构经费内部支出（万元）Inner Expenditures for Science and Technology (10 000 yuan) |
|---|---|---|---|---|
| **总 计** | **Total** | **508** | **40873** | **1335281** |
| **按隶属关系分** | **By Relationship** | | | |
| 中 央 | Central | 55 | 11545 | 605547 |
| 地 方 | Local | 453 | 29328 | 729735 |
| **按登记注册类型分** | **By Registration** | | | |
| 内资企业 | Domestic-funded | 463 | 35495 | 1097476 |
| 国有企业 | State-owned | 9 | 432 | 7575 |
| 集体企业 | Collective-owned | | | |
| 股份合作企业 | Cooperative Enterprise | | | |
| 联营企业 | Joint Ownership Enterprises | | | |
| 有限责任公司 | Limited Liability Corporations | 184 | 12771 | 340445 |
| 股份有限公司 | Share Holding Limited Corporations | 59 | 9729 | 398944 |
| 私营企业 | Private Enterprises | 211 | 12563 | 350512 |
| 其他企业 | Others | | | |
| 港、澳、台商投资企业 | Enterprises Funded by Hong Kong, Macao and Taiwan | 25 | 2212 | 26288 |
| 合资经营企业 | Joint-venture Enterprises | 14 | 973 | 10635 |
| 合作经营企业 | Cooperative Enterprises | | | |
| 独资经营企业 | Enterprises with Sole Funded from Hong Kong, Macao and Taiwan | 9 | 1033 | 10571 |
| 投资股份有限公司 | Share-holding Corporations Ltd. with Investment from Hong Kong, Macao and Taiwan | 2 | 206 | 5082 |
| 其他港澳台投资企业 | Others | | | |
| 外商投资企业 | Foreign Funded Enterprises | 20 | 3166 | 211518 |
| 中外合资经营企业 | Joint-venture Enterprises | 12 | 2604 | 202187 |
| 中外合作经营企业 | Cooperation Enterprises | | | |
| 外资企业 | Enterprises with Sole Fund | 5 | 270 | 2581 |
| 外商投资股份有限公司 | Share-holding Corporations Ltd. with Foreign Investment | 2 | 257 | 6100 |
| 其他外商投资企业 | Others | 1 | 35 | 651 |
| **按行业分** | **By Sector** | | | |
| 采矿业 | Mining | 5 | 134 | 533 |
| 煤炭开采和洗选业 | Mining and Washing of Coal | 3 | 111 | 252 |
| 石油和天然气开采业 | Extraction of Petroleum and Natural Gas | | | |
| 黑色金属矿采选业 | Mining and Processing of Ferrous Metal Ores | | | |
| 有色金属矿采选业 | Mining and Processing of Non-Ferrous Metal Ores | | | |
| 非金属矿采选业 | Mining and Processing of Nonmetal Ores | 2 | 23 | 281 |
| 开采辅助活动 | Mining Support Activities | | | |
| 其他采矿业 | Mining of Other Ores | | | |
| 制造业 | Manufacture | 496 | 40420 | 1331132 |
| 农副食品加工业 | Processing of Food from Agricultural Products | 20 | 562 | 10280 |
| 食品制造业 | Manufacture of Foods | 12 | 243 | 2587 |

**表18.14 续表 continued**

| 项 目 | Item | 科技机构数（个） Number of Institutions (unit) | 科技机构科技活动人数（人） Personnel of Institutions (person) | 科技机构经费内部支出（万元） Inner Expenditure for Science and Technology (10 000 yuan) |
|---|---|---|---|---|
| 酒、饮料和精制茶制造业 | Liquor, Beverages and Refined Tea | 6 | 260 | 3437 |
| 烟草制品业 | Manufacture of Tobacco | | | |
| 纺织业 | Manufacture of Textile | 4 | 82 | 1924 |
| 纺织服装、服饰业 | Manufacture of Textile Wearing Apparel, Footwear and Caps | 3 | 137 | 1278 |
| 皮革、毛皮、羽毛及其制品和制鞋业 | Manufacture of Leather, Fur, Feather and Related Products | 1 | 41 | 1531 |
| 木材加工和木、竹、藤、棕、草制品业 | Processing of Timber, Manufacture of Wood, Bamboo, Rattan, Palm and Straw Products | | | |
| 家具制造业 | Manufacture of Furniture | 1 | 90 | 1504 |
| 造纸和纸制品业 | Manufacture of Paper and Paper Products | 6 | 554 | 7165 |
| 印刷和记录媒介复制业 | Printing, Reproduction of Recording Media | 3 | 94 | 1668 |
| 文教、工美、体育和娱乐用品制造业 | Manufacture of Culture, Education, Handicraft, Fine Arts, Sports and Entertainment Articles | 5 | 94 | 4456 |
| 石油加工、炼焦和核燃料加工业 | Processing of Petroleum, Coking, Processing of Nuclear Fuel | 1 | 94 | 1835 |
| 化学原料和化学制品制造业 | Manufacture of Raw Chemical Materials and Chemical Products | 30 | 1229 | 30276 |
| 医药制造业 | Manufacture of Medicines | 38 | 2595 | 83397 |
| 化学纤维制造业 | Manufacture of Chemical Fibers | 1 | 11 | 335 |
| 橡胶和塑料制品业 | Manufacture of Rubber and Plastics | 8 | 414 | 11039 |
| 非金属矿物制品业 | Manufacture of Non-metallic Mineral Products | 24 | 1627 | 17307 |
| 黑色金属冶炼和压延加工业 | Smelting and Pressing of Ferrous Metals | 6 | 156 | 5412 |
| 有色金属冶炼和压延加工业 | Smelting and Pressing of Nonferrous Metals | 8 | 618 | 19247 |
| 金属制品业 | Manufacture of Metal Products | 15 | 817 | 33065 |
| 通用设备制造业 | Manufacture of General Purpose Machinery | 40 | 2699 | 67667 |
| 专用设备制造业 | Manufacture of Special Purpose Machinery | 13 | 698 | 25143 |
| 汽车制造业 | Manufacture of Motor Vehicles | 103 | 16935 | 737032 |
| 铁路、船舶、航空航天和其他运输设备制造业 | Manufacture of Railway, Ship, Aviation and Other Transporting Equipment | 46 | 4088 | 123096 |
| 电气机械和器材制造业 | Manufacture of Electrical Machinery and Equipment | 27 | 1633 | 41043 |
| 计算机、通信和其他电子设备制造业 | Manufacture of Communication Equipment, Computers and Other Electronic Equipment | 51 | 3409 | 77207 |
| 仪器仪表制造业 | Manufacture of Measuring Instruments and Machinery for Cultural Activity and Office Work | 17 | 800 | 12780 |
| 其他制造业 | Other Manufacture | 7 | 440 | 9424 |
| 废弃资源综合利用业 | Comprehensive Utilization of Waste Resources | | | |
| 金属制品、机械和设备修理业 | Repair of Metal Products, Machinery and Equipment | | | |
| 电力、热力、燃气及水生产和供应业 | Production and Supply of Electric Power, Heat Power and Gas | 7 | 319 | 3617 |
| 电力、热力生产和供应业 | Production and Supply of Electric Power and Heat Power | 4 | 256 | 3041 |
| 燃气生产和供应业 | Production and Supply of Gas | 3 | 63 | 576 |
| 水的生产和供应业 | Production and Supply of Water | | | |

# 表18.15 规模以上工业企业科技机构情况（2016年）

## SCIENTIFIC AND TECHNOLOGICAL INSTITUTIONS OF INDUSTRIAL ENTERPRISES ABOVE DESIGNATED SIZE (2016)

| 项 目 | Item | 科技机构数（个） Number of Institutions (unit) | 科技机构科技活动人数（人） Personnel of Institutions (person) | 科技机构经费内部支出（万元） Inner Expenditures for Science and Technology (10 000 yuan) |
|---|---|---|---|---|
| **总 计** | **Total** | **1077** | **49663** | **1509236** |
| **按隶属关系分** | **By Relationship** | | | |
| 中 央 | Central | 62 | 11755 | 608182 |
| 地 方 | Local | 1015 | 37908 | 901055 |
| **按登记注册类型分** | **By Registration** | | | |
| 内资企业 | Domestic-funded | 1019 | 43999 | 1267707 |
| 国有企业 | State-owned | 10 | 468 | 7585 |
| 集体企业 | Collective-owned | 1 | 15 | 487 |
| 股份合作企业 | Cooperative Enterprise | | | |
| 联营企业 | Joint Ownership Enterprises | | | |
| 有限责任公司 | Limited Liability Corporations | 374 | 16063 | 411171 |
| 股份有限公司 | Share Holding Limited Corporations | 73 | 10003 | 403568 |
| 私营企业 | Private Enterprises | 560 | 17438 | 444731 |
| 其他企业 | Others | 1 | 12 | 165 |
| 港、澳、台商投资企业 | Enterprises Funded by Hong Kong, Macao and Taiwan | 32 | 2398 | 28633 |
| 合资经营企业 | Joint-venture Enterprises | 19 | 1110 | 12302 |
| 合作经营企业 | Cooperative Enterprises | | | |
| 独资经营企业 | Enterprises with Sole Funded from Hong Kong,Macao and Taiwan | 11 | 1082 | 11249 |
| 投资股份有限公司 | Share-holding Corporations Ltd. with Investment from Hong Kong, Macao and Taiwan | 2 | 206 | 5082 |
| 其他港澳台投资企业 | Others | | | |
| 外商投资企业 | Foreign Funded Enterprises | 26 | 3266 | 212896 |
| 中外合资经营企业 | Joint-venture Enterprises | 14 | 2635 | 202799 |
| 中外合作经营企业 | Cooperation Enterprises | 1 | 22 | 100 |
| 外资企业 | Enterprises with Sole Fund | 8 | 317 | 3247 |
| 外商投资股份有限公司 | Share-holding Corporations Ltd. with Foreign Investment | 2 | 257 | 6100 |
| 其他外商投资企业 | Others | 1 | 35 | 651 |
| **按行业分** | **By Sector** | | | |
| 采矿业 | Mining | 14 | 266 | 2318 |
| 煤炭开采和洗选业 | Mining and Washing of Coal | 4 | 125 | 372 |
| 石油和天然气开采业 | Extraction of Petroleum and Natural Gas | 1 | 44 | 741 |
| 黑色金属矿采选业 | Mining and Processing of Ferrous Metal Ores | | | |
| 有色金属矿采选业 | Mining and Processing of Non-Ferrous Metal Ores | 1 | 14 | 755 |
| 非金属矿采选业 | Mining and Processing of Nonmetal Ores | 8 | 83 | 450 |
| 开采辅助活动 | Mining Support Activities | | | |
| 其他采矿业 | Mining of Other Ores | | | |
| 制造业 | Manufacture | 1053 | 49050 | 1503112 |
| 农副食品加工业 | Processing of Food from Agricultural Products | 56 | 1016 | 18332 |
| 食品制造业 | Manufacture of Foods | 26 | 418 | 7126 |

**表18.15 续表 continued**

| 项　目 | Item | 科技机构数（个） Number of Institutions (unit) | 科技机构科技活动人数（人） Personnel of Institutions (person) | 科技机构经费内部支出（万元） Inner Expenditure for Science and Technology (10 000 yuan) |
|---|---|---|---|---|
| 酒、饮料和精制茶制造业 | Liquor, Beverage and Refined Tea | 18 | 405 | 6421 |
| 烟草制品业 | Manufacture of Tobacco | | | |
| 纺织业 | Manufacture of Textile | 9 | 155 | 3252 |
| 纺织服装、服饰业 | Manufacture of Textile Wearing Apparel, Footware and Caps | 4 | 142 | 1326 |
| 皮革、毛皮、羽毛及其制品和制鞋业 | Manufacture of Leather, Fur, Feather and Related Products | 4 | 78 | 1683 |
| 木材加工和木、竹、藤、棕、草制品业 | Processing of Timber, Manufacture of Wood, Bamboo, Rattan, Palm and Straw Products | 1 | 5 | 50 |
| 家具制造业 | Manufacture of Furniture | 7 | 163 | 1742 |
| 造纸和纸制品业 | Manufacture of Paper and Paper Products | 11 | 616 | 9033 |
| 印刷和记录媒介复制业 | Printing, Reproduction of Recording Media | 11 | 212 | 5077 |
| 文教、工美、体育和娱乐用品制造业 | Manufacture of Culture, Education, Handicraft, Fine Arts, Sports and Entertainment Articles | 8 | 128 | 5106 |
| 石油加工、炼焦和核燃料加工业 | Processing of Petroleum, Coking, Processing of Nuclear Fuel | 4 | 188 | 3551 |
| 化学原料和化学制品制造业 | Manufacture of Raw Chemical Materials and Chemical Products | 63 | 1725 | 38526 |
| 医药制造业 | Manufacture of Medicines | 66 | 3075 | 94749 |
| 化学纤维制造业 | Manufacture of Chemical Fibers | 1 | 11 | 335 |
| 橡胶和塑料制品业 | Manufacture of Rubber and Plastics | 39 | 830 | 22775 |
| 非金属矿物制品业 | Manufacture of Non-metallic Mineral Products | 68 | 2151 | 26628 |
| 黑色金属冶炼和压延加工业 | Smelting and Pressing of Ferrous Metals | 18 | 393 | 10574 |
| 有色金属冶炼和压延加工业 | Smelting and Pressing of Nonferrous Metals | 24 | 913 | 26627 |
| 金属制品业 | Manufacture of Metal Products | 36 | 1160 | 40351 |
| 通用设备制造业 | Manufacture of General Purpose Machinery | 79 | 3390 | 83330 |
| 专用设备制造业 | Manufacture of Special Purpose Machinery | 59 | 1387 | 34973 |
| 汽车制造业 | Manufacture of Motor Vehicles | 167 | 18033 | 763772 |
| 铁路、船舶、航空航天和其他运输设备制造业 | Manufacture of Railway, Ship, Aviation and Other Transporting Equipment | 77 | 4602 | 130557 |
| 电气机械和器材制造业 | Manufacture of Electrical Machinery and Equipment | 59 | 2183 | 51807 |
| 计算机、通信和其他电子设备制造业 | Manufacture of Communication Equipment, Computers and Other Electronic Equipment | 92 | 4095 | 88529 |
| 仪器仪表制造业 | Manufacture of Measuring Instruments and Machinery for Cultural Activity and Office Work | 32 | 1082 | 16861 |
| 其他制造业 | Other Manufacture | 12 | 477 | 9980 |
| 废弃资源综合利用业 | Comprehensive Utilization of Waste Resources | 2 | 17 | 40 |
| 金属制品、机械和设备修理业 | Repair of Metal Products, Machinery and Equipment | | | |
| 电力、热力、燃气及水生产和供应业 | Production and Supply of Electric Power, Heat Power and Gas | 10 | 347 | 3807 |
| 电力、热力生产和供应业 | Production and Supply of Electric Power, Heat Power and Gas | 4 | 256 | 3041 |
| 燃气生产和供应业 | Production and Supply of Gas | 5 | 76 | 719 |
| 水的生产和供应业 | Production and Supply of Water | 1 | 15 | 47 |

# 表18.16 大中型工业企业R&D人员情况（2016年）
## STATISTICS ON R&D PERSONNEL IN LARGE & MEDIUM-SIZED INDUSTRIAL ENTERPRISES (2016)

| 项　目 | Item | R&D人员数（人） R&D Personnel (person) | 其中 of which #参加项目人员 Researchers | #R&D全时人员 Full-time Employees | R&D人员折合全时当量（人年） Full-time Personnel (person-year) | 其中 of which #试验发展人员 Personnel of Testing Development |
|---|---|---|---|---|---|---|
| **总　计** | **Total** | **59692** | **56537** | **44866** | **38467** | **37889** |
| **按隶属关系分** | **By Relationship** | | | | | |
| 中　央 | Central | 13612 | 12978 | 11049 | 9154 | 8913 |
| 地　方 | Local | 46080 | 43559 | 33817 | 29313 | 28976 |
| **按登记注册类型分** | **By Registration** | | | | | |
| 内资企业 | Domestic-funded | 49396 | 46620 | 37302 | 31375 | 30876 |
| 国有企业 | State-owned | 801 | 711 | 624 | 583 | 577 |
| 集体企业 | Collective-owned | 16 | 15 | 12 | 10 | 10 |
| 股份合作企业 | Cooperative Enterprise | | | | | |
| 联营企业 | Joint Ownership Enterprises | | | | | |
| 有限责任公司 | Limited Liability Corporations | 22775 | 21378 | 16859 | 14673 | 14411 |
| 股份有限公司 | Share Holding Limited Corporations | 10321 | 9799 | 8552 | 6812 | 6674 |
| 私营企业 | Private Enterprises | 15483 | 14717 | 11255 | 9297 | 9204 |
| 其他企业 | Others | | | | | |
| 港、澳、台商投资企业 | Enterprises Funded by Hong Kong, Macao Macao and Taiwan | 3493 | 3443 | 2595 | 2572 | 2513 |
| 合资经营企业 | Joint-venture Enterprises | 1851 | 1813 | 1184 | 1345 | 1286 |
| 合作经营企业 | Cooperative Enterprises | | | | | |
| 独资经营企业 | Enterprises with Sole Funded from Hong Kong,Macao and Taiwan | 1449 | 1440 | 1241 | 1176 | 1176 |
| 投资股份有限公司 | Share-holding Corporations Ltd. with Investment from Hong Kong, Macao and Taiwan | 193 | 190 | 170 | 51 | 51 |
| 其他港澳台投资企业 | Others | | | | | |
| 外商投资企业 | Foreign Funded Enterprises | 6803 | 6474 | 4969 | 4520 | 4500 |
| 中外合资经营企业 | Joint-venture Enterprises | 4738 | 4558 | 3469 | 3126 | 3111 |
| 中外合作经营企业 | Cooperation Enterprises | 530 | 527 | 261 | 244 | 244 |
| 外资企业 | Enterprises with Sole Fund | 1206 | 1071 | 1022 | 939 | 939 |
| 外商投资股份有限公司 | Share-holding Corporations Ltd.with Foreign Investment | 294 | 283 | 185 | 188 | 182 |
| 其他外商投资企业 | Others | 35 | 35 | 32 | 24 | 24 |
| **按行业分** | **By Sector** | | | | | |
| 采矿业 | Mining | 473 | 442 | 311 | 353 | 320 |
| 煤炭开采和洗选业 | Mining and Washing of Coal | 149 | 122 | 27 | 67 | 33 |
| 石油和天然气开采业 | Extraction of Petroleum and Natural Gas | | | | | |
| 黑色金属矿采选业 | Mining and Processing of Ferrous Metal Ores | 268 | 268 | 241 | 244 | 244 |
| 有色金属矿采选业 | Mining and Processing of Non-Ferrous Metal Ores | | | | | |
| 非金属矿采选业 | Mining and Processing of Nonmetal Ores | 56 | 52 | 43 | 43 | 43 |
| 开采辅助活动 | Mining Support Activities | | | | | |
| 其他采矿业 | Mining of Other Ores | | | | | |

**表18.16 续表 continued**

| 项　目 | Item | R&D人员数（人） R&D Personnel (person) | 其中 of which #参加项目人员 Researchers | #R&D全时人员 Full-time Employees | R&D人员折合全时当量（人年） Full-time Personnel (person-year) | 其中 of which #试验发展人员 Personnel of Testing Development |
|---|---|---|---|---|---|---|
| 制造业 | Manufacture | 59014 | 55900 | 44531 | 37941 | 37412 |
| 农副食品加工业 | Processing of Food from Agricultural Products | 455 | 399 | 225 | 262 | 261 |
| 食品制造业 | Manufacture of Foods | 848 | 807 | 733 | 621 | 621 |
| 酒、饮料和精制茶制造业 | Liquor, Beverages and Refined Tea | 119 | 110 | 80 | 47 | 42 |
| 烟草制品业 | Manufacture of Tobacco | 319 | 305 | 271 | 71 | 69 |
| 纺织业 | Manufacture of Textile | 334 | 334 | 228 | 166 | 166 |
| 纺织服装、服饰业 | Manufacture of Textile Wearing Apparel, Footwear and Caps | 17 | 16 | 13 | 8 | 8 |
| 皮革、毛皮、羽毛及其制品和制鞋业 | Manufacture of Leather, Fur, Feather and Related Products | 135 | 135 | 87 | 92 | 92 |
| 木材加工和木、竹、藤、棕、草制品业 | Processing of Timber, Manufacture of Wood, Bamboo, Rattan, Palm and Straw Products | 34 | 33 | 25 | 26 | 10 |
| 家具制造业 | Manufacture of Furniture | | | | | |
| 造纸和纸制品业 | Manufacture of Paper and Paper Products | 759 | 756 | 670 | 421 | 421 |
| 印刷和记录媒介复制业 | Printing, Reproduction of Recording Media | 197 | 174 | 123 | 89 | 89 |
| 文教、工美、体育和娱乐用品制造业 | Manufacture of Culture, Education, Handicraft, Fine Arts, Sports and Entertainment Articles | 120 | 119 | 53 | 86 | 81 |
| 石油加工、炼焦和核燃料加工业 | Processing of Petroleum, Coking, Processing of Nuclear Fuel | 49 | 47 | 40 | 39 | 39 |
| 化学原料和化学制品制造业 | Manufacture of Raw Chemical Materials and Chemical Products | 1939 | 1829 | 1373 | 1232 | 1229 |
| 医药制造业 | Manufacture of Medicines | 3382 | 3256 | 2561 | 2096 | 2032 |
| 化学纤维制造业 | Manufacture of Chemical Fibers | 6 | 6 | 5 | 5 | |
| 橡胶和塑料制品业 | Manufacture of Rubber and Plastics | 939 | 922 | 495 | 612 | 612 |
| 非金属矿物制品业 | Manufacture of Non-metallic Mineral Products | 2240 | 1999 | 1145 | 1075 | 1021 |
| 黑色金属冶炼和压延加工业 | Smelting and Pressing of Ferrous Metals | 989 | 869 | 575 | 595 | 595 |
| 有色金属冶炼和压延加工业 | Smelting and Pressing of Nonferrous Metals | 2121 | 2072 | 1107 | 945 | 920 |
| 金属制品业 | Manufacture of Metal Products | 1224 | 1206 | 1006 | 895 | 880 |
| 通用设备制造业 | Manufacture of General Purpose Machinery | 4319 | 3846 | 3047 | 3096 | 3066 |
| 专用设备制造业 | Manufacture of Special Purpose Machinery | 1711 | 1664 | 1438 | 1063 | 972 |
| 汽车制造业 | Manufacture of Motor Vehicles | 17345 | 16692 | 14400 | 11896 | 11781 |
| 铁路、船舶、航空航天和其他运输设备制造业 | Manufacture of Railway, Ship, Aviation and Other Transporting Equipment | 6834 | 6467 | 5183 | 3960 | 3927 |
| 电气机械和器材制造业 | Manufacture of Electrical Machinery and Equipment | 2846 | 2607 | 2033 | 1495 | 1495 |
| 计算机、通信和其他电子设备制造业 | Manufacture of Communication Equipment, Computers and Other Electronic Equipment | 6496 | 6210 | 5070 | 4631 | 4601 |
| 仪器仪表制造业 | Manufacture of Measuring Instruments and Machinery for Cultural Activity and Office Work | 1633 | 1514 | 1101 | 1107 | 1094 |
| 其他制造业 | Other Manufacture | 1604 | 1506 | 1444 | 1308 | 1289 |
| 废弃资源综合利用业 | Comprehensive Utilization of Waste Resources | | | | | |
| 金属制品、机械和设备修理业 | Repair of Metal Products, Machinery and Equipment | | | | | |
| 电力、热力、燃气及水生产和供应业 | Production and Supply of Electric Power, Heat Power and Gas | 205 | 195 | 24 | 173 | 157 |
| 电力、热力生产和供应业 | Production and Supply of Electric Power and Heat Power | 193 | 183 | 16 | 162 | 146 |
| 燃气生产和供应业 | Production and Supply of Gas | 12 | 12 | 8 | 11 | 11 |
| 水的生产和供应业 | Production and Supply of Water | | | | | |

# 表18.17 规模以上工业企业R&D人员情况（2016年）
STATISTICS ON R&D PERSONNEL IN INDUSTRIAL ENTERPRISES ABOVE DESIGNATED SIZE (2016)

| 项　目 | Item | R&D人员数(人) R&D Personnel (person) | 其中 of which #参加项目人员 Researchers | #R&D全时人员 Full-time Employees | R&D人员折合全时当量(人年) Full-time Personnel (person-year) | 其中 of which #试验发展人员 Personnel of Testing Development |
|---|---|---|---|---|---|---|
| **总　计** | **Total** | **73946** | **70190** | **55184** | **47392** | **46598** |
| **按隶属关系分** | **By Relationship** | | | | | |
| 中　央 | Central | 14001 | 13352 | 11255 | 9349 | 9107 |
| 地　方 | Local | 59945 | 56838 | 43929 | 38043 | 37491 |
| **按登记注册类型分** | **By Registration** | | | | | |
| 内资企业 | Domestic-funded | 63045 | 59709 | 47141 | 39848 | 39133 |
| 国有企业 | State-owned | 816 | 725 | 638 | 595 | 588 |
| 集体企业 | Collective-owned | 46 | 44 | 36 | 24 | 24 |
| 股份合作企业 | Cooperative Enterprise | | | | | |
| 联营企业 | Joint Ownership Enterprises | 17 | 16 | 15 | 15 | 15 |
| 有限责任公司 | Limited Liability Corporations | 27778 | 26229 | 20398 | 17888 | 17572 |
| 股份有限公司 | Share Holding Limited Corporations | 11011 | 10461 | 9056 | 7200 | 7051 |
| 私营企业 | Private Enterprises | 23329 | 22196 | 16957 | 14089 | 13846 |
| 其他企业 | Others | 48 | 38 | 41 | 36 | 36 |
| 港、澳、台商投资企业 | Enterprises Funded by Hong Kong, Macao and Taiwan | 3804 | 3747 | 2847 | 2807 | 2748 |
| 合资经营企业 | Joint-venture Enterprises | 2034 | 1992 | 1346 | 1500 | 1441 |
| 合作经营企业 | Cooperative Enterprises | | | | | |
| 独资经营企业 | Enterprises with Sole Funded from Hong Kong,Macao and Taiwan | 1577 | 1565 | 1331 | 1256 | 1256 |
| 投资股份有限公司 | Share-holding Corporations Ltd. with Investment from Hong Kong, Macao and Taiwan | 193 | 190 | 170 | 51 | 51 |
| 其他港澳台投资企业 | Others | | | | | |
| 外商投资企业 | Foreign Funded Enterprises | 7097 | 6734 | 5196 | 4737 | 4717 |
| 中外合资经营企业 | Joint-venture Enterprises | 4915 | 4702 | 3608 | 3257 | 3243 |
| 中外合作经营企业 | Cooperation Enterprises | 530 | 527 | 261 | 244 | 244 |
| 外资企业 | Enterprises with Sole Fund | 1287 | 1151 | 1078 | 991 | 991 |
| 外商投资股份有限公司 | Share-holding Corporations Ltd. with Foreign Investment | 330 | 319 | 217 | 221 | 215 |
| 其他外商投资企业 | Others | 35 | 35 | 32 | 24 | 24 |
| **按行业分** | **By Sector** | | | | | |
| 采矿业 | Mining | 614 | 580 | 380 | 426 | 393 |
| 煤炭开采和洗选业 | Mining and Washing of Coal | 149 | 122 | 27 | 67 | 33 |
| 石油和天然气开采业 | Extraction of Petroleum and Natural Gas | 83 | 81 | 28 | 43 | 43 |
| 黑色金属矿采选业 | Mining and Processing of Ferrous Metal Ores | 277 | 276 | 243 | 250 | 250 |
| 有色金属矿采选业 | Mining and Processing of Non-Ferrous Metal Ores | 16 | 16 | 13 | 15 | 15 |
| 非金属矿采选业 | Mining and Processing of Nonmetal Ores | 89 | 85 | 69 | 52 | 52 |
| 开采辅助活动 | Mining Support Activities | | | | | |
| 其他采矿业 | Mining of Other Ores | | | | | |

**表18.17 续表 continued**

| 项　目 | Item | R&D人员数（人） R&D Personnel (person) | 其　中 of which #参加项目人员 Researchers | #R&D全时人员 Full-time Employees | R&D人员折合全时当量（人年） Full-time Personnel (person-year) | 其　中 of which #试验发展人员 Personnel of Testing Development |
|---|---|---|---|---|---|---|
| 制造业 | Manufacture | 73102 | 69392 | 54771 | 46780 | 46036 |
| 农副食品加工业 | Processing of Food from Agricultural Products | 800 | 732 | 458 | 480 | 469 |
| 食品制造业 | Manufacture of Foods | 952 | 911 | 816 | 701 | 701 |
| 酒、饮料和精制茶制造业 | Liquor, Beverage and Refined Tea | 173 | 159 | 106 | 71 | 65 |
| 烟草制品业 | Manufacture of Tobacco | 319 | 305 | 271 | 71 | 69 |
| 纺织业 | Manufacture of Textile | 490 | 478 | 349 | 303 | 286 |
| 纺织服装、服饰业 | Manufacture of Textile Wearing Apparel, Footware and Caps | 17 | 16 | 13 | 8 | 8 |
| 皮革、毛皮、羽毛及其制品和制鞋业 | Manufacture of Leather, Fur, Feather and Related Products | 171 | 169 | 114 | 124 | 124 |
| 木材加工和木、竹、藤、棕、草制品业 | Processing of Timber, Manufacture of Wood, Bamboo, Rattan, Palm and Straw Products | 119 | 109 | 90 | 76 | 60 |
| 家具制造业 | Manufacture of Furniture | 48 | 46 | 37 | 31 | 31 |
| 造纸和纸制品业 | Manufacture of Paper and Paper Products | 856 | 853 | 700 | 486 | 486 |
| 印刷和记录媒介复制业 | Printing, Reproduction of Recording Media | 328 | 303 | 213 | 174 | 168 |
| 文教、工美、体育和娱乐用品制造业 | Manufacture of Culture, Education, Handicraft, Fine Arts, Sports and Entertainment Articles | 127 | 126 | 59 | 91 | 86 |
| 石油加工、炼焦和核燃料加工业 | Processing of Petroleum,Coking, Processing of Nuclear Fuel | 127 | 112 | 101 | 82 | 82 |
| 化学原料和化学制品制造业 | Manufacture of Raw Chemical Materials and Chemical Products | 2552 | 2395 | 1825 | 1649 | 1640 |
| 医药制造业 | Manufacture of Medicines | 4279 | 4090 | 3264 | 2698 | 2626 |
| 化学纤维制造业 | Manufacture of Chemical Fibers | 6 | 6 | 5 | 5 | |
| 橡胶和塑料制品业 | Manufacture of Rubber and Plastics | 1568 | 1530 | 935 | 963 | 954 |
| 非金属矿物制品业 | Manufacture of Non-metallic Mineral Products | 2983 | 2714 | 1670 | 1596 | 1540 |
| 黑色金属冶炼和压延加工业 | Smelting and Pressing of Ferrous Metals | 1228 | 1104 | 759 | 754 | 754 |
| 有色金属冶炼和压延加工业 | Smelting and Pressing of Nonferrous Metals | 2623 | 2564 | 1381 | 1236 | 1211 |
| 金属制品业 | Manufacture of Metal Products | 1570 | 1533 | 1274 | 1082 | 1067 |
| 通用设备制造业 | Manufacture of General Purpose Machinery | 5579 | 5056 | 3976 | 3891 | 3847 |
| 专用设备制造业 | Manufacture of Special Purpose Machinery | 3180 | 3082 | 2473 | 1982 | 1873 |
| 汽车制造业 | Manufacture of Motor Vehicles | 19432 | 18677 | 15947 | 13169 | 12977 |
| 铁路、船舶、航空航天和其他运输设备制造业 | Manufacture of Railway, Ship, Aviation and Other Transporting Equipment | 7699 | 7284 | 5791 | 4487 | 4446 |
| 电气机械和器材制造业 | Manufacture of Electrical Machinery and Equipment | 4070 | 3796 | 2978 | 2237 | 2233 |
| 计算机、通信和其他电子设备制造业 | Manufacture of Communication Equipment, Computers and Other Electronic Equipment | 7899 | 7578 | 6119 | 5485 | 5438 |
| 仪器仪表制造业 | Manufacture of Measuring Instruments and Machinery for Cultural Activity and Office Work | 2267 | 2123 | 1579 | 1523 | 1489 |
| 其他制造业 | Other Manufacture | 1631 | 1533 | 1464 | 1319 | 1300 |
| 废弃资源综合利用业 | Comprehensive Utilization of Waste Resources | 9 | 8 | 4 | 6 | 6 |
| 金属制品、机械和设备修理业 | Repair of Metal Products, Machinery and Equipment | | | | | |
| 电力、热力、燃气及水生产和供应业 | Production and Supply of Electric Power, Heat Power and Gas | 230 | 218 | 33 | 185 | 169 |
| 电力、热力生产和供应业 | Production and Supply of Electric Power and Heat Power | 212 | 200 | 21 | 170 | 155 |
| 燃气生产和供应业 | Production and Supply of Gas | 12 | 12 | 8 | 11 | 11 |
| 水的生产和供应业 | Production and Supply of Water | 6 | 6 | 4 | 4 | 4 |

# 表18.18 大中型工业企业R&D活动经费支出与项目情况（2016年）

## EXPENDITURE AND PROJECTS OF SCIENTIFIC & TECHNOLOGICAL ACTIVITIES OF LARGE & MEDIUM-SIZED INDUSTRIAL ENTERPRISES (2016)

单位：万元 (10 000 yuan)

| 项 目 | Item | 研究与发展经费内部支出 Internal Expenditure on R&D | R&D项目经费占R&D经费内部支出比重（%） Percentage of Project Expenditure to Internal Expenditure on R&D (%) | 技术改造经费支出 Expenditure for Technical Transformation | 技术引进经费支出 Expenditure for Technical Recommendation | 购买境内技术用款 Purchases of Civil Technology |
|---|---|---|---|---|---|---|
| **总 计** | **Total** | **1953214** | **92.0** | **657515** | **373818** | **39836** |
| **按隶属关系分** | **By Relationship** | | | | | |
| 中 央 | Central | 534790 | 95.0 | 452723 | 352291 | 22520 |
| 地 方 | Local | 1358424 | 90.8 | 204792 | 21527 | 17316 |
| **按登记注册类型分** | **By Registration** | | | | | |
| 内资企业 | Domestic-funded | 1548756 | 91.0 | 251120 | 8898 | 39789 |
| 国有企业 | State-owned | 16948 | 89.2 | 5861 | | |
| 集体企业 | Collective-owned | 301 | 99.8 | | | |
| 股份合作企业 | Cooperative Enterprise | | | | | |
| 联营企业 | Joint Ownership Enterprises | | | | | |
| 有限责任公司 | Limited Liability Corporations | 658448 | 91.5 | 127526 | 2221 | 10681 |
| 股份有限公司 | Share Holding Limited Corporations | 337146 | 94.8 | 43078 | 1501 | 23373 |
| 私营企业 | Private Enterprises | 535913 | 88.2 | 74655 | 5177 | 5735 |
| 其他企业 | Others | | | | | |
| 港、澳、台商投资企业 | Enterprises Funded by Hong Kong, Macao and Taiwan | 104523 | 92.4 | 7303 | | |
| 合资经营企业 | Joint-venture Enterprises | 74270 | 97.7 | 6023 | | |
| 合作经营企业 | Cooperative Enterprises | | | | | |
| 独资经营企业 | Enterprises with Sole Funded from Hong Kong, Macao and Taiwan | 24791 | 78.4 | 1280 | | |
| 投资股份有限公司 | Share-holding Corporations Ltd. with Investment from Hong Kong, Macao and Taiwan | 5462 | 84.0 | | | |
| 其他港澳台投资企业 | Others | | | | | |
| 外商投资企业 | Foreign Funded Enterprises | 299936 | 96.9 | 399093 | 364920 | 47 |
| 中外合资经营企业 | Joint-venture Enterprises | 243939 | 97.1 | 393035 | 358614 | 24 |
| 中外合作经营企业 | Cooperation Enterprises | 15186 | 98.3 | | | |
| 外资企业 | Enterprises with Sole Fund | 33343 | 94.5 | 2098 | 1825 | 23 |
| 外商投资股份有限公司 | Share-holding Corporations Ltd. with Foreign Investment | 6753 | 97.4 | 3941 | 4481 | |
| 其他外商投资企业 | Others | 715 | 91.0 | 18 | | |
| **按行业分** | **By Sector** | | | | | |
| 采矿业 | Mining | 5070 | 95.8 | 29072 | | 4377 |
| 煤炭开采和洗选业 | Mining and Washing of Coal | 1619 | 88.4 | 26235 | | 4012 |
| 石油和天然气开采业 | Extraction of Petroleum and Natural Gas | | | | | |
| 黑色金属矿采选业 | Mining and Processing of Ferrous Metal Ores | 1627 | 99.0 | | | |
| 有色金属矿采选业 | Mining and Processing of Non-Ferrous Metal Ores | | | | | |
| 非金属矿采选业 | Mining and Processing of Nonmetal Ores | 1824 | 99.4 | 2837 | | 365 |
| 开采辅助活动 | Mining Support Activities | | | | | |
| 其他采矿业 | Mining of Other Ores | | | | | |

**表18.18 续表 continued**

单位：万元 (10 000 yuan)

| 项　目 | Item | 研究与发展经费内部支出 Internal Expenditure on R&D | R&D项目经费占R&D经费内部支出比重（%） Percentage of Project Expenditure to Internal Expenditure on R&D (%) | 技术改造经费支出 Expenditure for Technical Transformation | 技术引进经费支出 Expenditure for Technical Recommendation | 购买境内技术用款 Purchases of Civil Technology |
|---|---|---|---|---|---|---|
| 制造业 | Manufacture | 1942928 | 92.0 | 618126 | 373818 | 35459 |
| 农副食品加工业 | Processing of Food from Agricultural Products | 10492 | 89.5 | 5418 | | |
| 食品制造业 | Manufacture of Foods | 15066 | 85.3 | 3580 | | |
| 酒、饮料和精制茶制造业 | Liquor, Beverage and Refined Tea | 2773 | 93.2 | 4128 | | 40 |
| 烟草制品业 | Manufacture of Tobacco | 2076 | 93.6 | | | |
| 纺织业 | Manufacture of Textile | 12594 | 80.3 | 345 | | 40 |
| 纺织服装、服饰业 | Manufacture of Textile Wearing Apparel, Footware and Caps | 208 | 97.8 | 66 | | |
| 皮革、毛皮、羽毛及其制品和制鞋业 | Manufacture of Leather, Fur, Feather and Related Products | 1977 | 90.9 | 156 | | |
| 木材加工和木、竹、藤、棕、草制品业 | Processing of Timber, Manufacture of Wood, Bamboo, Rattan, Palm and Straw Products | 1362 | 100.0 | | | |
| 家具制造业 | Manufacture of Furniture | | | | | |
| 造纸和纸制品业 | Manufacture of Paper and Paper Products | 27853 | 94.6 | | | |
| 印刷和记录媒介复制业 | Printing, Reproduction of Recording Media | 8985 | 93.3 | 4107 | | |
| 文教、工美、体育和娱乐用品制造业 | Manufacture of Culture, Education, Handicraft, Fine Arts, Sports and Entertainment Articles | 5929 | 95.0 | | | |
| 石油加工、炼焦和核燃料加工业 | Processing of Petroleum, Coking, Processing of Nuclear Fuel | 822 | 96.2 | 345 | | |
| 化学原料和化学制品制造业 | Manufacture of Raw Chemical Materials and Chemical Products | 68427 | 87.4 | 25360 | | 1277 |
| 医药制造业 | Manufacture of Medicines | 106658 | 89.6 | 21645 | 684 | 7674 |
| 化学纤维制造业 | Manufacture of Chemical Fibers | 618 | 99.9 | | | |
| 橡胶和塑料制品业 | Manufacture of Rubber and Plastics | 24803 | 94.2 | 112 | | |
| 非金属矿物制品业 | Manufacture of Non-metallic Mineral Products | 44792 | 85.7 | 8867 | 799 | 24 |
| 黑色金属冶炼和压延加工业 | Smelting and Pressing of Ferrous Metals | 35386 | 92.0 | 955 | | 213 |
| 有色金属冶炼和压延加工业 | Smelting and Pressing of Nonferrous Metals | 68521 | 95.0 | 55908 | | |
| 金属制品业 | Manufacture of Metal Products | 43212 | 92.4 | 118 | | |
| 通用设备制造业 | Manufacture of General Purpose Machinery | 100970 | 94.2 | 13803 | 5636 | 123 |
| 专用设备制造业 | Manufacture of Special Purpose Machinery | 52368 | 89.0 | 4592 | 1531 | |
| 汽车制造业 | Manufacture of Motor Vehicles | 752226 | 92.4 | 443384 | 360332 | 22868 |
| 铁路、船舶、航空航天和其他运输设备制造业 | Manufacture of Railway, Ship, Aviation and Other Transporting Equipment | 217268 | 92.4 | 6791 | 4808 | 2802 |
| 电气机械和器材制造业 | Manufacture of Electrical Machinery and Equipment | 78559 | 94.0 | 7180 | 29 | 167 |
| 计算机、通信和其他电子设备制造业 | Manufacture of Communication Equipment, Computers and Other Electronic Equipment | 199773 | 93.8 | 2925 | | 230 |
| 仪器仪表制造业 | Manufacture of Measuring Instruments and Machinery for Cultural Activity and Office Work | 22655 | 88.5 | 1093 | | |
| 其他制造业 | Other Manufacture | 36558 | 86.5 | 7249 | | |
| 废弃资源综合利用业 | Comprehensive Utilization of Waste Resources | | | | | |
| 金属制品、机械和设备修理业 | Repair of Metal Products, Machinery and Equipment | | | | | |
| 电力、热力、燃气及水生产和供应业 | Production and Supply of Electric Power, Heat Power and Gas | 5217 | 98.1 | 10318 | | |
| 电力、热力生产和供应业 | Production and Supply of Electric Power and Heat Power | 4198 | 97.8 | 10318 | | |
| 燃气生产和供应业 | Production and Supply of Gas | 1019 | 99.3 | | | |
| 水的生产和供应业 | Production and Supply of Water | | | | | |

# 表18.19 规模以上工业企业R&D活动经费支出与项目情况（2016年）

## EXPENDITURE AND PROJECTS OF SCIENTIFIC & TECHNOLOGICAL ACTIVITIES OF INDUSTRIAL ENTERPRISES ABOVE DESIGNATED SIZE (2016)

单位：万元 (10 000 yuan)

| 项　目 | Item | 研究与发展经费内部支出 Internal Expenditure on R&D | R&D项目经费占R&D经费内部支出比重（%） Percentage of Project Expenditure to Internal Expenditure on R&D (%) | 技术改造经费支出 Expenditure for Technical Transformation | 技术引进经费支出 Expenditure for Technical Recommendation | 购买境内技术用款 Purchases of Civil Technology |
|---|---|---|---|---|---|---|
| **总　计** | **Total** | **2374859** | **91.9** | **706714** | **376013** | **45856** |
| **按隶属关系分** | **By Relationship** | | | | | |
| 中　央 | Central | 610346 | 94.8 | 454322 | 352291 | 22520 |
| 地　方 | Local | 1764513 | 90.9 | 252392 | 23722 | 23336 |
| **按登记注册类型分** | **By Registration** | | | | | |
| 内资企业 | Domestic-funded | 1947216 | 91.1 | 298278 | 9460 | 45783 |
| 国有企业 | State-owned | 17641 | 88.8 | 5861 | | |
| 集体企业 | Collective-owned | 1177 | 98.9 | 749 | | |
| 股份合作企业 | Cooperative Enterprise | | | | | |
| 联营企业 | Joint Ownership Enterprises | 73 | 99.3 | | | |
| 有限责任公司 | Limited Liability Corporations | 821773 | 91.5 | 151634 | 2356 | 13879 |
| 股份有限公司 | Share Holding Limited Corporations | 356888 | 94.9 | 45571 | 1521 | 23373 |
| 私营企业 | Private Enterprises | 748849 | 89.0 | 94462 | 5584 | 8527 |
| 其他企业 | Others | 816 | 83.9 | | | 4 |
| 港、澳、台商投资企业 | Enterprises Funded by Hong Kong, Macao and Taiwan | 118074 | 92.7 | 9244 | 1324 | 26 |
| 合资经营企业 | Joint-venture Enterprises | 82980 | 97.4 | 7463 | 1324 | |
| 合作经营企业 | Cooperative Enterprises | | | | | |
| 独资经营企业 | Enterprises with Sole Funded from Hong Kong, Macao and Taiwan | 29632 | 80.9 | 1781 | | 26 |
| 投资股份有限公司 | Share-holding Corporations Ltd. with Investment from Hong Kong, Macao and Taiwan | 5462 | 84.0 | | | |
| 其他港澳台投资企业 | Others | | | | | |
| 外商投资企业 | Foreign Funded Enterprises | 309569 | 96.4 | 399193 | 365229 | 47 |
| 中外合资经营企业 | Joint-venture Enterprises | 251494 | 96.5 | 393035 | 358923 | 24 |
| 中外合作经营企业 | Cooperation Enterprises | 15186 | 98.3 | 100 | | |
| 外资企业 | Enterprises with Sole Fund | 35064 | 94.7 | 2098 | 1825 | 23 |
| 外商投资股份有限公司 | Share-holding Corporations Ltd. with Foreign Investment | 7110 | 97.5 | 3941 | 4481 | |
| 其他外商投资企业 | Others | 715 | 91.0 | 18 | | |
| **按行业分** | **By Sector** | | | | | |
| 采矿业 | Mining | 23224 | 92.1 | 29106 | | 4377 |
| 煤炭开采和洗选业 | Mining and Washing of Coal | 1619 | 88.4 | 26235 | | 4012 |
| 石油和天然气开采业 | Extraction of Petroleum and Natural Gas | 15896 | 90.0 | 34 | | |
| 黑色金属矿采选业 | Mining and Processing of Ferrous Metal Ores | 2284 | 99.3 | | | |
| 有色金属矿采选业 | Mining and Processing of Non-Ferrous Metal Ores | 797 | 99.2 | | | |
| 非金属矿采选业 | Mining and Processing of Nonmetal Ores | 2628 | 98.4 | 2837 | | 365 |
| 开采辅助活动 | Mining Support Activities | | | | | |
| 其他采矿业 | Mining of Other Ores | | | | | |

**表18.19 续表 continued**

单位：万元 (10 000 yuan)

| 项 目 | Item | 研究与发展经费内部支出 Internal Expenditure on R&D | R&D项目经费占R&D经费内部支出比重（%） Percentage of Project Expenditure to Internal Expenditure on R&D (%) | 技术改造经费支出 Expenditure for Technical Transformation | 技术引进经费支出 Expenditure for Technical Recommendation | 购买境内技术用款 Purchases of Civil Technology |
|---|---|---|---|---|---|---|
| 制造业 | Manufacture | 2346024 | 91.9 | 665443 | 376013 | 41479 |
| 农副食品加工业 | Processing of Food from Agricultural Products | 21853 | 91.9 | 6690 | 50 | 55 |
| 食品制造业 | Manufacture of Foods | 19181 | 87.9 | 4062 | | 10 |
| 酒、饮料和精制茶制造业 | Liquor, Beverage and Refined Tea | 5333 | 95.8 | 4924 | | 129 |
| 烟草制品业 | Manufacture of Tobacco | 2076 | 93.6 | | | |
| 纺织业 | Manufacture of Textile | 16954 | 81.5 | 345 | | 40 |
| 纺织服装、服饰业 | Manufacture of Textile Wearing Apparel, Footware and Caps | 208 | 97.8 | 81 | | 10 |
| 皮革、毛皮、羽毛及其制品和制鞋业 | Manufacture of Leather, Fur, Feather and Related Products | 2944 | 92.1 | 397 | | |
| 木材加工和木、竹、藤、棕、草制品业 | Processing of Timber, Manufacture of Wood, Bamboo, Rattan, Palm and Straw Products | 3403 | 94.8 | | | |
| 家具制造业 | Manufacture of Furniture | 1256 | 99.5 | 418 | | 10 |
| 造纸和纸制品业 | Manufacture of Paper and Paper | 28959 | 94.8 | 250 | | 17 |
| 印刷和记录媒介复制业 | Printing, Reproduction of Recording Media | 13867 | 91.5 | 4550 | | 325 |
| 文教、工美、体育和娱乐用品制造业 | Manufacture of Culture, Education, Handicraft, Fine Arts, Sports and Entertainment Articles | 6754 | 87.4 | 10 | | |
| 石油加工、炼焦和核燃料加工业 | Processing of Petroleum,Coking, Processing of Nuclear Fuel | 4007 | 84.5 | 651 | | 93 |
| 化学原料和化学制品制造业 | Manufacture of Raw Chemical Materials and Chemical Products | 88423 | 89.3 | 31263 | 16 | 1330 |
| 医药制造业 | Manufacture of Medicines | 130926 | 89.3 | 24160 | 2008 | 10528 |
| 化学纤维制造业 | Manufacture of Chemical Fibers Products | 618 | 99.9 | | | |
| 橡胶和塑料制品业 | Manufacture of Rubber and Plastics | 42225 | 93.6 | 3970 | 20 | 11 |
| 非金属矿物制品业 | Manufacture of Non-metallic Mineral Products | 76362 | 90.0 | 12973 | 799 | 1250 |
| 黑色金属冶炼和压延加工业 | Smelting and Pressing of Ferrous Metals | 43322 | 92.7 | 1519 | | 213 |
| 有色金属冶炼和压延加工业 | Smelting and Pressing of Nonferrous Metals | 92086 | 94.5 | 57455 | | 5 |
| 金属制品业 | Manufacture of Metal Products | 51235 | 91.0 | 723 | | 60 |
| 通用设备制造业 | Manufacture of General Purpose Machinery | 130967 | 93.0 | 15269 | 5636 | 451 |
| 专用设备制造业 | Manufacture of Special Purpose Machinery | 88723 | 90.1 | 13580 | 1620 | 12 |
| 汽车制造业 | Manufacture of Motor Vehicles | 808201 | 92.2 | 448024 | 360649 | 23428 |
| 铁路、船舶、航空航天和其他运输设备制造业 | Manufacture of Railway, Ship, Aviation and Other Transporting Equipment | 239223 | 92.5 | 8177 | 5133 | 2802 |
| 电气机械和器材制造业 | Manufacture of Electrical Machinery and Equipment | 113649 | 92.5 | 9605 | 37 | 183 |
| 计算机、通信和其他电子设备制造业 | Manufacture of Communication Equipment, Computers and Other Electronic Equipment | 240034 | 93.3 | 6552 | 45 | 275 |
| 仪器仪表制造业 | Manufacture of Measuring Instruments and Machinery for Cultural Activity and Office Work | 35946 | 90.2 | 2527 | | 227 |
| 其他制造业 | Other Manufacture | 37105 | 86.7 | 7271 | | 16 |
| 废弃资源综合利用业 | Comprehensive Utilization of Waste Resources | 185 | 100.0 | | | |
| 金属制品、机械和设备修理业 | Repair of Metal Products, Machinery and Equipment | | | | | |
| 电力、热力、燃气及水生产和供应业 | Production and Supply of Electric Power, Heat Power and Gas | 5612 | 98.2 | 12165 | | |
| 电力、热力生产和供应业 | Production and Supply of Electric Powerand Heat Power | 4452 | 97.9 | 10318 | | |
| 燃气生产和供应业 | Production and Supply of Gas | 1019 | 99.3 | 1480 | | |
| 水的生产和供应业 | Production and Supply of Water | 141 | 99.6 | 368 | | |

# 表18.20 大中型工业企业新产品开发情况（2016年）
## NEW PRODUCTS DEVELOPMENT OF LARGE & MEDIUM-SIZED INDUSTRIAL ENTERPRISES (2016)

单位：万元 (10 000 yuan)

| 项　目 | Item | 新产品项目数（项） Projects of New Products (unit) | 新产品开发经费支出 Development Funds of New Products | 新产品产值 Output Value of New Products | 新产品销售收入 Sales Revenue of New Products | 其中 of which #新产品出口 Exports of New Products |
|---|---|---|---|---|---|---|
| **总　计** | **Total** | **5877** | **2413761** | **42175952** | **44516879** | **7020048** |
| **按隶属关系分** | **By Relationship** | | | | | |
| 中　央 | Central | 1264 | 776222 | 10684760 | 13755706 | 169307 |
| 地　方 | Local | 4613 | 1637539 | 31491192 | 30761173 | 6850741 |
| **按登记注册类型分** | **By Registration** | | | | | |
| 内资企业 | Domestic-funded | 5028 | 1890778 | 27293639 | 29254485 | 2414774 |
| 国有企业 | State-owned | 107 | 16293 | 192457 | 190382 | 38696 |
| 集体企业 | Collective-owned | 5 | 609 | 4083 | 4047 | |
| 股份合作企业 | Cooperative Enterprise | 1 | 259 | 385 | 193 | |
| 联营企业 | Joint Ownership Enterprises | | | | | |
| 有限责任公司 | Limited Liability Corporations | 2277 | 712305 | 10327745 | 10336174 | 1417774 |
| 股份有限公司 | Share Holding Limited Corporations | 947 | 420732 | 5103145 | 7422155 | 270964 |
| 私营企业 | Private Enterprises | 1691 | 740580 | 11665824 | 11301534 | 687340 |
| 其他企业 | Others | | | | | |
| 港、澳、台商投资企业 | Enterprises Funded by Hong Kong, Macao and Taiwan | 155 | 117599 | 2134876 | 2040920 | 421586 |
| 合资经营企业 | Joint-venture Enterprises | 94 | 77339 | 1861147 | 1769083 | 391343 |
| 合作经营企业 | Cooperative Enterprises | | | | | |
| 独资经营企业 | Enterprises with Sole Funded from Hong Kong, Macao and Taiwan | 48 | 34667 | 177286 | 175471 | 29637 |
| 投资股份有限公司 | Share-holding Corporations Ltd. with Investment from Hong Kong, Macao and Taiwan | 13 | 5592 | 96442 | 96366 | 606 |
| 其他港澳台投资企业 | Others | | | | | |
| 外商投资企业 | Foreign Funded Enterprises | 694 | 405385 | 12747438 | 13221474 | 4183688 |
| 中外合资经营企业 | Joint-venture Enterprises | 489 | 351647 | 7741578 | 7714255 | 222853 |
| 中外合作经营企业 | Cooperation Enterprises | 28 | 12366 | 73488 | 76741 | 10040 |
| 外资企业 | Enterprises with Sole Fund | 163 | 31846 | 4264845 | 4744464 | 3944205 |
| 外商投资股份有限公司 | Share-holding Corporations Ltd. with Foreign Investment | 12 | 8812 | 609402 | 606518 | |
| 其他外商投资企业 | Others | 2 | 715 | 58125 | 79497 | 6590 |
| **按行业分** | **By Sector** | | | | | |
| 采矿业 | Mining | 6 | 2774 | 29364 | 29268 | |
| 煤炭开采和洗选业 | Mining and Washing of Coal | | | 26300 | 26300 | |
| 石油和天然气开采业 | Extraction of Petroleum and Natural Gas | | | | | |
| 黑色金属矿采选业 | Mining and Processing of Ferrous Metal Ores | 4 | 950 | | | |
| 有色金属矿采选业 | Mining and Processing of Non-Ferrous Metal Ores | | | | | |
| 非金属矿采选业 | Mining and Processing of Nonmetal Ores | 2 | 1824 | 3064 | 2968 | |
| 开采辅助活动 | Mining Support Activities | | | | | |
| 其他采矿业 | Mining of Other Ores | | | | | |

**表18.20 续表 continued**

单位：万元 (10 000 yuan)

| 项 目 | Item | 新产品项目数（项） Projects of New Products (unit) | 新产品开发经费支出 Development Funds of New Products | 新产品产值 Output Value of New Products | 新产品销售收入 Sales Revenue of New Products | 其中 of which #新产品出口 Exports of New Products |
|---|---|---|---|---|---|---|
| 制造业 | Manufacture | 5854 | 2409014 | 41976875 | 44317898 | 7020048 |
| 农副食品加工业 | Processing of Food from Agricultural Products | 84 | 39338 | 838414 | 812120 | 1719 |
| 食品制造业 | Manufacture of Foods | 30 | 20081 | 137320 | 126930 | |
| 酒、饮料和精制茶制造业 | Liquor, Beverages and Refined Tea | 26 | 10210 | 208836 | 204127 | |
| 烟草制品业 | Manufacture of Tobacco | 9 | 296 | 161423 | 110938 | |
| 纺织业 | Manufacture of Textile | 15 | 12752 | 337685 | 328251 | 18739 |
| 纺织服装、服饰业 | Manufacture of Textile Wearing Apparel, Footwear and Caps | 4 | 1161 | 68172 | 56523 | 8150 |
| 皮革、毛皮、羽毛及其制品和制鞋业 | Manufacture of Leather, Fur, Feather and Related Products | 5 | 1696 | 7794 | 6378 | |
| 木材加工和木、竹、藤、棕、草制品业 | Processing of Timber, Manufacture of Wood, Bamboo, Rattan, Palm and Straw Products | 7 | 850 | 4083 | 4047 | |
| 家具制造业 | Manufacture of Furniture | 12 | 4903 | 36473 | 34399 | |
| 造纸和纸制品业 | Manufacture of Paper and Paper Products | 38 | 30752 | 853920 | 767462 | 627 |
| 印刷和记录媒介复制业 | Printing, Reproduction of Recording Media | 26 | 9648 | 80231 | 78996 | |
| 文教、工美、体育和娱乐用品制造业 | Manufacture of Culture, Education, Handicraft, Fine Arts, Sports and Entertainment Articles | 18 | 3402 | 56664 | 53500 | 20181 |
| 石油加工、炼焦和核燃料加工业 | Processing of Petroleum, Coking, Processing of Nuclear Fuel | 22 | 1548 | 8890 | 10458 | |
| 化学原料和化学制品制造业 | Manufacture of Raw Chemical Materials and Chemical Products | 172 | 59641 | 1665399 | 1640520 | 154499 |
| 医药制造业 | Manufacture of Medicines | 481 | 81990 | 2041999 | 1861147 | 133144 |
| 化学纤维制造业 | Manufacture of Chemical Fibers | 2 | 1037 | 174343 | 134035 | |
| 橡胶和塑料制品业 | Manufacture of Rubber and Plastics | 58 | 21170 | 463478 | 421136 | 1345 |
| 非金属矿物制品业 | Manufacture of Non-metallic Mineral Products | 192 | 49585 | 865075 | 854028 | 121166 |
| 黑色金属冶炼和压延加工业 | Smelting and Pressing of Ferrous Metals | 48 | 43476 | 728160 | 714556 | 70358 |
| 有色金属冶炼和压延加工业 | Smelting and Pressing of Nonferrous Metals | 185 | 80510 | 912351 | 903142 | 94622 |
| 金属制品业 | Manufacture of Metal Products | 129 | 51063 | 786969 | 785609 | 14147 |
| 通用设备制造业 | Manufacture of General Purpose Machinery | 492 | 104941 | 1526802 | 1483989 | 252129 |
| 专用设备制造业 | Manufacture of Special Purpose Machinery | 266 | 49914 | 516452 | 487279 | 28197 |
| 汽车制造业 | Manufacture of Motor Vehicles | 1633 | 1044869 | 16847612 | 19288162 | 277674 |
| 铁路、船舶、航空航天和其他运输设备制造业 | Manufacture of Railway, Ship, Aviation and Other Transporting Equipment | 763 | 276806 | 3011020 | 2746695 | 275183 |
| 电气机械和器材制造业 | Manufacture of Electrical Machinery and Equipment | 273 | 119281 | 2039875 | 2727222 | 149457 |
| 计算机、通信和其他电子设备制造业 | Manufacture of Communication Equipment, Computers and Other Electronic Equipment | 529 | 226095 | 7125006 | 7304753 | 5361833 |
| 仪器仪表制造业 | Manufacture of Measuring Instruments and Machinery for Cultural Activity and Office Work | 220 | 26082 | 273388 | 193084 | 11399 |
| 其他制造业 | Other Manufacture | 114 | 35668 | 199042 | 178414 | 25483 |
| 废弃资源综合利用业 | Comprehensive Utilization of Waste Resources | | | | | |
| 金属制品、机械和设备修理业 | Repair of Metal Products, Machinery and Equipment | 1 | 250 | | | |
| 电力、热力、燃气及水生产和供应业 | Production and Supply of Electric Power, Heat Power and Gas | 17 | 1974 | 169713 | 169713 | |
| 电力、热力生产和供应业 | Production and Supply of Electric Power and Heat Power | 14 | 589 | 169713 | 169713 | |
| 燃气生产和供应业 | Production and Supply of Gas | 3 | 1385 | | | |
| 水的生产和供应业 | Production and Supply of Water | | | | | |

## 表18.21 规模以上工业企业新产品开发情况（2016年）
## NEW PRODUCTS DEVELOPMENT OF INDUSTRIAL ENTERPRISES ABOVE DESIGNATED SIZE (2016)

单位：万元 (10 000 yuan)

| 项　目 | Item | 新产品项目数（项） Projects of New Products (unit) | 新产品开发经费支出 Development fund of New Products | 新产品产值 Output Value of New Products | 新产品销售收入 Sales Revenue of New Products | 其中 of which #新产品出口 Exports of New Products |
|---|---|---|---|---|---|---|
| 总　计 | Total | 9243 | 3025777 | 48079865 | 50143454 | 7149918 |
| 按隶属关系分 | By Relationship | | | | | |
| 中　央 | Central | 1369 | 789674 | 11432035 | 14496796 | 175429 |
| 地　方 | Local | 7874 | 2236103 | 36647831 | 35646658 | 6974489 |
| 按登记注册类型分 | By Registration | | | | | |
| 内资企业 | Domestic-funded | 8266 | 2472189 | 32792877 | 34514948 | 2527345 |
| 国有企业 | State-owned | 118 | 16839 | 192457 | 190396 | 38707 |
| 集体企业 | Collective-owned | 7 | 981 | 6768 | 6732 | |
| 股份合作企业 | Cooperative Enterprise | 1 | 259 | 385 | 193 | |
| 联营企业 | Joint Ownership Enterprises | 2 | 73 | 270 | 270 | |
| 有限责任公司 | Limited Liability Corporations | 3473 | 931080 | 12681793 | 12584012 | 1468568 |
| 股份有限公司 | Share Holding Limited Corporations | 1136 | 448529 | 5360587 | 7668816 | 273053 |
| 私营企业 | Private Enterprises | 3524 | 1073653 | 14544141 | 14058134 | 747018 |
| 其他企业 | Others | 5 | 776 | 6475 | 6395 | |
| 港、澳、台商投资企业 | Enterprises Funded by Hong Kong, Macao and Taiwan | 236 | 135761 | 2388439 | 2253778 | 431270 |
| 合资经营企业 | Joint-venture Enterprises | 123 | 88696 | 2004911 | 1919993 | 398576 |
| 合作经营企业 | Cooperative Enterprises | | | | | |
| 独资经营企业 | Enterprises with Sole Funded from Hong Kong, Macao and Taiwan | 100 | 41473 | 287086 | 237419 | 32089 |
| 投资股份有限公司 | Share-holding Corporations Ltd. with Investment from Hong Kong, Macao and Taiwan | 13 | 5592 | 96442 | 96366 | 606 |
| 其他港澳台投资企业 | Others | | | | | |
| 外商投资企业 | Foreign Funded Enterprises | 741 | 417827 | 12898549 | 13374728 | 4191303 |
| 中外合资经营企业 | Joint-venture Enterprises | 520 | 360637 | 7758544 | 7729086 | 225369 |
| 中外合作经营企业 | Cooperation Enterprises | 29 | 12568 | 78488 | 81741 | 10040 |
| 外资企业 | Enterprises with Sole Fund | 178 | 35096 | 4393791 | 4877686 | 3949304 |
| 外商投资股份有限公司 | Share-holding Corporations Ltd. with Foreign Investment | 12 | 8812 | 609602 | 606718 | |
| 其他外商投资企业 | Others | 2 | 715 | 58125 | 79497 | 6590 |
| 按行业分 | By Sector | | | | | |
| 采矿业 | Mining | 15 | 6864 | 690486 | 690208 | |
| 煤炭开采和洗选业 | Mining and Washing of Coal | 2 | 1109 | 28831 | 28831 | |
| 石油和天然气开采业 | Extraction of Petroleum and Natural Gas | | | 645685 | 645685 | |
| 黑色金属矿采选业 | Mining and Processing of Ferrous Metal Ores | 5 | 1607 | | | |
| 有色金属矿采选业 | Mining and Processing of Non-Ferrous Metal Ores | | | | | |
| 非金属矿采选业 | Mining and Processing of Nonmetal Ores | 8 | 4148 | 15970 | 15691 | |
| 开采辅助活动 | Mining Support Activities | | | | | |
| 其他采矿业 | Mining of Other Ores | | | | | |

**表18.21 续表 continued**

单位：万元 (10 000 yuan)

| 项　目 | Item | 新产品项目数（项） Projects of New Products (unit) | 新产品开发经费支出 Development funds of New Products | 新产品产值 Output Value of New Products | 新产品销售收入 Sales Revenue of New Products | 其中 of which #新产品出口 Exports of New Products |
|---|---|---|---|---|---|---|
| 制造业 | Manufacture | 9206 | 3015929 | 47213076 | 49277029 | 7149918 |
| 农副食品加工业 | Processing of Food from Agricultural Products | 212 | 69873 | 1248676 | 1174608 | 3483 |
| 食品制造业 | Manufacture of Foods | 94 | 34250 | 239760 | 233218 | 1518 |
| 酒、饮料和精制茶制造业 | Liquor, Beverages and Refined Tea | 64 | 21712 | 308488 | 296156 | 6753 |
| 烟草制品业 | Manufacture of Tobacco | 9 | 296 | 161423 | 110938 | |
| 纺织业 | Manufacture of Textile | 27 | 18616 | 381301 | 373318 | 19840 |
| 纺织服装、服饰业 | Manufacture of Textile Wearing Apparel, Footwear and Caps | 14 | 2265 | 84540 | 62684 | 8160 |
| 皮革、毛皮、羽毛及其制品和制鞋业 | Manufacture of Leather, Fur, Feather and Related Products | 10 | 3424 | 16645 | 14631 | |
| 木材加工和木、竹、藤、棕、草制品业 | Processing of Timber, Manufacture of Wood, Bamboo, Rattan, Palm and Straw Products | 19 | 4032 | 40628 | 41375 | |
| 家具制造业 | Manufacture of Furniture | 33 | 7929 | 48822 | 46368 | |
| 造纸和纸制品业 | Manufacture of Paper and Paper Products | 68 | 36811 | 883883 | 797456 | 1569 |
| 印刷和记录媒介复制业 | Printing, Reproduction of Recording Media | 72 | 15686 | 149141 | 138546 | 1004 |
| 文教、工美、体育和娱乐用品制造业 | Manufacture of Culture, Education, Handicraft, Fine Arts, Sports and Entertainment Articles | 43 | 5768 | 70742 | 66665 | 20741 |
| 石油加工、炼焦和核燃料加工业 | Processing of Petroleum, Coking, Processing of Nuclear Fuel | 30 | 3323 | 74063 | 75506 | |
| 化学原料和化学制品制造业 | Manufacture of Raw Chemical Materials and Chemical Products | 328 | 88736 | 1886780 | 1842636 | 157472 |
| 医药制造业 | Manufacture of Medicines | 739 | 112074 | 2240860 | 2049515 | 146122 |
| 化学纤维制造业 | Manufacture of Chemical Fibers Fibers | 2 | 1037 | 174343 | 134035 | |
| 橡胶和塑料制品业 | Manufacture of Rubber and Plastics | 204 | 50297 | 770366 | 719168 | 2623 |
| 非金属矿物制品业 | Manufacture of Non-metallic Mineral Products | 360 | 88783 | 1156034 | 1142072 | 121166 |
| 黑色金属冶炼和压延加工业 | Smelting and Pressing of Ferrous Metals | 76 | 54738 | 825963 | 802309 | 70358 |
| 有色金属冶炼和压延加工业 | Smelting and Pressing of Nonferrous Metals | 263 | 100155 | 1121541 | 1110628 | 120897 |
| 金属制品业 | Manufacture of Metal Products | 233 | 68768 | 923939 | 918032 | 20413 |
| 通用设备制造业 | Manufacture of General Purpose Machinery | 820 | 153838 | 1842367 | 1799094 | 256248 |
| 专用设备制造业 | Manufacture of Special Purpose Machinery | 497 | 96176 | 899880 | 846650 | 41624 |
| 汽车制造业 | Manufacture of Motor Vehicles | 2139 | 1132279 | 17511746 | 19924599 | 281336 |
| 铁路、船舶、航空航天和其他运输设备制造业 | Manufacture of Railway, Ship, Aviation and Other Transporting Equipment | 1019 | 313570 | 3166264 | 2898469 | 287851 |
| 电气机械和器材制造业 | Manufacture of Electrical Machinery and Equipment | 520 | 165692 | 2561954 | 3226557 | 152651 |
| 计算机、通信和其他电子设备制造业 | Manufacture of Communication Equipment, Computers and Other Electronic Equipment | 828 | 286792 | 7803082 | 7926123 | 5387285 |
| 仪器仪表制造业 | Manufacture of Measuring Instruments and Machinery for Cultural Activity and Office Work | 361 | 41029 | 399736 | 309258 | 15321 |
| 其他制造业 | Other Manufacture | 120 | 37048 | 217566 | 193886 | 25483 |
| 废弃资源综合利用业 | Comprehensive Utilization of Waste Resources | 1 | 683 | 2546 | 2532 | |
| 金属制品、机械和设备修理业 | Repair of Metal Products, Machinery and Equipment | 1 | 250 | | | |
| 电力、热力、燃气及水生产和供应业 | Production and Supply of Electric Power, Heat Power and Gas | 22 | 2983 | 176303 | 176218 | |
| 电力、热力生产和供应业 | Production and Supply of Electric Power and Heat Power | 19 | 1599 | 169713 | 169713 | |
| 燃气生产和供应业 | Production and Supply of Gas | 3 | 1385 | 4986 | 4986 | |
| 水的生产和供应业 | Production and Supply of Water | | | 1604 | 1519 | |

## 表18.22 专利申请受理量及专利授权量（2015－2016年）
PATENT APPLICATIONS ACCEPTED AND GRANTED (2015-2016)

单位：件 (pcs)

| 项　目 | Item | 申请受理量 Applications Accepted | | 专利授权量 Applications Granted | |
|---|---|---|---|---|---|
| | | 2015 | 2016 | 2015 | 2016 |
| **总　计** | **Total** | **82791** | **59518** | **38915** | **42738** |
| **按种类分** | **By Type** | | | | |
| 发　明 | Inventions | 35086 | 19981 | 3964 | 5044 |
| 实用新型 | Utility Models | 38533 | 32099 | 25444 | 30428 |
| 外观设计 | Designs | 9172 | 7438 | 9507 | 7266 |
| **按对象分** | **By Applicant** | | | | |
| 个　人 | Individuals | 12269 | 10907 | 6364 | 5699 |
| 大专院校 | Universities and Colleges | 5507 | 7394 | 3421 | 3697 |
| 科研单位 | Research Institutions | 979 | 1009 | 553 | 529 |
| 工矿企业 | Industrial and Mineral Enterprises | 61785 | 38364 | 27793 | 31991 |
| 机关团体 | Government Agencies and Organizations | 2251 | 1844 | 784 | 822 |

## 表18.23 图书发行流转及销售情况（2015－2016年）
STATISTICS ON PUBLICATION, CIRCULATION AND SALES OF BOOKS (2015-2016)

单位：万册、万元 (10 000 copies, 10 000 yuan)

| 项　目 | Item | 册　数 Number of Books | | 金　额 Value | |
|---|---|---|---|---|---|
| | | 2015 | 2016 | 2015 | 2016 |
| **购　进** | **Purchases** | **29915** | **30187** | **452210** | **439750** |
| **销　售** | **Sales** | **30791** | **28795** | **446617** | **432087** |
| 零　售 | Retail | 15092 | 14880 | 164947 | 160783 |
| 区　县 | Districts and County | 13043 | 12633 | 143230 | 136196 |
| 县以下 | Below County | 2049 | 2247 | 21717 | 24587 |
| 批　发 | Wholesale | 15698 | 13915 | 281669 | 271304 |
| 区　县 | Districts and County | 15698 | 13915 | 281669 | 271304 |
| 县以下 | Below County | | | | |
| **库　存** | **Inventory** | **10849** | **12241** | **182707** | **190370** |

# 表18.24 规模以上工业企业专利主要指标（2015-2016年）

## MAJOR INDICATORS ON THE PATENTS OF INDUSTRIAL ENTERPRISES ABOVE DESIGNATED SIZE (2015-2016)

| 指　标 | Item | 2015 | 2016 |
|---|---|---|---|
| 有专利申请的企业数（个） | Number of Enterprises with Patent Application (unit) | 674 | 1066 |
| 有专利授权的企业数（个） | Number of Enterprises with Patent Granted (unit) | 589 | 908 |
| 拥有有效专利的企业数（累计值）（个） | Number of Enterprises with Valid Patent (cumulative value) (unit) | 691 | 1180 |
| 专利授权量（项） | Number of Patents Granted (unit) | 9842 | 13022 |
| 专利投入（亿元） | Investment in Patent (100 million yuan) | 32 | 105 |
| 专利许可收入（亿元） | Revenue from Patent License (100 million yuan) | 33 | 89 |
| 专利转让收入（亿元） | Revenue from Patent Transfer (100 million yuan) | 1 | 2 |
| 专利产品类别数量（类） | Number of Patent Categories (category) | 16034 | 16324 |
| 专利产品产值（亿元） | Output Value of Patented Products (100 million yuan) | 2963 | 3168 |
| #自主研发专利产品产值 | Output Value of Self-developed Patented Products | 2809 | 3104 |
| 技术引进专利产品产值 | Output Value of Imported Patented Products | 154 | 64 |
| #出口专利产品产值 | Output Value of Exported Patented Products | 134 | 200 |
| 专利产品销售收入（亿元） | Sales Revenue of Patented Products (100 million yuan) | 2827 | 3052 |
| #自主研发专利产品销售收入 | Sales Revenue of Self-developed Patented Products | 2711 | 3001 |
| 技术引进专利产品销售收入 | Sales Revenue of Imported Patented Products | 116 | 51 |
| #出口专利产品销售收入 | Sales Revenue of Exported Patented Products | 130 | 172 |
| 被许可的有效专利量（项） | Number of Licensed Patents (unit) | 2462 | 4400 |
| 被许可生产的专利产品产值（当年价格）（亿元） | Output Value of the Patented Products Permitted for Production (current price) (100 million yuan) | 289 | 212 |
| 被许可生产的专利产品销售收入（亿元） | Sales Revenue of the Patented Products Permitted for Production (100 million yuan) | 264 | 195 |

## 表18.25 各类技术合同签定及执行情况（2016年）
## SIGNING AND IMPLEMENTATION OF TECHNICAL CONTRACTS BY TYPE (2016)

| 项　目 | Item | 合同数（项）Number of Contracts (item) | 合同成交金额（万元）Value of Contracts (10 000 yuan) | 其　中 of which | |
|---|---|---|---|---|---|
| | | | | #技术交易额（万元）Technology Transaction Value (10 000 yuan) | 技术交易额比重(%) As Percentage of Contract Value (%) |
| **总　计** | **Total** | **2094** | **2574000** | **2061869** | **80.1** |
| 技术开发 | Technical Development | 1464 | 792000 | 479564 | 60.6 |
| 技术转让 | Technical Transfer | 293 | 1594000 | 1395724 | 87.6 |
| 技术咨询 | Technical Consultation | 50 | 3000 | 2999 | 100.0 |
| 技术服务 | Technical Services | 287 | 185000 | 183582 | 99.2 |

## 表18.26 新闻出版机构和人员数（2015－2016年）
## NUMBER OF INSTITUTIONS AND PERSONS ENGAGED IN PRESS AND PUBLICATION (2015-2016)

单位：个、人 (unit, person)

| 指　标 | Item | 2015 | 2016 |
|---|---|---|---|
| **书刊出版社** | **Publishing Houses** | | |
| 机构数 | Institutions | 3 | 3 |
| 从业人员 | Personnel | 1850 | 1703 |
| **书刊印刷厂** | **Printing Houses** | | |
| 机构数 | Institutions | 83 | 86 |
| 从业人员 | Personnel | 8203 | 8015 |
| **国有书店** | **State-owned Book Stores** | | |
| 机构数 | Institutions | 267 | 267 |
| 从业人员 | Personnel | 3150 | 3161 |

# 表18.27 地震监测情况（1997－2016年）
## SITUATION OF EARTHQUAKE MONITORING (1997-2016)

单位：个 (unit)

| 年 份 Year | 地震台数总数 Number of Seismic Stations | 其 中 of which 国家级台 Number of National Stations | 省级台 Number of Provincial Stations | 市、县级台 Number of Municipality/ County-level Stations | 企业台 Number of Enterprise Stations | 强震观测点 Number of Strong Motion Observation Spots | 宏观观测点 Number of Macro-observation Spots |
|---|---|---|---|---|---|---|---|
| 1997 | 7 | 1 | | 6 | | | |
| 1998 | 7 | 1 | | 6 | | | |
| 1999 | 8 | 1 | | 7 | | | |
| 2000 | 8 | 1 | | 7 | | | |
| 2001 | 8 | 1 | | 7 | | | |
| 2002 | 8 | 1 | | 7 | | | |
| 2003 | 7 | 1 | | 6 | | | |
| 2004 | 7 | 1 | | 6 | | | |
| 2005 | 7 | 1 | | 6 | | | |
| 2006 | 7 | 1 | | 6 | | | |
| 2007 | 15 | 1 | 13 | | | 1 | |
| 2008 | 44 | 1 | 35 | | 6 | 2 | |
| 2009 | 44 | 1 | 35 | | 6 | 2 | |
| 2010 | 44 | 1 | 35 | | 6 | 2 | |
| 2011 | 44 | 1 | 35 | | 6 | 2 | |
| 2012 | 44 | 1 | 35 | | 6 | 2 | |
| 2013 | 45 | 1 | 33 | 4 | 7 | 34 | |
| 2014 | 49 | 1 | 41 | | 7 | 4 | |
| 2015 | 49 | 1 | 41 | | 7 | 4 | |
| 2016 | 49 | 1 | 41 | | 7 | 4 | |

注：2014年的数据做了调整。
Note: The data of 2014 has been adjusted.

# 表18.28 图书、杂志和报纸出版情况（2015－2016年）
## PUBLICATION OF BOOKS, MAGAZINES AND NEWSPAPERS (2015-2016)

| 指　标 | Item | 2015 | 2016 |
|---|---|---|---|
| **图　书** | **Books Published** | | |
| 种　数（种） | Number of Publications (kind) | 6156 | 5685 |
| 总印数（万册、万张） | Printed Copies (10 000 copies) | 14586 | 12749 |
| 总印张数（万印张） | Printed Sheets (10 000 sheets) | 946832 | 887149 |
| **期　刊** | **Magazines Published** | | |
| 种　数（种） | Number of Publications (kind) | 135 | 135 |
| 每期平均印数（万册） | Average Printed Copies Per Issue (10 000 copies) | 234 | 217 |
| 总印数（万册） | Printed Copies (10 000 copies) | 4971 | 4853 |
| 总印张数（万印张） | Printed Sheets (10 000 sheets) | 30501 | 28444 |
| **报　纸** | **Newspapers Published** | | |
| 种　数（种） | Number of Publications (kind) | 27 | 27 |
| 每期平均印数（万份） | Average Printed Copies Per Issue (10 000 copies) | 264 | 222 |
| 总印数（万份） | Printed Copies (10 000 copies) | 58362 | 44041 |
| 总印张数（万印张） | Printed Sheets (10 000 sheets) | 293291 | 191709 |

# 表18.29 气象业务站点及观测项目情况(1997–2016年)
## STATUS OF OPERATIONAL METEOROLOGICAL STATIONS AND THEIR OBSERVATION ITEMS (1997-2016)

| 年 份<br>Year | 地面观测业务<br>Surface Observation Stations | 高空探测业务<br>Upper-air Observation Stations | 自动气象站<br>Automatic Weather Stations | 天气雷达观测业务<br>Weather Radar Observation Stations | 大气成分观测业务<br>Atmospheric Composition Observation Stations | 农业气象观测业务<br>Agro-Meteorological Observation Stations |
|---|---|---|---|---|---|---|
| 1997 | 35 | 1 | | 1 | | 13 |
| 1998 | 35 | 1 | | 1 | | 13 |
| 1999 | 35 | 1 | | 1 | | 13 |
| 2000 | 35 | 1 | | 1 | | 13 |
| 2001 | 35 | 1 | | 1 | | 13 |
| 2002 | 35 | 1 | | 1 | | 13 |
| 2003 | 35 | 1 | | 1 | | 13 |
| 2004 | 35 | 1 | 63 | 1 | | 13 |
| 2005 | 35 | 1 | 83 | 1 | | 13 |
| 2006 | 35 | 1 | 109 | 1 | | 13 |
| 2007 | 35 | 1 | 257 | 2 | | 13 |
| 2008 | 35 | 1 | 302 | 3 | | 13 |
| 2009 | 35 | 1 | 41 | 3 | | 13 |
| 2010 | 35 | 1 | 41 | 3 | | 13 |
| 2011 | 35 | 1 | 655 | 3 | | 13 |
| 2012 | 35 | 1 | 356 | 4 | 1 | 13 |
| 2013 | 35 | 1 | 1759 | 3 | | 13 |
| 2014 | 35 | 1 | 1924 | 4 | 1 | 13 |
| 2015 | 35 | 1 | 1924 | 4 | 7 | 13 |
| 2016 | 35 | 1 | 1924 | 4 | 7 | 13 |

单位：个 (unit)

| 生态与农业气象试验业务 Eco- & Agro-Meteorological Observation Stations | 大气本底站 Atmospheric Background Stations | 闪电定位监测业务 Lightning Position Monitoring Stations | 太阳辐射观测业务 Solar Radiation Observation Stations | 紫外线观测业务 UV Observation | 酸雨观测业务 Acid Rain Observation | 臭氧观测业务 Ozone Observation | 卫星云图接收业务 Satellite Cloud Images Receiving Stations |
|---|---|---|---|---|---|---|---|
| | | | 1 | | 4 | | 1 |
| | | | 1 | | 4 | | 1 |
| | | | 1 | | 4 | | 1 |
| | | | 1 | | 4 | | 1 |
| | | | 1 | | 4 | | 1 |
| | | | 1 | | 4 | | 1 |
| | | | 1 | | 4 | | 1 |
| | | | 1 | 1 | 35 | | 1 |
| | | 5 | 1 | 1 | 35 | | 1 |
| | | 5 | 1 | 1 | 35 | | 1 |
| | | 5 | 1 | 1 | 35 | | 1 |
| | | 5 | 1 | 1 | 35 | | 1 |
| | | 5 | 1 | 1 | 35 | | 1 |
| | | 5 | 1 | 1 | 35 | | 1 |
| | | 5 | 1 | 1 | 35 | | 1 |
| 1 | | 5 | 1 | 1 | 35 | | 1 |
| | | 5 | 1 | 1 | 35 | | 1 |
| | | 5 | 1 | 1 | 35 | | 1 |
| | | 5 | 14 | 7 | 35 | | 1 |
| | | 5 | 14 | 7 | 35 | | 1 |

## 表18.30 出入境货物检验检疫情况 (2000–2016年)
## GENERAL STATISTICS ON ENTRY-EXIT INSPECTION AND QUARANTINE OF FREIGHT BY REGION (2000-2016)

| 年 份 Year | 总 计 Total | | | | 工业品检验检疫 Commodity | | | | 动物及动物产品检验检疫 | |
|---|---|---|---|---|---|---|---|---|---|---|
| | 批 次（批） Number of Batch (batch-time) | 其 中 of which #不合格 Disqualification | 货 值（万美元） Value (USD10 000) | 其 中 of which #不合格 Disqualification | 批 次（批） Number of Batch (batch-time) | 其 中 of which #不合格 Disqualification | 货 值（万美元） Value (USD10 000) | 其 中 of which #不合格 Disqualification | 批 次（批） Number of Batch (batch-time) | 其 中 of which #不合格 Disqualification |
| 2000 | 2987 | | 26596.0 | | 2133 | | 24127.0 | | 236 | |
| 2001 | 9938 | 5 | 70661.0 | 5.0 | 6408 | 1 | 61387.0 | 2.0 | 688 | |
| 2002 | 15677 | 2 | 74226.0 | 2.0 | 11034 | 1 | 62681.0 | 1.0 | 915 | |
| 2003 | 23890 | 7 | 97518.0 | 3.0 | 18885 | 4 | 84619.0 | 2.0 | 794 | |
| 2004 | 31962 | 17 | 173805.6 | 42.8 | 26860 | 14 | 157978.9 | 42.1 | 904 | |
| 2005 | 37696 | 58 | 208881.3 | 614.0 | 32482 | 57 | 191906.9 | 613.6 | 1055 | |
| 2006 | 36237 | 97 | 235993.8 | 1225.1 | 31028 | 97 | 219022.0 | 1225.1 | 1071 | |
| 2007 | 41441 | 92 | 318190.5 | 1317.7 | 36342 | 90 | 299003.2 | 1311.2 | 1041 | |
| 2008 | 44031 | 49 | 402115.6 | 806.9 | 38708 | 46 | 375530.7 | 797.3 | 902 | |
| 2009 | 34464 | 88 | 247022.3 | 506.2 | 28888 | 85 | 220520.3 | 496.6 | 1157 | |
| 2010 | 46618 | 52 | 412828.8 | 362.3 | 40834 | 49 | 376319.9 | 346.6 | 1246 | |
| 2011 | 53130 | 115 | 540133.8 | 4332.4 | 47308 | 97 | 498822.5 | 4130.7 | 1075 | 12 |
| 2012 | 66845 | 227 | 734526.5 | 4301.3 | 60513 | 190 | 692038.0 | 4126.3 | 1196 | 22 |
| 2013 | 65084 | 848 | 709122.5 | 11461.4 | 58479 | 709 | 671148.4 | 10887.3 | 1137 | 13 |
| 2014 | 31549 | 1383 | 358714.0 | 13929.3 | 25022 | 1048 | 318699.0 | 12027.2 | 928 | 42 |
| 2015 | 24366 | 1856 | 247926.2 | 20146.4 | 17661 | 1542 | 202806.7 | 17680.5 | 936 | 8 |
| 2016 | 21089 | 1352 | 207354.3 | 13152.0 | 14561 | 1101 | 165721.7 | 12028.7 | 977 | 4 |

| Animal and Its Products | | 植物及植物产品检验检疫 | | Plant and Its Products | | 食品及化妆品检验检疫 | | Food and Cosmetics | |
|---|---|---|---|---|---|---|---|---|---|
| 货 值（万美元）Value (USD10 000) | 其 中 of which #不合格 Disqualification | 批 次（批）Number of Batch(batch-time) | 其 中 of which #不合格 Disqualification | 货 值（万美元）Value (USD10 000) | 其 中 of which #不合格 Disqualification | 批 次（批）Number of Batch(batch-time) | 其 中 of which #不合格 Disqualification | 货 值（万美元）Value (USD10 000) | 其 中 of which #不合格 Disqualification |
| 1139.0 | | 109 | | 350.0 | | 509 | | 980.0 | |
| 2997.0 | | 433 | | 2084.0 | | 2409 | 4 | 4193.0 | 3.0 |
| 5186.0 | | 430 | | 1314.0 | | 3298 | 1 | 5045.0 | 1.0 |
| 5513.0 | | 497 | | 2068.0 | | 3714 | 3 | 5318.0 | 1.0 |
| 7510.4 | | 465 | | 2365.5 | | 3733 | 3 | 5950.8 | 0.7 |
| 8372.4 | | 514 | | 2521.2 | | 3645 | 1 | 6080.8 | 0.4 |
| 7480.2 | | 485 | | 3099.8 | | 3653 | | 6391.8 | |
| 7929.4 | | 538 | | 4442.6 | | 3520 | 2 | 6815.3 | 6.5 |
| 10265.2 | | 495 | | 5720.1 | | 3926 | 3 | 10599.6 | 9.6 |
| 9369.0 | | 499 | 1 | 5336.1 | 4.7 | 3920 | 2 | 11796.9 | 4.9 |
| 9934.1 | | 732 | 2 | 12007.2 | 15.1 | 3806 | 1 | 14567.6 | 0.6 |
| 10502.4 | 187.0 | 771 | 2 | 13470.5 | 10.8 | 3976 | 4 | 17338.4 | 3.9 |
| 10636.7 | 166.8 | 754 | | 14011.2 | | 4382 | 15 | 17840.6 | 8.2 |
| 8801.1 | 200.9 | 899 | 57 | 11792.7 | 160.2 | 4528 | 65 | 16944.8 | 212.9 |
| 7462.3 | 424.3 | 1855 | 143 | 18558.8 | 997.6 | 3683 | 148 | 13139.3 | 462.9 |
| 6482.6 | 12.7 | 2190 | 114 | 23088.2 | 1764.3 | 3444 | 192 | 14446.5 | 689.0 |
| 6312.1 | 7.3 | 1994 | 32 | 16054.7 | 373.1 | 3506 | 213 | 18433.2 | 722.8 |

# 表18.31 文化机构和人员数（2015－2016年）
## NUMBER AND PERSONNEL IN CULTURE AND CULTURAL RELICS INSTITUTIONS (2015-2016)

| 项　目 | Item | 2015 | 2016 |
|---|---|---|---|
| **机构数（个）** | **Number of Institutions (unit)** | **2042** | **2103** |
| 艺术业 | Arts | 752 | 792 |
| #艺术表演团体 | Art Performance Troupes | 730 | 770 |
| 艺术表演场所 | Art Performance Places | 22 | 22 |
| 文物业 | Cultural Relics | 113 | 117 |
| 图书馆业 | Public Libraries | 43 | 43 |
| 群众文化服务业 | Mass Culture Services | 1045 | 1062 |
| 艺术教育业 | Culture and Education | 1 | 2 |
| 文艺科研 | Art Research Institutions | 1 | 1 |
| 其　他 | Others | 87 | 86 |
| **从业人员数（人）** | **Number of Employed Persons (person)** | **21284** | **21745** |
| 艺术业 | Arts | 10192 | 10466 |
| #艺术表演团体 | Art Performance Troupes | 9785 | 10015 |
| 艺术表演场所 | Art Performance Places | 407 | 451 |
| 文物业 | Cultural Relics | 2632 | 2681 |
| 图书馆业 | Public Libraries | 874 | 920 |
| 群众文化服务业 | Mass Culture Services | 5021 | 5367 |
| 艺术教育业 | Culture and Education | 426 | 416 |
| 文艺科研 | Art Research Institutions | 37 | 36 |
| 其　他 | Others | 2102 | 1859 |

## 表18.32 公共图书馆情况（2015－2016年）
BASIC STATISTICS ON PUBLIC LIBRARIES (2015-2016)

| 项 目 | Item | 总 计 Total | | 其 中 of which #市 级 At Municipal Level | |
|---|---|---|---|---|---|
| | | 2015 | 2016 | 2015 | 2016 |
| 总藏量（万册、件） | Total Collections (10 000 volumes) | 1303.80 | 1441.83 | 415.73 | 434.49 |
| 书架总长度（万米） | Total Monolayer Length of Bookshelves (10 000 meters) | 30.87 | 31.07 | 4.43 | 4.43 |
| 有效借书证数（万个） | Number of Valid Library Cards (10 000 units) | 70.01 | 72.90 | 27.76 | 31.25 |
| 图书流通情况 | Circulation of Books | | | | |
| 总流通人次（万人次） | Total Number of Circulation (10 000 person-times) | 1234.77 | 1308.50 | 366.13 | 345.12 |
| 书刊外借册次（万册次） | Number of Books Borrowed by Readers (10 000 volume-times) | 949.32 | 1026.17 | 126.59 | 153.02 |
| 总支出（万元） | Total Expenditure (10 000 yuan) | 24115.00 | 27796.30 | 7926.00 | 9487.9.0 |
| #藏量购置费 | Purchase Expenses | 2301.30 | 2861.10 | 736.60 | 710.80 |
| 本年新购藏量（万册） | Number of Books Purchased During Current Year (10 000 volumes) | 104.09 | 152.51 | 17.53 | 18.75 |
| 实际使用房屋建筑面积（万平方米） | Floor Space of Public Buildings actually used (10 000 sq.m) | 29.43 | 30.97 | 5.62 | 5.62 |
| #书 库 | Stack Rooms | 5.70 | 6.04 | 1.07 | 1.07 |
| 阅览室座席（个） | Seating Capacity of Reading Rooms (seat) | 21363 | 24575 | 2379 | 2379 |

## 表18.33 文物业情况（2016年）
STATISTICS ON CULTURAL RELICS (2016)

| 项 目 | Item | 文物业 Cultural Relics | 其 中 of which #博物馆 Museums | #文物保护管理机构 Protection and Management Agencies |
|---|---|---|---|---|
| 藏 品（件） | Number of Collections (pcs) | 603577 | 508431 | 36723 |
| #一级品 | Grade One | 1375 | 1351 | 24 |
| 经费支出（万元） | Total Expenditure (10 000 yuan) | 75493.70 | 60363.60 | 7390.70 |

## 表18.34 群众艺术馆和文化馆（站）情况（2016年）
## MASS ART CENTERS AND CULTURAL CENTERS (2016)

| 项　目 | Item | 合　计 Total | 其　中 of which 群众艺术馆 Mass Art Centers | 文化馆 Cultural Centers | 文化站 Cultural Stations |
|---|---|---|---|---|---|
| 单位数（个） | Number of Units (unit) | 1062 | 1 | 40 | 1021 |
| 举办展览个数（个） | Conducting Exhibitions (unit) | 5656 | 14 | 509 | 5133 |
| 组织文艺活动次数（次） | Art Performances (time) | 28157 | 70 | 4385 | 23702 |
| 举办培训班班次（次） | Training Courses (time) | 15526 | 209 | 2943 | 12374 |

## 表18.35 艺术表演团体演出情况（2016年）
## BASIC STATISTICS ON ART PERFORMANCE TROUPES (2016)

| 种　类 | Item | 国内演出场数（万场） Number of Performances in China (10 000 show) | 国内演出观众人数（万人次） Number of Spectators of the Performances in China (10 000 person-times) |
|---|---|---|---|
| **总　计** | **Total** | **8.99** | **3080.58** |
| **按登记注册类型分** | **By Registration** | | |
| 国　有 | State-owned | 0.24 | 207.90 |
| 集　体 | Collective-owned | | |
| 其　他 | Others | 8.75 | 2872.68 |
| **按剧种分** | **By Art Troupes** | | |
| 话剧、儿童剧、滑稽剧团 | Drama, Plays for Children and Comedy Troupes | 0.65 | 217.35 |
| 歌舞、音乐类 | Song and Dance Troupes, Musicals | 4.33 | 734.58 |
| 京剧、昆曲类 | Peking Opera and Kunqu Opera | 0.03 | 8.68 |
| #京　剧 | Peking Opera Troupes | 0.03 | 8.68 |
| 地方戏曲类 | Local Opera Troupes | 0.06 | 39.20 |
| 杂技、魔术、马戏类 | Acrobatics, Performing Magic and Circus Troupes | 0.05 | 23.14 |
| 曲艺类 | Folk Arts | 0.08 | 20.80 |
| 综合性艺术表演团体 | Comprehensive Art Performance | 3.78 | 2036.83 |

注：艺术表演团体统计口径调整为含系统内、系统外两部分。
Note: The scope of art performance troupes includes the troupes either inside or outside the public-owned system.

# 表18.36 广播电台、电视台情况（2015－2016年）
## STATISTICS ON RADIO AND TV STATIONS (2015-2016)

| 项　目 | Item | 2015 | 2016 |
|---|---|---|---|
| 广播电台情况 | Statistics on Radio Stations | | |
| 公共广播节目套数（套） | Number of Programs (set) | 31 | 34 |
| 广播节目综合人口覆盖率（%） | Radio Coverage of Population (%) | 98.62 | 98.86 |
| 中短波转播发射台（座） | Transmission and Relaying Stations of Medium and Short Wave Broadcast(unit) | 5 | 5 |
| 中短波广播发射功率（千瓦） | Power of Transmitters of Medium and Short Wave Broadcast (kw) | 120 | 120 |
| 调频转播发射台（座） | Number of Transmission and Relaying Stations of Frequency Modulation Broadcast (unit) | 62 | 63 |
| 调频发射功率（千瓦） | Power of Transmitters of Frequency Modulation Broadcast (kw) | 169.34 | 174.16 |
| 全年公共广播节目播出时间（小时） | Public Programs Broadcasting Hours of the Year (hour) | 167962 | 179331 |
| #新闻资讯 | News Programs | 41317 | 42208 |
| 专题服务 | Special Subject Programs | 45775 | 49736 |
| 综　艺 | General Entertainment Programs | 26969 | 26618 |
| 广播剧 | TV Play Programs | 16999 | 17740 |
| 广　告 | Advertising Programs | 11810 | 11358 |
| 电视台情况 | Statistics on TV Stations | | |
| 公共电视节目套数（套） | Number of Programs (unit) | 46 | 46 |
| 电视节目综合人口覆盖率（%） | TV Coverage of Population (%) | 99.07 | 99.19 |
| 电视转播发射台（座） | Number of Broadcast-Television Stations (unit) | | |
| 电视发射功率（千瓦） | Power of Television Transmitters (kw) | 109.09 | 134.27 |
| 全年公共电视节目播出时间（小时） | Public Programs Broadcasting Hours of the Year (hour) | 295610 | 297161 |
| #新闻资讯 | News Programs | 33493 | 34291 |
| 专题服务 | Special Subject Programs | 70384 | 69528 |
| 综艺益智 | General Entertainment Programs | 17341 | 19865 |
| 影视剧 | TV Play Programs | 111932 | 108010 |
| 广　告 | Advertising Programs | 26166 | 25497 |

# 表18.37 产品质量监督抽查情况（2016年）
## RESULTS OF SAMPLING CHECK UNDER SUPERVISION ON THE QUALITY OF PRODUCTS (2016)

| 产品名称 | Name of Product | 监督检验企业数（个） Number of Enterprises Supervised & Checked (unit) | 检验批次（批次） Number of Batches Checked (batch-time) | 合格批次（批次） Number of Conforming Batches (batch-time) | 批次合格率（%） Rate of Conforming Batches (%) |
|---|---|---|---|---|---|
| 总 计 | Total | 7035 | 16445 | 15446 | 93.9 |
| 包装产品（不含食品包装物、危化品包装物） | Packaging Prducts(Excluding Food and Hazardous Chemicals Packaging Materials) | 132 | 164 | 152 | 92.7 |
| 包装桶（袋） | Packaging Barrels and Bags | 36 | 79 | 77 | 97.5 |
| 电工器材及电力设备 | Electrician Apparatus and Electric Equipment | 215 | 549 | 538 | 98.0 |
| 电缆电线 | Cables and Wires | 61 | 235 | 220 | 93.6 |
| 电信终端设备 | Telecommunication Terminal Equipment | 3 | 5 | 5 | 100.0 |
| 电学计量器具 | Electrical Measuring Instruments | 20 | 24 | 24 | 100.0 |
| 发动机 | Engines | 37 | 46 | 46 | 100.0 |
| 纺织品 | Textile Products | 160 | 410 | 380 | 92.7 |
| 肥 料 | Chemical Fertilizers | 44 | 110 | 96 | 87.3 |
| 服 装 | Garments | 152 | 389 | 362 | 93.1 |
| 工业用玻璃制品 | Glass Products for Industrial Use | 103 | 334 | 302 | 90.4 |
| 工业用塑料制品 | Plastic Products for Industrial Use | 6 | 11 | 11 | 100.0 |
| 工业用橡胶制品 | Rubber Products for Industrial Use | 11 | 17 | 17 | 100.0 |
| 机动车灯具 | Luminaire of Automobiles | 21 | 50 | 50 | 100.0 |
| 机械电子产品 | Machinery and Electronic Products | 56 | 88 | 85 | 96.6 |
| 家 具 | Furniture | 392 | 908 | 766 | 84.4 |
| 家用和类似用途电器 | Electrical Appliances for Household and Similar Use | 35 | 103 | 98 | 95.1 |
| 家用纸制品 | Paper Products for Household Use | 115 | 315 | 289 | 91.7 |
| 建筑保温材料 | Building Thermal Insulation Materials | 44 | 68 | 52 | 76.5 |
| 建筑防水材料 | Water-proof Building Material | 19 | 30 | 28 | 93.3 |
| 建筑钢材 | Structural Steel | 72 | 169 | 154 | 91.1 |
| 建筑门窗 | Building Doors and Windows | 262 | 325 | 299 | 92.0 |
| 胶粘剂 | Adhesive | 15 | 20 | 19 | 95.0 |
| 力学计量器具 | Mechanics Metering Devices | 23 | 31 | 30 | 96.8 |
| 铝合金建筑型材 | Aluminum Alloy Building Profile | 9 | 23 | 21 | 91.3 |
| 摩托车 | Motorcycles | 35 | 55 | 44 | 80.0 |
| 能源产品 | Energy Products | 205 | 373 | 346 | 92.8 |
| 农 药 | Pesticides | 10 | 27 | 25 | 92.6 |
| 农业机械 | Agricultural Machinery | 118 | 278 | 259 | 93.2 |
| 农用薄膜 | Film for Agricultural Use | 2 | 4 | 4 | 100.0 |
| 皮革制品 | Leather Products | 41 | 65 | 44 | 67.7 |
| 其他建筑装修材料 | Other Building and Decoration Materials | 292 | 396 | 359 | 90.7 |
| 其他危化品 | Other Dangerous Chemicals | 40 | 50 | 50 | 100.0 |
| 其它电子信息类产品 | Other Electronic Information Products | 5 | 9 | 9 | 100.0 |
| 其它工业生产资料 | Other Industrial Means of Production | 297 | 393 | 370 | 94.1 |
| 其它日用消费品 | Other Products for Daily Use | 111 | 413 | 400 | 96.9 |
| 汽 车 | Automobiles | 23 | 35 | 29 | 82.9 |

**表18.37 续表 continued**

| 产品名称 | Name of Product | 监督检验企业数（个）<br>Number of Enterprises Supervised & Checked (unit) | 检验批次（批次）<br>Number of Batches Checked (batch-time) | 合格批次（批次）<br>Number of Conforming Batches (batch-time) | 批次合格率（%）<br>Rate of Conforming Batches (%) |
|---|---|---|---|---|---|
| 汽车、摩托车的其他零部件和附件（摩托车发动机、汽车安全带、机动车后视镜、机动车用喇叭、汽车门锁及汽车门铰链、机动车燃油箱、汽车座椅及座椅头枕、机动车回复反射器等） | Other Components and Fittings of Automobiles and Motorcycles (Motorcycle Engines, Automobile Safety Belt, Rearview Mirror, Horn, Door Lock and Hinge, Petroleum Tank, Seat and Headrest and Reflectors) | 94 | 256 | 255 | 99.6 |
| 汽车、摩托车轮胎 | Tires of Automobiles and Motorcycles | 3 | 4 | 4 | 100.0 |
| 汽车及摩托车低压线及线束 | Low-tension Wire and Wire Harness of Automobiles and Motorcycles | 10 | 20 | 18 | 90.0 |
| 汽车摩托车液压制动软管总成 | Hydropower Braking Hose Assembly of Automobiles and Motorcycles | 5 | 8 | 8 | 100.0 |
| 汽车摩托车用制动器衬片 | Brake Linings of Automobiles and Motorcycles | 9 | 15 | 15 | 100.0 |
| 汽车内饰件 | Interior Decoration of Automobiles | 41 | 129 | 128 | 99.2 |
| 墙体材料 | Wall Materials | 774 | 1599 | 1453 | 90.9 |
| 燃气用具 | Gas Appliances | 43 | 83 | 71 | 85.5 |
| 人造板 | Artificial Slabs | 45 | 49 | 48 | 98.0 |
| 日用电器 | Electrical Appliances for Daily Use | 8 | 14 | 14 | 100.0 |
| 食品包装容器工具 | Food Packaging, Containers and Tools | 255 | 570 | 552 | 96.8 |
| 食品加工设备 | Food Processing Equipment | 10 | 20 | 20 | 100.0 |
| 水　泥 | Cement | 53 | 162 | 161 | 99.4 |
| 水泥制品、混凝土制品 | Cement and Concrete Products | 150 | 283 | 262 | 92.6 |
| 塑料管材及管件 | Plastic Pipes and Fittings | 51 | 87 | 75 | 86.2 |
| 塑料型材 | Plastic Profile | 12 | 40 | 40 | 100.0 |
| 条码印刷产品 | Barcode Printing Products | 253 | 501 | 485 | 96.8 |
| 通用电器产品 | General Electrical Appliances | 6 | 11 | 11 | 100.0 |
| 通用设备 | General Equipment | 106 | 198 | 185 | 93.4 |
| 文艺体育用品 | Entertainment and Sport Products | 3 | 3 | 3 | 100.0 |
| 物理化学计量器具 | Physical and Chemical Measuring Instruments | 3 | 7 | 7 | 100.0 |
| 消防器材（消火栓） | Fire-fighting Apparatus (Fire Hydrant) | 335 | 2168 | 2142 | 98.8 |
| 鞋　类 | Footwear | 425 | 1005 | 907 | 90.2 |
| 信息技术设备 | IT Equipment | 11 | 36 | 36 | 100.0 |
| 眼　镜 | Glasses | 789 | 1716 | 1682 | 98.0 |
| 冶金产品 | Metallurgic Products | 40 | 58 | 57 | 98.3 |
| 油漆涂料 | Paint | 274 | 793 | 738 | 93.1 |
| 长度计量器具 | Length Measuring Instruments | 5 | 9 | 9 | 100.0 |

重/庆/统/计/年/鉴

# 主要统计指标解释

## 普通高等学校

指按照国家规定的设置标准和审批程序批准举办的，通过全国普通高等学校统一招生考试，招收高中毕业生为主要培养对象，实施高等教育的全日制大学、独立设置的学院和高等专科学校、高等职业学校和其他机构。

大学、独立设置的学院主要实施本科层次以上教育，高等专科学校、高等职业学校实施专科层次教育，其他机构是承担国家普通招生计划任务不计校数的机构。包括普通高等学校分校和批准筹建的普通高等学校等。

## 成人高等学校

指按照国家规定的设置标准和审批程序批准举办的，通过全国成人高等学校统一招生考试，招收具有高中毕业或同等学历的在职从业人员为主要培养对象，利用函授、业余、脱产等多种形式对其实施高等学历教育的学校。包括职工高等学校、农民高等学校、管理干部学院、教育学院、独立函授学院、广播电视大学、其他机构等。其他机构是承担国家成人招生计划任务不计校数的机构。

## 小学学龄儿童入学率

指调查范围内已入小学学习的学龄儿童占校内外学龄儿童总数（包括弱智儿童在内，但不包括盲聋哑儿童）的比重。计算公式：

小学学龄儿童入学率＝已入学的小学学龄儿童数/校内外小学学龄儿童总数×100%

## 专利

是专利权的简称，是对发明人的发明创造经审查合格后，由专利局依据专利法授予发明人和设计人对该项发明创造享有的专有权。包括发明、实用新型和外观设计。反映拥有自主知识产权的科技和设计成果情况。

## 有专利申请的企业

指在报告年内向国家知识产权局或中国以外的国家知识产权局（地区专利组织）提交专利申请，并收到《专利申请受理通知书》和缴纳相关费用的工业企业。

## 有专利授权的企业

指报告年内获得国家知识产权局或中国以外的国家知识产权局（地区专利组织）《专利授权通知书》并缴纳相关费用的工业企业。

## 拥有有效专利的企业（累计值）

指截至报告年末，有专利权处于维持状态的工业企业。

## 专利产品产值（当年价格）

工业企业在报告年度内生产的以货币形式表现的工业最终专利产品的总价值量。专利产品产值计算参照国家关于“工业总产值”的计算方法。

## 专利产品销售收入

工业企业在报告期内销售专利产品的货币收入总额。

## 发明

指对产品、方法或其改进所提出的新的技术方案。是国际通行的反映拥有自主知识产权技术的核心指标。

## 实用新型

指对产品的形状、构造或者其结合所提出的适于实用的新的技术方案。反映具有一定技术含量的技术成果情况。

## 外观设计

指对产品的形状、图案、色彩或者其结合所做出的富有美感并适于工业上应用的新设计。反映拥有自主知识产权的外观设计成果情况。

## 主要统计指标解释

### 驰名商标

是指在市场上享有较高声誉并为相关公众所熟知的注册商标，也是一种法律保护手段。

### 著名商标

著名商标的知名度介于驰名商标和普通商标之间的商标群落，是驰名商标坚实的后备力量。

### 文化事业机构

指从事专业文化工作和为专业文化工作服务的独立建制的单位。不包括这些单位另外举办独立核算的其他机构和各部门的业余文化组织。

### 艺术表演团体

指从事戏曲、音乐、舞蹈、杂技等专业艺术表演，有独立帐户。不包括半工半艺、半农半艺和民间职业剧团。

### 艺术表演观众人数

指售票、包场演出或民族地区免费演出的艺术表演观众人次数，不包括彩排审查和内部观摩演出的观看人次数。

# Explanatory Notes on Main Statistical Indicators

## □ Regular Institutions of Higher Education

Refer to educational establishments set up according to the government evaluation and approval procedures, enrolling graduates from senior secondary schools and providing higher education courses and training for senior professionals. They include full-time universities, colleges, high professional schools, high professional vocational schools and others.

Universities and colleges are mainly providing undergraduate courses; those high professional schools and high professional vocational schools are mainly providing professional trainings; and others refer to educational establishments, which are responsible for enrolling students but not covered in the total number of schools, including: branch schools of universities and colleges, and universities and colleges that have been proved and prepared to construct.

## □ Institutions of Higher Learning for Adults

Refer to educational establishments, set up in line with relevant rules approved by the government, enrolling staff and workers with senior secondary school or equivalent education, and providing higher education courses in many forms of correspondence, spare time, or full time for adults. Professionals thus trained receive a qualification equivalent to graduates studying regular courses at regular universities, colleges and professional colleges. Institutions of higher learning for adults include schools of high education for staff and workers, schools of high education for peasants, colleges for management cadres, pedagogical colleges, independent correspondence colleges, Radio and TV universities and other educational establishments. Other educational establishments are responsible for enrolling adult students but not covered in the number of schools.

## □ Enrollment Rate of Primary School-aged Children

Refers to the proportion of school-aged children enrolled at schools to the total number of school-age children both in and outside schools (including retarded children, but excluding blind, deaf and mute children). The formula is:

Enrollment Rate of Primary School-aged Children =Total Primary School-aged Children at Schools/Total Primary School-age Children Both at and Outside Schools×100%

## □ Patent

Is an abbreviation for the patent right and refers to the exclusive right of ownership by the inventors or designers for the creation or inventions, given from the patent offices after due process of assessment and approval in accordance with the Patent Law. Patents are granted for inventions, utility models and designs. This indicator reflects the achievements of S&T and design with independent intellectual property.

## □ Enterprise with Patent Application

Refers to the industrial enterprise which has submitted patent application to the State Intellectual Property Office or the national intellectual property administration outside China (regional patent organization), received the "Notification of Patent Application Acceptance" and paid off the related fees within the year of report.

## □ Enterprise with Patent Granted

Refers to the industrial enterprise which has received the "Notification of Patent Granted" from the State Intellectual Property Office or the national intellectual property administration outside China (regional patent organization) and paid off the related fees within the year of report.

## □ Enterprise with Valid Patents (Cumulative Value)

Refers to the industrial enterprise with patents in the status of maintenance by the end of the year of report.

## □ Output Value of Patented Products (Current Price)

Refers to the total value of the final patented industrial products produced by the industrial enterprises in the year of report in the form of currency. Refer to the calculation method of "gross industrial output value" stipulated by the state for the calculation of the output value of patented products

EXPLANATORY NOTES TO MAJOR STATISTICAL INDICATORS

## □ Sales Revenue of Patented Products

Refers to the total revenue of currency from the sales of the patented products by the industrial enterprises within the year of report.

## □ Inventions

Refer to the new technical proposals to the products or methods or their modifications. This is universal core indicator reflecting the technologies with independent intellectual property.

## □ Utility Models

Refer to the practical and new technical proposals on the shape and structure of the product or the combination of both. This indicator reflects the condition of technological results with certain technical content.

## □ Designs

Refer to the aesthetics and industrially applicable new designs for the shape, pattern and color of the product, or their combinations. This indicator reflects the appearance design achievements with independent intellectual property.

## □ Famous Trade Marks

Refer to trade marks publicly known with higher honors. It is also a legal protection.

## □ Well-known Trade Marks

Their fames are between famous trade marks and ordinary trade marks. And they are tough reserve force of famous trade marks.

## □ Cultural Institutions

Refer to units which have their own organizational system and independent accounting system and specialize in or serve cultural development. They exclude other establishments run by these cultural institutions and amateur cultural groups established by various departments.

## □ Art Troupe

Refers to the troupe who is engaged in drama, opera, music, dance, acrobatics or other art performance, opens independent accounts with banks and has self-supporting accounting system; excluding the troupes who are engaged partly in industrial or agricultural activities, partly in art performance and the professional troupes organized by the people.

## □ Number of Spectators at Art Performance

Refers to the number of attendants at commercial shows, completely booked shows of free shows given in minority national areas, and does not include the number of spectators at rehearsals for examination and internal shows for study.

# 第19章

# 卫生、体育和其他社会活动

# PUBLIC HEALTH, SPORTS AND OTHER SOCIAL ACTIVITIES

## 简要说明 BRIEF INTRODUCTION

本章资料主要包括卫生事业、体育事业、民政事业、劳动和社会保障事业、公检法司情况、安全生产情况、火灾事故和道路交通事故等内容，由市统计局社会科技统计处根据有关部门资料整理提供。

卫生资料来自市卫生和计划生育委员会，体育资料来源于市体育局，民政和劳动社会保障有关资料分别由市民政局、市人力资源和社会保障局提供，公检法司资料分别由市公安局、市人民检察院、市高级人民法院和市司法局提供，安全生产情况来自于市安全生产监督管理局，火灾事故和道路交通事故分别由市消防总队和市公安交通管理局提供。

The data in this chapter mainly cover public health, sports, civil affairs, labor & social securities, public security, procuratorial, legal & judicial affairs, work safety, and fires & highway traffic accidents. The data are sorted and compiled by Division of Social and Technology Statistics, Chongqing Municipal Bureau of Statistics on the basis of the data provided by other related departments.

The data on public health are provided by Chongqing Health and family planning commission; the data on sports are provided by Chongqing Administration of Sports; the data on civil affairs and labor & social securities are provided by Chongqing Civil Affairs Bureau and Chongqing Administration of Labor and Social Security; the data on public security, procuratorial and legal affairs are provided by Chongqing Public Security Bureau, Chongqing People's Procuratorate, Higher People's Court and Chongqing Justice Bureau; the data on work safety are provided by Chongqing Administration of Work Safety; and the data on fires & highway traffic accidents are provided by Chongqing Fire Brigade and Chongqing Bureau of Traffic Administration.

# 表19.1 主要年份卫生事业情况
## STATISTICS ON PUBLIC HEALTH CARE IN MAJOR YEARS

| 年份 Year | 机构数（个） Number of Institutions (unit) | 其中 of which #医院、卫生院 Hospitals and Health Centers | 床位数（张） Number of Beds in Health Care Institutions (bed) | 卫生技术人员（人） Medical Technical Personnel (person) | 其中 of which #执业（助理）医师 Licensed (Assistant) Doctors | #注册护士 Registered Nurses |
|---|---|---|---|---|---|---|
| 1952 | 742 | | 5031 | 19807 | | |
| 1957 | 2185 | | 10255 | 30290 | | |
| 1962 | 3591 | | 22971 | 35681 | | |
| 1965 | 3938 | | 20314 | 36762 | 10234 | |
| 1970 | 3579 | 2183 | 25038 | 39813 | 10475 | |
| 1975 | 4221 | 2286 | 37300 | 51536 | 12442 | |
| 1978 | 4789 | 2294 | 48948 | 59934 | 12870 | |
| 1980 | 4686 | 2316 | 51194 | 65441 | 12806 | |
| 1985 | 4796 | 2170 | 54054 | 76486 | 12577 | 11724 |
| 1986 | 5095 | 2140 | 54801 | 77437 | 12895 | 11921 |
| 1987 | 5136 | 2136 | 57178 | 78382 | 13201 | 12156 |
| 1988 | 5148 | 2151 | 59514 | 80153 | 21004 | 13688 |
| 1989 | 5229 | 2152 | 61912 | 81219 | 27789 | 16027 |
| 1990 | 5248 | 2154 | 62568 | 82690 | 28824 | 16929 |
| 1991 | 5326 | 2153 | 64057 | 83973 | 28652 | 17163 |
| 1992 | 5328 | 2160 | 64978 | 85204 | 28643 | 17557 |
| 1993 | 4807 | 2114 | 65859 | 84125 | 29516 | 17714 |
| 1994 | 4795 | 2590 | 66891 | 85586 | 30915 | 18298 |
| 1995 | 4801 | 2505 | 67243 | 86041 | 31169 | 18692 |
| 1996 | 4777 | 2567 | 66339 | 87542 | 30733 | 19289 |
| 1997 | 4743 | 2553 | 69591 | 88423 | 43178 | 19593 |
| 1998 | 4643 | 2438 | 65934 | 83696 | 43423 | 19804 |
| 1999 | 4552 | 2351 | 66003 | 88569 | 44453 | 20263 |
| 2000 | 4382 | 2250 | 65666 | 88619 | 44940 | 20773 |
| 2001 | 4151 | 2020 | 64981 | 86430 | 44666 | 20533 |
| 2002 | 2725 | 1717 | 61875 | 79850 | 37873 | 20729 |
| 2003 | 2705 | 1682 | 63287 | 78628 | 37122 | 20629 |
| 2004 | 2539 | 1574 | 63899 | 77516 | 36603 | 20249 |
| 2005 | 2447 | 1463 | 64674 | 78780 | 37321 | 20842 |
| 2006 | 2478 | 1450 | 68298 | 79805 | 37511 | 21269 |
| 2007 | 2410 | 1447 | 74785 | 83736 | 38739 | 23972 |
| 2008 | 2258 | 1396 | 81950 | 88746 | 39417 | 26799 |
| 2009 | 2425 | 1404 | 92689 | 97199 | 41943 | 31756 |
| 2010 | 17495 | 1449 | 103624 | 111079 | 47969 | 37611 |
| 2011 | 17660 | 1407 | 115627 | 120169 | 49585 | 42767 |
| 2012 | 17961 | 1405 | 130813 | 131658 | 51990 | 49823 |
| 2013 | 18923 | 1502 | 147436 | 142218 | 55221 | 55417 |
| 2014 | 18766 | 1510 | 160446 | 154091 | 58007 | 62662 |
| 2015 | 19805 | 1568 | 176674 | 166812 | 61013 | 69996 |
| 2016 | 19933 | 1606 | 190850 | 179346 | 64700 | 77463 |

注：1）2002年起卫生统计制度变更，其指标名称和统计口径变化，与往年不可比：从2002年起卫生机构、床位、卫生技术人员统计范围均不含“医学院校”、“卫生学校”和“计生站”。卫生技术人员中，2002年前为医生和护师（士），2002年后改为执业（助理）医师和注册护士（表18-1至18-5同）。

2）2011年卫生统计口径变化，与往年不可比：从2010年起卫生机构、卫生技术人员、执业（助理医师）、注册护士统计范围均含“村卫生室”和“个体办诊所”。

Note: a) Due to the changes of health care statistic system since 2002, the indicators and statistic scopes were changed, not comparable with the previous years: since 2002, the scope of the number of health care institutions, the number of beds and the number of medial technical personnel has not included the data of "medical universities", "health schools" and "family plan service stations". The indicators of "doctor" and "nurse" before 2002 have been replaced by "licensed (assistant) doctors" and "registered nurses" since 2002 (the same applies to the tables from 18-1 to 18-5).

b) Due to the change of statistic scope, the date are not comparable with the previous years. The data of "village health station" and "individual-run clinics" are included in the data of health institutions, medical technical personnel, licensed (assistant) doctors and register ed nurses since 2010.

## 表19.2 卫生事业情况（2015－2016年）
STATISTICS ON PUBLIC HEALTH CARE (2015-2016)

| 指　标 | Item | 2015 | 2016 |
|---|---|---|---|
| 执业（助理）医师数（人） | Number of Licensed (Assistant) Doctors (person) | 61013 | 64700 |
| 医院床位数（张） | Number of Beds in Hospitals (bed) | 123980 | 136245 |
| 孕产妇死亡率（1/10万） | Mortality Rate of Pregnant Women (per 100 000 persons) | 15.3 | 13.1 |
| 新生儿死亡率（‰） | Mortality Rate of New Infants (‰) | 3.2 | 2.7 |
| 甲乙类传染病发病率（1/10万） | Incidence Disease Rate of Class A and B Infections Diseases (per 100 000 persons) | 262.1 | 263.6 |
| 农村自来水普及率（%） | Rate of Access to Tap Water in Rural Area (%) | 91.5 | |

## 表19.3 医院、卫生院、社区诊疗情况（2016年）
STATISTICS ON VISITS AND INPATIENTS IN HOSPITALS, HEALTH STATIONS AND COMMUNITY HEALTH CENTERS (2016)

| 机构类别 | Type of Institution | 诊疗人次（万人次） Number of Visits (10 000 person-times) | 其中of which #门诊急诊 Outpatients and Emergency Treatment | 健康检查人数（万人） Medical Examiniation (10 000 patients) | 住院人数（万人） Number of Inpatients (10 000 patients) | 每百门急诊次的入院人数（人） Number of Inpatents per 100 Visits (person) |
|---|---|---|---|---|---|---|
| **医　院** | **Hospitals** | **6390.39** | **6221.85** | **380.47** | **422.71** | **6.83** |
| #综合医院 | General Hospitals | 4466.36 | 4325.65 | 308.65 | 314.19 | 7.30 |
| 中医医院 | Hospitals Specialized in Traditional Chinese Medicine | 1123.17 | 1106.73 | 52.26 | 66.17 | 6.01 |
| 中西医结合医院 | Hospitals of Integrated WesternMedicine | 78.24 | 75.43 | 6.08 | 7.53 | 10.17 |
| 口腔医院 | Stomatological Hospitals | 110.39 | 110.37 | 1.28 | 0.42 | 0.39 |
| 肿瘤医院 | Cancer Hospitals | 32.33 | 32.33 | | 3.34 | 11.91 |
| 妇产（科）医院 | OB/GYN Hospitals | 40.72 | 40.16 | 0.83 | 2.27 | 5.65 |
| 儿科医院 | Children's Hospital | 281.17 | 281.14 | 0.08 | 7.34 | 2.79 |
| 精神病院 | Mental Hospitals | 95.82 | 94.54 | 1.88 | 3.92 | 3.97 |
| 传染病院 | Hospitals for Infectious Diseases | 12.81 | 12.81 | 1.04 | 1.02 | 8.10 |
| **社区卫生服务中心（站）** | **Community Health Service Center (Station)** | **802.40** | **769.00** | **63.02** | **28.11** | **3.68** |
| **卫生院** | **Health Centers** | **2059.89** | **2003.47** | **230.04** | **156.74** | **7.87** |
| #乡镇卫生院 | Township Health Centers | 2002.69 | 1946.90 | 225.40 | 152.91 | 7.90 |

# 表19.4 卫生机构、床位、人员数（2016年）
## NUMBER OF HEALTH CARE INSTITUTIONS, BEDS AND PERSONNEL (2016)

| 机构类别 | Type of Institutions | 机构数（个）Health Care Institutions (unit) | 床位数（张）Beds (bed) | 人员合计（人）Total Personnel (person) | 其中 of which：卫生技术人员 Medical Technical Personnel | 其他技术人员 Other Technical Personnel | 管理人员 Management Personnel | 工勤人员 Logistic Workers |
|---|---|---|---|---|---|---|---|---|
| **总　计** | **Total** | **19933** | **190850** | **242829** | **179346** | **8385** | **12466** | **20984** |
| #医院、卫生院 | Total Number of Hospitals | 1606 | 177410 | 177057 | 141852 | 6621 | 10352 | 18232 |
| 医　院 | Hospitals | 699 | 136245 | 143351 | 114014 | 5120 | 9022 | 15195 |
| #综合医院 | General Hospitals | 452 | 92583 | 99554 | 80100 | 3068 | 6063 | 10323 |
| 中医医院 | Hospitals Specialized in Traditional Chinese Medicine | 76 | 20696 | 21548 | 18043 | 688 | 1036 | 1781 |
| 中西医结合医院 | Hospitals of Integrated Traditional Chinese with Western Medicine WesternMedicine | 25 | 3242 | 2882 | 2224 | 99 | 197 | 362 |
| 口腔医院 | Stomatological Hospitals | 16 | 235 | 1483 | 1110 | 119 | 141 | 113 |
| 肿瘤医院 | Cancer Hospitals | 2 | 1000 | 1515 | 1277 | 86 | 65 | 87 |
| 胸科医院 | Chest Hospitals | | | | | | | |
| 妇产（科）医院 | OB/GYN Hospitals | 17 | 1249 | 1996 | 1224 | 177 | 165 | 430 |
| 儿童医院 | Children's Hospital | 4 | 1788 | 3131 | 2412 | 237 | 209 | 273 |
| 精神病院 | Mental Hospitals | 29 | 9126 | 3272 | 2458 | 122 | 237 | 455 |
| 传染病院 | Hospitals for Infectious Diseases | 3 | 907 | 822 | 689 | 16 | 58 | 59 |
| 卫生院 | Health Centers | 907 | 41165 | 33706 | 27838 | 1501 | 1330 | 3037 |
| 街道卫生院 | Urban Subdistrict Health Centers | 13 | 1120 | 1014 | 828 | 45 | 48 | 93 |
| 乡镇卫生院 | Township Health Centers | 894 | 40045 | 32692 | 27010 | 1456 | 1282 | 2944 |
| 门诊部 | Outpatient Department | 355 | 366 | 2399 | 1962 | 87 | 146 | 204 |
| 采供血机构 | Blood Centers | 11 | | 630 | 458 | 44 | 49 | 79 |
| 妇幼保健院（所、站） | Women and Children Care Centers | 42 | 3222 | 7696 | 6131 | 248 | 533 | 784 |
| 专科疾病防治院（所） | Specialized Disease Prevention & Treatment Institutions | 16 | 390 | 381 | 264 | 26 | 45 | 46 |
| 疾病预防控制中心 | CDC (Epidemic Preventation Stations) | 42 | | 2809 | 2018 | 237 | 269 | 285 |
| 医学科学研究机构 | Research Institutes of Medical Sciences | | | | | | | |
| 医学在职培训机构 | Training Institutes for Medical Staff and Workers | 6 | | 159 | 115 | 15 | 18 | 11 |
| 健康教育所（中心） | Health Care Training Centers | 4 | | 75 | 25 | 22 | 21 | 7 |
| 疗养院 | Sanatoriums | 7 | 705 | 266 | 177 | 6 | 36 | 47 |
| 社区卫生服务中心（站） | Community Health Service Centers | 497 | 8757 | 11239 | 9394 | 405 | 564 | 876 |
| 卫生监督所 | Health Supervision Institutes | 39 | | 1085 | 1028 | 2 | 32 | 23 |
| 其他卫生机构 | Other Health Care Institutions | 17 | | 1053 | 39 | 556 | 351 | 107 |
| 村卫生室 | Village Health Stations | 11241 | 366 | 2399 | 1962 | 87 | 146 | 204 |
| 诊所、卫生所、医务室 | Clinics, Health Centers and Hygienic Centers | 6044 | | 13182 | 12908 | | | 274 |

注：本表机构数包含个体办诊所、村卫生室。
Note: The number of institutions in this table includes individual-run clinics.

## 表19.5 卫生机构各类人员数（2015－2016年）
## NUMBER OF EMPLOYED PERSONS IN HEALTH INSTITUTIONS (2015-2016)

单位：人、% (person, %)

| 人员分类 | Type of Personnel | 人 数 Personnel | | 构 成 Composition | |
|---|---|---|---|---|---|
| | | 2015 | 2016 | 2015 | 2016 |
| **总 计** | **Total** | **227212** | **242829** | **100.00** | **100.00** |
| 卫生技术人员 | Medical Technical Personnel | 166507 | 179346 | 73.28 | 73.86 |
| 执业医师 | Licensed Doctors | 47730 | 51470 | 21.01 | 21.20 |
| 执业助理医师 | Licensed Assistant Doctors | 13295 | 13230 | 5.85 | 5.45 |
| 注册护士 | Registered Nurses | 70015 | 77463 | 30.81 | 31.90 |
| 药剂人员 | Pharmacists | 8190 | 8574 | 3.60 | 3.53 |
| 技 师（士） | Technical Workers | 7876 | 8748 | 3.47 | 3.60 |
| 其他人员 | Others | 19401 | 19861 | 8.54 | 8.18 |
| 其他技术人员 | Other Technical Personnel | 7328 | 8385 | 3.23 | 3.45 |
| 管理人员 | Management Personnel | 11180 | 12466 | 4.92 | 5.13 |
| 工勤人员 | Logistics Workers | 19647 | 20984 | 8.65 | 8.64 |
| **每万人口拥有卫生技术人员** | **Number of Medical Technical Personnel per 10 000 Population** | **49** | **53** | | |

## 表19.6 结婚登记和离婚登记情况（2015－2016年）
## STATISTICS ON MARRIAGES AND DIVORCES (2015-2016)

| 项 目 | Item | 2015 | 2016 |
|---|---|---|---|
| 登记结婚件数（件） | Registered Marriages (couple) | 292570 | 278527 |
| 内地居民 | Registered Marriages in the Mainland | 291841 | 277882 |
| 涉外及华侨、港澳台居民 | Registered Marriages with Foreigner or Citizen of Hong Kong, Macao and Taiwan | 729 | 645 |
| 登记结婚人数（人） | Registered Newly Married People (person) | 585140 | 557054 |
| 初 婚 | First Marriages | 412757 | 380608 |
| 再 婚 | Remarriages | 172383 | 176446 |
| 登记离婚件数（件） | Registered Divorces (couple) | 120220 | 122072 |
| # 内地居民 | Registered Divorces in the Mainland | 120079 | 121931 |

## 表19.7 民政事业情况（2015－2016年）
STATISTICS ON CIVIL AFFAIRS (2015-2016)

| 指　标 | Item | 2015 | 2016 |
|---|---|---|---|
| 民政经费支出（万元） | Expenditure for Civil Affairs (10 000 yuan) | 1146518 | 1299702 |
| 城市居民最低生活保障人数（万人） | Number of Persons Receiving Minimum Living Allowance in Urban Areas (10 000 persons) | 37.52 | 34.78 |
| 农村居民最低生活保障人数（万人） | Number of Persons Receiving Minimum Living Allowance in Rural Areas (10 000 persons) | 50.26 | 58.98 |
| 农村五保供养人数（万人） | Number of Persons Receiving Livelihood Guaranteed in Five Aspects in Rural Areas (10 000 persons) | 16.71 | 16.88 |
| 享受城镇居民最低生活保障人数占非农业人口比重（%） | Number of Persons Receiving Minimum Living Allowance in Urban Areas as Percentage to Total Non-agricultural Population (%) | 2.7 | 3.1 |
| 提供住宿的社会服务机构床位数（张） | Number of Beds in the Social Service Institutions Providing Accommodation (pcs) | 90500 | 92649 |
| 福利企业职工人数（人） | Number of Staff and Workers in Welfare Enterprises (person) | 57136 | 52905 |
| #残疾职工 | Disabled Staff and Workers | 21002 | 19034 |
| 城镇便民、利民服务网点（个） | Number of Service Stations for Urban Residents (unit) | 12517 | 9794 |
| 福利彩票销售额（万元） | Sales of Welfare Lotteries (10 000 yuan) | 456500 | 449408 |

## 表19.8 优抚对象基本情况（2015－2016年）
STATISTICS ON SPECIAL CARES FOR SERVICEMEN (2015-2016)

单位：人 (person)

| 项　目 | Item | 2015 | 2016 |
|---|---|---|---|
| **优抚对象** | **Residents Receiving Special Cares for Serviceman** | **264581** | **253368** |
| 享受定期抚恤金人数 | Persons Receiving Regular Pensions | 5166 | 4224 |
| 享受定期补助人数 | Persons Receiving Regular Subvention | 239092 | 229162 |
| #在乡复员军人 | Demobilized Soldiers in the Countryside | 23831 | 16810 |
| 带病回乡退伍军人 | Veterans in the Countryside | 65372 | 64365 |
| 伤残人员 | Wounded and Disabled Servicemen | 20323 | 19982 |

## 表19.9 社会福利事业、企业单位数和工作人员数（2015－2016年）
## NUMBER OF SOCIAL WELFARE INSTITUTIONS &ENTERPRISES AND EMPLOYED PERSONS (2015-2016)

单位：人、个 (person, unit)

| 项　目 | Item | 机　构 Number of Institutions and Enterprises | | 工作人员 Number of Personnel | |
|---|---|---|---|---|---|
| | | 2015 | 2016 | 2015 | 2016 |
| 提供住宿的社会服务机构 | Social Service Institutions Providing Accommodation | 672 | 690 | 7961 | 8429 |
| 社会福利企业单位 | Social Welfare Enterprises | 613 | 550 | 57136 | 52905 |
| 为残疾人提供工作岗位的企业 | Enterprises Employing Disabled Employees | 334 | 293 | 26137 | 23275 |
| 其他为残疾人服务的福利机构 | Other Welfare Organizations for Disabled Persons | 279 | 257 | 30999 | 29630 |
| 救助管理站 | Salvation Management Stations | 38 | 38 | 334 | 347 |
| 殡葬事业单位 | Funeral and Interment Institutions | 118 | 106 | 2160 | 1927 |
| 福利彩票发行单位 | Welfare Lottery Issuing Units | 1 | 1 | 162 | 167 |
| 募捐单位 | Donation Soliciting Units | | | | |
| 社区服务中心 | Community Service Centers | 323 | 339 | 1807 | 1934 |

## 表19.10 提供住宿的社会服务基本情况（2016年）
## BASIC STATISTICS ON THE SOCIAL SERVICE INSTITUTIONS PROVIDING ACCOMMODATION (2016)

| 项　目 | Item | 院　数（个） Number of Institutions (unit) | 工作人员（人） Number of Staff and Workers (person) | 床位数（张） Number of Beds (bed) | 年末收养人数（人） Number of Residents at Year-end (person) |
|---|---|---|---|---|---|
| **提供住宿的社会服务机构** | **Social Service Institutions Providing Accommodation** | **690** | **8429** | **92649** | **56786** |
| 老年人与残疾人服务机构 | Service Institutions for the Old and the Disabled | 632 | 7238 | 85511 | 53634 |
| 智障与精神疾病服务机构 | Service Institutions for the Retarded and People with Mental Diseases | 9 | 482 | 2381 | 2141 |
| 为儿童提供住宿的社会服务机构 | Social Service Institutions Providing Accommodation for Children | 6 | 300 | 2499 | 1011 |
| 其他提供住宿的社会服务机构 | Other Social Service Institutions Providing Accommodation | 43 | 409 | 2258 | |

## 表19.11 社会活动参与情况（2015－2016年）
PARTICIPATION IN SOCIAL ACTIVITIES (2015-2016)

单位：人、个 (person, unit)

| 指　标 | Item | 2015 | 2016 |
|---|---|---|---|
| 省级人大代表人数 | Number of Municipal Deputies of People's Congress | 868 | 868 |
| #女　性 | Female | 213 | 214 |
| 省级政协委员人数 | Number of Municipal Deputies of People's Political Consultative Conferences | 853 | 847 |
| #女　性 | Female | 184 | 183 |
| 基层地方妇联组织数 | Number of Local Women's Federation Unions | 16103 | 12185 |
| 工会基层组织数 | Number of Grassroots Trade Unions | 58590 | 57750 |
| 工会会员人数(万人) | Membership of Trade Unions (10 000 persons) | 768 | 724 |

## 表19.12 基本养老保险情况（2015－2016年）
STATISTICS ON BASIC PENSION INSURANCE (2015-2016)

单位：亿元、万人(100 million yuan, 10 000 persons)

| 指　标 | Item | 2015 | 2016 |
|---|---|---|---|
| 城镇职工基本养老保险参保人数 | Number of Contributors to Urban Enterprise Basic Pension Insurance | 837.38 | 862.25 |
| #参保职工 | Employees | 535.04 | 545.91 |
| #企　业 | Enterprises | 388.37 | 393.01 |
| 城镇职工基本养老保险实际支付人数 | Actual Beneficiaries of Urban Enterprise Basic Pension Insurance | 302.34 | 316.33 |
| 城镇职工基本养老保险基金收入 | Total Revenue of Urban Enterprise Basic Pension Insurance | 753.38 | 815.00 |
| 城镇职工基本养老保险基金支出 | Expenditure of Urban Enterprise Basic Pension Insurance | 659.12 | 736.00 |
| 应发养老金额 | Pension Payable | 627.73 | 709.69 |
| 实发养老金额 | Pension Actually Paid | 627.73 | 709.69 |
| 社会化发放人数 | Number of Social Beneficiaries | 302.34 | 316.33 |
| 社会化发放养老金额 | Actually Paid Social Pension | 627.73 | 709.69 |
| 离休、退休、退职人员年末人数 | Number of Retires at Year-end | 302.34 | 316.33 |
| 机关事业单位社会养老保险参保人数 | Number of Contributors to Social Pension Insurance in Government and Public Institutions | 11.90 | 90.00 |
| 城乡居民社会养老保险参保人数 | Number of Urban and Rural Residents Participating in Social Pension Insurance | 1111.06 | 1115.82 |

注：机关事业单位社会养老保险参保人数含市级、区县级机关事业单位参保人数。
Note: The number of contributors to social pension insurance in government and public institutions includes the contributors from the governments and public institutions at municipal, district and county levels.

## 表19.13 失业保险基本情况（2015－2016年）
STATISTICS ON UNEMPLOYMENT INSURANCE (2015-2016)

| 指　标 | Item | 2015 | 2016 |
|---|---|---|---|
| 年末失业保险参保人数（万人） | Unemployment Insurance Contributors at Year-end (10 000 persons) | 439.52 | 447.10 |
| 企　业 | Enterprises | 378.29 | 383.97 |
| 事业单位 | Institutions | 36.17 | 37.15 |
| 其　他 | Others | 25.06 | 25.98 |
| 失业保险基金总收入（亿元） | Total Revenue of Unemployment Insurance (100 million yuan) | 28.09 | 20.02 |
| 失业保险费总收入（亿元） | Total Premium of Unemployment Insurance (100 million yuan) | 25.20 | 17.36 |
| 失业保险基金总支出（亿元） | Total Expenditure of Unemployment Insurance (100 million yuan) | 14.92 | 15.80 |
| 失业保险金总支出（亿元） | Total Payment of Unemployment Insurance (100 million yuan) | 3.48 | 4.48 |
| 失业保险基金当年末结余额（亿元） | Year-end Balance of Unemployment Insurance (100 million yuan) | 107.98 | 112.20 |
| 年末城镇登记失业人员数（万人） | Year-end Registered Urban Unemployment (10 000 persons) | 14.26 | 15.68 |
| 城镇登记失业人员再就业人数（万人） | Registered Urban Unemployment Reemployed (10 000 persons) | 27.71 | 29.30 |
| 领取失业保险人数（万人） | Actual Beneficiaries of Unemployment Insurance (10 000 persons) | 6.90 | 8.52 |
| 本年领取失业保险金人次数（万人次） | Person-times of Reception of Unemployment Insurance in Current Year (10 000 person-times) | 40.31 | 51.65 |

## 表19.14 基本医疗保险情况（2015－2016年）
STATISTICS ON BASIC MEDICAL CARE INSURANCE (2015-2016)

单位：亿元、万人（10 000 yuan, 10 000 persons)

| 指　标 | Item | 2015 | 2016 |
|---|---|---|---|
| 城镇职工基本医疗保险参保人数 | Basic Urban Workers Medical Care Insurance Contributors at Year-end | 588.46 | 604.76 |
| 在职职工 | Staff and Workers | 414.49 | 425.29 |
| 退休人员 | Retirees | 173.97 | 179.47 |
| 城镇职工基本医疗保险基金总收入 | Total Revenue of Urban Workers Basic Medical Care Insurance | 240.00 | 263.00 |
| 城镇职工基本医疗保险基金总支出 | Total Expenses of Urban Workers Basic Medical Care Insurance | 222.42 | 249.00 |

# 表19.15 体育事业基本情况（2015－2016年）
## STATISTICS ON MASS SPORTS (2015-2016)

| 项　目 | Item | 2015 | 2016 |
|---|---|---|---|
| 体育经费（万元） | Sports Expenditures (10 000 yuan) | 125142 | 133699 |
| 体育彩票销售额（万元） | Sales Value of Sports Lotteries (10 000 yuan) | 305770 | 350921 |
| 等级运动员（人） | Graded Athletes (person) | 1358 | 2176 |
| 国际级运动健将 | International Masters of Sports | 2 | |
| 运动健将 | Masters of Sports | 22 | 23 |
| 一级运动员 | First Grade Athletes | 322 | 550 |
| 二级运动员 | Second Grade Athletes | 1012 | 1603 |
| 等级裁判员（人） | Graded Referees (person) | 1224 | 2456 |
| 国际裁判 | International Referees | 2 | 20 |
| 国家级裁判 | National Referees | 17 | 125 |
| 一级裁判 | First Grade Referees | 708 | 1331 |
| 二级裁判 | Second Grade Referees | 503 | 980 |

注：体育经费包括体育事业费和体育基建支出。
Note:Sports expenditures include sports funds and expenditure for sports infrastructure.

# 表19.16 律师、公证、调解工作基本情况（2015－2016年）
## STATISTICS ON LAWYERS, NOTARIZATION AND MEDIATION (2015-2016)

| 项　目 | Item | 2015 | 2016 |
|---|---|---|---|
| 律师工作 | **Lawyers** | | |
| 律师事务所（所） | Number of Law Offices (unit) | 737 | 799 |
| 执业律师（人） | Number of Licensed Lawyers (person) | 7150 | 8571 |
| #专　职 | Full-time Lawyers | 6323 | 7053 |
| 聘请担任法律顾问单位（家） | Number of Units with Permanent Legal Advisors (unit) | 13337 | 14181 |
| 民事诉讼代理（件） | Agent of Civil Cases (case) | 57390 | 76732 |
| 刑事辩护（件） | Defender of Criminal Cases (case) | 8824 | 9435 |
| 行政诉讼代理（件） | Agent of Administrative Action (case) | 2832 | 2853 |
| 非诉讼法律事务（件） | Cases of Non-litigious Legal Affairs (case) | 5145 | 6888 |
| 咨询和代写法律文书（件） | Advisory Services and Legal Documents Written on Behalf of Clients (case) | 214298 | 201731 |
| 公证工作 | **Notarization** | | |
| 公证处（个） | Number of Notary Offices (unit) | 40 | 40 |
| 公证员（人） | Public Notaries (person) | 205 | 205 |
| 办理公证书（件） | Notarized Documents (case) | 212971 | 255250 |
| 人民调解工作 | **Number of People's Mediation** | | |
| 人民调解委员会（个） | Number of People's Mediation Committees (unit) | 12889 | 12836 |
| 人民调解员（人） | Number of Mediators (person) | 85909 | 83616 |
| 调解纠纷（件） | Number of Disputes Mediated (case) | 516687 | 486487 |
| 司法所建设 | Construction of Judicial Institute | | |
| 司法所（个） | Judicial Institute (unit) | 1026 | 1028 |
| 司法助理员（人） | Judicial Assistance (person) | 2122 | 2398 |
| 安置帮教对象（人） | Persons Resettled and Helped (person) | 26279 | 26432 |
| 社区矫正对象（人） | Persons under Community Correction (person) | 13660 | 13430 |
| 基层法律服务 | Legal Service at Grassroots Level | | |
| 基层法律服务所（个） | Legal Service Institute at Grassroots Level (unit) | 293 | 299 |
| 基层法律工作者（人） | Grassroots Legal Service Workers (person) | 1612 | 1661 |
| 办理法律援助（件） | Legal Assistance Handled (case) | 9381 | 10000 |

# 表19.17 国内外公证文书（2015－2016年）
## DOMESTIC AND FOREIGN-RELATED NOTARIAL DOCUMENTS (2015-2016)

单位：件、% (case, %)

| 项 目 | Item | 国内公证文书 Domestic Notarial Documents | | | |
|---|---|---|---|---|---|
| | | 办证件数 Number of Notarial Documents Issued | | 比 重 Percentage | |
| | | 2015 | 2016 | 2015 | 2016 |
| **合 计** | **Total** | **161017** | **206524** | **100.0** | **100.0** |
| 合 同（协议） | Contract (Agreement) | 14542 | 14079 | 9.0 | 6.8 |
| 继 承 | Inheritance | 25117 | 24157 | 15.6 | 11.7 |
| 单方法律行为 | Unilateral Legal Act | 52792 | 62239 | 32.8 | 30.1 |
| 现场监督 | Field Supervision | 469 | 513 | 0.3 | 0.2 |
| 保全证据 | Evidence Preservation | 900 | 1323 | 0.6 | 0.6 |
| 公司章程 | Corporation Constitutions | | 2 | | |
| 组织资格 | Organizational Qualification | 3 | | | |
| 财产权 | Property Rights | 22 | 6 | | |
| 身 份 | Identity | | | | |
| 收养关系 | Adoptive Relationship | 63 | 58 | | |
| 婚姻状况 | Marital Status | 17 | 16 | | |
| 亲属关系 | Kinship Confirmation | 1618 | 1707 | 1.0 | 0.8 |
| 有无违法犯罪记录 | Illegal and Criminal Record Check | 190 | 278 | 0.1 | 0.1 |
| 其他有法律意义事实 | Other Facts of Legal Significance | 81 | 101 | 0.1 | |
| 证 书（执照） | Certificate (License) | 89 | 120 | 0.1 | 0.1 |
| 签 名（印鉴） | Signature (Stamp) | 37306 | 67440 | 23.2 | 32.7 |
| 文本相符 | Conformity of Documentation | 1264 | 1927 | 0.8 | 0.9 |
| 赋予执行效力 | Executor Force | 12127 | 16751 | 7.5 | 8.1 |
| 执行证书 | Certificate of Execution | 1490 | 1094 | 0.9 | 0.5 |
| 抵押登记 | Mortgage Registration | 16 | 16 | | |
| 提 存 | Drawing | 47 | 33 | | |
| 保 管 | Storage | 7430 | 7508 | 4.6 | 3.6 |
| 其 他 | Others | 5434 | 7156 | 3.4 | 3.5 |

19.17 续表1 continued1

单位：件、% (case, %)

| 项 目 | Item | 涉外公证文书 Foreign-related Notarial Documents | | | |
|---|---|---|---|---|---|
| | | 办证件数 Number of Notarial Documents Issued | | 比 重 Percentage | |
| | | 2015 | 2016 | 2015 | 2016 |
| **合 计** | **Total** | **48913** | **45692** | **100.0** | **100.0** |
| 合 同（协议） | Contract (Agreement) | 3 | 20 | | |
| 继 承 | Inheritance | | 1 | | |
| 委 托 | Consignment | 1965 | 1241 | 4.0 | 2.7 |
| 声 明 | Declaration | 1039 | 837 | 2.1 | 1.8 |
| 遗 嘱 | Testament | | | | |
| 其他单方法律行为 | Other Unilateral Legal Act | 20 | | | |
| 公司章程 | Corporation Constitutions | 3 | 1 | | |
| 组织资格 | Organizational Qualification | | | | |
| 收养关系 | Adoptive Relationship | 9 | 3 | | |
| 婚姻状况 | Marital Status | 255 | 190 | 0.5 | 0.4 |
| 亲属关系 | Kinship Confirmation | 4658 | 4761 | 9.5 | 10.4 |
| 出 生 | Birth | 7362 | 5202 | 15.1 | 11.4 |
| 死 亡 | Death | 35 | 44 | 0.1 | 0.1 |
| 生存、居住 | Living and Residence | 76 | 66 | 0.2 | 0.1 |
| 学 历（学位） | Education Background (Degree) | 330 | 205 | 0.7 | 0.4 |
| 经 历 | Experience | 10 | 8 | | |
| 职 务（职称） | Post (Professional Title) | | | | |
| 身 份 | Identity | | | | |
| 有无违法犯罪记录 | Illegal and Criminal Record Check | 4167 | 4637 | 8.5 | 10.1 |
| 其他有法律意义事实 | Other Facts of Legal Significance | 270 | 255 | 0.6 | 0.6 |
| 证 书（执照） | Certificate (License) | 9608 | 8338 | 19.6 | 18.2 |
| 签 名（印鉴） | Signature (Stamp) | 1192 | 1168 | 2.4 | 2.6 |
| 文本相符 | Conformity of Documentation | 15269 | 13437 | 31.2 | 29.4 |
| 其 他 | Others | 2642 | 5278 | 5.4 | 11.6 |

**19.17 续表2 continued2**

单位：件、% (case, %)

| 项　目 | Item | 涉港澳台公证文书 Notarial Documents Related to Hong Kong, Macao and Taiwan | | | |
|---|---|---|---|---|---|
| | | 办证件数 Number of Notarial Documents Issued | | 比　重 Percentage | |
| | | 2015 | 2016 | 2015 | 2016 |
| **合　计** | **Total** | **3041** | **3034** | **100.0** | **100.0** |
| 合　同（协议） | Contract (Agreement) | 5 | 3 | 0.2 | 0.1 |
| 继　承 | Inheritance | | | | |
| 委　托 | Consignment | 42 | 44 | 1.4 | 1.5 |
| 声　明 | Declaration | 26 | 37 | 0.9 | 1.2 |
| 遗　嘱 | Testament | | | | |
| 其他单方法律行为 | Other Unilateral Legal Act | 2 | 1 | 0.1 | |
| 公司章程 | Corporation Constitutions | | | | |
| 组织资格 | Organizational Qualification | | | | |
| 收养关系 | Adoptive Relationship | | | | |
| 财产权 | Property Right | | 1 | | |
| 婚姻状况 | Marital Status | 50 | 32 | 1.6 | 1.1 |
| 亲属关系 | Kinship Confirmation | 611 | 634 | 20.1 | 20.9 |
| 出　生 | Birth | 319 | 274 | 10.5 | 9.0 |
| 死　亡 | Death | 56 | 64 | 1.8 | 2.1 |
| 生存、居住 | Living and Residence | 14 | 11 | 0.5 | 0.4 |
| 身　份 | Identity | | | | |
| 学　历（学位） | Education Background (Degree) | 9 | 9 | 0.3 | 0.3 |
| 经　历 | Experience | | 1 | | |
| 职　务（职称） | Post (Professional Title) | 345 | 322 | 11.3 | 10.6 |
| 有无违法犯罪记录 | Illegal and Criminal Record Check | 196 | 161 | 6.4 | 5.3 |
| 其他有法律意义事实 | Other Facts of Legal Significance | 316 | 274 | 10.4 | 9.0 |
| 证　书（执照） | Certificate (License) | 463 | 559 | 15.2 | 18.4 |
| 签　名（印鉴） | Signature (Stamp) | 57 | 43 | 1.9 | 1.4 |
| 文本相符 | Conformity of Documentation | 68 | 33 | 2.2 | 1.1 |
| 其　他 | Others | 462 | 531 | 15.2 | 17.5 |

## 表19.18 公安机关立案的刑事案件情况（2015－2016年）
## CRIMINAL CASES REGISTERED IN PUBLIC SECURITY ORGANS (2015-2016)

| 指 标 | Item | 2015 | 2016 |
|---|---|---|---|
| 人民警察数（人） | Number of Police (person) | 40219 | 40869 |
| 刑事案件立案数（起） | Total Registered Criminal Cases (case) | 187225 | 167519 |
| 刑事案件破案率（%） | Rate of Solved Criminal Cases (%) | 17.6 | 20.7 |

## 表19.19 检察机关直接立案侦查案件情况（2016年）
## CASES UNDER DIRECT INVESTIGATION BY PEOPLE'S PROCURATORATE (2016)

| 案件分类 | Category of Cases | 受 案（件） Cases Accepted (case) | 立案件数（件） Registered Cases (case) | 立案人数（人） Person of Cases Registered (person) | 其 中of which | 结案合计 Total Settled Cases | |
|---|---|---|---|---|---|---|---|
| | | | | | #要 案 Key Cases | 件 (case) | 人 (person) |
| **合 计** | **Total** | **632** | **557** | **647** | **124** | **543** | **633** |
| **贪污贿赂案件** | **Cases on Corruption and Bribery** | **558** | **496** | **579** | **112** | **487** | **570** |
| 贪 污 | Corruption | 93 | 70 | 117 | 7 | 78 | 124 |
| 贿 赂 | Bribery | 440 | 404 | 440 | 103 | 386 | 423 |
| 挪用公款 | Misappropriation of Public Funds | 20 | 22 | 22 | 2 | 22 | 22 |
| 集体私分 | Collective Illegal Possession of Public Funds | 2 | | | | | 1 |
| 巨额财产来源不明 | Unstated Source of Large Amount of Properties | 2 | | | | | |
| 其 他 | Others | 1 | | | | 1 | |
| **渎职案件** | **Cases on Abuse and Dereliction of Duty** | **74** | **61** | **68** | **12** | **56** | **63** |
| 滥用职权 | Abuse of Power | 30 | 27 | 28 | 8 | 23 | 25 |
| 玩忽职守 | Unstated Source of Large Amount of Properties | 29 | 23 | 24 | 2 | 20 | 21 |
| 徇私舞弊 | Fraudulent Practice | 12 | 10 | 12 | 2 | 11 | 13 |
| 侵犯公民人身权利 | Infringement of Citizens' Personal Rights | 2 | 1 | 3 | | 1 | 3 |
| 其 他 | Others | 1 | | 1 | | 1 | 1 |

## 表19.20 检察机关审查批准、决定逮捕犯罪嫌疑人和提起公诉被告人情况（2016年）
ARRESTS OF CRIMINAL SUSPECTS AND DEFENDANTS UNDER PUBLIC PROSECUTION APPROVED BY PEOPLE'S PROCURATORATE (2016)

| 案件类别 | Category of Cases | 批捕、决定逮捕合计 Total of Arrests | | 决定起诉合计 Total of Public Prosecutions | |
|---|---|---|---|---|---|
| | | 件 (case) | 人 (person) | 件 (case) | 人 (person) |
| **合 计** | **Total** | **14264** | **17977** | **24893** | **33211** |
| **公安、安全、监狱机关侦查** | **Handled by Departments of State, Public Security and Prisons** | **13998** | **17704** | **24542** | **32799** |
| 危害国家安全案 | Offences Against State Security | 1 | 2 | 2 | 3 |
| 危害公共安全案 | Offences Against Public Security | 267 | 297 | 4916 | 5077 |
| 破坏社会主义市场经济秩序案 | Offences Against Socialist Economic Order | 466 | 688 | 748 | 1347 |
| 侵犯公民人身、民主权利案 | Offences Against Citizens' Personal and Democratic Rights | 1295 | 1509 | 2434 | 3345 |
| 侵犯财产案 | Offences Against Properties | 7038 | 9130 | 9458 | 12880 |
| 妨害社会管理秩序案 | Offences Against Social Management of Order | 4929 | 6076 | 6978 | 10141 |
| 危害国防利益案 | Offences Against National Defense | 2 | 2 | 6 | 6 |
| 军人违反职责案 | Offences on Dereliction of Duty by Servicemen | | | | |
| **检察机关侦查** | **Handled by Procuratorates** | **266** | **273** | **351** | **412** |
| 贪污贿赂案 | Offences on Corruption and Bribery | 255 | 262 | 336 | 397 |
| 渎职案 | Offences on Abuse and Dereliction of Duty | 11 | 11 | 15 | 15 |

## 表19.21 人民法院刑事一审案件收结案情况（2015－2016年）
FIRST TRIAL CRIMINAL CASES ACCEPTED AND SETTLED BY COURTS (2015-2016)

单位：件 (case)

| 类 别 | Category of Cases | 收 案 Accepted Cases | | 结 案 Settled Cases | |
|---|---|---|---|---|---|
| | | 2015 | 2016 | 2015 | 2016 |
| **合 计** | **Total** | **26307** | **26726** | **24977** | **25667** |
| 危害公共安全罪 | Offences against Public Security | 4739 | 5052 | 4687 | 4987 |
| 破坏社会主义市场经济秩序罪 | Offences against Socialist Economic Order | 811 | 901 | 658 | 712 |
| 侵犯公民人身权利、民主权利罪 | Offences against Citizens' Personal and Democratic Rights | 2789 | 2750 | 2578 | 2584 |
| 侵犯财产罪 | Offences against Properties | 8976 | 9913 | 8705 | 9658 |
| 妨害社会管理秩序罪 | Offences against social Management of Order | 8267 | 7382 | 8003 | 7125 |
| 危害国防利益罪 | Offences against National Defense | 13 | 4 | 13 | 4 |
| 贪污贿赂罪 | Offences on Corruption and Bribery | 662 | 689 | 301 | 570 |
| 渎职罪 | Offences on Dereliction of Duty | 48 | 31 | 32 | 26 |
| 危害国家安全罪 | Offences against Country Safety | | | | |
| 其 它 | Others | 2 | 4 | | 1 |

注：收结案中含上年结转。
Note: The numbers of accepted and settled cases include the cases turned over from the previous year.

## 表19.22 人民法院民事、行政一审案件收结案情况（2015－2016年）

## FIRST TRIAL CIVIL AND ADMINISTRATIVE CASES ACCEPTED AND SETTLED BY COURTS (2015-2016)

单位：件 (case)

| 类 别 | Category of Cases | 收 案 Accepted Cases | | 结 案 Settled Cases | |
|---|---|---|---|---|---|
| | | 2015 | 2016 | 2015 | 2016 |
| **民事一审案件** | **First Trial of Civil Cases** | **369891** | **398762** | **331295** | **362442** |
| 婚姻家庭、继承纠纷 | Disputes of Marriages and Family Affairs | 55898 | 53998 | 53537 | 52154 |
| 物权纠纷 | Disputes of Inheritance | | 8712 | | 7655 |
| 合同纠纷 | Disputes of Contracts | 235472 | 241344 | 206824 | 216321 |
| 劳动争议、人事争议 | Labour Disputes and Personnel Disputes | | 43824 | | 40765 |
| 侵权责任纠纷 | Disputes of Ownership and Infringement of Right | | 29974 | | 26899 |
| 其他民事一审案件 | First Trial of Other Civil Cases | | 20910 | | 18648 |
| **行政一审案件** | **First Trial of Administrative Cases** | 9756 | 9281 | 8878 | 8444 |

注：1）收案中含上年结转。
　　2）2015年及以前的数据来自于最高法院报表，民事案由分类采用的是旧案由。2016年数据采集于最高法院新司法统计报表，与往年不可比。

Note: a) The number of accepted cases includes the cases turned over from the previous year.
　　b) The data before 2016 came from the Supreme Court report,and the type of the Civil Cases adopted the old classification. The data in 2016 adopted the new judicial report of the Supreme Court.

## 表19.23 安全生产情况（2002－2016年）

## BASIC STATISTICS ON WORK SAFETY (2002-2016)

| 年 份 Year | 亿元地区生产总值生产安全事故死亡率 Mortality Rate of Work Safety Accident per 100 Million Yuan GDP | 工矿商贸企业从业人员十万人生产安全事故死亡率 Mortality Rate of Work Safety Accident per 100 000 Employees of Enterprises | 煤炭生产百万吨死亡率 Mortality Rate per 1 Million Tons of Coal Procuction | 道路交通万车死亡率 Mortality Rate of Highway Traffic Accident per 10 000 Vehicles |
|---|---|---|---|---|
| 2002 | 1.44 | 9.90 | 21.08 | 37.50 |
| 2003 | 1.41 | 13.43 | 17.82 | 30.70 |
| 2004 | 0.89 | 10.24 | 12.24 | 18.30 |
| 2005 | 0.75 | 10.62 | 13.73 | 14.51 |
| 2006 | 0.61 | 8.49 | 9.30 | 10.83 |
| 2007 | 0.47 | 8.05 | 7.64 | 9.26 |
| 2008 | 0.34 | 7.13 | 6.82 | 7.60 |
| 2009 | 0.30 | 6.39 | 5.44 | 6.00 |
| 2010 | 0.23 | 5.05 | 4.00 | 4.45 |
| 2011 | 0.17 | 4.51 | 3.00 | 3.13 |
| 2012 | 0.13 | 3.84 | 2.73 | 2.60 |
| 2013 | 0.12 | 3.42 | 2.39 | 2.39 |
| 2014 | 0.10 | 3.21 | 2.60 | 2.35 |
| 2015 | 0.08 | 2.78 | 1.26 | 2.20 |
| 2016 | 0.07 | 2.57 | 3.34 | 2.02 |

## 表19.24 安全生产事故死亡情况（2001－2016年）

BASIC STATISTICS ON DEATH TOLL OF WORK SAFETY ACCIDENTS (2001-2016)

| 年 份<br>Year | 生产安全事故死亡起数（起）<br>Safety Accidents with Death Toll (case) | 其中 of which<br>道路交通事故<br>Traffic Accidents | <br>煤矿事故<br>Coal Mine Accidents | <br>火灾事故<br>Fires | 生产安全事故死亡人数（人）<br>Death Toll in Safety Accidents (person) | 其中 of which<br>道路交通事故<br>Traffic Accidents | <br>煤矿事故<br>Coal Mine Accidents | <br>火灾事故<br>Fires |
|---|---|---|---|---|---|---|---|---|
| 2001 | 2225 | 1767 | 241 | 44 | 2794 | 2083 | 309 | 53 |
| 2002 | 2535 | 1872 | 323 | 39 | 3208 | 2245 | 460 | 43 |
| 2003 | 2732 | 1989 | 315 | 44 | 3613 | 2317 | 446 | 56 |
| 2004 | 2237 | 1434 | 342 | 56 | 2694 | 1707 | 419 | 63 |
| 2005 | 2117 | 1333 | 349 | 54 | 2596 | 1616 | 455 | 57 |
| 2006 | 2002 | 1175 | 288 | 42 | 2381 | 1424 | 357 | 44 |
| 2007 | 1813 | 1105 | 257 | 35 | 2197 | 1331 | 321 | 40 |
| 2008 | 1681 | 1063 | 212 | 35 | 1982 | 1219 | 280 | 39 |
| 2009 | 1679 | 1109 | 160 | 35 | 1928 | 1209 | 234 | 43 |
| 2010 | 1576 | 1079 | 136 | 22 | 1793 | 1215 | 174 | 28 |
| 2011 | 1444 | 983 | 105 | 24 | 1656 | 1098 | 135 | 29 |
| 2012 | 1374 | 937 | 89 | 20 | 1539 | 1052 | 103 | 20 |
| 2013 | 1346 | 908 | 63 | 1 | 1499 | 988 | 84 | 2 |
| 2014 | 1207 | 820 | 50 | 1 | 1379 | 919 | 85 | 2 |
| 2015 | 1142 | 790 | 23 | 1 | 1256 | 862 | 31 | 2 |
| 2016 | 1030 | 678 | 12 | | 1148 | 734 | 48 | |

## 表19.25 火灾事故情况（2016年）

BASIC STATISTICS ON FIRES (2016)

| 项 目 | Item | 合 计<br>Total | 按事故发生程度分 By Serious Degree of Fires<br>特 大<br>Extra-Serious | <br>重 大<br>Serious | <br>较 大<br>Large | <br>一 般<br>Ordinary |
|---|---|---|---|---|---|---|
| 发 生（起） | Fires (case) | 6557 | | | | 6557 |
| 死 亡（人） | Deaths (person) | 25 | | | | 25 |
| 受 伤（人） | Injuries (person) | 34 | | | | 34 |
| 损失折款（万元） | Losses Converted into Cash (10 000 yuan) | 11120.60 | | | | 11120.60 |
| 平均每起事故损失（万元） | Average Loss per Fire (10 000 yuan) | 1.70 | | | | 1.70 |

注：损失折款指直接经济损失（下表同）。
Note: The Losses converted into cash refer to direct losses (the same for tables below).

## 表19.26 道路交通事故情况（2016年）

BASIC STATISTICS ON TRAFFIC ACCIDENTS (2016)

| 类 别 | Type | 发生数（起）<br>Number of Traffic Accidents (case) | 死亡人数（人）<br>Number of Deaths (person) | 受伤人数（人）<br>Number of Injuries (person) | 损失折款（万元）<br>Losses Converted into Cash (10 000 yuan) |
|---|---|---|---|---|---|
| **总 计** | **Total** | **4707** | **954** | **6211** | **2143.13** |
| #死亡事故 | Deaths | 890 | 954 | 437 | 632.50 |
| 伤人事故 | Injuries | 3744 | | 5774 | 1357.50 |
| 财产损失事故 | Assets Losses | 73 | | | 151.13 |
| #机动车 | Motor Vehicles | 4296 | 916 | 5683 | 2088.20 |
| #汽 车 | Automobiles | 2498 | 576 | 3128 | 1541.50 |
| 摩托车 | Motorcycles | 1686 | 303 | 2380 | 462.33 |
| 拖拉机 | Tractors | 69 | 22 | 127 | 37.48 |
| 非机动车 | Non-motor-driven Vehicles | 299 | 22 | 415 | 38.83 |
| #自行车 | Bicycles | 28 | 1 | 35 | 2.64 |
| 行人乘车人 | Pedestrians and Passengers | 59 | 16 | 49 | 10.90 |

重/庆/统/计/年/鉴

# 主要统计指标解释

## ■ 等级运动员人数

指经考核正式批准授予等级运动员称号的人数。运动员等级分为国际级运动健将、运动健将、一级运动员、二级运动员、三级运动员、少年级运动员。

## ■ 等级裁判员人数

指经考核正式批准授予等级裁判员称号的人数。裁判员等级分为国际裁判、国家级裁判、一级裁判、二级裁判、三级裁判。

## ■ 卫生机构

包括医疗机构、疾病预防控制中心（防疫站）、采供血机构、卫生监督及监测（检验）机构、医学科研和在职培训机构、健康教育所等。

## ■ 医疗机构

包括医院、社区卫生服务中心（站）、疗养院、卫生院、门诊部、诊所（卫生所、医务室）、妇幼保健院（所、站）、专科疾病防治院（所、站）、急救中心（站）和临床检验中心。医疗机构分为非赢利性医疗机构和赢利性医疗机构。

## ■ 医院

包括综合医院、中医医院、中西医结合医院、民族医院、各类专科医院和护理院。

## ■ 卫生技术人员

指卫生机构中医生、护理人员 、药剂人员、检验人员等卫生技术人员。

## ■ 医生

指在医疗、预防保健机构工作且取得《执业医师证书》的执业医师和执业助理医师。

## ■ 社会福利企业单位

以安置城镇有一定劳动能力的盲、聋、哑和肢体残疾人员就业为目的，享受国家减免税待遇的国有或集体企业。包括福利工厂、福利商业和服务业、假肢厂和安置农场等单位。该指标主要反映我国对残疾人照顾的特殊政策。

## ■ 基本养老保险

（1）参加保险人数：指报告期末按照国家法律、法规和有关政策规定参加基本养老保险的职工人数。包括不能正常缴费、已中断缴费但未终止保险关系的职工人数。

（2）社会统筹基金收入：指根据国家规定，由纳入基本养老保险范围的单位，按照国家规定的缴费基数和缴费比例缴纳的社会统筹基金，以及通过其他方式取得的形成基金来源的收入，包括：单位缴纳的社会统筹基金收入、财政补贴收入、利息收入、其他收入。

（3）社会统筹基金支出：指按照国家政策规定的开支范围和开支标准从社会统筹基金中支付给参加基本养老保险的离休、退休、退职人员个人的养老金、丧葬抚恤补助，以及由于保险关系转移、上下级之间调剂资金等原因而发生的支出。包括：基础性养老金、过渡性养老金、离休金、退休金、退职金、补贴、丧葬抚恤补助、其他支出。

（4）社会统筹基金结余：指截止报告期末基本养老保险的社会统筹基金结余金额。包括银行存款、财政专户、债券投资和其他。

## ■ 离休、退休、退职人员

指正式办理了离休、退休、退职手续，并享受相应的离休、退休、退职待遇的人员。

## ■ 失业保险

（1）参加保险人数：指报告期末按照国家法律、法规和有关政策规定参加了失业保险的城镇企业事业单位的职工及地方政府规定参加失业保险的其他人员的人数。

## 主要统计指标解释

（2）失业保险金：指为保障失业人员的基本生活而按规定支付的失业保险金金额。

### ■ 基本医疗保险

（1）参加保险人数：指报告期末按国家有关规定参加基本医疗保险的人数。包括参加保险的职工人数和退休人员人数。

（2）社会统筹基金收入：指根据国家有关规定，由纳入基本医疗保险范围的缴费单位，按国家规定的缴费基数和缴费比例缴纳的社会统筹基金，以及通过其他方式取得的形成基金来源的款项，包括：单位缴纳的社会统筹基金收入、财政补贴收入、利息收入、其他收入。

（3）社会统筹基金支出：指按照国家政策规定的开支范围和开支标准从社会统筹基金中支付给参加基本医疗保险的职工和退休人员的医疗保险待遇支出及其他支出。包括：住院医疗费用支出、门急诊医疗费用支出、其他支出。

（4）社会统筹基金结余：指截止报告期末基本医疗保险的社会统筹基金结余金额。包括银行存款、财政专户、债券投资和其他。

### ■ 律师

指依法取得律师执业证书，担任法律顾问，民事（刑事、行政）案件代理人、刑事案件辩护人、办理非诉讼业务，解答法律询问，代写法律事务文书等，为社会提供法律服务的人员。

### ■ 公证人员

指在公证处工作的人员总称，包括公证处主任、副主任、公证员、公证员助理（助理公证员）和其他从事辅助性工作的人员。

### ■ 公证文书

指公证处根据当事人申请，依照事实和法律，按照法定程序制作的，具有法律效力的司法证明文书。

### ■ 调解员

指在人民调解委员会担负调解民间纠纷工作的人员，包括调解委员会的委员和调解小组的调解员。

### ■ 调解民间纠纷

指调解委员会按照法律规定，根据自愿原则，用说服教育的方法调解民间发生的有关民事权利和义务争执的件数，包括调解成功数和调解未成功数。

### ■ 立案

指人民检察院对受理的报案、控告、举报或自首及自行发现的犯罪线索、犯罪嫌疑人进行初步调查后，认为存在职务犯罪事实和应追究刑事责任，并决定作为刑事案件进行侦查的诉讼活动，是追究犯罪的开始。该指标主要反映人民检察院依法将职务犯罪线索作为刑事案件进行侦查的诉讼活动。

### ■ 大案

指贪污、贿赂案数额在5万元以上，挪用公款案数额在10万元以上，集体私分、巨额财产来源不明、隐瞒境外存款案数额在50万元以上以及按照《人民检察院直接受理的渎职、侵权重、特大案件标准（试行）》认定的案件。该指标主要反映人民检察院立案查办的职务犯罪案件中经济损失大、社会危害严重的案件。

### ■ 要案

指县、处级以上干部的犯罪案件。该指标主要反映国家工作人员中县、处级以上干部因职务犯罪被人民检察院依法立案侦查的情况。

### ■ 决定逮捕

指人民检察机关对直接受理、自行侦查的案件，认为需要逮捕犯罪嫌疑人时，依据法律作出的逮捕决定。

### ■ 批准逮捕

指人民检察机关对公安机关、国家安全机关、监狱管理机关提出逮捕的犯罪嫌疑人进行审查，根据事实，依法作出逮捕决定。

### ■ 决定起诉

指人民检察机关对公安机关、国家安全机关、监狱管理机关和检察机关内设机构反贪污贿赂部门移送起诉的刑事犯罪嫌疑人进行审查，根据事实，依法向人民法院提起公诉。

# Explanatory Notes on Main Statistical Indicators

## Number of Athletes in Grades

Refers to the number of athletes who have been given titles through examination. The titles of athletes include international masters of sports, masters of sports, first-grade, second-grade and third-grade sportsmen and young athletes.

## Number of Referees in Grades

Refers to the number of referees who have been given titles after examination. They are classified as international referees, national referees and referees of the first, second and third grades.

## Health Care Institutions

Include medical institutions, disease prevention and control centers (epidemic prevention stations), blood gathering and supplying institutions, health supervision and inspection (check up) institutions, medicinal scientific research and on-job training institutions, health education and so on.

## Medical Organizations

Include hospitals, health service centers (stations) of communities, nursing homes, health centers, clinics, clinics (health stations and infirmaries), maternity and child care agencies (centers and stations), special disease prevention and curing agencies (centers and stations), first aid centers (stations) and clinical inspection centers. Medical organizations are grouped by two types: profit-making and non-profit-making medical organizations.

## Hospitals

Include polyclinics, traditional Chinese medical hospitals, hospitals integrated with traditional Chinese therapeutics and western therapeutics, ethical hospitals, various specialties hospitals and nursing hospitals.

## Medical Technical Personnel

Refers to doctors, assistant nurses, pharmacists, and laboratory technicians working in medical institutions.

## Doctors

Refer to certified physicians and certified assistant physicians with certifications working in medical and health care and prevention agencies.

## Social Welfare Enterprises

Are collective owned enterprises which employ the blind, deaf-mute, and other handicapped people who are able to work in cities and towns and enjoy exemption from state taxes, including welfare plants, welfare commercial services, artificial limb plants and farms, etc. This indicator reflects the preferential policies toward disabled persons.

## Basic Endowment Insurance

(I) Number of people participating in the insurance program: by the end of reference period, number of staff and workers participating in the insurance program in line with national laws, regulations and related policies, including those who can not make regular payment or interrupt payment but not terminate the insurance program.

(II) Revenue of social comprehensive funds: according to national provision, payments made by units covered in basic endowment insurance program, and income from other resources, including: income of social comprehensive funds paid by unites, financial subsidies, interest income and others.

(III) Expenditure of social comprehensive funds: refer to payment made to those retired and resigned people covered in endowment insurance program in terms of pension or compensation within the expenditure scope and standards according to related national policies, and the expenditure occurred due to shift of the insurance relationship or adjustment funds among agencies, including: basic pension, transitional pension, pension for resigned people, pension for retired people, pension for people quitting jobs, subsidies, funeral subsidies and other expenditure.

(IV) Balance of social comprehensive funds: refer to the balance of basic endowment insurance of social comprehensive funds at the end of the reference period, including: bank savings, special fiscal account, investment in bonds and others.

EXPLANATORY NOTES TO MAJOR STATISTICAL INDICATORS

## Retired or Resigned Personnel

Refers to people who have formally gone through the formalities for their retirement or quitting work and enjoy the corresponding treatments.

## Unemployment Insurance

(I) Number of people participated in unemployment insurance program: number of staff and workers in urban enterprises or institutions and other people according to local government regulations participated in unemployment insurance program in line with national law, regulations and related policies by the end of the reference period.

(II) Sum of Unemployment Insurance: refer to total amount of insurance paid to un-employees to guarantee their basic lives according to related regulations.

## Basic Medical Care Insurance

(I) Number of people participated in the insurance program: refer to number of people participated in the basic medical care insurance program according to related regulation by the end of reference period, including: number of staff and workers and retired persons participated in this insurance program.

(II) Revenue of social comprehensive funds: according to national provision, payments made by units covered in basic medical care insurance program, and income from other resources, including: income of social comprehensive funds paid by unites, financial subsidies, interest income and others.

(III) Expenditure of social comprehensive funds: refer to payment made to those retired and resigned people covered in basic medical care insurance within the expenditure scope and standards according to related national policies, including: expenditure on fee-for-service in hospital, expenditure on fee-for-service in clinic and other expenditure.

(IV) Balance of social comprehensive funds: refer to the balance of medical care insurance of social comprehensive funds at the end of the reference period, including: bank savings, special fiscal account, investment in bonds and others.

## Lawyers

Are certified legal workers according to law, and who are employed by legal counseling firms to act as legal advisers, agents in criminal or civil lawsuits, or defenders in criminal lawsuits, or to handle non-litigious legal affairs, to advise on matters of law or to write legal papers for others, and provide service to the public.

## Notary Personnel

Refers to people working for notary offices including: directors, deputy director, notaries, assistant notaries, and other people providing assistance.

## Notary Documents

Refer to the judicatory notary documents drawn up by the request of the party and are in accordance with facts and laws and following certain legal proceedings.

## Mediators

Refer to workers on people mediation committees responsible for mediating in civil disputes and cases of slight infraction of the law. They include members of the mediation committees and mediators of mediation groups.

## Mediation of Civil Disputes

Refers to number of cases made by mediation committees in mediating in civil disputes concerning civil rights and duties through persuasion and education in accordance with the provisions of law on a voluntary basis, so as to solve disputes by helping the parties involved come to an agreement and understanding, including those unsuccessful ones.

## Acceptance of Case

Refers to the decision made by the people's procuratorate office on reported cases, prosecution, impeachment, surrender, self-found criminal clues or suspects after initial investigation to confirm the act of crime and to start legal proceedings of the case as criminal case.

## Large Cases

Refer to cases involving a corruption or bribery of over 50,000 yuan, or a misappropriation of over 100,000 yuan, Cases of collectively illegal possession of public funds, unstated sources of large properties, or disguised overseas savings deposits involving 500,000 yuan, or a case that has been defined by Standard on Serious and Large Cases of Misconduct and Tortious that Directly Accepted by People's Procurators Office (trial). This indicator mainly reflects number of accepted cases of job-related criminals that caused serious economic losses or extremely harmful to the society.

EXPLANATORY NOTES TO MAJOR STATISTICAL INDICATORS

## Key Cases

Refer to cases committed by government officials with a ranking of division director or county administrator. This indicator mainly reflects the recorded and spied on cases by the people's procurators offices toward government official with a ranking of division director or county administrator.

## Decision of Arrest

Refers to decision made by procurators office, in accordance with laws, to arrest the suspect(s) in the cases that are accepted and to be investigated by procurators office.

## Approval for Arrest

Refers to the decision made by procurators office, in accordance with laws and relevant facts, to approve the arrest of the suspect(s) that is proposed by the public security departments, state security departments or authority of prisons.

## Decision on Prosecution

Refers to the decision made by procurators office, in accordance with laws and relevant facts, to institute proceedings to the people court against the suspect(s) of criminal cases handed over by the public security departments, state security departments or authority of prisons, or by the anti-corruption departments within the procurators office.

# 第20章

## 区县

## DISTRICTS, COUNTIES

# 简要说明
BRIEF INTRODUCTION

本章资料包括按“都市经济发达圈、渝西经济走廊和三峡库区生态经济区”和“一小时经济圈”分组的全市38个区县（自治县）的主要经济社会统计资料。

“都市经济发达圈”包括渝中区、大渡口区、江北区、沙坪坝区、九龙坡区、南岸区、北碚区、渝北区、巴南区，即主城九区；“渝西经济走廊”包括江津区、合川区、永川区、南川区、綦江区、大足区、璧山区、铜梁区、潼南区和荣昌区；“三峡库区生态经济区”包括除都市经济发达圈和渝西经济走廊以外的19个区县。

“一小时经济圈”包括渝中区、大渡口区、江北区、沙坪坝区、九龙坡区、南岸区、北碚区、渝北区、巴南区、涪陵区、长寿区、江津区、合川区、永川区、南川区、綦江区、大足区、璧山区、铜梁区、潼南区和荣昌区21个区县。

为便于排版，对资料中各区县名称均采用简称，即：石柱土家族自治县、秀山土家族苗族自治县、酉阳土家族苗族自治县、彭水苗族土家族自治县，统一简称为：石柱县、秀山县、酉阳县、彭水县。

本章资料分别由市统计局人口就业处、核算处、工业处、服务业处、固定资产投资处、贸易外经处、社会科技处、能源资源统计处、普查中心、综合处和国家统计局重庆调查总队根据有关专业统计资料、各区县统计局资料和市级有关部门的区县资料整理编辑。

This chapter includes the main economic and social indicators of 38 districts and counties (autonomous counties) grouped by the "Metropolitan Developed Economic Circle, West Chongqing Economic Corridor and the Ecological and Economic Zone in the Three Gorges Reservoir Area" and the "One Circle and Two Wings", "One-hour Economic Circle".

The "Metropolitan Developed Economic Circle" covers the 9 central urban districts, namely Yuzhong, Dadukou, Jiangbei, Shapingba, Jiulongpo, Nan'an, Beibei, Yubei and Banan. The "West Chongqing Economic Corridor" covers the districts and counties of Jiangjin, Hechuan, Yongchuan, Nanchuan, Qijiang, Dazu, Tongnan, Tongliang, Rongchang and Bishan.The "Ecological and Economic Zone in the Three Gorges Reservoir Area" covers 19 districts and counties other than the "Metropolitan Developed Economic Circle" and the "West Chongqing Economic Corridor".

The "One-hour Economic Circle" includes 21 districts and counties, namely Yuzhong, Dadukou, Jiangbei, Shapingba, Jiulongpo, Nan'an, Beibei, Yubei, Banan, Fuling, Changshou,Jiangjin, Hechuan, Yongchuan, Nanchuan, Qijiang, Dazu, Tongnan, Tongliang, Rongchang and Bishan.

For the convinience of layout, shorter terms are used for the name of some districts and counties. Shizhu Tujia Autonomous County, Xiushan Tujia and Miao Autonomous County, Youyang Tujia and Miao Autonomous County, Pengshui Miao and Tujia Autonomous County are uniformly called as Shizhu County, Xiushan County, Youyang County, Pengshui County.

The data in this chapter are prepared and compiled by Division of Population and Employment Statistics, Division of National Economic Accounting, Division of Industry Statistics, Division of Service Statistics, Division of Statistics of Investment in Fixed Assets, Division of Trade and Foreign Economic Relations Statistics, Division of Social and Technology Statistics, Division of Energy and Natural Resources Statistics, Census Center, Division of Comprehensive Statistics of Chongqing Municipal Bureau of Statistics as well as the NBS Survey Office in Chongqing on the basis of the data provided by the related divisions of Municipal Bureau of Statistics, the statistical bureaus of districts and counties and the related municipal departments.

# 表20.1 各区县户数和人口（2016年）
## HOUSEHOLDS AND POPULATION BY REGION (2016)

| 区 县 | Region | 年末总户数（户籍统计）（万户） Year-end Households (registration statistics) (10 000 households) | 年末总人口（户籍统计）（万人） Year-end Population (registration statistics) (10 000 persons) | 其 中 of which | | 按年龄组分 By Age | | | |
|---|---|---|---|---|---|---|---|---|---|
| | | | | #城镇人口 Urban | #女 性 Female | 0-17岁 Aged 0-17 | 18-35岁 Aged 18-35 | 35-59岁 Aged 35-59 | 60岁以上 Aged 60 and Over |
| **全 市** | **Total** | **1260.88** | **3392.11** | **1615.51** | **1646.87** | **623.36** | **768.13** | **1297.77** | **702.85** |
| #都市发达经济圈 | Metropolitan Developed Economic Circle | 270.51 | 663.12 | 537.40 | 332.93 | 104.21 | 143.56 | 259.31 | 156.04 |
| 渝西经济走廊 | West Chongqing Economic Corridor | 390.76 | 1044.06 | 485.33 | 506.68 | 181.32 | 227.51 | 407.79 | 227.44 |
| 三峡库区生态经济区 | Ecological Economic Zone in Three Gorges Reservoir Area | 599.61 | 1684.93 | 592.78 | 807.26 | 337.83 | 397.06 | 630.67 | 319.37 |
| #一小时经济圈 | One Hour Economic Sphere | 744.68 | 1913.83 | 1113.11 | 941.18 | 320.09 | 413.53 | 752.69 | 427.52 |
| 万州区 | Wanzhou District | 70.82 | 176.05 | 72.48 | 86.41 | 28.19 | 36.36 | 72.90 | 38.60 |
| 黔江区 | Qianjiang District | 20.68 | 55.41 | 22.80 | 26.18 | 12.35 | 14.74 | 19.33 | 8.99 |
| 涪陵区 | Fuling District | 46.11 | 116.42 | 51.90 | 57.15 | 20.47 | 23.93 | 47.95 | 24.07 |
| 渝中区 | Yuzhong District | 20.76 | 52.51 | 52.51 | 26.65 | 5.52 | 10.69 | 19.83 | 16.47 |
| 大渡口区 | Dadukou District | 11.52 | 26.07 | 26.07 | 13.19 | 4.12 | 5.43 | 10.37 | 6.15 |
| 江北区 | Jiangbei District | 25.74 | 61.05 | 57.24 | 30.68 | 8.79 | 13.88 | 23.38 | 15.00 |
| 沙坪坝区 | Shapingba District | 31.07 | 81.75 | 71.61 | 41.26 | 13.16 | 18.68 | 31.08 | 18.83 |
| 九龙坡区 | Jiulongpo District | 38.12 | 91.72 | 76.66 | 46.29 | 15.20 | 19.73 | 35.98 | 20.81 |
| 南岸区 | Nan'an District | 27.62 | 69.95 | 63.97 | 35.51 | 12.13 | 15.16 | 26.92 | 15.74 |
| 北碚区 | Beibei District | 25.97 | 63.43 | 41.99 | 31.84 | 8.23 | 12.60 | 25.65 | 16.95 |
| 渝北区 | Yubei District | 51.98 | 125.16 | 89.08 | 62.45 | 23.33 | 28.52 | 50.12 | 23.19 |
| 巴南区 | Ba'nan District | 37.73 | 91.48 | 58.27 | 45.06 | 13.73 | 18.87 | 35.98 | 22.90 |
| 长寿区 | Changshou District | 37.30 | 90.23 | 38.48 | 44.42 | 14.09 | 18.53 | 37.64 | 19.97 |
| 江津区 | Jiangjin District | 62.36 | 150.06 | 70.49 | 72.92 | 25.10 | 29.26 | 60.45 | 35.25 |
| 合川区 | Hechuan District | 59.85 | 154.69 | 75.15 | 74.69 | 23.72 | 32.00 | 62.16 | 36.81 |
| 永川区 | Yongchuan District | 40.23 | 113.60 | 51.17 | 55.88 | 22.33 | 23.77 | 44.46 | 23.04 |
| 南川区 | Nanchuan District | 26.20 | 68.74 | 26.92 | 33.72 | 12.79 | 13.43 | 28.35 | 14.17 |
| 綦江区 | Qijiang District | 47.09 | 120.63 | 60.33 | 59.05 | 19.56 | 27.07 | 47.46 | 26.54 |
| #綦江区（不含万盛） | Qijiang District (excluding Wansheng) | 37.10 | 93.83 | 42.71 | 45.61 | 15.57 | 20.96 | 36.64 | 20.66 |
| 大足区 | Dazu District | 32.67 | 106.42 | 47.71 | 50.88 | 21.15 | 26.57 | 38.21 | 20.49 |
| 璧山区 | Bishan District | 25.36 | 64.35 | 33.51 | 31.69 | 10.47 | 13.61 | 25.72 | 14.55 |
| 铜梁区 | Tongliang District | 32.95 | 84.83 | 38.98 | 41.11 | 14.34 | 17.54 | 33.81 | 19.14 |
| 潼南区 | Tongnan District | 32.88 | 95.68 | 39.33 | 45.14 | 17.05 | 24.54 | 34.35 | 19.74 |
| 荣昌区 | Rongchang District | 31.17 | 85.06 | 41.74 | 41.60 | 14.81 | 19.72 | 32.82 | 17.71 |
| 开州区 | Kaizhou District | 57.38 | 169.12 | 62.75 | 80.46 | 36.57 | 41.48 | 60.58 | 30.49 |
| 梁平区 | Liangping District | 32.48 | 93.01 | 35.76 | 44.45 | 17.51 | 20.48 | 37.22 | 17.80 |
| 武隆区 | Wulong District | 14.20 | 41.44 | 11.71 | 19.76 | 8.04 | 8.80 | 16.09 | 8.51 |
| 城口县 | Chengkou County | 8.89 | 25.24 | 6.84 | 11.86 | 5.76 | 6.16 | 8.93 | 4.39 |
| 丰都县 | Fengdu County | 27.70 | 83.04 | 24.09 | 39.92 | 17.52 | 17.93 | 31.87 | 15.72 |
| 垫江县 | Dianjiang County | 33.98 | 97.51 | 40.79 | 46.74 | 20.73 | 22.14 | 36.38 | 18.26 |
| 忠 县 | Zhongxian County | 34.91 | 100.31 | 32.94 | 48.10 | 19.49 | 21.53 | 38.72 | 20.57 |
| 云阳县 | Yunyang County | 44.74 | 134.96 | 45.77 | 64.20 | 26.82 | 34.79 | 48.71 | 24.64 |
| 奉节县 | Fengjie County | 35.75 | 106.63 | 27.96 | 50.51 | 21.16 | 28.22 | 37.97 | 19.28 |
| 巫山县 | Wushan County | 23.51 | 63.93 | 16.33 | 30.37 | 13.27 | 16.35 | 23.09 | 11.22 |
| 巫溪县 | Wuxi County | 19.91 | 54.54 | 18.63 | 25.86 | 11.06 | 13.82 | 19.61 | 10.05 |
| 石柱县 | Shizhu County | 19.63 | 54.76 | 16.39 | 26.46 | 11.61 | 13.17 | 20.25 | 9.73 |
| 秀山县 | Xiushan County | 21.52 | 66.69 | 19.61 | 31.79 | 14.80 | 19.09 | 21.77 | 11.03 |
| 酉阳县 | Youyang County | 27.24 | 85.35 | 27.24 | 39.97 | 21.65 | 21.89 | 27.80 | 14.01 |
| 彭水县 | Pengshui County | 22.86 | 70.29 | 20.31 | 32.65 | 16.74 | 17.65 | 23.86 | 12.04 |

**表20.1 续表 continued**

| 区 县 | Region | 出 生（户籍统计） Birth (registration statistics) |  | 死 亡（户籍统计） Mortality (registration statistics) |  | 自然增长（户籍统计） Natural Growth (registration statistics) |  | 常住人口（万人） Resident Popolation (10 000 persons) | 其 中 of which | 城镇化率（%） |
|---|---|---|---|---|---|---|---|---|---|---|
|  |  | 人 数（万人） Population (10 000 persons) | 出生率（‰） Birth Rate (‰) | 人 数（万人） Population (10 000 persons) | 死亡率（‰） Mortality Rate (‰) | 人 数（万人） Population (10 000 persons) | 自然增长率（‰） Natural Growth Rate (‰) |  | 城镇人口 Urban | Urban Rate (%) |
| **全 市** | **Total** | **38.08** | **11.26** | **18.59** | **5.50** | **19.49** | **5.76** | **3048.43** | **1908.45** | **62.60** |
| #都市发达经济圈 | Metropolitan Developed Economic Circle | 7.74 | 11.77 | 3.11 | 4.73 | 4.63 | 7.04 | 851.80 | 758.35 | 89.03 |
| 渝西经济走廊 | West Chongqing Economic Corridor | 12.26 | 11.77 | 6.65 | 6.38 | 5.61 | 5.39 | 913.47 | 543.85 | 59.54 |
| 三峡库区生态经济区 | Ecological Economic Zone in Three Gorges Reservoir Area | 18.08 | 10.57 | 8.83 | 5.25 | 9.25 | 5.50 | 1283.16 | 606.25 | 47.25 |
| #一小时经济圈 | One Hour Economic Sphere | 22.05 | 11.57 | 10.93 | 5.73 | 11.12 | 5.84 | 1962.66 | 1429.63 | 72.84 |
| 万州区 | Wanzhou District | 1.67 | 4.74 | 0.83 | 2.37 | 0.84 | 2.37 | 162.33 | 103.55 | 63.79 |
| 黔江区 | Qianjiang District | 0.59 | 5.36 | 0.25 | 2.28 | 0.34 | 3.09 | 46.56 | 22.11 | 47.49 |
| 涪陵区 | Fuling District | 1.24 | 5.32 | 0.69 | 2.98 | 0.55 | 2.34 | 114.82 | 75.15 | 65.45 |
| 渝中区 | Yuzhong District | 0.44 | 4.17 | 0.26 | 2.49 | 0.18 | 1.68 | 65.72 | 65.72 | 100.00 |
| 大渡口区 | Dadukou District | 0.29 | 5.57 | 0.11 | 2.04 | 0.18 | 3.53 | 34.00 | 33.09 | 97.32 |
| 江北区 | Jiangbei District | 0.71 | 5.86 | 0.25 | 2.09 | 0.46 | 3.78 | 86.14 | 82.44 | 95.70 |
| 沙坪坝区 | Shapingba District | 1.00 | 6.15 | 0.35 | 2.18 | 0.65 | 3.97 | 113.39 | 107.24 | 94.58 |
| 九龙坡区 | Jiulongpo District | 1.16 | 6.40 | 0.44 | 2.41 | 0.72 | 3.99 | 120.18 | 110.8 | 92.20 |
| 南岸区 | Nan'an District | 0.86 | 6.22 | 0.24 | 1.77 | 0.62 | 4.45 | 87.39 | 82.99 | 94.97 |
| 北碚区 | Beibei District | 0.56 | 4.41 | 0.28 | 2.17 | 0.28 | 2.24 | 79.61 | 64.35 | 80.83 |
| 渝北区 | Yubei District | 1.73 | 7.02 | 0.61 | 2.48 | 1.12 | 4.54 | 160.25 | 128.59 | 80.24 |
| 巴南区 | Ba'nan District | 0.99 | 5.44 | 0.57 | 3.12 | 0.42 | 2.33 | 105.12 | 83.13 | 79.08 |
| 长寿区 | Changshou District | 0.81 | 4.49 | 0.48 | 2.65 | 0.33 | 1.84 | 82.57 | 52.28 | 63.32 |
| 江津区 | Jiangjin District | 1.87 | 6.25 | 1.18 | 3.95 | 0.69 | 2.30 | 135.33 | 88.59 | 65.46 |
| 合川区 | Hechuan District | 1.69 | 5.46 | 0.96 | 3.09 | 0.73 | 2.37 | 137.56 | 90.11 | 65.51 |
| 永川区 | Yongchuan District | 1.28 | 5.67 | 0.75 | 3.27 | 0.53 | 2.40 | 111.06 | 74.02 | 66.65 |
| 南川区 | Nanchuan District | 0.61 | 4.45 | 0.44 | 3.21 | 0.17 | 1.24 | 57.26 | 32.81 | 57.30 |
| 綦江区 | Qijiang District | 1.23 | 5.12 | 0.83 | 3.44 | 0.40 | 1.68 | 108.48 | 64.57 | 59.52 |
| #綦江区（不含万盛） | Qijiang District (excluding Wansheng) | 0.97 | 5.16 | 0.64 | 3.42 | 0.33 | 1.74 | 81.53 | 42.91 | 52.63 |
| 大足区 | Dazu District | 1.67 | 7.90 | 0.58 | 2.73 | 1.09 | 5.18 | 77.92 | 43.15 | 55.38 |
| 璧山区 | Bishan District | 0.77 | 6.00 | 0.39 | 3.05 | 0.38 | 2.95 | 73.00 | 39.61 | 54.26 |
| 铜梁区 | Tongliang District | 0.89 | 5.22 | 0.57 | 3.35 | 0.32 | 1.88 | 71.92 | 38.18 | 53.09 |
| 潼南区 | Tongnan District | 1.11 | 5.84 | 0.44 | 2.30 | 0.67 | 3.53 | 70.51 | 35.53 | 50.39 |
| 荣昌区 | Rongchang District | 1.14 | 6.70 | 0.51 | 2.98 | 0.63 | 3.73 | 70.43 | 37.28 | 52.93 |
| 开州区 | Kaizhou District | 1.81 | 5.36 | 0.72 | 2.14 | 1.09 | 3.22 | 117.47 | 52.58 | 44.76 |
| 梁平区 | Liangping District | 1.12 | 6.03 | 0.55 | 2.98 | 0.57 | 3.05 | 65.36 | 28.16 | 43.08 |
| 武隆区 | Wulong District | 0.34 | 4.16 | 0.25 | 3.04 | 0.09 | 1.12 | 34.60 | 14.23 | 41.13 |
| 城口县 | Chengkou County | 0.36 | 7.10 | 0.14 | 2.74 | 0.22 | 4.37 | 18.49 | 6.18 | 33.42 |
| 丰都县 | Fengdu County | 0.97 | 5.85 | 0.51 | 3.09 | 0.46 | 2.76 | 58.74 | 25.44 | 43.31 |
| 垫江县 | Dianjiang County | 1.20 | 6.18 | 0.50 | 2.56 | 0.70 | 3.62 | 68.83 | 29.66 | 43.09 |
| 忠 县 | Zhongxian County | 0.94 | 4.69 | 0.65 | 3.25 | 0.29 | 1.44 | 71.67 | 29.81 | 41.59 |
| 云阳县 | Yunyang County | 1.33 | 4.92 | 0.66 | 2.45 | 0.67 | 2.47 | 91.28 | 37.25 | 40.81 |
| 奉节县 | Fengjie County | 1.11 | 5.20 | 0.52 | 2.43 | 0.59 | 2.77 | 74.04 | 30.22 | 40.82 |
| 巫山县 | Wushan County | 0.70 | 5.45 | 0.41 | 3.21 | 0.29 | 2.24 | 45.55 | 17.47 | 38.35 |
| 巫溪县 | Wuxi County | 0.58 | 5.30 | 0.29 | 2.71 | 0.29 | 2.59 | 38.90 | 13.16 | 33.83 |
| 石柱县 | Shizhu County | 0.53 | 4.85 | 0.29 | 2.68 | 0.24 | 2.17 | 38.34 | 15.68 | 40.90 |
| 秀山县 | Xiushan County | 0.92 | 6.89 | 0.33 | 2.52 | 0.59 | 4.38 | 48.63 | 18.79 | 38.64 |
| 酉阳县 | Youyang County | 0.86 | 5.08 | 0.42 | 2.46 | 0.44 | 2.62 | 55.16 | 17.74 | 32.16 |
| 彭水县 | Pengshui County | 1.00 | 7.10 | 0.34 | 2.38 | 0.66 | 4.72 | 49.82 | 16.79 | 33.70 |

# 表20.2 各区县就业（2016年）
## EMPLOYMENT BY REGION (2016)

| 区 县 | Region | 城镇非私营单位在岗职工人数（万人）Employment of On-post Urban Non-private Units (10 000 persons) | 其中 of which #国有 State-owned | #集体 Collective-owned | 年末失业人员登记数（人）Year-end Registered Unemployment (person) |
|---|---|---|---|---|---|
| 全 市 | **Total** | **379.66** | **113.49** | **7.93** | **156841** |
| #都市发达经济圈 | Metropolitan Developed Economic Circle | 183.14 | 44.42 | 1.40 | 61216 |
| 渝西经济走廊 | West Chongqing Economic Corridor | 86.71 | 25.59 | 3.20 | 41482 |
| 三峡库区生态经济区 | Ecological Economic Zone in Three Gorges Reservoir Area | 109.81 | 43.48 | 3.33 | 54143 |
| #一小时经济圈 | One Hour Economic Sphere | 296.95 | 76.64 | 5.66 | 116070 |
| 万州区 | Wanzhou District | 21.23 | 6.77 | 0.29 | 6849 |
| 黔江区 | Qianjiang District | 3.28 | 2.09 | 0.01 | 2023 |
| 涪陵区 | Fuling District | 16.97 | 3.85 | 0.65 | 5154 |
| 渝中区 | Yuzhong District | 41.50 | 10.44 | 0.18 | 6233 |
| 大渡口区 | Dadukou District | 4.80 | 1.07 | 0.03 | 1803 |
| 江北区 | Jiangbei District | 16.18 | 3.27 | 0.12 | 10896 |
| 沙坪坝区 | Shapingba District | 16.98 | 5.25 | 0.49 | 9941 |
| 九龙坡区 | Jiulongpo District | 19.12 | 4.66 | 0.31 | 10552 |
| 南岸区 | Nan'an District | 16.42 | 4.09 | 0.09 | 4648 |
| 北碚区 | Beibei District | 12.05 | 3.72 | 0.09 | 3921 |
| 渝北区 | Yubei District | 42.01 | 8.59 | 0.04 | 8525 |
| 巴南区 | Ba'nan District | 14.08 | 3.33 | 0.05 | 4697 |
| 长寿区 | Changshou District | 10.13 | 2.78 | 0.41 | 8218 |
| 江津区 | Jiangjin District | 12.90 | 3.51 | 0.21 | 5426 |
| 合川区 | Hechuan District | 13.71 | 3.22 | 0.27 | 6174 |
| 永川区 | Yongchuan District | 16.16 | 3.73 | 0.24 | 5053 |
| 南川区 | Nanchuan District | 3.63 | 2.01 | 0.20 | 3587 |
| 綦江区 | Qijiang District | 11.24 | 2.98 | 0.05 | 6487 |
| #綦江区（不含万盛） | Qijiang District (excluding Wansheng) | 6.06 | 2.05 | 0.04 | 4209 |
| 大足区 | Dazu District | 9.13 | 2.23 | 0.16 | 2671 |
| 璧山区 | Bishan District | 7.53 | 1.69 | 0.10 | 2691 |
| 铜梁区 | Tongliang District | 3.26 | 2.10 | 0.26 | 3790 |
| 潼南区 | Tongnan District | 5.50 | 2.10 | 1.71 | 2244 |
| 荣昌区 | Rongchang District | 3.65 | 2.02 | 0.00 | 3359 |
| 开州区 | Kaizhou District | 6.92 | 2.76 | 0.03 | 2413 |
| 梁平区 | Liangping District | 6.26 | 2.22 | 0.24 | 2250 |
| 武隆区 | Wulong District | 2.17 | 1.27 | 0.09 | 893 |
| 城口县 | Chengkou County | 1.25 | 0.87 | 0.02 | 455 |
| 丰都县 | Fengdu County | 3.75 | 1.80 | 0.38 | 2538 |
| 垫江县 | Dianjiang County | 7.34 | 2.19 | 0.57 | 2833 |
| 忠 县 | Zhongxian County | 2.59 | 1.92 | 0.03 | 3646 |
| 云阳县 | Yunyang County | 5.75 | 2.37 | 0.01 | 3515 |
| 奉节县 | Fengjie County | 6.11 | 2.53 | 0.12 | 2606 |
| 巫山县 | Wushan County | 2.29 | 1.66 | 0.06 | 3330 |
| 巫溪县 | Wuxi County | 2.35 | 1.26 | 0.08 | 810 |
| 石柱县 | Shizhu County | 3.03 | 1.75 | 0.19 | 1776 |
| 秀山县 | Xiushan County | 2.99 | 1.66 | 0.07 | 1492 |
| 酉阳县 | Youyang County | 2.55 | 1.96 | 0.08 | 1780 |
| 彭水县 | Pengshui County | 2.81 | 1.77 | 0.00 | 1562 |

## 表20.3 各区县生产总值（2016年）
## GROSS DOMESTICP RODUCT BY REGION (2016)

| 区　县 | Region | 地区生产总值（万元） Gross Domestic Product (10000 yuan) | 其　中 of which 第一产业 Primary Industry | 第二产业 Secondary Industry | 其　中 of which #工　业 Industry | 第三产业 Tertiary Industry | 人均地区生产总值（元） Per Capita GDP (yuan) |
|---|---|---|---|---|---|---|---|
| **全　市** | **Total** | **175592500** | **13032400** | **77556500** | **60405300** | **85003600** | **57904** |
| #都市发达经济圈 | Metropolitan Developed Economic Circle | 76468900 | 1165200 | 28557500 | 23529500 | 46746200 | 90677 |
| 渝西经济走廊 | West Chongqing Economic Corridor | 44901300 | 5270200 | 23760800 | 18971700 | 15870300 | 49545 |
| 三峡库区生态经济区 | Ecological Economic Zone in Three Gorges Reservoir Area | 54222300 | 6597000 | 25238200 | 17904100 | 22387100 | 42265 |
| #一小时经济圈 | One Hour Economic Sphere | 135530800 | 7458700 | 60028500 | 48741600 | 68043600 | 69627 |
| 万州区 | Wanzhou District | 8973885 | 670215 | 4297576 | 3228526 | 4006094 | 55554 |
| 黔江区 | Qianjiang District | 2188411 | 220302 | 1153811 | 947383 | 814298 | 47184 |
| 涪陵区 | Fuling District | 8962164 | 582941 | 5386658 | 4576080 | 2992565 | 78306 |
| 渝中区 | Yuzhong District | 10502121 | | 303250 | 57852 | 10198871 | 160743 |
| 大渡口区 | Dadukou District | 1766624 | 16252 | 675751 | 462852 | 1074621 | 52523 |
| 江北区 | Jiangbei District | 7780091 | 13248 | 2112464 | 1674399 | 5654379 | 90931 |
| 沙坪坝区 | Shapingba District | 7859722 | 58707 | 3351735 | 2824688 | 4449280 | 69487 |
| 九龙坡区 | Jiulongpo District | 10896657 | 94981 | 4793520 | 4090719 | 6008156 | 91235 |
| 南岸区 | Nan'an District | 7454953 | 43425 | 4337706 | 3676699 | 3073822 | 86085 |
| 北碚区 | Beibei District | 4754054 | 158739 | 3086816 | 2516269 | 1508499 | 60090 |
| 渝北区 | Yubei District | 12933462 | 284276 | 7390567 | 6507251 | 5258619 | 82029 |
| 巴南区 | Ba'nan District | 6353527 | 494938 | 2896162 | 2110666 | 2962427 | 61775 |
| 长寿区 | Changshou District | 4540186 | 439854 | 2427104 | 1768359 | 1673228 | 55033 |
| 江津区 | Jiangjin District | 6741173 | 837215 | 3974023 | 3282107 | 1929935 | 50210 |
| 合川区 | Hechuan District | 5321909 | 725270 | 2589903 | 1997081 | 2006736 | 38900 |
| 永川区 | Yongchuan District | 6361775 | 553810 | 3561046 | 2821244 | 2246919 | 57659 |
| 南川区 | Nanchuan District | 2107785 | 434230 | 704522 | 506712 | 969033 | 37080 |
| 綦江区 | Qijiang District | 4201353 | 565934 | 2072944 | 1712824 | 1562475 | 38844 |
| #綦江区（不含万盛） | Qijiang District (excluding Wansheng) | 3179288 | 476696 | 1480890 | 1244553 | 1221702 | 39110 |
| 大足区 | Dazu District | 3865917 | 445711 | 2216745 | 1832518 | 1203461 | 50106 |
| 璧山区 | Bishan District | 4283503 | 271602 | 3015038 | 2673616 | 996863 | 58872 |
| 铜梁区 | Tongliang District | 3415746 | 414198 | 2012602 | 1619646 | 988946 | 48574 |
| 潼南区 | Tongnan District | 3006466 | 527718 | 1636493 | 1018418 | 842255 | 43340 |
| 荣昌区 | Rongchang District | 3681237 | 491758 | 2292145 | 1823533 | 897334 | 52391 |
| 开州区 | Kaizhou District | 3606216 | 594512 | 1792033 | 1027174 | 1219671 | 30751 |
| 梁平区 | Liangping District | 2710170 | 414901 | 1456441 | 1133080 | 838828 | 41138 |
| 武隆区 | Wulong District | 1456130 | 215654 | 573879 | 261223 | 666597 | 42042 |
| 城口县 | Chengkou County | 451155 | 82991 | 206704 | 80313 | 161460 | 24308 |
| 丰都县 | Fengdu County | 1705626 | 321635 | 809779 | 393759 | 574212 | 28836 |
| 垫江县 | Dianjiang County | 2633137 | 404932 | 1305368 | 1051818 | 922837 | 38581 |
| 忠　县 | Zhongxian County | 2407023 | 389087 | 1191568 | 826485 | 826368 | 33790 |
| 云阳县 | Yunyang County | 2131093 | 454550 | 929972 | 650931 | 746571 | 23556 |
| 奉节县 | Fengjie County | 2225699 | 411551 | 864623 | 289670 | 949525 | 29801 |
| 巫山县 | Wushan County | 1017946 | 220903 | 324417 | 109153 | 472626 | 22182 |
| 巫溪县 | Wuxi County | 823691 | 174990 | 304637 | 114818 | 344064 | 21120 |
| 石柱县 | Shizhu County | 1454176 | 252471 | 717313 | 509165 | 484392 | 37776 |
| 秀山县 | Xiushan County | 1506166 | 212498 | 714828 | 560541 | 578840 | 30814 |
| 酉阳县 | Youyang County | 1294808 | 277054 | 545319 | 359331 | 472435 | 23370 |
| 彭水县 | Pengshui County | 1286858 | 252467 | 532296 | 314584 | 502095 | 25619 |

**表20.3 续表 continued**

（上年=100）(preceding year=100)

| 区 县 | Region | 地区生产总值指数（可比价） Indices of GDP (constant prices) | 其中 of which | | | | 人均地区生产总值指数 Indices of Per Capita GDP |
|---|---|---|---|---|---|---|---|
| | | | 第一产业 Primary Industry | 第二产业 Secondary Industry | 其中 of which #工业 Industry | 第三产业 Tertiary Industry | |
| **全 市** | **Total** | **110.7** | **104.6** | **111.3** | **110.2** | **111.0** | **109.6** |
| #都市发达经济圈 | Metropolitan Developed Economic Circle | 110.5 | 101.4 | 109.4 | 109.3 | 111.4 | 108.3 |
| 渝西经济走廊 | West Chongqing Economic Corridor | 111.0 | 104.6 | 112.2 | 111.1 | 111.4 | 109.3 |
| 三峡库区生态经济区 | Ecological Economic Zone in Three Gorges Reservoir Area | 110.6 | 105.2 | 112.7 | 110.7 | 109.8 | 110.8 |
| #一小时经济圈 | One Hour Economic Sphere | 110.7 | 104.1 | 110.9 | 110.2 | 111.3 | 108.9 |
| 万州区 | Wanzhou District | 110.8 | 105.1 | 112.8 | 110.5 | 109.9 | 110.1 |
| 黔江区 | Qianjiang District | 110.0 | 105.3 | 110.2 | 109.0 | 110.9 | 108.9 |
| 涪陵区 | Fuling District | 111.1 | 104.5 | 112.6 | 111.6 | 109.6 | 110.5 |
| 渝中区 | Yuzhong District | 109.5 | | 102.7 | 101.6 | 109.7 | 108.9 |
| 大渡口区 | Dadukou District | 110.5 | 96.6 | 111.0 | 111.2 | 110.3 | 108.9 |
| 江北区 | Jiangbei District | 111.0 | 97.4 | 108.8 | 108.7 | 111.8 | 109.5 |
| 沙坪坝区 | Shapingba District | 110.3 | 97.7 | 105.8 | 105.0 | 114.0 | 109.3 |
| 九龙坡区 | Jiulongpo District | 110.3 | 97.7 | 111.7 | 111.0 | 109.4 | 108.9 |
| 南岸区 | Nan'an District | 110.8 | 93.2 | 111.3 | 111.6 | 110.3 | 108.6 |
| 北碚区 | Beibei District | 110.9 | 102.4 | 112.3 | 111.9 | 108.9 | 109.1 |
| 渝北区 | Yubei District | 110.0 | 102.2 | 107.1 | 107.7 | 114.9 | 106.5 |
| 巴南区 | Ba'nan District | 111.1 | 102.8 | 111.3 | 110.2 | 112.4 | 106.9 |
| 长寿区 | Changshou District | 110.7 | 105.0 | 112.0 | 110.7 | 110.4 | 109.6 |
| 江津区 | Jiangjin District | 111.1 | 104.3 | 112.6 | 111.4 | 110.8 | 108.6 |
| 合川区 | Hechuan District | 110.8 | 104.6 | 112.3 | 111.5 | 111.0 | 109.3 |
| 永川区 | Yongchuan District | 111.2 | 104.4 | 111.7 | 110.9 | 112.0 | 109.8 |
| 南川区 | Nanchuan District | 110.7 | 105.0 | 112.0 | 110.8 | 112.2 | 109.3 |
| 綦江区 | Qijiang District | 110.5 | 104.7 | 111.5 | 110.8 | 111.3 | 110.9 |
| #綦江区（不含万盛） | Qijiang District (excluding Wansheng) | 110.5 | 104.8 | 112.0 | 110.9 | 110.9 | 111.2 |
| 大足区 | Dazu District | 111.1 | 104.8 | 112.3 | 111.1 | 111.2 | 109.0 |
| 璧山区 | Bishan District | 111.4 | 104.1 | 112.0 | 111.3 | 110.9 | 110.6 |
| 铜梁区 | Tongliang District | 111.1 | 105.1 | 112.3 | 110.8 | 111.1 | 106.7 |
| 潼南区 | Tongnan District | 111.6 | 104.5 | 114.5 | 111.3 | 110.9 | 107.8 |
| 荣昌区 | Rongchang District | 110.8 | 104.1 | 112.0 | 110.8 | 111.5 | 109.4 |
| 开州区 | Kaizhou District | 110.9 | 104.9 | 114.1 | 110.5 | 109.5 | 110.6 |
| 梁平区 | Liangping District | 110.6 | 105.6 | 112.6 | 110.7 | 109.7 | 111.3 |
| 武隆区 | Wulong District | 110.2 | 105.5 | 112.7 | 110.2 | 109.5 | 110.5 |
| 城口县 | Chengkou County | 110.4 | 104.9 | 112.4 | 104.9 | 111.0 | 111.5 |
| 丰都县 | Fengdu County | 111.5 | 105.0 | 114.7 | 110.6 | 110.5 | 113.8 |
| 垫江县 | Dianjiang County | 110.5 | 105.6 | 112.2 | 110.5 | 110.4 | 109.7 |
| 忠 县 | Zhongxian County | 109.2 | 105.4 | 113.2 | 110.0 | 106.2 | 109.6 |
| 云阳县 | Yunyang County | 110.4 | 105.1 | 113.0 | 110.5 | 110.4 | 109.6 |
| 奉节县 | Fengjie County | 111.4 | 105.6 | 117.3 | 110.0 | 109.5 | 113.9 |
| 巫山县 | Wushan County | 110.6 | 105.3 | 115.6 | 109.6 | 109.7 | 111.9 |
| 巫溪县 | Wuxi County | 109.7 | 105.9 | 111.8 | 103.0 | 109.9 | 110.2 |
| 石柱县 | Shizhu County | 110.5 | 105.3 | 112.7 | 111.8 | 109.9 | 111.8 |
| 秀山县 | Xiushan County | 110.2 | 104.9 | 112.0 | 111.0 | 110.3 | 110.6 |
| 酉阳县 | Youyang County | 110.1 | 105.6 | 112.2 | 110.9 | 110.3 | 111.2 |
| 彭水县 | Pengshui County | 110.3 | 105.2 | 114.5 | 113.5 | 108.5 | 112.3 |

# 表20.4 各区县农业和农村经济（2016年）
## AGRICULTURE AND RURAL ECONOMY BY REGION (2016)

| 区　县 | Region | 农林牧渔业总产值（万元）Gross Output Value (10 000 yuan) | 其中 of which 农　业 Farming | 林　业 Forestry | 牧　业 Animal Husbandry | 渔　业 Fishery | 农林牧渔服务业 Farming, Forestry, Animal Husbandry and Fishery Services | 农林牧渔业总产值指数（可比价）（上年=100） Indices of Gross Output (constant prices) (preceding year=100) |
|---|---|---|---|---|---|---|---|---|
| **全　市** | **Total** | **19682751** | **11517657** | **734330** | **6274493** | **853030** | **303240** | **104.5** |
| #都市发达经济圈 | Metropolitan Developed Economic Circle | 1778715 | 1231811 | 41635 | 346923 | 88556 | 69790 | 101.1 |
| 渝西经济走廊 | West Chongqing Economic Corridor | 7760144 | 4616783 | 236097 | 2419163 | 404041 | 84060 | 104.1 |
| 三峡库区生态经济区 | Ecological Economic Zone in Three Gorges Reservoir Area | 10146394 | 5684463 | 445756 | 3506360 | 360623 | 149192 | 104.7 |
| #一小时经济圈 | One Hour Economic Sphere | 11080657 | 6715951 | 325914 | 3273065 | 583687 | 182041 | 103.6 |
| 万州区 | Wanzhou District | 999191 | 632178 | 45180 | 261580 | 44177 | 16077 | 104.5 |
| 黔江区 | Qianjiang District | 346792 | 149307 | 18813 | 171312 | 3605 | 3755 | 105.0 |
| 涪陵区 | Fuling District | 879309 | 546557 | 38222 | 237497 | 41045 | 15988 | 104.0 |
| 渝中区 | Yuzhong District | | | | | | | |
| 大渡口区 | Dadukou District | 25621 | 18781 | 2330 | 2286 | 440 | 1784 | 96.8 |
| 江北区 | Jiangbei District | 19646 | 6924 | 4644 | 6238 | 1218 | 622 | 96.1 |
| 沙坪坝区 | Shapingba District | 96105 | 59455 | 1256 | 11358 | 6589 | 17447 | 98.4 |
| 九龙坡区 | Jiulongpo District | 140784 | 109369 | 1353 | 18124 | 5057 | 6881 | 97.7 |
| 南岸区 | Nan'an District | 67008 | 53421 | 1443 | 4971 | 5422 | 1751 | 93.7 |
| 北碚区 | Beibei District | 238267 | 192180 | 3001 | 25488 | 11708 | 5891 | 102.4 |
| 渝北区 | Yubei District | 452420 | 273934 | 16168 | 131027 | 13970 | 17319 | 101.7 |
| 巴南区 | Ba'nan District | 738864 | 517746 | 11440 | 147432 | 44152 | 18094 | 102.4 |
| 长寿区 | Changshou District | 662490 | 320799 | 9959 | 269482 | 50046 | 12203 | 104.7 |
| 江津区 | Jiangjin District | 1220680 | 800205 | 20051 | 343305 | 47609 | 9510 | 103.5 |
| 合川区 | Hechuan District | 1040627 | 666453 | 25869 | 271088 | 66658 | 10559 | 103.5 |
| 永川区 | Yongchuan District | 822828 | 410223 | 25379 | 312434 | 65635 | 9157 | 103.9 |
| 南川区 | Nanchuan District | 651590 | 359633 | 27876 | 230500 | 22237 | 11344 | 104.7 |
| 綦江区 | Qijiang District | 852975 | 545291 | 44877 | 234985 | 20870 | 6951 | 104.6 |
| #綦江区（不含万盛） | Qijiang District (excluding Wansheng) | 715618 | 466397 | 23924 | 202812 | 16663 | 5823 | 104.7 |
| 大足区 | Dazu District | 664437 | 396603 | 26941 | 202263 | 32479 | 6150 | 104.7 |
| 璧山区 | Bishan District | 405043 | 224405 | 4812 | 146716 | 25793 | 3316 | 104.0 |
| 铜梁区 | Tongliang District | 622549 | 280829 | 11171 | 268157 | 52568 | 9824 | 104.5 |
| 潼南区 | Tongnan District | 761726 | 519864 | 28421 | 157080 | 50394 | 5968 | 103.9 |
| 荣昌区 | Rongchang District | 717690 | 413277 | 20700 | 252634 | 19799 | 11280 | 104.0 |
| 开州区 | Kaizhou District | 912135 | 532689 | 28018 | 295452 | 44246 | 11731 | 104.4 |
| 梁平区 | Liangping District | 624899 | 357321 | 22452 | 204844 | 33092 | 7191 | 105.3 |
| 武隆区 | Wulong District | 339219 | 210858 | 12574 | 103192 | 11204 | 1391 | 105.2 |
| 城口县 | Chengkou County | 130201 | 57265 | 12489 | 57879 | 1826 | 743 | 103.1 |
| 丰都县 | Fengdu County | 475807 | 225318 | 30169 | 198783 | 16447 | 5091 | 104.7 |
| 垫江县 | Dianjiang County | 626077 | 349665 | 11451 | 219175 | 30818 | 14968 | 105.3 |
| 忠　县 | Zhongxian County | 589895 | 357979 | 16264 | 187821 | 21166 | 6664 | 105.0 |
| 云阳县 | Yunyang County | 690500 | 408221 | 32753 | 214533 | 21460 | 13533 | 104.6 |
| 奉节县 | Fengjie County | 649826 | 413558 | 11502 | 201649 | 12547 | 10571 | 104.4 |
| 巫山县 | Wushan County | 356878 | 168313 | 35378 | 144955 | 2497 | 5736 | 105.2 |
| 巫溪县 | Wuxi County | 280424 | 124899 | 29696 | 118781 | 2905 | 4144 | 105.5 |
| 石柱县 | Shizhu County | 386771 | 191111 | 14137 | 169116 | 9401 | 3006 | 104.9 |
| 秀山县 | Xiushan County | 342443 | 194953 | 18921 | 110978 | 7754 | 9837 | 104.6 |
| 酉阳县 | Youyang County | 448325 | 219453 | 35031 | 185694 | 5305 | 2843 | 105.5 |
| 彭水县 | Pengshui County | 405210 | 224020 | 22747 | 153638 | 1084 | 3721 | 104.9 |

**表20.4 续表1 continued1**

| 区 县 | Region | 农业商品产值（万元） Output Value of Agricultural Commodities (10 000 yuan) | 农业商品率（%） Commercial Rate (%) | 乡村从业人员（万人） Rural Employment (10 000 persons) | 农作物播种面积（公顷） Sown Areas of Farm Crops (hectare) | 其中 of which #粮食 Grain | 农用化肥施用量（折纯）（吨） Consumption of Chemical Fertilizer (net) (ton) |
|---|---|---|---|---|---|---|---|
| **全 市** | **Total** | **12941875** | **66.8** | **1302.54** | **3600733** | **2250053** | **961606** |
| #都市发达经济圈 | Metropolitan Developed Economic Circle | 1167583 | 68.3 | 106.85 | 203131 | 114284 | 45837 |
| 渝西经济走廊 | West Chongqing Economic Corridor | 5421931 | 70.6 | 438.17 | 1165110 | 687740 | 346239 |
| 三峡库区生态经济区 | Ecological Economic Zone in Three Gorges Reservoir Area | 6354385 | 63.6 | 757.52 | 2232495 | 1448026 | 569530 |
| #一小时经济圈 | One Hour Economic Sphere | 7609295 | 69.8 | 629.04 | 1645910 | 971416 | 454205 |
| 万州区 | Wanzhou District | 659413 | 67.1 | 69.64 | 180041 | 112349 | 39642 |
| 黔江区 | Qianjiang District | 243423 | 71.0 | 29.53 | 84904 | 55343 | 25563 |
| 涪陵区 | Fuling District | 597050 | 69.2 | 54.69 | 184661 | 98752 | 39788 |
| 渝中区 | Yuzhong District | | | | | | |
| 大渡口区 | Dadukou District | 21486 | 90.1 | 1.14 | 2048 | 386 | 1020 |
| 江北区 | Jiangbei District | 13874 | 72.9 | 1.13 | 1478 | 985 | 389 |
| 沙坪坝区 | Shapingba District | 58498 | 74.4 | 7.08 | 7718 | 2934 | 2652 |
| 九龙坡区 | Jiulongpo District | 118461 | 88.5 | 11.51 | 11180 | 5366 | 2139 |
| 南岸区 | Nan'an District | 53504 | 82.0 | 18.02 | 1968 | 763 | 1368 |
| 北碚区 | Beibei District | 158628 | 68.3 | 15.05 | 29043 | 11880 | 9260 |
| 渝北区 | Yubei District | 261933 | 60.2 | 24.09 | 60571 | 37498 | 13948 |
| 巴南区 | Ba'nan District | 481199 | 66.8 | 28.84 | 89124 | 54474 | 15061 |
| 长寿区 | Changshou District | 422732 | 65.0 | 29.34 | 93009 | 70639 | 22341 |
| 江津区 | Jiangjin District | 925812 | 76.4 | 66.74 | 156386 | 102532 | 50197 |
| 合川区 | Hechuan District | 675867 | 65.6 | 73.15 | 176095 | 119939 | 30330 |
| 永川区 | Yongchuan District | 592176 | 72.8 | 40.04 | 107906 | 68212 | 70919 |
| 南川区 | Nanchuan District | 451254 | 70.5 | 30.92 | 107495 | 56068 | 34133 |
| 綦江区 | Qijiang District | 540216 | 63.9 | 47.68 | 125523 | 79599 | 38408 |
| #綦江区（不含万盛） | Qijiang District (excluding Wansheng) | 448049 | 63.1 | 40.19 | 104010 | 67023 | 30200 |
| 大足区 | Dazu District | 448006 | 68.1 | 25.96 | 111914 | 65524 | 27959 |
| 璧山区 | Bishan District | 301814 | 75.1 | 33.62 | 55624 | 28612 | 9301 |
| 铜梁区 | Tongliang District | 456480 | 74.5 | 40.07 | 93784 | 59557 | 37402 |
| 潼南区 | Tongnan District | 572490 | 75.8 | 38.28 | 151353 | 59732 | 33464 |
| 荣昌区 | Rongchang District | 457816 | 64.8 | 41.70 | 79029 | 47964 | 14126 |
| 开州区 | Kaizhou District | 574814 | 63.8 | 82.48 | 183082 | 127623 | 55113 |
| 梁平区 | Liangping District | 395099 | 64.0 | 49.06 | 104368 | 75592 | 46661 |
| 武隆区 | Wulong District | 187250 | 55.4 | 23.05 | 90124 | 49959 | 17732 |
| 城口县 | Chengkou County | 74463 | 57.5 | 10.72 | 50248 | 33345 | 5551 |
| 丰都县 | Fengdu County | 306019 | 65.0 | 34.93 | 112263 | 74074 | 26394 |
| 垫江县 | Dianjiang County | 442697 | 72.4 | 50.11 | 91685 | 65038 | 36268 |
| 忠 县 | Zhongxian County | 398641 | 68.4 | 38.43 | 110221 | 79343 | 33357 |
| 云阳县 | Yunyang County | 415556 | 61.4 | 44.65 | 136017 | 99343 | 26672 |
| 奉节县 | Fengjie County | 390150 | 61.0 | 44.64 | 141930 | 92731 | 27780 |
| 巫山县 | Wushan County | 173033 | 49.3 | 29.14 | 95264 | 62530 | 19315 |
| 巫溪县 | Wuxi County | 136247 | 49.3 | 25.92 | 98710 | 64461 | 27155 |
| 石柱县 | Shizhu County | 234356 | 61.1 | 26.04 | 96203 | 56842 | 25290 |
| 秀山县 | Xiushan County | 212834 | 64.0 | 34.78 | 112894 | 55448 | 28278 |
| 酉阳县 | Youyang County | 265240 | 59.5 | 45.36 | 142713 | 89811 | 26510 |
| 彭水县 | Pengshui County | 225367 | 56.1 | 35.02 | 124159 | 84804 | 40120 |

**表20.4 续表2 continued2**

| 区 县 | Region | 农村用电量（万千瓦时）Electricity Consumption in Rural Areas (10 000 kwh) | 农药使用量（吨）Consumption of Chemical Pesticides (ton) | 粮食产量（吨）Output of Grain (ton) | 油料产量（吨）Output of Oil-bearing Crops (ton) | 甘蔗产量（吨）Output of Sugarcane (ton) | 烟叶产量（吨）Output of Tobacco (ton) | 茶叶产量（吨）Output of Tea (ton) |
|---|---|---|---|---|---|---|---|---|
| **全 市** | **Total** | **786938** | **17604** | **11660025** | **627208** | **96990** | **83921** | **37036** |
| #都市发达经济圈 | Metropolitan Developed Economic Circle | 198814 | 717 | 620547 | 8460 | 798 | 626 | 4000 |
| 渝西经济走廊 | West Chongqing Economic Corridor | 309779 | 6386 | 4344302 | 238251 | 76802 | 4392 | 18731 |
| 三峡库区生态经济区 | Ecological Economic Zone in Three Gorges Reservoir Area | 278344 | 10500 | 6695176 | 380497 | 19390 | 78903 | 14305 |
| #一小时经济圈 | One Hour Economic Sphere | 544764 | 8746 | 5786607 | 265809 | 79316 | 6783 | 23558 |
| 万州区 | Wanzhou District | 17536 | 1138 | 531319 | 19832 | 402 | 1370 | 746 |
| 黔江区 | Qianjiang District | 3810 | 670 | 250781 | 16912 |  | 5812 | 864 |
| 涪陵区 | Fuling District | 19954 | 1345 | 448446 | 6866 | 641 | 1765 | 786 |
| 渝中区 | Yuzhong District |  |  |  |  |  |  |  |
| 大渡口区 | Dadukou District | 4215 | 10 | 2799 |  |  |  |  |
| 江北区 | Jiangbei District | 544 | 8 | 4451 | 17 |  |  |  |
| 沙坪坝区 | Shapingba District | 62145 | 29 | 13059 | 34 |  |  |  |
| 九龙坡区 | Jiulongpo District | 15699 | 130 | 23308 | 1015 |  |  |  |
| 南岸区 | Nan'an District | 5176 | 8 | 3050 |  |  |  |  |
| 北碚区 | Beibei District | 76347 | 228 | 54675 | 939 |  |  | 65 |
| 渝北区 | Yubei District | 10236 | 90 | 201093 | 4090 | 110 | 85 | 15 |
| 巴南区 | Ba'nan District | 24452 | 214 | 318113 | 2365 | 688 | 541 | 3920 |
| 长寿区 | Changshou District | 16217 | 297 | 373312 | 12232 | 1075 |  | 41 |
| 江津区 | Jiangjin District | 40824 | 1103 | 671181 | 17040 | 52383 | 445 | 1348 |
| 合川区 | Hechuan District | 19571 | 556 | 725757 | 25433 | 790 | 131 | 198 |
| 永川区 | Yongchuan District | 31534 | 1955 | 500619 | 21844 |  |  | 5200 |
| 南川区 | Nanchuan District | 20890 | 385 | 340934 | 22170 |  | 2750 | 3425 |
| 綦江区 | Qijiang District | 35196 | 451 | 434684 | 10264 | 400 | 810 | 2420 |
| #綦江区（不含万盛） | Qijiang District (excluding Wansheng) | 25958 | 305 | 380805 | 9000 | 400 | 720 | 1670 |
| 大足区 | Dazu District | 21580 | 577 | 439256 | 47094 | 2838 | 251 | 833 |
| 璧山区 | Bishan District | 84129 | 108 | 174361 | 4712 | 122 |  | 605 |
| 铜梁区 | Tongliang District | 15100 | 402 | 362989 | 14674 | 611 |  | 452 |
| 潼南区 | Tongnan District | 22929 | 355 | 383587 | 49106 | 10000 |  | 200 |
| 荣昌区 | Rongchang District | 18026 | 495 | 310934 | 25914 | 9658 | 5 | 4050 |
| 开州区 | Kaizhou District | 29181 | 756 | 618344 | 31260 | 5208 | 940 | 623 |
| 梁平区 | Liangping District | 14435 | 1283 | 389913 | 17442 | 5414 | 55 | 166 |
| 武隆区 | Wulong District | 14675 | 303 | 182585 | 10407 |  | 8300 | 228 |
| 城口县 | Chengkou County | 4097 | 41 | 110521 | 3668 |  | 60 | 650 |
| 丰都县 | Fengdu County | 16979 | 308 | 344101 | 22013 | 400 | 5033 | 19 |
| 垫江县 | Dianjiang County | 12704 | 478 | 393572 | 20692 | 3320 | 475 | 97 |
| 忠 县 | Zhongxian County | 7895 | 612 | 413571 | 33239 | 1621 | 205 | 24 |
| 云阳县 | Yunyang County | 18136 | 565 | 429654 | 20561 | 749 | 657 | 633 |
| 奉节县 | Fengjie County | 22404 | 643 | 442570 | 28072 |  | 7548 | 412 |
| 巫山县 | Wushan County | 9921 | 136 | 235639 | 19336 |  | 9115 | 417 |
| 巫溪县 | Wuxi County | 9253 | 66 | 241083 | 13780 |  | 4978 | 781 |
| 石柱县 | Shizhu County | 8816 | 623 | 265018 | 10981 | 365 | 5168 | 174 |
| 秀山县 | Xiushan County | 19448 | 546 | 316992 | 36856 |  | 186 | 6000 |
| 酉阳县 | Youyang County | 15982 | 255 | 384885 | 30048 |  | 12206 | 1375 |
| 彭水县 | Pengshui County | 16900 | 435 | 322870 | 26300 | 195 | 15030 | 270 |

**表20.4 续表3 continued3**

| 区 县 | Region | 水果产量（吨） Output of Fruits (ton) | 蔬菜产量（吨） Output of Vegetables (ton) | 肉类总产量（吨） Output of Meat (ton) | 其 中 of which #猪 肉 Output of Pork | #牛 肉 Output of Beef | 水产品产量（吨） Output of Aquatic Products (ton) |
|---|---|---|---|---|---|---|---|
| **全 市** | **Total** | **4086884** | **18751267** | **2108486** | **1513087** | **91701** | **508427** |
| #都市发达经济圈 | Metropolitan Developed Economic Circle | 246395 | 1669815 | 96282 | 65900 | 425 | 47815 |
| 渝西经济走廊 | West Chongqing Economic Corridor | 1080536 | 7895126 | 809681 | 543328 | 9067 | 258975 |
| 三峡库区生态经济区 | Ecological Economic Zone in Three Gorges Reservoir Area | 2759953 | 9186326 | 1202523 | 903859 | 82209 | 201637 |
| #一小时经济圈 | One Hour Economic Sphere | 1710803 | 12094610 | 1048798 | 716342 | 12715 | 360515 |
| 万州区 | Wanzhou District | 409749 | 1065485 | 79076 | 65666 | 2130 | 24700 |
| 黔江区 | Qianjiang District | 44438 | 214200 | 63780 | 56639 | 5291 | 2041 |
| 涪陵区 | Fuling District | 140874 | 2169469 | 74884 | 58577 | 2255 | 21250 |
| 渝中区 | Yuzhong District | | | | | | |
| 大渡口区 | Dadukou District | 910 | 43180 | 720 | 519 | | 291 |
| 江北区 | Jiangbei District | 1548 | 6915 | 900 | 663 | | 381 |
| 沙坪坝区 | Shapingba District | 4849 | 80568 | 1414 | 1015 | 2 | 4890 |
| 九龙坡区 | Jiulongpo District | 15584 | 98592 | 3863 | 2623 | 3 | 3845 |
| 南岸区 | Nan'an District | 4213 | 21457 | 583 | 507 | 3 | 2580 |
| 北碚区 | Beibei District | 21549 | 369648 | 8421 | 6579 | 35 | 4967 |
| 渝北区 | Yubei District | 146067 | 404000 | 37321 | 19377 | 235 | 22500 |
| 巴南区 | Ba'nan District | 51674 | 645455 | 43060 | 34617 | 147 | 8361 |
| 长寿区 | Changshou District | 242998 | 360200 | 67951 | 48537 | 968 | 32475 |
| 江津区 | Jiangjin District | 274999 | 886723 | 95057 | 70889 | 578 | 25849 |
| 合川区 | Hechuan District | 132975 | 781118 | 95299 | 75998 | 636 | 43520 |
| 永川区 | Yongchuan District | 166445 | 655500 | 109273 | 62745 | 321 | 43100 |
| 南川区 | Nanchuan District | 80679 | 434677 | 69854 | 50547 | 2506 | 11500 |
| 綦江区 | Qijiang District | 44194 | 807624 | 71027 | 56800 | 2914 | 12917 |
| #綦江区（不含万盛） | Qijiang District (excluding Wansheng) | 39590 | 620790 | 63702 | 51114 | 2767 | 11273 |
| 大足区 | Dazu District | 63560 | 380192 | 64553 | 49591 | 188 | 22102 |
| 璧山区 | Bishan District | 151035 | 756022 | 77140 | 20661 | 84 | 19159 |
| 铜梁区 | Tongliang District | 85974 | 720907 | 92113 | 47586 | 358 | 34230 |
| 潼南区 | Tongnan District | 45948 | 1967123 | 61481 | 54229 | 770 | 34728 |
| 荣昌区 | Rongchang District | 34727 | 505240 | 73884 | 54282 | 712 | 11870 |
| 开州区 | Kaizhou District | 480336 | 470213 | 107800 | 76150 | 2242 | 28141 |
| 梁平区 | Liangping District | 105494 | 513358 | 77826 | 53384 | 3700 | 18001 |
| 武隆区 | Wulong District | 30777 | 558824 | 43675 | 34841 | 4369 | 3315 |
| 城口县 | Chengkou County | 2212 | 53830 | 24979 | 16698 | 1005 | 513 |
| 丰都县 | Fengdu County | 64805 | 391503 | 62360 | 35649 | 14879 | 8788 |
| 垫江县 | Dianjiang County | 84729 | 472232 | 68116 | 57679 | 1059 | 19795 |
| 忠 县 | Zhongxian County | 350088 | 273305 | 75661 | 51572 | 3110 | 13161 |
| 云阳县 | Yunyang County | 229536 | 497036 | 81974 | 61811 | 6312 | 11946 |
| 奉节县 | Fengjie County | 340348 | 310680 | 65513 | 55363 | 2997 | 4798 |
| 巫山县 | Wushan County | 87307 | 250243 | 46047 | 38317 | 798 | 950 |
| 巫溪县 | Wuxi County | 13784 | 233136 | 51769 | 41490 | 843 | 1228 |
| 石柱县 | Shizhu County | 16302 | 376499 | 43356 | 26844 | 8516 | 3700 |
| 秀山县 | Xiushan County | 82142 | 319936 | 45506 | 34120 | 3863 | 4500 |
| 酉阳县 | Youyang County | 25148 | 323627 | 67432 | 48870 | 8816 | 1875 |
| 彭水县 | Pengshui County | 8887 | 332550 | 54818 | 41652 | 9056 | 460 |

# 表20.5 各区县工业（2016年）
## INDUSTRY BY REGION (2016)

| 区 县 | Region | 工业总产值（万元）Gross Output Value of Industry (10 000 yuan) | 工业总产值指数（上年=100）Index of Gross Output Value of Industry (preceding year=100) | 工业企业资产总计（万元）Total Assets of Industrial Enterprises (10 000 yuan) | 主营业务收入（万元）Revenue from Principal Business (10 000 yuan) | 利润总额（万元）Total Profits (10 000 yuan) |
|---|---|---|---|---|---|---|
| **全 市** | **Total** | **239065803** | **110.2** | **202146323** | **234670318** | **16483625** |
| #都市发达经济圈 | Metropolitan Developed Economic Circle | 107916702 | 107.2 | 92802028 | 108014871 | 7064007 |
| 渝西经济走廊 | West Chongqing Economic Corridor | 79055416 | 114.4 | 56659348 | 77535590 | 7044731 |
| 三峡库区生态经济区 | Ecological Economic Zone in Three Gorges Reservoir Area | 52093685 | 110.9 | 52684946 | 49119857 | 2374887 |
| #一小时经济圈 | One Hour Economic Sphere | 211646106 | 110.0 | 178084068 | 208018494 | 14538707 |
| 万州区 | Wanzhou District | 8679263 | 111.9 | 6037459 | 8433955 | 644323 |
| 黔江区 | Qianjiang District | 2482390 | 109.6 | 2589918 | 2435199 | 154495 |
| 涪陵区 | Fuling District | 16281023 | 114.3 | 15452459 | 14550843 | 809094 |
| 渝中区 | Yuzhong District | 136125 | 96.1 | 304629 | 140656 | 5858 |
| 大渡口区 | Dadukou District | 1998731 | 113.1 | 2842306 | 1802648 | 137940 |
| 江北区 | Jiangbei District | 7899344 | 110.5 | 10182015 | 8434323 | 716099 |
| 沙坪坝区 | Shapingba District | 18154981 | 101.0 | 10268908 | 18401620 | 385568 |
| 九龙坡区 | Jiulongpo District | 13489156 | 112.5 | 11525022 | 12336669 | 711094 |
| 南岸区 | Nan'an District | 15213636 | 114.9 | 8500654 | 14923963 | 607493 |
| 北碚区 | Beibei District | 9635585 | 115.9 | 12397074 | 9564272 | 506711 |
| 渝北区 | Yubei District | 33351702 | 103.0 | 29534574 | 35269471 | 3597753 |
| 巴南区 | Ba'nan District | 8037442 | 116.8 | 7246846 | 7141248 | 395491 |
| 长寿区 | Changshou District | 8392966 | 103.9 | 13170232 | 7917190 | -379125 |
| 江津区 | Jiangjin District | 15990322 | 118.6 | 14014899 | 15733518 | 1913334 |
| 合川区 | Hechuan District | 8239633 | 119.3 | 8819567 | 7969186 | 640525 |
| 永川区 | Yongchuan District | 11756704 | 116.5 | 6329776 | 11422394 | 1250353 |
| 南川区 | Nanchuan District | 1945835 | 114.2 | 1531187 | 1896701 | 130055 |
| 綦江区 | Qijiang District | 6621829 | 116.8 | 7428204 | 6451758 | 281469 |
| #綦江区（不含万盛） | Qijiang District (excluding Wansheng) | 4612518 | 115.4 | 5072297 | 4506308 | 129276 |
| 大足区 | Dazu District | 6077561 | 114.5 | 3350730 | 5998353 | 536926 |
| 璧山区 | Bishan District | 10391277 | 112.5 | 5313479 | 10169588 | 609066 |
| 铜梁区 | Tongliang District | 5206764 | 114.2 | 3089826 | 5166264 | 329090 |
| 潼南区 | Tongnan District | 4767046 | 120.5 | 1883606 | 4731031 | 534657 |
| 荣昌区 | Rongchang District | 8058445 | 114.5 | 4898075 | 7996797 | 819257 |
| 开州区 | Kaizhou District | 3162399 | 117.0 | 1173219 | 3112247 | 141488 |
| 梁平区 | Liangping District | 2125125 | 110.9 | 1547559 | 2124058 | 186582 |
| 武隆区 | Wulong District | 684714 | 110.4 | 1342855 | 663530 | 66948 |
| 城口县 | Chengkou County | 73609 | 104.3 | 274302 | 65788 | -2291 |
| 丰都县 | Fengdu County | 1154310 | 108.4 | 1226625 | 1041852 | 68518 |
| 垫江县 | Dianjiang County | 2172777 | 117.6 | 1307540 | 2225044 | 203360 |
| 忠 县 | Zhongxian County | 1017814 | 112.6 | 1040990 | 976983 | 75614 |
| 云阳县 | Yunyang County | 1510504 | 117.7 | 1159560 | 1438432 | 84895 |
| 奉节县 | Fengjie County | 351254 | 118.0 | 572107 | 354497 | 21596 |
| 巫山县 | Wushan County | 89263 | 99.9 | 220713 | 94443 | -2576 |
| 巫溪县 | Wuxi County | 150976 | 72.1 | 591138 | 146442 | -5829 |
| 石柱县 | Shizhu County | 1237179 | 116.4 | 1128849 | 1232911 | 97378 |
| 秀山县 | Xiushan County | 835654 | 116.6 | 1055074 | 725978 | 32669 |
| 酉阳县 | Youyang County | 1073005 | 116.1 | 1141692 | 1073561 | 82768 |
| 彭水县 | Pengshui County | 619462 | 112.6 | 1652656 | 506903 | 94982 |

表20.5 续表 continued

| 区 县 | Region | 总资产贡献率（%）Ratio of Total Assets to Industrial Output Value (%) | 资产负债率（%）Asset-Liability Ratio (%) | 产品销售率（%）Sales as Percentage of Output (%) | 全员劳动生产率（元/人年）Overall Labor Productivity (yuan/person-year) |
|---|---|---|---|---|---|
| **全 市** | **Total** | **14.7** | **61.2** | **98.3** | **300204** |
| #都市发达经济圈 | Metropolitan Developed Economic Circle | 13.1 | 62.8 | 99.1 | 334207 |
| 渝西经济走廊 | West Chongqing Economic Corridor | 20.5 | 54.0 | 98.3 | 224991 |
| 三峡库区生态经济区 | Ecological Economic Zone in Three Gorges Reservoir Area | 11.2 | 66.1 | 96.5 | 408037 |
| #一小时经济圈 | One Hour Economic Sphere | 14.5 | 61.6 | 98.4 | 290128 |
| 万州区 | Wanzhou District | 20.8 | 57.1 | 96.9 | 417108 |
| 黔江区 | Qianjiang District | 19.5 | 58.1 | 98.2 | 667947 |
| 涪陵区 | Fuling District | 12.5 | 69.7 | 93.9 | 545093 |
| 渝中区 | Yuzhong District | 4.6 | 55.5 | 100.0 | 472493 |
| 大渡口区 | Dadukou District | 9.1 | 60.6 | 97.1 | 187684 |
| 江北区 | Jiangbei District | 11.5 | 61.4 | 100.1 | 310268 |
| 沙坪坝区 | Shapingba District | 7.7 | 73.9 | 102.0 | 245770 |
| 九龙坡区 | Jiulongpo District | 10.1 | 48.7 | 95.9 | 388430 |
| 南岸区 | Nan'an District | 14.5 | 61.9 | 98.2 | 484378 |
| 北碚区 | Beibei District | 7.7 | 57.1 | 99.1 | 324285 |
| 渝北区 | Yubei District | 19.5 | 67.5 | 99.7 | 349860 |
| 巴南区 | Ba'nan District | 10.9 | 64.7 | 96.7 | 261280 |
| 长寿区 | Changshou District | 0.6 | 75.7 | 97.7 | 280329 |
| 江津区 | Jiangjin District | 20.0 | 54.4 | 97.6 | 280905 |
| 合川区 | Hechuan District | 11.8 | 68.7 | 99.5 | 212560 |
| 永川区 | Yongchuan District | 32.1 | 47.3 | 98.0 | 305145 |
| 南川区 | Nanchuan District | 14.2 | 54.4 | 98.1 | 202084 |
| 綦江区 | Qijiang District | 9.6 | 59.9 | 99.0 | 136169 |
| #綦江区（不含万盛） | Qijiang District (excluding Wansheng) | 6.7 | 61.9 | 99.1 | 122471 |
| 大足区 | Dazu District | 27.3 | 51.3 | 96.6 | 214714 |
| 璧山区 | Bishan District | 18.7 | 55.5 | 98.7 | 237551 |
| 铜梁区 | Tongliang District | 17.9 | 54.3 | 98.3 | 229263 |
| 潼南区 | Tongnan District | 42.8 | 43.2 | 99.4 | 241228 |
| 荣昌区 | Rongchang District | 31.8 | 30.4 | 98.9 | 194555 |
| 开州区 | Kaizhou District | 22.8 | 51.0 | 98.4 | 237215 |
| 梁平区 | Liangping District | 19.9 | 35.4 | 99.2 | 469227 |
| 武隆区 | Wulong District | 9.3 | 67.4 | 94.7 | 1902035 |
| 城口县 | Chengkou County | 2.6 | 66.6 | 99.3 | 496730 |
| 丰都县 | Fengdu County | 8.3 | 66.9 | 91.2 | 315741 |
| 垫江县 | Dianjiang County | 27.1 | 46.5 | 100.9 | 306213 |
| 忠 县 | Zhongxian County | 10.2 | 46.4 | 97.5 | 870549 |
| 云阳县 | Yunyang County | 12.8 | 53.9 | 98.0 | 340099 |
| 奉节县 | Fengjie County | 7.4 | 63.2 | 97.2 | 289437 |
| 巫山县 | Wushan County | 1.5 | 72.2 | 99.9 | 300737 |
| 巫溪县 | Wuxi County | 2.5 | 78.5 | 96.4 | 328059 |
| 石柱县 | Shizhu County | 19.2 | 68.2 | 98.4 | 302207 |
| 秀山县 | Xiushan County | 6.4 | 60.0 | 96.7 | 390749 |
| 酉阳县 | Youyang County | 14.5 | 65.9 | 100.1 | 393004 |
| 彭水县 | Pengshui County | 11.5 | 75.1 | 97.7 | 655325 |

# 表20.6 各区县建筑业（2016年）
## CONSTRUCTION BY REGION (2016)

| 区 县 | Region | 企业数（个）Number of Construction Enterprises (unit) | 年末从业人数（万人）Number of Employed Persons at Year-end (10 000 persons) | 总产值（万元）Gross Output Value (10 000 yuan) | 房屋建筑施工面积（万平方米）Floor Space under Construction (10 000 sq.m) | 房屋建筑竣工面积（万平方米）Floor Space Completed (10 000 sq.m) | 其中 of which #住宅 Residential Buildings |
|---|---|---|---|---|---|---|---|
| **全 市** | **Total** | **2736** | **181.41** | **70358133** | **32077.14** | **13751.59** | **9888.02** |
| #都市发达经济圈 | Metropolitan Developed Economic Circle | 1272 | 57.44 | 24754420 | 13996.03 | 4012.42 | 2802.40 |
| 渝西经济走廊 | West Chongqing Economic Corridor | 617 | 54.14 | 18426691 | 7892.74 | 4417.04 | 3113.05 |
| 三峡库区生态经济区 | Ecological Economic Zone in Three Gorges Reservoir Area | 847 | 69.83 | 27177022 | 10188.36 | 5322.13 | 3972.57 |
| #一小时经济圈 | One Hour Economic Sphere | 2076 | 129.50 | 49565305 | 24881.83 | 9688.72 | 7038.03 |
| 万州区 | Wanzhou District | 201 | 12.94 | 6388738 | 2009.49 | 763.28 | 597.73 |
| 黔江区 | Qianjiang District | 32 | 1.40 | 602942 | 173.80 | 95.06 | 62.79 |
| 涪陵区 | Fuling District | 142 | 14.59 | 4461430 | 1646.96 | 624.22 | 531.81 |
| 渝中区 | Yuzhong District | 153 | 8.05 | 3818374 | 2712.83 | 669.17 | 447.11 |
| 大渡口区 | Dadukou District | 63 | 2.93 | 1660421 | 1378.47 | 338.06 | 228.22 |
| 江北区 | Jiangbei District | 98 | 5.18 | 1712860 | 1206.55 | 221.69 | 143.15 |
| 沙坪坝区 | Shapingba District | 160 | 5.41 | 2496979 | 1358.91 | 511.69 | 436.91 |
| 九龙坡区 | Jiulongpo District | 214 | 5.06 | 2078421 | 1741.95 | 441.18 | 217.91 |
| 南岸区 | Nan'an District | 109 | 3.97 | 2084294 | 1557.78 | 408.38 | 388.94 |
| 北碚区 | Beibei District | 69 | 5.97 | 1957780 | 751.69 | 165.30 | 83.19 |
| 渝北区 | Yubei District | 309 | 13.17 | 6541389 | 2067.36 | 574.96 | 379.27 |
| 巴南区 | Ba'nan District | 97 | 7.70 | 2403902 | 1220.49 | 681.99 | 477.70 |
| 长寿区 | Changshou District | 45 | 3.32 | 1922765 | 1346.10 | 635.04 | 590.77 |
| 江津区 | Jiangjin District | 81 | 8.10 | 2163002 | 822.54 | 495.03 | 357.20 |
| 合川区 | Hechuan District | 114 | 6.45 | 2505722 | 1442.47 | 643.99 | 501.72 |
| 永川区 | Yongchuan District | 88 | 7.70 | 2956550 | 1000.19 | 559.76 | 341.07 |
| 南川区 | Nanchuan District | 32 | 1.26 | 262570 | 133.01 | 36.74 | 23.44 |
| 綦江区 | Qijiang District | 83 | 3.21 | 1078217 | 497.52 | 275.28 | 205.49 |
| #綦江区（不含万盛） | Qijiang District (excluding Wansheng) | 59 | 1.98 | 686498 | 365.63 | 209.53 | 175.27 |
| 大足区 | Dazu District | 39 | 2.97 | 1262885 | 558.11 | 251.07 | 200.74 |
| 璧山区 | Bishan District | 37 | 2.03 | 955347 | 619.32 | 363.68 | 90.24 |
| 铜梁区 | Tongliang District | 57 | 5.15 | 1461152 | 732.24 | 490.62 | 326.91 |
| 潼南区 | Tongnan District | 44 | 15.41 | 4809746 | 1516.13 | 1006.61 | 886.59 |
| 荣昌区 | Rongchang District | 42 | 1.87 | 971499 | 571.22 | 294.26 | 179.66 |
| 开州区 | Kaizhou District | 41 | 6.01 | 2821525 | 925.04 | 555.33 | 356.41 |
| 梁平区 | Liangping District | 28 | 4.25 | 1165517 | 545.64 | 399.54 | 306.53 |
| 武隆区 | Wulong District | 13 | 0.33 | 181045 | 55.85 | 40.66 | 17.25 |
| 城口县 | Chengkou County | 6 | 0.08 | 72366 | 2.17 | 1.14 | 1.14 |
| 丰都县 | Fengdu County | 24 | 4.50 | 1290819 | 267.32 | 210.53 | 162.32 |
| 垫江县 | Dianjiang County | 57 | 5.72 | 1802141 | 926.21 | 649.47 | 484.30 |
| 忠 县 | Zhongxian County | 43 | 2.60 | 528772 | 225.55 | 126.23 | 94.57 |
| 云阳县 | Yunyang County | 58 | 3.90 | 1572811 | 508.25 | 214.72 | 140.51 |
| 奉节县 | Fengjie County | 45 | 5.66 | 2419828 | 871.85 | 612.92 | 421.39 |
| 巫山县 | Wushan County | 29 | 0.67 | 287318 | 136.16 | 77.95 | 67.75 |
| 巫溪县 | Wuxi County | 16 | 1.17 | 309985 | 116.83 | 83.05 | 38.19 |
| 石柱县 | Shizhu County | 16 | 0.18 | 93849 | 34.95 | 29.08 | 23.13 |
| 秀山县 | Xiushan County | 13 | 1.52 | 646307 | 119.16 | 60.49 | 22.40 |
| 酉阳县 | Youyang County | 14 | 0.51 | 234114 | 112.07 | 46.28 | 7.94 |
| 彭水县 | Pengshui County | 24 | 0.49 | 374751 | 164.97 | 97.14 | 45.67 |

注：本表数据不包括劳务分包企业。
Note: The data in this table exclude construction enterprises of labor subcontracting.

# 表20.7 各区县总承包建筑业企业主要经济指标（2016年）

## MAIN ECONOMIC INDICATORS ON CONSTRUCTION ENTERPRISES OF GENERAL CONTRACTING BY REGION (2016)

| 区 县 | Region | 企业数（个） Number of Enterprises (unit) | 年末从业人数（万人） Number of Employed Persons at Year-end (10 000 persons) | 总产值（万元） Gross Output Value (10 000 yuan) | 利税总额（万元） Total Pre-Tax Profits (10 000 yuan) | 按总产值计算的劳动生产率（元/人） Overall Labor Productivity by Gross Output Value (yuan/person) |
|---|---|---|---|---|---|---|
| **全 市** | **Total** | **1755** | **169.67** | **66228580** | **5242705** | **331796** |
| #都市发达经济圈 | Metropolitan Developed Economic Circle | 582 | 48.80 | 21769477 | 1041704 | 383448 |
| 渝西经济走廊 | West Chongqing Economic Corridor | 448 | 51.84 | 17662819 | 1677696 | 294357 |
| 三峡库区生态经济区 | Ecological Economic Zone in Three Gorges Reservoir Area | 725 | 69.02 | 26796284 | 2523305 | 317109 |
| #一小时经济圈 | One Hour Economic Sphere | 1181 | 118.33 | 45719249 | 3093022 | 338151 |
| 万州区 | Wanzhou District | 150 | 12.74 | 6286354 | 576550 | 448695 |
| 黔江区 | Qianjiang District | 29 | 1.37 | 594776 | 63614 | 348291 |
| 涪陵区 | Fuling District | 113 | 14.41 | 4390844 | 318943 | 286946 |
| 渝中区 | Yuzhong District | 51 | 7.01 | 3482119 | 143406 | 402283 |
| 大渡口区 | Dadukou District | 30 | 2.59 | 1551455 | 109693 | 572767 |
| 江北区 | Jiangbei District | 44 | 3.69 | 1252065 | 37601 | 327200 |
| 沙坪坝区 | Shapingba District | 56 | 4.55 | 2134332 | 84071 | 475638 |
| 九龙坡区 | Jiulongpo District | 81 | 3.69 | 1723209 | 114070 | 314966 |
| 南岸区 | Nan'an District | 57 | 3.47 | 1874965 | 89964 | 582070 |
| 北碚区 | Beibei District | 45 | 5.57 | 1876262 | 55845 | 312528 |
| 渝北区 | Yubei District | 154 | 11.05 | 5644214 | 301133 | 296969 |
| 巴南区 | Ba'nan District | 64 | 7.19 | 2230856 | 105921 | 283273 |
| 长寿区 | Changshou District | 38 | 3.27 | 1896109 | 54679 | 446837 |
| 江津区 | Jiangjin District | 54 | 7.89 | 1865202 | 119738 | 255458 |
| 合川区 | Hechuan District | 60 | 6.30 | 2411975 | 224942 | 338091 |
| 永川区 | Yongchuan District | 73 | 7.54 | 2915439 | 317086 | 282496 |
| 南川区 | Nanchuan District | 29 | 1.25 | 261626 | 22565 | 204204 |
| 綦江区 | Qijiang District | 60 | 3.00 | 1034262 | 86404 | 283344 |
| #綦江区（不含万盛） | Qijiang District (excluding Wansheng) | 42 | 1.86 | 659732 | 48679 | 293763 |
| 大足区 | Dazu District | 35 | 2.92 | 1223827 | 112776 | 384151 |
| 璧山区 | Bishan District | 26 | 1.89 | 861182 | 104595 | 367618 |
| 铜梁区 | Tongliang District | 34 | 3.81 | 1317028 | 155509 | 313012 |
| 潼南区 | Tongnan District | 44 | 15.41 | 4809746 | 418470 | 286141 |
| 荣昌区 | Rongchang District | 33 | 1.82 | 962531 | 115613 | 353677 |
| 开州区 | Kaizhou District | 41 | 6.01 | 2821525 | 193217 | 340949 |
| 梁平区 | Liangping District | 23 | 4.24 | 1119629 | 145109 | 249377 |
| 武隆区 | Wulong District | 11 | 0.29 | 165926 | 11577 | 384800 |
| 城口县 | Chengkou County | 6 | 0.08 | 72366 | 10093 | 496681 |
| 丰都县 | Fengdu County | 19 | 4.46 | 1280803 | 145295 | 259656 |
| 垫江县 | Dianjiang County | 53 | 5.66 | 1783642 | 166360 | 221392 |
| 忠 县 | Zhongxian County | 37 | 2.56 | 513127 | 66418 | 172642 |
| 云阳县 | Yunyang County | 56 | 3.87 | 1556964 | 192365 | 296519 |
| 奉节县 | Fengjie County | 44 | 5.65 | 2409928 | 350819 | 335804 |
| 巫山县 | Wushan County | 28 | 0.66 | 282741 | 37812 | 292269 |
| 巫溪县 | Wuxi County | 12 | 1.14 | 304297 | 33726 | 213123 |
| 石柱县 | Shizhu County | 16 | 0.18 | 93849 | 17199 | 272341 |
| 秀山县 | Xiushan County | 13 | 1.52 | 646307 | 84401 | 293949 |
| 酉阳县 | Youyang County | 12 | 0.44 | 202347 | 21949 | 216114 |
| 彭水县 | Pengshui County | 24 | 0.49 | 374751 | 33178 | 370857 |

# 表20.8 各区县专业承包建筑业企业主要经济指标（2016年）

## MAIN ECONOMIC INDICATORS ON CONSTRUCTION ENTERPRISES OF SPECIALIZED CONTRACTING BY REGION (2016)

| 区县 | Region | 企业数（个） Number of Enterprises (unit) | 年末从业人数（万人） Number of Employed Persons at Year-end (10 000 persons) | 总产值（万元） Gross Output Value (10 000 yuan) | 利税总额（万元） Total Pre-Tax Profits (10 000 yuan) | 按总产值计算的劳动生产率（元/人） Overall Labor Productivity by Gross Output Value (yuan/person) |
|---|---|---|---|---|---|---|
| **全 市** | **Total** | **981** | **11.75** | **4129552** | **370041** | **230409** |
| #都市发达经济圈 | Metropolitan Developed Economic Circle | 690 | 8.65 | 2984943 | 268238 | 302411 |
| 渝西经济走廊 | West Chongqing Economic Corridor | 169 | 2.30 | 763872 | 65046 | 120159 |
| 三峡库区生态经济区 | Ecological Economic Zone in Three Gorges Reservoir Area | 122 | 0.80 | 380737 | 36757 | 190036 |
| #一小时经济圈 | One Hour Economic Sphere | 895 | 11.18 | 3846056 | 345247 | 234591 |
| 万州区 | Wanzhou District | 51 | 0.20 | 102384 | 3998 | 114806 |
| 黔江区 | Qianjiang District | 3 | 0.03 | 8166 | 197 | 284519 |
| 涪陵区 | Fuling District | 29 | 0.18 | 70586 | 7634 | 199620 |
| 渝中区 | Yuzhong District | 102 | 1.04 | 336255 | 18909 | 215852 |
| 大渡口区 | Dadukou District | 33 | 0.34 | 108966 | 10736 | 387640 |
| 江北区 | Jiangbei District | 54 | 1.49 | 460795 | 61562 | 338025 |
| 沙坪坝区 | Shapingba District | 104 | 0.85 | 362647 | 35326 | 368020 |
| 九龙坡区 | Jiulongpo District | 133 | 1.38 | 355213 | 30574 | 210746 |
| 南岸区 | Nan'an District | 52 | 0.50 | 209329 | 11819 | 402866 |
| 北碚区 | Beibei District | 24 | 0.41 | 81517 | 9787 | 237314 |
| 渝北区 | Yubei District | 155 | 2.13 | 897175 | 75298 | 415620 |
| 巴南区 | Ba'nan District | 33 | 0.51 | 173046 | 14227 | 284007 |
| 长寿区 | Changshou District | 7 | 0.05 | 26656 | 4329 | 218669 |
| 江津区 | Jiangjin District | 27 | 0.20 | 297800 | 4914 | 115682 |
| 合川区 | Hechuan District | 54 | 0.15 | 93747 | 3615 | 89478 |
| 永川区 | Yongchuan District | 15 | 0.16 | 41111 | 8923 | 191837 |
| 南川区 | Nanchuan District | 3 | 0.01 | 944 | | 138838 |
| 綦江区 | Qijiang District | 23 | 0.21 | 43956 | 3928 | 228341 |
| #綦江区（不含万盛） | Qijiang District (excluding Wansheng) | 17 | 0.12 | 26766 | 2355 | 221760 |
| 大足区 | Dazu District | 4 | 0.06 | 39058 | 5352 | 745387 |
| 璧山区 | Bishan District | 11 | 0.13 | 94165 | 20575 | 699588 |
| 铜梁区 | Tongliang District | 23 | 1.34 | 144124 | 16865 | 80638 |
| 潼南区 | Tongnan District | | | | | |
| 荣昌区 | Rongchang District | 9 | 0.04 | 8967 | 875 | 231119 |
| 开州区 | Kaizhou District | | | | | |
| 梁平区 | Liangping District | 5 | 0.02 | 45888 | 9403 | 257221 |
| 武隆区 | Wulong District | 2 | 0.03 | 15120 | 786 | 458173 |
| 城口县 | Chengkou County | | | | | |
| 丰都县 | Fengdu County | 5 | 0.04 | 10016 | 1193 | 163130 |
| 垫江县 | Dianjiang County | 4 | 0.06 | 18498 | 1372 | 286794 |
| 忠 县 | Zhongxian County | 6 | 0.04 | 15645 | 2050 | 260318 |
| 云阳县 | Yunyang County | 2 | 0.03 | 15847 | 2965 | 295095 |
| 奉节县 | Fengjie County | 1 | 0.01 | 9900 | 692 | 278090 |
| 巫山县 | Wushan County | 1 | 0.01 | 4577 | 470 | 551482 |
| 巫溪县 | Wuxi County | 4 | 0.03 | 5688 | 1024 | 175000 |
| 石柱县 | Shizhu County | | | | | |
| 秀山县 | Xiushan County | | | | | |
| 酉阳县 | Youyang County | 2 | 0.07 | 31767 | 644 | 397088 |
| 彭水县 | Pengshui County | | | | | |

# 表20.9 各区县公路交通运输业（2016年）
## HIGHWAY TRANSPORTATION BY REGION (2016)

| 区 县 | Region | 公路里程（公里）Length of Highways (km) | 其中 of which #等级公路 Expressway and Class I-IV Highways | 其中 of which 高速公路 Expressway |
|---|---|---|---|---|
| 全 市 | **Total** | **142921** | **116149** | **2818** |
| #都市发达经济圈 | Metropolitan Developed Economic Circle | 11526 | 10444 | 546 |
| 渝西经济走廊 | West Chongqing Economic Corridor | 35884 | 30512 | 771 |
| 三峡库区生态经济区 | Ecological Economic Zone in Three Gorges Reservoir Area | 94511 | 75193 | 1501 |
| #一小时经济圈 | One Hour Economic Sphere | 57284 | 49040 | 1529 |
| 万州区 | Wanzhou District | 6517 | 6162 | 142 |
| 黔江区 | Qianjiang District | 3827 | 2658 | 87 |
| 涪陵区 | Fuling District | 5425 | 4755 | 130 |
| 渝中区 | Yuzhong District | | | |
| 大渡口区 | Dadukou District | 172 | 172 | 5 |
| 江北区 | Jiangbei District | 432 | 432 | 45 |
| 沙坪坝区 | Shapingba District | 1350 | 1249 | 65 |
| 九龙坡区 | Jiulongpo District | 1585 | 1502 | 51 |
| 南岸区 | Nan'an District | 560 | 507 | 38 |
| 北碚区 | Beibei District | 1394 | 1394 | 55 |
| 渝北区 | Yubei District | 2675 | 2675 | 119 |
| 巴南区 | Ba'nan District | 3357 | 2512 | 169 |
| 长寿区 | Changshou District | 3449 | 3329 | 81 |
| 江津区 | Jiangjin District | 5287 | 3329 | 116 |
| 合川区 | Hechuan District | 4303 | 3412 | 65 |
| 永川区 | Yongchuan District | 3792 | 3692 | 91 |
| 南川区 | Nanchuan District | 3761 | 3069 | 75 |
| 綦江区 | Qijiang District | 5855 | 5567 | 142 |
| #綦江区（不含万盛） | Qijiang District (excluding Wansheng) | 4714 | 4705 | 119 |
| 大足区 | Dazu District | 2882 | 2223 | 82 |
| 璧山区 | Bishan District | 2407 | 1206 | 52 |
| 铜梁区 | Tongliang District | 3181 | 3169 | 90 |
| 潼南区 | Tongnan District | 3293 | 2824 | 29 |
| 荣昌区 | Rongchang District | 2123 | 2021 | 29 |
| 开州区 | Kaizhou District | 7878 | 3799 | 60 |
| 梁平区 | Liangping District | 4136 | 2780 | 93 |
| 武隆区 | Wulong District | 4593 | 3657 | 88 |
| 城口县 | Chengkou County | 3100 | 3098 | |
| 丰都县 | Fengdu County | 5645 | 3392 | 64 |
| 垫江县 | Dianjiang County | 3062 | 2454 | 76 |
| 忠 县 | Zhongxian County | 4605 | 4206 | 110 |
| 云阳县 | Yunyang County | 6594 | 4336 | 73 |
| 奉节县 | Fengjie County | 8046 | 6048 | 77 |
| 巫山县 | Wushan County | 4852 | 4141 | 43 |
| 巫溪县 | Wuxi County | 5314 | 5246 | 24 |
| 石柱县 | Shizhu County | 4754 | 4576 | 108 |
| 秀山县 | Xiushan County | 3301 | 3088 | 79 |
| 酉阳县 | Youyang County | 3944 | 3342 | 100 |
| 彭水县 | Pengshui County | 5470 | 4126 | 67 |

注：1）2006年起，公路里程包括村道。
2）渝中区公路归为市政道路，不属于本表统计范围。

Note: a) The length of highways has included village roads since 2006.
b) The highways in Yuzhong District are municipal roads, not included in the statistic scope of this table.

# 表20.10 各区县固定资产投资（2016年）
## INVESTMENT IN FIXED ASSETS BY REGION (2016)

| 区县 | Region | 全社会固定资产投资（万元）Total Investment in Fixed Assets (10 000 yuan) | 其中 of which: #建设与改造投资 Construction and Renovation | 其中 of which: #工业 Industry | #房地产开发 Real Estate Development | 其中 of which: #住宅 Residential Building | 全社会固定资产投资指数（上年=100）Index of Total Investment in Fixed Assets (preceding year=100) |
|---|---|---|---|---|---|---|---|
| **全市** | **Total** | **173611207** | **136351755** | **56637342** | **37259452** | **23199701** | **112.1** |
| #都市发达经济圈 | Metropolitan Developed Economic Circle | 54217377 | 30633769 | 10741559 | 23583608 | 14429923 | 104.6 |
| 渝西经济走廊 | West Chongqing Economic Corridor | 59844866 | 52944859 | 28497403 | 6900007 | 4152821 | 117.0 |
| 三峡库区生态经济区 | Ecological Economic Zone in Three Gorges Reservoir Area | 72284639 | 65508802 | 22705168 | 6775837 | 4616957 | 114.1 |
| #一小时经济圈 | One Hour Economic Sphere | 127846405 | 95386984 | 45811312 | 32459421 | 19876270 | 111.4 |
| 万州区 | Wanzhou District | 8151460 | 7284206 | 2510592 | 867254 | 586509 | 112.4 |
| 黔江区 | Qianjiang District | 3073254 | 2805425 | 596079 | 267829 | 109435 | 115.1 |
| 涪陵区 | Fuling District | 7892082 | 6906428 | 3377795 | 985654 | 611096 | 117.7 |
| 渝中区 | Yuzhong District | 3023302 | 1786684 | 63368 | 1236618 | 378287 | 91.6 |
| 大渡口区 | Dadukou District | 2078445 | 874792 | 196673 | 1203653 | 775185 | 109.2 |
| 江北区 | Jiangbei District | 4196237 | 2478993 | 1280264 | 1717244 | 1000288 | 85.0 |
| 沙坪坝区 | Shapingba District | 6669549 | 4027438 | 592383 | 2642111 | 1899395 | 114.4 |
| 九龙坡区 | Jiulongpo District | 7547681 | 4221164 | 1583949 | 3326517 | 2116068 | 113.6 |
| 南岸区 | Nan'an District | 4337715 | 1734282 | 754069 | 2603433 | 1719840 | 86.6 |
| 北碚区 | Beibei District | 6089649 | 4163823 | 2061897 | 1925826 | 1353260 | 102.4 |
| 渝北区 | Yubei District | 12482153 | 5970355 | 1997275 | 6511798 | 3955857 | 114.1 |
| 巴南区 | Ba'nan District | 7792646 | 5376238 | 2211681 | 2416408 | 1231743 | 106.2 |
| 长寿区 | Changshou District | 5892080 | 4901928 | 3194555 | 990152 | 682430 | 116.2 |
| 江津区 | Jiangjin District | 8340616 | 7280462 | 4892564 | 1060154 | 608381 | 118.4 |
| 合川区 | Hechuan District | 6202722 | 5355235 | 3041869 | 847487 | 523170 | 116.3 |
| 永川区 | Yongchuan District | 8374645 | 7433431 | 4214466 | 941214 | 582856 | 116.3 |
| 南川区 | Nanchuan District | 2047347 | 1632520 | 639983 | 414827 | 298261 | 119.2 |
| 綦江区 | Qijiang District | 6229400 | 5483522 | 2020097 | 745878 | 420147 | 118.0 |
| #綦江区（不含万盛） | Qijiang District (excluding Wansheng) | 4417334 | 3895799 | 1511833 | 521535 | 259642 | 118.6 |
| 大足区 | Dazu District | 6181470 | 5265843 | 2874918 | 915627 | 613943 | 118.9 |
| 璧山区 | Bishan District | 7187632 | 6387237 | 3777270 | 800395 | 344663 | 113.9 |
| 铜梁区 | Tongliang District | 6059026 | 5466324 | 2112015 | 592702 | 356287 | 114.9 |
| 潼南区 | Tongnan District | 4006957 | 3624812 | 1630713 | 382145 | 276048 | 121.1 |
| 荣昌区 | Rongchang District | 5215051 | 5015473 | 3293508 | 199578 | 129065 | 116.0 |
| 开州区 | Kaizhou District | 4137085 | 3706158 | 1337385 | 430927 | 368171 | 115.4 |
| 梁平区 | Liangping District | 3103829 | 2872613 | 883149 | 231216 | 162136 | 116.0 |
| 武隆区 | Wulong District | 1725867 | 1499782 | 236223 | 226085 | 142677 | 114.4 |
| 城口县 | Chengkou County | 856587 | 760901 | 90029 | 95686 | 73545 | 116.3 |
| 丰都县 | Fengdu County | 2845007 | 2580113 | 482367 | 264894 | 190046 | 113.6 |
| 垫江县 | Dianjiang County | 3316152 | 2988816 | 1256812 | 327336 | 240639 | 113.5 |
| 忠县 | Zhongxian County | 2848356 | 2587297 | 572221 | 261059 | 211649 | 108.7 |
| 云阳县 | Yunyang County | 2820200 | 2327187 | 721516 | 493013 | 360876 | 117.2 |
| 奉节县 | Fengjie County | 2563491 | 2249128 | 494049 | 314363 | 223572 | 110.3 |
| 巫山县 | Wushan County | 1503444 | 1324790 | 122838 | 178654 | 134400 | 123.0 |
| 巫溪县 | Wuxi County | 1726588 | 1600886 | 266722 | 125702 | 88228 | 112.5 |
| 石柱县 | Shizhu County | 1563564 | 1224803 | 287385 | 338761 | 194149 | 117.5 |
| 秀山县 | Xiushan County | 2015393 | 1831923 | 526042 | 183470 | 106417 | 118.7 |
| 酉阳县 | Youyang County | 1715836 | 1584442 | 223261 | 131394 | 81930 | 113.4 |
| 彭水县 | Pengshui County | 1798689 | 1736301 | 219360 | 62388 | 49052 | 118.4 |

**表20.10 续表 continued**

| 区 县 | Region | 商品房竣工面积（平方米）Floor Space Completed of Commercial Buildings (sq.m) | 其中 of which #住宅 Residential Buildings | 商品房销售面积（平方米）Floor Space Sold of Commercial Buildings (sq.m) | 其中 of which #住宅 Residential Buildings | 商品房销售额（万元）Sales Revenue of Commercial Buildings (10 000 yuan) | 其中 of which #住宅 Residential Buildings |
|---|---|---|---|---|---|---|---|
| **全 市** | **Total** | **44213017** | **30839998** | **62571463** | **51054642** | **34319972** | **26356415** |
| #都市发达经济圈 | Metropolitan Developed Economic Circle | 23584405 | 15297541 | 28784829 | 22545045 | 19870766 | 15085703 |
| 渝西经济走廊 | West Chongqing Economic Corridor | 8928387 | 6700181 | 19232422 | 15992097 | 8111168 | 6132292 |
| 三峡库区生态经济区 | Ecological Economic Zone in Three Gorges Reservoir Area | 11700225 | 8842276 | 14554212 | 12517500 | 6338038 | 5138420 |
| #一小时经济圈 | One Hour Economic Sphere | 37097749 | 25490372 | 51731682 | 41743296 | 29444540 | 22470710 |
| 万州区 | Wanzhou District | 1544337 | 1254801 | 1707756 | 1520406 | 884239 | 749287 |
| 黔江区 | Qianjiang District | 266925 | 192540 | 538720 | 422007 | 308541 | 172549 |
| 涪陵区 | Fuling District | 2303829 | 1605774 | 1587511 | 1375537 | 750842 | 625803 |
| 渝中区 | Yuzhong District | 244578 | 205939 | 998418 | 603988 | 1245952 | 549226 |
| 大渡口区 | Dadukou District | 917961 | 669440 | 1702035 | 1083882 | 1064686 | 563522 |
| 江北区 | Jiangbei District | 1893112 | 900837 | 2788700 | 2302118 | 2400593 | 1973254 |
| 沙坪坝区 | Shapingba District | 4096305 | 3043988 | 2695471 | 2240300 | 1721302 | 1405406 |
| 九龙坡区 | Jiulongpo District | 3537204 | 2394325 | 5546994 | 3918359 | 3458547 | 2373998 |
| 南岸区 | Nan'an District | 4385672 | 2210660 | 3159778 | 2708052 | 2301286 | 1996175 |
| 北碚区 | Beibei District | 1738458 | 1520996 | 2084650 | 1656394 | 972049 | 784663 |
| 渝北区 | Yubei District | 5185475 | 3416232 | 7107285 | 6031219 | 5267787 | 4296823 |
| 巴南区 | Ba'nan District | 1585640 | 935124 | 2701498 | 2000733 | 1438564 | 1142636 |
| 长寿区 | Changshou District | 2281128 | 1886876 | 2126920 | 1830617 | 711764 | 626912 |
| 江津区 | Jiangjin District | 1537459 | 1044970 | 3009561 | 2092718 | 1343320 | 824046 |
| 合川区 | Hechuan District | 480598 | 319371 | 2709645 | 2289687 | 1010480 | 838628 |
| 永川区 | Yongchuan District | 1318477 | 977834 | 3050597 | 2426961 | 1408008 | 1042775 |
| 南川区 | Nanchuan District | 663628 | 480719 | 677569 | 603870 | 296234 | 258147 |
| 綦江区 | Qijiang District | 1327317 | 1068337 | 1972071 | 1796266 | 908606 | 744793 |
| #綦江区（不含万盛） | Qijiang District (excluding Wansheng) | 1162295 | 913850 | 1400346 | 1257372 | 666338 | 536348 |
| 大足区 | Dazu District | 704874 | 539342 | 1894589 | 1595328 | 759852 | 578161 |
| 璧山区 | Bishan District | 911126 | 710224 | 1991412 | 1687768 | 875894 | 631161 |
| 铜梁区 | Tongliang District | 853731 | 639053 | 1577269 | 1295396 | 670688 | 483150 |
| 潼南区 | Tongnan District | 317997 | 260069 | 1346437 | 1286048 | 456038 | 401220 |
| 荣昌区 | Rongchang District | 813180 | 660262 | 1003272 | 918055 | 382048 | 330211 |
| 开州区 | Kaizhou District | 956633 | 754213 | 1338717 | 1046147 | 616901 | 488993 |
| 梁平区 | Liangping District | 621382 | 478755 | 722277 | 668873 | 303330 | 244571 |
| 武隆区 | Wulong District | 231251 | 187573 | 274690 | 252335 | 135047 | 118360 |
| 城口县 | Chengkou County | 19309 | 15891 | 110979 | 98261 | 44407 | 31206 |
| 丰都县 | Fengdu County | 35123 | 30202 | 545875 | 529771 | 213850 | 197086 |
| 垫江县 | Dianjiang County | 156357 | 127159 | 715685 | 517249 | 270005 | 202066 |
| 忠 县 | Zhongxian County | 630421 | 529644 | 560942 | 513866 | 211860 | 196602 |
| 云阳县 | Yunyang County | 206394 | 199974 | 1041076 | 979329 | 413946 | 367177 |
| 奉节县 | Fengjie County | 700574 | 525650 | 592557 | 544604 | 289787 | 246257 |
| 巫山县 | Wushan County | 81100 | 69407 | 291853 | 286434 | 150895 | 145149 |
| 巫溪县 | Wuxi County | 73634 | 55029 | 755171 | 580312 | 275812 | 218098 |
| 石柱县 | Shizhu County | 516898 | 412392 | 509848 | 491430 | 189583 | 177577 |
| 秀山县 | Xiushan County | 753669 | 311919 | 488861 | 275881 | 267482 | 96168 |
| 酉阳县 | Youyang County | 168339 | 110540 | 280875 | 232637 | 123375 | 94559 |
| 彭水县 | Pengshui County | 152922 | 93937 | 363899 | 351804 | 176372 | 140000 |

# 表20.11 各区县社会消费品零售总额（2016年）

## TOTAL RETAIL SALES OF CONSUMER GOODS BY REGION (2016)

| 区 县 | Region | 社会消费品零售总额（万元） Total Retail Sales of Consumer Goods (10 000 yuan) | 社会消费品零售总额指数（上年=100） Index of Total Retail Sales of Consumer Goods (preceding year=100) |
|---|---|---|---|
| **全 市** | **Total** | **72713516** | **113.2** |
| #都市发达经济圈 | Metropolitan Developed Economic Circle | 37495580 | 112.0 |
| 渝西经济走廊 | West Chongqing Economic Corridor | 16657043 | 114.6 |
| 三峡库区生态经济区 | Ecological Economic Zone in Three Gorges Reservoir Area | 18560893 | 114.4 |
| #一小时经济圈 | One Hour Economic Sphere | 58000111 | 112.9 |
| 万州区 | Wanzhou District | 3274478 | 113.7 |
| 黔江区 | Qianjiang District | 924414 | 114.3 |
| 涪陵区 | Fuling District | 2603076 | 113.3 |
| 渝中区 | Yuzhong District | 6916757 | 108.4 |
| 大渡口区 | Dadukou District | 449658 | 111.5 |
| 江北区 | Jiangbei District | 4799526 | 112.5 |
| 沙坪坝区 | Shapingba District | 3573696 | 111.5 |
| 九龙坡区 | Jiulongpo District | 5680349 | 112.4 |
| 南岸区 | Nan'an District | 4161918 | 110.7 |
| 北碚区 | Beibei District | 1659606 | 111.6 |
| 渝北区 | Yubei District | 6451147 | 112.6 |
| 巴南区 | Ba'nan District | 3089908 | 112.3 |
| 长寿区 | Changshou District | 1171249 | 113.4 |
| 江津区 | Jiangjin District | 2593920 | 113.2 |
| 合川区 | Hechuan District | 2513100 | 113.3 |
| 永川区 | Yongchuan District | 3082838 | 115.3 |
| 南川区 | Nanchuan District | 1170313 | 113.6 |
| 綦江区 | Qijiang District | 1512091 | 112.4 |
| #綦江区（不含万盛） | Qijiang District (excluding Wansheng) | 1158193 | 112.5 |
| 大足区 | Dazu District | 1159050 | 113.7 |
| 璧山区 | Bishan District | 1223500 | 114.8 |
| 铜梁区 | Tongliang District | 1091897 | 113.4 |
| 潼南区 | Tongnan District | 867024 | 113.2 |
| 荣昌区 | Rongchang District | 1107006 | 113.6 |
| 开州区 | Kaizhou District | 1695668 | 112.5 |
| 梁平区 | Liangping District | 902890 | 114.5 |
| 武隆区 | Wulong District | 524987 | 113.3 |
| 城口县 | Chengkou County | 143080 | 112.1 |
| 丰都县 | Fengdu County | 730645 | 114.5 |
| 垫江县 | Dianjiang County | 935460 | 115.0 |
| 忠 县 | Zhongxian County | 744915 | 113.6 |
| 云阳县 | Yunyang County | 1037646 | 114.7 |
| 奉节县 | Fengjie County | 547801 | 113.7 |
| 巫山县 | Wushan County | 373329 | 114.4 |
| 巫溪县 | Wuxi County | 284938 | 113.6 |
| 石柱县 | Shizhu County | 551667 | 114.4 |
| 秀山县 | Xiushan County | 664276 | 114.2 |
| 酉阳县 | Youyang County | 523263 | 113.9 |
| 彭水县 | Pengshui County | 593711 | 114.3 |

# 表20.12 各区县财政收支（2016年）

## GOVERNMENT REVENUE AND EXPENDITURE BY REGION (2016)

单位：万元 (10 000 yuan)

| 区 县 | Region | 区县级一般公共预算收入 General Public Budgetary Expenditure at District (County) Level | 其 中 of which | | | |
|---|---|---|---|---|---|---|
| | | | #增值税 Value-added Tax | #营业税 Business Tax | #企业所得税 Corporate Income Tax | #个人所得税 Individual Income Tax |
| **全 市** | **Total** | **13914170** | **1714723** | **1018999** | **920987** | **282082** |
| #都市发达经济圈 | Metropolitan Developed Economic Circle | 6030609 | 846988 | 472475 | 501206 | 169391 |
| 渝西经济走廊 | West Chongqing Economic Corridor | 3875767 | 351839 | 231825 | 167344 | 37426 |
| 三峡库区生态经济区 | Ecological Economic Zone in Three Gorges Reservoir Area | 4007794 | 515896 | 314699 | 252437 | 75265 |
| #一小时经济圈 | One Hour Economic Sphere | 10894003 | 1331559 | 773175 | 742169 | 220179 |
| 万州区 | Wanzhou District | 665857 | 79144 | 43591 | 56959 | 15607 |
| 黔江区 | Qianjiang District | 214601 | 45441 | 18292 | 13691 | 7155 |
| 涪陵区 | Fuling District | 613951 | 81229 | 41065 | 54517 | 8631 |
| 渝中区 | Yuzhong District | 509735 | 76962 | 55242 | 66727 | 30966 |
| 大渡口区 | Dadukou District | 185700 | 22050 | 14209 | 7478 | 3043 |
| 江北区 | Jiangbei District | 770026 | 121889 | 87143 | 90738 | 34611 |
| 沙坪坝区 | Shapingba District | 680395 | 57831 | 35435 | 23700 | 8753 |
| 九龙坡区 | Jiulongpo District | 593146 | 92882 | 43215 | 33629 | 11483 |
| 南岸区 | Nan'an District | 705079 | 71914 | 43623 | 26058 | 12413 |
| 北碚区 | Beibei District | 283112 | 28946 | 17402 | 9351 | 5307 |
| 渝北区 | Yubei District | 602767 | 97810 | 53618 | 46925 | 16924 |
| 巴南区 | Ba'nan District | 338073 | 39637 | 28395 | 15450 | 5323 |
| 长寿区 | Changshou District | 373576 | 51503 | 27810 | 19102 | 4731 |
| 江津区 | Jiangjin District | 649330 | 73335 | 42172 | 34018 | 6646 |
| 合川区 | Hechuan District | 411189 | 41796 | 29203 | 27460 | 4511 |
| 永川区 | Yongchuan District | 492334 | 46944 | 30870 | 22776 | 5771 |
| 南川区 | Nanchuan District | 230171 | 14735 | 15189 | 8627 | 2088 |
| 綦江区 | Qijiang District | 410701 | 44530 | 21526 | 14204 | 4327 |
| #綦江区（不含万盛） | Qijiang District (excluding Wansheng) | 287919 | 27018 | 14993 | 8889 | 2773 |
| 大足区 | Dazu District | 385502 | 22888 | 22248 | 9015 | 2479 |
| 璧山区 | Bishan District | 562033 | 48355 | 26602 | 21833 | 4785 |
| 铜梁区 | Tongliang District | 275697 | 20947 | 16694 | 10427 | 2753 |
| 潼南区 | Tongnan District | 206042 | 14971 | 14749 | 5940 | 1526 |
| 荣昌区 | Rongchang District | 252268 | 23338 | 12572 | 13044 | 2540 |
| 开州区 | Kaizhou District | 194663 | 17454 | 12158 | 7647 | 2739 |
| 梁平区 | Liangping District | 31363 | 5582 | 4660 | 1483 | 1075 |
| 武隆区 | Wulong District | 170006 | 18559 | 14780 | 6172 | 2995 |
| 城口县 | Chengkou County | 172014 | 19889 | 8618 | 8390 | 2835 |
| 丰都县 | Fengdu County | 147799 | 20262 | 9472 | 7096 | 2004 |
| 垫江县 | Dianjiang County | 150566 | 17138 | 8432 | 11324 | 3893 |
| 忠 县 | Zhongxian County | 246816 | 29801 | 24754 | 16549 | 3836 |
| 云阳县 | Yunyang County | 150292 | 17310 | 16343 | 10369 | 3485 |
| 奉节县 | Fengjie County | 167331 | 15314 | 14527 | 5850 | 2657 |
| 巫山县 | Wushan County | 103166 | 12101 | 7079 | 3121 | 1929 |
| 巫溪县 | Wuxi County | 74631 | 9010 | 5702 | 3274 | 1253 |
| 石柱县 | Shizhu County | 135380 | 14633 | 16761 | 4380 | 2421 |
| 秀山县 | Xiushan County | 120269 | 19213 | 13124 | 3872 | 2382 |
| 酉阳县 | Youyang County | 136055 | 23820 | 14709 | 7025 | 3422 |
| 彭水县 | Pengshui County | 139358 | 18493 | 12822 | 11616 | 2215 |

注：两江新区的数据未计入相应的区县数据里，但包含在合计数据中。
Note: The data of Liangjiang New Area are included in the aggregate data, but not included in the respective data at district (county) level.

**表20.12 续表 continued**

单位：万元 (10 000 yuan)

| 区　县 | Region | 区县级一般公共预算支出 General Public Budgetary Expenditure at District (County) Level | 其　中 of which #农林水支出 Expenditure for Agriculture, Forestry and Water Conservancy | #教育支出 Expenditure for Education | #医疗卫生和计划生育支出 Expenditure for Public Health and Family Planning | #社会保障和就业支出 Expenditure for Social Security and Employment Effort | #文化体育与传媒支出 Expenditure for Culture, Sport and Media |
|---|---|---|---|---|---|---|---|
| **全　市** | **Total** | **28771265** | **2880891** | **4769630** | **2995518** | **3076230** | **340833** |
| #都市发达经济圈 | Metropolitan Developed Economic Circle | 9428961 | 240780 | 1246024 | 608571 | 863881 | 100310 |
| 渝西经济走廊 | West Chongqing Economic Corridor | 7501031 | 818793 | 1317425 | 886196 | 874526 | 97179 |
| 三峡库区生态经济区 | Ecological Economic Zone in Three Gorges Reservoir Area | 11841273 | 1821318 | 2206181 | 1500751 | 1337823 | 143344 |
| #一小时经济圈 | One Hour Economic Sphere | 18755648 | 1194492 | 2836732 | 1753802 | 1946942 | 220367 |
| 万州区 | Wanzhou District | 1377795 | 170909 | 207078 | 121473 | 161924 | 15603 |
| 黔江区 | Qianjiang District | 586167 | 88211 | 110195 | 56815 | 56161 | 7323 |
| 涪陵区 | Fuling District | 1180989 | 90693 | 169975 | 181662 | 126222 | 17035 |
| 渝中区 | Yuzhong District | 757187 | 610 | 101479 | 42078 | 130295 | 10698 |
| 大渡口区 | Dadukou District | 304236 | 4874 | 50047 | 23260 | 37742 | 5236 |
| 江北区 | Jiangbei District | 1090192 | 10030 | 138427 | 66164 | 91856 | 12908 |
| 沙坪坝区 | Shapingba District | 967627 | 17153 | 165571 | 92672 | 115873 | 11714 |
| 九龙坡区 | Jiulongpo District | 854771 | 18323 | 181409 | 76554 | 106697 | 9903 |
| 南岸区 | Nan'an District | 1146476 | 23009 | 133108 | 69111 | 82410 | 11257 |
| 北碚区 | Beibei District | 520092 | 28505 | 94385 | 52863 | 77398 | 7782 |
| 渝北区 | Yubei District | 978859 | 56475 | 158707 | 76722 | 99453 | 15843 |
| 巴南区 | Ba'nan District | 690675 | 67519 | 124170 | 79408 | 92615 | 12835 |
| 长寿区 | Changshou District | 644667 | 44226 | 103308 | 77373 | 82313 | 5843 |
| 江津区 | Jiangjin District | 1121898 | 125366 | 204566 | 126330 | 127331 | 22308 |
| 合川区 | Hechuan District | 855046 | 76466 | 147625 | 113738 | 129731 | 11068 |
| 永川区 | Yongchuan District | 955531 | 88969 | 186741 | 124768 | 90710 | 9014 |
| 南川区 | Nanchuan District | 539742 | 71554 | 85500 | 55255 | 56492 | 5388 |
| 綦江区 | Qijiang District | 881021 | 94771 | 153986 | 107208 | 129649 | 11412 |
| #綦江区(不含万盛) | Qijiang District (excluding Wansheng) | 616079 | 72306 | 116873 | 81443 | 92498 | 6308 |
| 大足区 | Dazu District | 735572 | 61183 | 134338 | 80076 | 75851 | 12015 |
| 璧山区 | Bishan District | 786598 | 68808 | 90017 | 84141 | 63146 | 5903 |
| 铜梁区 | Tongliang District | 493397 | 69388 | 96442 | 65232 | 70451 | 7177 |
| 潼南区 | Tongnan District | 581148 | 97568 | 96577 | 70143 | 66786 | 8294 |
| 荣昌区 | Rongchang District | 551078 | 64720 | 121633 | 59305 | 64379 | 4600 |
| 开州区 | Kaizhou District | 567662 | 77387 | 105270 | 75084 | 58856 | 6158 |
| 梁平区 | Liangping District | 301452 | 75531 | 42925 | 22047 | 29522 | 3646 |
| 武隆区 | Wulong District | 544068 | 83088 | 103787 | 83813 | 61989 | 6045 |
| 城口县 | Chengkou County | 508816 | 50879 | 111877 | 76749 | 66765 | 7873 |
| 丰都县 | Fengdu County | 447342 | 94199 | 70021 | 40411 | 46559 | 5426 |
| 垫江县 | Dianjiang County | 522616 | 84789 | 118508 | 88326 | 66252 | 7428 |
| 忠　县 | Zhongxian County | 815756 | 130387 | 174195 | 137439 | 108822 | 9140 |
| 云阳县 | Yunyang County | 729868 | 129194 | 150083 | 105241 | 97008 | 7861 |
| 奉节县 | Fengjie County | 665375 | 95183 | 136679 | 123498 | 71857 | 6372 |
| 巫山县 | Wushan County | 454976 | 97904 | 80913 | 47248 | 53462 | 3765 |
| 巫溪县 | Wuxi County | 468320 | 115603 | 83010 | 40749 | 45513 | 4819 |
| 石柱县 | Shizhu County | 454936 | 67783 | 103089 | 49086 | 43616 | 3942 |
| 秀山县 | Xiushan County | 469052 | 84568 | 91244 | 55061 | 47731 | 7040 |
| 酉阳县 | Youyang County | 581435 | 133372 | 125985 | 66213 | 59526 | 12301 |
| 彭水县 | Pengshui County | 519981 | 107412 | 118039 | 52463 | 53725 | 5724 |

# 表20.13 各区县金融机构存贷款、人民生活和社会福利（2016年）

## DEPOSIT AND LOAN OF FINANCIAL INSTITUTIONS, PEOPLE'S LIVELIHOOD AND SOCIAL WELFARE BY REGION (2016)

| 区 县 | Region | 金融机构人民币存款余额（亿元）Total Deposit Balance of RMB of Financial Institutions (100 million yuan) | 其中 of which #住户存款 Saving Deposits of Residents | 金融机构人民币贷款余额（亿元）Total Loan Balance of RMB of Financial Institutions (100 million yuan) | 城镇非私营单位就业人员年平均工资（元）Average Salaries of Employed Persons of Urban Non-private Units (yuan) | 其中 of which 城镇非私营单位在岗职工年平均工资（元）Average Salaries of On-Post Employees of Urban Non-private Units (yuan) |
|---|---|---|---|---|---|---|
| **全 市** | **Total** | **31216.45** | **13399.44** | **24785.19** | **65545** | **67386** |
| #都市发达经济圈 | Metropolitan Developed Economic Circle | 20106.66 | 5977.33 | 18285.05 | 72346 | 75180 |
| 渝西经济走廊 | West Chongqing Economic Corridor | 4568.24 | 3188.34 | 2836.97 | 58477 | 59340 |
| 三峡库区生态经济区 | Ecological Economic Zone in Three Gorges Reservoir Area | 6415.57 | 4231.69 | 3549.05 | 59503 | 60738 |
| #一小时经济圈 | One Hour Economic Sphere | 25886.23 | 9894.04 | 21896.01 | 67164 | 69140 |
| 万州区 | Wanzhou District | 1049.73 | 706.50 | 606.90 | 60689 | 59390 |
| 黔江区 | Qianjiang District | 243.78 | 126.88 | 206.55 | 62738 | 66356 |
| 涪陵区 | Fuling District | 716.13 | 405.00 | 479.90 | 58718 | 60123 |
| 渝中区 | Yuzhong District | 5598.10 | 790.14 | 4088.19 | 76880 | 82543 |
| 大渡口区 | Dadukou District | 433.90 | 238.91 | 479.48 | 69792 | 70953 |
| 江北区 | Jiangbei District | 4095.79 | 683.45 | 5409.68 | 82830 | 88028 |
| 沙坪坝区 | Shapingba District | 1521.22 | 752.11 | 1094.52 | 69146 | 71924 |
| 九龙坡区 | Jiulongpo District | 1715.60 | 873.46 | 1387.17 | 65403 | 67144 |
| 南岸区 | Nan'an District | 1248.22 | 609.83 | 1047.05 | 67172 | 67978 |
| 北碚区 | Beibei District | 604.17 | 405.99 | 416.12 | 64470 | 66823 |
| 渝北区 | Yubei District | 4127.26 | 1166.91 | 3835.79 | 74449 | 76002 |
| 巴南区 | Ba'nan District | 762.40 | 456.51 | 527.05 | 66929 | 67816 |
| 长寿区 | Changshou District | 495.20 | 323.37 | 294.09 | 58737 | 59250 |
| 江津区 | Jiangjin District | 770.42 | 538.36 | 460.07 | 59236 | 59832 |
| 合川区 | Hechuan District | 667.25 | 512.92 | 317.38 | 53377 | 54047 |
| 永川区 | Yongchuan District | 527.86 | 372.36 | 419.55 | 60246 | 60528 |
| 南川区 | Nanchuan District | 324.84 | 183.10 | 199.91 | 60901 | 61905 |
| 綦江区 | Qijiang District | 555.40 | 366.24 | 349.18 | 54568 | 55530 |
| #綦江区（不含万盛） | Qijiang District (excluding Wansheng) | 401.68 | 280.08 | 265.16 | 57199 | 58479 |
| 大足区 | Dazu District | 338.31 | 231.77 | 252.39 | 57974 | 58564 |
| 璧山区 | Bishan District | 418.48 | 276.68 | 284.15 | 61503 | 63797 |
| 铜梁区 | Tongliang District | 376.97 | 283.02 | 234.51 | 66054 | 68233 |
| 潼南区 | Tongnan District | 292.55 | 209.91 | 142.13 | 61485 | 61967 |
| 荣昌区 | Rongchang District | 296.17 | 213.97 | 177.70 | 61164 | 62090 |
| 开州区 | Kaizhou District | 511.51 | 386.43 | 222.48 | 60114 | 61888 |
| 梁平区 | Liangping District | 359.47 | 267.26 | 118.98 | 54369 | 54836 |
| 武隆区 | Wulong District | 197.72 | 106.85 | 172.94 | 64624 | 67001 |
| 城口县 | Chengkou County | 105.23 | 47.98 | 51.06 | 55729 | 58467 |
| 丰都县 | Fengdu County | 297.91 | 217.79 | 145.72 | 54821 | 62674 |
| 垫江县 | Dianjiang County | 303.65 | 231.12 | 165.18 | 62329 | 63419 |
| 忠 县 | Zhongxian County | 382.99 | 288.80 | 128.90 | 62924 | 67578 |
| 云阳县 | Yunyang County | 374.05 | 268.71 | 132.47 | 61184 | 63041 |
| 奉节县 | Fengjie County | 271.44 | 162.46 | 170.05 | 53600 | 55348 |
| 巫山县 | Wushan County | 174.46 | 102.87 | 93.87 | 57857 | 58971 |
| 巫溪县 | Wuxi County | 149.30 | 88.14 | 68.55 | 58288 | 60065 |
| 石柱县 | Shizhu County | 197.49 | 133.33 | 93.40 | 57661 | 58173 |
| 秀山县 | Xiushan County | 197.66 | 107.71 | 131.90 | 60178 | 60858 |
| 酉阳县 | Youyang County | 205.14 | 131.14 | 100.28 | 63441 | 68750 |
| 彭水县 | Pengshui County | 182.71 | 129.34 | 165.82 | 67556 | 68477 |

**表20.13 续表 continued**

| 区 县 | Region | 城市居民最低生活保障人数（人）Number of Persons Receiving Minimum Living Allowance in Rural Areas (person) | 提供住宿的社会服务机构（个）Residential Social Welfare Institutions (unit) | 单位床位数（张）Beds in Residential Social Welfare Institutions (bed) | 利民服务网点（个）Number of Service Stations for Urban Residents (unit) |
|---|---|---|---|---|---|
| **全 市** | **Total** | **347765** | **690** | **92649** | **9794** |
| #都市发达经济圈 | Metropolitan Developed Economic Circle | 57776 | 178 | 24853 | 3924 |
| 渝西经济走廊 | West Chongqing Economic Corridor | 86940 | 277 | 29652 | 2738 |
| 三峡库区生态经济区 | Ecological Economic Zone in Three Gorges Reservoir Area | 202590 | 224 | 31213 | 3132 |
| #一小时经济圈 | One Hour Economic Sphere | 166532 | 490 | 59328 | 8491 |
| 万州区 | Wanzhou District | 40334 | 33 | 6077 | 413 |
| 黔江区 | Qianjiang District | 6333 | 3 | 175 | 50 |
| 涪陵区 | Fuling District | 16020 | 13 | 2925 | 1800 |
| 渝中区 | Yuzhong District | 11852 | 13 | 1614 | 340 |
| 大渡口区 | Dadukou District | 2352 | 6 | 622 | |
| 江北区 | Jiangbei District | 6324 | 4 | 402 | 26 |
| 沙坪坝区 | Shapingba District | 6129 | 46 | 6070 | 191 |
| 九龙坡区 | Jiulongpo District | 8271 | 16 | 2151 | 420 |
| 南岸区 | Nan'an District | 9446 | 26 | 3393 | 1501 |
| 北碚区 | Beibei District | 4862 | 14 | 1909 | 797 |
| 渝北区 | Yubei District | 2689 | 14 | 2223 | 649 |
| 巴南区 | Ba'nan District | 5851 | 39 | 6469 | |
| 长寿区 | Changshou District | 5796 | 22 | 1898 | 29 |
| 江津区 | Jiangjin District | 11639 | 59 | 7183 | 2210 |
| 合川区 | Hechuan District | 19345 | 32 | 3433 | 55 |
| 永川区 | Yongchuan District | 5759 | 40 | 4580 | 292 |
| 南川区 | Nanchuan District | 2694 | 9 | 500 | 42 |
| 綦江区 | Qijiang District | 21250 | 10 | 1223 | 37 |
| #綦江区（不含万盛） | Qijiang District (excluding Wansheng) | 14827 | 7 | 811 | 16 |
| 大足区 | Dazu District | 9501 | 32 | 3661 | 49 |
| 璧山区 | Bishan District | 3596 | 7 | 1345 | 2 |
| 铜梁区 | Tongliang District | 2971 | 37 | 2529 | 28 |
| 潼南区 | Tongnan District | 4408 | 27 | 2627 | |
| 荣昌区 | Rongchang District | 5777 | 24 | 2571 | 23 |
| 开州区 | Kaizhou District | 27873 | 13 | 2460 | 36 |
| 梁平区 | Liangping District | 3815 | 5 | 1388 | 38 |
| 武隆区 | Wulong District | 4754 | 1 | 30 | 26 |
| 城口县 | Chengkou County | 2593 | 1 | 10 | 101 |
| 丰都县 | Fengdu County | 6691 | 27 | 2822 | 224 |
| 垫江县 | Dianjiang County | 8075 | 30 | 5378 | |
| 忠 县 | Zhongxian County | 4970 | 40 | 3555 | 38 |
| 云阳县 | Yunyang County | 13153 | 9 | 1097 | 19 |
| 奉节县 | Fengjie County | 17501 | 11 | 1313 | |
| 巫山县 | Wushan County | 11926 | 2 | 471 | 56 |
| 巫溪县 | Wuxi County | 3444 | 3 | 130 | 16 |
| 石柱县 | Shizhu County | 4942 | 4 | 169 | 14 |
| 秀山县 | Xiushan County | 11019 | 4 | 1170 | 17 |
| 酉阳县 | Youyang County | 6347 | 2 | 85 | 250 |
| 彭水县 | Pengshui County | 7004 | 1 | 60 | 5 |

注：全市数据含市本级和两江新区。
Note: The whole city's data include the data of the city level and the data of the Liangjiang New Area.

# 表20.14 各区县居民收支情况（2016年）

## PER CAPITA INCOME AND EXPENDITURE OF HOUSEHOLDS BY REGION (2016)

| 区 县 | Region | 全体居民人均可支配收入（元）Per Capita Annual Disposable Income (yuan) | 城镇常住居民人均可支配收入（元）Per Capita Disposable Income of Urban Residents (yuan) | 农村常住居民人均可支配收入（元）Per Capita Disposable Income of Rural Residents (yuan) |
|---|---|---|---|---|
| 全 市 | **Total** | **22034** | **29610** | **11549** |
| #都市发达经济圈 | Metropolitan Developed Economic Circle | | | |
| 渝西经济走廊 | West Chongqing Economic Corridor | | | |
| 三峡库区生态经济区 | Ecological Economic Zone in Three Gorges Reservoir Area | | | |
| #一小时经济圈 | One Hour Economic Sphere | | | |
| 万州区 | Wanzhou District | 23965 | 31248 | 11898 |
| 黔江区 | Qianjiang District | 17820 | 27164 | 9820 |
| 涪陵区 | Fuling District | 24144 | 30897 | 12253 |
| 渝中区 | Yuzhong District | 34263 | 34263 | |
| 大渡口区 | Dadukou District | 31632 | 32057 | 16844 |
| 江北区 | Jiangbei District | 32897 | 33681 | 16989 |
| 沙坪坝区 | Shapingba District | 31994 | 32921 | 16653 |
| 九龙坡区 | Jiulongpo District | 32075 | 33431 | 16935 |
| 南岸区 | Nan'an District | 32160 | 32983 | 17839 |
| 北碚区 | Beibei District | 29387 | 32758 | 15898 |
| 渝北区 | Yubei District | 29752 | 33546 | 15074 |
| 巴南区 | Ba'nan District | 29128 | 32978 | 15252 |
| 长寿区 | Changshou District | 23519 | 29915 | 13252 |
| 江津区 | Jiangjin District | 24936 | 30495 | 15177 |
| 合川区 | Hechuan District | 24079 | 29505 | 14516 |
| 永川区 | Yongchuan District | 25413 | 30903 | 15258 |
| 南川区 | Nanchuan District | 21552 | 28899 | 12349 |
| 綦江区 | Qijiang District | 20340 | 26301 | 12615 |
| #綦江区（不含万盛） | Qijiang District (excluding Wansheng) | 20092 | 27809 | 12669 |
| 大足区 | Dazu District | 21882 | 29483 | 13718 |
| 璧山区 | Bishan District | 24186 | 32510 | 15680 |
| 铜梁区 | Tongliang District | 22946 | 30955 | 15108 |
| 潼南区 | Tongnan District | 20055 | 28318 | 12821 |
| 荣昌区 | Rongchang District | 21861 | 29623 | 14325 |
| 开州区 | Kaizhou District | 17761 | 26262 | 11238 |
| 梁平区 | Liangping District | 19353 | 28990 | 12485 |
| 武隆区 | Wulong District | 18240 | 29703 | 10643 |
| 城口县 | Chengkou County | 12810 | 22974 | 7946 |
| 丰都县 | Fengdu County | 17270 | 26268 | 10770 |
| 垫江县 | Dianjiang County | 19563 | 29202 | 12697 |
| 忠 县 | Zhongxian County | 19002 | 29295 | 12100 |
| 云阳县 | Yunyang County | 15358 | 23611 | 9982 |
| 奉节县 | Fengjie County | 14910 | 23634 | 9228 |
| 巫山县 | Wushan County | 14809 | 25483 | 8537 |
| 巫溪县 | Wuxi County | 12242 | 21380 | 7826 |
| 石柱县 | Shizhu County | 17345 | 27527 | 10674 |
| 秀山县 | Xiushan County | 16061 | 27483 | 9263 |
| 酉阳县 | Youyang County | 12521 | 22473 | 8069 |
| 彭水县 | Pengshui County | 14219 | 24482 | 9294 |

**表20.14 续表 continued**

| 区 县 | Region | 全体居民人均生活消费支出（元） Per Capita Annual Living Expenditure (yuan) | 城镇常住居民人均生活消费支出（元） Per Capita Living Expenditure of Urban Residents (yuan) | 农村常住居民人均生活消费支出（元） Per Capita Living Expenditure of Rural Residents (yuan) |
|---|---|---|---|---|
| **全 市** | **Total** | **16385** | **21031** | **9954** |
| #都市发达经济圈 | Metropolitan Developed Economic Circle | | | |
| 渝西经济走廊 | West Chongqing Economic Corridor | | | |
| 三峡库区生态经济区 | Ecological Economic Zone in Three Gorges Reservoir Area | | | |
| #一小时经济圈 | One Hour Economic Sphere | | | |
| 万州区 | Wanzhou District | 18409 | 22834 | 11077 |
| 黔江区 | Qianjiang District | 13323 | 19155 | 8329 |
| 涪陵区 | Fuling District | 19287 | 24321 | 10424 |
| 渝中区 | Yuzhong District | 23968 | 23968 | |
| 大渡口区 | Dadukou District | 23111 | 23363 | 14356 |
| 江北区 | Jiangbei District | 22816 | 23419 | 10577 |
| 沙坪坝区 | Shapingba District | 22774 | 23361 | 13066 |
| 九龙坡区 | Jiulongpo District | 22682 | 23512 | 13407 |
| 南岸区 | Nan'an District | 21817 | 22420 | 11317 |
| 北碚区 | Beibei District | 22247 | 24707 | 12404 |
| 渝北区 | Yubei District | 21095 | 23566 | 11540 |
| 巴南区 | Ba'nan District | 22777 | 25991 | 11193 |
| 长寿区 | Changshou District | 16686 | 20080 | 11237 |
| 江津区 | Jiangjin District | 18066 | 22070 | 11038 |
| 合川区 | Hechuan District | 19844 | 24173 | 12214 |
| 永川区 | Yongchuan District | 14397 | 16348 | 10787 |
| 南川区 | Nanchuan District | 12882 | 14767 | 10521 |
| 綦江区 | Qijiang District | 14831 | 18434 | 10161 |
| #綦江区(不含万盛) | Qijiang District (excluding Wansheng) | 14703 | 19319 | 10263 |
| 大足区 | Dazu District | 15386 | 20502 | 9890 |
| 璧山区 | Bishan District | 15540 | 19507 | 11486 |
| 铜梁区 | Tongliang District | 14468 | 19276 | 9762 |
| 潼南区 | Tongnan District | 13869 | 19211 | 9193 |
| 荣昌区 | Rongchang District | 14750 | 19902 | 9748 |
| 开州区 | Kaizhou District | 13614 | 18738 | 9683 |
| 梁平区 | Liangping District | 15067 | 20568 | 11147 |
| 武隆区 | Wulong District | 13561 | 19755 | 9455 |
| 城口县 | Chengkou County | 8900 | 15274 | 5850 |
| 丰都县 | Fengdu County | 11671 | 16144 | 8441 |
| 垫江县 | Dianjiang County | 12639 | 17214 | 9380 |
| 忠 县 | Zhongxian County | 13399 | 19042 | 9615 |
| 云阳县 | Yunyang County | 9555 | 12188 | 7839 |
| 奉节县 | Fengjie County | 10867 | 16740 | 7042 |
| 巫山县 | Wushan County | 10787 | 15906 | 7779 |
| 巫溪县 | Wuxi County | 9591 | 13387 | 7756 |
| 石柱县 | Shizhu County | 9862 | 12844 | 7907 |
| 秀山县 | Xiushan County | 10981 | 15006 | 8586 |
| 酉阳县 | Youyang County | 10081 | 16112 | 7383 |
| 彭水县 | Pengshui County | 10909 | 15769 | 8577 |

# 表20.15 各区县教育和文化（2016年）
## EDUCATION AND CULTURE BY REGION (2016)

| 区 县 | Region | 普通中学 Regular Secondary Schools | | | 小 学 Primary Schools | | |
|---|---|---|---|---|---|---|---|
| | | 学校数（个）Number of Schools (unit) | 专任教师数（人）Full-time Teachers (person) | 在校学生数（人）Total Enrollment (person) | 学校数（个）Number of Schools (unit) | 专任教师数（人）Full-time Teachers (person) | 在校学生数（人）Total Enrollment (person) |
| **全 市** | **Total** | **1120** | **115217** | **1572832** | **2979** | **123066** | **2098191** |
| #都市发达经济圈 | Metropolitan Developed Economic Circle | 221 | 26544 | 330256 | 423 | 24518 | 436872 |
| 渝西经济走廊 | West Chongqing Economic Corridor | 310 | 31790 | 414806 | 1003 | 35062 | 618358 |
| 三峡库区生态经济区 | Ecological Economic Zone in Three Gorges Reservoir Area | 589 | 56883 | 827770 | 1553 | 63486 | 1042961 |
| #一小时经济圈 | One Hour Economic Sphere | 608 | 65478 | 829288 | 1597 | 66624 | 1169954 |
| 万州区 | Wanzhou District | 58 | 6026 | 84847 | 85 | 4680 | 87631 |
| 黔江区 | Qianjiang District | 24 | 2647 | 38923 | 97 | 2596 | 43019 |
| 涪陵区 | Fuling District | 48 | 4005 | 51601 | 104 | 4148 | 75004 |
| 渝中区 | Yuzhong District | 13 | 2505 | 21055 | 30 | 2209 | 29006 |
| 大渡口区 | Dadukou District | 9 | 1189 | 13049 | 22 | 1036 | 18970 |
| 江北区 | Jiangbei District | 18 | 2140 | 37108 | 35 | 1911 | 33804 |
| 沙坪坝区 | Shapingba District | 29 | 3142 | 36233 | 57 | 3179 | 61439 |
| 九龙坡区 | Jiulongpo District | 31 | 4723 | 61457 | 46 | 3584 | 72223 |
| 南岸区 | Nan'an District | 23 | 2739 | 38709 | 39 | 2399 | 49967 |
| 北碚区 | Beibei District | 17 | 2627 | 29898 | 49 | 2049 | 30027 |
| 渝北区 | Yubei District | 43 | 4632 | 58674 | 86 | 5145 | 89855 |
| 巴南区 | Ba'nan District | 38 | 2847 | 34073 | 59 | 3006 | 51581 |
| 长寿区 | Changshou District | 29 | 3139 | 32625 | 67 | 2896 | 39720 |
| 江津区 | Jiangjin District | 43 | 4293 | 60321 | 96 | 4584 | 85387 |
| 合川区 | Hechuan District | 33 | 4043 | 50455 | 119 | 4124 | 74078 |
| 永川区 | Yongchuan District | 34 | 3703 | 49108 | 123 | 4223 | 86599 |
| 南川区 | Nanchuan District | 17 | 1852 | 27723 | 62 | 2847 | 45879 |
| 綦江区 | Qijiang District | 65 | 4433 | 47757 | 76 | 4383 | 61575 |
| #綦江区（不含万盛） | Qijiang District (excluding Wansheng) | | | | | | |
| 大足区 | Dazu District | 30 | 3394 | 41505 | 173 | 4199 | 77244 |
| 璧山区 | Bishan District | 21 | 2025 | 27448 | 41 | 2172 | 39185 |
| 铜梁区 | Tongliang District | 22 | 2900 | 38901 | 62 | 2732 | 50515 |
| 潼南区 | Tongnan District | 22 | 2644 | 35418 | 117 | 2744 | 47742 |
| 荣昌区 | Rongchang District | 23 | 2503 | 36170 | 134 | 3054 | 50154 |
| 开州区 | Kaizhou District | 64 | 5694 | 85468 | 97 | 5929 | 107288 |
| 梁平区 | Liangping District | 32 | 2852 | 40055 | 69 | 3120 | 56484 |
| 武隆区 | Wulong District | 11 | 1231 | 17954 | 57 | 1956 | 27750 |
| 城口县 | Chengkou County | 8 | 799 | 12499 | 70 | 1259 | 21108 |
| 丰都县 | Fengdu County | 41 | 2878 | 46463 | 64 | 3029 | 52186 |
| 垫江县 | Dianjiang County | 24 | 2917 | 53188 | 87 | 3744 | 64186 |
| 忠 县 | Zhongxian County | 27 | 3149 | 44058 | 99 | 3521 | 67747 |
| 云阳县 | Yunyang County | 45 | 4023 | 62025 | 105 | 4928 | 69432 |
| 奉节县 | Fengjie County | 33 | 3188 | 49147 | 92 | 3878 | 59863 |
| 巫山县 | Wushan County | 19 | 2404 | 33358 | 90 | 2497 | 39637 |
| 巫溪县 | Wuxi County | 20 | 1852 | 24908 | 77 | 2655 | 33623 |
| 石柱县 | Shizhu County | 21 | 2141 | 30820 | 71 | 2645 | 34865 |
| 秀山县 | Xiushan County | 25 | 2330 | 31542 | 46 | 2740 | 44175 |
| 酉阳县 | Youyang County | 38 | 3174 | 47935 | 104 | 3842 | 67737 |
| 彭水县 | Pengshui County | 22 | 2434 | 40354 | 72 | 3423 | 51506 |

表20.15 续表 continued

| 区　县 | Region | 广播覆盖率（%） Radio Coverage of Population (%) | 电视覆盖率（%） Television Coverage of Population (%) | 公共图书馆（个） Number of Public Libraries (unit) | 公共图书馆藏书（万册） Number of Books in Public Libraries (10 000 volumes) |
|---|---|---|---|---|---|
| **全　市** | **Total** | **98.86** | **99.19** | **43** | **1455.52** |
| #都市发达经济圈 | Metropolitan Developed Economic Circle | 99.86 | 99.90 | 11 | 854.56 |
| 渝西经济走廊 | West Chongqing Economic Corridor | 99.44 | 99.40 | 12 | 250.38 |
| 三峡库区生态经济区 | Ecological Economic Zone in Three Gorges Reservoir Area | 99.60 | 99.59 | 20 | 350.58 |
| #一小时经济圈 | One Hour Economic Sphere | 99.64 | 99.50 | 26 | 1204.19 |
| 万州区 | Wanzhou District | 99.73 | 99.48 | 1 | 28.03 |
| 黔江区 | Qianjiang District | 97.00 | 98.17 | 1 | 30.42 |
| 涪陵区 | Fuling District | 99.91 | 97.87 | 2 | 62.89 |
| 渝中区 | Yuzhong District | 100.00 | 100.00 | 2 | 186.75 |
| 大渡口区 | Dadukou District | 100.00 | 100.00 | 1 | 25.50 |
| 江北区 | Jiangbei District | 100.00 | 100.00 | 1 | 32.39 |
| 沙坪坝区 | Shapingba District | 100.00 | 100.00 | 2 | 368.81 |
| 九龙坡区 | Jiulongpo District | 100.00 | 100.00 | 1 | 52.60 |
| 南岸区 | Nan'an District | 100.00 | 100.00 | 1 | 37.97 |
| 北碚区 | Beibei District | 100.00 | 100.00 | 1 | 61.44 |
| 渝北区 | Yubei District | 100.00 | 99.78 | 1 | 40.25 |
| 巴南区 | Ba'nan District | 99.01 | 99.57 | 1 | 48.85 |
| 长寿区 | Changshou District | 99.94 | 99.97 | 1 | 36.36 |
| 江津区 | Jiangjin District | 99.55 | 99.84 | 1 | 37.98 |
| 合川区 | Hechuan District | 99.33 | 99.28 | 1 | 27.60 |
| 永川区 | Yongchuan District | 99.41 | 99.89 | 1 | 16.91 |
| 南川区 | Nanchuan District | 98.09 | 97.19 | 1 | 11.41 |
| 綦江区 | Qijiang District | 98.98 | 99.26 | 2 | 31.85 |
| #綦江区（不含万盛） | Qijiang District (excluding Wansheng) | 99.35 | 99.71 | 1 | 11.20 |
| 大足区 | Dazu District | 99.66 | 99.60 | 2 | 31.33 |
| 璧山区 | Bishan District | 100.00 | 98.00 | 1 | 20.72 |
| 铜梁区 | Tongliang District | 100.00 | 100.00 | 1 | 30.85 |
| 潼南区 | Tongnan District | 99.40 | 99.71 | 1 | 25.19 |
| 荣昌区 | Rongchang District | 100.00 | 100.00 | 1 | 16.55 |
| 开州区 | Liangping County | 98.53 | 95.56 | 1 | 8.00 |
| 梁平区 | Chengkou County | 92.06 | 94.21 | 1 | 15.03 |
| 武隆区 | Fengdu County | 98.30 | 99.75 | 1 | 22.81 |
| 城口县 | Dianjiang County | 99.50 | 100.00 | 1 | 11.59 |
| 丰都县 | Wulong County | 100.00 | 100.00 | 1 | 14.29 |
| 垫江县 | Zhongxian County | 99.30 | 99.70 | 1 | 13.64 |
| 忠　县 | Kaixian County | 99.11 | 99.51 | 1 | 23.11 |
| 云阳县 | Yunyang County | 99.00 | 99.00 | 1 | 18.90 |
| 奉节县 | Fengjie County | 95.95 | 99.12 | 1 | 10.85 |
| 巫山县 | Wushan County | 97.20 | 98.75 | 1 | 10.33 |
| 巫溪县 | Wuxi County | 93.00 | 98.73 | 1 | 7.56 |
| 石柱县 | Shizhu County | 96.19 | 94.80 | 1 | 6.90 |
| 秀山县 | Xiushan County | 97.96 | 99.95 | 1 | 14.48 |
| 酉阳县 | Youyang County | 98.86 | 99.87 | 1 | 7.01 |
| 彭水县 | Pengshui County | 90.72 | 96.56 | 1 | 8.38 |

# 表20.16 各区县卫生（2016年）
## PUBLIC HEALTH CARE BY REGION (2016)

| 区 县 | Region | 卫生机构数（个） Number of Health Care Institutions (unit) | 其中 of which #医院、卫生院 Number of Hospitals and Health Centers | 卫生机构床位数（张） Hospital Beds in Health Care Institutions (bed) | 卫生技术人员（人） Medical Technical Personnel (person) | 其中 of which #执业（助理）医师 Licensed (Assistant) Doctors | #注册护士 Registered Nurses |
|---|---|---|---|---|---|---|---|
| **全 市** | **Total** | **19933** | **1606** | **190850** | **179346** | **64700** | **77463** |
| #都市发达经济圈 | Metropolitan Developed Economic Circle | 4191 | 376 | 65719 | 73433 | 25974 | 34111 |
| 渝西经济走廊 | West Chongqing Economic Corridor | 6278 | 380 | 50574 | 42610 | 15332 | 17712 |
| 三峡库区生态经济区 | Ecological Economic Zone in Three Gorges Reservoir Area | 9464 | 850 | 74557 | 63303 | 23394 | 25640 |
| #一小时经济圈 | One Hour Economic Sphere | 11596 | 853 | 127239 | 126221 | 44960 | 56142 |
| 万州区 | Wanzhou District | 1335 | 112 | 10168 | 10498 | 4204 | 4406 |
| 黔江区 | Qianjiang District | 275 | 33 | 3772 | 3185 | 899 | 1532 |
| 涪陵区 | Fuling District | 627 | 52 | 6221 | 6322 | 2365 | 2619 |
| 渝中区 | Yuzhong District | 346 | 26 | 12120 | 17455 | 5602 | 8424 |
| 大渡口区 | Dadukou District | 205 | 27 | 2979 | 2757 | 1011 | 1261 |
| 江北区 | Jiangbei District | 383 | 37 | 7558 | 8655 | 3052 | 4182 |
| 沙坪坝区 | Shapingba District | 497 | 41 | 7904 | 8791 | 3250 | 4097 |
| 九龙坡区 | Jiulongpo District | 717 | 72 | 10565 | 10133 | 3665 | 4579 |
| 南岸区 | Nan'an District | 311 | 27 | 5067 | 5968 | 2312 | 2676 |
| 北碚区 | Beibei District | 346 | 30 | 4498 | 4880 | 1721 | 2030 |
| 渝北区 | Yubei District | 698 | 77 | 7872 | 8843 | 3169 | 4105 |
| 巴南区 | Ba'nan District | 688 | 39 | 7156 | 5951 | 2192 | 2757 |
| 长寿区 | Changshou District | 500 | 45 | 4725 | 3856 | 1289 | 1700 |
| 江津区 | Jiangjin District | 1134 | 39 | 6966 | 5200 | 2083 | 1946 |
| 合川区 | Hechuan District | 837 | 47 | 5618 | 5783 | 2080 | 2393 |
| 永川区 | Yongchuan District | 628 | 37 | 7173 | 5886 | 2056 | 2559 |
| 南川区 | Nanchuan District | 369 | 44 | 3637 | 2869 | 1056 | 1336 |
| 綦江区 | Qijiang District | 681 | 56 | 6863 | 5811 | 1671 | 2601 |
| #綦江区（不含万盛） | Qijiang District (excluding Wansheng) | 559 | 41 | 4623 | 3968 | 1132 | 1737 |
| 大足区 | Dazu District | 373 | 28 | 4138 | 3074 | 1097 | 1210 |
| 璧山区 | Bishan District | 514 | 33 | 4726 | 3535 | 1540 | 1458 |
| 铜梁区 | Tongliang District | 887 | 32 | 3974 | 4038 | 1441 | 1669 |
| 潼南区 | Tongnan District | 413 | 37 | 3350 | 2771 | 898 | 1057 |
| 荣昌区 | Rongchang District | 442 | 27 | 4129 | 3643 | 1410 | 1483 |
| 开州区 | Kaizhou District | 689 | 44 | 6781 | 5048 | 2014 | 2053 |
| 梁平区 | Liangping District | 613 | 39 | 3815 | 3262 | 1210 | 1295 |
| 武隆区 | Wulong District | 333 | 34 | 2248 | 1427 | 570 | 483 |
| 城口县 | Chengkou County | 198 | 26 | 872 | 829 | 295 | 253 |
| 丰都县 | Fengdu County | 459 | 37 | 3606 | 2731 | 920 | 1144 |
| 垫江县 | Dianjiang County | 431 | 38 | 4205 | 3700 | 1353 | 1462 |
| 忠 县 | Zhongxian County | 852 | 47 | 3715 | 2831 | 1130 | 1052 |
| 云阳县 | Yunyang County | 608 | 48 | 5081 | 3745 | 1502 | 1271 |
| 奉节县 | Fengjie County | 500 | 56 | 4473 | 3404 | 1162 | 1391 |
| 巫山县 | Wushan County | 382 | 32 | 2174 | 2112 | 811 | 811 |
| 巫溪县 | Wuxi County | 345 | 39 | 1621 | 1542 | 580 | 422 |
| 石柱县 | Shizhu County | 277 | 39 | 2876 | 2140 | 836 | 964 |
| 秀山县 | Xiushan County | 333 | 36 | 2594 | 2479 | 744 | 1128 |
| 酉阳县 | Youyang County | 321 | 48 | 3021 | 2114 | 776 | 812 |
| 彭水县 | Pengshui County | 386 | 45 | 2589 | 2078 | 734 | 842 |

注：卫生机构数含个体诊所。
Note: The number of health care institutions include individual-run clinics.

# 表20.17 各区县对外经济贸易（2016年）
## FOREIGN ECONOMIC RELATIONS AND TRADE BY REGION (2016)

| 区 县 | Region | 进出口总值（万美元） Total Imports and Exports (USD10 000) | 其中 of which 出口 Exports | 进口 Imports | 实际利用内资（亿元） Domestic Capital Actually Utilized (100 million yuan) |
|---|---|---|---|---|---|
| **全 市** | **Total** | **6277125** | **4069415** | **2207710** | **9345.04** |
| #都市发达经济圈 | Metropolitan Developed Economic Circle | 5708842 | 3620639 | 2088203 | 3719.73 |
| 渝西经济走廊 | West Chongqing Economic Corridor | 297841 | 231870 | 65970 | 2809.22 |
| 三峡库区生态经济区 | Ecological Economic Zone in Three Gorges Reservoir Area | 270442 | 216906 | 53537 | 2816.09 |
| #一小时经济圈 | One Hour Economic Sphere | 6173173 | 3970277 | 2202894 | 7041.49 |
| 万州区 | Wanzhou District | 56419 | 53966 | 2453 | 346.62 |
| 黔江区 | Qianjiang District | 2612 | 2530 | 82 | 120.94 |
| 涪陵区 | Fuling District | 69427 | 34528 | 34898 | 270.45 |
| 渝中区 | Yuzhong District | 214386 | 84319 | 130067 | 245.36 |
| 大渡口区 | Dadukou District | 21564 | 17001 | 4563 | 161.21 |
| 江北区 | Jiangbei District | 553465 | 285978 | 267487 | 401.69 |
| 沙坪坝区 | Shapingba District | 2414119 | 1700930 | 713189 | 474.55 |
| 九龙坡区 | Jiulongpo District | 240289 | 217723 | 22566 | 520.35 |
| 南岸区 | Nan'an District | 256879 | 152058 | 104821 | 261.42 |
| 北碚区 | Beibei District | 147310 | 63140 | 84171 | 417.24 |
| 渝北区 | Yubei District | 1692222 | 1024580 | 667642 | 602.56 |
| 巴南区 | Ba'nan District | 168608 | 74910 | 93697 | 635.36 |
| 长寿区 | Changshou District | 97062 | 83241 | 13821 | 242.07 |
| 江津区 | Jiangjin District | 57589 | 36936 | 20652 | 467.07 |
| 合川区 | Hechuan District | 19404 | 11695 | 7708 | 307.27 |
| 永川区 | Yongchuan District | 49513 | 26907 | 22605 | 440.46 |
| 南川区 | Nanchuan District | 22876 | 21752 | 1123 | 140.13 |
| 綦江区 | Qijiang District | 19092 | 17726 | 1366 | 123.44 |
| #綦江区（不含万盛） | Qijiang District (excluding Wansheng) | | | | 100.56 |
| 大足区 | Dazu District | 17743 | 14251 | 3492 | 272.59 |
| 璧山区 | Bishan District | 20497 | 15288 | 5209 | 296.59 |
| 铜梁区 | Tongliang District | 7495 | 5458 | 2038 | 323.25 |
| 潼南区 | Tongnan District | 17047 | 16144 | 904 | 207.11 |
| 荣昌区 | Rongchang District | 66585 | 65713 | 873 | 231.31 |
| 开州区 | Kaizhou District | 3059 | 2998 | 61 | 245.06 |
| 梁平区 | Liangping District | 3390 | 2227 | 1163 | 241.66 |
| 武隆区 | Wulong District | 1292 | 1292 | 1 | 30.67 |
| 城口县 | Chengkou County | | | | 2.77 |
| 丰都县 | Fengdu County | 5319 | 4986 | 333 | 179.16 |
| 垫江县 | Dianjiang County | 4825 | 4333 | 492 | 278.51 |
| 忠 县 | Zhongxian County | 1416 | 1414 | 3 | 153.98 |
| 云阳县 | Yunyang County | 494 | 286 | 208 | 217.26 |
| 奉节县 | Fengjie County | 467 | 467 | | 81.58 |
| 巫山县 | Wushan County | 280 | 280 | | 29.71 |
| 巫溪县 | Wuxi County | | | | 21.39 |
| 石柱县 | Shizhu County | 2656 | 2636 | 20 | 102.96 |
| 秀山县 | Xiushan County | 432 | 432 | | 107.86 |
| 酉阳县 | Youyang County | 21039 | 21039 | | 95.10 |
| 彭水县 | Pengshui County | 252 | 252 | | 48.34 |

注：进出口数据来源重庆市商务委。
Note: The data of import and export are provided by Chongqing Conmerce Commission.

# 表20.18 各区县规模以上工业能源消费总量（2016年）
## ENERGY CONSUMPTION OF ENTERPRISES ABOVE DESIGNATED SIZE BY REGION (2016)

| 区 县 | Region | 规模以上工业能源消费总量（万吨标准煤） Energy Consumption of Enterprises above Designated Size by Region (10 000 tons of standard coal) |
|---|---|---|
| 全 市 | **Total** | **3975.28** |
| #都市发达经济圈 | Metropolitan Developed Economic Circle | 432.23 |
| 渝西经济走廊 | West Chongqing Economic Corridor | 1620.08 |
| 三峡库区生态经济区 | Ecological Economic Zone in Three Gorges Reservoir Area | 1922.97 |
| #一小时经济圈 | One Hour Economic Sphere | 3193.48 |
| 万州区 | Wanzhou District | 240.35 |
| 黔江区 | Qianjiang District | 33.91 |
| 涪陵区 | Fuling District | 390.89 |
| 渝中区 | Yuzhong District | 2.42 |
| 大渡口区 | Dadukou District | 40.96 |
| 江北区 | Jiangbei District | 22.71 |
| 沙坪坝区 | Shapingba District | 40.97 |
| 九龙坡区 | Jiulongpo District | 77.08 |
| 南岸区 | Nan'an District | 52.92 |
| 北碚区 | Beibei District | 95.39 |
| 渝北区 | Yubei District | 56.06 |
| 巴南区 | Ba'nan District | 43.72 |
| 长寿区 | Changshou District | 750.28 |
| 江津区 | Jiangjin District | 362.53 |
| 合川区 | Hechuan District | 336.11 |
| 永川区 | Yongchuan District | 164.59 |
| 南川区 | Nanchuan District | 108.09 |
| 綦江区 | Qijiang District | 407.97 |
| #綦江区（不含万盛） | Qijiang District (excluding Wansheng) | 236.59 |
| 大足区 | Dazu District | 40.65 |
| 璧山区 | Bishan District | 44.46 |
| 铜梁区 | Tongliang District | 58.34 |
| 潼南区 | Tongnan District | 32.95 |
| 荣昌区 | Rongchang District | 64.39 |
| 梁平县 | Liangping County | 33.45 |
| 城口县 | Chengkou County | 4.96 |
| 丰都县 | Fengdu County | 114.75 |
| 垫江县 | Dianjiang County | 46.03 |
| 武隆县 | Wulong County | 9.43 |
| 忠 县 | Zhongxian County | 68.57 |
| 开 县 | Kaixian County | 75.22 |
| 云阳县 | Yunyang County | 9.89 |
| 奉节县 | Fengjie County | 7.77 |
| 巫山县 | Wushan County | 2.54 |
| 巫溪县 | Wuxi County | 4.39 |
| 石柱县 | Shizhu County | 56.95 |
| 秀山县 | Xiushan County | 45.60 |
| 酉阳县 | Youyang County | 8.41 |
| 彭水县 | Pengshui County | 19.58 |

# 表20.19 各区县法人单位、产业活动单位数（2016年）
## NUMBER OF CORPORATE UNITS AND ESTABLISHMENTS BY REGION (2016)

| 区 县 | Region | 法人单位（个）Number of Corporate Units (unit) | 其中 of which #企业 Enterprises | 产业活动单位（个）Number of Establishments (unit) |
|---|---|---|---|---|
| 全 市 | **Total** | **533103** | **460824** | **596432** |
| #都市发达经济圈 | Metropolitan Developed Economic Circle | 199823 | 186774 | 223221 |
| 渝西经济走廊 | West Chongqing Economic Corridor | 132564 | 113311 | 148619 |
| 三峡库区生态经济区 | Ecological Economic Zone in Three Gorges Reservoir Area | 200716 | 160739 | 224592 |
| #一小时经济圈 | One Hour Economic Sphere | 368673 | 331998 | 413295 |
| 万州区 | Wanzhou District | 25650 | 22252 | 28271 |
| 黔江区 | Qianjiang District | 10015 | 8538 | 10723 |
| 涪陵区 | Fuling District | 21733 | 19171 | 25237 |
| 渝中区 | Yuzhong District | 23750 | 22166 | 27588 |
| 大渡口区 | Dadukou District | 6807 | 6193 | 7540 |
| 江北区 | Jiangbei District | 21680 | 20567 | 24529 |
| 沙坪坝区 | Shapingba District | 23116 | 21549 | 25516 |
| 九龙坡区 | Jiulongpo District | 42940 | 41298 | 47278 |
| 南岸区 | Nan'an District | 18795 | 17577 | 21138 |
| 北碚区 | Beibei District | 11258 | 9774 | 12866 |
| 渝北区 | Yubei District | 30695 | 28767 | 33954 |
| 巴南区 | Ba'nan District | 20782 | 18883 | 22812 |
| 长寿区 | Changshou District | 14553 | 12742 | 16218 |
| 江津区 | Jiangjin District | 17695 | 15317 | 19676 |
| 合川区 | Hechuan District | 12694 | 10690 | 14982 |
| 永川区 | Yongchuan District | 14204 | 12467 | 16140 |
| 南川区 | Nanchuan District | 12126 | 9904 | 13434 |
| 綦江区 | Qijiang District | 16983 | 14710 | 18594 |
| #綦江区（不含万盛） | Qijiang District (excluding Wansheng) | 10764 | 9119 | 11871 |
| 大足区 | Dazu District | 14529 | 12447 | 15841 |
| 璧山区 | Bishan District | 12328 | 10952 | 13991 |
| 铜梁区 | Tongliang District | 10706 | 8993 | 12451 |
| 潼南区 | Tongnan District | 11930 | 10036 | 13189 |
| 荣昌区 | Rongchang District | 9369 | 7795 | 10321 |
| 开州区 | Kaizhou District | 17517 | 14033 | 18733 |
| 梁平区 | Liangping District | 8817 | 6760 | 10128 |
| 武隆区 | Wulong District | 8072 | 6337 | 8653 |
| 城口县 | Chengkou County | 4531 | 3379 | 4712 |
| 丰都县 | Fengdu County | 8916 | 6439 | 10186 |
| 垫江县 | Dianjiang County | 8835 | 7134 | 9694 |
| 忠 县 | Zhongxian County | 10120 | 8186 | 12487 |
| 云阳县 | Yunyang County | 11923 | 8880 | 13488 |
| 奉节县 | Fengjie County | 7637 | 4857 | 8052 |
| 巫山县 | Wushan County | 7493 | 5404 | 8127 |
| 巫溪县 | Wuxi County | 5418 | 3740 | 6427 |
| 石柱县 | Shizhu County | 4784 | 3705 | 5764 |
| 秀山县 | Xiushan County | 8056 | 6704 | 8895 |
| 酉阳县 | Youyang County | 8638 | 6279 | 9745 |
| 彭水县 | Pengshui County | 8008 | 6199 | 9052 |

# 第21章

## 三峡工程重庆库区

## ESERVOIR AREA OF THREE GORGES PROJECT IN CHONGQING

# 简要说明
BRIEF INTRODUCTION

本章资料包括三峡工程重庆库区经济和社会发展情况、移民工程投资完成情况，由市统计局综合处根据市移民局资料整理编辑。

库区指库区15区县，包括万州区、涪陵区、渝北区、巴南区、长寿区、江津区、开州区、武隆区、丰都县、忠县、云阳县、奉节县、巫山县、巫溪县、石柱县。重点库区指8个重点移民区县，包括万州区、涪陵区、开州区、丰都县、忠县、云阳县、奉节县、巫山县。

This chapter includes the economic and social development of the reservoir area of Three Gorges Project in Chongqing, the statistics on the completed investment in Three Gorges Resettlement. The data here are provided by Chongqing Migration Bureau and sorted and compiled by Division of Comprehensive Statistics of Chongqing Municipal Bureau of Statistics.

The Reservoir Area refers to 15 districts and counties, namely Wanzhou, Fuling, Yubei, Ba'nan, Changshou, Jiangjin, Kaizhou, Wulong, Fengdu, Zhongxian, Yunyang, Fengjie, Wushan, Wuxi and Shizhu. The Key Reservoir Area refers to 8 key districts and counties of migration, namely Wanzhou, Fuling, Kaizhou, Fengdu, Zhongxian, Yunyang, Fengjie and Wushan.

# 表21.1 三峡工程重庆库区经济和社会发展情况（2015－2016年）
## ECONOMIC AND SOCIAL DEVELOPMENT OF THE RESERVOIR AREA OF THREE GORGES PROJECT IN CHONGQING (2015-2016)

| 指 标 | Item | 2015 库区合计 Total of Reservoir Area | 2015 其中 of which 重点库区 Key Area | 2016 库区合计 Total of Reservoir Area | 2016 其中 of which 重点库区 Key Area |
|---|---|---|---|---|---|
| 人 口 | Population | | | | |
| 户籍总户数（万户） | Total Number of Households (10 000 households) | 581.84 | 341.58 | 584.03 | 340.92 |
| 户籍人口（万人） | Total Household Populaion (10 000 persons) | 1550.06 | 948.25 | 1558.13 | 950.46 |
| 非农业 | Non-agriculture | 563.22 | 306.09 | 637.27 | 334.22 |
| 农 业 | Agriculture | 986.84 | 642.16 | 920.86 | 616.24 |
| 男 性 | Male | 800.48 | 492.30 | 804.08 | 493.34 |
| 女 性 | Female | 749.58 | 455.95 | 754.05 | 457.12 |
| 年末常住人口（万人） | Year-end Permanent Residents (10 000 persons) | 1317.18 | 733.47 | 1331.01 | 735.90 |
| 城 镇 | Urban | 738.89 | 359.42 | 767.13 | 371.47 |
| 乡 村 | Rural | 578.29 | 374.05 | 563.88 | 364.43 |
| 城镇化率（%） | Urbanization Rate (%) | 56.10 | 49.00 | 57.64 | 50.48 |
| 工资和收入 | Wages and Income | | | | |
| 城镇非私营单位在岗职工人数（万人） | On-post Staff and Workers of Urban Non-private Units (10 000 persons) | 154.54 | 65.55 | 152.31 | 65.63 |
| 城镇非私营单位在岗职工工资总额（万元） | Total Wage Bill of On-post Staff and Workers of Urban Non-private Unit (10 000 yuan) | 9248327 | 3652188 | 9811151 | 3904543 |
| 城镇非私营单位在岗职工平均工资（元） | Average Wage of On-post Staff and Workers of Urban Non-private Units (yuan) | 60100 | 56182 | 65237 | 60289 |
| 城镇常住居民人均可支配收入（元） | Per Capita Disposable Income of Urban Residents (yuan) | 27417 | 25885 | 29935 | 28316 |
| 农村常住居民人均可支配收入（元） | Per Capita Disposable Income of Rural Residents (yuan) | 10500 | 9841 | 11605 | 10874 |
| 国民经济核算 | National Economic Accounting | | | | |
| 地区生产总值（亿元） | Gross Domestic Product (100 million yuan) | 6206.90 | 2939.20 | 6901.40 | 3277.43 |
| 第一产业 | Primary Industry | 561.81 | 321.67 | 634.81 | 364.73 |
| 第二产业 | Secondary Industry | 3055.88 | 1405.31 | 3346.23 | 1541.60 |
| 工 业 | Industry | 2334.56 | 1020.99 | 2523.50 | 1091.99 |
| 建筑业 | Construction | 721.32 | 384.32 | 822.73 | 449.61 |
| 第三产业 | Tertiary Industry | 2589.21 | 1212.22 | 2920.36 | 1371.10 |
| 地区生产总值结构（%） | Composition of Gross Domestic Product (%) | 100.0 | 100.0 | 100.0 | 100.0 |
| 第一产业 | Primary Industry | 9.1 | 10.9 | 9.2 | 11.1 |
| 第二产业 | Secondary Industry | 49.2 | 47.8 | 48.5 | 47.0 |
| 工 业 | Industry | 37.6 | 34.7 | 36.6 | 33.3 |
| 建筑业 | Construction | 11.6 | 13.1 | 11.9 | 13.7 |
| 第三产业 | Tertiary Industry | 41.7 | 41.3 | 42.3 | 41.9 |
| 固定资产投资（万元） | Investment in Fixed Assets (10 000 yuan) | | | | |
| 全社会固定资产投资总额 | Total Investment in Fixed Assets | 63375688 | 28619788 | 72284639 | 32761125 |
| #基础设施 | Infrastructure | 20053935 | 8990865 | 19628169 | 11048279 |
| 工业投资 | Industry | 15375177 | 8722186 | 22705168 | 9618763 |
| #房地产开发 | Real Estate Development | 13985275 | 3548018 | 15464878 | 3795818 |
| #住 宅 | Residential Buildings | 9490757 | 2569620 | 9589784 | 2686319 |

注：2016年户籍人口取消农业与非农业划分，改用乡村与城镇进行划分。
Note: The agriculture and non-agriculture population of household registration in 2016 adopted the classification of urban and rural population.

**表21.1 续表1 continued1**

| 指 标 | Item | 2015 库区合计 Total of Reservoir Area | 2015 其中 of which 重点库区 Key Area | 2016 库区合计 Total of Reservoir Area | 2016 其中 of which 重点库区 Key Area |
|---|---|---|---|---|---|
| 商品房建设情况（万平方米） | **Construction of Commercialized Buildings (10 000 sq.m)** | | | | |
| 房地产施工面积 | Floor Space under Construction | 10539.87 | 3117.69 | 10265.49 | 3178.21 |
| #住 宅 | Residential Bulidings | 7134.04 | 2290.17 | 6659.04 | 2238.64 |
| 房地产竣工面积 | Floor Space Completed | 1743.22 | 405.15 | 1786.99 | 645.84 |
| #住 宅 | Residential Bulidings | 1256.73 | 306.79 | 1290.79 | 496.97 |
| 财 政（万元） | **Government Finance (10 000 yuan)** | | | | |
| 区县级一般公共预算收入 | General Public Budgetary Income at District (County) Level | 4213596 | 2046790 | 4634238 | 2289875 |
| 区县级一般公共预算支出 | General Public Budgetary Expenditure at District (County) Level | 10413906 | 6029825 | 11143186 | 6239763 |
| 农 业 | **Agriculture** | | | | |
| 农林牧渔业总产值（万元） | Gross Output Value of Farming, Forestry, Animal Husbandry and Fishery (10 000 yuan) | 8531480 | 4897787 | 9634409 | 5553541 |
| #农 业 | Farming | 5167560 | 2961360 | 5724365 | 3284813 |
| 牧 业 | Animal Husbandry | 2597896 | 1486016 | 3024603 | 1742269 |
| 农林牧渔业增加值（万元） | Value-added of Farming, Forestry, Animal Husbandry and Fishery (10 000 yuan) | 5715059 | 3271403 | 6455154 | 3708812 |
| #农 业 | Farming | 3833604 | 2191387 | 4248336 | 2434644 |
| 牧 业 | Animal Husbandry | 1305315 | 738600 | 1538328 | 871970 |
| 蔬菜总播种面积（万亩） | Sown Areas of Vegetables (10 000 mu) | 555.20 | 333.42 | 566.93 | 339.99 |
| 蔬菜总产量（万吨） | Gross Output of Vegestables (10 000 tons) | 843.64 | 515.96 | 889.28 | 542.79 |
| 肉类总产量（万吨） | Gross Output of Meat (10 000 tons) | 98.77 | 59.97 | 97.55 | 59.33 |
| #猪 肉 | Pork | 74.28 | 45.67 | 71.97 | 44.31 |
| 禽 肉 | Meat of Poultry | 12.56 | 5.93 | 12.90 | 6.14 |
| 猪出栏量（万头） | Slaughtered Hogs (10 000 heads) | 1008.13 | 619.89 | 973.72 | 599.53 |
| 禽出栏量（万只） | Slaughtered Poultry (10 000 heads) | 8073.46 | 3827.75 | 8345.03 | 3986.07 |
| 牛奶产量（万吨） | Output of Milk (10 000 tons) | 2.83 | 1.11 | 2.98 | 1.09 |
| 禽蛋产量（万吨） | Output of Poultry Eggs (10 000 tons) | 23.76 | 12.49 | 24.14 | 12.91 |
| 粮食播种面积（万亩） | Sown Areas of Grain (10 000 mu) | 1761.33 | 1111.50 | 1774.72 | 1120.12 |
| #夏 粮 | Grain Crops Harvested in Summer | 420.28 | 277.57 | 414.16 | 273.21 |
| 秋 粮 | Grain Crops Harvested in Autumn | 1341.06 | 833.94 | 1360.57 | 846.91 |
| #水 稻 | Rice | 462.69 | 278.36 | 465.95 | 280.31 |
| 玉 米 | Corn | 379.61 | 223.70 | 382.00 | 224.93 |
| 薯 类 | Tubers | 650.12 | 433.31 | 664.17 | 443.20 |
| 粮食总产量（万吨） | Gross Output of Grain (10 000 tons) | 565.62 | 342.70 | 571.60 | 346.36 |
| #夏 粮 | Grain Crops Harvested in Summer | 88.33 | 60.78 | 86.94 | 59.84 |
| 秋 粮 | Grain Crops Harvested in Autumn | 477.29 | 281.92 | 484.66 | 286.53 |
| #水 稻 | Rice | 218.01 | 124.27 | 220.58 | 126.42 |
| 玉 米 | Corn | 135.94 | 78.16 | 138.31 | 79.21 |
| 薯 类 | Tubers | 171.44 | 113.38 | 173.94 | 114.85 |

注：2015年和2016年区县级一般公共预算收支数据口径不同，不可比。
Note: Data sources of general public budget revenue and expenditure by region has been changed since 2016, and the indicators were incomparable with the previous years.

**表21.1 续表2 continued2**

| 指 标 | Item | 2015 库区合计 Total of Reservoir Area | 2015 其中 of which 重点库区 Key Area | 2016 库区合计 Total of Reservoir Area | 2016 其中 of which 重点库区 Key Area |
|---|---|---|---|---|---|
| **工 业（规模以上）** | **Industry (above Designated Size)** | | | | |
| 企业数（个） | Number of Enterprises (unit) | 2115 | 869 | 2233 | 915 |
| 工业总产值（万元） | Gross Output Value of Industry (10 000 yuan) | 85428882 | 27678586 | 100091129 | 32245829 |
| 出口交货值（万元） | Sales of Exported Products (10 000 yuan) | 9276634 | 1007400 | 9917207 | 961943 |
| 资产总计（万元） | Total Assets (10 000 yuan) | 85292332 | 24647558 | 93912524 | 26883131 |
| 主营业务收入（万元） | Revenue from Principal Business (10 000 yuan) | 89389195 | 26633617 | 98107563 | 30003252 |
| 利润总额（万元） | Total After-tax Profits (10 000 yuan) | 6701647 | 1579422 | 7528902 | 1842952 |
| 利税总额（万元） | Total Pre-tax Profits (10 000 yuan) | 11543757 | 3206689 | 12707358 | 3529744 |
| 全部从业人员平均数（万人） | Average Employment (10 000 persons) | 67.81 | 23.73 | 67.50 | 23.30 |
| 总资产贡献率（%） | Ratio of Total Assets to Industrial Output Value (%) | 14.5 | 14.3 | 14.5 | 14.3 |
| 资本保值增值率（%） | Ratio of Assets Appreciation YOY (%) | 113.1 | 114.0 | 111.0 | 106.4 |
| 资产负债率（%） | Asset-Liability Ratio (%) | 66.5 | 63.2 | 65.6 | 64.2 |
| 流动资产周转率(次) | Turnover Ratio of Circulating Assets (time) | 2.4 | 2.9 | 2.4 | 3.0 |
| 成本费用利润率（%） | Ratio of Profits to Cost (%) | 8.0 | 6.3 | 8.2 | 6.5 |
| 全员劳动生产率（元/人年） | Overall Labor Productivity (yuan/person-year) | 341774 | 331205 | 368414 | 387818 |
| 产品销售率（%） | Sales as Percentage of Output (%) | 96.9 | 96.4 | 97.5 | 95.4 |
| **国内贸易** | **Domestic Trade** | | | | |
| 社会消费品零售总额（万元） | Total Retail Sales (10 000 yuan) | 22692933 | 9690793 | 25675373 | 11007558 |
| 限额以上法人企业数（个） | Number of Corporate Enterprises above Designated Size (unit) | 2417 | 1395 | 2708 | 1495 |
| 批发业 | Wholesale | 719 | 401 | 768 | 406 |
| 零售业 | Retail | 1115 | 625 | 1251 | 690 |
| 住宿业 | Hotel | 152 | 72 | 163 | 79 |
| 餐饮业 | Catering | 431 | 297 | 526 | 320 |
| 实际利用内资（亿元） | Domestic Capital Actually Utilized (100 million yuan) | 3426.10 | 1520.72 | 3625.89 | 1523.81 |
| **教 育** | **Education** | | | | |
| 学校数（所） | Number of Schools (unit) | | | | |
| #普通高等学校 | Regular Institutions of Higher Education | 21 | 9 | 23 | 9 |
| 普通中学 | Regular Secondary Schools | 551 | 344 | 540 | 335 |
| 小 学 | Primary Schools | 2129 | 1396 | 1249 | 736 |
| 专任教师数（人） | Number of Full-time Teachers (person) | | | | |
| #普通高等学校 | Regular Institutions of Higher Education | 11266 | 4001 | 11978 | 4037 |
| 普通中学 | Regular Secondary Schools | 51139 | 31412 | 51502 | 31367 |
| 小 学 | Primary Schools | 53952 | 31880 | 55497 | 32610 |
| 在校学生数（人） | Student Enrollment (person) | | | | |
| #研究生 | Postgraduates | 6988 | 92 | 7183 | 168 |
| 普通高等学校 | Regular Institutions of Higher Education | 217377 | 84326 | 232432 | 84500 |
| 普通中学 | Regular Secondary Schools | 728523 | 469901 | 716342 | 456967 |
| 小 学 | Primary Schools | 914926 | 559665 | 921569 | 558788 |
| **卫 生** | **Public Health** | | | | |
| 卫生机构数（个） | Number of Health Institutions (unit) | 9382 | 5470 | 9427 | 5452 |
| 卫生机构床位数（张） | Number of Hospital Beds (bed) | 72103 | 41202 | 75683 | 42219 |
| 卫生技术人员（人） | Medical Technological Personnel (person) | 61097 | 34991 | 65650 | 36691 |

# 表21.2 三峡移民工程后续工作专项资金完成投资情况（2016年底止）

## COMPREHENSIVE STATISTICS ON THE COMPLETED INVESTMENT IN THE FOLLOW-ON WORK OF THREE GORGES RESETTLEMENT (END OF 2016)

单位：万元 (10 000 yuan)

| 区 县 | Region | 三峡后续工作专项资金累计计划投资 Total Planned Investment in the Follow-on Work of Three Gorges Resettlement | 截至2016年12月底三峡后续工作专项资金累计完成投资 Investment in the Follow-on Work of Three Gorges Resettlement by the End of December 2016 | 2016年三峡后续工作专项资金本期完成投资 Completed Investment of 2016 in This Term | | | | |
|---|---|---|---|---|---|---|---|---|
| | | | | 合 计 Total | 移民安稳致富和促进库区经济社会发展 Stabilization of Resettlers and the Economic and Social Development of Resoir Areas | 库区生态环境建设与保护 Construction and Protection of the Ecological Environment of the Resevoir Areas. | 地质灾害防治 Geological Hazard Control | 三峡工程综合管理能力建设 Construction of the Comprehensive Management Capacityabout the Three Gorges Project |
| 重庆市合计 | Total of Chong qing | 3332934.26 | 2188058.97 | 966813.97 | 519206.46 | 313303.83 | 133477.68 | 826.00 |
| 重庆市本级 | At Municipal Level | 87735.98 | 30036.44 | 13074.03 | 11398.03 | 850.00 | | 826.00 |
| 渝北区 | Yubei | 28625.23 | 15638.94 | 9568.97 | 3425.90 | 5654.66 | 488.41 | |
| 巴南区 | Banan | 46265.90 | 16492.10 | 12408.30 | 1313.30 | 10987.00 | 108.00 | |
| 江津区 | Jiangjin | 22181.02 | 18679.12 | 12513.72 | 10237.72 | 2080.00 | 196.00 | |
| 长寿区 | Changshou | 76048.05 | 48364.45 | 15852.59 | 9095.91 | 4923.16 | 1833.52 | |
| 武隆县 | Wulong | 132473.19 | 106043.28 | 50435.28 | 8574.70 | 10826.57 | 31034.01 | |
| 巫溪县 | Wuxi | 29957.62 | 22510.80 | 15688.02 | 5259.00 | 10330.02 | 99.00 | |
| 石柱县 | Shizhu | 41147.56 | 24012.49 | 9522.91 | 2788.95 | 6328.72 | 405.24 | |
| 万州区 | Wanzhou | 652107.43 | 377039.83 | 128401.75 | 91529.39 | 18845.57 | 18026.79 | |
| 涪陵区 | Fuling | 385695.01 | 241108.22 | 68367.87 | 53476.32 | 9073.54 | 5818.01 | |
| 丰都县 | Fengdu | 226451.41 | 144238.03 | 81330.11 | 60387.81 | 16194.44 | 4747.86 | |
| 忠 县 | Zhongxian | 292270.65 | 218221.70 | 63854.37 | 22012.87 | 36712.50 | 5129.00 | |
| 开州区 | Kaixian | 372144.52 | 262366.72 | 166607.14 | 104451.36 | 57548.79 | 4607.00 | |
| 云阳县 | Yunyang | 348231.83 | 252200.86 | 102813.44 | 61209.08 | 34029.30 | 7575.07 | |
| 奉节县 | Fengjie | 329401.22 | 257754.39 | 144372.93 | 23751.06 | 74929.87 | 45692.00 | |
| 巫山县 | Wushan | 234539.56 | 144813.57 | 68396.85 | 49889.07 | 10790.02 | 7717.76 | |
| 江北区 | Jiangbei | 17639.12 | 3529.00 | 1080.00 | | 1080.00 | | |
| 大渡口区 | Dudukou | 1472.00 | 1063.18 | 51.18 | | 51.18 | | |
| 南岸区 | Nan'an | 7095.86 | 2534.35 | 1200.00 | 200.00 | 1000.00 | | |
| 九龙坡区 | Jiulongpo | 8.60 | | | | | | |
| 北碚区 | Beibei | 1442.40 | 1411.50 | 1274.50 | 206.00 | 1068.50 | | |

注：本表数据统计口径为截止2016年12月31日对财政部核定2011-2015年三峡后续工作专项资金补助额的下达及完成。

Note: The statistic scope of the data hereabove is the plan and completion rate of the special fund subsidy for the follow-on work of three gorges resettlement in 2011- 2015 checked and ratified by Ministry of Finance by Dec. 31, 2016.

# 第22章

## 基本单位名录库

## STATISTICS ON BASIC UNITS

# 简要说明 BRIEF INTRODUCTION

本章资料包括按行业分的法人、产业活动单位数，按机构类型和登记注册类型分的法人单位数，按行业分的企业法人单位数以及按登记注册类型分的企业法人单位数，由市统计局普查中心根据基本单位统计年报资料整理编辑。

This chapter includes the number of corporate units and establishments by sector, the number of corporate units by institutional type and status of registration, the number of enterprises as corporate units by sector and the number of enterprises as corporate units by status of registration. The data are prepared and compiled by Census Centre of Chongqing Municipal Bureau of Statistics on the basis of the annual statistic report of the basic units.

# 表22.1 按行业分的法人单位、产业活动单位数（2015-2016年）
## NUMBER OF CORPORATE UNITS AND ESTABLISHMENTS BY SECTOR (2015-2016)

单位：个 (unit)

| 指　标 | Item | 2015 | | 2016 | |
|---|---|---|---|---|---|
| | | 法人单位 Corporate Units | 产业活动单位 Establishments | 法人单位 Corporate Units | 产业活动单位 Establishments |
| **总　计** | **Total** | **454876** | **513782** | **533103** | **596432** |
| **按三次产业分组** | **By Strata of Industry** | | | | |
| 第一产业 | Primary Industry | 76130 | 76633 | 93974 | 94735 |
| 第二产业 | Secondary Industry | 72357 | 76533 | 80113 | 84548 |
| 第三产业 | Tertiary Industry | 306389 | 360616 | 359016 | 417149 |
| **按国民经济行业分组** | **By Sector** | | | | |
| **农、林、牧、渔业** | **Agriculture , Forestry, Animal Husbandry and Fishery** | **80942** | **81563** | **99522** | **100405** |
| 农　业 | Farming | 39360 | 39641 | 49044 | 49517 |
| 林　业 | Forestry | 3010 | 3059 | 3352 | 3401 |
| 畜牧业 | Animal Husbandry | 21710 | 21833 | 26902 | 27078 |
| 渔　业 | Fishery | 12050 | 12100 | 14676 | 14739 |
| 农、林、牧、渔服务业 | Services of Farming ,Forestry, Animal Husbandry and Fishery | 4812 | 4930 | 5548 | 5670 |
| **采矿业** | **Mining and Quarrying** | **2654** | **3006** | **2734** | **3055** |
| 煤炭开采和洗选业 | Coal Mining and Dressing | 913 | 1120 | 890 | 1071 |
| 石油和天然气开采业 | Petroleum and Natural Gas Extraction | 44 | 81 | 50 | 88 |
| 黑色金属矿采选业 | Ferrous Metal Ores Mining and Dressing | 98 | 106 | 106 | 114 |
| 有色金属矿采选业 | Nonferrous Metal Ores Mining and Dressing | 36 | 41 | 40 | 45 |
| 非金属矿采选业 | Nonmetallic Ores Mining and Dressing | 1459 | 1541 | 1527 | 1603 |
| 开采辅助活动 | Auxiliary Minning Operations | 67 | 78 | 75 | 86 |
| 其他采矿业 | Mining and Dressing of Other Ores | 37 | 39 | 46 | 48 |
| **制造业** | **Manufacture** | **55432** | **56894** | **60358** | **61889** |
| 农副食品加工业 | Processing of Farm and Sideline Food | 4036 | 4218 | 4084 | 4272 |
| 食品制造业 | Manufacture of Food | 1526 | 1586 | 1756 | 1824 |
| 酒、饮料和精制茶制造业 | Manufacture of Beverage | 1132 | 1165 | 1302 | 1341 |
| 烟草制品业 | Tobacco Products | 14 | 21 | 14 | 21 |
| 纺织业 | Textile Industry | 2163 | 2181 | 2288 | 2308 |
| 纺织服装、服饰业 | Manufacture of Textile Garments, Footwear and Headgear | 2035 | 2047 | 2265 | 2278 |
| 皮革、毛皮、羽毛及其制品和制鞋业 | Leather, Fur, Feather, Down and Related Products | 1279 | 1284 | 1352 | 1358 |
| 木材加工和木、竹、藤、棕、草制品业 | Timber Processing, Bamboo, Cane, Palm Fiber & Straw Products | 1896 | 1921 | 2104 | 2125 |
| 家具制造业 | Manufacture of Furniture | 2458 | 2483 | 2631 | 2659 |
| 造纸和纸制品业 | Papermaking and Paper Products | 913 | 926 | 999 | 1016 |
| 印刷和记录媒介复制业 | Printing and Record Medium Reproduction | 1309 | 1350 | 1424 | 1466 |
| 文教、工美、体育和娱乐用品制造业 | Manufacture of Cultural, Educational and Sports Articles | 1159 | 1179 | 1328 | 1346 |
| 石油加工及炼焦 | Petroleum Refining, Coking and Nuclear Fuel Processing | 89 | 97 | 100 | 108 |
| 化学原料和化学制品制造业 | Manufacture of Raw Chemical Materials and Chemical Products | 1659 | 1713 | 1771 | 1826 |
| 医药制造业 | Manufacture of Medicines | 408 | 430 | 484 | 509 |
| 化学纤维制造业 | Manufacture of Chemical Fibers | 25 | 26 | 24 | 25 |
| 橡胶和塑料制品业 | Plastic Products | 2019 | 2064 | 2222 | 2267 |
| 非金属矿物制品业 | Nonmetal Mineral Products | 6096 | 6361 | 6407 | 6674 |

表22.1 续表1 continued1

单位：个 (unit)

| 指　标 | Item | 2015 法人单位 Corporate Units | 2015 产业活动单位 Establishments | 2016 法人单位 Corporate Units | 2016 产业活动单位 Establishments |
|---|---|---|---|---|---|
| 黑色金属冶炼和压延加工业 | Smelting and Pressing of Ferrous Metals | 717 | 743 | 745 | 772 |
| 有色金属冶炼和压延加工业 | Smelting and Pressing of Nonferrous Metals | 530 | 545 | 580 | 594 |
| 金属制品业 | Metal Products | 5145 | 5229 | 5571 | 5664 |
| 通用设备制造业 | Manufacture of General-purpose Machinery | 3836 | 3938 | 4217 | 4326 |
| 专用设备制造业 | Manufacture of Special-purpose Machinery | 2920 | 2990 | 3380 | 3454 |
| 汽车制造业 | Manufacture of Automobile | 3885 | 3974 | 4353 | 4445 |
| 铁路、船舶、航空航天和其他运输设备制造业 | Manufacture of Railway ,Ship, Aeronautics and Other Transport Equipment | 3735 | 3802 | 3798 | 3858 |
| 电气机械和器材制造业 | Manufacture of Electrical Machinery and Equipment | 1622 | 1659 | 1838 | 1880 |
| 计算机、通信和其他电子设备制造业 | Manufacture of Communication Equipment, Computers and Other Electronic Equipment | 1096 | 1119 | 1418 | 1450 |
| 仪器仪表制造业 | Manufacture of Instruments and Meters | 694 | 720 | 754 | 779 |
| 其他制造业 | Other Manufactures | 499 | 510 | 538 | 549 |
| 废弃资源综合利用业 | Comprehensive Utilization of Waste | 207 | 253 | 229 | 281 |
| 金属制品、机械和设备修理业 | Manufacture of Metal Products, Machinery and Equipment Maintenance | 330 | 360 | 382 | 414 |
| **电力、热力、燃气及水生产和供应业** | **Production and Supply of Electric Power, Gas and Water** | **2294** | **3099** | **2424** | **3258** |
| 电力、热力生产和供应业 | Production and Supply of Electric Power and Heat Power | 1384 | 1695 | 1452 | 1776 |
| 燃气生产和供应业 | Production and Supply of Gas | 248 | 408 | 271 | 440 |
| 水的生产和供应业 | Production and Supply of Water | 662 | 996 | 701 | 1042 |
| **建筑业** | **Construction** | **12374** | **13972** | **15054** | **16846** |
| 房屋建筑业 | Construction of Housing | 3295 | 3929 | 3701 | 4368 |
| 土木工程建筑业 | Civil Engineering Construction | 1044 | 1247 | 1290 | 1551 |
| 建筑安装业 | Architectural Installation | 1333 | 1543 | 1610 | 1847 |
| 建筑装饰和其他建筑业 | Architectural Decoration and Other Construction | 6702 | 7253 | 8453 | 9080 |
| **批发和零售业** | **Wholesale and Retail Trade** | **125316** | **142893** | **148631** | **167876** |
| 批发业 | Wholesale Trade | 51841 | 57896 | 58209 | 64412 |
| 零售业 | Retail Trade | 73475 | 84997 | 90422 | 103464 |
| **交通运输、仓储和邮政业** | **Transport, Storage and Postal Services** | **7840** | **11352** | **9315** | **13049** |
| 铁路运输业 | Transport Via Railway | 71 | 125 | 93 | 151 |
| 道路运输业 | Transport Via Road | 4514 | 5459 | 5433 | 6484 |
| 水上运输业 | Water Transport | 448 | 542 | 467 | 564 |
| 航空运输业 | Air Transport | 53 | 75 | 63 | 85 |
| 管道运输业 | Transport Via Pipeline | 9 | 12 | 12 | 15 |
| 装卸搬运和运输代理业 | Loading, Unloading, Portage and Transport Agency | 1842 | 2146 | 2141 | 2475 |
| 仓储业 | Storage | 535 | 643 | 609 | 708 |
| 邮政业 | Post | 368 | 2350 | 497 | 2567 |
| **住宿和餐饮业** | **Hotels and Catering Services** | **21802** | **24380** | **26385** | **29164** |
| 住宿业 | Hotels | 3456 | 3773 | 4342 | 4680 |
| 餐饮业 | Catering Services | 18346 | 20607 | 22043 | 24484 |
| **信息传输、软件和信息技术服务业** | **Information Transmission, Computer Services and Software** | **11706** | **13214** | **15673** | **17373** |
| 电信、广播电视和卫星传输服务 | Telecom, Radio, Televison and Satellite Transmission Services | 500 | 1552 | 552 | 1651 |
| 互联网和相关服务 | Internet and Ralated Services | 1867 | 1967 | 2668 | 2785 |
| 软件和信息技术服务业 | Software and Information Technology Services | 9339 | 9695 | 12453 | 12937 |

表22.1 续表2 continued2

单位：个 (unit)

| 指 标 | Item | 2015 法人单位 Corporate Units | 2015 产业活动单位 Establishments | 2016 法人单位 Corporate Units | 2016 产业活动单位 Establishments |
|---|---|---|---|---|---|
| **金融业** | **Finance** | **3478** | **9735** | **3565** | **10233** |
| 货币金融服务 | Money Finance Services | 1190 | 6157 | 1155 | 6304 |
| 资本市场服务 | Capital Market Services | 1455 | 1691 | 1499 | 1748 |
| 保险业 | Insurance | 448 | 1401 | 494 | 1662 |
| 其他金融业 | Other Finance | 385 | 486 | 417 | 519 |
| **房地产业** | **Real Estate** | **12134** | **15547** | **13609** | **17277** |
| 房地产业 | Real Estate | 12134 | 15547 | 13609 | 17277 |
| **租赁和商务服务业** | **Leasing and Business Services** | **36399** | **39773** | **44328** | **48318** |
| 租赁业 | Leasing | 3630 | 3765 | 4664 | 4885 |
| 商务服务业 | Business Services | 32769 | 36008 | 39664 | 43433 |
| **科学研究和技术服务业** | **Scientific Research, Technical Services and Geological Prospecting** | **10497** | **11497** | **12658** | **13765** |
| 研究和试验发展 | Research and Experimental Development | 720 | 833 | 869 | 984 |
| 专业技术服务业 | Professional Technical Services | 7037 | 7770 | 8173 | 8999 |
| 科技推广和应用服务业 | Services of Science and Technology Application and Promotion | 2740 | 2894 | 3616 | 3782 |
| **水利、环境和公共设施管理业** | **Water Conservancy, Environment and Public Facilities Management** | **2552** | **2978** | **3058** | **3508** |
| 水利管理业 | Management of Water Conservancy | 568 | 843 | 585 | 863 |
| 生态保护和环境治理业 | Ecological Protection and Environmental Governance | 436 | 477 | 547 | 592 |
| 公共设施管理业 | Management of Public Facilities | 1548 | 1658 | 1926 | 2053 |
| **居民服务、修理和其他服务业** | **Resident Services, Maintenance Services and Other Services** | **12848** | **13597** | **15427** | **16277** |
| 居民服务业 | Resident Services | 6836 | 7173 | 8260 | 8661 |
| 机动车、电子产品和日用产品修理业 | Vehicles, Electronic Products and Commodities Maintenance Services | 3797 | 4091 | 4504 | 4824 |
| 其他服务业 | Other Services | 2215 | 2333 | 2663 | 2792 |
| **教 育** | **Education** | **11938** | **14262** | **13339** | **15687** |
| 教 育 | Education | 11938 | 14262 | 13339 | 15687 |
| **卫生和社会工作** | **Health and Social Work** | **5972** | **12067** | **6395** | **12497** |
| 卫 生 | Health | 4093 | 9988 | 4335 | 10228 |
| 社会工作 | Social Work | 1879 | 2079 | 2060 | 2269 |
| **文化、体育和娱乐业** | **Culture, Sports and Entertainment** | **9173** | **9630** | **11155** | **11688** |
| 新闻和出版业 | Journalism and Publishing Activities | 191 | 212 | 210 | 231 |
| 广播、电视、电影和影视录音制作业 | Broadcasting, Movies, Televisions and Audiovisual Activities | 474 | 581 | 656 | 791 |
| 文化艺术业 | Cultural and Art Activities | 3304 | 3421 | 4129 | 4264 |
| 体 育 | Sports | 576 | 612 | 807 | 854 |
| 娱乐业 | Entertainment | 4628 | 4804 | 5353 | 5548 |
| **公共管理、社会保障和社会组织** | **Public Administration, Social Security and Social Organizations** | **29525** | **34323** | **29473** | **34267** |
| 中国共产党机关 | Organs of CPC | 597 | 619 | 600 | 622 |
| 国家机构 | Government Agencies | 8988 | 13128 | 9030 | 13164 |
| 人民政协、民主党派 | People's Political Consultative Conference and Democratic Parties | 166 | 173 | 168 | 175 |
| 社会保障 | Social Security | 782 | 924 | 784 | 926 |
| 群众团体、社会团体和其他成员组织 | Non-Governmental Organizations, Social Organizations and Other Organizations | 7812 | 8246 | 7698 | 8135 |
| 基层群众自治组织 | Grass Roots Self-governing Organizations | 11180 | 11233 | 11193 | 11245 |

# 表22.2 按机构类型和登记注册类型分的法人单位数（2015–2016年）
## NUMBER OF CORPORATE UNITS BY INSTITUTIONAL TYPE AND STATUS OF REGISTRATION (2015-2016)

单位：个 (unit)

| 指　标 | Item | 2015 | 2016 |
|---|---|---|---|
| **总　计** | **Total** | **454876** | **533103** |
| **按机构类型分组** | **By Institutional Type** | | |
| 企　业 | Enterprises | 392711 | 460824 |
| 事业单位 | Public Institutions | 18037 | 18073 |
| 机　关 | Governmental Agencies | 4037 | 4032 |
| 社会团体 | Social Organizations | 7571 | 7429 |
| 民办非企业 | Private Non-enterprise | 7112 | 7620 |
| 其他组织机构 | Others | 25408 | 35125 |
| **按登记注册类型分组** | **By Status of Registration** | | |
| 内　资 | Domestic-funded Enterprises | 453166 | 531302 |
| 国　有 | State-owned | 23857 | 23721 |
| 集　体 | Collective-owned | 3710 | 3644 |
| 股份合作 | Cooperative Share-holding | 1727 | 1783 |
| 联　营 | Joint Ownership | 584 | 574 |
| 国有联营 | State Joint Ownership | 68 | 72 |
| 集体联营 | Collective Joint Ownership | 227 | 216 |
| 国有与集体联营 | Joint State-collective Ownership | 45 | 45 |
| 其他联营 | Other Joint Ownership | 244 | 241 |
| 有限责任公司 | Limited-liability Corporations | 46347 | 52581 |
| 国有独资公司 | Soly State-owned | 1122 | 1276 |
| 其他有限责任公司 | Other Limited-liability Corporations | 45225 | 51305 |
| 股份有限公司 | Share-holding Limited Companies | 4097 | 4500 |
| 私　营 | Private | 306497 | 371207 |
| 私营独资 | Soly Private-funded Enterprises | 162404 | 193495 |
| 私营合伙 | Private Partnership Enterprises | 10621 | 12103 |
| 私营有限责任公司 | Private Limited Liability Corporations | 125809 | 157107 |
| 私营股份有限公司 | Private Share-holding Limited Companies | 7663 | 8502 |
| 其　他 | Others | 66347 | 73292 |
| 港、澳、台商投资 | Enterprises with Funds from Hong Kong, Macao and Tainwan | 784 | 836 |
| 合资经营 | Joint-venture Enterprises | 243 | 246 |
| 合作经营 | Cooperative Enterprises | 14 | 13 |
| 独资经营 | Soly-funded Enterprises | 466 | 507 |
| 投资股份有限公司 | Share-holding Limited Companies | 38 | 41 |
| 外商投资 | Foreign-funded Enterprises | 926 | 965 |
| 中外合资经营 | Joint-venture Enterprises | 317 | 341 |
| 中外合作经营 | Cooperative Enterprises | 21 | 21 |
| 外资企业 | Soly-funded Enterprises | 493 | 511 |
| 外商投资股份有限公司 | Share-holding Limited Companies | 41 | 44 |

# 表22.3 按行业分的企业法人单位数（2015–2016年）

## NUMBER OF ENTERPRISES AS CORPORATE UNITS BY SECTOR (2015-2016)

单位：个 (unit)

| 指　标 | Item | 2015 | 2016 |
|---|---|---|---|
| **总　计** | **Total** | **392711** | **460824** |
| **按三次产业分组** | **By Strata of Industry** | | |
| 第一产业 | Primary Industry | 66881 | 76627 |
| 第二产业 | Secondary Industry | 72339 | 79972 |
| 第三产业 | Tertiary Industry | 253491 | 304225 |
| **按国民经济行业分组** | **By Sector** | | |
| **农、林、牧、渔业** | **Agriculture , Forestry, Animal Husbandry and Fishery** | **69960** | **79952** |
| 农　业 | Farming | 34211 | 38514 |
| 林　业 | Forestry | 2656 | 2789 |
| 畜牧业 | Animal Husbandry | 18747 | 21938 |
| 渔　业 | Fishery | 11267 | 13386 |
| 农、林、牧、渔服务业 | Services of Farming , Forestry, Animal Husbandry and Fishery | 3079 | 3325 |
| **采矿业** | **Mining and Quarrying** | **2654** | **2734** |
| 煤炭开采和洗选业 | Coal Mining and Dressing | 913 | 890 |
| 石油和天然气开采业 | Petroleum and Natural Gas Extraction | 44 | 50 |
| 黑色金属矿采选业 | Ferrous Metal Ores Mining and Dressing | 98 | 106 |
| 有色金属矿采选业 | Nonferrous Metal Ores Mining and Dressing | 36 | 40 |
| 非金属矿采选业 | Nonmetallic Ores Mining and Dressing | 1459 | 1527 |
| 开采辅助活动 | Auxiliary Minning Operations | 67 | 75 |
| 其他采矿业 | Mining and Dressing of Other Ores | 37 | 46 |
| **制造业** | **Manufacture** | **55431** | **60240** |
| 农副食品加工业 | Processing of Farm and Sideline Food | 4035 | 4016 |
| 食品制造业 | Manufacture of Food | 1526 | 1746 |
| 酒、饮料和精制茶制造业 | Manufacture of Beverage | 1132 | 1296 |
| 烟草制品业 | Tobacco Products | 14 | 14 |
| 纺织业 | Textile Industry | 2163 | 2288 |
| 纺织服装、服饰业 | Manufacture of Textile Garments, Footwear and Headgear | 2035 | 2265 |
| 皮革、毛皮、羽毛及其制品和制鞋业 | Leather, Fur, Feather, Down and Related Products | 1279 | 1352 |
| 木材加工和木、竹、藤、棕、草制品业 | Timber Processing, Bamboo, Cane, Palm Fiber & Straw Products | 1896 | 2094 |
| 家具制造业 | Manufacture of Furniture | 2458 | 2629 |
| 造纸和纸制品业 | Papermaking and Paper Products | 913 | 999 |
| 印刷和记录媒介复制业 | Printing and Record Medium Reproduction | 1309 | 1424 |
| 文教、工美、体育和娱乐用品制造业 | Manufacture of Cultural, Educational and Sports Articles | 1159 | 1320 |
| 石油加工及炼焦 | Petroleum Refining, Coking and Nuclear Fuel Processing | 89 | 100 |
| 化学原料和化学制品制造业 | Manufacture of Raw Chemical Materials and Chemical Products | 1659 | 1766 |
| 医药制造业 | Manufacture of Medicines | 408 | 480 |
| 化学纤维制造业 | Manufacture of Chemical Fibers | 25 | 24 |
| 橡胶和塑料制品业 | Plastic Products | 2019 | 2222 |
| 非金属矿物制品业 | Nonmetal Mineral Products | 6096 | 6406 |
| 黑色金属冶炼和压延加工业 | Smelting and Pressing of Ferrous Metals | 717 | 745 |

表22.3 续表1 continued1

单位：个 (unit)

| 指　标 | Item | 2015 | 2016 |
|---|---|---|---|
| 有色金属冶炼和压延加工业 | Smelting and Pressing of Nonferrous Metals | 530 | 580 |
| 金属制品业 | Metal Products | 5145 | 5571 |
| 通用设备制造业 | Manufacture of General-purpose Machinery | 3836 | 4217 |
| 专用设备制造业 | Manufacture of Special-purpose Machinery | 2920 | 3378 |
| 汽车制造业 | Manufacture of Automobile | 3885 | 4353 |
| 铁路、船舶、航空航天和其他运输设备制造业 | Manufacture of Railway , Ship, Aeronautics and Other Transport Equipment | 3735 | 3798 |
| 电气机械和器材制造业 | Manufacture of Electrical Machinery and Equipment | 1622 | 1838 |
| 计算机、通信和其他电子设备制造业 | Manufacture of Communication Equipment, Computers and Other Electronic Equipment | 1096 | 1418 |
| 仪器仪表制造业 | Manufacture of Instruments and Meters | 694 | 754 |
| 其他制造业 | Other Manufactures | 499 | 538 |
| 废弃资源综合利用业 | Comprehensive Utilization of Waste | 207 | 229 |
| 金属制品、机械和设备修理业 | Manufacture of Metal Products,Machinery and Equipment Maintenance | 330 | 380 |
| **电力、热力、燃气及水生产和供应业** | **Production and Supply of Electric Power, Gas and Water** | **2277** | **2401** |
| 电力、热力生产和供应业 | Production and Supply of Electric Power and Heat Power | 1377 | 1444 |
| 燃气生产和供应业 | Production and Supply of Gas | 248 | 270 |
| 水的生产和供应业 | Production and Supply of Water | 652 | 687 |
| **建筑业** | **Construction** | **12374** | **15052** |
| 房屋建筑业 | Construction of Housing | 3295 | 3701 |
| 土木工程建筑业 | Civil Engineering Construction | 1044 | 1289 |
| 建筑安装业 | Architectural Installation | 1333 | 1610 |
| 建筑装饰和其他建筑业 | Architectural Decoration and Other Construction | 6702 | 8452 |
| **批发和零售业** | **Wholesale and Retail Trade** | **125312** | **147948** |
| 批发业 | Wholesale Trade | 51838 | 57642 |
| 零售业 | Retail Trade | 73474 | 90306 |
| **交通运输、仓储和邮政业** | **Transport, Storage and Postal Services** | **7724** | **9196** |
| 铁路运输业 | Transport Via Railway | 66 | 88 |
| 道路运输业 | Transport Via Road | 4445 | 5363 |
| 水上运输业 | Water Transport | 428 | 447 |
| 航空运输业 | Air Transport | 52 | 62 |
| 管道运输业 | Transport Via Pipeline | 9 | 12 |
| 装卸搬运和运输代理业 | Loading, Unloading, Portage and Transport Agency | 1839 | 2136 |
| 仓储业 | Storage | 523 | 597 |
| 邮政业 | Post | 362 | 491 |
| **住宿和餐饮业** | **Hotels and Catering Services** | **21632** | **26190** |
| 住宿业 | Hotels | 3428 | 4302 |
| 餐饮业 | Catering Services | 18204 | 21888 |
| **信息传输、软件和信息技术服务业** | **Information Transmission, Computer Services and Software** | **11574** | **15523** |
| 电信、广播电视和卫星传输服务 | Telecom, Radio, Televison and Satellite Transmission Services | 457 | 507 |
| 互联网和相关服务 | Internet and Ralated Services | 1832 | 2623 |
| 软件和信息技术服务业 | Software and Information Technology Services | 9285 | 12393 |

**表22.3 续表2 continued2**

单位：个 (unit)

| 指　标 | Item | 2015 | 2016 |
|---|---|---|---|
| **金融业** | **Finance** | **3273** | **3447** |
| 货币金融服务 | Money Finance Services | 1006 | 1060 |
| 资本市场服务 | Capital Market Services | 1444 | 1487 |
| 保险业 | Insurance | 446 | 492 |
| 其他金融业 | Other Finance | 377 | 408 |
| **房地产业** | **Real Estate** | **12055** | **13540** |
| 房地产业 | Real Estate | 12055 | 13540 |
| **租赁和商务服务业** | **Leasing and Business Services** | **35073** | **42854** |
| 租赁业 | Leasing | 3585 | 4598 |
| 商务服务业 | Business Services | 31488 | 38256 |
| **科学研究和技术服务业** | **Scientific Research, Technical Services and Geological Prospecting** | **8228** | **10271** |
| 研究和试验发展 | Research and Experimental Development | 572 | 716 |
| 专业技术服务业 | Professional Technical Services | 5833 | 6950 |
| 科技推广和应用服务业 | Services of Science and Technology Application and Promotion | 1823 | 2605 |
| **水利、环境和公共设施管理业** | **Water Conservancy, Environment and Public Facilities Management** | **1797** | **2283** |
| 水利管理业 | Management of Water Conservancy | 163 | 183 |
| 生态保护和环境治理业 | Ecological Protection and Environmental Governance | 392 | 500 |
| 公共设施管理业 | Management of Public Facilities | 1242 | 1600 |
| **居民服务、修理和其他服务业** | **Resident Services, Maintenance Services and Other Services** | **12377** | **14914** |
| 居民服务业 | Resident Services | 6473 | 7864 |
| 机动车、电子产品和日用产品修理业 | Vehicles, Electronic Products and Commodities Maintenance Services | 3767 | 4473 |
| 其他服务业 | Other Services | 2137 | 2577 |
| **教　育** | **Education** | **2229** | **3230** |
| 教　育 | Education | 2229 | 3230 |
| **卫生和社会工作** | **Health and Social Work** | **1128** | **1511** |
| 卫　生 | Health | 896 | 1172 |
| 社会工作 | Social Work | 232 | 339 |
| **文化、体育和娱乐业** | **Culture, Sports and Entertainment** | **7613** | **9538** |
| 新闻和出版业 | Journalism and Publishing Activities | 113 | 132 |
| 广播、电视、电影和影视录音制作业 | Broadcasting, Movies, Televisions and Audiovisual Activities | 394 | 578 |
| 文化艺术业 | Cultural and Art Activities | 2218 | 3007 |
| 体　育 | Sports | 395 | 606 |
| 娱乐业 | Entertainment | 4493 | 5215 |

## 表22.4 按登记注册类型分的企业法人单位数（2015–2016年）
## NUMBER OF ENTERPRISES AS CORPORATE UNITS BY STATUS OF REGISTRATION (2015-2016)

单位：个 (unit)

| 指 标 | Item | 2015 | 2016 |
|---|---|---|---|
| 总 计 | **Total** | **392711** | **460824** |
| 内 资 | Domestic-funded Enterprises | 391010 | 459031 |
| 国 有 | State-owned | 2431 | 2363 |
| 集 体 | Collective-owned | 2111 | 2054 |
| 股份合作 | Cooperative Share-holding | 1517 | 1582 |
| 联 营 | Joint Ownership | 405 | 397 |
| 国有联营 | State Joint Ownership | 43 | 46 |
| 集体联营 | Collective Joint Ownership | 161 | 153 |
| 国有与集体联营 | Joint State-collective Ownership | 28 | 26 |
| 其他联营 | Other Joint Ownership | 173 | 172 |
| 有限责任公司 | Limited-liability Corporations | 46271 | 52493 |
| 国有独资公司 | Soly State-owned | 1119 | 1272 |
| 其他有限责任公司 | Other Limited-liability Corporations | 45152 | 51221 |
| 股份有限公司 | Share-holding Limited Companies | 4070 | 4473 |
| 私 营 | Private | 302919 | 367324 |
| 私营独资 | Soly Private-funded Enterprises | 159470 | 190323 |
| 私营合伙 | Private Partnership Enterprises | 10189 | 11638 |
| 私营有限责任公司 | Private Limited Liability Corporations | 125644 | 156908 |
| 私营股份有限公司 | Private Share-holding Limited Companies | 7616 | 8455 |
| 其 他 | Others | 31286 | 28345 |
| 港、澳、台商投资 | Enterprises with Funds from Hong Kong, Macao and Tainwan | 781 | 833 |
| 合资经营 | Joint-venture Enterprises | 241 | 244 |
| 合作经营 | Cooperative Enterprises | 14 | 13 |
| 独资经营 | Soly-funded Enterprises | 465 | 507 |
| 投资股份有限公司 | Share-holding Limited Companies | 38 | 41 |
| 外商投资 | Foreign-funded Enterprises | 920 | 960 |
| 中外合资经营 | Joint-venture Enterprises | 316 | 340 |
| 中外合作经营 | Cooperative Enterprises | 20 | 20 |
| 外资企业 | Soly-funded Enterprises | 491 | 509 |
| 外商投资股份有限公司 | Share-holding Limited Companies | 41 | 44 |

# 表22.5 按行业、区县分组的法人单位数（2016年）
## NUMBER OF CORPORATE UNITS BY SECTOR AND REGION (2016)

单位：个 (unit)

| 指　标 | Item | 全　市<br>Total | 万州区<br>Wanzhou District | 黔江区<br>Qianjiang District | 涪陵区<br>Fuling District | 渝中区<br>Yuzhong District |
|---|---|---|---|---|---|---|
| **总　计** | **Total** | **533103** | **25650** | **10015** | **21733** | **23750** |
| **按三次产业分组** | **By Strata of Industry** | | | | | |
| 第一产业 | Primary Industry | 93974 | 5893 | 2402 | 4744 | |
| 第二产业 | Secondary Industry | 80113 | 2799 | 663 | 2286 | 928 |
| 第三产业 | Tertiary Industry | 359016 | 16958 | 6950 | 14703 | 22822 |
| **按国民经济行业分组** | **By Sector** | | | | | |
| **农、林、牧、渔业** | **Agriculture, Forestry, Animal Husbandry and Fishery** | **99522** | **7400** | **2711** | **4838** | **1** |
| 农　业 | Farming | 49044 | 3832 | 1052 | 2886 | |
| 林　业 | Forestry | 3352 | 154 | 133 | 151 | |
| 畜牧业 | Animal Husbandry | 26902 | 848 | 1141 | 1091 | |
| 渔　业 | Fishery | 14676 | 1059 | 76 | 616 | |
| 农、林、牧、渔服务业 | Services of Farming, Forestry, Animal Husbandry and Fishery | 5548 | 1507 | 309 | 94 | 1 |
| **采矿业** | **Mining and Quarrying** | **2734** | **100** | **52** | **54** | **1** |
| 煤炭开采和洗选业 | Coal Mining and Dressing | 890 | 22 | 17 | 12 | |
| 石油和天然气开采业 | Petroleum and Natural Gas Extraction | 50 | 4 | | 2 | |
| 黑色金属矿采选业 | Ferrous Metal Ores Mining and Dressing | 106 | | | | |
| 有色金属矿采选业 | Nonferrous Metal Ores Mining and Dressing | 40 | 1 | | | |
| 非金属矿采选业 | Nonmetallic Ores Mining and Dressing | 1527 | 67 | 28 | 38 | 1 |
| 开采辅助活动 | Auxiliary Minning Operations | 75 | 5 | 2 | 2 | |
| 其他采矿业 | Mining and Dressing of Other Ores | 46 | 1 | 5 | | |
| **制造业** | **Manufacture** | **60358** | **1916** | **407** | **1610** | **157** |
| 农副食品加工业 | Processing of Farm and Sideline Food | 4084 | 119 | 39 | 239 | 2 |
| 食品制造业 | Manufacture of Food | 1756 | 68 | 26 | 52 | 3 |
| 酒、饮料和精制茶制造业 | Manufacture of Beverage | 1302 | 59 | 17 | 53 | 1 |
| 烟草制品业 | Tobacco Products | 14 | 1 | | 2 | |
| 纺织业 | Textile Industry | 2288 | 131 | 15 | 54 | 2 |
| 纺织服装、服饰业 | Manufacture of Textile Garments, Footwear and Headgear | 2265 | 139 | 10 | 34 | 26 |
| 皮革、毛皮、羽毛及其制品和制鞋业 | Leather, Fur, Feather, Down and Related Products | 1352 | 40 | 3 | 33 | 2 |
| 木材加工和木、竹、藤、棕、草制品业 | Timber Processing, Bamboo, Cane, Palm Fiber & Straw Products | 2104 | 70 | 24 | 39 | |
| 家具制造业 | Manufacture of Furniture | 2631 | 130 | 10 | 67 | 1 |
| 造纸和纸制品业 | Papermaking and Paper Products | 999 | 13 | 1 | 25 | 1 |
| 印刷和记录媒介复制业 | Printing and Record Medium Reproduction | 1424 | 69 | 11 | 45 | 31 |
| 文教、工美、体育和娱乐用品制造业 | Manufacture of Cultural, Educational and Sports Articles | 1328 | 68 | 32 | 29 | 8 |
| 石油加工及炼焦 | Petroleum Refining, Coking and Nuclear Fuel Processing | 100 | 6 | | 4 | |
| 化学原料和化学制品制造业 | Manufacture of Raw Chemical Materials and Chemical Products | 1771 | 53 | 8 | 81 | 2 |
| 医药制造业 | Manufacture of Medicines | 484 | 20 | 4 | 19 | |
| 化学纤维制造业 | Manufacture of Chemical Fibers | 24 | | | 4 | |

**表22.5 续表1 continued1**

| 指　标 | Item | 大渡口区 Dadukou District | 江北区 Jiangbei District | 沙坪坝区 Shapingba District | 九龙坡区 Jiulongpo District | 南岸区 Nan'an District |
|---|---|---|---|---|---|---|
| **总　计** | **Total** | **6807** | **21680** | **23116** | **42940** | **18795** |
| **按三次产业分组** | **By Strata of Industry** | | | | | |
| 第一产业 | Primary Industry | 211 | 131 | 361 | 848 | 225 |
| 第二产业 | Secondary Industry | 1123 | 2018 | 5744 | 6295 | 2414 |
| 第三产业 | Tertiary Industry | 5473 | 19531 | 17011 | 35797 | 16156 |
| **按国民经济行业分组** | **By Sector** | | | | | |
| **农、林、牧、渔业** | **Agriculture , Forestry, Animal Husbandry and Fishery** | **224** | **145** | **405** | **962** | **265** |
| 农　业 | Farming | 205 | 102 | 271 | 577 | 195 |
| 林　业 | Forestry | 3 | 7 | 33 | 68 | 14 |
| 畜牧业 | Animal Husbandry | 2 | 14 | 17 | 73 | 6 |
| 渔　业 | Fishery | 1 | 8 | 40 | 130 | 10 |
| 农、林、牧、渔服务业 | Services of Farming , Forestry, Animal Husbandry and Fishery | 13 | 14 | 44 | 114 | 40 |
| **采矿业** | **Mining and Quarrying** | **4** | **3** | **12** | **26** | **13** |
| 煤炭开采和洗选业 | Coal Mining and Dressing | | | | 1 | 1 |
| 石油和天然气开采业 | Petroleum and Natural Gas Extraction | | | | 1 | |
| 黑色金属矿采选业 | Ferrous Metal Ores Mining and Dressing | 1 | | | 1 | |
| 有色金属矿采选业 | Nonferrous Metal Ores Mining and Dressing | | | 1 | 1 | |
| 非金属矿采选业 | Nonmetallic Ores Mining and Dressing | 3 | 3 | 11 | 22 | 9 |
| 开采辅助活动 | Auxiliary Minning Operations | | | | | 1 |
| 其他采矿业 | Mining and Dressing of Other Ores | | | | | 2 |
| **制造业** | **Manufacture** | **900** | **892** | **4958** | **4832** | **1517** |
| 农副食品加工业 | Processing of Farm and Sideline Food | 25 | 17 | 81 | 96 | 26 |
| 食品制造业 | Manufacture of Food | 21 | 26 | 74 | 124 | 43 |
| 酒、饮料和精制茶制造业 | Manufacture of Beverage | 4 | 3 | 21 | 30 | 15 |
| 烟草制品业 | Tobacco Products | | | | | 2 |
| 纺织业 | Textile Industry | 3 | 5 | 582 | 30 | 26 |
| 纺织服装、服饰业 | Manufacture of Textile Garments, Footwear and Headgear | 9 | 33 | 33 | 55 | 66 |
| 皮革、毛皮、羽毛及其制品和制鞋业 | Leather, Fur, Feather, Down and Related Products | 12 | 4 | 22 | 10 | 37 |
| 木材加工和木、竹、藤、棕、草制品业 | Timber Processing, Bamboo, Cane, Palm Fiber & Straw Products | 22 | 9 | 123 | 110 | 12 |
| 家具制造业 | Manufacture of Furniture | 24 | 9 | 258 | 194 | 73 |
| 造纸和纸制品业 | Papermaking and Paper Products | 11 | 28 | 93 | 77 | 39 |
| 印刷和记录媒介复制业 | Printing and Record Medium Reproduction | 26 | 56 | 111 | 147 | 81 |
| 文教、工美、体育和娱乐用品制造业 | Manufacture of Cultural, Educational and Sports Articles | 11 | 18 | 80 | 104 | 21 |
| 石油加工及炼焦 | Petroleum Refining, Coking and Nuclear Fuel Processing | 1 | | 12 | 14 | |
| 化学原料和化学制品制造业 | Manufacture of Raw Chemical Materials and Chemical Products | 20 | 39 | 144 | 130 | 60 |
| 医药制造业 | Manufacture of Medicines | 6 | 9 | 22 | 31 | 19 |
| 化学纤维制造业 | Manufacture of Chemical Fibers | | | | 1 | |

单位：个 (unit)

| 北碚区 Beibei District | 渝北区 Yubei District | 巴南区 Ba'nan District | 长寿区 Changshou District | 江津区 Jiangjin District | 合川区 Hechuan District | 永川区 Yongchuan District | 南川区 Nanchuan District | 綦江区 Qijiang District | 其中 of which 綦江区（不含万盛） Qijiang District (excluding Wansheng) | 大足区 Dazu District | 璧山区 Bishan District | 铜梁区 Tongliang District |
|---|---|---|---|---|---|---|---|---|---|---|---|---|
| **11258** | **30695** | **20782** | **14553** | **17695** | **12694** | **14204** | **12126** | **16983** | **10764** | **14529** | **12328** | **10706** |
| 1324 | 1262 | 4597 | 4029 | 4135 | 2533 | 2831 | 4550 | 3508 | 2508 | 3317 | 2546 | 2028 |
| 3099 | 3770 | 4296 | 1576 | 3848 | 2391 | 2353 | 1469 | 1939 | 1320 | 4155 | 3525 | 2497 |
| 6835 | 25663 | 11889 | 8948 | 9712 | 7770 | 9020 | 6107 | 11536 | 6936 | 7057 | 6257 | 6181 |
| **1383** | **1322** | **4741** | **4086** | **4228** | **2663** | **2952** | **4692** | **3667** | **2630** | **3408** | **2590** | **2150** |
| 1002 | 812 | 3181 | 2276 | 2166 | 1204 | 1565 | 2422 | 1300 | 936 | 810 | 1908 | 747 |
| 41 | 38 | 182 | 64 | 202 | 114 | 160 | 252 | 148 | 48 | 130 | 135 | 64 |
| 152 | 296 | 212 | 952 | 773 | 389 | 293 | 1234 | 1628 | 1198 | 1346 | 203 | 264 |
| 129 | 116 | 1022 | 737 | 994 | 826 | 813 | 642 | 432 | 326 | 1031 | 300 | 953 |
| 59 | 60 | 144 | 57 | 93 | 130 | 121 | 142 | 159 | 122 | 91 | 44 | 122 |
| **53** | **32** | **37** | **83** | **91** | **101** | **183** | **74** | **180** | **114** | **91** | **22** | **70** |
| 23 | 13 | 1 | 24 |  | 41 | 102 | 43 | 60 | 26 | 48 | 6 | 17 |
|  | 1 | 1 |  |  |  |  | 1 |  |  |  | 1 |  |
|  |  | 1 |  |  |  | 1 |  | 5 | 5 |  |  | 2 |
|  |  | 1 |  |  | 1 | 1 | 1 |  |  |  |  |  |
| 28 | 15 | 32 | 53 | 87 | 56 | 77 | 28 | 110 | 81 | 38 | 15 | 50 |
| 1 | 3 | 1 | 5 | 1 | 3 | 2 | 1 | 4 | 2 | 5 |  | 1 |
| 1 |  |  | 1 | 3 |  |  |  | 1 |  |  |  |  |
| **2640** | **2282** | **3557** | **1145** | **3108** | **1779** | **1701** | **1143** | **1265** | **921** | **3724** | **3179** | **2059** |
| 33 | 72 | 100 | 129 | 272 | 193 | 97 | 74 | 81 | 59 | 87 | 60 | 73 |
| 38 | 95 | 80 | 51 | 198 | 105 | 60 | 38 | 45 | 36 | 35 | 65 | 39 |
| 20 | 23 | 38 | 32 | 82 | 62 | 62 | 41 | 43 | 28 | 23 | 25 | 36 |
|  |  | 1 |  |  |  |  |  |  |  |  |  |  |
| 59 | 21 | 42 | 45 | 58 | 54 | 26 | 85 | 26 | 19 | 29 | 73 | 158 |
| 17 | 100 | 427 | 24 | 56 | 57 | 45 | 44 | 18 | 13 | 19 | 48 | 195 |
| 13 | 29 | 65 | 5 | 21 | 36 | 32 | 26 | 9 | 8 | 15 | 371 | 143 |
| 20 | 21 | 103 | 56 | 116 | 40 | 59 | 45 | 54 | 35 | 81 | 47 | 102 |
| 19 | 25 | 192 | 64 | 91 | 109 | 57 | 90 | 32 | 22 | 57 | 72 | 97 |
| 47 | 33 | 61 | 9 | 45 | 24 | 29 | 17 | 16 | 11 | 19 | 46 | 55 |
| 45 | 88 | 77 | 27 | 29 | 30 | 31 | 22 | 22 | 13 | 22 | 165 | 21 |
| 36 | 44 | 41 | 20 | 37 | 44 | 20 | 52 | 25 | 20 | 97 | 22 | 31 |
| 4 | 2 | 4 | 4 | 5 | 2 | 10 | 2 | 2 | 2 | 3 | 3 |  |
| 63 | 61 | 79 | 121 | 123 | 45 | 59 | 29 | 29 | 17 | 51 | 49 | 41 |
| 23 | 19 | 36 | 21 | 9 | 23 | 7 | 11 | 15 | 6 | 6 | 8 | 9 |
|  |  | 2 | 5 |  | 1 | 1 | 1 | 1 | 1 | 2 | 2 |  |

表22.5 续表2 continued2

| 指　标 | Item | 潼南区 Tongnan District | 荣昌区 Rongchang District | 开州区 Kaizhou District | 梁平区 Liangping District | 武隆区 Wulong District | 城口县 Chengkou County |
|---|---|---|---|---|---|---|---|
| **总　计** | **Total** | **11930** | **9369** | **17517** | **8817** | **8072** | **4531** |
| **按三次产业分组** | **By Strata of Industry** | | | | | | |
| 第一产业 | Primary Industry | 3203 | 1178 | 2976 | 2485 | 3935 | 1194 |
| 第二产业 | Secondary Industry | 2273 | 1902 | 2578 | 1529 | 596 | 278 |
| 第三产业 | Tertiary Industry | 6454 | 6289 | 11963 | 4803 | 3541 | 3059 |
| **按国民经济行业分组** | **By Sector** | | | | | | |
| **农、林、牧、渔业** | **Agriculture , Forestry, Animal Husbandry and Fishery** | **3321** | **1316** | **3298** | **2635** | **3969** | **1283** |
| 农　业 | Farming | 1488 | 639 | 1608 | 1278 | 2073 | 455 |
| 林　业 | Forestry | 73 | 57 | 96 | 145 | 107 | 15 |
| 畜牧业 | Animal Husbandry | 601 | 299 | 925 | 481 | 1540 | 701 |
| 渔　业 | Fishery | 1041 | 183 | 347 | 581 | 215 | 23 |
| 农、林、牧、渔服务业 | Services of Farming , Forestry, Animal Husbandry and Fishery | 118 | 138 | 322 | 150 | 34 | 89 |
| **采矿业** | **Mining and Quarrying** | **69** | **93** | **170** | **97** | **43** | **47** |
| 煤炭开采和洗选业 | Coal Mining and Dressing | | 56 | 57 | 28 | 8 | 19 |
| 石油和天然气开采业 | Petroleum and Natural Gas Extraction | 1 | 1 | 1 | 3 | | |
| 黑色金属矿采选业 | Ferrous Metal Ores Mining and Dressing | | 1 | 4 | | 1 | 19 |
| 有色金属矿采选业 | Nonferrous Metal Ores Mining and Dressing | | | | | 1 | 1 |
| 非金属矿采选业 | Nonmetallic Ores Mining and Dressing | 66 | 34 | 100 | 61 | 33 | 7 |
| 开采辅助活动 | Auxiliary Minning Operations | 2 | 1 | 5 | 1 | | 1 |
| 其他采矿业 | Mining and Dressing of Other Ores | | | 3 | 4 | | |
| **制造业** | **Manufacture** | **1939** | **1473** | **2034** | **1299** | **356** | **141** |
| 农副食品加工业 | Processing of Farm and Sideline Food | 609 | 182 | 231 | 109 | 81 | 21 |
| 食品制造业 | Manufacture of Food | 43 | 39 | 70 | 35 | 15 | 2 |
| 酒、饮料和精制茶制造业 | Manufacture of Beverage | 34 | 51 | 102 | 19 | 16 | 17 |
| 烟草制品业 | Tobacco Products | | | 1 | | | |
| 纺织业 | Textile Industry | 143 | 83 | 146 | 31 | 8 | 6 |
| 纺织服装、服饰业 | Manufacture of Textile Garments, Footwear and Headgear | 58 | 50 | 180 | 53 | 9 | 5 |
| 皮革、毛皮、羽毛及其制品和制鞋业 | Leather, Fur, Feather, Down and Related Products | 43 | 17 | 75 | 12 | 6 | 2 |
| 木材加工和木、竹、藤、棕、草制品业 | Timber Processing, Bamboo, Cane, Palm Fiber & Straw Products | 136 | 55 | 122 | 154 | 8 | 5 |
| 家具制造业 | Manufacture of Furniture | 81 | 61 | 168 | 64 | 11 | 5 |
| 造纸和纸制品业 | Papermaking and Paper Products | 24 | 21 | 17 | 159 | 6 | 3 |
| 印刷和记录媒介复制业 | Printing and Record Medium Reproduction | 23 | 44 | 33 | 19 | 4 | 6 |
| 文教、工美、体育和娱乐用品制造业 | Manufacture of Cultural, Educational and Sports Articles | 9 | 112 | 36 | 51 | 12 | 6 |
| 石油加工及炼焦 | Petroleum Refining, Coking and Nuclear Fuel Processing | 1 | 2 | 3 | 2 | 1 | |
| 化学原料和化学制品制造业 | Manufacture of Raw Chemical Materials and Chemical Products | 40 | 46 | 47 | 67 | 6 | 4 |
| 医药制造业 | Manufacture of Medicines | 9 | 50 | 7 | 6 | 2 | 1 |
| 化学纤维制造业 | Manufacture of Chemical Fibers | | | | 1 | | |

单位：个 (unit)

| 丰都县 Fengdu County | 垫江县 Dianjiang County | 忠　县 Zhongxian County | 云阳县 Yunyang County | 奉节县 Fengjie County | 巫山县 Wushan County | 巫溪县 Wuxi County | 石柱县 Shizhu County | 秀山县 Xiushan County | 酉阳县 Youyang County | 彭水县 Pengshui County |
|---|---|---|---|---|---|---|---|---|---|---|
| **8916** | **8835** | **10120** | **11923** | **7637** | **7493** | **5418** | **4784** | **8056** | **8638** | **8008** |
| 3470 | 1629 | 1447 | 4669 | 2292 | 3594 | 1864 | 894 | 2369 | 2681 | 2619 |
| 880 | 2193 | 1141 | 1711 | 1075 | 581 | 598 | 745 | 829 | 1169 | 847 |
| 4566 | 5013 | 7532 | 5543 | 4270 | 3318 | 2956 | 3145 | 4858 | 4788 | 4542 |
| **3648** | **1740** | **1584** | **4893** | **2329** | **3702** | **1904** | **910** | **2432** | **2760** | **2965** |
| 1216 | 807 | 843 | 1665 | 940 | 2192 | 984 | 451 | 1380 | 1515 | 997 |
| 64 | 69 | 44 | 57 | 84 | 119 | 18 | 44 | 68 | 122 | 77 |
| 1788 | 457 | 359 | 2278 | 1148 | 1118 | 759 | 328 | 763 | 977 | 1446 |
| 402 | 296 | 201 | 669 | 120 | 165 | 103 | 71 | 158 | 67 | 99 |
| 178 | 111 | 137 | 224 | 37 | 108 | 40 | 16 | 63 | 79 | 346 |
| **40** | **33** | **70** | **47** | **178** | **72** | **73** | **81** | **115** | **102** | **122** |
| 1 | 9 | 6 | 25 | 109 | 46 | 29 | 26 | 4 | 3 | 33 |
| 2 | 3 | 24 |  | 1 | 1 |  | 1 |  |  | 1 |
| 1 |  |  | 1 | 1 | 2 |  |  | 58 | 7 |  |
|  |  |  |  | 1 | 1 | 1 | 8 | 1 | 17 | 2 |
| 32 | 20 | 32 | 20 | 63 | 19 | 40 | 45 | 52 | 74 | 58 |
| 4 | 1 | 7 | 1 | 1 | 3 | 3 | 1 |  |  | 7 |
|  |  | 1 |  | 2 |  |  |  |  | 1 | 21 |
| **630** | **1813** | **803** | **1301** | **716** | **347** | **307** | **508** | **550** | **849** | **521** |
| 109 | 181 | 106 | 152 | 59 | 37 | 42 | 66 | 64 | 67 | 53 |
| 32 | 49 | 36 | 35 | 30 | 14 | 4 | 19 | 23 | 13 | 11 |
| 22 | 54 | 49 | 35 | 37 | 22 | 17 | 17 | 54 | 38 | 28 |
|  |  |  |  | 3 |  | 2 |  |  |  | 2 |
| 28 | 69 | 39 | 59 | 16 | 18 | 25 | 24 | 17 | 32 | 20 |
| 24 | 34 | 67 | 119 | 30 | 66 | 22 | 9 | 24 | 47 | 13 |
| 10 | 55 | 32 | 54 | 11 | 28 | 10 | 7 | 5 | 51 | 6 |
| 23 | 196 | 39 | 59 | 22 | 9 | 17 | 18 | 35 | 25 | 28 |
| 26 | 209 | 40 | 83 | 63 | 9 | 24 | 29 | 27 | 31 | 29 |
| 12 | 18 | 8 | 8 | 4 |  | 2 | 5 | 3 | 8 | 12 |
| 14 | 25 | 15 | 24 | 13 | 12 | 4 | 4 | 8 | 14 | 6 |
| 14 | 35 | 17 | 58 | 25 | 12 | 15 | 17 | 11 | 46 | 12 |
| 3 | 3 |  | 2 | 1 |  |  | 1 |  | 2 | 1 |
| 30 | 66 | 20 | 29 | 16 | 10 | 7 | 19 | 21 | 42 | 14 |
| 17 | 11 | 8 | 4 | 3 | 1 | 4 | 12 | 16 | 14 | 2 |
|  | 2 | 1 |  |  |  |  |  |  |  |  |

**表22.5 续表3 continued3**

| 指　标 | Item | 全　市 Total | 万州区 Wanzhou District | 黔江区 Qianjiang District | 涪陵区 Fuling District | 渝中区 Yuzhong District |
|---|---|---|---|---|---|---|
| 橡胶和塑料制品业 | Plastic Products | 2222 | 80 | 8 | 69 | 7 |
| 非金属矿物制品业 | Nonmetal Mineral Products | 6407 | 213 | 108 | 201 | 3 |
| 黑色金属冶炼和压延加工业 | Smelting and Pressing of Ferrous Metals | 745 | 16 | 5 | 16 | 1 |
| 有色金属冶炼和压延加工业 | Smelting and Pressing of Nonferrous Metals | 580 | 16 | 5 | 28 | |
| 金属制品业 | Metal Products | 5571 | 252 | 48 | 127 | 16 |
| 通用设备制造业 | Manufacture of General-purpose Machinery | 4217 | 59 | 6 | 37 | 9 |
| 专用设备制造业 | Manufacture of Special-purpose Machinery | 3380 | 63 | 5 | 33 | 7 |
| 汽车制造业 | Manufacture of Automobile | 4353 | 30 | 1 | 49 | 11 |
| 铁路、船舶、航空航天和其他运输设备制造业 | Manufacture of Railway, Ship, Aeronautics and Other Transport Equipment | 3798 | 30 | 2 | 145 | 4 |
| 电气机械和器材制造业 | Manufacture of Electrical Machinery and Equipment | 1838 | 60 | 4 | 36 | 6 |
| 计算机、通信和其他电子设备制造业 | Manufacture of Communication Equipment, Computers and Other Electronic Equipment | 1418 | 45 | 2 | 18 | 2 |
| 仪器仪表制造业 | Manufacture of Instruments and Meters | 754 | 9 | 1 | 3 | 9 |
| 其他制造业 | Other Manufactures | 538 | 24 | 6 | 16 | 1 |
| 废弃资源综合利用业 | Comprehensive Utilization of Waste | 229 | 9 | 2 | 7 | 1 |
| 金属制品、机械和设备修理业 | Manufacture of Metal Products, Machinery and Equipment Maintenance | 382 | 24 | 4 | 45 | 1 |
| **电力、热力、燃气及水生产和供应业** | **Production and Supply of Electric Power,Gas and Water** | **2424** | **123** | **27** | **117** | **9** |
| 电力、热力生产和供应业 | Production and Supply of Electric Power and Heat Power | 1452 | 91 | 16 | 86 | 3 |
| 燃气生产和供应业 | Production and Supply of Gas | 271 | 9 | 6 | 14 | 1 |
| 水的生产和供应业 | Production and Supply of Water | 701 | 23 | 5 | 17 | 5 |
| **建筑业** | **Construction** | **15054** | **689** | **183** | **552** | **762** |
| 房屋建筑业 | Construction of Housing | 3701 | 232 | 41 | 199 | 98 |
| 土木工程建筑业 | Civil Engineering Construction | 1290 | 36 | 18 | 34 | 85 |
| 建筑安装业 | Architectural Installation | 1610 | 56 | 25 | 38 | 121 |
| 建筑装饰和其他建筑业 | Architectural Decoration and Other Construction | 8453 | 365 | 99 | 281 | 458 |
| **批发和零售业** | **Wholesale and Retail Trade** | **148631** | **7147** | **3258** | **6596** | **9455** |
| 批发业 | Wholesale Trade | 58209 | 2366 | 993 | 3293 | 5114 |
| 零售业 | Retail Trade | 90422 | 4781 | 2265 | 3303 | 4341 |
| **交通运输、仓储和邮政业** | **Transport, Storage and Postal Services** | **9315** | **435** | **116** | **631** | **472** |
| 铁路运输业 | Transport Via Railway | 93 | 1 | | 2 | 17 |
| 道路运输业 | Transport Via Road | 5433 | 274 | 75 | 372 | 201 |
| 水上运输业 | Water Transport | 467 | 56 | 1 | 87 | 28 |
| 航空运输业 | Air Transport | 63 | 2 | 3 | | 15 |
| 管道运输业 | Transport Via Pipeline | 12 | | | 2 | |
| 装卸搬运和运输代理业 | Loading, Unloading, Portage and Transport Agency | 2141 | 60 | 24 | 128 | 186 |
| 仓储业 | Storage | 609 | 26 | 9 | 22 | 6 |
| 邮政业 | Post | 497 | 16 | 4 | 18 | 19 |
| **住宿和餐饮业** | **Hotels and Catering Services** | **26385** | **1179** | **638** | **1354** | **785** |
| 住宿业 | Hotels | 4342 | 173 | 56 | 93 | 257 |
| 餐饮业 | Catering Services | 22043 | 1006 | 582 | 1261 | 528 |

单位：个 (unit)

| 大渡口区 Dadukou District | 江北区 Jiangbei District | 沙坪坝区 Shapingba District | 九龙坡区 Jiulongpo District | 南岸区 Nan'an District | 北碚区 Beibei District | 渝北区 Yubei District | 巴南区 Ba'nan District | 长寿区 Changshou District | 江津区 Jiangjin District | 合川区 Hechuan District | 永川区 Yongchuan District |
|---|---|---|---|---|---|---|---|---|---|---|---|
| 35 | 34 | 200 | 218 | 112 | 119 | 82 | 103 | 51 | 148 | 75 | 65 |
| 54 | 40 | 236 | 310 | 96 | 202 | 149 | 314 | 130 | 289 | 261 | 259 |
| 10 | 11 | 66 | 64 | 5 | 20 | 7 | 22 | 21 | 37 | 40 | 43 |
| 7 | 3 | 46 | 90 | 8 | 15 | 13 | 17 | 8 | 27 | 25 | 21 |
| 82 | 84 | 310 | 380 | 108 | 122 | 121 | 245 | 110 | 274 | 122 | 131 |
| 162 | 77 | 529 | 548 | 100 | 354 | 175 | 442 | 43 | 398 | 85 | 159 |
| 49 | 50 | 297 | 481 | 90 | 175 | 281 | 152 | 35 | 136 | 56 | 129 |
| 61 | 181 | 487 | 421 | 125 | 249 | 384 | 292 | 44 | 302 | 129 | 77 |
| 168 | 35 | 796 | 568 | 101 | 406 | 82 | 431 | 17 | 142 | 64 | 19 |
| 39 | 53 | 161 | 256 | 77 | 132 | 101 | 103 | 26 | 102 | 34 | 66 |
| 16 | 21 | 75 | 174 | 93 | 68 | 118 | 37 | 13 | 41 | 35 | 81 |
| 9 | 32 | 40 | 86 | 32 | 310 | 64 | 17 | 3 | 25 | 11 | 16 |
| 1 | 3 | 27 | 14 | 17 | 21 | 37 | 12 | 3 | 12 | 12 | 27 |
|  | 3 | 9 | 26 | 5 | 2 | 3 | 6 | 6 | 10 |  | 10 |
| 12 | 9 | 23 | 43 | 28 | 8 | 32 | 16 | 22 | 23 | 5 | 3 |
| **4** | **12** | **23** | **35** | **13** | **20** | **51** | **61** | **60** | **149** | **79** | **58** |
| 1 | 1 | 3 | 15 | 3 | 8 | 22 | 30 | 30 | 76 | 21 | 25 |
|  | 7 | 4 | 7 | 2 | 1 | 14 | 11 | 7 | 11 | 14 | 11 |
| 3 | 4 | 16 | 13 | 8 | 11 | 15 | 20 | 23 | 62 | 44 | 22 |
| **227** | **1120** | **774** | **1445** | **900** | **395** | **1440** | **658** | **315** | **524** | **440** | **416** |
| 41 | 116 | 96 | 253 | 126 | 56 | 307 | 125 | 63 | 278 | 117 | 104 |
| 14 | 104 | 53 | 106 | 77 | 33 | 147 | 25 | 10 | 40 | 35 | 38 |
| 34 | 133 | 82 | 207 | 112 | 29 | 224 | 63 | 46 | 23 | 51 | 22 |
| 138 | 767 | 543 | 879 | 585 | 277 | 762 | 445 | 196 | 183 | 237 | 252 |
| **2625** | **7073** | **6964** | **19848** | **6604** | **2549** | **9625** | **4914** | **4150** | **4039** | **2880** | **4285** |
| 1644 | 3843 | 3286 | 10684 | 2167 | 581 | 3885 | 1344 | 938 | 1253 | 872 | 1449 |
| 981 | 3230 | 3678 | 9164 | 4437 | 1968 | 5740 | 3570 | 3212 | 2786 | 2008 | 2836 |
| **158** | **651** | **499** | **735** | **241** | **137** | **778** | **321** | **321** | **337** | **174** | **184** |
| 2 | 6 | 22 | 11 |  |  | 10 | 1 | 1 |  | 2 | 1 |
| 84 | 259 | 268 | 347 | 138 | 89 | 368 | 207 | 238 | 209 | 114 | 112 |
| 5 | 30 | 4 | 9 | 8 | 6 | 14 | 6 | 5 | 25 | 15 | 7 |
|  | 3 | 3 | 3 |  |  | 22 |  |  |  |  |  |
|  |  | 2 | 1 |  | 1 |  |  |  |  |  | 1 |
| 37 | 286 | 121 | 264 | 53 | 28 | 227 | 56 | 55 | 65 | 25 | 37 |
| 19 | 51 | 66 | 78 | 21 | 6 | 69 | 36 | 16 | 27 | 10 | 17 |
| 11 | 16 | 13 | 22 | 21 | 7 | 68 | 15 | 6 | 11 | 8 | 9 |
| **194** | **682** | **568** | **777** | **735** | **294** | **1221** | **776** | **831** | **819** | **461** | **688** |
| 19 | 130 | 140 | 141 | 130 | 40 | 271 | 125 | 64 | 135 | 63 | 70 |
| 175 | 552 | 428 | 636 | 605 | 254 | 950 | 651 | 767 | 684 | 398 | 618 |

表22.5 续表4 continued4

| 指 标 | Item | 南川区 Nanchuan District | 綦江区 Qijiang District | 其中 of which 綦江区（不含万盛） Qijiang District (excluding Wansheng) | 大足区 Dazu District |
|---|---|---|---|---|---|
| 橡胶和塑料制品业 | Plastic Products | 23 | 40 | 23 | 95 |
| 非金属矿物制品业 | Nonmetal Mineral Products | 167 | 203 | 140 | 215 |
| 黑色金属冶炼和压延加工业 | Smelting and Pressing of Ferrous Metals | 20 | 22 | 17 | 100 |
| 有色金属冶炼和压延加工业 | Smelting and Pressing of Nonferrous Metals | 23 | 48 | 40 | 29 |
| 金属制品业 | Metal Products | 141 | 95 | 64 | 939 |
| 通用设备制造业 | Manufacture of General-purpose Machinery | 58 | 117 | 102 | 160 |
| 专用设备制造业 | Manufacture of Special-purpose Machinery | 27 | 53 | 33 | 470 |
| 汽车制造业 | Manufacture of Automobile | 35 | 160 | 152 | 575 |
| 铁路、船舶、航空航天和其他运输设备制造业 | Manufacture of Railway, Ship, Aeronautics and Other Transport Equipment | 10 | 39 | 18 | 442 |
| 电气机械和器材制造业 | Manufacture of Electrical Machinery and Equipment | 17 | 21 | 14 | 73 |
| 计算机、通信和其他电子设备制造业 | Manufacture of Communication Equipment, Computers and Other Electronic Equipment | 14 | 8 | 1 | 25 |
| 仪器仪表制造业 | Manufacture of Instruments and Meters | 3 | 5 | 3 | 3 |
| 其他制造业 | Other Manufactures | 22 | 16 | 12 | 14 |
| 废弃资源综合利用业 | Comprehensive Utilization of Waste | 2 | 15 | 10 | 30 |
| 金属制品、机械和设备修理业 | Manufacture of Metal Products, Machinery and Equipment Maintenance | 4 | 5 | 2 | 8 |
| **电力、热力、燃气及水生产和供应业** | **Production and Supply of Electric Power,Gas and Water** | **83** | **108** | **75** | **40** |
| 电力、热力生产和供应业 | Production and Supply of Electric Power and Heat Power | 70 | 74 | 51 | 14 |
| 燃气生产和供应业 | Production and Supply of Gas | 5 | 12 | 10 | 5 |
| 水的生产和供应业 | Production and Supply of Water | 8 | 22 | 14 | 21 |
| **建筑业** | **Construction** | **174** | **395** | **214** | **313** |
| 房屋建筑业 | Construction of Housing | 51 | 159 | 73 | 74 |
| 土木工程建筑业 | Civil Engineering Construction | 12 | 39 | 20 | 23 |
| 建筑安装业 | Architectural Installation | 25 | 20 | 13 | 29 |
| 建筑装饰和其他建筑业 | Architectural Decoration and Other Construction | 86 | 177 | 108 | 187 |
| **批发和零售业** | **Wholesale and Retail Trade** | **2145** | **4222** | **2581** | **2660** |
| 批发业 | Wholesale Trade | 556 | 1350 | 821 | 1059 |
| 零售业 | Retail Trade | 1589 | 2872 | 1760 | 1601 |
| **交通运输、仓储和邮政业** | **Transport, Storage and Postal Services** | **90** | **735** | **351** | **197** |
| 铁路运输业 | Transport Via Railway | 2 | 5 | 3 | |
| 道路运输业 | Transport Via Road | 58 | 631 | 292 | 155 |
| 水上运输业 | Water Transport | | 1 | 1 | 5 |
| 航空运输业 | Air Transport | | 3 | | 1 |
| 管道运输业 | Transport Via Pipeline | | 2 | 1 | |
| 装卸搬运和运输代理业 | Loading, Unloading, Portage and Transport Agency | 17 | 77 | 44 | 11 |
| 仓储业 | Storage | 2 | 8 | 8 | 11 |
| 邮政业 | Post | 11 | 8 | 2 | 14 |
| **住宿和餐饮业** | **Hotels and Catering Services** | **989** | **1944** | **987** | **871** |
| 住宿业 | Hotels | 68 | 373 | 252 | 109 |
| 餐饮业 | Catering Services | 921 | 1571 | 735 | 762 |

单位：个 (unit)

| 璧山区 Bishan District | 铜梁区 Tongliang District | 潼南区 Tongnan District | 荣昌区 Rongchang District | 开州区 Kaizhou District | 梁平区 Liangping District | 武隆区 Wulong District | 城口县 Chengkou County | 丰都县 Fengdu County | 垫江县 Dianjiang County | 忠 县 Zhongxian County | 云阳县 Yunyang County | 奉节县 Fengjie County | 巫山县 Wushan County |
|---|---|---|---|---|---|---|---|---|---|---|---|---|---|
| 245 | 84 | 27 | 59 | 38 | 46 | 5 | 1 | 14 | 53 | 6 | 23 | 14 | 5 |
| 140 | 196 | 193 | 178 | 311 | 175 | 85 | 17 | 122 | 238 | 114 | 234 | 171 | 49 |
| 20 | 21 | 4 | 35 | 6 | 9 | 1 | 13 | 9 | 15 | 8 | 27 | 2 | 1 |
| 13 | 23 | 7 | 2 | 13 | 5 | 2 | 9 | 9 | 12 | 6 | 15 | 1 | 2 |
| 171 | 151 | 202 | 104 | 244 | 143 | 25 | 8 | 32 | 258 | 89 | 142 | 51 | 22 |
| 306 | 100 | 29 | 69 | 22 | 22 | 9 | 1 | 13 | 38 | 14 | 20 | 13 | 4 |
| 299 | 109 | 26 | 70 | 42 | 20 | 4 | 6 | 22 | 34 | 25 | 20 | 42 | 11 |
| 461 | 147 | 10 | 40 | 9 | 8 | 15 |  | 5 | 14 | 12 | 4 | 6 | 1 |
| 179 | 48 | 7 | 5 | 3 | 9 | 5 |  | 10 | 3 | 6 | 10 | 7 | 1 |
| 85 | 66 | 43 | 57 | 37 | 22 | 7 |  | 10 | 36 | 16 | 32 | 18 | 2 |
| 147 | 61 | 95 | 19 | 17 | 20 | 7 | 2 | 9 | 56 | 11 | 32 | 21 | 1 |
| 30 | 10 | 3 | 9 | 1 | 1 |  |  | 4 | 4 |  | 2 | 3 | 2 |
| 7 | 29 | 27 | 7 | 33 | 30 | 2 | 1 | 1 | 36 | 11 | 12 | 27 | 4 |
| 13 | 10 | 7 | 5 | 13 | 4 | 4 |  | 3 | 7 |  | 2 | 4 | 1 |
| 7 | 4 | 6 | 1 | 7 | 3 |  |  | 3 | 2 | 8 | 5 | 3 | 3 |
| **28** | **42** | **48** | **33** | **111** | **33** | **121** | **53** | **101** | **45** | **94** | **83** | **85** | **57** |
| 6 | 18 | 8 | 3 | 55 | 5 | 112 | 46 | 55 | 16 | 43 | 63 | 63 | 39 |
| 5 | 3 | 10 | 13 | 13 | 5 | 3 | 5 | 8 | 5 | 13 | 7 | 8 | 5 |
| 17 | 21 | 30 | 17 | 43 | 23 | 6 | 2 | 38 | 24 | 38 | 13 | 14 | 13 |
| **303** | **331** | **225** | **305** | **275** | **104** | **76** | **38** | **116** | **305** | **189** | **286** | **100** | **111** |
| 51 | 109 | 77 | 60 | 87 | 45 | 40 | 15 | 34 | 171 | 69 | 132 | 56 | 54 |
| 46 | 47 | 19 | 30 | 18 | 8 | 6 | 2 | 21 | 9 | 15 | 42 | 10 | 8 |
| 26 | 13 | 23 | 22 | 23 | 9 | 4 | 6 | 7 | 34 | 18 | 12 | 7 | 10 |
| 180 | 162 | 106 | 193 | 147 | 42 | 26 | 15 | 54 | 91 | 87 | 100 | 27 | 39 |
| **2773** | **2504** | **2944** | **2934** | **4817** | **1890** | **857** | **519** | **1407** | **1940** | **3769** | **1696** | **992** | **1053** |
| 641 | 652 | 1267 | 804 | 1327 | 529 | 358 | 140 | 421 | 492 | 1511 | 372 | 403 | 231 |
| 2132 | 1852 | 1677 | 2130 | 3490 | 1361 | 499 | 379 | 986 | 1448 | 2258 | 1324 | 589 | 822 |
| **215** | **85** | **185** | **124** | **176** | **91** | **59** | **21** | **117** | **119** | **125** | **126** | **161** | **99** |
| 2 |  |  |  |  | 1 |  |  | 1 |  |  |  | 2 |  |
| 152 | 61 | 134 | 98 | 106 | 51 | 36 | 12 | 70 | 80 | 75 | 54 | 50 | 26 |
|  |  | 9 | 3 | 3 |  | 3 |  | 20 | 1 | 13 | 23 | 31 | 27 |
|  | 1 |  |  |  | 3 | 2 |  |  |  |  |  | 1 | 1 |
|  |  |  |  | 2 | 1 |  |  |  |  |  |  |  |  |
| 33 | 14 | 26 | 11 | 22 | 20 | 10 | 2 | 20 | 21 | 27 | 30 | 25 | 24 |
| 17 | 6 | 4 | 3 | 18 | 3 | 2 | 2 | 3 | 5 | 6 | 6 | 14 | 3 |
| 11 | 3 | 12 | 9 | 25 | 12 | 6 | 5 | 3 | 12 | 4 | 13 | 38 | 18 |
| **355** | **582** | **555** | **262** | **1548** | **451** | **1124** | **1108** | **351** | **467** | **628** | **389** | **229** | **338** |
| 18 | 36 | 69 | 28 | 339 | 31 | 187 | 534 | 52 | 39 | 51 | 109 | 54 | 85 |
| 337 | 546 | 486 | 234 | 1209 | 420 | 937 | 574 | 299 | 428 | 577 | 280 | 175 | 253 |

**表22.5 续表5 continued5**

单位：个 (unit)

| 指　标 | Item | 巫溪县 Wuxi County | 石柱县 Shizhu County | 秀山县 Xiushan County | 酉阳县 Youyang County | 彭水县 Pengshui County |
|---|---|---|---|---|---|---|
| 橡胶和塑料制品业 | Plastic Products | 3 | 13 | 8 | 10 | 4 |
| 非金属矿物制品业 | Nonmetal Mineral Products | 37 | 140 | 118 | 239 | 200 |
| 黑色金属冶炼和压延加工业 | Smelting and Pressing of Ferrous Metals | 1 | 1 | 26 | 20 | |
| 有色金属冶炼和压延加工业 | Smelting and Pressing of Nonferrous Metals | 1 | 6 | 6 | 16 | 3 |
| 金属制品业 | Metal Products | 49 | 39 | 30 | 62 | 42 |
| 通用设备制造业 | Manufacture of General-purpose Machinery | 6 | 7 | 6 | 14 | 6 |
| 专用设备制造业 | Manufacture of Special-purpose Machinery | 3 | 14 | 7 | 27 | 10 |
| 汽车制造业 | Manufacture of Automobile | | 4 | 4 | | |
| 铁路、船舶、航空航天和其他运输设备制造业 | Manufacture of Railway, Ship, Aeronautics and Other Transport Equipment | | 1 | 1 | 1 | 1 |
| 电气机械和器材制造业 | Manufacture of Electrical Machinery and Equipment | 3 | 13 | 10 | 6 | 8 |
| 计算机、通信和其他电子设备制造业 | Manufacture of Communication Equipment, Computers and Other Electronic Equipment | | 11 | 13 | 7 | 3 |
| 仪器仪表制造业 | Manufacture of Instruments and Meters | | | 4 | 3 | |
| 其他制造业 | Other Manufactures | 3 | 10 | 3 | 5 | 5 |
| 废弃资源综合利用业 | Comprehensive Utilization of Waste | 1 | 1 | | 6 | 2 |
| 金属制品、机械和设备修理业 | Manufacture of Metal Products, Machinery and Equipment Maintenance | 5 | 1 | 6 | 3 | |
| **电力、热力、燃气及水生产和供应业** | **Production and Supply of Electric Power,Gas and Water** | **152** | **75** | **36** | **103** | **52** |
| 电力、热力生产和供应业 | Production and Supply of Electric Power and Heat Power | 134 | 62 | 27 | 72 | 36 |
| 燃气生产和供应业 | Production and Supply of Gas | | 8 | 5 | 8 | 6 |
| 水的生产和供应业 | Production and Supply of Water | 18 | 5 | 4 | 23 | 10 |
| **建筑业** | **Construction** | **74** | **83** | **134** | **118** | **159** |
| 房屋建筑业 | Construction of Housing | 19 | 26 | 30 | 31 | 59 |
| 土木工程建筑业 | Civil Engineering Construction | 3 | 13 | 14 | 15 | 35 |
| 建筑安装业 | Architectural Installation | 7 | 8 | 7 | 23 | 11 |
| 建筑装饰和其他建筑业 | Architectural Decoration and Other Construction | 45 | 36 | 83 | 49 | 54 |
| **批发和零售业** | **Wholesale and Retail Trade** | **749** | **997** | **2385** | **1907** | **1459** |
| 批发业 | Wholesale Trade | 245 | 319 | 657 | 588 | 575 |
| 零售业 | Retail Trade | 504 | 678 | 1728 | 1319 | 884 |
| **交通运输、仓储和邮政业** | **Transport, Storage and Postal Services** | **39** | **84** | **107** | **101** | **69** |
| 铁路运输业 | Transport Via Railway | | 1 | | 2 | 1 |
| 道路运输业 | Transport Via Road | 18 | 54 | 56 | 62 | 39 |
| 水上运输业 | Water Transport | 9 | 3 | | 4 | 6 |
| 航空运输业 | Air Transport | | | | | |
| 管道运输业 | Transport Via Pipeline | | | | | |
| 装卸搬运和运输代理业 | Loading, Unloading, Portage and Transport Agency | 5 | 17 | 45 | 18 | 14 |
| 仓储业 | Storage | | 2 | 1 | 11 | 3 |
| 邮政业 | Post | 7 | 7 | 5 | 4 | 6 |
| **住宿和餐饮业** | **Hotels and Catering Services** | **475** | **451** | **348** | **536** | **382** |
| 住宿业 | Hotels | 23 | 69 | 31 | 84 | 46 |
| 餐饮业 | Catering Services | 452 | 382 | 317 | 452 | 336 |

表22.5 续表6 continued6

单位：个 (unit)

| 指　标 | Item | 全　市 Total | 万州区 Wanzhou District | 黔江区 Qianjiang District | 涪陵区 Fuling District | 渝中区 Yuzhong District |
|---|---|---|---|---|---|---|
| **信息传输、软件和信息技术服务业** | **Information Transmission, Computer Services and Software** | **15673** | **343** | **155** | **281** | **1722** |
| 电信、广播电视和卫星传输服务 | Telecom, Radio, Televison and Satellite Transmission Services | 552 | 26 | 6 | 11 | 22 |
| 互联网和相关服务 | Internet and Ralated Services | 2668 | 89 | 14 | 45 | 197 |
| 软件和信息技术服务业 | Software and Information Technology Services | 12453 | 228 | 135 | 225 | 1503 |
| **金融业** | **Finance** | 3565 | 121 | 38 | 145 | 472 |
| 货币金融服务 | Money Finance Services | 1155 | 37 | 21 | 38 | 132 |
| 资本市场服务 | Capital Market Services | 1499 | 39 | 5 | 68 | 229 |
| 保险业 | Insurance | 494 | 26 | 8 | 29 | 59 |
| 其他金融业 | Other Finance | 417 | 19 | 4 | 10 | 52 |
| **房地产业** | **Real Estate** | **13609** | **458** | **122** | **435** | **1045** |
| 房地产业 | Real Estate | 13609 | 458 | 122 | 435 | 1045 |
| **租赁和商务服务业** | **Leasing and Business Services** | **44328** | **1628** | **878** | **1476** | **4976** |
| 租赁业 | Leasing | 4664 | 221 | 87 | 232 | 149 |
| 商务服务业 | Business Services | 39664 | 1407 | 791 | 1244 | 4827 |
| **科学研究和技术服务业** | **Scientific Research, Technical Services and Geological Prospecting** | **12658** | **448** | **146** | **567** | **833** |
| 研究和试验发展 | Research and Experimental Development | 869 | 25 | 5 | 32 | 71 |
| 专业技术服务业 | Professional Technical Services | 8173 | 233 | 102 | 348 | 605 |
| 科技推广和应用服务业 | Services of Science and Technology Application and Promotion | 3616 | 190 | 39 | 187 | 157 |
| **水利、环境和公共设施管理业** | **Water Conservancy, Environment and Public Facilities Management** | **3058** | **94** | **33** | **135** | **83** |
| 水利管理业 | Management of Water Conservancy | 585 | 25 | 5 | 12 | 8 |
| 生态保护和环境治理业 | Ecological Protection and Environmental Governance | 547 | 17 | 3 | 33 | 28 |
| 公共设施管理业 | Management of Public Facilities | 1926 | 52 | 25 | 90 | 47 |
| **居民服务、修理和其他服务业** | **Resident Services, Maintenance Services and Other Services** | **15427** | **970** | **396** | **670** | **774** |
| 居民服务业 | Resident Services | 8260 | 620 | 214 | 372 | 430 |
| 机动车、电子产品和日用产品修理业 | Vehicles, Electronic Products and Commodities Maintenance Services | 4504 | 242 | 104 | 201 | 162 |
| 其他服务业 | Other Services | 2663 | 108 | 78 | 97 | 182 |
| **教　育** | **Education** | **13339** | **582** | **160** | **551** | **504** |
| 教　育 | Education | 13339 | 582 | 160 | 551 | 504 |
| **卫生和社会工作** | **Health and Social Work** | **6395** | **258** | **128** | **168** | **179** |
| 卫　生 | Health | 4335 | 171 | 48 | 92 | 117 |
| 社会工作 | Social Work | 2060 | 87 | 80 | 76 | 62 |
| **文化、体育和娱乐业** | **Culture, Sports and Entertainment** | **11155** | **397** | **120** | **470** | **638** |
| 新闻和出版业 | Journalism and Publishing Activities | 210 | 3 | 1 | 1 | 70 |
| 广播、电视、电影和影视录音制作业 | Broadcasting, Movies, Televisions and Audiovisual Activities | 656 | 17 | 6 | 12 | 103 |
| 文化艺术业 | Cultural and Art Activities | 4129 | 93 | 20 | 312 | 206 |
| 体　育 | Sports | 807 | 25 | 8 | 25 | 69 |
| 娱乐业 | Entertainment | 5353 | 259 | 85 | 120 | 190 |
| **公共管理、社会保障和社会组织** | **Public Administration, Social Security and Social Organizations** | **29473** | **1362** | **447** | **1083** | **882** |
| 中国共产党机关 | Organs of CPC | 600 | 13 | | 1 | 41 |
| 国家机构 | Government Agencies | 9030 | 334 | 141 | 305 | 170 |
| 人民政协、民主党派 | People's Political Consultative Conference and Democratic Parties | 168 | 6 | 1 | 7 | 13 |
| 社会保障 | Social Security | 784 | 81 | | 12 | 7 |
| 群众团体、社会团体和其他成员组织 | Non-Governmental Organizations, Social Organizations and Other Organizations | 7698 | 295 | 83 | 339 | 552 |
| 基层群众自治组织 | Grass Roots Self-governing Organizations | 11193 | 633 | 222 | 419 | 99 |

表22.5 续表7 continued7

| 指 标 | Item | 大渡口区 Dadukou District | 江北区 Jiangbei District | 沙坪坝区 Shapingba District | 九龙坡区 Jiulongpo District | 南岸区 Nan'an District |
|---|---|---|---|---|---|---|
| **信息传输、软件和信息技术服务业** | **Information Transmission, Computer Services and Software** | 292 | 1595 | 1150 | 3050 | 1251 |
| 电信、广播电视和卫星传输服务 | Telecom, Radio, Televison and Satellite Transmission Services | 11 | 18 | 32 | 48 | 18 |
| 互联网和相关服务 | Internet and Ralated Services | 35 | 148 | 195 | 183 | 193 |
| 软件和信息技术服务业 | Software and Information Technology Services | 246 | 1429 | 923 | 2819 | 1040 |
| **金融业** | **Finance** | **57** | **354** | **75** | **212** | **127** |
| 货币金融服务 | Money Finance Services | 24 | 84 | 34 | 42 | 36 |
| 资本市场服务 | Capital Market Services | 17 | 187 | 23 | 143 | 53 |
| 保险业 | Insurance | 5 | 30 | 3 | 13 | 10 |
| 其他金融业 | Other Finance | 11 | 53 | 15 | 14 | 28 |
| **房地产业** | **Real Estate** | **244** | **999** | **687** | **1160** | **781** |
| 房地产业 | Real Estate | 244 | 999 | 687 | 1160 | 781 |
| **租赁和商务服务业** | **Leasing and Business Services** | **673** | **4586** | **2794** | **4762** | **3033** |
| 租赁业 | Leasing | 107 | 244 | 242 | 567 | 225 |
| 商务服务业 | Business Services | 566 | 4342 | 2552 | 4195 | 2808 |
| **科学研究和技术服务业** | **Scientific Research, Technical Services and Geological Prospecting** | **228** | **881** | **707** | **1384** | **696** |
| 研究和试验发展 | Research and Experimental Development | 18 | 53 | 51 | 134 | 75 |
| 专业技术服务业 | Professional Technical Services | 121 | 682 | 534 | 974 | 476 |
| 科技推广和应用服务业 | Services of Science and Technology Application and Promotion | 89 | 146 | 122 | 276 | 145 |
| **水利、环境和公共设施管理业** | **Water Conservancy, Environment and Public Facilities Management** | **51** | **140** | **105** | **199** | **126** |
| 水利管理业 | Management of Water Conservancy |  | 6 | 11 | 10 | 4 |
| 生态保护和环境治理业 | Ecological Protection and Environmental Governance | 19 | 55 | 24 | 66 | 28 |
| 公共设施管理业 | Management of Public Facilities | 32 | 79 | 70 | 123 | 94 |
| **居民服务、修理和其他服务业** | **Resident Services, Maintenance Services and Other Services** | **187** | **762** | **1333** | **1042** | **729** |
| 居民服务业 | Resident Services | 96 | 404 | 958 | 462 | 287 |
| 机动车、电子产品和日用产品修理业 | Vehicles, Electronic Products and Commodities Maintenance Services | 57 | 186 | 186 | 380 | 171 |
| 其他服务业 | Other Services | 34 | 172 | 189 | 200 | 271 |
| **教 育** | **Education** | **179** | **485** | **639** | **767** | **463** |
| 教 育 | Education | 179 | 485 | 639 | 767 | 463 |
| **卫生和社会工作** | **Health and Social Work** | **74** | **172** | **194** | **242** | **140** |
| 卫 生 | Health | 55 | 128 | 109 | 181 | 88 |
| 社会工作 | Social Work | 19 | 44 | 85 | 61 | 52 |
| **文化、体育和娱乐业** | **Culture, Sports and Entertainment** | **123** | **574** | **521** | **804** | **588** |
| 新闻和出版业 | Journalism and Publishing Activities | 2 | 8 | 12 | 11 | 10 |
| 广播、电视、电影和影视录音制作业 | Broadcasting, Movies, Televisions and Audiovisual Activities | 8 | 47 | 43 | 78 | 26 |
| 文化艺术业 | Cultural and Art Activities | 29 | 233 | 147 | 334 | 271 |
| 体 育 | Sports | 13 | 67 | 45 | 92 | 64 |
| 娱乐业 | Entertainment | 71 | 219 | 274 | 289 | 217 |
| **公共管理、社会保障和社会组织** | **Public Administration, Social Security and Social Organizations** | **363** | **554** | **708** | **658** | **573** |
| 中国共产党机关 | Organs of CPC | 16 | 6 | 28 | 13 | 8 |
| 国家机构 | Government Agencies | 170 | 261 | 255 | 204 | 179 |
| 人民政协、民主党派 | People's Political Consultative Conference and Democratic Parties | 9 | 5 | 11 | 9 | 1 |
| 社会保障 | Social Security | 2 | 9 | 21 | 10 | 6 |
| 群众团体、社会团体和其他成员组织 | Non-Governmental Organizations, Social Organizations and Other Organizations | 84 | 148 | 168 | 206 | 203 |
| 基层群众自治组织 | Grass Roots Self-governing Organizations | 82 | 125 | 225 | 216 | 176 |

单位：个 (unit)

| 北碚区 Beibei District | 渝北区 Yubei District | 巴南区 Ba'nan District | 长寿区 Changshou District | 江津区 Jiangjin District | 合川区 Hechuan District | 永川区 Yongchuan District | 南川区 Nanchuan District | 綦江区 Qijiang District | 其中 of which 綦江区（不含万盛） Qijiang District (excluding Wansheng) | 大足区 Dazu District | 璧山区 Bishan District | 铜梁区 Tongliang District |
|---|---|---|---|---|---|---|---|---|---|---|---|---|
| 250 | 2043 | 604 | 139 | 222 | 202 | 324 | 128 | 165 | 94 | 94 | 148 | 98 |
| 6 | 60 | 15 | 20 | 13 | 11 | 23 | 13 | 9 | 5 | 9 | 4 | 5 |
| 41 | 236 | 136 | 47 | 88 | 57 | 107 | 42 | 52 | 18 | 39 | 51 | 22 |
| 203 | 1747 | 453 | 72 | 121 | 134 | 194 | 73 | 104 | 71 | 46 | 93 | 71 |
| **63** | **567** | **120** | **63** | **63** | **52** | **43** | **51** | **86** | **48** | **36** | **43** | **48** |
| 28 | 144 | 36 | 25 | 21 | 17 | 20 | 19 | 33 | 23 | 16 | 19 | 16 |
| 19 | 347 | 37 | 17 | 22 | 14 | 8 | 15 | 37 | 15 | 6 | 12 | 19 |
| 9 | 29 | 22 | 15 | 14 | 4 | 13 | 9 | 8 | 5 | 11 | 3 | 9 |
| 7 | 47 | 25 | 6 | 6 | 17 | 2 | 8 | 8 | 5 | 3 | 9 | 4 |
| **325** | **1487** | **573** | **266** | **418** | **517** | **459** | **242** | **324** | **190** | **340** | **306** | **335** |
| 325 | 1487 | 573 | 266 | 418 | 517 | 459 | 242 | 324 | 190 | 340 | 306 | 335 |
| **959** | **4434** | **1357** | **709** | **917** | **823** | **817** | **611** | **847** | **507** | **576** | **668** | **517** |
| 117 | 483 | 275 | 123 | 143 | 81 | 118 | 88 | 129 | 90 | 91 | 177 | 79 |
| 842 | 3951 | 1082 | 586 | 774 | 742 | 699 | 523 | 718 | 417 | 485 | 491 | 438 |
| **403** | **1385** | **444** | **212** | **263** | **224** | **220** | **222** | **329** | **220** | **155** | **207** | **152** |
| 40 | 107 | 13 | 7 | 38 | 13 | 15 | 19 | 23 | 16 | 4 | 14 | 5 |
| 264 | 896 | 264 | 151 | 155 | 141 | 118 | 128 | 167 | 115 | 103 | 140 | 73 |
| 99 | 382 | 167 | 54 | 70 | 70 | 87 | 75 | 139 | 89 | 48 | 53 | 74 |
| **117** | **239** | **133** | **67** | **80** | **106** | **97** | **53** | **84** | **48** | **83** | **36** | **64** |
| 10 | 30 | 24 | 20 | 17 | 11 | 16 | 14 | 21 | 14 | 19 | 4 | 12 |
| 16 | 65 | 19 | 8 | 8 | 11 | 19 | 6 | 10 | 6 | 11 | 2 | 10 |
| 91 | 144 | 90 | 39 | 55 | 84 | 62 | 33 | 53 | 28 | 53 | 30 | 42 |
| **360** | **1157** | **465** | **524** | **347** | **300** | **264** | **266** | **562** | **308** | **335** | **269** | **239** |
| 237 | 515 | 219 | 304 | 137 | 147 | 127 | 120 | 252 | 141 | 191 | 164 | 142 |
| 88 | 397 | 141 | 183 | 164 | 101 | 85 | 102 | 210 | 116 | 121 | 72 | 72 |
| 35 | 245 | 105 | 37 | 46 | 52 | 52 | 44 | 100 | 51 | 23 | 33 | 25 |
| **325** | **741** | **469** | **310** | **611** | **438** | **391** | **195** | **371** | **287** | **393** | **325** | **267** |
| 325 | 741 | 469 | 310 | 611 | 438 | 391 | 195 | 371 | 287 | 393 | 325 | 267 |
| **114** | **222** | **402** | **197** | **411** | **138** | **123** | **151** | **176** | **108** | **149** | **87** | **139** |
| 61 | 162 | 312 | 158 | 274 | 89 | 68 | 65 | 106 | 68 | 52 | 56 | 67 |
| 53 | 60 | 90 | 39 | 137 | 49 | 55 | 86 | 70 | 40 | 97 | 31 | 72 |
| **280** | **709** | **376** | **215** | **344** | **314** | **276** | **149** | **272** | **173** | **279** | **212** | **227** |
| 6 | 23 | 4 | 1 | 2 | 4 | 2 | 2 | 9 | 6 | 1 | 1 | 1 |
| 12 | 63 | 16 | 3 | 7 | 8 | 7 | 2 | 14 | 8 | 5 | 6 | 6 |
| 81 | 178 | 159 | 79 | 93 | 51 | 83 | 39 | 81 | 47 | 69 | 50 | 82 |
| 20 | 61 | 31 | 9 | 16 | 6 | 16 | 23 | 27 | 7 | 20 | 22 | 7 |
| 161 | 384 | 166 | 123 | 226 | 245 | 168 | 83 | 141 | 105 | 184 | 133 | 131 |
| **591** | **960** | **774** | **860** | **724** | **1003** | **723** | **668** | **1251** | **908** | **785** | **562** | **797** |
| 21 | 11 | 17 | 15 | 11 | 38 | 15 | 13 | 33 | 19 | 8 | 11 | 32 |
| 172 | 346 | 217 | 371 | 182 | 285 | 220 | 170 | 394 | 254 | 285 | 178 | 243 |
| 8 | 9 | 12 | 10 | 5 | 13 | 2 | 2 | 6 | 6 | 3 | 2 | 2 |
| 21 | 16 | 30 | 10 | 40 | 55 | 5 | 2 | 28 | 18 | 21 | 9 | 2 |
| 186 | 231 | 209 | 199 | 211 | 203 | 221 | 237 | 324 | 238 | 159 | 176 | 192 |
| 183 | 347 | 289 | 255 | 275 | 409 | 260 | 244 | 466 | 373 | 309 | 186 | 326 |

表22.5 续表8 continued8

| 指 标 | Item | 潼南区 Tongnan District | 荣昌区 Rongchang District | 开州区 Kaizhou District | 梁平区 Liangping District | 武隆区 Wulong District | 城口县 Chengkou County |
|---|---|---|---|---|---|---|---|
| **信息传输、软件和信息技术服务业** | **Information Transmission, Computer Services and Software** | **106** | **165** | **165** | **52** | **30** | **36** |
| 电信、广播电视和卫星传输服务 | Telecom, Radio, Televison and Satellite Transmission Services | 11 | 12 | 16 | 7 | 5 | 3 |
| 互联网和相关服务 | Internet and Ralated Services | 53 | 62 | 71 | 28 | 7 | 26 |
| 软件和信息技术服务业 | Software and Information Technology Services | 42 | 91 | 78 | 17 | 18 | 7 |
| **金融业** | **Finance** | **45** | **49** | **60** | **40** | **22** | **31** |
| 货币金融服务 | Money Finance Services | 23 | 12 | 29 | 18 | 14 | 24 |
| 资本市场服务 | Capital Market Services | 6 | 12 | 15 | 5 | | 2 |
| 保险业 | Insurance | 9 | 12 | 12 | 14 | 8 | 5 |
| 其他金融业 | Other Finance | 7 | 13 | 4 | 3 | | |
| **房地产业** | **Real Estate** | **187** | **234** | **271** | **80** | **75** | **26** |
| 房地产业 | Real Estate | 187 | 234 | 271 | 80 | 75 | 26 |
| **租赁和商务服务业** | **Leasing and Business Services** | **471** | **511** | **873** | **267** | **223** | **115** |
| 租赁业 | Leasing | 90 | 52 | 119 | 39 | 20 | 11 |
| 商务服务业 | Business Services | 381 | 459 | 754 | 228 | 203 | 104 |
| **科学研究和技术服务业** | **Scientific Research, Technical Services and Geological Prospecting** | **109** | **269** | **299** | **146** | **96** | **245** |
| 研究和试验发展 | Research and Experimental Development | 5 | 10 | 11 | 10 | 1 | 1 |
| 专业技术服务业 | Professional Technical Services | 57 | 158 | 163 | 77 | 56 | 188 |
| 科技推广和应用服务业 | Services of Science and Technology Application and Promotion | 47 | 101 | 125 | 59 | 39 | 56 |
| **水利、环境和公共设施管理业** | **Water Conservancy, Environment and Public Facilities Management** | **65** | **67** | **135** | **59** | **28** | **24** |
| 水利管理业 | Management of Water Conservancy | 16 | 12 | 66 | 32 | 4 | 8 |
| 生态保护和环境治理业 | Ecological Protection and Environmental Governance | 1 | 14 | 11 | 4 | 4 | 7 |
| 公共设施管理业 | Management of Public Facilities | 48 | 41 | 58 | 23 | 20 | 9 |
| **居民服务、修理和其他服务业** | **Resident Services, Maintenance Services and Other Services** | **229** | **268** | **556** | **228** | **80** | **99** |
| 居民服务业 | Resident Services | 118 | 137 | 300 | 119 | 40 | 40 |
| 机动车、电子产品和日用产品修理业 | Vehicles, Electronic Products and Commodities Maintenance Services | 66 | 100 | 165 | 61 | 23 | 42 |
| 其他服务业 | Other Services | 45 | 31 | 91 | 48 | 17 | 17 |
| **教 育** | **Education** | **286** | **409** | **476** | **190** | **94** | **59** |
| 教 育 | Education | 286 | 409 | 476 | 190 | 94 | 59 |
| **卫生和社会工作** | **Health and Social Work** | **119** | **103** | **523** | **130** | **76** | **65** |
| 卫 生 | Health | 85 | 57 | 458 | 81 | 44 | 42 |
| 社会工作 | Social Work | 34 | 46 | 65 | 49 | 32 | 23 |
| **文化、体育和娱乐业** | **Culture, Sports and Entertainment** | **166** | **184** | **408** | **259** | **109** | **57** |
| 新闻和出版业 | Journalism and Publishing Activities | 4 | 2 | 4 | 2 | 1 | |
| 广播、电视、电影和影视录音制作业 | Broadcasting, Movies, Televisions and Audiovisual Activities | 1 | 15 | 16 | 2 | 9 | 10 |
| 文化艺术业 | Cultural and Art Activities | 29 | 49 | 194 | 152 | 45 | 31 |
| 体 育 | Sports | 10 | 16 | 19 | 7 | 4 | 1 |
| 娱乐业 | Entertainment | 122 | 102 | 175 | 96 | 50 | 15 |
| **公共管理、社会保障和社会组织** | **Public Administration, Social Security and Social Organizations** | **861** | **570** | **1322** | **766** | **634** | **564** |
| 中国共产党机关 | Organs of CPC | 8 | 9 | 15 | 40 | 20 | 19 |
| 国家机构 | Government Agencies | 304 | 224 | 318 | 225 | 267 | 195 |
| 人民政协、民主党派 | People's Political Consultative Conference and Democratic Parties | 2 | 3 | 4 | 1 | 2 | 2 |
| 社会保障 | Social Security | 18 | 23 | 74 | 34 | 6 | 25 |
| 群众团体、社会团体和其他成员组织 | Non-Governmental Organizations, Social Organizations and Other Organizations | 227 | 141 | 394 | 122 | 128 | 119 |
| 基层群众自治组织 | Grass Roots Self-governing Organizations | 302 | 170 | 517 | 344 | 211 | 204 |

单位：个 (unit)

| 丰都县 Fengdu County | 垫江县 Dianjiang County | 忠 县 Zhongxian County | 云阳县 Yunyang County | 奉节县 Fengjie County | 巫山县 Wushan County | 巫溪县 Wuxi County | 石柱县 Shizhu County | 秀山县 Xiushan County | 酉阳县 Youyang County | 彭水县 Pengshui County |
|---|---|---|---|---|---|---|---|---|---|---|
| **84** | **51** | **71** | **116** | **116** | **70** | **68** | **18** | **101** | **68** | **100** |
| 12 | 7 | 16 | 9 | 17 | 8 | 6 | 6 | 4 | 14 | 19 |
| 44 | 21 | 23 | 58 | 46 | 50 | 10 | 8 | 67 | 24 | 53 |
| 28 | 23 | 32 | 49 | 53 | 12 | 52 | 4 | 30 | 30 | 28 |
| **42** | **46** | **47** | **33** | **73** | **33** | **24** | **32** | **53** | **57** | **42** |
| 18 | 16 | 17 | 14 | 27 | 13 | 15 | 20 | 21 | 10 | 22 |
| 4 | 13 | 16 | 7 | 31 | 6 | 4 | 1 | 21 | 34 | 5 |
| 9 | 14 | 12 | 10 | 14 | 11 | 1 | 8 | 8 | 8 | 10 |
| 11 | 3 | 2 | 2 | 1 | 3 | 4 | 3 | 3 | 5 | 5 |
| **117** | **206** | **152** | **143** | **100** | **90** | **50** | **112** | **84** | **76** | **83** |
| 117 | 206 | 152 | 143 | 100 | 90 | 50 | 112 | 84 | 76 | 83 |
| **369** | **351** | **428** | **504** | **309** | **300** | **161** | **271** | **302** | **389** | **443** |
| 35 | 40 | 39 | 59 | 27 | 24 | 15 | 27 | 33 | 20 | 36 |
| 334 | 311 | 389 | 445 | 282 | 276 | 146 | 244 | 269 | 369 | 407 |
| **138** | **118** | **138** | **179** | **99** | **92** | **122** | **77** | **101** | **157** | **167** |
| 12 | 7 | 6 | 12 | 20 | 1 |  | 3 |  | 4 | 4 |
| 69 | 66 | 60 | 99 | 43 | 51 | 64 | 61 | 57 | 114 | 115 |
| 57 | 45 | 72 | 68 | 36 | 40 | 58 | 13 | 44 | 39 | 48 |
| **90** | **91** | **43** | **46** | **50** | **48** | **31** | **44** | **18** | **54** | **40** |
| 43 | 21 | 8 | 18 | 12 | 22 | 15 | 12 | 2 | 10 | 5 |
| 8 | 9 | 7 | 2 | 4 | 3 | 3 | 1 | 5 | 3 | 3 |
| 39 | 61 | 28 | 26 | 34 | 23 | 13 | 31 | 11 | 41 | 32 |
| **185** | **186** | **303** | **215** | **169** | **79** | **130** | **130** | **233** | **163** | **223** |
| 120 | 67 | 189 | 127 | 85 | 38 | 73 | 58 | 138 | 87 | 126 |
| 43 | 56 | 81 | 60 | 48 | 26 | 52 | 61 | 70 | 63 | 62 |
| 22 | 63 | 33 | 28 | 36 | 15 | 5 | 11 | 25 | 13 | 35 |
| **277** | **255** | **330** | **309** | **289** | **153** | **166** | **155** | **281** | **262** | **182** |
| 277 | 255 | 330 | 309 | 289 | 153 | 166 | 155 | 281 | 262 | 182 |
| **103** | **129** | **176** | **165** | **337** | **75** | **152** | **64** | **48** | **143** | **123** |
| 55 | 56 | 97 | 96 | 311 | 65 | 86 | 52 | 40 | 136 | 115 |
| 48 | 73 | 79 | 69 | 26 | 10 | 66 | 12 | 8 | 7 | 8 |
| **390** | **185** | **298** | **241** | **97** | **142** | **90** | **167** | **168** | **162** | **144** |
| 7 | 2 | 2 | 2 | 4 | 1 |  | 1 |  | 1 | 3 |
| 8 | 9 | 11 | 5 | 8 | 28 | 4 | 5 | 13 | 7 | 16 |
| 273 | 59 | 144 | 99 | 24 | 43 | 52 | 116 | 45 | 38 | 46 |
| 7 | 11 | 7 | 16 | 9 | 5 | 2 | 5 | 4 | 13 | 5 |
| 95 | 104 | 134 | 119 | 52 | 65 | 32 | 40 | 106 | 103 | 74 |
| **711** | **755** | **872** | **1151** | **1208** | **632** | **651** | **525** | **560** | **631** | **732** |
| 12 | 6 | 34 | 17 | 10 | 11 | 10 | 13 | 9 | 7 | 9 |
| 194 | 242 | 253 | 248 | 510 | 193 | 164 | 104 | 86 | 182 | 239 |
| 1 | 2 | 1 | 2 | 5 | 1 | 1 | 2 | 1 | 1 | 1 |
| 28 | 46 | 28 | 48 | 30 | 5 | 5 |  | 3 | 7 | 17 |
| 146 | 160 | 192 | 352 | 191 | 90 | 142 | 161 | 194 | 153 | 160 |
| 330 | 299 | 364 | 484 | 462 | 332 | 329 | 245 | 267 | 281 | 306 |

# 表22.6 按区县、登记注册类型分组的法人单位数（2016年）

## NUMBER OF CORPORATE UNITS BY STATUS OF REGISTRATION AND REGION (2016)

| 区县 | Item | 总计 Total | 其中 of which | | | | |
|---|---|---|---|---|---|---|---|
| | | | 内资 Domestic-funded Enterprises | 其中 of which | | | |
| | | | | 国有 State-owned | 集体 Collective-owned | 股份合作 Cooperative Share-holding | 联营 Joint Ownership |
| **全市** | **Total** | **533103** | **531302** | **23721** | **3644** | **1783** | **574** |
| 万州区 | Wanzhou District | 25650 | 25621 | 1039 | 130 | 67 | 37 |
| 黔江区 | Qianjiang District | 10015 | 10010 | 332 | 14 | 36 | 8 |
| 涪陵区 | Fuling District | 21733 | 21687 | 938 | 111 | 42 | 12 |
| 渝中区 | Yuzhong District | 23750 | 23512 | 782 | 233 | 84 | 19 |
| 大渡口区 | Dadukou District | 6807 | 6782 | 309 | 42 | 22 | 2 |
| 江北区 | Jiangbei District | 21680 | 21460 | 572 | 70 | 17 | 4 |
| 沙坪坝区 | Shapingba District | 23116 | 23010 | 683 | 288 | 119 | 26 |
| 九龙坡区 | Jiulongpo District | 42940 | 42766 | 522 | 207 | 189 | 37 |
| 南岸区 | Nan'an District | 18795 | 18689 | 450 | 45 | 104 | 14 |
| 北碚区 | Beibei District | 11258 | 11198 | 537 | 119 | 39 | 14 |
| 渝北区 | Yubei District | 30695 | 30362 | 877 | 69 | 214 | 19 |
| 巴南区 | Ba'nan District | 20782 | 20711 | 662 | 140 | 52 | 19 |
| 长寿区 | Changshou District | 14553 | 14506 | 682 | 148 | 26 | 25 |
| 江津区 | Jiangjin District | 17695 | 17643 | 714 | 198 | 35 | 17 |
| 合川区 | Hechuan District | 12694 | 12667 | 768 | 64 | 31 | 10 |
| 永川区 | Yongchuan District | 14204 | 14157 | 595 | 72 | 44 | 19 |
| 南川区 | Nanchuan District | 12126 | 12116 | 473 | 85 | 25 | 13 |
| 綦江区 | Qijiang District | 16983 | 16965 | 891 | 178 | 75 | 20 |
| #綦江区（不含万盛） | Qijiang District (excluding Wansheng) | 10764 | 10751 | 604 | 113 | 57 | 11 |
| 大足区 | Dazu District | 14529 | 14513 | 710 | 42 | 8 | 7 |
| 璧山区 | Bishan District | 12328 | 12274 | 414 | 84 | 39 | 14 |
| 铜梁区 | Tongliang District | 10706 | 10684 | 610 | 66 | 15 | 4 |
| 潼南区 | Tongnan District | 11930 | 11925 | 555 | 66 | 14 | 7 |
| 荣昌区 | Rongchang District | 9369 | 9353 | 590 | 60 | 13 | 7 |
| 开州区 | Kaizhou County | 17517 | 17509 | 927 | 217 | 105 | 26 |
| 梁平区 | Liangping County | 8817 | 8812 | 647 | 113 | 35 | 2 |
| 武隆区 | Wulong County | 8072 | 8068 | 531 | 33 | 23 | 1 |
| 城口县 | Chenkou County | 4531 | 4530 | 471 | 16 | 30 | 4 |
| 丰都县 | Wulong County | 8916 | 8902 | 711 | 63 | 23 | 66 |
| 垫江县 | Dianjian County | 8835 | 8830 | 568 | 99 | 83 | 23 |
| 忠县 | Zhongxian County | 10120 | 10111 | 650 | 101 | 34 | 12 |
| 云阳县 | Yunyang County | 11923 | 11919 | 643 | 80 | 22 | 23 |
| 奉节县 | Fengjie County | 7637 | 7634 | 804 | 67 | 24 | 9 |
| 巫山县 | Wushan County | 7493 | 7491 | 560 | 34 | 14 | 4 |
| 巫溪县 | Wuxi County | 5418 | 5414 | 536 | 92 | 6 | 6 |
| 石柱县 | Shizhu County | 4784 | 4779 | 384 | 71 | 13 | 10 |
| 秀山县 | Xiushan County | 8056 | 8056 | 354 | 18 | 5 | 1 |
| 酉阳县 | Youyang County | 8638 | 8632 | 614 | 67 | 11 | 6 |
| 彭水县 | Pengshui County | 8008 | 8004 | 616 | 42 | 45 | 27 |

单位：个 (unit)

| 其 中 of which | | | | | | | | |
|---|---|---|---|---|---|---|---|---|
| 其 中 of which | | | | 其 中 of which | | | 其 中 of which | |
| | | | | 有限责任公司 Limited-liability Corporations | 其 中 of which | | 股份有限公司 Share-holding Limited Companies | 私 营 Private |
| 国有联营 State Joint Ownership | 集体联营 Collective Joint Ownership | 国有与集体联营 Joint State-collective Ownership | 其他联营 Other Joint Ownership | | 国有独资公司 State Sole Funded | 其他有限责任公司 Other Limited-liability Corporations | | |
| **72** | **216** | **45** | **241** | **52581** | **1276** | **51305** | **4500** | **371207** |
| 7 | 8 | 6 | 16 | 2092 | 34 | 2058 | 254 | 17223 |
| 1 | 1 | 1 | 5 | 357 | 23 | 334 | 38 | 7122 |
| 2 | 3 | 3 | 4 | 1020 | 54 | 966 | 201 | 17301 |
| 1 | 8 | 5 | 5 | 2802 | 107 | 2695 | 292 | 18096 |
| 1 | | | 1 | 1241 | 19 | 1222 | 91 | 4555 |
| 3 | 1 | | | 1152 | 90 | 1062 | 77 | 18908 |
| 4 | 15 | 3 | 4 | 5876 | 49 | 5827 | 302 | 14437 |
| 4 | 16 | 5 | 12 | 11263 | 51 | 11212 | 462 | 26795 |
| 3 | 5 | | 6 | 2201 | 53 | 2148 | 267 | 14541 |
| 5 | 4 | 2 | 3 | 1290 | 40 | 1250 | 109 | 7276 |
| 3 | 8 | 1 | 7 | 5500 | 143 | 5357 | 656 | 20523 |
| 1 | 10 | 3 | 5 | 2852 | 35 | 2817 | 163 | 14704 |
| 3 | 10 | 1 | 11 | 625 | 32 | 593 | 91 | 11537 |
| | 6 | 1 | 10 | 1461 | 49 | 1412 | 69 | 13274 |
| 1 | 5 | 1 | 3 | 801 | 21 | 780 | 94 | 9148 |
| 2 | 8 | | 9 | 1333 | 17 | 1316 | 110 | 9576 |
| 1 | 5 | | 7 | 286 | 25 | 261 | 71 | 8496 |
| 2 | 6 | 1 | 11 | 1475 | 42 | 1433 | 132 | 10973 |
| 2 | 2 | 1 | 6 | 468 | 23 | 445 | 81 | 7712 |
| 2 | 4 | 1 | | 2317 | 16 | 2301 | 72 | 9850 |
| 1 | 11 | | 2 | 809 | 13 | 796 | 46 | 9703 |
| | 3 | | 1 | 184 | 27 | 157 | 31 | 8634 |
| | 4 | | 3 | 553 | 13 | 540 | 34 | 8768 |
| 2 | 4 | | 1 | 144 | 32 | 112 | 25 | 7483 |
| | 13 | 1 | 12 | 370 | 14 | 356 | 101 | 12423 |
| | | | 2 | 321 | 17 | 304 | 48 | 6081 |
| | | | 1 | 393 | 29 | 364 | 37 | 5775 |
| 1 | 2 | 1 | | 104 | 13 | 91 | 34 | 3060 |
| 1 | 9 | | 56 | 372 | 20 | 352 | 59 | 3909 |
| 1 | 10 | 2 | 10 | 510 | 11 | 499 | 68 | 6003 |
| 3 | 3 | 1 | 5 | 465 | 20 | 445 | 61 | 6906 |
| 3 | 12 | | 8 | 687 | 20 | 667 | 81 | 7393 |
| 3 | 3 | 1 | 2 | 281 | 17 | 264 | 56 | 3340 |
| 1 | | | 3 | 255 | 21 | 234 | 41 | 4381 |
| 2 | 2 | | 2 | 135 | 17 | 118 | 27 | 3510 |
| | 8 | | 2 | 254 | 25 | 229 | 89 | 3069 |
| | | | 1 | 70 | 29 | 41 | 19 | 6405 |
| | 3 | | 3 | 516 | 19 | 497 | 32 | 5394 |
| 8 | 6 | 5 | 8 | 214 | 19 | 195 | 60 | 4635 |

**表22.6 续表1 continued1**

单位：个 (unit)

| 区 县 | Item | 其 中 of which | | | | | 港澳台商投资 Enterprises with Funds from Hong Kong, Macao and Tainwan | 外商投资 Foreign Funded |
|---|---|---|---|---|---|---|---|---|
| | | 其 中 of which | | | | 其他内资 Other Domestic Funded | | |
| | | 私营独资 Soly Private-funded Enterprises | 私营合伙 Private Partnership Enterprises | 私营有限责任公司 Private Limited Liability Corporations | 私营股份有限公司 Private Share-holding Limited Companies | | | |
| **全 市** | **Total** | **193495** | **12103** | **157107** | **8502** | **73292** | **836** | **965** |
| 万州区 | Wanzhou District | 13024 | 334 | 3475 | 390 | 4779 | 13 | 16 |
| 黔江区 | Qianjiang District | 3655 | 938 | 2413 | 116 | 2103 | 4 | 1 |
| 涪陵区 | Fuling District | 11482 | 387 | 5168 | 264 | 2062 | 20 | 26 |
| 渝中区 | Yuzhong District | 2595 | 514 | 14130 | 857 | 1204 | 124 | 114 |
| 大渡口区 | Dadukou District | 1476 | 154 | 2813 | 112 | 520 | 13 | 12 |
| 江北区 | Jiangbei District | 1146 | 383 | 17119 | 260 | 660 | 109 | 111 |
| 沙坪坝区 | Shapingba District | 3566 | 700 | 9752 | 419 | 1279 | 56 | 50 |
| 九龙坡区 | Jiulongpo District | 6413 | 945 | 18651 | 786 | 3291 | 73 | 101 |
| 南岸区 | Nan'an District | 3095 | 411 | 10650 | 385 | 1067 | 49 | 57 |
| 北碚区 | Beibei District | 3336 | 178 | 3599 | 163 | 1814 | 26 | 34 |
| 渝北区 | Yubei District | 5117 | 846 | 13921 | 639 | 2504 | 130 | 203 |
| 巴南区 | Ba'nan District | 8879 | 349 | 5107 | 369 | 2119 | 33 | 38 |
| 长寿区 | Changshou District | 7947 | 184 | 3254 | 152 | 1372 | 17 | 30 |
| 江津区 | Jiangjin District | 7564 | 304 | 5252 | 154 | 1875 | 32 | 20 |
| 合川区 | Hechuan District | 6339 | 322 | 2302 | 185 | 1751 | 9 | 18 |
| 永川区 | Yongchuan District | 6845 | 218 | 2080 | 433 | 2408 | 22 | 25 |
| 南川区 | Nanchuan District | 6325 | 252 | 1630 | 289 | 2667 | 7 | 3 |
| 綦江区 | Qijiang District | 8151 | 163 | 2435 | 224 | 3221 | 7 | 11 |
| #綦江区（不含万盛） | Qijiang District (excluding Wansheng) | 5587 | 122 | 1835 | 168 | 1705 | 5 | 8 |
| 大足区 | Dazu District | 7682 | 383 | 1602 | 183 | 1507 | 4 | 12 |
| 璧山区 | Bishan District | 3099 | 769 | 5649 | 186 | 1165 | 27 | 27 |
| 铜梁区 | Tongliang District | 5398 | 82 | 2738 | 416 | 1140 | 7 | 15 |
| 潼南区 | Tongnan District | 6935 | 180 | 1615 | 38 | 1928 | 2 | 3 |
| 荣昌区 | Rongchang District | 4207 | 203 | 2915 | 158 | 1031 | 9 | 7 |
| 开州区 | Kaizhou County | 10123 | 681 | 1498 | 121 | 3340 | 3 | 5 |
| 梁平区 | Liangping County | 4676 | 193 | 1135 | 77 | 1565 | 2 | 3 |
| 武隆区 | Wulong County | 4176 | 158 | 1427 | 14 | 1275 | 4 | |
| 城口县 | Chenkou County | 2800 | 84 | 145 | 31 | 811 | 1 | |
| 丰都县 | Wulong County | 3137 | 155 | 521 | 96 | 3699 | 6 | 8 |
| 垫江县 | Dianjian County | 4027 | 175 | 1668 | 133 | 1476 | 2 | 3 |
| 忠 县 | Zhongxian County | 4231 | 148 | 2453 | 74 | 1882 | 5 | 4 |
| 云阳县 | Yunyang County | 5446 | 166 | 1596 | 185 | 2990 | 4 | |
| 奉节县 | Fengjie County | 2692 | 154 | 435 | 59 | 3053 | 3 | |
| 巫山县 | Wushan County | 3218 | 92 | 920 | 151 | 2202 | 2 | |
| 巫溪县 | Wuxi County | 1526 | 112 | 1771 | 101 | 1102 | 2 | 2 |
| 石柱县 | Shizhu County | 2233 | 212 | 567 | 57 | 889 | 2 | 3 |
| 秀山县 | Xiushan County | 3916 | 287 | 2110 | 92 | 1184 | | |
| 酉阳县 | Youyang County | 3632 | 148 | 1548 | 66 | 1992 | 5 | 1 |
| 彭水县 | Pengshui County | 3386 | 139 | 1043 | 67 | 2365 | 2 | 2 |

# 表22.7 按行业、区县分组的企业法人单位数（2016年）
## NUMBER OF ENTERPRISES AS CORPORATE UNITS BY SECTOR AND REGION（2016）

单位：个 (unit)

| 指　标 | Item | 全　市 Total | 万州区 Wanzhou District | 黔江区 Qianjiang District | 涪陵区 Fuling District | 渝中区 Yuzhong District |
|---|---|---|---|---|---|---|
| **总　计** | **Total** | **460824** | **22252** | **8538** | **19171** | **22166** |
| **按三次产业分组** | **By Strata of Industry** | | | | | |
| 第一产业 | Primary Industry | 76627 | 5653 | 1706 | 4421 | |
| 第二产业 | Secondary Industry | 79972 | 2797 | 662 | 2281 | 928 |
| 第三产业 | Tertiary Industry | 304225 | 13802 | 6170 | 12469 | 21238 |
| **按国民经济行业分组** | **By Sector** | | | | | |
| **农、林、牧、渔业** | **Agriculture ,Forestry,Animal Husbandry and Fishery** | **79952** | **6383** | **1988** | **4459** | **1** |
| 农　业 | Farming | 38514 | 3639 | 753 | 2655 | |
| 林　业 | Forestry | 2789 | 150 | 111 | 151 | |
| 畜牧业 | Animal Husbandry | 21938 | 823 | 786 | 1015 | |
| 渔　业 | Fishery | 13386 | 1041 | 56 | 600 | |
| 农、林、牧、渔服务业 | Services of Farming ,Forestry,Animal Husbandry and Fishery | 3325 | 730 | 282 | 38 | 1 |
| **采矿业** | **Mining and Quarrying** | **2734** | **100** | **52** | **54** | **1** |
| 煤炭开采和洗选业 | Coal Mining and Dressing | 890 | 22 | 17 | 12 | |
| 石油和天然气开采业 | Petroleum and Natural Gas Extraction | 50 | 4 | | 2 | |
| 黑色金属矿采选业 | Ferrous Metal Ores Mining and Dressing | 106 | | | | |
| 有色金属矿采选业 | Nonferrous Metal Ores Mining and Dressing | 40 | 1 | | | |
| 非金属矿采选业 | Nonmetallic Ores Mining and Dressing | 1527 | 67 | 28 | 38 | 1 |
| 开采辅助活动 | Auxiliary Minning Operations | 75 | 5 | 2 | 2 | |
| 其他采矿业 | Mining and Dressing of Other Ores | 46 | 1 | 5 | | |
| **制造业** | **Manufacture** | **60240** | **1916** | **406** | **1605** | **157** |
| 农副食品加工业 | Processing of Farm and Sideline Food | 4016 | 119 | 39 | 235 | 2 |
| 食品制造业 | Manufacture of Food | 1746 | 68 | 26 | 52 | 3 |
| 酒、饮料和精制茶制造业 | Manufacture of Beverage | 1296 | 59 | 17 | 53 | 1 |
| 烟草制品业 | Tobacco Products | 14 | 1 | | 2 | |
| 纺织业 | Textile Industry | 2288 | 131 | 15 | 54 | 2 |
| 纺织服装、服饰业 | Manufacture of Textile Garments, Footwear and Headgear | 2265 | 139 | 10 | 34 | 26 |
| 皮革、毛皮、羽毛及其制品和制鞋业 | Leather, Fur, Feather, Down and Related Products | 1352 | 40 | 3 | 33 | 2 |
| 木材加工和木、竹、藤、棕、草制品业 | Timber Processing, Bamboo, Cane, Palm Fiber & Straw Products | 2094 | 70 | 24 | 39 | |
| 家具制造业 | Manufacture of Furniture | 2629 | 130 | 10 | 67 | 1 |
| 造纸和纸制品业 | Papermaking and Paper Products | 999 | 13 | 1 | 25 | 1 |
| 印刷和记录媒介复制业 | Printing and Record Medium Reproduction | 1424 | 69 | 11 | 45 | 31 |
| 文教、工美、体育和娱乐用品制造业 | Manufacture of Cultural, Educational and Sports Articles | 1320 | 68 | 31 | 29 | 8 |
| 石油加工及炼焦 | Petroleum Refining, Coking and Nuclear Fuel Processing | 100 | 6 | | 4 | |
| 化学原料和化学制品制造业 | Manufacture of Raw Chemical Materials and Chemical Products | 1766 | 53 | 8 | 80 | 2 |
| 医药制造业 | Manufacture of Medicines | 480 | 20 | 4 | 19 | |
| 化学纤维制造业 | Manufacture of Chemical Fibers | 24 | | | 4 | |

**表22.7 续表1 continued1**

| 指 标 | Item | 大渡口区 Dadukou District | 江北区 Jiangbei District | 沙坪坝区 Shapingba District | 九龙坡区 Jiulongpo District | 南岸区 Nan'an District |
|---|---|---|---|---|---|---|
| **总 计** | **Total** | **6193** | **20567** | **21549** | **41298** | **17577** |
| **按三次产业分组** | **By Strata of Industry** | | | | | |
| 第一产业 | Primary Industry | 192 | 104 | 287 | 678 | 202 |
| 第二产业 | Secondary Industry | 1123 | 2018 | 5744 | 6295 | 2413 |
| 第三产业 | Tertiary Industry | 4878 | 18445 | 15518 | 34325 | 14962 |
| **按国民经济行业分组** | **By Sector** | | | | | |
| **农、林、牧、渔业** | **Agriculture ,Forestry,Animal Husbandry and Fishery** | **203** | **116** | **321** | **780** | **236** |
| 农 业 | Farming | 186 | 79 | 214 | 468 | 176 |
| 林 业 | Forestry | 3 | 7 | 31 | 64 | 13 |
| 畜牧业 | Animal Husbandry | 2 | 12 | 10 | 44 | 4 |
| 渔 业 | Fishery | 1 | 6 | 32 | 102 | 9 |
| 农、林、牧、渔服务业 | Services of Farming ,Forestry,Animal Husbandry and Fishery | 11 | 12 | 34 | 102 | 34 |
| **采矿业** | **Mining and Quarrying** | **4** | **3** | **12** | **26** | **13** |
| 煤炭开采和洗选业 | Coal Mining and Dressing | | | | 1 | 1 |
| 石油和天然气开采业 | Petroleum and Natural Gas Extraction | | | | 1 | |
| 黑色金属矿采选业 | Ferrous Metal Ores Mining and Dressing | 1 | | | 1 | |
| 有色金属矿采选业 | Nonferrous Metal Ores Mining and Dressing | | | 1 | 1 | |
| 非金属矿采选业 | Nonmetallic Ores Mining and Dressing | 3 | 3 | 11 | 22 | 9 |
| 开采辅助活动 | Auxiliary Minning Operations | | | | | 1 |
| 其他采矿业 | Mining and Dressing of Other Ores | | | | | 2 |
| **制造业** | **Manufacture** | **900** | **892** | **4958** | **4832** | **1517** |
| 农副食品加工业 | Processing of Farm and Sideline Food | 25 | 17 | 81 | 96 | 26 |
| 食品制造业 | Manufacture of Food | 21 | 26 | 74 | 124 | 43 |
| 酒、饮料和精制茶制造业 | Manufacture of Beverage | 4 | 3 | 21 | 30 | 15 |
| 烟草制品业 | Tobacco Products | | | | | 2 |
| 纺织业 | Textile Industry | 3 | 5 | 582 | 30 | 26 |
| 纺织服装、服饰业 | Manufacture of Textile Garments, Footwear and Headgear | 9 | 33 | 33 | 55 | 66 |
| 皮革、毛皮、羽毛及其制品和制鞋业 | Leather, Fur, Feather, Down and Related Products | 12 | 4 | 22 | 10 | 37 |
| 木材加工和木、竹、藤、棕、草制品业 | Timber Processing, Bamboo, Cane, Palm Fiber & Straw Products | 22 | 9 | 123 | 110 | 12 |
| 家具制造业 | Manufacture of Furniture | 24 | 9 | 258 | 194 | 73 |
| 造纸和纸制品业 | Papermaking and Paper Products | 11 | 28 | 93 | 77 | 39 |
| 印刷和记录媒介复制业 | Printing and Record Medium Reproduction | 26 | 56 | 111 | 147 | 81 |
| 文教、工美、体育和娱乐用品制造业 | Manufacture of Cultural, Educational and Sports Articles | 11 | 18 | 80 | 104 | 21 |
| 石油加工及炼焦 | Petroleum Refining, Coking and Nuclear Fuel Processing | 1 | | 12 | 14 | |
| 化学原料和化学制品制造业 | Manufacture of Raw Chemical Materials and Chemical Products | 20 | 39 | 144 | 130 | 60 |
| 医药制造业 | Manufacture of Medicines | 6 | 9 | 22 | 31 | 19 |
| 化学纤维制造业 | Manufacture of Chemical Fibers | | | | 1 | |

单位：个 (unit)

| 北碚区 Beibei District | 渝北区 Yubei District | 巴南区 Ba'nan District | 长寿区 Changshou District | 江津区 Jiangjin District | 合川区 Hechuan District | 永川区 Yongchuan District | 南川区 Nanchuan District | 綦江区 Qijiang District | 其中 of which 綦江区（不含万盛） Qijiang District (excluding Wansheng) | 大足区 Dazu District | 璧山区 Bishan District | 铜梁区 Tongliang District |
|---|---|---|---|---|---|---|---|---|---|---|---|---|
| **9774** | **28767** | **18883** | **12742** | **15317** | **10690** | **12467** | **9904** | **14710** | **9119** | **12447** | **10952** | **8993** |
| 901 | 1192 | 4206 | 3641 | 3662 | 2228 | 2441 | 3556 | 3241 | 2342 | 2735 | 2222 | 1663 |
| 3096 | 3768 | 4293 | 1574 | 3840 | 2388 | 2351 | 1465 | 1936 | 1319 | 4153 | 3524 | 2495 |
| 5777 | 23807 | 10384 | 7527 | 7815 | 6074 | 7675 | 4883 | 9533 | 5458 | 5559 | 5206 | 4835 |
| **948** | **1243** | **4314** | **3676** | **3726** | **2313** | **2517** | **3640** | **3325** | **2397** | **2784** | **2247** | **1746** |
| 640 | 771 | 2898 | 2018 | 1844 | 1024 | 1330 | 1802 | 1119 | 822 | 594 | 1696 | 529 |
| 32 | 38 | 167 | 57 | 180 | 104 | 141 | 174 | 138 | 45 | 100 | 122 | 47 |
| 114 | 269 | 177 | 864 | 700 | 302 | 236 | 1010 | 1560 | 1153 | 1120 | 132 | 201 |
| 115 | 114 | 964 | 702 | 938 | 798 | 734 | 570 | 424 | 322 | 921 | 272 | 886 |
| 47 | 51 | 108 | 35 | 64 | 85 | 76 | 84 | 84 | 55 | 49 | 25 | 83 |
| **53** | **32** | **37** | **83** | **91** | **101** | **183** | **74** | **180** | **114** | **91** | **22** | **70** |
| 23 | 13 | 1 | 24 |  | 41 | 102 | 43 | 60 | 26 | 48 | 6 | 17 |
|  | 1 | 1 |  |  |  |  | 1 |  |  |  | 1 |  |
|  |  | 1 |  |  |  | 1 |  | 5 | 5 |  |  | 2 |
|  |  | 1 |  |  | 1 | 1 | 1 |  |  |  |  |  |
| 28 | 15 | 32 | 53 | 87 | 56 | 77 | 28 | 110 | 81 | 38 | 15 | 50 |
| 1 | 3 | 1 | 5 | 1 | 3 | 2 | 1 | 4 | 2 | 5 |  | 1 |
| 1 |  |  | 1 | 3 |  |  |  | 1 |  |  |  |  |
| **2637** | **2280** | **3554** | **1144** | **3100** | **1779** | **1700** | **1139** | **1263** | **921** | **3723** | **3179** | **2057** |
| 33 | 70 | 98 | 129 | 267 | 193 | 97 | 74 | 81 | 59 | 87 | 60 | 73 |
| 38 | 95 | 80 | 50 | 198 | 105 | 59 | 36 | 45 | 36 | 35 | 65 | 39 |
| 20 | 23 | 38 | 32 | 80 | 62 | 62 | 39 | 43 | 28 | 23 | 25 | 36 |
|  |  | 1 |  |  |  |  |  |  |  |  |  |  |
| 59 | 21 | 42 | 45 | 58 | 54 | 26 | 85 | 26 | 19 | 29 | 73 | 158 |
| 17 | 100 | 427 | 24 | 56 | 57 | 45 | 44 | 18 | 13 | 19 | 48 | 195 |
| 13 | 29 | 65 | 5 | 21 | 36 | 32 | 26 | 9 | 8 | 15 | 371 | 143 |
| 18 | 21 | 103 | 56 | 115 | 40 | 59 | 45 | 54 | 35 | 81 | 47 | 101 |
| 19 | 25 | 192 | 64 | 91 | 109 | 57 | 90 | 32 | 22 | 57 | 72 | 97 |
| 47 | 33 | 61 | 9 | 45 | 24 | 29 | 17 | 16 | 11 | 19 | 46 | 55 |
| 45 | 88 | 77 | 27 | 29 | 30 | 31 | 22 | 22 | 13 | 22 | 165 | 21 |
| 35 | 44 | 41 | 20 | 37 | 44 | 20 | 52 | 25 | 20 | 96 | 22 | 31 |
| 4 | 2 | 4 | 4 | 5 | 2 | 10 | 2 | 2 | 2 | 3 | 3 |  |
| 63 | 61 | 79 | 121 | 123 | 45 | 59 | 29 | 29 | 17 | 51 | 49 | 40 |
| 23 | 19 | 36 | 21 | 9 | 23 | 7 | 11 | 13 | 6 | 6 | 8 | 9 |
|  |  | 2 | 5 |  | 1 | 1 | 1 | 1 | 1 | 2 | 2 |  |

表22.7 续表2 continued2

| 指 标 | Item | 潼南区 Tongnan District | 荣昌区 Rongchang District | 开州区 Kaizhou District | 梁平区 Liangping District | 武隆区 Wulong District | 城口县 Chengkou County |
|---|---|---|---|---|---|---|---|
| **总 计** | **Total** | **10036** | **7795** | **14033** | **6760** | **6337** | **3379** |
| **按三次产业分组** | **By Strata of Industry** | | | | | | |
| 第一产业 | Primary Industry | 2737 | 881 | 2257 | 1795 | 3146 | 1049 |
| 第二产业 | Secondary Industry | 2263 | 1901 | 2569 | 1526 | 593 | 276 |
| 第三产业 | Tertiary Industry | 5036 | 5013 | 9207 | 3439 | 2598 | 2054 |
| **按国民经济行业分组** | **By Sector** | | | | | | |
| **农、林、牧、渔业** | **Agriculture , Forestry, Animal Husbandry and Fishery** | **2820** | **955** | **2418** | **1870** | **3161** | **1085** |
| 农 业 | Farming | 1215 | 470 | 1117 | 902 | 1614 | 378 |
| 林 业 | Forestry | 62 | 47 | 79 | 79 | 85 | 13 |
| 畜牧业 | Animal Husbandry | 502 | 215 | 750 | 322 | 1261 | 637 |
| 渔 业 | Fishery | 958 | 149 | 311 | 492 | 186 | 21 |
| 农、林、牧、渔服务业 | Services of Farming , Forestry, Animal Husbandry and Fishery | 83 | 74 | 161 | 75 | 15 | 36 |
| **采矿业** | **Mining and Quarrying** | **69** | **93** | **170** | **97** | **43** | **47** |
| 煤炭开采和洗选业 | Coal Mining and Dressing | | 56 | 57 | 28 | 8 | 19 |
| 石油和天然气开采业 | Petroleum and Natural Gas Extraction | 1 | 1 | 1 | 3 | | |
| 黑色金属矿采选业 | Ferrous Metal Ores Mining and Dressing | | 1 | 4 | | 1 | 19 |
| 有色金属矿采选业 | Nonferrous Metal Ores Mining and Dressing | | | | | 1 | 1 |
| 非金属矿采选业 | Nonmetallic Ores Mining and Dressing | 66 | 34 | 100 | 61 | 33 | 7 |
| 开采辅助活动 | Auxiliary Minning Operations | 2 | 1 | 5 | 1 | | 1 |
| 其他采矿业 | Mining and Dressing of Other Ores | | | 3 | 4 | | |
| **制造业** | **Manufacture** | **1931** | **1472** | **2027** | **1297** | **354** | **139** |
| 农副食品加工业 | Processing of Farm and Sideline Food | 603 | 182 | 227 | 109 | 81 | 19 |
| 食品制造业 | Manufacture of Food | 43 | 39 | 69 | 35 | 15 | 2 |
| 酒、饮料和精制茶制造业 | Manufacture of Beverage | 34 | 51 | 101 | 19 | 16 | 17 |
| 烟草制品业 | Tobacco Products | | | 1 | | | |
| 纺织业 | Textile Industry | 143 | 83 | 146 | 31 | 8 | 6 |
| 纺织服装、服饰业 | Manufacture of Textile Garments, Footwear and Headgear | 58 | 50 | 180 | 53 | 9 | 5 |
| 皮革、毛皮、羽毛及其制品和制鞋业 | Leather, Fur, Feather, Down and Related Products | 43 | 17 | 75 | 12 | 6 | 2 |
| 木材加工和木、竹、藤、棕、草制品业 | Timber Processing, Bamboo, Cane, Palm Fiber & Straw Products | 135 | 54 | 122 | 153 | 8 | 5 |
| 家具制造业 | Manufacture of Furniture | 81 | 61 | 168 | 63 | 11 | 5 |
| 造纸和纸制品业 | Papermaking and Paper Products | 24 | 21 | 17 | 159 | 6 | 3 |
| 印刷和记录媒介复制业 | Printing and Record Medium Reproduction | 23 | 44 | 33 | 19 | 4 | 6 |
| 文教、工美、体育和娱乐用品制造业 | Manufacture of Cultural, Educational and Sports Articles | 9 | 112 | 35 | 51 | 10 | 6 |
| 石油加工及炼焦 | Petroleum Refining, Coking and Nuclear Fuel Processing | 1 | 2 | 3 | 2 | 1 | |
| 化学原料和化学制品制造业 | Manufacture of Raw Chemical Materials and Chemical Products | 39 | 46 | 47 | 67 | 6 | 4 |
| 医药制造业 | Manufacture of Medicines | 9 | 50 | 7 | 6 | 2 | 1 |
| 化学纤维制造业 | Manufacture of Chemical Fibers | | | | 1 | | |

单位：个 (unit)

| 丰都县 Fengdu County | 垫江县 Dianjiang County | 忠 县 Zhongxian County | 云阳县 Yunyang County | 奉节县 Fengjie County | 巫山县 Wushan County | 巫溪县 Wuxi County | 石柱县 Shizhu County | 秀山县 Xiushan County | 酉阳县 Youyang County | 彭水县 Pengshui County |
|---|---|---|---|---|---|---|---|---|---|---|
| **6439** | **7134** | **8186** | **8880** | **4857** | **5404** | **3740** | **3705** | **6704** | **6279** | **6199** |
| 2466 | 1245 | 1034 | 3583 | 1433 | 2537 | 1345 | 671 | 2034 | 1480 | 2003 |
| 846 | 2188 | 1134 | 1711 | 1073 | 576 | 595 | 741 | 827 | 1163 | 846 |
| 3127 | 3701 | 6018 | 3586 | 2351 | 2291 | 1800 | 2293 | 3843 | 3636 | 3350 |
| **2574** | **1294** | **1101** | **3662** | **1464** | **2618** | **1377** | **681** | **2064** | **1530** | **2312** |
| 697 | 534 | 528 | 1092 | 531 | 1469 | 657 | 304 | 1167 | 761 | 643 |
| 44 | 62 | 22 | 48 | 71 | 90 | 16 | 38 | 53 | 94 | 56 |
| 1398 | 379 | 293 | 1853 | 757 | 851 | 596 | 263 | 673 | 582 | 1225 |
| 327 | 270 | 191 | 590 | 74 | 127 | 76 | 66 | 141 | 43 | 79 |
| 108 | 49 | 67 | 79 | 31 | 81 | 32 | 10 | 30 | 50 | 309 |
| **40** | **33** | **70** | **47** | **178** | **72** | **73** | **81** | **115** | **102** | **122** |
| 1 | 9 | 6 | 25 | 109 | 46 | 29 | 26 | 4 | 3 | 33 |
| 2 | 3 | 24 |  | 1 | 1 |  | 1 |  |  | 1 |
| 1 |  |  | 1 | 1 | 2 |  |  | 58 | 7 |  |
|  |  |  |  | 1 | 1 | 1 | 8 | 1 | 17 | 2 |
| 32 | 20 | 32 | 20 | 63 | 19 | 40 | 45 | 52 | 74 | 58 |
| 4 | 1 | 7 | 1 | 1 | 3 | 3 | 1 |  |  | 7 |
|  |  | 1 |  | 2 |  |  |  |  | 1 | 21 |
| **596** | **1808** | **800** | **1301** | **715** | **342** | **304** | **504** | **548** | **844** | **520** |
| 87 | 177 | 103 | 152 | 58 | 33 | 41 | 63 | 64 | 63 | 52 |
| 29 | 48 | 36 | 35 | 30 | 14 | 4 | 19 | 22 | 13 | 11 |
| 21 | 54 | 49 | 35 | 37 | 22 | 17 | 17 | 54 | 38 | 28 |
|  |  |  |  | 3 |  | 2 |  |  |  | 2 |
| 28 | 69 | 39 | 59 | 16 | 18 | 25 | 24 | 17 | 32 | 20 |
| 24 | 34 | 67 | 119 | 30 | 66 | 22 | 9 | 24 | 47 | 13 |
| 10 | 55 | 32 | 54 | 11 | 28 | 10 | 7 | 5 | 51 | 6 |
| 21 | 196 | 39 | 59 | 22 | 9 | 16 | 18 | 35 | 25 | 28 |
| 25 | 209 | 40 | 83 | 63 | 9 | 24 | 29 | 27 | 31 | 29 |
| 12 | 18 | 8 | 8 | 4 |  | 2 | 5 | 3 | 8 | 12 |
| 14 | 25 | 15 | 24 | 13 | 12 | 4 | 4 | 8 | 14 | 6 |
| 13 | 35 | 17 | 58 | 25 | 12 | 14 | 17 | 11 | 46 | 12 |
| 3 | 3 |  | 2 | 1 |  |  | 1 |  | 2 | 1 |
| 30 | 66 | 20 | 29 | 16 | 10 | 7 | 19 | 20 | 41 | 14 |
| 16 | 11 | 8 | 4 | 3 | 1 | 4 | 11 | 16 | 14 | 2 |
|  | 2 | 1 |  |  |  |  |  |  |  |  |

表22.7 续表3 continued3

| 指　标 | Item | 全　市 Total | 万州区 Wanzhou District | 黔江区 Qianjiang District | 涪陵区 Fuling District | 渝中区 Yuzhong District |
|---|---|---|---|---|---|---|
| 橡胶和塑料制品业 | Plastic Products | 2222 | 80 | 8 | 69 | 7 |
| 非金属矿物制品业 | Nonmetal Mineral Products | 6406 | 213 | 108 | 201 | 3 |
| 黑色金属冶炼和压延加工业 | Smelting and Pressing of Ferrous Metals | 745 | 16 | 5 | 16 | 1 |
| 有色金属冶炼和压延加工业 | Smelting and Pressing of Nonferrous Metals | 580 | 16 | 5 | 28 | |
| 金属制品业 | Metal Products | 5571 | 252 | 48 | 127 | 16 |
| 通用设备制造业 | Manufacture of General-purpose Machinery | 4217 | 59 | 6 | 37 | 9 |
| 专用设备制造业 | Manufacture of Special-purpose Machinery | 3378 | 63 | 5 | 33 | 7 |
| 汽车制造业 | Manufacture of Automobile | 4353 | 30 | 1 | 49 | 11 |
| 铁路、船舶、航空航天和其他运输设备制造业 | Manufacture of Railway, Ship, Aeronautics and Other Transport Equipment | 3798 | 30 | 2 | 145 | 4 |
| 电气机械和器材制造业 | Manufacture of Electrical Machinery and Equipment | 1838 | 60 | 4 | 36 | 6 |
| 计算机、通信和其他电子设备制造业 | Manufacture of Communication Equipment, Computers and Other Electronic Equipment | 1418 | 45 | 2 | 18 | 2 |
| 仪器仪表制造业 | Manufacture of Instruments and Meters | 754 | 9 | 1 | 3 | 9 |
| 其他制造业 | Other Manufactures | 538 | 24 | 6 | 16 | 1 |
| 废弃资源综合利用业 | Comprehensive Utilization of Waste | 229 | 9 | 2 | 7 | 1 |
| 金属制品、机械和设备修理业 | Manufacture of Metal Products, Machinery and Equipment Maintenance | 380 | 24 | 4 | 45 | 1 |
| **电力、热力、燃气及水生产和供应业** | **Production and Supply of Electric Power,Gas and Water** | **2401** | **121** | **27** | **117** | **9** |
| 电力、热力生产和供应业 | Production and Supply of Electric Power and Heat Power | 1444 | 91 | 16 | 86 | 3 |
| 燃气生产和供应业 | Production and Supply of Gas | 270 | 9 | 6 | 14 | 1 |
| 水的生产和供应业 | Production and Supply of Water | 687 | 21 | 5 | 17 | 5 |
| **建筑业** | **Construction** | **15052** | **689** | **183** | **552** | **762** |
| 房屋建筑业 | Construction of Housing | 3701 | 232 | 41 | 199 | 98 |
| 土木工程建筑业 | Civil Engineering Construction | 1289 | 36 | 18 | 34 | 85 |
| 建筑安装业 | Architectural Installation | 1610 | 56 | 25 | 38 | 121 |
| 建筑装饰和其他建筑业 | Architectural Decoration and Other Construction | 8452 | 365 | 99 | 281 | 458 |
| **批发和零售业** | **Wholesale and Retail Trade** | **147948** | **7144** | **3257** | **6426** | **9455** |
| 批发业 | Wholesale Trade | 57642 | 2365 | 992 | 3149 | 5114 |
| 零售业 | Retail Trade | 90306 | 4779 | 2265 | 3277 | 4341 |
| **交通运输、仓储和邮政业** | **Transport, Storage and Postal Services** | **9196** | **428** | **114** | **623** | **468** |
| 铁路运输业 | Transport Via Railway | 88 | 1 | | 2 | 17 |
| 道路运输业 | Transport Via Road | 5363 | 269 | 73 | 364 | 199 |
| 水上运输业 | Water Transport | 447 | 54 | 1 | 87 | 26 |
| 航空运输业 | Air Transport | 62 | 2 | 3 | | 15 |
| 管道运输业 | Transport Via Pipeline | 12 | | | 2 | |
| 装卸搬运和运输代理业 | Loading, Unloading, Portage and Transport Agency | 2136 | 60 | 24 | 128 | 186 |
| 仓储业 | Storage | 597 | 26 | 9 | 22 | 6 |
| 邮政业 | Post | 491 | 16 | 4 | 18 | 19 |
| **住宿和餐饮业** | **Hotels and Catering Services** | **26190** | **1157** | **636** | **1347** | **783** |
| 住宿业 | Hotels | 4302 | 172 | 56 | 91 | 256 |
| 餐饮业 | Catering Services | 21888 | 985 | 580 | 1256 | 527 |

单位：个 (unit)

| 大渡口区 Dadukou District | 江北区 Jiangbei District | 沙坪坝区 Shapingba District | 九龙坡区 Jiulongpo District | 南岸区 Nan'an District | 北碚区 Beibei District | 渝北区 Yubei District | 巴南区 Ba'nan District | 长寿区 Changshou District | 江津区 Jiangjin District | 合川区 Hechuan District | 永川区 Yongchuan District |
|---|---|---|---|---|---|---|---|---|---|---|---|
| 35 | 34 | 200 | 218 | 112 | 119 | 82 | 103 | 51 | 148 | 75 | 65 |
| 54 | 40 | 236 | 310 | 96 | 202 | 149 | 314 | 130 | 289 | 261 | 259 |
| 10 | 11 | 66 | 64 | 5 | 20 | 7 | 22 | 21 | 37 | 40 | 43 |
| 7 | 3 | 46 | 90 | 8 | 15 | 13 | 17 | 8 | 27 | 25 | 21 |
| 82 | 84 | 310 | 380 | 108 | 122 | 121 | 245 | 110 | 274 | 122 | 131 |
| 162 | 77 | 529 | 548 | 100 | 354 | 175 | 442 | 43 | 398 | 85 | 159 |
| 49 | 50 | 297 | 481 | 90 | 175 | 281 | 152 | 35 | 136 | 56 | 129 |
| 61 | 181 | 487 | 421 | 125 | 249 | 384 | 292 | 44 | 302 | 129 | 77 |
| 168 | 35 | 796 | 568 | 101 | 406 | 82 | 431 | 17 | 142 | 64 | 19 |
| 39 | 53 | 161 | 256 | 77 | 132 | 101 | 103 | 26 | 102 | 34 | 66 |
| 16 | 21 | 75 | 174 | 93 | 68 | 118 | 37 | 13 | 41 | 35 | 81 |
| 9 | 32 | 40 | 86 | 32 | 310 | 64 | 17 | 3 | 25 | 11 | 16 |
| 1 | 3 | 27 | 14 | 17 | 21 | 37 | 12 | 3 | 12 | 12 | 27 |
|  | 3 | 9 | 26 | 5 | 2 | 3 | 6 | 6 | 10 |  | 10 |
| 12 | 9 | 23 | 43 | 28 | 8 | 32 | 15 | 22 | 23 | 5 | 3 |
| **4** | **12** | **23** | **35** | **13** | **20** | **51** | **60** | **59** | **149** | **77** | **57** |
| 1 | 1 | 3 | 15 | 3 | 8 | 22 | 30 | 30 | 76 | 19 | 25 |
|  | 7 | 4 | 7 | 2 | 1 | 14 | 11 | 7 | 11 | 14 | 11 |
| 3 | 4 | 16 | 13 | 8 | 11 | 15 | 19 | 22 | 62 | 44 | 21 |
| **227** | **1120** | **774** | **1445** | **899** | **395** | **1440** | **658** | **315** | **524** | **439** | **416** |
| 41 | 116 | 96 | 253 | 126 | 56 | 307 | 125 | 63 | 278 | 117 | 104 |
| 14 | 104 | 53 | 106 | 76 | 33 | 147 | 25 | 10 | 40 | 35 | 38 |
| 34 | 133 | 82 | 207 | 112 | 29 | 224 | 63 | 46 | 23 | 51 | 22 |
| 138 | 767 | 543 | 879 | 585 | 277 | 762 | 445 | 196 | 183 | 236 | 252 |
| **2625** | **7072** | **6963** | **19845** | **6562** | **2543** | **9614** | **4903** | **4147** | **4027** | **2860** | **4282** |
| 1644 | 3843 | 3285 | 10683 | 2151 | 578 | 3875 | 1333 | 937 | 1242 | 854 | 1446 |
| 981 | 3229 | 3678 | 9162 | 4411 | 1965 | 5739 | 3570 | 3210 | 2785 | 2006 | 2836 |
| **157** | **649** | **497** | **729** | **238** | **137** | **770** | **319** | **316** | **332** | **173** | **182** |
| 2 | 6 | 22 | 8 |  |  | 10 | 1 |  |  | 2 | 1 |
| 84 | 257 | 267 | 347 | 138 | 89 | 366 | 205 | 235 | 204 | 113 | 111 |
| 5 | 30 | 4 | 8 | 7 | 6 | 11 | 6 | 5 | 25 | 15 | 6 |
|  | 3 | 3 | 3 |  |  | 21 |  |  |  |  |  |
|  |  | 2 | 1 |  | 1 |  |  |  |  |  | 1 |
| 37 | 286 | 121 | 264 | 53 | 28 | 226 | 56 | 54 | 65 | 25 | 37 |
| 18 | 51 | 65 | 76 | 19 | 6 | 68 | 36 | 16 | 27 | 10 | 17 |
| 11 | 16 | 13 | 22 | 21 | 7 | 68 | 15 | 6 | 11 | 8 | 9 |
| **189** | **682** | **559** | **771** | **728** | **292** | **1213** | **771** | **821** | **812** | **454** | **686** |
| 18 | 130 | 138 | 139 | 128 | 40 | 271 | 123 | 63 | 135 | 61 | 70 |
| 171 | 552 | 421 | 632 | 600 | 252 | 942 | 648 | 758 | 677 | 393 | 616 |

**表22.7 续表4 continued4**

| 指　标 | Item | 南川区 Nanchuan District | 綦江区 Qijiang District | 其　中 of which 綦江区（不含万盛） Qijiang District (excluding Wansheng) | 大足区 Dazu District | 璧山区 Bishan District |
|---|---|---|---|---|---|---|
| 橡胶和塑料制品业 | Plastic Products | 23 | 40 | 23 | 95 | 245 |
| 非金属矿物制品业 | Nonmetal Mineral Products | 167 | 203 | 140 | 215 | 140 |
| 黑色金属冶炼和压延加工业 | Smelting and Pressing of Ferrous Metals | 20 | 22 | 17 | 100 | 20 |
| 有色金属冶炼和压延加工业 | Smelting and Pressing of Nonferrous Metals | 23 | 48 | 40 | 29 | 13 |
| 金属制品业 | Metal Products | 141 | 95 | 64 | 939 | 171 |
| 通用设备制造业 | Manufacture of General-purpose Machinery | 58 | 117 | 102 | 160 | 306 |
| 专用设备制造业 | Manufacture of Special-purpose Machinery | 27 | 53 | 33 | 470 | 299 |
| 汽车制造业 | Manufacture of Automobile | 35 | 160 | 152 | 575 | 461 |
| 铁路、船舶、航空航天和其他运输设备制造业 | Manufacture of Railway, Ship, Aeronautics and Other Transport Equipment | 10 | 39 | 18 | 442 | 179 |
| 电气机械和器材制造业 | Manufacture of Electrical Machinery and Equipment | 17 | 21 | 14 | 73 | 85 |
| 计算机、通信和其他电子设备制造业 | Manufacture of Communication Equipment, Computers and Other Electronic Equipment | 14 | 8 | 1 | 25 | 147 |
| 仪器仪表制造业 | Manufacture of Instruments and Meters | 3 | 5 | 3 | 3 | 30 |
| 其他制造业 | Other Manufactures | 22 | 16 | 12 | 14 | 7 |
| 废弃资源综合利用业 | Comprehensive Utilization of Waste | 2 | 15 | 10 | 30 | 13 |
| 金属制品、机械和设备修理业 | Manufacture of Metal Products, Machinery and Equipment Maintenance | 4 | 5 | 2 | 8 | 7 |
| **电力、热力、燃气及水生产和供应业** | **Production and Supply of Electric Power,Gas and Water** | **83** | **107** | **74** | **39** | **27** |
| 电力、热力生产和供应业 | Production and Supply of Electric Power and Heat Power | 70 | 74 | 51 | 14 | 6 |
| 燃气生产和供应业 | Production and Supply of Gas | 5 | 12 | 10 | 5 | 5 |
| 水的生产和供应业 | Production and Supply of Water | 8 | 21 | 13 | 20 | 16 |
| **建筑业** | **Construction** | **174** | **395** | **214** | **313** | **303** |
| 房屋建筑业 | Construction of Housing | 51 | 159 | 73 | 74 | 51 |
| 土木工程建筑业 | Civil Engineering Construction | 12 | 39 | 20 | 23 | 46 |
| 建筑安装业 | Architectural Installation | 25 | 20 | 13 | 29 | 26 |
| 建筑装饰和其他建筑业 | Architectural Decoration and Other Construction | 86 | 177 | 108 | 187 | 180 |
| **批发和零售业** | **Wholesale and Retail Trade** | **2125** | **4186** | **2546** | **2660** | **2770** |
| 批发业 | Wholesale Trade | 540 | 1317 | 789 | 1059 | 640 |
| 零售业 | Retail Trade | 1585 | 2869 | 1757 | 1601 | 2130 |
| **交通运输、仓储和邮政业** | **Transport, Storage and Postal Services** | **88** | **733** | **349** | **195** | **214** |
| 铁路运输业 | Transport Via Railway | 2 | 5 | 3 | | 2 |
| 道路运输业 | Transport Via Road | 56 | 630 | 291 | 154 | 151 |
| 水上运输业 | Water Transport | | 1 | 1 | 4 | |
| 航空运输业 | Air Transport | | 3 | | 1 | |
| 管道运输业 | Transport Via Pipeline | | 2 | 1 | | |
| 装卸搬运和运输代理业 | Loading, Unloading, Portage and Transport Agency | 17 | 76 | 43 | 11 | 33 |
| 仓储业 | Storage | 2 | 8 | 8 | 11 | 17 |
| 邮政业 | Post | 11 | 8 | 2 | 14 | 11 |
| **住宿和餐饮业** | **Hotels and Catering Services** | **982** | **1938** | **983** | **867** | **354** |
| 住宿业 | Hotels | 67 | 372 | 251 | 109 | 18 |
| 餐饮业 | Catering Services | 915 | 1566 | 732 | 758 | 336 |

单位：个 (unit)

| 铜梁区 Tongliang District | 潼南区 Tongnan District | 荣昌区 Rongchang District | 开州区 Kaizhou District | 梁平区 Liangping District | 武隆区 Wulong District | 城口县 Chengkou County | 丰都县 Fengdu County | 垫江县 Dianjiang County | 忠 县 Zhongxian County | 云阳县 Yunyang County | 奉节县 Fengjie County | 巫山县 Wushan County |
|---|---|---|---|---|---|---|---|---|---|---|---|---|
| 84 | 27 | 59 | 38 | 46 | 5 | 1 | 14 | 53 | 6 | 23 | 14 | 5 |
| 196 | 193 | 178 | 311 | 175 | 85 | 17 | 121 | 238 | 114 | 234 | 171 | 49 |
| 21 | 4 | 35 | 6 | 9 | 1 | 13 | 9 | 15 | 8 | 27 | 2 | 1 |
| 23 | 7 | 2 | 13 | 5 | 2 | 9 | 9 | 12 | 6 | 15 | 1 | 2 |
| 151 | 202 | 104 | 244 | 143 | 25 | 8 | 32 | 258 | 89 | 142 | 51 | 22 |
| 100 | 29 | 69 | 22 | 22 | 9 | 1 | 13 | 38 | 14 | 20 | 13 | 4 |
| 109 | 26 | 70 | 42 | 20 | 4 | 6 | 21 | 34 | 25 | 20 | 42 | 10 |
| 147 | 10 | 40 | 9 | 8 | 15 |  | 5 | 14 | 12 | 4 | 6 | 1 |
| 48 | 7 | 5 | 3 | 9 | 5 |  | 10 | 3 | 6 | 10 | 7 | 1 |
| 66 | 43 | 57 | 37 | 22 | 7 |  | 10 | 36 | 16 | 32 | 18 | 2 |
| 61 | 95 | 19 | 17 | 20 | 7 | 2 | 9 | 56 | 11 | 32 | 21 | 1 |
| 10 | 3 | 9 | 1 | 1 |  |  | 4 | 4 |  | 2 | 3 | 2 |
| 29 | 27 | 7 | 33 | 30 | 2 | 1 | 1 | 36 | 11 | 12 | 27 | 4 |
| 10 | 7 | 5 | 13 | 4 | 4 |  | 3 | 7 |  | 2 | 4 | 1 |
| 4 | 6 | 1 | 7 | 3 |  |  | 2 | 2 | 8 | 5 | 3 | 3 |
| **42** | **46** | **33** | **109** | **32** | **120** | **53** | **100** | **45** | **90** | **83** | **84** | **57** |
| 18 | 7 | 3 | 55 | 4 | 112 | 46 | 54 | 16 | 42 | 63 | 62 | 39 |
| 3 | 10 | 13 | 13 | 5 | 2 | 5 | 8 | 5 | 13 | 7 | 8 | 5 |
| 21 | 29 | 17 | 41 | 23 | 6 | 2 | 38 | 24 | 35 | 13 | 14 | 13 |
| **331** | **225** | **305** | **275** | **104** | **76** | **38** | **116** | **305** | **189** | **286** | **100** | **111** |
| 109 | 77 | 60 | 87 | 45 | 40 | 15 | 34 | 171 | 69 | 132 | 56 | 54 |
| 47 | 19 | 30 | 18 | 8 | 6 | 2 | 21 | 9 | 15 | 42 | 10 | 8 |
| 13 | 23 | 22 | 23 | 9 | 4 | 6 | 7 | 34 | 18 | 12 | 7 | 10 |
| 162 | 106 | 193 | 147 | 42 | 26 | 15 | 54 | 91 | 87 | 100 | 27 | 39 |
| **2497** | **2898** | **2926** | **4815** | **1872** | **854** | **517** | **1333** | **1924** | **3728** | **1683** | **979** | **1043** |
| 646 | 1231 | 796 | 1325 | 514 | 356 | 138 | 354 | 478 | 1474 | 361 | 392 | 225 |
| 1851 | 1667 | 2130 | 3490 | 1358 | 498 | 379 | 979 | 1446 | 2254 | 1322 | 587 | 818 |
| **84** | **180** | **117** | **175** | **86** | **56** | **20** | **111** | **117** | **122** | **125** | **159** | **98** |
|  |  |  |  | 1 |  |  | 1 |  |  |  | 2 |  |
| 60 | 131 | 95 | 105 | 47 | 33 | 11 | 68 | 80 | 72 | 53 | 50 | 25 |
|  | 8 | 3 | 3 |  | 3 |  | 18 | 1 | 13 | 23 | 31 | 27 |
| 1 |  |  |  | 3 | 2 |  |  |  |  |  | 1 | 1 |
|  |  |  | 2 | 1 |  |  |  |  |  |  |  |  |
| 14 | 26 | 10 | 22 | 20 | 10 | 2 | 20 | 20 | 27 | 30 | 25 | 24 |
| 6 | 3 | 1 | 18 | 2 | 2 | 2 | 2 | 5 | 6 | 6 | 14 | 3 |
| 3 | 12 | 8 | 25 | 12 | 6 | 5 | 2 | 11 | 4 | 13 | 36 | 18 |
| **577** | **552** | **261** | **1543** | **446** | **1122** | **1103** | **344** | **466** | **624** | **386** | **225** | **334** |
| 35 | 69 | 28 | 337 | 31 | 186 | 533 | 49 | 39 | 51 | 107 | 52 | 81 |
| 542 | 483 | 233 | 1206 | 415 | 936 | 570 | 295 | 427 | 573 | 279 | 173 | 253 |

表22.7 续表5 continued5

单位：个 (unit)

| 指　标 | Item | 巫溪县 Wuxi County | 石柱县 Shizhu County | 秀山县 Xiushan County | 酉阳县 Youyang County | 彭水县 Pengshui County |
|---|---|---|---|---|---|---|
| 橡胶和塑料制品业 | Plastic Products | 3 | 13 | 8 | 10 | 4 |
| 非金属矿物制品业 | Nonmetal Mineral Products | 37 | 140 | 118 | 239 | 200 |
| 黑色金属冶炼和压延加工业 | Smelting and Pressing of Ferrous Metals | 1 | 1 | 26 | 20 | |
| 有色金属冶炼和压延加工业 | Smelting and Pressing of Nonferrous Metals | 1 | 6 | 6 | 16 | 3 |
| 金属制品业 | Metal Products | 49 | 39 | 30 | 62 | 42 |
| 通用设备制造业 | Manufacture of General-purpose Machinery | 6 | 7 | 6 | 14 | 6 |
| 专用设备制造业 | Manufacture of Special-purpose Machinery | 3 | 14 | 7 | 27 | 10 |
| 汽车制造业 | Manufacture of Automobile | | 4 | 4 | | |
| 铁路、船舶、航空航天和其他运输设备制造业 | Manufacture of Railway, Ship, Aeronautics and Other Transport Equipment | | 1 | 1 | 1 | 1 |
| 电气机械和器材制造业 | Manufacture of Electrical Machinery and Equipment | 3 | 13 | 10 | 6 | 8 |
| 计算机、通信和其他电子设备制造业 | Manufacture of Communication Equipment, Computers and Other Electronic Equipment | | 11 | 13 | 7 | 3 |
| 仪器仪表制造业 | Manufacture of Instruments and Meters | | | 4 | 3 | |
| 其他制造业 | Other Manufactures | 3 | 10 | 3 | 5 | 5 |
| 废弃资源综合利用业 | Comprehensive Utilization of Waste | 1 | 1 | | 6 | 2 |
| 金属制品、机械和设备修理业 | Manufacture of Metal Products, Machinery and Equipment Maintenance | 5 | 1 | 6 | 3 | |
| **电力、热力、燃气及水生产和供应业** | **Production and Supply of Electric Power,Gas and Water** | **152** | **75** | **36** | **102** | **52** |
| 电力、热力生产和供应业 | Production and Supply of Electric Power and Heat Power | 134 | 62 | 27 | 71 | 36 |
| 燃气生产和供应业 | Production and Supply of Gas | | 8 | 5 | 8 | 6 |
| 水的生产和供应业 | Production and Supply of Water | 18 | 5 | 4 | 23 | 10 |
| **建筑业** | **Construction** | **74** | **83** | **134** | **118** | **159** |
| 房屋建筑业 | Construction of Housing | 19 | 26 | 30 | 31 | 59 |
| 土木工程建筑业 | Civil Engineering Construction | 3 | 13 | 14 | 15 | 35 |
| 建筑安装业 | Architectural Installation | 7 | 8 | 7 | 23 | 11 |
| 建筑装饰和其他建筑业 | Architectural Decoration and Other Construction | 45 | 36 | 83 | 49 | 54 |
| **批发和零售业** | **Wholesale and Retail Trade** | **732** | **948** | **2382** | **1899** | **1452** |
| 批发业 | Wholesale Trade | 228 | 273 | 655 | 580 | 569 |
| 零售业 | Retail Trade | 504 | 675 | 1727 | 1319 | 883 |
| **交通运输、仓储和邮政业** | **Transport, Storage and Postal Services** | **35** | **84** | **106** | **95** | **64** |
| 铁路运输业 | Transport Via Railway | | 1 | | 2 | |
| 道路运输业 | Transport Via Road | 18 | 54 | 55 | 58 | 36 |
| 水上运输业 | Water Transport | 5 | 3 | | 2 | 6 |
| 航空运输业 | Air Transport | | | | | |
| 管道运输业 | Transport Via Pipeline | | | | | |
| 装卸搬运和运输代理业 | Loading, Unloading, Portage and Transport Agency | 5 | 17 | 45 | 18 | 14 |
| 仓储业 | Storage | | 2 | 1 | 11 | 3 |
| 邮政业 | Post | 7 | 7 | 5 | 4 | 5 |
| **住宿和餐饮业** | **Hotels and Catering Services** | **473** | **449** | **346** | **524** | **373** |
| 住宿业 | Hotels | 23 | 67 | 31 | 80 | 46 |
| 餐饮业 | Catering Services | 450 | 382 | 315 | 444 | 327 |

**表22.7 续表6 continued6**

单位：个 (unit)

| 指 标 | Item | 全 市 Total | 万州区 Wanzhou District | 黔江区 Qianjiang District | 涪陵区 Fuling District | 渝中区 Yuzhong District |
|---|---|---|---|---|---|---|
| **信息传输、软件和信息技术服务业** | **Information Transmission, Computer Services and Software** | **15523** | **331** | **154** | **278** | **1715** |
| 电信、广播电视和卫星传输服务 | Telecom, Radio, Televison and Satellite Transmission Services | 507 | 19 | 5 | 8 | 22 |
| 互联网和相关服务 | Internet and Ralated Services | 2623 | 87 | 14 | 45 | 196 |
| 软件和信息技术服务业 | Software and Information Technology Services | 12393 | 225 | 135 | 225 | 1497 |
| **金融业** | **Finance** | **3447** | **120** | **35** | **141** | **465** |
| 货币金融服务 | Money Finance Services | 1060 | 36 | 18 | 36 | 131 |
| 资本市场服务 | Capital Market Services | 1487 | 39 | 5 | 67 | 224 |
| 保险业 | Insurance | 492 | 26 | 8 | 28 | 58 |
| 其他金融业 | Other Finance | 408 | 19 | 4 | 10 | 52 |
| **房地产业** | **Real Estate** | **13540** | **455** | **122** | **434** | **1026** |
| 房地产业 | Real Estate | 13540 | 455 | 122 | 434 | 1026 |
| **租赁和商务服务业** | **Leasing and Business Services** | **42854** | **1570** | **860** | **1431** | **4882** |
| 租赁业 | Leasing | 4598 | 217 | 87 | 229 | 149 |
| 商务服务业 | Business Services | 38256 | 1353 | 773 | 1202 | 4733 |
| **科学研究和技术服务业** | **Scientific Research, Technical Services and Geological Prospecting** | **10271** | **295** | **133** | **372** | **783** |
| 研究和试验发展 | Research and Experimental Development | 716 | 12 | 4 | 27 | 52 |
| 专业技术服务业 | Professional Technical Services | 6950 | 173 | 98 | 273 | 577 |
| 科技推广和应用服务业 | Services of Science and Technology Application and Promotion | 2605 | 110 | 31 | 72 | 154 |
| **水利、环境和公共设施管理业** | **Water Conservancy, Environment and Public Facilities Management** | **2283** | **61** | **27** | **112** | **66** |
| 水利管理业 | Management of Water Conservancy | 183 | 8 | 5 | 2 | 7 |
| 生态保护和环境治理业 | Ecological Protection and Environmental Governance | 500 | 16 | 2 | 27 | 28 |
| 公共设施管理业 | Management of Public Facilities | 1600 | 37 | 20 | 83 | 31 |
| **居民服务、修理和其他服务业** | **Resident Services, Maintenance Services and Other Services** | **14914** | **929** | **383** | **662** | **758** |
| 居民服务业 | Resident Services | 7864 | 584 | 205 | 365 | 421 |
| 机动车、电子产品和日用产品修理业 | Vehicles, Electronic Products and Commodities Maintenance Services | 4473 | 238 | 102 | 201 | 160 |
| 其他服务业 | Other Services | 2577 | 107 | 76 | 96 | 177 |
| **教 育** | **Education** | **3230** | **150** | **40** | **96** | **208** |
| 教 育 | Education | 3230 | 150 | 40 | 96 | 208 |
| **卫生和社会工作** | **Health and Social Work** | **1511** | **61** | **16** | **42** | **66** |
| 卫 生 | Health | 1172 | 46 | 9 | 32 | 54 |
| 社会工作 | Social Work | 339 | 15 | 7 | 10 | 12 |
| **文化、体育和娱乐业** | **Culture, Sports and Entertainment** | **9538** | **342** | **105** | **420** | **561** |
| 新闻和出版业 | Journalism and Publishing Activities | 132 | 2 |  |  | 53 |
| 广播、电视、电影和影视录音制作业 | Broadcasting, Movies, Televisions and Audiovisual Activities | 578 | 15 | 3 | 10 | 102 |
| 文化艺术业 | Cultural and Art Activities | 3007 | 59 | 15 | 272 | 171 |
| 体 育 | Sports | 606 | 16 | 3 | 20 | 47 |
| 娱乐业 | Entertainment | 5215 | 250 | 84 | 118 | 188 |

表22.7 续表7 continued7

| 指 标 | Item | 大渡口区 Dadukou District | 江北区 Jiangbei District | 沙坪坝区 Shapingba District | 九龙坡区 Jiulongpo District | 南岸区 Nan'an District |
|---|---|---|---|---|---|---|
| **信息传输、软件和信息技术服务业** | **Information Transmission, Computer Services and Software** | **291** | **1592** | **1146** | **3038** | **1244** |
| 电信、广播电视和卫星传输服务 | Telecom, Radio, Televison and Satellite Transmission Services | 11 | 18 | 32 | 46 | 18 |
| 互联网和相关服务 | Internet and Ralated Services | 35 | 147 | 193 | 179 | 192 |
| 软件和信息技术服务业 | Software and Information Technology Services | 245 | 1427 | 921 | 2813 | 1034 |
| **金融业** | **Finance** | **56** | **353** | **72** | **211** | **127** |
| 货币金融服务 | Money Finance Services | 23 | 84 | 31 | 42 | 36 |
| 资本市场服务 | Capital Market Services | 17 | 187 | 23 | 142 | 53 |
| 保险业 | Insurance | 5 | 30 | 3 | 13 | 10 |
| 其他金融业 | Other Finance | 11 | 52 | 15 | 14 | 28 |
| **房地产业** | **Real Estate** | **243** | **999** | **684** | **1153** | **778** |
| 房地产业 | Real Estate | 243 | 999 | 684 | 1153 | 778 |
| **租赁和商务服务业** | **Leasing and Business Services** | 654 | 4477 | 2736 | 4710 | 2994 |
| 租赁业 | Leasing | 106 | 244 | 241 | 565 | 225 |
| 商务服务业 | Business Services | 548 | 4233 | 2495 | 4145 | 2769 |
| **科学研究和技术服务业** | **Scientific Research, Technical Services and Geological Prospecting** | **223** | **849** | **672** | **1357** | **675** |
| 研究和试验发展 | Research and Experimental Development | 17 | 43 | 37 | 125 | 69 |
| 专业技术服务业 | Professional Technical Services | 119 | 669 | 522 | 961 | 467 |
| 科技推广和应用服务业 | Services of Science and Technology Application and Promotion | 87 | 137 | 113 | 271 | 139 |
| **水利、环境和公共设施管理业** | **Water Conservancy, Environment and Public Facilities Management** | **44** | **130** | **91** | **190** | **116** |
| 水利管理业 | Management of Water Conservancy | | 6 | 9 | 9 | 4 |
| 生态保护和环境治理业 | Ecological Protection and Environmental Governance | 18 | 54 | 24 | 65 | 27 |
| 公共设施管理业 | Management of Public Facilities | 26 | 70 | 58 | 116 | 85 |
| **居民服务、修理和其他服务业** | **Resident Services, Maintenance Services and Other Services** | **175** | **753** | **1283** | **1012** | **684** |
| 居民服务业 | Resident Services | 84 | 396 | 911 | 437 | 268 |
| 机动车、电子产品和日用产品修理业 | Vehicles, Electronic Products and Commodities Maintenance Services | 57 | 186 | 185 | 376 | 171 |
| 其他服务业 | Other Services | 34 | 171 | 187 | 199 | 245 |
| **教 育** | **Education** | **56** | **222** | **231** | **316** | **190** |
| 教 育 | Education | 56 | 222 | 231 | 316 | 190 |
| **卫生和社会工作** | **Health and Social Work** | **28** | **86** | **61** | **108** | **43** |
| 卫 生 | Health | 24 | 75 | 43 | 95 | 37 |
| 社会工作 | Social Work | 4 | 11 | 18 | 13 | 6 |
| **文化、体育和娱乐业** | **Culture, Sports and Entertainment** | **114** | **560** | **466** | **740** | **520** |
| 新闻和出版业 | Journalism and Publishing Activities | 1 | 5 | 8 | 8 | 5 |
| 广播、电视、电影和影视录音制作业 | Broadcasting, Movies, Televisions and Audiovisual Activities | 8 | 47 | 40 | 77 | 26 |
| 文化艺术业 | Cultural and Art Activities | 22 | 225 | 123 | 308 | 223 |
| 体 育 | Sports | 12 | 64 | 34 | 80 | 51 |
| 娱乐业 | Entertainment | 71 | 219 | 261 | 267 | 215 |

单位：个 (unit)

| 北碚区 Beibei District | 渝北区 Yubei District | 巴南区 Ba'nan District | 长寿区 Changshou District | 江津区 Jiangjin District | 合川区 Hechuan District | 永川区 Yongchuan District | 南川区 Nanchuan District | 綦江区 Qijiang District | 其中 of which 綦江区（不含万盛） Qijiang District (excluding Wansheng) | 大足区 Dazu District | 璧山区 Bishan District | 铜梁区 Tongliang District |
|---|---|---|---|---|---|---|---|---|---|---|---|---|
| **247** | **2028** | **600** | **135** | **221** | **200** | **321** | **127** | **157** | **87** | **92** | **148** | **95** |
| 5 | 58 | 12 | 16 | 13 | 9 | 23 | 12 | 9 | 5 | 9 | 4 | 5 |
| 40 | 234 | 135 | 47 | 87 | 57 | 105 | 42 | 51 | 18 | 38 | 51 | 19 |
| 202 | 1736 | 453 | 72 | 121 | 134 | 193 | 73 | 97 | 64 | 45 | 93 | 71 |
| **63** | **564** | **119** | **61** | **61** | **49** | **41** | **46** | **84** | **46** | **36** | **43** | **48** |
| 28 | 143 | 35 | 23 | 19 | 15 | 19 | 14 | 31 | 21 | 16 | 19 | 16 |
| 19 | 346 | 37 | 17 | 22 | 14 | 8 | 15 | 37 | 15 | 6 | 12 | 19 |
| 9 | 29 | 22 | 15 | 14 | 4 | 13 | 9 | 8 | 5 | 11 | 3 | 9 |
| 7 | 46 | 25 | 6 | 6 | 16 | 1 | 8 | 8 | 5 | 3 | 9 | 4 |
| **325** | **1484** | **572** | **266** | **414** | **514** | **458** | **241** | **323** | **189** | **340** | **306** | **334** |
| 325 | 1484 | 572 | 266 | 414 | 514 | 458 | 241 | 323 | 189 | 340 | 306 | 334 |
| 924 | 4270 | 1332 | 675 | 881 | 783 | 774 | 571 | 815 | 486 | 541 | 624 | 502 |
| 117 | 480 | 275 | 118 | 142 | 77 | 110 | 86 | 129 | 90 | 89 | 168 | 79 |
| 807 | 3790 | 1057 | 557 | 739 | 706 | 664 | 485 | 686 | 396 | 452 | 456 | 423 |
| **362** | **1303** | **390** | **185** | **180** | **168** | **163** | **145** | **235** | **144** | **85** | **148** | **89** |
| 35 | 98 | 12 | 6 | 34 | 10 | 12 | 7 | 19 | 12 | 3 | 10 | 2 |
| 252 | 844 | 232 | 139 | 112 | 122 | 96 | 89 | 123 | 77 | 63 | 120 | 51 |
| 75 | 361 | 146 | 40 | 34 | 36 | 55 | 49 | 93 | 55 | 19 | 18 | 36 |
| **97** | **212** | **106** | **48** | **59** | **78** | **79** | **37** | **60** | **31** | **57** | **27** | **45** |
| 5 | 19 | 10 | 3 | 4 | 5 | 4 | 5 | 8 | 3 | 5 | 1 | 2 |
| 13 | 62 | 19 | 8 | 7 | 11 | 19 | 5 | 9 | 5 | 11 | 2 | 8 |
| 79 | 131 | 77 | 37 | 48 | 62 | 56 | 27 | 43 | 23 | 41 | 24 | 35 |
| **351** | **1133** | **454** | **501** | **336** | **290** | **258** | **243** | **549** | **303** | **313** | **256** | **236** |
| 229 | 497 | 208 | 289 | 127 | 140 | 122 | 106 | 241 | 137 | 171 | 151 | 139 |
| 87 | 395 | 141 | 180 | 164 | 101 | 84 | 100 | 210 | 116 | 121 | 72 | 72 |
| 35 | 241 | 105 | 32 | 45 | 49 | 52 | 37 | 98 | 50 | 21 | 33 | 25 |
| **114** | **348** | **132** | **85** | **78** | **76** | **101** | **35** | **78** | **60** | **52** | **90** | **24** |
| 114 | 348 | 132 | 85 | 78 | 76 | 101 | 35 | 78 | 60 | 52 | 90 | 24 |
| **20** | **117** | **237** | **37** | **42** | **41** | **15** | **24** | **55** | **30** | **15** | **24** | **30** |
| 15 | 93 | 216 | 33 | 24 | 32 | 9 | 8 | 37 | 21 | 8 | 22 | 26 |
| 5 | 24 | 21 | 4 | 18 | 9 | 6 | 16 | 18 | 9 | 7 | 2 | 4 |
| **246** | **665** | **325** | **188** | **284** | **295** | **234** | **130** | **227** | **145** | **244** | **170** | **186** |
| 4 | 17 | 3 |  |  | 3 | 1 | 1 | 4 | 3 |  |  |  |
| 11 | 59 | 15 | 2 | 6 | 6 | 6 | 1 | 11 | 7 | 4 | 5 | 5 |
| 54 | 160 | 126 | 58 | 44 | 40 | 51 | 31 | 55 | 28 | 43 | 21 | 45 |
| 17 | 57 | 20 | 8 | 12 | 3 | 11 | 14 | 18 | 3 | 13 | 13 | 6 |
| 160 | 372 | 161 | 120 | 222 | 243 | 165 | 83 | 139 | 104 | 184 | 131 | 130 |

**表22.7 续表8 continued8**

| 指　标 | Item | 潼南区 Tongnan District | 荣昌区 Rongchang District | 开州区 Kaizhou District | 梁平区 Liangping District | 武隆区 Wulong District | 城口县 Chengkou County |
|---|---|---|---|---|---|---|---|
| **信息传输、软件和信息技术服务业** | **Information Transmission, Computer Services and Software** | **99** | **160** | **163** | **50** | **27** | **36** |
| 电信、广播电视和卫星传输服务 | Telecom, Radio, Televison and Satellite Transmission Services | 11 | 11 | 15 | 6 | 4 | 3 |
| 互联网和相关服务 | Internet and Ralated Services | 48 | 61 | 70 | 27 | 7 | 26 |
| 软件和信息技术服务业 | Software and Information Technology Services | 40 | 88 | 78 | 17 | 16 | 7 |
| **金融业** | **Finance** | **35** | **48** | **52** | **39** | **21** | **14** |
| 货币金融服务 | Money Finance Services | 13 | 11 | 21 | 17 | 13 | 7 |
| 资本市场服务 | Capital Market Services | 6 | 12 | 15 | 5 | | 2 |
| 保险业 | Insurance | 9 | 12 | 12 | 14 | 8 | 5 |
| 其他金融业 | Other Finance | 7 | 13 | 4 | 3 | | |
| **房地产业** | **Real Estate** | **187** | **230** | **270** | **80** | **75** | **26** |
| 房地产业 | Real Estate | 187 | 230 | 270 | 80 | 75 | 26 |
| **租赁和商务服务业** | **Leasing and Business Services** | **437** | **477** | **803** | **246** | **202** | **100** |
| 租赁业 | Leasing | 84 | 49 | 119 | 38 | 20 | 9 |
| 商务服务业 | Business Services | 353 | 428 | 684 | 208 | 182 | 91 |
| **科学研究和技术服务业** | **Scientific Research, Technical Services and Geological Prospecting** | **89** | **206** | **208** | **54** | **30** | **59** |
| 研究和试验发展 | Research and Experimental Development | 5 | 6 | 9 | 5 | | |
| 专业技术服务业 | Professional Technical Services | 45 | 125 | 99 | 34 | 24 | 20 |
| 科技推广和应用服务业 | Services of Science and Technology Application and Promotion | 39 | 75 | 100 | 15 | 6 | 39 |
| **水利、环境和公共设施管理业** | **Water Conservancy, Environment and Public Facilities Management** | **49** | **49** | **45** | **22** | **17** | **15** |
| 水利管理业 | Management of Water Conservancy | 6 | 1 | 7 | 3 | | 5 |
| 生态保护和环境治理业 | Ecological Protection and Environmental Governance | 1 | 14 | 7 | 3 | 3 | 6 |
| 公共设施管理业 | Management of Public Facilities | 42 | 34 | 31 | 16 | 14 | 4 |
| **居民服务、修理和其他服务业** | **Resident Services, Maintenance Services and Other Services** | **221** | **262** | **541** | **222** | **74** | **88** |
| 居民服务业 | Resident Services | 114 | 131 | 286 | 116 | 36 | 36 |
| 机动车、电子产品和日用产品修理业 | Vehicles, Electronic Products and Commodities Maintenance Services | 66 | 100 | 164 | 61 | 21 | 41 |
| 其他服务业 | Other Services | 41 | 31 | 91 | 45 | 17 | 11 |
| **教　育** | **Education** | **40** | **47** | **56** | **21** | **24** | **9** |
| 教　育 | Education | 40 | 47 | 56 | 21 | 24 | 9 |
| **卫生和社会工作** | **Health and Social Work** | **20** | **23** | **79** | **13** | **9** | **5** |
| 卫　生 | Health | 20 | 15 | 54 | 9 | 4 | 2 |
| 社会工作 | Social Work | | 8 | 25 | 4 | 5 | 3 |
| **文化、体育和娱乐业** | **Culture, Sports and Entertainment** | **138** | **131** | **284** | **209** | **72** | **25** |
| 新闻和出版业 | Journalism and Publishing Activities | 3 | 1 | 3 | | | |
| 广播、电视、电影和影视录音制作业 | Broadcasting, Movies, Televisions and Audiovisual Activities | | 11 | 15 | 1 | 6 | 2 |
| 文化艺术业 | Cultural and Art Activities | 12 | 17 | 82 | 110 | 13 | 8 |
| 体　育 | Sports | 3 | 4 | 15 | 4 | 3 | |
| 娱乐业 | Entertainment | 120 | 98 | 169 | 94 | 50 | 15 |

单位：个 (unit)

| 丰都县 Fengdu County | 垫江县 Dianjiang County | 忠 县 Zhongxian County | 云阳县 Yunyang County | 奉节县 Fengjie County | 巫山县 Wushan County | 巫溪县 Wuxi County | 石柱县 Shizhu County | 秀山县 Xiushan County | 酉阳县 Youyang County | 彭水县 Pengshui County |
|---|---|---|---|---|---|---|---|---|---|---|
| **78** | **49** | **70** | **112** | **115** | **60** | **66** | **18** | **100** | **65** | **95** |
| 8 | 6 | 16 | 7 | 16 | 8 | 5 | 6 | 4 | 12 | 15 |
| 44 | 21 | 22 | 56 | 46 | 41 | 10 | 8 | 67 | 23 | 52 |
| 26 | 22 | 32 | 49 | 53 | 11 | 51 | 4 | 29 | 30 | 28 |
| **40** | **45** | **47** | **32** | **71** | **30** | **16** | **24** | **52** | **56** | **30** |
| 17 | 15 | 17 | 13 | 25 | 12 | 9 | 12 | 20 | 10 | 13 |
| 3 | 13 | 16 | 7 | 31 | 4 | 3 | 1 | 21 | 34 | 5 |
| 9 | 14 | 12 | 10 | 14 | 11 | 1 | 8 | 8 | 8 | 10 |
| 11 | 3 | 2 | 2 | 1 | 3 | 3 | 3 | 3 | 4 | 2 |
| **114** | **205** | **149** | **142** | **100** | **90** | **49** | **111** | **83** | **76** | **82** |
| 114 | 205 | 149 | 142 | 100 | 90 | 49 | 111 | 83 | 76 | 82 |
| **327** | **325** | **416** | **483** | **277** | **283** | **148** | **260** | **285** | **370** | **409** |
| 35 | 38 | 39 | 58 | 26 | 24 | 15 | 25 | 33 | 20 | 33 |
| 292 | 287 | 377 | 425 | 251 | 259 | 133 | 235 | 252 | 350 | 376 |
| **66** | **73** | **108** | **73** | **81** | **50** | **20** | **36** | **40** | **133** | **133** |
| 10 | 6 | 5 | 11 | 20 | 1 |  | 1 |  | 2 | 1 |
| 28 | 48 | 46 | 45 | 30 | 27 | 14 | 25 | 28 | 105 | 105 |
| 28 | 19 | 57 | 17 | 31 | 22 | 6 | 10 | 12 | 26 | 27 |
| **35** | **66** | **31** | **23** | **35** | **22** | **13** | **32** | **14** | **39** | **34** |
| 6 | 4 | 2 | 5 | 5 | 5 | 3 | 2 |  | 5 | 3 |
| 5 | 6 | 5 | 1 | 3 |  | 1 | 1 | 4 | 2 | 3 |
| 24 | 56 | 24 | 17 | 27 | 17 | 9 | 29 | 10 | 32 | 28 |
| **178** | **180** | **296** | **210** | **160** | **76** | **127** | **130** | **229** | **160** | **201** |
| 114 | 61 | 183 | 122 | 78 | 36 | 71 | 58 | 134 | 85 | 112 |
| 43 | 56 | 80 | 60 | 48 | 26 | 51 | 61 | 70 | 62 | 60 |
| 21 | 63 | 33 | 28 | 34 | 14 | 5 | 11 | 25 | 13 | 29 |
| **35** | **28** | **57** | **48** | **21** | **10** | **13** | **20** | **32** | **17** | **30** |
| 35 | 28 | 57 | 48 | 21 | 10 | 13 | 20 | 32 | 17 | 30 |
| 18 | 27 | 41 | 16 | 17 | 8 | 17 | 14 | 8 | 14 | 14 |
| 12 | 15 | 22 | 13 | 11 | 6 | 9 | 8 | 7 | 13 | 14 |
| 6 | 12 | 19 | 3 | 6 | 2 | 8 | 6 | 1 | 1 |  |
| **334** | **144** | **247** | **168** | **76** | **100** | **51** | **155** | **130** | **135** | **117** |
| 6 | 1 | 1 | 1 |  |  |  |  |  |  | 1 |
| 6 | 8 | 10 | 4 | 7 | 6 | 4 | 4 | 12 | 7 | 16 |
| 229 | 29 | 108 | 38 | 11 | 27 | 13 | 109 | 9 | 18 | 28 |
| 5 | 5 | 4 | 10 | 7 | 5 | 2 | 2 | 4 | 9 | 5 |
| 88 | 101 | 124 | 115 | 51 | 62 | 32 | 40 | 105 | 101 | 67 |

# 表22.8 按区县、登记注册类型分组的企业法人单位数（2016年）

## NUMBER OF ENTERPRISES AS CORPORATE UNITS BY STATUS OF REGISTRATION AND SECTOR (2016)

| 区县 | Item | 总计 Total | 其中 of which | | | | |
|---|---|---|---|---|---|---|---|
| | | | 内资 Domestic-funded Enterprises | 其中 of which | | | |
| | | | | 国有 State-owned | 集体 Collective-owned | 股份合作 Cooperative Share-holding | 联营 Joint Ownership |
| **全市** | **Total** | **460824** | **459031** | **2363** | **2054** | **1582** | **397** |
| 万州区 | Wanzhou District | 22252 | 22223 | 119 | 64 | 51 | 22 |
| 黔江区 | Qianjiang District | 8538 | 8533 | 32 | 6 | 25 | 5 |
| 涪陵区 | Fuling District | 19171 | 19127 | 95 | 64 | 39 | 11 |
| 渝中区 | Yuzhong District | 22166 | 21931 | 241 | 166 | 82 | 16 |
| 大渡口区 | Dadukou District | 6193 | 6168 | 31 | 39 | 20 | 1 |
| 江北区 | Jiangbei District | 20567 | 20347 | 119 | 70 | 17 | 4 |
| 沙坪坝区 | Shapingba District | 21549 | 21444 | 120 | 253 | 107 | 22 |
| 九龙坡区 | Jiulongpo District | 41298 | 41126 | 106 | 186 | 187 | 28 |
| 南岸区 | Nan'an District | 17577 | 17471 | 88 | 29 | 102 | 12 |
| 北碚区 | Beibei District | 9774 | 9714 | 75 | 105 | 38 | 9 |
| 渝北区 | Yubei District | 28767 | 28434 | 195 | 51 | 206 | 16 |
| 巴南区 | Ba'nan District | 18883 | 18812 | 58 | 90 | 47 | 16 |
| 长寿区 | Changshou District | 12742 | 12695 | 58 | 32 | 26 | 14 |
| 江津区 | Jiangjin District | 15317 | 15265 | 44 | 130 | 32 | 10 |
| 合川区 | Hechuan District | 10690 | 10663 | 37 | 33 | 27 | 7 |
| 永川区 | Yongchuan District | 12467 | 12420 | 48 | 32 | 36 | 12 |
| 南川区 | Nanchuan District | 9904 | 9894 | 42 | 44 | 24 | 9 |
| 綦江区 | Qijiang District | 14710 | 14692 | 66 | 110 | 60 | 14 |
| #綦江区（不含万盛） | Qijiang District (excluding Wansheng) | 9119 | 9106 | 40 | 62 | 47 | 6 |
| 大足区 | Dazu District | 12447 | 12431 | 29 | 38 | 7 | 6 |
| 璧山区 | Bishan District | 10952 | 10898 | 27 | 59 | 33 | 12 |
| 铜梁区 | Tongliang District | 8993 | 8971 | 27 | 46 | 11 | 2 |
| 潼南区 | Tongnan District | 10036 | 10031 | 26 | 21 | 11 | 5 |
| 荣昌区 | Rongchang District | 7795 | 7779 | 38 | 28 | 8 | 5 |
| 开州区 | Kaizhou District | 14033 | 14025 | 43 | 42 | 92 | 12 |
| 梁平区 | Liangping District | 6760 | 6755 | 36 | 8 | 28 | 2 |
| 武隆区 | Wulong District | 6337 | 6333 | 24 | 14 | 16 | |
| 城口县 | Chenkou County | 3379 | 3378 | 22 | 5 | 22 | 1 |
| 丰都县 | Wulong County | 6439 | 6425 | 59 | 44 | 21 | 60 |
| 垫江县 | Dianjian County | 7134 | 7129 | 43 | 62 | 67 | 15 |
| 忠县 | Zhongxian County | 8186 | 8177 | 72 | 58 | 30 | 10 |
| 云阳县 | Yunyang County | 8880 | 8876 | 27 | 12 | 15 | 13 |
| 奉节县 | Fengjie County | 4857 | 4854 | 55 | 16 | 20 | 4 |
| 巫山县 | Wushan County | 5404 | 5402 | 28 | 15 | 10 | 3 |
| 巫溪县 | Wuxi County | 3740 | 3736 | 22 | 11 | 6 | 3 |
| 石柱县 | Shizhu County | 3705 | 3700 | 41 | 30 | 10 | 2 |
| 秀山县 | Xiushan County | 6704 | 6704 | 26 | 5 | 5 | 1 |
| 酉阳县 | Youyang County | 6279 | 6273 | 79 | 27 | 10 | 4 |
| 彭水县 | Pengshui County | 6199 | 6195 | 65 | 9 | 34 | 9 |

单位：个 (unit)

| 其 中 of which | | | | | | | | |
|---|---|---|---|---|---|---|---|---|
| 其 中 of which | | | | 其 中 of which | | | 其 中 of which | |
| | | | | 有限责任公司 Limited-liability Corporations | 其 中 of which | | 股份有限公司 Share-holding Limited Companies | 私 营 Private |
| 国有联营 State Joint Ownership | 集体联营 Collective Joint Ownership | 国有与集体联营 Joint State-collective Ownership | 其他联营 Other Joint Ownership | | 国有独资公司 State Sole Funded | 其他有限责任公司 Other Limited-liability Corporations | | |
| **46** | **153** | **26** | **172** | **52493** | **1272** | **51221** | **4473** | **367324** |
| 7 | 5 | 2 | 8 | 2089 | 34 | 2055 | 252 | 16943 |
| 1 | 1 | 1 | 2 | 355 | 23 | 332 | 38 | 7074 |
| 2 | 2 | 3 | 4 | 1018 | 53 | 965 | 200 | 17191 |
| 1 | 7 | 3 | 5 | 2797 | 107 | 2690 | 291 | 18006 |
| | | | 1 | 1239 | 19 | 1220 | 90 | 4490 |
| 3 | 1 | | | 1152 | 90 | 1062 | 77 | 18908 |
| 2 | 13 | 3 | 4 | 5864 | 49 | 5815 | 300 | 14280 |
| 2 | 14 | 3 | 9 | 11244 | 51 | 11193 | 462 | 26567 |
| 3 | 4 | | 5 | 2195 | 53 | 2142 | 265 | 14399 |
| 3 | 3 | 1 | 2 | 1288 | 40 | 1248 | 108 | 7233 |
| 3 | 7 | 1 | 5 | 5492 | 143 | 5349 | 653 | 20376 |
| 1 | 9 | 3 | 3 | 2849 | 35 | 2814 | 160 | 14530 |
| | 5 | | 9 | 625 | 32 | 593 | 91 | 11328 |
| | 5 | | 5 | 1461 | 49 | 1412 | 69 | 13122 |
| | 4 | 1 | 2 | 798 | 20 | 778 | 94 | 9012 |
| 1 | 6 | | 5 | 1332 | 17 | 1315 | 110 | 9487 |
| 1 | 4 | | 4 | 285 | 25 | 260 | 70 | 8359 |
| 2 | 6 | | 6 | 1472 | 41 | 1431 | 131 | 10905 |
| 2 | 2 | | 2 | 467 | 22 | 445 | 80 | 7668 |
| 2 | 4 | | | 2311 | 16 | 2295 | 71 | 9766 |
| 1 | 10 | | 1 | 809 | 13 | 796 | 45 | 9630 |
| | 2 | | | 184 | 27 | 157 | 31 | 8522 |
| | 3 | | 2 | 552 | 13 | 539 | 34 | 8697 |
| 1 | 3 | | 1 | 142 | 31 | 111 | 22 | 7369 |
| | 8 | | 4 | 369 | 14 | 355 | 100 | 12222 |
| | | | 2 | 320 | 17 | 303 | 48 | 5977 |
| | | | | 393 | 29 | 364 | 36 | 5744 |
| | 1 | | | 104 | 13 | 91 | 34 | 3024 |
| 1 | 4 | | 55 | 372 | 20 | 352 | 59 | 3784 |
| 1 | 7 | 1 | 6 | 510 | 11 | 499 | 68 | 5939 |
| 2 | 2 | 1 | 5 | 464 | 20 | 444 | 61 | 6829 |
| 3 | 5 | | 5 | 686 | 20 | 666 | 81 | 7259 |
| 2 | 1 | 1 | | 281 | 17 | 264 | 55 | 3249 |
| | | | 3 | 254 | 21 | 233 | 41 | 4345 |
| 1 | 2 | | | 135 | 17 | 118 | 27 | 3488 |
| | 1 | | 1 | 252 | 25 | 227 | 89 | 3044 |
| | | | 1 | 70 | 29 | 41 | 19 | 6363 |
| | 2 | | 2 | 516 | 19 | 497 | 32 | 5330 |
| | 2 | 2 | 5 | 214 | 19 | 195 | 59 | 4533 |

**表22.8 续表 continued**

单位：个 (unit)

| 区 县 | Item | 其 中 of which | | | | | 港澳台商投资 Enterprises with Funds from Hong Kong, Macao and Tainwan | 外商投资 Foreign Funded |
|---|---|---|---|---|---|---|---|---|
| | | 其 中 of which | | | | 其他内资 Other Domestic Funded | | |
| | | 私营独资 Soly Private-funded Enterprises | 私营合伙 Private Partnership Enterprises | 私营有限责任公司 Private Limited Liability Corporations | 私营股份有限公司 Private Share-holding Limited Companies | | | |
| **全 市** | **Total** | **190323** | **11638** | **156908** | **8455** | **28345** | **833** | **960** |
| 万州区 | Wanzhou District | 12784 | 305 | 3470 | 384 | 2683 | 13 | 16 |
| 黔江区 | Qianjiang District | 3626 | 928 | 2407 | 113 | 998 | 4 | 1 |
| 涪陵区 | Fuling District | 11396 | 370 | 5161 | 264 | 509 | 20 | 24 |
| 渝中区 | Yuzhong District | 2548 | 491 | 14112 | 855 | 332 | 123 | 112 |
| 大渡口区 | Dadukou District | 1422 | 148 | 2809 | 111 | 258 | 13 | 12 |
| 江北区 | Jiangbei District | 1146 | 383 | 17119 | 260 | | 109 | 111 |
| 沙坪坝区 | Shapingba District | 3460 | 670 | 9734 | 416 | 498 | 56 | 49 |
| 九龙坡区 | Jiulongpo District | 6248 | 909 | 18628 | 782 | 2346 | 71 | 101 |
| 南岸区 | Nan'an District | 3005 | 389 | 10621 | 384 | 381 | 49 | 57 |
| 北碚区 | Beibei District | 3302 | 172 | 3597 | 162 | 858 | 26 | 34 |
| 渝北区 | Yubei District | 5018 | 816 | 13903 | 639 | 1445 | 130 | 203 |
| 巴南区 | Ba'nan District | 8733 | 332 | 5097 | 368 | 1062 | 33 | 38 |
| 长寿区 | Changshou District | 7755 | 175 | 3251 | 147 | 521 | 17 | 30 |
| 江津区 | Jiangjin District | 7431 | 291 | 5248 | 152 | 397 | 32 | 20 |
| 合川区 | Hechuan District | 6220 | 312 | 2297 | 183 | 655 | 9 | 18 |
| 永川区 | Yongchuan District | 6767 | 210 | 2078 | 432 | 1363 | 22 | 25 |
| 南川区 | Nanchuan District | 6206 | 241 | 1626 | 286 | 1061 | 7 | 3 |
| 綦江区 | Qijiang District | 8094 | 156 | 2432 | 223 | 1934 | 7 | 11 |
| #綦江区（不含万盛） | Qijiang District (excluding Wansheng) | 5552 | 117 | 1832 | 167 | 736 | 5 | 8 |
| 大足区 | Dazu District | 7607 | 376 | 1601 | 182 | 203 | 4 | 12 |
| 璧山区 | Bishan District | 3046 | 759 | 5640 | 185 | 283 | 27 | 27 |
| 铜梁区 | Tongliang District | 5291 | 78 | 2737 | 416 | 148 | 7 | 15 |
| 潼南区 | Tongnan District | 6869 | 175 | 1615 | 38 | 685 | 2 | 3 |
| 荣昌区 | Rongchang District | 4103 | 197 | 2911 | 158 | 167 | 9 | 7 |
| 开州区 | Kaizhou District | 9956 | 654 | 1492 | 120 | 1145 | 3 | 5 |
| 梁平区 | Liangping District | 4585 | 180 | 1135 | 77 | 336 | 2 | 3 |
| 武隆区 | Wulong District | 4146 | 158 | 1427 | 13 | 106 | 4 | |
| 城口县 | Chenkou County | 2770 | 78 | 145 | 31 | 166 | 1 | |
| 丰都县 | Wulong County | 3020 | 148 | 521 | 95 | 2026 | 6 | 8 |
| 垫江县 | Dianjian County | 3976 | 164 | 1666 | 133 | 425 | 2 | 3 |
| 忠 县 | Zhongxian County | 4173 | 132 | 2451 | 73 | 653 | 5 | 4 |
| 云阳县 | Yunyang County | 5330 | 153 | 1592 | 184 | 783 | 4 | |
| 奉节县 | Fengjie County | 2615 | 141 | 435 | 58 | 1174 | 3 | |
| 巫山县 | Wushan County | 3190 | 88 | 916 | 151 | 706 | 2 | |
| 巫溪县 | Wuxi County | 1507 | 109 | 1771 | 101 | 44 | 2 | 2 |
| 石柱县 | Shizhu County | 2212 | 208 | 567 | 57 | 232 | 2 | 3 |
| 秀山县 | Xiushan County | 3889 | 277 | 2106 | 91 | 215 | | |
| 酉阳县 | Youyang County | 3575 | 141 | 1548 | 66 | 275 | 5 | 1 |
| 彭水县 | Pengshui County | 3302 | 124 | 1042 | 65 | 1272 | 2 | 2 |

# 附　录

# APPENDIX

# 简要说明

## BRIEF INTRODUCTION

本章中全国数据摘自2017年《中国统计摘要》，部分数据为初步统计数，正式统计数据以《中国统计年鉴—2017》为准。

The data of the whole nation in this table are extracted from China Statistical Summary—2017, and some of the data are primary statistics. See China Statistical Yearbook—2017 for the official data.

# 附录1：重庆市国民经济主要指标占全国的比重（2016年）

## APPENDIX I: CHONGQING'S MAIN INDICATORS OF NATIONAL ECONOMY AS PERCENTAGE OF WHOLE NATION (2016)

| 指 标 | Item | 全 国 Whole Nation | 重 庆 Chongqing | 重庆占全国的比重(%) Chongqing as Percentage of Whole Nation (%) |
|---|---|---|---|---|
| 土地面积（万平方公里） | Land Area (10 000 sq. km) | 960 | 8.24 | 0.86 |
| 年末户籍总人口（万人） | Year-end Population (10 000 persons) | 138271 | 3392 | 2.45 |
| 年末就业人员数（万人） | Year-end Employment (10 000 persons) | 77603 | 1717.52 | 2.21 |
| 国内（地区）生产总值（亿元） | Gross Domestic Product (100 million yuan) | 744127.2 | 17559.3 | 2.36 |
| 第一产业 | Primary Industry | 63670.7 | 1303.2 | 2.05 |
| 第二产业 | Secondary Industry | 296236.0 | 7755.7 | 2.62 |
| 第三产业 | Tertiary Industry | 384220.5 | 8500.4 | 2.21 |
| 主要农业产品产量(万吨) | Output of Major Agricultural and Industrial Products (10 000 tons) | | | |
| 粮 食 | Gain | 61625.0 | 1166.0 | 1.89 |
| 油 料 | Oil-bearing Crops | 3629.5 | 62.7 | 1.73 |
| 肉 类 | Meat | 8537.8 | 210.8 | 2.47 |
| 城镇常住居民人均可支配收入（元） | Per Capita Disposable Income of Urban Residents (yuan) | 33616 | 29610 | |
| 农村常住居民人均可支配收入（元） | Per Capita Disposable Income of Rural Residents (yuan) | 12363 | 11549 | |
| 邮电业务总量（亿元） | Total Business Volume of Postal and Telecommunication Services (100 million yuan) | 43345.5 | 887.59 | 2.05 |
| 社会消费品零售总额（亿元） | Retail Sales of Consumer Goods (100 million yuan) | 332316 | 7271.4 | 2.19 |
| 固定资产投资额（亿元） | Investment in Fixed Assets (100 million yuan) | 596500.8 | 17361.12 | 2.91 |
| #房地产开发投资 | Real Estate Development | 102580.6 | 3725.95 | 3.63 |
| 金融机构人民币各项存款余额（亿元） | Deposit Balance of RMB of Financial Institutions (100 million yuan) | 1505863.8 | 31216.45 | 2.07 |
| 金融机构人民币各项贷款余额（亿元） | Loan Balance of RMB of Financial Institutions (100 million yuan) | 1066040.1 | 24785.19 | 2.32 |
| 货物进出口总额（亿美元） | Total Imports and Exports (USD 100 million) | 36855.7 | 627.71 | 1.70 |
| 出口额 | Exports | 20981.5 | 406.94 | 1.94 |
| 进口额 | Imports | 15874.2 | 220.77 | 1.39 |
| 建筑业总产值（亿元） | Gross Output Value of Construction (100 million yuan) | 193566.8 | 7035.81 | 3.63 |
| 在校学生数（万人） | Student Enrollment (10 000 persons) | | | |
| #普通本、专科 | Regular Undergraduates and College Students | 2695.8 | 73.25 | 2.72 |
| 普通小学 | Primary Schools | 9913.0 | 209.82 | 2.12 |
| 执业（助理）医师（万人） | Licensed (Assistant) Doctors (10 000 persons) | 319.1 | 6.47 | 2.03 |
| 医院床位数（万张） | Number of Beds in Hospitals and Health Centers (10 000 units) | 568.9 | 13.62 | 2.39 |

# 附录2：全国国民经济与社会发展速度指标

## APPENDIX II: INDICATORS ON THE GROWTH RATE OF NATIONAL ECONOMIC AND SOCIAL DEVELOPMENT

| 指 标 | Item | 2016年 | 2016年为下列各年(%) 2016 as Percentage of the Following Years (%) | | | | 平均每年增长(%) Average Annual Growth Rate (%) | | |
|---|---|---|---|---|---|---|---|---|---|
| | | | 1978年 | 1990年 | 2000年 | 2015年 | 1979-2016 | 1991-2016 | 2001-2016 |
| **人 口** | **Population** | | | | | | | | |
| 年末总人口（万人） | Year-end Population (10 000 persons) | 138271 | 143.6 | 120.9 | 109.1 | 100.6 | 1.0 | 0.7 | 0.5 |
| 城镇人口 | Urban Population | 79298 | 459.8 | 262.6 | 172.7 | 102.8 | 4.1 | 3.8 | 3.5 |
| 乡村人口 | Rural Population | 58973 | 74.6 | 70.1 | 73.0 | 97.7 | -0.8 | -1.4 | -2.0 |
| **就业和失业** | **Employment and Unemployment** | | | | | | | | |
| 就业人员数（万人） | Employment (10 000 persons) | 77603 | 193.3 | 119.9 | 107.7 | 100.2 | 1.7 | 0.7 | 0.5 |
| #城镇就业人员 | Employment in Urban Areast | 41428 | 435.4 | 243.1 | 178.9 | 102.5 | 3.9 | 3.5 | 3.7 |
| 城镇登记失业人员（万人） | Registered Unemployment in Urban Areas (10 000 persons) | 982 | 185.3 | 256.3 | 165.0 | 101.7 | 1.6 | 3.7 | 3.2 |
| **国民经济核算** | **National Accounting** | | | | | | | | |
| 国内生产总值（亿元） | Gross Domestic Product (100 million yuan) | 744127.2 | 3229.7 | 1145.5 | 424.8 | 106.7 | 9.6 | 9.8 | 9.5 |
| 第一产业 | Primary Industry | 63670.7 | 517.0 | 271.2 | 187.7 | 103.3 | 4.4 | 3.9 | 4.0 |
| 第二产业 | Secondary Industry | 296236.0 | 5015.1 | 1656.5 | 467.6 | 106.1 | 10.9 | 11.4 | 10.1 |
| 第三产业 | Tertiary Industry | 384220.5 | 4481.7 | 1239.5 | 467.5 | 107.8 | 10.5 | 10.2 | 10.1 |
| **财 政** | **Government Finance** | | | | | | | | |
| 一般公共预算收入（亿元） | General Public Budget Revenue (100 million yuan) | 159552.1 | 14091.5 | 5432.3 | 1191.1 | 104.5 | 13.8 | 16.5 | 16.5 |
| 一般公共预算支出（亿元） | General Public Budget Expenditure (100 million yuan) | 187841.1 | 16740.3 | 6091.6 | 1182.4 | 106.4 | 14.3 | 17.0 | 16.5 |
| **能 源** | **Energy** | | | | | | | | |
| 能源生产总量（万吨标准煤） | Total Energy Output (10 000 ton of standard coal) | 346000 | 551.2 | 332.9 | 249.7 | 95.7 | 4.6 | 4.7 | 5.9 |
| 能源消费总量（万吨标准煤） | Total Consumption of Energy (10 000 ton of standard coal) | 436000 | 763.0 | 441.7 | 296.7 | 101.4 | 5.5 | 5.9 | 7.0 |
| **固定资产投资** | **Investment in Fixed Assets** | | | | | | | | |
| 全社会固定资产投资总额（亿元） | Total Investment in Fixed Assets (100 million yuan) | 606465.7 | | 13426.3 | 1842.4 | 107.9 | | 21.8 | 21.6 |
| #房地产开发 | Real Estate Development | 102580.6 | | 40497.7 | 2058.2 | 106.9 | | 28.4 | 23.3 |
| **对外贸易和实际利用外资** | **Foreign Trade and Foreign Capital Actually Utilized** | | | | | | | | |
| 货物进出口总额（亿美元） | Total Imports and Exports (USD 100 million) | 36855.7 | 17856.5 | 3192.6 | 777.1 | 93.2 | 14.6 | 14.2 | 13.7 |
| 出口额 | Exports | 20981.5 | 21519.5 | 3379.2 | 842.0 | 92.3 | 15.2 | 14.5 | 14.2 |
| 进口额 | Imports | 15874.2 | 14576.9 | 2975.5 | 705.2 | 94.5 | 14.0 | 13.9 | 13.0 |
| 外商直接投资（亿美元） | Foreign Direct Investment (USD 100 million) | 1260.0 | | 3613.4 | 309.4 | 99.8 | | 14.8 | 7.3 |

注：国内生产总值按可比价格计算，固定资产投资总额平均每年增长速度按累计法计算，一般公共预算收入和支出按可比口径计算，其他价值量指标按当年价格计算。

Note: GDP, general public budget revenue and expenditure are calculated on the basis of comparable price, the average growth rate of investment in fixed assets is calculated on the basis of accumulative method, and other value and index indicators are calculated at current price.

**附录2 续表 continued**

| 指 标 | Item | 2016年 | 2016年为下列各年 (%) 2016 as Percentage of the Following Years (%) | | | | 平均每年增长 (%) Average Annual Growth Rate (%) | | |
|---|---|---|---|---|---|---|---|---|---|
| | | | 1978年 | 1990年 | 2000年 | 2015年 | 1979-2016 | 1991-2016 | 2001-2016 |
| **主要产品产量** | **Output of Major Products** | | | | | | | | |
| 粮 食（万吨） | Gain (10 000 tons) | 61625.0 | 202.2 | 138.1 | 133.3 | 99.2 | 1.9 | 1.2 | 1.8 |
| 油 料（万吨） | Oil-bearing Crops (10 000 tons) | 3629.5 | 695.6 | 225.0 | 122.8 | 102.6 | 5.2 | 3.2 | 1.3 |
| 棉 花（万吨） | Cotton (10 000 tons) | 530.0 | 244.6 | 117.6 | 120.0 | 94.6 | 2.4 | 0.6 | 1.1 |
| 肉 类（万吨） | Meat (10 000 tons) | 8537.8 | | | 142.0 | 99.0 | | | 2.2 |
| 原 煤（亿吨） | Coal (100 million tons) | 34.11 | 551.9 | 315.8 | 246.4 | 91.0 | 4.6 | 4.5 | 5.8 |
| 原 油（万吨） | Oil (10 000 tons) | 19969 | 191.9 | 144.4 | 122.5 | 93.1 | 1.7 | 1.4 | 1.3 |
| 水 泥（万吨） | Cement (10 000 tons) | 241353 | 3699.5 | 1150.9 | 404.3 | 102.3 | 10.0 | 9.9 | 9.1 |
| 粗 钢（万吨） | Steel (10 000 tons) | 80837 | 2543.6 | 1218.3 | 629.1 | 100.6 | 8.9 | 10.1 | 12.2 |
| 发电量（亿千瓦小时） | Electricity (100 million kwh) | 61425 | 2393.8 | 988.8 | 453.1 | 105.6 | 8.7 | 9.2 | 9.9 |
| **建筑业** | **Construction** | | | | | | | | |
| 建筑业总产值（亿元） | Gross Output Value of Construction (100 million yuan) | 193567 | | 14392 | 1548.8 | 107.1 | | 21.1 | 18.7 |
| **运 输** | **Transportation** | | | | | | | | |
| 沿海主要港口货物吞吐量（万吨） | Cargo Throughput of Major Sea Ports (10 000 tons) | 810932.7 | 4088.6 | 1678.2 | 645.6 | 103.4 | 10.3 | 11.5 | 12.4 |
| **邮电通信业** | **Telecommunications and Postal Services** | | | | | | | | |
| 移动电话用户（万户） | Mobile Telephone Subscribers (100 subscribers) | 132193.4 | | 7344078 | 1563.8 | 104.0 | | 53.9 | 18.8 |
| 固定电话用户（万户） | Fixed Telephone Subscribers (10 000 subscribers) | 20662.4 | 10731.3 | 3016.3 | 142.7 | 89.4 | 13.1 | 14.0 | 2.2 |
| **国内贸易** | **Domestic Trade** | | | | | | | | |
| 社会消费品零售总额（亿元） | Retail Sales of Consumer Goods (100 million yuan) | 332316 | 21321.5 | 4003.8 | 849.8 | 110.4 | 15.2 | 15.2 | 14.3 |
| **国际旅游** | **International Tourism** | | | | | | | | |
| 入境过夜旅游者人数（万人次） | Inbound Tourists Staying Overnight (10 000 person-times) | 13844.0 | 7651.9 | 504.1 | 165.9 | 103.5 | 12.1 | 6.4 | 3.2 |
| 国际旅游外汇收入（亿美元） | Foreign Exchange Earnings from International Tourism (USD 100 million) | 1200.0 | 45627.4 | 5410.3 | 739.6 | 105.6 | 17.5 | 16.6 | 13.3 |
| **科技、教育、卫生、文化** | **Science & Technology, Education, Health and Culture** | | | | | | | | |
| 研究与试验发展经费支出（亿元） | Expenditure on R&D (100 million yuan) | 15500 | | | 1730.6 | 109.4 | | | 19.5 |
| 技术市场成交额（亿元） | Contract Value of Technology Market (100 million yuan) | 11407 | | | 1752.9 | 116.0 | | | 19.6 |
| 在校学生数（万人） | Student Enrollment (10 000 persons) | | | | | | | | |
| #普通本、专科 | Regular Undergraduates and College Students | 2695.8 | 3149.3 | 1306.8 | 484.8 | 102.7 | 9.5 | 10.4 | 10.4 |
| 普通高中 | Regular Senior Secondary Schools | 2366.6 | 152.4 | 329.9 | 197.0 | 99.7 | 1.1 | 4.7 | 4.3 |
| 初 中 | Secondary Schools | 4329.4 | 86.7 | 110.5 | 69.2 | 100.4 | -0.4 | 0.4 | -2.3 |
| 普通小学 | Primary Schools | 9913.0 | 67.8 | 81.0 | 76.2 | 102.3 | -1.0 | -0.8 | -1.7 |
| 医院数（个） | Number of Hospitals (unit) | 29140 | 313.6 | 202.7 | 178.6 | 105.6 | 3.1 | 2.8 | 3.7 |
| 医院床位数（万张） | Number of Beds in Hospitals (10 000 bed) | 568.9 | 517.2 | 304.4 | 262.6 | 106.7 | 4.4 | 4.4 | 6.2 |
| 执业（助理）医师（万人） | Number of Licensed (Assistant) Doctors (10 000 person) | 319.1 | 326.2 | 181.0 | 153.7 | 105.0 | 3.2 | 2.3 | 2.7 |

# 附录3：全国各省（自治区、直辖市）国民经济主要指标（2016年）

## APPENDIX III: MAIN INDICATORS OF NATIONAL ECONOMY BY PROVINCE, MUNICIPALITY AND AUTONOMOUS REGION (2016)

| 地　区 | Region | 年末常住人口（万人）Resident Population at Year-end (10 000 persons) | 地区生产总值（亿元）Gross Domestic Product (100 million yuan) | 其　中 of which | |
|---|---|---|---|---|---|
| | | | | 第一产业 Primary Industry | 第二产业 Secondary Industry |
| **东部地区** | **Eastern Region** | | | | |
| 北　京 | Beijing | 2173 | 24899.3 | 129.6 | 4774.4 |
| 天　津 | Tianjin | 1562 | 17885.4 | 220.2 | 8003.9 |
| 河　北 | Hebei | 7470 | 31827.9 | 3492.8 | 15058.5 |
| 辽　宁 | Liaoning | 4378 | 22037.9 | 2173.0 | 8504.8 |
| 上　海 | Shanghai | 2420 | 27466.2 | 109.5 | 7994.3 |
| 江　苏 | Jiangsu | 7999 | 76086.2 | 4078.5 | 33855.7 |
| 浙　江 | Zhejiang | 5590 | 46485.0 | 1966.5 | 20517.8 |
| 福　建 | Fujian | 3874 | 28519.2 | 2364.1 | 13912.7 |
| 山　东 | Shandong | 9947 | 67008.2 | 4929.1 | 30410.0 |
| 广　东 | Guangdong | 10999 | 79512.1 | 3693.6 | 34372.5 |
| 海　南 | Hainan | 917 | 4044.5 | 970.9 | 901.7 |
| **中部地区** | **Central Region** | | | | |
| 山　西 | Shanxi | 3682 | 12928.3 | 784.6 | 4926.4 |
| 吉　林 | Jilin | 2733 | 14886.2 | 1498.5 | 7147.2 |
| 黑龙江 | Heilongjiang | 3799 | 15386.1 | 2670.5 | 4441.4 |
| 安　徽 | Anhui | 6196 | 24117.9 | 2567.7 | 11666.6 |
| 江　西 | Jiangxi | 4592 | 18364.4 | 1904.5 | 9032.1 |
| 河　南 | Henan | 9532 | 40160.0 | 4286.3 | 19055.4 |
| 湖　北 | Hubei | 5885 | 32297.9 | 3499.3 | 14375.1 |
| 湖　南 | Hunan | 6822 | 31244.7 | 3578.4 | 13181.0 |
| **西部地区** | **Western Region** | | | | |
| 重　庆 | Chongqing | 3048 | 17559.3 | 1303.2 | 7755.7 |
| 四　川 | Sichuan | 8262 | 32680.5 | 3924.1 | 13924.7 |
| 贵　州 | Guizhou | 3555 | 11734.4 | 1846.5 | 4636.7 |
| 云　南 | Yunnan | 4771 | 14870.0 | 2195.0 | 5799.3 |
| 西　藏 | Tibet | 331 | 1150.1 | 105.0 | 429.9 |
| 陕　西 | Shaanxi | 3813 | 19165.4 | 1693.8 | 9390.9 |
| 甘　肃 | Gansu | 2610 | 7152.0 | 973.5 | 2491.5 |
| 青　海 | Qinghai | 593 | 2572.5 | 221.2 | 1250.0 |
| 宁　夏 | Ningxia | 675 | 3150.1 | 240.0 | 1475.5 |
| 新　疆 | Xinjiang | 2398 | 9617.2 | 1649.0 | 3585.2 |
| 内蒙古 | Inner Mongolia | 2520 | 18632.6 | 1628.7 | 9078.9 |
| 广　西 | Guangxi | 4838 | 18245.1 | 2798.6 | 8219.9 |

注：本表绝对数按当年价计算。

| 其中 of which 第三产业 Tertiary Industry | 地区生产总值指数（上年=100） Indices of Gross Domestic Product (preceding year=100) | 人均地区生产总值（元） Per Capita GDP (yuan) | 人均地区生产总值指数（上年=100） Indices of Per Capita GDP (preceding year=100) | 农林牧渔业总产值（万元） Gross Output Value of Farming, Forestry,Animal Husbandry and Fishery (10 000 yuan) | 其中 of which #农业 Farming | #林业 Forestry | #牧业 Animal Husbandry | #渔业 Fishery |
|---|---|---|---|---|---|---|---|---|
| | | | | | | | | |
| 19995.3 | 106.7 | 114653 | 106.2 | 338.1 | 145.2 | 52.2 | 122.7 | 9.2 |
| 9661.3 | 109.0 | 115053 | 107.4 | 494.4 | 244.3 | 8.4 | 140.9 | 89.0 |
| 13276.5 | 106.8 | 42736 | 106.1 | 6083.9 | 3459.4 | 132.3 | 1939.2 | 211.0 |
| 11360.0 | 97.5 | 50314 | 97.6 | 4421.8 | 1859.5 | 143.7 | 1575.7 | 639.6 |
| 19362.3 | 106.8 | 113615 | 106.9 | 285.1 | 148.5 | 13.2 | 62.6 | 50.2 |
| 38152.0 | 107.8 | 95257 | 107.5 | 7235.1 | 3714.6 | 129.3 | 1331.5 | 1621.9 |
| 24000.6 | 107.5 | 83538 | 106.7 | 3146.1 | 1521.2 | 158.1 | 434.3 | 962.0 |
| 12242.3 | 108.4 | 73951 | 107.5 | 4155.7 | 1782.0 | 315.1 | 681.7 | 1235.5 |
| 31669.0 | 107.6 | 67706 | 106.7 | 9325.9 | 4641.3 | 147.5 | 2540.8 | 1485.6 |
| 41446.0 | 107.5 | 72787 | 106.2 | 6078.4 | 3134.4 | 314.7 | 1221.8 | 1195.6 |
| 2171.9 | 107.5 | 44252 | 106.7 | 1470.4 | 695.6 | 100.0 | 267.1 | 353.8 |
| | | | | | | | | |
| 7217.4 | 104.5 | 35198 | 104.0 | 1534.0 | 958.1 | 100.3 | 376.2 | 9.9 |
| 6240.5 | 106.9 | 54266 | 107.3 | 2724.9 | 1232.0 | 107.2 | 1252.8 | 43.0 |
| 8274.3 | 106.1 | 40432 | 106.5 | 5197.8 | 2873.9 | 219.9 | 1854.8 | 129.2 |
| 9883.6 | 108.7 | 39092 | 107.7 | 4655.5 | 2234.1 | 291.1 | 1375.7 | 513.2 |
| 7427.8 | 109.0 | 40106 | 108.4 | 3130.3 | 1446.9 | 324.6 | 788.6 | 458.9 |
| 16818.3 | 108.1 | 42247 | 107.5 | 7799.7 | 4577.2 | 121.3 | 2611.3 | 128.3 |
| 14423.5 | 108.1 | 55038 | 107.5 | 6278.4 | 2921.3 | 203.4 | 1715.2 | 1030.0 |
| 14485.3 | 107.9 | 45931 | 107.3 | 6081.9 | 3255.1 | 321.6 | 1762.7 | 396.7 |
| | | | | | | | | |
| 8500.4 | 110.7 | 57904 | 109.6 | 1968.3 | 1151.8 | 73.4 | 627.4 | 85.3 |
| 14831.7 | 107.7 | 39695 | 107.0 | 6831.1 | 3711.0 | 219.1 | 2551.7 | 223.9 |
| 5251.2 | 110.5 | 33127 | 109.8 | 3097.2 | 1888.6 | 195.0 | 797.2 | 68.7 |
| 6875.6 | 108.7 | 31265 | 108.0 | 3633.1 | 1943.6 | 330.4 | 1141.8 | 94.2 |
| 615.2 | 110.0 | 35143 | 107.8 | 173.0 | 52.2 | 2.4 | 113.8 | 0.2 |
| 8080.7 | 107.6 | 50398 | 107.0 | 2985.8 | 2027.6 | 85.5 | 695.9 | 26.2 |
| 3687.0 | 107.6 | 27458 | 107.2 | 1778.0 | 1274.7 | 30.8 | 299.7 | 2.2 |
| 1101.3 | 108.0 | 43531 | 107.1 | 338.8 | 155.5 | 8.3 | 165.7 | 3.3 |
| 1434.6 | 108.1 | 46918 | 107.0 | 493.6 | 311.9 | 10.1 | 131.7 | 17.0 |
| 4383.0 | 107.6 | 40427 | 105.3 | 2969.7 | 2163.1 | 50.3 | 653.2 | 22.2 |
| 7925.1 | 107.2 | 74069 | 106.8 | 2794.2 | 1415.1 | 98.6 | 1202.9 | 33.0 |
| 7226.6 | 107.3 | 37876 | 106.3 | 4591.4 | 2347.9 | 323.5 | 1266.4 | 464.2 |

Note:The values in this table are calculated at current prices.

**附录3 续表1 continued1**

| 地 区 | Region | 农林牧渔业总产值指数（可比价）（上年=100） Indices of Gross Output Value of Farming, Forestry, Animal Husbandry and Fishery (preceding year =100) | 粮食产量（万吨） Grain Output (10 000 tons) | 油料产量（万吨） Output of Oil-bearing Crops (10 000 tons) | 棉花产量（万吨） Cotton Output (10 000 tons) | 糖料产量（万吨） Sugar Output (10 000 tons) |
|---|---|---|---|---|---|---|
| **东部地区** | **Eastern Region** | | | | | |
| 北 京 | Beijing | 90.1 | 53.7 | 0.6 | 0.01 | |
| 天 津 | Tianjin | 103.3 | 196.4 | 1.6 | 2.3 | |
| 河 北 | Hebei | 103.5 | 3460.2 | 156.5 | 30.0 | 93.1 |
| 辽 宁 | Liaoning | 97.4 | 2100.6 | 81.3 | 0.11 | 9.4 |
| 上 海 | Shanghai | 90.8 | 99.2 | 0.9 | 0.03 | 0.6 |
| 江 苏 | Jiangsu | 100.8 | 3466.0 | 131.9 | 7.4 | 9.0 |
| 浙 江 | Zhejiang | 102.5 | 752.2 | 29.1 | 1.7 | 62.1 |
| 福 建 | Fujian | 103.7 | 650.9 | 31.0 | 0.01 | 37.0 |
| 山 东 | Shandong | 104.4 | 4700.7 | 326.8 | 54.8 | 0.02 |
| 广 东 | Guangdong | 102.9 | 1360.2 | 113.3 | | 1479.3 |
| 海 南 | Hainan | 104.3 | 177.9 | 11.2 | | 204.6 |
| **中部地区** | **Central Region** | | | | | |
| 山 西 | Shanxi | 103.2 | 1318.5 | 15.4 | 1.0 | 3.3 |
| 吉 林 | Jilin | 103.2 | 3717.2 | 82.5 | | 1.4 |
| 黑龙江 | Heilongjiang | 105.5 | 6058.5 | 21.7 | | 11.4 |
| 安 徽 | Anhui | 103.4 | 3417.4 | 214.8 | 18.5 | 20.4 |
| 江 西 | Jiangxi | 104.1 | 2138.1 | 122.0 | 7.3 | 65.8 |
| 河 南 | Henan | 104.5 | 5946.6 | 619.1 | 9.8 | 23.5 |
| 湖 北 | Hubei | 104.9 | 2554.1 | 329.8 | 18.8 | 37.5 |
| 湖 南 | Hunan | 103.6 | 2953.2 | 242.9 | 12.3 | 66.2 |
| **西部地区** | **Western Region** | | | | | |
| 重 庆 | Chongqing | 104.5 | 1166.0 | 62.7 | | 9.7 |
| 四 川 | Sichuan | 104.0 | 3483.5 | 311.3 | 0.9 | 49.6 |
| 贵 州 | Guizhou | 106.2 | 1192.4 | 103.4 | 0.1 | 117.8 |
| 云 南 | Yunnan | 105.8 | 1902.9 | 68.5 | 0.0003 | 1738.4 |
| 西 藏 | Tibet | 112.6 | 101.9 | 6.2 | | |
| 陕 西 | Shaanxi | 104.1 | 1228.3 | 63.8 | 3.4 | 0.2 |
| 甘 肃 | Gansu | 104.2 | 1140.6 | 76.0 | 2.0 | 16.6 |
| 青 海 | Qinghai | 105.4 | 103.5 | 30.0 | | 0.1 |
| 宁 夏 | Ningxia | 104.4 | 370.6 | 14.7 | | |
| 新 疆 | Xinjiang | 106.0 | 1512.3 | 71.4 | 359.4 | 555.0 |
| 内蒙古 | Inner Mongolia | 103.1 | 2780.3 | 220.0 | 0.02 | 267.4 |
| 广 西 | Guangxi | 103.3 | 1521.3 | 68.9 | 0.3 | 7461.3 |

| 蔬菜产量（万吨）<br>Vegetable Output (10 000 tons) | 水果产量（万吨）<br>Fruit Output (10 000 tons) | 肉类产量（万吨）<br>Meat Output (10 000 tons) | 其中 of which<br>#猪 肉<br>Pork | <br>#牛 肉<br>Beef | <br>#羊 肉<br>Lamb | 奶类产量（万吨）<br>Diary Output (10 000 tons) | 水泥产量（万吨）<br>Cement Output (10 000 tons) |
|---|---|---|---|---|---|---|---|
| | | | | | | | |
| 183.6 | 79.0 | 30.4 | 21.8 | 1.4 | 1.2 | 45.7 | 510.3 |
| 450.4 | 61.5 | 45.5 | 29.2 | 3.5 | 1.6 | 68.0 | 788.6 |
| 8193.4 | 2138.5 | 457.7 | 265.4 | 54.3 | 32.4 | 448.0 | 9898.6 |
| 2257.5 | 802.3 | 430.9 | 219.2 | 41.6 | 8.7 | 144.2 | 4011.0 |
| 334.2 | 50.6 | 17.4 | 13.5 | 0.1 | 0.5 | 26.0 | 418.4 |
| 5593.9 | 893.0 | 355.6 | 216.4 | 3.1 | 8.3 | 59.0 | 18038.1 |
| 1865.1 | 724.3 | 118.1 | 90.7 | 1.3 | 1.9 | 15.3 | 10848.0 |
| 1951.6 | 853.8 | 225.6 | 136.0 | 3.2 | 2.5 | 15.9 | 8106.0 |
| 10327.0 | 3255.4 | 777.5 | 383.5 | 67.0 | 38.4 | 276.8 | 16156.1 |
| 3569.1 | 1717.0 | 415.5 | 264.4 | 7.1 | 0.9 | 13.0 | 15080.6 |
| 579.8 | 395.4 | 76.3 | 42.9 | 2.6 | 1.1 | 0.2 | 2227.9 |
| | | | | | | | |
| 1294.5 | 840.8 | 84.4 | 57.5 | 5.9 | 7.4 | 95.9 | 3851.5 |
| 852.4 | 241.1 | 260.4 | 130.6 | 47.1 | 4.8 | 53.4 | 3086.8 |
| 936.8 | 259.9 | 231.2 | 138.2 | 42.5 | 12.8 | 548.6 | 3381.0 |
| 2774.7 | 1043.5 | 411.4 | 244.9 | 16.5 | 17.3 | 32.7 | 13584.1 |
| 1420.2 | 617.4 | 330.9 | 242.9 | 14.4 | 1.3 | 13.5 | 9553.3 |
| 7807.6 | 2871.3 | 697.0 | 450.6 | 83.0 | 26.4 | 336.6 | 15672.1 |
| 4001.7 | 1010.4 | 425.2 | 322.2 | 23.2 | 8.9 | 16.9 | 11600.5 |
| 4196.4 | 1048.2 | 529.8 | 434.8 | 20.4 | 12.0 | 10.1 | 12239.7 |
| | | | | | | | |
| 1875.1 | 408.7 | 210.8 | 151.3 | 9.2 | 4.1 | 5.5 | 6781.6 |
| 4388.6 | 979.3 | 696.3 | 494.5 | 36.9 | 26.9 | 62.8 | 14615.5 |
| 1878.5 | 243.9 | 199.3 | 155.0 | 17.9 | 4.5 | 6.4 | 10798.5 |
| 1968.6 | 759.1 | 375.6 | 283.7 | 35.2 | 15.1 | 64.1 | 11104.4 |
| 70.7 | 1.5 | 27.7 | 1.5 | 16.2 | 8.2 | 34.7 | 623.3 |
| 1896.2 | 2017.8 | 111.7 | 85.9 | 8.0 | 8.0 | 189.1 | 7264.0 |
| 1951.5 | 738.0 | 97.3 | 49.0 | 20.0 | 21.1 | 40.7 | 4640.4 |
| 170.0 | 4.0 | 36.0 | 10.5 | 12.2 | 12.0 | 34.2 | 1895.4 |
| 593.1 | 305.8 | 30.9 | 7.5 | 10.4 | 10.5 | 139.5 | 1984.7 |
| 1966.5 | 1790.9 | 161.0 | 33.9 | 42.5 | 58.3 | 164.4 | 4250.2 |
| 1502.3 | 316.3 | 258.9 | 72.1 | 55.6 | 99.0 | 741.3 | 6298.4 |
| 2928.8 | 1882.5 | 411.2 | 249.8 | 14.7 | 3.3 | 9.7 | 12034.9 |

**附录3 续表2 continued2**

| 地 区 | Region | 钢材产量（万吨） Steel Output (10 000 tons) | 汽车产量（万辆） Motor Vehicle Output (10 000 units) | 微型计算机设备（万台） Micro Computers (10 000 units) | 发电量（亿千瓦小时） Electricity Production (100 million KWH) | 客运量（万人） Passenger Throughput (10 000 persons) | 旅客周转量（亿人公里） Passenger Turnover Volume (100 million person·km) |
|---|---|---|---|---|---|---|---|
| **东部地区** | **Eastern Region** | | | | | | |
| 北 京 | Beijing | 162.8 | 238.0 | 684.1 | 434.4 | 61519 | 268 |
| 天 津 | Tianjin | 8667.1 | 52.9 | | 617.5 | 18377 | 262 |
| 河 北 | Hebei | 26150.4 | 128.6 | | 2630.6 | 50701 | 1238 |
| 辽 宁 | Liaoning | 5906.3 | 107.9 | 0.1 | 1778.8 | 73632 | 936 |
| 上 海 | Shanghai | 2080.1 | 260.8 | 3084.0 | 807.3 | 14416 | 214 |
| 江 苏 | Jiangsu | 13469.7 | 138.6 | 5285.2 | 4709.4 | 133580 | 1468 |
| 浙 江 | Zhejiang | 3760.9 | 58.1 | 182.8 | 3197.7 | 105018 | 1075 |
| 福 建 | Fujian | 2859.6 | 21.8 | 847.4 | 2007.4 | 51649 | 593 |
| 山 东 | Shandong | 9788.2 | 86.9 | 23.7 | 5329.3 | 63463 | 1189 |
| 广 东 | Guangdong | 4113.3 | 280.1 | 3344.9 | 4263.7 | 130345 | 1887 |
| 海 南 | Hainan | 36.3 | 6.7 | | 287.7 | 13912 | 120 |
| **中部地区** | **Central Region** | | | | | | |
| 山 西 | Shanxi | 4279.0 | 0.7 | | 2535.1 | 26374 | 361 |
| 吉 林 | Jilin | 961.4 | 254.0 | | 760.3 | 34910 | 431 |
| 黑龙江 | Heilongjiang | 332.8 | 7.6 | 1.1 | 900.4 | 39386 | 471 |
| 安 徽 | Anhui | 3225.8 | 139.1 | 1659.8 | 2252.7 | 81106 | 1187 |
| 江 西 | Jiangxi | 2585.0 | 53.6 | | 1085.4 | 62876 | 971 |
| 河 南 | Henan | 4667.9 | 58.5 | | 2652.7 | 120528 | 1684 |
| 湖 北 | Hubei | 3563.8 | 243.5 | 840.3 | 2479.0 | 102990 | 1232 |
| 湖 南 | Hunan | 1998.7 | 47.7 | 36.1 | 1385.1 | 121760 | 1501 |
| **西部地区** | **Western Region** | | | | | | |
| 重 庆 | Chongqing | 1234.2 | 315.6 | 6764.7 | 670.8 | 61255 | 506 |
| 四 川 | Sichuan | 2837.2 | 53.0 | 5936.5 | 3273.9 | 123746 | 942 |
| 贵 州 | Guizhou | 526.2 | 1.6 | 317.4 | 1904.0 | 89464 | 675 |
| 云 南 | Yunnan | 1654.7 | 13.3 | | 2692.5 | 46519 | 446 |
| 西 藏 | Tibet | 1.8 | | | 54.5 | 1155 | 40 |
| 陕 西 | Shaanxi | 1233.8 | 42.0 | | 1757.4 | 69820 | 756 |
| 甘 肃 | Gansu | 665.9 | 1.2 | | 1214.3 | 41626 | 613 |
| 青 海 | Qinghai | 125.1 | | | 553.0 | 5934 | 125 |
| 宁 夏 | Ningxia | 164.1 | | | 1144.4 | 8757 | 110 |
| 新 疆 | Xinjiang | 1087.6 | 2.1 | | 2719.1 | 32148 | 458 |
| 内蒙古 | Inner Mongolia | 2016.8 | 2.1 | | 3949.8 | 15735 | 375 |
| 广 西 | Guangxi | 3644.7 | 245.3 | 0.6 | 1346.5 | 48699 | 744 |

注：1）本表各省、市固定资产投资数据不含跨区投资和农户投资。
2）本表交通数据均不含民航数。

| 货运量（万吨）<br>Cargo Throughput (10 000 tons) | 货物周转量（亿吨公里）<br>Cargo Turnover Volume (100 million tons·km) | 固定资产投资额（亿元）<br>Investment in Fixed Assets (100 million yuan) | 其中cf which<br>#房地产开发投资<br>Investment in Real Estate Development | 商品房施工面积（万平方米）<br>Housing Floor Space under Construction (10 000 sq. m) | 商品房竣工面积（万平方米）<br>Housing Floor Space Completed (10 000 sq.m) | 商品房销售面积（万平方米）<br>Housing Floor Space of Sales (10 000 sq.m) |
|---|---|---|---|---|---|---|
| 20734 | 825 | 7888.69 | 4000.6 | 12976 | 2370 | 1659 |
| 50506 | 2302 | 12756.36 | 2300.0 | 9350 | 2914 | 2711 |
| 210586 | 12333 | 31340.07 | 4695.6 | 30477 | 4288 | 6682 |
| 207064 | 12113 | 6436.33 | 2094.8 | 26364 | 2709 | 3712 |
| 88324 | 19318 | 6751.68 | 3709.0 | 15111 | 2551 | 2706 |
| 202070 | 7654 | 49370.85 | 8956.4 | 58762 | 10074 | 13962 |
| 215558 | 9789 | 29571.00 | 7469.4 | 41610 | 7925 | 8637 |
| 120352 | 6071 | 22927.99 | 4588.8 | 31064 | 3665 | 4915 |
| 285386 | 8884 | 52364.49 | 6323.4 | 59957 | 8253 | 11790 |
| 366839 | 21802 | 32947.30 | 10307.8 | 64234 | 6594 | 14612 |
| 21786 | 1061 | 3747.03 | 1787.6 | 8937 | 1675 | 1509 |
| | | | | | | |
| 167076 | 3565 | 13859.35 | 1597.4 | 17069 | 2684 | 2061 |
| 45060 | 1479 | 13773.17 | 1016.8 | 11797 | 1352 | 1919 |
| 53569 | 1533 | 10432.55 | 864.8 | 10866 | 2376 | 2117 |
| 364567 | 10896 | 26577.37 | 4603.6 | 35645 | 5383 | 8500 |
| 138118 | 3898 | 19378.69 | 1770.9 | 16427 | 1636 | 4692 |
| 206087 | 7384 | 39753.93 | 6179.1 | 47360 | 6299 | 11306 |
| 162460 | 5923 | 29503.88 | 4296.4 | 29880 | 3127 | 7427 |
| 206527 | 4057 | 27688.45 | 2957.0 | 30139 | 4534 | 8085 |
| | | | | | | |
| | | | | | | |
| 107840 | 2965 | 15931.78 | 3725.9 | 27363 | 4421 | 6257 |
| 160970 | 2504 | 28229.79 | 5282.6 | 41532 | 7050 | 9300 |
| 89526 | 1482 | 12929.17 | 2149.0 | 20352 | 1901 | 4157 |
| 115505 | 1600 | 15662.49 | 2688.3 | 20593 | 2115 | 3640 |
| 1971 | 125 | 1596.05 | 48.5 | 349 | 32 | 75 |
| 149046 | 3445 | 20474.85 | 2736.8 | 22298 | 2432 | 3263 |
| 60661 | 2170 | 9534.10 | 850.0 | 8933 | 992 | 1679 |
| 16881 | 476 | 3455.51 | 396.9 | 2848 | 387 | 438 |
| 43260 | 820 | 3709.04 | 728.2 | 7110 | 1295 | 966 |
| 71961 | 1804 | 9983.86 | 923.4 | 11531 | 1696 | 1828 |
| 186726 | 4342 | 14893.96 | 1133.5 | 16906 | 1664 | 2528 |
| 160761 | 4260 | 17652.95 | 2398.0 | 21135 | 1735 | 4215 |

Note: a) The data of investment in fixed assets in this table excludes trans-regional investment and investment of rural households.
b) The civil aviation data are not include in traffic data of this table.

**附录3 续表3 continued3**

| 地区 | Region | 建筑业总产值（亿元） Total Output Value of Construction (100 million yuan) | 社会消费品零售总额（亿元） Total Retail Sales of Consumer Goods (100 million yuan) | 进出口总额（按经营单位所在地分）（亿美元） Total Imports and Exports (by location of operation units) (USD 100 million) | 其中of which #出口 Export |
|---|---|---|---|---|---|
| **东部地区** | **Eastern Region** | | | | |
| 北　京 | Beijing | 8841.2 | 11005.1 | 2820.3 | 518.4 |
| 天　津 | Tianjin | 4891.8 | 5635.8 | 1026.5 | 442.9 |
| 河　北 | Hebei | 5517.7 | 14364.7 | 466.2 | 305.8 |
| 辽　宁 | Liaoning | 3926.7 | 13414.1 | 865.2 | 430.7 |
| 上　海 | Shanghai | 6046.2 | 10946.6 | 4338.4 | 1834.7 |
| 江　苏 | Jiangsu | 25791.8 | 28707.1 | 5095.3 | 3192.7 |
| 浙　江 | Zhejiang | 24989.4 | 21970.8 | 3365.0 | 2678.6 |
| 福　建 | Fujian | 8531.5 | 11674.5 | 1568.5 | 1036.8 |
| 山　东 | Shandong | 10087.4 | 30645.8 | 2342.1 | 1371.6 |
| 广　东 | Guangdong | 9652.3 | 34739.1 | 9555.1 | 5988.6 |
| 海　南 | Hainan | 307.8 | 1453.7 | 113.3 | 21.2 |
| **中部地区** | **Central Region** | | | | |
| 山　西 | Shanxi | 3318.5 | 6480.5 | 166.4 | 99.3 |
| 吉　林 | Jilin | 2283.6 | 7310.4 | 184.4 | 42.1 |
| 黑龙江 | Heilongjiang | 1716.6 | 8402.5 | 165.4 | 50.4 |
| 安　徽 | Anhui | 6047.3 | 10000.2 | 443.3 | 284.4 |
| 江　西 | Jiangxi | 5179.0 | 6634.6 | 400.8 | 298.1 |
| 河　南 | Henan | 8808.0 | 17618.4 | 711.9 | 427.9 |
| 湖　北 | Hubei | 11862.4 | 15649.2 | 393.5 | 260.2 |
| 湖　南 | Hunan | 7304.2 | 13436.5 | 262.5 | 176.7 |
| **西部地区** | **Western Region** | | | | |
| 重　庆 | Chongqing | 7035.8 | 7271.4 | 627.7 | 406.9 |
| 四　川 | Sichuan | 9959.7 | 15601.9 | 493.2 | 279.3 |
| 贵　州 | Guizhou | 2363.0 | 3709.0 | 56.9 | 47.4 |
| 云　南 | Yunnan | 3867.2 | 5722.9 | 198.9 | 114.8 |
| 西　藏 | Tibet | 111.3 | 459.4 | 7.8 | 4.7 |
| 陕　西 | Shaanxi | 5329.2 | 7367.6 | 299.2 | 158.3 |
| 甘　肃 | Gansu | 1947.2 | 3184.4 | 68.8 | 40.9 |
| 青　海 | Qinghai | 410.6 | 767.3 | 15.2 | 13.7 |
| 宁　夏 | Ningxia | 511.3 | 850.1 | 32.7 | 25.0 |
| 新　疆 | Xinjiang | 2258.2 | 2825.9 | 176.6 | 156.1 |
| 内蒙古 | Inner Mongolia | 1220.8 | 6700.8 | 116.2 | 43.7 |
| 广　西 | Guangxi | 3449.2 | 7027.3 | 478.3 | 229.6 |

| 金融机构本外币存款余额（亿元） Total Deposit Balance of RMB and Foreign Currencics of Financial Institutions (100 million yuan) | 金融机构本外币贷款余额（亿元） Total Loan Balance of RMB and Foreign Currencies (100 million yuan) | 城镇常住居民人均可支配收入（元） Per Capita Disposable Income of Urban Residents (yuan) | 农村常住居民人均可支配收入（元） Per Capita Disposable Income of Rural Residents (yuan) | 居民消费价格指数（上年=100） General Consumer Price Index (preceding year=100) | 农产品生产价格指数（上年=100） Producer Price Index of Farm Products (preceding year =100) | 固定资产投资价格指数（上年=100） Price Index of Investment in Fixed Assets (preceding year =100) |
|---|---|---|---|---|---|---|
| 138408.85 | 63739.43 | 57275 | 22310 | 101.4 | 99.7 | 99.7 |
| 30067.03 | 28754.04 | 37110 | 20076 | 102.1 | 103.0 | 99.4 |
| 55928.87 | 37745.85 | 28249 | 11919 | 101.5 | 96.8 | 99.4 |
| 51692.45 | 38685.60 | 32876 | 12881 | 101.6 | 100.7 | 99.2 |
| 110510.96 | 59982.25 | 57692 | 25520 | 103.2 | 106.6 | 99.6 |
| 125576.94 | 92957.02 | 40152 | 17606 | 102.3 | 104.0 | 98.8 |
| 99530.29 | 81804.50 | 47237 | 22866 | 101.9 | 104.5 | 99.5 |
| 40487.03 | 37787.26 | 36014 | 14999 | 101.7 | 108.3 | 100.0 |
| 85683.49 | 65243.54 | 34012 | 13954 | 102.1 | 102.8 | 99.1 |
| 179829.19 | 110928.41 | 37684 | 14512 | 102.3 | 106.5 | 100.3 |
| 9120.17 | 7687.65 | 28453 | 11843 | 102.8 | 106.7 | 100.1 |
| | | | | | | |
| 30869.07 | 20356.50 | 27352 | 10082 | 101.1 | 95.2 | 100.0 |
| 21154.72 | 17210.47 | 26530 | 12123 | 101.6 | 93.1 | 98.7 |
| 22394.82 | 18086.18 | 25736 | 11832 | 101.5 | 93.6 | 99.4 |
| 41324.33 | 30774.51 | 29156 | 11720 | 101.8 | 101.0 | 99.2 |
| 29105.23 | 21847.43 | 28673 | 12138 | 102.0 | 104.1 | 100.0 |
| 54979.70 | 37139.60 | 27233 | 11697 | 101.9 | 103.2 | 99.2 |
| 47284.95 | 34530.72 | 29386 | 12725 | 102.2 | 106.2 | 100.1 |
| 41996.74 | 27532.30 | 31284 | 11930 | 101.9 | 104.7 | 100.4 |
| | | | | | | |
| 32160.09 | 25524.17 | 29610 | 11549 | 101.8 | 109.8 | 98.9 |
| 66892.42 | 43543.01 | 28335 | 11203 | 101.9 | 105.6 | 99.8 |
| 23831.36 | 17961.04 | 26743 | 8090 | 101.4 | 108.7 | 98.6 |
| 27921.53 | 23491.38 | 28611 | 9020 | 101.5 | 103.9 | 100.1 |
| 4379.66 | 3048.64 | 27802 | 9094 | 102.5 | | |
| 35707.36 | 24224.37 | 28440 | 9396 | 101.3 | 98.0 | 99.9 |
| 17515.66 | 15926.41 | 25693 | 7457 | 101.3 | 99.2 | 98.7 |
| 5586.18 | 5717.16 | 26757 | 8664 | 101.8 | 104.5 | 99.6 |
| 5460.63 | 5695.96 | 27153 | 9852 | 101.5 | 98.7 | 99.6 |
| 19300.08 | 15196.01 | 28463 | 10183 | 101.4 | 107.6 | 99.9 |
| 21245.66 | 19458.45 | 32975 | 11609 | 101.2 | 95.1 | 99.5 |
| 25477.80 | 20640.54 | 28324 | 10359 | 101.6 | 106.1 | 99.5 |

# 中国统计出版社最新图书简目

（仅供参考，以实际出版为准）

## 统计资料

中国统计年鉴
中国经济普查年鉴
中国-东盟国家统计手册
中国城市统计年鉴
中国贸易外经统计年鉴
大中型批发零售和住宿餐饮企业统计年鉴
中国价格统计年鉴
中国环境统计年鉴
中国工业统计年鉴
中国城市建设统计年鉴
中国证券期货统计年鉴
工业企业科技活动资料
中国人才资源统计报告
文化及相关产业统计概览
中国民族统计年鉴
中国乡镇街道行政区域简册
中国统计摘要
国际统计年鉴
中国农村统计年鉴
中国对外直接投资统计公报
中国零售和餐饮连锁企业统计年鉴
中国农产品价格调查年鉴
中国能源统计年鉴
中国建筑业统计年鉴
中国城乡建设统计年鉴
中国科技统计年鉴
中国劳动统计年鉴
中国社会统计年鉴
中国教育统计年鉴
中国文化及相关产业统计年鉴
中国残疾人事业统计年鉴
中国基本单位统计年鉴
中国发展报告
金砖国家联合统计手册
中国县域统计年鉴
中国地区经济监测报告
中国商品交易市场统计年鉴
中国住户调查年鉴
全国农产品成本收益资料汇编
国外资源、能源和环境统计资料汇编
中国县城建设统计年鉴
中国房地产统计年鉴
中国第三产业统计年鉴
中国高技术产业统计年鉴
中国人口和就业统计年鉴
中国教育经费统计年鉴
中国民政统计年鉴
中国妇女儿童状况统计资料（英）

## 省级综合统计年鉴系列

北京 天津 河北 山西 内蒙古
河南 湖北 湖南 广东 广西 海南
新疆生产建设兵团
辽宁 吉林 黑龙江 上海 江苏
重庆 四川 贵州 云南 西藏 陕西
浙江 安徽 福建 江西 山东
甘肃 青海 宁夏 新疆

## 市(县)级综合统计年鉴系列

滨海新区 石家庄 唐山 邯郸 保定
朔州 晋中 运城 忻州 临汾 吕梁
通化 松原 哈尔滨 齐齐哈尔
扬州 镇江 泰州 宿迁 江阴 丹阳
安庆 马鞍山 福州 厦门 宁德 漳州
枣庄 日照 滕州 郑州 洛阳 平顶山
深圳 惠州 东莞 汕尾 南宁 柳州
延安 宝鸡 安康 铜川 汉中 榆林
沧州 邢台 廊坊 承德 衡水 秦皇岛
呼和浩特 呼和浩特新城区 鄂尔多斯
黑龙江垦区 上海浦东新区 南京 无锡
海门 杭州 宁波 温州 嘉兴 湖州 绍兴
龙岩 南昌 九江 上饶 新余 抚州 萍乡
三门峡 商丘 信阳 济源 汝州 武汉
桂林 来宾 河池 防城港 海口 三亚
兰州 庆阳 银川 乌鲁木齐 兵团一师
张家口 太原 大同 阳泉 长治 晋城
包头 沈阳 大连 长春 吉林 延吉 四平
徐州 常州 苏州 南通 连云港 淮安 盐城
金华 衢州 舟山 台州 丽水 合肥
赣州 吉安 景德镇 济南 青岛 潍坊
十堰 荆州 宜昌 荆门 咸宁 长沙 广州
成都 贵阳 黔南 毕节 昆明 西安 咸阳
兵团十师

## 调查年鉴系列

天津 山西 内蒙古 辽宁 吉林 上海
福建 江西 河南 湖北 湖南 广西
重庆 四川 云南 甘肃 宁夏 新疆

## 统计方法应用/实用手册

实用SAS统计分析教程
马克威统计分析与数据挖掘应用案例
统计公文知识问答
乡镇统计人员岗位知识培训系列教材：辅助调查员岗位基础知识 乡镇统计人员岗位基础知识
县级统计人员岗位知识培训系列教材：Excel在统计工作中的应用 简明统计分析
地市级统计人员岗位知识培训系列教材：统计报告与演示 Excel在统计工作中的应用

## 统计通俗读物/统计科普图书

国家统计局核心统计指标变迁
货架上的统计
账本里的统计

## 重点图书

砥砺奋进的五年——从十八大到十九大
新常态下的中国服务业：理论与实践
挑大学选专业2018—考研择校指南
新编英汉汉英统计大词典
新动能新产业发展报告-2017
挑大学选专业2018—高考志愿填报指南
中华医学统计百科全书

重庆2017统计年鉴

CHONGQING STATISTICAL YEARBOOK 2017

## 如何使用年鉴浏览

请在阅读光盘前，请选择IE选项/高级/“允许来自CD的活动内容在我的计算机上运行”。

两种浏览方式：为方便用户浏览和使用年鉴，本书提供了超文本（网页格式）和EXCEL电子表格两种浏览方式。默认为超文本格式，方便查阅。

本光盘中所有资料的浏览查阅和计算加工，未经许可均不得用于商业性用途，否则必追究其法律责任。

## How to use the yearbook to browse

Please choose"contents of CD are permitted on my computer"of IE/senior.

Two modes to browse:In order to browse and use the yearbook easily, two modes-HTML and EXCEL are offered. HTML mode is acquiescent, which provides more convenient consultation and temporary calculation.

The consultation and calculation of data in this disk are not permitted for commercial purposes with-out written permission from the publisher. Legal responsibilities are reserved to prosecute.

重庆市统计局　国家统计局重庆调查总队 编

CHONGQING MUNICIPAL BUREAU OF STATISTICS
NBS SURVEY OFFICE IN CHONGQING